미국의 한반도 지배사 **5**

핵 위협에 대처 생존위해 만든 억지력을 없애라 강요

미국의 한반도 지배사 5

초판 1쇄 인쇄일 2018년 12월 18일
초판 1쇄 발행일 2018년 12월 25일

지은이 박지동
펴낸이 양옥매

펴낸곳 도서출판 책과나무
출판등록 제2012-000376
주소 서울특별시 마포구 방울내로 79 이노빌딩 302호
대표전화 02.372.1537　팩스 02.372.1538
이메일 booknamu2007@naver.com
홈페이지 www.booknamu.com
ISBN 979-11-5776-694-9 (04910)
ISBN 979-11-5776-644-4 (세트)

이 도서의 국립중앙도서관 출판시도서목록(CIP)은 서지정보유통지원 시스템
홈페이지(http://seoji.nl.go.kr)와 국가자료공동목록시스템
(http://www.nl.go.kr/kolisnet)에서 이용하실 수 있습니다.
(CIP제어번호 : CIP2019004501)

미국의 한반도 지배사 **5**

| 박지동 편저 |

자주 · 평등 · 민주 · 정의 · 복지 세계 실현을 위한 우선 과제는 진실역사의 공정한 인식과 실천

생명체로서의 인간은 누구나 고통의 감각을 지니고 있기 때문에 대체로 육신과 정신에 평안과 즐거움을 주는 평화와 행복을 추구하며 괴로움을 주는 육체노동이나 불쾌한 정신작용은 가능한 한 피하려 하지요. 그러나 불행하게도 인구가 늘어나 경쟁사회가 되면서 의식주 해결에 필수적인 노동고통을 피하고 노동의 결실만을 빼앗고 싶어하는 일부의 인간집단들은 이웃(개인과 민족)을 수탈하려는 욕구에서 정치 · 경제 · 군사적으로 근로민중을 침해 겁탈함으로써 집단간의 모순 · 충돌 · 학살전쟁까지도 서슴지 않고 저질러 왔습니다.

봉건시대의 지배세력은 「예의 도덕과 질서의 존중」이라는 우수한 보편적 이념을 앞세워 표방하면서 의식주 생산에 필수적인 고통스러운 농업노동을 신분이 고정된 약자들에게만 맡겨놓고 수탈과 피수탈의 범죄적 모순대치관계를 형성해오다가 결국은 다수의 피수탈계층의 거듭되는 불만 폭발에 의해 마지못해 조금씩 자유롭고 평등한 정치경제관계의 길을 가까스로 열어가게 되었습니다.

그러나 시간이 지나 다음 단계인 자본주의체제에서도 제국주의 침략집단이 기승을 부리면서 자본계층과 근로계층간의 불평등관계는 봉건시대 못지않게 대를 이어 악화되어 갔지요.

그리하여 인류는 한층 더 각성하여 수탈 없는 평등 · 민주 지향의 사회주의 이념에 의한 단결투쟁으로 수탈모순 타파에 성공하는 듯했으나 「육체노동을 싫어하고 불로소득과 자산증식 · 독점소유를 좋아하는 인간들의 욕망」은 여전히 지속되어 어떠한 정치경제체제의 윤리도덕으로서도 백약이 무효한 지경으로 치달아가게 되었습니다.

한반도의 경우 3 · 1운동 전후시기에서 볼 수 있듯이 일본제국주의자들은 "반항하면 닥치는 대로 고문하고 때려죽였으며, 고분고분 말을 잘 듣거나 아부하는 소수의 지주 · 자본가 · 지식인들에게는 관직과 재물로 출세를 보장하여 충성할 기회를 제공함으로써" 총칼의 폭력에 겁먹은 식민지 민중을 농락하면서 분열 · 음해 · 증오를 조장하였습니다.

일본제국이 주도적으로 도발한 동아시아 침략전쟁은 다행히 연합국의 승리로 돌아오긴 했으나 많은 희생을 치른 연합국들 역시 본래 제국주의 속성을 가지고 있었던 데다 식민지 해방의 은공을 빌미삼아 또 다른 점령을 강제함으로써 조선반도의 백성들은 보다 더 확고한 조국분단의 운명을 짊어지게 되었지요.

해방의 기쁨에 들떠있던 상황도 잠깐 사이에 지나가고 동포 형제자매들의 몸과 마음은, 제국주의와의 민족(외부) 모순에다 식민지 아부세력과의 내부모순에 꽁꽁 얽혀, 자주독립 투쟁 및 지향세력은 오히려, 친일반역으로 비난받던 아부세력이 미점령군의 후원으로 권력을 잡자 보복적 억압정책을 펴는 바람에 자주 · 평등 · 민주화의 정당한 요구도 못한 채 또 다시 기를 죽이고 살아가게 되었습니다.

2차대전 후 해방의 사도처럼 등장한 미국 점령군은 일본 제국군 보다는 민주화된 합리적인 통치술을 표방했음에도 불구하고 역시 제국주의 전통의 지배세력으로서의 자세를 버리지 못함으로써 분열 상쟁하고 있던 한반도 구성원 가운데 수탈적 지위의 친일계층을 영합지원하고 피수탈 노동자 · 농어민 계층을 배제하는 불평등 · 불공정한 통치사회를 방임 내지는 조장하여 왔던 것입니다.

바야흐로 해방 분단 70년이 지난 오늘의 한반도 상황은 한쪽은 지난 조선전쟁에서 무자비하게 당한 공중폭격의 참혹한 기억에 이어 세계 최대 군사강국들의 최악의 파멸 위협 속에 자주국방무력 강화에 국력을 집중시키다보니 대다수의 서민대중은 궁핍과 굶주림에 시달리도록 방치되어 있고, 다른 한쪽의 상층부는 철옹성의 재부를 콘크리트 빌딩으로 감싸 안은 채 만고강산, 불로소득의 자유가 당당히 보장되어 있는 한편 중하층 서민들은 가난 해결과 실직의 고통에 대대로 시달리고 있습니다.

이상의 모든 고통의 핵심 근원은 바로 일본제국의 식민지 분열통치에 있었다고 생각되며 침략 · 통치 시기의 역사를 다시 기술하는 목적도 바로 이 같은 동포 형제자매 증오 조장의 근원을 반성의 자료로 추적해 보려는 데 있습니다.

사실 한반도의 경우는 앞에서 서술된 보편적 모순(빼앗고 빼앗기는 두 주체의 싸움에서,

이겨서 즐기는 쪽⊕과 져서 고통을 당하는 쪽⊖이 이루는 zero sum game의 대결 관계)에 더하여 제국주의 나라들에 의한 장기간의 극악한 식민통치로 인한 민족 분단·수탈 모순에 다 동포형제가 칼부림하는 증오·분열의 모순이 굳게굳게 얽혀 있어 어지간한 자연·사회·역사 과학적 지혜가 아니고는 풀어가기 힘든 상황에 이르렀습니다.

지난 200년간 한반도를 둘러싸고 전개된 동북아 주변 열강들의 전쟁과 외교사를 대충 살펴보면 한반도를 분단 관리하게 된 목적은, 자국 이익의 보장을 위해 쟁투하여 왔다는 것이 분명해졌습니다. 강대국들은 자기들끼리의 국익을 타협하면서 한반도 전체 또는 절반을 자국의 이익보장의 장터로, 혹은 침략의 발판이자 항구적인 전초기지로 삼으려는 데 있었습니다.

이처럼 4대 군사대국이 총을 겨눈 채 눈을 부라리며 대결하고 있는 상황에서, 그들의 요구대로 갈라져있는 분단국 백성들은, 동포형제자매끼리 피를 뿜는 살육의 참극을 거듭해왔고 앞으로도 계속할 수밖에 없는 위험한 미래를 훤히 내다보고 있습니다.

현실이 이처럼 비인도적이며 동포에 대한 패륜적 사태로 역행하는 엄혹한 상황임에도 불구하고 외세의 분열장단에 맞추어 춤을 추어온 어리석은 아부세력은 사리사욕의 화신이 된 채 민족공동체의 이익에 반하는 수탈통치를 거침없이 수행했으며 이는 필연적으로 근로민중의 민주 평등화 요구와 저항에 부닥치게 되었습니다.

민족과 국민의 요구에 부응하지 않으려는 내부 통치세력은 무서운 탄압법의 시행과 함께 '붉은 악마' '좌익 ×××'라는 저주의 구호를 외쳐댔고, 그에 따라 고문과 처형을 직간접적으로 경험해온 선량한 국민들은 '살인자'라는 지탄보다 훨씬 더 무섭게 들리는 이 공포의 악담을 피하려고 귀와 입을 막고 움츠려 왔습니다.

「아는 것이 힘」이라고 했습니다. 독자제현은 아무쪼록 애국과 반역의 역사를 올바로 이해하고 인간의 도리를 정확히 실천함으로써 당당히 정의로운 공동체 역사 창조의 주인이 되어주시기를 간절히 바라면서 이 책 출생의 소망으로 기원하여 봅니다.

그리하여 영국이 제국주의 시기에 개척한 세계 도처의 식민지에 앵글로 색슨의 여러 우방을 수립했듯이, 정반대의 경우이지만 '동족 우방'으로서 상호 인정과 경제교역 정도는 충분히 가능함에도 불구하고 오히려 외세에 질세라 앞장서서 적대감을 부추겼고 군비경쟁을 심화시켜 왔던 어리석음을 깨닫고 이제는 발달된 정보수단에 의해 가능해진 지피지기와 아량의 성숙한 자세로 평화공존과 세계평화에 기여하는 인정어린 사람들이 되어주시기를 기대해 봅니다.

　편저인으로서는 서툴고 부족한 정리 편집 능력으로 말미암아 독자 여러분에게 끼칠 지루하고 불편한 독서의 수고를 크나큰 인내심으로 감내해 주시기를 부탁드리는 바입니다.

　본 저술에서는 역사자료 수집과 연구에 무능력한 편저인이 쉽게 얻을 수 없는 「역사적 진실들」을 다음에 열거된 저술들에서 무엄하게 제공받음으로써 크나큰 은혜를 입었습니다. 선배 저술인들의 염원과 저의 소망이 일치하리라는 주관적 이유를 달아 예의 없이 인용한데 대해 송구스러운 마음과 감사의 마음을 함께 드립니다.

　저로서는 이들 여러 학자·교수 분들이 땀 흘려 탐색·수집·정리해 놓은 서책과 도해자료들을 해설·전달하는 「기자의 역할」에 그치는 일만을 거들었을 뿐입니다.

강정구『전환기 한미관계의 새판짜기』한울 2007

강준만『한국 대중매체사』인물과 사상사 2007

구영록·배영수『한미관계 1882~1982』1982

국방부 군사편찬연구소『한미군사관계사』2002

김달중『2000년대의 이상적 국방체제』세종연구소 1988

김만흠『한국사회 지역갈등 연구 : 영남·호남 문제를 중심으로』현대사회연구소 1987

김민남 외『새로 쓰는 한국언론사』아침 1993

김병인「5·18항쟁의 이해 : 제5장 5·18과 광주지역 사회운동」,『5·18민중 항쟁사』광주광역시 사료편찬위원회 2001

김삼웅『사료로 보는 20세기 한국사』가람기획 1997

김성보·기광서·이신철『북한현대사』역사문제연구소·웅진지식하우스 2016

김영명『한국현대정치사』을유문화사 1999

김영택「5·18광주민중항쟁의 초기 성격」,『한국현대사연구』한국정신문화연구원 1998

김영택『현장 기자가 쓴 10일간의 취재수첩』사계절 1988

김정남「1980년 언론대학살, 언론인을 배부른 돼지로」,『생활성서』2003년 1월

김종철『촛불혁명의 뿌리를 찾아서 : 1980년대 민주민족민중운동사』썰물과 밀물 2017

나의갑「5·18의 전개과정」,『5·18민중항쟁사』광주시 5·18사료편찬위원회 2001

노용기「5·18항쟁과 군대에 관한 연구와 전망」,『민주주의와 인권』5권 1호 2005

데이비드 바인 저, 유강은 역『기지국가』갈마바람 2017

박만규 「신군부의 광주항쟁 진압과 미국 문제」『민주주의와 인권』 3권 1호 2003

박지동 『일본의 조선 침략사 5』 아침 2016. 『한국언론 실증사 2』 아침 2008

박현채 「80년대 민족민주운동에서 5·18광주민중항쟁의 의의와 역할」『역사와 현장 1』 한국현대사
    사료연구소 · 광주 남풍 1990

서중석 「1960년대 이후 학생운동의 특징과 역사적 공과」『역사비평』 1997 겨울 제39호

손호철 「5·18광주민중항쟁의 재조명」『한국현대정치사』 한국정치학회 · 법문사 1996

송기춘 「한·미 군사동맹의 유지체계와 구조에 관한 합법적 논의」민주주의 법학연구회 심포지움
    2006

안광찬 「헌법상 군사제도에 관한 연구」 동국대 박사학위 논문 2002

안진 「5·18항쟁의 이해 : 제2장 사회 · 경제적 배경」『5·18민중항쟁사』 광주시 사료편찬위원회
    2001

이상식 「5·18광주민주화운동의 역사적 배경」『향토문화』 향토문화개발협의회 2002

이장희 『한반도 안보관련 조약의 법적 재조명』 백산서당 2004

이재봉 「북한 핵문제에 대한 미국의 대응과 평화적 해결 전망」『전환기 한미관계의 새판짜기 2』 한울
    2007

이재의 「5·18당시 발포를 거부한 전남도경국장의 광주 비망록」『말』 1988년 9월호

전현준 · 홍현익 외 『10.9 한반도와 핵』 이룸 2006

정상용 외 『광주민중항쟁』 돌베개 1995

정세현 「부쉬정부는 협상 아닌 항복 얻으려 6자회담 열었다」『신동아』 3월호 2005

조항제 『한국의 민주화와 미디어 권력』 한울아카데미 2003

최영태 외 『5·18 그리고 역사』 도서출판 길 2014

황성환 『제국의 몰락과 후국의 미래』 소나무 2009

끝으로 많은 한자와 영어 낱말까지 겹쳐서 까다롭고 시간이 걸리는 타자에 참여해
주신 여러분들과 편집해주신 분에게 깊은 감사를 드립니다. 그리고 평생 반실업자가
된 가장의 무리한 행동에 묵묵히 참고 협력해준 가족들에게도 미안하고 감사하는 마
음입니다.

2019년 2월
박지동 올림

차 례

자주 · 평등 · 민주 · 정의 · 복지 세계 실현을 위한
우선 과제는 진실역사의 공정한 인식과 실천

제1장 미국의 작전지휘체제제하 이번엔 『신군부』가 쿠데타 집권

제2장 외세 배경의 군사정권 계승, 민중의 자주 · 민주화 투쟁도 계속

제3장 미국은 「작전지휘권」 장기 보유, 한미동맹으로 북과 직접 대결

제4장 끝없는 파멸 위협, 북조선의 선군사상과 주체무력의지 강화시켜

제5장 미국의 협박 속에 다시 등장한 북조선 핵개발의 파장

제6장 미국과 일본의 군사동맹 강화, 한반도 위기조장의 근원

제7장 제국주의 미·일의 핵전쟁 위협과 6국 쌍3각형 맞대결

제1장
미국의 작전지휘체제하 이번엔
『신군부』가 쿠데타 집권

1. 3김시대 민주선거 파탄에 궐기한 광주시민항쟁 학살 제압

1) 군사독재에 의한 장기간 반민주적 통치와 농촌경제 파탄에 분노

1980년대라는 시기는 해방 이후 전개된 우리 역사에 있어서 중요한 전환기였다. 1960~70년대 성장의 논리에 희생당한 노동자·농민 등 민중들이 스스로 떨쳐 일어나 역사의 주인으로 우뚝 서게 되는 중요한 계기를 형성했다.

1970년대 말~80년대 초 성장한 민중들의 힘에 의해 일대 위기를 맞은 지배세력은 또 한 차례의 체제개편을 시도하게 된다. 장기집권의 야욕에 빠진 박정희가 부하의 손에 생을 마감한 10·26 이후 최규하가 제10대 대통령으로 당선되자 전두환을 중심으로 한 군부 내의 강경소장파들은 12·12쿠데타를 일으켰다. 이렇게 개편된 군부를 배경으로 최규하정권은 1980년 벽두에 미국의 안정적인 신식민지 지배전략인 「이원집 정부제」 개헌을 검토 중이라고 발표했다. 그러나 이와 같은 과정을 통해 군부와 유신잔당이 간판만 바꾼 채 유신독재의 실질적 내용을 온존시키려 하자 전국의 불안은 계속 고조되어갔으며 민중들의 투쟁도 그 어느 때보다 고양되었다.

10·26 이후 정치적 억압이 약화되고 경제적 불황이 심화되자 민중운동은 그 이전 시기보다 한 단계 더 고양되었다. 이른바 '안개정국'이라는 혼란 속에서 민주세력에게는 변혁의 의지를 북돋아주고 지배세력에게는 공포와 전율을 안겨준 사건이 바로 사북탄광 노동자들의 투쟁이었다. 사북항쟁은 그 집단성과 연대성 등 운동의 양태를 질적으로 변화시키는 계기가 되어 1980년대 노동운동의 새로운 시작을 알리는 서곡이었다. 잇따른 노

동운동은 일부 폭력적 양태를 띠면서 지역적·전국적 연대운동으로도 전개되어 80년 한 해 동안 노동쟁의는 무려 2,168건에 달했다.

그러나 이렇게 고양되어가던 운동도 신군부의 12·12쿠데타에 이은 전국 비상계엄령이 공포된 5·17을 맞아 극도로 위축되기 시작했다. 노동자 스스로 정치조직을 갖지 못하고 운동의 자주성을 확립하지 못한 70년대 운동의 한계가 집약적으로 표출된 것이다.

1980년 5월 15일 서울역광장을 가득 메운 수십만의 학생·시민들은 '유신철폐' '계엄해제' 등을 외치며 민주화를 촉구했다. 그러나 이러한 '서울의 봄'도 잠시뿐이었고, 5월 17일 24시를 기해 비상계엄령이 전국으로 확대되어 군사독재체제에로의 회귀물결이 진행되었다. 이러한 조치는 역사상 유례없는 참혹한 비극을 가져왔다.

5월 18일 광주학생들은 「비상계엄 해지」를 외치며 투쟁에 나섰고, 60~70년대 박정권의 경제개발 과정부터 극도로 소외당한 광주시민들의 분노가 합세되어 투쟁은 고양되기 시작했다. 이러한 광주시민들의 투쟁에 대해 전국의 모든 언론이 통제된 가운데 공포의 유혈진압이 시작되었다. 마침내 무차별 발포의 지경까지 초래되어 상황은 순식간에 시가전 양상으로 변했고 광주시민들은 광주를 「해방공동체」로 만들었다

광주민중항쟁은 비록 좌절되었다 할지라도 그것이 우리에게 남긴 역사적 의의는 매우 크다. 5·6공화국을 비정통적인 정치집단으로 규정하는 근원이 되었으며, 70년대의 「민주화운동」을 80년대의 「변혁운동」으로 질적 전환시키는 가장 큰 계기가 되었다. 또한 지금까지 반공 이데올로기(수탈체제 유지 계승 이념) 속에 갇혀 있던 「지배외세와 자주성」에 대한 문제를 자각하게 해주었으며, 민주화운동의 과학적 인지도에 대한 문제를 제기하기에 이르렀다.

신군부세력의 반민주적 정권찬탈에 저항하여 일어난 광주시민항쟁은, 좁은 의미로는 1980년 5월 18일부터 27일까지 10일 동안 광주 및 전남 일원에서 일으켰던 격렬한 시위와 전두환 군부정권의 명령으로 파견된 무장부대의 집중사격으로 무수한 시민이 학살 또는 부상되고 끌려가 고문으로 불구가 된 사건을 말한다.

그러나 장구한 항쟁의 역사 흐름에서 살펴보면, 일제 통치에서 벗어나 미국의 지배하에 들어간 후 70여년의 자주·평등·민주화 투쟁 과정에서 중간을 이어주는 격렬한 민주혁명운동이었다.

(1) 5·18항쟁은 4·19혁명정신을 계승한 더 의식화된 민주화 운동

1960년 3월 15일에 실시된 제4대 정·부통령 선거에서 자유당 정권은 집권 연장을 위해 노골적으로 부정선거를 감행하였다. 마침내 국민들은 이승만 정부의 이러한 부패·무능과 극심한 부정선거에 분노하여 1960년 4월 이승만 정부 타도에 나섰다. 선거 당일인 3월 15일 마산에서 시작된 대규모 시위는 경찰의 발포로 8명이 사망하고 80여 명이 부상하는 유혈사태로 발전하였다.

이날 시위는 경찰의 무력에 의해 진압되었지만 4월 11일 최루탄이 눈에 박힌 고등학생 김주열의 시체가 마산 앞바다에 떠오르면서 시위가 다시 재개 되었을 뿐만 아니라 서울로까지 번졌다. 4월 18일에는 고려대 학생들의 시위가 있었고, 4월 19일에는 서울 시내의 거의 모든 대학생들이 부정선거 규탄시위에 참여하였다. 시위는 대구·광주 등 전국적인 규모로까지 확대되었다. 시위는 이제 단순히 부정선거 규탄에 머무르지 않고 정권퇴진운동으로 발전하였다.(최영태 외 『5·18 그리고 역사』 도서출판 길 2014)

정부가 계엄령을 선포하여 사태를 진정시키는 듯했으나 4월 25일 대학교수단의 시국선언문 발표와 거리 행진이 벌어지면서 시위는 더욱 확산되었다. 결국 이승만은 전국적인 규모의 시위와 미국의 압력에 굴복하여 4월 26일 대통령직을 사임했다.

4월혁명은 한국 역사상 처음으로 국민의 힘으로 집권자를 교체한 매우 중요한 사건이다. 4월혁명은 해방 이후 도입된 자유민주주의 제도가 이승만과 자유당의 장기 집권욕 및 권력 남용으로 위기를 맞이하자 이를 원래의 상태로 복원하기 위한 밑으로부터의 운동이었다. 이 운동은 맨 선두에 선 사람들이 학교에서 민주주의 교육을 받은 학생들이었다는 점은 민주주의 발전사에서 매우 자연스러운 현상이었는지 모른다.

그러나 4월혁명을 주도한 학생들은 이승만정권이 무너진 뒤 이를 수습할 위치에 있지 못했다. 또 이승만정권 붕괴 후 새로운 정치세력으로 부상한 혁신세력은 여러 가지 면에서 정치적 대체세력의 위치를 확보할 정도가 아니었다. 결국 정권은 당시 유일한 정치적 대체세력으로 존재하던 민주당으로 넘어갔다.

민주당은 4월혁명 후 양원제와 내각책임제에 기초한 새로운 정부를 구성 하였다. 내각책임제 아래서 대통령에 윤보선, 국무총리에 장면이 선출되었다. 민주당정부는 이승만정권이 훼손한 삼권 분립의 원칙을 다시 확립하고 국민 기본권도 신장했다. 언론·출판·집회·결사의 사전 허가나 검열제도 철폐했다. 중단된 지방자치제도 부활시켰다. 장면 정부는 경제개발을 계획성 있게 추진하기 위해 1961년 4월 경제개발 계획안을 발표했다. 이 계획에 따라 국가는 치수·도로·토목 등 사회간접자본의 확충을 꾀하였고 더 나아가 이를 5개년에 걸친 경제개발 계획으로 확대하려 했다. 장면 정부는 고전적인 서구의 자유민주주의적 이상에 충실하고자 했다.

그러나 장면 정부 앞에는 무수히 많은 난제들이 가로놓여 있었다. 우선 보수·진보를 막론한 다양한 사회세력의 도전은 군부세력과 함께 장면 정부의 실패를 가져온 주요 배경이었다. 진보진영 쪽에서는 이념적으로 급진화한 학생 집단과 노조 집단이 장면 정부를 압박하였다. 학생들은 미온적인 반혁명세력 처벌에 항의하였고 자주화·통일운동을 벌여 정부를 난처하게 만들었다. 노조는 정치적 개방의 틈을 타서 노동조합의 수와 규모를 급속히 증가시켰고, 노동쟁의 건수 역시 급증하였다. 특히 교원노조는 2대 악법으로 불리던 집회와 시위에 관한 법률과 반공을 위한 특별법 등에 대한 반대 투쟁, 남북학생회담 개최 지지 등 정치적 주제로까지 그 활동 범위를 확대했다.

급진적 학생들의 남북학생회담 추진, 노동운동의 강화, 그리고 정치적 해금을 받은 혁신세력들의 부상은 여전히 반북·반공 이데올로기가 주도하는 사회적 분위기에서 장면 정부의 운신을 어렵게 만들었다. 혁명의 산물로 탄생한 장면 정부의 입장에서 이들 진보적 운동을 물리력으로 제지하는 것은 명분상 맞지 않는 일이었다. 게다가 장면 정부는 이들 운동을 물리력으로 제어할 만한 충분한 수단도 갖추지 못했다.

○ 혁명 후 부정부패 혐의로 많은 숫자의 경찰들이 숙청 됨으로써 수사력과 질서 유지력에 큰 차질이 초래되었고, 장면 정부가 들어선 직후 3개월 동안 내무부장관만 세 번이나 경질되는 등 행정의 불안정도 노출되었다. 장면정부 때 국방장관이 세 번, 육군참모총장이 네 번이나 경질되는 등 군에 대한 장악력도 불안정 하였다.(김영명 『한국현대정치사』 을유문화사 1999)

갑자기 정부를 넘겨받은 장면정부, 독재정부에서 자유주의적 정부로의 단순한 교체 이상의 개혁적·진보적 정책을 요구하는 개혁세력, 그리고 이들 자유주의적·진보적 세력 사이의 갈등 속에서 재기 내지 권력 탈취를 노리는 보수 혹은 군부세력의 존재, 이것이 4월혁명 후 남한에 형성된 주요한 정세였다.

그러나 사실 이런 복잡한 정세는 4월혁명 후의 남한에서만 발견할 수 있는 현상은 아니었다. 민주주의 제도에 익숙하지 못한 국가에서 막 태동한 자유주의적 정부를 사이에 두고 보수적·권위주의적 세력과 진보적·혁명적 세력이 양쪽에서 자유주의적 정부를 압박하며 헤게모니(주도권) 싸움을 벌이고 그 틈 사이에서 자유주의 정부가 갈팡질팡하다 불행한 최후를 맞는 역사는 다른 국가들의 역사에서도 자주 발견할 수 있다. 1848년 2월 혁명 후의 프랑스, 1917년 3월(2월) 혁명 직후의 러시아, 1918년 11월 혁명과 함께 출현한 바이마르 공화국 때의 독일이 모두 유사한 사례들을 가지고 있었다.

4·19혁명 후 봇물처럼 불어났던 각종 시위는 다행히 1960년 후반부에 접어들면서 점차 수그러들었고, 1961년에는 더욱 격감하는 모습을 보였다. 4·19혁명 1주년이 되는 1961년 4월 19일 전후에도 학원가는 조용했다. 민주당 정부는 경제건설을 최우선 과제로 삼고 경제개발5개년 계획을 수립할 수 있을 정도로 조금씩 여유를 찾아갔다. 비록 혁명 직후 정치적·사회적 혼란이 도출되고 경제도 어려운 편이었지만 집권 후 비교적 짧은 기간에 정치적·사회적 안정과 경제재건의 징후가 엿보였던 것이다.

그러나 박정희 소장을 중심으로 한 일부 군 소장파들은 1961년 5월 16일 민주당 정부의 무능과 국가안보가 위협받고 있다는 구실을 내세우며 쿠데타를 일으켰다. 이미 이승만정권 말기부터 쿠데타를 모의했던 군부는 4월혁명 후 감군과 군 정화운동을 둘러싼 군내 갈등, 혁명 직후의 정치·경제적 혼란, 그리고 진보세력의 목소리가 높아지자 혼란 수습과 안보 강화를 명분으로 내세우며 정권 탈취를 감행한 것이다.

민주당 정부는 1961년 5·16쿠데타와 함께 막을 내렸다. 그러나 민주당 정부의 실패가 곧 4월혁명 정신의 소멸을 의미하지는 않았다. 4·19가 갖는 정치적 의미 중 하나는 자유민주주의를 국민 일반들 속에 내면화하는 계기가 되었다는 점이다. 자유민주주의라는 서구의 정치이념이 1948년 국가 수립과 더불어 우리의 정치이념으로 채택될 당시만 하더라도 다수의 대중들은 새로운 제도에 매우 낯설어했다. 게다가 자유민주주의에 대한 인식의 증대가 반공이념의 보편화와 더불어 나타났다는 사실은 적극적 의미에서의 자유민주주의관이 설 수 있는 자리가 그만큼 좁아졌다는 것을 의미했다. 이러한 시대적 조건 속에서 4·19는 다수의 대중들이 주체적 관점에서 자유민주주의의 실체와 중요성을 인식하게 된 중요한 계기가 되었다.

4월혁명 정신은 민주당 정부로부터 군사정부로의 교체에도 불구하고 여전히 1960년대 이후 민주화세력들에게 고스란히 계승되었다. 군사정권 등장 이후 계속된 일련의 저항운동은 4월혁명에 의해 재건된 민주주의 사회로의 원상복귀 운동이었다. 군사권위주의 통치기에 발생한 1979년의 부마항쟁과 1980년의 광주항쟁, 그리고 1987년의 6월항쟁은 모두 4월혁명 정신의 구현운동이었다. 결국 4·19는 이후 30여 년이 넘게 지속된 민주화운동의 서막이었다. 5·16쿠데타 이후의 한국 정치사는 4월혁명의 정신을 현실화하려는 시민사회의 지속적인 노력과 이를 억압하고 권위주의적 통치체제를 유지하려는 국가권력의 요구가 끊임없이 맞부딪치는 갈등의 과정이었다.

권력을 장악한 군부세력은 2년 반 동안의 군정시대를 거쳐 1963년 말 민간정부라는 외피를 입은 채 계속 권력을 유지했다. 군사정권은 국가안보를 구실로 정치적 자유를 억압하였다. 특히 군사정권은 한국전쟁 이후 지속된 적대적 남북 대치 상황에 대한 위기의 식을 증폭시켜 정권 안보에 적절하게 활용하였다. 국가보안법은 군사정권의 전가傳家의 보도寶刀로 이용되어 모든 정치적 반대자들을 억압하는데 사용되었다. 군부세력의 집권 이후 정치·경제·사회의 각 분야에 군 출신 인사들이 대거 진출한 결과 전 사회에 군사 문화가 만연되기도 했다.

물론 그렇다고 해서 박정권이 오로지 억압적 방식에만 의존했다고 말할 수는 없다. 군 부는 쿠데타 당시부터 반공과 함께 정책의 최우선적 목표를 경제성장에 두었다. 실제로 박정희 통치기에 한국 경제는 노동자·농민 대중의 근면한 노동에 힘입어 괄목할만한 발 전을 이루었다. 그리고 이런 성과는 박정권의 지지도를 높이는데 크게 기여하였다. 4월 혁명을 주도했던 지식인 사회에서는 경제성장 제일주의에 대한 비판의 목소리가 높았지 만 서민 대중들 사이에서는 그것이 누대에 걸친 절대 빈곤을 해소해줄 복음으로 인식되 었기 때문이었다.

군사정권은 민정 이양 후 대의제 민주주의의 외형적 틀은 계속 유지하려 하였다. 대의 제 민주주의는 대한민국이 출발할 때부터 북조선의 소비에트 체제에 맞설 대한민국의 중 요한 정체성에 해당되었기 때문이다. 대통령 중심제하에서 대통령은 국민이 직접 뽑았 고, 의회는 제한적이나마 일정 정도 대정부 견제 기능을 담당하였다. 부정선거가 심하게 자행되기는 했지만 선거 과정 자체가 중단되지는 않았다. 권력 확장의 끊임없는 집착에 도 불구하고 이승만 정권이 그랬던 것처럼 박정희 군사정부도 자유민주주의의 외피까지 포기할 수는 없었다.

한편 1960년대에도 대학생과 야당을 중심으로 박정권의 주요 정책 및 장기집권 음모 에 대한 저항은 끊임없이 지속되었다. 1964~65년에 지속된 한일 협정 반대 시위는 민 족주의적 저항의식의 발로로서 비상계엄과 군대의 힘을 동원해 진압해야 할 만큼 강력했 다. 베트남 파병을 둘러싼 야당과 학생들의 반대운동도 위수령 발동과 군대의 힘으로 진 압해야 했다.

1969년의 3선개헌 역시 야당과 대학생 등 민주세력의 격렬한 저항을 받았다. 4월혁 명을 경험한 민주화세력들에게 반독재 민주화투쟁은 하나의 경향성을 띠고 있었다. 그 러나 1960년대까지의 반독재 민주화투쟁은 야당과 대학생들의 범주를 크게 벗어나지 못하는 한계를 보였다.

(2) 독재자의 경제성장 과시욕은 노동자·농민 수탈과 희생 증대

박정희 정권이 통치하던 1960~70년대에는 경제제일주의가 표방된 가운데 국가 주도의 성장정책이 시행되었다. 경제정책의 기본 방향은 외국 자본과 기술을 도입하여 공업을 육성하고, 양질의 값싼 노동력을 이용하여 생산된 제품을 수출하고 자본을 축적해 간다는 전략이었다. 말하자면 수출주도형 경제발전전략이었다.

경제개발은 일단 외형적인 면에서 괄목할 만한 결과를 가져왔다. 1960~70년대의 수출 신장률은 연평균 약 40퍼센트 정도, 경제성장률은 8.9퍼센트를 기록하여 세계사적으로도 유례를 찾아볼 수 없을 만큼 높았다. 이러한 경제성장은 절대적 빈곤을 타파했을 뿐만 아니라 국가의 위상을 높이고 국민들에게 '하면 된다'는 자신감을 갖게 만들었다. 경제 분야에서의 이런 좋은 성적표는 국민의 높은 교육열과 성취욕, 우수하고 값싼 노동력, 우수한 관료와 기업인들의 존재, 개발독재형 지도력 등이 결합한 결과였다. 높은 경제성장은 집권 과정에서 정당성을 결여한 박정권에게 정치적으로 큰 지지 기반을 제공해 주었다.

그러나 박정권의 경제발전전략은 민족적·국가적으로 값비싼 대가를 담보로 한 것이었다. 1965년의 굴욕적인 한일협정 체결은 경제개발에 필요한 외자 도입 필요성과 긴밀히 결합되어 있었다. 우리는 1965년부터 베트남전쟁에 약 5만여 명의 군을 파견하였고, 이로 인해 약 5천여 명의 젊은이들을 희생시켜야 했다. 명분 없는 전쟁에 젊은이들을 파병할 수밖에 없었던 것은 한미관계의 특수성 때문이기도 했지만 경제건설에 필요한 재원 조달과도 관련이 있었다. 다른 한편으로 차관 중심의 경제발전전략은 한국 경제의 대외 종속을 심화시켰다. 재벌 중심의 경제구조도 박정희 시대의 유산 중 하나였다.

박정희 시대의 경제정책은 급속한 산업화와 농촌 희생 정책으로 요약할 수 있다. 먼저 농업 부문에서는 미국 잉여 농산물의 대량 도입과 저곡가 정책으로 인해 농촌 경제를 파탄 지경으로 몰고 갔다. 식량 자급률은 크게 떨어졌고, 농민은 농촌을 떠나 도시로 내몰렸다. 공업이 크게 성장하기는 했지만 노동집약적 수출 산업은 거의 전적으로 저임금에 의존하여 성장할 수 있었고, 격심한 인플레는 노동자들의 실질 임금을 떨어뜨렸다. 요컨대 1960년대의 고도성장은 값싼 노동력과 그것을 뒷받침해주는 저곡가 정책에 기반을 두고 있었기 때문에 농민 생활의 파탄과 노동자계층의 상대적 빈곤을 심화시켰다.

1960년대 한국사회는 반공탄압에 억눌리고 본격적인 산업화의 갈등이 시작되는 단계에 있었기 때문에 분배와 사회정의를 둘러싼 계급 갈등은 아직 현재화되지 않았다. 그러나 1970년대에 들어서면서 사회경제적 조건이 변해갔다. 그동안 지속된 성장 위주의 정책과 그것이 잉태한 계급간·지역간 불평등의 심화, 급속하고 불안정한 인구 이동과 도시의 규모 확대, 경제성장 자체의 한계, 국제적 경기 침체에 따른 국내 경기 불안 등으로 인해 정부에 대한 국민의 불만은 심화되었다. 이제 더는 경제성장이 정치적 정당성의 근거일 수만은 없다는 사실이 현실로 나타났다.

1960년대까지의 민주화운동이 주로 정치적 자유의 확대에 초점이 맞추어진데 비해 1970년대 이후에는 비록 미약하기는 하지만 민주주의의 범위를 사회경제적 영역으로까지 확대하려는 움직임이 일어나는 등 민주주의의 인식 지평이 점차 넓어지고 있었다. 1971년 평화시장 노동자 전태일의 분신자살 사건은 저임금과 장시간 노동, 그리고 열악한 작업 환경에 시달리는 당시 노동자의 통렬한 사회고발 행위였으며, 이 사건은 당시 정치·사회적으로 큰 반향을 불러일으켰다.

○ 당시 23세이던 전태일은 몸에 휘발유를 끼얹고 성냥곽을 켠 후 "근로기준법을 준수하라" "일요일은 쉬게 하라" 등의 구호를 외치다 쓰러졌다. 전태일의 죽음은 정치적 쟁점에 사로잡혀 노동 문제에 전혀 관심을 기울이지 않았던 학생들을 크게 깨우치는 계기가 되었다. 11월 16일부터 서울대·고려대·연세대·이화여대·숙명여대생 등의 "전태일씨의 죽음을 헛되이 하지 말라"는 등의 성명서를 발표하고 농성을 벌였다.

정부는 노동자들의 이같은 불만행위에 대해 물리적·법적 제재조치로 대응 하였다. 대한노총에 모든 노조들을 강제로 편입시키고 중앙정보부 등의 보안 기구를 통해 노동운동을 사찰하고 탄압하였다. 1971년 국가보위에 관한 특별법 제정,1972년 선포된 유신 헌법을 통한 노동 기본권의 제약, 그리고 이듬해 단체교섭권과 단체행동권을 크게 제약하고 그 대신 노사협의제를 강화한 노동관계법의 개정 등도 노조 탄압의 구체적 사례들에 해당한다.

이렇게 어려운 조건 속에 처해 있었던 노동운동은 1970년대 후반부터 점차 치열성을 드러냈다. 노조 결성에 따른 부당노동행위로 인한 분규, 기존 노조의 파괴 공작으로 인한 분규, 임금 인상과 근로 조건 개선 투쟁, 도산이나 폐업에 항의하는 과정에서 발생한 분쟁 등이 빈번했다. 1979년만 해도 원풍 모방·동일방직·대성목재 등에서 큰 규모의 분규가 발생했다. 이 시기의 노동운동은 초보적인 형태의 생존권투쟁이 대부분이었으며, 중소 규모의 경공업 분야 회사에서 일하는 여성 노동자 중심으로 투쟁이 전개된 것이 특징이다.

노동운동에 이념적 붉은 색깔 칠하기를 주저하지 않던 당시 상황에서 상대적으로 활동하기가 쉬웠던 개신교계의 도시산업선교회와 가톨릭계의 가톨릭노동청년회(JOC) 등은 이들 노동자들에게 근로기준법을 가르치고 독자적인 노조 결성을 지원하는 등 노동운동의 활성화를 위한 개척자 역할을 했다.

한편 박정희는 1969년 국회에서 3선개헌안을 변칙적으로 통과시킨 다음 1971년 대통령 선거에서 김대중 후보와 경쟁하여 어렵게 세 번째 집권에 성공했다. 그러나 박정희는 1971년 대선에서 표출된 국민들의 집권여당에 대한 불신 등을 확인한 후 기존의 민주적 절차를 준수해가지고는 더 이상 집권이 어렵다는 것을 느꼈다. 여기에 덧붙여 1970년 전태일 분신사건과 노동쟁의의 증가, 언론인들의 언론자유 수호선언과 대학교수들의 자율

전태일 흉상(마석 모란공원 전태일 열사묘역). 전태일 분신 사건은 1970년대 이후 한국 노동운동의 기폭제 역할을 했다.

화 요구 등 각계각층에서 일어난 민주화·자율화운동도 박정희 정권의 위기의식을 증폭시켰다.

세계사적 측면에서 보면 1960년대 말부터 동서 냉전체제가 점차 완화되는 모습을 보였다. 특히 1972년에는 닉슨이 중국을 방문하면서 미·중 간에 본격적인 화해조치가 시작되었다. 냉전체제의 완화는 남북 간에도 영향을 주어 1971년에는 남북적십자회담이 열렸다. 1972년 7월 4일에는 7·4남북 공동성명이 서울과 평양에서 동시에 발표되었다. 남북공동성명은 통일의 3원칙으로 자주·평화·민족 대단결 등을 천명하였다. 남북은 또 상호 중상·비방과 무력도발 금지, 남북 교류, 남북 사이의 제반 문제 해결을 위한 남북조절 위원회 구성 등에 합의하였다.

○ 7·4공동성명의 요지는 다음과 같다. ① 첫째, 통일은 외세의 간섭 없이 자주적으로 해결한다. 둘째, 통일은 무력에 의거하지 않고 평화적 방법으로 해결한다. 셋째, 사상과 이념, 제도의 차이를 초월하여 민족대단결을 도모한다 ② 긴장완화, 중상·비방 중지, 무력도발 중지 ③ 남북간 제반 교류 실시 ④ 적십자회담 적극 협조 ⑤ 서울과 평양 사이 상설 직통전화 개

남북공동성명이 발표된 배경에는 남북 화해와 통일이라는 순수한 목적이 아닌 다른 불순한 동기가 끼어 있었다. 「유신을 위한 멍석 깔기」, 즉 남북문제를 유신의 사전 정지 작업으로서 이용하려 한 것이다. 7·4남북공동성명이 발표된 지 3개월 후인 1972년 10월 17일에 유신체제를 선포한 것이나, 10월 27일 비상 국무회의가 유신헌법안을 공고한 것으로 미루어 석 달 전인 7·4 공동성명 발표 훨씬 전부터 유신헌법안을 연구했음이 틀림없었다. 박정희는 정상적인 방법으로는 집권 연장이 불가능하자 7·4공동성명을 통해 국민들의 남북통일에 대한 기대치를 높인 다음, 기존의 「대의제 민주주의가 비생산적·비능률적이기 때문에 다가올 남북통일에 효율적으로 대처할 수 없다」고 주장하고, 평화적 통일을 지향하고 국가발전을 도모하기 위해서는 한국인의 체질에 맞는 「한국적 민주제도」를 고안해야 한다고 주장하면서 유신체제를 선포한 것이다.

유신체제의 지배구조는 압도적으로 박정희의 일인 지배구조였다. 일인지배체제 아래서 대통령의 권한은 절대적이었다. 1972년 11월 21일 국민투표와 함께 확정된 유신헌법은 대통령의 지위를 입법·사법·행정 등 3부 위의 제왕적 지도자로 군림하게 만들었다. 대통령의 연임 제한 조항이 철폐되고, 대통령은 통일주체국민회의라는 어용기구에 의해 간선제로 선출하였다. 유신시대에 통일주체국민회의 대의원들에 의해 두 차례 대통령 선거가 실시되었는데, 첫 번째 선거인 1972년 선거에서는 2,359명의 대의원 중 무효 2표를 제외한 2,357명이 박정희를 지지하였고, 6년 후인 1978년 선거에서는 2,583명 가운데 2,581명이 참석해 무효 1표, 기권 3명을 제외한 2,577명이 박정희를 지지하였다. 대통령 선거라는 것은 하나의 치장에 불과했으며, 투표 절차도 요식행위에 지나지 않았다.

유신헌법은 삼권 분립과 의회민주주의의 원칙을 부정하였다. 대통령은 국회의원 3분의 1을 통일주체국민회의의 동의를 받아 임명했다. 또 1선거구에서 2명을 뽑도록 바꾼 선거법에 따라 집권여당은 지역구에서도 보다 쉽게 과반수 의석을 확보할 수 있었다. 집권여당은 실질적으로 국회의원 3분의 2 이상을 장악한 것이나 마찬가지였다. 국민의 기본권에 해당하는 언론·출판·집회의 자유도 철저히 통제하였으며, 긴급조치권이라는 악법을 통해 국민들의 저항권을 원천적으로 봉쇄하려 하였다. 학원도 교련교육을 매개로 병영화를 시도하였다.

제도적 폭력은 항상 '자유민주주의 체제의 수호'라는 명분으로 이루어졌다. 그러나 유신체제는 사실상 이승만 정부 이후 제3공화국 정부 때까지 제한적이나마 명맥을 유지해

왔던 대의제 민주주의 즉 자유민주주의 제도에 대해 사형 선고를 내린 것이나 마찬가지였다. 유신체제는 1920~30년대에 이탈리아와 독일에 등장했던 파시즘 체제와 매우 유사했다. 일인 영구집권 보장, 의회의 무력화, 긴급조치권 등 거의 대부분의 내용에서 파시즘 체제의 복사판이나 다름없었다. 유신체제의 필요성과 정당성을 옹호하는 논리에서도 무솔리니나 히틀러의 논리를 그대로 차용하였다. 대의제 민주주의가 당파심을 조장하고 계급 분열을 부추기며, 비능률적인 제도로서 영국이나 프랑스 등 서유럽 국가들에는 적합하나 자신들이 통치하는 국가에는 적합하지 않은 제도라고 주장한 점에서 박정희와 무솔리니·히틀러는 유사하였다.

그러나 유신체제와 같은 폭압적 제도하에서도 4월혁명 정신이 지향했던 민주주의를 향한 경향성은 계속 살아 있었다. 유신체제가 선포된 직후부터 야당·대학생·재야인사들을 중심으로 유신체제에 대한 비판과 유신헌법 철폐운동이 지속적으로 일어났다. 유신체제에 대한 도전은 1973년 10월 서울대 문리대생들의 시위로부터 시작되었다. 같은 해 12월에는 직선제 개헌 청원 백만인 서명운동이 일어났다. 정부는 이에 맞서 1974년 1월 8일 긴급조치 1, 2호를 발동하였다. 긴급조치 1호는 "대한민국 헌법을 부정, 반대, 왜곡 또는 비방하는 일체의 행위를 금한다"고 발표하고 이를 어길 시에는 "15년 이하의 징역에 처한다"고 엄포를 놓았다.

그러나 전국의 대학생들은 1974년 봄에 다시 유신체제에 대항하기 위한 전국적인 시위를 계획하였다. 그러자 정부는 1974년 4월 3일 긴급조치 4호를 발동하여 시위 주동자에게는 최고 사형을 선고하고 대학을 폐교시키겠다고 위협하였다. 이른바 민청학련사건으로 명명된 이 사건으로 1천여 명이 연행, 구속되었고 205명이 기소되었다. 1975년 5월 13일 선포되어 박정희 대통령이 피살될 때까지 지속되었던 긴급조치 9호는 유신체제와 유신헌법에 대한 비방은 물론이요 정부에 대한 어떠한 비판도 유언비어라는 이름으로 단속했다. 유신시대의 대한민국은 시인 양성우의 표현대로 '겨울공화국'이었다.

총과 칼로 사납게 윽박지르고
논과 밭에 자라나는 우리들의 뜻을
군홧발로 지근지근 짓밟아대고
밟아대며 조상들을 비웃어대는
지금은 겨울인가
한밤중인가
논과 밭이 얼어붙는 겨울 한때를

여보게 우리들은 우리들을

무엇으로 달래야 하는가 (양성우 「겨울공화국」 일부, 시선집 『꽃날리기』)

○ 프랑스의 지성 사르트르는 1942년부터 1945년까지 독일 나치 치하에서 숨죽여야 했던 프랑스 지성인들의 고통스러운 심정을 「겨울공화국」이라는 시로 표현하였다. 마찬가지로 시인 양성우는 유신시대의 암울한 현상을 「겨울공화국」이라는 시로 표현하여 독재정권에 저항하였다. 그는 이 시로 인해 그가 재직하던 광주중앙여고에서 해직되는 아픔을 겪었다.

겨울공화국은 문화 분야라고 예외가 될 수 없었다. 방송 프로그램은 일일이 정보기관의 감시와 통제를 받았다. '총리와의 대화' '정부와의 대화' 같은 정부 홍보정책 프로그램이 홍수를 이루고 반공·반북 선전 내용을 담은 연속극, 비화 등이 연일 방영되어 시청자들을 너나없이 반공·반북주의자로 만들었다. 영화 제작에서 창의성과 예술성은 뒷전으로 밀리고 홍보성·계몽성이 제일 우선적 평가 기준이 되었다. 가요 분야에서도 양희은의 「아침이슬」, 김민기의 「친구」, 김추자의 「거짓말이야」, 이미자의 「기러기 아빠」 등 많은 노래들이 금지곡에 포함되었다. 왜색풍, 창법 저속, 불신 풍조 조장, 퇴폐성이 주된 이유였으나 실제로는 가사가 위정자들의 마음에 거슬렸기 때문이었다. '가요 대학살'로 불리는 유신시대의 대대적인 금지곡 조치는 자유분방한 청년문화의 싹을 완전히 잘라버린 폭거였다.

1978년 총선에서 제1야당인 신민당이 집권여당인 공화당보다 더 많은 득표율을 올린 데 이어 1979년 5월에 신민당 총재로 선출된 김영삼은 대여투쟁에서 온건노선을 걸은 이전 지도부와 달리 유신체제에 대한 전면적 투쟁을 선언하였다. 그러자 중앙선거관리위원회는 김영삼을 총재로 선출한 신민당 전당대회에 불공정행위가 있었다고 발표하였다. 이 발표가 있자마자 신민당 내 김영삼 총재 반대파들은 전당대회 결과에 대한 무효소송을 제기하였고 법원은 김영삼의 총재직 박탈을 결정하였다.

김영삼은 이 일련의 과정에 정부가 개입했다고 확신하고 『뉴욕 타임스』지와의 회견에서 미국 정부가 독재정권과 민주주의를 열망하는 한국 국민 중 하나를 선택할 것을 요구하였다. 그러자 공화당과 유신정우회는 김영삼이 국가를 모독했다는 논리를 전개하며 김영삼의 의원직을 박탈하는 폭거를 자행하였다. 국회에서 공화당과 유신정우회 소속 국회의원만으로도 3분의 2가 넘는다는 점을 악용한 것이다.

집권여당의 이런 폭거는 국민적 공분을 사기에 충분했다. 박정권의 조종弔鐘은 항구도시 부산과 마산에서 울렸다. 김영삼의 정치적 본거지인 부산과 마산·창원에서 학생과 시민들은 10월 16일부터 대규모 시위를 벌여 집권여당의 폭거에 항의하였다. 학생 시위에 시민들이 합세하여 부산은 한때 무정부 상태가 되었다. 정부는 10월 18일 부산에 계엄령을 선포하였으나 계엄 하에서도 학생·시민들의 투쟁은 한동안 계속되었다. 시위는 마산과 창원으로 확대되었고 정부는 마산·창원에 위수령을 발동하였다. 정부는 물리력으로 양 지역의 저항을 제압하기는 하였으나 민심이 완전히 정부에 등을 돌리고 있음이 확인되었다. 그동안 철권통치 아래 억눌려왔던 국민의 정치적 불만이 김영삼에 대한 탄압을 계기로 폭발한 것이었다.

박정희 정권의 정치적 본거지인 영남 지역에서 대규모 반정부쉬위가 발생 한 것은 권력 상층부에 큰 충격을 가져다주었다. 부마항쟁을 계기로 권력 상층부에 정국 운영 방식을 둘러싼 견해 차이와 권력을 둘러싼 권력투쟁이 일어났다. 마침내 10월 26일 밤 온건론을 주장한 김재규 중앙정보부장은 박정희 대통령과 강경파의 중심인물이자 파워게임의 라이벌인 차지철 경호실장을 살해하고 말았다. 박정희의 18년 장기집권이 끝나는 순간이었다.

유신체제는 박정희 일인 독재체제를 특징으로 한다. 박정희는 집권 18년 동안 그의 뒤를 이을 후계자를 키우지 않았다. 따라서 박정희가 사라진 상황에서 유신체제가 더는 존속될 수 없었다. 유신체제는 민주화세력의 압박과 권력 내부의 파워게임이 결합되는 양상으로 와해되었다.

(3) 5·16 때와 똑같은 이유로 쿠데타 일으키고 군사독재정권 수립

박정희가 피살된 다음 날인 1979년 10월 27일 제주도를 제외한 전국에 비상계엄령이 선포되었다. 국무총리 최규하가 대통령 권한대행이 되었고, 계엄사령관으로는 정승화 육군참모총장이 임명되었다. 정승화 계엄사령관을 중심으로 한 군 수뇌부는 군이 정치적 중립을 유지하고 합법적인 방법에 따라 정치 일정을 고수하겠다고 약속하였다. 최규하 권한대행도 11월 10일 특별담화를 통해 기존의 헌법 절차에 따라 대통령 선거를 실시하되 새로 선출된 대통령은 잔여 임기를 채우지 않고 빠른 시일 내에 헌법 개정을 실시하여 정치질서를 정상화하게 될 것이라고 말하였다.

최규하는 1979년 12월 6일 유신헌법에 의거하여 통일주체국민회의 대의원 대회에서 정식으로 10대 대통령에 선출되었다. 그는 대통령에 취임 후 긴급조치 9호를 해제하고 김대중의 가택연금을 해제하는 등 유신시대의 억압조치를 부분적으로 해제하는 조치를 취했다. 그러나 그는 민주화 일정에 대한 모호한 태도와 우유부단한 성격, 그리고 능력 부족으로 인해 곧바로 민주화 세력들의 강력한 비판에 직면하였다.

절대권력자 박정희가 사라진 직후 집권여당인 공화당은 김종필을 총재로 선출하여 박정희 이후에 대비하기 시작했다. 제1야당인 신민당 역시 즉각 김영삼 총재 체제로 복귀하여 집권 준비에 들어갔다. 12월에 정치활동 금지조치에서 풀려난 김대중도 정치활동을 재개하였다. 그러나 박정희의 통치체제가 갑작스럽게 붕괴된 상황에서 집권세력인 공화당이나 민주화세력인 야당 모두 정치적 공백과 계엄정국에 대한 적절한 대처 방법을 찾지 못했다. 집권 여당인 공화당은 김종필이 이끌고 있었지만 박정희의 후계자로서의 확고한 기반을 구축하지 못한 까닭에 집권세력 내 여러 정파들을 조정하며 비상시국을 이끌 충분한 지도력을 발휘하지 못했다. 야당 역시 오랜 민주화운동 경력에도 불구하고 비토세력을 압도할 물적 기반이나 비상시국에 대처할 일사불란한 지도력을 갖추고 있지 못했다.

한편 군부는 박정희 피살사태에 대한 처리 방식 및 계엄령 하에서의 정국 운영 방식을 둘러싸고 정승화 계엄사령관을 중심으로 한 선배 그룹과 전두환 보안사령관을 중심으로 한 '신군부'세력 양 집단으로 크게 갈라졌다. 전자는 민간으로의 권력 이양과 민주정부의 수립을 대세로 여기면서 되도록 정치적 중립을 지키려 하였고, 후자는 박정희 체제의 종식에도 불구하고 여전히 유신체제의 지속과 군부의 기득권 유지를 모색하고 있었다. 특히 후자는 군내의 비밀 서클이었던 하나회 출신들을 중심으로 견고한 단결력과 조직력을 구축한 군내의 실세 그룹이었다. 박정희 시절부터 군 내의 요직을 장악하면서 군 내의 핵심세력으로 성장한 이들은 박정희가 피살되고 유신체제의 붕괴가 가시화되자 자신들의 특혜 조직도 와해될지 모른다는 불안감을 갖게 되었다.

그래서 그들은 그동안 누려온 기득권을 계속 유지해갈 방안을 찾았고, 그 구체적인 행동의 제1단계 조치로 군권 장악 즉 12·12사태를 일으켰다. 1979년 12월 12일 전두환 보안사령관을 중심으로 한 신군부는 박정희 피살사태에 정승화가 연루되었다는 구실을 내세워 정승화를 제거하고 군권을 장악한 것이다. 12·12사태는 민주화를 대세로 여기던 정국에 돌연 긴장 국면을 조성하는 직접적 계기가 되었다.

1980년 봄 학기가 되자 유신체제하에서 민주화운동을 하다 강제로 학교를 떠난 교수와 학생들이 학원으로 돌아왔다. 대학마다 조금씩 차이가 나기는 했지만 복학생들은 대개 재학생들의 민주화운동을 지도하는 입장에 섰다. 각 대학의 학생들은 먼저 유신체제하에서 훼손된 대학의 자율권·자치권을 회복하는 데 관심을 가졌다. 학도호국단을 폐지하고 총학생회를 부활시키는 운동이 첫 번째 과제였다. 대학마다 총학생회가 구성되었고, 대부분의 대학에서 학원 민주화운동이 전개되었다. 일부 대학에서는 유신체제하에서 반민주적 행위에 앞장선 어용교수 퇴진운동도 일어났다.

한편 최규하 대통령은 1980년 1월 19일 연두 기자회견 이래 개헌의 정부 주도 입장을 계속 천명하여 정치권을 긴장시켰다. 여야 정당과 국회는 먼저 국회가 개헌의 골격을 만들면 정부가 그것을 받아들여야 한다는 국회 주도의 개헌 입장을 가지고 있었다. 개헌의 내용과 관련해서도 김종필·김영삼·김대중 등 이른바 3김씨와 여야 정당들은 대통령제와 직선제를 골자로 한 개헌을 추진하려 한 반면, 최대통령은 새로 제정할 헌법에서는 남북분단 등 한반도 상황을 충분히 고려한 권력구조가 만들어져야 한다고 주장하면서 매우 모호한 입장을 드러냈다. 정치 일정과 관련해서도 여야 정당은 좀더 구체적인 정치 일정을 밝히고 신속한 개헌 작업에 들어가야 한다고 주장한 반면에 최대통령은 정치 일정을 준수하겠다는 원론적인 입장만 반복하였다.

게다가 4월14일에는 신군부의 핵심인물인 전두환 보안사령관을 중앙정보부장 서리로 겸임 발령을 내렸다. 정치권과 민주진영이 긴장하지 않을 수 없었다. 12·12반란을 통해 군부를 장악한 전두환 보안사령관이 민간 정보 사령탑까지 겸하게 된 것은 곧 전두환이 실질적인 최고 권력자가 되었다는 것을 의미하기 때문이다. 최규하 대통령은 이제 허수아비로 전락했다는 것이 정치권과 언론의 평이었다. 전두환이 정국의 핵심인물로 부상하면서 정국의 불확실성은 더욱 가중되었다. 이원집정부제 개헌설, 친여 신당설 등 각종의 풍문이 떠돌아다녔다. '안개정국'이라는 말이 유행어가 되다시피 하였다.

○ 김영택은 신군부의 권력 장악 음모와 관련하여 1979년 12·12사태를 1단계 쿠데타로, 그리고 1980년 4월 14일 전두환이 중앙정보부장 서리에 취임한 것을 2단계 쿠데타로, 그리고 1980년 5월 17일 비상계엄령을 전국적으로 확대 실시한 것을 3단계 쿠데타로 규정하였다.(김영택 「5·18광주민중항쟁의 초기 성격」 『한국현대사연구』 한국정신문화연구원 1998)

이렇게 민주화 일정이 불확실하게 되자 학생들은 5월부터 본격적으로 학원 문제에서 국내 정치 문제로 관심을 돌렸다. 대학생들은 특히 5월 13일부터 16일 사이에 전국적으로 전두환 퇴진, 계엄령 해제, 직선제 개헌 실시 등의 구호를 내걸고 대규모 시위를 전개하였다. 서울에서는 5월 13일부터 5월 15일까지 시위가 계속되었는데, 15일의 서울역 광장 집회에는 무려 10만여 명의 학생과 시민들이 모여 민주화를 촉구하였다.

한편 유신체제하에서 차별받고 기본적 권리조차 보호받지 못한 노동자들은 10·26사태 이후 노동운동의 탄압이 약해진 권력 재편기를 맞아 그동안 억눌렸던 불만을 격렬하게 표출해냈다. 이들의 불만이 얼마나 컸는지는 1980년 1월부터 4월 말까지 발생한 노사분규 발생 건수가 1979년 한 해에 발생한 105건의 8배에 달하는 809건이라는 노동청 통계가 잘 대변하고 있다. 그 폭발력 또한 엄청났다. 어용노조위원장 문제로 야기된 분규가 강원도 사북읍 전체를 4일간이나 점령하게 만든 사북탄광 노동자투쟁이나, 부산의 동국제강 노동자 1천여 명이 임금 문제로 본사 사무실을 점거한 행위가 이를 상징적으로 보여주고 있다.

정치권은 3김씨를 중심으로 다가올 대통령 선거에 대비함과 동시에 신군부세력의 정치적 음모에 대한 경계에 들어갔다. 3김씨는 치열한 경쟁을 벌이면서도 직선제 개헌과 계엄령 해제, 그리고 민간정부로의 권력 이양이라는 기본 방향에서는 이해관계를 같이하였다. 3김씨를 포함한 주요 정치세력들은 거의 모두 자유민주주의와 자본주의 체제를 지지하였다. 그러나 3김씨를 포함한 정치세력과 학생·재야세력들은 신군부의 세력 기반과 물리적 힘을 간파看過(보지 못하고 지나치다)하였다.

특히 야당을 포함한 민주화세력들은 10·26사태에도 불구하고 박정희정권을 지탱했던 지배세력이 그대로 온전하게 존속하고 있다는 사실을 충분히 간파看破(속내를 알아차림)하지 못했다. 김영삼과 김대중 등 민주화세력이 양편으로 갈리어 경쟁하는 것 자체가 잘못된 것은 아니었지만 기존 지배세력의 강고한 힘과 신군부세력의 유신체제 연장 음모 등을 감안하여 단결해야 할 때 그들은 분열하고 경쟁하여 민주화세력의 힘을 약화시켰다.

신군부는 12·12사건으로 군권을 장악한 다음 정치권과 학생들의 민주화요구에 반격을 가할 준비에 착수했다. 신군부는 민주화세력들의 저항에 대비하여 이미 1980년 초부터 물리적 진압작전을 준비했다. 1980년 2월부터 실시된 충정훈련은 그 준비 과정 중 하나였다. 1980년 2월 18일 육군본부는 1.2.3군 사령관과 공수사령관, 수경사령관에게 내린 특별 지시를 통해 1/4분기의 폭동 진압훈련(충정훈련)을 2월 중 조기 실시해서 완료하라는 지시를 내렸는데 5·17조치는 바로 이 충정훈련의 이행이나 다름없었다.(비상계엄령 확대 실시. 노영기「5·18항쟁과 군대에 관한 연구와 전망」『민주주의와 인권』제5권 1호 2005)

여기서 주목해야 할 것은 민주화운동 진압작전의 주력부대를 공수부대로 결정한 사실이다. 공수부대는 요인의 암살과 적의 후방에 침투하여 신출귀몰한 게릴라전을 수행할 수 있는 최정예 병사들로 구성된 특수부대이다. 그들은 속성상 자국의 시민들을 상대로 충정작전을 수행하기에는 지나치게 과격하고 또한 터무니없이 강력한 부대였다.(박만규「신군부의 광주항쟁 진압과 미국 문제」『민주주의와 인권』제3권 1호 2003)

그럼에도 불구하고 신군부가 일반시민들을 상대로 할 시위 진압작전에 공수부대를 파견한 것은 그들이 민주화운동과 시위대의 성격을 사실상 적과 동일시했다는 것을 의미한다. 해방 직후 정권에 대해 비판하거나 반대하는 자들을 경쟁 상대가 아니라 적과 동일시하면서 무자비하게 양민을 학살해온 불행한 역사가 1980년 다시 재현될 조짐을 보이고 있었다.(최영태, 앞의 글, 124쪽)

유신체제가 무너진 시점에서 오랫동안 억압통치에 짓눌렸던 노동자들과 학생들이 노동자들의 정당한 권리를 주장하며, 혹은 민주국가로의 복귀를 주장하며 시위와 투쟁을 전개한 것은 너무나 당연한 일이었다. 그러나 오랫동안 권위주의 체제와 반공 이데올로기(평등 이념을 누르기 위한, 증오를 품은 이념)에 익숙해 있던 국민들에게 노동운동 및 학생운동의 갑작스러운 대량 분출과 경찰과의 충돌은 우려의 대상이 되기도 했다. 민주진영의 일부는 이런 상황에 우려를 표명하면서 국민들을 안심시키고 민주화 일정을 방해하려는 신군부에게 반격의 빌미를 주지 않기 위해 학생들이 당분간 시위를 자제하는 게 좋겠다는 의견도 내놓았다.

학생들은 이런 여론을 수렴하여 15일의 시위를 끝으로 당분간 대규모 시위를 중지하기로 결정하였다. 3일간의 대규모 시위로 학생들의 의사를 충분히 전달했고, 또 국민들 중 일부가 사북사태 등 과격한 노동운동에 이은 학생들의 대규모 시위에 대해 불안감을 느낀다는 점, 그리고 전두환 등 신군부가 학생들의 시위를 시국 불안의 이유로 삼아 불순한 행동에 나서게 될지 모른다는 점 등을 학생들이 고려한 결과였다.

그러나 민주화 일정을 지연시키면서 유사類似 유신체제의 구축과 권력 장악의 기회만을 엿보고 있던 신군부에게 학생들의 민주화 촉구 대회와 자제 노력은 전혀 영향을 주지 못했다. 신군부는 국회가 계엄령 해제를 결의할 움직임까지 보이자(신민당 의원 66명이 계엄 해제 촉구 결의안 의결을 위한 국회 소집 요구서를 제출하자 국회는 5월 17일 이를 처리하기 위한 임시국회를 5월 20일 소집한다고 공고하였다.) 오히려 일정을 앞당겨 5월 17일 전격적으로 비상계엄령 확대 실시라는 반민주적 폭거를 자행하였다. 2월에 이미 폭동 진압훈련(충정훈련)을 실시하면서 물리력 행사에 대비한 신군부에게 국민들의 민주화 요구는 메아리 없는 외침에 불과했다.

1980년 봄의 민주화운동이 실패한 요인 중 하나로는 중간계층, 특히 신중산층이라고 불리는 시민들을 끌어들이지 못한 것을 들 수 있다. 1980년 봄을 '민주화의 봄'이라고 불렀지만 실제로 1980년 봄의 민주화운동은 「정치권과 대학생들의 민주화운동」 범위를 크게 넘어서지 못했다. 신군부의 권력 장악 음모가 충분히 감지되는 상황이었지만 중간계층들은 5월 13일부터 시작된 학생들의 시위에 거의 합류하지 않았다. 1980년 봄에 중간계층들이 보인 이런 태도는 1987년 6월항쟁 때 중간계층들이 항쟁에 적극 가담하

1980년 5월 15일 서울역 광장. 이날 집회를 끝으로 학생들은 신군부에 빌미를 주지 않으려 시위를 자제했다.(최영태 외 『5·18 그리고 역사』 길 2014)

여 중요한 역할을 한 것과 크게 비교가 된다.

1980년 당시 중간계층들은 1987년에 비해 양적으로도 훨씬 덜 성장해 있었고, 원칙적으로는 민주화를 바라면서도 중소자본가와 마찬가지로 학생들을 중심으로 한 민주화 투쟁에 참여하지 않는 방관적 태도를 보이거나 경제회복을 위한 정치적 안정화를 암묵적으로 지지하는 분위기였다.(손호철 「5·18광주민중항쟁의 재조명」한국정치학회 엮음 『한국현대정치사』 법문사 1996)

결국 박정권 아래에서 일정 정도 경제성장의 과실을 향유한 데다, 학생들의 시위가 정치적·경제적 안정을 깨뜨릴 수 있다는 우려감, 박정희체제가 무너진 후의 과도기 상황에서 안보 불안감 등 여러 가지 요인들이 작용하여 일반 시민들의 행동력을 제약하였다. 이렇게 다수 민중이 동참하지 않는 상황에서 견고한 물리력을 보유하고 있던 신군부에 맞서 싸운 학생과 재야세력의 투쟁력은한계가 있을 수밖에 없었다.

(4) 각 지역별 사회경제적 상황과 민주화 투쟁 역량 비교

1980년 봄에 일어난 민주화운동은 전국적 성격을 띠었다. 유신체제 선포 이후 계속된 민주화운동, 그리고 가까이는 부마항쟁의 연장선상에서 1980년 봄의 민주화운동이 일어났다. 특히 '서울의 봄'이라는 표현이 상징하듯이 1980년 봄의 민주화운동은 서울이 중심이었다.5월 15일 서울역에는 35개 대학에 재학 중인 학생과 시민 등 10만 명 가량이 모여 민주화의 열기를 내뿜었다. 5월 14일부터 16일까지 광주에 소재한 전라남도 도청 앞에서 전개된 대규모 민주화대회도 전국적으로 전개된 민주화운동의 일부로서 이해할 수 있다

5·18광주항쟁은 멀리는 자유민주주의 국가를 건설하려는 4.19혁명의 지향성에 의해, 그리고 가까이는 1980년 봄 민주화운동의 연장선상에서 그 배경을 살필 수 있다. 그러나 이러한 전국적 상황만 가지고는 광주항쟁의 배경과 원인을 충분히 설명할 수 없다. 5월 18일 오후부터 광주에 투입된 공수부대는 시위에 참가한 학생들 뿐만 아니라 거리에서 눈에 띄는 거의 모든 시민들을 향해 상상을 초월한 폭력을 휘둘렀다. 이러한 폭력은 시위에 가담한 사람들을 효과적으로 제압하는데 그치는 것이 아니었다. 그러한 잔인한 폭력은 거리의 시민들까지 공포심을 느끼게 하여 집으로 돌아가도록 하거나 혹은 시위에 참여하지 못하도록 하는 심리적 효과를 가져다주었다.

이러한 경험은 1979년 부마항쟁 진압 과정에서 어느 정도 확인되었다. 그러나 광주에서는 그것이 안 통하였다. 광주 시민들은 남녀노소를 불문하고 모두 서로 철저하게 단합하여 계엄군과 신군부에 대항하였다. 최정운의 표현을 빌리면 "개인으로서의 존재가 완전히 사라져버린 절대공동체"를 형성하여 맞선 것이다. (「시민공동체의 형성과 변화」 나간채·강현아 엮음 『5·18항쟁의 이해』, 최정운 『오월의 사회과학』 풀빛 1999)

여기서 우리는 비상계엄령이 확대 실시된 다음 날인 5월 18일 오전에 왜 전남대 학생만이, 그리고 더 나아가 광주 시민만이 5.17 계엄확대조치와 계엄군에 그토록 강하게 저항했는지 그 이유가 궁금하지 않을 수 없다. 대부분의 역사적 사실에 일반성과 특수성이 병존하는 것처럼 광주항쟁에도 전국성과 더불어 광주·전남만이 갖는 특수성이 있다고 보아야 한다. 이런 특수성에 대한 조명이 이루어져야 비로소 광주항쟁의 진정한 성격을 이해할 수 있을 것이다. 앞에서 살펴본 역사적·정치적 배경이 광주를 포함한 전국적 민주화운동의 배경이 된다면 다음에 살필 지역적 배경은 그런 특수성에 해당한다.

지역적 배경은 크게 정치적·사회경제적·역사적 배경으로 나누어 살필 필요가 있다. 먼저 정치적 배경으로서 간과해서는 안 될 요인 중 하나는 인재 등용에서 호남인들에 대한 차별이었다. 김만흠의 조사에 의하면 박정희 정권 시절 전체 고위관료의 30.1퍼센트를 경상도 인사가 차지하였으며, 이러한 비율은 절대적 규모에서 전라도의 2배 이상 되는 것이었다. 박정희 시대의 엘리트 충원에 지역 간 격차가 심각했다는 것을 보여주고 있다. (김만흠 『한국사회 지역갈등 연구: 영남·호남 문제를 중심으로』 현대사회연구소, 1987)

지역적 격차는 고위직으로 갈수록, 특히 핵심 정책결정기구로 올라갈수록 더욱 심해졌다. 더욱 심각한 문제는 관료사회의 호남 배제 분위기가 민간 부문에도 그대로 투영되

었다는 데 있다. 국가 관료가 사회 자원의 배분과 권력 관계를 주도적으로 구축해온 제 3·4공화국 시기 동안 행정기관의 눈치를 보아야 했던 기업들은 행정 관료들이 호남 사람을 싫어한다는 이유로 덩달아 호남 출신을 기피했다. 호남 출신들은 개인적 능력과 무관하게 출신 지역 때문에 취업과 승진의 기회를 제약당하는 상황에 직면하게 된다. 정치적 소외와 배제가 사회 전 영역에 걸쳐 확대·심화되어 있었던 것이다.(최영진「정체성의 정치학:5·18과 호남지역주의」『민주주의와 인권』제1권 2호 2002)

박정희시대 불균형성장 정책의 특징 중 하나는 지역차별정책이었다. 호남 지역에 대한 차별은 그 대표적인 사례에 해당한다. 박정희 시대의 호남 지역은 사회경제적으로 두 가지 측면에서 매우 불리한 처지에 놓여 있었다.

첫째, 농림수산업의 비중이 컸던 호남 지역은 공업 우선 및 농촌 희생 정책의 최대 피해 지역이 되었다.

둘째, 공업화정책에서의 소외다. 국가 주도의 경제정책 집행 과정에서 호남 지역은 철저히 소외되었다. 1960년대 이전에도 산업지형이 수도권과 영남권을 중심으로 형성되었지만 그런 불균형은 1960년대 이후 더욱 심화되었다. 국가가 산업기지개발촉진법을 제정하여 사회간접자본의 건설에 집중적인 투자를 하였고 이를 통해 형성된 것이 동남해안 공업벨트와 서울·경기 지역의 공단이었다.(이종범「지역적 배경」 나간채·강현아의 책, 이헌창『한국경제통사』법문사 2003, 김제안「5·18의 경제적 배경」『5.18민중항쟁사』광주광역시 사료편찬위원회 2001)

종업원 수와 사업체 수, 생산액과 부가가치 등 모든 측면에서 수도권의 비중은 압도적이며, 영남권의 신장도 두드러진 반면 호남권의 비중 감소는 매우 급격하게 진행되었다.

○ 한국사회에서 지역 간 갈등이 첨예하다고 일컬어지고 있는 호남과 영남 사이의 산업화 상황을 대비해보면 호남 지역의 소외 현상은 더욱 분명하게 드러난다. 우선 사업체 수에서 1963년과 1976년을 비교해보면 1976년에는 영남이 호남의 2.15배에서 2.3배로, 그리고 1963년과 1989년을 비교해 보면 5.0배로 확대되었다. 생산액에서는 영남과 호남의 격차가 1963년 3.5배에서 1976년 5.2배로, 1989년에는 6.6배로 더욱 큰 격차를 보이고 있다.

■**연도별 지역별 인구 비율**

구분	서울	경기	충청	전라	경상	강원·제주
1960년	9.8	11.0	15.6	23.8	32.2	7.7
1970년	17.6	10.7	13.8	20.4	30.4	7.1
1980년	22.3	13.2	11.7	16.2	30.5	6.0

자료: 국토개발연구원「제2차 국토종합개발계획」제2편 인구정착 기반의 조성(1982)

공업화 우선 정책에 따른 농촌 경제의 파탄으로 이농 인구가 급증하였지만 호남지역의 도시들은 광공업이 부진하고 사회간접자본 시설 투자가 미흡하여 농촌의 이동 인구를 흡수할 수도 없었다. 결국 호남 지역민들은 역외 이주의 길을 택할 수밖에 없었다.

앞의 표에서 드러나는 것처럼 호남 지역의 인구감소는 농촌의 피폐와 공업화로부터의 소외 현상을 가장 압축적으로 반영한다. 이 시기 인구 이동의 큰 흐름은 수도권 집중이었지만 영남 지역과 호남 지역의 인구감소 비율을 보면 호남지역의 상대적 피폐 현상을 쉽게 알 수 있다. 표에서 보듯 호남 인구는 1960년도에 23.8퍼센트이던 것이 1970년에 20.4퍼센트 1980년에는 16.2퍼센트로 감소하였다. 반면에 영남인구는 1960년대에 약간의 감소가 있었지만 그 후 일정한 비율을 유지하고 있음을 알 수 있다.

호남지역의 중심도시인 광주의 인구는 1980년 당시 약 73만 명이었다. 광주는 당시 전통적 농촌공동체 문화를 비교적 많이 갖고 있는 지역으로서 '한 다리 건너면 다 아는' 그런 상황이었고 따라서 거리에서 폭력을 당하는 젊은이들을 시민들이 아는 경우가 많았다. 또 도시의 규모가 크지 않아 시내의 소식이 빠르게 광주 시민들 간에 유포될 수 있었다. 또 광주는 공간적으로 다수의 도로를 통해 호남 각지를 연결하는 교통의 중심지였고 호남을 서울과 연결하는 통로였다는 점 때문에 부근의 중소도시나 인근 농촌 지역인 목포·나주·함평·화순·해남·강진·영암 등으로 투쟁이 쉽게 확산될 수 있었다.

대자본의 존재가 미미한 탓으로 광주 시민 중 대자본에 고용된 인구는 매우 낮았으며, 3차 산업에 종사하는 인구와 불완전 취업 인구 및 농촌에서 유입된 산업 예비군층이 다수를 차지하였다. 1980년 광주 지역의 산업별 총생산은 1차 산업 2.41퍼센트, 2차 산업 31.32퍼센트, 3차 산업 66.27퍼센트로 구성되어 있어 3차 산업의 비중이 전국 평균 45 퍼센트보다 20퍼센트 이상 상회하고 있다. 또 서비스 업종의 내용은 대체로 유통 부문 및 각종 서비스 업소와 영세 상인들로 구성되어 있었다. 따라서 광주지역은 호남에서가장 발전된 도시임에도 불구하고 광주 시민의 1인당 연간소득은 전국 평균보다도 낮았다.

노동자들의 상황은 더욱 열악하였다. 1980년 당시 광주 지역에서 제조업 부문의 대기업으로는 섬유업 분야의 일신방직·전남방직·무등양말 등이, 기계공업 분야의 아시아자동차·화천기공·삼양타이어·호남전기 등이, 그리고 서비스·유통 부문에서는 금호그룹이 존재했다. 중소기업체들이 집중되어 있었던 광천공단은 입주업체 63개(이 중 종업원 100명 이상인 곳은 3개 업체) 중 대부분이 아시아자동차에 부품을 납품하는 영세업체였는데, 가동률이 저조한 편이었고 노동조건 또한 전국 평균 수준에 비해 극히 열악했다.

노동운동의 상황을 보면 1970년대 말부터 여성 사업장 중심의 섬유업체를 비롯하여 중소기업체의 노동자들이 가톨릭노동청년회 등 종교운동단체의 지원 하에 민주노조를 결성해가기 시작했고 1980년 봄 정치공간에서 다른 지역과 마찬가지로 노동쟁의가 활발하게 일어났다. 열악한 상황에 처해 있었고 1980년을 전후하여 상당 정도 활성화되었던 광주 지역의 노동자들은 초기의 학생시위가 민중항쟁으로 고양된 국면에서 적극적으로 투쟁하였다.

항쟁에 참여한 노동자들은 항쟁에서 결정적인 역할을 했던 차량시위의 운수노동자들을 비롯하여 아시아자동차 노동자, 그리고 일신방직·전남방직 등 섬유업의 여성 노동자들 외에도 일용직·임시직 노동자, 도시빈민 지대의 반半프롤레타리아층 등 다양하게 구성되었다. 물론 이들의 참여는 조직적 참여라기보다 자연 발생적 참여의 수준이었다.

광주시는 호남 지역이라는 농촌을 배후지로 하는 행정 사무 중심지 및 소비성 도시일 뿐만 아니라 교육의 중심지였다. 배후의 농촌 지역 및 인근 중소도시들의 교육 인구들이 집중되는 광주에는 1980년 당시 광주 전체 인구의 7분의 1이 넘는 11만 명이 고등학교 이상의 교육기관에 재학 중이었다. 계급적으로는 부모님들이 농업의 몰락으로 이농한 농촌 쁘띠 부르주아(소자산계층) 출신이거나 전남 지역 내 농촌 출신들로서 이들이 학생 인구 중 상당 부분을 차지하고 있었다. 항쟁이 발발했을 때 부모들이 광주에 거주하는 학생들은 부모들의 보호와 만류로 항쟁 참여율이 낮았던 데 반해 농촌 출신으로서 부모를 떠나 홀로 광주에 거주하는 학생들의 참여율이 상대적으로 높았던 점은 시사하는 바가 크다.(안진 「5·18항쟁의 이해:제2장 사회·경제적 배경」『5·18민중항쟁사』광주광역시 사료편찬위원회 2001)

우리의 근현대사는 부당한 권력, 포악한 권력에 대한 뿌리 깊은 민중항쟁의 역사, 저항의 역사를 갖고 있다. 이러한 역사적 특징을 가장 잘 보여주는 곳이 바로 호남 지역이다. 동학농민전쟁과 한말의 의병활동, 일제시대의 소작투쟁과 광주학생독립운동은 그 대표적 사례에 해당한다.(강만길 「제2장 근대 민족운동의 전통과 광주」『5·18민중항쟁사』, 이상식 「5·18광주민주화운동의 역사적 배경」『향토문화』향토문화개발협의회 2002)

이런 흐름은 해방 이후의 분단과 독재사회에서 전개된 활발한 민족·민주운동에서도 계속 이어졌다. 군사독재에 맞서는 재야 민주화운동의 주요 인사들이 호남을 배경으로 출현해 왔다는 사실이 이를 잘 말해준다.(김진균·정근식 「광주 5월항쟁의 사회경제적 배경」 한국현대사사료연구소 엮음『광주5월민중항쟁』풀빛 1990) 5·18항쟁도 부당한 권력, 비민주적 권력에는 언제나 항쟁해온 호남 지역 민중항쟁사의 맥락에서 그 배경을 살펴볼 수 있다.

여기서는 광주·전남 지역에서 전개된 민족·민주운동의 흐름을 1972년 유신체제 이후로만 한정하여 살펴보았다. 유신체제에 대한 전국적 수준의 저항운동은 이미 앞에서 기술하였지만, 광주는 그 어떤 지역보다 활발하게 저항운동을 벌인 곳이다. 유신체제가 출범한 직후인 1972년 12월에 전남대생들에 의해 「함성」이라는 유신 반대 유인물이 살포되었는데 이것은 전국 최초로 시도된 유신 반대운동 이었다.(나중에 「녹두」로 명칭이 변경되어 간행되다가 적발되어 김남주 등 주모자들이 구속되었다.)

1974년에는 '전국민주청년학생총연맹'(이하 '민청학련사건'으로 기술) 운동사건이 적발되어 전남대생들도 18명이 구속되었다. 민청학련사건 관계자들은 1975년 출감하게 되는데 이후 윤한봉·김상윤 등 사건 관련자들은 대학으로 돌아갈 수가 없는 상황에서 농민·노동운동 등 사회 각 부문운동에 참여하여 민주화운동의 영역을 확대하였다.

그런가 하면 대학 재학생들 사이에서는 운동권 선배들의 영향 아래 혹은 자발적으로 사회과학 서적 등을 탐독하며 사회 현실에 눈을 뜬 '의식화' 동아리들이 많이 결성되었다. 또 일부 학생들은 민족문화운동에 관심을 가지면서 탈춤반과 연극반을 운영하고 은유적 방법으로 유신체제에 대한 비판적 시각을 드러냈다.

1970년대 후반에는 광주지역의 대학생들 사이에서 가난 때문에 정규교육을 받지 못하는 중·고등학교 또래의 학생들을 모아 야간학교를 운영하는 야학운동이 활발하게 일어났다. 이때 활동했던 야학팀들 중에는 광주항쟁 때 중요한 역할을 한 들불야학팀도 있었다. 김영철·윤상원·박관현·신영일·박효선·박기순 등이 강학으로 참여한 들불야학팀은 빈민 지역인 광천동을 무대로 교육봉사활동에 나섰는데 다른 교육봉사서클과는 달리 중·고등학교 과정의 교육 외에도 노동자의 의식화와 조직화, 그리고 민주시민 교육에 큰 관심을 두고 활동하였다.(이종범 「5·18항쟁의 이해:제3장 지역적 배경」 『5·18민중항쟁사』 광주광역시 사료편찬위원회 2001)

1978년 6월에는 「교육지표사건」이 발생했다. 교육지표사건은 처음에는 전국적 차원에서 시작되었다. 연세대의 성래운 교수와 전남대의 송기숙 교수 등 전국의 대학교수들이 유신체제의 정신적 이정표 역할을 하던 '국민교육헌장'의 비민주적·비교육적 내용을 비판하는 성명서 「우리의 교육지표」를 발표하기 위해 서명운동을 전개한 것이다. 그러나 이 사건은 서울 지역 소재 교수들의 서명운동이 차질을 빚게 되면서 송기숙·명노근·이홍길 등 전남대 교수 11명만이 서명한 「성명서 배포사건」으로 끝나고 만다. 이 사건으로 전남대 교수 11명은 전원 해직되고 송기숙 교수는 구속되었다.

전남대 학생들은 이 사건이 발생한 이틀 후인 6월 29일에 교수들의 성명서 발표를 지지하고 구속 교수들의 석방을 요구하며 대규모 시위를 전개하였다. 조선대생들도 시위에 합류하였으며, 전국적으로도 많은 단체들이 「우리의 교육지표」 선언을 지지하는 대열에 합류하였다.

유신체제가 붕괴되기 직전인 1979년 10월에는 전남대 본관에 위치한 학생상담지도 관실에 방화사건이 발생한다. 당시 학생상담지도관실은 광주 서부 경찰서 정보과 형사와 중앙정보부 요원이 상주하던 곳으로 이른바 문제 학생들과 교수들을 감시하고 학내의 동태를 살피던 학문과 대학을 탄압하는 첨병 구실을 하던 곳이다. 전남대에서는 이 사건을 전후로 30여 명의 학생이 구속됐다.(전남대학교 50년사 편찬위원회 『전남대학교 50년사:1952~2002』 2002)

1980년 3월이 되자 전남대에는 1974년 민청학련사건,1978년의 교육지표사건, 1979년의 상담지도관실 방화사건 등 그동안 각종 시위사건으로 제적되었던 학생들이 복학하였다. 이들 중 상당수는 1980년 봄 민주화운동이 본격화되자 직·간접적으로 학내외 민주화운동에 관여하면서 학생운동의 지도적 역할을 담당하였다. 1980년 광주항쟁과 관련하여 구속된 총 49명의 전남대 학생들 중 그 이전 시기에 학생운동을 하다 구속되거나 학교에서 징계를 받은 학생이 14명이나 포함된 사실이 이를 잘 말해준다. 비록 광주항쟁 기간에 직접 구속되지는 않았지만 항쟁에 직·간접적으로 관여한 숫자까지 포함할 경우 학생운동 경력자의 숫자는 훨씬 많을 것이다.

5.17 비상계엄령 확대조치에도 불구하고 전남대생들이 5월 18일 정문 앞에서 계엄군에 맞서 시위를 전개한 배경으로 항쟁 직전인 1980년 5월 16일까지 표출된 당시 전남대·조선대생들을 비롯한 광주 지역 대학생들의 민주화 열기를 빼놓을 수 없다. 특히 항쟁 발발 직전 광주 지역에서 전개된 민주화운동의 열기와 관련하여 박관현 전남대 총학생회장의 역할은 돋보였다. 1980년4월에 실시된 총학생회장 선거에서 이미 출중한 대중 연설 솜씨를 선보인 박관현은 5월 14일부터 16일에 걸쳐 개최된 도청 앞 「민족·민주 대성회」에서 전 시민들을 상대로 민주화의 당위성을 역설하여 큰 호응과 강렬한 인상을 남겼다.

박관현과 학생운동 지도부는 도청 앞의 「민족·민주 대성회」에서 신군부가 대학에 휴교령이나 휴업령을 내리면 전남대생들의 경우 정문이나 후문 앞에서 시위를 전개할 것이라고 주지시켰고, 만약 이것이 불가능할 경우 12시 정오에 도청 앞에 집결하여 계속 시위를 전개할 것이라고 약속하였다. 5월 18일 오전 10시에 전남대 정문 앞에서 시위가 벌어진 것은 이런 일련의 민주화운동사속에서 그 배경을 찾아야 할 것이다.(김병인 「5·18항쟁의 이해:제5장 5·18과 광주 지역 사회운동」 『5·18민중항쟁사』 광주광역시 사료편찬위원회 2001)

한편 1971년 대통령 선거 때 김대중이 선전한 이후 호남인들은 김대중에 대해 각별한 애정을 보였다. 그러나 엄밀히 말해 호남인들이 1980년 이전까지만 하더라도 1980년

5·18항쟁 기간에 광주 시민들이 보여주었던 운명공동체적 집단의식에 기반한 정치적 정체성을 형성했다고 보기는 어렵다. 흔히 호남 지역주의의 투표 행태가 가장 뚜렷이 표출된 최초의 선거라고 지적되는 1971년 대통령 선거에서 호남 유권자들이 보인 투표 행태는 영남 지역에 비해 오히려 덜 지역주의적이었다.

전북 유권자들의 63퍼센트, 전남의 65퍼센트가 김대중 후보를 지지함으로써 높은 지역적 결집력을 이루어냈지만 박정희 후보에게 표를 던진 유권자도 36퍼센트나 되었다. 김대중에 대한 호남 유권자들의 결집도는 영남 지역 유권자들이 박정희 후보에 던진 74 ~76퍼센트에 이르는 지역적 결집에 비해 상대적으로 약한 수준이었다. 야권의 단일 대통령 후보로서, 호남 지역을 대표한 정치 지도자로서 김대중의 등장은 호남인들에게 큰 희망이 되었지만 1970년대 초까지만 하더라도 그들이 각자의 계층적·신분적 이해관계를 넘어서는 차원의 지역적 결집을 이루어낸 것은 아니었다. 이러한 현상은 1970년에 실시되었던 국회의원 선거에서도 나타난다.

이 시기에 치러진 호남 지역의 선거 결과는 다른 지역에서처럼 여촌야도를 제일 큰 특징으로 하고 있다. 1980년 5월 이전의 호남 사람들은 자신들에게 강요되었던 정치적·사회적·경제적 배제와 차별을 인식하고 있었다하더라도, 그에 대한 대응이나 행위 방식은 그들의 일상적인 이해관계만큼이나 분산되어 있었던 것이다.

그러나 1980년에 가까워질수록 호남인들은 영남 출신 대통령의 장기집권과 이 시기에 경제 및 인사정책에서 받는 차별에 분개하게 되고 차별 타개의 돌파구를 민주정권의 수립에서 찾고자 했다. 자연히 호남인들은 민주정권의 수립 운동에서 오랫동안 민주화의 상징으로 각인되어 있던 김대중에게 큰 기대를 가졌다. 호남과 김대중의 이 운명공동체적 성격은 단순히 호남 출신의 한 유력한 정치인과 호남의 연계로만 설명할 수는 없다. 그것은 김대중의 정치적 입지 및 특성이 호남의 정치적·경제적·사회적 위상을 첨예하게 담아 내고 있었기 때문에 가능한 것이었다. (김만흠 『한국정치의 재인식』 풀빛 1997)

박정희가 피살되자 호남인들은 당연히 유신체제는 무너지고 민주체제가 회복될 것으로 기대했으며, 민주적 질서 하에서는 김대중의 집권도 가능할 것이라는 기대감을 갖게 되었다. 그런데 신군부가 비상계엄령을 확대 실시하여 민주사회로의 이행 가능성을 무산시켰고, 김대중을 체포하여 호남인들의 염원을 일순간에 무산시켜버렸다. 설상가상으로 신군부의 명령을 받고 내려온 공수부대는 민주국가의 군인으로서는 도저히 상상할 수 없는 야만성을 드러내며 광주 시민들을 학살하였다. 광주 시민들의 실망과 분노가 컸음은 물론이다.

결국 광주항쟁은 4월혁명의 지향성과 1980년 봄의 민주화운동이라는 전국적 요인에 덧붙여, 오랫동안 축적되어온 호남인의 불의에 대한 저항의식, 박정희 시대의 '호남 푸대접', 김대중을 중심으로 한 민주정부 수립에 대한 열망과 좌절, 그리고 공수부대의 만행이 가해짐으로써 폭발하게 된 것이다.

◎ 친일·친미 아부세력이 누려온 「지유민주주의」의 실상과 허상

친일·친미 아부세력이 자랑해온 「자유민주주의 체제」는 얼핏 보면 공동체 구성원의 인권과 경제권(생존·번영·복지 혜택)의 자유를 무한히 보장해주는 듯 했다. 그러나 선거 투표일 하루만 1인1표제로 똑같이 투표할 수 있는 자유와 권리를 누리게 하는 것을 빼고는 실제의 경제 관계에서는 엄청난 불평등과 수탈·피수탈의 모순관계에서 하루도 벗어날 수 없는 것이 가난한 근로민중의 환경조건이다.

한국의 지난 100년 역사를 돌아보면 식민지 시기 국가와 민족의 반역아로서 근로자 수탈적 지위에 있던 친일세력은 해방 후에도 외세에 아부하여 보다 더 자유로운 수탈적 지위를 향유하면서 '자유민주주의'의 허명虛名하에 '민중 수탈의 부당한 자유'를 훨씬 더 자유롭게 안겨(방임放任)받고 있으며 그만큼 근로민중 측에서는 대를 이어 수탈당할 가능성의 위치를 벗어날 수 없기 때문에 양극화의 모순은 끝날 날이 없게 되었다.

서민대중의 피투성이 항쟁과 평화적인 하소연이 70년, 100년, 아니 수천년이 지나도 수탈계층의 반성이나 양보는, 아니 수탈의 범죄를 사과하는 사회의식은 솟아나지 않고 '붉은 악마' '빨갱이 새끼들'이라는 저주의 소리만 앵무새처럼 읊어댔다. 온 세계 약소국의 군사정권은 바로 수탈세계의 왕자인 제국주의 대제국의 하수인·용병이 되어 온 세계의 서민대중을 상대로 '수탈의 자유방임주의' 종교를 총칼을 잡고 맹목적으로 선전 강요해왔다.

이제 수탈의 피해자측은 물론 수탈 가능한 모든 사람들은 보다 더 넓은 인도주의적 아량을 발휘함으로써 모든 생활 수단을 공급해주고 있는, 생명의 은인들(근로자 대중)에 대한 보은의 의식을 하루라도 빨리 일깨워가야大覺 할 때인 것 같다.

○ 「신군부」 호칭의 유래

제2차 세계대전이 연합군의 승리로 끝나고 한반도를 거의 독점적으로 분단시킨 미국은 수도 서울과 부산·인천을 품고 있는 남부를 점령한다. 그때 해방된 남부의 정치·경제·사회 질서를 유지시켜갈 무장력은 각도에 배치된 미 점령군과 일본 총독부 산하 경찰 잔존세력이 전부였다.

조선인 자체의 질서유지세력은 자발적으로 모인 여운형 지도하의 「인민위원회」조직의 농민 출신 청년들이었다. 이들은 무기를 다룰 줄도 모르고 무기도 없을 뿐만 아니라 미 점령군이 함께 행동하기를 꺼려한, 평등·민주적 자주 독립 지향의 근로계층 출신자들이었다.

이즈음 마침 일본군에서 일본 황제에게 충성하다 패잔병이 된 조선인 군관들이 만주·중국 본토에서 귀국하게 된다. 미군 사령부에서는 이들을 아쉬운대로 영어를 습득시켜서 잘 훈련된 무술과 함께 즉각 활용할 수 있었으며, 충성도에 있어서도 이들은 일본 제국에 충성했듯이(당시 그들은 해방된 조국에 와서 '친일파 앞잡이' 소리 듣는 게 두려웠다.) 미국 자신들에게도 더 믿음이 가는 존재였다. 친일 장교들은 곧 친미 장교가 되었다.

아무튼 일본군 장교나 경찰 밀정(고등계 형사) 노릇을 하다 귀국한 청년들은 「군사영어학교」(육군사관학교 전신)에 들어가 몇 개월씩 미국식 교련과 언어교육을 받고 더 공부하고 싶으면 미국에 유학하여 단기과정 정보관련 수련을 받고 돌아와 점령군을 도와가며 경험 많은 선배군관이 되어 갔다.(백선엽·정일권·박정희 등이 이런 사람들이다.)

이에 비해 해방 후 고교를 졸업하고 4년제 육사에 입학하여 정규 훈련과 경험을 쌓아 졸업한 세대의 육사졸업생들을 「신군부」라 칭하게 되었다. 전두환·노태우 등이 이들이었다.

2) 외세 배경의 아부통치세력 군대, 민주사회 열망한 시민들을 학살

(1) 시위군중도 진압군도 점차 불어나 무장 대결, 살육전까지

저항세력의 압박 속에 권력 내부로부터 무너져 내린 권위주의 체제를 다시 세우려는 신군부 집단의 음모는 마침내 쿠데타의 모습으로 나타났다. 5·18 전야의 신군부 쿠데타는 국무위원들을 총검으로 위협해 비상계엄의 전국 확대를 관철하는 것으로부터 시작됐다. 그리고 대학생·정치인·재야인사 등 총 2천 7백여 명을 한밤중에 전격 체포하고, 계엄포고령을 통해 집회 금지, 정치 활동 금지, 파업 금지, 언론 사전 검열, 대학 휴교령 등 민주주의 제도 자체를 정지시키는 조치를 취했다. 또한 쿠데타 집단은 군대를 동원해 국회의사당을 점거하고 국회의원의 출입을 봉쇄했으며, 전국 주요 대학·언론기관·공공기관 등에 군대를 배치해 쿠데타에 대한 저항을 사전에 차단했다. 신군부집단의 이런 행위 및 조치들은 모두 불법으로서 국헌國憲을 문란紊亂하게 한 내란행위였다.(전두환 일

1980년 5월 20일 금남로. 시민과 진압군이 대치하고 있다.

당의 「12.12쿠데타」와 「5·18사건」에 대한 대법원 판결문)

광주에서도 타 지역과 마찬가지로 학생운동권과 총학생회에서 활동하고 있던 지도자와 지역 민주인사들이 예비 검속을 당했다. 그리고 전남대와 조선대 캠퍼스는 공수부대(7공수여단 33대대, 35대대)에게 점령당했으며, 그 과정에서 학교에 남아 있던 학생회 간부들과 공부하던 일반 학생들이 대거 체포됐다.(전남 지역 예비 검속 대상자 22명 중 8명이 검거됐다. 학교에서 체포된 학생 수는 전남대 69명, 조선대 43명이었다. 「전교사 작전일지」)

쿠데타 발발과 연행 소식을 듣고 불안에 떠는 사람들과, 이를 전혀 알지 못한 사람들의 일상 속에서 군과 학생들 간 최초의 싸움이 전남대 정문 앞에서 벌어졌다. 오전 9시경부터 군과 학생 간에 긴장이 형성되기 시작했다. 자신들의 일상을 위해 학교에 들어가겠다는 학생들의 요구와 휴교령에 따라 교내 출입을 허용할 수 없다는 군의 방침이 충돌한 것이다. 군에 항의하다 붙잡혀 속옷만 입은 채 기합을 받는 학생들, 귀가 종용을 거부한 채 여전히 한쪽에 모여 있는 무리들 사이에 불만은 점점 쌓여갔다.

시간이 지날수록 학생 수는 점점 많아져 1백여 명에 달했고, 그들 속에 내재된 불만이 순환 반응을 일으키면서 모인 사람들을 자연스레 시위자로 변모시켰다. 다수 대중이 쏟아내는 불만들은 상호 자극을 통해서 정문 앞에 모인 사람들을 분노의 시위자로 변모시킨 자연 발화였다. 이들은 "계엄을 해제하라!" "전두환은 퇴진하라!" 등의 구호를 외치고 노래를 부르고, 어깨동무를 하고 투석전을 전개하는 등 학원 민주화 과정에서 체화(體化)된 지극히 익숙한 모습으로 저항은 시작됐다.

시위에 대한 군의 대응은 마치 폭동을 진압하듯이 처음부터 강경했다. 그들은 집단적으로 돌격해 시위를 와해시키고 시위 학생들을 끝까지 쫓아가 곤봉으로 때리고 군홧발로 짓이겨 초주검half-dead을 만들었다. 맨몸의 학생들은 총검으로 무장한 정예부대의 상대가 되지 못했다. 군에 밀리고 쫓기는 과정에서 학생들의 부상이 속출하자, 학생들은 정오에 도청 앞 광장에서 모이기로 한 결의를 기대하면서 시내로 향했다.

○ 5·18 당시 전남대 정문 앞 시위에 대한 군의 대응은 충정작전 개요에 의거하여 볼 때, 폭동 단계의 대응이었다. 이런 수준의 대응은 대학에서 학원 민주화운동의 열기가 더해가던 때 열린 충정부대장 회의에서 내린 결론, "만약 군 투입을 요하는 사태 발생 시 강경한 응징조치가 요망된다"에 비추어 전남대 정문 앞 시위 상황과 무관하게 사전에 이미 결정된 지침에 따른 것이라고 할 수 있다.

전남대 정문시위에 대해 분석적으로 살펴보고자 한다. 우선 정문시위가 갖는 의미는 무엇인가. 그것은 5·18의 역사를 만들어낸 항쟁의 시발점이 됐다는 점일 것이다. 역사적 사건들은 경험적으로 볼 때 우연이든 의도적이든 간에 대개 그것을 점화시키고 발전시키는 한두 차례 정도 중요한 계기를 갖는다. 전남대 정문시위는 바로 사건의 초기 계기로서 의미와 위상을 갖는다고 볼 수 있다. 다음으로 전남대 정문 앞에 모인 사람들은 누구였으며, 왜 모였는가. 정문 앞에 모인 사람들 대부분은 학교 도서관에서 공부하기 위해 등교하거나, 민주화를 좌절시키려는 조치나 상황이 발생하면 각 대학의 정문에 모이자는 투쟁 결의를 기억하고 달려온 전남대 학생들, 혹은 사적인 일로 학교를 찾은 학생들, 그리고 학교 업무를 위해 출근하는 교직원들로서 그 규모는 1, 2백여 명 정도였다.

그렇다면 무엇이 정문시위를 발전시켰는가.

첫째, 학교 안으로 들어가지 못하게 막은 것에 대한 불만을 들 수 있다. 앞에서 언급했듯이 정문 앞에는 시위를 위해 모인 사람들, 도서관에 가려는 학생, 출근하는 교직원들, 학교에 사적인 일을 보거나 학내에 머문 친구의 안위를 확인하려는 학생 등 각자 학교 안으로 들어가야 할 분명한 이유들이 있었다. 이런 이들을 막무가내로 출입 금지한 군의 행위 자체가 그들의 불만을 키웠다고 볼 수 있다.

둘째, 군인들의 무차별적인 폭력 행사이다. 군인들에게 항의하거나 저항하는 사람들에게는 이유 여하, 남녀노소를 가리지 않고 무차별적 폭력을 자행했다. 군의 인정사정없는 폭력에 모두들 분노했다.

셋째, 각 대학 정문에서 만나자는 투쟁 결의에 따라 모인 학생들은 쿠데타에 저항하는 행동을 기대하고 있었다. 이처럼 그 자리에는 쿠데타에 대한 저항 의도를 갖고 모인 학생들과 그렇지 않은 학생들이 섞여 있었다. 결국 교문 앞 시위는 일상의 삶(공부하기 위한 등교, 사적 방문, 출근길 등)과 함께 자발적 요소(예고된 정문 앞 시위 모임), 상황적 요소(쿠데타와 휴교령), 우연적 요소(폭력 행사)가 복합적으로 작용하여 집단적인 저항으로 전화됐다고 볼 수 있다.

다음으로 민주화운동을 이끌던 총학생회 간부나 학생운동권의 시위 지도指導 여부이다. 당시 총학생회 간부이거나 운동권 내 지도적 위치에 있으면서 정문 앞 시위에 참가했던 이성길 · 이재의 등의 증언에 비추어 보면, 총학생회 간부나 운동권 학생 몇 명이 시위 현장에 있었으나 그들이 전면에 나서서 선동을 하거나 조직적인 지도를 하지는 않았다.

그러면 투쟁 방침을 천명했던 총학생회는 왜 시위 현장을 지도하지 못했는가. 당시 전국의 학생운동 지도부는 신군부 쿠데타에 대한 공개적인 경고와 대응 천명에도 불구하고 이에 대한 구체적 계획을 갖지 못했고, 그 점에 관해서는 전남대 역시 예외가 아니었다. 5월 18일 박관현을 비롯한 전남대 총학생회 지도부는 군의 예비 검속을 피하는 것은 성공했지만 계엄 확대 이후 상황에 대한 대응책을 내놓지는 못했다.

○ 박관현을 비롯한 전남대 총학생회 간부들은 계엄 확대 사태를 어떻게 대처할 것인가 논의했으나 상황에 대응하자는 쪽과 일단 피신하여 다음을 기약하자는 주장이 팽팽하여 결론을 내지 못한다. 이에 박관현 등 핵심 간부들을 일단 피신시키고, 일부가 광주에 남아 상황을 지켜보기로 한다.

이로 인해 그들은 대중과 한 약속을 지키지 못한 채, 자연 발생적 시위를 관망하고 피신하는 데 급급할 수밖에 없었다. 결국 전남대 정문 앞 시위는 투쟁 계획도, 지도자도 부재한 상태에서 자연발생적으로 일어난 일종의 군중 행동이었다고 볼 수 있다.

전남대 정문에서 군에 밀린 2백여 명의 대학생들은 곧바로 시내로 진출해 시위를 계속했다. 그렇지만 그들은 여전히 오합지졸烏合之卒이었고, 소수였기 때문에 진압 경찰 병력에 일방적으로 쫓겨다니며 시위를 할 수밖에 없었다.

쫓기는 도중에도 그들은 "전두환은 물러가라", "계엄령을 해제하라", "김대중을 석방하라"등의 구호를 외치고 신군부 쿠데타의 진상을 시민들에게 알렸으며, 충장로 · 계림동 · 동명동 등의 파출소에 돌을 던지는 기습시위를 감행했다. 정오에 가까워지면서 시위에 동참하는 대학생들은 점점 늘어 6백여 명에 달했고, 시위 공간 또한 금남로 · 충장로 일대에서 주변으로 점점 확대돼갔다.

진압군에 의해 연행되는 학생과 시민들. 진압군은 시위자들을 끝까지 쫓아가 체포하고 무자비한 폭력을 가해 초주검을 만들었다.

　시위는 오후 들어 많은 변화를 보였다. 우선 시위자들이 크게 늘어나 오후 2~3시경에는 1천 5백~2천여 명에 달했으며, 시위자 대부분은 대학생이었지만 소수 시민들의 동참도 있었다. 시위 양상 또한 달라져 오전에는 소수 시위자들이 경찰 병력에 밀려 여기저기 쫓겨 다니면서 시위를 한 반면, 오후 들어서는 3~5백여 명 정도씩 무리를 지어 충장로와 금남로 일대, 광주공원 부근, 유동 삼거리 일대, 동명동 산수동 일대 등 시내 곳곳에서 '동시 다발적' 시위, 치고 빠지는 '게릴라식' 시위를 전개했다.

　시위자의 양적 증가와 함께 시위 경험의 축적에 따라 대응 방식이 변화하면서 시위 진압을 전담한 경찰 병력이 군중을 제압하지 못하고 오히려 포위되거나 무장해제 당하는 경우가 발생하기도 했다. 오후 3시경 시위자들은 농장다리 부근에서 경찰 병력 40여 명을 포위해 무장을 해제시키고 체포된 학생들과 교환하기 위한 인질로 삼았다.

　시위가 점차 경찰 병력을 압도하기 시작한 오후 4시경부터 군이 시위 진압에 투입됐다. 이른바 '화려한 휴가'가 시작된 것이다. 군의 진압 방식은 경찰의 그것과는 강도가 달랐고 잔인했다. 3~4명을 1조로 편성해 각자 총을 메고 방석망(투석을 막아낼 수 있는 철망갑)을 쓰고 곤봉을 든 군인들은 시위자를 끝까지 쫓아가 체포하고 가정집·상점 등에 닥치는 대로 들어가 대학생으로 보이는 사람을 모조리 끌고 나와 무자비한 폭력을 가해 초주검을 만들었다. (김영택 『현장 기자가 쓴 10일간의 취재수첩』 사계절 1988)

　게다가 시위자를 도와주거나 체포를 방해한 사람들 역시 남녀노소·신분에 관계없이 실신할 때까지 얻어맞았다. 초주검이 된 사람들은 트럭에 실려 어디론가 보내졌다. 군의 이런 잔인한 진압 방식은 훈련받은 대로 이른바 '충정작전'을 전개한 것이다. 군이 저지른 끔찍한 진압 모습을 증언을 통해 보자.

"저희하고는 대화가 필요 없었다. 무조건 무자비한 구타와 연행 이외의 방법은 통하지 않았다. 단순한 군인의 생리, 즉 때리면 진압된다, 조선 놈들은 때려야 된다는 어리석은 생각에 가득 차 있었다."(작가 미상 「내가 보낸 화려한 휴가」 윤재걸 『작전명령 : 화려한 휴가』 실천문학사 1988)

공수들은 붙잡은 대학생들을 관광호텔 앞으로 끌고 가 팬티만 입힌 채 고개를 길바닥에 처박아 무자비하게 구타했다. (…) 여학생들을 질질 끌고 가 발로 차고 욕설을 하고(…) 시위자들을 풀어준 도경 경비과장조차 초주검이 되도록 때렸다.(김후식의 증언)

군의 살인적 진압에도 불구하고 시위 군중들은 오후 4시 이후 동명동·지산동·산수동 파출소를 파괴했으며, 노동청 부근에 있던 1천여 명은 군과 대치 국면을 만들기도 했다. 태평극장 부근의 시위 군중은 공용터미널 쪽으로 진출해 충돌하면서 군의 학살적 진압을 경험했고, 오후 6시경 계림동 광주고교 부근에서 시위대와 군 간 공방전이 벌어져 군이 밀려 후퇴하는 상황이 발생하기도 했다.

이에 군은 태평극장과 공용터미널 인근 지역과 계림동 등 시위 지역 일대를 샅샅이 뒤져 시위자들을 체포해 보복했다. 날이 어두워지면서 군의 시위 진압은 종료됐으나, 2천여 대학생들의 시위는 오후 9시경까지 산발적으로 계속됐다. 「특전사 충정작전 보고서」에 의하면 이날 하루 동안 시위 현장에서 체포돼 31사단 헌병대에 인계된 수는 270여 명에 달했다.

다음 날 군은 광주에 군대를 증원함과 동시에 도심시위를 원천봉쇄 하기 위한 방법으로 금남로 일대의 교통을 완전히 통제한 후, 버스와 택시를 검문 검색해 시위 대상자에 대한 체포 연행작전을 전개했다. 이로 인해 시민들의 출근길은 공포와 불편함·분노로 얼룩졌고, 대학생과 시위자로 보이는 이들은 현장에서 모조리 연행됐다.

이런 군의 작전에도 불구하고 금남로 일대에는 오전 9시경부터 시위자들과, 지난밤 집에 들어오지 않은 자식을 찾아 나선 사람들, 그리고 시위를 구경하러 나온 사람들로 북적였다. 게다가 오전 10시 2백여 명이 시위를 시작하면서 금남로 일대를 통제해 시위를 차단하려는 군 작전은 몇 시간 만에 무위로 끝나버렸다.

그러나 더욱 강경한 방법으로 시위를 진압하라는 군 수뇌부의 지난밤 결정에 따라 즉각 군이 투입되고 경찰 헬기가 동원됐다. 진압에 나선 군의 폭력은 더욱 잔인해지고 야만적 행태를 띠었다. 19일 오전 금남로에서 군의 진압 장면을 당시 YWCA 신협에 근무하고 있던 김길식의 눈을 통해 살펴보자.

공수부대는 닥치는 대로 시민들을 두들겨 패서 끌고 갔으며, 충장로 쪽에서는 청년들을 '몰이'해서 잡아갔다. 〔……〕 도로 바닥에 학생들 20여 명가량을 엎드리게 해놓고 공수부대들이 발로 지근지근 밟고 다니며 곤봉으로 후려치는 모습이 보였다. 신협 맞은편 건물의 전남고시학원 수강생들이 그 광경을 내려다보다 공수부대들에게 욕을 하자, 학원 건물로 우르르 뛰어올라온 그들은 학생들을 끌고 내려가 곤봉과 개머리판으로 두들겨 팬 후 허름한 소형 버스에 모조리 싣고 가버렸다.

군의 강경 진압에도 불구하고 시위자들은 굴복하지 않고 거리 곳곳에 바리케이드를 치고 돌과 각목·화염병으로 맞섰다. 시위자가 2천여 명으로 늘어나자, 군은 오전 11시 무렵 탱크까지 동원하고, 시내 중심부 일대를 몇 구역으로 나누어 담당 구역을 설정해 시위자들을 끝까지 추적하고 샅샅이 수색해 체포하면 곤봉으로 때리고 총검으로 난자질했다. 뿐만 아니라 때리지 말라고 외쳤다는 이유로 무등고시학원에 들이닥쳐 수업을 받고 있던 학원생들을 마구잡이로 구타하고 끌고 갔다.

고교생들도 군의 야만적인폭력에 분노해 수업을 거부하고 시내로 나가 싸울 것을 결의하고 행동에 나섰다. 대동고·중앙여고 학생들은 "우리 형제자매 들이 지금 군에 맞아 죽어가고 있는데, 우리가 이대로 가만히 앉아서 수업만 받고 있을 수 없다"며 시내로 나가 함께 싸우자고 결의하고 가두로 진출하려 했으나 선생님들의 만류와 군의 출동으로 좌절됐다. 고교생들이 시위에 동참하려는 움직임을 보이자, 교육청은 초·중·고교에 무기한 휴교조치를 내렸다.

이처럼 군의 강경한 진압을 뜻하는 이른바 '위력시위'power demonstration는 시위자들과 시민들을 공포에 떨게 하려는 군 당국의 당초 의도에도 불구하고 오히려 시위를 확대, 강화하는 쪽으로 작용했다.

○ 광주에서는 그 후 십여 년이 넘어서까지도 대정부 데모가 있을 때면 밤이 늦은 시간에도 동네 아주머니들이 주먹밥을 싸들고 나와 이름도 모르는 데모 학생들에게 골목길 야식을 먹이곤 하였다.

무엇이 이처럼 초기 도심시위를 발전시켰으며, 다음 날까지 이어지게 했는가. 시위의 동력에 대하여 살펴보고자 한다.

　우선 초기 동력을 형성할 수 있었던 계기는 18일 정오 도청 앞 광장에서 만나자는 투쟁 결의 에 따른 동원을 상정해볼 수 있다. 실제로 꽤 많은 학생들이 민주화 성회의 투쟁 결의를 기억하고 시내로 모였다. 둘째, 학원 자율화·민주화 투쟁 프로그램을 통해서 학내의 반민주적·타율적 요소들을 제거하는 데 대다수 대학생들이 참여했을 뿐만 아니라, 상당 수준의 학원 자율화·민주화의 성과를 누리고 있었다.

　○ 학생운동은 학원 자율화와 민주화를 통해 유신체제 아래 자행됐던 대학 운영에 대한 통제와 간섭 , 학생 통제, 학문의 자유 등을 침해하는 권위주의적 제도와 관행을 일소하고자 노력했다. 이에 따라 총학생회 부활, 교수회의 기능 확대, 학내 언론 자유 보장, 서클 활동 보장 등 대학의 자율화에 힘썼으며, 학생들을 통제하는 학도호국단과 병영 집체 훈련을 거부했다. 그리고 권위주의 정권과 족벌체제에 헌신한 어용교수들, 권위주의 정권에 기생하면서 사학 비리를 자행하던 족벌체제 경영자를 퇴진시키는 투쟁을 전개했다.

　이런 경험적 변화 속에서, 많은 대학생들이 학교와 사회가 또다시 유신체제와 같은 폭압적 상황으로 되돌아가는 것 자체를 심정적으로 용납할 수 없었을 것이다. 끝으로, 사회 민주화를 진전시키기 위해서 대학생들이 앞장서 싸워야 한다는 학생운동의 '선도적 역할론'을 들 수 있다. 학생운동은 전통적으로 식민지 시기나 정치적 혼란기에 '빛과 소금'으로서의 역할을 다해왔다.(서중석 「1960년대 이후 학생운동의 특징과 역사적 공과」『역사비평』1997년 겨울 제39호)

　그리고 1980년 민주화의 봄에서 사회 민주화를 위한 정치투쟁 프로그램의 시작시점을 4.19혁명 기념일로 정한 것도 학생운동의 역사적 전통을 염두에 두었다는 점을 의심할 사람은 아무도 없을 것이다. 그 당시 대다수 대학생이 이 프로그램에 참여했기 때문에 민주주의를 후퇴시키는 신군부 쿠데타에 저항하는 것은 당시 대학의 일반적 분위기였다.

　○ 학생운동세력은 4.19혁명 기념일을 계기로 사회민주화운동 돌입을 선언했다. 계엄 철폐, 사회 민주화 추진 등을 주장하며 진행된 이 운동은 5월 15일 정점에 달했다. 이에 동참한 대학과 학생은 전국적으로 59개 대학 10만 명에 달했다.(『조선일보』1980. 5.16 참조) 광주의 경우 전남대·조선대·광주교대·조선대 공전·동신실업전문대·송원전문대·성인경상전문대·기독병원간호전문대·서강전문대 학생 2만여 명이 5월 16일 전남도청 광장에 모여 시국성토대회를 열었다.(『조선일보』1980. 5.17.)

다음으로 초기 시위에 대한 군부의 반응은 어떠했는가. 이에 대해 「계엄군 작전상황 보고서」에 나타난 윤흥정 장군(당시 전투병과교육사령관이며 전남북계엄분소장)과 정 호용 장군(특전사령관)이 나눈 짧은 대화 내용을 통해서 시위에 대한 군부의 반응을 읽 어보자. (『계엄군 작전상황 보고서』에 나타난 당시 전투병과교육사령관이며 전남북계엄분소장인 윤 흥정 장군과 특전사령관 정호용 장군이 나눴던 대화 내용을 화자 중심으로 재구성했다.)

윤흥정: 이건 상황이 대단히 틀리게 돌아가는군.
정호용: 중앙에서도 마찬가지입니다만 계엄 확대조치에도 이렇게 소요가 계속 된다면 가만히 있을 수 없지 않습니까? 차라리 계엄군의 확고한 결의를 보여줌으로써 초기에 군중들 의 심리를 가라앉혀야 옳지 않겠습니까?
정호용: 그런데 광주 기관장들의 대책 협의를 보니까 이번 광주 시민이나 학생 데모가 오히려 정당한 것인 양 분위기가 돌아가고 있습니다.

이 대화 내용을 통해서 다음 몇 가지 사항을 유추해볼 수 있다. 먼저 광주에서 시위 상 황은 쿠데타세력 수뇌부 및 군부의 예측과 다르게 진행되고 있다는 것을 읽을 수 있다. 위의 대화 내용으로만 보면 예상 밖의 시위 발전에 대해 대화자들의 심정이 결코 밝지 않 음 또한 읽을 수 있다. 그리고 같은 날 저녁 국방부에서 열린 대책회의 참석자가 국방부 장관·계엄사령관·보안사령관·특전사령관 등 최고위급 관계자들이었음에 비추어 광 주시위 문제는 중대 사안으로 다뤄졌다고 봐야 한다. 이런 점들을 고려해 볼 때 '왜 광주 인가'에 대한 답은 군부 의도적 '선택지'라는 측면보다 '상황적 대응물'이라는 측면에서 접 근하는 것이 더 적절할 것으로 본다. (박현채는 광주항쟁의 계기에 대해 집권을 노리는 반동의 선 택이 보다 의도적이었다고(신군부가 일부러 광주를 선택적으로 노렸을 가능성) 보았다. 박현채 「80년 대 민족민주운동에서 5·18광주민중항쟁의 의의와 역할」한국현대사사료연구소 엮음 『역사와 현장 1』 광주: 남풍 1990)
둘째, 예상 밖의 광주시위에 대해 군수뇌부는 곧바로 정호용 특전사령관을 광주에 급 파해 시위 상황을 점검하고, 광주 지역 기관장들의 의견을 청취하는 등 매우 민감하게 반 응했음을 볼 수 있다. 셋째, 군은 광주시위를 초기에 진압하기 위해 강경하게 대응하겠 다는 의지를 내비치고 있는 반면, 광주 지역 기관장들의 생각은 군의 생각과 달랐음을 읽 을 수 있다.

○ 당시 광주 지역 기관장들이 군의 진압에 대해 어떻게 생각했는지를 보여주는 몇 가지 자 료를 소개하면, 윤흥정 사령관은 18일 밤 시민·기관장들의 심한 항의에 대해 "군복을 입고

있는 것이 부끄러울 정도"라고 심경을 토로했다. 그리고 19일 오후에 열린 광주시 기관장회의에서는 "이놈의 군대가 어느 나라 군대냐, 왜 국민을 상대로 과격하게 진압하냐"며 군의 과잉 진압에 대해 한목소리로 성토했다.(김영택 「80년 광주, 정호용과 정웅」『신동아』 1998년 1월호). 18일 오후 1시경 2군사령부가 7공수부대를 투입하라는 지시에 대해 31사단장 정웅 장군은 우선 경찰 병력만으로 시위를 진압하자고 건의했지만 상부에서는 막무가내로 군 투입을 독촉했다(정상용 외『광주민중항쟁』돌베개 1995). 또한 당시 안병하 전남경찰국장은 "만약 군이 투입되지 않고 끝까지 경찰에 책임을 맡겼더라면 광주 사태는 결코 일어나지 않았을 것"이라고 단언하면서 광주항쟁의 발생 동기를 과격한 군의 진압으로 인한 유혈사태로 보고 있다는 점에서 당시 경찰의 입장을 헤아릴 수 있다.(이재의 「5 · 18 당시 발포를 거부한 전남도경국장의 광주 비망록」『말』1988년 9월호)

초기 시위에 대해 군 수뇌부는 어떤 결정을 내렸는가. 그들은 광주시위에 대한 대책회의를 열고 광주를 방문하고 돌아온 정호용 사령관의 보고를 토대로 대책을 논의했다. 그 결과 더 많은 병력을 보내서 더 강경하게 시위를 초기에 제압할 것을 결정했고, 파견 병력은 정호용 장군의 요청을 받아들여 11공수여단 4개 대대 병력을 보내기로 했다.(「계엄군 작전상황 보고서」) 대책회의에서 정호용 사령관의 병력 증파 요청은 받아들여진 반면, 광주 · 전남지역 기관장들의 의견은 묵살 당했다.

당시 군 수뇌부 및 군권은 쿠데타를 일으킨 신군부 집단이 통제하고 있었고, 신군부 집단의 최우선 과제가 쿠데타 성공에 있었다는 점을 감안할 때 군 수뇌부는 어떤 희생을 감수하더라도 광주에서 시위를 조기에 진압해야만했다. 신군부의 이런 절박함과 더불어 군의 기존 시위 진압 방식에 비추어 강경 진압 방식은 군이 선호하는 일반화된 방식이었다. 이에 따라 광주는 군의 '위력 과시' 대가를 톡톡히 치르게 된다.

○ 군부 내에서도 특히 권위주의 체제의 폭압 동치에 동원됐던 특전사 부대와 정치군인들은 그동안 권력자의 최후 보루로서 국민의 저항을 무조건 강경 진압해야 한다는 강경진압론에 크게 경도돼 있었다. 특전사부대는 1960년대 박정희 정권의 정치적 위기 때마다 동원됐고, 유신체제하에서 위수령 · 긴급조치 · 부마민중항쟁 등 반독재 민주화투쟁을 진압하는데 최우선적으로 파견됐다. 5 · 17쿠데타세력의 핵심은 대부분 특전사 근무 경험을 갖고 있었다.(이와 관련한 상세한 활동 내용은 박찬승 「선언문 · 성명서 · 소식지를 통해 본 5 · 18」광주광역시 5 · 18 사료편찬위원회『5 · 18민중항쟁사』2001)

끝으로 시위자들 중에 집단적 저항행위는 없었는가. 초기 저항은 특정 지도자나 지도

조직을 갖지 못한 자연 발생적 집합행위 수준에 머물렀다. 참여방식도 거의 개인적 차원에서 이뤄졌고 참여자들 또한 대학생들에 국한됐다. 이런 가운데 극단 광대와 대학의 소리, 백제야학, 들불야학이 집단적으로 대응했다. 이들은 마치 약속이나 한 듯 활동단체의 일부 구성원들과 함께 유인물을 만들어 배포했다. 먼저 광대는 18일 오후 김윤기·김태종·김선출 등이 모여 유인물을 제작해 산수동 일대에 뿌렸는데, 그 내용은 "광주 민주시민 총궐기하자" "전두환 드디어 마각을 드러내다" 등이었다.

그리고 백제야학은 손남승·김홍권 등이 모여 유인물을 제작해 학동 일대에 살포했다. 대학의 소리 팀은 전용호 등 탈춤반원들이 18일 오후 유인물을 제작해 계림동 등에 뿌렸다. 한편 윤상원·박용준 등 들불야학 강학들은 18일부터 시위에 참가하면서 자신들의 역할을 모색하던 중 광주의 시위 상황과 군의 학살 소식을 알리는 것이 가장 필요한 일이라고 결론짓고 소식지 발간에 들어갔다.

이들 단체 활동가들은 다 같이 학생운동권으로서 대부분 서로 아는 사이 이거나 이름 정도는 알고 있었다. 이들은 모두 우연찮게도 대중을 선동하고 조직화하는 일에 눈을 돌렸지만, 유인물의 제작·배포라는 동일한 작업은 서로 모르는 상태에서 진행됐다. 이와 같이 학생운동권 일부가 단순 시위에 참여함을 넘어 항쟁 초기부터 소규모의 집단·조직으로 대응했다.

(2) 특수부대의 진압이 잔인해질수록 광주시민의 참여와 분노는 확산

시민들이 시위에 참여하면서 시위 양상은 크게 달라졌다. 지금까지 일방적으로 쫓겨 다니던 시위자들은 분노한 시민들의 참여를 계기로 공세적 모습을 보이기 시작했다. 19일 오후 1시 무렵, 군의 살육작전에 대응해 가톨릭센터를 중심으로 금남로 인근에 모인 4~5천여 명의 시위자들은 도로 주변의 대형 화분, 공중전화 부스, 인근 공사장 자재 등을 동원해 바리케이드를 치고 쇠파이프와 각목으로 무장해 군경과 공방전을 벌였다. 가톨릭센터 옥상에서 시위 상황을 무전기로 보고하던 군인 6~7명을 발견한 시위자들은 순식간에 옥상으로 쳐들어가 그들을 공격해 제압하고 무장을 해제시켰다. 하지만 시위자들은 급히 달려온 구원병들에게 잔인하게 보복을 당했다.

오후 4시경 시외버스 공용터미널 앞에서는 금남로를 향해 가던 시위자들과 이를 막아선 군이 충돌했다. 이 과정에서 수많은 시위자들이 체포돼 초주검이 된 후 트럭에 실려 어디론가 보내졌다. 오후 5시경 시위자들에게 포위된 일부 군인들이 시위자들을 향해 발포했다. 시위 학생 1~2백여 명이 광주고교와 계림동 오거리 간 동원빌딩 앞에서 기계고장으로 멈춰 선 장갑차를 포위하자, 그중 1명이 장갑차에 뛰어올라 불을 붙이려 했고, 이에 장갑차 안에 있던 군인이 시위자들을 향해 M16소총을 발사해 4명에게 중상을 입혔다. 시민을 향한 군의 최초 발포였다.

○ 초주검이 된 사람들이 트럭에 실려 간 곳은 금남로와 가까운 조선대였다. 그들은 운동장에서 또다시 무수한 구타와 기합을 받은 후 한동안 체육관에 감금돼 있다가 31사단이나 상무대로 보내졌다. 조산대에 연행된 사람들이 겪은 실상은 공수부대의 육필 수기에 잘 묘사돼 있다.(작가 미상 「내가 보낸 화려한 휴가」 윤재걸 『작전명령:화려한 휴가』 실천문학사 1988) 그리고 아들을 찾아나 섰다가 군에 붙잡혀 간 허현은 조선대 운동장에서 가혹한 폭행을 당한 뒤 보내진 31사단이나 상무대에는 연행자들로 가득했다고 중언하고 있다(허현의 증언)

금남로를 비롯한 시내 곳곳에서는 시위자 1~2백 명이 군과 쫓고 쫓기는 공방전을 계속했고, 그 과정에서 쿠데타군의 학살적 진압은 그칠 줄 몰랐다. 특히 공용터미널 부근에서 군의 저지로 시내 진출을 차단당한 시위대 1천여 명이 도로 주변의 설치물로 바리케이드를 치고 보도블록을 깨 던지는 등 강렬한 저항을 하다, 최루탄을 발사하고 장갑차로 바리케이드를 깨부수면서 돌진하는 군에 밀려 공용터미널 안에서 무차별 난도질당했다.

이와 같이 군경과 시민 학생들 간에 쫓고 쫓기는 공방전 속에 자행된 군의 진압행위는 이미 정도를 넘어 학살 수준에 달했다. 하지만 시위자들을 공포에 떨게 만들어 시위를 멈추게 하려는 군의 의도와는 달리, 시위자는 오히려 수천여 명으로 불어났고, 급기야 고교생들까지 가세하는 등 시위는 규모도 커지고, 기세도 더욱 강해졌다. 이런 시위 기세는 야간까지 계속돼 수천 명이 광주공원, 시외버스 터미널, 광주고속 앞에 모여 대규모 시위를 벌였고, 밤이 깊어지면서 임동·역전·양동·누문동 파출소를 불태웠고, KBS 광주방송국, 북구청 등을 습격해 파괴하는 등 공격적 양상을 보였다.

○ 대동고·광주일고·중앙여고 학생들이 수업을 거부하고 시내로 진출했고, 양동시장 부근에서는 중앙여고생으로 추정되는 여학생의 가슴을 대검으로 그으며 희롱하는 쿠데타군의 만행을 보고 시민들이 항의하다 구타당했고 이를 지켜본 시민들은 치를 떨었다.(박남선의 증언)

이에 대응해 쿠데타세력 수뇌부는 몇 가지 새로운 결정을 했다. 먼저 수뇌부는 특전사 3공수여단(여단장 최세창) 4개 대대 병력을 추가로 광주에 투입하기로 했다. 다음으로 과감한 타격 등의 내용이 담긴 충정작전 지침을 하달했다. 마지막으로 그동안 진압에 소극적이었던 윤흥정 장군을 예편시키고 소준열 장군을 신임 전교사 사령관에 임명했다. 군 수뇌부의 이런 결정은 세 가지 측면(병력·전술·인사)을 통해 강경 진압 방침을 밀고 나가겠다는 의지를 보여준 것이었다.

○ 제2군사령관 명의로 하달된 충정작전 지침 내용은 ①도시 게릴라식 소요 및 난동 형태에는 소규모로 편성된 다수의 진압부대를 융통성 있게 운용한다 ② 전 작전 가용 병력을 최대로 운용한다. ③바둑판식 분할 점령을 실시한다. ④대단위로 기동타격대를 보유하여 시위대를 조기에 분할, 타격하여 체포한다. ⑤소요 군중의 도피 방치책을 강구한다.(상점은 셔터를 내리도록 한다) ⑥군중들이 10인 이상 집결하지 못하도록 방지한다. ⑦다수의 편의대를 운용한다. ⑧과감한 타격을 실시한다. ⑨통금 시간을 대폭 연장한다. ⑩총기 피탈을 사전에 방지한다(피탈자는 엄중 문책) ⑪주민에 대한 선무활동(전단·방송)을 강화한다(전교사 작전일지)

20일 오전에는 비가 내려서인지 시위 분위기가 전날과 달리 가라앉았다. 오전 10시경 대인시장 부근에 모인 1천여 명의 시위 군중들은 시내를 돌아다니다 군에 의해 해산됐고, 가톨릭센터 앞에서는 시위 도중 체포된 남녀 30여명이 속옷만 입은 채로 기합을 받고 있었다. 군인들의 무수한 몽둥이질·발길질·욕설 속에 그들의 온몸은 피로 낭자했고, 기합을 받는 여성들의 모습은 차마 눈 뜨고 보기 어려웠다. 군인들의 야만적 행위를 지켜보는 사람들의 분노와 슬픔은 극에 달했다.

○ 사무실에서 이 광경을 지켜봤던 조비오 신부는 "내가 비록 성직자이지만 옆에 총이 있었다면 쏴버리고 싶은 심정이었다"고 울분을 토로했다(조비오의 군법정 진술) "군인들은 도시 한복판에서 미치광이 짓을 하고 있었다 (…) 짐승한테도 그렇게 잔인하게 대하지 못할 것이다.(서명원의 증언)

(3) 침략군의 모습을 보이자 시민들은 공동체 생존본능으로 분노 결집

잠잠하던 시위는 오후가 되면서 다시 시작됐다. 오후 2시 무렵 서방 사거리에서 시작된 시위는 군의 살인적 진압에도 불구하고 그 숫자가 계속 증가해 오후 4시경 금남로와 계림동 일대에 3~5천여 명이 모였다. 시위자들은 "공수부대는 물러가라" "계엄을 해제하라" "우리를 죽여라" "전두환은 물러가라"등의 구호와, 「우리의 소원은 통일」 「정의가」「아리랑」등의 노래를 부르며 연좌농성, 투석전을 전개했다. 그들 중 일부는 확성기를 들고 시민들을 선동했고, 군 저지선을 뚫기 위해 쇠파이프와 각목을 든 선봉대를 즉석에서 편성하기도 했다. 그리고 시위 현장 부근에 사는 시민들은 최루가스로 고통을 당하는 시위자들을 위해 물과 물수건, 치약 등을 내놓기도 했다. 군이 보여준 진압 전술은 기존의 도덕률과 국민의 군대로서의 상식 수준을 넘어선 잔인한 학살행위로서 시민들을 충격과 분노에 빠뜨리기에 충분했다. 광주 시민들의 심경을 비교적 잘 담고 있는 김성용 신부의 증언 일부를 인용해본다.

○ 만일 M16소총이 내 손에 있었더라면, 나는 군인들 전원을 사살했을 만큼 전율할 충동을 느꼈다. 국민의 피땀이 묻은 방위세로 무장한 군대, 외적의 침략을 막으라고 주어진 총검을 이 나라의 주인인 시민들에게 돌리다니…… 주인을 모르고 날 뛰는 군대는 없어져야한다. 누가 이 군인들을 미치게 했는가? 국민을 살상하라고 명령한 원흉은 누구인가?

군의 학살적 폭력에도 불구하고 시민들은 왜 시위에 참여하게 됐는가. 군의 폭력은 시민들에게 공포심을 충분히 불러일으켰지만, 그 정도가 어느 수준을 넘어서면서 오히려 생존과 보호 본능을 자극했다. 시민들은 잔학한 폭력 앞에서 청년 학생들을 보호하고 자신을 비롯한 광주 시민의 생명을 지키기 위해 나서지 않으면 안 되겠다는 절박한 심정을 갖게 된 것이다. 불과 오전까지만 해도 대학생들의 시위에 무관심하거나 외면했던 시민들이 군의 강경 진압을 지켜보면서 "이러다가 공수부대가 대학생들을 다 죽이겠다" "더 이상 이대로 보고만 있을 수 없다" "우리 손으로 공수부대를 몰아내자"는 생각이 확산된 것이다. 심경 변화를 일으킨 시민들은 그동안의 방관자적 태도를 버리고 시위에 적극동참하기 시작했다.

군의 위력 과시에 굴복하지 않고 시위자가 점점 불어나고 그 기세가 강해진 것은, 지역 기관장들이 요구하면 강경 진압이 멈출까, 혹시 군을 자극하지 않으면 군의 강경 진압이 멈출까, 또 달리 많은 시민들이 시위에 참여해 지역민의 의사를 보여주면 강경 진압 방식이 수정될까 하는 기대도 했으나, 군의 강경 진압 방침이 변화되기는커녕 시간이 지날수록 오히려 강화되는 것을 확인하면서부터였다. 결국 시민들은 광주에서 군을 몰아내지 않으면 광주 사람들의 생사를 장담할 수 없다고 판단한 것 같았다. "차라리 우리를 죽여라" "같이 죽자"는 구호는 시위자들의 심정을 잘 담고 있었다고 할 수 있다.

① 택시기사·버스운전사들도 차량 시위를 했으나 군의 폭력에 좌초

군의 무차별적 폭력으로 피해를 당한 택시기사들은 시내 운전 자체가 자신들의 생명을 위협하는 위기 상황에 노출됐다고 판단하고, 자신의 생명과 광주 시민들의 생명과 안전을 지키기 위해 시위에 동참할 것을 결의했다. 그리고 20일 오후 6시 무등경기장 앞에 모여 차량시위를 하기로 했다.

○ 시내버스나 택시 기사들에 대한 군의 무차별 폭력이 자행되는 상황에서 기사들 사이에서 돌던 말은, "안내양도 죽었다" "기사가 대검에 찔려 죽었다" "그 XXX 들에게 뭔가를 보여줘야 한다" "시민에게 무슨 죄가 있냐? 참고만 있어서는 안 된다" 등이었다. 택시기사들은 삼삼오오 모여 앉아 분노하며 이대로 있을 수 없다며 뭔가를 보여주기 위해 기사들도 시위에 동참하자고 결의했다.(우익구의 증언)

차량시위는 20일 오후 6시 무렵 택시와 버스, 트럭 기사 2백여 명이 모인 가운데 무등경기장 앞에서 시작됐다. 그들은 운전기사뿐만 아니라 광주 시민의 생명을 위협하는 군을 몰아내기 위해 자신들의 차량을 몰고 시위에 동참했다. 행렬의 선두에는 대형 버스와 트럭이 서고 그 뒤를 택시가 따랐고, 연도의 1천여 시위자들은 기사들의 시위 동참을 반기면서 택시 안에 돌이나 각목 등을 가득 싣고 동승하거나 차량과 같이 나아갔다. 수백 대의 차량과 수천 명의 시위자들이 한데 어우러진 행렬은 마치 대지를 삼키며 끝없이 흘러내리는 붉은 용암의 장대한 흐름을 연상하게 했다.

그들의 행렬이 금남로에 도착해 군과 대치하고 있던 시위자들과 만나면서 투쟁 분위기는 한껏 고조됐다. 손마다 쇠파이프·각목·화염병 등을 든 시위자 들은 "군 저지선을 차로 밀어버리자"고 외치면서 돌멩이를 던지며 차량 행렬을 엄호하며 나아갔다.

이런 광경에 놀란 군은 시위차량 행렬의 진격을 차단하기 위해 쉴 새 없이 최루탄을 쏘고 최루가스를 뿜어댔다. 이에 금남로 거리는 지척을 분간할 수 없을 만큼 최루가스로 뒤덮였고, 무수히 날아드는 최루탄에 시위 차량의 유리창이 마구 깨지면서 최루가스가 차 안으로 유입되자 운전기사들은 앞을 볼 수 없게 돼버렸다. 시위자들 또한 온전히 대응할 수 없었다. 이런 최루가스의 고통에도 불구하고 선두에 선 차량 10여 대가 대치선을 향해 나아갔지만 얼마 가지 못하고 가로수에 부딪히거나 인도로 돌진해 멈춰 서버렸다. 뒤따르던 나머지 차량들 역시 군 대치선을 눈앞에 두고 더 나아가지 못했다.

그 사이 방독면을 쓴 군은 시위 차량행렬을 향해 달려들었다. 전조등의 강한 불빛 때문에 사방을 살필 수 없었던 군은 차량 전조등과 앞 유리창을 깨부수며 차량시위를 진압하기 시작했다. 앞으로 나갈 수도, 뒤로 물러날 수도 없는 상황에서 차 안의 운전기사와 시위자들은 밖으로 뛰쳐나와 시위 군중들에 합류했다. 하지만 미처 나오지 못한 사람들은 군의 곤봉 세례를 받았고 다수가 연행됐다. 차량시위를 저지하려는 군의 필사적인 돌격에 뒤따르던 1천여 명의 시위자들은 돌을 던지며 끈질기게 맞섰으나 저지선을 뚫기에는 역부족이었다.

○ 당시 차량 시위에 참여했다가 연행된 사람들은 처음에는 YMCA 앞에 잡혀있다가 나중에 도청 상황실로 옮겨졌는데, 그 수는 대략 3백여 명 정도였다.(임재구·전고선의 증언)

오후 9시경 문화방송도로를 경유한 광주고속버스 1대가 노동청 방면에서 도청 쪽으로 돌진해 그곳의 방어를 맡고 있던 경찰 병력을 덮쳤다. 이로 인해 경찰 4명이 죽고 4명이 중상을 입었다. 차량시위 이후 시위자들은 차량을 이용해 군에 저항하기 시작했다. 운전기사들은 왜 차량시위를 하게 됐는가. 연일 계속되는 시위 상황에서 벌어진 군의 무차별적·비인간적 폭력은 운전기사의 정상적인 근무 자체를 위태롭게 했다. 당시 그들이 처한 상황을 운전기사의 증언을 통해 확인해보자.

○ 5월 19일 오후에 젊은 승객 3명을 태우고 시외버스 공용터미널 옆을 지나는데, 공수 10여 명이 차를 세우더니 택시에 타고 있던 승객을 끌어내려 무자비한 폭행을 가했다. 운전석에 앉아 있는 나에게 "이 자식도 데모하는 학생을 싣고 다니니 똑같은 놈"이라고 욕설을 퍼부으며 마구잡이로 휘두른 곤봉에 맞아 정신을 잃어버렸다.(정영동의 증언)

기사들은 "우리가 영업하다가 손님을 실어준 것이 무슨 죄가 되느냐"며 항변했다. 그리고 대다수 국민들이 국가와 사회의 민주화를 염원하는 상황에서 쿠데타세력에 저항하는 대학생들에게 승차 거부 행위를 한다는 것은 상상할 수 없는 일이었다. 운전기사들이 차량시위를 하게 된 또 다른 이유는 기사들의 다음 말 속에 잘 나타나 있다. "공수부대가 우리를 곤봉과 대검으로 살해한다면 영업을 집어치우고 우리도 싸워야 한다." 공수부대들에게 이대로 당하고만 있을 수 없다는 것이었다. 기사들은 자신뿐만 아니라 대학생을 비롯한 광주 시민의 생명을 위협하는 군의 진압행위를 멈추게 하기 위해서 시위 대열에 동참하고자했다. 강경 진압이 멈추지 않고 계속되자, 그들은 무등경기장, 광주역 인근에 모여 차량시위를 시작하게 된 것이다.

다음으로 차량시위가 갖는 의미는 무엇인가. 5·18행사위원회는 매년 5월 20일을

'민주기사의 날'로 정해 당시 차량시위를 기억하고 그 정신을 기리고 있다. 차량시위의 의미는 첫째, 차량시위를 계기로 시민들이 시위에 본격적으로 참여하게 되었다는 점이다. 차량시위는 기사들 스스로가 시위 대열에 참여해야 한다는 자발적 결의를 통해 집단행동으로 표출했다는 데서 다른 집단이나 개인들에게 큰 영향을 미쳤다. 기사들의 용기있는 행위는 군중에게 투쟁심을 자극하고 기존의 공포심을 약화시켜 많은 시민들을 시위에 동참하게 만들었다. 둘째, 도심시위의 새로운 투쟁 방법을 일깨워주었다는 것이다. 기존 시위가 개개인들이 각목과 쇠파이프를 휘두르고, 화염병과 돌을 던지며, 더불어 바리케이드를 치고 대치하는 등 각개 전투 수준이었다면, 차량시위는 자동차라는 기계적 수단과 시위자가 결합된 좀더 높은 수준의 전투 방식이었다. 차량과 함께 시위자가 동시에 돌진하여 군의 저지선을 돌파하는 방식은 기존 방법보다 훨씬 더 위력적이었다. 차량시위는 새로운 도심 전투방식의 단초를 제공했다.

차량시위 이후 시위자들은 차량을 이용하여 군의 저지선을 돌파하려는 시도를 많이했다. 특히 아시아자동차 공장에서 시위자들이 가져간 차량 대수만 해도 260여 대에 달했다. 셋째, 5·18의 투쟁 역량을 제고한 중요한 계기가 됐다는 점이다. 당시 자동차 보급률이 높지 않았던 조건에서 차량은 광주 해방공동체를 지키는데 저항세력의 중요한 수단이 됐다. 이와 같이 차량시위는 도심 시위투쟁의 양과 질을 발전시키는 중요한 계기로 작용했다.

끝으로 저항의 확대 과정에서 드러난 집단적 활동에 대해 알아보자. 이 시기(19일 오후 ~20일 오후) 집단적 내지 조직적 행동은 앞에서도 언급했지만 18일 이후 계속해서 광대·대학의 소리·백제야학 집단이 조직적으로 지하 유인물을 제작, 배포했다. 그리고 들불야학은 저항이 확대되는 19일 이후부터 광천동 들불야학당에서 조선대민주투쟁위원회·광주시민민주투쟁위원회 등 이런저런 이름으로 유인물을 제작해 시내 곳곳에 배포했으며, 이후 『투사회보』라는 단일한 제호로 '지하 신문'을 만들어내기 시작했다.

② 주민 전체가 밤낮 없이 궐기, 수만 명의 시위집단이 지역 일대를 장악

차량시위를 계기로 시위자들은 더욱 많아졌고 투쟁력과 기동력 또한 크게 높아졌다. 비록 차량시위로 많은 시위자들이 체포됐음에도 불구하고 얼마 지나지 않아 시위 전열은 정비됐다. 이 결과 오후 8시 이후 도청 부근에는 사방에서 모여드는 시위자들로 가득 찼다.

시위 군중의 기세에 대응해 군경은 도청을 사수하고자 많은 병력을 동원했다. 시위자들이 가장 많이 모인 금남로는 군이 담당하고, 나머지 구역은 경찰이 맡아 밀려드는 시위자들을 필사적으로 막았다. 시위자들의 운집 상황을 보면, 금남로에 1만여 명, 노동청 쪽에 3천여 명, 전남대병원 쪽에 1만여 명, 전남매일 쪽에 2천여 명의 시위자들이 도청을 지키고 있는 군경을 압박해갔다.(계엄사 상황일지, 시청 상황일지, 특전사 전투상보)

대부분의 병력이 도청지역에 배치됨으로써 도청 이외 지역에 대한 군경의 장악력은 크게 떨어졌다. 군경은 사실상 시위자들에게 포위된 형국이었다. 이런 형국을 틈타 일부 시위자들은 시청과 검찰청·법원·경찰서 등에 쳐들어가 지키고 있던 병력을 모두 쫓아내고 점령하려 했지만, 청사를 지키고 있던 당직자들의 설득과 시위자들의 자제로 건물에 난입하거나 부수는 일은 일어나지 않았다. 또 다른 시위자들은 시 외곽 지역의 파출소들을 습격하고, 차량을 끌어내 시위에 동원하기도 했다. 이들은 차를 타고 이동했기 때문에 여러 곳을 매우 빠르게 파괴하고 점령할 수 있었다.

오후 9시가 지나면서 시위 군중은 군 추산으로 7만여 명에 달했다.(계엄사 상황일지) 이들의 공격 대상은 이제 군경 등 물리적 집단에 한정되지 않고, 방송국과 세무서로까지 확대됐다. 이들은 저녁 뉴스 시간에 시위 관련 소식을 왜곡 보도한 지역 방송국들을 공격했다. 먼저 시위자들은 MBC 광주방송국으로 몰려가 화염병을 던졌으며, 새벽녘에는 광주역 근처에 있던 KBS 광주방송국, 새벽 1시경에는 광주세무서와 노동청에 화염병을 던졌고, 그 결과 일부 시설물이 불탔다. 오후 10시경 10만 명으로 불어난 시위자들은 도청과 도경·교도소·광주역·전남대·조선대를 제외한 모든 지역을 점령했다. 시위자들은 이들 미점령 지역을 장악하기 위해 힘을 집중했다. 광주역 부근에 모인 2만여 시위자들은 오후 10시경 광주역에 주둔한 군을 몰아내고 역을 점령하기 위한 싸움, 이른바 '광주역 전투'를 벌였다. 광주역에서 군을 몰아내기 위한 싸움은 차량시위 이후부터 시작됐으나 본격적인 싸움은 오후 10시 무렵부터였다고 할 수 있다.

시위자들은 여섯 방향에서 군을 압박했다. 인근 지역에 있는 고속버스와 트럭과 주유소에서 만든 화염병·휘발유통을 이용해 군 저지선을 뚫어갔다. 군 작전상 광주역은 자체 방어뿐만 아니라, KBS 광주방송국을 지키고 시외버스 공용터미널·광주시청·전남대를 연결하는 주요 거점이었다. 이에 군은 KBS 광주방송국 앞까지 나와 진을 쳤고, 시위자들을 저지하기 위해 가스탄과 화염방사기·E-8 발사통을 사용했고, 돌진해 들어오는 버스는 예광탄·공포탄으로 대응했다. 당시 광주역에는 특전사 15대대와 31사단 병력 2백 명이 주둔하고 있었는데, 31사단 병력은 시위자들에게 자신들은 공수부대가 아니며 철수하려 한다고 호소하며 현장을 빠져났고, 대신 시청에 주둔하고 있던 3공수여단의 12대대 병력이 광주역에 합류했다.

군의 강력한 대응에도 불구하고 시위자들의 공세를 막기에는 역부족이었다. 더 버티기 어렵다고 판단한 군은 오후 11시 무렵 실탄을 장전해 쏘기 시작했다. 사격은 광주역뿐만 아니라 시청·도청 지역에서 동시에 이루어졌다.

군의 발포에도 시위자들의 기세는 꺾이지 않았고, 밤이 깊어갔음에도 시위는 멈출 줄 몰랐다. 심야 시위자들은 주로 10대, 20대의 젊은이들로 각목과 쇠파이프·화염병으로 무장하고 차를 타고 돌아다니며 시위를 했다. 시위자들은 주로 도청과 노동청·조선대·광주역에서 싸웠고, 일부는 방송장비를 마련해 시내를 돌아다니며 시민들의 참여를 호소하고 군의 잔학한 진압 상황을 알리는 가두방송을 했다.

○ 가두방송의 필요성을 느낀 시위자들은 방송 장비 구입을 위한 모금과 함께 동사무소 방송 장비를 일부 옮겨와 방송에 나섰다. 방송은 전춘심과 차명숙이 담당했는데, 이들은 차량을 이용하여 전 시가지를 돌아다니며 방송을 했다. 방송 내용은 주로 "계엄군 아저씨, 당신들은 피도 눈물도 없습니까?" "광주 시민 여러분, 여러분은 어떻게 편안하게 집에서 잠을 잘 수가 있습니까? 우리 동생·형제들이 죽어가고 있습니다" 등 시민들의 참여를 호소하고 군의 잔학성을 부각했다. 시위 차량 주위에는 항상 시위자들이 따라다니며 보호했다.(전옥주의 증언)

금남로·노동청·MBC 광주방송국 등 도청 인근 지역에서는 격렬한 싸움과 진압이 이뤄졌고, 오전3시경 3천여 명이 재차 도청 공략에 나섰으나 끝내 접수하지 못했다. 시청과 광주역에서는 시위자들의 공격이 강화되면서 군이 위기에 처할 때마다 병력을 서로 지원하면서 시위자들의 공격을 격퇴했으나 오전 4시경 시위자들의 공격을 더 감당하지 못하고 전남대로 퇴각했다. 오전 5시경 KBS 광주방송국과 역전 파출소는 시위자들에 의해 불탔다.

또한 진압군의 집결지 조선대를 점령하기 위한 시위자들의 노력은 자정부터 새벽 5시까지 계속됐다. 자정 무렵 2천여 명 시위자들이 차량을 앞세워 정문 돌파를 시도했으나 실패했고 오전 3시경 3천여 명의 시위자들 역시 차량과 함께 공격하는 등 오전 5시경까지 진입을 시도했으나 진입에 성공하지 못했다.

지금까지 살펴본 바와 같이 심야시위는 이전까지 군에게 쫓기며 살상 당하던 시위자들이 반대로 군을 공격하고 몰아붙이는 공세적 양상을 띠었다. 시위 군중들이 비록 군을 물리치지는 못했지만 군이 장악하고 있던 주요 지역을 공격해 시내 대부분을 차지했다.

그렇다면 심야시위의 동력은 어디에서 나온 것일까. 이는 차량시위를 계기로 시민들이 대거 참여하기 시작했다는 점에서 찾을 수 있을 것 같다. 시위자는 오후 9시경 7만, 오후 10시경에는 10만에 이르렀다. 이 정도 숫자면 당시 광주시 인구 73만 중에서 노약

5월 20일 왜곡 보도에 분노한 시위대의 공격을 받아 불타고 있는 광주문화방송국(최영태 외
『5·18 그리고 역사』 도서출판 길 2014)

자·부녀자·어린이를 제외한 대다수 시민들이 시위에 참여했다고 볼 수 있으며, 다음 날 여성들이 시위자들에게 주먹밥과 음료수 등의 제공을 통해서 시위를 지지하고 동참했다는 점까지 고려할 때, 광주 시민들 거의 모두가 시위에 참여한 것이었다.

그리고 심야시위 참여자들은 운전기사들처럼 시위의 필요성에 공감하고 자발적으로 참가했다. 적어도 시위자들에게 군은 이미 광주 시민의 생명을 위협하는 존재로 받아들여졌고, 광주에서 축출해야 할 대상에 불과했다. 모든 광주 시민이 힘을 합해 그들을 광주에서 몰아내는 것만이 유일한 살길이라고 인식했기 때문에 「시위 동참은 의심의 여지 없는 생존 차원의 행동」이었다.

심야시위 이후 군 수뇌부는 어떤 결정을 내렸는가. 시위가 양·질적으로 크게 발전하게 되자 군 수뇌부는 광주에 추가 파병, 선무활동 강화, 시위 진압용 가스 살포용 헬기 파견 등을 결정했다. 이에 따라 한양대·동국대 등에 주둔하고 있던 20사단 병력이 오전 5시경 광주에 도착했고, 오전 6시경 시위 진압을 위해 가스 살포용 헬리콥터(500MD) 5대도 광주에 도착했다.(육본 상황일지) 그리고 계엄사령부는 21일 오전 8시경 광주항쟁 관련 소식을 최초로 발표했다.

군 수뇌부의 이런 결정은, 우선 병력을 추가로 파견하여 시위를 끝장내겠다는 것이었다. 새로 파병된 20사단의 최초 임무가 시위자들이 광주 시내로 진입하거나 타 지역으로의 이동을 봉쇄하는 것이었던 것으로 미루어 군 수뇌부의 의도를 명확히 읽을 수 있다.

○ 20사단 병력은 미군사령관으로부터 부대 이동 승인을 받기 전에 미리 광주로 이동했고, 도착 직후 곧바로 임무 수행에 들어갔다. 이 부대 이동에 대한 미군의 공식 승인은 22일자로 받았는데, 20사단은 승인되기 하루 전인 21일 오전 1시에 이동한 것이다. 그런데 21일 광주에서는 쿠데타군의 집단발포를 통한 학살이 이미 진행됐고, 이에 시위자들은 총으로 무장하고 격렬하게 저항했음에도 불구하고 미국은 전쟁에 준하는 동족 살상 전투작전 수행을 위해 20사단 병력의 이동을 승인한 것이다. 이런 점에 미루어 볼 때 미국은 광주에서 군의 학살, 무력 진압에 동의한 것으로 봐야 한다.

다음으로 수만 명의 시위자들을 진압할 수 있는 새로운 장비를 동원해 시위 진압을 강행하겠다는 의지를 담고 있다는 점을 확인할 수 있다. 마지막으로 시위를 누그러뜨리기 위한 심리전을 강화하겠다는 것이다. 이를 위해 전남 지역 출신 영관급 장교 50~60명 동원 계획을 썼다.(육본 상황일지) 이처럼 군 수뇌부는 시위자들과 대화를 통한 타협 방식보다는, 오직 군대 무력을 통해서 굴복시키겠다는 군사주의적 해결 방식에 골몰했다.

3) 행정당국은 시민요구에 응답 없고 군 발포 거듭되자, 시민군 등장

(1) 군당국, 시위참여 시민을 간첩 · 불순분자 · 불량배로 왜곡, 분노 자극

지난밤을 뜬눈으로 지새운 심야 시위자 1천여 명, 그리고 21일 아침 일찍 나온 시위자들을 합해 1만여 명이 가톨릭센터 부근에 운집했다. 전날 밤 차량시위에서 차량의 위력을 경험한 시위자들은 오전 일찍 방위산업체인 아시아자동차 공장으로 달려가 버스 · 군용 지프 · 군용 트럭 · 장갑차 · 페퍼포그Pepper Fog 차량 등을 끌고 나왔다. 이들 차량은 다양한 용도로 쓰였다. 장갑차나 군용트럭 등은 도청 인근 · 전남대 · 조선대 등 군과 대치하고 저지선을 돌파하는데 사용하고, 대형 버스 등은 타 지역에 소식을 전하고 지원을 끌어내고 시위에 참가하려는 외곽 지역 사람들을 도심으로 운송하는데 활용됐다.

시위자들은 쇠파이프 · 각목 등을 들고, 광주역에서 죽은 시위자의 주검 2구를 실은 리어카와 차량들로 군과 대치하면서 "도지사와 시장은 시체를 인수하라"고 외치며 도지사와의 면담을 요구했다.(계엄사 상황일지) 오전 10시경 김범태 · 전옥주 · 김상호 등 시민 대표는 장형태 도지사를 만나 시민들의 요구를 전달하고 그 답을 들었다. 시민 대표가 주장한 네 가지 요구는 첫째 유혈사태에 대해 도지사가 공개 사과할 것, 둘째 연행 시민·학생 전원을 석방하고 입원 중인 학생의 소재와 생사를 알릴 것, 셋째 계엄군은 21일 정오까지 시내에서 모두 철수할 것, 넷째 전남북계엄분소장과 시민 대표의 협상을 주선할 것 등이었다.

이에 대해 도지사는 "군 철수 문제는 최대한 노력하겠다. 나머지도 책임지고 수락하겠다"면서 "오늘 12시까지 계엄분소장을 만나게 해줄 테니 나가서 시민들을 제지해달라"고 주문했다. 시민 대표가 "12시까지 기다리기에는 시민들의 감정이 너무 격앙돼 있으니 도지사가 직접 그들 앞에 나서서 이야기 해달라"고 요구하자, 도지사는 "그러면 5분 후에 시민들 앞에 나가 사과의 말을 하겠다"고 약속했다. 그러나 도지사는 끝내 시위자들 앞에 나타나지 않았다.

도지사와의 면담이 좌절되자 시위자들은 도청·시청·전남대·조선대에 주둔하고 있는 군을 축출하기 위해 공격을 강화했고, 지하 유인물과 가두방송은 대학생과 광주 시민들이 도청 광장으로 모여 줄 것을 호소했다. 이에 시민들은 시위에 동참하기 위해 시내로 모여들었고 정오 무렵 그 수가 30만 명을 헤아렸다. 그리고 여성들은 동별로 곳곳에 모여 시위자들을 위해 음식물을 만들어 나눠주고 격려를 아끼지 않았다.

"당시 서석1동 반장을 맡고 있던 나는 선배 언니의 제안으로 동네 아주머니들과 쌀을 거둬 8명이 모여 밥을 지어 주먹밥을 만들었다(…) 전남대 치과대학 당시 담장 부근에서 시위 차량이 지나가면 차에 올려주고 몸조심하라고 격려도 해줬다."(김경애의 증언).
"산수동 오거리에서 '산수동 봉사대'라고 글씨를 써놓고 아주머니들이 블록에 솥을 걸어놓고 장작불을 피워 밥을 짓고 있었다. 이런 광경은 산수동 오거리만이 아니었다. 통반장을 주축으로 여러 곳에서 볼 수 있었다. 또한 주유소에서는 청년이 걸어나와 기름을 가득 채워주었다. 기름이 채워지자 우리는 다시 출발했고, 청년과 우리들 간에는 아무런 말도 오가지 않았다."(손종대의 증언)

시위는 이미 시민들의 절대적 지지를 받았을 뿐만 아니라, 시민들 스스로가 시위에 동참하고자 자신의 몫을 찾아 움직였다. 이 시점에서 군은 이미 시위 진압의 정당성과 명분을 완전히 상실해버렸고, 정치적으로도 실패한 것이었다.

광주 시민 전체가 시위에 동조하고 참여하게 되자, 군 수뇌부는 기존 방식으로 시위 진압이 어렵다고 판단하고 광주 시내에서 군의 철수를 결정했다. 동시에 대다수 시민이 동참해버린 시위를 제압하기 위한 새로운 작전을 준비했다. 이에 따라 오전 10시 계엄사령

5·18 당시 거리에 차려진 시민군들의 식사시간.

관 이름으로 담화문을 발표하고 군의 발포를 예고했다. 담화문의 주요 내용은 시위자들을 타 지역에서 잠입한 고정간첩이나 불순분자, 혹은 그들에 동조하는 불량배로 규정했다. 그리고 그들의 행위에 대해 '자위권을 발동할 수' 있고, 나아가 시민들 또한 그들에게 동참하게 되면 불이익을 받게 될 것임을 경고했다. 광주 상황을 완전히 왜곡하고 무시한 군 수뇌부의 이런 반응은 시위자들을 비롯한 시민들에게 충격과 함께 군에 대한 불신과 분노의 감정을 자극했다.

정오까지 군을 철수시키겠다던 당국의 약속은 지켜지지 않았다. 군 수뇌부는 철수는 커녕 탱크와 1천여 명의 특전사 병력을 도청 앞 광장과 건물에 배치해놓고 시위 군중들의 전진에 대비하고 있었다.

(2) 도청 옥상 스피커의 애국가와 함께 군중을 향해 일제 사격 개시

오후 1시경 갑자기 도청 옥상 스피커에서 애국가가 울려 퍼지자, 군은 금남로에 운집해 있던 시위 군중을 향해 일제히 발포하기 시작했다. 분수대 주변 병력 뿐만 아니라, 건물 옥상에 배치된 저격수들에게까지 동시에 사격을 해댔다. 그들은 움직이는 것은 무엇이든지 쏘았다. 일순간 금남로 거리는 텅 비었고 정적에 휩싸였다.

그러나 죽음의 정적은 얼마 지나지 않아 텅 빈 거리를 질주하는 장갑차와 한 청년에 의해 깨졌다. 장갑차에는 상의를 벗고 흰 머리띠를 두른 청년이 태극기를 흔들며 광주 만세를 외치고 있었다. 그 청년의 행동은 심리적으로 이미 죽음과 공포심을 넘어서버린 듯했고, 군중을 집단적으로 전염시키기에 충분했으며, 장갑차 또한 저항자들의 전투력에 대한 시위였다. 이를 알아차린 듯 군의 총탄은 시위 청년의 목에 정확히 꽂혔고 장갑차를 향해 집중적으로 쏟아졌다. 하지만 청년을 태운 장갑차는 군의 저지선을 뚫고 학동 방면으로 재빨리 사라졌다.

노동청 부근에서는 또 다른 청년이 군용 트럭을 몰고 도청으로 돌진해 들어가다 도청 옥상에 설치된 기관총 사격을 받아 죽고 트럭은 담벼락에 부딪혀 도중에 섰다. 이렇게 대여섯 대 차량이 군을 향해 계속 돌진해 들어갔으나, 안타깝게도 그때마다 모두들 주검으로 변했고 트럭들은 중간에 멈춰서버렸다.

시위자들도 군 병력과 조금 떨어진 금남로 지하상가 부근에 다시 모여 애국가를 부르며 투쟁 의지를 가다듬었다. 애국가가 끝나자 5~6명의 청년들은 태극기를 들고 "전두환 물러가라" "계엄령을 해제하라"는 구호를 외치며 시위를 계속했다. 군은 시위를 이끄는 이들을 정조준 해 모두 쓰러뜨렸다. 이들을 재빠르게 옮긴 시위자들은 또다시 태극기를 들고 구호를 외치면서 시위를 계속했다. 군은 또다시 그들을 향해 방아쇠를 당겼다.

눈앞에서 벌어지는 죽음의 광경에도 불구하고 시위자들은 어떤 망설임도 없이 계속해서 시위에 앞장섰다. 학살을 통해 저항을 잠재우려는 지배자의 광기를 시위자들은 죽음을 넘어선 저항으로 맞받은 것이다. 도청 앞에서 집단발포로 인해 죽은 사람들은 최소 20여 명이었고, 전체적으로 이날 사상자는 60여 명에 이르렀다.

광주 시내 병원은 집단발포로 생긴 수백 명의 사상자들로 가득 찼다. 신체가 파손된 주검들, 죽음의 고통에 신음하는 부상자들로 응급실은 차마 눈뜨고 보기 힘들 정도로 처참했고, 여기에 단 한 명이라도 살려내려는 의사와 간호원들의 헌신적 노력과, 시민들의 적극적 동참은 눈물겨웠다. 이런 모습은 광주가 이미 저항공동체적 단계에 들어섰음을 상징했다.

시위자들은 부족한 의약품과 피를 확보해 각 병원에 공급하는 일에 적극 나섰다. 시민들은 헌혈 호소에 적극적으로 참여했고, 약국과 개인 병원들은 부족한 의약품을 기꺼이 내놓았다. 그리고 병원들은 부상자를 무료로 치료해주는 데 주저하지 않았다. 이와 관련한 증언들을 살펴본다.

"환자들만 데려오면 어떡해요. 약품과 피가 부족하니 그것도 구해달라"는 병원의 요청에 따

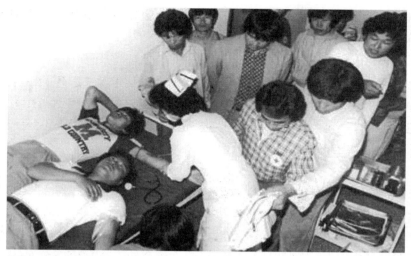
헌혈을 하기 위해 몰려온 시민들.

라 필요한 의약 품목을 신청 받고 헌혈을 위해서 적십자 완장을 차고 지프차를 타고 시내 거리로 나갔다. 시민들의 호응은 너무 좋았다. 일반인들은 음식물을 차에 실어주고 약국에서는 필요한 응급약품을 무상으로 내주었다. 시내 약국에 의약품이 부족하자 개인 병원을 돌며 필요한 약을 구했는데 개인 병원 역시 적극 호응해주었다.(이광영의 증언)

또 다른 증언을 살펴보면,

적십자병원 직원과 함께 헌혈차를 몰고 (…) 양림동 오거리에서 헌혈을 받았다. 헌혈차가 도착하자마자 여기저기에서 시민들이 몰려왔다. 시민들 중에는 술집 아가씨들도 많은 것 같았다. 노약자들은 양해를 구해 헌혈을 받지 않고 돌려보냈으며 방림동 아주머니들은 김밥과 음료수를 가져왔다.(정무근의 증언)

이와 같이 시민들은 시위자들과 하나가 되는 공동체적 모습(civitas 시민권·공동체)을 보였다. 집단발포를 계기로 군은 이미 광주시민 모두를 적으로 돌려버렸다. 그런데 비무장한 시위자들이 아무리 죽음을 무릅쓰고 군을 물리치려 했지만 사상자만 늘어났을 뿐, 각종 화기로 무장을 하고 있는 정예군을 제압한다는 것은 현실적으로 불가능했다. 시위자들을 향해 무차별적으로 총을 쏘아대는 군에 대응하기 위해서는 총으로 맞서야 한다는 데 공감하기 시작했다. 공감대가 형성되자, 그들은 조금의 망설임도 없이 총을 찾아나섰다. 시위자들은 광주 시내·화순·나주·함평의 지서와 경찰서 등에서 다량의 무기를 탈취해 광주로 들여왔다. 시위자들이 총을 들게 된 이유와 그 과정을 몇 사람의 증언을 통해 확인해 본다.

나는 진내과 앞에서 시민들을 향해 "현재 공수부대들이 무차별 발포를 하고 있는데 우리는 돌맹이나 각목 따위로 싸울 수만은 없지 않습니까? 그러니 우리도 무기를 가집시다. 〔……〕 화순 탄광, 나주 등지에 무기가 많이 있을테니 모두 무기를 가지러 갑시다." 청년들 역시 무기 탈취의 필요성을 절실히 느끼고 있었다. (문장우의 증언)

공수부대들이 오후 1시경 도청 앞에서 발포해 시민들이 많이 죽었다는 소식을 듣고 우리도 그들을 다 죽여야 한다고 흥분했다. 나도 끓어오르는 분노와 함께 우리에게도 무기가 있어야 한다는 필요성을 느끼게 됐다. 버스는 곧바로 나주경찰서로 향했다. 도착해보니 경찰서는 텅 비어 있어서 우리는 바로 무기고 담을 차로 부수고 안에 있는 카빈총과 권총을 시위자들에게 나눠줬다. 총탄을 구하기 위해 금성파출소로 가서 보관 중이던 총알과 수류탄을 총 소지자에 맞게 배분했다. (위성삼의 증언)

이들이 무기고를 습격한 것은 군의 무차별적 발포와 폭력으로부터 자신과 지역민의 생명을 지키기 위한 맞대응이었다. 탈취한 무기들은 모두 광주공원으로 모아져 간단한 총기 교육을 실시한 후 시위자들에게 지급됐다. 무장한 시위자들 이른바 '시민군'(armed demonstrators)이 탄생한 것이다. 이들은 카빈소총·M1소총·기관총·권총·수류탄·군 지프와 트럭·장갑차·TNT 등으로 무장했다. 시위자들은 정규군에 비할 바는 못 됐으나 이전과는 전혀 다른 차원의 전투력을 가진 행위자로 변모한 것이다.

무장한 시위자들은 곧바로 도청 인근·전남대·조선대로 달려가 무차별적으로 발포하는 군에 대응해 싸웠다. 오후 3시경 금남로에는 무장한 시위자 1천여 명이 군과 맞서 싸웠다. 군은 시내 건물 요소요소에 저격병을 배치해 눈에 띄는 대로 시위자들을 사살했다. 수많은 사상자들이 흩어져 있는 거리에는 부상자들의 비명과 총소리, 시위자들의 구호, 헬기 소리 등이 섞여 전쟁터 그 자체였다.

◎ **광주시민군의 탄생과 궐기문**

우리는 왜 총을 들 수밖에 없었는가?

먼저 이 고장과 민주주의를 수호하기 위해 피를 흘리며 싸우다 목숨을 바친 시민·학생들의 명복을 빕니다.

우리는 왜 총을 들 수밖에 없었는가?

그 대답은 너무나 간단합니다. 너무나 무자비한 만행을 더 이상 보고 있을 수만 없어서 너도 나도 총을 들고 나섰던 것입니다. 본인이 알기로는 우리 학생들과 시민들은 과도정부의 중대 발표와 또 자제하고 관망하라는 말을 듣고 학생들은 17일부터 학업에, 시민들은 생업에 종사하고 있습니다.

그러나 정부당국에서는 17일 야간에 계엄령을 확대 선포하고 일부 학생과 민주인사, 정치인을 도무지 믿을 수 없는 구실로 불법연행 했습니다. 이에 우리 시민 모두는 의아해했습니다. 또한 18일 아침에 각 학교에 공수부대를 투입하고 이에 반발하는 학생들에게 대검을 꽂고 "돌격, 앞으로"를 감행하였고, 이에 우리 학생들은 다시 거리로 뛰쳐나와 정부당국의 불법처사를 규탄하였던 것입니다.

그러나, 아! 이럴 수가 있단 말입니까? 계엄당국은 18일 오후부터 공수부대를 대량 투입하여 시내 곳곳에서 학생, 젊은이들에게 무차별 살상을 자행하였으니! 아! 설마! 설마 했던 일들이 벌어졌으니, 우리의 부모형제들이 무참히 대검에 찔리고, 귀를 잘리고, 연약한 아녀자들이 젖가슴을 잘리우고 차마 입으로 말할 수 없는 무자비하고도 잔인한 만행이 저질러졌습니다. 또한 나중에 알고 보니 군 당국은 계획적으로 경상도 출신 제7공수병들로 구성하여 이들에게 지역감정을 충동질하였으며, 더구나 이놈들을 3일씩이나 굶기고 더군다나 술과 흥분제를 복용시켰다 합니다.

시민 여러분!

너무나 경악스런 또 하나의 사실은 20일 밤부터 계엄당국은 발포명령을 내려 무차별 발포를 시작했다는 것입니다. 이 고장을 지키고자 이 자리에 모이신 민주시민여러분! 그런 상황에서 우리가 할 수 있는 일이 무엇이겠습니까? 묻고 싶습니다. 우리는 더 이상 당할 수만은 없었습니다. 그래서 우리는 이 고장을 지키고 우리 부모형제를 지키고자 손에 손에 총을 들었던 것입니다. 그런데도 정부와 언론에서는 계속 불순배, 폭도로 몰고 있습니다.

여러분!

잔인무도한 만행을 일삼았던 계엄군이 폭도입니까? 이 고장을 지키겠다고 나선 우리 시민군이 폭도입니까? 아닙니다. 그런데도 당국에서는 계속 허위 날조, 유포하는 데 혈안이 되어 있습니다.

민주시민 여러분!

우리 시민군을 절대 믿어주시고 협조해주시기 바랍니다. 감사합니다.

시간이 지나면서 시내·외에서 탈취한 무기들이 대거 반입됐고 무장한 시위자들 또한 급속히 늘어났다. 시위자들은 특공대를 조직해 지프차·군용 트럭·버스 등을 타고 활동하는 무장시위대 양상을 띠었다. 무장시위대는 전남대 의대 옥상에 LMG2대를 설치해 도청 및 인근 지역에 있는 군을 위협했다.

수천 명의 무장시위대, 수십만의 시위 군중, 그리고 시위 대열에 동참해버린 광주 시민들을 제압한다는 것은 불가능하다고 판단한 군 수뇌부는 광주 시내에서 군 철수를 명령했다. 그에 따라 전남대 주둔 병력은 오후 5시경 광주교도소로 퇴각했고, 도청 병력은 이보다 조금 늦게 조선대로 퇴각했다가 지원동 숙실마을과 주남마을로 각각 퇴각했다. 군이 시 외곽으로 철수함으로써 광주는 4일만에 학살적 진압에서 벗어나 해방공간이 됐다.

군의 집단발포와 관련해 몇 가지를 정리해보자. 먼저 집단발포는 정당방위로 볼 수 있는가. 집단발포에 대해 현장 지휘관들은 한결같이 정당방위라고 주장했다. 하지만 차량과 각목이나 쇠파이프 정도로 무장한 시위자들에게 무려 10분 동안이나 집단발포 했을 뿐만 아니라, 집단발포 이후 오후 3시경까지 금남로 주변 시위 군중들을 향해 저격병까지 배치해놓고 시위에 나선 사람들에게 총격을 가했다. 게다가 금남로와 제봉로(당시 MBC 앞 도로) 인근 시위자들을 제압하기 위해 헬기까지 동원해 기총 소사를 한 행위를 과연 정당방위라고 할 수 있을까.

○ 형법 21조에 따르면, 정당방위는 자신 또는 타인의 법익에 대해 현재의 부당한 침해를 방위하기 위한 행위로서 위법한 개인의 법익을 보호하기 위해서 허용될 뿐, 국가적·사회적 법익을 보호하기 위한 정당방위는 허용되지 않는다.

군의 집단발포 및 발포행위는 기본적으로 국헌 문란 기도자들(쿠데타세력)의 잘못된 명령에 따른 것으로, 정당방위의 범위를 넘어선 것이었다. 비록 현장에 투입된 군의 집단발포행위가 군 특성상 조각사유阻却事由(통제하기 어려운 행위)에 해당된다고 하더라도 그들의 행위는 시위자들을 무차별적으로 학살한 범죄행위에 해당된다.

다음으로 군의 철수가 예정된 상황에서 집단발포한 군의 행위를 어떻게 봐야 하는가. 21일 오전 계엄사령관은 "계엄군을 광주 시내로부터 외곽으로 전투 재배치 한다"고 결정했고, 도지사는 시민 대표들과 만난 자리에서 군대 철수를 위해 최선을 다하겠다고 약속했다.

○ 결정 내용은 첫째, 계엄군을 광주 시내로부터 외곽으로 전환하여 재배치한다. 둘째, 군은 자위권을 발동한다. 셋째, 1개 연대 병력을 추가 투입한다. 넷째, 전투력 공백의 보전책으로 2개 훈련단을 훈련 동원 소집한다. 다섯째, 폭도 소탕작전은 5월 23일 이후에 의명 실시한다. 여섯째, 5월 21일 오후 4시를 기해 전국 일원에 '진돗개 둘'을 발행하고 방어 준비 태세를 변경, 주둔지 자체 경계와 대태업 대책 등을 강화한다. (육군본부 「소요 진압과 그 교훈」)

총을 들고 광주 거리를 지키고 있는 시민군. 수천 명의 시위자들이 무장한 시민군으로 등장함에 따라 진압군은 광주시 외곽으로 '작전상' 철수했다.

　그리고 당시 전교사 사령관 윤흥정 중장은 "공수부대를 철수시킬 예정인 상황에서 무엇 때문에 발포까지 하면서 시위대를 막을 필요가 있겠는가?"라고 증언하고 있다. 뿐만 아니라 공식 지휘 계통에 있는 지휘관들 중 어느 누구도 자위권 발동을 승인하지 않았다는 점이다. (1988년 국회 '광주청문회'에서 정웅·윤흥정의 증언 참조. 계엄사령관이 자위권을 발동한 시기는 계엄사령관의 특별담화 이후였고, 전교사가 자위권 발동을 하달받은 시점은 정확히 5월 21일 오후 8시 30분이었다.)

　이와 같은 점들을 종합해 볼 때, 집단발포행위는 비공식 지휘 계통에서 이뤄졌다고 볼수 있으며, 쿠데타 수뇌부들이 내란 목적을 달성하기 위해 광주 시민들의 시위를 「어떤 희생이 따르더라도 조기에 진압해야 할 절박한 필요성에 따른 결과였다」고 볼 수 있다.

　그렇다면 누가 발포 명령을 내렸는가. 공식 지휘 계통에 있는 지휘관들 중 어느 누구도 자위권 발동을 승인하지 않았다. 발포 명령이 군의 공식 지휘 계통에서 이루어지지 않았다면 11여단 대대장들로부터 11여단장을 거쳐 특전사령관 그리고 최상위에 '신군부'라는 비공식적 지휘 계통에서 이루어졌을 가능성을 상정해볼 수 있다. 하지만 신군부가 집권 이후 관련 증거를 모두 폐기해버려 도청 앞 집단발포를 명령한 사람이 누구인지 밝혀지지 않고 있다. 전·노 재판에 대한 대법원의 판결에서 신군부 집단이 발포 명령에 개입한 정황은 인정되나 이를 입증할 명백한 증거는 찾을 수 없다고 했다.

　다음으로 시민군에 대하여 이야기해 보자. 시민군은 군의 무차별적 발포와 학살에 대항해 총기로 무장한 시위자들을 일컫는다. 그들은 민주화를 압살하려는 신군부 쿠데타에 저항하는 시위에 동참한 사람들 중에서 무장한 사람들이었으며, 시민군에 참여한 사람들은 다음 표와 같이 대부분 하층민 출신의 청년들이었다.

〈표〉 기동타격대로 활동하다 구속된 사람들의 직업별 현황

	도시빈민	농업	사무직	학생	기타	합계(명)
구속자수	26	1	1	3	1	30

출처 : 전남사회운동협의회 편 『죽음을 넘어 시대의 어둠을 넘어』

시민군은 군 복무를 마친 장병 출신자(예비군)들에 의해 지도·통제되었고, 그들의 전투력은 자연 발생적 무장, 짧은 기간, 그리고 무기를 둘러싼 갈등 등으로 인해 전체적으로 초보적 수준을 넘지 못했다.

마지막으로 군의 철수를 어떻게 봐야 하는가. 우선 광주 시내에서 진압군의 철수는 21일 오전 계엄사령부가 군을 광주 시내에서 외곽으로 전환하여 재배치하기로 결정함에 따라 이뤄졌다. 이는 수세에 몰린 특전사 부대를 외곽으로 철수시키고 20사단을 증파해 23일 이후 진압작전을 실시한다는 작전 방침에 따른 조치였다. 즉 '작전상 철수'라고 할 수 있었다.

그러면 작전상 철군이 의미하는 바는 무엇인가. 우선 그것은 강경한 진압 작전의 실패를 의미했다. 항쟁 발발 이후 광주시 외곽으로 퇴각할 때까지 군 수뇌부의 입장은 오직 강경 진압 뿐이었다. 퇴각이 결정된 상황에서도 군 수뇌부는 미련을 버리지 못하고 집단 발포를 결행했다는 점에서 시위에 유연하게 대응하기보다는 강경한 군사적 대응만을 끝까지 고집했음을 보여주었다. 강경 진압을 위해 군 수뇌부는 4일 동안 거의 매일같이 병력을 증파했다. 그 결과 5월 21일 오후 5시 철군할 때까지 광주에 파병된 병력은 특전사 3개 여단 10개 대대와 20사단 병력을 합해 2만 명에 달했다.

둘째로는 군사적 실패를 넘어선 정치적 타격이었다. 군이 그동안 고수해왔던 강경 대응 전술은 군이 보일 수 있는 가장 위력적 카드였던 집단발포에도 불구하고, 시위자들이 굴복하지 않고 오히려 무장투쟁으로 맞서게 되면서 완전히 무너졌다. 단순 시위가 무장항쟁으로 발전하고 광주가 「저항공동체」로 변모한 것은 군사 전술적 차원의 패배를 넘어선 쿠데타 지배세력의 타격이었다.(김영택 『현장 기자가 쓴 10일간의 취재수첩』 사계절 1988)

철군으로 광주는 잠시나마 쿠데타세력의 폭력으로부터 자유로워진 '해방공간', 권위주의적 유신체제의 지배력이 전혀 미치지 않는 '민주공간'으로 변모했다. 게다가 철군은 총

리까지 경질되는 내각 총사퇴라는 정치적 책임으로 나타났다는 점에서 분명 정치적 패배였다. 쿠데타세력은 자신들이 져야 할 책임을 오히려 내각에 전가해 총사퇴시켰고, 이를 자신들의 정치적 지배력을 강화하는 계기로 역이용했다.

다음으로 저항의 심화 시기(20일 저녁~21일 오후)에 나타난 집단적·조직적 행동에 대해 살펴보면, 항쟁 초기부터 광대를 비롯한 운동단체들이 계속해온 지하 유인물 작업이다. 이 시기에 제작·살포된 유인물은 『투사회보』 1호, 「결전의 순간이 다가왔다」 「광주 시민 총궐기문」 「우리는 피의 투쟁을 계속 한다」 등이다. 그리고 주 내용은 '피해 상황 알림', '시민들의 참여 독려', '행동 요령' 등으로 참상 소식과 함께 대중들을 조직화하고 동원하기 위한 선전선동에 초점이 맞춰져 있다.

(3) 시위군중의 통일적 행동과 수습을 위한 각종 시민협의체 조직

국가와 사회의 민주화 요구를 짓밟는 신군부 집단의 쿠데타에 맞서 싸운 시위자들은 자력으로 학살적인 진압군을 광주로부터 퇴각시켰다. 기존 지배 질서와 폭력이 사라진 자유공간에는 이를 지켜낼 지도력과 공동체 질서의 생성이라는 새로운 과제가 그들을 기다리고 있었다. 여기서는 해방공간에서 탄생한 지도부의 성격과 그들의 주장 등에 대해 살펴보고자 한다.

① 전기 시민수습대책위원회(5·18광주사태수습대책위원회)

해방된 민주공간을 이끌어갈 지도부를 결성하기 위한 최초의 시도는 저항세력에 의해서 이뤄지지 못하고, 「관官이 주도하는 수습」의 개념으로 시작됐다. 5월 22일 오전 도청 부지사실에서는 정시채 부지사를 중심으로 각계각층의 지역 유지들이 한자리에 모여 권력 공백 상태에 빠진 광주를 이끌 방안을 마련하고자 「5·18광주사태수습대책위원회」(위원장: 이종기, 총무: 장휴동)를 결성했다. 이들의 인식은 당시 상황을 무정부 상태(anarchy)라고 규정하고 혼란한 상황을 수습할 대책을 마련하는 것이 시급하다고 보았다.

참여자들을 보면 정시채(부지사)·이종기(변호사)·장휴동(사업가)·박윤종(대한 적십자 전남지사장)·장세균(목사)·신승균(목사)·박영복(목사)·최한영(독립운동가)·한완석(목사)·김재회(목사)·조비오(신부)·김창길(대학생) 등 15명이었다. 이들은 친정부적 지역 유지·교계 지도자들로서 사태 수습과 무기 반납에 역점을 두고 활동했다.

5·18광주사태수습대책위원회(이하 전기 시민수습대책위)는 출범 후 회의를 열고 군 당국과 협상하기 위한 요구 조건 7개 항을 정리했다. ① 사태 수습 전에 군을 투입하지 말라 ② 연행자를 석방하라. ③ 군의 과잉 진압을 인정하라. ④ 사태 수습 후 보복을 금지하라.⑤ 책임을 면제하라. ⑥ 사망자·부상자에 대해 보상하라. ⑦ 이상의 요구가 관철되면 무장을 해제할 것을 주장했다. 전기 시민수습대책위원들은 이들 7개 항을 가지고 군당국과 협상을 벌였다.

이 자리에서 군 당국은 군의 과잉 진압을 인정할 수 없으며, 연행자 석방과 사상자 보상 문제는 선별적으로 처리하겠다고 밝혔다. 군은 또 보복 금지에 동의하며, 무기의 자진 회수 반납은 적극 환영한다는 반응을 보였다. 그런데 오후 12시 30분부터 전교사에서 진행된 군과 전기 시민수습대책위 간의 협상에서 전기 시민수습대책위가 얻은 것은 실제 아무 것도 없었다.

군 당국과 전기 시민수습대책위 간의 협상 결과에 대한 보고대회가 정시채 부지사의 사회로 오후 5시 도청 앞 분수대에서 열렸는데, 협상 대표들은 협상 결과 발표와 함께 신상 발언도 했다. 그런데 협상 대표 중의 한 사람인 장휴동의 신상 발언이 문제가 됐다. 그가 "이런 식으로 해서는 결국 폭도暴徒밖에 안 된다. 어서 빨리 모든 무기를 계엄사에 반납하고 시내 치안 질서 유지권을 계엄사에 넘겨주어야 한다"고 주장하자, 집회에 참가한 사람들이 격렬한 항의와 야유를 보내고, 공포를 쏘는 등 상황이 험악해졌다.(협상 대표 장휴동이 단상에 올라가 이런저런 말을 했다고 하자, 흥분한 시민들이 "사기치지 말라. 현 상황을 정치적으로 악용하지 말라"며 그를 끌어내리는 일이 발생했다.- 조아라의 증언)

험악한 상황이 어느 정도 진정 기미를 보이자 명노근(전남대 교수)이 연단에 올라가 무기 회수의 필요성을 호소했다. 이에 따라 약 3천5백여 정의 소총이 회수됐고, 전기 시민수습대책위원들은 그중 1백50정을 상무대에 반납하고 재야인사·민주인사·총학생회 간부를 제외한 일반인 약 850명을 석방시켰다.

하지만 시위자들을 비롯한 시민들은 7개항의 요구 조건을 관철하지 못한 채, 군 당국의 요구만을 일방적으로 수용하는 협상 대표들의 행동에 대해 거세게 항의했을 뿐만 아니라, 그들을 어용인사로 의심했다.("계엄사령부에 수시로 연락하며 지시를 받아 총기 회수에만 초점을 맞추려는 어용인사들과는 더 이상 같이 일을 할 수 없었다."- 김성용·조비오의 증언) 저항세력이 배제된 채, 관변적인 인사들 중심으로 만들어진 전기 시민수습대책위는 애초부터 명백한 한계와 문제를 안고 있었다고 하겠다. 학살의 공포를 뚫고 생존을 위한 무장항쟁을 전개한 대중의 의사와 정서에 반하는 태도를 취한 최초의 시민수습대책위는 지도부의 역할을 더 지속할 수 없었다. 이에 따라 지도부는 결성 당일 무너졌다.

② 후기 시민수습대책위원회 (5 · 18광주사태수습대책위원회)

부지사가 주도한 최초 수습대책위가 저항세력과 시민들에게 외면당하게 되자, 다음 날 오전 도청 부지사실에서는 역시 정시채 부지사의 주도로 대책위를 새롭게 조직하기 위한 회의가 열렸다. 그 결과 개편된 「후기 시민수습대책위원회」(5 · 18광주사태수습대책위원회, 이하 후기 시민수습대책위)는 관변인사 · 재야인사 등 일반인과 전남대 · 조선대 대학생 등 모두 30명으로 구성됐으며, 위원장에는 윤공희 대주교가 추대됐고, 대변인은 김성용 신부가 맡았다.

새롭게 확대 개편된 후기 시민수습대책위에 대학생들과 재야인사들(남동성당파)이 참여하면서 시민들의 불신은 어느 정도 줄어들었다. 그러나 이들은 여전히 수습 차원에 머물렀고 무기 반납 활동에 많은 관심을 기울였다는 점에 비추어 이전 지도부와 성격상 별반 차이가 없었다.

후기 시민수습대책위는 정부와 군 당국과 협상을 위해서, 그리고 평화적인 수습 방안을 추진하기 위해서 무기를 회수해 반납해야 한다고 주장했다.(조비오 · 조아라의 증언) 이런 주장을 펴면서 후기 시민수습대책위원들은 학생 수습위원들과 함께 시외곽을 돌면서 외곽을 경비하고 있는 시민군들을 상대로 무기 회수 활동을 벌였다. 이들의 무기 회수 및 반납 활동은 해방공간을 붕괴시키려 교란작전을 벌이고 있는 군과 대치하거나, 교전이 발생하고 있는 상황에서 이뤄졌기 때문에 시민군들과 심한 갈등을 빚었다. 또한 후기 시민수습대책위는 시민들의 의사를 수렴하고, 나아가 시민들을 조직해 저항세력의 요구를 관철하려는 궐기대회조차도 반대하고 못마땅하게 생각했다.(정상용의 증언)

후기 시민수습대책위와 학생수습위가 보인 이와 같은 일련의 행위들은 군의 학살 만행을 직 · 간접적으로 경험한 시민에게 투항주의적 행위로 비쳐지는 측면이 강했다. 게다가 후기 시민수습대책위가 군 당국에 협조적인 태도를 보였음에도 불구하고 군 당국과 협상에서 거둔 성과는 거의 없었다. 결국 이들 지도부는 군의 재진입이 임박한 가운데 진행된 「죽음의 대행진」을 끝으로 스스로 해산했다.

항쟁에 대한 이들의 관점 및 해법을 보면, 우선 항쟁이 군의 잔학한 폭력행위로부터 비롯됐다고 보았다. 때문에 광주 시민들의 저항은 정당하다고 생각하고 있었다. 이 문제를 풀기 위해서는 무엇보다도 군이 저항자들에게 보복을 해서는 안 되고, 정부는 학살 책임자를 처벌해야 하며, 구속자를 석방하고 피해를 보상해야 한다고 주장했다. 더불어 저항자들은 무기를 회수해서 자진 반납해야 한다고 생각했다. 이들의 관점과 주장은 계엄사와 협상할 때 제시한 8개 항에 잘 나타난다. 8개 항의 내용은 ① 광주사태는 공수단의 살상에 대한광주시민의 정당방위 행위이다. ② 구속학생을 석방하라. ③ 공수단의 책임자를 처단하라. ④ 계엄군의 시내 투입을 금지하라. ⑤ 시민·학생의 처벌 및 보복을 엄금하라. ⑥ 계엄군은 사과하라. ⑦ 정부 책임 하에 피해를 보상하라. ⑧무기는 자진 회수 반납한다 등이다.

여기서 후기 시민수습대책위에 참여한 남동성당파에 대해 잠깐 살펴보자. 이른바 '남동성당파'란 남동성당에서 모이는 사람들이라고해서 얻은 별칭으로, 광주가 해방되자 22일 오전 남동성당에서 모임을 갖고 향후 수습책에 대해 논의했다.

남동성당 모임에 참석한 이들은 이른바 '광주·전남 지역 재야인사'들로서 시민사회단체나 교계·법조계·학계 등에 몸담고 있으면서 반독재 민주화운동에 동참하고 있는 인권운동가들이었다. 이들 명단은 김성용(신부)·남재희(신부)·명노근(교수)·박석무(교사)·송기숙(교수)·윤광장(교사)·윤영규(교사)·이기홍(변호사)·이성학(NCC 전남지부장)·이애신(YWCA총무)·장두석(양서조합)·장사남(교사)·정태성(신민당원)·조비오(신부)·조아라(YWCA 회장)·차재연(사업)·홍남순(변호사)등이다.

광주 해방공간에서 남동성당파가 견지했던 입장과 해법을 살펴보면, 우선 이들은 수습활동에 참여했지만 통일된 행동이나 조직적 입장을 견지하지 못한 채, 각기 다른 모습을 보였다. 재야인사들은 개인별로 도청 내 시민수습위원회에 참가하여 미온적인 활동을 하고 있던 사람, 학생수습위원들과 관련하고 있던 사람, 전체적인 상황을 주시하고 있는 사람 등 서로 다른 입장을 보였다.(전남사회운동협의회 엮음, 황석영 기록 『죽음을 넘어 시대의 어둠을 넘어』 풀빛 1985)

하지만 항쟁의 요인은 군의 강경 진압에 있다는 데 모두들 생각을 같이했다. 그래서 이 문제를 풀기 위해서는 정부와 군이 먼저 잘못을 인정하고 광주 시민에게 사과할 것을 주장했다. 김성용 신부가 작성하고 남동성당파 대부분이 연명한 문건, 「최대통령 각하에게 드리는 호소문」에서 주장한 4개 항은 첫째 이번 사태는 정부의 잘못임을 인정할 것, 둘째 대통령은 사과와 용서를 청할 것, 셋째 모든 피해는 정부가 보상할 것, 넷째 어떤 보복도 있을 수 없다는 것을 확약할 것 등이다. 그리고 상황을 더 악화시키지 않고 문제를 매듭짓기 위해서는 군이 시내 재진입을 절대로 해서는 안 되며, 항쟁 지도부나 시위자들도 무기를 들고 강경하게 저항해서는 안 된다고 판단했다.(김성용의 증언)

다음으로 이들은 최후의 항쟁 지도부였던 민주시민투쟁위원회에 대한 지지 및 동참을 거절했다. 민주시민투쟁위원회 결성을 앞두고 평소 재야인사들과 알고 지내던 윤상원과 정상용이 남동성당파를 만나 새로운 지도부에 합류해 항쟁 지도부를 지지하는 성명서를 궐기대회에서 발표해달라는 요청을 했으나 이들은 받아들이지 않았다.

관변인사들과 재야인사들이 함께 참여한 후기 시민수습대책위는 참여자들 간 성향 차이가 컸기 때문에 차별적으로 공존했으며, 이로 인해 상호 불신과 내적 갈등에 시달렸다. 그리고 참여자들이 대부분 명망가였기에 조직적·체계적인 활동을 기대하기는 어려웠다. 이들의 활동 내용은 전기 시민수습대책위와 비교해 볼 때 특별한 차이를 보이지 않았다.

③ 학생수습(대책)위원회

대학생들이 수습활동에 참여하게 된 것은 '해방공간'의 무질서 상태를 조금이나마 해소하려는 취지였다. 당시 난무하는 유언비어와 군의 심리전 아래서 해방공간의 질서를 형성하기 위해서는 무엇보다도 대중의 신뢰와 지지를 받는 집단이 나서는 것이 필요했다. 이에 일부 시민수습대책위원들이 사회적 신뢰도가 높은 대학생을 수습활동에 참여시키고자 한 것이다. 하지만 무장시위자들은 대학생들이 수습활동에 동원되는 것에 대해 매우 부정적인 반응을 보였다. 이와 관련해 송기숙(전남대 교수)의 증언을 보자.

수습위는 무슨 수습위냐 전투본부를 만들어야지 하고 악을 쓰기도 하고, 카빈총을 목에 들이대며 위협하기도 했다. 또한 대학생들이 뭔데 이제 와서 설치느냐고 대들었다. 〔……〕 이에 나는 그래 전투본부든 수습위원회든 조직을 만들어야하지 않겠어, 이렇게 오합지졸로 우왕좌왕하고 있다가 공수단이 다시 쳐들어오면 어찌할 것인가? 수습을 하다가 우리의 요구를 들어주지 않으면 항쟁을 하는 수밖에 없겠지, 누가 누구인지도 모르는 판에 어떤 사람들이 앞에 나설 것인가? 총을 들고 싸웠다고 아무나 앞장을 설 때 당장 같이 싸운 시민군들부터 그들을 믿지 않을 것인데, 그러면 그런 사람들이 어떻게 지도력을 발휘하지? 지금 모두 믿을 수 있는 건 대학생들밖에 없잖아 그렇게 3~4시간을 설득했다.

「학생수습위원회」는 22일 밤 8시 남도예술회관 앞에 모인 1~2백 명의 대학생들 앞에서 명노근(전남대 교수)이 학생수습(대책)위원회(이하 학생수습위)의 필요성을 역설하면서 만들어졌다. 학생수습위 구성을 주도한 명노근의 증언을 보자.

여러분! 이제까지 치열한 시위로 공수부대와 경찰 병력을 광주에서 철수시킨 것은 대단히 성공적이었습니다. 그러나 이제부터 어떻게 수습할 것인가를 깊이 생각해보아야 할 것입니다. 여러 학생들이 많은 문제를 제기해왔습니다. 그러니 학생들과 우리들이 힘을 합쳐 수습하는 일에 최선을 다합시다. 내일 되도록 많은 교수들을 동원해서 도청으로 나오게 하겠으니 제군들도 모두 참여하여 수습에 나섭시다.

학생수습위의 조직은 전남대·조선대·광주 시내 전문대에서 각 5명씩으로 구성됐다. 조직 및 명단은 위원장(김창길)·부위원장 및 장례 담당(김종배)·총무(정해민)·대변인(양원식)·홍보부장(허규정)·총기회수반·차량통제반·수리보수반·질서회복반·의료반 등이었다.

위원장은 주로 시민수습대책위와 함께 군 당국과 협상에 참가했고 부위원장 이하 부서들은 업무에 충실히 활동하여 질서를 형성하는데 기여했다. 이들은 4개 요구 사항을 정리하여 군 당국과 협상에 나서기도 했다. 4개 요구사항은 ① 시위자들에 대한 폭도 규정 사과 ② 장례식은 시민장으로 ③ 구속학생과 시민 전원석방 ④ 피해 보상 등이었다.

학생수습위가 단합된 모습으로 여러 가지 헌신적인 활동을 했음에도 불구하고 무기 반납 문제에서만큼은 의견이 극명하게 갈라졌다. 김창길 위원장을 비롯한 일부는 "더 이상 피를 흘리지 않기 위해서 무기를 회수하여 군 당국에 반납해야 한다"고 주장하면서 무기 회수 활동에 나섰다. 김창길은 23일 오전 회수된 무기 중 2백 정을 군 당국에 반납하고 34명의 연행자를 인계받았다. 반면 김종배·허규정 등은 시민들이 납득할 수 있는 최소한의 요구 조건이 충족된 상태에서 무기 반납이 이뤄져야 한다고 주장하면서 위원장을 비롯한 일부의 무조건적 무기 반납에 반대했다.

이런 갈등 현상은 시민들의 최소한 요구조차도 받아들이지 않는 군 당국의 고압적이고 협박적인 협상 태도가 크게 작용했다. 이로 말미암아 무기 반납 문제에 대한 입장 차이는 전혀 좁혀지지 않았고 시간이 지날수록 오히려 조직 내 긴장을 고조시켰다. 내적 긴장이 계속되자 일부 대학생들이 조직을 이탈했다. 이에 학생수습위는 대학생이 아닌 일부 일반인(황금선·박남선·김화성)을 받아들여 조직을 개편했다. 25일 밤 9시 군의 재진입이 임박한 가운데 무기 반납을 둘러싼 '온건파'와 '강경파' 간의 대립이 격화돼 위원장이 사퇴함에 따라 '강경파'가 지도부를 이끌게 된다.

④ 민주시민투쟁위원회(무장한 민중 항쟁 지도)

군의 재진입을 확인한 후기 시민수습대책위원들과 학생수습위 온건파가 도청을 빠져나가면서 도청 내에 수습이나 타협을 주장하는 세력은 더는 존재하지 않았다. 도청에서는 윤상원·정상용·김영철·박효선 등 민주수호범시민궐기대회를 주도한 민주화 운동 세력과 김종배·박남선·허규정 등을 비롯한 학생수습위 강경파, 그리고 무장 시위세력이 중심이 돼 25일 오후 10시 「민주시민투쟁위원회」(이하 민투)를 결성했다.

민투의 조직 및 명단은, 위원장(김종배: 학생수습위 부위원장·대학생), 내무 담당 부위원장(허규정: 학생수습위 홍보부장·대학생), 외무 담당 부위원장(정상용:회사원·학생운동 출신), 대변인(윤상원: 노동운동가·들불야학 강학), 상황실장(박남선: 학생수습위 상황실장, 운전기사), 기획실장(김영철: 빈민지역 운동가·들불야학 강학), 기획위원(이양현: 노동운동가·학생운동 출신), 기획위원(윤강옥: 복적생), 홍보부장(박효선: 문화운동가·들불야학 강학), 조사부장(김준봉:무장시위대·회사원), 민원실장(정해직: 홍사단 아카데미 활동·교사), 보급부장(구성주: 회사원) 등이다.

그들의 주장을 살펴보면, 민주화와 시민의 생명을 지키기 위해 일어선 저항세력은 광주 시민을 무참히 학살한 군에 대해 정부 당국의 공식 사과·사상자 피해 보상·저항자 명예 회복과 처벌 반대 등을 주장했다. 그리고 광주항쟁은 민주화를 압살하는 신군부 쿠데타에 대한 민주화운동이기 때문에 광주 시민을 비롯한 전 국민이 민주주의를 쟁취하기 위하여 총궐기할 것을 촉구했다. 또한 「민투」는 저항세력의 요구 사항을 외면한 채 무기 반납만을 요구하는 군 당국의 일방적인 주장을 받아들일 수 없을 뿐만 아니라, 지도부의 주장을 관철하기 위한 무장투쟁도 불사할 것임을 천명했다.

광주항쟁에 대한 민투의 시각과 해법은 「광주 시민 결의 사항」에 잘 나타나 있는데, 우선 광주 시민들의 저항 성격을 「민주정부 수립을 열망하는 민주화운동」이라고 규정했다. 때문에 저항 과정에서 나타난 모든 피해와 책임을 과도정부가 져야 한다고 주장하고 계엄령 해제·민주인사 석방·민주인사가 참여하는 과도정부 구성 등을 요구했다.

○ 26일 정오 궐기대회를 통해 민투 지도부는 정부에 요구하는 7개 항의 「광주 시민 결의 사안」을 채택했다. 그 내용을 보면 ① 이번 사태의 모든 책임은 과도정부에 있다. 과도정부는 모든 피해를 보상하고 즉각 물러나라. ② 무력 탄압만 계속하는 계엄령을 즉각 해제하라. ③ 민족의 이름으로 살인마 전두환을 공개 처형하라. ④ 구속 중인 민주인사를 즉각 석방하고 민주인사로 구국 과도정부를 수립하라. ⑤ 정부와 언론은 이번 광주의거를 허위 조작·왜곡 보도하지 말라. ⑥ 우리가 요구하는 것은 피해 보상과 연행자의 석방만이 아니다. 우리는 진정한 민주정부 수립을 요구한다. ⑦ 이상의 요구가 관철될 때까지, 최후의 일각까지, 최후의 일인까지 우리 80만 일동은 투쟁할 것을 온 민족 앞에 선언한다.

지도부를 구성한 민투는 향후 활동 계획을 두 가지 방향에서 수립했다. 하나는 무장투쟁을 기정사실화 하고 준비했다. 이런 계획에 대해 광주시민들 누구도 반대하거나 공포감을 갖지 않았다. 군은 처음부터 협상에 진지하게 응하지 않을 뿐만 아니라, 광주 시민들의 요구를 애초에 들어주려 하지 않았기 때문에, 광주 시민들의 요구를 관철하기 위한 민투의 투쟁 주장에 대해 아무도 반대하지 않았고 단지 희생을 우려했을 뿐이었다.

지도부는 군 당국의 강경 진압 위협에 대해 TNT를 활용해 대응하고, 무장시위대의 전투력을 강화하기 위해서 예비군 동원령을 내려 전투조직화하고자 했다. 하지만 TNT는 군에 의해 이미 뇌관이 제거돼버렸고, 예비군을 전투조직화하기에는 시간이 너무 짧았다.(나의갑 「5·18의 전개과정」 『5·18민중항쟁사』 광주시 5·18사료편찬위원회 2001)

또 하나의 방향으로는 좀더 오랜 싸움을 위해서 일상생활을 정상화하고자 했다. 이를 위해 시내버스 정상 운행, 광주시 비축미 공급, 방송 및 언론기관 가동, 치안질서를 유지하기 위한 치안대 조직, 유류 통제 관리 등을 시행하기 위한 방안을 마련했다. 민투는 이 계획 또한 시행되기도 전에 최후를 맞는다.

민투는 투항적 태도와 수습 성격을 띠었던 이전 지도부와는 달리, 처음부터 국가와 사회의 민주화를 위한 투쟁적 성격을 분명히 했으며, 저항세력과 광주 시민들의 정당한 요구를 관철하고자 군 당국의 무력 진압에 맞서 최후까지 투쟁한 무장항쟁 지도부였다.

(4) 예비군 소대장 문장우 주도, 지역방위대 · 시내방위대 편성

5월 21일 오후 8시경 무장시위대가 도청을 접수함으로써 광주는 행정공백 상태인 동시에 민주시민의 해방공간이 됐다. 하지만 군이 언제 또다시 진입해올지 알 수 없는 상황에서 저항세력은 광주를 방위할 대책, 즉 무력(시민군)을 키워야했다.

시위자들이 가진 방위력의 토대는 저항 과정에서 만들어진 무장시위자들이었기 때문에 광주 방위의 출발점은 무장시위자들을 조직하는 데서부터 시작됐다. 방위 무력의 조직화는 시내 일원을 방어하는 시내방위대와 외곽 지역 방어를 담당하는 지역방위대로 나누어 출발했다.

하지만 시민수습대책위원들의 무기 회수 활동을 계기로 광주 방위 무력은 변화를 겪게 된다. 외곽 지역에서 무기 회수 활동으로 인해 지역방위대는 힘을 잃었으며, 시내방위대는 도청을 접수한 후 상황실 통제하의 기동순찰대로 재편됐다. 그리고 군의 재진입이 임박한 시점에서 상황실 휘하에 기동타격대가 추가로 만들어졌다. 이와 같이 광주 방위를 담당했던 무력조직은 지역방위대 · 시내방위대로 출발한 후 기동순찰대 · 기동타격대로 재편돼 상황실 체제로 운영됐다.

방위무력조직에 대해 좀더 상세하게 살펴보면, 광주 방위는 군의 집단발포를 계기로 시위자들의 무장을 역설한 문장우(학운동 예비군 소대장)에 의해 맨 처음 시작됐다. 그리고 시위자들이 탈취한 총기류들이 한데 모인 광주공원은 광주 방위 무력의 출발지가 됐다. (당시 광주공원 광장에는 소총이 1천5백 정 정도 쌓여있었고, 4~5백 명이 총과 수류탄으로 무장하고 있었다. - 문장우의 증언)

광주공원에는 구경 나온 사람들이 많이 있었고, 무장한 사람들은 중·고교 학생까지 아무렇게나 소총을 들고 있거나, 수류탄의 안전핀을 주머니에 달고 다니는 등 위험천만한 모습을 하고 있었다. 이에 그들을 주변에 정차해 있던 고속버스 11대에 태웠고, 나머지는 줄을 세워 땅바닥에 앉혔다. 폭발 사고를 우려해 수류탄을 모두 회수하고 기본적인 총기 교육을 시켰다. 그리고 군과 대치 및 전투를 대비해 야간 사격술·수류탄 투척법·총기 안전 관리법 등을 교육했다.(문장우의 증언)

또한 문장우는 무장시위자들을 군의 이동선 및 주둔지를 예상해 지역방위를 담당할 「지역방위대」와 광주 시내를 사수할 「시내방위대」로 편제하여 군사조직으로 만들었다. 지역방위대는 10명을 기본 단위로 하여 11개 조를 편성했고 조장은 군에 다녀온 사람이 맡도록 했다. 각 조는 지급된 고속버스를 타고 활동했다. 그리고 땅바닥에 모여 있는 무장시위자들은 시내방위를 담당하도록 했다.

이에 따라 지역방위대는 도청에서 조선대 뒷산으로 철수한 군을 막기 위해 그주변 지역으로 이동해 전대병원 주변에 2개 조, 남광주철로 부근에 2개 조, 조선대병원 응급실 부근에 2개 조, 학동에 2개 조, 숭의실고 안에 1개 조, 학운동 배고픈다리에 2개 조를 배치해 지역방위에 나섰다. 이를 계기로 동별로 거주 지역을 지키는 지역방위 활동이 이뤄지는데 지역방위대 활동에 특히 예비군들이 많이 참여했다. 이런 현상은 잔인한 군의 폭력으로부터 자신이 살고 있는 지역 동민 사람들의 희생을 예방하고 안전을 확보하려는 발로였다. 하지만 지역방위대는 무기 회수 활동에 따라 23일 이후 사라졌다.

한편 시내방위대는 시외곽을 돌면서 요소요소에 바리케이드를 설치하고, 돌고개·교도소·운암동·지원동·광천동·고속도로 진입로 등 군의 침투가 예상되는 7개 지역에 임시 초소를 세우고 무장시위대 6백 명을 나누어 배치했다. 또한 22일 5~6명이 광주공원 앞에서 운행 되고 있는 차량들에 대한 등록 작업과 역할 분담에 나서서 흰색 페인트로 차량 앞뒤에 크게 번호를 쓰고 운전자의 신원을 확인하고 수첩에 기록한 후, 등록된 차량을 종류별로 분류해 각각의 역할을 부여하는 등 차량 통제 작업도 실시했다.(소형 차량은 구호·연락, 대형 차량은 병력과 시민 수송·보급·연락, 군용 지프는 지휘통제·순찰·헌병, 군용 트럭은 전투 업무를 담당하도록 했다.)

또한 시내방위대는 도청을 접수해 본관 1층 서무과를 상황실로 정하고 제반 활동에 들어갔다. 그 활동 내용은 먼저, 행정 전화로 광주 상황을 전국 각지에 알리고, 군의 이동 및 작전 상황을 청취했으며, 외곽 경비 지역과 연락 등 통신 업무를 수행했다. 둘째, 사망자에 대한 시민들의 제보를 접수하고 사망자의 명단을 발표하며, 옥외 방송을 통해 사망자의 신원과 인적 사항을 제공하는 등 사망자관련 업무를 처리했다. 셋째, 방송장비를 마련하고 시민들에게 소식을 알리고 도청 앞 집회 준비를 전담하는 선전 업무를 행했다. 넷째, 무장시위대들에게 붙잡혀 온 수상한 사람들을 조사하는 업무를 수행했다. 이로써 군의 재진입 및 교란작전에 대응해 광주 지역을 사수하기 위한 최소한의 작업이 이뤄진 셈이다.

다음으로 광주 방위 및 치안을 담당한 조직 중의 하나로 기동순찰대가 있었다. 기동순찰대는 5월 22일 상황실이 만들어지면서 상황실 업무를 수행하기 위해 창설됐다. 기동순찰대는 여러 가지 복합적 업무 중 광주 시내를 순찰하면서 군의 동태 파악, 시내 총기사고 통제, 치안 업무를 수행했다. 이 조직은 5명을 1조로 교전에 대비해 총과 무전기·차량 통행증과 신분증을 휴대하고 지정된 구역을 순찰했다.

해방공간에서 치안 문제는 시민들의 범죄행위보다는 해방공동체를 붕괴시키기 위한 군의 심리적 교란작전으로서 의도적인 도발 및 사건화가 더 큰 문제였다. 군은 독침사건, 시 외곽지에서 절도사건 등을 일으켜 민심 불안과 동요를 조장했다. 기동순찰대는 군의 의도적 범죄사건에 대응하기 위해 시 외곽지역의 순찰과 주민신고를 강화했고, 일반시민들의 범죄를 막기 위해 정기적 순찰과 신고 홍보, 야간 순찰활동 등 치안활동에 주력했다. 그러나 기동순찰대의 치안활동에도 불구하고 치안력이 미비한 조건에서, 시민들의 높은 도덕성은 범죄 없는 공동체를 유지하는 데 결정적인 기여를 했다.

마지막으로 광주 방위를 위한 또 다른 조직으로 기동타격대를 들 수 있다. 이 조직은 군의 재진입에 대응하기 위해 만들어진 무장조직으로 군의 재진입이 임박한 26일 오후 2시 도청 식산국장실에서 결성됐고, 주 업무는 군의 동태 파악과 치안활동이었다.

모두 7개 조로 구성됐는데, 각 조는 5~6명이며, 1조부터 6조까지 각기 상기 주 업무와 함께 담당 구역을 지정받았으며, 7조는 보급을 담당했다. 각 조마다 군용 지프 1대와 무전기 1대씩 공급됐고, 개인 화기로는 1인당 카빈소총 1정, 실탄 1클럽이 지급됐다. 조직은 타격대장(윤석루)·부대장(이재호)·조장·조원으로 이뤄졌고, 대원들은 공개 모집됐으며 기동순찰대에서 활동한 사람들이 주로 많이 선발됐다. 군이 재진입하자 이들은 광주 방위조직으로서 방어선으로 나가 최후까지 싸웠다.

(5) 군부, 기존의 지역 군·경·행정 수장 경질, 협상 철저 외면

광주가 군의 폭력과 유신체제의 통치로부터 벗어나 해방공간으로 바뀌자 정부와 군 수뇌부는 이를 와해시키기 위해 여러 가지 방법을 동원했다. 5월 21일 오후부터 27일 오전까지 약 6일간 쿠데타 집단과 정부의 대응, 그리고 현지 군·관료의 시민세력 와해 공작 내용을 중심으로 살펴보고자 한다.

먼저 5월 21일 이후 광주가 국가권력의 통제를 벗어난 무정부 상태(해방공간)로 바뀌면서 정부와 쿠데타 수뇌부가 보인 대응부터 살펴본다. 첫째, 그들의 첫 대응은 광주시위에 대한 책임을 묻는 것으로부터 시작됐다. 광주시위의 원인 제공자는 주지하다시피 쿠데타를 일으킨 신군부 집단이었고, 시위 계기는 쿠데타세력 직할부대의 강경 진압 때문이었음에도 불구하고 모든 책임을 '내각과 현지 사령관 그리고 김대중'에게 떠넘겼다. 그에 따라 내각은 이른바 광주사태의 책임을 지고 총사퇴했으며(『조선일보』 1980. 5. 21) 전남북계엄분소장 윤흥정은 보직 해임됐고, 김대중은 광주시위의 배후 조종자로 규정됐다.(김대중 중간 수사 결과 참조)

○ 윤흥정을 비롯한 광주·전남 지역 군·경찰·행정 책임자들은 광주시위의 원인과 발전을 군의 과잉진압 때문이라고 진단하고 있었다. 만약 이런 인식을 가진 군 책임자들과 항쟁세력 대표자들 간에 협상이 진행된다면 강경 진압만을 주장해온 쿠데타세력에게 유리한 방향으로 협상이 진행될 가능성을 장담할 수 없었다. 게다가 협상 자체를 달가워하지 않은 쿠데타세력으로서는 큰 부담이 아닐 수 없었다. 그런 점에서 강경 진압에 소극적인 윤흥정 장군의 해임은 협상 국면에서 제기될 수 있는 제 문제들을 사전에 차단한 조치로 볼 수 있다. 실제로 협상 과정에서 전남북계엄분소 지휘관들 간에 반목 현상이 목격됐으며 군과 수습대책위원 간의 협상 또한 그 어떤 진전이나 성과를 거두지 못했다는 점을 상기해볼 필요가 있다.

둘째, 광주사태 수습책을 마련하기 위해 광주를 방문한 신임 국무총리서리(박충훈)는 광주의 민심과 항쟁의 현장을 외면했다. 신임 국무총리서리가 항쟁의 현장을 시찰하기 위해 광주를 방문한다는 소식에 많은 시민들이 도청 광장에 모여 총리서리의 도착을 기다렸다. 하지만 총리서리는 전남북계엄분소에서 군·경·관 관계자들에게 보고를 들은 후 몇 가지 지시와 호소문만 남기고 서둘러 서울로 돌아가 버렸다.

○ 전교사 작전일지에 기록된 국무총리서리 지시 사항을 보면, ① 폭도들과 대화의 길을 모

색하라. ② 공수부대의 성격 및 훈련 상태 등을 광주 시민에게 이해시켜라. ③ 지역감정 문제는 조금도 차별 없고 모든 지원을 부족함 없이 실시하고 있음을 설득하라. ④ 도 당국은 민방위·예비군 조직을 이용하여 설득작전을 전개하고, 군 작전은 현지 지휘관에게 모든 권한을 위임한다. ⑤ 군 작전과 선무활동을 병행하고 계속하여 선무활동을 강화하라.

광주 사람들은 그가 현장을 직접 방문해 당사자들을 만나 의견을 듣고 해결 방안을 제시하기를 기대했지만, 항쟁현장을 방문하기는커녕 광주 시민·시위자·수습대책위원들 중 그 누구도 만나지 않았다. 그렇게 돌아간 총리서리는 내각에 「광주사태대책위원회」를 설치했다.

○ 이 기구는 경제기획원 차관을 중심으로 부처의 차관으로 구성되고, 주요 업무는 광주 양민을 구호할 목적으로 물자 보급과 부상자 치료에 필요한 의약품과 의료 기기를 긴급히 보급하는 것으로 돼 있다.(『조선일보』1980. 5. 22)

이 기구는 대통령의 지시에 따라 광주사태 수습책 마련 차원에서 설치됐음에도 불구하고 진행 중인 광주의 무력항쟁에 대한 정치적 차원의 조치나 해결 방안은 전혀 없고, 오직 군의 무력 진압 이후 시위에 가담하지 않은 양민만을 선별해서 구호물자를 공급하겠다는 것만 담고 있다. 이런 점에서 「광주사태대책위원회」는 사태 수습책이라기보다 무력 진압을 기정사실화하고 진압 이후를 대비하는 사후 대응조치에 불과했다. 쿠데타 집단이 정치권력을 위협하고 있는 현실에서 정부 차원의 대책에서도 항쟁에 대한 정치적 해결은 찾아볼 수 없었고 군사적 진압 이후 생필품 공급이라는 주변부적 해결책만을 드러내고 있었다.

셋째, 광주 현지에서 직접 발표한 최규하 대통령의 특별담화는 광주의 진실을 외면했다. 최대통령은 군의 진압을 앞둔 5월 25일 오후 6시 각료들과 함께 광주를 방문해 군을 격려하고 광주 시민들에게 특별담화를 발표했다. 그 내용에는 분노와 슬픔에 찬 광주 시민을 설득할 만한 해결 방안이나 수습책을 찾을 수 없었고, 군의 기존 주장을 확인하고 되풀이함으로써 광주의 진실을 외면했다. 대통령이 담화문을 발표하는 동안 시위자들을 비롯한 시민들은 그간 줄곧 주장해온 최소한의 요구조차도 들어줄 곳이 없다는 생각과 함께, 군과 무력 충돌을 피할 수 없게 됐다는 점을 확인하는 시간에 불과했다.

(6) 언론은 군부측에 유리한 왜곡·묵살·과장 보도뿐, 진실은 지하로

다음으로 광주 해방공동체를 와해시키려는 군의 다양한 공작에 대하여 살펴보자. 첫째, 그들은 먼저 광주의 상황을 보도하면서 진실을 왜곡·조작했다. 군은 광주의 시위가 전국으로 확산되는 것을 우려한 나머지 언론에 공개하지 않고 비밀에 부치면서 분쇄하려 했지만 결국 실패하고 광주를 저항세력에게 내주었다. 더는 상황을 감당할 수 없었던 군은 기존의 보도 차단과 은폐 수법을 버리고 보도를 왜곡하고 조작하는 수법으로 대응 방식을 달리했다.

그동안 소문만 무성하던 광주의 진상은 언론과 자체 발행 홍보물을 통해서 철저히 왜곡·과장·조작되어 국민에게 전달됐다. 민주화를 염원하는 저항을 영호남 간의 지역주의적 갈등으로, 북한의 사주와 불순분자의 책동으로, 특정 정치인의 배후 조종으로 묘사하였으며, 군의 잔혹한 폭력과 학살에 대응한 무장시위를 폭동·난동·무법천지로 보도함으로써 광주의 진실은 묻혀 버렸다.

당시 신문 기사 제목들을 보면, "폐허 같은 광주" "시위 선동하는 간첩 검거" "강력사건 늘어 시민들 불안" "바리케이드 너머 텅 빈 거리엔 불안감만……" "무정부 상태 광주 1주일" "총 들고 서성대는 과격파들" "외부와 두절돼 생필품난 극심" "확대되면 외세 오판 위험" 등이었다.(항쟁 기간 동안 『조선일보』가 뽑은 기사 제목들) 진실 조작과 왜곡 보도의 최종 목표는 「5·18의 전국적 확산을 막고 광주의 진실을 은폐하여 쿠데타 이후 민주화를 열망하는 국민들의 저항과 동요를 막기 위함」이었다. 이는 새로 구성된 박충훈 내각의 첫머리 과제가 '민심 수습'이었다는 점이 잘 보여주고 있다.

둘째, 광주를 완전 포위하여 고립시키려는 전략을 펼쳤다. 20일 심야시위를 지켜본 쿠데타 수뇌부는 광주시위를 제압하기 위한 해법으로 고립전략을 수립하고, 이를 수행하기 위해 20사단을 광주에 급파했다. 농촌으로부터 생필품 보급, 광주 소식의 외부 전달, 외부의 지원 등을 차단해 민주화를 외치는 저항세력의 숨통을 조이고자 한 것이다. 이런 고립전략은 2단계로 나뉘어 실시됐다.

첫 단계는 군이 외곽으로 철수한 직후부터 재진입을 준비한 22일부터 24일까지로, 이 기간 동안 군은 광주 지역의 출입을 무조건 통제하고 출입자들에게 무차별 사격을 가했다. 당시 군의 목표는 광주항쟁이 외부 지역으로 알려지거나 시위가 확산되는 것을 차단하는 데 있었다. 이 때문에 외곽 지역 주민들이 무차별 학살당했고, 자식이나 연고자를 찾기 위해 광주에 들어오거나 나가는 사람들이 많은 피해를 입었다. 하지만 광주 시내로 재진입작전이 임박한 25일 이후 군은 고립작전 내용을 수정했다.2단계는 진압작전상 저항력을 반감시키고 주민 이동에 따른 공포 분위기를 조성하기 위해 제한적인 피난 통로를 열어 외부로 빠져나갈 수 있도록 하는 고립정책을 썼다.("현재 광주 시민은 사실상 인질 상태에 있으며 폭도 측에 가담할 가능성이 증대되고 있어 피해가 극심할 것으로 예상될 뿐만 아니라" 육군본부 「소요 진압과 그 교훈」)

셋째, 내부 분열을 유도하기 위한 책동을 벌였다. 해방공동체에는 몇가지 분열 요소가 내재해 있었다. 수습대책위원들간의 성향 차이, 무기 반납 문제에 대한 입장 차이, 그리고 수습이냐 항쟁이냐에 대한 지도노선의 차이 등은 공동체를 긴장시키는 내적 갈등 요인으로 작용하고 있었다. 이런 갈등 요인으로 인해 지도부 내, 그리고 지도부와 무장시위대 간, 지도부와 대중들간의 불신과 긴장이 조성돼 지도력과 조직력을 제대로 발휘하지 못하는 상황이었다. 군은 지도부 내 이런 내적 갈등에 주목하고 공동체 분열과 와해 공작을 펼쳤다. 독침사건·상황실 침투·간첩사건·절도사건 등을 일으켜 지도부와 무장시위대를 흔들고, 시민들의 불안감을 조장했다.

넷째, 외곽 지역에 주둔한 군은 양민들에게 발포하여 무참히 살상했다. 주지하다시피 진월동·송암동 마을 양민학살, 통합병원 앞의 무차별 발포, 주남마을 버스 발포사건은 대표적인 사례이며, 그밖에 일반 시민들이 연고자를 찾아 광주로 들어오거나 혹은 데리고 나가다 집중 사격을 당해 죽거나 살상을 당한 경우 등이다. 대표적으로 진월동·송암동 양민학살의 경우를 살펴보자. 24일 오후 2시 특전사부대와 전교사부대 간 오인 사격 이후 11공수여단은 진월동과 송암동 마을에 무차별 발포해 주민들과 가축들을 살상하고 마을에 진입하여 사람들을 끌어내 죽이는 학살 만행을 저질렀다. 이와 같은 피해들은 22일부터 24일까지 군이 주둔하고 있던 7개 지역(화정동·지원동·송암동·문화동·오치·동운동·광주교도소)에서 발생했다.

마지막으로 장비나 시설물 파괴 공작을 전개했다. 전문 공작조를 침투시켜 다이너마이트 뇌관을 해체하고, 차량이나 방송 기자재 등을 파손했다.(전남사회운동협의회 엮음, 황석영 기록 『죽음을 넘어 시대의 어둠을 넘어』 풀빛 1985)

(7) 군부의 보도 금지 조치, 항쟁세력도 동원·알림 위한 대안매체 제작

역사적으로 사회 변동 상황에서 선전선동활동은 대중을 조직·동원하고, 나아가 정치적 목표를 실현하기 위한 중요한 무기였다. 5·18 공간에서도 여론을 형성하고 민의를 수렴하고 대중을 동원하는 등의 활동은 광주공동체의 운명을 좌우하는 정치사회적 행위요, 힘이었다.

5·18기간 동안 지하언론이나 유인물이 등장하게 된 데에는 광주상황에 대한 정권의 보도 금지조치가 크게 작용했다고 볼 수 있다. 대안 매체들은 난무하는 유언비어와, 동일 공간에서조차 정황을 알 수 없었던 광주 시민들의 궁금증과 불안감을 해소하는데 큰 역할을 했다. 그리고 해방광주 기간 동안에는 대안 언론·대자보·현수막·유인물·궐기대회·가두방송 등 다양한 유형의 선전선동활동이 전개됐다. 이들 매개물들은 공동체 질서를 형성하는데 요구되는 소통과 참여의 기회를 조성하는 중요한 도구가 됐다.

5·18 해방공간에서 등장했던 선전선동활동을 유형 중심으로 좀더 구체적으로 살펴보겠다. 먼저 지하 언론 및 유인물은 군이 시 외곽으로 철수하기 전까지는 주로 들불야학·광대·대학의 소리·백제야학·월산동팀 등에 의해 지속적으로 제작·배포됐다. 하지만 광주가 해방공간으로 바뀌면서 24일까지는 들불야학이, 이후부터 도청이 함락될 때까지는 항쟁 지도부인 민투가 직접 담당했다. 해방공간 초기 들불야학이 전담한 것은 월산동팀을 제외한 제작팀이 모두 학생운동권으로서 평소 친분과 함께 교류를 하고 있었기 때문에 굳이 따로 활동할 필요가 없었기 때문이다.

이에 따라 들불야학에서 발행한 『투사회보』는 대안 언론으로서 1호부터 7호까지 제작·배포됐다. 『투사회보』는 여러 가지 소식을 전하고 자율적 질서를 촉구하고 항쟁에 동참을 유도하기 위한 시민 행동 요령을 제시했고, 또한 정세와 상황에 대한 인식의 전환, 즉 광주항쟁을 단순한 군의 학살에 대한 대응 차원을 넘어 국가와 사회의 민주화를 위한 정치적 투쟁의 계기로 삼아야 한다는 인식을 심어주려 했다.

윤상원을 비롯한 사회운동 세력이 항쟁 지도부인 민투를 이끌게 되면서부터 언론 작업은 민투가 직접 담당했다. 이에 따라 제작 장소도 광천동 들불야학당에서 YWCA로 옮겨졌고, 담당자도 들불야학팀 일부와 광대팀을 중심으로 전담팀이 구성됐다.

그리고 이전까지 지속돼왔던 『투사회보』라는 제호도 『민주시민회보』로 변경돼 8호부터 11호까지 제작·배포됐다. 『민주시민회보』는 군의 재진입 소식을 알리고 시민의 요구를 관철하기 위한 투쟁의 필요성을 강조하였으며, 기존의 투항投降주의적 자세를 버리고 시민들과 함께 민주화와 광주항쟁의 정당성을 위해 끝까지 싸우겠다는 항쟁 지도부의 입장 등을 주요 내용으로 실었다.

대자보大字報는 그때그때 상황에 부응해 신속하게 대응할 수 있는 매체로서 역할과 효과가 컸으나 이따금씩 정보 부족으로 오보誤報가 생기기도 해 애를 먹는 경우도 발생했다. 하지만 언론 부재 상황에서 시내 곳곳에 붙은 대자보는 시민들의 눈길을 끌기에는 충분했다. 현수막은 역시 광대팀에 의해 제작됐는데, 이는 궐기대회를 홍보하거나 행사를 진행할 때 주로 사용됐다. 이들 작업은 YWCA와 불에 타버린 국세청에서 이뤄졌다.

한편 가두방송은 시민들의 의사와 요구를 외면하는 시민수습대책위의 행동에 제동을 걸기 위해 윤상원을 비롯한 사람들이 가두방송의 필요성을 제기하면서 시작됐다. 그들은 전남대 버스에 대형 스피커를 달고 시내 곳곳을 돌며, 시민들에게 소식을 전하고, 불안감을 해소시켜 희망과 용기를 북돋고, 궐기대회나 보고대회에 동참을 호소했다. 가두방송은 군이 철수하기 전에는 전춘심·차명숙 등에 의해 이뤄졌으며, 군 철수 이후에는 민주화운동가들이 맡았다. 가두방송은 공동체 초기 궐기대회의 홍보 방송·소식 전달·행사 안내·시민들의 동참을 목적으로 실시됐다. 27일 새벽 군의 재진입을 알리는 방송을 끝으로 막을 내렸다.

「민주수호범시민궐기대회」(이하 궐기대회)는 시민수습대책위에 대한 시민들의 불만, 무기 반납에 대한 입장 차이에 따른 지도부 내의 균열, 군 당국과의 협상 성과 부재 등으로 인해 공동체가 붕괴 위기에 직면하자, 이를 넘어서기 위한 대안으로 시작됐다. 수습대책위원회가 주최한 투항적 시민 집회의 문제점을 인식하고 올바른 인식의 확산과 대중의 건전한 요구를 수렴하기 위해 시민궐기대회를 열기로 결정했다.(김정희의 증언) 때문에 궐기대회는 해방공동체가 낳은 위기의 산물인 동시에, 대중의 지지와 동참을 통하여 공동체의 역사를 창조해내기 위한 하나의 사회정치적 틀이었다. 이와 관련해 당시 궐기대회의 사회를 맡았던 김태종의 증언을 보자.

녹두서점에는 윤상원을 비롯한 교수·학생 등 몇 사람들이 모여 숨 가쁘게 돌아가는 상황에 대해 토론했다. 그 결과 이런 식으로 무기를 반납해서는 안 되며, 분위기를 고조시켜 민주화를 이룩해야 한다고 결론을 내렸다. 이를 위한 실천 방안으로 시민궐기대회를 개최하기로 결정했다. 광대팀을 중심으로 궐기대회조를 만들고, 방송시설을 준비하고 버스를 타고 시내를 돌면서 궐기대회에 대해 홍보했다.

5월 23일부터 시작된 궐기대회는 5월 26일 오후까지 모두 다섯 차례에 걸쳐 진행됐는데, 궐기대회를 이끌어간 준비위원회는 제2차대회 때 구성됐다. 준비위원회의 부서와 명단을 보면, 기획부(이양현·정상용·윤강옥)·홍보부(윤상원·박용준)·집행부(정현애·정유아·이행자)가 있었다. 이들은 모두 민주세력이었다. 시민들의 분노와 아픔을 어루만지고 수렴할 통로가 부재한 현실에서 궐기대회에 대한 시민들의 관심은 대단했다.

집회에 참가한 각계각층의 사람들은 그동안 군에게 당한 고통·피해·경험담·방안 등에 대해 자신의 생각을 자유롭게 이야기했다. 그 열기와 관심은 너무 뜨거워 5만 명이 모인 제2차 궐기대회 중에 소나기가 내렸음에도 자리를 뜨는 이가 없었으며, 부족한 장례비용 모금에는 1백만 원이라는 거금이 즉석에서 걷히기도 했다. 그런가 하면 이른바 깡패들조차도 해방공간을 수호하는 데 협력하겠다고 다짐했다. 궐기대회는 그야말로 민의民意의 장이요, 직접민주주의의 실례였다.

(8) 탱크·헬기 동원한 2만여 정규군·특전사와 결사항전 대치

군이 탱크를 몰고 농성동까지 재진입한 26일 두 차례 열린 궐기대회에서는 「국군 장병과 대통령에게 드리는 글」을 통해 진압 군인은 시민 학살을 명령하는 전두환의 사병화를 거부해야 하며, 대통령은 민주정부를 수립하는 데 노력해줄 것을 요구했다. 궐기대회 참여자들의 뜨거운 관심과 열의는 군사적 폭력과 권위주의적 통치로부터 공동체를 지키려는 시민 행동 강령과 결의문으로 나타났다.

○ 결의문 내용은 ① 유신 잔당은 불법으로 계엄령을 확대 선포하고 피에 굶주린 맹수들을 풀어 무자비한 만행을 자행하며 무차별 학살과 탄압을 자행했다. ② 우리 시민은 민주주의와 내 고장을 지키기 위해 분연히 총을 들고 일어섰다. ③ 우리 80만 시민은 최후의 일각까지, 최후의 1인까지 싸울 것을 죽음으로 다짐한다. ④ 과도정부는 모든 피해를 보상하고 즉각 물러가라. ⑤ 무력 탄압만 계속하고 있는 명분 없는 계엄령을 즉각 철폐하라. ⑥ 우리 80만 시민은 피가 헛되지 않게 반민주세력과 끝까지 투쟁할 것을 결의한다.

언론이나 홍보, 궐기대회를 이끌어간 사람들은 들불야학, 극단 광대, 송백회에서 활동하고 있던 민주화 운동세력이었다. 이들은 녹두서점과 YWCA를 중심으로 해방공동체의 소식을 알리고 시민들의 요구와 바람을 민의로 발전시키는데 역점을 두었으며, 이를 바탕으로 대중을 조직화하고 동원하는 데 심혈을 기울였다. 이와 같은 활동은 대중적 공감대와 공론장 형성을 통해 시민들의 의사를 수렴하고 시민들의 참여공간을 만들어냄으로써 학살과 폭력에 대한 저항의 정당성을 이끌어내 대중적 인식으로 승화시켰을 뿐만 아니라, 위기에 처한 공동체의 정치적 지지 기반을 강화하는데 크게 기여했다.

26일 오후 11시 군의 최후통첩을 받은 도청은 무거운 분위기 속에서도 분주했다. 항쟁 지도부는 예고된 죽음 앞에서도 민주화 실현에 대한 국민적 염원과 대중의 정당한 요구 관철을 위해 도청을 최후까지 사수하기로 결의했다.

윤상원 등 항쟁 지도부는 군의 진입에 대비해 도청을 떠나고 싶은 사람들은 모두 떠날 것을 권고하고, 나이 어린 학생·노약자·여성 등을 집으로 돌려보냈다. 그 후 스스로 잔류한 사람들에게 총을 나누어주고 총 쏘는 법을 가르쳤고, 비장한 심정으로 그들 앞에 선 윤상원은 "우리가 저들의 총탄에 맞아죽는다고 해도 그것이 우리가 영원히 사는 길입니다. 지금 우리는 비록 패배 하지만 역사는 반드시 우리를 승리자로 만들 것입니다"는 결의를 다지는 마지막 연설을 했다.

한편 무장시위대는 상황실장 박남선의 지휘 하에 시내 일원에 기동타격대를 배치하고 시 외곽 전투 상황을 점검하는 등 결사항전에 대비했다. 당시 저항세력의 무력은 시 외곽을 방위하는 무력, 기동타격대, 도청 등에 배치된 병력 등으로 어림잡아 500명 정도였다.

○"상황실장 박남선이 총을 쏠 수 있고 죽음이 두렵지 않은 사람은 기동타격대에 지원하라고 해서 나는 광주를 지켜야한다는 생각으로 죽음을 각오하고 총을 지급받았다."(신광성의 증언).

27일 군의 진압작전에 대응해 싸운 무장시위대의 병력 수가 정확히 얼마인지 아직까지 알려져 있지 않다. 이에 대해 임철우는 500여 명으로 추정했다.(임철우 「5·18 정치폭력의 잔학성」변주나·박원순 엮음 『치유되지 않은 5월』다해 2000)

기동타격대 배치 상황을 살펴보면, 계림국교 30여 명(도청항쟁본부 병력 파견). 유동 삼거리 10여 명(도청항쟁본부 파견), 덕림산 20여 명(도청항쟁본부 병력 파견), 전일빌딩 40여 명(LMG기관총 설치), 전남대 병원 옥상 병력 수 미상(LMG기관총 설치), 서방시장 병력 수 미상(LMG기관총 설치), 학동·지원동·학운동 30여 명(지역방위대), 광주공원 병력수 미상, YWCA 20명 등이다. 시 외곽에는 규모미상의 외곽방위 병력이 있었고, 도청에는 200~500여 명이 있었다.

한편 군의 진압작전, 이른바 폭도 소탕작전(작전명)은 27일 새벽 8개의 진입로를 설정해 작전을 개시했다. 이 작전에는 2만여 명 이상의 정규군과 특전사 부대, 그리고 탱크와 헬기 등 각종 장비가 동원된 대규모 군사작전이었다.

○진입로 및 병력 배치 상황은 ① 지원동→광주천→적십자병원→도청 남쪽(20사단) ② 지원동→학동 전남대병원→도청 후문(20사단) ③ 백운동→한일은행→도청 정문(20사단) ④ 화정동→양동→유동 삼거리→금남로→도청 정문(상무대 병력) ⑤ 서방→계림국교 → 시청→도청 북쪽(31사단) ⑥ 광주공원(7공수여단) ⑦ 도청(3공수) ⑧ 관광호텔과 전일빌딩(11공수여단)

새벽 3시경 군의 작전 개시와 더불어 이를 알리는 항쟁 지도부의 가두방송이 시작됐다. "광주 시민 여러분, 지금 계엄군이 쳐들어오고 있습니다." "시민 여러분은 모두 나와 계엄군을 저지합시다." 박영순·이경희의 애절한 목소리가 깊은 밤하늘에 메아리쳤다.

외곽 지역에 배치된 무장시위대로부터 군의 진입 상황을 알리는 보고가 도청 항쟁 지도부 상황실로 쉴 새 없이 들어왔다. 정규군과 특수부대에 맞서 끝까지 싸운 무장시위대의 최후 전투에 대해 살펴보면, 먼저 도청의 경우 진압부대(3공수)는 예상과 달리 도청 뒷담을 넘어 들어왔다. 당시 도청에는 200~500여 명이 남아 있었는데 진압이 시작되면서 여성을 비롯한 일부가 빠져나가고, 윤상원·김영철 등 항쟁 지도부 사람들과 40~50명의 청년·학생들이 도청 민원실 건물에 있었고, 나머지 사람들은 본관 건물에 배치돼 있었다.

도청 민원실에 있던 사람들은 모두 정문 쪽을 향해 총구를 겨누어 접전을 벌이고 있는 사이 뒤쪽으로 침투한 특공대가 창문을 타고 들어와 총을 난사하고 수류탄을 던지며 진압했다. 이 과정에서 윤상원 등 30여 명이 죽고 10여 명이 생포됐다. 도청 본관은 역시 뒤쪽으로 잠입한 특공대가 정문 진입에 대응하기 위해 복도에 나와 있던 무장시위대를 향해 발사해 많은 사람들이 죽었다. 사무실로 피신한 생존자들은 진압군과 맞서 싸우다 모두 체포당했다. 이에 대한 증언을 보자.

30명의 시민군과 함께 도청 2층 강당에 있었는데 총성이 울렸다. 도청 정문으로 탱크와 장갑차가 들어오고, 뒷문 쪽에서도 총소리가 들렸다. 도청 앞에 공수들의 모습이 드러나자 나는 강당에서 총을 쏘기 시작했다. 2층 계단으로 공수들이 들어오자 2, 3명이 화장실로 숨었다. 화장실에 있다가는 흔적도 없이 죽을 것 같아 손을 들고 나갔다 우리를 본 공수들은 폭도들은 계단으로 내려갈 자격이 없으니 2층에서 나무를 타고 도청 마당으로 내려가라고 했다. (박내풍의 증언)

한편 도청 옆 YMCA에는 여성 50여 명이 오전 2시경 인근 교회로 빠져나가고 문화선전조·고교생·근로자 등 20여 명이 남아 방어하고 있었다. 이곳 책임자는 들불야학 강학이며 YWCA신용협동조합 직원인 박용준이었다. 군의 진압작전은 도청보다 조금 늦게 시작됐고, 2층으로 침투해 들어왔다. 대응과정에서 박용준 등 2~3명이 사망했고 나머지는 자수했거나 체포당했다. 끝으로 금남로지역에서 최후까지 맞서 싸운 무장시위대의 증언을 들어보자.

도청에서 무기를 분배하는 시민군.

　지역 경비를 맡은 7~8명과 함께 시외버스공용터미널 부근 건물에 있던 중 잠깐 잠이 들었다. 새벽녘의 요란한 총소리에 놀라 잠을 깬 우리는 총소리가 가까이 들리자 공중을 향해 총을 쐈다. 그 순간 바로 옆 건물 옥상에서 우리를 향해 집중사격을 했다. 우리도 그곳을 향해 필사적으로 방아쇠를 당겼다. 그때 내 친구가 총을 맞고 죽었다. 나도 다리에 파편을 맞았다.(조성환의 증언)

　최후까지 물러서지 않고 죽음을 불사한 저항세력은 골리앗과 같은 군 무력에게 오전 5시 30분경 제압당했다. 이들이 민주주의를 짓밟은 신군부 쿠데타에 저항한 지 10일 만, 지배권력의 폭력을 물리치고 자유와 해방의 공동체를 일군지 6일 만이었다. 하지만 5·18 역사는 무심하게 사라지지 않고 안타까운 심정으로 최후의 밤을 지새운 시민들의 가슴속에 고스란히 남았다.

　최후까지 항전한 저항세력은 얼마나 죽고 체포됐을까. 당시 관련 자료가 신군부에 의해 폐기돼버려 피해 상황을 정확히 가늠하기는 힘들다. 그나마 일부 남은 자료도 그 수가 제각각이다. 먼저 사망자의 경우, 군 당국은 27일 당시 17명이 죽었다고 공식 발표했지만, 이와 관련된 군 자료들이 모두 달라서 신뢰하기 어렵다.(사망자의 경우 「도청 진압작전에 대한 20사단 보고서」30명, 기존에 알려진 각종 자료 종합 26명, 미국측 발표 자료 30명 등으로 모두 다르다.) 게다가 항쟁 관련자들은 도청에서만 60~70명이 사망했을 것이라고 주장함으로써 정확한 사망자 수를 단정하기는 쉽지 않다. 그렇지만 당시 사망자를 대개 30여

명 정도로 보고 있다. 그리고 27일 진압 과정에서 체포·연행된 사람은 계엄사에 의하면 295명이다.

다음으로 5·18기간 동안 발생한 시위자 및 시민들의 피해 상황을 살펴보면, 먼저 사망자의 경우 당시 계엄사령부는 사망자를 144명으로 공식 발표했다. 하지만 육본 153명, 국보위 보고 자료 158명, 육본 「소요진압 교훈집」162명 등으로 다르게 명기하고 있다. 그리고 부상자는 계엄사령부 127명, 육본127명, 국보위 보고 자료 321명, 육본 「소요진압 교훈집」377명 등으로 집계하고 있다. 하지만 군의 폭력을 직·간접적으로 경험한 사람들은 지금까지도 군의 발표와 기록을 선뜻 받아들이려 하지 않는다.

전체적으로 5·18 관련 인적 피해 규모를 정확하게 알 수는 없지만 5·18 관련자에 대한 2006년 제5차 보상 때까지 광주시가 인정한 관련 피해자 규모가 사망 166명, 행방불명 64명, 부상 3,139명, 구속 연행 훈방 등 503명을 합해 총 3,860명인 점에 비추어 대체적인 그 피해 규모를 추정해 볼 수 있을 것이다.

5·17쿠데타를 계기로 광주에서 형성된 저항 민주세력과 신군부 집단 간의 대응 전선에는 신군부 집단의 권위주의적 강경책으로 인해 민주와 반민주, 저항과 진압, 삶과 죽음이라는 이분법만 존재했을 뿐, 어떤 종류의 정치적 타협이나 수습 노력도 기대할 수 없었다. 그 결과 광주는 죽음의 고통과 학살의 공포를 겪게 되었지만, 쿠데타세력의 학살에 맞서 시민군을 조직하고 무장투쟁을 전개한 끝에 해방공동체의 역사를 창조했으며, 민주주의 진전을 위해 최후까지 투쟁하다 장렬히 산화해갔다. 그런 측면에서 5·18의 전 과정은 1980년 한국 민주화운동의 비극적 대단원인 동시에, 한국 민주주의 진전을 위한 희망의 정신사였다. 그리고 광주는 한국 민주화운동의 무덤인 동시에 정신적 고향이 되었다.

◎ 신군부의 광주사태 유발 동기로 추정된 「김대중 내란 음모사건」

1980년 7월 4일 계엄사령부가 김대중을 학원소요사태 및 광주민주화운동의 배후조종자로 발표한 사건. 계엄사 당국은 김대중이 「집권야욕에 눈이 어두워 자신의 사조직인 민주연합 집행부에 복학생을 흡수, 학생조직에 연결시켜 서울대·전남대생 등에 총학생장 선거자금 또는 데모자금을 지급, 자신의 출신지역인 호남을 정치활동의 본거지로 삼아 다른 지역에 앞서서 학생시위와 민중봉기가 이루어지도록 지원, 광주사태가 악화되 자 호남출신의 재경在京 폭력배 40여 명을 광주로 보내 조직적으로 폭력시위를 주도토록 배후에서 조종한 것으로 발표했으나, 이는 당시 민주세력의 지지를 받던 유력한 정치인이었던 김대중을 제거하기 위해 조작된 거짓임이 나중에 밝혀졌다.

김대중 내란음모사건의 군재 광경(최영태 외 『5·18 그리고 역사』 도서출판 길 2014)

이 사건으로 김대중은 내란음모 및 국가보안법·반공법·계엄법·외환관리법 위반 등으로 계엄군법회의에서 사형이 선고되고, 문익환·이문영·예춘호·고은태(고은)·김상현·이신범·이해찬 등도 징역 10년 이상의 중형을 선고받았으나 후에 모두 사면·복권되었다

○ **국가보위비상대책위원회**

유신체제 붕괴로 생긴 권력의 공백기를 틈타 12·12쿠데타를 일으켜 세력을 키워온 신군부세력이 국정 전반에 대한 실권을 장악하기 위해 1980년 5월 31일 설치한 기관. 형식상 대통령의 자문·보좌기관이나 내용상 행정·사법 전반에 걸친 주요업무를 지휘·감독·통제·조정하는 실권기관으로 보통「국보위」로 줄여 불렸다. 5·17비상계엄 확대 조치와 광주민주화운동 유혈진압으로 정치 문제의 전면에 나선 신군부세력은 자체의 정치일정을 드러내놓고 시행, 5·17 이전부터 구상하고 있었던 국가보위비상대책위원회를 설치하고, 자파세력의 핵심 전두환 보안사령관 겸 중앙정보부장 서리를 상임위원장에 취임시켜 국정 전반에 대한 실권을 장악하게 했다.

주요 행정각료 10명과 군 요직자 14명을 합쳐 모두 24명으로 구성된 국가보위비상대책위원회는 안보태세 강화·경제난국타개·정치발전과 내실 도모·사회악 일소를 통한 국가기강 확립이라는 4대 기본목표를 내걸고 초법적 권력을 행사, 권력형 부정 축재자 일제조사, 학원소요사태 및 노사분규 배후조종·선동혐의자 일제검거 등의 명목으로 수많은 구정치인·민주인사들을 잡아가두었다.

7월부터는 각 부처별 공직자에 대한 숙정작업에 나서 중앙정보부 요원 3백여 명을 정리한데 이어, 고위직 공무원 243명을 포함한 5,480명을 정리하고 정부 산하단체 및 국영기업체 임직원 3,111명을 면직시키는 등 광범한 공직자 숙정을 단행, 사회 전체에 공포분위기를 조성했다.

또한 제도개혁에도 손대 7월 30일 교육정상화 및 과열 과외 해소방안을 발표, 대입본고사 폐지, 졸업 정원제 실시·과외금지 조처 등 근시안적 교육개혁을 단행하고, 8월 4일에는 「사회악 일소 특별조치」를 발표, 사회악사범과 시국사범, 무고한 시민 등을 가리지 않고 검거, 순화교육이라는 미명하에 혹독한 삼청교육대 훈련을 받게 했다.

이밖에도 중화학공업 투자조정·언론숙정 및 언론통폐합 등 사회 전반에 대한 비민주적 일대 개혁조치로 전두환 일파의 집권기반을 다져준 국보위는 10월 27일 제5공화국 헌법 확정과 함께 발족한 「국가보위입법회의」의 출범으로 해체되었다.

○ **정부 비판 인물 사찰과 대통령 선거까지 개입한 국가안전기획부**

국가 안전보장에 관련되는 정보·보안 및 범죄수사에 관한 사무를 담당한다는 명목으로 설치된 대통령 직속기관. 중앙정보부의 후신. 약칭 안기부. 60~70년대의 중앙정보부가 반유신세력 및 반정부세력을 탄압하면서 대국민 이미지가 나빠지자 전두환정권은 1980년 12월 22일 중앙정보부를 국가안전기획부로 개칭하고 일부 기능을 조정했다.

안기부에는 부장·차장·기획조정실장과 직원이 있으며, 부장은 대통령이 임명하고, 차장 및 기획조정실장은 부장의 제청에 의해 대통령이 임명한다. 간부의 겸직과 정당 가입 등 정치 활동이 금지되었다.

안기부는 △국외 정보 및 국내 보안정보의 수집·작성 및 배포 △국가기밀에 속하는 문서·자재·시설 및 지역에 대한 안보업무 △형법 중 내란죄·외환죄·군형법 중 반란죄·이적죄·군사기밀누설죄·암호부정사용죄·군사기밀보호법 및 국가보안법에 규정된 범죄의 수사 △안전기획부 직원의 직무와 관련된 범죄에 대한 수사 △정보 및 업무의 기획·조정사항을 관장한다고 규정되어 있으나, 제5공화국 통치제제 하에서 줄곧 전두환정권의 유지를 위한 민주세력에 대한 폭압도구로 기능함으로써 80년대 중반 이후 안기부법 개폐 및 그 해체요구투쟁이 광범위하게 전개되었다.

안기부는 군사정권이 끝나고 문민정부가 들어서면 다시 그 이름을 「국가정보원」으로 바꾼다. 박근혜를 대통령으로 만들기 위해 국정원은 댓글부대를 만들어 야당을 비난하고 요시찰인물들을 음해하는 일에 적극 가담했다.

◎ 광주 5.18 때 「헬기 사격하고 전투기 폭탄 장착 대기」 확인

(1) 국방부 5.18특별조사위, "육해공 합동 진압작전 있었다"

　국방부 5·18 민주화운동 특별조사위원회(위원장 이건리 변호사·이하 특조위)는 30년 전(1980년) 5·18 민주화운동 때 군 헬기가 광주 시민들을 향해 사격한 사실이 확인됐다고 7일 밝혔다. 또 해군이 군함을 동원해 시위대의 해상 탈출을 막을 목적으로 목포 해상을 봉쇄하는 등 당시 육해공군 3군이 합동작전으로 진압에 나섰다는 점도 확인됐다.

　특조위의 이건리 위원장은 이날 국방부 청사에서 기자회견을 열어 "육군이 1980년 5월21일과 5월27일 공격헬기 '500MD'와 기동헬기 'UH-1H'를 이용해 광주시민을 향해 여러 차례 사격을 한 사실이 확인됐다"고 말했다. 5·18 헬기 사격을 정부 기구가 처음으로 공식 확인한 것이다. 이 위원장은 또 "공군은 수원 제10전투비행단의 F-5 전투기들과 사천 제3훈련비행단의 A-37 공격기들에 MK-82 폭탄을 이례적으로 장착한 채 대기시켰다"고 밝혔다. 다만 전투기 폭탄 장착 대기의 목적이 광주 폭격 계획에 따른 것인지 여부는 추가 조사가 필요하다며 최종 결론을 유보했다.

　해군(해병대)도 광주 출동을 위해 5월18일부터 마산에서 해병 1사단 3연대 33대대 병력(448명)을 대기시켰다가 진압작전 변경으로 출동 해제했으며, 시위대의 해상 탈출을 막기 위해 해군 함정(309 편대)을 출동시켜 목포 항만에서 해경과 합동으로 해상봉쇄 작전을 한 사실이 확인됐다. 이 위원장은 "계엄사가 육해공군을 동원해 '3군 합동작전'으로 5·18 민주화운동을 진압했음이 처음으로 확인된 것"이라고 말했다.

　특조위는 헬기 사격의 근거로 5월21일부터 계엄사령부가 문서 또는 구두로 여러 차례 헬기 사격을 지시한 사실을 제시했다. 계엄사령부가 5월22일 전투병과교육사령부(전교사)에 하달한 '헬기작전계획 실시 지침'에는 "상공을 비행 정찰하여 버스와 차량 등으로 이동하면서 습격, 방화, 사격하는 집단은 지상부대 지휘관의 지시 따라 사격 제압하라"는 등 헬기 사격 명령이 포함돼 있다고 특조위가 밝혔다. 또 특조위는 △103항공대 조종사 4명이 5월22일 AH-1J 코브라 헬기 2대에 벌컨포 500발씩을 싣고 출동했다고 진술한 점 △5월21일과 27일 헬기 사격을 봤다는 목격자들의 진술 △광주 전일빌딩 10층에 헬기 사격 탄흔 150개가 남아 있는 점 등을 근거로 들었다. 당시 출동했던 헬기 조종사들 일부는 무장 비행 사실은 인정했으나 사격은 부인했다.

특조위는 지난해 9월 문재인 대통령의 지시에 따라 꾸려져, 5·18 민주화운동 당시 헬기 사격과 전투기 폭격 대기 여부 등을 조사해왔다. (『한겨레』 2018. 2. 8. 박병수 선임기자)

(2) 비무장 시민에 헬기 총격, 자위권 아닌 비인도적 범죄

① '헬기 총격' 청문회 증언 신부를 '사탄'이라던 거짓말도 들통

"가면을 쓴 사탄(이거나) 또는 성직자가 아니다."

전두환 전 대통령은 지난해 『전두환 회고록』을 통해 1989년 2월 국회 광주특위 청문회 때 5·18 당시 계엄군의 헬기 사격을 목격했다고 증언한 고 조비오 몬시뇰 신부를 이렇게 비난했다. 조 신부는 당시 청문회에서 "80년 5월 21일 오후 1시 30분에서 2시 사이 옛 전남도청 쪽에서 사직공원 쪽으로 헬기가 날아가면서 번쩍하는 불빛과 함께 연속 세차례에 걸쳐 지축을 울리는 기관총 소리가 들렸다"고 증언했다. 전씨가 가톨릭 신부를 사탄이란 극언으로 비난한 것에서 알 수 있듯, 5·18 때 계엄군의 헬기 사격은 예민한 문제였다.

전씨의 주장과 달리 80년 5·18 당시 헬기사격이 있었던 것으로 드러났다. 국방부 5·18 민주화운동 특별조사위원회(이하 특조위)는 7일 "80년 5월 21일과 27일 광주에 출동한 40여대의 헬기 중 일부 공격헬기 500MD와 기동헬기 UH-1H를 이용해 시민들을 상대로 여러 차례 사격을 가하였다"고 밝혔다.

5월 21일 헬기 사격은 계엄군 진압작전의 야만성·잔학성·범죄성을 가감 없이 보여준다. 특조위는 "5월 21일 옛 전남도청 인근과 광주천을 중심으로 헬기 사격을 해 시위 군중을 강제로 해산시켰다"고 밝혔다. 비무장 광주시민들에게 헬기 사격을 가한 것은 "무장시위대에 대한 자위권 차원의 발포였다는 계엄군 주장을 뒤집는 증거로, 비인도적이고 적극적인 살생행위"였고, "계획적·공세적 성격"이라고 특조위는 설명했다. 5월 27일 옛 전남도청 진압작전 때 헬기 사격은 집단살해 내지 양민학살이었다고 설명했다.

특조위는 "5월 22일 103항공대장 등 조종사 4명이 코브라 헬기 2대에 벌컨포(20㎜) 500발씩을 싣고 광주에 출동했고, 5월 23일 전교사에서 벌컨포 1500발을 수령했다"며 "대량살상능력을 갖춘 공격용 코브라 헬기에서도 벌컨포를 사격했을 가능성 역시 매우 높다"고 밝혔다.

5월 21일 헬기 사격 확인은 5·18 발포 명령권자를 찾는 데 중요한 실마리가 될 수 있다. 이번 조사에서 새로 밝혀진 것은 육군 항공대 소속 헬기 등 계엄군의 무장 시점이다.

2월 7일 오전 서울 용산구 국방부에서 이건리 5·18 특별조사위원회 위원장이 조사결과를 발표하고 있다.(『한겨레』 2018. 2. 8. 연합뉴스)

계엄군 쪽은 5월 21일 오후 7시 30분 계엄사령관의 자위권 보유 천명이 이루어지기 이전에는 광주에 무장헬기가 투입되지 않았다고 주장했으나, 실제로는 5월 19일부터 광주에 사령부가 있는 육군 31사단에 무장헬기 3대가 대기하고 있던 사실이 밝혀졌다.

특조위 쪽은 "5월 21일 아침 8시에 (최고경계태세) '진돗개 하나'가 발령됐다"고 밝혔다. 진돗개 하나는 접적(接敵·적을 앞두고 있음) 상황을 가정한 것으로, "비정상적인 명령계통에 따라 이뤄진 것"이다. 실탄배급 명령은 5월 21일 새벽 4시 30분 계엄사령부에서 열린 회의에서 군의 자위권 발동과 함께 결정됐다. 5월 21일 오전 11시까지 광주·전남·전북의 모든 부대에 개인당 90발의 실탄이 지급됐다. 이는 옛 전남도청 앞 집단발포(5월 21일 오후 1시) 등 발포 명령과 관련해 "무장 시위대에 대한 자위권적 차원의 조처였다"는 전씨 등 신군부 쪽의 이전 주장을 뒤집는 중요한 증거다.

경기 수원 제10전투비행단에서 전투기들의 공대지폭탄 장착 대기, 경남 사천 제3훈련비행단에서 공격기들에 대한 이례적인 공대지폭탄 장착 대기 사실도 확인됐다. 통상 공군 전투기는 북한 전투기 남하를 막기 위해 공대공 무장을 하고 대기한다. 하지만 특조위는 "현재로서는 그것이 광주를 폭격하기 위한 것이라는 명확한 근거자료는 발견하지 못했고, 통상의 조치가 아닌 비상조치였다는 사실까지는 확인했다"고 설명했다.(광주/정대하 기자)

② 신군부 정권, 5·18자료 조직적·지속적 은폐·왜곡

국방부 5·18 민주화운동 특별조사위원회(위원장 이건리 변호사·이하 특조위)는 7일 조사 결과 발표 기자회견에서, 정부와 군, 정보기관 등에 남아 있던 5·18 민주화운동 관련 자료들이 1980년대 군사독재 정권 시절 조직적으로 은폐·왜곡된 것으로 확인됐다고 밝혔다.

우선, 전두환 정부 시절인 1985년 6월엔 국가안전기획부(당시 부장 장세동) 주도로 '광주사태 진상규명위원회'와 '실무위원회'(80위원회)를 구성해 소위 '광주사태 백서' 발간을 목표로 활동했다. 당시 대학생들이 미국문화원 점거농성에 나서는 등 5·18 진상규명 요구가 분출하자 대책 마련에 나선 것이다. 이 위원회엔 청와대·안기부·법무부·국방부·보안사 등은 물론 여당인 민주정의당까지 참여했다.

1988년 5월에는 노태우 정부의 국방부가 국회의 5·18 청문회에 대비해 '국회대책특별위원회'를 구성했다. 국방부 산하 각 기관이 참여한 실무위원회로 511연구위원회와 511 상설대책위원회를 두었다. 특조위는 "511연구위는 군 자료 수집·정리에 그치지 않고 군에 불리한 자료를 은폐·왜곡한 것으로 판단된다"며 "이에 따라 계엄군으로 출동했던 특전사의 전투상보와 장병들의 체험수기 등이 왜곡됐다"고 밝혔다.

김양래 5·18기념재단 상임이사는 특조위 조사 결과에 대해 "국방부가 헬기 사격을 인정한 것은 매우 의미가 크지만, 헬기 사격 부대와 총을 쏜 조종사 등이 특정되지 않아 논란이 일 수 있다"며 "국회에서 5·18 민주화운동 진상규명특별법이 하루빨리 만들어져 강제권한을 갖는 진상조사위가 꾸려져 헬기 사격, 암매장 의혹 등에 대한 진상규명을 이어가야 한다"고 밝혔다.

한편, 서주석 국방부 차관이 한국국방연구원(KIDA) 연구원으로 근무하던 시절 511연구위원회의 전담 실무위원으로 활동했던 것으로 드러났다. 「한국방송」KBS은 당시 문서를 공개하면서 "당시 한국국방연구원은 보고서에서 5·18 당시 계엄군의 무력진압에 대해 '시위 확산을 저지하기 위해 방어적 자위권 행사가 불가피했다'고 작성했으며, 이 내용이 511위원회의 최종보고서에 그대로 반영됐다"고 보도했다. 이에 대해 서 차관은 "연구소 입사 2년 만의 초임 근무 시절 실무위원 참여가 자의와 무관한 것이었지만, 개인적으로 부끄러운 일이라고 생각한다"고 밝혔다.(박병수 선임기자, 광주/정대하 기자)

③ 계엄사 부사령관, "무장헬기 등 투입하라" 4차례 명령

1980년 5·18 당시 계엄군을 장악한 내란집단이 비무장 광주시민을 향해 무차별 헬기 공중사격을 하도록 구체적으로 명령한 사실이 드러났다. '5·18 민주화운동 헬기사격 및 전투기 출격 대기 관련 국방부 특별조사위원회'(특조위)는 7일 계엄사령부 부사령관 황영시와 육군본부 작전참모부장 김재명 등이 헬기 사격을 명령한 사실을 확인했다고 밝혔다.

황영시 계엄사령부 부사령관은 5월23일 김기석 당시 전투병과교육사령부(전교사) 부사령관에게 '무장 헬기 UH-1H 10대, 500MD 5대, 코브라(AH-1J) 2대 등을 투입해 신속히 진압작전을 수행하라'는 취지의 명령을 하는 등 5월20~26일 4차례에 걸쳐 헬기 작전을 지시했다. 특히 '코브라로 APC(장갑차)를 공격하고, 500MD로 차량을 공격하라'는 명령도 했다. 김재명 당시 육군본부 작전참모부장도 5월23일 소준열 당시 전교사 사령관 등에게 "왜 전차와 무장 헬기를 동원해 빨리 진압하지 않느냐"고 질책했다.

또 황영시 부사령관은 5월22일께 김순현 당시 전교사 전투발전부장에게 '무장 헬기 2대를 광주에 내려보내니 조선대 뒤쪽의 절개지에 위협사격을 하라'고 명령했다. 김순현 부장은 이에 따라 5월22일께 당시 103항공대장에게 '코브라로 광주천을 따라 사격하라'고 명령하고, 당시 506항공대장에게 '광주천에 무력시위하라'고 명령했다. 당시 최아무개 11공수여단장은 5월24일 오후 1시55분께 11공수 63대대 병력이 보병학교 교도대의 공격을 받은 것을 시민군의 공격으로 오인하고, 103항공대장에게 '코브라로 무차별 사격하라'고 명령했던 것으로 드러났다.

헬기 사격 명령의 내용도 공개됐다. 특조위는 "80년 5월21일부터 계엄사령부는 문서 또는 구두로 여러차례 헬기 사격을 지시한 사실을 확인했다"고 밝혔다. 계엄사령부는 5월21일 도청 앞 집단발포와 공수부대 병력의 시 외곽 철수 뒤인 5월22일 오전 8시30분께 전교사에 헬기 사격이 포함된 '헬기작전계획 실시지침'을 하달했다. 지침에는 '무장폭도들에 대하여는 핵심점을 사격 소탕하라', '시위사격은 20㎜ 벌컨, 실사격은 7.62㎜가 적합' 등이 포함돼 있다. (광주/정대하 기자)

④ 38년만에야 사실로 밝혀진 '5·18 헬기 사격'

광주민주화운동 당시 진압군이 광주시민에게 헬기 사격을 하고 폭탄을 실은 전투기까지 대기시켰다는 5·18특별조사위원회(특조위)의 7일 발표는 충격적이다. 전쟁중에 적군을 소탕하듯 대규모 화력을 동원해 무고한 시민을 학살했다는 사실이 명백히 드러난 것이다. 지난 38년 동안 이런 사실이 밝혀지지 않고 특조위 조사를 통해서야 확인된 것은 국방부의 진실규명 의지가 없었던 탓이 크다는 점을 지적하지 않을 수 없다.

특조위의 발표 내용 중 가장 놀라운 것은 그동안 증언으로만 떠돌던 헬기 사격이 사실이었다는 점이다. 특조위는 당시 육군이 광주에 40여대나 되는 헬기를 출동시켰고 공격헬기(500MD)와 기동헬기(UH-1H)를 이용해 5월 21일과 5월27일 광주시민에게 여러 차례 사격을 가했다고 밝혔다. 특조위가 찾아낸 자료에는 '103항공대가 5월 23일 전교사에서 벌컨포 1500발을 수령했다'는 20사단 충정작전 자료도 있는데, 여기에 근거해 특조위는 코브라 헬기에서 벌컨포로 사격했을 가능성이 매우 크다고 보았다. 대다수 무장하지 않은 시민을 향해 이런 가공할 무기를 사용했다니, 천인공노할 범죄행위다.

5·18 당시 공군이 수원과 사천 비행단에서 전투기와 공격기에 폭탄을 장착한 채 대기시켰다는 사실도 놀라움을 금할 수 없다. 당시 공군에 몸담았던 일부 예비역 장교들은 언론 인터뷰에서 광주 출격이 목적이었다고 밝히기도 했다. 하지만 특조위가 이 점을 명확하게 규명하지 못한 것은 매우 안타깝다. 이와 함께 당시 해군(해병대)도 광주에 출동할 목적으로 5월18일부터 마산에서 1개 대대를 대기시켰다는 사실이 밝혀진 점도 의미가 크다. 5·18 진압을 위해 육해공 3군이 합동작전을 펼쳤음이 분명하다. '학살 작전'이 얼마나 치밀했는지 짐작하게 하는 대목이다.

이번 특조위 조사 결과는 그동안 확인되지 않았던 새로운 사실을 여럿 밝혀냈지만, 조사 권한이나 조사 기간의 한계 때문에 완전한 진실 규명에는 이르지 못했다. 여전히 5·18 학살의 최종 명령자가 누구인지도 밝혀지지 않았다. 일부 세력은 '북한군 개입설' '폭도들의 난동'을 들먹이며 5·18을 폄훼하고 있다. 5·18 학살의 진상을 규명하는 것은 정의와 인류를 세우는 일이다. 정치권은 국회에 계류 중인 5·18진상규명특별법안 통과에 힘을 모아야 한다. (『한겨레』 2018. 2. 8. 사설)

2. 친일전통 보수언론, 군의 장기집권 위해 편파보도 계속

1) 독재권력과 상부상조하여 폭력 지원·여론 왜곡, 민주세력 완전 통제

1979년 10·26사건으로 박정희와 유신체제는 종말을 고하였지만 전두환을 중심으로 한 신군부는 12·12 쿠데타를 일으켜 군권을 잡고 정권 장악을 꿈꾸게 되었다. 신군부에게 군부의 장악과 미국의 승인 못지않게 중요한 것은 국내 민심이었다. 신군부는 대대적인 여론조작을 획책하였다. 신군부는 박 정권 시절과는 달리 언론이 단지 침묵해주거나 소극적으로 따라주는 것만으론 만족할 수 없었다. 신군부는 언론이 자기들의 집권을 적극 옹호하면서 지켜주는 "애완견이기도 하면서 보호견"이 되어주기를 원했던 것이다.(조항제 『한국의 민주화와 미디어 권력』 한울아카데미 2003)

그리하여 신군부는 이미 1980년 3월 중순 이전에 보안사 언론대책반을 통해 이른바 'K(king) 공작'을 입안하였다. 'K 공작'은 "전두환 대통령 만들기"를 위한 여론조작 방안으로 보안사의 권정달 정보처장, 정도영 보안처장, 허삼수 인사처장, 이학봉 대공처장과 허화평 사령관비서실장 등 이른바 전두환 그룹의 '5인방'이 주도하였다.

K 공작의 큰 시나리오는 3김을 민주정치세력, 신군부를 안정구축세력으로 차별화하여 '선안정 이론'을 확산시키고 언론계 간부들의 성향을 분석하여 협조 가능한 사람들을 포섭한다는 두 가지로 구성돼 있었다. 이에 따라 보안사팀은 연일 계속되던 대학생 시위와 노동쟁의를 '혼란'으로 몰아붙였으며 민주선거를 향해 경쟁하던 3김의 대결 양상을 "구태의연한 정치작태" "대통령병에 사로잡힌 추악한 파벌싸움"으로 비쳐지도록 언론의 논조를 유도하였다. (이 시기 친일·친미·반민중 언론사들은 일제 식민지나 미군정하에서 못지않게 독재권력에 찰싹 달라붙어 반공·반통일·반민주 언론활동에 신바람이 났는데, 그 불의不義 의 세력은 현재까지도 근로민중 침해적 「자유언론」을 구가하며 평등사회를 바라는 양심세력을 괴롭히고 있다.)

K 공작의 실무 총책을 맡은 보안사 언론팀장 이상재는 서울시청 검열단에 사무실을 차려 놓고 「강기덕 보안사사령관보좌관」이라는 가명 타이틀로 언론과 보안사 간의 대화 채널 역할을 맡았다. 이상재는 계급이 준위였지만, 전두환의 부관을 지낸 경력 하나로 천하를 호령하게 되었다. 이와 관련, 당시 K 공작의 실무요원이었던 김기철은 다음과 같이 증언했다.

"12·12 사태 후 권력장악에 자신감을 얻은 신군부는 집권에 가장 중요한 요소인 대중조작을 위해 3월초부터 언론대책반을 가동시켰어요. 사실 보안사의 언론대책반은 12·12 이전부터 보안처 산하에 설치돼 있었습니다. 그것이 2월 초에 신설된 정보처 산하로 옮겨지면서 확대 개편된 것이지요. 이상재 씨의 활동도 그때부터 시작됐어요. 3김씨를 타도하고 권력을 장악하겠다는 길로 확실하게 나선 것입니다. 언론검열의 방향은 다분히 '혼란방치'의 성격을 띠고 있었지요. 혼란이 극심해져야 안정세력의 명분이 생기는 것 아니겠습니까."

훗날(1996년) 공개된 바에 따르면, 신군부는 7개 중앙 일간지와 5대 방송사, 2대 통신사의 사장, 논설위원, 편집국장 등 94명을 1단계 회유대상자로 선정했으며 이 가운데 회유 정도가 양호한 이들을 2단계, 3단계로 넘겨 이들을 적극 활용한다는 등의 세부계획까지 마련해 실천에 옮겼다. 학자·평론가 등 지식인도 포섭 대상이었으며 '지식인 투고를 조종'하는 방안과 신문의 '일반 독자란을 활용'하는 방안까지 입안되고 실천되었다.(강준만 『한국 대중매체사』 인물과 사상사 2007)

(1) 반군부 기자들, 자유언론 실천운동 재개再開

1980년에 일어난 자유언론 실천운동은 2월 20일 『경향신문』 기자들이 "동아·조선투위 기자들이 예외 없이 전원 복직되어야 한다"는 내용의 성명을 발표하면서 시작되었다.(김정남 「1980년 언론대학살, 언론인을 '배부른 돼지'로」 『생활성서』 2003년 1월호)

이어 3월 17일 『동아일보』 편집국 기자 50여 명은 기자총회를 열고 '언론검열 철폐와 자유언론 실천'을 주장하는 결의문을 채택했고, 4월 6일에는 조선투위가 자신들의 복직과 원상회복과을 촉구하는 성명을 발표했다. 4월 17일에는 『동아일보』 편집국·출판국 기자, 그리고 동아방송 보도국 기자 100여 명이 모여 다시 총회를 열고 '유신언론 청산하고 자유언론 확보하자'는 결의문을 채택했다.(당시의 기자들은 1975년에 쫓겨난 기자·PD·아나운서들의 후배들이다.)

4월 25일 『기자협회보』가 동아·조선투위에 대한 지지 입장을 발표했다. 4월 28일에는 동양통신 기자들이, 5월 2일에는 부산진경찰서 출입기자들이 언론자유 확보를 위한 결의문을 채택했다. 5월 7일에 사북항쟁과 관련해 『중앙일보』가 계엄사령부와 직접 충돌하는 사건이 발생했는데, 이 사건을 계기로 자유언론실천운동은 불붙기 시작했다.

5월 7일 『중앙일보』 기자와 동양방송 기자 200여 명은 오후 6시 30분 편집국에서 기자총회를 열고 전날 탁경명 기자에 대한 계엄사 합수부 요원들의 집단 구타사건에 대해 항의하고 자유언론실천을 위한 철야토론을 통해 8일 오전 7시 자유언론실천을 위한 5개 항의 결의문을 채택했다. 이 결의문은 '5·8 선언'으로 불렸다.

5월 9일에는 『기독교 방송』 『합동 통신』 기자들과 부산의 『국제신문』 기자들도 결의문을 채택했다. 5월 10일 오전 9시 『경향신문』 기자들은 편집국에서 기자 전원이 모인 가운데 "언론검열을 1980년 5월 15일까지 철폐하라"는 내용의 결의문을 채택했다. 이 결의문은 8일부터 매일 편집국에서 시국 상황에 대해 자유롭게 토론을 벌여왔던 기자들의 토론 과정에서 합의된 내용이었다. 같은 날 『동아일보』와 동아방송 기자 100여 명도 보도국에서 기자총회를 열고 "언론검열은 물론 일체의 사찰과 간섭·억압 등 자유언론의 모든 저해요소를 거부한다"는 결의문을 채택했다. 『한국일보』 기자들은 8일부터 3일간 기자총회를 열고 계엄령과 언론인의 자세, 그리고 경제적 처우 개선 등에 대해 토론한 끝에 12일 편집국에 모여 보도검열 철폐를 주장하는 결의문을 채택했다. 『현대경제』 기자들도 이날 기자총회를 열어 검열철폐를 비롯한 6개 항의 결의문을 채택했다. (김동선 「언론통폐합의 내막」, 『신동아』 1987 9월호)

5월 13일에는 문화방송과 『전남매일신문』 기자들이 총회를 열고 검열에 전면 반대한다는 내용의 결의문을 채택했고, 15일에는 대구문화방송과 『매일신문』 『전남일보』 등이 결의문을 채택했다. 5월 16일 기자협회는 기자협회 회장단과 운영위원, 분회장, 보도자유분과위원회 연석회의를 신문회관 회의실에서 열고 '검열거부 선언문'을 발표하면서 "5월 20일 0시부터 검열을 거부하고 언론인 스스로의 양식과 판단에 따라 취재 보도하며, 이에 정권이 강압적으로 나올 때에는 제작거부에 돌입한다"고 선언했다.

그러나 이런 모든 노력은 5·17 계엄으로 물거품이 되고 말았다. 5·17 당시 한 언론인은 이렇게 말했다. "언론은 코를 뚫리고 멍에가 씌워졌다. 기나긴 인고의 세월, 희망도 없는 미래가 다가온 것이다."

(2) 국보위 기관지를 자처한 『조선일보』, 언론권력 행사 재개

1980년 5월 31닐 신군부가 국가보위입법회의(국보위)를 설치하자 『조선일보』의 전두환 찬양도 가속도가 붙기 시작했다. 아니 『조선일보』 사주(방우영)와 간부들(송지영·김윤환·남재희)이 국보위에 직접 참여했으니 더 말해 무엇하랴. 『조선일보』는 노골적으로 국보위 기관지 노릇을 하기 시작했다. (강준만 『권력변환』 인물과 사상사 2000)

『조선일보』는 일부 정치군인들이 헌법을 파괴하고 급조한 초헌법적 기구의 활동을 긍정적으로 평가하고 미화하는 데에 열을 올렸다.

『조선일보』는 1980년 6월 8일자에 "국보위, 일대 사회개혁 단행 방침"이라고 제목을 뽑았고 이어 8월 5일자 1면 머릿기사로 「전국 불량배 일제 소탕」을 올렸다. 또 이 날자 사설 「사회악 수술 기대」에선 "국보위의 이번 조치에 대한 기대는 바로 심층적이고 강력한 추진력에 대한 기대"라고 했다. (민주언론운동시민연합 신문모니터분과 「조선일보의 전두환 보도기사는 현대판 용비어천가」, 『말』 1998년 10월호)

『조선일보』는 전두환에 대해서 노골적인 추파를 던지기도 했는데, 한 사례로 8월 23

일자 사설과 3면 톱기사의 일부를 차례대로 살펴보자.

"(전두환씨를 차기 대통령으로 추대한'전군지휘관회의')에 관한 보도에 접하고 국민 일반은 크게 안도와 고무를 간직했을 것으로 우리는 믿는다. … '8·21 군 결의'는 이러한 국민의 기대와 신뢰를 한층 더 공고히 뒷받침하고 보장하는, 일찍이 없었던 국가 간성들의 담보의 표징이다. 건국 이래 모든 군이 한 지도자를 전군적 총의로 일사불란하게 지지하고 추대한 예는 일찍이 없었다. 그러한 점에서 '8·21 군 결의'는 또한 역사적으로 깊은 함축을 간직하는 것이 되기도 한다."

"그러나 그의 국가관과 불굴의 의지, 비리를 보고선 참지 못하는 불같은 성품과 책임감, 그러면서도 아랫사람에겐 한없이 자상한 오늘의 '지도자적 자질'은 수도생활보다도 엄격하고 규칙적인 육군사관학교 4년 생활에서 갈고 닦아 더욱 살찌운 것인 듯하다.……그는 모든 사람의 판단 기준을 이처럼 정의의 대국에 놓을 뿐 세세한 이해관계에 얽매이지 않는다.…… 그의 밑을 거쳐간 부하 장교는 그의 통솔 방법을 3분의 1만 흉내내면 모범적 지휘관이란 평을 얻을 수 있다는 게 군내의 통설로 되어 있다."

『조선일보』는 또 8월 24일자 「'새시대' 개막과 새정치」라는 좌담기사에 "가장 잘 훈련·조직된 군부엘리트, 도덕성·성실성 높고 진취력 강해" 등의 제목을 뽑아 전두환의 지도자적 자질을 부각시켰고, 8월 28일자 사설 「새시대의 개막 — 전두환 장군의 대통령 당선에 대하여」에선 "우리는 우선 전두환 대통령의 당선을 온 국민과 더불어 축하하며 그 전도에 영광이 있기를 희원해 마지않는다. … 전 대통령의 취임으로 바야흐로 새시대 역사는 개막되고 있으며 국민들은 전 대통령 정부에 새로운 소망과 기대를 걸고…" 운운하는 말을 늘어놓았다.

(3) 고문으로 조작해낸 「김대중 내란음모사건」

언론이 그 지경인지라 신군부는 요술방망이를 가진 것과 같았다. 무엇이든 소설을 마음대로 쓰면 그게 사실로 둔갑하여 언론에 그대로 보도됐다. 1980년 7월 4일 계엄사가 발표한 이른바 「김대중 일당의 내란음모사건」도 바로 그런 가공소설이었다. 그러나 그 소설은 잔인했다. 시나리오를 사실로 둔갑시키기 위해 김대중을 비롯한 37명에게 인간적 모욕과 모진 고문이 가해졌기 때문이다. 구속자 가족들이 나중에 작성한 「우리가 당했고, 당하고 있는 부당 불법 잔혹한 처우」라는 자료는 그 실상을 다음과 같이 적고 있다.(민주언론운동시민연합 신문모니터분과, 앞의 책)

김대중＝한줄기 햇빛도 없는 지하실에서 하루 18시간씩 조사를 받았으며 몇 차례나 옷을 발가벗긴 채 '고문 하겠다'는 협박을 당했음.

문익환＝날조된 혐의 사실을 시인하지 않자 '젊은 군인들에게 넘기겠다'며 옆방의 참혹한 고문 소리를 들려주었음.

이문영＝군 침대 각목으로 무수히 맞았으며 그 여파로 1심판결 때까지 왼쪽 팔을 들지 못했음.

예춘호＝고문 때문에 음성이 변했음.

이신범＝손톱 발톱을 구둣발로 밟았으며 다리 사이에 각목을 끼고 비틀었음.

조성우＝연행되자마자 거꾸로 매달려 물 두 양동이를 마시고 몇 차례나 졸도를 했으며 매달린 채 수없이 맞았음.

설　훈＝너무 많이 맞아 피멍을 빼기 위해 날쇠고기를 썰어 엉덩이에 붙인 채 사흘이나 인사불성이 돼 엎드려 있었음.

이호철＝심한 고문에 정신이상을 일으켜 한동안 수사관에게 '엄마'라고 불렀음.

　육체적 고문을 가해, 없는 사실을 있었던 것처럼 꾸며 그대로 사실로 말하게 하고, 그걸 그대로 믿게 하고자 했던, 그런 참극이었다. 이해동과 설훈의 직접 증언을 더 들어보기로 하자.

　"김대중씨로부터 돈 받은 것을 모두 대라고 해 진술을 거부하자 옷을 벗기고 두들겨 팼다. 너무 맞아 엎드려 자야 했다. 엉덩이에 든 피멍을 뺀다고 쇠고기를 붙였는데 더운 날씨 때문에 썩어들어갔다. 결국은 명절 때 아이들 선물값으로 5만원을 받는 등 50만원 정도를 받았다고 했다. 어쩔 수 없어 그들이 불러주는 대로 한자 한획 틀림없이 자술서를 썼지만 허위자백으로 김대중씨가 겪게 될 고초 때문에 고통스러웠다."(이해동)

　"6월 18일 은신처인 반포의 친구 아파트에서 잡혔는데 그 자리에서 권총을 들이대며 욕조로 끌고가 물고문을 시작했다. 이어 성북경찰서에서 온몸을 묶고 팔과 다리 사이에 막대기를 끼워 매단 뒤 천장을 향한 얼굴에 수건을 덮고 주전자로 계속 물을 부어댔다. 너무 만신창이가 돼 치안본부 특수대에서 신병 인수를 거절할 정도였다. 심지어 5월 중순 서울역 앞 데모때 남대문 부근에서 경찰을 버스로 깔아죽인 게 나라고 허위자백을 하기도 했는데, 그들도 말이 안된다고 생각했는지 공소장에는 빠져있었다."(설훈)

(이도성 「정치공작사령부 남산의 부장들 3」, 동아일보사 1993)

(4) 언론인 해직과 이진희의 아첨

신군부는 실질적으로 정권을 장악하자 단순한 언론통제에 그치지 않고 언론계에서 민주화 세력을 완전히 제거하는 쪽으로 재편성하는 조치를 취하였다. 신군부는 1980년 7월 30일에 신문협회로 하여금 「자율정화결의」를 하도록 강제하여 수백 명의 기자를 해직시켰고 7월 31일엔 일간지를 제외한 정기간행물 172종을 폐간시켰다. 이는 전체 정기간행물의 12%에 달하는 것으로, 신군부는 '사회정화'라는 명분을 내세웠지만 이 가운데엔 『기자협회보』 『월간 중앙』 『뿌리깊은 나무』 『씨알의 소리』 등 당시 큰 영향력을 갖고 있던 정론성 잡지들이 대거 포함돼 있었다. (주동황 외 『한국언론사의 이해』 전국언론노동조합연맹 1997)

당시 보안사가 지목한 해직대상 언론인은 336명이었는데 (이 가운데 일부는 구제되어 실제 해직자는 298명) 언론사가 해직시킨 수는 933명(업무직 포함)이었다. 편집국·보도국 기자의 경우는 강제해직자가 모두 705명이며 이 가운데 약 60%에 달하는 427명이 외부의 결정 없이 언론사 자체 결정에 의해 해직되었다. 이들은 대개 언론사 내 파벌싸움의 희생자들이거나 고령자들이었다. 주목할 만한 사실은 지역적으로 호남 출신이 큰 피해를 보았다는 점이다. (김해식 『한국언론의 사회학』 나남 1994)

1980년 8월 11일 MBC-TV는 전두환이 국정 전반에 걸쳐 자신의 소신을 밝히는 회견을 특집으로 방영했다. 전두환은 자기 마음대로 8월 5일에 대장 계급장을 달고 있었다. 대담자는 문화방송 『경향신문』 사장 이진희였다. 이진희는 유정회 국회의원을 지낸 유신 언론인으로서 대단히 권력 지향적인 인물이었다. 신군부는 7월 5일 『서울신문』 주필이었던 그를 문화방송 사장 자리에 앉혔는데 바로 이와 같은 이벤트를 연출하라는 의도였을 것이다. 이진희의 질문을 들어보자.

"국보위가 발족된 이후 괄목할만한 사회개혁 작업의 전개로 새로운 시대의 개막이 순조롭게 진행 중입니다. 그동안 국보위를 만들고 맡으셔서 노고가 크신 전 위원장께서는 새 시대를 영도해야 할 역사적 책무를 좋든 싫든 맡으셔야 할 위치에 있는 것 같습니다. … 새 시대로 이어질 80년대에 예상되는 국내외 정세를 말씀해 주시고 우리들에게 떠맡겨질 과제는 어떤 것인지요."

전두환의 집권은 총칼만으로 이루어졌던 것은 아니다. 출세를 위해서라면 물불을 가리지 않는 이진희와 같은 언론인들이 많았다는 것을 잊지 말아야 할 것이다. 이진희는

『서울신문』 주필로 있을 때부터 신군부에게 집요하게 추파를 던졌다. 『서울신문』 1980 년 4월 14일자에 쓴 시론 「역사의 무대가 바뀌고 있다」는 80년대 이후 시대를 주도할 "새 엘리트층(군부 세력) 등장"의 당위성을 역설하는 한편 '3김씨의 퇴장'이 역사적 순리라 고 주장해 신군부를 기쁘게 만들어 주었다. 그는 그 덕분에 전두환을 만나게 되고 육사 11기 동기라는 인연으로 친숙해진다(이진희는 육사 11기로 자퇴하고 서울대로 진학했다). 그 는 문화방송『경향신문』 사장으로 영전한 다음 그 은혜에 보답하기 위해 몸부림을 쳤다. 『경향신문』은 8월 19일부터 4회에 걸쳐 「새로운 창조의 선두자 전두환 장군」(김길홍 기 자)이라는 제하의 시리즈를 전단 기사로 게재하였고 이는 다른 신문들에게도 수치심을 버리고 '전두환 찬양'에 광분하게 만드는 계기가 되었다.(한국기자협회・80년 해직언론인협 의회 공편『80년 5월의 민주언론』나남 1997)

2) 5・18 광주학살과 반민주 언론의 살인・고문 공범

(1) 제2의 군사 쿠데타집단, 광주 공략

신군부는 1980년 3월 17일부터『동아일보』기자들에 의해 주도된 '언론검열 철폐와 자유언론실천운동'을 예의 주시했다. 이 운동이 5월에 들어서면서 확산되자 신군부는 '일 망타진'의 기회를 노렸으며, 5월 17일 비상계엄 전국 확대와 함께 발동한 포고령 10호를 그 기회로 삼았다. 신군부는 진실한 보도와 언론의 자유를 주장하는 양심적 기자들을 유 언비어 유포 및 내란음모 등의 혐의로 구속・해직시켰으며, 5・18 이후 광주 시민들을 폭도・난동분자・무장폭도 등으로 보도하라고 지시했다.(정운현 「언론 통폐합」,『호외, 100 년의 기억들』삼인 1997)

대부분의 국내 언론은 5월 21일 계엄사 발표가 있기 전까지 광주항쟁을 보도하지 못 했다. 계엄사 발표 이후 첫 보도가 나갔으나 그 내용은 계엄사 발표 내용을 간략하게 보 도하는 정도였다.『동아일보』는 5월 19일부터 5일간 사설을 뺀 채 신문을 발행하였다. 이는 자기주장을 펼 수 없는 상황에서 행한 최소한의 양심과 저항의 표시로 볼 수 있는 것이었다.

5・18 당시 일부 언론이 나름대로 진실을 보도하려고 전혀 노력하지 않은 건 아니었 지만, 대체적으로 보아 언론은 신군부의 통제하에 놓인 상태에서 허위・왜곡・과장 보

도로 신군부의 광주학살을 거드는 역할을 하였다.(김삼웅『곡필로 본 해방 50년』한울 1995)

일부 언론은 신군부의 통제에 소극적으로 응한 것이 아니라 매우 적극적인 자세로 신군부를 지지하기까지 했는데, 그 대표적인 신문이 바로『조선일보』였다.『조선일보』는 5월 25일자 사설에서 항쟁세력들을 '분별력을 상실한 군중'으로 몰아 부치고는 "(중략) 57년 전 일본 관동대지진 때 조선인학살의 역사가 반교사적으로 우리에게 쓰라린 교훈을 주고 있다…"며 얼토당토 않게 마치 광주 시민들을 무자비한 일본인 폭도들에 비유하는 호도수법을 쓰기도 했다.(정운현「광주의 굴레 못 벗은 한국언론」,『대한매일』2001.5.19.)

5월 27일 새벽 계엄군 투입으로 사태가 일단락되자『조선일보』는 28일자 사설을 통해 다음과 같이 주장했다. "지금 오직 명백한 것은 광주 시민 여러분은 이제 아무런 위협도, 공포도, 불안도 느끼지 않아도 될, 여러분의 생명과 재산을 포함한 모든 안전이 확고하게 보장되는 조건과 환경의 보호를 받게 됐고 받고 있다는 사실이다. (중략) 비상계엄군으로서 군이 자제에 자제를 거듭했던 사실을 우리는 알고 있다. (중략) 때문에, 신중을 거듭했던 군의 노고를 우리는 잊지 않는다."

신군부가 단지 억압적인 언론통제만으로 여론을 조작한 건 아니었다. 신군부는 언론을 위협하는 동시에 포섭했다. 광주에서 무자비한 학살이 벌어지고 있던 5월 22일 전두환은 서울지역의 주요 언론사 사장들을 불러 다음과 같이 겁을 주었다. "그동안 언론과 대학의 내막은 물론, 누가 선동하고 있는지도 샅샅이 알고 있다. 경영권자가 권한 행사를 잘못하고 있기 때문이 아닌가. 이들을 선동한 사람들을 파악해서 체포할 것이다. 그러한 사태가 없도록 사장들이 수습하고 책임을 지기 바란다."(김주언「80년대 언론탄압」,『사회비평』제2권 3호)

그런 전두환을 우두머리로 삼고 있던 신군부는 심지어 광주학살에 대한 여론조작을 해달라고 두툼한 촌지까지 뿌렸다. 이와 관련, 윤덕한은 "광주에서 유혈극이 절정에 달하고 있던 5월 22일 전두환은 각 언론사 발행인들을 불러 계엄 확대 조치의 배경과 불가피성을 설명하고 언론계의 협조를 요청했다"며 다음과 같이 말했다.

"이어 사태 보도의 실질적인 책임자인 사회부장들을 요정으로 불러내 똑같은 당부를 하고 1인당 100만 원씩 촌지를 돌렸다. 당시 중앙 일간지의 부장급 월급이 45만 원 내외였으므로 100만 원은 촌지의 수준을 넘는 거금이었다. 그래도 최소한의 양심이 있는 일부 사회 부장들은 전두환으로부터 촌지를 받은 것이 부끄럽고 괴로워 부원들과 통음을 하는 것으로 그 돈을 다 써버렸다고 하지만 상당수는 입을 씻고 너스레를 떨어 기자들로부터 눈총과 손가락질을 받기도 했다."(윤덕한「전두환 정권하의 언론」,『한국언론 바로보기』다섯수레 2000)

신군부는 실질적으로 정권을 장악하자 단순한 언론통제에 그치지 않고 언론계에서 민주화 성향이 있는 언론인들을 완전히 제거하는 방향으로 언론을 재편성하는 조치를 취하였다. 신군부는 언론에 대해 자신감을 갖게 되었는데, 여기엔 1980년 6월 국보위 문공분과위 언론과가 작성한 「언론계 부조리 유형 및 실태」라는 문서가 적잖은 영향을 미쳤다. 알고 봤더니, 언론사 사주들이 썩을 대로 썩어 있어 다루기가 아주 쉽겠다는 것이었다. 이 문서에 따르면, 언론사를 설립해 공익과 언론 창달보다는 사리 및 치부 수단으로 악용하는 언론사주들이 많았고, 사리(私利)를 챙기기 위한 의도적 보도로 정부 정책의 방향 전환을 유도하거나 간접적 압력을 행사하는 경우가 많다는 것이었다. (채의석 『99일간의 진실: 어느 해직기자의 뒤늦은 고백』 개마고원 2000)

언론계에 대해 자신감을 갖게 된 신군부는 그런 부패한 사주들의 약점을 악용하여 언론계에서 민주화 의식을 갖고 있는 언론인들을 제거하겠다는 의욕을 품게 되었고, 그 신호탄은 6월 9일에 쏘아졌다. 그날 계엄 당국은 악성 유언비어를 유포시켜 국론 통일과 국민적 단합을 저해하고 있는 혐의가 농후하다는 이유로 8명의 현직 언론인을 구속했다. 노성대(문화방송 보도부국장)의 경우, 회의석상에서 광주 시민을 폭도로 모는 것에 이의를 제기한 적이 있다는 이유만으로 구속되었다. (한국기자협회 · 80년 해직언론인협의회 공편 『80년 5월의 민주언론 : 80년 언론인 해직백서』 나남 1997)

(2) 악명 높았던 「삼청교육대」

1980년대에 저질러진 야만적 행위 가운데 광주학살 다음으로 잔인했던 건 삼청교육대에 의한 인권 유린이었다. 삼청교육이라는 이름은 사회악 일소 특별조치를 주관한 국보위 사회정화분과위원회가 삼청동에 위치해 '삼청계획 5호'라는 이름을 붙인 데서 연유되었다. 국보위는 1980년 8월 1일부터 11월 27일까지 4번의 단속을 벌여 6만여 명을 연행했다. 이들 중 3,000여 명이 구속되어 군사재판을 받았고, 삼청교육대로 넘겨진 사람은 4만여 명에 이르렀다. 삼청교육과 그로 인한 후유증으로 발생한 사망자는 339명이었고 나중에 불구가 된 부상자는 2,700명이었다. (의문사진실규명위원회, 2002.10.1. 발표)

국보위는 표면적으로 '사회악 일소'를 내세웠지만, 확실한 정권 장악을 위한 '공포 분위기' 조성과 정치적 보복의 목적이 더 컸다. 1980년 11월 12일 보안사가 모두 45개 언론사 요원들이 구술해준 각서의 내용은 "조건 없이 언론사를 포기하고, 향후 이 일에 대해서는 발설하거나 이의를 달지 않는다"는 것이었다.

『조선일보』는 신군부가 들어서면서 『월간조선』(1980년 3월 15일)을 창간할 수 있었던 반면, 경쟁지들은 언론통폐합으로 큰 타격을 입었다. 『동아일보』는 동아방송(DBS)을, 『중앙일보』는 이미 7월 31일에 『월간중앙』이 등록 취소당한 데 이어 TBC TV와 라디오를, 『한국일보』는 『서울경제신문』을 빼앗겼던 것이다. 또 7개 중앙 종합지 중 『신아일보』가 『경향신문』에, 『내외경제』가 『코리아헤럴드』에 흡수 통합되었다. '1도(道) 1지(紙) 원칙'하에 대구의 『영남일보』가 『대구매일신문』에 부산의 『국제신문』이 『부산일보』에, 경남 진주의 『경남일보』가 마산에서 발행되던 『경남매일신문』에(후에 『경남신문』으로 개제), 광주의 『전남매일신문』이 『전남일보』에(후에 『광주일보』로 개제) 흡수 통합되었다.

통폐합의 구체적인 내용도 엉망이었다. 부산의 경우 자본이나 수익면에서 훨씬 규모가 큰 『국제신문』을 5·16 장학회 소유인 『부산일보』가 흡수하도록 했으며, 경남에서도 럭키 그룹 소유인 『경남일보』가 훨씬 영세한 박종규 소유의 『경남매일신문』에 흡수되도록 했다. 그런가 하면 『전남매일』이 『전남일보』를 흡수하도록 해놓고도 그 사이 무슨 일이 일어난 건지는 몰라도 집행 과정에서는 거꾸로 『전남매일』이 『전남일보』에 흡수되었다.

통신은 합동통신과 동양통신이 합병해 연합통신으로 발족하였으며, 기타 시사·경제·산업 등 군소 통신사는 문을 닫았다. 또 언론통폐합에 앞서 7월 31일 172개 정기간행물에 대해 등록 취소를 단행한 데 이어 11월 29일에도 66개의 정기간행물이 추가로 등록 취소되었다.

(3) 언론통폐합의 7대 효과

언론인 강제 해직은 언론통폐합에 의해서 또 다시 이루어졌다. 1980년 방송통폐합으로 민간방송에서 KBS로 간 인원은 TBC 681명, DBS 139명, CBS 106명 등 모두 1,105명에 이르렀고 이들 중 200여 명이 새로운 방송 목적에 적응치 못해 직장을 포기하였다. 김해식은 언론통폐합 실시 이전인 1980년 1월의 언론종사자 수는 1만 8,730명이었던 반면 탄압 후인 1981년에는 1만 6,786명이었다는 점을 지적하면서 1,900명 이상이 한꺼번에 해직되었을 것으로 보았다.

살아남은 언론인이라고 해서 '합격품'이라는 뜻은 아니었다. 그들은 '세뇌'의 대상이 되었다. 그 세뇌 수법이 어찌나 치졸했는지 신군부와 내내 밀월 관계를 누렸던 『조선일보』

사주 방우영마저 그 수법에 대해 다음과 같이 비판했다. "통폐합을 단행한 전 정권은 기자들을 세뇌교육한다는 어처구니없는 발상으로 전국 1,900명 언론인들을 새마을연수원에 입소시켰다. 우리 사도 나를 비롯하여 120명이 11회에 걸쳐 수원에 있는 연수원에 들어가 2박 3일 동안 곤욕을 치렀다. 악명 높은 '삼청교육'의 축소판이라 할 수 있는 언론인 집단교육은 전두환을 비롯한 신군부의 생각과 인식이 얼마나 전근대적인가를 여실히 보여준 사건이었다."(방우영 『조선일보와 45년 : 권력과 언론 사이에서』 조선일보사 1998, 199쪽)

언론통폐합이 한국 언론에 미친 영향은 대략 다음과 같은 7가지로 요약할 수 있을 것이다.

첫째, 언론통폐합은 언론사들의 충성 대상을 박정희로부터 전두환으로 돌리게 만들었다. 언론사의 생사여탈권을 마음대로 휘두른 신군부의 횡포와 만행은 전두환에 대한 충성 경쟁만이 유일한 생존책이라는 것을 언론사들에게 확실하게 각인시키는 효과를 거두었던 것이다.(강준만 『한국 대중매체사』 인물과 사상사 2007)

둘째, 언론통폐합은 전두환에 대한 충성심이 가장 강한 『조선일보』의 고속 성장을 가능케 하는 결과를 낳았다. 당시 『조선일보』의 경쟁지들은 모두 언론통폐합으로 엄청난 재산을 빼앗긴 반면 『조선일보』는 아무런 피해도 입지 않았을 뿐만 아니라 5공 정권에 깊이 참여하는 등 5공과 종속적 관계를 형성함으로써 압도적으로 유리한 고지를 점령하게 되었던 것이다.

셋째, 언론통폐합은 언론매체 시장의 독과점을 제도화시키고 언론의 거대기업화를 심화시킴으로써 언론의 순응 정서를 배양함은 물론 공산품 제조업체와 다를 바 없는 수준의 '이윤의 절대적 우선주의'을 언론사 경영자들의 언론철학으로 고착되게끔 하는 결과를 낳았다.

넷째, 언론통폐합은 언론인 대량 해직이라고 하는 무력시위로 언론인을 굴종케 한 후에 통폐합과 연관된 후속 조치들로 순응하는 언론인들에게 다양한 방식의 특혜를 제공함으로써 '기자문화' 자체를 타락케 하는 결정적인 계기가 되었다.

다섯째, 언론통폐합은 언론기업과 언론인들을 정권 안보를 위한 이용의 대상으로 삼는 반면 시민사회 영역에 대해선 그들이 각종 특권을 행사할 수 있는 환경을 조성해주고 보장해줌으로써 '언론의 특권계급화'라고 하는 습속을 형성케 하였다.

여섯째, 언론통폐합은 최소한의 형식적 명분을 얻기 위해 방송공영화라는 방패를 앞세우면서 언론통폐합을 단행하였던 바, 이는 '공영화'라는 개념 자체를 타락케 만드는 결과를 초래해 이후 공영화에 대한 강한 심리적 반발을 낳게 만드는 원인이 되었다.

일곱째, 언론통폐합은 물리적인 강압이라는 수단을 동원해 이루어졌기 때문에 이후 '통폐합'이라는 개념 자체에 대해 몸서리치게 만드는 효과를 낳았고, 그 결과 민주적이고 자율적인 방식의 통폐합이 바람직한 경우에도 통폐합에 대한 논의 자체를 기피하게 만드는 매우 부정적인 결과를 초래하였다.

3) 언론통폐합과 언론기본법 제정

1980년 8월 27일 최규하 대통령을 도중하차시키고 집권한 전두환은 11월엔 신문협회와 방송협회에 강요한 「건전언론 육성과 창달을 위한 결의문」을 빙자하여 언론통폐합을 단행하였다. 언론통폐합의 주요 내용은 방송 공영화, 신문과 방송의 겸영 금지, 신문통폐합, 중앙지의 지방주재 기자 철수, 지방지의 1도1사제, 통신사 통폐합으로 대형 단일 통신사(연합통신) 설립 등이었다.

언론통폐합의 결과 KBS는 TBC-TV, TBC 라디오, DBS, 전일방송, 서해방송, 대구 FM 등을 흡수하였고 MBC의 주식 51%를 인수하였다. TBC는 KBS-2가 되었다. CBS는 보도 기능이 박탈되고 복음 방송만 전담케 되었다.(KBS가 갖고 있던 MBC 주식은 1988년 12월 방송문화진흥회에 이관되었다. 2007년 현재 방송문화진흥회는 MBC의 주식 70%를 보유하고 있으며 나머지 30%는 5·16장학회의 후신인 정수장학회가 소유하고 있다. 정수장학회의 이름은 박정희의 正자와 육영수의 修자를 합쳐 만든, 소속이 뚜렷한 사유물이 되었다.)

언론통폐합은 여러 효과가 있었겠지만, 가장 중요한 건 잠시 '서울의 봄'을 맞아 자유화의 기대에 부풀었던 언론의 기를 꺾어놓음으로써 언론의 자발적 충성을 유도해낸 것이었다. 정통성이 전혀 없는 신군부로서는 언론이 단지 굴종하는 것만으론 모자랐다. 언론의 적극적인 정권 홍보가 필요했던 것이다. 언론통폐합 자체를 떠나 이전부터 나돌던 언론통폐합 소문도 언론의 자발적인 충성을 유도하는 데에 크게 기여하였는데,『기자협회보』기자 김일은 다음과 같이 말하고 있다.

80년 5월 전두환-노태우 중심의 쿠데타가 일어나자 한국 신문들은 경쟁적으로 미국 정부가 전두환 집권에 호의적이라는 기사를 내보냈다. 당시 한 신문의 워싱턴 특파원은 『한겨레21』과의 인터뷰에서 비화를 공개했다. "신군부측이 사주의 개인비리를 들먹이며 회사를 언론통폐합 대상에 포함시킬 것을 검토하고 있으니 미국내 친한파 인사와 긴급 인터뷰해 기사를 보내 달라고 서울 본사에서 요청했다"며 "고민 끝에 인터뷰 기사를 전송했다"고 이 기자는 말했다. "이는 다른 신문사들도 마찬가지였다"는 말도 덧붙였다.

(1) 군사정권에 유리한 「언론기본법」

전두환 정권은 1980년 12월 26일, 이전까지 시행되던 「신문·통신 등의 등록에 관한 법률」(1963.12.12), 「방송법」(1963.12.26), 「언론윤리위원회법」(1964.8.5) 등을 통합해 「언론기본법」을 제정했다. 후일 "언론 악법"으로 비판받은 이 법은 청와대 공보비서실 비서관 허문도·이수정과 문공부 관계자 1명, 언론법을 전공한 서울민사지법 판사 박용상이 주축이 돼 만들어진 것으로 1980년 12월 26일 입법 의회를 통과하여 같은 해 12월 31일에 발효되었다. 이로써 전 정권은 문공부 장관에게 언론사의 정·폐간을 명령할 수 있는 권한을 부여하는 등 강압적인 언론통제책을 실시하는 한편 방송위원회, 한국방송광고공사, 한국언론연구원, 언론중재위원회, 방송심의위원회 등의 법정 언론유관기관을 설립하여 언론에 대한 각종 행정적 통제 및 지원체제를 마련하였다.

「언론기본법」은 구체적으로 △방송의 공영제 △방송에 대한 운용·편성의 기본 사항을 심의할 독립기관인 '방송위원회'의 설치 △방송국 내에 '방송자문위원회' 설치·운영의 의무화 △현행 '방송윤리위원회'를 대신하는 '방송심의위원회'의 설립을 규정했다.

새 법에 따라서 1981년 3월 7일 발족한 방송위원회의 역할을 보면 △방송의 운용과 편성에 관한 기본 사항을 심의하고 △방송 종류에 따른 광고방송의 허용 여부를 결정하며 △방송광고 수익으로 수행할 공익사업의 기본 방향에 관한 사항을 심의하고 △각 방송국 및 방송 종류 상호 간의 관계 공동 사업 및 협조에 관한 사항을 결정하며 △방송심의위원회의 운영에 관한 사항의 심의 등이었다.

문공부가 기자들에게 '보도증'을 발급하는 이른바 프레스카드제는 기자들에 대한 강력한 통제장치로 기능했다. 프레스카드는 1년에 한 번씩 갱신됐는데 문공부는 기자의 성향이 마음에 들지 않으면 발급을 하지 않았기 때문이다.

방송광고공사는 1980년 12월 9일에 의결된 방송광고공사법에 따라 공영방송의 광고 업무를 대행하면서 매년 수백억 원의 '공익자금'을 조성하였는데, 이 자금 가운데 상당 부분은 언론인들에게 자녀학자금 지원, 해외연수 및 해외여행 등과 같은 각종 경제적 혜택을 주는 포섭책으로 이용되었다.

1981년의 공익자금 집행액을 살펴보면 무주택 언론인 주택자금 융자 등 복지향상 부문에 53억 원, 언론인 해외연수 등 자질 향상 부문에 14억 원, 언론유관기간 및 단체 지원에 20억원, 프레스센터 건립사업에 15억 원등 모두 102억 원이 넘었다.

1981년에서 88년까지의 통계를 살펴보자. 이 기간 중 언론인 해외연수 인원은 장기

166명 단기 68명 등 총 252명이었으며, 그밖에 1,340명의 언론인들이 평균 2주일간씩 '해외시찰' 명목으로 해외여행을 다녀왔다. 언론사에 근무하는 임직원들의 중고등학교 취학 자녀들에게 지원된 학자금 총액은 1,255억 원이었다. 또한 신군부는 기자들에게 임금의 20%에 대한 소득세 감면, 언론인 금고의 저리대출, 기자아파트 특혜 등 각종 특혜를 주었다.(그후 그들은 '기레기'(기자 쓰레기)라는 호칭까지 얻게 되었다.)

1981년 6월 12일에 설립된 한국언론연구원은 공익자금에 의해 운영되었는데, 이는 국가관 확립이라는 명분 아래 언론인들에 대해 강제교육을 실시했으며, 특히 견습기자에 대해서는 프레스카드제를 앞세워 4주 이상의 합숙교육을 시켰다. 언론연구원의 정관에 따르자면, 각 언론사는 연구원이 정하는 바에 따라 소속사 임직원으로 하여금 연수교육을 이수토록 해야 하고 피연수자의 성적 평점을 인사고과에 반영해야 하며 교육 불응자 및 성적 불량자에 대해서는 연구원의 통보에 따라 적절한 조치를 취해야 한다고 규정돼 있었다.(김해식 『한국언론의 사회학』 나남 1994)

(2) 신문의 산업적 호황

언론기본법 체제하에서 언론자유는 질식 상황에 처해 있었지만, 신문기업은 산업적으론 번영을 누리게 되었다. 1980년까지 하루 8면으로 묶여 있던 면수를 1981년 1월부터 12면으로 허용하는 조치가 취해진 것도 그런 변화와 맥을 같이 하는 것이었다. 이는 신문들의 광고수입이 크게 늘어날 수 있다는 걸 의미하는 것이기도 했는데, 뒤이은 야간통행금지 해제(1982년 1월 5일)와 중고생 두발, 교복 자율화(1983년 3월 2일)는 광고 물량의 확대를 가져와 신문들에게도 큰 기쁨이 되었다.(신인섭·서범석 『한국광고사』 나남 1986)

각종 특혜도 주어졌다. 신문사들의 윤전기 도입에 필요한 관세 특혜를 주기 위한 이유만으로 관세법의 부칙을 개정해 1982년 1년에 한하여 20%의 관세를 4%로 대폭 인하해주었다. 이 기간에 보두 30여 대의 윤전기를 도입한 전국 12개 신문사에 도합 수십억 원의 감세 혜택을 주었다. 1981년에서 1986년 사이의 윤전기 보유 상황 변화를 보면, 『조선일보』가 14대에서 24대로, 『동아일보』와 『중앙일보』가 각기 15대에서 21대로, 『한국일보』가 12대에서 16대로, 『서울신문』이 6대에서 16대로, 『경향신문』이 7대에서 13대로 늘어났다.(김민남 외 『새로 쓰는 한국언론사』 아침 1993)

또 일반 잡지 발행이 극도로 억제됐던 상황에서도 일간지들에겐 잡지 발행을 16종이나 허가해주었다.(조선 4종, 경향 3종, 동아 3종, 중앙 3종, 한국 2종, 서울 1종) 그밖에 중소기업의 고유 업종인 상업인쇄, 각종 문화사업, 스포츠사업, 부동산임대 등 다각경영을 허용했다.(주동황 외『한국 언론사의 이해』전국언론노조 1997)

5공의 그런 적극적인 배려로 기자들의 임금 수준도 크게 높아져 1981년 주요 대기업의 임금 수준과 비슷해졌고, 1985년부터는 여타 직종을 훨씬 상회하여 국내 최고 수준을 유지하게 되었다. 또 전두환 정권은 7년 동안 모두 30여명의 언론인 출신을 국회에 진출시켜 언론인 출신으로 하여금 언론을 포섭하고 통제케 하는 박정희 정권의 언론통제술을 계승, 강화시켰다.

언론통폐합으로 인해 많은 기자들이 해직을 당하고 또 살아남은 기자들도 연일 분노의 술잔을 기울이는 그 순간에도 욱일승천旭日昇天하는 언론사가 하나 있었으니 그건 바로『조선일보』였다. 조선일보가 발행한『조선일보 칠십년사』에 기록돼 있는 몇 가지 사실만 살펴보자. 80년 4월 10일 사장 방우영은 "4월부터 모든 사원의 봉급을 평균 33% 인상하고, 보너스는 연 800%(본봉기준) 이상이 되도록 하겠다"고 밝혔다. 1980년 12월 20일에 연말 보너스가 지급되어 1980년도엔 모두 900%(본봉기준)가 되었다. 1981년 3월 5일 코리아나 호텔 22층에서 가진 창립 61주년 기념식에서 방우영은 기념사를 통해 "보너스를 통산 1,000% 지급하겠다"고 선언했다. 1981년 연말 보너스가 12월 21일에 500% 지급되어, 연중 1,000% 지급의 약속이 실천되었다.

신군부는 1980년 10월 27일부터 발효된 제8차 개정헌법에 따라 국회를 해산하고 국가보위입법회의로 그 기능을 대신하도록 했다.「국가보위입법회의」의 의원 81명은 모두 전두환이 임명해 신군부의 꼭두각시 노릇을 하도록 했다. 그런데 바로 이 입법회의 의원으로『조선일보』사주(방우영)와 간부들(송지영, 김윤환, 남재희)이 참여했으니, 이는 과연 무얼 말하는 것이었을까? 조선일보사는 폭력적 군사정권의 국민 협박과 여론조작을 떠맡은 반민주언론 공범자였다.

3. 5월 광주학살과 국내외 언론보도

광주 민주화운동 당시 우리 언론은 시민·학생들의 반독재 민주항쟁을 어떻게 보도했고 평가했는지를 살펴보자. 비록 비상계엄 하라고는 하지만 외신들이 자유롭게 사실

보도를 한 반면 국내 언론들은 대부분이 사실을 왜곡, 군부의 발표를 앵무새처럼 보도한 것이 크게 대조된다.

우리 언론사에 있어서 1980년 광주사태 당시 언론의 자세처럼 치욕적이고 반언론적인 모습을 보인 적은 없을 것이다. 세계의 관심이 온통 한국의 남쪽 도시 광주에 쏠려 있을 때 유독 이 나라 언론만은 침묵하거나 왜곡에 여념이 없었다. 언론의 침묵과 왜곡 속에서 소수 정치군인들의 사병화된 신군부가 많은 시민·학생을 학살하는 미증유의 만행을 자행하였다.

광주항쟁 당시의 우리 언론의 태도는 비양식이나 치욕의 단계를 넘어섰다. 아무리 계엄령의 상황이라 해도 사태발발 초기에 사실보도조차 하지 못한 것은 명백히 언론의 직무유기였으며, 학살만행의 축소왜곡은 범죄행위에 틀림없었다.

광주사태가 발생한 5월 18일부터 며칠간 이 나라 대부분의 언론은 침묵으로 일관했다. 이 기간 동안 광주사태는 '없었던 일'이었고, 이 나라는 '태평천하'였다.

1) 캄캄한 학살 현장, 외신이 간신히 보도

광주에서 일이 벌어지고 있기는 한데 무슨 일이 어떻게 진행되고 있는지 계엄사의 발표 외에는 알 도리가 없었고, 사태가 진압된 후에도 자세한 진상을 알 길이 없었다. 국내 언론이 침묵과 왜곡보도로 국민을 "눈 뜬 장님"으로 만들고 있을 때 외신들은 주재 특파원은 물론 증원까지 하면서 광주사태를 연일 크게 다루었다.

일본 『동경신문』은 5월 20일 「광주의 데모 폭동화, 군이 총검으로 진압」이라는 제목으로 다음과 같이 보도했다.

한국 남부의 대도시 광주에서 19일 오전에 일어난 반정부 가두데모는 학생 외에 시민도 가담하여 약 1만 5천 명으로 불어나고 완전무장한 군대와 격렬하게 충돌했다. 데모는 일시 폭동 형태로 되고 저녁 무렵에는 줄어들었지만 부상자는 3백 명~4백 명이 넘는 것으로 전해진다.……이날 오전 10시경 5백여 명의 학생·시민이 시내 중심부에서 데모를 감행했다. 계엄 군과 공수부대가 장갑차 6대와 함께 출동, 학생이 투석으로 대항했다. 병사들은 총검을 휘두르며 데모대를 진압, 학생들을 차례로 연행했다. 정오경 일단 소강되었다가 오후 2시경 군인이 투입되었다. 오후에 데모대는 다시 집결, 시내의 정부기관·은행 등에 투석, 문화방송의 유리창이 깨어지고 방송국 앞에 주차하고 있던 3대를 위시하여 7대의 자동차가 전소되었다고 한다. 공수부대가 다시 출동하여 데모대를 총개머리판으로 때려 눕혔다.…

UPI 통신은 5월 21일자 「무장군대, M16 난사」란 제목으로 다음과 같이 보도했다.

　무장 공수대가 발포를 계속했지만 이미 타오른 시위는 20일 밤, 그리고 이튿날 아침까지 계속되었다. 20일의 충돌로 3명의 시위자와 4명의 경관을 포함하여 적어도 7명이 죽고 1백 명 이상이 부상당했다. 광주 현지의 기자는 21일 아침 도로변에 10구 정도 시체가 치료받지 못한 채 버려져 있었으며, 3만여 시위대가 데모를 계속 했다고 전했다. 20일 밤 11시경, 시위군중이 광주역을 점거하려 한 약 20분 동안 무장군대는 M16을 난사하였다. 발포로 인해 어느 정도의 사상자가 발생했는지는 정확히 알 수 없다. 이날 아침 가두에서 시위군중과 군대의 충돌이 계속되었다. 이 충돌로 인해 상당수의 사상자가 나왔다.…

『아사히 신문』은 5월 23일 「광주사태 긴장 계속, 군은 시 주변 완전 포위」라는 기사에서 다음과 같이 썼다.

　이승만 독재정권을 타도한 20년 전 4·19혁명 이래 그보다 더 많은 사상자를 내었고 정부·군당국과 학생·시민들이 대치하고 있는 한국의 광주에는 22일 공수부대와 수도경비 사령부의 병력이 시 주변에 배치되어 '총공격'의 준비를 갖추고 있으며, 시내에 진을 치고 있는 학생·시민의 데모대에 압력을 가하고 있다. 이러는 중에 광주시의 유력인사들이 같은 날 「광주사태대책위원회」를 만들어 연행자의 석방, 사상자에 대한 정부의 보상, 보복금지 등 6개 항목의 조건을 제시, 중재에 적극적으로 나섰다.……

UPI·AP통신과 『뉴욕타임즈』는 5월 23일 「광주 시민들, 군대와 경찰을 추방」이란 기사를 썼다.

　광주항거 4일째인 수요일, 최소한 24명이 사망하고 시민은 야만군대와 경찰을 추방하고 통제권을 장악하였다. 수요일에 시작된 학생시위에 대하여 전두환이 지휘하는 공수부대는 학생들을 구타·연행, 결단냈으며 이로 인하여 항거는 도시 전체로 확산, 한국전쟁 이래 가장 거대한 봉기로 인하여 공수부대 출신이며 살해된 박정희의 맹신자인 전두환의 장래에 불안이 확대.…

UPI·AP통신과 『뉴욕타임즈』는 5월 24일 「피의 반정부 봉기 5일째」에서 다음과 같이 썼다.

　피의 반정부 봉기 5일 후인 목요일, 최소 61명 사망, 4백 명 부상, 봉기는 밤 사이 16개군으로 확산, 한국 정부 요청으로 미 국방성은 한미연합사 지휘권 하의 병력차출 동의, 북한의 군사적 동향 별무, 시민들의 요구사항은 계엄철폐, 전두환 사퇴, 김대중 석방, 시민 9백 명 석방, 사상자 보상, 공수부대의 잔인한 야만행위 공개사과, 사실보도 등.…

　AFP 통신의 5월 24일 「민주주의란 대의에 의해 움직이는 광주」라는 기사는 다음과 같다.

　광주의 인상은 약탈과 방화와 난동이 아니다. 그들은 민주주의란 대의에 의하여 움직이고 있다. 한국 군부의 야수적 잔인성은 라오스·캄보디아를 능가한다.

　UPI·AP·AFP통신과 『뉴욕타임즈』는 5월 25일 「고립된 광주에서의 참상」이라는 기사를 다음과 같이 게재했다.

　일반 시민들은 데모대와 동조하고 있으며 18일의 평화적 시위에 대한 공수부대의 야수적 만행을 규탄하고 있다. 수많은 사람들이 대검에 찔리고 구타당했으며, 수요일에는 군대의 발포로 최소 11명 사망, 여기의 상황은 한국의 타 지역에 알려지지 않고 있다.

　다음은 일본 『요미우리 신문』 5월 27일자 「16구의 시체 확인, 2백 7명 체포」란 기사.

　현지로부터의 정보로는 육상에서는 시를 포위했던 계엄군이 새벽 3시 30분 우선 시내 전화를 전부 단절시키고, 시내로 들어오는 주요도로를 확보한 후 장갑차를 선두로 무장세력이 구축한 바리케이드를 부수고 4개 간선도로를 이용, 전남도청으로 진격했다. 한 공수부대는 헬리콥터에 나눠 타고 도청 밖에 낙하, 시 중심에 있는 도청과 공원으로 진입했다.

　『동경신문』 5월 27일 「비극! 민족끼리의 싸움」 내용.

　격렬한 자동소총의 난사에 무장시민도 필사의 응전을 했다. 그러나 병력·작전·훈련도 등의 차이로 정규군의 공격에 맞서 싸우기는 무리였다. 무장시민의 저항이 그치고 강경파 시민, 학생의 본거지였던 전남도청 건물은 계엄군에 의해 완전히 점거되었다.
　기자는 마침 6시 30분, 진압된 후의 시내로 들어갔다. 큰 길 사거리에서 진지를 구축한 육군부대 1개 소대가 총구를 시내로 향한 채 배치되어 있었고, 시내 도처에는 자동소총을 손에 든 군인들이 흩어져 있었다. 군인들은 야간작전시 자기들끼리의 충돌을 방지하기 위하여 전원 헬맷에 흰 띠를 두르고 있었다. 이날 7시가 지나면서 도청 방면에서 맨 처음 투입된 부대가 대형트럭 10대에 나눠 타고 들어왔다.

이제 동포에게 총구를 겨눈 것에 대해 전원이 승리에 찬 표정을 띤 것처럼 보였다. 일부 군인들은 미소 띤 얼굴에 손까지 흔들고 있었다. 이어서 체포된 사람을 태운 대형트럭 3대가 들어왔다. 전원 좌석에 엎드려 있고 양손을 머리 위에 올렸다.…

이상은 많은 외신 중에서 국내언론과 비교하기 위해 일부를 인용한 것이다.

(1) 국내 신문들의 범죄적 왜곡보도

대부분의 국내언론은 5월 18일부터 전개된 광주사태를 보도하지 못했다. 첫 보도는 21일 그것도 계엄사 발표가 전부였다. 『동아일보』는 5월 21일자 1면 왼쪽 상단에 4단 기사로 「광주사태 대책강구」란 제목의 계엄사 발표내용을 간략하게 보도했다. 이 기사는 "계엄사령부는 지난 18일부터 광주일원에서 발생한 소요사태가 아직 수습되지 않고 있다고 밝히고 조속한 시일 내에 평온을 회복하도록 모든 대책을 강구하겠다고 말했다"는 내용이 전부였다.

『조선』『한국』『중앙』『경향』『서울신문』 등은 이런 계엄사 발표내용에다 소위 "광주지역에 유포된 유언비어의 유형"이라고 하여 다음의 내용을 크게 보도하고 있다.

△경상도 군인이 전라도에 와서 여자고 남자고 닥치는 대로 밟아 죽이기 때문에 사상자가 많이 난다. △18일에는 40명이 죽었고 시내 금남로는 피바다가 되었으며 군인들이 여학생들의 브래지어까지 찢어버린다. △공수부대 애들이 대검으로 아들딸들을 난자해버리고 브래지어와 팬티만 입게 한 후 장난질을 한다. △공수부대가 몽둥이로 데모군중의 머리를 무차별 구타, 눈알이 빠지고 머리가 깨졌다. △한신대 학생 1명이 죽었다. △학생들 50여 명이 맞아 피를 흘리며 끌려다니고 있다. △계엄군이 출동하여 장갑차로 사람을 깔아 죽였다. △계엄군이 점거하고 있는 가톨릭센터 건물에는 시체 6구가 있다. △데모 군중이 휴가병을 때리자 공수부대가 군중을 대검으로 찔러 죽였다. △계엄군이 달아나는 시민들에게 대검을 던져 복부에 박혀 부상을 입었다.

계엄사가 이와 같은 유언비어(?)를 언론기관에 보도토록 한 것은 광주사태를 호도하기 위한 전략에서였다. 이런 유언비어는 상당 부분이 사실로 드러났다.

『서울신문』은 21일 계엄사 발표만을 보도한 데 이어 22일에는 「안보적 중대 사태이다」라는 사설을 써서 광주민주항쟁을 왜곡하는 데 앞장섰다.

이 사설은 "유혈사태를 일으켜 사회 안녕과 질서를 파괴하면서까지 자기주장만을 옳다고 행동화할 만큼 대국을 못 보는 격앙된 사태를 정말 우려하지 않을 수 없다"고 '유혈사태'의 책임을 시민·학생들에게 돌리는 매카시적인(공산주의 평계, 음해·비방·공갈) 자세를 취했다.

이 사설은 "더구나 우리가 이 같은 사태를 원통하게 생각하는 것은 이 양상이야말로 북의 무리가 노리고 있는 각본에 딱 들어맞는 연출무대로 되고 있다는 점에서이다. 모처럼 찾아온 민주화에의 전기를 하필이면 그들에게 어부지리를 안기는 것으로 만든다는 것이냐 싶을 때 앞날이 걱정스럽기 이를 데 없다"고 마치 북의 사주에 의한 것처럼 매도하고 나섰다. 이 신문은 이어 5월 27일 「광주사태 회복은 지금부터다」는 사설에서 "군의 진압과 사태 장악은 정상질서의 회복을 이 이상 늦출 수 없다는 점에서 불가피한 조치였던 것 같다"라고, 엄청난 살상행위를 긍정하면서 구호 및 복구사업에 뜨거운 지원이 필요하다는 얕은 동정론을 전개한다.

『서울신문』는 23일자 1면에서 「북괴방송이 광주사태만을 집중적 선동」이라는 기사를 싣고, 24일에는 사회면 톱으로 「광주시위 선동 남파간첩 검거」와 이 기사 옆에 「공포의 유혈소요·6일」 제하의 기사로 광주의 공공건물 파괴상황을 상세히 게재하여 '대공' 문제와 '파괴성'을 의도적으로 부각시켰다. 이 신문은 계속하여 「국민화합의 전기로 삼자」(5. 29) 「광주시민 자조를 격려함」(5. 31) 등 사설을 통해 사태의 본질이나 상황은 뒷전에 미뤄둔 채 '화합'과 '자조'만을 강조했다.

① 『서울』『조선』의 비상식적 논평

『조선일보』는 보도·논평에 있어서 지극히 비상식적인 자세를 보여주었다. 사태가 한창 진행되는 5월 20일자 사설 「백척 간두에 서서」에서는 광주사태에 대한 언급은 회피하면서 5·17조치의 '부득이'함을 피력한다.

이 사설은 "최규하 대통령은 국가원수로서 비상계엄령을 전국화하는 「5·17 조치」를 취하면서 이 위기를 극복할 것을 국민에게 호소했다. '북괴의 격증하는 적화책동이 학원소요를 고무 선동하고 있는 가운데 일부 정치인·학생·근로자들이 조성하고 있는 혼란과 무질서가 우리 사회를 무법천지로 만들고 있으며 이와 같은 사태가 경제난까지 극도로 악화시켜 바야흐로 국기를 근본적으로 흔들리게 할 우려가 있다'고 최 대통령은 지적하면서, 이 국가적 위기를 극복하기 위해 5·17 조치를 취한다고 밝히고 국민의 협조를 호소하고 나섰다. 우리는 원칙적으로 이와 같은 상황에 이르지 않고 시국이 수습되기를 누구이 바라왔다. 그와 같은 충정을 우리는 정부를 비롯한 각 분야 영역에 거듭해서 호소해왔다"고 썼다.

『조선일보』는 23일 「새 내각에서 절실한 기대」 제하의 사설에서 "이 엄청난 비극이 누구를 위해 전개되고 있는 것인가. 우리는 그저 통탄할 따름이다. 외우의 중압도 물리치기 벅차거늘 내환으로 자멸의 길을 불러들여야 할 때인지 관계기관은 물론 국민 모두가 냉철한 이성으로 위기극복을 위해 자제에 자제를 거듭해야 할 것이다"라고, 원인규명이나 살육의 참상 등은 팽개친 채 '자제'만을 촉구한다.

『조선일보』는 또 5월 25일 「도덕성을 회복하자」란 사설 말미에서 "57년 전 일본 관동대지진 때 조선인 학살의 역사가 반교사적으로 우리에게 쓰라린 교훈을 주고 있다. 우리에겐 지난날 대구와 제주의 폭동사건 그리고 여순반란사건 그리고 성남시와 사북에서의 소요사태 등의 경험이 또한 있다. 형용할 말이 없는 어려움을 당해서 슬기롭게 대처할 민족적 긍지와 지혜를 모으자"고 엉뚱하게 '제주폭동'사건, 여순반란사건 등에 연상시키려는 듯한 논지를 보였다.

이 신문은 특히 5월 28일 「악몽을 씻고 일어서자」는 사설에서 악의적인 곡필을 서슴지 않고 있다. 다음의 내용은 이 사설의 중간 부분이다.

지금 오직 명백한 것은 광주시민 여러분은 이제 아무런 위협도, 공포도, 불안도 느끼지 않아도 될, 여러분의 생명과 재산을 포함한 모든 안전이 확고하게 보장되는 조건과 환경의 보호를 받게 됐고 받고 있다는 사실이다. 그리고 그것은 머지않은 평시에로의 회복을 또한 분명하게, 그리고 어김없이 약속하는 조건이고 환경이라는 사실이다.

광주사태를 진정시킨 군의 어려웠던 사정을 우리는 알고도 있다. 30년 전 6·25의 국가적 전란 때를 빼고는 가장 난삽했던 사태에 직면한 비상계엄군으로서의 군이 자제에 자제를 거듭했던 사실을 우리는 알고 있다. 군, 곧 국군은 광주시민을 포함한 온 국민의 아들이고 동생들이며, 그래서 국민의 국군이며, 국민으로 구성된 국가의 국군이다.

그러한 국군이 선량한 절대다수 광주시민, 곧 국민의 일부를 보호하기 위해 취한 이번 행동에 어려움이 따를 수밖에 없었음은 당연한 일이었을 것이다. 때문에 신중을 거듭했던 군의 노고를 우리는 잊지 않는다.

계엄군은 일반이 상상했던 것보다 훨씬 극소화한 희생만으로 사태를 진정시키는 데 성공했다. 계엄군은 계엄사령관이 지시했듯이 계속 국민의 생명과 재산을 보호하고 국민의 군대로서의 사명을 다해 줄 것을 우리도 거듭 당부해 마지않는다.

참으로 놀라운 내용이다. 광주의 엄청난 학살사태를 두고 군이 "자제에 자제를 거듭했다"는 것이나, "상상했던 것보다 훨씬 극소화한 희생만으로" 사태를 진정시켰다는 주장에는 그저 말문이 막힐 뿐이다.

②『경향』『중앙』의 왜곡 보도

『경향신문』은 사태 초기에 6명의 기자가 광주보도와 관련하여 용공혐의로 구속되는 등의 시련을 겪었다. 이 신문은 광주사태가 발생하자 초기에는 가장 용기있게 대처하는 모습을 보여주었다. 『경향신문』은 22일자 1면에 「광주일원 심각사태」란 보도를 통해 여타 신문과의 차별성을 분명히 했고, 23일과 24일에는 계속 관련기사를 삭제당해 급조된 광고로 대처하기도 했다. 그러나 사설과 논평을 쓴 간부 언론인들은 어느 신문에 못지 않게 곡필을 일삼았고 현지 취재기자들도 왜곡에 열을 올렸다.

『경향신문』은 5월 29일 「최 대통령의 성명과 비상사태 전국확대를 보고」란 사설에서 광주문제를 일체 언급하지 않은 것은 물론 비상계엄 전국확대를 '단안'이라고 받아들인다. 이 사설은 "최 대통령이 우려한 대로 소요는 '과열·폭력화되어감으로써 극심한 사회혼란을 야기하고 치안력의 투입을 강요하는 사태로 발전되어' 정부는 '국가를 보위하고 국민생존을 수호하며 안정 속에 성장과 발전을 바라는 다수 국민의 여망에 부응하여' 단안을 내리게 된 것이다'라고 정부측의 논리를 그대로 답습하고 있다.

『경향신문』은 5월 29일 한 면에 「취재기자들의 방담으로 엮어 본 사태현장」을 특집으로 실었다. "시위 도중 총기 사용분위기 악화" "대부분의 관공서·방송국·목재소·철근상회도 큰 피해" 등 제목을 붙인 이 방담 기사는 특히 다음의 내용 등이 눈에 띈다.

"눈만 빠끔하게 나오게 하는 복면, 수건으로 입을 가린 사람 등등 정말 여러 모습이더군. 왜 그런지 이들 가운데 상당수가 불량배로 보이기도 했지."
"특히 은행·농협·귀금속상 등이 가장 불안 속에 있었는데 다행히 사고는 많지는 않았던 것 같아."
"이날 아침 전남대병원에 들어온 시체 2구를 검안한 의사가 총기오발 사고로 숨진 것 같다고 하더군."

광주항쟁 때 은행이나 귀금속상이 털린 곳은 하나도 없었다. 그런데도 굳이 "많지는 않았던 것 같다"는 발언이나 '상당수가 불량배' 운운은 한결같이 폭력배들의 난동으로 묘사해온 신문보도들의 거짓을 호도시키려는, 그 의도성이 뻔한 왜곡이라 하겠다.

『중앙일보』의 논평 자세 역시 여타 신문과 별로 다를 바 없다. 5월 19일자 「자제와 화합으로 국가적 시련 극복하자」는 사설은 "… 이런 관점에서 보면 계엄령의 확대 시행은 그 목적이 사회질서·사회활동의 정상화를 위한 불가피한 수단일 수밖에 없다"고 5·17 조치의 정당성을 역설했다.

『중앙일보』는 5월 26일 「거듭 국민적 화합을 호소한다」, 27일 「마음의 상처를 씻어주자」는 연속적인 사설을 통해 신군부의 잔혹한 살상문제 등에 관해서는 일언반구의 언급도 없이 추상적인 화합론으로 일관하고 있다.

이 신문의 사설 「거듭 …」에서는 특히 "우리는 다시 한번 사태의 심각성을 절감하면서 지금은 뭣보다도 더 이상의 유혈참극을 막기 위한 과감한 조치가 취해지기를 두손 모아 기구할 따름이다"라고 하여 '과감한 조치'를 촉구하고 있다. 5월 27일 새벽 계엄군은 무력으로 전남도청 등을 공격, '과감한 조치'를 취하면서 숱한 인명을 살상했음은 다 아는 바와 같다.

『동아일보』는 5월 24일 「유혈의 비극은 끝나야 한다」는 사설을 처음으로 싣고 있다. 고딕체로 쓴 이 사설에서 "정부는 사태를 직시하여 과감한 결단을 내려야 할 것이며 미봉책은 금물이라는 점을 인식하기 바란다. 그리고 우리는 광주시민들의 자중자애를 요구코자 한다. 비극적 상황 속에서도 시민들이 이성을 잃지 않고 무기를 회수하고 질서를 유지하는 데 힘을 기울이고 있는 것은 높이 평가되어야 할 것이다"라고 양비양시론적인 내용을 담고 있다.

이 신문 역시 「북한은 오판 말라」(5. 26)는 사설을 실어 언론의 '북한 신드롬'을 내보였다. 사설은 "김일성은 행여 어떤 희망을 걸고 대남적화 책동에 열을 더 내는 일은 즉각 중단하고 평화통일의 기본조건인 남북대화에 성심으로 임해 줄 것을 촉구하며 한국의 반공태세를 오판하지 말도록 거듭 경고하는 바이다"라고 썼다.

신문이 하나같이 북한문제를 들고 나선 것은 혼란기에 발생할지 모르는 북한의 책동을 경계하자는 경고의 의미도 있겠지만 기본적으로는 계엄군의 학살행위에 대한 관심을 밖으로 돌리려는 제도언론들의 음해욕구가 작용한 것으로 보인다. 5월 28일 「계엄군 투입 이후의 과제」에서 사태 본질이나 책임규명보다 '민심수습'이란 추상어로 지면을 채웠다.

③ 광주항쟁 소식 전담한 지하언론

국내 제도언론이 제구실을 하지 못하자 '지하언론'(등사본 전단지나 팜플렛)이 나돌아 항쟁소식을 전하고 시민들의 용기를 북돋았다. 외신기자들도 '대접'을 받았다. 『투사회보』도 그 중의 하나였다.

다음은 광주시민 민주투쟁협의회가 발행한(5월 24일) 『투사회보』 제7호 내용이다.

드디어 제1차 전남도민 시국궐기대회를 가지다.

5월 23일(금요일) 오후 4시, 도청 앞 광장에서 2만여 도민(학생·시민·노동자·농민)이 참석한 가운데 시국에 관한 각계의 주장을 밝히고 구체적인 결의를 다짐.

△ 결의 사항
· 흉악무도한 전두환은 모든 공직에서 사퇴하라.
· 불법 비상계엄령을 즉각 해제하라.
· 현 최규하 과도정부는 물러가라.
· 민주인사 구국내각을 구성하라.
· 신고 않은 무기소지자는 시민군의 무기회수에 반드시 따르라.

△ 보라! 그 동안의 참혹한 만행을!
· 사망확인, 미확인자 무려 6백여 명
· 중·경상자 수 무려 3천여 명

민중은 결코 잊지 않으며 광주항쟁은 끝나지 않았다. 민중의 불만은 총으로 억압되지 않으며, 20년 전으로 후퇴시키려는 전두환 일당의 음모는 실패할 것이다.

(2) 광주시민 학살 직후의 보수언론 보도

광주민주화운동을 총칼로 짓밟은 전두환 일당은 이른바 제5공화국을 수립하였다. 8월 16일 최규하 대통령이 사임하고 헌법 규정에 따라 박충훈 국무총리가 대통령 권한대행을 맡았다. 최 대통령의 사임 후 11일 만인 8월 27일 육군대장으로 예편한 전두환 국가보위비상대책위원회 상임위원장이 「통일주체국민회의」 제7차 회의에서 제11대 대통령으로 선출되었다. 서울 장충체육관에서 열린 통일주체국민회의의 대통령선거는 단일후보인 전두환 후보가 2,524표를 얻어 99.9%의 득표율로 대통령에 당선된 것이다. 전두환은 이날 낮 당선통지서를 받은 뒤 「당선에 즈음한 담화」를 발표, "국정운영에 있어 항상 국민의 소리에 귀를 기울이고 정직하고 능률적인 정부가 되도록 최선을 다하겠다"
라고 말하고 "새 역사 창조를 위한 제반 과업을 과감히 계속 추진해 나가겠다"고 밝혔다.

　전두환 시대가 열린 것이다. 이를 전후하여 이 나라의 언론들은 전두환의 미화작업에
물불을 가리지 않았다. 광주학살을 거치면서 이미 신군부의 실력자로 나선 전두환에 대
한 미화작업이 있어왔던 터에 새삼스러운 일도 아니었다.

① 전두환 영웅 만들기

　『조선일보』는 1980년 8월 23일자 사설에서 2일전 3군 지휘관회의에서 전두환을 대
통령후보로 추대한 것과 관련, "이는 국민의 기대와 신뢰를 한층 더 공고히 뒷받침하고
보장하는 일찍이 없었던 국가장성들의 담보의 표징"이라고, 정치에 간여해서는 안 될 3
군 지휘관회의의 결정을 이렇게 추켜세웠다. 그리고 8월 24일자 사설에서는 "어떠한 국
민도 정치에 참여할 수 있다"라고 전제하고, "어떠한 일이 일어나더라도 군인만은 절대적
인 중립을 지키고 오로지 군사적인 임무에만 전념해야 한다고 생각하는 데는 분명히 사
고와 인식의 맹점이 있다"면서 "장교와 하사관은 군인을 직업으로 선택한 것은 사실이나
그 선택에는 유사시에 나라를 위하여 앞장서서 희생하리라는 굳건한 희생정신과 사명감
이 강하게 작용하였다는 점에 있어서 예외가 없는 것"이라고 군의 정치개입을 합리화시
켰다.

　특히 8월 23일자 3면 특집 「인간 전두환」에서는 "동기생일지라도 어쩌다 그를 대할
때면 감히 범접할 수 없는 거대한 암벽을 대하는 느낌이 들 때가"라고 썼다.

　『중앙일보』는 8월 27일자 사설에서 "전 대통령체제의 출현은 80년대의 새로운 발전
에 필요한 새로운 활력을 얻기 위한 필연적 선택"이라고 군사쿠데타에 의해 집권한 사람
을 '필연적 선택'이라고 미화시켰다. 이 신문은 이런 유의 사설을 「합천에서 청와대까지」
라는 시리즈로 4회에 걸쳐 게재하였다. 『중앙일보』는 여기서 전두환 대통령이 "여권에
는 냉정 … 몸에 밴 근검절약" "이른 새벽 관측소 초병에 커피 끓여주며 격려" "씨름도 지
면 이길 때까지 계속" 등의 '미담'으로 인간성과 의지를 선전하였다.

　『한국일보』는 9월 11자 사설에서 "민권의 생활적 실현의 선도자로서 전두환 대통령을
우리는 날마다 목도하고 있다"고 예찬하면서, 전씨의 예술공연을 관람한 사실을 두고 "역
대 어느 지도자보다도 문예진흥에 크나큰 관심과 비중을 두고 있음이 여러 차례 시사됐
다"라고 칭송했다. 광주학살·삼청교육대·언론인 축출·민주인사 투옥 등 반민권의 상
징적인 인물을 두고 "민권의 생활적 실현의 선도자"라고 곡필을 서슴지 않고 있는 것이

다. 이 신문은 이에 앞서 3회에 걸쳐 연재된 특집 「전두환 장군 의지의 30년」에서는 "구국의 길을 뚫을 수 있다면 백 번 죽어도 한이 없다"는 전씨의 '우국충정'을 소개했고, 취임 1개월 특집 「국민 속 파고든 서민의 이웃」에서는 "휴일도 밤낮도 없는 취임 한 달 … 민정시찰 때는 악천후에 헬기 강행군"이라고 미화시켰다.

『경향신문』은 3회에 걸쳐 연재된 「새 역사 창조의 선도자 전두환 장군」에서 "서릿발 같은 판단력 뒤에는 훈훈한 인정을 느낄 수 있는 서민풍이" "편견 없는 성품은 항상 약자 편"이라고 추켜세웠으며 『경향신문』과 더불어 정부기관지 노릇을 한 『서울신문』은 이 해 4월 초 「역사의 무대가 바뀌고 있다」고 전씨의 등장을 예고한 시초를 실은 이래 여타 신문에 앞장서서 전씨를 미화, 예찬, 칭송하느라 온갖 형용사를 동원하였다. 8월 30일 자 시리즈에서는 "정직과 성실로 일관해 온 대통령, 불의에 굴하지 않고 정의를 구현해 온 대통령, 조국과 민족을 위한 뜨거운 충성심으로 평생을 불살라 온 대통령"이라고 극찬하였다.

전두환 신군부체제의 등장을 비교적 비판적 시각으로 보도해 온 『동아일보』도 전씨의 대통령 당선 다음날인 8월 28일자 1면 해설에서 "전대통령이 등장한 것은 한국정치의 고질이었으며 종래 구정권들이 바로잡지 못했던 정권차원만의 정치성·관료성·사대성·허위의식에 대한 실천적인 반론"이라는 둔사로써 전씨 체제를 비호했다. 『동아일보』는 또한 8월 30일 전면 특집 「새 시대의 기수 전두환 대통령, 우국충정 30년… 평범 속의 비범 실천」이라는 제목 아래 "외제 물건을 전혀 모를 정도로 청렴결백한 생활로 일관해 왔다"라고 칭송을 아끼지 않았다.

② 삼청교육대 왜곡 보도

전두환시대에 광주학살사건에 이어 가장 큰 인권유린은 삼청교육대 사건이다. 삼청교육대는 1980년 8월초 전두환집단이 '깡패소탕'이라는 구실 아래 2만 2천 8백여 명을 체포하여 벌인 이른바 '인간개조'사업을 말한다.

신군부세력은 '깡패소탕'의 이름으로 일부 폭력배 외에도 정부인사, 노동운동가, 평소 밉게 보이던 언론인, 5공세력의 개인적 감정인물, 회사원, 사소한 시비 끝에 붙들려 간 사람, 무고한 학생들을 마구잡이로 끌어다가 혹독한 구타와 인권유린으로 50여 명이 사망하는 참사를 자행하였다. 이와 같은 삼청교육대를 제도언론은 진실을 추적하고 진상을 올바르게 전달하기는커녕 왜곡보도와 진상은폐로 시종하였다.

8월 13일을 전후하여 각 신문, 방송들은 육군 ○○부대의 삼청교육장을 집단방문한 기자들의 현장 르포를 일제히 보도하였다.

『경향신문』은 "이곳에 들어온 후 뉘우침의 눈물이 값비싼 것임을 느꼈다. 악으로 얼룩진 과거를 씻고 새 사람이 되어 돌아가 부모에 효도하련다"라는 요지의 내용을 썼으며, 『중앙일보』는 "낮에는 고행하는 승려처럼 육체적 훈련을 받고 밤에는 자아발견의 시간을 가지게 돼 정말 다행이다"라고 기술하였다. 『동아일보』는 "도시의 뒷골목에서 선량한 시민들을 못살게 군 흔적을 온몸의 문신과 칼자국에서 찾아 볼 수 있었지만 이제는 참회의 눈물과 땀방울에서 이 같은 흉터는 조금씩 씻겨져 가는 것 같다. … 특히 4백여 명의 지도요원들이 자신들의 개과천선을 돕고 있는 데 대해 미안함과 고마움을 느끼면서"라고 묘사하여 혹독한 고문과 인권유린의 실상을 외면한 채 '미안함과 고마움'을 느끼고 있는 것처럼 삼청교육대를 미화시켰다. 『동아일보』는 이 무렵의 한 사설에서 "이 조치는 그동안 온 국민이 극구 바라는 바였다"면서 "소기의 성과를 거둘 수 있도록 혼 국민의 적극적인 참여를 다시한번 강조 한다"라고 주장하였다. 『한국일보』 또한 사설을 통해 "국보위, 계엄사의 진취적인 과제 의식"이라고 삼청교육의 취지를 적극 찬동하고 "시원하게 협조하라"고 당부했다.

『서울신문』과 『경향신문』의 극심한 왜곡 보도, 논평으로 굳이 지면을 낭비할 필요는 없을 것이다.

다음으로 『조선일보』는 8월 13일자 「머리 깎고 금연·금주, 검은 과거를 씻는다」라는 제목 아래 "17세 고교생부터 59세까지! 「이웃사랑」 외치며 봉체조! 「새마을 성공사례」 듣자 연병장은 「울음바다」"라는 소제목으로 실린 기사의 내용을 살펴보자.

산기슭에 자리한 넓은 연병장은 몸에 밴 악의 응어리를 삭여 내뿜는 땀과 열기로 가득차 있었다. 얼마 전까지만 해도 도시의 뒷골목을 주름잡던 주먹들과 서민을 울리던 공갈배들이 머리를 빡빡 깎고, 전봇대 크기의 육중한 멸공봉을 들고 비지땀을 흘리며 훈련받는 모습은 기자의 눈에 차라리 희극적이었을지는 몰라도 당사자들은 그렇게 진지할 수가 없었다.

(중략)

대부분이 20세 전후 앳된 얼굴들, 그 얼굴에서 과거의 '악'은 어느 틈엔가 찾아 볼 수 없었다. '정신 순화'란 구호 이외에 간간이 "백두산 푸른 정기 이 땅을 수호하고…"라는 「나의 조국」을 목이 터지라고 불러대는 이들은 모자에 계급장 대신 이름표를 붙인 것만 아니라면 일반 사병으로 쉽게 혼동할 수 있을 정도였다.

토요일도 없는 이들의 4주간 강행군 교육은 교육기간 중 술과 담배를 하지 못하고 신문과 TV를 보지 못하는 것을 제외하면 거의 신병훈련 스케줄과 같다. 삭발을 하고 군복을 입은 후 유격·각개전투·제식훈련 등 육체적 훈련에 중점을 둔 교육일정, 현역병과 똑같은 1식 3찬의 식사, 매일 저녁의 자기수양, 그리고 오전 6시 기상에서 밤 10시 취침 등의 일과가 신병훈련과 유사하다. (후략)

장문의 이 르포 기사대로라면 삼청교육훈련은 그야말로 깡패들의 '검은 과거'를 씻는 신병훈련장과 같은 것이 된다. 그러나 나중에 밝혀진 바와 같이 삼청교육대는 생사람을 잡는 지옥훈련이었으며 입소대상도 깡패와는 전혀 상관없는 민주인사, 양심세력들까지 무차별로 연행하여 '순화교육'의 이름아래 혹독한 인권유린을 가하고, 50여 명의 사망자 등 많은 희생자를 낸 것이다. 무력집권을 노리고 전사회를 굴종시키기 위한 공포의 체벌을 깡패식으로 가했던 것이다. 그런데도 언론들은 왜곡보도로 일관, 생지옥을 참선의 도장으로 그려내었다.

(3) 경찰의 권인숙 성고문과 잔인무도한 왜곡보도

전두환 정권 8년 동안 도덕적으로 가장 파렴치하고 부도덕한 사건 중 하나가 부천경찰서 성고문사건이다.

잔약한 체구의 처녀가 지난 6월 6일과 7일 부천서에서 저 무도하고도 야수적인 능욕을 당하고, 산산이 파괴된 인생의 절망과 겪어보지 않고는 누구도 그 깊이를 알 수 없는 비통한 자기 모멸감과 수치심, 그리고 출구를 찾을 길 없는 치떨리는 분노에 시달리면서 경찰서 보호실에서 유치장으로, 다시 교도소의 감방으로 짐짝처럼 넘겨질 때에 순간순간마다 그녀의 뇌리를 무겁게 짓눌렀던 것은 오직 자기파괴의 죽음에의 충동, 그리고 한시도 떠나지 않는 악몽 속의 가위눌림뿐, 그녀는 이미 죽은 목숨이나 다름없었던……

이른바 '부천서 성고문사건'으로 이름 붙여진 권인숙씨의 성고문 정황을 변호인단의 「고발장」은 이렇게 통렬히 적시하면서, 이렇게 이어진다.

저 나치즘 하에서나 있었음직한 비인간적인 만행이 이 땅에서도 버젓이 자행되고 있다는 사실을 알게 되었을 때, 경악과 공분을 느낌과 아울러 인간에 대한 믿음마저 앗아가는 듯한 암담한 좌절감을 느끼게 되었다.
단순히 음욕 때문에 일어난 것이 아니고, 성이 고문의 도구로 악용되어 계획적으로 자행되었다는 점에서 이 사건은 우리에게 더 큰 충격을 불러일으켰다.

1986년 6월 6일 새벽 4시 30분경부터 2시간 반 동안, 그리고 7일 밤 9시 30분경부터 2시간 동안 경기도 부천경찰서 경장 문귀동은 권씨에게 성고문을 가하며 진술을 강요했다. 문귀동은 5·3 인천사태 관련수배자의 소재를 대라면서 권씨를 성고문한 것이다.

사건 발생 약 1개월만인 7월 3일 권씨는 변호사를 통해 문귀동을 강제추행혐의로 인천지검에 고소하고, 5일에는 변호인단이 문귀동과 옥봉환 부천경찰서장 등 관련 경찰관 6명을 독직·폭행 및 가혹행위 혐의로 고발했으나 문귀동은 사실을 은폐한 채 권씨를 명예훼손 및 무고혐의로 맞고소하였다.

이렇게 하여 세상에 알려진 이 사건을 검찰과 공안당국은 권씨의 성폭행 주장을 "혁명을 위해 성까지 도구화하는 급진 좌경세력의 상습적 전술"이라며 매도하고 나섰다. 또한 정부는 각 언론기관에 보도지침을 보내 「부천서 성고문사건」이라고 쓰지 말고 그냥 「부천서 사건」으로 보도할 것을 지시하는가 하면 대부분의 언론은 검찰과 공안당국의 발표 그대로 이 사실을 보도하였다.

더욱 놀라운 일은 관계당국이 출입기자들에게 거액의 '촌지'를 뿌려 이 사건의 보도를 왜곡, 축소하고자 한 사실이다. 따라서 '부천서 성고문사건'은 정부의 도덕적 타락과 언론의 부패상을 가장 적나라하게 보여주는 권·언 협작 사건이었다.

검찰은 1986년 7월 16일 「부천경찰서 수사시비 사건수사 결과」라는 보도자료를 통해 이 사건의 성적 모욕행위 부분은 사실이 아닌 것으로 밝혀졌으며, '우발적 과오'로써 문귀동은 10년 이상 경찰에 복직하면서 성실하게 근무한 정상을 참작하여 문귀동을 기소유예 처분한다고 발표하였다. 신문들은 이 같은 검찰의 발표를 대서특필하여 정부조치를 일방적으로 비호하면서 이를 문제 삼은 재야·야당의 주장을 묵살했다. 특히 검찰이 발표한 '사건의 성격'에 대해 이를 1면 또는 사회면의 맨 윗자리에 보도했다. 언론들이 크게 보도한 '사건의 성격'의 내용은 다음과 같다.

가) 급진좌경사상에 의한 노학연계투쟁을 전개해 왔던 권○○의 '성적 모욕'의 허위사실 주장은 운동권 세력이 상습적으로 벌이고 있는 소위 의식화 투쟁의 일환으로서
나) 폭행 사실은 성모욕 행위로 날조, 왜곡함으로써 자신의 구명과 아울러 일선 수사기관의 위신을 실추시키고 반체제 혁명 투쟁을 사회 일반으로 확산시켜 정부의 공신력을 무력화시키려는 의도로 판단됨.
다) 이런 사실은 동 권○○이 학원의식화 투쟁을 벌이다가 성적불량으로 대학 4년 제적후(서울대 가정대 의류학과), 부모의 권유도 뿌리치고 가출한 후 위장취업으로 노동현장으로 뛰어들어 반정부·반체제 투쟁활동을 전개한 전력을 볼 때에도 뚜렷하게 나타나고 있음.

신문들은 이와 같은 검찰의 발표를 무비판적으로 실으면서, 『조선일보』는 '성적 모욕'으로, 『중앙일보』는 '성모욕 행위'로, 『경향신문』은 '성적 모욕행위'로, 『한국일보』는 '성

모욕'으로 제목을 뽑고 있으며, 전날까지만 해도 「권양 폭행사건」으로 썼던 『동아일보』도 '성적 모욕'으로 제목을 바꿨다. 특히 『조선』 『경향』 『서울신문』은 해설기사 등을 통해 "운동권 학생들의 공권력 무력화 책동"으로 몰고 갔으며 『경향』과 『서울신문』은 "성마저 혁명도구로" "반정부 확산노선 자작극" 등 공안당국의 일방적 자료를 오히려 확대 보도했다.

　신문들이 이렇게 공안당국의 의도대로 보도한 데는 이른바 '보도지침'의 영향이 크게 작용하였다. 이 관련 '보도지침'의 몇 가지를 소개하면 다음과 같다.

7월 9일: 부천서 형사의 여피의자 폭행(추행)서건은 당국에서 조사중이고 곧 발표할 예정. '성폭행사건'으로 표현하면 마치 기정사실화한 인상을 주므로 '폭행주장관련'으로 표현 바꾸도록.

7월 10일: 부천서 성폭행사건. 검찰 발표 때까지 관련된 모든 기사를 일체 보도하지 말 것. 부천사건의 검찰 발표시기에 관한 것이나 부천사건 항의 시위, 김대중의 부천사건 언급 등 이와 관련된 일체를 보도하지 말 것.

7월 15일: '부천 성고문사건'은 계속 보도를 자제할 것. 오늘 기독교교회협의회(NCC) 등 6개 단체에서 엄정수사와 관련자 처벌을 촉구하는데 이 사실을 보도하지 말 것.

7월 17일: 부천서 성고문사건 보도지침
　① 오늘 오후 4시 검찰이 발표한 조사결과 내용만 보도할 것.
　② 사회면에서 취급할 것(크기는 재량에 맡김)
　③ 검찰 발표전문은 꼭 실어줄 것.
　④ 자료 중 '사건의 성격'에서 제목을 뽑아줄 것.
　⑤ 이 사건의 명칭을 '성추행'이라고 하지 말고 '성모욕 행위'로 할 것.
　⑥ 발표 외에 독자적인 취재보도 내용은 불가.
　⑦ 시중에 나도는 '반체제측의 고소장 내용'이나 'NCC, 여성단체 등의 사건관계 성명'은 일체 보도하지 말 것.

7월 20일: 범야권의 '부천 성폭행사건' 규탄대회 관계(명동성당)
　① 경찰저지로 무산된 사실은 2단 이하로 조그맣게 싣고 사진 쓰지 말 것
　② 이 사건과 관련해 김수환 추기경이 피해당사자인 권양에게 편지보낸 사실과 신민당 대변인의 집회방해 비난성명은 간략하게 보도할 것
　③ 재야 5개단체의 재수사 촉구성명은 보도하지 않도록
　*안전기획부측, '명동집회'는 홍보조정 지침대로 보도할 것을 요망

7월 23일:
　① 대한 변협, 부천 성고문사건 재조사 요구는 1단 기사로 처리할 것

② 명동 수녀들의 성고문 규탄기도회는 1단 기사로 처리하기 바람

③ 일부 신문에 김 추기경 강론요지가 실렸으나 즉각 삭제시켰음

7월 30일:

① 미국무성, "부천 성고문사건에 유감"이라는 논평은 보도하지 않도록

② 부천 성고문사건에 대한 각 단체의 항의 움직임은 보도하지 않도록

③ 민추협, 항의단 구성해 각 언론사 순방하면서 항의 (김형배 총리실 전문위원의 '양심선언, 명동성당 데모참가') 등을 일체 보도하지 말 것

　　정부의 이와 같은 '보도지침'은 어김없이 이행되었다. 신문들은 언론이기를 포기한 채 정부당국의 지침에 따라서 기사를 키우기도 하고 줄이기도 하고, 왜곡시키면서 진실을 은폐시켰다. 신문사의 편집국장은 있으나마나 이고 문공부의 홍보조정실에서 모든 언론을 '조종'하였다. 그런 반면에 신문들은 정부당국의 일방적인 공안자료을 아무런 검증이나 비판 없이 그대로 사실인 것처럼 보도하고 더러는 과장, 확대함으로써 진실을 호도, 왜곡하였다. 이와 같은 언론의 태도는 당시 밀물처럼 쏟아지던 재야·학생들의 반정부운동의 본질을 좌경시하고, 반윤리적, 반인간적으로 치부하려는 권·언유착에서 이루어졌다. 이런 현상은 권력이 언론에 내리는 '보도지침'에 얼마나 순응했는가 하는 '권·언야합'의 실상을 잘 보여준다.

　　한 조사(서강대 언론문화연구소 김동규 연구원)에 의하면 『동아』『조선』『중앙』『한국』 『경향』『서울』 등 전국지는 분석대상의 보도지침 2백 41개 가운데 평균 77.8%인 1백 87.5개는 지침대로 실행한 것으로 나타났다.

　　신문별로 실행률은 『서울신문』 91.3%, 『경향신문』 92.9%, 『중앙일보』 73.9%, 『조선일보』와 『한국일보』가 각 72.6%, 『동아일보』 65.6% 등으로 조사되었다. 당시의 언론이 얼마만큼 자율성을 상실한 채 정부당국의 지침에 순응했는가를 말해주는 자료라고 하겠다.

　　부천 성고문사건과 관련 빠뜨릴 수 없는 '통탄'스러운 일이 있다. 이 사건과 관련 언론사 간부들과 일선 기자들이 진상을 은폐 왜곡하는 과정에서 정부당국으로부터 거액의 '촌지'을 받아 챙겼음이 드러난 것이다. 사회부장 이상 관련 간부들은 7월 16일 부천서 성고문사건에 대한 검찰 수사발표를 전후해 문공부 고위관리의 인솔 아래 '간담회' 명목으로 각각 부산·도고온천 등에 놀러가 이 사건 보도에 대한 '협조'의 대가로 정부당국이 준 거액의 촌지를 받아챙겼다. 또한 법원출입 기자들도 검찰발표 당일 이 사건을 담당한 인천지검으로 출발하기 앞서 법원기자실에 들른 법무부 고위 당국자로부터 두툼한 봉투

를 나누어 받았다. 직급에 따라 차이를 둔 이 '봉투'에는 거액의 촌지가 들어 있었음은 말할 나위도 없다.

부천서 성고문사건과 관련 언론 간부, 일선 기자들의 거액 촌지 수수사건에 대해 민주언론운동협의회는 8월 14일 「촌지 받은 제도언론을 규탄」하는 성명을 발표했다. 이 성명은 "피해당사자인 나이어린 권양은 자신의 모든 것을 바쳐 이 천인공노할 성고문사건을 세상에 폭로함으로써 이 땅의 민주주의를 위해 살신성인하는 숭고한 자기희생을 실천하는 판에 지성인이라 자처하는 언론종사자들이 이 진실을 알리지 못하는 자괴심과 가책을 느끼기는커녕 사악한 권력이 건네는 돈을 챙겨 넣고 진상왜곡에 동조했다는 사실을 우리는 어떻게 받아들여야 할 것인가"라면서 "이번 성고문사건과 관련해 현정권으로부터 거액의 촌지를 받은 자들은 스스로 언론계에서 물러나라. 그리고 제도언론에 종사하는 기자들 가운데 아직도 괴로워하는 양심세력이 존재함을 우리는 알고 있다. 그러나 우리의 준엄한 현실은 양심의 가책을 느끼는 것만으로 그들이 침묵하는 것을 용서치 않는다. 우리는 이들 양심세력이 반민주적이고 반민중적인 썩어빠진 언론귀족들을 몰아내고 자체혁신을 위해 분기할 것을 촉구한다. 또한 아직도 늦지 않았으니 성고문사건의 진상을 만천하에 공개하라"라고 촉구하였다. 그렇지만 '촌지' 받은 언론인들은 '꿀먹은 벙어리'가 되었고, 성고문사건은 언론인의 노력이 아닌 양심적인 일부 법조인들과 재야 민주인사들에 의하여 진상이 백일하에 폭로되었다.

◎ 민주화운동과 노동운동에 힘쓴 대학생을 너무나 처참하게 파괴

22세의 젊은 여성의 가냘픈 몸으로 시대의 불의, 제도와 공권력의 폭력에 불굴의 투지로 맞섰던 권양은 경찰에 연행돼 상상조차 하기 힘든 성고문을 당한 후 공문서변조 및 동행사, 사문서 변조 및 동 행사, 절도·문서 파손 등의 혐의로 구속 기소되어 징역 1년 6월의 형 확정판결을 받고 복역 중 가석방되었다.

서울대 가정의류학과생 권인숙은 노동운동에 헌신하기 위해 '위장취업' 한 것이 탄로나 영장도 없이 연행되어 성고문을 당하고, 사건발생 1개월 후 변호사를 통해 문귀동을 인천지검에 고소했다. 변호인단 9명이 문귀동과 부천경찰서장 등을 폭행·가혹행위 등으로 고발했으나, 검찰은 성폭행 주장을 "혁명을 위해 성까지 도구화하는 급진 좌경세력의 상습적 전술"이라며 권양을 매도했다. 정부당국의 조직적인 은폐조작에 맞서 변호사 166명이 변호인단을 구성, 재정신청을 내는 등 여러 방법을 동원해 싸워나갔다.

이 사건은 서울고법에서도 재정신청을 기각당해 대법원에 재항고 계류 중 사건발생 3년여 만인 89년 문귀동에게 징역 5년의 실형이 선고되었고 권양에게는 위자료를 지불하라는 판결이 내렸다. 이 사건은 진실확인 과정에서 공권력의 횡포와 부도덕성, 인권탄압의 실상을 폭로, 제5공화국의 종말을 앞당기는 계기가 되었으며, 재야·정치권·종교계·여성계가 연합하여 성고문공동대책위원회를 구성하는 등 87년 민주화투쟁의 밑거름 역할을 했다.

○ 「권양 변호인단의 변론요지서」 (발췌)

1. 변호인들은 먼저 이 법정의 피고인석에 서 있는 사람이 누구인가에 대하여 이야기하고자 합니다. 권양, 우리가 그 이름을 부르기를 삼가지 않으면 안되게 된 이 사람은 누구인가?

온 국민이 그 이름을 모르는 채 그 성만으로 알고 있는 이름 없는 유명인사, 얼굴 없는 우상이 되어버린 이 처녀는 누구인가. 그녀는 무엇을 하였는가. 그 때문에 어떤 일을 당하였으며 지금 까지도 당하고 있는가에 대하여 이야기하고자 합니다. 국가가, 사회가, 우리들이 그녀에게 무엇을 하였는가에 대하여 이야기하고자 합니다.

그리고 눈물 없이는 상기할 수 없는 '권양의 투쟁', 저 처참하고 쓰라린, 그러면서도 더 없이 숭고하고 위대한 인간성에의 투쟁에 대하여, 그리하여 마침내 다가온 '권양의 승리' 우리 모두의 승리에 대하여 이야기하고자 합니다. 진흙탕 속에서 피어난 해맑은 연꽃처럼 오늘 이 법정을 가득히 비치고 있는 눈부신 아름다움, 그 백설 같은 순결, 어떤 오욕과 탄압으로도 끝내 꺾을 수 없었던 그 불굴의 용기와 진실을 위한 눈물겨운 헌신에 대하여 이야기하고자 합니다. 그리하여 지금 이 법정에서 이룩되어야 할 일이 무엇인지에 대하여 이야기하고자 합니다.

거듭 강조하거니와, 본 변호인단은 이 젊은이들이 노동현실에 관심을 가지고 노동현장에 뛰어들고 있는 것 자체에는 아무런 문제 삼을 것이 없으며, 오히려 이 젊은이들이 보여주고 있는 놀라운 도덕적 용기야말로 우리 사회의 밝은 내일을 예감케 하는 무엇보다도 소중한 징후이며, 본의건 아니건 알게 모르게 기성사회의 부패와 사악에 동참하고 있는 우리 기성세대들 중 누구도 이 때 묻지 않은 순결한 젊은이들을 일방적으로 매도하거나 단죄할 수 없다는 것을 선언합니다.

만약 정부당국이 진실로 사회의 안녕 질서와 평화를 이룩하는 데 관심을 가지고 있다고 한다면, 이 새로운 세대를 선불리 백안시하거나 이단시하기 이전에 무엇보다도 먼저 뜨거운 애정으로 이들을 포용하여야 할 것이며, 물리적인 탄압과 처벌로 이들을 꺾으려는 헛된 시도를 할 것이 아니라 마땅히 우리 사회의 누적된 비리와 병폐를 척결함으로써 근원적인 해결을 모색하여야 한다는 것을 우리는 충심으로 권고하고자 합니다.

2. 이 자리에 피고인으로 서 있는 권양은 이 같은 새로운 세대의 젊은이 중 한 사람입니다. 그녀는 성실한 공직자 가정의 막내딸로서 이렇다 할 생활의 어려움을 알지 못한 채 순탄한 성장과정을 밟았으며 타고난 명민한 자질로 원주여고를 수석으로 졸업하고 서울대학에 진학하였습니다. 변호인들은 당시 원주법원에 재직하였던 어떤 분으로부터, 권양이 서울대학에 합격하였다는 소식이 전해지자 법원 직원들이 권양의 부친에게 경사라고 축하의 인사를 하고 권양의 부친이 흐뭇해하던 일이 눈에 선한데 그 권양이 이런 일을 당하게 되다니 실로 감개가 무량하다고 하는 말을 들은 사실이 있습니다.

어느 모로 보나 권양은 우리 사회에서 가장 양명하고 축복 받은 환경과 여건 속에서 자라난 젊은이 가운데 한 사람이라고 말할 수 있습니다. 1979년 10월 26일 박대통령 피살소식이 전해졌을 때 당시 여고 2년생이었던 권양은 동급생들과 함께 목을 놓아 통곡을 했습니다.

그때까지만 해도 학교와 사회에서 가르친 대로 '유신만이 살 길'이며 유신만이 우리 나라의 현실에 맞는 유일한 정치체제라고 조금도 의심 없이 철석같이 믿고 있었던 이 순진한 소녀에게, 박대통령의 피살 소식은 너무나도 큰 충격이었습니다.

그러나 정작 더욱 충격이었던 것은, 박대통령이 피살된 바로 그 순간부터 아무도 더 이상 유신체제의 정당성에 대하여 말하지 않게 되었으며, 오히려 날이 갈수록 유신체제를 공공연히 비판하고 부정하는 목소리들이 높아졌으며, 엊그제만 해도 그토록 유신만이 살길이라고 외치고 박대통령을 위대한 영도자라고 추켜세우던 세상사람들이 일변하여 박대통령의 장기집권욕과 독재, 그리고 그 아래에서의 부패와 비리를 거론하게 된 사실이었습니다.

국민학교 시절 이래 여고 2년생이 되기까지 기성세대로부터 귀에 못이 박히게 배웠고 그래서 의심 없이 믿어왔던 것이 거짓이었으며 속은 것이었다는 이 어처구니없는 진실 앞에서, 기성세대와 사회에 대한 그녀의 신뢰는 산산조각으로 부서지고 말았습니다. 권양은 이때부터 상당히 오랜 기간 동안 신문을 보지 않게 되었으며 이것이 계기가 되어 정의와 진실에 대한 관심, 정치와 사회의 현실에 대한 의식이 싹트기 시작했다고 술회하고 있습니다.

대학에 진학한 후 권양은 노동자들의 아픈 현실에 대하여 알게 되었습니다. 그리하여 번민을 거듭하던 끝에 같은 세대의 다른 많은 젊은이들처럼 대학생으로서의 특권을 포기하고 스스로 노동자가 되어 노동자들의 권리를 증진시키는 데에 헌신하기로 결단을 내렸습니다. 그래서 가명으로 어떤 공장에 취업하였고 그로부터 불과 며칠만에 가명 입사 사실이 발각될까 우려한 나머지 자진 퇴사하였습니다. 이것이 권양이 한 일의 전부입니다.

변호인들은 여기에 무슨 잘못이 있는지를 묻고자 합니다. 누가, 무슨 권리로, 이러한 권양의 행위를 그 양심의 표현을 단죄할 수 있는가를 묻고자 합니다.

경찰은 아마도 이렇게 말할 것입니다. "권양은 노동현장에 취업하였기 때문에 구속된 것이 아니라, 취업과정에서 주민등록증 변조 등 범법행위를 하였기 때문에 구속된 것이다." 그러나 이것은 사실일는지는 몰라도 진실은 아닙니다.

3. 우리는 문귀동이 당초에 그토록 당당하게 범행사실을 부인하고 나서고, 만천하를 상대로 감히 터무니없는 조작된 알리바이까지 들고 나오면서 권양을 조사한 회수와 시간 등 가장 기초적인 사실에서부터 거짓말을 일삼고, 심지어는 후안무치하게도 권양을 상대로 명예훼손죄와 무고죄로 고소까지 제기하는 것을 보고, 이것이 과연 막강한 경찰조직의 뒷받침을 배경으로 삼지 않고서도 있을 수 있는 일인가, 문귀동 한 개인의 결단만으로 가능한 일인가하는 의혹을 품지 않을 수 없었습니다. 아니나 다를까, 우리의 이러한 의혹은 검찰수사과정에서 명백한 현실로서 입증되었습니다. (……)

경찰은 그 명예와 위신의 실추를 막기 위하여 성고문의 범행을 은폐하려고 하였던 것인지 모르겠으나, 이제 경찰의 명예와 위신은 정작 성고문 범행 자체보다도 오히려 그 범행을 은폐하려 들었던 경찰의 부도덕성 때문에 여지없이 실추되었습니다.

경찰이 그 실추된 명예와 위신을 조금이라도 회복하려면, 지금이라도 이 같은 범행은폐의 과오에 대하여 국민과 권양 앞에 사과하고 경찰조직 내부의 성고문 범행 관련자는 물론이요 그 범행은폐 책동에 공모 가담하였던 일체의 관계자들도 남김없이 적발하여 지위 고하를 막론하고 의법 처단하여야 할 것이며, 우리는 바로 이것을 경찰에 요구합니다. 만약 경찰이 이것을 끝내 거부할 때에는 우리는 경찰에 대하여 도덕적 파산을 선고하지 않을 수 없게 될 것입니다.

범죄수사의 주체이며 인권옹호 직무의 담당자인 검찰은 무엇을 하였는가. 이것을 생각할 때 우리들 변호인들은 분노보다도 먼저 슬픔이 앞선다는 것을 고백하지 않을 수 없습니다. 우리는 검찰이 이 성고문 사건의 수사에 있어서 전례 없이 진지하고 성실한 자세로 진실을 추구한 사실을 알고 있으며 그 노고가 많았던 것을 인정합니다.

이 사건에서 검찰은 인천지검의 수사인력을 총동원하다시피 하여 사건당사자인 권양과 문귀동, 그리고 43명의 참고인들을 상대로 연일 불철주야로 집중적인 조사를 전개하였습니다. 그 결과 검찰은 문귀동과 부천서 간부진 및 형사들이 조작해낸 모든 거짓 진술들을 낱낱이 타파하였고 권양의 모든 주장이 진실임을 더 이상 의심할 여지가 없을 정도로 명백하게 드러내었습니다.

그런데 "폭언·폭행은 있었으나 성모욕은 없었다"는 검찰 수사결과 발표는 대체 어떻게 된 일입니까? 서울고등법원 재정신청 사건 재판부는 다른 독자적인 증거조사는 일절 시행하지 않은 채 오로지 검찰수사기록에만 의거하여 앞서 말씀드린 바와 같이 문귀동의 성추행 사실을 인정하였습니다.

4. 우리는 권양의 변호인들로서, 언론에 대하여 우선 무엇보다도 권양의 명예회복을 위한 조치를 취할 것을 요구합니다. 검찰발표 내용이나 '공안당국의 분석'내용이 전혀 터무니없는 것으로 드러났음을 분명히 밝혀주기를 요구합니다.

그동안의 모든 편파보도를 시정하고 권양을 근거 없이 비방·중상하는 숱한 기사들이 보도된 경위를 일일이 해명할 것을 요구합니다. 어떤 어려움이 있더라도 이것을 해낼 때에만 언론은 자신이 그동안에 권양에게 가한 부당한 박해, 한 연약한 처녀로서는 감당할 수 없을 정도로 엄청난 박해에 대하여 책임을 면제받을 수 있게 될 것이며, 무엇보다도 언론 스스로의 존재 이유를 되찾을 수 있게 될 것입니다.

5. 이제 이 사건을 계기로 하여 우리는 국가와 권력의 존립 근거에 대해 근본적인 물음을 제기하지 않을 수 없게 되었다고 생각합니다. 국가란 그 구성원인 국민의 인간적인 존엄과 가치를 보장하고 실현하기 위해서만 존재할 정당한 이유를 지니는 것입니다. 만약 국가의 공권력이 거꾸로 국민의 인간적 존엄성을 훼손하고 인간적 가치의 실현을 제약하는 파괴적 힘으로 작용하게 된다면, 그 같은 공권력은 더 이상 존재하여야 할 의의를 상실하게 되는 것입니다.

이 성고문은 사건의 진전과정을 통하여 우리는 우리 국가와 사회의 모든 기성의 권력과 권위들이 심각한 도덕적 위기에 봉착하고 있음을 똑똑히 볼 수 있었습니다. 이제까지 우리가 경찰과 검찰과 사법부 그리고 언론에 대하여 말한 것은 우리 국가와 사회가 권양에게 가한 온갖 부도덕하고 비열한 박해의 일단에 지나지 않는 것이며, 우리가 봉착하고 있는 전반적인 도덕적 위기의 한 징후에 불과한 것이었습니다.

본 변호인단은 확신하거니와 이 도덕적 위기야말로 그 어떤 군사적, 정치적 혹은 사회경제적 위기보다도 앞서는 우리 국가와 사회의 가장 근본적인 위기인 것이며, 이것이 정당하게 극복되지 아니하는 한 우리들과 우리 자녀들의 앞날은 실로 암담한 것이 될 것입니다.

바로 이러한 위기의 순간에 권양은 하나의 기적으로 우리에게 다가왔습니다. 지난 7월 7일 변호인들이 인천 소년교도소로 그날까지 열흘째 단식을 계속하고 있던 권양을 찾아갔을 때, 권양은 배가 쓰리고 머리가 어지럽다고 하면서도 "이 분노를 그대로 삭힐 수가 없다. 차가운 교도소 마룻장을 베고 숨이 끊어지는 그 순간까지도 진실을 밝혀 내고야 말겠다"고 말했습니다.

이 목숨을 건 진실에의 열정 하나만으로 권양은 끝내 이 불의한 세상의 온갖 권세를 이겨내었습니다. 권양이 그토록 열망하였던 진실, 다시는 이땅의 딸들이 자신과 같은 불행을 겪는 일이 없어지도록 하기 위하여, 국가 공권력에 의하여 인간의 존엄성이 이처럼 여지없이 짓밟히는 사태가 더 이상 지속되지 않도록 하기 위하여 권양이 그토록 밝히려고 열망하였던 진실은 마침내 그 모습을 드러내었습니다. 이 진실을 밝히기 위하여 권양이 바친 그 모든 눈물겨운 희생과 헌신은 우리 나라 인권의 역사에서 두고두고 뜨거운 감사의 정과 더불어 기억될 것입니다.

권양은 우리에게 '진실에의 비밀은 용기뿐'이라는 교훈을 온몸으로 가르쳐주었습니다. 우리는 이제 이미 이 혼탁하고 타락한 세대의 신화가 되어버린 권양의 투쟁에서, 일찍이 김수영 시인이 노래하였듯이 "어째서 자유에는 피의 냄새가 섞여 흐르는가"를 배웠습니다.

권양이 처음으로 우리에게 다가왔을 때는 슬픔과 절망으로 왔으나, 이제 우리는 가슴 가득한 기쁨과 희망으로 권양의 승리에 대하여 증언하고자 합니다. 우리는 권양이 이미 도덕적인 승리를 거두었다고 말한 바 있으나 이제 머지 않은 장래에 현실적으로도 완벽한 승리를 거두게 될 것을 믿어 의심치 않습니다. 이 엄청난 사건의 진실은 만천하에 낱낱이 공개될 것이며, 그 진실을 왜곡하고 은폐하려 들었던 모든 어리석고 비겁한 책동은 하나도 남김없이 타파될 것입니다.

이 진실의 최종적인 승리를 위하여 지금 이 자리에 선 우리 모두는 권양이 우리에게 바친 헌신에 만의 일이라도 보답할 수 있도록 각자의 최선을 다할 것을 약속하여야 한다고 믿습니다.

이제 저 잔혹하였던 여름과 가을을 지나 권양은 이 법정에 섰습니다. 우리가 마지막으로 눈물로써 호소하고자 하는 것은 빛나는 영혼의 아름다움을 간직한 순결 무구한 처녀는 이 시대의 모든 죄악과 타락과 불의를 속죄하는 제물로서 역사의 제단 앞에 스스로를 받쳤으며, 우리들 중 그 누구도 이 시대에서 가장 죄가 없는 이 처녀는 더 이상 단 한시라도 차디찬 감옥 속에 갇혀 있게 하는 죄악에 공범자가 되어서는 안된다는 사실입니다.

우리의 권양, 온 국민의 가슴 속 깊은 곳에 은밀하고 고귀한 희망으로 자리잡은 우리의 권양은, 즉각 석방되어야 합니다.

변호사 고영구 변호사 김상철 변호사 박원순 변호사 이돈명
변호사 이상수 변호사 조영래 변호사 조준희 변호사 홍성우
변호사 황인철 변호사 손태봉 변호사 황산성 변호사 이태영

2) 보수언론의 아첨이 만들어낸 4·13 호헌 조치

전두환의 4·13 호헌 조치라는 오판은 『조선일보』와 같은 언론의 아첨과 무관하지 않았다. 즉, 전두환은 당시 가장 영향력 있다는 『조선일보』의 주장을 민심으로 오판했을 가능성이 크다는 말이다. 5공 기간 내내 『조선일보』의 아첨은 그야말로 목불인견(目不忍見)의 수준이었다.(강준만 『권력변환』 인물과 사상사 2000)

『조선일보』는 전두환의 대통령 취임 1주년을 맞아 82년 3월 2일자 「자율사회 문을 열었다」라는 기사에서 "통일문제에서 전 대통령은 가장 현실적이며 과감한 정책을 제시했다"고 했으며 3월 3일자 「제5공화국 1년」이라는 기획 기사에서는 "전 대통령의 개혁 의지와 통치철학은 민주복지 국가의 건설과 정의사회의 구현으로 자주민족국가를 완성하는 것이라고 요약할 수 있다"고 했다. 또 83년 취임 2주년에도 「'화기'로 안정 다진 제5공화국」(3월 1일자) 「의지로 이끄는 경제 '한 자리 물가' 기록」(3월 2일자), 「우리 시대 모두의 과업 '선진조국의 꿈'」(3월 3일자) 등과 같은 찬사와 함께 농가에서 전두환 부부가 농민들과 식사를 하는 장면, 청와대에 초청된 어린이와 함께한 사진이 『조선일보』 특유의 오밀조밀한 편집 솜씨로 그럴 듯하게 곁들여졌다.

『조선일보』의 전두환 찬양은 집권 후반기에도 계속되었다. 『조선일보』는 1986년 3월 4일자 「전 대통령의 치적과 과제」에서 "전 대통령 시대의 지난 5년은 대내적으로는 안정을 바탕으로 한 착실한 성장, 대외적으로는 세계 속에서 한국의 위치를 굳건히 다진 시기였다"고 평가했다. 또 전두환이 외국만 나가면 전두환을 '세계적 지도자'로 미화하는 데에 앞장섰다. 사정이 이와 같았으니 전두환이 『조선일보』를 곧 여론으로 알았다면 호헌을 하겠다고 버틴 건 너무도 당연한 귀결이었는지도 모른다. 호헌 발표 이후에도 『조선일보』의 지지와 아첨은 계속됐으니 왜 6월 항쟁이 『조선일보』를 비켜갔는지 참으로 불가사의한 일이 아닐 수 없었다. 『조선일보』는 호헌을 하겠다고 했을 때에도 그걸 탁월한 선택이라 했고 나중에 국민의 힘에 밀려 개헌을 하겠다고 했을 때에도 탁월한 선택이라는 식으로 이야길 했으니 이걸 가리켜 어찌 언론이라 할 수 있을까. 6·29 선언 직후 전두환이 대통령의 신분으로 『조선일보』 정치부 회식에 참여했었다는 사실도 『조선일보』가 5공의 홍보지나 다름없었다는 걸 말해주는 것에 다름 아니었다.

(1) 5공의 가장 큰 수혜자는『조선일보』

이처럼 전두환 정권하에서 전 정권의 정당화와 예찬에 가장 앞장 선 신문은『조선일보』였는데,『조선일보』가 이 기간 중 가장 큰 성장을 했다는 건 권언유착이 신문의 성장과 직결된다고 하는 점에서 주목할 만한 사실이다. 1980년 매출액에 있어서『조선일보』는 161억 원으로『동아일보』(265억 원)와『한국일보』(217억 원)에 비해 한참 뒤처지는 신문이었다. 그러나 5공을 거치고 난 88년에 이르러『조선일보』의 매출액은 914억 원으로『동아일보』(885억 원)와『한국일보』(713억 원)를 압도하게 되었다. 권언유착을 신문 성장의 원동력으로 삼아 재미를 본『조선일보』는 이후에도 권력 창출에 앞장서는 '정치 신문'으로서 기능하게 되었다. (강준만 「조선일보를 해부한다」,『한국언론과 민주주의의 위기』아침 1992)

월간지의 경우에도『조선일보』는 5공으로부터 특혜를 받았다.『월간중앙』이 폐간되던 무렵인 1980년 4월 조선일보사는『월간조선』을 창간한 것이다. 당시 월간지 시장은 기존의『신동아』와『월간조선』, 그리고 경향신문사가 발행하는『정경문화』(1976년 6월 창간, 1986년 11월『월간경향』으로 개제, 1989년 2월부터 발행 중단) 등이 3파전을 벌였다.

광주학살이라는 원죄를 지닌 5공 정권 하에서 호남차별이 언론계에서도 극심하게 이뤄진 건 결코 놀랄 일은 아니다. 신군부는 단지 호남 출신이라는 이유만으로 많은 언론인을 해직시켰으며 신군부와의 밀월을 원했던 언론사는 스스로 호남 출신 언론인을 박대하고 영남 출신 언론인을 우대했다. 예컨대, 5공 말기에 이르러 청와대에 출입하는 기자 19명 중 영남 출신은 반이 넘는 10명인 반면 호남 출신은『광주일보』1명뿐이었다. (김일평 「청와대 출입기자들의 현주소」,『기자협회보』1988. 8. 26.)

언론계에서의 호남 차별은 5공 시절 가장 화려한 번영을 구가했던『조선일보』의 경우 드라마틱하게 나타났다. 월간『말』이 98년 7월호에서 보도한 바에 따르면, 해방 이후 주필 11명 중 호남 출신은 단 한 명뿐이며, 해방 이후 정치부장 22명 중 호남 출신도 단 한 명뿐이며,『주간조선』과『월간조선』편집장 중 호남 출신은 전무하며 1920년 창간 이래 호남 출신 편집국장 역시 전무했다. (강준만 「지역감정 극복이 어려운 이유」, 월간『인물과 사상』1998. 8월호)

(2) 즐겨 읽는 진실서적을 몽땅 「금서 조치」

신군부는 정권장악을 염두에 두었던 1980년대 초부터 분서갱유焚書坑儒라고 할 정도로 표현의 자유와 진실 추구의지에 억압의 족쇄를 채웠다. 1980년 7월 총 172종에 이르는 정기간행물 등록을 취소시켜버린 이후에도 5공 정권의 출판물 탄압은 계속되었다.

1985년 5월 3일 5공 정권은 「불온서적」과 「불법간행물」 등 이념서적 50여 종과 유인물 298종에 대한 무기한 단속방침을 발표했다. 그리고 곧바로 이념서적의 온상지로 주시하고 있던 도서출판 일월서각과 풀빛, 그리고 민청련 등에 영장도 없이 압수수색을 실시했다. 5공 정권이 이념서적으로 규정해 단속의 칼을 빼든 건 "이들 이념서적이 날로 격화되어 가는 학생운동권의 학습자료 및 투쟁의 이론적 근거 자료로 제공되기 때문"이라는 것이었다. 검찰이나 경찰의 정보 수사팀은 요주의 교수나 학생을 추적할 때면, 그들과 관련된 모든 학생들이나 집을 수색하여, 가지고 있는 모든 사회과학 서적을 압수해 들인 다음, 취조에 당하여 모든 사상·행동의 물증으로 이들 책을 적절히 이용하였다. 수사당국은 이들 금서목록을 소책자로 만들었는데 거의 전부가 국내에서 발간된, 내용이 상식화된 것들이었다.

5공 정부의 압수수색과 단속에 대해 출판계는 발 빠르게 대처했다. 압수수색이 실시된 첫날인 3일 오후부터 곧바로 대책회의를 가졌고, 다음 날에는 출판인들의 단체인 대한출판문화협회의 긴급 상무이사회가 열렸다. 이에 발맞추어 민주언론운동협의회, 자유문인실천협의회, 민중문화운동연합, 천주교 정의구현전국사제단, 가톨릭농민회 등도 정부의 이념서적 단속에 항의하는 성명서를 발표했다.

서울대·연세대·고려대 등을 비롯한 서울 소재 24개 대학의 학생들도 "도서출판물 탄압에 대한 우리의 입장"이라는 성명서를 발표해 "최근의 이념서적 압수 사태는 대학의 본질적 기능인 사회 비판과 문화 창달을 마비시키는 반문화적 행위"라며 5공을 강하게 비판했다.

이렇듯 항의가 계속되자 5월 4일부터는 압수수색영장을 발부 받아 이념서적 압수에 나섰는데, 무려 10일간 계속된 압수수색의 희생양이 된 서적은 모두 합해서 233종이었고, 유인물은 298종에 달했다. 압수수색영장 신청의 요지 중 일부는 "이들 출판사(서점·단체)들이 반국가단체인 해외 공산주의 계열의 활동을 고무·찬양하며, 북괴 등 반국가단체를 이롭게 할 목적으로 자본주의를 비판하고, 노동투쟁 및 폭력혁명투쟁을 고무하는 내용의 서적(유인물)을 제작·반포한 혐의가 있다"는 것이었다.

이 시기의 단속은 "일제보다 더 악랄했다"는 소리를 들을 만큼 악명이 높았다. 5공 정권이 말하는 이념도서란 단순 좌파 이데올로기를 담은 서적만을 지칭하는 것이 아니었고, 반정부적·반체제적 내용이면 모두 포함되는 광범위한 개념이었다.

그런 탄압의 와중에서도 1985년 5월 황석영의 『죽음을 넘어 시대의 어둠을 넘어: 광주 5월 민중항쟁의 기록』(풀빛, 1985)이라는 르포집이 출간됐다. 5공 정권은 이 책에 대해 몰수 처분을 내렸지만, 대학가에서 학생들이 자체적으로 만든 복사 인쇄본이 빠른 속도로 유포되었다.(강준만, 앞의 책, 564쪽)

(3) 보도지침 폭로 사건

전두환 정권은 언론에 대한 광범위한 통제와 포섭으로도 모자라 문공부 내의 홍보조정실을 통해 각 언론사에 매일 이른바 「보도지침」을 내려보내 사실상 언론의 제작까지 전담하고자 하는 기이한 작태를 연출하였다. 후일 밝혀진 바에 따르면, 문공부 내의 홍보조정실은 실은 청와대 정무비서실 지휘 하에 있었다.

이 보도지침은 1985년 6월 해직 기자들로 구성된 민주언론협의회(민언협)의 기관지로 창간된 『말』지 1986년 9월호가 『한국일보』 기자 김주언의 자료를 제공받아 폭로하여 세상에 알려지게 되었다. 이렇게 해서 나온 '보도지침'은 세상을 발칵 뒤집어 놓았다.

전두환 정권은 『말』지의 발행인 민주언론운동협의회 김태홍 의장과 신홍범 실행위원, 그리고 김주언 기자를 국가보안법 위반 및 국가모독죄로 구속했다. 신홍범은 1975년에 해직된 조선투위 소속이었고, 김태홍은 1980년 해직 기자로 당시 기자협회 회장이었으며, 김주언은 현역 기자였다. 김태홍은 법정에서 "보도지침을 발표하는 것이 국민에게 이익이 된다고 생각했느냐"는 검찰의 질문에 대해 큰 소리로 대답했다.

"국내 최대의 범죄 집단인 현 정권의 비행의 뒷면을 밝혀줄 이 자료를 알리는 것이 애국이라고 생각한다. 이 책은 2만 2,000부가 발행되었는데, 22만 부를 찍어내지 못한 것이 안타까울 뿐이다."(이인우·심산 『세상을 바꾸고 싶은 사람들』 한겨레신문사 1998)

김주언은 「보도지침」이 공개된 이후인 1986년 11월 초에 작성해 천주교 정의구현 전국사제단에 맡겨 놓은 '양심선언'을 통해 자신의 심경을 다음과 같이 털어놓았다.

"우리가 하려고만 한다면, 각 언론사의 편집권 독립에서부터 그 이후의 전반적인 자유 언론 쟁취 또는 실천에 이르기까지의 목표와 거기에 이르는 수단과 방법이 창출될 수 있다고 나는 확신한다. (중략) 나는 선도적인 민주인사도 아니며, 자신을 내세울 것도 없는 한 사람의 언론인으로서 다만 우리 사회, 국민 내부에서 뿐 아니라 민족 전체적으로 갈등과 불신의 언어가 아니라 화해와 사랑의 언어로 충만된 사회가 되기를 바랄 뿐이다…"

1987년 6월 3일 선고 공판에서 김태홍은 징역 10월 집행유예 2년, 신홍범은 선고유예, 김주언은 징역 8월 자격정지 1년의 선고를 받았다. 변호사 한승헌은 재판 중에 "이 재판은 불을 낸 자가 화재 신고자를 잡아다가 신문하는 것"이라고 말했다.

◎ 가두 방송 전춘심 · 차명숙씨와 총상 입은 이성순씨의 피어린 민주화투쟁

2018년 2월 국회를 통과한 5 · 18특별법은 광주의 진실을 밝힐 수 있는 마지막 기회다. 광주민주화운동 당시 민간인 학살 범죄가 저질러졌다는 것은 분명한 사실이지만 아직까지 그 전모는 밝혀지지 않았고 학살죄로 처벌받은 사람도 없었다. 『한겨레』는 1980년 5월 18일 광주에서 있었던 국가폭력의 피해자와 증언자를 찾아 성폭력 · 집단 발포 · 암매장 피해사실을 증언대 위에 올린다. 광주의 피해자와 가족들은 성폭력 가해자 · 발포명령권자 · 민간인 학살 지휘부를 처벌하는 사회를 38년 동안 기다려왔다. (『한겨레』 2018.5.8. 광주/정대하 기자)

〈광주민주화운동 피해 여성들의 증언〉

"이북 모란봉에서 2년간 교육받고 온 여간첩 '모란꽃'이 바로 너라고 하더라구요."

5 · 18 가두방송의 주인공 전춘심씨(68 · 경기도)는 7일 『한겨레』에 "수사관들이 나를 간첩으로 몰기 위해 잔혹하게 고문했던" 38년 전의 이야기를 털어놓았다.

전춘심씨

그는 1980년 5월 19일 청년들과 동사무소에서 앰프를 가지고 나와 가두방송을 시작했다. "군인이 시민들을 개 패듯 때린다"는 소식에 분노했기 때문이다. 시내를 돌며 차를 타고 가두방송을 하다가 한 차례 '간첩'으로 몰렸지만 경찰관 가족이라는 것이 확인돼 풀려났다. 그러다가 24일 보안사령부(현 기무사령부) 505보안대로 끌려갔다. "도착하니까 '이년이 그 방송한 년이야?'라고 하더라구요."

지하실엔 흰 셔츠에 검은 바지를 입은 사람들이 있었다. 전씨는 "몇몇은 총을 내 귀와 허리에 대고 있었고, 수사관은 나를 두들겨 팼다"고 말했다. 개머리판으로 이마를 맞아 피가 흘렀다. "손가락 사이마다 볼펜을 끼워 넣고 두 손으로 쥐어뿔고…." 전씨는 "곤봉으로 나의 '여성'(성기) 쪽을 막 (때리며) '니가 처녀냐?'고 했다"는 말을 하다 결국 울음을 터뜨렸다. 보안대의 협박을 받은 전씨의 가족은 "간첩도 자수하면 살려준다고 하니까 솔직하게 이야기해버리라"고 했다. "나는 경찰관 가족이고, 간첩이 아니라고 이야기해도 들어주지 않았어요."

광산경찰서로 옮겨진 뒤에도 수치심, 공포와 싸우는 시간이었다. "경찰들이 나를 보고 코를 싸쥐는 거예요. 냄새가 나니까. 거기서 실오라기 하나 걸치지 않고 군 담요를 말고 하루 종일 잤던 것 같아요." 전씨는 이후 매일같이 하혈을 했다. 결국 인근 병원에서 15일 동안 치료를 받고 국군통합병원으로 이감됐다. 15년형을 선고받고 광주교도소에서도 독방에 수감됐다. "하혈을 하고 저녁이면 공포에 떨고, 무서워서 견딜 수가 없었어요." 1981년 4월 사면돼 출감한 뒤에도 '간첩'이라는 시선을 견뎌야 했다.

그는 5·18 뒤 한동안 실어증에 걸리기도 했다. "어쩔 때는 땅이 푹 꺼진 것 같고. 꿈을 꾸면 자주 쫓겨가요. (다리 마비 증상으로) 걸음을 5분 이상 걷질 못해요. 밤중에 (나도 모르게 걸어나가) 남의 집 문을 두드린 적도 있어요." 전씨는 신경정신과 병원에 딱 한번 갔지만 치료는 받지 않았다. (엄마가 정신과 병원에 다니면) 4남매 자녀들의 장래에 해가 될까 두려웠다. 전씨는 "스스로 (항쟁에) 뛰어들었지만 섭섭할 때가 있어요"라고 말했다.

5·18 때 여성들은 가두방송을 하고, 주먹밥을 만들고, 도청 앞 상무관에서 희생된 주검에 염을 하면서 항쟁을 끌어갔다. 광주시의 5·18 민주화운동 보상 집계를 보면,

차명숙씨

5·18 유공자로 보상을 신청해 인정받은 5767명 가운데 여성이 300명(5.2%)이다. 5·18 당시 여성 사망 인정자는 2명이고, 다쳐서 상이 후 사망자로 인정된 이는 8명이다. 하지만 5·18 여성들이 당한 성적 수치심 등 수사 과정에서의 잔혹 행위는 아직껏 역사 기록으로도 제대로 남기지 못했다. 향후 진상규명위원회에서 꼭 밝혀야 할 대목이다. 5·18 가두방송의 또 다른 주인공 차명숙(59)씨도 최근 광주시의회에서 기자회견을 통해 "보안대에서 고문을 받고 광주교도소에서 징벌방에 갇혀 30일 동안 '혁시갑'을 차고 짐승처럼 지냈다"며 진상규명을 요구했다.

차명숙씨(왼쪽 셋째)가 1980년 5·18광주민주화운동 당시 차량 위에서 거리방송을 하고 있다. (차명숙씨 제공)

이성순씨

5·18 부상자 이성순(59)씨도 여전히 후유증을 안고 사는 여성이다. 그는 5월21일께 광주시 서구 화정동 아파트 거실에서 조카와 함께 있다가 학생들을 쫓던 공수부대가 쏜 총에 맞고 정신을 잃었다. 가슴에 엠(M)16 총탄을 맞은 그는 국군통합병원으로 이송돼 10일 만에 깨어났다. 보안대 수사관들은 휠체어를 탄 이씨를 병원 지하실 쪽방으로 끌고 가 취조를 시작했다. "'누구 지시를 받고 데모했느냐'고 물으며 머리와 어깨 등을 각목으로 마구 때렸어요. '나는 폭도'라고 자술서를 쓰라고 했고요." 지금도 납탄 파편이 무수히 박힌 그의 온몸엔 '저승꽃'(검버섯)처럼 얼룩이 남아 있다.

5·18 당시 계엄군에게 집단 성폭행을 당했다고 알려진 여고생도 있다. 당시 ㄱ여고 학생이던 ㅇ양은 5월19일 광주 근교에 위치한 남평 집까지 걸어오다 군인 5명에게 집단 성폭행을 당했다고 한다. ㅇ양은 그 후 불안공포증을 보이다가 혼자 웃거나 중얼거리거나 사람들에게 욕설을 해댔다. 그는 1987년 3월 한때 정신병원에 입원하기도 했고, 여

전혀 조현병의 고통에서 헤어나지 못하고 있다.

◎ 5.18 쿠데타세력에 당한 잔인한 폭력, 38년 지나도 분노 식힐 수 없어
〈전남도청 안내방송 김선옥씨, 딸에게도 숨겨온 진실의 통곡〉

김선옥씨

"왜 또? 엄마, 할 말 다 안 했어?"

딸에게도 그 일만은 숨기고 싶었다. 그래도 인터뷰를 반대하는 딸을 설득해야 했다. 차마 말로는 하지 못하고 글을 적어서 보여줬다. "나를 차에 태워서 밖으로 나가서 밥을 먹인 뒤, 나를 끌고 여관으로 갔어요. 나는 그때 저항할 수가 없었어요. 스물세살 나를, 그 수사관이 짓밟고 나서…." 딸이 눈물을 글썽이며 엄마를 꼭 안았다.

5·18 민주유공자 김선옥(60)씨는 지난 4일 서울의 한 카페에서 만나 전날 딸(37)과 나눈 이야기를 꺼냈다. 그는 "얼마 전에 여검사가 미투를 해서 38년 만에 나도 용기를 냈다"며 그동안 묻어뒀던 이야기를 담담히 털어놓았다.

1980년 5·18 민주화운동 때 그는 운동권 학생이 아니었다. 전남대 음악교육과 4학년이었던 그는 5월22일 책을 사러 시내에 나갔다가 학생수습대책위원회를 맡아 도청에 들어갔다. 상황실에서 출입증, 유류보급증, 야간통행증, 무기회수 등의 업무와 안내 방송을 하는 역할을 했다.

계엄군이 광주 무력진압을 시작한 5월27일 새벽 3시. 그는 시민군 거점이던 옛 전남도청을 빠져나왔다. 잠시 몸을 피했다가 창평중에 교생실습을 나갔던 김씨는 그해 7월3일 학교에서 계엄사령부 합동수사본부 수사관들에게 옛 광주 상무대 영창으로 연행됐다. "가니까 '여자 대빵 데리고 왔구먼. 얼굴이 반반하네. 데모 안 하게 생긴 년이. 너 이년, 인자 무기징역이다'라고 하더라고요."

폭행과 고문의 시작이었다. "처음엔 막 들어가자마자 발로 지겨불고(짓누르고) 엄청나게 때리더라고요. 여기 이마가 폭 들어간 데가 있는데 그때 책상 모서리에 찧어서 그래요. 피가 철철 나면서 정신없이 맞았어요."

폭행과 고문으로 점철된 조사가 끝날 무렵인 9월4일 소령 계급을 달고 계장으로 불리던 그 수사관은 김씨를 밖으로 데리고 나갔다. 그리고 비빔밥 한 그릇을 사줬다. 오랜만에 본 햇살이 눈부셨던 날 김씨는 인근 여관으로 끌려가 대낮에 그 수사관한테 성폭행을 당했다. "그 전에 죽도록 두들겨맞았던 일보다도 내가 저항하지 못하고 당했다는 사실 때문에 지금까지 비참했어요. 자존심과 말할 수 없는 수치감…." 9월5일까지 꼬박 65일 동안 구금됐던 그는 기소유예로 풀려났다.

김씨는 그 사건 이후로 삶이 산산조각 났다. 방황하면서 만난 남자와의 사이에서 딸을 임신했다. 수면제를 먹고 자살을 시도하기도 했다. 김씨의 엄마는 충격을 받은 뒤 급성 간암으로 세상을 떴고, 초등학교 교사였던 아버지도 교직에서 쫓겨났다. "가까운 사람들을 모두 잃어버리고 아무도 만날 수가 없게 된 거예요." 1981년 겨울 첫눈 오는 날 혼자 딸을 출산했다. 교육청에 진정서를 내 1983년 중학교 음악교사로 발령을 받았다. 5·18의 '5' 자도 꺼내지 않고 숨어 살았다. 오직 딸이 삶의 전부였다.

그러다가 암에 걸렸다. 2001년 유방암 수술을 받았다. 아마도 가슴에 묻어둔 슬픔 때문에 생긴 병이 아닐까 그는 생각했다. 그때 처음으로 한 대학 후배한테 5·18 보상 이야기를 들었다. 그 후배가 가져온 5·18 민주유공자 보상 신청서에 이렇게 적었다. "내 인생을 보상한다고요? 얼마를 주실 건데요? 무엇으로, 어떻게 내 인생을 보상하려고요? 뭘?" 보상금으로 2000만원을 받았다. 허망했다. 2010년 10월 딸이 결혼하고 난 뒤 이듬해 3월 학교를 그만뒀다. 이후 처음으로 국립5·18민주묘지를 찾아 눈물을 쏟았다.

그에게 5·18은 현재형이다. "가끔 나 혼자 먼 데 가 있는 것처럼 느껴져요. 잠도 잘 못 자. 사람과의 관계도 잘 못하고. 남들은 결혼해서, 시가에서 남편하고 어쩌고저쩌고 하는데 나는 5·18로 멈춰져버렸어요. 그 뒤로 딸 키우려고 아등바등 산 거밖에 없어. 할 이야기가 없어요." 김씨는 "지금도 군인들이 나오는 영화는 잘 보지 못해요"라고 했다. "전두환이 텔레비전에 나오면 '저놈 오래 살 것이다'라고 하면 딸이 막 웃어."

김씨의 사연은 10일부터 광주시 서구 치평동 자유공원 안에서 5·18기념문화센터 주최로 열리는 '5·18영창특별전'에 공개된다. 23개의 광주 상흔을 담은 방 중 열번째 '진실의 방'에 '무너진 스물세살의 꿈'이라는 제목으로 그간의 삶을 드러내는 일에 동의했다. 이 방에 들어서면 한쪽 벽 전면에 꽃과 노랑나비들이 눈에 들어온다. 나비처럼 그가 받은 고통과 편견에서 벗어나 자유롭게 날아오를 수 있을까? 김씨는 "몇 달 전 미투 폭로를 보면서 그 나쁜 놈을 죽이고 싶었습니다"라며 멀리 하늘을 바라봤다. (『한겨레』 2018.5.8. 광주/정대하 기자)

제2장
외세 배경의 군사정권 계승
민중의 자주·민주화 투쟁도 계속

1. 전두환의 대통령 취임, 광주 학살에 대한 분노는 전국 확산

1) 박정희와 똑같은 취임사, 국가안보·경제건설 자랑과 다짐

12·12쿠데타와 5·17계엄확대조치, 5·18양민학살은 전두환의 집권을 위한 과정이었다. 1980년 8월 16일 최규하 대통령이 사임하고 박충훈 국무총리가 권한대행에 취임했다.

최규하의 사임 후 11일 만인 8월 27일 육군대장으로 예편한 전두환 국보위상임위원장이 「통일주체국민회의」제7차회의에서 제11대 대통령으로 선출되었다. 서울 장충체육관에서 열린 대통령선거는 단일후보인 전두환이 99.9%의 득표율로 대통령에 당선되었다.

그러나 전두환의 목표는 보궐선거를 통한 과도기간의 대통령이 아니었다. 9월 29일 정부의 개헌심의위원회가 성안한 대통령 임기 7년 단임과 간선제에 의한 대통령 선출을 골자로 하는 헌법개정안을 공고하고, 10월 22일에는 국민투표를 거쳐 이를 확정했다. 새 헌법에 따라 제12대 대통령선거는 '대통령선거인단의 간접선거'로 2월 25일 실시되었다. 몇 명의 들러리 후보와 '경쟁'을 하여 90.2%의 다수표로 전두환이 당선되었다.

대통령에 당선된 전두환은 3월 3일 임기 7년의 제12대 대통령으로 다시 취임, 제5공화국을 출범시켰다. '역사상 가장 오랜 쿠데타'로 일컫는 12·12로부터 1년 3개월여 만이고 5·17로부터는 10개월만에 마침내 대권의 자리를 차지하게 된 것이다.

전두환은 서울 잠실체육관의 취임식에서 "장구한 세월에 걸친 시련과 고뇌의 시대를 넘어서서 이제야말로 제5공화국의 출범으로 자기완성 시대를 형성하여야 할 성숙의 시대에 들어서는 찰나에 있다"고 말하고 '전쟁위협' '빈곤' '정치적 탄압과 권력남용' 등 세 가지 고통으로부터 해방을 다짐하였다.

(1) 고신대생들, '유혈진압의 배후세력은 미국'이라며 성토·방화

1982년 3월 18일 부산 고신대생들은 광주민주화운동 유혈진압 및 독재정권 비호에 대한 미국측의 책임을 물어 부산 미문화원에 방화했다. 이 사건은 5공 초기에 나타난 '반미사건'으로 사회에 큰 충격을 주었다. 광주민주항쟁이 전두환 세력의 유혈진압으로 많은 희생자를 내고 좌절되자 학생들은 이것이 미국이 전두환정권을 지원한 데서 비롯된다고 인식하면서 차츰 반미감정을 갖게 되었다.

이날 학생들은 미문화원에 방화와 동시에 미국을 "민주화, 사회개혁, 통일을 실질적으로 거부하는 파쇼 군사정권을 지원하여 민족분단을 고정화시킨" 제국주의 세력으로 규정하고 "미국세력의 완전한 배제를 위한 반미투쟁을 끊임없이 전개하자"는 전단을 수백장 살포했다.(김삼웅 편저 『사료로 보는 20세기 한국사』 가람기획 1987)

경찰은 사건발생 14일 만인 1982년 4월 1일 주범 문부식(고신대 4학년 제적)과 그의 애인 김은숙(고신대 4학년)이 자수한데 이어 이미옥·김지희·유승렬·최인순·박원식·최충언·최기식·김화석·허진수·박정미·김영애·문길환·이창복 등을 방화, 전단살포 혐의로 구속했다. 15일에는 광주민주화운동 관련자로 수배 중 가톨릭 원주교육원에서 이들에게 '의식화'학습을 시킨 김현장을 방화사건의 배후조종 혐의로 체포하는 한편, 원주교육원장 최기식 신부를 국가보안법 위반 및 범인은닉 혐의로 체포, 사건 관련 피의자 15명을 구속했다. 이들은 국가보안법, 집회 및 시위에 관한 법률위반으로, 문부식과 김현장에게 사형이 선고되는 등 전원 실형이 선고되었으나 1983년 감형되었다.

이 사건은 80년대 학생들의 반미투쟁과 광주·대구 등 잇따른 미문화원 방화사건 및 점거농성 투쟁의 선도적 투쟁이 되었다.

◎ **부산 미문화원 방화사건 당시 학생들의 성명서**

"미국은 더 이상 한국을 속국으로 만들지 말고 이 땅에서 물러가라."

우리의 역사를 돌이켜보건대, 해방 후 지금까지 한국에 대한 미국의 정책은 경제수탈을 위한 것으로 일관되어왔음을 알 수 있다. 소위 우방이라는 명목하에 국내 독점자본과 결탁하여 매판문화를 형성함으로써, 우리 민족으로 하여금 그들의 지배논리에 순응하도록 강요해왔다.

우리 민중의 염원인 민주화·사회개혁·통일을 실질적으로 거부하는 파쇼 군부정권을 지원하여 민족분단을 고정화시켰다. 이제 우리 민족의 장래는 우리 스스로 결단해야 한다는 신념을 가지고, 이 땅에서 판치는 미국세력의 완전한 배제를 위한 반미 투쟁을 끊임없이 전개하자. 먼저 미국문화의 상징인 미국문화원을 불태움으로써 반미 투쟁의 횃불을 들어, 부산시민에게 민족적 자각을 호소한다.

○ **"살인마 전두환 북침준비 완료"**

1. 민주주의를 원하는 광주시민들을 무참하게 학살한 전두환 파쇼정권을 타도하자.
2. 최후발악으로 전두환 군부정권은 무기를 사들여 북침준비를 이미 완료하고 다시 동족상잔을 꿈꾸고 있다.
3. 진정한 통일을 원하는 민주시민들을 탄압 구속한 채, 허울 좋은 통일 정책으로 더 이상 국민을 기만하지 마라.
4. 한일경제협력 등 한국경제를 일본에 예속시키는 일체의 경제협상을 즉각 중단하라.
5. 88올림픽은 한국경제를 완전히 파탄나게 할 것이므로 그 준비를 중단하라.
6. 노동자·농민·시민들은 더 이상 비참한 가난 속에서 시달릴 수 없다.
7. 미국과 일본은 더 이상 한국을 속국으로 만들지 말고 이 땅에서 물러나라.
8. 전두환 파쇼정권에 아부하는 관제언론 어용지식인들은 자폭하라.
9. 졸업정원제·교수추천제 등으로 학원을 통제하고 있는 5·30 교육정책을 즉각 철폐하라.

○ **매판자본買辦資本 comprador capital**

'매판'은 명·청나라 시대에 제국주의적 외국 상사·영사관 등에 고용되어 거래의 중개를 하던 중국인(앞잡이 장사꾼)을 지칭하던 말이다. 그들이 하는 일은 중국 황실을 비롯한 부유층에게 비싼 서양물건을 소개하여 서양인들의 이익을 도모해주는 것이었다.

오늘날에는 「민족자본」에 대립되는 말로서, 외국의 원조를 받거나 내외 합작투자·운용의 경우 금융·산업·무역 등의 자본을 「매판자본」이라 한다. 이로써 약소국의 노동자·농민·도시 서민계층은 이들 내·외 자본세력의 무한 수탈의 대상이 되어 고통스럽게 살아간다.

외국자본이 국내 대재벌회사의 주식을 대량으로 샀다 팔았다 하는 것도 외국자본에 의한 직·간접 근로민중 수탈의 전형적인 행태라고 볼 수 있다.

(2) 사형판결 후 석방된 김대중과 단식 중 김영삼, 8·15공동성명

전두환 정권의 5공이 출범하면서 반정부적인 주요 정치인들은 대부분 정치정화법에 묶이거나 망명·구속·연금 등의 상태에 놓이고 '허가받은' 인사들만 정치에 참여하게 되었다. 따라서 1983년의 정계는 표면적으로 '안정'을 이루면서 국회는 민정·민한·국민당의 3당체제로 운행되고 있었다. 전두환 체제의 '태평성대' 시기라고 할 수 있었다.

그러나 휴화산의 땅속 깊은 곳에는 용암이 꿈틀거리고 있었다. 국내에서는 김영삼이 5·18광주항쟁 3주년을 기하여 단식을 시작하여 5공체제에 첫 도전장을 보내고, 해외에서는 미국에 망명 중이던 김대중이 본격적으로 대정부 비판활동에 나섰다.

김영삼은 단식에 앞서 「국민에게 드리는 글」을 발표 ①구속인사의 전원 석방 ②전면 해금 ③해직교수 및 근로자·제적 학생의 복직·복교·복권 ④언론자유 ⑤개헌 및 국보위제정 법률의 개폐 등 5개항을 요구했다.

김대중은 한국인권문제연구소를 워싱턴에서 열고 미국·캐나다 지역을 순회하면서 한국의 민주회복을 위한 강연회를 열었다. 김영삼 단식투쟁을 지지하는 시위를 워싱턴에서 벌이기도 했다.

김영삼의 단식투쟁은 5공체제에 참여하지 않은 민주인사들의 결집의 계기가 되었다. 전 신민당 및 통일당 소속 의원 32명과 원외인사 등이 민주국민협의회를 조직하고 김영삼 단식 문제와 시국에 대처키로 했으며 민주화추진협의회 결성의 시초가 되었다. 양김 진영은 보다 효율적인 반 전두환 투쟁을 전개하기 위해 공동전선의 구성을 필요로 했다. 8·15를 앞두고 두 김씨의 공동선언은 서울과 워싱턴에서 동시에 발표되었다. '민주화투쟁은 민족의 독립과 해방을 위한 투쟁이다'라는 부제가 붙은 「김대중·김영삼 8·15 공동선언」은 잠자던 민주세력의 계명성鷄鳴聲(아침을 알리는 닭울음소리)이었으며 두 진영의 결속의 상징이었다.

○ 민주화 투쟁은 민족의 독립과 해방을 위한 투쟁이다

친애하는 국민 여러분.

우리는 이민족의 지배와 탄압으로부터 벗어나 해방의 기쁨을 만끽했던 8.15기념일을 서른 여덟 번째 맞습니다. 과연 해방의 감격과 그 진정한 의미가 오늘에 되살려지고 있는지에 대하여 국민여러분과 함께 살펴보고자 합니다. 그 해방의 진정한 의미가 오늘에 어떻게 재현되어야 하는지에 대하여 뜨거운 호소의 말씀을 드리고자 합니다.

해방 이후 우리가 맞이하였던 8.15 기념일은 한 번도 우리 모두의 축제로 되지 못하였습니다. 8·15의 축제와 그 의미가 날이 갈수록 의도적인 퇴색과 축소의 과정을 반복하고 있는 현실이 우리로 하여금 해방의 진정한 의미를 거듭 되새기게 하고 있습니다. 일제하 그 캄캄한 암흑 속에서 우리 민족이 한결같이 소원했던 해방과 독립은 이민족의 굴레로부터 벗어남은 물론, 민족이 모두 함께 탄압과 수탈이 없이 인간답게 살 수 있는 민족, 민주국가 사회의 건설에 진정한 의미와 목적이 있었던 것입니다. 그러나 우리는 해방 후 국토와 민족의 분열이라는 아픔과 동족상잔이라는 비극을 맛보아야 했습니다. 이것이 8·15가 우리 민족성원 모두의 축제가 되지 못하게 한 빌미가 되고 있습니다.

해방 후 남쪽에서는 민족정기는 간데없이 친일 민족반역자들까지 민중 위에 군림하여 자유당 백색독재를 이룩하다가 마침내 4·19학생혁명으로 붕괴되어 비로소 민족정기와 존엄, 그리고 인간다운 삶을 위한 민주주의에의 전망이 섰지만, 5·16군사쿠데타로 민주주의에의 희망은 차단되고 같은 민족에 의한 억압이 계속되어 왔습니다.

일제 36년의 절반에 해당되는 18년간의 장기독재에 이 나라 국민은 신음하여 왔습니다. 1979년의 10·26사태로 오랜 억압의 세월이 가고 민주화의 밝은 날이 다가오는가 싶더니 80년 5월 27일의 군사쿠데타로 우리 국민은 또 다시 동족의 독재정권에 짓밟혀야 했습니다. 저 처참했던 광주의거는 민족분단 후 이 민족이 겪은 최대의 수난이었고, 그것이 동족에 의한 것이었다는 데서 유린과 국민탄압의 역사가 해방 이후의 역사를 축제의 역사로 되지 못하게 하고 있습니다.

이민족의 탄압에 못지않은 독재 권력에 의한 민중탄압이 계속되는 상황 속에서 우리 국민은 진정한 해방의 기쁨과 그 의미를 확인할 수 없었던 것입니다. 그뿐만 아니라 우리를 지배하고 탄압했던 일제는 지금도 이 땅을 활보하고 있으며, 그들의 지지와 지원으로 독재권력의 자기 유지를 획책하는 세력이 우리를 지배하고 있습니다. 해방의 의미가 의도적으로 축소되고 퇴색되는 원인과 독재 권력의 성격과는 이와 같은 함수관계에 있는 것입니다.

친애하는 국민 여러분.

치욕의 역사는 일제 36년으로 끝난 것이 아니라 해방 후 38년 동안 계속 되고 있습니다. 인간의 기본적 인권과 자유, 인간다운 삶이 보장되는 사회를 우리의 손으로 건설하지 못하는 한 우리는 진정한 해방을 결코 맛볼 수 없는 것입니다. 그런 의미에서 민족의 해방과 독립을 위한 투쟁은 지금도 계속되어야 하고 또한 계속되고 있는 것입니다. 민주화투쟁은 바로 민족의 해방을 위한 투쟁 그 자체이며 그것을 완결하는 투쟁입니다.

우리는 독재 권력의 민중에 대한 탄압이 그 질이나 양에 있어 일제시대보다 더하다는 얘기를 듣는 경우가 많습니다. 일제가 우리 민족을 탄압하기 위해 동원하였던 법과 제도와 그 수법이 오늘의 독재 권력에 의하여 그대로 재현되고 있으니 그 말이 결코 과장이나 거짓이 아닌 것입니다. 권력의 획일성과 국민에 대한 추종의 강요가 그러하며 국민에 대한 기만정책이 또한 그러합니다. 자유와 정의와 진리를 외치는 사람들에 대한 탄압이 그러하며 농민소외 정책과 근로자와 노동운동에 대한 억압이 또한 그러합니다. 일제의 민중탄압의 체제와 동족 독재 권력의 그것을 비교 연구한다면 아마도 그 내용과 수법이 동일한 데 놀라지 않을 수 없을 것입니다.

여기에 우리의 민주화투쟁이 민족의 해방과 독립을 위한 투쟁의 연장선 위에 서 있어야 할 까닭이 있습니다. 우리의 민주화투쟁은 독립과 해방을 위한 투쟁이 민족을 위한, 민족에 의한, 민족을 위한 전체민족의 투쟁이어야 했듯이 전체국민의, 국민에 의한, 국민을 위한 투쟁이 되어야 하는 것입니다. 오직 민족의 해방과 독립이 우리 민족의 절대적인 목표였던 것과 마찬가지로 민주화 그 자체가 투쟁의 목표요 대안인 것입니다.

독립운동가들의 해방과 독립을 위한 투쟁이 자신을 버리고 더 큰 나, 즉 민족과 나라를 위해 자신을 바치는 투쟁이었듯이 우리의 민주화투쟁도 나를 버리고 조국의 민주주의를 위해 자신을 던지는 투쟁이어야 합니다. 민주주의를 위해서는 나 자신을 버리고, 나의 모든 것, 나의 욕망, 나의 생명까지도 던질 수 있어야 합니다.

민족의 독립을 위해서는 전체민족이 하나가 되어 투쟁하여야 했듯이 민주주의를 위한 투쟁에서 우리는 혼연일체 하나가 되어야 합니다. 해외투쟁과 국내투쟁이 하나가 되어야 하며, 또한 국내와 해외에서 하나가 되어야 합니다. 독재 권력에 의하여 희생당하고 있는 모든 사람들의 고통을 나의 것으로 해야 하며, 그 고통을 기꺼이 떠맡아 지거나 나누어 져야 합니다. 우리는 자기희생과 헌신적인 이해와 긍휼히 여기는 정신을 통하여 올바른 도덕성으로 하나가 되어야 합니다.

민족의 독립과 해방이 어느 누구의 도움보다도 바른 민족성원 자신의 주체적인 힘으로 쟁취되어야 하듯이 우리의 민주화투쟁도 오직 우리의 창조적인 민주역량으로 이룩하는 것이어야 합니다. 세계의 양심이 우리를 지원할 것이나 그것은 보완적인 것일 뿐, 이

나라의 민주화를 이룩하여 인간다운 삶의 터전을 만들 수 있는 것은 바로 우리 자신뿐임을 명심해야 할 것입니다. 민주투쟁의 승리의 날에 우리는 민주투쟁에서 숨지거나 자신의 모든 것을 던진 사람들을 민족의 해방과 독립을 위해 투쟁했던 애국선열들의 반열에 올려놓아야 할 것입니다. 앞으로 이룩될 민주주의는 민주주의를 위해 싸웠고, 싸우다 죽어간 모든 사람들의 피나는 고통 위에서 이룩되는 것이 될 것입니다. 이 모든 것이 우리의 확고한 신념이 되고 몸에 밴 덕성이 되어야 합니다.

친애하는 국민 여러분.

우리는 이와 같은 원칙 위에서 독재 권력에 결연히 맞서야 합니다. 현 독재정권은 입으로는 민주를 말하나 뒷전으로는 자신들의 권력의 강화와 영구화를 획책하고 있습니다. 그들은 겉으로는 화합을 말하나 속으로는 분열을 음모하고 있습니다. 그들은 앞에서는 정의를 말하나 뒤로는 엄청난 불의와 부정을 자행하고 있습니다. 장영자 사건이나 삼보증권 사건, 그리고 권력 주변에서 일어나고 있는 불의와 부정이 그것을 말해주고 있습니다. 최근의 대형 사건·사고들의 폭력성이나 잔인성은 목적을 위해서는 수단과 방법을 가리지 않는 현 정권의 속성과 깊은 연관이 있습니다.

그들은 오직 권력의 유지를 위해서만 존재하고 거짓과 폭력으로 지탱하며 독선과 불의로 자신들의 특수한 이익만 도모합니다. 그들은 권력의 유지를 위해서라면 어떠한 일도 저지를 수 있는 비이성적 집단이며, 반민족·반민주 집단인 것입니다. 현정권은 유신체제하에서 민중을 탄압했던 중추세력으로 구성되어 있습니다. 그들에게서 권력의 장악과 유지에만 그 목적이 있을 뿐 나라의 안보도, 국민의 안전도, 나라의 위신과 민족의 존엄도 그들의 안중에는 없습니다.

우리의 민주화 투쟁이 결코 정권투쟁이 아니라 민주구국의 투쟁이 될 수밖에 없는 것도 이같은 현 정권의 성격에서 연유하는 것입니다. 지금 나라와 겨레의 운명과 존엄은 독재정권 아래서 전례 없는 위기를 맞고 있습니다. 이러한 위기의 절정에서 과연 우리가 할 수 있는 일이 무엇인지에 대하여 각자 냉철한 반성과 점검이 절실히 요청되는 것입니다.

정치인 여러분.

우리는 얼마나 오랫동안 국민의 기본권과 자유가 숨쉬는 민주주의를 갈망하여왔습니까. 진실로 나라와 겨레의 운명을 걱정하고 국민의 아픔을 같이하고자 한다면 현정권의 자기 합리화를 위해 분배된 특권에 편승하여 안일을 탐하고, 자신의 양심을 팔거나 속여서는 안될 것입니다. 어떠한 입장, 어떠한 상황 속에서도 민주주의자로서의 늠름한 정치인의 모습을 보여주어야 할 것입니다. 현 정권이 강요하고 있는 그 규격과 틀로부터 탈출하여 민주화를 향한 시대적 사명에 함께 합류하여야 할 것입니다.

민주주의가 움직일 수 없는 우리들의 신념이요, 사명이며, 시대적 요청임을 군사독재 권력의 눈과 귀로 하여금 똑똑히 보고 들을 수 있도록 외쳐야 합니다. 나의 침묵이 독재 권력에 굴종이 되고, 그것이 자손만대에 걸쳐 자신의 치욕이 된다는 사실을 똑똑히 기억합시다. 독재적이며 비민주적인 규범, 예컨대 정치풍토 쇄신에 관한 특별조치법 같은 것에 얽매여서는 안됩니다. 그 법은 정의와 양심에 반하는 소급입법이며 그것이 반민주주의적인 것은 유신독재 아래 고난을 겪었던 수많은 동지들, 즉 애국적 민주인사들이 피규제의 대종을 이루고 있는 것으로도 충분히 증명되는 것입니다.

지금 여러분은 정의와 양심의 편에 서느냐, 아니면 불의와 폭력의 편에 서느냐 하는 준엄한 선택의 기로에 서 있습니다. 민주주의를 갈망하는 국민과 함께 자랑스러운 역사의 편에 서주시기 바랍니다.

언론인 여러분.

여러분은 언제부터인가 관제언론의 하수인으로 전락하였습니다. 여러분은 한 마디 정의의 목소리를 싣지 못하며 사회의 구석구석에서 들려오는 민중의 신음소리를 취재하지 못합니다. 한마디로 진실을 기록하지 못하고 있습니다. 그리하여 민주주의와 정의와 양심을 외치는 사람들 앞에서 여러분은 주눅 들어 있습니다. 그러나 여러분과 우리를 갈라놓은 것은 독재 권력이지 여러분 자신이 아닙니다. 우리는 그것을 압니다. 그렇다고 여러분의 책임이 면제되는 것은 아닙니다. 자유언론은 그것을 실천하고 지키려는 사람들의 끈질긴 집념과 투쟁과 자유언론에 대한 신앙으로써만 가능합니다.

자유언론을 스스로 실천하고 쟁취했을 때만 여러분은 양심의 평화를 얻을 수 있을 것입니다. 또한 비록 쓰지는 못하더라도 고통 받는 형제들이 있는 곳에 항상 여러분의 모습이 있어 여러분의 취재 수첩으로 뒷날 역사의 증언을 할 수 있도록 준비해야 할 것입니다.

법관 여러분.

최근 민주주의를 외치는 정의로운 학생들에 대하여 중형을 선고하고 선량한 학생과 시민을 국가보안법 위반으로 단죄하는 여러분의 마음이 결코 평안치 못하다는 것을 잘 압니다. 여러분의 아픔에 앞서 시대의 아픔과 피고인들의 통분이 있다는 것을 알아야 합니다. 사법권의 독립은 모든 유혹과 위험을 극복하고 정의에 따라 판결할 때 비로소 수호되는 것입니다. 정변이 있거나 정권이 바뀌어도 의연히 흔들림 없이 존재하는 사법부이기를 바랍니다. 그러나 그렇게 될 수 있게 하는 것은 여러분이 정의롭게 사법권을 보위하고 법의 존엄과 정의를 스스로 지킬 때 비로소 가능한 것입니다.

친애하는 국민 여러분.

민주주의만이 이 나라를 위기에서 구해 줄 수 있습니다. 민주주의의 실현만이 갈라진 민족이 함께 합쳐지는 통일로 가는 길입니다. 이산가족의 만남이 슬픔으로 끝나는 것이 아니라 환호로 끝나기 위해서는 한국의 민주화를 통해 통일을 앞당기는 길이 있을 뿐입니다. 관제 공산주의자가 만들어져 남편과 아내가, 자식과 아버지가 헤어져야 하는 비극이 지금 이 순간도 속출하고 있습니다. 법정과 감옥에 가보면 그 슬픈 참상이 거기에 벌어지고 있는 것입니다.

민주정부를 수립함으로써만이 농민과 근로자가 소외되고 억압받지 않는 나라의 경제를 이룩할 수 있습니다. 가진 사람과 없는 사람의 위화감과 분열을 없게 할 수 있습니다. 민주체제 아래서만이 학생들과 노동자와 농민이 인격적 주체로서 자신의 권익을 주장하고 발양할 수 있습니다.

민주주의를 실현시킴으로써만이 나라의 위신과 민족의 존엄을 국제사회에서 회복시킬 수 있습니다. 불의하고 부도덕한 정권은 남에게 얕보일 뿐만 아니라 국제사회에서 부정과 불의를 저지르게 되는 것입니다. 지금도 계속되고 있는 쌀 도입과 관련된 추문이 그것을 밑받침하고 있습니다.

유신정권 이래 국제사회에서 저질러지고 있는 추태로 인하여 한국국민이 국제사회에서 얼굴을 들 수 없는 것도 바로 독재정권의 현실적 존재로 인한 것입니다.

민주화로써만이 이 사회에, 지역에 내재하는 모든 불균형과 그릇된 감정을 씻어낼 수 있습니다. 오직 민주화로써만 화해의 정치를 이룩할 수 있고 사랑의 사회를 건설할 수 있습니다. 민주화로써만 교육의 비인간화가 시정되고 야만적 고문이 영원히 청산될 것입니다. 민주화를 통해서만 자유·정의·진리·양심을 지키는 모든 사람들의 고통이 치유될 수 있으며, 삼켜졌던 말을 되찾아 인간답게 말하고 살 수 있습니다.

우리의 민주화투쟁의 제일의 과업은 어떠한 법률로 처벌되었건 모든 정치범과 양심범의 석방과 복권, 제적된 학생과 교수의 복학과 복직, 유신시대 이래 언론계에서 타의로 추방된 모든 언론인의 복직과 통폐합된 언론의 원상회복과 언론 자율성의 회복, 그리고 정치활동 규제에 묶여 있는 모든 정치인과 민주시민이 자유스럽게 정치활동을 할 수 있도록 하는 일입니다. 또한 소위 국가보위 입법회의에서 제정 또는 개정된 반민주적 악법 및 유신체제 이래의 독재적 법률의 철폐와 개정을 이룩하는 일입니다.

우리는 이러한 민주화와 동시에 헌법을 국민적 합의에 따라 개정, 자유로이 선거를 통하여 국민에 의한, 국민의 정부를 선택하고 구성할 수 있어야 합니다. 비록 독재의 사슬에 묶여 있어 오늘의 현실이 암담한 것처럼 보이지만, 전체 다수 국민이 뜻을 다하고 마음을 다하여 민주화를 향하여 단결하여 투쟁한다면 우리는 이러한 민주화의 과업을 이룩할 수 있습니다. 하느님의 정의와 세계와 인류의 양식이 우리와 함께 있으며, 역사와 진리가 또한 우리와 함께 있습니다.

지금 이 시점에서 제일 두려워해야 할 것은 독재와 억압 그 자체가 아니라 민주화에 대한 우리의 희망을 포기하는 일입니다. 내일에의 꿈이 없는 민족은 가장 불행한 민족입니다. 우리는 확고한 신념으로 민주조국에의 희망과 튼튼히 결합되어 있어야 합니다. 민주주의를 위해 하나 되고 그 희망으로 뭉친다면 우리는 마침내 이 땅에 모두의 환호 속에 민간정부를 우리의 손으로 세우게 될 것입니다. 억압은 전멸되고, 우리 모두는 새로운 민주적 인간상으로 구원될 것이며, 이 나라와 국민은 모든 세계인들의 선망과 찬탄의 표적이 될 것입니다.

그것이 민족해방과 독립을 위한 투쟁을 오늘에 다시 계승시키며, 그것을 완성하여야 하는 시대적 사명에 부응하는 일이 될 것입니다. 우리 국민은 이미 이승만 정권이나 박정희 정권과 같이 민주주의에 대한 국민의 염원을 배반한 독재정권을 결코 용납하지 아니한 민주역량을 가진 국민입니다. 이같이 자랑스런 국민 앞에 우리는 정치인으로서 부끄러운 마음 금할 길이 없습니다.

1980년 봄 온 국민이 한결같이 열망하던 민주화의 길에서 우리는 당시 야당 정치인들로서 하나로 되는 데 실패함으로써 수백수천의 민주국민이 무참히 살상당하는 사태에 이르게 되고, 계속 국민의 수난이 연속됨은 물론 민주화의 길을 더욱 멀게 한 사태를 막지 못한 데 대한 책임을 면할 길 없습니다. 이제 국민 앞에 자책과 참회의 뜻에서, 그리고 온 국민의 민주화에 대한 열망 앞에서 우리 두 사람은 백의종군하는 자세로 하나가 되어 손잡고 우리 민족사의 지상과제를 향하여 함께 나아가려 합니다.

국민 여러분. 우리들의 부족하였음을 너그러이 용서해주시고 여러분의 민주전열에 전우로 받아주시기 바랍니다. 우리 두 사람은 오로지 국민의 한 사람으로서, 국민과 함께 그 뜻을 받들어 민족과 민주제단에 우리의 모든 것을 바칠 것을 엄숙히 맹세하는 바입니다. 그 성스러운 싸움과 승리의 현장에서 뜨겁게 만납시다. 우리는 승리할 것입니다.

(워싱턴에서 김대중, 서울에서 김영삼)

2) 노동자 연대투쟁 늘고 대학생들의 현장 취업·동참도 활발

(1) 대학생 300명 민정당사 점거농성, '반민주 악정' 비판, 중단 촉구

1984년 11월 14일 대학생 3백여 명이 종로구 안국동 소재 민정당 중앙당사에 들어가 농성을 시작했다. 5공정권 이래 처음 있는 학생들의 집권당사 점거농성사태였다.

학생들은 전투경찰의 삼엄한 경비를 뚫고 민정당사에 들어가 농성을 시작하면서 「우리는 왜 민정당을 찾아왔는가」라는 성명서를 발표하고, 민정당이 12·12, 5·17쿠데타 이후 일당독재체제를 제도적으로 확보하고, 567인의 정치인을 '정치풍토쇄신법'으로 규제한 상황에서 창당한 1.군부세력 중심의 군사정당 2.독자적 정치역량 및 정치사상 부재 3.물리력과 금력에 의한 급조정당 4.대중성 결여 5.철새정치인 집합소 6.소수의 지배정당 7.폭력정권의 합법적 외피로서 '의회민주주의 위장물'이라고 비판하면서 해체를 요구했다.

일부 대학생들이 민정당사에 진입한 사실이 알려지면서 각 대학과 학생단체들은 일제히 이를 지지하는 성명을 발표하고 지원농성을 벌였다. 또 민주화운동청년연합과 한국기독교교회협의회 인권위원회 등도 학생들의 주장을 지지하면서 구속학생들의 석방을 요구했다.

민정당사에 들어간 학생들은 권익현 대표와의 대화를 요구했지만 민정당은 이들을 '폭도'라 칭하며 경찰에 무력진압을 명령했다. 이에 따라 다음날 새벽 4시 30분 수백 명의 경찰이 당사의 벽을 부수고 최루탄을 난사하며 무력진압을 감행해 20여분간의 난투 끝에 농성학생 전원을 구속했다.

◎ 우리는 왜 민정당을 찾아왔는가?

민정당은 작금의 학생운동이 이 땅의 참된 민주주의의 실현을 위해 사회의 아픔을 대변하려는 대다수 학생의 지난한 몸부림임에도 불구하고, '소수' '극렬'로 매도하면서 독재정당 구축의 정치적 희생물로 악용하고 있다. 그것은 그들이 국민적 지지 없이 물리적으로 등장한 독재정당으로, 다가오는 총선을 앞두고 또한번 이 땅에 암울한 민주주의의 죽음을 장기화하려는 음모의 일환이다.

지난 11월 3일 우리 민주화투쟁 학생연합(이하 민투학련)은 이 땅의 암울한 현실이 전두환 독재정권과 독재정당인 민정당에 의해 자행되는 민주·민족의 탄압에 근거하고 있음을 직시하고 학생들이 민주화투쟁의 결집체로 민투학련의 창립을 선언한 바 있다.

이제 우리는 한걸음 더 나아가 이 땅의 참된 민주주의를 짓밟고 있는 민정당에 그 모든 책임을 묻고자 한다.

① 노조탄압 중지하고 노동악법 개정하라

이미 우리 민투학련은 이 땅의 노동자의 대다수가 기본급 10만원도 채 못되는 월급으로 주린 배를 채우는 뼈아픈 노동현실을 위한 긴급한 대책으로 최저임금제 실시, 즉각적인 임금인상, 노조탄압중지 등 노동삼권 보장 등을 요구한 바 있으며, 대우 어패럴, 협진전자, 유니전자 등에서 자행된 무자비한 폭력적 탄압과 음해공작 등의 노조탄압을 즉각적으로 중지할 것을 요구한 바 있다.

"우리는 기계가 아니다" "근로기준법을 준수하라"는 피맺힌 외침과 더불어 전태일 열사가 우리 곁을 떠난 지 어언 14년! 세계 최장 노동시간(주당 53.7시간), 10만원 미만의 임금, 산업재해가 빈발하는 노동환경 등은 주지의 사실이며, 무엇보다도 피로 물들여진 청계피복노조 합법성 쟁취대회와 민한당사에서 노조를 지키려고 절규하던 대우 어패럴 노동자들의 한맺힌 분노에서 절감할 수 있지 않은가. 그럼에도 감히 '이념정당" 책임정당'을 자처하던 정당은 이 땅의 노동현실을 위해 한 일이 무엇인가? 얼마나 큰 고통에서 처절하게 시달렸기에 노동자들이 절규하며 민한당사로 달려갔을까? 민정당은 책임정당은 커녕 국회가 국민의 대변자가 되는 최소한의 참된 민주주의를 부정하는 반민중적 독재정당임을 이제 또다시 명백히 드러낸 것이 아닌가?

② 파쇼 악법 폐지하고 전면해금 실시하라

대부분의 정치인들은 총칼의 위협 속에서 정치피규제자로 묶어둔 채 등장한 군부 외생정당 민정당은 다가오는 총선을 앞두고까지 '선거일정' '해금' '선거제도'등의 조작을 통해 희대의 조직적 부정선거를 꾀하고 있다. 비중 있는 정치인들을 정치규제에 묶어두고 있는 작금의 상태에서 어찌 생존권 요구와 민주화 요구가 총선을 통해 실현될 수 있겠는가. 게다가 표현의 통로를 막고 있는 언론기본법, 민주적 표현단체의 결성을 막고 있는 집회 및 시위법, 국민의 의사와 상관없이 여당에게 동반당선과 안정선 확보를 위한 전국구 2/3부여 등 잘못된 선거법 등의 제반 반민주적 장애가 존재하는 가운데 어찌 총선을 통한 민주화에 실낱같은 희망이라도 걸 수가 있겠는가?

감히 '정권창출 정당'을 자칭한 민정당이 경찰·군부의 물리력과 집권정당이라는 이점에도 불구하고 전면 해금 없이 총선을 치르려는 것은 자신들의 국민적 지지의 전무함을 두렵게 의식하며 독재정당을 구축하려는 음모에 다름 아니지 않은가! 더욱이 이제 막 군복을 벗은 군부 내 실력자를 당내의 불협화음에도 불구하고 낙하산식 공천을 강행하는 것은 민정당이 군부 정치 개입의 통로임을 확증하는 것은 아닌가?

집권 4년간 민정당이, 장사건·정래혁 사건 등에서 추악한 부정부패상을 보여준 것 외에 한 일이 무엇인가? 재벌과 외세의 탐학 앞에 민중과 민주를 내던진 것 외에 한 일이 무엇인가! '추곡가격과 임금을 동결'(농민과 노동자 생존권 박탈)시킨 것 외에 한 일이 무엇인가!

③ 학원탄압 중지하고 폭력경찰 물러가라

지난 11월 5일 군부독재정권 퇴진 궐기대회에 참가하려다 불법연행된 학생들 중 서대문 경찰서 등에서 폭력경찰에 의해 민주적인 여학생들이 발가벗긴 채 유방을 주물리는 등 온갖 희롱을 당하고 심지어는 만취된 전경들에 의해 무참히 추행당한 사실은 이 땅의 상아탑의 현주소를 말해주고 있다. 또한 경희대 총장실에서 발견된 문교부의 학원문제 지침서는 시위주동 학생에 대한 탄압과 체육대생의 반시위 테러를 지시한 학원탄압 실상인 것이다.

11월 3일 동대회에 참가했던 정종욱(고대 2학년)군이 식물인간이 되어 기관지 절개로 호스를 통해 겨우 산다. 생명을 유지하면서도 두 눈을 부릅뜨고 참된 민주주의의 실현을 부르짖고 있다. 그가 가슴속에 품고 있는 민주화의 의지를 우리 민투학련은 모든 학생과 함께 공감하며 작금의 반민주적, 반민중적 책임을 독재정당 민정당에게 묻고자 한다.

(2) 「서울노동운동연합」 창립, 외세·군정·재벌의 수탈에 연대투쟁 선언

서울 구로지역 민주노조들이 1985년의 임금인상 투쟁을 통해 상당한 성과를 획득하고 이를 기초로 상호연대 활동 및 전체 노동운동과의 연대를 강화해나가자 정부는 1985년 6월 22일 대우 어패럴 위원장 김준용을 비롯한 노조간부 3명을 구속했다.

이에 효성물산·청계피복 등의 노동조합이 연대투쟁에 돌입하여 24일부터 5일간의 파업기간 동안 7천여 명의 노동자가 참가했고, 36명이 구속, 1천명 이상이 해고 강제사직당했다. 구로연대파업을 계기로 정부의 노동조합 탄압에 직면하여 노동조합활동이 한계에 부딪히게 되었다.

이런 상황에서 서울노동운동연합(서노련)이 8월 25일 결성되었다. 구로지역 해고노동자 그룹인 구로지역 노조민주화추진위원회, 구로동맹파업 당사자인 연투그룹, 경인지역 노동운동가들이 결성한 노동운동 탄압저지투쟁위원회, 청계피복노조 등 4개 조직의 연합체로 출범했다. 위원장에 민종덕, 지도위원에 김문수를 임명하여 출범한 서노련은 '노동자가 주인이 되는 사회건설' 등의 구호를 내걸고 최초의 정기적 지역노동자 정치신문인 『노동자신문』을 발행하는 한편, 전국노동자 삼민헌법쟁취 투쟁위원회를 구성, 삼민헌법쟁취투쟁을 전개했다.

서노련은 또 전학련과 공동으로 노동자들의 정치투쟁에 참가했다. 정부가 좌경단체로 규정, 간부들을 대량 구속함으로써 서노련은 와해되었다.

○ 서울노동운동연합 창립선언문

우리는 오늘 노동자가 우리 민족의 역사를 창조하는 진정한 주인이며, 노동자가 억압받지 않는 사회를 건설하는 것이야말로 노동운동의 궁극적인 과제임을 선언한다.

그러나 지난 70여년 동안 일본 제국주의 침략과 독재정권의 탄압으로 노동자의 생존권은 철저히 유린되어왔다. 특히 80년 광주민중의 민주화투쟁을 짓밟고 올라선 군사독재정권은, 외세를 등에 업고 독점재벌과 결탁하고 '농산물수입정책'과 '임금동결정책'을 강행함으로써 이 땅의 노동자 · 농민을 절망 속으로 몰아넣고 있다.

지난 70년대를 돌이켜볼 때 우리의 선배 노동자들은 민주노조를 통하여 생존권 요구 투쟁을 전개해왔으나 개별사업장 단위의 투쟁을 통해서는 독재정권의 폭압을 이겨낼 수 없었다.

이러한 한계를 극복하기 위하여 지난 2년간 우리들은 노동악법의 테두리를 과감히 벗어나서 청계피복노동조합을 복구하였으며 노동운동 탄압저지 투쟁위원회와 구로지역 노조민주화 투쟁위원회연합을 결성하여 연대투쟁의 새로운 가능성을 제시하였다.

대우 어패럴을 중심으로 한 6월 노동자 연대투쟁은 우리 노동자들이 각성하여 단결될 때 얼마나 큰 힘을 발휘할 수 있는지를 실천적으로 확인하는 중요한 계기가 되었으며, 어떠한 합법적인 민주노조도 용납되지 않는 현재의 탄압상황 아래서는 새로운 형태의 대중조직을 건설하지 않고서는 노동운동의 궁극적인 목표를 실현할 수 없다는 사실을 철저히 깨닫게 하였다.

이에 우리는 서울노동운동연합의 결성을 통하여 모든 민중 · 민주운동세력과 굳건히 연대하여, 이 땅의 1천만 노동자에게 부과된 역사적 책무를 수행하고자 한다.

2. 군사정권을 끝장내게 한 「박종철 고문치사 사건」

1) 남영동 대공분실 극악무도한 물고문, 죽여놓고 숨기다 들통

1987년 1월 14일, 서울 남영동 치안본부 대공분실에서 수사관들의 조사 중 물고문을 받던 서울대 언어학과 3학년 박종철이 목숨을 잃는 사건이 터졌다. 이 「박종철 고문치사 사건」은 호헌을 통해 장기집권을 기도하던 전두환에게 치명상을 입히면서 6월민주항쟁의 기폭제가 되었다.

(1) 조국의 자주·민주화와 근로민중 고통 해결에 동참하던 선량한 청년

박종철은 1984년 봄 서울대에 입학한 뒤 동아리와 농촌활동 등을 통해 사회의 모순에 눈을 뜬 청년이었다. 그는 1985년의 「미문화원 점거 농성 사건」 당시 농성 학생들을 지원하는 가두시위에 참여했다가 구류를 살았고, 1986년 4월에는 「청계피복노조 합법성 쟁취를 위한 대회」에 참가해 시위를 함께 했다는 혐의로 구속되어 1심에서 징역 10개월에 집행유예 2년을 선고받고 7월 15일에 출소했다.(김종철 『촛불혁명의 뿌리를 찾아서』 썰물과밀물 2017)

박종철은 1987년 1월 14일 또다시 대공분실로 연행되었는데, 수사관들은 1985년 10월의 민추위 사건으로 수배 중이던 서울대 선배 박종운의 소재를 대라고 강요했다. 박종철이 계속 "모른다"고 대답하자 5명의 수사관은 옷을 벗기고 물이 가득 채워진 취조실 안의 욕조로 그를 끌고 갔다. 그들은 수건으로 박종철의 두 손과 두 발을 결박한 다음 겨드랑이를 잡고 등을 누른 상태에서 머리를 물 속에 넣었다가 빼는 물고문을 되풀이했다. 그렇게 모진 고문을 받으면서도 박종철은 박종운이 어디 있는지 모른다는 답변을 반복했다. 그러자 수사관들은 결박당한 그의 다리를 들어 올린 채 물속에 머리를 집어넣었다. 그 과정에서 욕조의 턱에 목이 눌려 박종철은 숨을 쉬지 못하고 말았다.

박종철이 숨을 쉬지 않자 수사관들은 그를 부근에 있는 중앙대 부속병원 응급실로 데려갔지만 이미 숨을 거둔 상태였다. 나중에 밝혀진 사인은 경부압박이었다. 식민지 백성 학살하던 일제에 충성한 박정희 일당이 조국의 동포형제를 사정없이 학살하더니 그의 후배들 역시 착하고 정의로운 청년들만 골라서 때려 죽였다.

1월 14일 오후 7시 40분, 남영동 대공분실 경찰 간부 2명은 박종철의 주검을 유족한

테 인계할 때 필요한 서류를 들고 서울지검 공안부장 최환을 찾아갔다. 변사 사건으로 묵인해 달라고 요청하기 위한 것이었다. 그러나 단순한 쇼크사라는 경찰의 주장을 믿지 못한 최환은 관할 용산경찰서에 "변사사건에 관해 상세히 보고하라"고 지시했다.

경찰은 사체 부검을 위환 압수수색 영장을 제시했음에도 불구하고 시신을 내놓지 않으려고 버텼다. 최환이 끈질기게 설득하자 경찰은 "사체 부검을 경찰병원에서 하자"고 주장했고, 결국 한양대 부속병원에서 국립과학수사연구소 법의학과장 황적준이 부검을 하게 되었다. 검사 안상수, 한양대 부속병원 의사 박동호가 배석하고, 박종철의 삼촌 박월길이 입회했다. 부검을 마친 황적준은 '물고문 도중 질식사한 것으로 보인다'는 소견서를 제출했다. 그러자 경찰은 부검 감정서에 사인을 심장마비로 써달라고 회유와 협박을 거듭했다.

전두환 정권이 언론을 극심하게 탄압하던 시기였지만 석간 중앙일보 1월 15일 자 사회면에는 '경찰에서 조사받던 대학생 쇼크사'라는 기사가 2단으로 실렸다. 이 기사가 중앙일보에 나가게 된 것은 우연과 기자의 재빠른 취재 덕분이었다. 이 신문의 법조출입기자 신성호는 15일 오전 10시쯤 출입처인 서울 서소문동 검찰청에서 기삿거리를 찾으려고 한 검찰 간부의 방에 들렀다. 그 간부는 책상 옆에 서 있는 그를 향해 "경찰들 큰일났어"라고 혼잣소리처럼 말했다.

6년째 법조를 출입하고 있던 신성호는 뭔가 심상치 않은 사건이 일어났음을 직감하고 "그러게 말입니다. 요즘 경찰들 너무 기세등등했어요"라고 맞장구를 쳤다. 검찰 간부는 "그 친구 대학생이라지, 서울대생이라며?"라고 반문했다. 서울대생이 경찰에서 조사를 받다 사고를 당했다고 직감한 신성호는 "아침에 그렇다고 들었습니다"라고 말했다. "조사를 어떻게 했기에 사람이 죽는 거야. 더구나 남영동에서…" 신성호는 『6월항쟁을 기록하다』 3권의 「검찰출입기자의 특종」에서 다음과 같이 설명했다.

사건의 윤곽이 잡히는 순간이었다. (…) 더 이상 그 간부의 방에 앉아 있을 수가 없었다. 충격적인 사건 발생을 회사에 보고해야 했고, 인적사항 등 추가 취재가 필요했기 때문이다. 곧바로 회사 데스크에 1차 보고를 했다. 사회부가 발칵 뒤집혔다. 치안본부와 서울대 등 출입기자에게도 은밀하게 이를 확인하라는 데스크의 지시가 떨어졌다.

중앙일보에 이 기사가 나가자 경찰은 사건 경위를 밝히지 않을 수 없었다. 치안본부장 강민창은 16일 오전 기자회견을 통해 이렇게 발표했다.

"1월 14일 오전 8시 10분쯤 서울 관악구 신림동 하숙방에서 연행하여 오전 9시 16분께 아침으로 밥과 콩나물을 주니까 조금 먹다가 어젯밤 술을 많이 먹어서 밥맛이 없다고 냉수나 달라고 하여 냉수를 몇 컵 마신 후, 10시 51분께부터 신문을 시작, 수사관이 박종운 군의 소재를 묻던 중 책상을 '탁' 치며 추궁하자 갑자기 '억' 하고 쓰러져 중앙대 부속 병원으로 옮겼으나 12시쯤 사망하였음."

(2) 경찰의 고문치사 은폐와 언론의 진상 추적

박종철이 물고문을 받다가 숨이 끊어진 직후 중앙대 부속병원 의사 오연상은 간호사와 함께 남영동 대공분실로 불려갔다. 그를 데리고 간 수사관은 "꼭 살려야 한다"는 말만 거듭했다. 그들이 도착한 곳은 5층 9호 취조실이었다. 물이 흥건히 고인 바닥에 누워 있는 청년을 에워싸고 수사관 여러 명이 허겁지겁 인공호흡을 하고 있었다. 오연상이 검진해 보니 청년은 이미 사망한 상태였다. 16일 오전 경찰은 박종철의 주검을 아버지 박정기에 인도한 뒤 회유와 협박을 통해 경기도 벽제에서 화장하도록 했다.

중앙일보가 박종철 고문치사 사건을 쇼크사로 보도한 뒤 집중취재에 나선 동아일보는 1월 16일 자사회면에서 박종철이 고문당한 정황을 구체적으로 밝혔다. 같은 날짜 사설인 「조사받던 대학생의 죽음」은 가혹 행위의 가능성에 무게를 두면서 진상과 책임을 가리라고 요구했다.

박종철 고문치사 사건의 진상을 더 이상 감출 수 없게 되자 전두환 정권의 관계 부처 장관들과 유관기관 책임자들은 1월 17일 관계기관 대책회의를 열었다. 그 회의에서 경찰이 자체 조사를 하도록 맡긴다는 결정이 나왔다. 내무부와 치안본부가 자체 조사를 강하게 요구한 것을 그대로 받아들인 처사로 고양이에게 생선가게를 맡긴 셈이었다.

경찰은 18일 자체 조사를 시작했다. 치안본부장 강민창과 치안감 박처원은 19일 요식적인 절차를 거쳐 마무리된 조사 결과를 발표했다.

"자체 조사 결과 박종철이 수사 과정에서 물고문을 당하던 중 질식사망했다."

강민창은 '수사관들의 지나친 의욕 때문에 빚어진 일'이라는 것을 거듭 강조했다. 경찰은 그날 오후 박종철 고문치사 혐의로 경위 조한경과 경사 강진규를 구속했는데, 5명이 그 사건에 관련되었는데도 두 사람만 구속함으로써 진상을 은폐하려 한 것이다. 그들을 수감하는 과정 또한 국민의 공분을 사기에 충분했다. 경찰은 호송용 승합차 안에 두 사람과 똑같은 방한복을 입은 경관 10여 명을 앉혀 놓음으로써 누가 조한경이고 누가 강진규인지 모르게 하는 꼼수를 부렸던 것이다.

동아일보는19일자 1면 머릿기사에서 「물고문 도중 질식사, 서울대 박종철 군 사망 사건 발표」를 통해 사건 내용을 자세하게 보도했고 2, 3, 5, 10, 11면에도 관련기사를 실었다. 또 사설 「고문경관과 구상판결」은 가해자에 대한 책임가중의 정당성을 지지함으로써 고문근절을 강조했다. 동아일보는 1월 20일자에도 1면 머리기사를 포함해 2, 3, 4, 6, 7면에 관련 사설과 기사를 신는 등 고문치사 사건에 관심을 쏟았다. 동아일보가 박종철 고문치사 사건의 진상을 적극적으로 보도하자 다른 언론 매체들도 경쟁적으로 기사와 논설을 내보냈다. 전두환 정권은 뜻밖의 사건으로 심각한 정치적 위기에 부닥치게 된 것이다. 2월 7일 내무부장관 김종호와 치안본부장 강민창은 그 사건에 책임을 진다며 사임했다.

박종철 고문치사 사건은 계속 소용돌이를 일으켰다. 야당과 재야단체는 정확한 사인과 진상규명을 요구하며 농성을 하는가 하면 추모집회를 열었다. 각계 인사 9천여 명으로 구성된 「박종철군 국민추도회」가 2월 7일에 「고 박종철 군 범국민추도회」를 전국에서 열려고 하자 전두환 정권은 7만여 명의 경찰관을 동원해 집회를 원천 봉쇄했다.

(3) 천주교 사제단, 고문치사에 대한 진상 축소와 은폐를 폭로

1987년 5월 18일 밤 8시 30분, 서울 명동성당에서는 「5 · 18광주항쟁 희생자 추모 미사」가 열렸다. 미사가 끝난 뒤 서울 홍제동성당 주임신부 김승훈은 천주교정의구현전국사제단의 이름으로 「박종철 군 고문치사 사건의 진상이 조작되었다」라는 제목의 성명서를 발표했다. 그 내용은 경찰과 검찰이 그동안 밝힌 고문치사의 실상을 완전히 뒤엎는 것이었다. 장문의 성명서 가운데 중요한 대목은 다음과 같다.

① 박종철 군을 직접 고문하여 죽게 한 하수인은 따로 있다.

박종철 군을 죽음에 이르게 한 범인으로 구속 기소가 되어 재판 계류 중에 있는 전 치안본부 대공수사 2단 5과 2계 학원문화 1반장 조한경 경위와 5반 반원 강진규 경사는 진짜 하수인이 아니다. 박종철 군을 직접 고문하여 죽음에 이르게 한 진짜 범인은 위 학원문화1반 소속 경위 황정웅, 경사 반금곤, 경장 이정호로서 이들 진범들은 현재도 경찰관 신분을 그대로 유지하고 있다. (…)

② 범인 조작의 각본은 경찰에 의해 짜여졌고 또 현재도 진행 중에 있다

경찰은 당초 박종철 군이 쇼크에 의한 심장마비로 죽은 것으로 조작, 고문 사실을 은폐하고 조한경 경위에게만 지휘 책임을 묻는 것으로 그치려 했다. 그러나 여론의 빗발치는 진상조사 요구에 의해 고문치사 사실을 인정하면서도 범인만은 계속 조작, 조한경 경위와 강진규 경사에게 덮어씌우고 있는 것이다.(…)

③ 사건의 조작을 담당하고 연출한 사람들

그들은 고문치사사건 직후 직위 해제되었다가 4월 8일 버젓이 복직된 전 치안본부 대공수사 2단 단장 전석린 경무관, 5과장 유정방 경정, 5과 2계장 박원택 경정과 간부 홍승상 경감 등이다. 특히 5과장 유정방 경정은 박종철군 사건 진상 은폐와 사후 처리를 지휘한 장본인이며 현재까지도 이 각본의 집행을 지휘 담당하고 있다.

④ 검찰은 사건 조작의 내용을 알고 있으면서도 밝히지 않고 있다.
⑤ 이 사건 및 범인의 조작 책임은 현 정권 전체에 있다. (…)
⑥ 박종철군 고문치사사건은 그 진상이 다시 규명되어야 한다. (…)
⑦ 조한경 경위와 강진규 경사에 대한 재판은 공개되어야 한다. (…)
⑧ 이 사건 조작에 개입한 모든 사람은 처벌되어야 한다.

강민창 전 치안본부장은 사건 은폐 및 범인 조작에 개입한 흔적이 확실하며, 전·현직 내무부장관, 현 치안본부장의 개입 또는 묵인 여부가 밝혀져야 하며, 검찰 관계자의 묵인도 규명되어야 한다. 또한 해당 기관 담당자와 책임자의 직무유기에 대해서도 응분의 책임이 추궁되어야한다. (…)

천주교정의구현전국사제단이 '박종철 고문치사 사건 진상 조작'에 관한 정보를 폭로하게 한 주역은 당시 영등포교도소에 수감되어 있던 민통련 사무처장이자 동아자유언론수호 투쟁위원회 위원 이부영이었다. 그는 1986년의 5·3인천항쟁을 주도한 혐의로 수배를 당해 10월 하순에 체포되어 국가보안법 위반 등으로 기소되어 재판을 받던 중이었다. 이부영이 서울대 정치학과 동기인 김정남에게 보낸 1987년 1월 23일자 비밀편지에는 놀라운 내용이 적혀 있었다.

「모든 것은 잘 돼 가는 줄 아네. 오늘은 아주 중요한 이야기가 있어 급히 몇 자 적어 보내네. 박군 건으로 구속된 조·강 건은 완전 조작이야. (완전 조작에 밑줄)

1. 조는 그 사건을 일으킨 조의 반장으로 직접 고문살인에는 가담치 않았다가 사건 직후 들어와서 인공호흡으로 살려내려다 실패했지. 그래서 당초 지휘 책임(그것도 심장마비 정도에서)을 질 생각으로 각본에 응했던 것이지. 그랬다가 감찰부, 치본 특수수사대의 수사를 받으면서 외부와 차단되고 대공수사단의 피해를 극소화하는 선에서 속죄양으로 몰렸던 거야. 고문살인한 놈들은 3명인데 따로 있어. (지방 전출) 조의 반장들인 모양이고, 그들의 과장은 유정방이라고 5·15민족상을 탔다고 하더군.

2. 강이란 친구는 조의 반원도 아니고 다른 반에서 징발되어 엉뚱하게 들어왔지. 그는 고문할 때 옆에서 소리가 새어 나가지 않도록 소리를 질러대는 역할을 했다더군.

3. 조가 지금 심경의 변화를 일으키고 있어. 마음이 흔들리는 조를 다잡아 놓기 위해 수사단에서는 유정방 등(5~6명)을 보내 자주 면회를 하여 돈을 몇천만원을 걷어 주고 있다. 파면되었지만 봉급이 그대로 나간다. 복직을 보장한다는 등으로 필사적으로 설득하고 있고 한편으로는 조·강의 가족을 미행·감시하고 있어. 그래서 면회도 토요일 오후에만 하고 있지.

이부영은 3월 1일 김정남에게 다시 비밀편지를 보냈다.

「1. 직접 범인의 이름은 조의 반원으로서 경위 황정웅(40대), 경사 반금곤(40대), 경장 이정호(30대 초), 그들의 과장 유정방 경정, 계장은 홍승상 경감, 이들에 의해 각본이 조작되어 감찰반, 특수수사까지 방조한 것으로 보인다. 아마 검찰 공안부까지 알고 있을 듯.

2. 2월 27일(금) 오후 7~8시 사이에 신창언 부장검사 대신 그 휘하의 안상수 검사가 조(한경)로부터 새로운 사실을 청취. 이 자리에는 교도소 측에서 한 사람도 입회치 못하도록 하고 문을 안으로 걸어잠그고 조사….

3. 조의 심경은 단단한듯. 그는 민주화나 정의의 입장보다는 나름대로 진실을 밝히겠다는 점과 자신의 자식들에게 나중에 미칠 장래의 영향을 걱정하는 모양. 그것은 조직 즉 대공수사단에 대한 배반이 아니라 오히려 그 조직의 건강성을 회복시켜주는 것이라는 입장…. 이후는 당분간 연락을 하지 않겠음. 감시가 어마어마해지고 있음 보안철저. 요.

이부영은 검사 안상수가 조한경을 조사할 때 교도소 측에서는 한 사람도 입회하지 못했다고 편지에 적었으나 나중에 밝혀진 것을 보면 보안계장 안유가 참여한 것으로 드러났다. 안유는 거기서 들은 사실을 교도관 한재동에게 몰래 알려주었다. 교도소 안 공장 담당으로 근무하던 한재동은 1980년대 초부터 알고 지내던 이부영을 퇴근길에 비밀리에 만나 메모지와 볼펜을 주면서 안유에게 들은 사실을 상세히 전해주었다.

이부영은 같은 사동에 있던 고문치사 피의자 2명에게 수시로 들은 사실을 바탕으로 적은 비밀편지를 한재동에게 주었고, 한재동이 전직 교도관 전병용에게 맡기자 그가 김정남에게 전달한 것이다.3월 1일 자 비밀편지는 한재동이 김정남에게 직접 전달했다. 전병용이 수배 중인 이부영 등에게 편의를 제공한 혐의로 체포되어 영등포구치소에 수감되어 있었기 때문이다. 이 부분은 저자(김종철)가 오랫동안 알고 지낸 한재동에게 직접 들어 확인한 것이다.

사제단의 폭로는 전두환 정권을 뿌리부터 뒤흔들었다. 검찰은 5월 22일 박종철 고문치사사건의 공동정범 3명인 경위 황정웅, 경장 반금곤, 경장 이정호를 서울지검으로 연행했다. 사건 은폐와 조작을 지시한 것으로 드러난 사건 당시 치안본부장 강민창, 치안감 박처원, 경정 유정방(당시 대공수사 5과장), 경정 박원택(당시 대공 5과 2계장)도 그 3명에 이어 곧 구속되었다.

무고한 대학생을 극악한 고문으로 죽게 했다는 사실, 그리고 경찰이 사건의 진실을 은폐하고 조작했다는 사실이 만천하에 공개되자 전두환 정권은 국무총리 노신영, 국가안전기획부장 장세동, 내무부장관 정호용, 법무부장관 김성기, 검찰총장 서동권, 치안본부장 이영창 등 관련기관장 전원을 문책 인사 형식으로 경질했다. 대통령 전두환 말고 행정부의 상층부가 모두 물러난 것이다. 그러나 그렇게 비상조치를 서둘러 취했지만 박종철 고문치사 사건이 6월민주항쟁의 기폭제가 되는 것을 막을 수는 없었다.

2) 군사정권 완전 퇴진의 길, 6월 민주항쟁의 전초전 개시

(1) 박종철 고문치사 보도 후 종교단체·여성단체 등 줄줄이 성명과 농성

박종철 고문치사 사건을 중앙일보가 처음으로 보도하고, 이어서 동아일보가 그 실상을 대대적으로 보도한 1월 16일 오후, 재야 민주화운동진영은 전두환정권을 규탄하는 운동을 시작했다. 한국기독교교회협의회가 「박군의 죽음을 애도하며, 고문살인정권의 퇴진을 촉구한다」는 내용의 성명서를 발표한 것을 시발로 민주통일민중운동연합·천주교정의구현전국사제단, 24개 여성단체로 구성된 여성생존권대책위원회 등도 성명을 내고 추도집회를 연 뒤 시위를 하거나 농성을 벌였다.

민통련을 비롯해 민추협·신민당 등이 1985년 11월 4일 결성한 「고문 및 용공조작 저지 공동대책위원회(고문공대위)」실무 대표들은 1987년 1월 20일 기독교회관에서 공동 기자회견을 갖고 "설날인 29일 이전에 서울에서 재야단체 합동으로 고문 종식을 위한 범국민대회를 열기로 했으며, 이날부터 26일까지 일주일간을 박종철군 추모기간으로 설정해 각 사무실에 분향소를 설치하고, 교회에서는 추모예배를 갖기로 했다"고 밝혔다.

① 야당도 재야단체들과 공조, 진상조사특위 구성 요구

1월 17일 신민당은 확대간부회의를 갖고 임시국회를 열어 박종철 고문치사 사건에 대한 국정조사권 발동을 위한 진상조사특별위원회를 구성하자고 여당에 요구했다. 그동안 신민당은 총재 이민우의 내각제 개헌 검토 주장 때문에 내분에 시달리고 있었다. 이민우 구상이라고 불리던 그 주장은 그가 1986년 12월 24일에 발표한 것으로 「선 민주화, 후 내각책임제 협상」을 뼈대로 삼고 있었다. 지방자치제 실시, 언론자유 보장, 공무원의 정치적 중립, 구속자 석방과 사면·복권 등 민주화 7개 항을 전두환 정권이 받아들인다면 내각책임제 개헌 협상을 긍정적으로 검토할 수 있다는 뜻이다. 대통령 직선제 개헌을 강력히 추진하고 있던 양김(김대중과 김영삼)은 이민우 구상을 실질적인 쿠데타로 여겼다.

그런 상황이라 전두환 정권을 상대로 한 직선제 개헌투쟁을 잠시 유보하고 있던 김대중과 김영삼은 박종철 고문치사 사건이 엄청난 정치적 파문을 일으키자 그 사건을 대여 투쟁에 접목시키기로 의견을 모았다. 민추협은 공동의장 김대중과 김영삼이 참여한 가운데 1월 20일 농성에 들어갔고 신민당도 진상조사특위 구성이 불발되자 28일부터 농성에 합류했다.

1월 24일 오전, 언협 의장 송건호, 민통련 의장 권한대행 계훈제, 민통련 고문인 목사 김재준, 신민당 인권위원장 박찬종 등 10여 명은 기독교회관에서 '박종철 국민추도회 준비위원회(준비위)' 발기식을 갖고, 26일 오후 4시 기독교회관대강당에서 「박종철군국민추도회 발족식」을 열기로 했다. 그러나 준비위는 26일 발기인 28명이 참석하는 발족식을 개최하려 했으나 경찰이 장소를 사전에 봉쇄함으로써 행사가 무산되었다.

이튿날인 1월 27일 오전 10시, 서울 중구 무교동 민추협 사무실에서 계훈제·송건호, 한국기독교교회협의회 인권위원장 조남기·김대중·김영삼·여성단체연합 생존권대책위원장 박영숙 등이 참석한 가운데 전날 경찰의 방해로 무산된 「고 박종철 군 국민추도회 발족식」과 함께 기자회견이 열렸다. 준비위는 기자회견에서 "오는 2월 7일 오후 2시 서울 명동성당에서 박종철군 추도회를 열고 이와 함께 전국 각지에서 동시에 추도식을 개최할 것"이라고 발표했다.

준비위는 2월 7일을 「박종철 군 국민추도일」로 선포하고, 전국의 직장과 가정에서도 추도모임을 갖도록 홍보하기로 했다. 준비위는 1차로 참가한 준비위원이 9,782명이라고 밝혔고, 준비위가 정한 국민추도회 참가 요령은 다음과 같다.

· 모든 국민은 2월 7일 오후 2시 각자의 위치에서 추도묵념을 올린다.
· 모든 국민은 이날 박군을 추도하는 뜻에서 검은색 또는 흰색 리본을 단다.
· 모든 자동차는 이날 오후 2시 정각에 추도 경적을 울린다.
· 모든 교회와 사찰 등 종교기관에서는 이 시각에 타종을 실시한다.
· 추도회 참석자는 화환 대신 꽃 한 송이씩을 헌화한다.

전두환 정권의 극한적 탄압으로 얼어붙어 있던 대학가에서도 박종철 고문치사 사건을 계기로 시위가 일어나기 시작했다. 일요일인 1월 19일 고려대에서 학생들이 시위를 벌였고, 연세대·서강대·이화여대에는 대자보가 붙었다. 20일에는 서울대에서 박종철 추모제에 이어 성토대회와 시위가 있었다. 같은 날 서강대·연세대·성균관대·한양대·동국대에서도 추모제와 규탄대회 뒤 시위가 벌어졌다. 23일부터는 전국 17개 대학에서 고문치사에 항의하는 연합시위가 일어났다.

박종철 고문치사 사건은 종교계에도 큰 충격을 주었다. 박종철의 부모가 독실한 불교 신자라는 것이 알려지자 불교계 청년과 승려들은 21일과 22일 추모제와 항의법회를 열었다. 새문안교회·영락교회·구세군강남영문·대한기독교 감리회 등 비교적 보수적이면서도 영향력 있는 개신교 교회에서도 추모예배 또는 성명서 발표가 있었다.

반향은 천주교에서 가장 컸다. 유신체제에 강력히 맞서 싸운 천주교정의구현전국사제단을 비롯해 천주교사회운동협의회·천주교정의평화위원회가 추모했고, 그리고 각 성당에서 추도미사를 갖거나 항의성명을 발표했다. 1월 26일에는 명동성당에서 추기경 김수환·대주교 윤공희·주교 지학순 등 천주교정의평화위원회 1백여 명의 집전으로 박종철 추도와 고문 근절을 위한 인권회복 미사를 가진 뒤 2천여 명의 신자가 150여 명의 사제·수녀를 앞세우고 명동 일대에서 큰 규모의 침묵시위를 벌였다. 같은 날 부산교구 주교좌성당에서는 30여 명의 사제가, 인천교구에서는 3개 성당이 추모미사에 이어 시위·규탄대회 등을 가졌다. 여성단체·노동단체에서도 잇달아 시위가 일어났다.

② 전국에 걸친 종교단체 추도회, 평화 대행진, 군사정권은 계속 강경 대응

1987년 2월 6일 「고 박종철 국민추도위 준비위원회 집행위원회」는 "2·7추도회는 끝까지 평화적으로 엄숙하고 경건한 가운데 치러질 것"이며 "정부 여당은 모든 행사 절차에 따라 참가자들에게 정중한 예우를 갖춰주기를 마지막으로 권유한다"는 내용의 성명을 발표했다.

그러나 전두환 정권은 2·7추도회를 무산시키려고 초강경 조치들을 강행했다. 2월 초부터 경찰이 재야단체를 압수수색 하기 시작한 것을 신호 삼아 서울시경은 5일과 6일 밤 두 차례에 걸쳐 1만 6천여 명의 경찰관을 동원해 2,700여 곳에서 검문검색을 실시했다. 전국 105개 대학도 이틀 동안 수색을 당했다. 2월 6일에는 아침부터 명동성당 일대 출입을 통제했고, 김대중·김영삼 등 정치인과 함석헌 등 재야인사는 자택에 연금했다. 2월 7일에는 전국의 경찰 병력 12만여 명 가운데 5만여 명이 동원되었는데, 그 가운데 3만 6천여 명을 서울에, 특히 명동 일대에는 전경기동대 등 8천여 명을 배치했다.

추도회 시작 3시간 전인 오전 11시, 명동성당에서는 성당 직원들이 정문에서 신도와 시민을 안내하려고 했으나 경찰은 성당 언저리 골목에 있던 사람까지 쫓아냈다. 오후 12시 50분쯤 시민과 재야인사 2백여 명이 명동 입구 롯데쇼핑 앞길에서 성당 쪽으로 가려고 하자 경찰은 최루탄을 쏘기 시작했다.

그러자 서울 시내 곳곳에서 항의 시위가 일어났다. 오후 1시에는 서울시청 앞 프라자호텔·조선호텔·명동 입구의 롯데호텔, 을지로 입구와 광교부근에서 2천여 명이 명동성당으로 가려다가 경찰의 제지를 받자 산발적으로 시위를 벌였다. 검은 리본을 달고 명동성당으로 향하던 재야인사·신민당과 민주당 사람들 역시 경찰의 벽을 넘을 수 없었다.

지방 여러 도시에서도 경찰은 추도회를 강제로 무산시켰다. 추도식 장소로 예고된 부산 대각사는 아침 7시부터 경찰 2천여 명이 포위했다. 정오 조금 지나 대각사로 들어가려던 신민당 당원들과 대학생들은 경찰과 몸싸움을 벌이다 밀려날 수밖에 없었다. 오후 1시 20분부터는 수백 명의 학생이 창선동 국민은행 앞에서 '종철이를 살려내라!'는 현수막을 펼쳐 들고 시위에 들어갔다.

부산민주시민협의회 집행부의 신부 송기인과 신민당원, 구속자 가족 30여 명과 시민 3백여 명은 오후 2시에 남포동 부산극장 앞에서 추도회를 가졌다. 이 모임에서는 변호사 노무현과 김광일이 추모연설을 했다. 뒤늦게 달려온 경찰이 최루탄을 난사하자 추도회 참가자들은 "독재타도" "고문추방" 등을 외치며 시위를 벌였다. 시위는 부산 시내에서 오후 5시까지 산발적으로 계속되었다.

광주에서는 경찰이 추도회 장소인 광주YMCA 건물을 미리 봉쇄했다. 그러자 전남도청 광장에 모인 재야인사·시민·학생 등 1,500여 명은 경찰과 몸싸움을 벌였다. 오후 2시에 광주 시내 교회와 성당 등 30여 곳에서 차량들이 동시에 경적을 울리자 시민들도 손뼉을 치며 시위에 나섰다.

인천에서는 천주교 인천교구 가톨릭회관 6층에서 오후 2시부터 1시간 40분 동안 추도회가 열렸다. 전주교구와 춘천교구에서도 추도미사가 거행되었다.

경찰은 전국 69곳에서 추도회가 열렸고, 798명을 연행해 34명을 구속했다고 발표했다.

2·7추도회 이후에도 「박종철군 국민추도회 준비위원회」는 전두환 정권을 규탄하는 활동을 계속했다. 2월 8일 서울 성공회 대성당에서는 주교 김성수, 목사 박형규 등 500여 명이 횃불순행을 했다. 2월 9일 준비위는 그날부터 박종철의 49재가 되는 3월 3일까지를 「고문추방 및 민주화를 위한 국민결의 기간」으로 정했다. 준비위는 2월 23일 오전 기독교회관에서 공동위원장 연석회의를 열고 3월 3일 "고문추방 민주화 국민평화대행진"을 개최한다고 발표했다.

"서울은 3일 정오부터 오후 1시까지 각 집결지에서 탑골공원을 향해 인도를 따라 행진하다가 탑골공원에서 추도묵념을 올리며 전국 각 도시에서도 적절한 장소를 정해 추도묵념을 함께 올린다."

준비위는 "모든 행진은 어린이를 포함한 모든 국민이 참여할 수 있는 평화적인 방법으로 실시한다"며 "고문희생자에 대한 추모, 불법 연금·강제 연행·검문검색 거부, 고문수사 반대, 고문 근절을 위한 민주화 실현 등에 목적이 있다"고 밝혔다.

경찰은 2·7추도회 때와 마찬가지로 3월 2일 밤 9시부터 자정까지, 그리고 3일 새벽 4시부터 7시까지 1만 2천여 명의 병력을 동원해 서울 시내 일원에서 검문검색을 실시했다.

3월 3일 오전 10시 55분에는 불교 5개 단체가 중심이 된 「49재 봉행 위원회」의 지선 등 승려 20여 명과 민통련 회원 등 50여 명이 조계사건너편 신영다방 등에 모여 있다가 경찰이 봉쇄한 조계사로 들어가려고 정문 앞에서 경찰과 몸싸움을 벌이고 있었다. 부근의 골목 등지에 모여 있던 재야운동권사람 200여 명이 합류하자 오전 11시 20분에 조계사 부근 가나약국 앞 노상에서 49재 천도재를 약식으로 열었다. 정오 조금 지나서 청계4가 부근에서는 학생 등 2,000여 명이 약 40분 동안 가두시위를 벌였다.

부산의 사리암에서는 박종철의 부모와 가족, 친지들과 해인사 주지 명진, 통도사 주지 청하 등 400여 명이 모여 49재를 올렸다. 오후 5시쯤부터는 부산 시내 미화당백화점 앞

등 여러 곳에서 산발적으로 시위가 일어났다. 광주에서는 「광주 사암寺庵연합회」가 49재를 주관했고, 오후 4시 40분부터 9시까지 여러 군데서 시위가 벌어졌다. 대구·대전·전주 등지에서도 시위가 일어났다. 전국 46개 대학에서는 학생 6,000여 명이 교내에서 49재를 올린 뒤 시위에 나섰다.

경찰은 3월 3일 서울에만 88기동대 등 3만여 병력을 동원해 탑골공원으로 향하는 시내 간선도로에 배치했고, 전국에서 439명을 연행해 20여 명을 구속했다.

(2) 전두환이 「체육관 선임의 대통령제 승계」 발표, 민주세력은 절대 반대

1986년 12월 23일 신한민주당총재 이민우는 서울 남산외교구락부에서 송년 기자간담회를 갖고 "7개 항의 민주화 조치가 선행되면 내각제 개헌을 받아들일 수 있다"고 밝혔다. 1.지방자치제 실시, 2.언론 및 집회·결사의 자유 등 기본권 보장, 3.공무원의 정치적 중립, 4.2개 이상의 건전한 정당제도 확립 보장, 5.공정한 국회의원 선거법, 6.용공분자를 제외한 구속자 석방, 7.사면복권이 그것이다.

이른바 '민주화 7개 항' 또는 '선先민주화론'이라고 불리던 이민우 구상(조건부로 여당안을 허용)에 대해 집권 민주정의당과 민정당 2중대라고 비난받던 한국국민당은 긍정적 반응을 보였다. 그러나 신민당 상임고문 김영삼과 민추협 공동의장 김대중은 "대통령 직선제 당론은 어떤 경우에도 바꿀 수 없다"고 강조하면서 이민우 구상을 강력히 반대했다.

1987년 2월 13일 김영삼과 김대중은 공동 기자회견을 열고 "개헌정국을 타개하기 위해 대화를 하자"고 전두환에게 요구한 뒤 개헌안을 국민 투표에 부치는 선택적 국민투표를 제안했다. 그러나 전두환은 묵묵부답 이었다. 3월 2일부터 시작된 신민당 지구당 개편대회에서 이민우가 다시 선민주화론을 주장하자 양김은 10일 개편대회에 불참하겠다고 밝혔다.

4월 8일이 되자 김대중과 김영삼은 신당을 창당하겠다고 선언했다. 그러자 신민당 소속 의원 가운데 63명이 9일 창당준비위원회에 참여했다. 준비위는 4월 13일 김영삼을 중심으로 통일민주당 발기인대회를 민추협 사무실에서 열었다. 바로 그날 전두환은 특별담화를 발표했다.

"임기 중 개헌이 불가능하다고 판단하고 현행 헌법에 따라 내년 2월 25일 임기 만료와 더불어 후임자에게 정부를 이양하겠다."

전두환은 1979년 12·12군사반란과 1980년 5·17쿠데타, 그리고 광주학살의 주범이자 박종철 고문치사 사건의 최종 책임자로서 재야 민주화운동세력과 야당으로부터 끊임없이 퇴진 요구를 받고 있었다. 그런 인물이 7년 임기를 고스란히 마치고 '체육관대통령'에게 정권을 넘겨주는 것을 '평화적 정권 이양'이라고 주장했으니, 「4·13호헌조치」반대투쟁은 거세게 일어날 수밖에 없었다.

전두환이 특별담화를 발표한 바로 그날 대한변호사협회는 "개헌은 누구도 중지시킬 수 없다"는 내용의 성명을 냈고, 전북인권선교협의회는 호헌護憲에 결연히 반대하는 싸움에 나설 것이라고 선언했다. 4월 14일에는 한국기독교교회협의회·전국목회자정의평화실천협의회·광주기독교교회협의회 인권위원회·기독교장로회 전북노회 등 개신교 단체들이 '호헌철회'와 '직선제 쟁취' 등을 주장하는 성명을 발표했다. 19일에는 민중문화운동협의회, 민주언론운동협의회, 자유실천문인협의회 등 6개 문화운동단체가 전두환 정권의 장기집권 음모를 규탄했다.

4월혁명 27주년이 되는 1987년 4월 19일, 서울의 국립 4·19묘지 언저리에서는 '3·3평화대행진' 이후 가장 큰 규모의 호헌 반대 시위가 벌어지고 있었다. 오후 2시부터 민통련이 주최한 기념식이 2시간 남짓만에 끝나자 참가했던 3천여 명이 호헌철폐를 외치며 시내로 진출하려고 한 것이다. 경찰은 시위대를 향해 최루탄을 난사했고, 전경들은 시위자를 체포하려고 남의 집 담장을 뛰어넘기까지 했다. 그날 현장에서는 학생 289명을 포함해 358명이 경찰에 연행되었다.

4월 21일 천주교 광주대교구 소속 사제 19명은 "4·13호헌조치는 유신 이래 독재 권력에 빼앗긴 정부를 선택할 국민의 권리를 되찾자는 민의를 배반한 것"이라고 비판하고 29일까지 단식농성을 하겠다고 밝혔다. 전주교구에서는 신부 18명이 24일부터 5월 4일까지, 서울대교구에서는 신부 62명이 단식농성에 참여했다. 사제들의 단식은 원주교구·인천대교구·춘천·마산·부산·대전·수원의 교구로 확산되었다. 천주교정의평화위원회가 4월 중순부터 5월 4일까지 주도한 「호헌철폐 및 민주제 개헌지지 서명운동」에는 신부 571명이 참여했다.

4월 27일부터는 전남 목회자정의평화실천협의회 목사 29명이 단식에 들어갔고, 5월 4일에는 서울 목회자협의회 목사 30여 명도 삭발을 하고 무기한 단식기도를 시작했다. 단식기도는 인천·춘천·부산·공주·대전·충주·광주로 번져 나갔다. 불교계에서도 정토구현승가회 등 4개 단체 소속 40여 명이 4월 30일 밤샘농성을 벌였다. 대학교수들은 4월 22일부터 시국성명을 발표하기 시작했다. 1986년에 가장 먼저 나섰던 고려대 교수 30명이 이번에도 「개헌문제에 관한 우리의 견해」라는 성명서를 맨 처음으로 발표했다. 그 뒤를 이어 28일에는 광주가톨릭대 교수 16명, 29일에는 서강대 교수 28명이

성명서를 냈다. 30일에는 성균관대 교수43명, 가톨릭대 교수 15명이 뒤따랐다. 5월 1일에는 서울대 교수 122명이 「현 시국에 대한 우리의 견해」를 발표했다. 교수들의 시국성명은 전국 여러 대학으로 확산되어 5월 30일까지 50개 대학에서 1,530명이 참여했다.

4월 17일 통일민주당 창당주비위원장 김영삼은 현행 헌법 아래서는 대통령 선거에 불참하겠다고 선언했다. 그리고 신당은 전두환 정권의 갖은 방해를 물리치고 4월 29일 소속 의원 67명의 이름으로 원내교섭단체 등록을 마친 뒤 5월 1일 창당대회를 열었다.

3) 맨주먹 시위로 경찰폭력을 뚫고 6월 민주항쟁 마침내 승리

(1) 국민운동본부 결성, 「민주화 부정하는 4·13조치는 당연히 무효」 선언

광주민중항쟁 7주년을 맞은 1987년 5월 18일, 전국 62개 대학 학생 2만2천여 명은 추모집회를 갖고 시위에 나섰다. 바로 그날 저녁 서울명동성당에서 열린 '광주민주항쟁 제7주기 미사' 뒤 천주교정의구현전국사제단이 발표한 '박종철 군 고문치사 사건의 진실이 조작되었다'는 제목의 성명서가 6월민주항쟁의 기폭제가 되었음은 앞에서 기술한 바 있다.

1987년 5월 22일에는 서울대 등 전국 18개 대학 5,800여 명이 4·13 호헌조치 철폐를 요구하며, 박종철 고문치사 사건의 은폐·축소를 규탄하기 위해 시위를 벌였다. 전두환은 26일 전면적 개각을 통해 난국을 돌파하려고 꾀했으나 2·7추도회를 계기로 강화된 야당과 재야세력의 민주대연합은 전두환 정권에 결정적 타격을 가할 준비를 하고 있었다.

그전인 5월 20일에 이미 사회 각 부문의 실무대표 15명이 모여 「호헌철폐 및 민주헌법쟁취 국민운동본부」를 결성하기로 합의한 것이다. 그래서 27일 아침 7시 서울 중구 향린교회에서 발기인대회가 열렸다. 전국 2,191명의 발기인을 대표해 계훈제·박형규·김상근·최형우·김동영·양순직 등 150여 명이 모였다.

원래 결성대회는 그 이튿날 열 계획이었으나 전두환 정권의 방해공작을 막기 위해 발기인대회와 함께 개최하기로 했다. 경찰은 발기인 대표들이 기자들에게 그 사실을 알릴 때까지 전혀 모르고 있었다. 군사독재정권의 정보망이 허술해진 셈이다.

발기인대회는 조직 명칭을 「민주헌법쟁취 국민운동본부(국본)」로 정하고, "4·13조치는 건국 정신과 민주화를 부정하는 것이므로 도덕적·법률적으로 당연히 무효"라고 선언했다.

국본은 현행 헌법과 집시법, 언론 기본법, 형법과 국가보안법의 독소 조항, 노동관계법 등 모든 악법의 민주적 개정과 무효화를 위한 범국민적 운동을 펼치고, 5·18민중항쟁 등에서 전두환 일파가 저지른 야만적 사건들의 진상을 밝히는 동시에 민주인사 석방과 복권을 위해 노력하겠다고 다짐했다. '민주헌법쟁취 국민운동본부 발기선언'은 다음과 같다.

"전두환 씨는 지난 4월 13일 반민주적인 현행 헌법의 호헌과 그 헌법에 따라 선출된 차기 대통령에게 권력을 이양한다는 이른바 '중대 결정'을 발표했다. 그 후 4·13 결정에 대한 전 국민의 항의는 전국을 휩쓸었다. 독재정치에 확고한 반대 입장을 표해 왔던 야당 정치인은 물론 국민 각계각층에서 이를 반대하는 분신·단식농성·가두시위·연기명 서명 발표 등이 날로 규탄의 목소리를 드높이고 있다.(…)

현 정권이 거짓 선전하는 침묵하는 다수란 누구인가? 그들은 미처 반대 의사를 명시적으로 표현하지 못했거나 군부독재의 총칼 탄압 보복이 두려워 발설하지 않고 있는 선량한 국민들이다. 저들은 용기 있는 민주주의자들을 '폭력분자', '독선주의자', '좌경분자', '용공분자' 등 갖은 용어를 통해 매도하고, 심지어는 집회 방해, 활동 방해, 연금, 연행, 투옥, 고문, 테러 등 동원할 수 있는 모든 폭력적 수단을 통해 국민과 차단시키고, 공포 분위기로 국민들을 짓누르고 굴종을 강요하고 있다.

저들이 남용하는 공포와 회유의 그물망은 그 위로는 거대한 관료조직과 관제언론에서, 군경과 통·반장의 말단에 이르기까지 야비하고 추악한 그림자를 드리우고 있다. 그러나 1945년 8·15해방과 분단 이후 이승만 백색독재 이래 40년 이상의 독재정치를 온몸으로 체험한 바 있는 우리 국민들은 독재의 부정·부패·불의가 온 국민에게 끼치는 정신적 물질적 악영향, 노예근성과 빈곤이 얼마나 엄청나고 또 끔찍하며, 정치·경제·사회 구조의 후진성을 그 자체로 초래시키는가를 몸으로 깨닫게 되었다.

민주화는 이 땅에서 그 어느 누구도 거역할 수 없는 도도한 역사의 대세가 된 것이다. 이제 우리는 지금까지 고립 분산적으로 표시되어 오던 호헌 반대 민주화운동을 하나의 큰 물결로 결집시키고, 국민을 향해 국민 속으로 확산시켜 나가야 한다는 데 뜻을 모았다. 우리들 사제·목사·승려·민주여성·민주정치인·노동자·농민·도시빈민·문인·교육자·문화예술인·언론출판인·청년들은 하나 되어 이 땅의 민주화를 위해 몸 바쳐야 한다는 뜻에서, 「호헌 반대 민주헌법쟁취 범국민운동본부」 설립을 발기하는 바이다."

국본 발기인은 지역 대표 352명, 천주교·개신교·불교 등 종교계 대표 683명, 각계

대표 934명, 정치인 213명 등 모두 2,191명이었다. 그 뒤 법조인 73명이 추가되어 2,264명이 되었다. 국본은 고문 8명에 함석헌·홍남순·강석주·문익환·윤공희·김지길·김대중·김영삼, 상임공동대표 11명에는 박형규·김승훈·지선·계훈제·이우정·송건호·박용길·고은·양순직·김명윤·한승헌, 그리고 각계 인사가 포함된 공동대표단과 집행위원회로 구성되었다.

2·7추도회를 주도한 「박종철군 국민추도회 준비위원회」는 5월 23일 모임을 갖고 민정당이 전당대회를 열어 노태우를 대통령 후보로 선정하는 6월 10일에 범국민적 규탄대회를 열기로 결정한 바 있었다. 그러나 5월 27일 출범한 국본이 그 계획을 떠맡아 6월 10일에 「고문살인 은폐규탄 및 호헌철폐 국민대회」를 주최하기로 했다.

(2) 군부독재 종식 외치던 이한열 학생, 최루탄 맞고 피투성이 되어 절명

6월 들어서는 전국 여러 대학에서 호헌철폐·군부독재 종식을 위한 투쟁이 치열하게 벌어졌다. 6월 1일에는 서울지역 대학생대표협의회(서대협) 소속 13개 대학총학생회 회장과 간부 20여 명이 각자 사무실에서 호헌철폐와 군사독재 종식을 요구하며 단식농성을 시작했다. 같은 날 고려대 학생 2백여 명은 경찰에 연행된 총학생회장이자 서대협 의장 이인영을 석방하라고 외치며 교내에서 시위를 벌였다. 6일에는 서울대·연세대 등 서울 시내 29개 대학 학생 2천여 명이 고려대에서 서대협이 주최한 「연합대동문화제」에 참석했다.

6월 9일에는 서울·부산 등 전국 여러 대학에서 '6·10규탄대회 총궐기를 위한 실천대회'가 열렸다. 그런데 오후 2시쯤 연세대에서 열린 '구출 학우 환영 및 6·10대회 출정을 위한 연세인 총궐기대회' 직후 충격적인 사건이 일어나고 말았다. 경영학과 2학년 이한열이 경찰이 쏜 최루탄을 맞고 중상을 입은 것이다. 다음은 신학과 4학년 정성원이 기록한 당시 상황을 요약한 것이다.

"실천대회가 열린 뒤 연세대 학생들은 스크럼을 짜고 교문을 나섰다. 일명 지랄탄과 최루탄, 사과탄이 시위대를 향해 날아오고 격한 괴성과 함께 쇠파이프를 든 백골단이 교문 쪽으로 달려오자 학생들은 학교 안으로 밀리기 시작했다. 이한열은 백골단의 기습에 대응하기 위해 각목과 화염병으로 무장하고 전면에 배치된 학생들 가운데 한 명이었다. 학생들은 치약을 바른 마스크를 쓰고 경찰에 맞섰지만 화학무기를 당해낼 수는 없었다."

이한열이 최루탄에 직격 당한 시각은 오후 5시쯤이었다. 두어 시간 쯤 경찰과 백골단에 맞서 격렬한 시위를 벌이던 연세대 학생들은 그런 사실을 모른 채 교내 민주광장에 모였다. 그들이 구호를 외치고 노래를 부르며 단상 앞에 정렬하고 있는데, 한 여학생이 신발 한 짝을 들고 다가왔다. 주인을 찾아보았지만 아무도 나타나지 않았다.

총학생회 복지부장이자 국문학과 4학년 김배균은 시위가 끝나면 으레 그랬듯이 교내 세브란스병원 응급실을 찾아갔다. 부상 당한 학생이 있는지 확인하기 위해서였다. 그는 연세대를 담당한 안기부 요원이 응급실 앞에서 서성이고 있는 것을 발견했다. 응급실 안으로 급히 달려가보니 이한열이 신음하며 병상에 누워 있었다. 이종창을 비롯한 학우 여러 명이 그를 업거나 부축하고 응급실로 데려간 것이다. 그러나 의사와 간호사는 학생들이 묻혀 온 최루가스 때문에 눈을 제대로 뜨지 못해서 응급치료를 할 엄두를 내지 못했다. 병상에 누운 이한열은 온몸을 쥐어뜯으며 "뒤통수"라고 소리치거나 "전신 마비"라고 외치기도 했다. 그는 "내일 시청 앞에 나가야 하는데…"라고 중얼거리더니 조금씩 의식을 잃어 갔고 몸은 차츰 굳어졌다.

뒷머리에 최루탄을 맞아 피를 흘리며 쓰러진 이한열을 이종창이 부둥켜안고 있는 사진을 촬영한 사람은 로이터통신 서울지국의 사진기자 정태원이었다. 그 사진은 중앙일보 6월 9일자 1면에 크게 실렸다. 중앙일보 사진부장 이창성이 자기 회사 기자들이 찍어 온 사진들이 선명하지 않은 것을 보고 로이터통신에 부탁해서 문제의 사진을 지면에 올린 것이다. 전두환 정권의 보도지침이 서슬 퍼렇게 살아 있던 당시에 그는 비장한 각오를 밝혔다.

"이 사진을 키워서 낸다. 모든 책임은 내가 진다. 보안대에 끌려가도 내가 끌려간다."

그 처참한 장면은 나라 안팎에서 분노를 폭발시키기에 충분했다. 남영동 대공분실에서 고문을 받다 죽임을 당한 박종철에 이어 이한열이 6월 민주항쟁의 두 번째 기폭제가 된 것이다.

(3) 정의사회 갈망과 분노로 뭉쳐진 6월 10일 민주항쟁 폭발

「민주헌법쟁취 국민운동본부」는 6월 5일 고문단과 공동대표단 이름으로 「6·10국민대회에 즈음하여 국민께 드리는 말씀」과 「6·10국민대회 행동요강」을 발표했다. 행동요강의 주요 내용은 아래와 같다.

1. 6월 10일 오전 10시 이후 각 부문별, 단체별로 고문살인 조작규탄 및 호헌철폐 국민대회를 개최한 후 오후 6시를 기하여 성공회 대성당에 집결, 국민운동본부가 주관하는 국민대

회를 개최한다.

2. ① 오후 6시 국기 하강식을 기하여 전 국민은 있는 그 자리에서 애국가를 제창하고 ② 애국가가 끝난 후 자동차는 경적을 울리고 ③ 전국 사찰·성당·교회는 타종을 하고 ④국민들은 형편에 따라 만세 삼창(민주헌법 쟁취 만세, 민주주의 만세, 대한민국 만세)을 하든지, 제자리에서 1분간 묵념을 함으로써 민주쟁취의 결의를 다진다. ⑤ 국민대회는 우천 불구 진행한다.

3. 경찰이 폭력으로 대회 진행을 막는 경우 ① 전 국민은 비폭력으로 이에 저항하며, ② 연행을 거부하고, ③ 연행된 경우에도 일체의 묵비권을 행사한다.

4. 전 국민은 오후 9시부터 9시 10분까지 10분간 소등하고 케이비에스·엠비시 뉴스 시청을 거부함으로써 국민적 합의를 깬 민정당의 6·10전당대회에 항의하고, 민주쟁취의 의지를 표시할 수 있는 기도·묵상·독경 등의 행동을 한다. (…)

9. 각 도시 등 지방에서도 위와 같은 행동요강으로 국민대회를 진행하되 시간과 장소는 지역의 편의에 따라 할 것이며, 각계각층이 총망라 하여 준비위원회를 구성하여 국민대회를 가져주기 바란다.

경찰은 6·10국민대회를 불법으로 규정하고 '갑호 비상령'을 발동했고, 5만 8천여 명을 투입해 6·10국민대회 봉쇄작전에 들어갔다. 그렇게 살벌한 상태에서 국본 상임집행위원들은 국민대회 준비 상황을 마지막으로 점검하기 위해 6월 7일 서울 압구정동의 블랙 앤 화이트라는 카페에서 비공개 회의를 가졌다. 비공개회의에 참석한 상임집행위원은 이해찬·박우섭·김학민·황인성·이명준·유시춘·인재근 등이었다.

상임공동 대표와 공동대표는 성공회 대성당에 들어가 국민대회를 치르기로 했고, 젊은 상임집행위원은 현장에 들어가 성명서·현수막·음향시설 등을 준비하기로 했다. 당시 국본의 공동대표단과 집행위원은 경찰에 미행당하고 있었으므로 국민대회 사흘 전부터 집에서 나가 있기로 결정했다.

6월 10일 정오, 성공회 대성당의 종루에서 종이 42번 울렸다. 종소리와 함께 스피커에서는 선언이 흘러나왔다.

"우리는 민주주의를 갈망하는 온 국민의 이름으로 지금 이 시각 진행되고 있는 민정당의 대통령 후보 지명이 무효임을 선언한다."

민정당 제4차 전당대회 및 대통령 후보지명대회와 같은 시각에 열린 민주당·민추협의 '영구집권음모규탄대회'에서 민주당 총재 김영삼은 "지금 민정당은 4천만 국민의 뜻을 무시한 채 역사 속의 치욕스럽고 부끄러운 돌아올 수 없는 다리를 건너고 있다"고 비판했다.

경찰은 6월 10일 서울에만 160개 중대 2만 2천여 명을 배치했다. 그런 상황에서 오후 1시부터 서울 시내 여러 곳에서 가두시위가 벌어졌다. 오후 4시 45분, 을지로2가 사거리에서 서울대·성균관대·총신대 학생 500여 명이 '우리의 소원은 민주'라는 노래를 부르며 "호헌철폐, 독재타도" 등의 구호를 외치자 길가의 군중은 태극기를 흔들며 환호했다. 이태영·이우정 등 여성단체 간부들과 민주화실천가족운동협의회(민가협) 회원 2백여 명은 남대문 부근 삼성본관 빌딩 앞에서 "성공회로 가자"라는 구호를 외치다 경찰에 제지당했다.

경희대·한국외국어대 학생 5백여 명은 오후 5시 서울 성북역과 인천을 왕래하는 전동열차를 신이문역에서 가로막고 승차한 뒤 남영역에서 내려 "호헌철폐" 구호를 외치며 경찰과 맞섰다. 오후 5시에는 강신옥·고영구·홍성우·황인철·하경철·조영래 등 국본에 참여한 변호사 27명이 광화문 부근 변호사회관에서 성명서를 낭독한 뒤 성공회 대성당으로 가다가 광화문 사거리에서 경찰에 가로막혔다. 그들은 변호사회관으로 돌아가 이튿날까지 농성을 벌였다.

오후 6시, 경찰에 겹겹으로 포위된 성공회 대성당 안에서는 국기 하강식에 맞춰 국본 간부들과 성공회 성직자 등 70여 명이 국본 상임집행위원장인 목사 오충일의 사회로 국민대회를 시작했다. 성당 부근의 태평로 연도에는 시민들이 가득 들어차 있었다. 경찰이 해산시키려고 최루탄을 쏘아댔지만 시민들은 야유를 퍼부으며 골목으로 흩어졌다가 다시 모이곤 했다. 거리를 달리던 차량은 오후 6시 국기 하강식에 맞춰 경적을 요란하게 울려댔다.

그날 밤 신세계백화점과 롯데쇼핑 언저리, 회현동과 퇴계로, 남대문시장 일대에서는 시가전이나 다름없는 시위가 벌어졌다. 회현동 쪽에 모여 있던 학생과 시민 3천여 명은 신세계백화점 뒤편 고가도로를 점거 한 뒤 남산3호터널부터 신세계백화점 앞 로터리에 걸쳐 경찰과 대치했다. 그 공방전에서 경찰의 저지망이 무너지자 2만여 명으로 불어난 시위대는 도로를 완전히 점거했다. 8시에는 학생 5백여 명이 퇴계로2가 파출소를 점거했다가 경찰에 밀려났으나 잠시 뒤 2천여 명의 시위대가 또다시 그곳을 점거했다.

밤 9시가 되자 국본의 행동요강에 따라 서울시내의 아파트지역에서 10분 동안 불빛이 사라졌다.

인천에서는 오후 4시부터 주안역·백운역·부평시장·부평4공단·청천동 등지에서 시민과 학생·노동자 등 1만여 명이 시위를 벌였다. 시위는 밤 11시 반까지 계속되었다.

성남에서는 오후 5시 45분 경원대 학생들이 시위를 시작했다. 시위대는 밤 9시 20분 2만여 명으로 불어났다. 수원에서도 소규모 시위가 일어났다.

부산 지역에서는 오후 3시 30분 부산대를 비롯한 여러 대학 학생이 교내에서 출정식을 가졌다. 저녁 6시가 되자 대각사 주변 시민들은 국기 하강식에 맞춰 애국가를 합창하면서 "독재타도", "민주헌법 쟁취" 등의 구호를 외쳤다. 8시 30분에는 보수동로터리에 모인군중이 경찰에 맞서 투석전과 연좌시위를 계속했으며, 전경 1개 소대를 무장 해제시키고 차량 1대를 탈취했다.

광주에서는 오후 5시부터 시위가 시작되었는데, 6시 정각 가톨릭센터에서 녹음된 타종 소리가 방송되자 군중 5천여 명은 태극기를 들고 애국가를 제창했다. 시민과 학생 등 1만여 명은 밤 10시 광주공원 부근에서 이튿날 새벽 5시까지 산발적으로 시위를 벌였다.

전주에서는 오후 5시 20분부터 밤 10시 반까지 시위가 있었다. 익산에서는 정오 원광대 학생들이 출정식을 가진 뒤 시민들과 합세해 시위에 나섰다. 5천여 명이던 시위대는 오후7시 1만여 명으로 불어났다.

마산에서는 경찰이 3·15의거기념탑 언저리를 완전히 봉쇄한 가운데 오후 7시 1,500여 명의 시위대가 공설운동장으로 들어갔다. 경찰이 쏜 최루탄 가스 때문에 거기서 열리던 대통령배 축구대회가 중단되자 관중도 시위에 합세했다. 대전에서는 오후 5시 40분에 시위가 시작되어 밤 9시 10분이 되자 참여 인원이 5천여 명으로 늘어났다. 청주·천안·춘천·목포·군산에서도 시위가 일어났다.

대구에서는 오후 5시 40분부터 시내 30여 곳에서 산발적으로 시위가 벌어졌고, 포항과 울산·경주에서도 소규모 시위가 일어났다.

이처럼 서울뿐 아니라 성남·인천·광주 등 여러 지역에서 시민들은 6·10국민대회에 적극적으로 참여했다. 22개 도시가 같은 시간에 동일한 행동 방침으로 시위를 한 것은 처음 있는 일이었다. 서울과 성남·마산 지역에서는 한때 전경이 무장 해제를 당하기도 했다. 파출소는 16개가 파손되었고, 부산에서는 민정당사 3곳이 공격당했다. 경찰 차량은 6대가 전소되고 17대가 파손되었다.

서울에서는 2,392명, 전국에서 3,831명이 연행되었다. 치안본부는 시위가 전국도시 104곳에서 벌어졌고, 시위 참여 인원은 4만5천여 명이라고 발표했지만, 국본은 22개 도시에서 30만여 명이 참가했다고 주장했다.

4) 군부 폭력정권도 시민의 평화적 시위로 정권교체 가능 확인

6·10국민대회가 거국적 항쟁으로 발전하리라고는 국본집행부도 미처 예상하지 못한 일이었다. 한국의 역사에서 그때까지 3·1운동 말고 가장 오래, 가장 큰 규모로 계속된 것은 바로 6월민주항쟁이었다. 1960년의 4월혁명이나 1979년의 부마항쟁, 그리고 1980년의 광주민중항쟁보다 기간이 훨씬 길고 시위 결집의 규모도 훨씬 컸던 것이다.

(1) 명동성당은 진압경찰 폭력 피할 수 있는 피난처이자 항쟁 거점

1987년 6월 10일 오후 4시 반, 서울 명동성당 앞마당에서는 상계동 주민 2백여 명이 천주교 도시빈민사목협의회 사람들과 함께 약식으로 국민대회를 열 준비를 하고 있었다. 그들은 상계동에서 쫓겨난 73가구 주민으로 1986년 말부터 명동성당에 천막을 치고 서울시의 무분별한 개발정책에 항의하며 장기농성을 하고 있었다.

그런데 그때 명동 입구 유네스코 건물 앞에서 경찰과 치열한 투석전을 벌이던 학생과 시민 5백여 명이 무차별 최루탄 발사에 밀려 성당 안으로 들어온 것이다. 6시 이후에는 시민과 천주교 신자, 그리고 수녀가 전두환 정권을 규탄하는 토론회를 열었는데, 밤 10시가 넘자 퇴계로 쪽에서 경찰에 쫓긴 학생들이 또 다시 몰려 들어왔다. 성당 안의 군중은 이제 1천여 명으로 불어났다. 그래서 그들은 11시 반쯤 중앙극장 쪽과 로얄호텔 쪽에 입간판 등으로 바리케이드를 친 뒤 동부·서부·남부·북부지역의 학생대표 4명과 노동자·도시빈민·일반 시민 대표 3명으로 임시집행부를 구성했다.

임시집행부는 자정을 넘어선 11일 새벽 4시쯤 명동성당청년연합회(명청연)와 성당직원의 도움으로 귀가하기를 원하는 사람을 밖으로 내보내기 시작했다. 명청연 지도부는 소집 가능한 회원들을 동원해 사무실을 임시상황실로 개방하고 시위대 임시집행부와 국본·천주교 쪽과의 가교역할을 할 긴급대책반을 구성했다. 상계동 주민들은 천막농성장안에 솥을 걸어놓고 밥을 짓고 라면을 끓여 시위대에 제공했다.

명동성당에 있던 시위대 사람들이 11일 새벽 4시부터 농성을 계속 할 것인지에 대한 여부를 둘러싸고 토론하고 있을 때, 국본 대변인인 목사 인명진이 "6·10국민투쟁은 6월 10일 24시를 기해 종결되었고, 명동 농성투쟁은 국본과 무관하다"고 발표한 신문이 시위대에 전달되었다. 분위기는 순식간에 험해지면서 토론회는 국본 성토대회로 바뀌고 말았다. 격앙된 감정을 가라앉힌 시위대는 다시 농성 계속 여부를 두고 토론을 벌였다.

투쟁 열기를 명동으로 한정할 것이 아니라 밖으로 나가 국민과 함께 할 방법을 찾자는 '즉각 해산론'과 6·10국민대회의 열기를 지속하기 위해 투쟁본부로서 명동성당을 거점화해야 한다는 '계속 투쟁론'이 팽팽히 맞섰다.

11일 아침 농성하던 시위대가 명동성당 입구 바리케이드 앞에서 전두환과 노태우의 허수아비를 화형하자 경찰은 10시 55분 바리케이드와 현수막을 제거하려고 최루탄을 쏘며 쳐들어왔다. 그러나 50여 명의 농성자가 화염병과 돌로 완강히 맞서는 바람에 경찰은 후퇴했다.

오후 2시 경찰은 농성자 전원을 연행하겠다고 명동성당쪽에 통고하고 다시 맹공격을 퍼부었다. 최루탄이 우박처럼 쏟아지는 가운데 바리케이드가 무너지고 시위대는 정문 앞까지 밀려났다. 최루탄은 성당 앞 마당까지 날아와 떨어졌다.

12일 오후, 서울대·경희대·외국어대·서울시립대 등 7개 대학 학생은 '명동성당 농성학우 구출투쟁 출정식'을 갖고 도심지로 나왔다. 오후 5시에는 1천여 명의 학생이 남대문시장 앞에서 시위를 벌였고, 그들 가운데 일부는 바리케이드를 넘어 명동 로얄호텔 쪽으로 진출했다.

사태가 심각해지자 명동성당 주임신부 김병도는 추기경 김수환의 재가를 얻어 수도권 사제 50여 명을 성당으로 불러들였다. 그들은 경찰이 성당 구내에 최루탄을 난사한 데 항의하는 뜻으로 철야농성을 하는 한편, 시위대가 안전하게 귀가할 때까지 미사를 드리기로 결의했다.

오후 8시, 미사가 진행되는 동안 시위대는 성당 입구의 바리케이드를 경계선으로 삼아 시민과 시국토론을 벌이고 있었다. 그런데 그때 또다시 300여 명의 경찰이 성당 안으로 최루탄을 쏘아댔고 시위대는 화염병으로 공격에 맞섰다.

6월 12일 새벽에 소집되어 서울대교구 사제단 회의에 참석한 신부 40여 명은 학생과 시민의 민주화투쟁을 적극적으로 지지해 동참할 것이며, 사제의 양심으로 그들을 끝까지 보호할 것이라는 등 4개 항을 결의했다. 천주교 사제들이 처음으로 농성을 공식적으로 지지한 것이다.

시위대는 폭력시위를 자제하기로 합의하고 성당 안으로 철수했다. 그러나 서울시경 국장 조종석은 명동성당 집단 난동 사태는 6·10대회와 달리 체제 전복을 꾀하는 국기 문란 행위라면서 "극렬 불순분자들은 각종 폭력시위를 주동했던 좌경운동권의 핵심 세력으로 추정된다"는 주장의 성명을 발표했다.

(2) 방관·침묵하던 장년의 회사원들도 '넥타이 부대'로 시위대열에

6월 12일 오전, 회사원과 은행원을 비롯한 넥타이부대가 명동성당 부근으로 모여들기 시작했다. 낮 12시 45분에 명동성당에서 농성하던 사람들이 대열을 갖추고 정문으로 나오자 시민들은 박수와 환호를 보내며 만세를 불렀다. 주위 건물에서도 넥타이를 맨 젊은이들이 창문을 열고 함성을 지르거나 옥상에 올라가 손을 흔들었는데, 오후 2시가 조금 지났을 때는 은행과 증권사·보험회사 사무원이 길가에 나와서 "독재타도"를 외쳤던 것이다. 그리고 넥타이부대는 시민들과 함께 모은 성금을 명동성당 농성자에게 전달했는데, 그날부터 5일 동안 성금이 2천 여만원이나 모였다.

넥타이부대의 등장에 당황한 경찰은 1,300여 명의 병력으로 명동성당 일대를 차단해 버렸고, 상가와 사무실은 개점휴업 상태가 되고 말았다. 오후 4시 경찰의 저지선을 뚫고 명동거리로 나온 사제·수녀·신자가 침묵시위를 벌이자 1만여 명의 시민은 어우러져 대규모 시국토론회를 벌이기시작했다.

서울 시내 도심에서는 12일 밤 늦은 시각까지 시위가 벌어졌고, 경찰은 학생 327명 등 437명을 연행했다. 그날 전국 37개 대학 교내에서는 2만여 명이 시위를 벌였다.

세브란스병원에서 이한열이 사경을 헤매고 있던 연세대에서는 학생 3천여 명이 「살인적 최루탄 난사에 대한 범연세인 규탄대회」를 열었다.

13일에도 항쟁의 거점인 명동성당 일대에서는 시위가 잇달아 벌어졌다. 점심식사가 끝난 뒤 농성대원이 성당 언덕에 올라서자 부근 사무실 창문이 열리면서 박수와 환호가 쏟아졌다. 전두환 정권이 침묵하는 다수라고 주장하던 중산층의 반란이 갈수록 치열해진 것이다. 오후 5시에는 시민과 학생이 성당 입구에서 노래를 부르고 구호를 외치며 농성자를 격려했고, 밤 10시가 되자 농성자는 촛불기도회를 마친 뒤 신자·시민과 함께 촛불평화대행진에 나섰다. 6월 13일 전국에서 시위에 참가한 사람은 전날의 절반 가량인 1만3천여 명이었다.

14일 아침 현재 명동성당 농성자는 여성을 포함해 350여 명이었다. 그들이 오전 10시부터 시민과 학생과 어우러져 성당 일대에서 연설과 토론을 벌이자 오후 1시 전두환은 전권 위임자를 신부 함세웅에게 보내 다음 날 정오까지 농성을 풀면 사법조치를 취하지 않겠다고 통보했다. 그러나 시민과 학생은 농성자를 보호하기 위해 성당 입구에서 집회 장소까지 인간 바리케이드를 만든 뒤 오후 2시부터 시국대토론회를 열었다. 저녁 6시부터 비가 내리기 시작했지만 성당 농성자와 시민은 명동거리를 가득 메우며 '촛불행진'을 시작했다. 함세웅의 요청에 따라 밤 10시에 경찰은 철수했다.

농성자는 성당 안에서 철수 문제를 두고 밤새도록 토론을 벌였다. 15일 오전 8시 1차 투표를 했으나 찬성도 반대도 과반수에 못 미쳐 다시 투표에 들어갔다. 오전 9시에 3차 투표를 한 결과는 찬성 119, 반대 94였다. 엿새에 걸친 농성을 풀기로 결정한 것이다.

6월 10일 밤부터 15일 아침까지 계속된 명동성당 농성투쟁과 넥타이부대를 중심으로 한 시민의 시위는 국본이 주최한 6·10국민대회를 민주항쟁으로 발전시키는데 결정적 구실을 했다. 초조하다 못해 심리적 공황 상태에 빠진듯한 전두환 정권이 온갖 술수를 동원해 농성자를 해산하려고 한 까닭은 바로 그것을 두려워했기 때문이다. 농성자들은 해산했지만 15일 오후 1시부터 시민 2만여 명이 명동성당 입구부터 코스모스백화점에 이르는 거리에 운집해 학생들과 함께 "독재타도" "민주헌법 쟁취"를 외쳤다. 시민들 가운데는 상인보다 넥타이를 맨 회사원이 더 많았다. 오후 8시에는 명동성당에서 사제 4백여 명이 참석한 기운데 '나라의 민주화를 위한 특별미사'가 열렸다. 밤 10시부터는 천주교 신자·신부·수녀 4천여 명이 한 손에 촛불을 들고 다른 손으로는 브이(V) 자를 그리며 기도회를 가졌다.

같은 날 연세대에서는 학생 7천여 명이 비상총회를 열었고, 그들 가운데 1천여 명은 교문 밖으로 나가 격렬한 시위를 벌였다. 이한열은 세브란스병원에서 의식을 잃은 채 7일째 사경을 헤매고 있었다. 그날 대전·부산·대구·광주·인천·진주 등지에서도 학생과 시민이 시위에 나섰다. 전국 59개 대학에서 학생 9만2천여 명이 시위에 참가했고, 140곳에서 시민을 포함한 총10만4천여 명이 시위를 벌였던 것이다.

(3) 외세 아부정권들의 오랜 권력유지 방어무기였던 '최루탄' 추방대회

명동성당 농성투쟁이 끝난 이튿날인 6월 16일 오전, 국본은 공동대표단 회의를 열고 18일을 '최루탄 추방 국민결의의 날'로 정했다. 이한열을 비롯해 경찰의 최루탄에 맞아 다친 이들의 회복을 기원하는 동시에, 전두환 정권의 야만적인 집회·시위 탄압을 규탄하자는 뜻이었다.

6월16일에도 시위는 계속되었다. 전날보다 참가자 수는 적었지만 시위는 더 과격해졌다. 부산과 대전·진주 등지에서는 경찰버스와 파출소가 불타거나 파손되었다.전국 8개 도시의 122곳에서 1만7,400여 명이 시위에 참가했고 민정당 지구당사 3곳에는 화염병이 투척되었다. 경찰은 6월 9일부터 48시간 시한부로 내렸던 갑호비상령을 무기한 연기했다.

17일에는 서울에서 28개 대학 학생 2만 7천여 명이, 지방에서는 45개 대학 2만5천여 명이 시위를 벌였다.

6월 18일, 국본이 이틀 전에 결정한 대로 전국 16개 도시의 247곳에서 최루탄 추방을 위한 시위와 집회가 벌어졌다. 서울에서는 경찰이 최루탄 추방공청회 장소인 종로5가 부근의 연동교회 일대를 포위한 가운데 오후 2시부터 학생과 시민 6백여 명이 거리로 나와 오후 4시까지 "최루탄을 몰아내자" "호헌철폐" 등 구호를 외쳤다. 특히 이우정·박영숙·박용길 등 여성단체 대표와 구속자 가족 등 3백여 명은 "최루탄을 쏘지마세요"라는 어깨띠를 두른 채 "내가 낸 세금이 우리 자녀 죽인다" 등 피켓 30여 개를 들고 시민, 학생과 노상공청회를 열었다.

같은 날 오후 7시 반에는 남대문시장과 퇴계로 일대에서 학생 3천여 명이 모여 명동쪽에서 온 학생 2천여 명과 합세해 차도를 완전히 점거했다. 시민까지 합류하자 시위대는 2만여 명으로 불어났다. 신세계백화점 부근에서는 시위대 2천여 명이 전경 60여 명의 무장을 해제하고 그들을 분수대로 몰아넣었다. 오후 8시에는 서울역 일대에 1만여 명이 모여 도로를 점거했다. 군중 가운데 일부는 경찰버스와 예비군 수송버스를 불태우고 남대문경찰서와 역전파출소를 심하게 파손하기도 했다.

부산에서는 1979년 10월의 부마항쟁 때보다 훨씬 많은 인파가 시위에 참가했다. 특히 택시가 50~300대씩 떼를 지어 도로를 차단하고 경적시위를 벌인 점은 1980년 5월 광주를 연상시켰다. 오후 4시부터 서면 로터리에 모여든 시민과 학생은 오후 7시 8차선 도로 4킬로미터를 완전히 메웠고, 자정을 넘기면서는 시위가 더욱 격렬해졌다. 시위대는 대형 트럭과 트랙터 10여 대를 탈취해 2백여 대의 택시와 함께 시청 앞으로 돌진했다.

전두환의 정치적 아성인 대구에서도 학생과 시민 1만여 명이 시위에 나섰다. 파출소 2곳이 불타고 3곳이 파손당한 상황이라 중심가의 상점은 거의 모두 철시했다.

광주·인천·대전·춘천·원주·진주·마산·김해·성남·울산·목포·익산·군산 등지에서도 시위가 일어났다.

대통령 전두환은 19일 오전 10시 반, 안기부장·국방부장관, 3군 참모 총장 등을 청와대로 불러들여 서울·부산·대구·광주·대전 등지로 군 병력을 이동시키라고 지시했다. 그러나 그 명령은 오후 4시 반에 유보되었다. 주한미국대사 릴리가 그날 오후 대통령 레이건의 친서를 받고 전두환에게 어떤 메시지를 전달했는데, 그것이 영향을 미쳤을 가능성이 크다.

6월 19일부터는 광주와 전주 등 호남 지역에서 시위가 확대되었다. 광주에서는 그날 오후 5시 10분부터 시작된 시위에 시민이 대대적으로 참여해 밤 10시에는 1만여 명으로 불어났다. 경찰은 63회에 걸쳐 4만 5천여 명이 시위를 한 것으로 집계했다. 20일 저녁과 밤에는 시위 규모가 훨씬 커져 이튿날까지 계속되었다. 일요일인 21일 밤 10시 10분에는 광주공원 일대에 3만여 명이 운집했다.

전주에서는 19일과 20일에 각각 3천여 명이 시위를 벌였고, 21일에는 6천여 명으로 늘어났다. 목포·순천·군산에서도 19일부터 21일까지 대규모 시위가 일어났다. 특히 21일 익산에서는 기독교연합회가 주최한기도회에 시민과 학생 1만여 명이 참가해 목사 3백여 명을 선두로 가두시위를 벌이기도 했다.

6월 19일부터 21일까지 부산·대구·대전·청주·제주·성남·안동 등지에서도 시위가 끊이지 않았다.

○ 6·26 평화대행진

6월 17일 열린 국본 상임집행위원회는 6월 26일 '민주헌법쟁취를 위한 국민평화대행진'을 주관하기로 합의했다. 19일 밤 마포구 합정동 마리스타수녀원에서 열린 국본상임공동대표단과 상임집행위 연석회의에서 민주당의 최형우 등과 김대중계 양순직 등은 전두환이 비상조치를 취할 가능성이 크다며 영수회담 결과를 기다려보자고 주장했고, 개신교 쪽도 신중론을 폈다.

밤을 새워 토론을 한 끝에 국본은 20일 아침 전두환 정권이 4·13호헌조치를 철회하고 민주화 요구를 받아들이지 않으면 23일에 평화대행진의 날짜와 방법, 국민행동수칙 등을 발표하겠다고 밝혔다. 민주당 총재 김영삼은 21일과 22일 잇달아 국본에 참여한 개신교 지도자들을 만나 여야 영수회담 등을 통해 정치적 대화로 풀어야 한다고 주장하면서 대행진을 연기하자고 요청했다.

국본은 23일이 되자 전두환이 김영삼과의 회담에서 민주화 조치를 명백히 약속한다면 그것을 적극적으로 지지할 것이라는 단서를 발표문에 넣기로 결정한 뒤, 26일 오후 6시 전국에서 동시에 「민주헌법쟁취를 위한 국민평화대행진」을 실시하겠다고 발표했다. 국본은 평화대행진 행동지침을 이렇게 정했다.

"오후 6시 국기 하강식과 동시에 애국가를 제창하고, 전국의 교회와 사찰에서는 타종을 하며, 밤 9시에는 10분 동안 텔레비전을 끄고 소등한다."

서울에서는 동대문·시청 앞·안국동·신세계백화점·영등포시장 등 각 구역별로 주민이 모일 곳을 지정하고, 최종 집결지는 탑골공원으로 정했다. 24일 국본은 평화대행진에 참여할 도시가 애초 13곳에서 22곳으로 늘었다고 발표했다.

재야단체와 야권이 평화대행진 계획을 공식으로 발표하기 전날인 6월 22일, 부산에서는 심각한 사건이 일어났다. 17일 아침부터 가톨릭센터에서 농성을 하고 있던 학생과 시민 2백여 명이 부산시경으로부터 안전 귀가를 보장받고 밤 9시 40분쯤 신부 2명과 함께 집으로 돌아가는데, 경찰이 최루탄을 난사하며 무차별 폭행을 가한 것이다. 그들은 모두 남부서에 연행되어 밤 11시 20분까지 갇혀 있다가 풀려났지만, 부산교구 소속 신부 80여 명은 경찰의 만행에 항의하는 뜻으로 무기한 농성에 들어갔다.

6월 22일부터 25일까지 광주·전주·대구·인천·수원·천안·공주·원주·익산·순천·안동·제주 등지에서도 크고 작은 시위가 끊이지 않았다.

6월 24일, 전두환과 김영삼의 영수회담이 열렸다. 김영삼은 4·13호헌조치 철회 등 민주화 조치를 하고 직선제 개헌을 하거나, 직선제 개헌과 내각제에 대한 선택적 국민투표를 하자고 제안했으나 전두환은 4·13호헌조치는 철회하면서도 직선제 개헌이나 국민투표는 받아들이지 않았다. 그러자 민주당은 회담이 실패로 끝났다고 단정하고 평화대행진에 참여하겠다고 발표했다.

'국민평화대행진'의 날인 6월 26일이 되자 경찰은 5만6천여 명의 병력을 전국 24개 도시에 배치했다. 서울에서는 경찰 2만여 명이 집회 장소를 원천봉쇄하는데 동원되었다. 그러나 평화대행진은 애초 계획보다 많은 34개 시와 4개 군에서 동시다발적으로 진행되었다.

서울에서는 학생과 시민의 시위가 오후 5시 30분 신세계백화점 앞에서 시작되어 서울역·영등포역·동대문쪽으로 확산되었다. 최대의 격전지는 서울역 일대였다. 오후 8시가 되자 서울역·서부역·고가도로·남대문·남산거리에는 3만여 명이 모여 경찰의 최루탄 발사에 맞서 3시간 남짓 동안 일진일퇴의 공방전을 벌였다. 오후 7시 45분에는 영등포로터리 일대에도 시위대 2만여 명이 운집했다. 동대문과 동대문시장·종로5가·서울운동장과 청계고가도로에서도 1만 5천여 명이 시위를 벌였고 차량들도 경적을 울리며 이에 호응했다. 27일 새벽 1시에는 영업용 택시 3백여 대가 신설동 로터리 부근의 도로를 점거했고 운전기사는 경적을 울렸다.

광주에서는 오후 5시 30분에 시위가 확대되기 시작하더니 6시가 되자 2만여 명이 한일은행 사거리에 모였다. 7시 20분에는 시위대가 10만여 명으로 늘어났다. 여수·순천·목포·무안·완도·광양에서도 시위가 일어났다.

부산에서는 가톨릭센터 '농성귀가 폭행 사건'에 항의하다가 고가차도에서 추락해 사망한 이태춘을 위한 위령미사가 오후 4시에 열렸다. 오후 7시 40분에는 서면로터리 일대에서 4만여 명이 시위를 벌였는데, 이 시위에는 버스·택시·트레일러 등 운수 노동자가 많이 동참했다.

마산에서는 평화대행진이 무산되자 경남대와 창원대 학생 등 2만여 명이 가두시위에 나섰다. 진주·울산·김해·진해·거창 등지에서도 시위가 있었고, 인천·대전·수원·청주·천안·원주·춘천·제주에서도 시위가 벌어졌다.

(4) 후계자로 지목되던 노태우, 국민의 뜻 따르겠다는 '6·29선언' 발표

평화대행진이 끝난 이튿날인 6월 27일 오전 8시, 국본은 상임공동대표단 회의를 열고 "현 정부는 이제 국민의 뜻에 따라 새 헌법에 의한 정부 이양 일정을 구체적으로 밝히라"고 요구했다. 28일 천주교 부산교구 중앙성당에서는 신도 1만여 명이 참가한 가운데 특별미사가 열렸다. 그들은 이후 성명을 통해 "분명한 민주화 일정이 발표될 때까지 농성을 계속하겠다"고 밝혔다. 서울에서도 서울제일교회를 비롯한 개신교 교회에서 기도회가 열리고 시위가 일어났다.

민정당 대표 노태우는 6월 29일 오전 9시 5분에 열린 중앙집행위원회 회의에서 「시국수습을 위한 특별선언」을, 세칭 '6·29선언'을 발표했다.

"(…) 오늘 저는 각계각층이 서로 사랑하고 화합하여 이 나라의 국민임을 자랑스럽게 여기며 정부 역시 국민들로부터 슬기와 용기와 진정한 힘을 얻을 수 있는 위대한 조국을 건설하기 위해서 비장한 각오로 역사와 국민 앞에 서게 되었습니다. (…) 이 구상은 대통령 각하께 건의를 드릴 작정이고 당원 동지 그리고 국민 여러분의 뜨거운 뒷받침을 받아서 구체적으로 실현시킬 본인의 결심입니다.

첫째, 여야 합의하에 조속히 대통령 직선제 개헌을 하고 새 헌법에 의한 대통령 선거를 통해서 88년 2월 평화적인 정부 이양을 실행하도록 해야겠습니다. (…)

둘째, 직선제 개헌이라는 제도의 변경뿐만 아니라 이의 민주적 실천을 위하여는 자유로운 출마와 공정한 경쟁이 보장되어 국민의 올바른 심판을 받을 수 있는 내용으로 대통령선거법을 개정하여야 한다고 봅니다. (…)

셋째, 우리 정치권은 물론 모든 분야에 있어서의 반목과 대결이 과감히 제거가 되어 국민적 화해와 대단결을 도모하여야 합니다. 그러한 의미에서 저는 그 과거가 어떠하였건 간에 김대중씨도 사면, 복권되어야 한다고 생각합니다. (…)

넷째, 인간의 존엄성은 더욱 존중되어야 하며, 국민 개개인의 기본적 인권은 최대한 신장되어야 합니다. (⋯)

다섯째, 언론자유의 창달을 위해 관련 제도와 관행을 획기적으로 개선해야합니다. (⋯)

여섯째, 사회 각 부분의 자치와 자율은 최대한 보장되어야 합니다. (⋯)

일곱째, 정당의 건전한 활동이 보장되는 가운데 대화와 타협의 정치풍토가 조속히 마련되어야 합니다. (⋯)

여덟째, 밝고 맑은 사회 건설을 위하여 과감한 사회 정화 조치를 강구해야 합니다. (⋯)"

노태우가 발표한 6·29선언의 핵심은 "대통령 직선제 개헌과 새 헌법에 의한 대통령 선거" "김대중 사면과 복권"이었다. 다른 6개 항목은 중요하기는 하지만 민주화를 위한 원론에 불과했다.

국본은 6·29선언이 국민의 뜻을 받아들이기로 결정한 것으로 이해한다며 환영했다. 김대중과 김영삼도 그 선언을 열렬히 지지했다. 특히 사면·복권이 되어야 대선에 출마할 수 있게 되는 김대중 쪽은 전두환 정권의 올가미에서 풀려나게 되므로 그 선언을 반대할 까닭이 전혀 없었을 것이다. 대통령 꿈을 접은 적이 없는 김영삼 역시 마찬가지였다.

7월 1일 열린 민추협 상임위원회에서 김대중과 김영삼은 약속이나 한 듯이 단결을 강조했다. 김대중은 "80년과 같은 우매한 짓을 하지 않고 국민을 위해 어떠한 희생도 감수하겠다"고 다짐했고, 김영삼도 "우리 두 사람은 갈라지지 않고 철저히 단결할 것"이라고 약속했다. 나중에 드러났지만 양김의 그런 다짐과 약속은 빈말에 지나지 않았다.

6·29선언은 전두환과 참모들의 작품이라는 설이 있지만 확실한 근거는 분명하지 않다. 전두환과 노태우의 재집권 계략을 간파한 전문가들은 6·29선언을 '속이구선언'이라고 비하했다. 그러나 김대중과 김영삼 같은 정치 지도자 뿐 아니라 많은 재야단체와 대중이 그것을 지지하니 반대의 소리는 잦아들 수밖에 없었다.

(5) 최루탄에 쓰러진 이한열, 끝내 숨거두고 민주제단에 심신 바쳐

6월 9일 경찰이 쏜 최루탄을 맞고 세브란스병원에서 의식을 잃은 채 병상에 누워 있던 이한열은 7월 5일 0시 10분쯤 갑자기 혈압이 떨어지기 시작했다. 담당 의사는 급히 혈압 상승제를 주사하고 심폐소생술 등 응급조치를 취했지만 그는 새벽 2시 5분쯤 끝내 숨을 거두고 말았다.

그날 오전 5시 반, 세브란스병원 회의실에서는 유족·학교 당국자·병원 관계자·학생대표가 모여 장례 대책을 논의했다. 오전 11시에 이한열의 부모와 학교대표와 학생대표는 장지는 광주 망월동묘역, 명칭은 「애국학생 고 이한열 열사 민주학생장」으로 정했다고 발표했다. 7월 7일 오전 10시, 민주학생장이라는 말을 바꿔 「민주국민장 추진위원회」가 구성되었다. 장례 날짜는 7월 9일로 정해졌다.

7월 6일 새벽 연세대 학생회관 1층 로비에 빈소가 차려졌다. 아침부터 조문객이 얼마나 많이 왔던지 백양로를 따라 이어진 행렬은 끝이 보이지 않을 정도였다. 학생과 시민·정치인은 물론이고 어린이까지 부모의 손을 잡고 빈소를 찾았다.

국무총리 이한기가 문상을 하겠다는 전갈이 왔으나 유족과 장례위원회는 거부했다. 민정당 대표 노태우가 보낸 조화는 학생들의 발길에 짓밟힌 채 쓰레기장에 버려졌다.

7월 9일 이른 새벽부터 연세대 교정은 추모객으로 붐비기 시작했다. 학교와 단체별로 현수막과 만장을 든 사람들이 구호를 외치거나 노래를 부르며 백양로를 오르내렸고, 민가협 회원들은 머리에 삼베수건을 쓰고 안내문을 돌렸다. 이한열이 활동하던 동아리 만화사랑 회원과 경영학과 학생은 영결 식장으로 운구했고, 오전 9시에 교목 윤병상의 묵도를 시작으로 「이한열 열사 민주국민장」이 거행되었다. 민주국민장 집행위원장인 연세대 총학생회장 우상호의 추도사 낭독이 끝나자 바로 전날 시국관련 사범 367명과 함께 가석방된 민통련 의장 문익환이 연단에 올랐다. 그는 이렇게 조사를 시작했다.

"밤을 꼬박 새면서 아무리 생각해도 할 말이 없었습니다. 그래서 이 자리에서 이한열 열사를 비롯한 많은 열사들의 이름이나 목이 터져라 부르고 들어가려고 나왔습니다. 전태일 열사여! 김상진 열사여! 장준하 열사여! 김태훈 열사여! 황정하열사여! 김의기 열사여! 김세진 열사여! 이재호열사여! 이동수열사여! 김경숙 열사여! 진성일 열사여! 강성철 열사여! 송광영 열사여! 박영진 열사여! 광주 2천여 영령이여! 박영두 열사여! 김종태 열사여! 박혜정 열사여! 표정두 열사여! 황보영국 열사여! 박종만 열사여! 홍기일 열사여! 박종철 열사여! 우종원 열사여! 김용권 열사여! 이한열 열사여!"

만69세로 한해 넘게 옥살이를 하고 바로 전날 나온 사람답지 않게 그의 목소리는 우렁찼다. 절규하는 듯한 문익환의 '열사 초혼'은 수만여 조문객의 가슴을 후벼 파는 듯했다. 그가 마지막으로 '이한열 열사여!'를 외쳤을 때 고인의 어머니 배은심은 단상 앞으로 걸어 나갔다. 한참 통곡을 하고 난 배은심은 떨리는 목소리로 말했다.

"불쌍한 우리 한열이 가슴에 맺힌 민주화를 성취시켜 주시기를 바랍니다. 이 살인마! 현 정부는 물러가라! 한열아 가자, 우리 광주로 가자, 한열아."

장례식이 끝나자 장의 행렬이 교문을 나섰다. 길을 메우다시피한 인파 때문에 걸어서 5분이면 갈 수 있는 신촌로터리까지 이동하는데 한 시간이나 걸렸다. 추모 행렬은 시간이 갈수록 불어났다. 노제 장소인 서울시청 앞 광장은 인산인해였다. 광화문 네거리, 을지로 입구, 한국은행 앞, 무교동까지 추모객이 가득 들어찼다. 길가로 나오지 못한 사람은 건물 창문을 열고 손수건을 흔들며 구호를 외쳤다. 한국 역사에서 볼 수 없었던 최대 규모의 장례였다.

정오에 시작하기로 했던 노제는 오후 3시에 겨우 시작되었다. 발 디딜 틈도 없이 인파가 들어차서 노제를 제대로 치를 수가 없었다. 서둘러 노제를 마친 운구 행렬은 한남대교를 넘어 경부고속도로를 타고 광주로 달렸다.

이한열의 유해가 서울시청 앞을 떠나자 추모객은 광화문 쪽으로 행진하기 시작했다. 이순신 동상 앞에는 페퍼포그 차량을 앞세운 경찰이 진을 치고 있었다. 그곳이 무너지면 전두환이 있는 청와대로 군중이 몰려갈 가능성이 크다고 여겼던지 경복궁 앞 큰길에는 수도방위사령부의 탱크가 자리 잡고 있었다. 군중이 다가가자 경찰은 페퍼포그를 쏘아댔다. 맨손인 시민은 흩어질 수밖에 없었다. 그날 밤 이한열의 유해는 광주 망월동묘역의 1.5평짜리 무덤에 안장되었다.

「이한열 열사 민주국민장」이 치러진 날에는 추모객이 서울에서 150만 명이 운집했고, 광주 10만을 포함하면 전국에서 160만여 명의 동포가 그의 순국을 애도했다.

3. 민주화운동 청년세력은 남북 화해협력에도 적극 나서

1) 미국의 분열책략에도 불구하고 남북동포 화해협력운동 활발

(1) 6.10 민주화 쟁취에 이어 남북청년학생 공동선언 성공

1989년 7월 7일 한국 전대협 공식대표인 임수경(한국외국어대 불문과)과 북조선의 학생대표 김창룡이 평양에서 「남북청년학생 공동선언」을 발표하여 분단 이후 처음으로 남북학생대표의 공동선언이라는 점에서 큰 의미를 갖게 하였다.

1988년 이후 본격화되기 시작한 통일운동은 88년 「6 · 10 남북학생회담」투쟁, 88

년 「8·15남북학생회담」투쟁, 「공동올림픽쟁취투쟁」을 거쳐, 89년에는 7월 1일부터 8일까지 평양에서 「반제연대성·평화·친선」의 기치 아래 열리는 「세계청년학생축전」참가투쟁으로 이어졌다.

정부측에서는 처음에는 평양축전에 참가를 승인하고자 하였으나 89년 3월경부터 참가불허로 방침을 선회하여 「평양축전참가투쟁」을 억제, 탄압하게 되었다. 합법적 참가가 불가능하게 되자 전대협은 공식대표로서 임수경을 제3국을 경유하여 파견하기에 이르렀다. 제3국을 통해 평양에 도착한 임수경은 한국 청년학생의 대표자격으로 평양축전에 참가하고 「남북청년학생 공동선언」에 서명했다. 이 선언은 남한에서 '전국대학생대표자협의회 의장 임종석의 위임에 의하여' 임수경이, 북조선에서는 조선학생위원회위원장 김창룡이 서명, 발표했다.

축전이 끝나자 임수경은 천주교정의구현사제단에서 파견한 문규현 신부와 함께 8월 15일 판문점을 통하여 귀환했다. 이 사건으로 임수경과 문규현은 국가보안법 위반으로 2심에서 징역 5년을 언도 받았다.

○ 남북청년학생 공동선언문

남과 북의 우리 청년학생들은 '조국은 하나다'라는 외침으로 이 선언을 시작한다.

하나의 조국, 하나의 민족이 타의에 의해 겪어온 분열과 45년은 민족적 비극의 45년이었다. 조국의 남과 북에서 끊임없이 이어져온 통일의 대장정은 이제 마무리지을 영광의 종착점을 향해 질주를 거듭하고 있다.

애국의 열정과 구국의 의지가 굽이치는 이 통일대행진의 자랑스러운 대오에는 남과 북은 우리 청년학생들이 기수로 나아가고 있다.

조국통일은 남과 북 우리 청년학생들의 삶과 투쟁의 최우선적 목표이다. 이제 남과 북의 우리 청년학생들은 시대와 민족 앞에 지닌 숭고한 사명과 임무를 깊이 자각하고 제13차 세계청년학생축전이 진행되고 있는 북녘 땅 평양에서 하나의 조국, 하나의 민족을 위한 공동의 선언을 내외에 알린다.

1. 우리는 자주·평화·민족대단결의 원칙에 따라 조국을 통일하기 위하여 끝까지 투쟁한다.

2. 우리는 조국통일은 반드시 우리 민족의 손으로 자주적으로 이룩하여야 하며 조국통일을 방해하는 어떠한 세력도 단호히 반대한다.

3. 우리는 한반도에서 전쟁위험을 제거하고 긴장상태를 완화하는 것이 조국통일의 전제로 된다고 인정하면서 휴전협정을 평화협정으로 대체하고 주한미군의 단계적인

철수와 남북불가침선언을 채택하며 평화통일을 이루기 위하여 투쟁한다.
4. 우리는 남북교차승인과 UN동시가입 등 분단상태를 영구화하려는 두 개의 국가
정책을 반대 배격한다.
5. 우리는 남과 북에 서로 다른 사상과 제도가 존재하는 우리 나라의 현실적 조건에
서 쌍방의 사상과 제도를 그대로 인정하며 민족대단결에 기초한 하나의 통일국가
를 창립하기 위하여 과감히 싸워나간다.
6. 우리는 조국통일을 앞당기기 위하여 남과 북 사이의 당국대회와 함께 민간대화들
을 활발히 진행하며 당국이 통일논의와 대화창구를 독점하지 말아야 한다고 주장한
다.
7. 우리는 민족적 화해와 단합을 촉진하기 위하여 남북청년학생들 사이의 접촉과 교
류를 비롯한 남북 사이의 다각적인 교류와 협력을 활발히 진행하기 위하여 적극
투쟁한다. 이를 위해 매년 한 차례씩 남북학생간의 정기적인 교류를 갖는다.
8. 우리는 남과 북 사이의 정치·군사적 대결상태를 해소하고 민족적 화해와 단합을
도모하며 적어도 1995년까지 조국통일 위업을 실현하기 위하여 공동투쟁을 벌여
나간다.
우리 모두 서로 어깨 겯고 조국의 자주적 평화통일이 성취되는 그날까지 힘차게 진
군하자.

전국대학생대표자협의회 의장 임종석 위임에 의하여 임수경
조선학생위원회 위원장 김창룡

(2) 군사정권 인사들과 민주화운동세력 일부가 3당 합당 선언

1990년 1월 22일 민정·민주·공화당이 전격적으로 통합을 선언했다. 민정당 총재
인 노태우 대통령과 민주당 김영삼 총재, 공화당 김종필 총재는 청와대에서 회동, '새로
운 역사창조를 위한 공동선언'을 발표하고 "통합신당은 온건중도의 민주세력의 통합을
통한 새로운 국민정당이 될 것"이라고 밝혔다.

3당총재는 공동발표문을 통해 "민정·민주·공화당은 가칭「민주자유당」으로 조건
없이 합당한다"고 선언하고 "신당은 앞으로 문호를 개방, 우리의 뜻을 지지한다면 누구
라도 환영할 것"이며 특정정당이나 정파를 결코 배제하지 않을 것이라고 말했다.

세 사람은 3당통합에 의한 신당창당 및 각당 5인씩 15명으로 창당준비위원회원회를
구성, 민주세력에게 민의 배반의 의구심을 일으켰다.

3당합당으로 거대 여당 민자당의 출범은 "총선민의를 배신하는 국민 기만 행위"라는 야당의 거센 비난과 함께 내각제합의각서 유출사건 등 치열한 내부갈등을 빚게 되었다. 그러나 3당합당으로 김영삼이 민자당 대통령후보로 나서 당선되는 계기가 되었지만, 노태우 대통령의 명예총재직 사퇴와 문민정부 수립 후 김종필의 탈당 등으로 당초 '구국의 결단'으로 미화되었던 3당 합당 정신은 크게 훼손되었다.

○ 통합 선언, 군정 비호세력과 집권기회에 초조해하던 세력간의 타협

국민 여러분,

국민의 선택에 따라 출범한 이 공화국의 국정책임을 지고 있는 민주정의당 총재 노태우와 오랜 세월 이 땅의 민주주의를 위해 몸바쳐온 통일민주당 총재 김영삼 그리고 국태민안의 신념을 꿋꿋이 실천해온 신민주공화당 총재 김종필, 우리 세 사람은 민주 번영 통일을 이룰 새로운 역사의 장을 열기 위해 오늘 국민 여러분 앞에 섰습니다.

21세기를 눈앞에 두고 1990년을 맞는 우리는 나라의 장래를 결정할 중대한 기로에 서 있습니다. 오늘의 국가적 상황은 지난 40여 년 헌정사의 파란을 넘어 연 민주주의와 지난 30년간 온 국민이 피땀흘려 이룩한 우리 경제의 바탕 위에서 번영된 선진민주국가로 나아가느냐, 아니면 불안한 후퇴의 길로 떨어지느냐의 갈림길이라 할 것입니다.

우리는 지난 반세기에 걸쳐 세계 그 어느 민족이 겪은 것보다 가혹한 시련과 고난을 국민의 단합된 힘으로 슬기롭게 이겨왔습니다.

우리 국민은 민족의 분단과 동족상잔의 전쟁을 겪으면서도 세계가 경탄하는 경제발전을 이루었고 오랜 권위주의 시대의 막을 내리고 민주주의를 함께 열어 서울 올림픽을 역사상 가장 훌륭한 대회로 치렀습니다.

그러나 지난 2년간 온 국민이 값비싼 대가를 치르면서 얻은 명백한 결론은 현재의 정치구조가 오늘의 국가적 문제를 해결하기에 적합하지 않다는 것입니다.

더욱이 4당으로 갈라진 현재의 구조로는 나라 안팎의 도전을 효율적으로 헤쳐 나라의 밝은 앞날을 개척할 수 없다는 것입니다.

현재의 4당 체제는 지난 총선거의 결과임이 분명합니다. 그러나 그것은 국민이 바란 선택이기보다는 인맥과 지연에 따른 정치권의 분열이 가져온 결과였습니다. 기존정당은 국민의 여론을 조직화하고 국민적 역량을 뭉치게 하기보다 지역적으로 기반을 나누어 국민적 분열을 심화하는 현상을 빚게 했습니다. (……)

국민 여러분.

우리 세 사람은 오늘의 상황에 공동의 책임을 느끼며 역사의 사명을 함께 다하기로 결

심했습니다. 우리 세 사람은 지난 대통령 선거와 총선거에서 보여준 절대다수 국민의 지지와 성원을 겸허하게 가슴 깊이 새기며 이 중대한 역사적 상황에서 국민의 기대에 부응하는 길이 무엇인가를 깊이 논의했습니다. 나라와 겨레의 오늘과 내일에 관한 모든 문제에 대하여 가슴을 열고 의견을 나누었습니다. 이제 우리는 모든 당파적 이해관계를 초월하여 역사와 국민 앞에 책임을 다한다는 한마음으로 이 시대의 과제를 함께 풀기 위해 중대한 결심을 내렸습니다.

민주정의당과 통일민주당 그리고 신민주공화당은 여야의 다른 위치에서 그동안 이 나라를 위해 나름대로 최선의 노력을 기울여왔습니다. 그러나 오늘 우리의 현실은 보다 더 굳건한 정치주도 세력과 국민적 역량의 결집을 요구하고 있습니다. 우리사회 모든 민족 민주 세력은 이제 뭉쳐야 합니다. 이 같은 시대적 요청에 부응하기 위해 우리는 중도 민주 세력의 대단합으로 큰 국민정당을 탄생시켜 정치적 안정 위에서 새로운 정치질서를 확립해 나가기로 했습니다.(……)

국민 여러분.

우리 역사상 처음으로 이제 여야 정당이 합당하여 새로운 국민 정당이 탄생됩니다. 우리 정치사에 새로운 기원이 열리는 것입니다. 새 국민정당의 출범은 정치의 안정, 정치의 선진화를 이룩하여 위대한 역사를 창조하는 새로운 출발점이 될 것입니다.

우리는 더 큰 국민의 지지 위에서 민주 번영 통일의 영광된 시대를 창조해갈 것입니다.

우리 국민 모두 새로운 세계, 희망의 미래를 향해 나아갑시다.

국민 여러분의 성원과 동참을 호소합니다. 감사합니다.

(3) 상대방을 독립국으로 인정 않고 있던 남북이 유엔에 동시 가입

제46차 유엔총회는 1991년 6월 18일(뉴욕시간 17일) 남북한의 유엔동시 가입을 승인, 확정했다. 유엔총회는 이날 남북한과 마셜군도 등 7개국의 유엔가입 결의안을 일괄 상정하여 표결 없이 159개국 전회원국의 만장일치로 통과시켰다. 이로써 남북한은 분단 46년만에 별개의 의석을 가진 유엔회원국이 되었다. 가입순서는 알파벳 순서에 따라 조선민주주의인민공화국DPRK이 160번째, 대한민국ROK이 161번째 회원국이 되었다.

한국 이상옥 외무장관은 가입수락연설에서 "오늘은 한반도 내에서 냉전의 잔재를 청산하기 위한 새로운 출발을 예고하는 날이 되기를 기원한다"고 말하고 "비록 남북한이 별개의 회원국으로 시발하였으나 한반도의 평화통일을 기어코 달성하겠다는 한민족의 결의를 새롭게 다지는 날이 되어야 할 것"이라고 강조했다.

북조선 강석주 외교부 부부장도 수락연설에서 "이 기회에 조선반도에서 평화와 통일을 실현함으로써 세계의 평화와 안전보장을 위한 유엔의 활동에 적극 합류해나갈 우리 공화국 정부의 확고한 의사를 다시금 표명하는 바"라고 말하고 "오늘 비록 북과 남이 따로따로 유엔에 들어왔지만 우리 인민의 단합된 노력에 의해 하나의 의석을 차지하게 될 날이 꼭 오리라는 것을 확신한다"고 강조했다.

남북한은 유엔가입 후 관례에 따라 양정상의 유엔총회 기조연설을 가졌다. 노태우 대통령은 9월 24일 기념연설에서 남북은 휴전체제를 평화체제로 바꾸고 군사적 신뢰구축을 바탕으로 한 실질적인 군축을 이루고 사람과 물자, 정보의 자유로운 교류를 통해 관계 정상화를 실현시켜야 한다는, 남북관계정상화 3원칙을 밝혔다.

연형묵 북조선 정무원총리도 10월 2일 유엔총회 연설을 통해 "남북의 평화적 통일을 위한 최선의 방법은 남북간의 대화에 있음을 잘 알고 있으며 현재 진행되고 있는 남북 총리회담이 결실을 거두게 되면 남북정상회담도 가능할 것으로 본다"고 말했다.

외무부는 남북의 유엔가입의 의의로, 국제적 지위향상, 남부간 관계의 정상화 도모, 대외관계의 새로운 발판 마련, 동북아 질서개편에의 능동적 참여 등을 꼽았다. 그러나 화해와 공존의 가능성과는 달리 유엔가입이 분단을 영구화하려는 것이 아닌가 하는 우려의 목소리도 없지 않았다. 더욱이 양자간에 기본조약을 먼저 체결해서 그 관계가 국가 간의 관계가 아니라 특수한 관계임을 내외에 선포한 후 유엔에 가입했던 동서독과는 달리, 한국은 어떠한 기본조약이나 협정의 체결 없이 휴전상태 그대로 유엔에 가입했기 때문에 분단이 그만큼 영구화되는 것이 아닌가 하는 우려도 있다.

① 안보리 의장(권고결의 채택) 성명

두 나라의 가입신청은 안보리에서 만장일치로 채택됐다. 이들 두 나라 국민과 정부의 가입 열망은 하나로 합치됐으며 안보리가 두 나라의 가입권고를 동시에 결정한 것도 이 때문이다.

이는 두 나라는 물론, 아시아 대륙과 전세계에도 하나의 역사적인 일이다. 총회에 대한 안보리의 권고는 유엔의 목적인 '보편성 원칙'을 고양하고 강화할 것임은 의심의 여지가 없다. 두 나라는 새 회원국으로서 유엔활동의 효율성을 높이고 「유엔의 목적과 원칙을 존중하는 노력」에 적극 기여하리라고 확신한다.

남북한의 유엔가입은 한반도에서 긴장을 완화하고 서로간의 신뢰구축 증진을 위한 분위기를 조성할 것이며 서로의 공통점을 확인하고 통일에의 장애를 극복해나가는 적절한 대화의 장을 제공하게 될 것이다.

우리는 바로 얼마 전까지도 서로 적이었던 나라들이 서로간의 이견을 옆으로 제쳐두고 그들 국민과 전체 세계인들의 복지증진을 위해 힘을 합하는 사례를 보아왔다. 인류가 그 이성을 되찾는 시대에 우리는 살고 있으며 보다 낙관적인 심기로 2000년대를 시작할 수 있게 됐다.

냉전(冷戰)의 종식이 가져온 긍정적인 분위기 속에서 우리는 큰 만족감을 갖고 건설적인 이해의 새로운 천명, 즉 「안보리의 남북 유엔 가입 권고 채택을 선언」한다. 안보리 의장 자격으로 안보리의 전체 이사국을 대표해 이 역사적인 계제를 맞아 조선민주주의인민공화국과 대한민국에 축하의 말을 전할 수 있게 된 것을 깊은 영광으로 생각한다.

② 남한 이상옥 외무 수락 연설

오늘은 대한민국이 유엔의 후원하에 탄생한 지 43년만에 유엔의 정회원국으로 새출발하는 날이기에 한국민 모두에게 매우 뜻깊은 날이다.

대한민국은 동서화해를 바탕으로 새롭게 형성되고 있는 국제질서하에 유엔의 역할이 증대되고 있는 오늘날 정회원국으로서 응분의 역할을 다해 나갈 것이다.
더욱 뜻깊은 것은 조선민주주의인민공화국이 우리와 함께 유엔에 가입하게 된 것이다.

이제 남북한관계에 있어서 새로운 장을 여는 중요한 계기를 마련하게 됐다. '세계평화의 날'이기도 한 오늘, 남북한은 한반도의 평화통일을 달성하겠다는 굳은 결의를 새롭게 해야 할 것이다. 전쟁도 평화도 아닌 불안한 휴전을 유지해 온 남북한이 오늘 유엔헌장의 의무를 수락하기로 선언한 것은 한반도를 40년 이상 지배해온 냉전구조가 질적인 변화를 하고 있음을 말해주는 것이다.

대한민국의 북방외교는 주변국가들과의 새로운 선린관계구축을 가속화하고 있다. 남북한간 불신과 대결의 장벽도 머지않아 화해와 협력의 훈풍에 무너질 것이라고 확신한다.

대한민국은 정부수립과 한국전, 그리고 전후복구에서 보여준 유엔의 도움을 잊지 않고 있다. 지난 반세기 수많은 어려움을 극복하고 선진개도국으로 성장한 대한민국은 이제 국제평화와 안전, 군축 및 군비통제, 국제경제 및 사회개발, 인권존중과 사회정의의 실현, 환경·마약·범죄 등 유엔을 통한 범세계적 문제해결 노력에 있어 응분의 책임과 역할을 충실히 수행하고자 한다.

다시한번 대한민국의 유엔가입을 지원해 준 유엔회원국에 감사드리고 보다 「자유롭고 평등하며 정의와 법의 지배가 실현되는 세계질서 형성」에 적극 동참할 것을 다짐하는 바이다.

③ 북조선 강석주 외교 부부장 연설(요지)

유엔에 대한 세계인민들의 기대가 날로 커가고 유엔의 역할을 높여야 할 필요성이 그 어느 때보다 크게 부각되고 있는 시기에 우리 나라가 유엔에 가입한 것은 참으로 의의있는 일이다.

최근 유엔은 세계평화와 안전을 이룩하고 나라들 사이의 친선과 협조를 증진시키기 위한 활동에서 괄목할 만한 성과를 거두었다.

그러나 오늘 유엔이 그 사명을 다하자면 자기 역할을 더욱 높여야 한다. 인류가 지향하는 새 세계를 건설하기 위해서는 정치 · 경제 · 문화 모든 분야에서 불평등하고 낡은 국제질서를 없애고 공정한 국제질서를 세워야 한다.

유엔은 상호존중과 내정불간섭, 평등과 호혜의 원칙에 기초한 새로운 국제질서를 세우는 데서 자기의 책임과 역할을 다하여야 할 것이다.
조선민주주의인민공화국은 유엔회원국으로서 유엔헌장에 밝혀진 목적과 원칙에 충실할 것이며 유엔의 활동에 참가하여 응당한 기여를 해나갈 것이다.

자주 · 평화 · 친선을 기본이념으로 하고 있는 우리 공화국 정부의 대외정책은 유엔헌장의 목적 및 이념과 일치한다. 우리 국가의 정치철학은 모든 것을 사람을 중심으로 생각하고 모든 것이 사람을 위하여 복무할 것을 요구하는 주체사상이다. 우리 인민은 자체의 힘으로 우리식 사회주의를 건설한 데 대하여 높은 긍지를 가지고 있으며 앞으로도 이 길로 계속 나갈 굳은 결의에 넘쳐있다.

오늘 우리 인민은 조국의 자주적 평화통일을 이룩하기 위하여 투쟁하고 있다. 조선의 통일을 실현하는 것은 우리 겨레의 운명에 관한 문제일 뿐 아니라 아시아와 세계평화 위업의 견지에서 봐서도 하루빨리 해결돼야 할 절박한 문제다.

오늘은 비록 북과 남이 따로따로 유엔에 들어왔지만 우리 인민의 단합된 노력과 성원국들의 협력에 의해 하나의 의석을 차지하게 될 날이 꼭 오리라고 우리는 확신한다.

(4) 남한 정부와 북조선 정부, 「남북 화해와 불가침 합의서」 채택 발표

1991년 12월 13일은 남북관계사에서 획기적으로 기록될 날이다. 이날 서울에서 열린 제5차 남북고위급 회담에서 「남북 사이의 화해와 불가침 및 교류협력에 관한 합의서」가 채택된 까닭이다.

남북고위급 회담은 1990년 9월에 최초로 1차회담이 개최된 뒤 3차회담에 이르기까지 별다른 진척이 없다가 우여곡절 끝에 90년 10월 22일 4차회담은 평양에서 열리게 되었다. 이 회담에서 남과 북은 합의서의 내용을 담을 형식, 즉 합의서의 명칭·개수·구성순서에 합의했다. 4차회담의 결과로 5차회담이 서울에서 열리게 되고 마침내 46년의 남북분단사에 새 장이 열리게 되었다.

이 합의서는 분단 이후 한 번도 정리된 적이 없는 남북한의 정치적 법적 관계를 규명하는 기본틀이자 향후 남북교류의 방향성을 예고하는 지침으로 평가되었다. 이 합의서의 내용을 크게 서문, 남북화해, 남북불가침, 남북교류협력, 발효 조항 등 5부문으로 구분돼 있다. 서문에서는 1972년 「7·4 남북공동성명」에서 천명한 민족통일의 3대원칙, 즉 자주·평화·민족대단결의 정신을 재확인한다고 규정, 통일의 기본이념을 분명히 하고 있다. 이와 함께 남북한 관계를 「나라와 나라 사이의 관계가 아닌 통일을 지향하는 과정에서 잠정적으로 형성되는 특수 관계」라고 밝히고 있다.

남북은 역사적인 이 합의서에 서명하고 또 쌍방이 발효에 필요한 내부절차를 마치고도 이를 진전시키지 못하고 다시 대결과 상호비방의 냉전체제로 회귀했다.

○ 남북 공동 발표문

남과 북은 1991년 10월 23일에서 24일 기간 중 평양에서 개최된 제4차 남북고위급 회담에서 남북 정치, 군사적 대결상태 해소와 교류협력 실시 문제에 대해 협의를 진행하고 다음과 같이 합의하였다.

1. 남과 북은 남북 정치, 군사적 대결상태 해소와 교류협력 실현을 위해 단일 문건으로 된 합의서를 채택하기로 하였다.
2. 남과 북은 합의서의 명칭을 「남북 사이의 화해와 불가침 및 교류협력에 관한 합의서」로 하기로 하였다.
3. 남과 북은 합의서의 내용구성을 서문, 남북화해, 남북불가침, 남북 교류협력, 수정 및 발효 조항의 순으로 중간제목을 설정하여 해당 내용을 규정하기로 하였다.
4. 남과 북은 합의서의 내용 및 문안작성을 위한 대표접촉을 빠른 시일안에 판문점 평화의 집과 통일각에서 번갈아 개최하기로 하였다.
5. 남과 북은 제5차 고위급 회담을 오는 12월 10일부터 13일까지 서울에서 개최하기로 하였다.

1991년 10월 24일 평양

○ **남북 사이의 화해와 불가침 및 교류협력에 관한 합의서**

남과 북은 분단된 조국의 평화적 통일을 염원하는 온 겨레의 뜻에 따라 「7.4 남북공동성명」에서 천명된 조국통일 3대원칙을 재확인하고, 정치·군사적 대결상태를 해소하여 민족적 화해를 이룩하고 무력에 의한 침략적 충돌을 막고 긴장완화와 평화를 보장하며 다각적인 교류협력을 실천하여 민족 공동의 이익과 번영을 도모하며 쌍방 사이의 관계가 나라와 나라 사이의 관계가 아닌 통일을 지향하는 과정에서 잠정적으로 형성되는 특수한 관계라는 것을 인정하고, 평화통일을 성취하기 위한 공동의 노력을 경주할 것을 다짐하면서 다음과 같이 합의하였다.

제1장 남북 화해

제1조, 남과 북은 서로 상대방의 체제를 인정하고 존중한다.

제2조, 남과 북은 상대방의 내부문제에 간섭하지 아니한다.

제3조, 남과 북은 상대방에 대한 비방중상을 하지 아니한다.

제4조, 남과 북은 상대방을 파괴 전복하려는 일체행위를 하지 아니한다.

제5조, 남과 북은 현 정전 상태를 남북사이의 공고한 평화상태로 전환시키기 위하여 공동으로 노력하며 이러한 평화상태가 이룩될 때까지 현군사정전협정을 준수한다.

제6조, 남과 북은 국제무대에서 대결과 경쟁을 중지하고 서로 협력하며 민족의 존엄과 이익을 위하여 공동으로 노력한다.

제7조, 남과 북은 서로의 긴밀한 연락과 협의를 위하여 이 합의서 발효 후 3개월 안에 판문점에 남북연락사무소를 설치운영한다.

제8조, 남과 북은 이 합의서 발효 후 1개월 안에 본회담 테두리 안에서 남북정치분과위원회를 구성하여 남북화해에 관한 합의의 이행과 준수를 위한 구체적 대책을 협의한다.

제2장 남북 불가침

제9조, 남과 북은 상대방에 대하여 무력을 사용하지 않으며 상대방을 무력으로 침략하지 아니한다.

제10조, 남과 북은 의견대립과 분쟁문제들을 대화와 협상을 통하여 평화적으로 해결한다.

제11조, 남과 북의 불가침 경계선과 구역은 1953년 7월 27일자 군사정전에 관한 협

정에 규정된 군사분계선과 지금까지 쌍방에서 관할하여온 구역으로 한다.

제12조, 남과 북은 불가침의 이행과 보장을 위하여 이 합의서 발효 후 3개월 안에 남북군사공동위원회를 구성 운영한다. 남북군사공동위원회에서는 대규모 부대 이동과 군사연습의 통보 및 통제문제, 비무장지대의 평화적 이용문제, 군인사교류 및 정보교환문제, 대량살상무기와 공격능력의 제거를 비롯한 단계적 군축실현문제, 검증문제 등 군사적 신뢰조성과 군축을 실현하기 위한 문제를 협의 추진한다.

제13조, 남과 북은 우발적인 무력충돌과 그 확대를 방지하기 위하여 쌍방 군사당국자 사이에 직통전화를 설치 운영한다.

제14조, 남과 북은 이 합의서 발효 후 1개월 안에 본회담 테두리 안에서 남북군사분과위원회를 구성하여 불가침에 관한 합의의 이행과 준수 및 군사적 대결상태를 해소하기 위한 구체적인 대책을 협의한다.

제3장 남북 교류 협력

제15조, 남과 북은 민족경제의 통일적이며 균형적인 발전과 민족전체의 복리향상을 도모하기 위하여 자원의 공동개발, 민족내부교류로서의 물자교류·합작투자 등 경제교류의 협력을 실시한다.

제16조, 남과 북은 과학기술 교육 문화 예술 보건 체육 환경과 신문 라디오 텔레비전 및 출판물을 비롯한 출판 보도 등 여러 분야에서 왕래와 접촉을 실현한다.

제17조, 남과 북은 민족구성원들의 자유로운 왕래와 접촉을 실현한다.

제18조, 남과 북은 흩어진 가족 친척들의 자유로운 서신거래와 왕래와 상봉 및 방문을 실시하고 자유의사에 의한 재결합을 실현하며 기타 인도적으로 해결할 문제에 대한 대책을 강구한다.

제19조, 남과 북은 끊어진 철도와 도로를 연결하고 해로 항로를 개설한다.

제20조 남과 북은 우편과 전기통신교류에 필요한 시설을 설치 연결하며 우편 전기통신 교류의 비밀을 보장한다.

제21조, 남과 북은 국제무대에서 경제와 문화 등 여러 분야에서 서로 협력하며 대외에 공동으로 진출한다.

제22조, 남과 북은 경제와 문화 등 각 분야의 교류와 협력을 실현하기 위한 합의의 이행을 이 합의서 발효 후 3개월 안에 남북경제교류협력 공동위원회를 비롯한 부문별 공동위원회를 구성 운영한다.

제23조. 남과 북은 이 합의서 발효 후 1개월 안에 본회담 테두리 안에서 남북교류협력 분과위원회를 구성하여 남북교류협력에 관한 합의의 이행과 준수를 위한 구체적 대책을 협의한다.

제4장 수정 및 발효

　제24조. 이 합의서는 쌍방의 합의에 의하여 수정 보충할 수 있다.

　제25조. 이 합의서는 남과 북이 각기 발효에 필요한 절차를 거쳐 그 문본을 서로 교환한 날부터 효력을 발생한다.

1991년 12월 13일

남북고위급회담 남측대표단 수석대표 대한민국 국무총리 정원식

북남고위급회담 북측대표단 단장 조선민주주의인민공화국 정무원총리 연형묵

(5) 한국, 중화인민공화국과 수교, 공동성명 발표

대한민국과 중화인민공화국은 1992년 8월 24일 「외교관계 수립에 관한 공동성명」을 발표하고 정식 외교관계를 수립했다. 한국정부를 대표한 이상옥 외무장관과 중국의 전기침 외교부장이 북경시내 영빈관인 조어대에서 공동성명에 서명함으로써 한중수교가 이루어졌다.

한국전쟁에서 양국은 서로 총부리를 겨누고 피비린내나는 살상전을 벌였으며 그 후에도 냉전시대의 대표적 적성국가로 서로를 분류했던 두 나라의 수교는 여러 면에서 역사적인 사건이었다.

한국은 한중수교로써 한국에 가장 적대적이면서 북조선에는 가장 우호적이었던 중국과의 관계정상화로 동북아 지역의 안보질서를 크게 호전시켰다. 또한 미국·일본·러시아 등 주변 4대 열강들과 국교를 맺게 됐다.

두 나라는 1990년 1월 무역대표부 관계를 맺고 서울과 북경에 각각 무역대표부를 설치했다. 무역대표부는 형식상 민간차원의 기구였지만 실질적으로는 양국의 외교관들이 상주하는 정부간 교섭통로였다. 이어 1990년 9월 양국 외무장관의 공식 접촉, 1991년 11월 서울에서 열린 아시아태평양 경제협력회의에 중국의 전기침 외교부장이 참석하여 두 나라 외무장관 회담이 이루어졌다. 그리고 1992년 4월 북경에서 세 번째 만난 양국 외무장관은 사실상 수교원칙에 합의를 보았다.

두 나라는 수교를 위한 예비회담을 통해 한국측은 북한 핵문제에 대한 중국측의 협력

과 6.25참전에 대한 중국측의 유감표명이 수교시 있어야 한다는 입장을 취하고, 중국측은 한국이 '하나의 중국' 원칙을 수용, 대만과 단교해야 하며 한국 내 대만정부 재산의 중국귀속을 요구했다.

북조선 핵문제에 대해 중국측은 "한반도에 핵무기가 존재하는 것을 원치 않는다"는 원론적인 입장과 6.25참전에 대해서는 "당시 압록강 국경이 위협받는 상황에서 인민의 용군의 참전은 불가피했다"며 사과하는 것을 거부했다. 이에 따라 수교협상에 걸림돌이 되었으나 회담 진행과정에서 중국측이 "한중 과거사에 유감스러운 시기가 있었다. 6·25로 인한 양국의 인적 재산상 피해는 안타까운 일이다"라고 발언한 것을 중국측의 유감 표명으로 해석, 수교와 동시에 발표했다. 그러나 중국측은 "유감 표명은 없었다"고 발표하여 양국 국민들을 어리둥절하게 만들었다.

○ 한중수교 공동성명

1. 대한민국 정부와 중화인민공화국 정부는 양국 국민의 이익과 염원에 부응하여 1992년 8월 24일자로 상호 승인하고 대사급 외교관계를 수립하기로 결정하였다.

2. 대한민국 정부와 중화인민공화국 정부는 유엔헌장의 원칙들과 주권 및 영토보전의 상호존중, 상호불가침, 상호 내정 불간섭, 평등과 호혜, 그리고 평화공존의 원칙에 입각하고 항구적인 선린우호협력 관계를 발전시켜나갈 것에 합의한다.

3. 대한민국 정부는 중화인민공화국 정부를 중국의 유일 합법정부로 승인하여 오직 하나의 중국만이 있고 대만은 중국의 일부분이라는 중국의 입장을 존중한다.

4. 대한민국 정부와 중화인민공화국 정부는 양국간의 수교가 한반도 정세의 완화와 안정, 그리고 아시아의 평화와 안전에 기여할 것을 확신한다.

5. 중화인민공화국 정부는 한반도가 조기에 평화적으로 통일이 되는 것이 한민족의 염원임을 존중하고 한반도가 한민족에 의해 평화적으로 통일되는 것을 지지한다.

6. 대한민국 정부와 중화인민공화국 정부는 1961년의 외교관계에 관한 빈 협약에 따라 각자의 수도에 상대방의 대사관 개설과 공무수행에 필요한 모든 지원을 제공하고 빠른 시일 내에 대사를 상호교환하기로 합의한다.

1992년 8월 24일 북경

2) 군사정권 끝 문민정부 등장, 전·노 일당 법정에 세워 중형 선고

(1) 32년만에 민간정부로 복귀, 김영삼 14대 대통령 취임

김영삼은 1993년 2월 25일 오전 10시 서울 여의도 국회의사당 앞 광장에서 제14대 대통령에 취임했다. 김대통령은 「우리 다 함께 신한국당으로」라는 제목의 취임사를 통해 "마침내 국민에 의한 국민의 정부를 이 땅에 세웠다"며 '문민민주주의 시대의 개막'을 선언하고 "오늘부터 정부가 달라지고 정치가 달라질 것이며 변화와 개혁을 통해 살아 있는 안정이 이 땅에 자리 잡을 것"이라고 천명했다.

김대통령은 이어 '신한국 창조'를 자신의 향후 5년간 국정지표로 제시하고 △부정부패의 척결 △경제회복 △국가기강 확립을 3대 당면과제로 제시했다.

김영삼은 1992년 12월 18일 실시된 대통령선거에서 민자당후보로 나서 997만 표를 얻어 당선되고, 민주당의 김대중후보와 국민당의 정주영후보는 각각 804만 표, 388만 표를 얻었다. 또 신정당 박찬종 후보는 151만 표를 얻었다.

대통령선거는 9월 18일 노태우 대통령이 선거에 철저한 중립을 지킨다는 이유로 민자당 명예총재직을 사퇴하고 탈당을 밝혀 중립내각을 구성했다. 현승종을 새 국무총리로 하는 중립내각은 비교적 공정한 선거관리를 수행했다.

그러나 검찰과 민자당은 김대중후보에 대한 '용공음해'와 이선실 간첩사건의 악용, 불법 홍보물 배포, 금권동원과 특히 부산기관장회의 등으로 선거의 타락상을 노출시켰다.

○ **김영삼 대통령 취임사(요지)**

친애하는 7천만 국내외 동포 여러분!

노태우 대통령을 비롯한 전직 대통령, 그리고 이 자리에 참석하신 내외 귀빈 여러분!

오늘 우리는 그렇게도 애타게 바라던 문민 민주주의 시대를 열기 위하여 이 자리에 모였습니다. 오늘을 맞이하기 위해 30년의 세월을 기다려야 했습니다. 마침내 국민에 의한, 국민의 정부를 이 땅에 세웠습니다. 오늘 탄생되는 정부는 민주주의에 대한 국민의 불타는 열망과 거룩한 희생으로 이루어졌습니다. 민주주의에 대한 저 자신의 열정과 고난이 배어 있는 이 국회의사당 앞에서 오늘 저는 벅찬 감회를 억누를 길이 없습니다.

우리 국민은 참으로 위대합니다. 저는 국민 여러분들에게 뜨거운 감사와 영광을 드립니다. 또한 험난했던 민주화의 도정에서 오늘을 보지 못하고 애석하게 먼저 가신 분들의 숭고한 희생 앞에 국민과 더불어 머리를 숙입니다.

국민 여러분!

저는 14대 대통령 취임에 즈음하여, 새로운 조국건설에 대한 시대적 소명을 온몸으로 느끼고 있습니다. 지금 이 땅은 지층 깊은 곳으로부터 봄기운이 약동하고 있습니다. 지난날 우리 민족에게는 번성했던 여름도, 움츠렸던 겨울도 있었습니다. 그러나 이제 민족진운의 새봄이 열리고 있습니다. 우리에게 새로운 결단, 새로운 출발을 요구하고 있습니다. 저는 신한국창조의 꿈을 가슴 깊이 품고 있습니다.

신한국은 보다 자유롭고 성숙한 민주사회입니다. 정의가 강물처럼 흐르는 사회입니다. 더불어 풍요롭게 사는 공동체입니다. 문화의 삶, 인간의 품위가 존중되는 나라입니다. 갈라진 민족이 하나 되어 평화롭게 사는 통일조국입니다. 새로운 문명의 중심에 우뚝 서서, 세계의 평화와 인류의 진보에 기여하는 나라입니다. 누구나 신바람나게 일할 수 있는 사회, 우리 후손들이 이 땅에 태어난 것을 자랑으로 여길 수 있는 나라, 그것이 바로 신한국입니다.

우리 모두 이 꿈을 가집시다. 우리는 일찍이 식민지와 전쟁의 폐허에서 기적을 이루어낸 민족입니다. 우리 다시 세계를 향해 힘차게 웅비해 나갑시다.

친애하는 국민여러분!

그러나 우리를 둘러싸고 있는 여건은 우리에게 결코 유리하지만은 않습니다.

냉전시대의 종식과 함께 세계는 실리에 따라 적과 동지가 뒤바뀌고 있습니다. 바야흐로 경제전쟁, 기술전쟁의 시대로 접어들었습니다. 변화하는 세계에 제대로 대처하지 못한다면, 우리는 선진국의 문턱에서 주저앉고 말 것입니다. 도약하지 않으면 낙오할 것입니다. 그것은 엄숙한 민족생존의 문제입니다.

우리는 신한국을 향해 달릴 수 있는 체력을 가다듬어야 합니다. 그런데 지금 우리는 병을 앓고 있습니다. 한국병을 앓고 있습니다. 한때 세계인의 부러움을 샀던 우리의 근면성과 창의성은 사라지고 있습니다. 전도된 가치관으로 우리 사회는 흔들리고 있습니다. 언제부터인가 자신감을 잃고 있습니다. 바로 이것이 문제입니다.

우리에게 위기가 있다면 그것은 외부의 도전에서 오는 것이 아니라, 바로 우리 안에 번지고 있는 이 정신적 패배주의입니다. 이대로는 안됩니다. 새로워져야 합니다. 좌절과 침체를 딛고 용기와 희망의 시대를 열어야 합니다. 폐쇄와 경직에서 개방과 활력의 시대로, 갈등과 대립에서 대화와 타협의 시대로 바꾸어야 합니다. 제도만이 아니라 우리의 의식과 행동양식까지도 바꾸어야 합니다. 우리가 변화와 개혁을 회피한다면, 우리는 역사로부터 외면당할 것입니다.

친애하는 국민 여러분!

개혁은 먼저 세 가지 당면과제의 실천으로부터 시작해야 합니다.

첫째는 부정부패의 척결입니다.

둘째는 경제를 살리는 것입니다.

셋째는 국가기강을 바로잡는 일입니다.

우리 사회의 부정부패는 안으로 나라를 좀먹는 가장 무서운 적입니다. 부정부패의 척결에는 성역이 있을 수 없습니다. 결코 성역은 없을 것입니다. 단호하게 끊을 것은 끊고, 도려낼 것은 도려내야 합니다. 이제 곧 위로부터의 개혁이 시작될 것입니다.

그러나 국민 모두가 스스로 깨끗해지려는 노력 없이 부정부패는 근절되지 않습니다. 깨끗한 사회의 실현은 국민 여러분의 손에 의해서만 완성될 수 있습니다.

다음으로 우리는 경제의 활력을 되찾아야 합니다. 그것을 위해서는 정부는 규제와 보호 대신에 자율과 경쟁을 보장할 것입니다. 민간의 창의를 존중할 것입니다. 정부가 먼저 허리띠를 졸라맬 것입니다. 국민은 더 절약하고 더 저축해야 합니다. 사치와 낭비는 추방돼야 합니다. 기업은 대담한 기술혁신으로 국제경쟁에서 이겨야 합니다.

정부와 국민, 근로자와 기업 모두가 신바람나게 일함으로써만 우리는 경제를 살릴 수 있습니다.

이것이 제가 주창하는 신경제입니다.

국민 여러분!

흐트러지고 있는 국가기강을 다시 세워야 합니다. 부정한 수단으로 권력이 생길 때, 국가의 정통성이 유린되고 법질서가 무너지게 됩니다. 목적을 위해서 절차가 무시되는 편법주의가 판을 치게 됩니다. 이 땅에 다시 정치적 밤은 오지 않을 것입니다. 또 우리 사회에 있어야 할 권위를 다시 찾아야 합니다. 우리의 자유는 공동체를 위한 자유여야 합니다. 땅에 떨어진 도덕을 일으켜 세워야 합니다.

이런 점에서 오늘의 교육은 미래를 준비하는 과학기술교육과 함께 사람다운 사람, 민주시민을 양성하는 인간교육이어야 합니다. 이것이 바로 저의 신교육입니다.

국민 여러분!

오늘부터 정부가 달라질 것입니다. 이제 청와대는 국민의 생명과 재산을 보호하고, 국가의 안정과 국민 여러분의 친근한 이웃이 될 것입니다. 저는 국민이 일하는 현장, 기쁨과 고통이 있는 현장에 함께 있을 것입니다. 국민과 함께 시뻐하고, 함께 아파할 것입니다. 기쁨은 나눌수록 커지고, 고통은 나눌수록 작아지기 때문입니다. (…)

국민 여러분!

정의와 화해로 새시대의 문을 활짝 열어나갑시다.

지난날 우리는 계층으로 찢기고, 지역으로 대립되고, 세대로 갈라지고, 이념으로 분열되었습니다. 우리 안에 있는 벽은 허물어야 합니다. 그들은 위로 받아야 합니다. 많이 가진 사람은 더 많이 양보해야 합니다. 힘있는 사람은 더 큰 것을 양보해야 합니다. 그러나 너무나 성급하게 내 몫만을 요구하지 맙시다. 먼저 우리 공동체 전체를 생각합시다. 그리고 우리가 더 많은 몫을 갖기 위하여 더 큰 떡을 만듭시다.

7천만 국내외 동포 여러분!

저는 역사와 민족이 저에게 맡겨준 책무를 다하여 민족의 화해와 통일에 전심전력을 다하겠습니다. 그러나 이 시점에서 우리에게 필요한 것은 감상적인 통일지상주의가 아닙니다. 통일에 대한 국민적 합의입니다.

김일성주석에게 말합니다.

우리는 진심으로 서로 협력할 자세를 갖추지 않으면 안됩니다. 세계는 대결이 아니라 평화와 협력의 세대로 나아가고 있습니다. 다른 민족과 국가 사이에도 다양한 협력이 이루어지고 있습니다. 그러나 어느 동맹국도 민족보다 더 나을 수는 없습니다. 어떤 이념이나 어떤 사상도 민족보다 더 큰 행복을 가져다주지 못합니다. 김주석이 참으로 통일을 원한다면, 이를 논의하기 위해 우리는 언제 어디서라도 만날 수 있습니다. 따뜻한 봄날 한라산 기슭도 좋고, 여름날 백두산 천지못 가에서도 좋습니다. 그때 우리는 같은 민족이라는 원점에 서서 모든 문제를 풀어나갈 수 있을 것입니다.

세계도처에서 민족의 긍지를 지키며 살아가고 있는 5백만 해외동포 여러분! 금세기 안에 조국은 통일되어, 자유와 평화의 고향땅이 될 것입니다. 우리 모두, 국내외에서 힘을 합하여 세계 속에서 역할과 책임을 다하는 자랑스런 한민족 시대를 열어나갑시다.

국민 여러분!

우리 모두 미래에 대한 꿈과 희망을 가집시다. 신한국을 창조합시다. 신한국의 창조는 대통령 한 사람이나 정부의 힘만으로 이룩될 수 없습니다. 신한국으로 가는 길에는 '너'와 '나'가 없습니다. 오직 '우리'만이 있을 뿐입니다. 모두 함께 해야 합니다. 그러나 신한국은 하루아침에 이루어지지 않습니다. 우리 다 함께 고통을 분담합시다. 우리는 해낼 수 있습니다. 반드시 해내야만 합니다.

자, 우리 모두 희망과 꿈을 안고 새롭게 출발합시다. 한 사람의 낙오자도 없이 힘차게 함께 달려갑시다.

감사합니다.

(2) 모처럼 열려던 남북정상회담 앞두고 북의 김일성 주석 돌연 사망

　1994년 7월 8일 새벽 2시 50여년 동안 북조선을 실질적으로 통치해 온 김일성 주석이 심근경색과 심장쇼크의 합병으로 사망했다. 사망에 대한 공식적인 발표는 34시간이 지난 7월 9일 정오 방송을 통해서 이루어졌다.

　북조선 당국은 김주석의 영구를 금수산 의사당(주석궁)에 안치하고 그가 사망한 지 사흘만인 11일 처음으로 유해를 공개했다. 장례식은 원래 17일 예정이었으나, 조문객이 많아 이틀 후인 19일 금수산 의사당에서 거행됐으며, 이와는 별도로 20일 평양 김일성 광장에서 중앙추도대회가 열렸다.

　장례위원회는 당·정·군 고위간부 273명으로 구성되었는데, 상위 서열에는 (1) 김정일 (2) 오진우 (3) 강성산 (4) 이종옥 (5) 박성철 (6) 김영주 (7) 김병식 (8) 김영남 (9) 최광 (10) 계응태 등의 순이었다.

　북은 7월 8일 다음과 같은 김주석의 「사망원인에 대한 의학적 결론서」를 공표했다. "경애하는 수령 김일성 동지께서는 심장혈관의 동맥경화증으로 치료를 받아오시었다. 겹쌓이는 헌신적인 과로로 하여 1994년 7월 7일 심한 심근경색이 발생되고 심장쇼크가 합병되었다. 즉시에 모든 치료를 한 후에도 불구하고 심장쇼크가 중악되어 1994년 7월 8일 2시에 사망하시었다. 1994년 7월 9일에 진행한 병리해부 검시에서는 질병의 진단이 완전히 확인되었다."

　김일성 주석은 사망 직전까지 비교적 왕성한 활동을 한 것으로 알려졌다. 6월 16일, 17일 지미 카터 전 미국대통령과 두 차례 회담을 가졌고, 두 차례 현지지도를 했으며, 4개의 해외대표단을 접견했다. 7월 1일 요르단 대사로부터 신임장을 받았고 6일에는 경제부문 책임일꾼 협의회를 주재하고 북한경제에 대한 부문별 대책을 제시했다.

　김주석의 돌연한 사망으로 김영삼 대통령과의 남북정상회담이 수포로 돌아갔으며 북핵문제가 새로운 한반도의 긴장을 몰고 왔다. 북측은 여러 가지 방식으로 김정일에 대한 후계 작업을 진행시켰으며, 남한은 김주석 조문문제와 관련하여 이른바 '조문파동'으로 정계와 대학가가 몸살을 앓았다.

　○ **북조선 방송 보도(요지)**
　전체 당원들과 인민들에게 고함.
　우리의 전체 노동계급과 협동 농민들, 인민군 장병들, 지식인들과 청년 학생들, 조선

노동당 중앙위원회와 조선노동당 중앙군사위원회, 조선민주주의인민공화국 국방위원회 중앙인민위원회, 정무원은 조선노동당중앙위원회 총비서이며 조선민주주의인민공화국 주석이신 김일성 동지께서 1994년 7월 8일 2시에 급병으로 서거하셨다는 것을 가장 비통한 심정으로 온나라 전체 인민들에게 알린다.

인민대중의 자주 위업을 위하여 한 평생을 바쳐오시었으며 생의 마지막 순간까지 조국의 융성과 번영과 인민의 행복을 위하여, 나라의 통일과 세계의 자주화를 위하여 쉼없이 정력적으로 활동하시던 우리의 경애하는 어버이 수령님께서 너무도 애석하게 우리 곁을 떠나시었다.

경애하는 수령 김일성 동지께서는 일찍이 어리신 나이에 혁명의 길에 나서시어 80고령에 이르는 장구한 기간 우리 당과 우리 인민을 현명하게 영도하시어 우리 민족사와 인류역사에 영원히 빛날 위대한 업적을 쌓아올리시었다.

경애하는 수령 김일성 동지는 영생불멸의 주체사상을 창시하고 빛나게 구현하시어 혁명과 건설을 승리의 산실로 이끌어오신 걸출한 사상이론가이시고 영도의 천재이시었으며, 인민을 끝없이 사랑하시고 인민을 위하여 모든 것을 다 바쳐오신 위대한 인민의 수령이시었다.

경애하는 수령 김일성 동지께서는 오로지 그것을 위하여 한 평생을 바쳐오신 조국의 통일과 주체의 혁명위업의 완성을 보시지 못하고 애석하게도 서거하시었으나 우리 혁명의 계속 승리한 길을 따라 힘차게 전진할 수 있는 가장 위력한 무기와 반석 같은 토대를 마련해주시었다.

오늘 우리 혁명의 진두에는 주체혁명 위업의 위대한 계승자이시며 우리당과 인민의 탁월한 영도자이시며, 우리 혁명력의 최고사령관이신 김정일 동지께서 서 계신다.

위대한 수령 김일성 동지의 심장은 비록 고동을 멈추었지만 어버이 수령님의 거룩한 존엄과 인자하신 영상은 우리 인민의 마음속에 영원히 간직되어 있을 것이며 수령님께서 쌓아올리신 위대한 혁명업적은 역사와 더불어 천년만년 길이 빛날 것이다.

우리 당의 세련된 영도는 김일성 동지께서 개척하시고 이끌어오신 주체의 혁명위업을 대를 이어 빛나게 계승 완성하여나갈 수 있는 확고한 담보로 된다.

우리 당과 우리 인민은 위대한 수령 김일성 동지께서 밝혀주신 자주 평화 친선의 이념에 기초하여 자주성을 옹호하는 세계 여러 나라 인민들과의 친선 단결을 강화하기 위하여 적극 노력할 것이며 자주적이고 평화로운 새세계를 건설하기 위하여 힘차게 투쟁할 것이다.

조선노동당 중앙위원회, 조선노동당 군사위원회, 조선민주주의인민공화국 국방위원회, 조선민주주의인민공화국 중앙인민위원회, 조선민주주의인민공화국 정무원에서 위대한 수령 김일성 동지의 국가장의위원회를 다음과 같이 구성한다.

김정일·오진우·강성산·이종옥·박성철·김영주·김병식·김영남·최광·계응태·전병호·한성룡·서윤석·김철만·최태복·최영림·홍성남·강희원·양형섭·홍석형·연형묵·이선실·김철수·김기남·김국태·황장엽·김중린·서관희·김용순·김환(…)(외 243명)

(3) 신군부 쿠데타 대통령 전두환·노태우, 민주법정서 중형 선고 받아

① 노태우, 「특정범죄가중처벌법상 뇌물수수」 혐의로 구속

제13대 대통령을 지낸 노태우가 1995년 11월 16일 특정범죄가중처벌법상 뇌물수수 혐의로 서울구치소에 구속수감 되었다.

전직 대통령이 구속된 것은 헌정사상 처음 있는 일이었다. 노태우 비자금사건을 수사한 대검찰청 중앙수사부(부장 안강민 검사장)는 노태우가 재임 중 대우그룹 김우중 회장, 동아그룹 최원식 회장 등 30개 재벌그룹 총수로 부터 기업체당 5억~250억 원씩 모두 2,358억 9천 6백만 원의 뇌물을 받은 혐의를 받고 있다고 밝혔다.

검찰은 노태우의 수뢰액수가 2천 3백여억 원이나 되는 것은 대통령의 경우 국정의 최고책임자로서 각종 정책결정에 직간접적인 영향력을 행사할 수 있어 재임 중 받은 어떤 명목의 돈이라도 포괄적 의미의 뇌물에 해당되기 때문이라고 밝혔다. 검찰은 노씨가 지난 88년과 92년 두 차례 총선직전 기업체 대표들로부터 받은 돈의 대부분도 특정 국책사업 결정 시점과 겹치는 경우가 많아 이를 뇌물로 간주, 수뢰액수에 포함시켰다.

노태우 구속은 1995년 10월 19일 민주당 박계동 의원이 국회에서 노씨의 비자금 내용을 폭로한 것이 직접적인 계기가 되었다. 박의원의 폭로에 노씨측은 이를 부인하다가 10월 22일 전청와대 경호실장 이현우가 폭로된 은행예금 중 3백억 원이 노씨의 정치자금이라 시인하면서 검찰의 수사가 시작되었다.

노태우는 은닉된 비자금이 속속 밝혀지자 10월 27일 서울 연희동 자택에서 대국민사과문을 발표했다. 재임 5년 동안 약 5천억 원의 통치자금을 조성, 정당운영비 등에 사용하고 퇴임 당시 1천 7백억 원이 남았다고 말했다. 노태우는 16일 서울구치소로 향하기 위해 검찰청사를 떠나면서 "정치인 여러분들의 가슴에 있는 불신과 갈등을 내가 안고 가겠다"고 말해 92년 대통령선거자금 지원내용을 밝힐 의사가 없음을 분명히 했다.

구속기소된 노태우는 전두환과 함께 12 · 12, 5 · 18의 내란 및 군사반란 모의, 주요 임무 종사자로 추가 기소되어 법정에 서게 되었다.

○ **노태우 구속영장(범죄사실)**

피의자는 1955. 9 육군사관학교(제11기)를 졸업하고 육군소위로 임관된 이래 육군 제9사단장, 수도경비사령관, 국군 보안사령관을 거쳐, 1981. 7 육군대장으로 전역한 다음, 정무 제2장관, 체육부장관, 내무부장관, 서울 올림픽 조직위원장을 역임하고, 1985. 2 제12대 국회의원(전국구)으로 선출 된 후 민주정의당 대표위원 및 총재로 재직하던 중 1987. 12. 16 실시된 대통령 선거에서 제13대 대통령으로 당선되어 1988. 2. 25부터 1993. 2. 24까지 5년간 대한민국 대통령직에 재직했음.

국정의 최고책임자로서 헌법을 준수하고 국가를 보위하며 국민의 생명과 재산을 보호 하고 국민의 자유와 복지의 증진에 노력하여야 할 직책의 수행을 위하여 각종 법률에서 위임받은 사항과 법률의 집행에 필요한 사항에 관하여, 대통령령을 발하고 재정 · 경제 상의 긴급처분을 할 수 있으며, 정부의 수반으로서 국무총리 및 행정 각부의 장을 비롯한 공무원에 대한 임명권을 가지고 이들을 지휘 · 감독하여 정부의 중요정책을 수립 · 추진 하고 소관행정 각부의 장의 명령이나 처분을 중지 또는 취소하는 등 모든 행정업무를 총 괄하는 직무를 수행하는 한편, 국민경제의 성장과 안정을 위하여 도시 · 주택 · 군사시 설 · 도로 · 항만 · 기타 사회간접시설 등 대형건설 사업 및 국토개발에 관한 정책, 기업 의 설립, 산업구조 조정, 기업집중규제, 대외무역 등 기업 활동에 관한 정책, 부동산 투 기억제, 물가 및 임금조정, 고용 및 사회복지, 소비자보호등국민생활에 관한 정책 · 통 화 · 금융 · 조세 에 관한 정책 등 각종 재정, 경제정책의 수립 시행을 최종 결정함과 아울 러 이와 관련하여 소관 행정각부의 장들에게 위임된 사업자 선정, 신규사업의 인 · 허가, 금융지원, 세무조사 등 구체적 사항에 대하여 직접 또는 간접적인 권한을 행사함으로써 건설 · 철강 · 기계 · 자동차 · 금융 · 정보통신 · 석유 · 화학 · 조선 · 전기 · 전자 · 섬 유 · 교통 · 식품 · 유통 · 위락 · 체육시설 등 각종 사업을 영위하는 기업체들의 활동에 있어 직무상 또는 사실상의 영향력을 행사할 수 있는 지위에 있던 자인바, 1991. 5초순 경 서울 종로구 세종로 1소재 청와대내 대통령 집무실에서 대우그룹 회장 김우중 1990. 9진해 해군잠수함 기지 건설공사를 주식회사 대우가 수주 할 수 있도록 해준 데 대한 사 례 및 기업경영과 관련된 경제정책 등을 결정 하고 금융 세제 등을 운용함에 있어서 대우 그룹에 혜택을 부여하거나 불이익이 없도록 선처하여 달라는 취지로 제공하는 금 50억

원을, 같은 달 중 순경 같은 장소에서 같은 취지로 제공하는 금 50억 원을 각 받아 2회에 걸쳐 금 1백억 원을 교부받는 등

1988. 3하순경부터 1991. 12중순경까지 같은 장소에서 위 김우중으로부터 7회에 걸쳐 같은 취지 등으로 제공하는 합계금 2백 40억 원을 교부받음.

또 1988. 3경부터 1992. 12경까지 같은장소 등지에서 위 김우중, 동아 그룹 회장 최원석 등 총 30개 기업체 대표 30명으로부터 위와 같이 기업경영에 대한 선처 등의 명목으로 합계금 2,358억 9천 6백만 원을 교부받아 그 직무에 관하여 뇌물을 수수한 자로서 증거인멸의 우려가 있음.

② 11·12대 대통령 전두환도 합천에서 구속, 안양교도소에 수감

제11·12대 대통령을 지낸 전두환이 1995년 12월 3일 머물고 있던 경남 합천에서 경찰에 구속, 안양교도소에 수감되었다.

12·12 및 5·18사건을 수사한 서울지검 특별수사본부(본부장 이종찬 3차장 검사)는 이 사건의 핵심 피고소고발인인 전두환에 대해 서울지법으로부터 「내란 및 군형법상 반란수괴」등 혐의로 사전구속영장을 발부받아 합천에서 집행했다.

검찰은 전두환이 지난 1979년 12월 12일 노태우 당시 9사단장 등 군부장교 33명과 공모, 최규하 전대통령의 사전 재가 없이 정승화 당시 육군참모총장을 불법연행한 뒤 5천여 명의 병력을 동원해 육군본부·중앙청 등을 장악, 군권을 탈취한 혐의를 들었다. 전두환은 또 이 과정에서 당시 정병주 특전사령관 등을 살해하려다가 미수에 그치고 정 사령관의 비서실장이었던 김오랑 소령 등 일부 장교와 사병을 살해한 혐의도 받고 있다. 전두환은 이와 함께 지난 1979년 11월 중순경 노태우 등 신군부세력과 함께 정권탈취를 사전모의하고 노재현 당시 국방부장관을 강제연행한 뒤 최전대통령에게 사후재가를 강요한 혐의다.

이에 앞서 전두환은 2일 오후 3시에 출두하라는 검찰의 요구를 받고 이를 거부, 김영삼 대통령을 비난한 뒤 합천의 고향으로 내려갔다. 전두환은 이에 앞서 오전 9시 서울 연희동 자택 앞 노상에서 '대국민담화'를 발표, "검찰의 소환 및 여타의 어떠한 조치에도 협조하지 않을 생각"이라고 못박고, 그러나 사법부가 내릴 조치에는 수용하겠다고 밝혔다.

안양교도소에 수감된 전두환은 단식에 들어가 24일간의 단식 끝에 서울 경찰병원에 이송되어 가료를 받았다. 검찰은 전씨가 재임 중 8천억 원 상당의 비자금을 모은 것으로 확인하고 뇌물수수혐의 등을 추가하여 기소, 법정에 서게 되었다

○ 전두환 구속영장(피의자 경력 생략)

육군 보안사령관으로 재직 중인 1979년 10월 26일 박정희 대통령 시해사건이 발생하자 유신헌법을 개정하여 민주화를 추진하여야 한다는 국민적 여망에 따라 국회에서 헌법제정특별위원회를 구성, 새로운 헌법질서 창출이 모색되는 등 유신체제의 폐지가 기정사실화되고 군 내부에서도 군의 정치적 중립에 대한 공감대가 형성되고 있을 즈음, 합수부 본부장인 피의자의 권한남용 등으로 인하여 정승화 계엄사령관 겸 육군참모총장(이하 '정승화 총장'이라 함)과 잦은 갈등을 빚는 한편, 군장성 진급심사에서 피의자를 중심으로 한 소위 '하나회' 소속군인들의 진급이 여의치 않게 될 뿐 아니라, 피의자의 여러 가지 월권 등이 문제되어 정승화 총장이 이를 이유로 인사조치할 기미를 보이자, 정승화 총장을 김재규 내란사건 관련 혐의로 수사한다는 명목으로 불법연행 하여 제거함으로써 군의 실권을 장악할 목적으로,

육군소장으로 제9사단장인 상피의자 노태우, 육군중장으로 국방부 군수 차관보인 유학성. 육군중장으로 제1군단장인 황영시, 육군중장으로 수도군 단장인 차규헌, 육군소장으로 제20사단장 박준병, 육군준장으로 제71방위사단장 백운택, 육군준장으로 특전사령부(이하 '특전사'라 함) 제1공수 여단장인 박희도, 육군준장으로 특전사 제3공수여단장인 최세창, 육군준장으로 특전사 제5공수여단장인 장기오, 육군대령으로 수도경비사령부(이하 '수경사'라 함) 제30경비단장인 장세동, 육군대령으로 수경사 제33경비 단장인 김진영, 육군대령으로 보안사령관 비서실장인 허화평, 육군중령으로 보안사 대공처 대공2과장 겸 합수부 수사 제1국장인 이학봉, 육군대령으로 보안사 인사처장 겸 합수부 조정통제국장인 허삼수, 육군대령으로 육군본부(이하 '육본' 이라 함) 헌병감실 범죄수사단장 겸 합수부 수사 제2국장인 우경윤, 육군대령으로 육본헌병감실 기획과장인 성환옥, 육군중령으로 수경사 제33헌병대장인 최석립, 육군중령으로 육본헌병대장인 이종민, 육군준장으로 대통령 경호실장 직무대리인 정동호, 육군대령으로 대통령 경호실 작전담당관인 고명승, 육군대령으로 수경사 헌병단장인 조홍, 육군중령으로 수경사 헌병단 부단장인 신윤희, 육군대령으로 보안사 보안처장인 정도영, 육군소장으로 제30사단장인 박희모, 육군대령으로 제30사단 제 90연대장인 송응섭, 육군준장으로 제1군단 제2기갑여단장인 이상규, 육군 대령으로 제9사단 참모장인 구창회, 육군대령으로 제9사단 제29연대장인 이필섭, 육군중령으로 제9사단 작전참모인 안병호, 육군중령으로 특전사 제1공수여단 제2대대장인 서수열, 육군중령으로 특전사 제1공수여단 제5대대장인 박덕화, 육군중령으로 특전사 제3공수여단 제15대대장인 박종규, 육군대령으로 보안사 정보처

장인 권정달 등과 공모하여,

　△ 1979년 11월 중순경부터 피의자는 상피의자 노태우 및 위 유학성 황영시 차규헌 박준병 백운택 박희도 최세창 장기오 장세동 김진영 허화평 허삼수 등과 수차례 회합하여 정승화 총장 연행조사 문제 등을 논의한 끝에 같은 해 12·12를 거사일로 결정하고 먼저 정승화 총장 연행에 반발하여 병력을 동원할 가능성이 있는 정병주 특전사령관, 장태완 수경사령관 등을 거사 당일 오후 6시 30분 만찬 초청 명목으로 유인하여 부대지휘를 사전 차단하고, 피의자를 비롯한 위 15명은 거사당일 같은 시각에 보안사와 인근 수경사 제30경비단장실에 집결하여 정승화 총장 추종세력이 무력으로 대응할 경우 병력을 동원하여 이를 제압하기로 모의하고,

　△ 이에 따라 피의자는 위 허화평 이학봉 허삼수 우경윤 등에게 지시, 정승화 총장 연행 세부계획을 수립하고 연행에 필요한 인원의 차출과 차량 권총 M16소총 및 실탄을 준비하게 한 후,

　△ 같은 해 12월 12일 오후 6시 30분경 위 계획에 따라 위 유학성 황영시 차규헌 노태우 박준병 백운택 박희도 최세창 장기오 장세동 김진영 등은 수경사 제30경비단장실에 집결, 보안사에 있는 피의자 및 위 허화평 허삼수 이차봉 등과 함께 지휘부를 구성하고, 위 조홍 등은 피의자 등의 지시에 따라 같은 시각 정병주 특전사령관 장태완 수경사령관 김진기 육본헌병감 등을 연희동 요정으로 유인하여놓은 뒤,

　△ 같은 날 오후 7시경 위 허삼수 우경윤 성환옥 최석립 이종민 등은 무장 한 보안사 수사관 7명과 수경사 제33헌병대 병력 60여 명을 동원하여 한 남동 육군참모총장 공관을 무력으로 점거하고, 정승화 총장 수행부관 이재천 소령과 경호장교 김인선 대위 등에게 권총을 난사하여 이들을 제압한 다음, 같은 날 밤 7시 30분경 정승화 총장을 보안사 서빙고 분실로 강제 연행하고,

　△ 피의자의 위 이학봉은 삼청동 총리공관으로 최규하 대통령을 방문하여, "정승화 총장이 10·26사건에 연루된 새로운 혐의사실이 발견되었으므로 연행조사하여야 하겠다" 면서 그 재가를 요구하였으나 최규하 대통령이 재가를 거부한 상황에서, 정승화 총장 강제연행 사실을 인지한 윤성민 육군참모차장, 장태완 수경사령관, 정병주 특전사령관 등이 정승화 총장을 원상복귀시킬 것을 강력히 요구하고,

　△ 같은 날 밤 9시 30분경 위 정동호 고명승 등이 대통령 경호실 병력을 무단 동원하여 대통령 관저인 총리공관을 장악한 상태에서 피의자 및 위 유학성 황영시 차규헌 박희도 백운택 등이 집단으로 최규하 대통령을 방문하여 재차 정승화 총장 연행조사를 재가해줄 것을 다시 요구하였으나 거절당하자, 병력을 동원하여 육군 정식 지휘계통을 제압

하기로 결의하고,

△ 같은 날 밤 11시경 피의자는 위 박희도에게는 육본과 국방부를 점령,국방부장관을 보안사로 연행해 올 것을, 위 최세창에게는 정병주 특전사령 관의 체포와 휘하병력의 경복궁 출동을, 위 장기오에게는 휘하병력의 육본 출동을 각 지시하고, 상피의자 노태우는 위 구창회에게 휘하병력의 중앙청 출동을 지시하고, 위 황영시는 위 박희도에게 휘하 병력의 고려대학교 진주를 지시하고, 위 황영시 백운택은 위 이상규에게 전차부대의 중앙청 출동을 지시하고, 위 정도영 등은 위 김정룡 신우식에게 정병주 특전사령관 체포작전의 지원을 지시하고, 위 정도영 허화평 허삼수 권정달 등은 피의자를 비롯한 지휘부에 각 지휘관의 전화도청 및 각 부대 보안부대장의 보고를 통한 각 부대 이동상황을 수시로 보고하는 한편, 제26사단 제30사단 수도기계화사단 등의 지휘관 참모 및 보안부대장에게 합수부측의 위와 같은 조치에 동조하여줄 것을 요청하고,

△ 이에 따라 같은 날 밤 11시 30분경 위 최세창 박종규는 특전사령관실에 제3공수여단 병력을 투입, 총격을 가하여 특전사령관 비서실장 김오랑 소령을 현장에서 사망하게 하고 정병주 특전사령관에게 부상을 가한 후 그 를 보안사 서빙고 분실로 연행하는 한편 같은 달 13일 새벽 2시경 제3공수 여단 병력을 경복궁에 진주시키고

△ 위 박희도 서수열 박덕화 등은 같은 날 밤 12시 30분경 제1공수여단병력을 출동시켜 육본과 국방부를 점령하고 노재현 국방부장관을 보안사로 연행하는 과정에서 국방부 근무 초병인 정선엽 병장에게 총격을 가하여 현장에서 사망하게 하고,

△ 위 장기오는 같은 날 새벽 3시경 제5공수여단 병력을 효창운동장에 진주시키고, 위 구창회 이필섭 안병호 등은 같은날 새벽 1시 30분경 제9사단 제29연대병력을 출동시켜 같은 날 새벽 3시 30분경 중앙청을 점령하고, 위 박희도 송응섭은 같은날 새벽 3시 30분경 제30사단 제90연대병력을 고려대학교에 진주시키고, 위 이상규는 같은 날 새벽 1시 30분경 제2기갑여단 제16전차대대 병력을 출동시켜 같은 날 새벽 3시 30분경 중앙청을 점령하고,

△ 위 조홍 신윤희는 같은날 새벽 3시 40분경 위 김진선의 지원을 받아 수경사령관실에 진입, 하소곤 육본작전참모부장에게 총격을 가하여 부상 을 입게 한 후 육본 수뇌부의 무장을 해제시키고, 윤성민 육군참모차장, 장 태완 수경사령관, 문홍구 합참 대간첩대책본부장 등을 보안사 서빙고 분실로 연행함으로써,

△ 피의자는

○ 수괴로서, 상피의자 노태우 등과 작당하여 병기를 탈취, 휴대하고 반란하고,

○ 위 노태우 등과 공동하여 계엄지역에서 지휘관의 권한을 남용하여 부득이한 사유

없이 부대를 인솔하여 중요지점을 점령하는 등 부대를 진퇴함과 아울러 숙소를 이탈하고,

○ 위 노태우 등과 공동하여 초병인 위 정선엽을 살해하고

○ 위 노태우 등과 공동하여 위 김오랑을 살해하고, 상관인 위 정병주를 살해하려 하였으나 미수에 그치고,

○ 위 노태우 등과 공동하여 위 하소곤을 살해하려 했으나 미수에 그치고

○ 위 노태우 등과 공동하여 위 이재천 김인선을 각 살해하려 하였으나 미수에 그친 자로서, 도주 및 증거인멸의 염려가 있는 자임.

③ 12.12와 5.18 살인명령 혐의로 전·노에게 사형과 22년 6월 선고

1996년 8월 26일 서울지법 형사합의 30부(재판장 김영일 부장판사)는 417호 대법정에서 열린 12·12, 5·18사건 1심 선고공판에서 전두환 전대통령에 사형, 노태우 전대통령에게 징역 22년 6월을 각각 선고했다.

재판부는 "피고인들의 내란 및 군사반란 사실 등이 모두 유죄로 인정된다"면서 이들에게 중형을 선고하고, 함께 기소된 정호용·황영시·허화평·이학봉 피고인에게 징역 10년, 허삼수·유학성·최세창·이희성 피고인에게 징역 8년, 장세동·차규헌·주영복 피고인에게 징역 7년, 박종규·신윤희 피고인에게 징역 4년을 각각 선고했다.

재판부는 이날 전두환·노태우 피고인에게 각각 적용된 군형법상 반란 및 내란수괴 내란목적살인, 상관살해, 뇌물수수죄 등 10가지 죄목과 반란 및 내란중요임무종사, 뇌물수수죄 등 9가지 죄목을 모두 유죄로 인정했다.

재판부는 전·노 피고인에게는 재임 중 기업체 등으로부터 뇌물로 각각 받은 2,059억 5천만 원과 2,838억 9천 6백만원 전액을 추징금으로 선고했다. 재판부는 이날 1심 구속기간(6개월) 만료로 석방된 유학성·황영시·이학봉·최세창·장세동 피고인 등 5명에 대해서는 구속집행정지를 취소, 법정구속하고, 불구속 기소되었던 차규헌 피고인에 대해서도 직권으로 법정 구속했다. 그러나 이희성·주영복·신윤희·박종규 피고인 등은 법정구 속하지 않았다. 또 반란중요임무 종사혐의를 받고 있는 박준병 피고인에게는 무죄를 선고했다.

김영일 재판장은 판결문에서 전씨에 대해 "전피고인은 군병력을 동원, 군내부 질서를 파괴하고 헌법질서를 문란케 한 점에서 죄질이 매우 무겁다"며 "더욱이 수많은 기업체로부터 돈을 받아 엄청난 부정축재를 한점은 비록 대통령 재직 중 경제적 안정에 기여하고 평화적 정권교체의 전례를 남기는 등의 업적이 있었다고 하더라도 크게 참작할 수 없다"

고 양형이유를 밝혔다. 검찰과 피고인측은 각각 항소했다

◎ 12·12 및 5·18관련 판결문(요지) "자위권 발동은 사실상 살인명령"
△정승화 연행의 정당성에 대하여

피고인 전두환은 당시 적법하게 구성된 대통령 시해사건 합수부 본부장으로서 대통령 시해사건과 연관된 범죄혐의가 있다고 인정되는 자를 체포 연행할 권한이 있다고 주장하고 있다. 그러나 합수부의 수사업무는 계엄사령관이 가지고 있는 사법사무의 한 내용으로서 계엄사령관의 위임에 의하여 합수부가 이를 수행하는 것이다. 따라서 합수본부장은 수사업무를 수행함에 있어 직속상관인 계엄사령관의 지휘감독을 받아야 하는 관계에 있으며, 육군참모총장을 구속하고자 할 때는 육본계엄보통군법회의의 관할관인 육군참모총장 본인으로부터 영장을 발부받아야 하는 관계에 있음을 고려할 때 합수부장이 계엄사령관을 체포 구속하고자 할 때는 국군통수권자이자 계엄선포권자인 대통령의 사전 승낙을 받음으로써 계엄사령관 구속이라는 상황에서 오는 지휘 계통상의 혼란을 피하여야 한다고 본다. 그러나 피고인 전두환은 피고인 이학봉, 허삼수에게 정승화 연행을 지시하면서 대통령의 재가와 관계없이 12월 12일 오후 7시가 되면 자동으로 집행하라고 지시하였고, 피고인 전두환이 정승화 연행에 즈음하여 최규하 대통령에게 요청한 연행 재가가 거절되었는데도 정승화를 석방하지 않았으며 연행하는 과정에서도 무장병력을 60명가량 동원한 점에 비추어 보면, 위 연행행위에 있어 수단과 방법의 상당성을 갖추지 못한 것이다. 이렇게 볼 때 연행행위가 정당하다는 피고인들의 주장은 이유가 없다.

△12·12군사반란에 관하여

전두환 등 합수부쪽에서 정승화를 불법연행한 뒤, 피고인들이 병력동원을 논의한 시기나 병력을 동원시킨 시기가 육본 쪽보다 앞서는 점과 노재현 국방부 장관의 지시에 따라 육본 쪽이 출동시킨 부대를 철수시키고 장태완 사령관이 피고인들에 대한 공격을 포기함으로써 피고인들에 대한 위협이 제거된 상황에서 노국방장관의 병력이동금지 지시를 무시하면서까지 자신들의 지휘를 따르는 부대를 계속 출동시켜 육본 국방부 경복궁 등을 점령한 것을 보면 피고의 병력동원행위가 자신이나 대통령, 국민의 안전을 방위하기 위한 행위라고 할 수 없어 피고인들의 병력동원행위는 정당 방위로 볼 수 없다. 또 전두환·노태우·장세동 피고인 등이 총리공관에 병력을 출동시킨 것은 대통령의 사전승낙이나 비서실과의 최소한 협의도 없이 오직 전두환의 지시에 의한 행위임을 고려할 때 육본에 반항하고 대 통령의 권위를 무시한 행위로 반란행위다.

△내란에 대하여

이 사건에 있어서 비상계엄은 해제되기 전까지 언제든 계엄군을 출동시키고 국민들의 기본권을 제한하는 조치를 취할 수 있는 위협적인 요소로 말미암아 그 선포행위도 협박 행위로 평가될 뿐 아니라 그 유지행위도 범죄 실행행위인 협박행위로 평가된다고 할 것 이어서 비상계엄의 선포유지 기간 동안 모두가 내란죄로 평가된다.

△내란목적 살인에 관하여

당시 계엄포고령 문안뿐 아니라 포고문, 담화문 등 일체에 대하여 합수부에서 문안을 작성하여 계엄사에 보내왔으며 이희성 계엄사령관의 명의로 그것을 시행만 한 사실, 윤 홍정 전교사 사령관이 광주 시위에 강력히 대응하지 않는다며 전두환이 이희성에게 교체 를 요구해 소준열로 교체한 사실, 정도영 보안사 보안처장이 미리 작성된 자위권 보유 천 명 담화문 문안을 건네 줘 이희성이 자위권 보유사실을 천명하는 성명을 발표한 사실, 이 희성이 이 발표를 마친 뒤 대통령에게 보고하던 5월 21일 오후 8시 30분께 육본에서 2 군사령부로 자위권 발동지시 전통이 하달되고, 2군사-전교사-예하 각 공수여단으로 이 지시를 하달한 사실 등을 종합해보면 자신의 시국수습방안 추진에 저항하는 광주시민들 의 시위를 그 진압과정에서 희생이 따르더라도 조기에 수습하여야만 한다는 절박한 상황 에서, 전두환이 정도영을 국방부 회의에 참석하게 하여 군수뇌부로 하여금 자위권 발동 을 결정케 한 사람이 아니라고 볼 수 없어 내란목적살인을 실행했다고 봄이 상당하다. 또 피고 이희성·주영복은 전두환의 요구를 적극적으로 수용해 자위권 발동을 결정하게 하 고 담화문을 발표하는 등 내란목적 살인의 공동정 범으로 공모하고 분담해 실행한 것으 로 봄이 상당하다.

△자위권 발동 지시와 발포명령의 관계

자위권발동 지시가 하달될 당시 광주에서의 객관적인 시위상황 및 피고 인들(전두환 주영복 이희성)이 가지고 있던 국헌문란의 목적과 관련해 광주에서의 시위가 가지는 의 미 등을 종합적으로 고려해 판단해야 한다.

당시 광주시민들의 시위를 조기에 희생이 따르더라도 진압해야만 할 절박한 필요성 때문에 피고들은 당시 시위상황이 계엄군과 시위대 모두가 무장을 시작해 자위권 발동을 지시할 경우 상호간의 교전이 벌어질 수 있는 상황임을 잘 인식하고 있으면서 자위권 발 동을 지시해 그때까지 자위권 발동을 망설이던 계엄군들로 하여금 발표명령으로 받아들여 민간에 대한 무차별 사격, 시위대 탑승차량에 대한 발포 등 살상행위를 자행하였으므로 피고인들의 자위권 발동 지시는 실제로 발포명령이었다고 볼 것이다. (『한겨레 21』 신승근 기자 정리)

○ 전두환, 고법에서 무기로 감형

서울고법 형사1부(재판장 권성 부장판사)는 1996년 12월 16일 12·12 및 5·18사건과 전두환·노태우 전대통령 비자금사건 항소심공판에서 전씨와 노씨에게 무기징역과 징역 17년을 각각 선고했다.

재판부는 417호 대법정에서 열린 이 사건 항소심 선고공판에서 군형법상 반란 및 내란죄 등을 적용하여 이같이 선고했다. 재판부는 또 전·노 피고인이 재임 중

1996년 1월 전두환·노태우 등 5·18학살 책임자 8명이 '5·18특별법'에 의해 내란혐의로 기소되었고, 1997년 4월 전두환 무기징역, 노태우 17년형 등 관련자 처벌이 확정되었다.(최영태 외 『5·18 그리고 역사』 길 2014)

기업체 등으로부터 각각 뇌물로 받은 2,205억 원과 2,628억 원을 추징금으로 선고했다.

재판부는 판결문에서 "피고인이 12·12군사반란을 주도하고 5·17내란을 일으켜 힘으로 정권을 탈취하고 많은 사람을 살상, 군사통치의 종식을 기대하는 국민들에게 큰 상처를 주었다"고 전제한 뒤, "그러나 지난 1987년 6·29선언을 통해 국민의 뜻에 순종하고 평화적 정권교체의 단서를 연 점등을 고려해 형량을 낮춘다"고 6·29선언에 대해 새로운 해석과 함께 양형 이유를 밝혔다.

재판부는 그러나 황영시·정호용 피고인에 대해서는 1심에서와 달리 내란목적 살인혐의를 인정, 징역 8년과 7년을 각각 선고했다.

이로써 5·18광주민주화운동 유혈진압과 관련, 내란목적 살인혐의가 적용된 전두환 피고인 등 5명에게 모두 유죄가 인정됐다. 재판부는 이학봉·허화평 피고인에게 징역 6년, 최세창 피고인에게 5년을 선고했다.

한편 전·노씨는 상고를 포기하여 항소심 선고로 형이 확정되었다. 전씨는 12월 23일 "국내외적으로 어려운 상황에 처해 있는 이때 본인과 연관된 과거사 문제로 국위가 손상

되고 국가안정에 저해되는 사태가 있는 것을 보면서 더 이상 이른바12·12, 5·17, 5·18사건에 시시비비를 가리는 것이 국익을 위하여 결코 바람직하지 않다는 결론에 이르렀다"고 상고 포기 이유를 밝혔다.

12·12군사반란과 1980년 '민주화의 봄'을 짓밟고 내란을 일으켜 정권을 탈취한 전두환·노태우 두 내란수괴에게 무기징역과 17년형이 선고되었으며, 이들과 함께 행동한 황영시·정호용·이학봉·허화평·최세창 피고인 등에게도 8~5년의 징역형이 선고되어 군사독재자들에 대한 단죄가 이루어졌다.

△성공한 쿠데타는 처벌할 수 없다는 주장에 대해

변호인의 이 같은 주장의 이론적 근거와 근본규범은 국가 긴급성 이론을 채택한 것이다. 그러나 재판부는 12·12 및 5·18사건을 법이론의 문제가 아닌 법의 실천 문제로 파악하는만큼 이같은 이론을 받아들일 수 없다.

△정승화 총장 연행이 불법이 아니라는 주장에 대해

육참총장은 대통령이 군통수권을 행사하는 데 있어 핵심적인 지위에 있다. 따라서 현직 육참총장을 체포하면 대통령의 군통수권 행사에 결정적이고 치명적인 침해를 가하게 된다.

범죄수사를 위해 총장연행이 필요하다면 대통령이 총장을 해임하거나 직무집행 정지조치를 취해 군지휘계통을 이상 없게 한 뒤 체포해야 하며 상황이 긴박하더라도 해임통보 직후 체포하는 것이 타당하다. 따라서 이같은 선행조치 없이 합수부장이 육참총장을 체포한 것은 대통령의 군통수권을 침해하고 총장의 권한을 침해한 군사반란에 해당한다. 군통수권이란 말단 병사에까지 일사불란하게 유지돼야 하는데, 피고인들은 작당하여 병기를 휴대하고 이같은 지휘계통을 문란케 한만큼 군사반란에 해당한다.

△국헌 문란 목적에 대해

피고인들이 취한 비상계엄 전국 확대, 국회 봉쇄, 정치인 체포, 광주민주화운동 유혈진압 등의 조치는 국헌문란의 목적 하에 행해진 행태다. 국헌문란 목적이란 법률에 의하지 않고 헌법과 헌법기관의 기능을 불가능하게 하는 것이라고 법률에 규정한 것은 국헌문란의 대표적 사례를 제시한 것으로 국헌문란의 행위 자체가 구체적 설명이 불가능하기 때문이다. 따라서 예시한 행태에 해당되지 않더라도 이에 준하는 행위는 국헌문란의 목적이 있다고 볼 수 있다.

따라서 "만약 헌법기관보다 더 중요한 기관이 있다면 이는 당연히 국헌문란 행위로부터 보호받아야 하며, 헌법제정의 권한을 가진 국민이야말로 법률에 규정된 국가기관보다 더 중요한 존재다. 결국 국민이 헌법수호를 위해 결집한다면 이 결집은 헌법기관으로 볼 수 있고, 이 결집을 병력을 동원해 강제진압한 것은 명백한 헌법기관 침해다. 5·18 당시 피고인들이 비상계엄 전국확대, 정치인 체포 등의 조치로 국헌을 물란케 한 데 대해 광주시민이 대규모로 시위를 벌인 것은 헌법수호를 위해 결집한 것이고, 병력을 동원, 이를 강제 진압해 그 역할을 수행하지 못하게 했다면 국헌문란 행위에 해당한다."

△비상계엄 전국 확대조치에 대해

비상계엄 전국확대조치는 국민의 기본권을 제한하고 주요 국가기관 등에 병력을 배치하며 포고령에 의해 국민의 기본권을 일정 정도 침해하게 되는 조치이다. 또 계엄사령부는 사법·행정 등 모든 권한을 가지게 되는 만큼 후속조치와 불가분 연계를 갖게 되고 헌법기관을 침해, 폭동성을 지니게 된다. 특히 비상계엄조치를 전국적으로 확대할 경우 민간인인 국방장관의 지휘가 배제되고 계엄사령관의 권한은 더욱 확대된다. 이에 따라 국무총리와 국무위원 등에 대한 강압의 정도도 커지고 국가기관에 대한 침해의 정도도 커진다.

△시위진압의 폭동성에 대해

5·18당시 광주교도소로 접근하는 무장시위대를 계엄군이 발포해 격퇴한 것은 광주교도소가 간첩 등 2천여 명의 재소자를 수감하고 있는 국가주요기관이라는 점을 감안하면 시위대가 헌법제정 권력의 결집이라 하더라도 불법행위라고 볼 수 있는 만큼 이같은 불법행위로부터 국가기관 보호를 위해 시위대에게 발포한 조치는 선량하고 합법적인 정부가 취해야 할 당연한 행위이다. 따라서 이를 폭동행위로 본 원심의 판결을 파기한다.

△광주 재진입 작전과 관련해서 내란목적 살인죄

상무충정작전을 실시해서 도청 재장악을 위해 시위대를 진압해서 시위대와 교전 중 불가피하게 사상자가 발생했다. 피고인들이 그러한 결과를 미리 예측하면서 작전을 지시한 것은 살상행위를 용인할 의사가 분명하다고 보인다. 재진입작전 명령은 시위대의 무장상태와 목표를 고려하면 사격이 필연적이란 것을 고려한 상황 하에서 발해진 것이다. 그 안에는 발포명령을 포함해서 당시 피고인이 처한 상황, 즉 광주를 조속히 진압하지 않으면 집권에 성공할 수 없다는 상황논리까지 포함돼 있다. 따라서 집권에 방해가 되는 사람들에 대한 살상은 내란을 위한 행동이므로 재진입 작전시의 살상은 전두환 정호용 황영시 주영복 이희성 등 5명이 내란목적 달성을 위해 이를 지시한 것으로 이들이 책임을 져야 한다.

다른 폭력행위에 대해서 내란목적 살인죄가 적용되는지의 여부는 발포 명령이 있었는지를 봐야 한다.

검찰은 공소장에서 피고인들이 자위권 요건의 준수 없이도 강경진압 차원에서 시위를 조속히 진압하고 극도의 공포심을 일으켜 시위를 저지할 목적으로 발포명령을 내렸다고 적시하고 있다. 검찰은 또 피고인들이 필요하다면 비무장시위대에게까지 발포를 용인한 것으로 보고 있다. 이것은 모든 시민들에게 공포심을 주는 것이 목적이므로 비무장시위대에게까지 발포명령을 한 것으로 간주한 것이다. 그러나 자위권 발동 담화문이나 계엄훈령 11호에는 비무장시위대에게까지 발포를 허가하고 있지는 않다. 담화문의 내용은 이성과 질서의 회복을 시위대에게 당부하고 계엄군은 폭력으로 치안을 어지럽히는 행위에 대해서는 부득이 바로잡으라는 것과 자위권을 설명하는 것이다. 그러므로 이것이 비무장시위대에게까지 발포를 하라고 용인했다고 볼 증거는 없다. 5월 21일 밤 8시 30분 이후 육본으로부터 하달된 자위권 발동 지시내용의 전통은 검찰 주장과 유사한 지 확인할 자료가 없다. 그 전통 속에 비무장시위대에게까지 발포하라는 내용이 삽입돼 있다고 볼 수는 없다. 따라서 비무장시위대에 대한 발포명령이 피고인 지시에 의해 하달됐다고 볼 정황이 없다. 그러므로 광주교도소 방어시 발포와 광주 재진입작전시에 발포를 제외한 나머지 광주진압시의 발포는 피고인들로부터 명령이 하달됐다고 볼 수 없다. 나머지는 폭동 중 단순살인으로 보는 것이 타당하다.

△내란의 종료 시기

내란은 국가와 내란집단 사이의 폭력행위다. 군주국가 시대에는 권력이동이 완료되는 순간 내란이 종료됐다. 그러나 민주주의 사회에선 권력의 승계절차가 헌법에 명시된 대로 이동되고 국민의 완전한 굴복이 내란종료 시점을 의미한다. 내란집단에 국민이 저항한다면 국민이 완전히 굴복하기 전까지 내란은 완료되지 않는다. 이 사건에서는 1980년 광주시위가 바로 국민의 저항에 해당한다. 이러한 저항과 폭동에 대한 진압은 6·29선언으로 직선제 요구가 받아들여질 때까지 반복, 계속됐다. 1987년 박종철 고문치사에 대한 저항. 1987년 6월 분신 및 6월항쟁 등이 바로 그러한 저항들이다. 5·17비상계엄 확대로 시작된 내란은 6·29선언으로 종결됐다고 봐야 한다. 그 기간 중에 모든 시위진압은 폭동이며 내란이다.

△시위진압과 군사반란 (국무회의장 포위의 건)

국무회의가 개최될 때 무장한 병력을 배치한 것은 경호 필요성이 없었고, 국회 쪽으로 부터 요청받은 적도 없었으며 상부의 승인도 없었다. 통상과 달리 국무회의장에 병력을 배치한 것은 대통령과 국무총리의 정당한 승인 없이 이뤄진 것으로 군통수권에 배치되며 국무위원들을 협박한 것으로 반란에 해당된다.

(4) 문민정부에서도 악법 날치기 통과, 근로민중은 분노·항의 계속

신한국당은 1996년 12월 26일 크리스마스의 성스러움이 미처 사라지기 전의 미명에 안기부법과 노동법 등 11개 법안을 7분만에 날치기로 처리했다.

안기부법은 김영삼정부가 개혁입법의 하나로 삭제했던 불고지죄와 고무찬양죄 등의 안기부 수사권을 회복해주고, 노동법은 복수노조 금지 연장, 제3자(연대투쟁) 개입 금지 유지, 교원과 공무원의 노동기본권 불인정 쟁의행위 기간 중의 대체근로 허용 등과 정리해고제, 변형근로시간제, 퇴직금 중간정산제 도입 등의 내용이다.

이들 법률의 개정안은 민주화와 노동자들의 권익을 크게 저해시키는 '악법'으로 인식 되어 야당과 노동계에 큰 파문을 일으키고 대규모적인 반정부 국민항쟁으로 전개되었다.

1987년 6월 항쟁에 버금가는 1월 국민항쟁은 두 법률의 개악 내용과 함께 새벽 날치 기라는 반문민성 때문에 극심한 국민적 저항에 부딪치게 되었다. 날치기 당일 한국기독 교 교회협의회의 항의 성명을 시작으로 천주교·기독교·불교·대한성공회 등 종교단 체, 대한변협·민주화를 위한 변호사 모임·민족문학작가회의·경실련 등 민간시민단 체, 서울대·연세대·고려대·부산대·대구대·전남대 등 대학교수, 서울의 3개 신문 사와 1개 텔레비전 방송국을 제외한 모든 언론노조의 파업과 민노총과 한국노총이 처음 으로 공동파업투쟁에 나섰다.

국민회의·자민련 등 야당과 민족민주운동단체·종교계·학계·법조계·문화단체· 시민단체들은 정부여당이 안기부법과 노동관계법의 변칙처리를 '쿠데타적 폭거'로 단정 하고 1월의 강추위 속에서도 연일 규탄집회와 농성을 벌였다. 특히 민노총 지도부는 명 동성당에서 삭발농성에 들어가 노동자 파업을 주도했다.

각계각층의 항의와 파업이 계속되면서 위기에 몰리게 된 김대통령은 거부해오던 여야 영수회담을 수락하는 등 유화책으로 돌아섰다. 그러나 야권은 안기부법과 노동법의 무효화를 요구하면서 1천만명 서명운동을 전개하고 노동계도 부분파업운동 등을 벌여 3, 4월 임금투쟁으로 이어졌다.

◎ 서울대 교수 시국성명의 이론적 배경

① 현 난국의 원인과 형식에 관하여

현재의 위기적 상황을 어떤 사람은 노사 갈등 또는 노정 갈등으로 봅니다만, 우리는 다소 견해를 달리 합니다. 이해를 달리하는 집단 사이의 갈등은 쟁점에 따라 항상 일어날 수 있는 성격의 것입니다. 그러나 우리가 보기에 현난국의 핵심은 정부와 여당이 어떤 말로도 정당화될 수 없는 날치기의 방식으로 안기부법과 노동관련법 등을 개정함으로써 민주주의의 토대인 절차적 정의를 파괴한 데서 온 것이며, 이로 인하여 민주주의의 심각한 위기와 후퇴가 초래된 데 있습니다.

따라서 우리는 현 난국을 상궤의 노사갈등이나 노정갈등을 넘어서 문민정부의 옷을 입은 신권위주의와 양식있는 국민대중 사이의 균열로 파악합니다. 그렇지 않다면 수많은 지식인·종교인·교육자·중산층·화이트칼라 등의 분노와 요구를 제대로 파악할 수 없을 것입니다.

개정된 안기부법이 국가안보의 현실을 반영했다거나 노동관계법이 선진국형이 되기 위한 것이었다는 유의 합리화는 초점을 빗나간 것으로 우리는 파악합니다. 백보를 양보하여 설사 이렇게 이해될 수 있는 면이 있다 하더라도, 절차적 정당성을 상실한 법은 그 자체로 원인 무효가 되기에 충분하다고 우리는 판단합니다. 민주주의의 가치를 소중히 여기는 시민이라면 이 점에서 결연해야 한다고 확신하며 이것을 지키지 않는다면 민주주의는 상황논리에 얽매어 한 치도 전진하지 못하지 않을까 우리는 우려합니다.

② 법개정 정당성 결여의 두 가지 이유

정부와 여당은 이번의 법개정이 합법적이라고 주장하는 것 같습니다. 그러나 우리는 보다 근본적으로 정당성이 결여되었다고 판단합니다. 그 첫 번째 이유는 국민의 대의기구인 국회의 본회의 개최에 관한 국회법의 절차를 무시하고 집권 여당이 소속의원만으로 새벽에 법을 날치기 통과시켰기 때문입니다. 이에 대해서는 재론의 여지가 없다고 봅니다.

그러나 보다 더 중요한 두 번째 이유는 국회를 통과했다고 선포된 법개정이 궁극적으로 입법권자인 국민의 주권을 반영했다고 볼 만한 이유가 없다는 것입니다. 법이 국민 의사를 표현하려면 우선 자유로운 토론이 선행해야 하고 이를 근거로 해서 사회 구성원 사이의 협상이나 타협이나 합의가 형성되어야 합니다. 이렇게 형성된 타협이나 합의를 하늘처럼 받들고 보호하며 관철하려는 것이 법 제정에 바로새겨진 국민주권의 뜻이라고 우리는 확신합니다. 또 그래야만 법이 사회통합의 매체가 되고 민주주의가 법치에 뿌리를 내릴 수 있다는 것은 이미 고전적인 명제가 되었습니다. 그러나 불행히도 신한국당은 이번에 국민주권의 법이념을 송두리째 유린하고 말았습니다. 이것의 극명한 보기를 우리는 미약하나마 이런 타협의 산물로 볼 수도 있었던 노개위와 정부가 노동관련법 개정안을 집권여당이 최종 순간 주무장관도 모르게 바꾸어 날치기 통과시킴으로써 노동계의 심대한 반발을 불러일으킨 데서 확인할 수 있습니다.

우리는 여기서 법을 보는 집권층의 태도가 놀라울 만큼 과거의 연장선상에 있다는 것을 확인합니다. 입법권자인 국민의 뜻은 안중에도 없고 권력만 있다면 막후 로비에 따라 마음대로 법을 고칠 수 있다는 위험하기 짝이 없는 권위주의적 발상이 백일하에 드러났습니다. 이런 후진적인 정치문화를 가지고 선진적인 노동관계법을 만들었다고 주장하는 것은 자가당착적이라고 우리는 봅니다. 우리는 이제 이런 권위주의 유산과 확실히 선을 그을 때가 되었다고 생각합니다. 이런 이유로 우리는 이번의 법개정이 무효라고 선언합니다.

③ 민주화에 역행하는 안기부법과 노동관계법 등에 대한 우리의 견해

민주주의의 요체가 법치주의에 입각한 국민주권의 실현에 있다고 할 때 법의 정당성 확보는 민주주의의 핵심적 과제가 아닐 수 없다. 법이 정의와 인권을 구현하기보다는 정치권력의 도구로 전락해온 권위주의 시대를 겪어온 우리로서는 문민정부를 맞이하여 참된 민주주의가 이 땅에 뿌리내리기를 간절히 소망하여 왔다.

그러나 우리는 지난해 12월 26일 새벽에 집권당인 신한국당이 소속 의원들만으로 아무런 토론 없이, 야당에 통보도 하지 않은 채 불과 7분만에 안기부법과 노동관계법을 날치기 통과시킨 것을 보고 깊은 충격과 분노를 느끼지 않을 수 없다. 민주화의 시대적 요구에 역행하고 적법절차를 유린한 이번 사태는 어떤 명분으로도 정당화될 수 없다는 판단 하에, 입법과정의 부당성과 내용의 문제점을 우리의 견해로 밝히고자 한다.

이번에 개정된 안기부법은 국가보안법상의 찬양고무죄, 불고지죄 사건에 대한 안기부의 수사권을 부활시킨 것이다. 그러나 이 법은 1993년 김영삼 정부의 출범 이후 인권 침해의 소지가 많다는 비판을 받아 삭제된 내용을 되살린 것이며, 그 점에서 현정부의 민주화 업적을 스스로 부정한 것이다. 우리는 이번 안기부법 개정이 국민의 자유로운 사상과 표현을 제약하면 민주적 공론의 형성을 크게 저해할 우려가 있다고 판단한다.

또한 노동관계법의 개정은 과거 노동자의 정당한 권리행사에 장애로 작용해온 독소조항을 거의 그대로 존치시킨 채 정리해고의 요건을 완화하고 변형근로제 등을 도입함으로써 노사간의 힘의 불균형을 더욱 확대하고 노동자의 권리와 복지를 위축시킬 우려가 있음을 염려한다. 이러한 처방은 사회안정을 도모하기는커녕 노사간의 대립과 분열을 초래하며 국제경쟁력에도 역기능적 결과를 가져올 수 있다고 본다. 최근 검찰이 현행법을 내세워 노동자들을 사법처리하겠다는 조치 역시 사태를 악화시킬 뿐이라고 생각한다.

우리가 진실로 걱정하는 것은 법을 권력의 도구로 삼는 잘못된 관행이 문민정부에서도 그대로 답습됨으로써, 정치수준이 더욱 후퇴하고 법에 대한 국민의 신뢰가 흔들리고 있다는 점이다. 법이 국민의지의 표현이 되려면 자유로운 토론과 협상이 선행되어야 한다. 그러나 신한국당은 이런 토론과 협상의 결과로 해석될 여지를 다소나마 지녔던 노개위와 정부안을 마지막 순간 주무장관도 모르게 일방적으로 바꾸어 날치기 통과시켰다. 이것은 국회 본회의와 개최조건에 대한 하자와 함께 어떤 이유로도 정당화될 수 없는 반민주적 처사이며 국민주권의 법이념을 송두리째 짓밟은 것이다. 이번에 통과되었다고 선포된 안기부법과 노동관계법은 완전히 정당성을 상실한 법이며 그에 대하여 국민의 저항이 일어나고 있는 현실을 우리는 우려의 눈으로 보지 않을 수 없다. 이에 우리는 정부와 여당에게 다음과 같이 요구한다.

1. 국회법 절차를 무시한 법은 무효이다. 날치기 통과에 대해서 국민에게 사과하라.
2. 공포된 안기부법을 즉각 철회하라.
3. 노동관계법을 국민적 합의하에 정당한 절차를 밟아 개정하라.

1997년 1월 16일
서울대학교 서명교수 일동

제3장
미국은 「작전지휘권」 장기 보유, 한미동맹으로 북과 직접 대결

1. 美·日 해양세력의 대륙 봉쇄·협박, 언제라도 선제공격 태세

지배당한 경험은 없고 남을 침략·지배·수탈하는 데만 익숙해진 일본과 미국의 군국주의적 지배세력은, 따라서 그네들이 부르짖는 침탈적 '자유'와 가진자 중심의 '자유민주주의'를 위해 오늘도 어제에 이어 남을 지배하는 계급적 수탈과 민족적 침략을 계속하려고 호시탐탐 노리고 있다. 그네들은 자신들의 핵무장은 당연시 하면서, 핵공격 협박의 공포에 질려 긴장하고 있는 약소민족 자주독립 방어세력의 저항적 무장력은 거의 해체시켜서 절대적 복종 상태하에 두려고 온갖 위협적 수단에 의해 이웃 사회와 민족을 전쟁공포와 불안에 떨게 하고 있다.(다음 글은 다소 오래된 느낌이 있으나 일·미가 추구하고 있는 침략정책을 "방어를 위한 것"이라고 궁색한 핑계를 대면서까지 적극적으로 펴고 있는 사실만은 충분히 느낄 수 있을 것으로 보고 싶었다.)

1) 일제 침략망령의 부활

일본이 2차대전에서 패전한 지 15일로 54년이 흘렀다.(『대한매일』 1999년 8월 16일) 패전국 일본은 한국전과 냉전, 미국의 후원이라는 국제정세를 등에 업고 경제재건에 나서 지난 반세기 유례없는 눈부신 부흥과 성장을 이룩했다. 세계 제2의 경제대국을 달성,

강국의 반열에 오른 일본은 이제 21세기의 정치대국·군사대국을 향해 발빠른 움직임을 보이고 있다. 아시아 여러 나라들은 최근 급속한 일본의 보수우경화가 군국주의 부활로 이어지지 않을까 우려하며 극도로 경계하는 모습이다.

(1) 6·25때 군수호황 초고속성장, 87년 1인당 GNP 美 앞질러

일본 경제는 2차 세계대전의 패전으로 무너졌다. 하지만 1950년 한국전쟁이 발발하면서 군수보급기지 역할을 하며(비밀리에 미군을 돕는 일본인 병력과 전쟁물자의 대량지원이 있었다) 기사회생의 발판을 마련했다. 특히 근면성과 구미 제국보다 싼 노동력, 엔화 환율 안정 등이 뒷받침되면서 1960~1980년 연평균 7.3%의 경제성장률을 기록하며 세계 초유의 고도성장을 구가했다. 1960년 전세계 국민총생산(GNP)의 2.8%에 불과하던 일본 경제규모는 1980년 10.1%를 차지, 세계 경제대국으로 발돋움했다. 1인당 GNP 도 1965년 760달러로 미국(3,240)의 25%였으나 1987년 1만 9,959달러를 기록, 미국(1만 8,714달러)을 앞질렀다.

1986년 초 1만 3,000엔 선이던 주가는 1989년 말 3만 9,000엔 선으로 치솟았다. 통상적으로 주가보다 1년 늦게 움직이는 부동산 값도 1987년부터 1990년까지 4년 사이에 3배 가량 폭등했다. 그러나 1990년 초를 정점으로 거품이 빠지면서 '헤이세이平成 불황'이 시작됐다.

이에 당황한 일본 정부는 감세정책을 통해 내수를 촉진시켜 일시 회복세를 보였으나, 1996년 증세정책으로 돌아서며 또다시 침체의 늪으로 빠졌다. 여기에다 97년 아시아 금융위기라는 직격탄을 맞아 아직까지(2000년 8월) 뚜렷한 회복기미를 보이지 않고 있다.(월간 『말』 2000년 8월호)

(2) 미·러 넘보는 군사대국화

1945년 8월 15일 종전, 9월2일 미 해군 미주리호 함상에서 항복조인식을 할 때만해도 일본의 미래는 보이지 않았다. 군에 무장해제령이 내려지고 교전권을 부인하는 '평화 헌법'이 제정되면서 일본은 영구히 무기를 태평양에 버리는 줄 알았다. 그러나 1950년 발발한 한국전은 일본 재건과 재무장에 결정적 계기를 부여했다. 전쟁 특수로 부흥의 실마리를 제공했을 뿐 아니라 자위대 발족의 물꼬를 터줬다. 점령 초기 일본의 재군비를 엄격히 제한했던 연합국사령부GHQ는 고심 끝에 일본 방위를 위한 국가경찰예비대 창설을 허가한다. 이 예비대가 1954년 방위청 발족과 「육·해·공 자위대」 출범으로 이어졌다.

냉전으로 극동의 중요성이 부각되면서 미국은 대륙세 봉쇄와 침략을 위한 해양세의 보루로서 한반도와 일본열도를 수호하기 위해 적이던 일본과 안보조약을 체결, 손을 잡는다. 이러한 국제정세 속에 일본은 평화헌법의 '해석개헌'을 수 차례 실시했다. 교전권을 부인한 헌법 9조에 대해 정부해석을 달리함으로써 일본은 총도 쏘고 해외파병도 가능해졌다. 1992년 유엔의 PKO(평화유지활동) 파병을 시작했고 1990년대에 들어선 세계 정상급의 군사력을 보유하게 됐다.

군사비 지출도 경제력에 걸맞게 미국에 이은 세계 2위다. 지난해 4조 9,200억엔(49조원)으로 방위청 발족직후인 1955년 1,349억엔과 비교하면 36배 늘었다. 공중급유기 도입, 첩보위성 개발, 전역미사일방위망TMD 구상 등 21세기형 군비증강에도 열을 올리고 있다. 얼마 전 핵 연료수송으로 부각된 일본의 핵 문제는 21세기 주목할 대목이다. 비핵 3원칙을 채택한 일본이 핵무장할 공산은 적다. 하지만 미국이 핵우산을 걷우면 일본은 3주일 안에 60개의 핵폭탄을 만들 수 있는 플루토늄과 기술력을 갖고 있는 핵 예비국으로서 주변국은 경계한다.

일본이 지향하는 국가상은 명실상부한 정치·군사·경제대국이다. 1993년 총선에서 사회당이 몰락하고 범보수세력들이 약진함으로써 국가 진로를 둘러싼 오랜 논쟁은 '강한 일본'으로 상징되는 대 일본주의의 승리로 결론 지어졌다. 일본의 정치대국 지향을 대표하는 움직임으로는 유엔 안보리 상임이사국 진출 시도를 꼽을 수 있다. 막대한 유엔 분담금 기여를 명분으로 1960년대부터 진출을 시도해온 일본은 상임이사국이 됨으로써 세계 질서에 미국 소련 중국 등과 어깨를 나란히 하는 영향력을 갖겠다는 야심을 갖고 있다. 그들은 아시아를 잔인하게 침략하여 온갖 악행을 저질렀던 사실을 깡그리 부인하면서 당당하게 재침의 야욕을 드러내 보이고 있다. 동북아에서는 중국과의 지역패권 다툼이 보다 치열해질 것으로 보인다. 이는 북한이 최대변수가 되는 한반도 상황과 맞물려 동북아의 군비경쟁을 촉발할 수 있는 동인動因이 될 전망이다.

2) 미국의 무기생산과 세계지배, 반공논리에 빠진 바보들을 협박

(1) 동족 동포 유혈상쟁 시키고 약소국 폭격으로 돈더미

지난 겨울 미국 군수산업체들은 '달콤한' 크리스마스 휴가를 보냈다. 미국·영국이 1998년 12월 16일 5일간 이라크에 대해 집중 공습을 퍼부은 덕분이다. 지난 3월 24일부터 시작된 북대서양조약기구(나토)의 유고연방 공습으로 올해 부활절(4월 4일) 연휴 역시 축복 속에 맞이했다. 지난해 8월 수단·아프가니스탄의 이슬람 근본주의 세력에 대한 공습 이후 '악당국가'들에 떨어지는 미국의 공습은 마치 신냉전이 찾아온 듯 군수업체들에게는 최적의 '영업환경'을 제공하고 있었다.(『한겨레』 21. 1999. 4. 15.)

① 보잉의 황금알 낳는 거위 '크루즈미사일'

나토의 유고 공습으로 미국 군수산업체들은 즐거운 비명을 지르고 있다. 레이더망 등 유고군의 방공망을 무력화시키기 위한 공습의 주요 무기로 쓰이고 있는 재래식 공대지空 對地 크루즈미사일(CALCM)은 지난 96년 맥도널더글러스를 합병하면서 세계 2위 군수 업체로 떠오른 보잉에 '황금알을 낳아주는 거위'이다. 쏘아댄 만큼 줄어든 물량을 나중에 채워야 하는데 이를 위한 미국 국방부(펜타곤)의 발주 계약을 그동안 보잉이 도맡아왔다.

펜타곤이 정확한 숫자를 밝히지는 않고 있으나, 지금까지 유고 공습에 사용한 CALCM은 최소한 100개가 넘을 것으로 추정된다. 게다가 앞으로 몇 개를 더 쏴야 할지도 모른다. 유고군 방공망을 무력화시키고 난 뒤 이보다 사정거리가 짧은 미사일로 유고군을 근접 공격한다는 애초계획에 차질이 빚어지고 있기 때문이다. 물론 미국은 유고 공습에 충분한 CALCM이 있다고 주장한다. 하지만 실제로는 140여 개밖에 남지 않았다는게 군사전문가들의 추정이다. 지난해 12월 '사막의 여우 작전'이라 불린 이라크 공습에서 미국은 CALCM 239개 가운데 90개를 발사했다. 게다가 유고군 지하기지를 파괴하기 위해 필요한, 화약 3천 파운드 이상을 장착할 수 있는 CALCM인 AGM-86B는 100개 미만인 것으로 알려지고 있다.

이에 따라 최근 펜타곤은 96년 3월 이후 중단된 CALCM 보충계획을 다시 살리고, 올해에만 여기에 5,150만 달러의 예산을 투입하기로 결정했다. 핵탄두 장착 크루즈미사일 92개를 재래식 탄두 미사일로 바꾸는 데 쓰이는 이 예산이 올해 보잉의 매출액으로 잡히는 것은 시간문제다. 보잉은 86년 6월부터 96년 3월까지 최소 1천 개의 CALCM 탄두교체 작업을 통해 약 1억6천만 달러를 벌어들인 것으로 추정된다. 100만 달러에 이르는 CALCM의 탄두교체 비용은 1개당 16만 달러나 된다. 또 탄두교체를 위한 생산라인을 재개하는 데도 수백만 달러가 들어간다. 이중 600개만 바꾼다고 해도 보잉은 1억 달러를 벌어들이게 된다.

② 스텔스 전폭기 격추가 즐거운 록히드마틴

이뿐만 아니다. CALCM이 바닥남에 따라 미 해군이 보유한 토마호크 크루즈미사일 TLAM이 이를 대신해야 한다. 지난해 12월 5일간의 이라크 공습때만 TLAM 325개를 발사했던 점에 비춰 이번 유고 공습에는 이것의 몇 배에 이르는 양이 사용될 것으로 예상된다. 현재 미국은 TLAM 2500여개를 갖고 있지만, 이중 고도의 정밀유도장치를 갖춘 것은 약 1400개에 불과한 것으로 알려졌다. 펜타곤에 TLAM을 생산·납품해온 군수업체 레이시언은 소모된 TLAM을 새로 보충하는 계약을 맺는 것만으로도 수억 달러를 챙기게 된다.

지난 3월 27일 그동안 미국이 뽐내던 '보이지 않는' F-117A 스텔스 전폭기 1대가 91년 걸프전 첫 참전 이후 처음으로 격추되면서 이 전폭기를 제작하고 있는 세계 1위 군수업체 록히드마틴은 오히려 돈방석에 올랐다고 해도 지나치지 않다. 단순히 펜타곤이 1대당 가격이 4500만 달러인 F-117A를 추가 발주할 가능성이 높아져서가 아니다. 이 사건을 계기로 록히드마틴이 미 공군 주력기인 F-15전폭기를 대체하기 위해 81년부터 개발에 들어간 '보이지 않는 차세대 전투기' F-22를 실전에 배치하려는 움직임이 더욱 거세질 것으로 예상되기 때문이다. 펜타곤은 이미 94년에 1대당 가격이 1억 5900만 달러에 이르는 F-22 442대(1997년 기준 701억 달러)를 구입하기로 록히드마틴에 발주한 상태다. 하지만 비싼 가격에 비해 이 전투기의 지상전 지원능력에 대해서는 많은 의문이 제기돼 왔던 터다. 이번 사건을 이런 논란에 종지부를 찍을 공산이 크다는 지적이다.

미 해군은 보잉에 떼돈을 벌어주고 있다. 해군이 보잉과 계약을 맺고 독자적으로 추진 중인 차세대 전폭기 F/A-18E/F의 실전 배치 속도도 더욱 가속화할 전망이다. 보잉은 미 해군에 총비용 810억 달러, 1대당 가격 8100만 달러인 이 전투기 1천대를 공급할 계획이다.

노스럽그루먼은 제작과 동시에 기술적 결함이 발견되는 통에 이번에 처음으로 실전 배치된 B-1B폭격기에 잔뜩 기대를 걸고 있다. 노스럽이 펜타곤에 공급한 B-1B는 모두 100대, 총 371억 달러 규모다. 기술적 보완작업이 짭짤한 이익을 가져오는 데다, 펜타곤 안에 B-2 폭격기를 늘려야 한다는 목소리가 강해질 것이기 때문이다. B-1B 보완 차원에서 444억 달러 규모의 B-2(1대당 21억 1400만 달러) 20대가 배치 완료됐는데, 20대를 추가 배치해야 한다는 의견이 계속돼 왔다. 세계 군수업체 순위 5, 6위를 다투는 노스럽으로서는 이래도 저래도 좋은 것이다.

③ EU 군수업체들도 즐거운 비명

세계 40대 군수업체 중 25개를 거느린 미국 외에도 유럽연합(EU) 군수업체들도 즐거운 비명을 지르고 있다. 'EU 독자군 창설'이라는 원대한 포부와 EU 뒷마당에서 벌이는 미국의 '원맨쇼'를 두고만 볼 수 없다는 정치권과 공유하고는 있지만, EU 군수업체 역시 유고 공습과 러시아의 유고 지원 움직임을, 중도좌파 정부들에 군사비 증대 압력을 넣는 기회로 삼고 있다고 EU 시민단체들은 우려하고 있다. 특히 영국·프랑스·독일 군수업체들은 나토 새 회원국인 폴란드·헝가리·체코의 무기체제를 나토 기준에 맞게 현대화시키는 계획이 안겨줄 수억 달러 규모의 시장을 놓고 미국 업체들과 치열한 물밑 각축을 벌이고 있다. 이미 세계 14위인 독일 다임러벤츠아에로는 MiG-29 전투기 편대를 현대화시키는 계약을 폴란드 정부와 발빠르게 맺었다.

우연의 일치인지는 모르지만, 미국에서는 군수업체들에 돌아갈 막대한 국방예산이 착착 확보되고 있다. 올해 초 빌 클린턴 대통령은 전년도에 비해 126억 달러 증액한 2682억 달러 규모의 2000회계연도(99년 10월~2000년 9월) 국방예산안을 의회에 냈다. 미국이 '악당국가'로 꼽는 북한·이란·이라크의 합동 국방예산이 90억 달러인 점에 비춰 증액 규모를 짐작할 수 있다. 이에 따라 물가상승률을 고려한 미국이 실질 국방비는 15년 만에 처음으로 늘어나게 됐다. 또한 앞으로 6년 간 국방비를 1120억 달러 늘릴 계획이다. 게다가 공화당은 현재 이보다 더욱 많은 2000회계연도 국방예산안을 내놓고 있다. 미국 정부가 내세우는 국방비 증액의 이유는 '방위태세준비 강화와 무기 현대화'이다. 공교롭게도 이것은 그동안 펜타곤과 군수업체들이 내세우던 국방비 증액의 명분이기도 하다.

공화당과 군수업체들의 움직임은 여기서 그치지 않는다. 지난 2월 23일 공화당은 미국 군수업체들이 설립한 역외 자회사를 통한 무기 수출에 매기는 세금을 대폭 낮추는 법안을 하원에 냈다. '탈세천국'에 자회사를 설립해 세금을 납부하지 않고 있는 헤지펀드 등 투기적 금융자본의 조세 회피 수법은 군수업체들에까지 적용하려 하고 있는 것이다. 여기서 드러나듯 최근 군수업체들의 의회 로비는 점점 강해지고 있다.

④ 강화되는 '철의 3각 동맹'에 우려 높아져

군수업체가 받는 이익은 고스란히 납세자 부담으로 돌아간다. 이미 미국 의회는 유고 공습비용을 어떻게 부담할 것인지를 두고 격돌 조짐을 보이고 있다. 미국이 지난 해 12월 16일부터 20일까지 5일간의 이라크 공습에 쓴 돈은 약 5억 25만 달러로 추정된다. 하루 1억 달러씩 쓴 셈이다. 이에 맞춰 1주째를 넘기고 있는 유고 공습비용은 수십억 달러에 이를 것으로 예상된다. 99회계연도에 이것을 메우는 방법은 다른 항목의 예산을 줄이거나, 2000회계연도 이후 국방비를 더욱 늘리는 길밖에는 없다.

이런 상황에 대해 미국의 진보적 비정부기구 '살 만한 세계를 위한 교육기금위원회'(CLW)는 지난 3월 유고 공습이 시작되기 직전 다음과 같은 제목의 보고서를 펴냈다. "경고! 군산복합체(military industrial complex)가 여전히 작동하고 있다." 67년 1월 17일 퇴임연설에서 군산복합체의 존재를 처음 거론하며 이들의 영향력을 차단할 것을 촉구한 드와이트 아이젠하워 대통령의 경고를 떠올리게 한다. 주로 공화당에 속하는 국회의원·펜타곤·군수산업체간에 다시 강력해지는 '철의 3각 동맹'은 이런 우려를 짙게 하고 있다.

⑤ 미국 의회 등록 로비스트만 1만 명 넘어

국제무기거래는 대부분 정부간 직접거래로 이뤄진다. 즉 정부가 무기를 일괄 구매해 다른 나라에 다시 파는 대외군사판매(FMS) 방식이 일반적이다. 그렇다고 국가가 무기거래를 독점하는 것은 아니다. 무기 생산업체가 다른 정부와 직접 판매계약을 맺는 상용베이스방식도 때때로 애용된다. 이런 경우는 불가피하게 현지 사정에 밝은 무기중개상을 통하게 마련인데 여기서부터 '검은 거래'가 꿈틀댄다.

정부나 무기생산업체가 직접 나서기에는 규모가 작은 소형무기 혹은 부품판매에 무기상인을 내세우는 경우도 있다. 그러나 정부가 개입하기 '껄끄러운' 경우에 무기상인을 동원하는 경우가 더욱 많다. 냉전 이후 무기상인의 효용성은 오히려 높아졌다. 무기수출에서 활로를 찾으려는 군수업체들은 때때로 닥치는 불경기 속에서 살아남기 위해 무기상인들에게 좀더 은밀한 활약을 부탁하지 않을 수 없는 것이다.

무기상들을 가장 많이 고용한 나라는 미국이다. 미국의회에 등록된 군수업체 로비스트만도 1만여 명에 달하는 것으로 알려져 있다. 미국 굴지의 대형 무기생산업체인 노스럽그루먼·보잉·록히드마틴 등은 각종 첨단무기를 개발하는 데 많게는 수십억 달러를 투자한다. 팔지 못하면 당연히 엄청난 손실을 입는다. 이들이 살아남기 위해 수단과 방법을 가리지 않고 필사적으로 제3세계에 무기를 내다 파는 것은 오히려 당연하다.

대표적인 무기상인들로는 미국인 샘 커밍스, 미국계 레바논인 사르키스 소하나린, 전 미국 중앙정보국(CIA) 요원 데이비드 던컨, 사우디아라비아의 아드난 카쇼기 등이 꼽힌다.

개인기준으로 세계 최고의 무기판매실적을 갖고 있는 커밍스는 지난 54년 과테말라 우익 혁명 후 혁명정부에 영국에서 구입한 미제 소총을 제공했고, 도미니카에는 기관총과 전투기를 팔기도 했다. 그는 한때 10개 사단을 무장할 만한 개인 무기를 갖고 있었던 것으로 알려져 사람들을 놀라게 했다.

무기상들이 가장 군침을 흘리는 황금의 무기시장인 중동에는 카쇼기의 활약이 눈부셨다. 그는 26살의 젊은 나이에 세계 최대의 군수업체 가운데 하나인 록히드의 대리인으로 무기 세계에 첫발을 내디뎠다. 이후 아랍 권력층과의 긴밀한 커넥션을 바탕으로 중동지역에 무기를 내다 팔아 70년대 록히드로부터 1억 6천만 달러를 비롯해 록히드의 라이벌 회사인 노드럽에도 줄을 대 5천만 달러의 커미션을 챙기기도 했다.

러시아 무기상인들도 미국 못지않게 분쟁지역에 무기를 팔아왔다. 지난 90년 초반 10만 명 이상이 목숨을 잃은 르완다와 부룬디 내전도 옛 소련 나라들이 헐값에 무기를 이들 나라에 무차별로 공급해온 탓에 더욱 악화됐다. 안타깝게도 유고 코소보에서 대살육전이 벌어지고 있는 지금에도 분쟁지역을 좇아 재고무기를 팔아먹는 무기상들을 효과적으로 통제할 수 있는 장치는 마련돼 있지 않다.

(2) 미국의 탄도미사일 방어 구상의 침략성

미국은 지금(2001년 말 현재) '깡패국가'들의 미사일 공격에 대비한다는 말 같지 않은 핑계를 대면서 우주(별들의) 전쟁을 방불케 할 공중전의 방어무기이자 공격무기가 될 가공할 미사일 개발에 착수했다.(미국의 대통령 부쉬가 미국에 순종치 않는다며 이란·이라크·북조선 등을 '악의 축' '깡패국'이라고 악담. 수백년 동안 침략과 학살을 일삼아온 자들이 '깡패' '강도' '살인마' 들이지, 집에 들어온 강도를 막아내듯 침략세력을 막아낸 일밖에 하지 않은 사람들을, 자기네에게 붙여야 마땅할 호칭들을 아무에게나 찍어다 붙이고 있으니, 역시 상종할 수 없는 잔인한 깡패집단임이 틀림없어 보인다고 할 수 있겠다.)

미국이 원하는 것이 북조선의 핵 개발 중단이건 완전 항복이건 관계없이 미국의 뜻대로 되지 않는다면 군사력을 사용할 준비가 완료되어 있는 것이다. 미국이 미사일 방어에 한 걸음 접근할수록 한반도는 전쟁에 한 걸음 가까워진다. 우리민족의 의사와는 상관없이, 남북정상회담이나 남북경제교류, 이산가족상봉과는 아무 관계없이 말이다.

미국의 탄도미사일방어(NMD : National Massile Defense 국토 미사일 방어) 구상은 한반도를 전쟁의 벼랑으로 몰고 있다. 남북정상회담의 성공으로 한반도가 평화와 통일을 향해 성큼 다가서고 있는 순간, 미국은 미사일방어 체제로 다시 북조선과의 군사대치를 격화시키고 있는 중이다.

정상회담 이후 국방부에서조차 '주적' 개념을 재검토하고 있는 시점에 미 국방부는 여전히 북을 주적으로 하는 '양대전쟁전략' 완결을 위해 미사일방어에 매진하고 있다. 북조선미사일과 미국 미사일방어체제 사이의 대립은 현 한반도 군사대치의 뇌관이다. 바로 이 뇌관이 점점 위험해지고 있다. (월간 『말』 2000년 8월호)

① 탄도미사일방어와 미 군산복합체

미국이 만들려고 하는 탄도미사일방어는 무엇인가. 적국이 발사한 미사일이 미군 또는 미국인을 다치게 하지 못하도록 '방패'를 만들겠다는 것이다. 탄도미사일방어는 크게 두 가지 체제로 되어 있다. 즉 미국 본토를 지키기 위한 전국미사일방어와 해외에 파견한 미군과 동맹군을 보호하기 위한 전역미사일방어가 그것이다. 이 두 가지 체제는 적대국의 미사일이 목표물에 이르기 전에 방어미사일로 요격한다는 공통점이 있다.

전국미사일방어는 기존의 조기정보 레이더 개량형과 고 해상도 X선 레이더 시스템을 이용하여 날아오는 탄도미사일을 포착한 후 이 정보를 알래스카와 노스다코다 등지의 기지에 실시간으로 전송, 육상발사 요격미사일로 적국의 미사일을 격추시키는 체제다.

이에 비해 전역미사일방어는 적국의 중·단거리미사일을 전쟁지역에서 요격하는 것으로 상·하층의 양층에제로 이루어져 있다. 즉 전역고공지역방어와 해군광역지역방어 체제로 적국의 미사일을 대기권 밖에서 요격하는 상승체제가 1차 방패다. 이를 뚫고 들어온 미사일을 대기권 안에서 요격하는 하층체제는 패트리어트 개량형-3, 해군지역방위, 중간공중방어 등의 세 겹으로 구성된다.

○ SDI(Strategic Defence Initiative) : 1983년 로널드 레이건 행정부가 추진한 전략방위구상

○TMD(Theater Missile Defense) : 빌 클린턴 행정부가 1993년 SDI를 폐기하면서 채택한 전역戰域미사일 방어체제. 발사된 적의 미사일을 위성이 감지하고 지상·해상에서 그 위성정보를 받아 요격미사일을 발사하는 시스템으로 동맹국과 해외 미군기지 방위가 목적이다.

그러면 미국은 왜 이러한 미사일방어체제를 적극적으로 추진하고 있을까. 일각에서는 이를 미국 내 정치적 이유로 설명한다. 뉴욕타임즈는 지난 6월 23일자 보도에서 '클린턴 행정부가 전국미사일방어체제를 추진하는 주요 목적은 국방문제에 유화적이라는 공화당

의 비난으로부터 클린턴 대통령과 대통령 선거에 출마한 엘 고어 부통령을 보호하는 데 있다'고 주장했다. 또한 이 신문은 '전국미사일방어의 원안은 상원 국방세출소위원장 테드 스티븐스 의원이 지역구인 알류산 열도 지역을 포함하지 않았기 때문에 현재의 안으로 바뀌게 됐다'고 지적했다.

윌리엄 하퉁 같은 분석가는 군산복합체론을 제시하기도 한다. 즉 지금까지 1천억 달러 이상이 들어갔고, 앞으로 6백억 내지 1천2백억 달러가 더 들어갈 것으로 예상되는 미사일방어는 방위산업체들에게 노다지라는 것이다. 지난 2년 동안만도 22억 달러에 이르는 미사일방어 관련 수주액의 60%는 보잉·록히드·레이시온·TRW 등 4대 방위산업체가 받았다. 연구개발 단계에서 독과점적 지위를 확보한 이들이 미사일방어가 생산배치 단계에 들어갈 경우 돈방석에 앉을 것은 뻔한 일이다.

② "문제는 북조선과 이란의 위협"

더욱이 이들은 미사일방어의 연구개발 과정에서 자신들이 개발한 무기체계를 자신들이 시험까지 하고 있어 '짜고 치기' 식의 부정이 만연하다는 의혹도 받고 있다. TRW의 미사일방어체제 연구에 관여했던 한 과학자는 시험부정과 관련하여 이 회사를 상대로 소송까지 제기했으며, MIT의 포스톨 교수는 미사일방어 사업을 관장하는 국방부 내 탄도미사일방어 사업단이 미사일방어체제의 성능에 관해 "새빨간 거짓말을 하고 있다"고 성명서까지 발표했다.

미사일방어 계획이 부활하는 과정은 미국정치에서 행정부와 의회, 군수업체, 로비단체들이 어떻게 야합하는지 잘 보여준다. 1999년 3월 미 의회는 미사일 위협의 심각성에 상관없이 '기술적으로 가능한 빨리' 미사일방어체제를 배치하라는 법안을 통과시켰고 클린턴 대통령은 6월 이에 서명했다. 월남전 징병기피라는 약점을 안고 있고 르윈스키 스캔들로 궁지에 몰린 클린턴 대통령을 공화당의원들과 국방부 등의 보수강경파가 몰아붙인 결과였다.

사실 냉전이 끝나는 것과 함께 사라질 위기에 놓였던 미사일방어체제가 부활한 것도 미 의회를 장악한 공화당이 1994년 '미국과의 계약'을 내세우면서부터다. 이 계약에 미사일방어가 주요 공약으로 포함된 것은 '안보정책연구소'의 프랭크 캐프니 소장을 위시한 매파들의 로비 결과였다. 미사일방위 로비의 핵심에 있는 이 연구소는 바로 미사일바위 사업의 주계약 업체들인 보잉과 록히드 마틴, TRW 등으로부터 2백만 달러 이상의 지원을 받는 등 방위산업체들이 확실히 밀어주고 있는 것으로 알려져 있다.

미사일방어 사업에 활기를 불어넣는 결정적 계기가 된 것은 1998년 발표된 '럼스펠드 특별위원회'의 보고서였다. 1995년 말까지만 해도 미국 정보기구들은 '향후 15년간 미국에 대한 미사일 위협'이라는 보고서에서 "앞으로 15년 안에 미국 본토를 위협할 미사일을 개발하거나 획득할 국가는 기존 핵무장 국가 이외에는 없다"며 미사일방어 사업에 사망선고를 내리다시피 했다.

이러한 사망선고에 불만을 품은 공화당의원들이 별도의 '중립적인' 위원회를 구성하여 미사일 위협을 재검토하자고 나섰고, 그 결과 도널드 럼스펠드 전 국방장관을 위원장으로 하는 위원회가 구성된 것이다. 그런데 럼스펠드 전 국방장관은 이미 위원장으로 선임되기 전부터 미사일방어 로비단체인 '안보정책연구소'에 후원금을 내고 있었을 뿐만 아니라 미사일방어에 반대하는 해리 리드 상원의원의 낙선운동을 추진한 단체의 이사로 있을 만큼 열성적인 미사일방어 옹호론자였다. 이러한 위원장의 지휘 하에 나온 보고서는 "북한과 이란 등이 미국을 공격할 미사일을 개발하려고 결정만 하면 그로부터 5년 안에 이를 이룰 수 있다"며 미사일방어가 시급하다고 역설했다. 이때부터 미사일방어체제 개발은 속도가 붙기 시작한 것이다.

③ 방어는 최상의 공격

무기체계 구입결정에 정치적 고려가 끼어들고 부정부패가 만연한다는 것은 이미 우리에게는 익숙한 이야기다. 그러나 미사일방어체제가 일으키는 문제는 이런 차원을 뛰어넘어 전 세계의 평화와 안정을 위협할 수 있다는 데에 그 심각성이 있다. 이를 이해하려면 잠시 냉전시대로 돌아가 당시의 핵전략을 살펴볼 필요가 있다.

핵전략에서 상식과 크게 다른 점이 하나 있다. '방어는 나쁜 것'이라는 점이 그것이다. 상대방을 말살시킬 수 있는 핵전략을 쌍방이 보유하고 대치하고 있는 상태에서는 방어가 곧 공격이라는 역설이 성립하기 때문이다. 예를 들어 미국이 소련을 말살시킬 수 있는 핵전력을 보유하고 있는 것이 확실하다면 소련은 전쟁을 시작하지 않을 것이다. 전쟁은 곧 자신의 말살을 의미하므로, 만약 쌍방이 모두 이 같은 말살력을 가지고 있다면 어느 쪽도 전쟁을 원치 않으며, 전쟁은 억제된다. 서로가 서로를 말살할 수 있는 핵전력으로 전쟁을 억제하는 것, 이것이 냉전시대를 관통한 핵 억제전략의 본질이다.

그러나 이러한 상황에서 한쪽이 상대방의 핵무기를 무력화시킬 수 있는 방어력을 획득하면 상황은 근본적으로 변한다. 방어수단을 확보한 측은 상대방의 핵억제력을 두려워할 이유가 더 이상 없다. 전쟁을 개시해도 말살되는 것은 상대방뿐이며 자신은 방어망 안에서 안전하게 살아남을 수 있는 것이다. 다시 말해서 방어력의 획득은 공격력의 획득과 같은 것이다. 미국과 구 소련은 이 같은 공통인식을 1972년 탄도요격미사일조약으로 공식화했다. 상대방의 핵 억제력을 소멸시킬 방어체제는 설치하지 않고 '벗고 치겠다'고 공약을 한 것이다.

현재 미국이 추진하고 있는 전국미사일방어체제는 바로 이 탄도요격미사일조약을 위반한다는데 심각성이 있다. 미국정부는 전국미사일방어체제가 러시아의 핵억제력을 무력화시킬 능력이 없다며 러시아정부를 설득하려 하고 있다. 즉 현재의 방어체제는 완전히 배치가 끝나더라도 '깡패국가'가 발사할 미사일 수백 기만을 격추시킬 수 있을 뿐이지 1천기가 넘는 러시아의 대륙간탄도탄을 모두 무력화하기에는 역부족이라는 주장이다.

그러나 전국미사일방어 기술은 러시아 핵무기를 무력화하는 데도 즉각 사용될 수 있으며, 미사일방어체제가 러시아와 인접한 알래스카에 배치된다는 점등이 러시아의 의구심을 높여주고 있다. 러시아의 입장에서는 미국이 세계유일의 경찰국가로 행세하기 위해 미사일방어체제를 추진하는 것이 아니냐는 것이다.

중국의 우려는 러시아보다 훨씬 더 심각하다. 지금까지 중국은 최소의 핵전력으로 전쟁을 억제한다는 전략 하에 미국을 위협할 수 있는 대륙간탄도미사일 15~20기만을 보유하고 있다. 미국이 '깡패국가'들의 미사일 위협에 대처하기 위해 개발한다는 전국미사일방어체제가 가동된다면 중국의 장거리 핵전력은 바로 고철이 되고 마는 것이다. 이렇게 되면 중국은 미국의 군사력 앞에 속수무책이 된다. 따라서 미국이 방어체제를 추진하면 중국은 핵미사일 배치를 늘리고 다탄두미사일을 배치하는 등 대응수단을 강구하겠다며 강력히 반발하고 있다.

영국이나 프랑스 등 미국의 유럽 동맹국들 역시 우려하고 있다. '방패'를 갖춘 미국은 동맹국의 안전에 상관없이 군사력을 휘두를 수 있고, 만약에 러시아와 전쟁이라도 나는 경우에는 러시아는 미국의 핵전력에, 유럽은 러시아의 핵전력에 말살되고 미국만이 살아남을 것이라는 전망이다. 전국미사일방어체제는 다른 강대국들의 핵무기를 모두 무력화시킬 방패를 확보하여 말 그대로 '천하무적'의 미국을 만들겠다는 패권주의의 발로인 것이다.

④ 양대전쟁전략 + 전역미사일방어 = 제2의 한국전쟁?

미국이 추진하는 미사일방어체제가 일으키는 문제의 심각성은 이 체제를 구성하는 양대축의 하나인 전역미사일방어 구상에서 더 잘 드러난다. 이를 이해하기 위해서는 미국의 탈냉전 군사전략과의 연관 속에서 미사일방어를 보아야 한다.

미국은 냉전이 끝난 이후 1990년대부터 '양대전쟁전략'을 채택했다. 중동에서는 이란이나 이라크와 같은 국가와, 한반도에서는 북조선과 동시에 전쟁을 해 승리를 거두겠다는 전략이다. 그러나 이 전략에는 치명적인 아킬레스건이 있었으니 바로 북한과 이란 등이 보유하고 있는 미사일이 그것이다. 미국은 전쟁에서 인명피해를 가장 두려워한다. 피해자가 늘수록 전쟁을 그만두라는 여론이 높아지므로 전쟁에서 물러나야 하기 때문이다. 따라서 1990년대 걸프전과 코소보전에서 미국은 전적으로 공중폭격과 미사일공격을 중심으로 하는 작전을 구사했다.

그러나 상대방이 미사일로 현지의 미군을 가격하거나, 설상가상으로 장거리미사일로 미 본토를 위협할 수 있다면 상황은 달라진다. 압도적인 군사력을 가지고도 전쟁을 할 수 없는 것이다. 뻔히 보이는 인명피해 때문이다. 1994년 북조선과 핵문제로 대립했을 때도 군사력의 사용을 고려했지만 결국 포기한 이유도 전쟁이 가져올 미국인 인명피해 때문이었던 것이다.

양대전쟁전략의 이러한 아킬레스건을 보호해줄 가죽신으로 등장한 것이 바로 미사일방어체제다. 뒤집어 말하면 미국이 미사일방어체제를 배치하는 순간 미군은 인명피해를 걱정할 필요 없이 양대전쟁전략을 완성하게 된다.

21세기 세계평화를 결정짓는 핵심적인 사안은 미사일방어 문제다. 그리고 이 핵심의 한가운데에는 한반도가 놓여 있다. 바야흐로 한반도 분단과 전쟁 체제의 해소가 세계평화에 기여한다는 구호가 현실로 성큼 다가왔다. 남북정상회담의 성과는 북·미간의 군사적 대치 해소와 한반도 평화체제의 건설로 이어가야 할 것이다.(이 글을 쓴 필자 서재정은 미국 시카고대학 물리학과를 졸업하고 펜실베이니아대학 정치학 박사 학위를 취득했다. 편역서 『탈냉전과 미국의 신세계 질서』)(월간 『말』 2000년 8월호)

◎ 아메리카합중국이 200년 동안 저지른 테러와 침략전쟁
　　(원주민 학살과 흑인노예 살육은 제외)

1801 트리폴리전쟁(~1805) 모로코와 전쟁(~1805)
1803 스페인과 전쟁(~1806)
1812 캐나다와 플로리다를 빼앗기 위해 영국에 선전포고(~1815), 스페인령 서부플로
　　　리다 강탈(~1814)
1813 알카스제도 누크 히버섬 상륙·침공
1816 알제리전쟁(~1818)
1819 옐로스톤 원정(~1829), 쿠바·푸에르토리코·산토도밍고·멕시코의 유가탄반

도 침공(~1825)

1826 하와이제도 침공

1827 그리스 미코노스섬·앤드로스섬 침공

1831 포클랜드군도 침공(~1832)

1832 수마트라섬 쿠알라토르 침공

1833 아르헨티나 부에노스아이레스 침공

1835 사모아제도 침공

1838 수마트라섬 침공

1840 피지군도 침공

1841 길버트군도의 드레몬드제도 침공

1843 리베리아 침공

1847 멕시코와 전쟁(~1848) 아이티의 사마나만 점령

1852 부에노스아이레스 침공(~1853)

1853 니카라과 침공(~1854)

1854 중국 상하이·광뚱 침공(~1856)

1855 우루과이 몬테비데오 침공(~1858)

1857 니카라과 침공, 중국 상하이 침공

1858 피지군도 침공, 뉴그레네이더 하마나 침공, 유이하제도 침공, 파라과이 침공
(~1859)

1859 판 데트카 해협의 산판섬 침공, 멕시코 침공

1860 포르투갈령 서아프리카 키셴보 침공

1863 일본 시모노세키 침공(~1864), 중국 침공(~1864)

1865 콜롬비아·파나마 침공

1866 멕시코 침공

1867 대만 침공, 조선 침공(~1872)

1868 우루과이 몬테비데오 침공, 일본 침공, 콜롬비아 침공

1870 콜롬비아·파나마 침공, 멕시코 침공(~1873)

1874 하와이군도 호놀룰루 침공

1876 멕시코 침공

1882 이집트 침공

1885 파나마 침공

1888 아이티 침공, 조선 상륙

1890 아르헨티나 부에노스아이레스 상륙

1891 아이티 침공, 칠레 침공

1893 호놀룰루 상륙, 하와이제도 점령

1894 브라질 리우데자네이루 침공, 니카라과 상륙, 조선과 중국 상륙(~1896)

1895 콜롬비아 상륙

1896 니카라과 상륙

1898 하와이제도 병탄, 니카라과 상륙, 미서전쟁과 쿠바·필리핀·괌·푸에르토리코
     점령(~1899)

1899 니카라과 상륙, 피지제도 군사원정, 사모아 침공, 추추라이섬 점령, 필리핀 독립
     군과 전쟁(~1902)

  1900년대 (20세기)

1900 중국 의화단진압 군사원정(~1901), 파나마·콜롬비아 상륙(~1902)

1903 사마르섬과 필리핀 레에테섬의 이슬람교도에 대한 군사작전(~1904), 파나마운
     하 영구점령, 산토도밍고 침공(~1904)

1904 파나마 상륙, 조선 상륙

1906 쿠바 점령(~1906)

1910 니카라과 침공, 온두라스 침공(~1911)

1911 중국 상륙과 베이징 침공(~1912)

1912 파나마 침공, 쿠바 상륙, 터키 상륙, 니카라과 침공(~1915)

1913 멕시코 상륙

1914 아이티 상륙

1915 멕시코 침공(~1916)

1916 산토도밍고 점령(~1925)

1917 제1차 세계대전 참전(~1918)

1918 파나마 치리키 점령(~1920), 신생국 소련 침공(~1920)

1919 온두라스 상륙, 코스타리카 침공

1920 과테말라 침공

1921 파나마·코스타리카 침공

1922 중국 무력개입(~1941)

1924 온두라스 침공(~1925)

1925 파나마 침공

1926 니카라과 침공(~1933)

1931 온두라스 침공

1933 쿠바연안 정찰

1937 중국 양쯔강 연안 점령

1938 중국 광뚱과 태평양의 엔테베 점령

1941 그린란드 항구 점령, 아이슬란드 점령

1950 조선 점령 전쟁(~1953) 정전후 계속 대치상태, 300만명 학살, 북부지역 초토화
　　　(석기시대化), 핵문제로 냉전 중, 계속협박

1953 이란의 모사데크정권 전복

1954 과테말라 군사개입

1958 중동위기 선동, 케모이섬·마쓰섬 주변에서 무력시위

1960 U-2첩보기 소련영공 정찰, 콩고에서 유엔군사작전 선동, 카스트로 암살기도
　　　(~1981)

1961 피그만 침공, 베를린위기 선동

1964 통킹만 무력도발, 베트남전쟁(~1975) 무수한 학살 후 유일한 패전

1965 도미니카공화국 내정개입

1966 은쿠르마정권 전복

1970 라오스·캄보디아 무력개입

1973 칠레 아엔데정권 전복

1974 포르투갈에서 파괴활동(~1975)

1975 케냐의 무왕기 카리우기 암살, 오스트레일리아 노동당정권 전복

1977 콩고인민공화국 정권 전복

1979 이란에 대한 군사행동(~1981)

1980 카다피 암살계획, 파나마의 토리호스 암살, 인드라 간디에 대한 암살음모, 잠비아
　　　대통령 암살계획, 엘살바도르내전 군사개입(~1983), 니카라과에서 군사도발
　　　(~1983)

1982 시드라만에서 리비아에 대한 군사도발

1983 그레나다 침공

1990 걸프전(~1991)

1992 소말리아 무력개입(~1995)

1998 수단·아프가니스탄 미사일공격, 이라크 공격

1999 유고연방 침공

　2000년대 (21세기)

2000 플랜 콜롬비아(진행중)

2001 아프가니스탄 전쟁(~2002) (뉴욕 월드트레이드센터 폭파에 대한 보복)

2002 필리핀 전쟁(진행중)

2003 이라크 침공(진행중), 2006년 3월 현재 3년간 이라크주민 10만명 이상을 학살하고 수니파와 시아파 등 종파와 정파를 분열시켜놓고 침략자들은 석유자원·중동정치 등에서 어부지리를 탐하고 있는 중이다. 2008년 4월말 현재 이라크인 12만 명이 학살당하고 미군 4039명이 사망했다. 그 후에도 자살폭탄 저항은 계속되고 있다.

3) 세계 지배력 확장을 위해 포진된 미국의 전략적 군사기지들

　제2차 세계대전이 종결되기 직전, 해리 트루먼 대통령은 독일 포츠담(1945년)에서 열린 빅스리Big Three(트루먼·처칠·스탈린)회담에서 전후 기지 문제에 관해 언급했다. "미국은 이 전쟁에서 어떤 이윤이나 이기적인 이익을 바라지 않지만, 우리의 이익과 세계 평화를 완전히 보호하기 위해 필요한 군사기지를 유지할 생각입니다."

　그리고 분명하게 한마디 덧붙였다. "우리 군사 전문가들이 우리의 보호를 위해 필수적이라고 간주되는 기지들은 확실하게 확보할 겁니다."

　2차 대전이 끝났을 때 미국은 역사상의 모든 세계적인 강대국이 그랬듯이 많은 이들이 "전리품"이라고 여기는 성과를 포기할 생각이 없었다. 군 자체는 기지나 영토를 활용하는 데 별로 관심이 없었을지 몰라도 다수의 군 지도부는 미국이 전쟁에서 획득한 것들을 포기해서는 안 된다고 생각했다. 그들은 그 구실로 대개 두 가지 군사 원칙을 들었다.

　첫번째는 보완재를 갖추면 언제든지 유용하다는 "잉여"의 원칙이었다. 두 번째는 혹시라도 적이 활용하는 일이 없도록 기지와 영토를 선제 점령하여 고수하는 게 현명하다는 전략적 부정"의 원칙이었다.(한반도 분단·점령도 이에 해당)

특히 군은 손에 넣은 태평양 섬들을 계속 보유하는 것이 옳다고 판단했다. 이 섬들을 획득하기 위해 많은 인적·재정적 대가를 치렀기 때문이다. 한 기지 전문가 그룹은 이렇게 설명했다. "태평양에서 기득권을 선점했던 제국주의 경쟁자들을 물리치거나 종속시킨 미군은 차지한 부동산을 넘겨줄 생각이 없었다." 의회의 많은 이들도 이에 동의했다. 그들은 어느 누구에게도 "미국인의 생명을 대가로 치르고 얻은 땅을 포기할 권한이 없다"고 생각했다.

루이지애나 주 출신의 연방 하원 의원 에드워드 헤버트는 전후에 지배적이었던 논리를 이렇게 설명했다. "우리는 그 섬들을 위해 싸웠고, 그것들을 얻었고, 지켜야 합니다. 이 섬들은 우리의 안전을 위해 필요합니다. 다른 방침은 생각할 수 없습니다."(데이비드 바인 저, 유강은 역 『기지국가』 갈마바람 2017)

(1) 점령 세력은 광대 영역을 차지하고도 언제나 '방어' '자유민주 보호' 강조

광대한 군사기지망을 유지해야 한다는 이런 방침은 당시 많은 이들이 품고 있던 전략적 믿음, 즉 국가의 안보와 미래의 전쟁 방지는 머핸이 구상했던 것처럼 해군력과 섬 기지들의 결합을 통해 태평양을 지배하는데 달려 있다는 믿음에 근거하고 있었다. 기지 전문가인 할 프리드먼은 이렇게 말한다. "태평양 해역을 '미국의 호수'로 바꾸자는데 관료적인 합의가 이루어진 가운데, 전후 태평양의 전략적 안보에 관한 미국의 불안을 해소하기 위해 이러한 제국주의적 방식이 등장했다."

일본 점령군 최고사령관인 더글러스 맥아더 장군을 비롯한 군 지도부가 보기에, 태평양의 확보는 "역외 섬 방어선"의 구축을 의미했다. 서태평양을 따라 북에서 남으로 한 줄로 뻗은 섬 기지들이 방어선이 될 터였다. 미국 해안에 도달하기 위해 거쳐야 할 수천 마일의 해자를 갖춘 거대한 벽이 되어 미국을 보호할 것이었다.(垓字 : 외침을 막기 위해 성 밖으로 둘러 판 못)

맥아더는 이렇게 설명했다. "우리의 방어선은 아시아의 해안을 따라 촘촘히 자리한 섬들을 통해 이어진다. 이 선은 필리핀에서 시작해 류큐열도를 거쳐 이어지는데, 여기에는 주요 방어 거점인 오키나와가 포함된다. 그리고 일본과 알류산열도로 휘어 알래스카까지 이어진다." 이 계획은 초기 냉전 전략의 설계자인 외교관 조지 케넌의 지지를 받았다. 케넌은 섬 방어선이 대규모 지상군 없이도 동아시아를 지배할 수 있게 해주는 공군력을 수용하는 데도 도움이 된다고 보았다.

하지만 전후 기지 구축이라는 거대한 계획은 결국 비용에 대한 우려와 전후에 제기된 탈군사화 요구로 인해 밀려났다. 군은 태평양의 역외 섬 방어선을 포기했고, 대신 태평양을 "미국의 호수"로 유지하기 위해 오키나와와 일본 본토·괌·하와이·미크로네시아 등의 주요 기지에 의존 했다. 전쟁이 끝난 뒤, 군 지도부로서는 실망스럽게도 미국은 결국 해외 기지 가운데 절반 정도를 되돌려주었다.

하지만 미국은 평화시에도 기지들을 "일상적 지배체제"로 유지했다. 독일·이탈리아·일본·프랑스 등에서 미군은 승전국으로서의 점유권을 유지했다. 1947년 이후 군은 독일에 241개의 기지를 새로 건설했으며, 일본은 3,800개나 되는 군사시설을 수용하기에 이르렀다. 미국은 가장 중요한 기지 세 곳을 그린란드·아이슬란드·포르투갈령 아조레스제도에서 계속 유지하는 협정을 체결했다. 또한 구축함-기지 교환 협정에 따라 점유한 영국령 대부분에서 시설을 계속 보유하고, 모로코의 프랑스 기지를 계속 점유했으며, 어센션섬·바레인·과달카날섬·타라와섬 등의 영국 시설에 대한 사용권을 추가로 확보했다. 또 영국이 인도와 버마(미얀마)에 완전한 독립을 부여하려고 하자 미 국무부는 동맹인 영국에게 인도의 비행장 세 곳과 버마의 비행장 한 곳을 계속 관리해달라고 요청했다. 영국제도는 미군 기지들로 인해 흔히 "가라앉지 않는 항공모함"이라고 불리게 된 세계의 몇몇 지역 중 하나가 되었다. 또한 미군은 영국과 프랑스가 여전히 식민지에 보유하고 있던 훨씬 더 많은 기지들도 마음대로 사용할 수 있었다.

미국은 관타나모(쿠바 소재) 뿐만 아니라 미국의 식민지 가운데 괌·북마리아나제도·사모아·웨이크섬·푸에르토리코·버진아일랜드 등에서도 기지를 계속 유지했다. 또 1946년 필리핀이 독립하자 자신들의 식민지였던 필리핀에 압력을 가해 23개 기지와 군사시설을 99년간 무상으로 사용할 수 있는 임차권을 얻어냈다.

미국의 지도자들이 "방위"라는 개념을 이해하는 방식에 심대한 변화가 일어나고 "국가안보" 개념이 새롭게 확장된 결과, 미군 부대가 세계 곳곳에 포진하게 되었다. 미국이 2차 대전에 참전하기 전부터 이미 루즈벨트를 비롯한 지도부는 세계가 본질적으로 위협받고 있다는 견해를 갖고 있었다. 불안정하거나 위험한 요소는 아무리 작거나 미국에서 멀리 떨어진 곳에서 발생한 것일지라도 결정적인 위협으로 간주되었다.

1939년 루즈벨트는 "무시해도 좋을 만큼 불가능하거나 일어날 수 없는 공격이란 없다"고 주장했다. 그러므로 "항구적인 위험"에 처한 세계에서 군은 어디에서 나타날지 모르는 모든 위협에 곧바로 대응할 수 있는 "상시 동원군"이 되어야 했다. 루즈벨트를 비롯한 이들은 "어떤 식으로든 미국이 방위를 갖춰야 한다면 그것은 전면적인 방위여야 한다"고 믿었다.

이처럼 냉전의 정신 구조는 이미 냉전이 시작되기 오래 전부터 우위를 점하고 있었다. 2차 대전이 끝난 뒤, 전쟁의 결과로 확대된 국가 안보 관료 기구와 지구를 순찰하는 상시 동원군이 중심이 된 전쟁 기구가 등장했다. 이런 "전진 태세"의 핵심 내용은, 미국이 잠재적인 모든 적과 최대한 가까운 곳에 거대한 기지망과 수십만 명의 병력을 상시 주둔시킬 필요가 있다는 것이다. 해군은 한 전략 지침에서 "제일 중요한 전진전략의 요건"을 다음과 같이 설명했다.

미국의 이익이나 동맹국들의 안보에 적대적인 위협에 곧바로 대처하기 위해 미군을 배치한다. 이런 전진 배치군은 우리 동맹국들을 안심시키고 잠재적인 침략자를 저지하는 약속이다. 또한 전진 배치군은 다른 위기나 우발적인 사태(가령 전쟁)에 유연하고 시기적절하게 대응하기 위한 역량을 제공한다.

이 전략의 배후에 도사린 동기는 다양했지만, 그 결과 미국의 해외기지들은 세계 최강 대국 미국의 힘을 움직이는 주요한 기제가 되었다. 미군이 획득한 영토의 총면적은 비교적 작았을지 몰라도, 지구 거의 모든 곳에 신속하게 군대를 배치하는 능력을 얻었다는 점에서 볼 때, 기지 체계는 미국의 힘이 놀라울 정도로 확대되었다는 것을 나타냈다.

과거에 영국을 비롯한 유럽 제국들은 팽창주의의 성공을 외국 땅에 대한 직접 지배와 결부시켰다. 하지만 루즈벨트를 비롯한 지도부의 시각에서는 광범위한 식민 지배가 더 이상 선택지가 되지 못했다. 이미 유럽 강대국들이 세계 대부분을 자기들끼리 나눠 갖고 있었고, 당시의 이데올로기적 분위기(약소민족의 자주독립 기세)는 분명 식민주의와 영토 팽창에 불리하게 작용했다.

앞서 연합국들은 2차 대전을 독일과 일본·이탈리아의 팽창주의 욕망에 맞선 전쟁으로 부각시켰고, 미국은 이 충돌을 반식민투쟁으로 규정하면서 전쟁이 끝나는 즉시 식민 영토가 탈식민화 하도록 돕겠다고 약속한 바 있었다. 뒤이어 유엔이 창설되면서 탈식민화 과정, 그리고 국가와 민족의 자결권과 자치권이 중시되었다.

루즈벨트를 비롯한 이들은 미국이 점차 미묘하고 신중한 수단을 통해 힘을 행사해야 한다고 판단했다. 따라서 세계의 최대한 많은 지역을 미국에 유리한 경제 정치 체제의 규칙 안에 묶어두기 위해 정기적으로 군사력을 과시하는 동시에 기지를 설치할 필요가 있었다. 1970년 상원의 한 위원회가 간파한 것처럼 "1960년대 중반에 이르렀을 때 미국은 조약과 협정으로 43개가 넘는 나라와 확고한 관계를 맺고 있었고, 세계 각지에 주요 해외 군사기지 375개소와 소규모 군사시설 3,000개소를 보유 하면서 사실상 소련과 공산주의 중국을 에워싸고 있었다."(데이비드 바인 지음, 유강은 옮김 『기지 국가』 pp.68~69 별도지도 갈마바람 2015)

지리학자인 고故 닐 스미스가 설명하듯 "식민지를 두지 않고 전 세계에 대한 경제적인 접근성을 확보하는 것"이 전후의 거시 전략이었는데, "세계의 경제적 이익을 보호하는 동시에 장래의 모든 군사적 호전성을 억제하기 위해서는 지구 곳곳에 기지를 둘 필요"가 있었다. 기지망과 경제적·정치적 힘은 미국이 힘을 행사하는 주요하고 일관된 방식이 되었다. 미국은 이런 기지망 덕분에 실제로 점유한 땅보다 훨씬 거대한 세계 곳곳의 지역을 지배하고 영향력을 행사할 수 있었다.

(2) 한국전쟁에서 전략폭격기 운용 경험 얻어 군사기지를 더욱 확장

한국전쟁 중에 미군은 더 많은 해외기지를 건설했고, 기지 숫자는 40퍼센트가 증가했다. 1960년까지 미국은 42개 국가와 8건의 상호방위조약을, 30여 개 국가와 집행력 있는 안보협정을 체결해서 세계 곳곳의 기지에 대한 접근성을 확보했다. 한국전쟁 이후 기지 숫자가 약간 줄어들었다가 베트남전쟁 중에 다시 20퍼센트가 늘어났다. 1960년대 중반에 이르렀을 때 미국은 세계 각지에 주요 해외 군사기지 375개와 소규모 군사시설 3,000개를 보유하고 있었다. 이 기지들의 대부분은 사실상 소련과 중국을 포위하고 있었다.

1970년대 내내 중동은 비교적 냉전 경쟁이 눈에 띄지 않고 미국의 기지가 많지 않은 지역 가운데 하나였다. 대체로 미국 관리들은 이스라엘·사우디아라비아·샤[왕]가 다스리는 이란 등 지역 강대국을 지원하고 무장시킴으로써 이 지역에 대한 미국의 영향력을 높이려고 했다. 하지만 1979년 초 이란혁명으로 샤가 폐위되고 같은 해 12월에 소련이 아프가니스탄을 침공하자, 미국의 접근법은 완전히 바뀌었다. 1980년 1월 연두교서에서 지미 카터 대통령은 정책의 변화를 선언했다. 미국과 세계에 중대한 의미가 있다는 점에서 루즈벨트의 구축함·기지 교환 협정에 맞먹는 정책 변화였다.

카터 대통령은 후에 「카터 독트린」이라고 불리게 된 내용을 선언하면서 "현재 소련 군대에 위협을 받고 있는" 이 지역의 중요성을 강조했다. 카터는 소련을 비롯한 국가들에게 "어떤 외부 세력이든 페르시아만 지역을 지배하려고 하면, 미합중국의 중요한 이익을 공격하는 것으로 간주하겠다"고 경고했다. 그리고 분명하게 덧붙였다 "이런 공격이 있을 경우, 군사력을 포함해 필요한 모든 수단을 동원해서 물리칠 것이다. "

곧바로 카터는 역사상 최대 규모가 된 기지 건설에 착수했다. 중동의 군사력 증강은 이내 냉전 시기 유럽의 요새화나 한국과 베트남에서 전쟁을 벌이기 위해 구축한 대규모 기지망의 규모와 범위에 버금가는 수준에 이르렀다. 「신속 배치군」을 수용하기 위해 이집트·오만·사우디아라비아 등 중동 곳곳에 미군 기지가 우후죽순처럼 생겨났다. 이후 신속 배치군은 중동의 석유 공급을 감시하는 상비군 역할을 하게 된다. 결국 신속 배치군은 유럽과 태평양을 관할하는 사령부처럼 거대한 지역을 총괄하는 「중부사령부」로 확대되었다. 중부사령부는 얼마 지나지 않아 세 차례의 이라크전쟁과 아프프가니스탄전쟁, 그 밖의 수십 차례의 군사작전을 이끌게 된다.(미국 통합전투사령부 아래에는 중부사령부(중앙아시아담당)·북부사령부(북아메리카 담당)·유럽사령부·아프리카사령부·태평양사령부·남부사령부(중남미 담당) 등 6개의 지역 사령부가 있다.)

(3) 군사기지에서 쫓겨난 원주민들의 고달픈 삶에도 주의 돌려야

해군이 디에고가르시아(인도양)와 비키니섬에서 원주민을 쫓아낸 일은 우연의 일치가 아니다. 미군은 세계 곳곳에서, 비단 섬뿐만 아니라 다른 고립된 장소에서도 오랫동안 기지를 만들기 위해 원주민 집단을 쫓아냈다. 그리고 대부분의 경우 쫓겨난 주민들은 결국 차고스나 비키니 사람들처럼 심각한 가난에 빠졌다.

북아메리카에서 인디언부족들의 강제 이주의 세기가 끝난 뒤, 1800년대 이래 미국 본토 바깥에서는 최소한 18건의 기지 건설을 위한 기록된 강제 이주의 사례가 있다. 가령 하와이에서 미국은 1887년 처음으로 진주만을 손에 넣었다. 관리들은 토착 군주에게 천연 요새인 만의 배타적인 이용권을 달라고 압박한 것이다. 그로부터 50년이 지나 일본이 진주만을 공격한 뒤, 미 해군은 하와이의 주요 8개 섬 가운데 가장 작은 카호올라웨섬을 차지하고 주민들에게 이주를 명령했다. 해군은 544개의 고고학 유적을 비롯해 하와이 원주민들의 신성한 장소가 있는 이 섬을 무기 시험장으로 바꾸었다. 그러고는 2003년이 돼서야 이미 환경이 파괴된 이 섬을 하와이 주에 반환했다.

1908～1931년, 미국은 파나마에서 파나마운하 지대 주변의 땅 열아홉 곳에 대해 각각 토지 수용 조치를 취했는데, 이 땅을 이용해 운하만이 아니라 기지 14개도 세웠다. 한편 필리핀에서도 원주민인 아이티족의 땅에 클라크 공군기지를 비롯해 미군 기지가 세워졌다. 인류학자 캐서린 맥캐프리에 따르면, "원주민들은 결국 군대에서 나오는 쓰레기를 뒤져 목숨을 부지하는 신세가 되었다."

몇몇 강제 이주는 2차 대전 중에 시작되었다. 표면상으로는 전시의 필요성에 따른 조

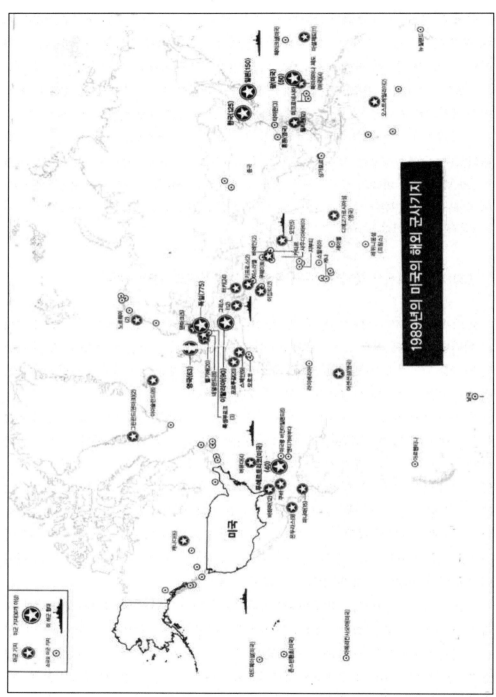

냉전이 끝났을 때 미국은 해외에서 1,600개 정도의 기지를 관리했다. 이 지도는 기지들의 상대적인 숫자와 위치를 반영한다. 시간의 흐름에 따라 기지지도를 쉽게 비교하기 위해 현대의 국경선으로 표시하였다.(데이비드 바인 저, 유강은 역 『기지 국가』 갈마바람 2017)

치라는 점을 내세웠다 하지만 전시에 이주를 당한 이들 가운데 대부분은 전쟁이 끝난 후에도 고향으로 돌아가지 못했고, 애초의 퇴거 조치는 평화기에도 종종 훨씬 더 많은 사람들을 강제 이주시키는 결과로 이어졌다. 가령 일본이 알래스카에 위협이 된다고 걱정한 해군은 1942년을 시작으로 알류산열도 주민들을 다른 곳으로 이주시켰다. 그런데 일본이 알류산열도에 전혀 위협이 되지 않는다는 게 밝혀진 뒤에도 알류트족은 3년 동안 알래스카 남부의 버려진 통조림 공장과 광산에서 살아야 했다.

1988년 연방의회는 한 법령에서 "미국이 알류트족을 제대로 돌보지 못한 탓에 건강악화와 질병과 사망이 잇따랐다"고 인정했다. 이 법령을 통해 일부 살아남은 알류트족 뿐만 아니라 알래스카의 애투섬 사람들에게도 소액의 보상금이 지급되었다. 애투 주민들은 전쟁이 끝난 뒤에도 정부가 섬에 해안경비대 기지를 세우고, 나중에는 섬을 자연보호구역으로 지정함에 따라 고향으로 돌아가지 못했기 때문이다.

마찬가지로, 미군은 1944년 괌을 일본에게서 다시 빼앗은 뒤 수천 명을 강제 이주시키거나 주민들이 섬으로 돌아오는 것을 막았다. 뒤에서 살펴보겠지만, 군은 결국 섬의약 60퍼센트를 차지했다.

군은 1945년 오키나와 전투 중에 오키나와의 넓은 구획의 땅을 빼앗고, 주택을 불도저로 밀어버렸다. 미국은 1년만에 오키나와섬 경작지의 20퍼센트에 이르는 4만 에이커를 차지했다. 1950년대에 이르면, 군은 오키나와 경작지의 40퍼센트 이상을 차지해서 결국 섬 주민의 약 절반인 25만 명을 강제 이주시켰다. 오키나와 사람들이 흔히 하는 말로 "불도저와 총검"으로 땅을 빼앗았다는 이야기가 있다.

훗날 한 해군 장교는 펜타곤의 고위 관리 모턴 핼퍼린에게 이렇게 말한다. "군은 오키나와에 기지를 보유하고 있지 않습니다. 섬 자체가 기지니까요."

오키나와에서 민간인들에게 남겨진 지역이 점차 인구가 과밀해짐에 따라 1954~1964년에 미국은 최소 3,218명의 오키나와 주민들을 1만 1,000마일 떨어진 볼리비아로 이주하게 유도했다. 볼리비아는 바다가 없는 내륙 국가였다. (당시 일본은 몇몇 라틴아메리카 나라들과 이민자를 보내는 교섭을 했기 때문에 이주가 전혀 전례 없는 일은 아니었다)

정부는 이주민들에게 농지와 재정 원조를 약속했다. 하지만 대부분의 사람들이 볼리비아에서 발견한 것은 약속과 달리 질병과 밀림으로 뒤덮인 땅, 불완전한 주거와 도로였고, 원조는 전혀 받지 못했다. 1960년대 말에 이르자, 강제 이주되었던 오키나와 사람들은 브라질과 아르헨티나 그리고 오키나와와 일본으로 향하기 시작했다.

한편 본국과 가까운 곳, 그러니까 리베로 제독의 고향인 푸에르토리코에서 해군은 비에케스라는 작은 섬에서 여러 차례 주민 이주를 강행했다. 1941~1943년 그리고 1947

년 미 해군은 수천 명을 그들의 고향 땅에서 강제 이주시켰다. 그 결과 군은 비에케스섬의 4분의 3을 군사 용도로 차지하고, 주민들은 섬 한가운데에 있는 작은 땅에 몰아넣어졌다.

군대의 점령은 거의 아무런 혜택도 가져오지 않았다. 생산적인 지역 경제가 붕괴되면서 불경기와 빈곤·실업·성매매·폭력 등이 일상화 되었다. 1961년, 해군은 비에케스의 나머지 땅을 차지하고 남아 있던 주민 8,000명을 추방한다는 계획을 발표했다. 푸에르토리코 지사 루이스 무뇨스 마린이 주민들을 추방하면 유엔과 소련이 미국과 푸에르토리코는 식민지 관계라고 비판할 거라며 케네디 대통령을 설득한 뒤에야 관리들은 추방계획을 취소했다.

1948년 해군은 비에케스의 이웃 섬인 쿨레브라에 폭격 연습장을 만들기 위해 1,700에이커의 땅을 차지했다. 1950년에 이르자 세기 전환기에 4,000명에 달했던 섬 인구가 580명으로 줄어들었다. 해군은 섬 면적의 3분의 1과 해안선 전체를 차지하고, 폭격 연습장과 지뢰를 매설한 항구로 주민들을 에워쌌다. 1950년대에 해군은 쿨레브라의 나머지 주민들을 이주시키기 위해 몇 가지 계획안을 마련했다. 이 계획들은 실행에 옮겨지지 않았지만, 해군은 포기하지 않고 1970년에 다시 섬 주민들을 이주시키려고 했다. 하지만 이 문제가 푸에르토리코 독립 운동에서 주요 쟁점으로 부상하자 해군은 폭격 연습장 사용을 중단했다. 그 결과 비에케스에서의 폭격이 늘어났다. 하지만 푸에르토리코에서부터 뉴욕 시까지 시민 불복종 운동이 벌어지자 마침내 해군은 2003년 비에케스에서도 철수할 수밖에 없었다.

(4) 태평양상의 모든 섬들은 사실상 식민지로, 포격장·핵실험장화

미국은 1946년 필리핀 독립을 승인하면서 "군사적으로 필요한" 경우 수백 만 해군기지와 클라크 공군기지를 포함한 16개의 기지와 군사시설에 대해 99년간 무상으로 임대하는 것을 조건으로 달았다.(나중에 국민적 항의가 높아지자 1966년, 기지 임대를 1991년 만료하는 것으로 바뀌었다) 이 협정으로 사실상 기지들에 대한 식민 지배가 계속되었다. 미국은 이곳들에서 주권을 유지하고 필리핀 노동자·범죄 기소·과세 그리고 수빅 만 해군기지와 인접한 도시인 올롱가포 전역에 대한 관할권을 계속 보유했다. 일본에서도 미국은 1972년까지 오키나와를 점령, 통치했고, 일본에 공식적으로 주권을 양도한 뒤에도 이 섬의 미군 기지들에 대한 장기 임차권을 확보했다.

태평양의 다른 곳에서도 미국은 기지를 계속 보유할 수 있는 권리를 확보했다. 유엔이 1차 대전 이후에 일본의 "위임통치"를 받고 있던 태평양제도 신탁통치령Trust Territory of the Pacific Islands에 대한 "신탁통치권"을 미국에 부여했기 때문이다. 이 신탁통치령에는 마셜제도와 팔라우 그리고 니중에 미크로네시아연방이 되는 섬들이 포함되어 있었다. 미국은 신탁통치를 통해 이 섬들에 군사시설을 세울 권리를 얻었고, 1951년까지 해군이 이 영토를 통치했다. 내무부가 통치 주무 부서가 된 뒤에도 여전히 현실은 영국의 헌법 전문가 스탠리 드 스미스가 말한 대로 "사실상의 병합"과 다름없었다.

결국 신탁통치령 섬들은 미국과 "자유 연합 협정compacts of free association"을 체결해 공식적인 독립을 획득했다. 이 협정으로 미국은 방위 책임을 맡았고, 그리하여 이 섬들에 대한 군사적인 통제를 유지할 수 있었다. 미군은 수십 년 동안 마셜제도에서 핵실험을 실시했을 뿐만 아니라 여전히 이 섬들을 로널드 레이건 탄도미사일 방어 시험장 Ronald Reagen Ballistic Missile Defense Test Site으로 사용한다. 이 시험장은 수천 마일 떨어진 캘리포니아에서 발사되는 미사일의 표적용 시설이다. 팔라우와 미크로네시아연방에서 미군은 이 섬들을 훈련장으로 사용하며, 전시에는 광범위한 기지 건설권을 행사할 수 있다.

전쟁이 끝난 뒤에도 미국 정부는 군의 요구에 따라 괌·아메리칸사모아·북마리아나제도·푸에르토리코·미국령 버진아일랜드 등 한때 식민지였던 곳들에 대한 지배권을 미국의 "속령" 형태로 계속 유지했다. 이 섬들은 완전한 독립도 얻지 못하고, 미국으로 편입되는 경우에 얻게 되는 완전한 민주적 권리도 갖고 있지 않다. 이 섬들을 보면, 미국은 새로운 가면과 새로운 어휘의 탈을 썼을 뿐 21세기에도 여전히 영속적인 식민지 관계에 의존하는 '기지 국가'라는 사실이 극명하게 드러난다.

군의 관점에서 보면, 괌을 비롯한 영토들은 독보적인 자율성을 제공한다. 데니스 라슨 소장은 괌의 앤더슨 공군기지에서 한 기자에게 이렇게 말했다. "여기는 오키나와가 아닙니다. 여기는 태평양 한가운데에 있는 미국 땅이에요. 괌은 미국 영토입니다. 우리는 여기서 원하는 일을 할 수 있고, 쫓겨날 걱정 없이 많은 투자를 할 수 있습니다."

쫓겨날 걱정 없이, 그리고 미국내 50개 주 어느 곳에서보다 쉽게 원하는 대로 무엇이든 할 수 있다는 점이야말로 군이 왜 그토록 괌을 선호하는지 설명해주는 주된 이유다. 워싱턴D.C.에서 8,000마일 가량 떨어진 괌의 면적은 50개 주 가운데 가장 작은 로드아일랜드의 약 5분의 1 정도이다. 한때 군사시설이 이 섬의 60퍼센트 가까이를 차지했고, 지금도 거의 30퍼센트를 차지한다(군이 압도적인 비중을 차지하는 버지니아 주 노퍽Norfolk시의 경우에도 군이 지배하는 지역은 15퍼센트를 겨우 넘는다.)

앤더슨 공군기지는 괌에서 가장 모래사장이 길고 아름다운 해변의 일부를 포함한 괌 북부를 점유하고 있다. 괌 해군기지Naval Base Guam는 서태평양에서 가장 큰 규모의 항구 중 하나로 남서쪽 해안에 자리한 아프라Apra 항을 차지하고 있는데, 이곳엔 한때 괌에서 두 번째로 큰 마을이 있었다. 또한 공군과 해군은 섬 전역에 촘촘히 들어선 무기고·통신 시설·주택 단지·부속 건물 등을 관리한다.

두 주요기지 모두 군이 보유한 것 가운데 가장 정교하고 강력한 무기를 갖고 있다. 핵 공격 잠수함·항공모함·F-15·F-22 스텔스 폭격기·글로벌호크Global Hawk 무인정찰기·B-1·B-2·B-52 폭격기 등이 그것이다. 많은 이들은 괌을 세계에서 가장 중요한 군사기지 가운데 하나라고 생각하며, 오키나와와 마찬가지로 섬 전체가 기지라고 말한다.

데이비드 바인 저, 유강은 역 『기지 국가』 갈마바람 2017.

괌 대학교의 마이클 베바쿠아 교수가 말하는 것처럼, 괌은 "미국의 작고 부차적인 존재이면서도 미국의 힘의 중심에 자리해 있는 역설적인 성격"을 갖고 있다. 실제로 50개 주에서 이 섬에 관해 생각하는 이는 거의 없다. 이런 사실은 괌 사람들이 매일같이 자신들의 주변화된 현실을 떠올려야 한다는 것을 의미한다. 괌의 일부 정치인들이 워싱턴 D.C.를 방문했을 때 내무부(괌을 관장하는 연방 부처) 관리들은 그들에게 "외국인 여권"을 보여달라고 요청했다. 워싱턴 대학교의 한 학생은 "내게 교무과장으로부터 괌 화폐를 달러로 환전하는 문제와 관련해 전화를 받았다"고 말했다.(미국 여느 곳처럼 괌에서도 달러를 사용한다.)

온라인 상점들은 종종 "해외 배송"이라는 이유로 괌 배송을 거부한다. 괌에서는 「유 캔 댄스 So You Think You Can Dance」나 「아메리칸 아이돌 American Idol」같은 TV 프로그램에 시청자 문자 투표를 할 수 없는 것 같은, 언뜻 사소해 보이는 제한조차 더욱 중요한 배제를 반영하고 있다. 또한 괌 주민들은 미국 대통령 선거권도 없고 상원에 대표자도 보내지 못하며, 의결권이 없는 하원의원 한 명만 선출할 수 있다. 괌사람들은 하와이나 미국 본토에서 비행기를 타고 괌으로 돌아갈 때 날짜 변경선을 넘으면 자신들의 권리가 사라진다는 농담을 한다.

기원전 2000~기원전 1500년경부터 괌과 마리아나제도의 여러 섬에서 살았던 차모로 사람들은 거의 500년간 자결권을 누리지 못했다. 1521년에 도착한 스페인인들은 40년 뒤에 괌과 마리아나제도를 스페인의 영지라고 주장했다. 남북 아메리카의 원주민들과 마찬가지로, 많은 차모로인들이 질병과 폭력으로 목숨을 잃었다. 스페인은 200여 년 동안 괌을 식민 지배했는데, 결국 미 해군이 1898년 전쟁의 전리품으로 괌과 섬에 있는 작은 요새를 차지했다. 하지만 미국은 스페인이 지배하는 마리아나제도의 다른 섬들은 점령하지 않았다. 스페인은 이 섬들을 독일에 팔았고, 그 결과 차모로인들은 두 점령 강대국에 의해 갈라졌다.

괌은 이제 미국 식민지가 되었고, 해군은 섬 전체를 해군기지로 지정했다. 엄밀하게 따지면, 당시 섬 전체가 정말로 하나의 커다란 군사기지였다. 해군 장교들은 총독으로 일했고, 대개 괌을 하나의 함정처럼 운영했다. "여기서는 영어만 사용할 것" 같은 표지판이 등장했다. 일련의 판결을 통해 대법원은 (푸에르토리코나 필리핀 사람들과 마찬가지로) 괌 사람들은 미국 시민이 아니며, 헌법의 완전한 보호를 받지 못한다고 결정했다.

(5) 2차대전 시기 일본군에 점령되어 2년 반 동안 주민 고초

주민들이 마침내 미국 시민이 되기 전, 괌은 2차 대전 중에 점령된 몇 안 되는 미국 영토 가운데 하나가 되었다 1941년 12월 7일 일본이 진주만을 공격하고 이틀 뒤, 일본군 수천 명이 괌을 지키는 400명의 방위대를 휩쓸었다. 차모로인들은 32개월 동안 일본에 점령당한 채 "오욕을 겪으며" 살아야 했다. 일본정부는 섬 이름을 오미야지마大宮島로 바꾸고, 엔화를 도입하고, 차모로인들에게 강제로 일본어를 배우게 했다. "당신들은 우리에게 고개 숙여 인사를 해야 한다"가 법이 되었다. 폭력이 법 집행의 수단이 되었다. 강간과 성 노예화, 그 밖의 강제 노동이 자행됐다. 수백 명이 기관총과 수류탄 · 총검에 살해되었다.

루즈벨트 정부는 차모로인들이 놀라운 영웅적인 행동을 보여주었다고 치하했다. 일본군 점령하에서도 2년 반 동안 현지 주민들이 항복을 거부한 미 방위대원 한 명을 숨겨주고 먹을 것을 제공한 것이다. 차모로인들은 그를 지켜주기 위해 고문과 처형을 감내했다.

1944년 7월 괌을 탈환하기 위한 전투가 개시되었다. 2차 대전에서 가장 대규모로 장시간 계속된 해군의 폭격이 그 신호탄이었다. 작전 입안자들이 육해공 합동 공격전에 일본의 방어 역량을 약화시키기 위해 폭격을 계획한 사실을 보면, 현지 주민들에 대한 관심이 거의 없었다는 것을 알 수 있다. 아이러니하게도, 많은 차모로인들이 폭격에서 살아남은 것은 마을이 아니라 수용소에 갇혀 있던 덕분이다. 미군이 다시 괌을 장악할 무렵에는 차모로인 1,170명 정도가 사망한 상태였다.

전투가 끝난 뒤, 군은 차모로족의 땅을 차지하고 기지들을 건설했다. 군이 태평양을 가로질러 일본으로 진격하는 과정에서 일본이 장악한 더 많은 섬들을 공격하는데 활용하기 위한 기지들이었다. 하지만 전쟁이 끝난 뒤에도 군은 이 땅을 반환하지 않았다. 오히려 더 많은 차모로족의 땅을 차지했다. 한 번에 가장 좋은 땅 2,850에이커를 빼앗기도 했다. 탈환 전투와 토지 징발로 타격을 입은 괌의 농업 경제는 두 번 다시 회복 되지 못했다.

전쟁 이전에는 자급이 기능했던 괌이었다. 하지만 전쟁 이후에는 식량의 90퍼센트를 수입했다. 스팸이 요리의 주재료가 되었다. 일부 차모로인들은 토지 징발에 대한 소액의 보상을 받았을 뿐이다.

오늘날까지도 많은 이들이 속았다고 생각한다. 1986년 연방 정부는 토지 소유자들에게 4,000만 달러의 보상금을 지급했지만, 이 금액은 1940년의 토지 가치를 바탕으로

산정한 것으로, 현재 가치에 비하면 엄청나게 적은 액수였다. 어떤 이들은 지금도 잃어버린 토지와 일본 지배 하에서 겪은 고통에 대해 배상하라고 미국과 일본 정부에 촉구하고 있다.

괌의 차모로인들은 전쟁 중의 용감하고 충성스러운 행동에 대해 최소한 시민권과 자치라는 보상을 받을 것으로 기대했다. 하지만 해군의 생각은 달랐다. 그들에게 상처를 준 것도 모자라 해군은 다시 군사 지배를 실시해 모욕까지 안겨주었고, 차모로인들은 미국 시민권을 얻기 위해 수년간 싸워야 했다. 트루먼 행정부는 국무부 관리들이 정부 정책 때문에 "반미 급진주의자들의 섬"이 생겨나고 있다는 사실을 점점 우려하게 되고, 또 시민 불복종 행위가 널리 확산되며 총파업 위험까지 고조되고 나서야 괌 관리권을 해군에서 내무부로 이전했다.

1950년 괌은 "연방 비편입 지역"이 되었고 그에 따라 제한된 자치권을 얻었다. 미국 의회는 최종적인 지배권을 유지했다. 오늘날까지도 괌은 유엔이 확인한 세계에서 17개에 불과한 비자치 지역 가운데 하나이다(이 명단에는 아메리칸사모아와 미국령 버진아일랜드, 프랑스령 폴리네시아와 지브롤터 등이 올라 있다). 내무부의 표현을 빌리면, 괌은 "미국 의회가 미국 헌법에서 선별한 일부 조항만 적용하기로 결정한 지역"이 되었다.

괌은 이렇게 무시당했지만 군은 이 섬에서 거의 유례가 없는 지원을 누렸다. 보통 괌의 징병률은 미국의 거의 모든 주와 속령보다 높다. 주된 원인은 미국에서 가장 높은 괌의 실업률과 빈곤율에서 찾을 수 있다. 현재 실업률은 13퍼센트 정도이며, 빈곤율은 20퍼센트 내외다. 연 3만 9,000달러인 가계 중위 소득은 미국 평균의 3분의 2에도 미치지 못한다. 섬사람 거의 대부분에게는 군인이나 전역 군인, 기지나 기지에 의존하는 산업에 종사하는 직원 등 어떤 식으로든 군과 연결된 가족이나 친한 친구가 있다.

2006년 펜타곤(국방부) 관리들은 괌에 수십억 달러를 투입해 새로운 기지 시설을 증설하겠다고 발표했다. 계속되는 미군 기지 반대 시위에 직면한 오키나와에서 철수할 예정인 9,000명의 해병대와 1만 명의 군인 가족 및 민간인을 수용하기 위해서였다. 같은 무렵 공군도 괌을 타격 부대의 주요 글로벌 허브 네 곳 가운데 하나인 "괌 스트라이크Guam Strike"로 명명하면서 주둔 병력을 늘릴 계획이라고 발표했다. 해군 역시 핵 항공모함과 잠수함을 수용할 수 있는 규모로 아프라 항을 확장하는 계획을 수립했으며, 육군 주 방위군은 계획되어 있던 증강 병력을 수용하기 위해 새로운 시설 건설을 계획했다.

펜타곤도 괌을 탄도미사일 방어 체계의 핵심 장소로 선정했다. 그리하여 괌은 최소한 미군이 필리핀에서 철수한 이래, 어쩌면 베트남전쟁이 끝난 이후의 아시아 주둔 미군 조직 체계에서 가장 중대한 변화의 중심축이 되었다. 입안자들은 향후 4년 동안 2만 명의 건설 노동자를 비롯해 약 8만 명의 인원이 괌으로 이동할 것으로 예상했다. 괌의 전체 인구가 16만 명 정도에 불과하기 때문에 결국 인구가 약 50퍼센트 늘어나는 셈이었다.

괌의 높은 빈곤율과 실업률을 감안할 때, 많은 괌 주민들이 기지 증설로 예상되는 경제적인 혜택에 열광적인 반응을 나타낸 것도 놀랄 일은 아니다. 군 대표들은 수천만 달러의 추가 세입과 정부 지원금, 기반 시설 투자를 약속했다. 적어도 한동안은 골드러시 같은 분위기가 팽배했다. "일생일대의 기회" 같은 제목이 붙은 이메일 홍보물들은 이렇게 단언했다. "바야흐로 작은 섬 괌이 이제 엄청난 기회의 땅이 되려는 순간입니다! (…) 해야 할 일이 있고 벌어야 할 돈이 있습니다!"

괌 상공회의소는 누구보다 앞장서서 기지 증설의 경제적 이익과 이런 조치가 필요한 안보상의 근거를 널리 알렸다. 2011년 상공회의소가 내놓은 한 보고서는 기지 증설의 필요성을 보여주는 증거로 북한의 미사일과 중국의 사이버전 역량에서부터 폭력적인 극단주의, 초국가적인 범죄 조직, 대유행병, 자연재해에 이르기까지 기나긴 위협의 목록을 제시했다. 상공회의소의 말을 빌리면, 이런 위협 앞에서 괌은 미국이 아시아에서 "힘과 존재와 관여"를 보여줄 수 있도록 "상시적인 주권 시설"을 제공하며, 따라서 잠재적 적들을 억제함으로써 "대결과 충돌을 피하는" 데 기여한다.

괌에서 군에 대한 지지가 이렇게 높은 상황에서 점점 더 많은 사람들이 기지 증설에 우려를 표명하자 많은 이들이 깜짝 놀랐다. 가장 두드러진 반대의 목소리는 기존의 활동가들 뿐 아니라 대부분이 20대인 젊은이들에게서 나왔다. 그들은 괌의 차모로어 이름을 딴 "우리가 과한이다 We Are Guahan"라는 조직을 결성해 기지 증설을 감시했다. 이 조직과 다른 이들이 기지 증설 계획을 자세히 검토한 결과, 1898년 괌이 미국의 식민지가 된 이래 군이 이 섬에서 거의 아무 견제도 받지 않는 권력을 얼마나 당연시했는지가 드러났다.

"우리가 과한이다"를 비롯한 이들은 이미 기반 시설이 과부하가 걸린 상황에서 기지 증설 계획에 따라 섬 인구가 폭발적으로 늘어나면 위험하다는 점을 지적했다. 괌의 공립학교 학생 수는 최대 26퍼센트 증가할 것으로 예상되었다. 섬의 유일한 공립 병원의 수요도 20퍼센트 증가할 것으로 예상되었다.

군 자체 평가에서도, 기지 증설이 정점에 이르면 섬의 하수 처리 시설에 부하가 걸리고, 정수 역량을 넘어설 것으로 예상되었다. 군 스스로도 밝힌 것처럼 "현재 괌의 빈약한 공공 기반 시설 상태"를 감안할 때, 민간인들은 하루 수백만 갤런의 식수 부족에 직면할 테고, 결국 군의 남는 식수를 민간에 공급해야 할 상황이었다. (gallon: 영국 4,546cc, 미국 3,7853cc)

반대론자들은 군이 민간 시설을 확장할 예산은 마련하지 않은 반면, 기지 증설 계획에는 군사학교·병원·기타 기지 기반 시설의 신축에 필요한 예산을 포함시켰다고 지적했다. 한편 민간인 수요를 충족시키기 위해 군의 식수를 일부 공급하겠다는 제안은 이 섬의 심각한 불평등과 많은 현지인들이 느끼는 2류 시민이라는 감정을 부각시켰을 뿐이다.

2. 미국의 군사작전 통제권, 남북동포 생명권·주권 침해

1) 독립국 실체를 의심케 하는 군사작전 실권의 위임

어느 나라나 국가수반에게 지워진 제1의 책무는 국민의 생명과 재산을 보호하는 것이다. 국민 개개인에게도 가장 핵심적인 것은 죽고 사는 문제인 생명권(right to life)을 국가로부터 보장받는 것이다. 「전시작전통제권」을 국가수반이 제대로 행사하지 못한다면 생명권을 외세에게 맡겨놓고 있는 셈이다. 이런 점에서 작전통제권 환수는 단순한 군사기술이나 전력 수준 문제가 아니라 「국가주권」에 관한 문제이다.

여기에서는 「전시작전권이 핵심적인 국가주권」이라는 관점에서 출발하여 드러나지 않은 강압과 불법으로 점철된 작전지휘권(통제권) 상실 과정을 정리하여 보았다. 또한 작전통제권 상실로 인한 한국군의 탈주권화와 기형화를 그 구체적 표현인 한미연합사를 중심으로 드러내어 한국의 주권피탈 형상을 보여줄 것이다. 동시에 환수불가론의 허구성을 밝혀 즉각 환수의 필요성을 제시했다.

2012년 전시작전통제권 환수에 한미가 합의하면서(나중에 2015년으로 미뤘다가 논의는 계속) 당면한 과제는 환수하느냐 마느냐의 문제가 아니라 어떻게 기만적 환수를 막고 환수의 주권적 의의를 살릴 것인가 하는 문제다.

주한미군의 전략적 유연성과 이에 맞춘 새로운 '한미연합지휘체계', 더 나아가 한·미·일·호주를 함께 묶는 '광역연합지휘체계'를 추진하여 동북아패권을 굳히려는 미국의 군사팽창주의 전략 때문에 전시작전통제권 환수는, 국민여론의 비판이 없다면 「1994년 평시작전통제권 반환」 때처럼 하나마나한 것이 될 것이 뻔하다.

이 글은 기만적 반환의 구체적 실상과 그 비판을 목적으로 한 것이 아니고 작전통제권의 군사주권적 의미를 누누이 강조함으로써 작전통제권의 즉각적이고 전면적인 환수의 문제의식을 갖도록 하기 위한 것이다.

(강정구·박기학·고영대 「작전통제권 상실 과정과 한국군의 탈주권화」『전환기 한미관계의 새판짜기』한울 2007). 이 글은 한국사회학회 주최 '2006년 후기사회학대회'(2006년 12월 15~16일, 서울대학교 미디어관)에서 발표된 「작전통제권 상실 과정의 참 역사와 환수 의의」를 수정·보완한 것이다.)

(1) 미군 작전통제권, 군사무기·정보 중추 완전 통제

국가주권의 핵심인 군통수권은 군정권과 군령권을 포괄하는 것이지만 군령권이 그 핵심을 이룬다. 군령권은 군사력을 운용하는 용병기능으로서 작전지휘권이 그 주요한 내용을 이룬다. 군정권은 군사력을 건설·유지·관리하는 양병기능으로서 국방정책의 수립, 국방관계법령의 제정, 개정 및 시행, 자원의 획득배분과 관리, 작전지원 등에 관한 권한을 의미한다. 이 점에서 군정권은 전투와 관련한 군사 활동의 본질적인 부분은 아니다.

가장 넓은 개념인 지휘권은 군정 범주의 행정지휘권과 군수지원·군령 범주의 작전지휘권으로 나뉜다. 작전지휘권은 행정지휘권에 대한 상대적 개념으로, 지휘권 가운데 행정과 군수가 제외된 권한이다.

작전통제권은 작전지휘권 가운데 부대편성·부대훈련·군기가 제외된 개념으로, 작전지휘권보다는 좁은 개념이나 작전지휘권의 핵심 내용을 이룬다. 작전통제권이 빠진 지휘권이란 알맹이가 빠진 형식적 권한에 지나지 않는다는 점에서 「작전통제권은 군사주권의 핵심이고 상징」이다.

작전통제권이 국가주권에 속한다는 것은 1994년 평시작전통제권 환수 때 국방부와 합참이 밝힌 바다. 국방부는 "한국군은 정전 시 작전통제권을 환수함으로써 …… 실로 44년 만에 국가주권의 중요한 일부인 정전 시 작전통제권을 환수하고 독자적인 작전지휘체계를 확립하는 계기를 마련하게 되었다"(『국방일보』, 1994.12.1.)고 자평했다. 또 합참은 「주권행사 차원에서 특히 의미 있는 변화」의 구체적 예로서 "한국 함대가 제3국과의 군사교류를 하거나 해양자원 및 어로보호 활동을 위해 연합사의 작전구역을 이탈할 시 별도의 협조절차가 필요 없게 되었으며, 아울러 제3국의 항공기나 함정이 적법한 절차 없이 우리 영역을 침범할 시도 합참에서 독자적인 대응 조치를 취할 수 있게 되었다"(『합참』 1995년 1월호)고 말했다.

○ **지휘권 · 작전지휘권 · 작전통제권**

한국 합참(2004)의 설명은 다음과 같다.

지휘권 : 가용자원의 효율적인 사용을 위한 권한과 책임 그리고 부여된 임무를 완수하기 위한 군대의 운용 · 편성 · 지시 · 협조 및 통제의 권한과 책임을 포함하며 부하 개개인의 건강 · 복지 · 사기 및 군기에 대한 책임도 포함.

작전지휘권 : 작전수행에 필요한 자원의 획득 및 비축 · 사용 등의 작전소요 통제, 전투편성(예속 · 배속 · 지원 · 작전통제), 임무부여, 목표의 지정 및 임무 수행에 필요한 지시 등의 권한.

작전통제권 : 작전계획이나 작전명령상에 명시된 특정임무나 과업을 수행하기 위해 지휘관에게 위임된 권한으로서 …… 지정된 부대에 임무 또는 과업부여, 부대의 전개 및 재할당, 필요에 따라 직접 작전통제를 실시하거나 이를 예하 지휘관에게 위임하는 등의 권한을 말하며 여기에는 행정 및 군수 · 군기 · 내부편성 및 부대훈련 등에 관한 책임 및 권한은 포함되지 않는"다.

국방부는 전시작전통제권 환수 결정을 내린 뒤에 "작전통제(OPCON: Operational Control)는 특정임무나 과업수행을 위해 설정된 지휘관계를 의미하며, 작전통제권은 해당 부대에 대해 임무를 부여하고 지시를 할 수 있는, 작전지휘의 핵심적 권한이다"(국방부 2006)라고 밝혀 작전통제권이 국가주권임을 스스로 인정했다. 또 전시작전통제권 환수를 "주권의 제약이 아니라 오히려 주권을 회복하는 것으로 봐야 하며 ……, 오히려 현재의 (외국군에 위임한) 상태는 대통령의 군통수권을 규정한 헌법정신과 부합하지 않는 측면이 있다. 군에 대한 작전통제권은 국군 통수권의 핵심 사항이기 때문이다"라고 서술하고 있다(국방부 2006).

결론적으로 작전통제권 상실은 주권상실이며, 이를 되찾는 것은 주권회복이고 주권의 기형화를 바로잡아 '주권 있는 국가'로 가는 정상화의 길이다.

(2) 「작전통제권 상실」은 「국가주권 핵심 상실」과 유사

김달중의 지적처럼 현재 지구촌에서 한국처럼 작전통제권을 전적으로 외세에 넘겨준 채 지속적으로 군사주권을 상실한 나라는 미국의 피점령국인 현 이라크나 아프가니스탄 외에는 없다. (김달중 외 『2000년대의 이상적 국방체제』 세종연구소 1988)

어떠한 나라도 자국군의 지휘권을 전적으로 다른 나라에 이양해준 나라는 찾아볼 수 없다.

미국 역시 40여 개의 국가와 군사동맹관계 혹은 실질적 군사협력관계를 맺고 있으나 그들 중 어느 한 나라의 지휘권을 전적으로 이양 받아 행사하고 있는 나라는 없다.

이런 국가주권 훼손 현상을 희석시키기 위해 일부에서는 작전통제권 이양이 예외 사항이 아니라 나토(NATO) 심지어는 미군의 경우도 마찬가지라는 주장까지 나온다. 차두현은 "미군 역시 자체 규정(미 대통령 지침 25호)에 따라 타국 지휘관의 작전통제권하에 들어갈 수도 있음을 명시"하고 있다면서 작전통제권 이양이 한국만의 특수 상황이 아님을 강조한다.(차두현 『미래 한미동맹, 새로운 대의와 비전 그리고 새로운 형태의 협력』 2003)

나토군의 지휘체제는 통합사령부 형태이고 최고사령관을 미군이 맡고 있다는 점에서 대미 예속 지휘형태의 하나이다. 하지만 나토의 경우 개별 회원국은 나토의 결정에 따르지 않을 권리가 있는 등 '한미연합지휘체제'와는 현격한 차이가 있다.

나토의 의사 결정은 전원 합의제이며, 회원국은 이사회 또는 다른 산하 위원회에서 각자 자신의 결정에 대해 완전한 주권과 책임을 갖는다. "결정을 해야 할 경우 행동은 전원 합의로 이뤄진다. 다수결에 의한 투표나 결정은 하지 않는다. 각 회원국은 이사회 또는 다른 산하 위원회에서 각자 자신의 결정에 대해 완전한 주권과 책임을 갖는다"(NATO 홈페이지, NATO HANDBOOK Chapter 7: Policy and Decision-Making에서 인용, 2005년 10월 24일 검색).

1967년 12월에 채택된 「동맹의 장래 임무에 관한 하멜 보고서(Hamel Report on The Future Tasks of The Alliance)」도 "주권국가인 회원국은 자신의 정책을 집단적 결정에 종속시킬 의무가 없다"고 썼다.

또 한국이 작전통제권을 전면적으로 미국에 이양한 것과는 달리 나토 회원국들은 각자가 전면적인 지휘권(full command)을 가진 상태 하에서, 정치적으로 합의된 작전에 대해, 배속된 군대에 한해서 정해진 절차에 따라 나토 전략사령부의 작전통제를 받는다. 그리고 전략사령부 예하 각 사령부의 사령관은 부대를 파견한 나라의 군인, 가령 영국이나 독일 장성 등이 맡도록 함으로써 자율권을 존중해주고 있다.

"부대를 나토에 배속시키는 경우 나토 회원국은 배속된 부대의 작전통제(또는 작전지휘)를 나토 전략사령부에 위임하지만(assign) 이때의 작전통제(작전지휘)는 전면적 지휘권(작전과 행정 모든 면에서 이들 부대에 대해서 갖는 지휘권한)과는 구별된다. 이 전면적 지휘권한은 나토군에 배속된 뒤에도 각 회원국의 책임이며 회원국의 통제하에 있다. 대부분의 나토군은 구체적인 작전이 정치적 차원에서 합의되어 그 작전에 배속되기 전까지는 각 회원국의 전면적인 지휘 밑에 있다"(NATO 홈페이지, NATO HANDBOOK Chapter 12:

The Military Command Structure에서 인용, 2005년 10월 13일 검색).

특수한 상황에서 미군이 외국군의 작전통제 하에 들어갈 수도 있는 가능성을 열어놓고 있는 미국 대통령 지령 25호를 한국군의 작전통제권 상실이 예외적인 사례가 아니라는 증거로 드는 것 또한 왜곡이다. 미국 대통령 지령 25호는 "특정 군사목표를 달성하기 위해 미군을 외국군 사령관의 작전통제하에 두는 것도 지휘통일을 보장하고 군사적인 성과를 극대화하는 이유라면 때로는 유리하거나 현명한 것이다"(국방대학교 합동참모대학, 2003)라고 명시했다.

미국이 자국 군을 외국군의 작전통제하에 둘 수도 있다는 것은 특정한 군사목표를 달성하기 위한 특정한 작전에 한해서, 거기에 참가하는 미군 부대에 대해서 고려해볼 수 있다는 뜻이지, 한국의 경우처럼 모든 한국군에 대해서 항상적으로 작전통제권을 이양한다는 뜻은 아니다.

미국 합참 교범은 "미국 대통령은 미군 전력에 대한 지휘권을 보유하며, 결코 이를 양도할 수 없다. 기본적인 경우에 한해서, 대통령은 안보회의에 의해 권한이 부여된 특정 유엔작전을 위한 합법적인 유엔사령관의 작전통제하에 있는 미군 전력에 대한 적절한 지위를 고려해야 한다"고 규정하고 있다(국방대학교 합동참모대학『미 합동작전기획 교리』 2003). 미 합참 교범은 미군이 외국군의 작전통제를 받을 수 있는 경우에 대해서「특정의 유엔작전」에 한하며, 이 경우도 한국처럼 작전통제권을 이양하는 것이 아니다.

합참 교범은 미군이 다국적군의 작전통제하에 들어가는 경우라 하더라도 미국 대통령의 지휘권이 우선한다는 것, 또 다국적군의 작전통제가 미군의 독자적인 방어 권리를 방해할 수 없다는 것 등을 분명히 하고 있다. 즉, 다국적군의 작전통제란 미군에게 있어서는 극히 제한적이고 형식적임을 알 수 있다.

"다국적군의 작전통제하의 미군 전력은 국가통수기구에서 다르게 지시되지 않는 한 다국적군의 교전 규칙에 따라야 한다. 다국적군의 교전 규칙과 전투식별수단은 미군 전력의 자체 방어를 위한 권리나 책임을 방해해서는 안 된다"라고 하면서 "미군 전력은 다국적군의 교전 규칙이 현행「CJCSI13121.01 미군 전력에 대한 잠정 교전 규칙」에 포함되어 있는, 개인 자체 방어에 대한 규칙과 부대 자체 방어에 대한 정책지침과 일치된다고 전투부대사령관이나 상급기관에 의해서 결정될 경우에 다국적군의 작전통제로 남아 있거나 할당되어질 수 있다."

2) 미국 주도 작전지휘권, 그들 필요에 따라 환수 되풀이

(1) 전쟁에 임하여 넘겨준 이승만의 작전지휘권 이양(1950.7.1.)

한국의 작전지휘권 행사는 공식적인 정부출범과 더불어 곧장 발효된 것이 아니라 주한미군이 500여 명의 군사고문단을 남기고 철수한 1949년 6월 말 이후부터였다. 정부출범 열흘 만인 1948년 8월 24일 체결된 「대한민국 대통령과 주한미군사령관 간에 체결된 과도기에 시행될 잠정적 군사안전에 관한 행정협정」에 의해 작전지휘권은 미군정 때와 마찬가지로 미국이 행사하게 되었기 때문이다.

이 협정 제2조는 "주한미군사령관은 공동안전에 부합된다고 간주될 때에 점진적으로 가급적 속히 전 경찰, 해안경비대 및 현존하는 국방경비대로 이루어진 대한민국 국방군의 지휘책임을 대한민국 정부에서 이양하기를 동의하며, 대한민국 대통령은 동 국방군 지휘책임을 인계하기로 동의한다"로, 또 "미군철수의 완료시까지, 주한미군사령관은 공동안전을 위해 또는 대한민국 국방군의 조직·훈련 및 장비를 용역케 하기 위해 필요하다고 인정하는 대한민국 국방군(국방경비대·해안경비대 및 비상지역에 주둔하는 국립경찰파견대를 포함함)에 대한 전면적인 작전상의 통제를 행사하는 권한을 보유한 것으로 합의한다"고 약정했다. 이로써 미군이 형식적으로나마 철수하는 시점까지 대한민국은 '국가(주권) 없는 국가'였던 셈이다.(송기춘 「한·미 군사동맹의 유지체계와 구조에 관한 헌법적 논의」 민주주의 법학연구회 심포지움 2006).

미군철수 후 약 1년 동안 한국 정부가 행사했던 작전지휘권(operational command)은 1950년 7월 15일 이승만 대통령이 '일체의 지휘권(command authority)'을 이양하는 공한을 맥아더 유엔군사령관에게 발송하고, 7월 18일 맥아더가 이에 관한 답신을 보냄으로써 공식적으로 미국에 이양되었다. 이와 관련하여 다음 세 가지 점을 주목한다.

첫째, 알려진 것과 달리 이승만 대통령의 작전지휘권 이양은 한국 측이 제안하고 미국 측이 수락하는 「자발적 이양이 아니라 미국의 강압에 의한 것」이었다. 실제 이양일도 1950년 7월 8일이었다. 1950년 6월 29일, 6·25전쟁의 현황 파악 차 한국에 온 맥아더는 "미군 투입의 전제조건으로 작전지휘권 이양을 요구했고, 이승만은 미국의 강요에 따라 1950년 7월 1일 정일권 참모총장에게 맥아더 사령관의 지휘를 받도록 지시했다." 이에 따라 미국은 「미국 통제하의 통합사령부」(a unified command under the United States of America)'를 구성하기로 한 유엔결의가 있기 전인 7월 1일, 미군을 남한에 파견했고,

7월 8일에는 '대전협정'을 통해 한국군의 작전지휘권을 장악했다.(사단법인 대한민국헌정회 『통일로 가는 길 – 분단조국과 민족통일(Ⅱ)』 1990. 이 미국 통제하의 통합사령부는 엄밀한 의미에서 유엔 사무총장의 지휘를 받는 유엔사는 아니었다. '유엔사'는 다국적군의 형성으로 미군의 침략적 성격을 호도할 수 있는 간판의 역할을 했다.)

미국은 미군이 아닌 유엔군이 북조선군과 싸운다는 외피를 쓰기 위해서 유엔기가 한국에 도착한 다음날인 7월 18일자로 유엔군 사령관의 명의로 한국군의 작전지휘권을 공식적으로 이양 받는 형식을 취했다. 약소국 분열·점령 확대의 전형적 전략이었다.

둘째, 긴급을 요한다는 구실로 이루어진 불법성이다. 이승만이 이양한 '일체의 지휘권'은 인사권을 제외한 작전지휘권 전반에 관한 것으로서, 국가주권에 관한 사안이었다. 그런데도 주권을 제약하고 훼손하는 작전지휘권 이양이 국회동의나 국무회의 의결, 심지어는 외무부와의 논의 등 최소한의 적법한 절차도 밟지 않은 채 위헌적으로 이루어졌다.

김달중은 "미국 측 자료에 의하면 이 대통령의 작전지휘권 이양에 관한 공한公翰은 대통령 비서실의 보좌나, 국무회의 의결이나, 외무부의 역할이 개입된 흔적이나 혹은 미국 대사관의 역할이 개입된 사실을 찾아보기 힘들다"면서 "이 대통령 공한의 합법성이 문제시될 수도 있으며, 현재에 이르기까지 적법절차를 거쳐 보완되지 않았기 때문에 대통령 공한에 의한 주권 일부로 간주될 작전지휘권 이양이 위헌으로 주장될 소지를 안고 있다"고 썼다.

셋째, 조건부였다. 이승만 대통령의 서한은 "현 적대상태가 계속되는 동안 한국 육·해·공군에 대한 일체의 지휘권을 이양한다"는 조건부로, 적대상태가 중단되면, 곧 정전협정 체결과 동시에 다시 환수되어야 하는 잠정적인 것이었다. 이런 조건 때문에 정전협정 체결 시점을 전후로 하여 이 문제가 한미 간의 중요한 현안으로 등장했으며, 실제로 1954년 3월부터 수차례에 걸쳐 부분적이나마 지상과 해상의 작전지휘권이 환수되었다.

(2) 한국전쟁 후 작전지휘권은 일시 환수(1954. 3~11.)

작전지휘권은 "현 적대상태가 계속되는 동안"이란 표현에서 보듯이 잠정적·한시적으로 이양됐다. 그렇기 때문에 미국은 정전협정이 체결되면 작전지휘권이 한국측에 환수될 것을 염려해 정전 이전부터 대비책을 마련하기 시작했다. 정전 직후 덜레스 국무장관은 한국을 방문해 한국군을 유엔군사령관의 작전지휘하에 두기로 이승만과 합의하고 이를 「한미상호방위조약 공동성명」(1953년 8월 8일)으로 발표했다.

이승만은 1953년 8월 7일 덜레스 장관과의 회담 때 "클라크 유엔군사령관에게 한국군을 유엔군사령부의 통제하에 남겨두지 않을 이유가 없다고 했다. (정전협정에 따른) 정치회담 기간이나 심지어 그 이후까지도 유엔군사령부 통제하에 두겠다고 클라크를 확신시켰다"고 말했다. 그렇지만 이승만은 "유엔군사령부와 한국 정부가 동일한 목표를 함께 추구하지 않는다면 한국 정부는 한국군을 유엔군사령부로부터 분리시키겠다(remove)"(US State Dept, FRUS: 1,483)고 하여 경우에 따라서는 미국으로부터 작전지휘권을 환수할 수도 있음을 내비쳤다. 이는 정전협정 체결로 작전지휘권을 언제든지 환수할 수 있는 상황임을 환기시킨 것이기도 하다.

한미상호방위조약 조인식(1953년 10월 1일, 워싱턴)에서 발표된 덜레스 국무장관의 단독성명도 이를 재확인했다. 그는 "8월 8일자 공동성명에서 이 대통령과 내가 밝힌 대로, 한국에 주둔한 우리 두 나라 군대는 지금부터 상호방위조약이 발효되리라고 예상되는 시점까지 사이에는 유엔군사령부에 복속될 것"이며 상호방위조약이 발효되기 전에 공산군이 공격해 오면 자동적으로 즉각적인 유엔군의 반격을 받게 될 것이라고 발표했다.

"As set forth in the joint statement of August 8 by President Rhee and myself between now and the date when the mutual defense treaty can be expected to come into force and effect, the armed forces of our two nations in Korea will be subject to the United Nations Command, which will comply with the armistice terms"(Department of State Bulletin, October 12, 1953).

8월 8일자 공동성명은, 명시는 하지 않았지만, 상호방위조약이 발효되리라고 예상되는 시점을 2월 말로 상정한 것으로 보인다. 1953년 8월 27일자 미 국무회의에서 덜레스는 8월 8일자 공동성명이 "확보한 기간(terms)은 한국군을 최소한 다음 2월까지 유엔군사령관의 통제 하에 남겨둔다는 것이었다. 또한 지금 가용한 한국 시설물들을 6개월 동안 계속 활용한다는 단서도 있었다"라고 확인했다. 이러한 시점은 한미상호방위조약이 미 의회의 비준 동의를 받게 될 시점(1954년 1월 26일)과 연동되어 있었던 것으로 보인다.

덜레스는 1954년 6월 4일자로 주한 미국 대사관에 보낸 서한에서도 8월 8일 공동성명에서 합의된 작전통제권의 유엔사 장악은 3월 말로 끝난 것으로 확인하고 있다. 그것은 "지금부터 상호방위조약이 발효되리라 예상되는 시점까지 사이에는 한국군은 유엔사에 복속되는 것으로 해석되어야 한다. 그 약속은 3월 말로 끝났다. 8월 8일자 공동성명

뒷부분 문항에서 한국은 정치회담 기간 동안 통일을 위해 무력수단을 통한 일방적 행동을 취하지 않는다고 약속했다. 그 약속도 정치회담이 끝나면 소멸된다."

그렇지만 1954년 5월 28일자 주한 미국 대사 브릭스(Briggs)가 국무성에 보낸 서한은 "이 시점에서 한국군과 유엔군사령부와의 관계 문제를 제기하지 않고 실용적으로 이 작전지휘권 문제를 풀어나가는 것이 좋다"라면서 부대별 또는 사례별로 처리하자고 제안했고 국무성의 6월 4일자 답신은 이 제안을 수용했다.(US State Dept, FRUS)

이에 따라 한국은 1954년 3월 주한미군 2개 사단 철수를 계기로 3월 21일 "한국군 제1야전군사는 미 10군단으로부터 한국군 제1, 2, 3군단의 작전지휘권을 환수"하게 된다. 또한 10월 20일 "한국 6군단의 작전지휘권을 인수, 이로써 전 전선 작전지휘권을 미 측으로부터 완전 인수"받게 된다(국방부 군사편찬연구소, 2002: 811). 해군은 1954년 9월에 남해상의, 1955년 1월에 동해상의, 3월에 서해상의 해상 작전지휘권을 반환받았다. 해병대 역시 3월과 10월 지상군과 함께 환수받게 되었다(서울신문사, 1979: 304). 그러나 지상군 일부와 공군의 작전지휘권은 여전히 환수되지 않았다.(해군 홈페이지 『한국 해군 50년사』 2006년 10월 20일 검색)

이처럼 작전지휘권은 한국전쟁 발발 이후 줄곧 미국에 귀속된 것은 아니었고 비록 제한적이고 한시적이었지만 1954년 3월에서 11월 17일 한미상호방위조약이 발효되는 시점 사이, 곧 한미 합의의사록 체결 이전에 한국군에 환수되었다.

(3) 미국, 합의의사록 강압, 작전통제권 다시 접수(1954. 11. 17.)

미국의 작전지휘권 장악은 미국의 한반도 지배라는 이해관계의 발로였지만 동시에 무력 북진통일을 꾀하는 이승만에 제동을 걸기 위한 방편의 하나였다. 미국의 강력한 제동에도 불구하고 지속적으로 무력 북진통일을 추구하는 이승만을 제어하기 위해서 미국은 한미상호방위조약 발효를 담보하는 비준서의 교환을 미루면서 이를 무기삼아 한국군 작전통제권 장악을 꾀했다.

본래 한미상호방위조약 발효일은 1954년 3월 18일로 예정되었다. 그러나 이승만 대통령이 아이젠하워 대통령에 보낸 3월 6일자 호전적 편지 때문에 조약 발효는 연기되었다. 이 편지에서 이승만은 "통일을 위해 일방적 무력행위를 감행할 것을 통보하고, 더 나아가 미국이 한국의 무력북진통일을 도와주고, 한국의 요구대로 한국군을 강화하는 데 도움을 준다면, 한국이 제네바 정치회담에 참가하겠다"라고 통보했다.(US State Dept,

FRUS: 1,774~1,775)

그러나 당시 한미 간 현안은 작전지휘권 문제뿐 아니라 평화라인과 원조물자의 대일 구매 등 한일관계, 환율 현실화, 남한 당국 보유 외화에 대한 미국 정부의 통제 등, 정치·통일·경제·군사문제 전반에 걸쳐 있었으며, 이러한 현안들을 매듭짓기 위해 1954년 7월 27일부터 30일까지 워싱턴에서 한미 정상회담이 개최되었다.

이 회담에서 이승만은 제네바 회담 결렬로 "정치회담 기간 동안 통일을 위해 무력수단을 통한 일방적 행동을 취하지 않는다"고 한 미국과의 약속이 소멸함에 따라 이를 명분삼아 무력 북진통일을 위한 미국의 지지·지원을 받아낼 계획이었다.(해리슨, 2003) 그러나 중국 공산화에 맞서 일본을 동아시아의 전략적 군사·경제 요충지로 삼으려는 아이젠하워는 이승만에게 한일관계를 정상화하도록 고강도 압박을 가했다. 이를 둘러싼 대립으로 아이젠하워와 이승만이 잇달아 회의장을 퇴장하고, 이승만이 귀국하는 극한 대립 속에 회담은 정작 한일관계와 경제문제를 중심으로 진행되었다. 각료 중심으로 진행된 이후 회담은 경제·군사 소위원회로 나뉘어 9월 14일까지 계속되었으나 끝내 결렬되었다.

서울에서 속개된 협상도 교착상태를 벗어나지 못했다. 이에 미국은 원조를 무기로 자신들의 입장을 관철시키려고 하는 한편 쿠데타 공작도 병행했다. 이에 이승만 정권은 10월 1일 유엔군에 대한 환화(貨) 대여를 중단하는 초강수를 두었으며, 미국은 석유 공급 중단으로 대응했다. 이승만 정권은 11월 6일에 환화 대여를 재개했으나 유엔군사령관 헐은 11월 8일에 「이승만 정권의 제거를 위한 4단계 긴급행동계획」을 작성하여 리지웨이 육군 참모총장에게 승인을 요청했다. 원조의 불안정과 석유공급 중단은 남한에 감내하기 어려운 부담을 가중시켰다.

미8군의 한국군 장성들에 대한 통제와 충성 확보 노력, 한국군 보급품에 대한 6~7일분 제공 등에 위기를 느낀 한국군 장성들은 이승만에게 미국의 요구를 수용하도록 압박을 가했다. 결국 이승만 정권은 11월 14일 미국 안을 무조건 수락하는 백기를 들었고, 이로써 11월 17일 작전통제권을 비롯한 남한에 대한 미국의 정치적·경제적·군사적 지배 고리를 법적으로 보장하는 한미 합의의사록이 체결되었다.

이러한 한미 합의의사록 체결과정에서 보듯이 한미 합의의사록에 의한 작전통제권 이양 역시 이승만 서한에 의한 작전지휘권 이양과 마찬가지로 이승만 대통령의 자발성에 의한 것이 아니라 전적으로 미국의 군사적·경제적 강압에 의해 이뤄졌음을 알 수 있다.

또한 이승만의 작전지휘권 이양 서한이 작전지휘권만 이양한 반면 한미 합의의사록은 훨씬 더 포괄적으로 정치·통일·경제·군사 분야 전반에서 국가주권을 제약하고 있는

데도 국회 동의 과정도 없이 한미상호방위조약 부속합의서 형태로 처리됨으로써 불법성 정도가 (전쟁 발발 직후에 저지른) 이승만의 서한을 능가했다.(이장희 외 『한반도 안보관련 조약의 법적 재조명』 백산서당 2004)

한미 합의의사록의 작전통제권 이양 역시 잠정적인 것이었다. 한미 합의의사록 2항은 "국제연합군사령부가 대한민국의 방위를 위한 책임을 부담하는 동안 대한민국 국군을 국제연합군사령부의 작전통제권하에 둔다"라고 규정하고 있다. 이는 곧 유엔사가 대한민국의 방위를 책임지는 동안만 유엔사의 작전통제권 장악이 허용됨을 뜻한다. 이것은 또 유엔사(미군)가 대한민국의 방위를 책임지는 동안은 언제까지나 작전지휘권을 접수한 채로 기간은 자동 연장되는 것으로 할 수도 있다는 상황논리였다.

그러나 유엔이 아닌 바로 미국이 한미 합의의사록 체결의 주체가 됨으로써 유엔군사령부는 미국과 주한미군의 보장에 의해서만 한국 방위를 수행할 수 있게 되었다. 또한 유엔이 아닌 미국이 한미 합의의사록의 체결 주체가 됨으로써 "이는 전쟁이 종결된 이후에도 유엔군사령관을 겸하고 있는 미군사령관이 한국군을 계속 통제할 수 있는 근거를 제공해줌으로써 한반도에서의 한국과 미국의 방위 노력은 한국의 필요성에 의해서라기보다 미국의 범세계적 전략 요구에 의해서 추진"되었다고 할 수 있다.(안광찬 「헌법상 군사제도에 관한 연구」동국대 박사학위 논문 2002)

한편 한미 합의의사록 체결로 이전의 작전지휘권 이양에서 작전통제권 이양으로 그 범위가 다소 축소되었지만 본질상 변화는 없었다.

(4) 유엔군에서 「미 태평양사령부」로 작전통제권 실질 주체 이관

1957년 7월 1일 「주한미군사령부」가 창설되면서 유엔군사령부 예하의 지상구성군 사령관을 겸직해왔던 미 8군사령관이 유엔군사령관과 주한미군사령관을 겸직하게 됨으로써 유엔군사령부는 그 지위가 한 단계 격하되었다. 나아가 「태평양사령부」가 창설된 지 약 3개월 만인 1957년 10월 9일에는 유엔군사령관의 주한미군에 대한 작전통제권이 태평양사령관에게 넘어가게 되었다. 이러한 주한미군의 지휘체계 변경으로 여러 가지 변화가 수반되었다.

첫째, 그 동안 미국을 비롯한 16개 6·25전쟁 참전국의 다국적군 통합사령부로서의 지위를 누려 왔던 「유엔군사령부」는 이제 사실상 한국군만을 작전 통제하기 위한 기구로 지위와 기능이 축소·변경되었다. 당시까지 한국에 남아 있던 6·25전쟁 참전국은 태국 등 2~3개국에 불과했다.

둘째, 주한미군과 한국군의 관계가 "지휘와 피지휘관계로 바뀌게" 되었다. 즉, "주한미군사령부 요원은 유엔군사령부 요원으로 이중 보직되어 한국군에 대해 작전통제권을 행사할 수 있"게 된 것이다.(안광찬, 앞의 논문 2002)

셋째, 주한미군에 대한 작전통제권이 없는 유엔군사령부는 사실상 정전관리 임무만 맡게 되고, 한국 방위는 실질적으로 주한미군이 맡게 되었다. 즉, 한국 방위에 대한 유엔군사령부 임무는 전적으로 명목상에 그치게 된 것이다. 따라서 이미 이때부터 유엔군사령부가 한국군에 대한 작전통제권을 행사할 수 있는 근거(유엔군사령부가 한국의 방위를 부담하는 동안이라는 조건)가 사실상 소멸되었음을 의미하며, 이는 곧 한미 합의의사록 2항이 폐기되어야 함을 말한다.

이로써 미국을 당사자로 하는 한미 합의의사록의 체결로 한층 뚜렷해졌던 주한미군 외피로서의 유엔군사령부의 간판적 성격은 물론 유엔군사령부의 한국 방위 임무와 실제 방위 수행 주체(미군)와의 괴리는 더욱 명백하게 드러났다.

3) 「한미연합사」와 사령관의 작전통제권 행사의 부당성

(1) 한미연합사 창설의 배경과 한국 정권과의 관계 변화

한미연합사 창설 배경은 멀리는 닉슨 닥트린(1969년 7월 25일)으로 거슬러 올라간다. 닉슨 닥트린(Doctrine 외교정책)은 미국이 적대시하던 소련과 중국을 봉쇄하는데 있어서 미국의 "종속 우방들이 1차적으로 책임을 지게 하고 미국은 미군의 완전 철수나 자유로운 이동을 가능케하려는 의도"를 담고 있었다.

닉슨 닥트린이 발표된 지 1년여가 지난 1970년 8월 24일 주한미군 감축 문제를 협의하기 위해서 한국을 방문한 애그뉴 부통령은 출국(8월 26일) 기자회견에서 "한국군의 현대화가 완전히 이루어지면, 아마 앞으로 5년 이내에 주한미군은 완전히 철수될 것"이라는 입장을 발표한 바 있다.(구영록·배영수『한미관계 1882~1982』1982)

한편 1972년 2월 21일 '상해공동성명'이 발표되어 중미관계가 정상화되고 중국이 유엔 안보리의 상임이사국이 됨으로써 중국과 적대해 온 유엔군은 더 이상 존립 명분을 찾을 수 없게 되었다. 미국은 「상해공동성명」을 통해 동남아시아에서 미군을 철수시킬 것을 중국에 약속했다. 이 시기는 미국이 베트남 침략전쟁에서 거의 패퇴해가는 무렵이었다.

또한 1972년에는 6·25전쟁 참전 유엔회원국 중 마지막까지 남아 있던 태국군마저 철수함에 따라 주한미군만으로 구성된 유엔군사령부는 더 이상 '유엔 기치하의 다국적 사령부로서의 명분'을 유지할 수 없게 되었다.

1968년 12월 20일 미국은 제23차 유엔총회에서 UNCURK(언커크)의 존속과 유엔군의 계속 주둔을 확인하고 한국문제의 「자동 상정제도」 대신 「재량 상정제도」를 채택하여 공산 측과 비동맹국가들의 유엔군 철수 주장을 차단하고자 했다.(United Nations Commisson for Unification and Rehabilitation of Korea 국제연합 한국 통일 부흥위원단 1973년 해체. 미국은 끝까지 유엔 간판으로 한반도 점령·지배를 합법화시키려고 애써 왔다.)

그러나 변화된 국제정세하에서 「재량 상정제도」나마 더 이상 유지할 수 없게 되었다. 마침내 1973년 11월 28일 제28차 유엔총회가 채택한 「한국문제 합의 성명」에 따라 다음날 언커크가 해체되었다. 이제 '유엔군사령부'가 해체될 차례였다.

이에 미국은 1974년 4월 28일 한국군의 작전통제권을 주한미군의 선임 장교 지휘하의 한미연합사에 이양할 것을 한국에 공식 요구했다. 유엔군사령부의 해체 가능성에 따른 "주한미군의 전면 철수 가능성을 사전에 차단하는 한편 유엔군사령부에 이어 정전을 관리하고 한국군의 작전통제권을 행사할 대체 기구를 마련하려는 미국의 의도"가 발로된 것이었다.

주한미군 철수에 위기의식을 갖고 있던 박정희 정권은 1974년 5월 1일자로 한미연합사 상부기구로 군사위원회를 설치하고 연합사령관의 작전통제를 받는 한미 양국군 부대 목록을 한미 합의하에 결정하며, 한미 합의의사록을 수정하자는 입장을 미국에 전달했다.(국방부 군사편찬연구소 『한미군사관계사』 2002)

이후 미국은 1974년 9월부터 유엔군사령부와 주한미군사령부, 8군 사령부를 아예 통합 「주한미군사령부」로 개편하여 운용하게 되었다. 1957년 7월 1일 주한미군사령부의 창설로 예하 지상구성군사령관이었던 8군 사령관이 유엔군사령관을 겸직하게 됨으로써 그 격이 한 단계 낮아진 유엔군사령부가 이제는 주한미군사령부의 부속 기구마냥 현저하게 그 지위가 전락되고 만 것이다. 간판만의 위치는 높았으나 실제의 존재 위치는 사실상 없어진 셈이었다.

한국 정부가 한미연합사에 관한 입장을 미국 정부에 전달한 지 1년 뒤인 1975년 5월 28일에 미국은 「한국군을 연합사령관이 계속 작전 통제한다는 것」 등을 내용으로 하는 답변을 보냈으며, 한 달 뒤인 1975년 6월 27일에는 "중공과 북한이 유엔군사령부의 기능과 책임을 한미 양국군에 이양하는 것에 동의한다면 1976년 1월 1일을 기해서 유엔군사령부를 자진 해산하겠다"는 내용의 결의안을 제출하기에 이른다. 아울러 8월 16일에는 유엔군의 업무와 직접 관련되는 유엔군사령부와 군사정전위원회 시설을 제외한 대부분의 주한미군 군사시설에서 유엔기가 내려졌다.

이는 유엔군사령부 해체의 기정사실화로「주한미군이 자동적으로 철수되는 것을 막기 위해서 주한미군을 유엔군사령부와 갈라내려는 미국의 고육지책」이었다. 그러나 1975년 11월 18일 유엔총회는 서방 측과 공산 측 안을 모두 통과시켰으며, 유엔군사령부 해체는 기정사실로 되고, 주한미군의 지속 주둔은 결정적 타격을 입게 되었다.(苦肉之計 : 적을 속이는 수단으로서 제 몸을 괴롭히는 것도 돌보지 않고 쓰는 계책. 苦肉策)

이후 1976년 9차 한미연례안보협의회의 등의 논의를 거쳐 군사위원회를 나토형으로 하는 것으로 합의하고, 1977년 7월 10차 한미연례안보협의회의에서 한미연합사 창설에 관한 최종적인 합의를 보게 된다.

한편 1976년 주한미군 철수를 공약으로 내건 카터가 대통령에 당선되고, 1977년 1월에 취임해 주한미군 철수를 본격적으로 추진하게 됨으로써 한미연합사의 창설로 주한미군 철수를 막거나 지연시키려는 박정희 정권의 의지가 보다 적극적으로 발동되어 한미연합사 창설은 한층 탄력을 받게 된다.

당시 박정희 정권은 월남에서 주월미군이 쉽게 철수할 수 있었던 것은 미월연합지휘체계가 병렬형이었기 때문이라고 보고 나토형과 같은 통합형 지휘체계를 한미연합사의 지휘체계로 제기했으며, 한미연합지휘체계를 유지할 경우 주한미군의 철수 결정 후에도 연합사령부를 해체하는 데 최소한 1년이 소요되리라고 판단했다.(국방부 군사편찬연구소, 2002)

한미연합사는「한미연합군사령부 설치에 관한 교환각서」「군사위원회 및 한미연합군사령부 관련 약정」「전략지시 제1호」에 의거해 1978년 11월 7일 창설되었다. 그러나 한미연합사 창설 과정 역시 주권국가로서 합법적 절차를 밟아서 이루어진 것은 아니었다.

국방부는 1978년 7월 27일에 한미 국방장관이 한미군사위원회에 하달한「군사위원회 및 한미연합군사령부 관련 약정」과 7월 28일에 한미군사위원회가 한미연합사령부에 하달한「전략지시 제1호」에 의거해 한미연합사가 창설되었다고 밝히고 있다.「군사위원회 및 한미연합군사령부 관련 약정」은 유엔군사령부를 대체하여 한미연합사가 새롭게 한국 방위를 책임진다는 전략지침이며,「전략지시 제1호」는 한미연합군사령관이 한국군의 작전통제권을 행사한다는 것을 명령한 전략지시이다.

그러나 「군사위원회 및 한미연합군사령부 관련 약정」은 조약 체결권이 없는 양국 국방장관 사이의 합의에 불과한 것으로 합법적인 조약이라고 볼 수 없다. 따라서 「군사위원회 및 한미연합군사령부 관련 약정」은 한미연합사 창설에 관한 국제법적 근거로 될 수 없다. 또한 한미연합사가 한국 방위를 책임진다는 것과 한미연합군사령관이 한국군의 작전통제권을 행사한다는 것은 국가안전보장에 관한 사안으로 반드시 국가 간 조약으로 체결되어 국회의 동의를 받아야 효력을 발휘할 수 있다.

국가를 대표하여 조약을 체결할 수 있는 권한은 대체로 국가원수 또는 국가수반에게 부여되어 있다. 그러나 조약 체결권자는 조약 체결에 관한 권한을 제3자에게 위임할 수 있다. 전권대표는 전권위임장을 제시함으로써 국가를 대표하는 것으로 간주된다. 그러나 관련 국가들의 관행이나 기타 사정으로 보아 전권위임장을 필요로 하지 않을 수 있다. 특히 그 직무의 성격상 전권위임장을 제시하지 않더라도 당연히 자국을 대표하는 것으로 간주되는 자들도 있다. 즉 외무장관은 전권위임장을 제시하지 않더라도 조약 체결에 관련된 모든 행위를 수행할 목적으로 국가를 대표하는 것으로 간주된다. 외교공관장은 전권위임장을 제시하지 않더라도 파견국과 접수국간의 조약문을 채택할 목적으로 국가를 대표하는 것으로 간주된다.(김대순 『국제법론』 2005)

「군사위원회 및 한미연합군사령부 관련 약정」이 국제법적 요건을 갖추지 못했다는 것은, 이를 근거로 하달된 「전략지시 제1호」도 역시 법적 근거가 없다는 것을 의미한다. 군통수권의 핵심인 작전통제권을 한미연합군사령관에게 부여하는, 곧 작전통제권을 미국에 이양하는 국가주권에 관한 사안을 아무런 법적 근거도 없이 합참의장의 지시로 처결한 것은 행정편의주의 발상의 극단을 이루었다고 할 수 있다.

한미연합사 창설 당시 "한국 측은 한미연합군사령부를 보다 확고한 법적 뒷받침을 가진 군사기구로 하기 위해 양국 간의 의회의 승인을 얻어 협정이나 조약이 체결되기를 원했으나 미국 측의 반대로 뜻을 이루지 못했다"는 사실은 한미연합사 창설 과정의 불법성을 잘 입증해 주고 있다.(안광찬 「헌법상 군사제도에 관한 연구. 동국대 박사학위 논문 2002)

이와 같은 한미연합군사령부 창설 과정의 비합법성을 해소하기 위해 한미 양국은 1978년 10월 17일에 '한미연합군사령부 설치에 관한 교환각서'를 체결하여 한미연합사령부 설치를 추인했다. 그러나 이 「교환각서」도 국가안전보장에 관한 조약으로서 국회의 동의를 요하나, 국회의 동의를 얻지 않아 그 효력을 인정받을 수 없다.

나아가 「한미연합군사령부 설치에 관한 교환각서」는 한미연합군사령부 설치에 대해서만 규정하고 있을 뿐 한미연합군사령부의 한국 방위의 임무나 한미연합군사령관의 한국군 작전통제권 행사에 대해서는 규정하고 있지 않아 「군사위원회 및 한미연합군사령부 관련 약정」과 「전략지시 제1호」를 추인할 수 있는 법적 근거를 결여하고 있다.

「한미연합군사령부 설치에 관한 교환각서」가 국회의 동의를 받았다고 해도 역시 불법이다. 「한미연합군사령부 설치에 관한 교환각서」는 한미상호방위조약과 한미 합의의사록을 근거로 하고 있기 때문이다.

한미 양국은 「한미연합군 설치에 관한 교환각서」에서 "…… (군사위원회 및 한미연합군사령부) 1953년에 서명된 대한민국과 미합중국 간의 상호방위조약 및 1954년에 서명되고 1955년과 1962에 각각 개정된 바 있는 대한민국 정부와 미합중국 정부 간의 군사 및 경제원조에 관한 합의의사록 중 한국 측 정책사항 제2항의 규정의 범위 내에서 '정당하게 이루어진 약정'이며 ……"라고 하여 정당성을 주장하고는 있다.

그러나 쿠데타와 석유공급 중단이라는 경제적 위협 속에서 강제 체결된 한미 합의의사록은 헌법 및 국제법상 무효이며, 이에 의거한 「한미연합군사령부 설치에 관한 교환각서」도 무효다.

유엔헌장 2조 4항은 "…… 국제관계에 있어서 다른 국가의 영토보전이나 정치적 독립에 반대되거나 또는 국제연합의 목적과 양립할 수 없는 다른 어떠한 형태의 무력행사도 삼가야 한다"고 규정하고 있다. 이에 근거하여 비엔나협약 52조는 유엔헌장에 구현되어 있는 국제법의 제 원칙에 위반되는 '힘의 위협 또는 사용에 의하여' 이루어진 경우에는 '무효'라고 규정하고 있다. 지금도 국제관계에서 주권평등 등을 위반해 군사적·정치적·경제적으로 위협하거나 힘을 사용하는 것은 금지(「조약 체결에 있어 군사적·정치적 혹은 경제적 강박의 금지에 관한 선언」1962년 비엔나 회의)하고 있다.(김대순, 『국제법론』 2005)

한편 한미연합사 창설에 관한 국내법적 근거는 「국방부 훈령 제237호」(1978년 4월 19일)인 것으로 알려지고 있다. 이 훈령의 내용이 알려져 있지 않아 그 법적 근거를 확인할 수 없으나 한미연합사 창설이 국가주권에 관한 사안이라는 점에서 국방부라는 일개 행정기관의 명령으로 처리할 수 없다는 것은 명확하다. 또한 한미연합사의 창설과 작전통제권 이양에 관한 한미 간의 체결 조약(국제법)에 상응하는 지위의 국내법적 근거가 마련되었어야 한다는 측면에서도 국방부 훈령을 국내법적 근거로 삼은 것은 무리였다.

이와 같이 한미연합사 설치에 따른 작전통제권 이양은 국내법적·국제법적 근거가 없는, 불법적인 과정으로 점철되어 있다. 이는 1950년 이승만의 공한에 의한 작전지휘권의 이양이나 1954년 한미 합의의사록에 의한 작전통제권 이양보다도 훨씬 더 심각한 불법성을 지니고 있다고 하겠다.

(2) 유엔 간판 버리고도 부당한 작전통제권은 계속 행사

한미연합군 창설 전까지 미국은 유엔군사령부를 외피 삼아 한반도 문제에 개입하고 한국군의 작전통제권을 행사해왔다. 그것은 '유엔'과 '집단안전보장 원칙'을 내세움으로써 제3국에 대한 학살적 군사 개입의 부당성을 은폐하고 유엔 회원국의 지원을 얻어낼 수 있었다.

그러나 앞에서 살펴본 바와 같이 1975년 11월 유엔총회에서 한반도 문제 해결에 관한 서로 상충되는 두 결의안이 통과됨으로써 유엔이 더 이상 한반도 문제 해결 주체로서의 자격을 유지할 수 없게 되었다. 이에 미국은 이제 유엔군사령부라는 외피를 완전히 벗어던지고 주한미군의 이름으로 직접 한반도 문제에 개입하게 되었으며, 한미연합사 창설과 한미연합군사령관의 작전통제권 장악은 이를 위한 강력한 물리적 발판을 확보하기 위한 것이었다.

이 이양 역시 위의 조건부 이양을 그대로 계승했다.(移讓 : 남에게 넘겨 줌) 1978년 외무부장관과 주한미국 대사간에 교환한 한미연합사령부 설치에 관한 교환각서 관련사항은 아래와 같이 한미 합의의사록 한국 측 정책사항 2항의 조건부 규정의 범위 내라는 것을 분명히 했다. 앞에서 본대로 한미 합의의사록 2항은 "국제연합군사령부가 대한민국의 방위를 위한 책임을 부담하는 동안 대한민국 국군을 국제연합군사령부의 작전통제권하에 둔다"라고 하는 조건부였다.

…… 제11차 한미연례안보협의회의에서 대한민국 국방장관과 미합중국 국방장관 간에 합의된 군사위원회 및 한미연합군사령부에 관한 권한위임사항에 언급하는 영광을 가지는 바입니다 …… 상기 권한 위임사항이 상호방위조약 및 합의의사록 중 한국 측 정책사항 제2항의 규정의 범위 내에서 정당하게 이루어진 약정이며, 또한 동 약정은 한미연합군사령관이 미군 4성 장군으로서 국제연합군사령관 및 주한미군사령관을 겸임하는 동안 효력을 갖는 것으로 이해함을 통보하는 영광을 또한 가지는 바입니다.

이를 두고 한국 국방부는, 기존의 '미 국가통수→미 합참의장→미 태평양사령관→유엔군사령관'의 체계에서 "연합사령관은 양국 국가통수·군사지휘기구하에 있는 한미군사위원회(MC)의 지시를 수명토록 함으로써「미국(유엔사) 단독지휘체제」에서「한미 공동지휘체제」로 전환"한 것이라고 의미를 부여하고 있다.

그렇지만 한미연합군사령관은 어디까지나 '미군 장성'이고 또 미국의 군사전략이 일방적으로 관철되는 한미군사위원회의 작전지침과 전략지시에 따라 작전통제권을 행사한다. 또한 "한국군 지휘관은 작전통제권이 결여된 지휘권(인사행정·부대훈련·군수지원 등의 기능)을 행사하기로 합의하여" 작전지휘권의 핵심적 내용이 미군에 장악되어 있는 바 공동지휘체제라고 볼 수 없다.(허남성 「평시 작전통제권 환수 경과와 향후의 대책」 『외교』 한국외교협회 1995)

오히려 한미연합사는 미국이 6·25전쟁의 참전 이래로 그토록 강조하고, 유지하고자 했던 집단안전보장 원칙과 그 틀인 유엔과 유엔군사령부라는 가면을 버리고 미국이 「단독으로 직접 한반도 문제와 한국군을 통제하기 위한 장치로서의 성격을 확연히 한 것」이다.

4) 작전통제권 상실로 인한 한국군의 국민 자주권 훼손

(1) 군령 · 군정 · 국방개혁 · 군 구조개편까지 미국 동의 필수

국가는 그 수반을 통해서 군통수권을 행사한다. 국가수반인 한국 대통령은 비록 헌법상 군통수권자이지만 통수권의 양대 구성요소인 군령권과 군정권을 제대로 행사하지 못하는 '국가(주권) 없는 국가'의 군통수권자에 불과하다. 군령권의 핵심인 작전통제권이 미국에 의해 장악된 상태이기 때문이다. 군정권 역시 형식적으로는 대통령에게 주어져 있지만 이나마 제대로 행사하지 못하는 제약 속에 놓여 있다.

용병用兵을 핵심으로 하는 군령권은 본질적으로 양병養兵을 핵심으로 하는 군정권과 분리된 별개의 관계가 아니라 군정권을 제약하고 규정하고 지배한다(over-rule). 군령의 핵심인 작전계획·전략기획·군사교리·전술 등이 어떠하냐에 따라 군 구조·규모·무기체계·군수軍需 등의 군정권이 그에 부응할 수 있도록 조직·조정된다. 비록 평시 작전통제권이 한국에 귀속되어 있다지만 미국이 군령의 핵심 영역인 「작전계획 수립」과 「군사교리 발전」 등의 권한을 군령권을 통해 계속 장악하고 있기 때문에 대통령의 군정권 행사도 구조적 제약을 받을 수밖에 없다.

또한 군통수권軍統帥權의 고유 기능인 안보 정세판단, 이에 따른 전략적 대응 또한 한미연합사령관의 「연합정보관리」에 의해 규정되므로 한국 대통령의 군령권 행사는 한계를 가지게 된다. 더불어 「전쟁억제·방어 및 정전협정 준수를 위한 연합위기관리」도 미국에 의해 행사되므로 군통수권은 제약을 받을 수밖에 없다.

그 결과 작전통제권을 장악한 미국의 한국군 구조개편, 국방개혁, 무기체계 선정 등에 대한 개입과 간섭이 구조화되어 있어 미국이 군령은 물론이고 군정까지 좌지우지하고 있는 실정이다.

① 국군병력 기준과 원칙을 규정한 「한미 합의의사록 부록B」

미국은 자신의 군사전략적 필요와 의도에 따라 한국군의 규모와 전력구조를 재단裁斷해왔으며 자신의 세계군사전략이 바뀔 때마다 '한국군 현대화'니 '국방개혁'이니 하는 이름으로 한국군의 전력구조 개편과 전력 증강을 강요했다. 이를 위해 일찍이 미국은 "(한국은) 효과적인 군사 계획의 유지를 가능케 하는······ 국군 병력 기준과 원칙을 수락한다"(「한미 합의의사록」에 규정된 한국의 정책 사항 3항)는 것을 아예 "한국의 정책으로 삼(한미 합의의사록 전문)도록" 했다. 이 국군 병력 기준과 원칙은 「한미 합의의사록 부록 B」에 자세하게 규정되어 있다. 미국의 한국 군정에 대한 개입의 뿌리는 「한미 합의의사록」에서 비롯된다.

1954년 「한미 합의의사록 부록 B 1항」은 1955 회계연도에 한국군 '인가 병력'을 육군 66.1만(20개 사단), 해군 1.5만, 공군 1.65만, 해병대 2.75만으로 모두 72만 명으로 규정하였다.

한국군 해·공군력 제한은 미국이 이승만의 단독 북진을 견제하기 위한 의도였으며(1), 과도한 규모의 육군 병력을 유지하도록 한 것은 전쟁 시 한국 지상군과 미국의 해·공군력을 이용함으로써 미국 자신의 인명피해를 최소화하려는 의도를 드러낸 것이었다. 이를 위해 미국은 휴전 당시 남한의 병력이 북측의 두 배를 넘었는데, 남한 경제력으로는 도저히 감당할 수 없는 수준인 72만 명을 유지하도록 했다. 이 때문에 남한의 국방비는 대부분 미국의 군사원조에 의해 충당되지 않으면 안 되었다(2).

(1). "이(승만) 대통령이 1955년 대북 공격계획을 갖고 워싱턴에 왔으나 당시 상황이 그렇게 할 수 없었기 때문에 제시하지 못했다. ······ 이승만은 1954년 북한의 개성과 옹진 지역을 탈환할 준비를 비밀리에 지시했다."(해리슨 2003)

(2). 남한의 GNP 대비 국방비 비율은 1955년 6.07%, 1957년 6.90%, 1958년 7.40% 1959년 7.51%였으며 국방비에서 미국의 국방예산 지원(PL480-1 대충자금)을 빼고 남한의 고유부담을 기준으로 계산하면 각각 2.20%, 1.56%, 2.43%, 2.37%에 지나지 않았다. 이는 매해 남한 국방비의 2/3 정도가 미국의 원조로 채워졌음을 뜻한다.(함택영

1998) "무상원조의 한국 국방비 대비 기여도는 1950년대 국방재원의 대부분(국방비 자료 미상으로 정확한 비중 산출 불가)을 차지했으며 1960년대 50.39%에서 1970년대 전반 31.28%로서 점차 감소되어왔다."(오관치 외 1990)

② 미국의 대량 보복 핵폭격 위협이 북측의 핵대응 전략을 촉발

아이젠하워 정권은 1950년대 중반 미국 국방비의 절감을 위해 대량보복전략을 채택하면서 주한미군의 현대화와 함께 한국군의 현대화를 추진하였으며 이를 위해 1958년 「한미 합의의사록」을 개정한다.

당시 국방장관 김정렬은 미국의 대소전략이 대량보복전략으로 바뀌면서 "종래의 재래식 무기를 바탕으로 한 군대 편성을 폐기하고 원자탄을 중심으로 한 5각구도(Pentomic Division)(1)의 새로운 군대를 편성하는 것"과 함께 "대포를 비롯한 재래식 무기는 점차 폐기되고, 원자탄, 유도탄, 8인치 포 등이 집중 보급되었으며, 이러한 신무기로 전력이 강화되는 만큼 병력 자체는 줄여나가게 되었다"면서 "주한미군을 이러한 (대량보복) 전략에 맞는 체제로 개편하고, 한국군의 감축을 단행하고자 한 것"이라고 회고했다.(김정렬, 1993)

(1). "1956년부터 미국 육군은 군 전체의 편제를 기존의 3각 편제(전투·포병지원·예비병력)에서 5각 편제로 바꾸었는데, 그중 하나로 새로 도입된 것이 '핵 화력'의 지원을 받는 기동전투부대로 이루어진 '펜토믹 사단'이었다. 당시 펜토믹 사단은 18개의 핵무기 체제(155mm 곡사포 12문, 8인치 곡사포 4문, 어네스트 존 미사일발사장치 2기)로 이루어졌다."(서울신문사 1979)

1958년 개정된 「한미 합의의사록」은 1959 회계연도의 총 '인가병력'을 63만 명으로, 육군을 56만 5,000명으로 각각 규정했으며, 이 육군 규모는 이후 50년 가까이 거의 고정되었다. 미국의 애초 구상은 한국군(육군) 20개 사단을 8개 사단으로까지 줄이는 것이었으나 한국군의 반발도 있어 6만 명 정도를 줄이는데 그쳤다.

개정 합의의사록은 또한 군인 봉급과 식비의 인상, 10개 예비사단 창설, 한국군의 훈련 실시, 해·공군의 전력증강 한계, 군사건설 사업의 유엔사령관 승인, 한국 국방예산에 대한 유엔사령관과 한국의 공동 점검 등에 관해 상세히 규정했다. 이런 사실은 군정권軍政權도 미국에 의해서 철저히 좌우되어 왔음을 보여준다.

③ 김대중 「국민의 정부」 국방개혁도 미국이 저지시켜

김대중 정권의 국방개혁은 미국이 나서서 이를 저지시킨 사례다. 김대중 정권은 집권하자마자 1군과 3군의 통합, 지상작전사령부 창설, 2015년까지 56만 육군 병력의 35만으로의 감축 등을 내용으로 하는 국방개혁을 의욕적으로 추진했다. 이는 비대한 군부에 대한 개혁 요구와 함께 장기적인 한반도 평화통일 기반 조성을 위한 토대 형성에 긴요한 과제였기 때문이다. 그러나 그 결과는 지엽적인 국군간호사관교 폐교와 국군체육부대 해체에 그쳤다.

미국의 의도는 남북분단·대결에서 북을 압도할 수 있는 군사력을 남측이 갖추고 있기를 바랐기 때문이다. 남북의 민족통일은 관심 밖일 뿐만 아니라 북쪽까지도 정복하는 것이 미국의 희망이었을 테니까.

김대중 정권의 국방개혁 실패는 내적 요인 때문이 아니라 미국의 반대에 부닥쳤기 때문이다. 당시 틸럴리 한미연합사령관은 1998년 8월과 10월 두 차례에 걸쳐 국방개혁안, 특히 전방 1군과 3군의 통합을 반대하는 편지를 천용택 국방장관에게 보냈다. 아래의 8월 20일 편지는 미국이 우리의 군령 못지않게 군정에 개입하여 통제하고 있었음을 보여준다.

연합사와 지상구성군사령부를 분리시키는 것은 장차 전투 시 통합 능력 발휘에 제한, 지구사가 연합사와 분리 시 연합사 부사령관이 지구사에 위치하게 되므로 CP TANGO에서의 연합작전 지휘 제한, 1·3군 사령부를 지상작전사령부로 통합하면 근접전투의 능력 발휘가 향상될 것이나 적절한 C4I 체제가 필요, 육군 항공강습부대 창설은 바람직하나 준비 기간을 충분히 갖고 추진, 2군 사령부 기능 보강과 국군수송사령부 창설은 한미 양군의 RSOI를 강화시키는 데 있어 매우 바람직함, 기타 군 구조조정은 참신한 계획으로 생각되며 개혁안을 발전시키는 데 적극 지원(국방부 「1999 국정감사 요구자료」)

틸럴리 사령관이 "연합사와 지상구성군사령부를 분리시키는 것은 장차 전투 시 통합 능력 발휘에 제한"이라는 편지를 보낸 것은 국방개혁으로 생길 지상작전사령부가 한국군의 독자적인 지상작전능력을 강화시킴으로써 사실상 연합사 지상구성군사령부 기능을 대체하는 결과가 되어 미국의 한국군 통제력을 약화시킬 것을 우려했기 때문이었다.

④ 한국 「국방개혁 2020」은 부쉬정권의 신군사전략에 따른 것

참여〔노무현〕정부의 '협력적 자주국방'과 '국방개혁 2020(안)'은 그 계기와 지향성이 주한미군의 '전략적 유연성'(국내외로 자의적으로 이동)과 '한미동맹의 현대화'에 맞춰져 있으며 이 점에서 미국의 개입·동의·통제 하에 추진되었다. 2020년까지 총 병력 50만, 육군 37만 1,000명 수준으로 감축, 육군 1군과 3군 통합, 지상작전사령부 창설 등을 내용으로 하는 이 국방개혁안은 그 발표에 앞서 안광찬 정책홍보실장이 라포트 연합사령관에게 사전 보고한 데서 볼 수 있듯이 미국과의 사전 조율과 통제하에서 추진되고 있다.(『중앙일보』, 2005.9.10.)

이는 미국이 이 국방개혁안에 대해 "이번(37차) 한미연례안보협의회의의 논의 주제"이고 "앞으로 계속 우리(미국)와 논의해나갈 사안이 될 것"(인터넷 『한겨레』, 2005.10.16.)이라고 말한 데서도 확인된다. 이 같은 미국의 개입 의지는 "국방개혁안이 앞으로 동맹의 발전을 뒷받침해 줄 것"이라는 2005년 한미연례안보협의회의 공동성명에서도 확인된다. 여전히 한국군의 규모·구조·전력 현대화·군사전략 등 군정·군령 전반에 대해 지속적으로 개입하겠다는 의지를 내비치고 있다.

미국은 국방개혁 2020이 한반도 및 아시아태평양에 대한 미국의 군사전략적 요구에 일치하도록 하기 위해서 끊임없이 주문하고 있다.

2007년 3월 7일 미 하원 군사위청문회에서 벨 주한미군사령관은 국방개혁에 대해 "한국이 현역과 예비역병력을 포함 현재 370만 명인 군 병력을 향후 13년간 200만 명 수준으로 46% 감축할 계획"이라면서 "비슷한 규모로 북조선군의 감축이 없다면 한국 정부가 이 같은 대규모 군병력 감축을 조심스럽게 고려하기를 바란다"고 말했다. 또 한국군 복무단축 계획에 대해서도 "이 같은 접근은 병력충원의 문제를 야기하고, 군대의 내실을 해치거나 '작은 군대'를 초래할 수 있다"면서 "한국의 징병제 변화는 북의 위협을 감안해 조심스럽게 검토돼야 한다"고 밝혔다.(『연합뉴스』, 2007.3.8.)

북조선군 병력감축에 상응하는 한국군의 병력감축에 대한 주한미군사령관의 요구는, 미국의 전쟁목적(순수한 방어가 아닌 대북 공격과 점령)이 한국군의 일방적인 병력감축으로 차질을 빚어서는 안 된다는, 미국 중심적 사고의 발로라 할 수 있다.

이처럼 주권국가의 고유 권한인 군정권 전반에 대한 미국 간섭의 빌미가 되는 것이 전시작전통제권의 미국 장악과 불평등한 한미 합의의사록 한국정책사항 3항이다. 미국이 자신의 군사전략에 맞춰 한국군의 규모와 구조를 농단하지 못하도록 하기 위해서도, 한국이 자주적으로 국방개혁을 추진하기 위해서도 「작전통제권의 전면 환수」와 「한미 합의의사록의 폐기」는 선결조건이다.

(2) 다섯 가지 「공격작전계획」 앞에 남북 동포 '화해 · 평화'는 헛소리

한국군의 대미 종속적 위상은 작전계획 수립 권한을 미국이 한미연합사를 통해 장악하고 있다는 점에서 단적으로 드러난다. 한국군은 전술적 수준의 작전계획 기획과 실행을 하고 있지만 대규모 전략적 수준의 한미연합 작전계획 수립에는 독자성을 갖지 못하고 있다.

한미연합사의 한반도 작전계획은 그 명칭이 「미 태평양사령부」를 뜻하는 '50'으로 시작되는 데서 보듯이 한미연합사 작전계획이라기보다 미 태평양사령부가 주관하는 미국의 작전계획이다.

대북 '선제공격과 정밀폭격' 작전계획인 5026, 대북 점령과 북조선의 정권교체 등을 목표로 하는 작전계획5027, 대북 우발공격계획인 5028, 급변 사태 시 대북 군사 개입 시나리오인 작전계획 5029, 북의 전쟁 수행 능력을 고갈시키기 위한 작전계획인 5030 등은, 남북화해협력과 한반도와 동북아 평화공존을 표방하는 국민의 정부와 참여정부의 햇볕정책과 평화번영정책에 정면으로 어긋나고, 민족을 언제라도 또 다시 전쟁 참화로 몰고 갈 수 있는 작전계획들이었다.

이런데도 이들 작전계획을 마치 우리의 것인 양 받아들이고 국민을 속여야 하는 것이 바로 한국군이 처한 위상이다.

한미연합사령관이 장악하고 있는 작전계획 수립 권한은 매우 광범위하고 포괄적이다. 1994년 4월 7일에 체결된 「평시 작전통제권 전환 기본 합의문」(영어본)(한지윤, 2003: 부록 5)은 '작전계획 수립'을 '정밀기획'(deliberate planning)으로 명시하고 있다. 『합동연합작전 군사용어사전』(한국 합참, 2004)이나 미국 합참의 『합동작전기획교리』(국방대학교 합동참모대학, 2003)에는 「정밀기획」을 「합동전략기획문서에서 지정된 우발사태에 대한 개념요약과 합동작전계획의 발전을 포함한 합동작전기획 및 시행체계의 과정」으로 정의하고 있다.

정밀기획은 완성형 작전계획, 시차별 부대전개제원이 포함된 개념형 작전계획, 시차별 부대전개제원이 포함되지 않은 개념형 작전계획, 기능계획 등을 포함하고 있다. 기능계획에는 평시 또는 비적대적인 환경하의 군사작전 수행이 포함된다. 기능계획은 보통 특정한 기능이나 별도로 분리되어 독자적으로 수행되는 과업들(피탈 핵무기의 환수 또는 핵무기 철수 · 군수 · 통신 등)을 위해 수립되지만 재난구조 · 인도적 지원 · 평화유지 등의 평화 시의 기능적인 작전들을 위해 수립되기도 한다.(국방대학교 합동참모대학, 2003)

따라서 정밀기획은 「전쟁 이외의 군사작전」까지를 포함하는 개념으로, 「유엔 평화유지활동PKO」등이 전쟁 이외의 군사작전에 속한다.

이같이 포괄적인 영역의 작전계획 수립 권한을 한미연합사령관이 장악함으로써 북으로부터 무력공격을 받기 전에도 북을 선제공격하거나, 북의 핵시설 등을 정밀폭격하거나, 북조선 정권을 붕괴시키거나, 평시에도 대북 위협을 가하거나, 심지어는 재해로 인한 북한내부의 혼란상에도 개입할 수 있는 호전적이고 모험적인 작전계획을 수립할 수 있게 되어 있다.(PKO : UN Peacekeeping Operations)

이에 따른 다양한 형태의 침략적이고 공세적인 작전계획은 당연히 국내법과 국제법에 위배된다. 대북 연합작전계획은 헌법 4조의 평화통일 조항, 헌법 5조의 국제평화 조항, 유엔헌장(헌법 6조 1항에 따라 국제법 효력 규정에 따라 국내법적 효력을 갖는), 한미상호방위조약 등을 위배하고 있다. 작전계획 수립 권한이 한미연합사령관에게 위임되었다고 하더라도 상위법인 한미상호방위조약을 뛰어넘어서까지 위임될 수는 없다.

○ **헌법 제5조 1항** : "대한민국은 국제평화의 유지에 노력하고 침략적 전쟁을 부인한다."
한미상호방위조약 제1조 : "당사국은 관련될지도 모르는 어떠한 국제적 분쟁이나 국제적 평화와 안전과 정의를 위태롭게 하지 않는 방법으로 평화적 수단에 의하여 해결하고 또한 국제연합의 목적이나 국제연합에 대해 부담한 의무에 배치되는 방법으로 무력 위협이나 무력 행사를 삼갈 것을 약속한다."

한미상호방위조약은 남한이 외부로부터 무력공격을 당할 경우에 이를 방어하기 위한 방어동맹이지 침략동맹은 아니다. 따라서 국내법 · 국제법 · 한미상호방위조약에 부응하는 연합작전계획은 당연히 침략용이 아닌 방어용 작전계획이어야 한다.

이처럼 미국의 국가이익이나 군사전략의 필요에 따라 작성된 연합작전계획과 군사교리는 한국군을 미국의 군사전략을 실현하기 위해 동원되는 수단으로 삼고 있다. 그에 따라 한국군은 미군이 짜준 (연합)작전계획에 따라 행동할 수밖에 없으며 독자적인 작전계획을 작성하더라도 아무런 의미를 갖지 못하는, 결국은 그 지위가 미국의 동북아 패권전략과 미국 국가이익을 위해 고용된 용병이나 다를 바 없다. 한국군이 민족군대, 자주군대로 거듭나 우리 민족이익과 국가이익을 위해 헌신하는 군대가 되기 위해서도 「전시 작전통제권 환수」는 선결조건이다.

(3) 군령권 행사 어려운 한국 합참, 한미연합사 보조 역할

국군조직법(2조)상 한국 합참은 "작전부대에 대한 작전지휘·감독과 합동 및 연합작전의 수행"을 위해 설치된 기관으로 전투사령부의 조직 위상을 가진다. 합참의장은 "군령에 관해 국방부장관을 보좌하고, 국방부장관의 명을 받아……각 군의 작전부대를 작전지휘·감독하고 합동작전의 수행을 위해 설치되는 합동부대를 지휘·감독하는"(국군조직법 9조) 권한을 갖는다. 하지만 전투사령부로서의 한국 합참과 전투사령부의 최고 지휘관이자 군령의 보좌기관으로서의 합참의장의 법적 지위는 사실상 명목에 지나지 않는다.

한국 합참이 한미연합사의 보조기구에 불과하다는 것은 한미연합사 부참모장(1996년 12월~2002년 4월)을 지낸 안광찬의 증언으로도 확인된다. 그는 한국 합참이 "'단순한 협조 및 지원' 등에 국한된 임무만을 수행해"왔다면서 미국은 심지어 한국 합참을 불필요한 간섭 기관으로 여긴다고 증언했다.

"한국 합참은 전략적 및 작전적 수준까지 통제할 수 있기를 원하나 한미연합군 사령부에서는 작전적인 수준의 문제에 대한 통제는 불필요한 간섭행위로 생각하여 잘 받아들여지지 않고 있다."(안광찬 「헌법상 군사제도에 관한 연구」 동국대 박사학위 논문 2002)

이는 전시 작전통제권을 상실한 한국 합참이 군령권을 제대로 행사하지 못하는 데서 오는 당연한 귀결이다. 이 결과 한국 합참은 연합작전계획을 작성할 수 없고, 연합군사교리·연합합동군사훈련 등의 권한을 전혀 행사하지 못한 채 한미연합사령관에 의존하고, 지시를 받고 있으며, 단지 연합연습에 참가하는 한국군 부대의 결정이나 미국의 증원부대 지원에 관한 미 태평양사령부나 주한미군사령부와의 협의와 같은 단순한 보조 역할을 하고 있다.

한국의 전투지휘사령부 역할은 한국 합참이 아니라 사실상 한미연합사를 지휘하고 있는 주한미군사령부이고, 한국의 전투지휘사령관은 주한미군사령관이며, 한국 방위와 관련된 군령기구는 한국 국방부장관이나 합참의장이 아닌 미국의 합참의장이라고 할 수 있다.

(4) 미국, 남북을 분단·분열시켜놓고 침략전쟁도 마음대로

김영삼 전 대통령은 퇴임 후 전쟁 일보직전 상황까지 돌입한 1994년 6월의 영변 핵위기 당시에 대한 회고에서 "하루는 보고를 받으니 내일……대사관 직원 가족들의 철수를 발표한다는 것이었다. 미국이 전쟁 직전에 취하는 조처다 …… 남북에서 …… 1,000만 명에서 2,000만 명이 죽을 것이다 …… 그날 저녁 클린턴하고 32분 동안 통화했는데 대판 싸웠다"라고 밝히고 있다.(『한겨레신문』 1999.5.24.)

이는 한반도 전쟁에서 「남과 북이 함께 2,000만 명이 죽게 될 수도 있는, 바보스런 동족살육의 운명공동체라는 점과, 또 전쟁 국면에 들어가면 우리의 생명과 재산을 지켜주어야 할 책무를 지닌 우리의 대통령마저도 미국 주도의 전쟁을 통제하거나 막을 수 없다」는 기막힌 실상을 말해준다.

당시 미국은 한국 대통령의 반대에도 불구하고 자신들의 전쟁계획을 일방적으로 밀어붙였다. 2001년 6월 제주도 평화포럼에 참석한 당시 국방장관이던 페리는 이 사실을 다음과 같이 확인했다.

전쟁이 발발하면 승리하겠지만 한국군·미군·한국 국민의 피해가 엄청날 것이라는 게 드러났다 …… 주한미군을 수만 명 증원하는 계획을 입안했고, 주한 미대사관에 민간인 철수계획을 준비토록 지시했다. 그러나 클린턴 대통령이 전쟁 개시를 승인하기 불과 몇 시간 전에 우리는 …… 김일성의 전언을 받아 협상에 나선 것이다.(『중앙일보』 2001. 6.17.)

노무현 대통령은 취임 직전 당선자 자격으로 한국노총을 방문한 자리에서 "막상 전쟁이 나면 국군에 대한 지휘권도 한국 대통령이 갖고 있지 않다"(『한겨레신문』 2003.2.14.) 면서 절박한 심정을 토로했다. 당시 부쉬 정권이 일방적으로 북미제네바협정(1994)을 파기한 채 「맞춤형 봉쇄(tailored containment)」 등을 천명하면서 전쟁위기로 치닫고 있었다. 노무현 당선자의 발언은 한국 대통령이 명목뿐인 군통수권자에 불과해 미국의 전쟁 의도대로 따라가지 않을 수 없기 때문에 어떻게든 전쟁을 사전에 막아야 한다는 심정을 나타낸 것이다.

이처럼 우리는 미국이 우리 국민의 의사와 상관없이 한반도에서 멋대로 전쟁위기를 조성하고 또 막상 전쟁이 나도 이를 통제할 수 없는 기막힌 현실 속에 살고 있다. 이는 근본적으로 헌법상 군통수권자이지만 군령권을 우리 대통령이 제대로 행사하고 있지 못한 데서 비롯된다. 더 세부적으로는 「군령의 핵심인 작전통제권이 한미연합사령관, 곧 미국에 이양되었기 때문」이다.

조선반도 전 민족 동포의 죽고 사는 문제인 생명권이 미국에 의해 좌우되는 현실이 크게는 군통수권 상실에서, 구체적으로는 「연합위기관리체계」에서 비롯된다. 이 연합위기관리체계는 1994년 평시 작전통제권 환수 협상 과정에서 미국이 강요한 「연합권한위임사항」(CODA : Combined Delegated Authority)의 여섯 개 항목 가운데 하나다.

한국 국방부의 위기관리 규정에 의하면 위기관리란 "발생된 위기상황이 전쟁 등으로 사태가 악화되거나 확대되는 것을 방지"하는 것에 더하여 "전쟁을 준비하는 제반 활동"까지를 포함하는 개념으로 보고 있다. 이런 중대한 침략·학살 상황이 외세의 손에 맡겨져 있는 것이다.

1994년 영변 핵 전쟁위기 당시 미국은 전쟁 발발에 대비한 '전투력 증강' 초기 조치의 일환으로 정보분석 요원·작전계획수립 요원·패트리어트와 에이타킴스 지대지 미사일 운용 요원 등이 포함된 300~400명의 미군을 오산기지를 통해 비밀리에 입국시켰다. '전투력 증강'은 「작전계획 5027」에 수록되어 있는 미군 증원전력의 한 종류로 신속억제방안(FDO: 전쟁 발발 이전 위기 시에 시행되는 증원전력의 한 종류) 등을 통해 전쟁억제에 실패할 경우에 대비해 초전에 긴요하다고 판단되는 주요 전투부대와 전투지원부대를 증원하는 조치다.(국방부 『2004 국방백서』 2005)

기막힌 사실은 이러한 전쟁준비 조치가 한국 정부에 통보되지 않은 채 미국에 의해 일방적으로 이뤄졌다는 점이다. "당시 미국은 이 같은 조치(전투력 증강 초기 조치)를 우리 측에 통보하지 않고 진행했으며 한미연합사 내부에서도 한국군을 배제한 채 미군들끼리 북핵 대책회의를 한 경우가 종종 있었다."(『조선일보』 「주한미군 50년사 : 도상작전 워게임」 1995)

이러한 한반도 전쟁 등에 관한 연합위기관리의 일방성은 무엇보다도 「징후경보체제」(Indication & Warning System) 운영의 일방성에서 확인된다. 이는 대북한 정보 판단이 미국에 의해 일방적으로 이루어져 우리 의지와 무관하게, 또한 우리도 모르는 사이 대북 선제공격 가능성을 초래해 민족의 운명이 거덜날 수도 있음을 말한다.

미국은 한반도에서 북의 위협과 도발을 미리 예측·방어한다는 구실 아래 우주공간과 바다와 육지에서 하루도 빠지지 않고 24시간 감시하는 「징후경보체계」를 운용하며 수시로 겁박하고 있다. 이 체계의 가장 중요한 목적 가운데 하나는 전쟁발발을 수일 전(D-3~1)에 조기 경보함으로써 이른바 '미국의 적국'에 대한 선제공격(침략전쟁) 전략을 실행에 옮기기 위한 것이다.

즉, 이것은 '확실한 조짐'(unambiguous signs)만 나타나도 북을 공격하는 것으로 되어 있는 「작전계획 5027-98」이나 한국과 상의 없이 북한을 선제공격하도록 되어 있는 「작전계획 5027-02」등이 실제로 가동될 수 있도록 정보력으로 뒷받침하여 왔다.

물론 이런 선제공격은 국제법적으로 불법이고, 또한 북측의 전쟁수행능력이 남한에 비해 현저히 뒤진다는 점에서 가능성이 거의 없는 북의 전쟁도발을 기정사실로 전제하는 조기경보체제 운영 자체가 정당성을 가질 수 없다. 더욱 심각한 문제는 징후경보체제가 미국에 의해 일방적으로 운용됨으로써 미국이 대북 선제공격을 일방적으로 판단하고 실행할 수 있다는 점이다. 특히 일방적인 선제공격 우려는 징후경보체제 운용과 함께 미군 증원전력 전개능력의 획기적 강화로 더욱 커지고 있다.

미국은 징후경보체계를 위해서 한미연합으로 200개 안팎의 징후목록을 설정하고 이에 대한 정상·비정상 등의 판단을 하고 있다. 그런데 이 징후목록 설정과 관리도, 각 항목의 정상·비정상 등의 판단도, 결국 징후경보체제의 운용을 책임지고 있는 미국의 몫으로 귀착되어 있다. 징후목록은 전쟁 발발 가능성을 측정하기 위해 미군이 실전경험으로부터 습득한 자료를 토대로 설정된 것으로, 북의 지·해·공군 및 방공을 비롯한 군사활동과 정치·사회 및 국외활동 등을 항목화한 것이다. 따라서 징후목록이 전적으로 미국의 이해와 입장에 의거해 작성되고 관리되리라는 것은 쉽게 짐작할 수 있다.

연합위기관리의 일방적인 미국 주도에서 비롯된 전쟁위기는 1998년의 금창리 핵위기 사태에서 그대로 드러났다. 이 전쟁위기는 당시 미국 국방정보국(DIA) 국장인 패트릭 휴즈가 유출한 인공위성 사진정보를 토대로 미국 내 강경파가 북이 금창리에서 핵무기를 개발하고 있어 제네바합의를 위반했다고 주장한 데서 발단되었다.(『중앙일보』1998. 11.24.)(DIA : Defense Intelligence Agency)

당시 미 합참 간부회의에서 존 틸럴리 주한 미 사령관은 "올 봄 한국에서 일종의 긴급상황이 예상된다"고 밝혔고, 1999년 2월 2일 조지 테닛 CIA 국장은 상원 군사위에서 "북조선이 절박한 경제상황 때문에 '미국과 위험한 극한정책'으로 치달을 가능성이 높아졌다"고 1999년 3월의 전쟁위기설을 경고했다.(『한겨레신문』 1999.2.4.)

셀리그 해리슨은, 1998년 10월 9일 주한미군 작전부참모장 레이먼드 아이어스 소장이 비보도를 전제로 아시아 여러 나라 출신의 지도급 언론인 13명에게 「작전계획 5027-98」을 설명했는데, 그 내용에 대해서 첫째, 방어진지로부터 탱크나 포대가 대규모로 이동하는 것과 같이 북측이 공격 준비 중임을 보여주는 '확실한 조짐(unambiguous signs)'이 나타날 경우 '선제공격을 할 가능성'을 강조하고, 둘째, 전쟁 시 북조선 정권을 남한의 점령 정권으로 대체하겠다는 노골적인 흡수통일을 지원하고, 셋째, "우리는 그들을 모두 죽여 군대라고 할 수 있는 걸 가질 수 있는 능력을 없애 버릴" 극단적인 전쟁계획이었다고 확인했다.(『한겨레신문』, 1999.4.4.)

1999년 당시 국방장관이던 천용택이 국정개혁보고회의에서 김대중 대통령에게 보고한 내용 가운데 "북측이 스커드 등 중거리미사일과 화생무기로 도발할 확실한 징후가 포착되면 한미 양국은 핵심전력을 선제공격할 계획을 세워두고 있고 …… 북의 주요 군사시설에 대해 군사위성과 U2 정찰기 등이 24시간 감시, 대량살상무기의 선제공격에 실패해도 피해 예상지역에 3분 내 경계경보가 가능하다"고 밝힌 것은 이 새로운 작전계획을 언급한 것이었다. (『한국일보』 1999.3.24.)

미국은 당시 한국전쟁을 가정해 미 본토에서 「BDU38」이라는 핵공격 모의훈련까지 할 정도였다. 2004년 11월 8일 교도통신은 "김대중 정부 집권 초기인 1998년 12월 9일자 『제4 전투항공단사(史)』에 따르면, 미 제4 전투항공단은 같은 해 1월부터 6월까지 미국 본토에서 북한까지 항공기로 핵무기를 운반해 공격하는 상황을 가정해 F15E 전투폭격기 24대를 동원, 핵무기 사용을 가정한 모의탄두 탑재·투하 훈련과 검열을 했다"고 보도했다.

또 "당시 훈련은 미국 북부 노스캐롤라이나 주 세이모어존슨 공군기지에서 출격해 남쪽으로 900km 떨어진 남부 플로리다 주 에이본파크 공군사격장에 BDU38 모의탄두를 투하하는 방식으로, '작전 준비', '핵무기 확인', '핵무기 운용' 등 세 단계에 따라 실시됐다. 이 훈련에는 공중조기경보통제기(AWACS)와 KC135 공중급유기 등도 참가했다"고 보도했다. (『프레시안』 2005.9.24.)

그러나 핵전쟁 위기까지 몰고 온 미국 인공위성 정보는 이후 베를린 합의에 따라 금창리를 사찰한 미국에 의해 사실무근임이 확인됐다. 이처럼 미국이 인공위성 사진을 잘못 찍거나 판독을 잘못했을 경우 우리 민족의 생명권이 좌우되는 현실 속에 한반도는 놓여 있다. 이는 크게는 작전통제권이나 군령권의 상실에서, 작게는 한반도 위기관리의 일방적인 미국 장악에 기인한다.

또 다른 한반도 연합위기관리의 일방성은 데프콘 상향 발령에서도 나타난다. 데프콘 상향 발령은 한미 합의로 하게 되어 있지만 한국이 정보를 장악한 미국에게 끌려가지 않을 수 없다. 데프콘 징후목록은 위기상황을 가늠하는 근거로 사용된다. 징후목록이 일정 수준 이상으로 올라갈 만큼 북군의 군사동향이 포착되면 데프콘 수준을 상향 발령한다. (DEFCON, Defense Condition : 미군의 방위 준비 태세, 전투 적응 태세를 나타내는 기준. 1부터 5까지의 단계로 나뉨)

평시 작전통제권 환수 전에는 한미연합사가 징후목록을 단독으로 평가한 후 양국 합참에 보고하도록 되어 있었다. 평시 작전통제권 환수 이후에는 한미연합사 징후회의에 한국 합참요원이 참가하여 양국이 공동으로 평가하고 양국의 국가통수와 군사지휘기구 승인하에 데프콘을 상향 발령하기로 합의했다. 그렇지만 데프콘 상향 발령이 한미 합의에 의한다고 하더라도 미국이 정보를 장악하고 징후목록의 평가를 좌우하므로 한국으로서는 미국의 판단을 거부하기가 어려워 여전히 일방성이 지배된다.

연합위기관리의 미국 일방성은 한미연합사의 인적 구성에서도 확인된다. 곧, 연합사 작전참모부장(미군 장성)이 모든 연합위기관리에 대한 실무 책임을 지고 있어 위기조치의 성격이나 방향, 데프콘의 상향 발령 등을 미국이 주도하게 되어 있다. 연합사·주한미군사의 작전참모부장은 사소한 위기상황 시 구성되는 한미연합사의 '초기대응반', 또 위기상황이 고조되어 초기대응반의 작전능력을 초과하는 경우 구성되는 '위기조치반'의 반장을 맡는다. 위기조치반과 함께 완전한 계획수립 기능을 수행하기 위해 구성되는 '위기조치계획반'도 연합사·주한미군사 작전참모부 계획처 밑에 설치된다.

위기조치반장의 임무는 「한국 합참에 데프콘의 변경 구두 통보」나 「데프콘 증가 건의 고려」등을 포함하고 있으며, 위기조치계획반의 임무는 「사령관 지침 준비 및 제출」「데프콘 변경 건의」「작전계획·작전명령 보완발전」「지상군 이동·전개 및 운용에 관련된 건의서 작성」등을 포함하고 있다. 연합사의 위기조치계획 절차 6단계(상황전개·위기평가·방책발전·방책선정·시행계획·시행)도 초기대응반과 위기조치반을 통해서 진행된다.

(5) 군사주권과 국민주권까지 방치, 자주독립국의 치명상

이같이 작전통제권 상실로 인한 군령권의 실질적 상실과 이에 따른 미국의 일방적 연합위기관리체계 구성 등으로 인해, 최고위 수준에서나 실무적 수준에서 미국의 일방적 연합위기관리체계가 구조화되어 있다. 이러한 기형적인 연합위기관리체계는 한국이 전쟁통제력을 제대로 행사하지 못함으로써 우리의 생명권을 외세인 미국에 맡기는 「군사주권박탈」상황을 빚고 있는 것이다.

국회 본회의에서 북한이 핵을 가지고 있느냐는 질문에 "미국이 있다면 있고 없다면 없다"고 답한 적이 있다. 그게 한미 간 정보협력의 실체다 …… 남북관계가 호전될 만하면 이 문제(북한 핵문제)가 나온다.(정세현「부쉬 정부는 협상 아닌 항복 얻으려 6자회담 열었다」『신동아』3월호, 2005)

이는 정세현 전 통일부 장관의 증언으로 우리의 대북정보 해석과 판단이 전적으로 미국에 달려 있음을 말해주고 있다. 동시에 미국이 정보독점을 악용해 남북관계를 얼마든지 왜곡하거나 화해 협상을 파탄으로 몰고 갈 수 있음을 시사한다. 이러한 정보관리의 탈주권성은 CODA(연합권한 위임사항)에 의해 연합정보관리 권한이 연합사령관에게 위임되어 있기 때문이다.

이 정보관리를 실무적으로 뒷받침하는 연합사 정보참모부는 정보 수집관리와 정보운영(징후경보와 상세분석) 임무를 가진다(이규홍, 2004: 70). 수집관리는 정보수집 부대(미 7공군 작전통제하의 정보부대나 미 501정보여단 등)에 필요한 수집을 명령하고 결과를 필요한 부대에 지원하는 임무다.(연합사령관이 필요로 하는 우선수집요구사항과 각 군이 요청하는 수집요청사항이 있다) 여기서 수집된 정보는 징후경보와 상세분석 등에 활용된다.(이규홍 「미국의 한반도 군사전략 변화와 그 영향」 성균관대 석사논문 2004)

징후경보는 조기경보체제 운영을 통해 미리 설정해놓은 징후에 대한 이상이 발견될 경우 정보참모부장이 연합사령관에게 데프콘의 격상이나 추가조치를 요청하는 등의 임무다. 상세분석은 수집된 정보의 분석을 통해서 상대측 전략을 분석하고 그에 대한 대응전술을 개발하며, 전술의 구체화로서 북부 지역의 공격 대상을 선정하는, 곧 표적을 개발하는 임무다. 상세분석은 정보참모부 산하 연합정보운영센터(CIOC)가 수행한다.

이처럼 주권과 직결된 업무를 관장하고 있는 정보참모부가 미군에 의해 좌지우지되고 있다. 그 현황을 살펴본다.

첫째, 정보참모부의 미군 장악은 인적 구성에서 드러난다. 한미연합사 근무 미군 요원 중 80%가 이곳에 배치되어 있다. 한미연합사령부 전 구성원은 540여 명으로 한국군은 장교 150여 명을 포함해 280여 명이고, 미군은 260여 명이다. 이 미군 260명 가운데 210명이 정보참모부에 배속되어 있다. 나머지는 70여 명의 한국군으로 구성되어 있어 인적구성에서 정보참모부는 미국에 의해 장악되고 있다.

둘째, 미국은 한미연합사 정보의 수집·판독·분석·처리, 정보원의 공개범위 등을 조정할 수 있다. 왜냐하면 한미연합사 정보참모부는 자체 정보조직과 정보수집수단을 갖고 있지 않은 채 이를 미 국방정보국이나 미 태평양사 산하 정보부대에 의존하기 때문이다. "현 연합사 정보참모부 운영은 잠정편성체제로서 연합사 자신의 조직으로 운영되는 것이 아니라 주한 미8군 정보활동조직을 활용하고 있다."(김달중 『2000년대의 이상적 국방체제』 세종연구소 1988)

연합정보운영센터(CIOC)의 상세분석은 미 군사위성 KH-11, KH-12가 수집한 영상정보를 미 태평양사령부 산하의 한국정보생산센터(KIPC)가 분석한 자료 등에 의해 이뤄진다. U-2기를 통해 수집된 신호·영상 정보는 미 공군정보국 소속 303정보대대와 607항공정보대대에 의해 분석되고 전파된다. 한미연합사 내 첨단 정보시설인 SCIF도 미군의 통제 아래에 있다.

"SCIF라는 최첨단 정보시설에는 한국군 고위관계자도 함부로 들어갈 수 없을 만큼 보안이 철저하게 유지되는 극비구역으로 이 시설은 한반도 상공을 감시하는 첩보위성과 주한미군 U-2정찰기의 대북 감시정보는 물론 미 본토의 중앙정보국 CIA, 국방정보국이 파악한 첩보를 실시간으로 받아볼 수 있는 곳이라고 한다."(『동아일보』 2005.3.22.)

이처럼 한미연합사 정보가 미국의 정보수집수단에 의해 수집되고, 미국 정보부대에 의해 분석되고, 또 전파되고 있어, 정보참모부의 징후경보나 북의 군사전략에 관한 상세 분석 등이 미국의 필요에 따라 이뤄지는 구조를 갖고 있다.

5) 한미연합사의 연합지휘체계는 수직적 통제체제

(1) 연합사의 상층 지휘부는 미군, 하층부는 한국군 부대

한미연합사의 연합지휘체계는 일부에서 주장하듯이 작전통제권의 공동행사도, 수평적인 관계의 지휘체계도 아니다. 한미연합사는 유엔군사령부 해체와 주한미군 철수에 대비해 창설된 기구로서 한국군에 대한 미국의 수직적 통제체제라는 점에서 이전 유엔사와 달라진 게 전혀 없다. 이 결과로 기형화되어버린 한국군 현주소를 작전권 중심으로 간단히 살펴본다.

한미연합사는 '연합 없는 연합군'이란 특성을 가지고 있다. 이는 상층 지휘부가 미국에 의해 장악되고, 하층 예하 구성군은 한국군으로 구성된 조직상의 특수성에서 비롯된다. 이는 말만 '연합'이지 실제로는 한국군을 통째로 미국이 통제·관리하는 「미국관리 한국군」이라 할 수 있다. 그 실상을 구체적으로 살펴보자.

1. 한미연합사는 사령관·참모장·핵심 참모부서 등 그 주요 보직과 직책이 주한미군에 의해 장악되어 있지만, 예하 구성군 사령부는 한국군만으로 편성되어 있고 미군전력은 제외되어 있다.

2. 지상군구성군사령관은 한국군이 맡지만 그 전력이 한국군만으로 구성되어 있다.

3. 해군구성군 역시 한국군 전투력만으로 편성되었으며 미군은 배속되어 있지 않다. 비록 평시에는 한국 해군작전사령관이 사령관을 맡지만, 정작 전시에는 사령관이 미군으로 바뀐다. 미 국가통수기구 승인에 의하여 미 7함대사령관과 7함대전력이 한미연합사에 의해 작전통제 될 때 미 7함대사령관이 해군구성군사령관 임무를 수행한다. (황의청 「한미동맹의 수평적 관계 모색」 국방대학원 석사논문 2004)

4. 공군구성군도 연합사령관의 평시 작전통제하에 있는 미 육군 38방공여단과 공군의

고공정찰 임무 중 비상대기하고 있는 두 대의 F-15E기를 빼면 전부 한국군만으로 편성되어 있다. 공군구성군사령관은 전·평시를 막론하고 미군(미 7공군사령관)이 맡는다. 한국에 기지를 둔 미 공군부대의 평시 작전통제권은 한미연합사령관·유엔군사령관·주한미군사령관 등 어느 직위도 갖고 있지 못하며「미 태평양공군사령부」가 갖고 있다.(조남풍「한미군사동맹체제에 관한 연구」동국대 박사학위논문 1998)

이처럼 한미연합사 예하부대가 한국군 전력만으로 편성된 것은 한미연합사령부 창설 논의 과정에서 "미군에 대한 작전통제 문제는 미국 내 절차에 따른 유보 사항이나 양해 사항으로 하도록 합의했"기 때문이다. 이는 미국이 군사 개입에 대한 판단을 한국 측에 의해 구속받지 않고 독자적으로 내리겠다는 의사 표시이며「한국방위의 작전효율화」(1977년 SCM 공동성명)라는 한미 양국이 겉으로 표방하는 한미연합사의 창설 취지와 달리 한국군을 수직적으로 관리·통제하고자 하는 의도가 반영된 결과다.(국방부 군사편찬 연구소『한미군사관계사』2002)

(2) 한미연합사령부와 군사위원회의 지휘부엔 미군 뿐

한미연합사령부의 인적 구성을 보면 '연합'이란 말이 무색해진다. 한미연합사령부는 사령관과 참모장을 모두 미군이 맡고 있다. 한국군은 참모 업무 상 지휘계통에도 없는 부사령관과 부참모장만을 맡고 있다. 한미연합사 부사령관의 기능과 임무는 사령관 보좌와 연합사에 배속된 한국군 장병을 대표하는 것에 불과하다.

또한 7개 참모부서 가운데 사령부 업무수행과 지휘권 행사에 가장 영향력이 많은 핵심 부서인 작전과 기획 부서를 미군이 맡고 있고 한국군은 보조 부서와 역할에 머물고있다. 이처럼 핵심부서와 직책이 미군으로 편성됨으로써 한국 방위계획의 수립과 시행, 기타 연합작전과 관련된 의사결정이 미군 위주로 이루어지게 되어 있어 한미연합사령부는 '미군사령부'에 다름 아니다.

한미연합사는 한미군사위원회의 지시를 받도록 되어 있어 마치 작전통제권 행사가 한미 합의로 이뤄지는 것과 같은 형식을 취하고 있다. 한미군사위원회는 한미 양국이 군사 작전 등에 관해 협의·조정하고 한미연합사에 전략지시와 작전지침을 주는 '군령기구'로서의 위상을 갖고 있다. 한미 양국 대통령·국방장관(이른바 국가통수기구)도 이 군사위원회를 통해서 한미연합사령관에 대한 군령 행사를 하게 되어 있다.

그러나 실상을 보면 한미군사위원회는 미국의 군사전략이나 군사교리, 또는 미국의 작전적 이해나 요구를 관철하기 위한 형식적인 매개조직에 불과하다. 그것은 작전통제권의 미국 장악을 전제로 한미군사위원회가 설치되었기 때문에 빚어지는 현상이다.

한국 합참이 군사위원회에 참여한다고 해서 한국군의 작전통제권 행사 주체가 미국과 한국 공동으로 되는 것은 아니다. 1978년 한미연합사 창설에 관한 「권한위임사항」(TOR)과 「전략지시 1호」는 한미연합사가 한국 방위의 책임을 지며, 작전통제권이 한미연합사령관에게 있음을 명확히 하고 있다. 그 결과 한미군사위원회는 '한국 없는' '미국군사위원회'로 전락되었다. 이는 「작전지휘권을 각 회원국이 갖고 있는 나토」와는 달리 한국군의 작전통제권이 미국에 귀속된 데서 비롯된다.

한미군사위원회의 미국 지배구도는 그 구성에서 확인될 수 있다. 한미군사위원회는 본회의의 인적 구성이 미국 3명(합참의장 · 태평양사령관 · 한미연합사령관) 한국 2명(합참의장과 추가적인 대표 1명)으로 되어 있어서 미국 우위의 의사결정 구조를 갖고 있다. 이로써 각 회원국이 결정을 따르지 않을 권리가 보장되어 있는 나토 군사위원회와는 달리 한미군사위원회 의결구조는 미국의 일방 지배를 보장하고 있다.

"한미연합사령부의 미군사령관은 미국의 고위 당국에만 보고하고 핵무기 사용에 관해서도 미국 상부에만 보고할 기술적 · 법적 재량권이 있다"(해리슨 2003)는 스틸웰의 지적은 한미군사위원회가 명목적인 것에 불과하고 실질적으로는 「미국군사위원회」에 다름 아님을 보여준다.

한미연합사령관이 미국 합참의장을 대리하는 주한미군 선임장교의 직책으로 한미군사위원회 상설회의 미군 대표를 맡지만, 한국 합참의장과 한미연합사령관이 상설회의의 한미 각 대표로서 동일 위상에 위치하고 있어, 한국 합참의장이 한미연합사령관의 상위에 있다고 보기도 어렵다.

1978~1995년 사이 한미군사위원회 상설회의를 보면 12차례의 회의가 열려 군사위원회 본회의에서 결정된 내용을 합의각서 형태로 합의했음을 알 수 있다. 각서 내용은 비공개인 경우가 많지만 한미1군단의 한미야전사로의 부대명칭 변경(1980년), 미 7공군 창설(1986년), 연합사 참모장 직위를 미 공군 소장에서 미 육군 중장으로 1계급 상향 조정(1992년) 등 미국의 요구에 협조하는 내용이 대부분을 차지했다.

한미군사위원회가 한미연합사의 군령기구이지만 그것이 명목상의 기구에 지나지 않은데다가 그나마 미국 위주로 운영되기 때문에 「한국군 통수권자」(군의 1인자는 물론 대통령도)는 한미연합사령관의 작전통제권 행사에서 당연히 배제될 수밖에 없다.

미국 합참은 한미군사위원회를 주도함은 물론 한미연합사령관이 겸임하고 있는 주한미군사령관과 유엔군사령관, 주한미군 선임 장교 등을 직접 지휘하는 지휘권을 갖고 있다. 나아가 주한미군 요원들이 한미연합사의 직책까지 겸하기 때문에 미국 합참은 한미연합사령관과 한미연합사령부의 상급기관 역할을 하고 있다.

한미연합사의 '상급기관'이 한국 합참이 아니라 '미국 합참'이고, 미국 국방부장관으로 이어지는 '미국 군통수기구'임은 작전계획 작성 과정을 보면 명백히 드러난다.

2002년 부쉬 정권은 기동력과 첨단정밀무기를 앞세운 '선제공격전략'을 내세우며 이를 한반도에 적용하기 위해 수립한 새로운 작전계획(이후 「작전계획 5026」으로 밝혀짐)을 한국에 강요했다. 2002년 10월 방한한 더글러스 파이스 미국 국방부 정책차관은 "오는 12월 워싱턴에서 열리는 한미안보협의회의에서 럼즈펠드 장관이 비상계획에 대한 입장을 제시할 예정이니 한국 측에서도 준비를 해 달라"고 요구했다.

이에 한국 정부는 "새로운 작전계획의 틀과 담길 내용이 미 군사력에 의한 북의 핵시설 선제공격을 담고 있는 등 기존의 작전계획과 상당히 다르다는 것을 확인하고서 계획 수립 및 집행을 완강히 거부했다."(『중앙일보』 2003.1.17.) 그러나 결국 한국 정부는 미국의 압력에 굴복하고 말았으며 2002년 SCM에서 「한미연합사의 작전기획을 위한 한국 국방장관과 미국 국방장관의 군사위원회에 대한 전략기획지침」을 채택했다. 이 지침에는 "유엔사·한미연합사 작전계획5027과 개념계획5029를 보완하는 추가적인 「작전계획 5026」을 발전시킨다"고 되어있다.

또한 청와대는 2005년 초 개념계획 5029-99를 완성형 작전계획5029-05로 바꾸는 한미연합사의 작업이 주권침해 소지가 있다며 중단하도록 한국 합참에 지시했다. 그러나 미국 7함대사령관이 "북측에 정권 붕괴 등 급변사태가 발생할 경우 미 7함대가 전력을 투입할 것"이라며(『중앙일보』 2005.4.20.) 「작전계획 5029」를 반대하는 한국 대통령의 입장에 대해 노골적으로 반기를 드는 등 미국은 한국을 전방위적으로 압박했다.

결국 미국은 개념계획5029를 보완·발전시킨다는 한미 국방장관 합의를 이끌어냈다(『연합뉴스』 2005.6.4.). 심지어 「작전계획 5027- 02」에 의하면 미국은 한국과 상의 없이 북을 공격하도록 되어 있다.

○ 군사전문 인터넷 사이트인 글로벌시큐리티에 실린 원문은 다음과 같다. "This case study in the application of the Bush administration's new doctrine of preemptive military action envisioned a swift attack, carried out without consulting South Korea, America's ally on the peninsular."

이는 한미연합작전계획 작성과 실행이 한국 합참은 배제된 가운데 미 태평양사령부·미국 합참의 지휘 아래 이뤄지고 있음을 보여준다.

이러한 '한국 없는' 한미군사위원회의 문제점을 많은 연구자들은 한국 측의 실무기능이나 제도 운영의 미비 때문으로 해석하고 있다. "연합사의 한국 측 요원은 한국 합참의 입장에서 회의 준비 과정에 적극적으로 관여하고 있으나 공식적으로는 회의 준비 실무요원이나 회의 참석 실무요원에 포함되어 있지 않다"는 지적이 그 한 예다.(김달중 외 1988) 그러나 한국 없는 군사위원회는 이러한 실무 기술 수준과 제도운영 차원의 개선이 이뤄진다 하더라도 전혀 개선될 수 없다. 미국의 작전통제권 장악이라는 한미 군사관계의 근본적인 구조와 이로부터 귀결되는 한미연합사의 수직·종속적 기형화에서 비롯되었기 때문에 지엽적인 실무기술 수준의 개선으로 치유될 수 없는 성격이다.

이처럼 한미연합사는 허울뿐인 연합이고 실제로는 미국의 일방적 한국군 관리와 통제를 통해 한국군의 주권 상실 체제의 고착화에 그 근본적인 원인이 있기 때문이다.

6) 미국의 전쟁 지휘와 '유엔군사령부' 이용의 진실

(1) 힘센 회원국이 '응징'을 구실로 유엔을 편파이용함은 부당

작전지휘권(작전통제권)은 1950년 7월 1일부터 지금까지, 일시적 기간을 제외하면, 미국에 의해 전적으로 장악되고 행사되어왔다. 그런데 형식적으로는 1978년 한미연합사령관에 이양되기까지 작전권은 유엔군사령관에 귀속되어 있었다. 이를 기초로 일부에서는 한미연합사가 해체될 경우 작전통제권이 자동적으로 유엔사령관에게로 환원된다고 주장한다.(조남풍 1998)

그러나 유엔사는 진작 해체되었어야 할 기구로 유엔사(유엔군사령부)에 작전통제권을 환원시키려는 기도는 전시작전통제권 환수 자체를 부인하는 주장이다.

유엔사는 유엔헌장 규정에 의거해 설치되어 유엔 사무총장의 지휘를 받는 유엔헌장상의 정당한 기구가 아니었다. 한국전쟁에서의 경우, 제2차 세계대전 후 막강해진 미국이 그 영향력을 이용하여 일방적으로 유엔의 간판을 내걸고 그들이 분단시킨 조선반도에서 미국이 의도하는 전쟁수행을 위해 미군을 중심으로 다국적 통합사령부를 만들어 전쟁을 치르는 과정에서 '유엔사'라는 이름은 실명 혹은 허명으로 널리 알려지게 된 것이다.

여기서 '허명'이라는 말은, 사실은 '미군'인데 침략적 성격을 가리우고 「온 세계 인류의 합심된 응징」으로 과장·왜곡시켜 상대방을 제압해갈 의도에서 전쟁 강자가 쓴 술책의 하나로 이용당했을 경우를 말한다.

유엔사 설치의 근거가 된 1950년 7월 7일의 「유엔안보리 결의 84호」는 "병력과 기타 지원을 한국에 제공하는 모든 회원국은 이러한 병력과 지원을 「미국 통제하의 통합사령부」(a unified command under the United States of America)가 이용할 수 있도록 해줄 것을 권고한다"고 규정하고 있다.

이 유엔안보리 결의는 통합사령부가 유엔 기관이 아니라 미국 통제하에 있는 미국 군사기구임을 분명히 하고 있다. 이 결의는 그 전제하에서 회원국들에게 그들의 병력과 지원을 「미군지휘의 통합사령부가 이용할 수 있도록」 권고한 것이다.

이 안보리 결의에 따라 설치된 통합사령부가 유엔 기관이 아니라 미국 기관에 불과함은 리 유엔사무총장에 의해 1950년 7월 3일 제안된 「미국이 유엔군을 지휘하되 '한국지원조정위원회'를 통하여 시행하자」는 결의안을 미국이 거부한 데서 명확히 드러난다. 리 사무총장은 「한국지원조정위원회」(Committee on Coordination of Assistance for Korea)를 두어 여기서 모든 지원을 조정하고 현지 지휘관으로부터도 보고를 받자고 제안했다.

그러나 미국은 이를 거부하고 "미 합참이 작성한 「유엔군의 지휘구조는 미국이 유엔을 대신하여 한국전쟁의 전반적인 작전을 통제하고 유엔과 현지 사령관과의 직접적인 접촉을 배제한다. 그리고 정책적인 결정사항도 현지 작전사령관이 아닌 미국 정부가 결정하도록 해야 한다」라는 내용을 핵심으로 하는 결의안을 제시했다." 1950년 7월 7일 통과된 유엔안보리 「결의 84호」는 이런 미국 합참 의견을 배경으로 하고 있다.(국방군사연구소 『유엔군지원사』 1998)

(2) 한반도 전쟁 작전통제권을 유엔사에 환원함도 부당

정전협정 대체와 유엔군사령부 해체에 관한 조처를 시작해 달라는 조선민주주의인민공화국의 1994년 5월 28일의 요청에 대한 갈리 유엔 사무총장의 답변 또한 유엔사가 전적으로 미국 기관임을 확인하고 있다. 그는 "안보리는 안보리의 통제를 받는 보조기구로서 통합사령부를 설립하지 못하고 미국 주도의 사령부 설립을 권고했다"면서 "통합사령부 해체는 유엔의 어떠한 기구의 책임 범위 안에 있는 것이 아니라 미국 정부의 권한에 속하는 것이다"(해리슨 2003)라고 응답하였다.

또 1975년 30차 유엔총회도 유엔사 해체를 결의했다. 미국은 1975년 8월 16일부터 유엔군 업무와 직접 관련이 있는 주한유엔군사령부, 판문점 군사정전위원회 시설을 제외한 대부분의 군사시설에서 유엔기를 모두 내림으로써(『서울신문사』 1979) 이 결의를 존중한다는 의사표시를 했다.

유엔사는 미국 군사기구인데도 마치 유엔기구인 것처럼 외피를 쓰고 행세하면서 실제로는 유엔정신을 위반하고 미국의 대북 공격계획에 이용되고 있다는 점에서 진작 해체되었어야 했다. 더욱이 「9·19공동성명」과 「2·13합의」에서 평화체제로의 이행 합의가 이뤄진 만큼 한국전쟁 참화의 유물인 유엔사는 해체되는 것이 당연하다.

2003년에 이어 2004년, 2005년 한미연례안보협의회(SCM) 공동성명은 "정전협정과 유엔사령부가 한반도와 동북아시아의 평화와 안정유지에 긴요한 수단이 되어왔다"고 확인하고 있다. 라포트 한미연합사령관도 2005년 3월 8일 미 상원 군사위 증언에서 "한반도에서 유엔사의 역할이 강화되어야 한다"고 주장한 바 있다.

이미 유명무실화된 지 오래인 유엔사 역할을 미국이 부쩍 강조하는 이유는 북조선 정권 제거를 명시한 작전계획5027, 북의 급변사태를 상정한(사실은 급변사태를 조작·지휘하기 위한) 작전계획5029의 실행 의도와 관련된 것으로 보인다.(작전계획 5027 및 5029는 형식적으로는 한미연합사와 유엔사의 작전계획으로 되어 있다.) 다시 말하면 1950년 10월 7일의 유엔총회 결의 376호를 근거로 이른바 북의 급변사태 시, 유엔 이름으로 대북 군사개입의 합법화를 꾀하고, 나아가 북을 점령할 경우 그 지역에 대해 군정을 실시하려는 의도가 숨어 있다.

대북 적대정책에 유엔사를 이용하려는 미국의 의도는, 유엔사가 한반도 평화에 도움이 되도록 하려는 것이 아니라 오히려 남북 동포의 증오·대결과 한반도 전쟁위기를 부추기는 데 이용되고 있음을 보여준다.

미국이 「통일·독립·민주 정부의 수립에 관한 1950년 10월 7일의 유엔총회 결의 376호」에 의지하여 유엔사의 적법성을 주장하는 것은 전혀 근거가 없다. 이 총회결의는 1953년 휴전협정 체결, 또 한국 문제의 평화적 해결을 규정한 1953년 8월 28일의 「유엔총회 결의 711호」 등에 의해 대체되거나 그 효력이 정지되었다. 더욱이 1975년 총회 결의는 「유엔사 해체」를 결의하고 있다. 따라서 1950년의 유엔총회결의를 근거로 한 북에 대한 무력개입은 당연히 불법적인 것이다.

또 유엔사 작전계획5027은 정전협정 위반일 뿐만 아니라 분쟁의 평화적 해결·자주권 존중·내정 불간섭에 관한 유엔 원칙에 위반된다. 유엔사 작전계획5026, 5027, 5029 등이 유엔과는 전혀 관계없는 미 태평양사령부 작전계획에 불과하다는 점에서도 1950년 10월 7일의 유엔 총회 결의를 근거로 하는 것은 어불성설이다.

또한 한미연합사가 해체될 경우 작전통제권을 유엔사로 넘겨야 한다는 주장이 있다. 미국은 1978년 10월 체결된 한미연합군사령부 창설 관련 교환각서에 의거하여 한미연합사가 해체될 경우 작전통제권이 자동적으로 유엔사령관에게로 환원된다고 주장하기도 했다.(조남풍 1998) 그러나 1954년 한미 합의의사록에 따르면 한국이 유엔사령부에 작전통제권을 이양한 조건은 "국제연합사령부가 대한민국의 방위를 위한 책임을 부담하는 동안"으로 되어 있다.

그런데 1978년 한미연합사 관련 약정(TOR)에 따라 연합사가 한국 방어를 책임지고 유엔사는 정전협정 준수를 책임지는 것으로 바뀌었다. 이로써 유엔사의 대한민국 방위 책임은 없어지게 되었으므로 한미연합사가 해체된다고 해서 작전통제권이 자동으로 유엔사로 넘어갈 수는 없다. 또 한미연합사의 해체는 곧 한국 방위의 책임을 한국이 진다는 전제하에서 이뤄지는 것이므로 한미연합사가 해체된다면 작전통제권은 한국으로 환수되어야 마땅하다.

7) 「전시작전통제권」 한국 환수 불가론의 불합리성

(1) 정보력 부족 이유로 국민의 생명 · 재산권 위임은 불가

2006년 12월 21일 노 대통령의 민주평통 연설을 계기로 국회 여야의원 139명이 전시작전통제권 환수반대 모임을 결성하고, 역대 국방장관과 한국군 지도부를 역임했던 '별'들이 대통령의 작통권 발언에 밤잠을 못 이룬다면서 성명을 발표하고 사과를 요구하는 등 논란이 제기되었다. 전시작전통제권 환수 불가론은 주장자 집단에 따라 다음과 같이 나눌 수 있다.

1. 한국군이 군사 · 기술 수준에서 작통권을 감당할 역량이 부족하다는 전제하에 펼치는 '정보전력 미비론' '남한군 열세론' '환수비용 불감당론' '시기상조론' 또는 '연기론' 등이다.
2. 작통권을 환수하면 주한미군 철수 · 전시증원 불가 · 안보위협 등으로 직결되면서 결국은 동맹이 와해된다는 한미동맹와해론이다.
3. 친북반미 음모론, 미국 은혜를 배반할 수 없다는 보은론 또는 배신불가론 등의 맹목적 반대론이다.

이들 대부분은 위기의식의 결과이겠지만 주류신문·주류정치세력·주류지식인 등에서 전파되고 있는 보수적 의타심의 부당성을 살펴보기로 한다.

정보전력의 수준이 작전통제권 환수와 직접적인 관계는 없지만 굳이 따지자면 남한은 정보전력에서 북측을 압도한다. 국방부는 「8·17 전시 작전통제권 환수 문제의 이해」(2006)에서 "지난 십여 년 간 지속적으로 정보자주화 노력을 기울인 결과 대부분의 전략·전술 신호정보와 전술 영상정보를 스스로 확보할 수 있는 수준에 도달했다. 전술 레이더와 기타 특수 분야 정보도 거의 100% 독자적으로 확보하고 있다. 이러한 우리의 능력에 기초해서 한미 양국은 상호 비교우위가 있는 분야의 정보를 상호 보완의 원칙에 따라 주고받고 있다"고 밝히고 있다. 이는 전략 영상정보를 제외하고는 모든 분야의 정보를 한국군이 독자적으로 확보하고 있다는 사실을 밝힌 것이다.

남한은 이미 1991년부터 착수한 신호·영상 정보수집 장비도입 사업(백두·금강 사업)으로 북에 대한 신호·영상 정보를 독자적으로 수집하고 있다. 남한은 2003년 현재 공군만 무려 58대의 정찰기를 보유하고 있다.(국방연구원, 2004)

남한군은 정보기로 호커 800XP 8대, 호커 800RA 3대, RF-4C 20여 대, RF-5A 5대 등을 보유하고 있고, 호커 800XP와 호커 800RA는 영상정보시스템과 통신감청 장비인 원격조종감시체계 등을 갖추고 있어 휴전선에서 500km 떨어진 백두산 지역까지 전파를 감시할 수 있고, 평양~원산선 이남까지 영상정보를 수집할 수 있다. RF-4C나 RF-5A 등도 카메라·레이더·적외선 등의 탐지 장치를 갖추고 야간에도 정보 수집이 가능한 전술 정보기다.

주한미군에 비해 취약한 정보수집 분야는 전략영상정보 분야다. 그러나 우리별 3호나 아리랑 2호와 같은 1m급 고해상도를 갖춘 정찰위성 등으로 전략 영상정보 수집을 획기적으로 확대시킬 수 있어 전혀 문제가 되지 않는다. 지상수집소를 통한 신호정보 수집이나 인간정보에서는 오히려 미국이 한국에 의존할 정도라고 한다.

여기에다 남한은 첩보위성·중고고도 무인항공기·전자광학영상장비·장거리 레이더 등 각종의 첨단 정보무기 도입을 서두르고 있다. 또한 일본 전역과 중국 대부분을 커버하는 작전반경 3,500~5,500km의 고고도 무인정찰기 글로벌 호크(Global Hawk)를 도입할 예정이다.

북측의 정보전력은 정찰기 수에서 남한에 훨씬 뒤지는 등 비교가 되지 않는다. 『2006 국방백서』를 보면 북은 정찰기를 30여 대 보유한 것으로 나와 있다. 그런데 『2004 국방백서』까지만 하더라도 북측은 정찰기를 한 대도 보유하지 않은 것으로 되어 있었기 때문에 이조차도 사실인지 의심스럽다. 또 북은 인공위성을 갖고 있지 못하며 향후 정보전력을 강화할 수 있는 물적 여력도 없는 상태이다.

이런 한국군의 정보전력은 도리어 작전통제권 환수를 더 미뤄서는 안 되는 근거라 할 수 있다. 그럼에도 불구하고 한국군의 정보전력 수준을 이유로 작전통제권 환수시기를 미룬다면 이는 미국의 요구(군수산업의 요구, 광역작전능력 구비)를 대변하고 그럼으로써 독점적 기득권을 챙기게 하려는 것으로밖에 볼 수 없다.

작통권을 환수하면 전시 미군증원을 보장받지 못하게 되거나 미국이 주한미군을 주둔시키려 하지 않을 것이라는 주장이다. 그러나 전시 미군 증원이나 주한미군은 남북 간 군사력 균형에서 볼 때 과잉전력이고 한반도 화해와 평화의 관점에서 볼 때 시급히 폐기되거나 철수되어야 할 대상이다. 이 점에서 이런 주장은 남한의 대북 무력통일을 바라는 자들이 아니라면 가질 수 없는 발상이다.

또 이 주장은 미국에게 군사에 관한 사항은 맡기면 맡길수록 좋다는 사고로서 미국의 군사적 지배에 길들여져 독자적인 사고를 하려고도 하지 않고, 하지도 못하는 자임을 보여주는 것이다. 또 이 주장은 친미보수주의 경쟁을 통해서 자신의 정파적 입지를 강화하려는 의도를 띠고 있다. 왜냐하면 작전통제권 환수를 추진하는 노무현 정권이든 그에 반대하는 친미보수주의세력이든 한미동맹 강화에서는 아무런 본질적인 차이가 없기 때문이다.

노무현 대통령이 자주국방이나 작통권 환수를 표방한 것은 사실이다. 그렇지만 노 대통령의 표방은 대미 종속의 탈피를 통한 국가주권 회복의 선결조건으로 제시된 것이 아니라 한미동맹의 강화를 전제로 하는 것이다. 참여정부는 한미동맹을 더욱 강화하고 미국의 일방적 이해가 걸려 있는 전략적 유연성을 수용했으며 주한미군은 영구 주둔 채비를 다그쳐왔다. 환수반대론자들이 쌍수 들어 환영할 친미 일변도의 정책이다.

진실이 이러한 데도 환수반대론자들은 노무현 대통령 때문에 작통권이 환수되고, 그 여파로 주한미군이 철수하고, 한미동맹이 와해되고, 전시증원이 불투명해지며 안보위협이 가중되는 듯이 선동했다. 그리고 이들은 작전통제권 환수가 미국의 필요에 따라 미국의 이익을 보장해 주는 방식으로 진행되고 있음을 모를 리 없고 미국의 요구가 관철된 작전통제권 환수 로드맵에 결국 따르게 될 것이다. 결국 본질은 자신의 국내 정치적 입지를 확대하려는 친미보수주의자들의 경쟁인 것이다.

(2) 북의 핵개발로 미국의 작전통제권은 더 확고해져

작전통제권 환수 불가의 근거를 남한 군사력의 열세에서 찾는 것은 역사적 사실과도 부합하지 않는다. 역사적 사실은 그 반대다. 미국의 작전통제권 장악은 오히려 남한 군사력이 우세해 남한 단독으로 북측을 공격하는 것을 우려한 때문이었다.

1954년 11월의 한미 합의의사록에 의한 미국의 작전통제권 장악은 남한 군사력 열세와는 상관이 없었다. 당시 남한 군사력은 북측보다 오히려 우위에 있었으며, 이를 토대로 이승만은 끊임없이 무력북진통일을 기도했다. 이승만은 미군만 끌어들이면 중국인민지원군의 북조선 주둔에도 불구하고 승산이 있다고 보고 한국전쟁 이전과 똑같이 미국을 전쟁으로 끌어들이기 위한 압박정책 구사로 일관했다.

휴전 직후인 1953년 7월 31일 남한군은 약 59만 명, 유엔군은 약 30만 명이었으며, 북군은 약 27만 명, 중국군은 약 60만 명으로 양쪽이 비슷했다. 한미 합의의사록이 체결된 해인 1954년도에는 남한군은 약 70만 명, 유엔군은 약 24만 명이었으며, 인민군은 약 30만 명, 중국군은 최대 약 30만 명으로 남측이 북측에 비해 무려 2배에 달하여, 북군과 중국군을 합쳐도 한국군에 미치지 못했다.(함택영 1998. 국방부 군사편찬연구 2002)

이승만은 1954년 3월 11일 아이젠하워에게 보낸 서한에서 남한군의 단독 북진을 지원하든가, 아니면 남한군의 전력을 강화하든가 양자택일하라고 압박했다.(이종원『동아시아의 냉전과 한미관계』1996)

그러나 6·25전쟁의 조기 종결을 공약으로 내걸고 당선된 아이젠하워 대통령은 이승만 정권 제거 계획까지 세워 놓고 무력북진을 막으려고 했으며, 따라서 작전통제권 재장악은 아이젠하워 정권의 사활적 문제였다. 그리하여 아이젠하워 정권은 합의의사록 체결에 반대하는 이승만 정권을 석유공급까지 중단하는 초강수로 굴복시키고 끝내 작전통제권을 다시 장악했다.

뒤이어 1955년 7월 25일 8군사령부 본부가 일본의 자마캠프로부터 서울로 이동했다. 8군사령부 본부의 서울 이동에 대해서 당시 UP통신은 "…… 한국 육군에 대한 미군의 보다 강력한 지도를 뜻하는 것이다. 20개 전투사단과 10개 예비사단을 보유하고 있는 한국 육군은 미국이 지도하기에 곤란을 느낄 만큼 너무 비대하다……"고 평가했다.(『서울신문사』1979) 이승만 정권의 무력북진을 막기 위해 작전통제권을 다시 장악한 미국에게 남한 지상군 전력은 주한미군이 감당하기에 벅찰 정도로 막강했다.

1957년 7월 1일에는 동경에 주둔하고 있던 유엔군사령부가 서울로 이동했다. 남한군의 작전통제권을 쥐고 있는 유엔군사령부의 서울 이동은 같은 날 창설되어 8군사령부를 예하에 두게 된 주한미군사령부의 전력을 물리력으로 하여 남한 현지에서 직접 남한군에 대한 작전통제권을 행사함으로써 남한군에 대한 통제를 한층 강화할 수 있게 되었다.

1958년 중국인민지원군은 북에서 완전히 철수했다. 남한 전력은 1956년에 8만 병력을 일방적으로 감축한 북측 전력에 비해 압도적 우위를 점하게 되었다. 인민군의 전면 남침은 불가능한 상황이었다.

이승만 다음 정권은 무력북진통일 정책을 포기했으나 미군은 작전통제권을 남한에 반환하지 않았다. 1968년에 발생한 1 · 21 사태와 푸에블로 호 사건을 계기로 박정희 정권이 미국에 전면적인 작전통제권 반환을 요구했을 때에도 미국은 한국 위기관리능력 부족을 이유로 환수를 거절했다. 그러나 당시 한국 정부 입장은 오히려 작전통제권을 환수해야만 한반도 위기관리가 가능하다는 입장으로, 이는 작전통제권 환수가 대북 군사력 열세 여부와 무관함을 보여주는 또 하나의 사례였다.

1960년대 이후부터 주한미군의 남한군 작전통제권 장악은 무력북진을 막기 위한 것으로부터 오로지 남한군에 대한 통제와 한반도에서 미국의 국가이익과 군사전략 이해를 지켜주기 위한 미국의 기득권으로 그 성격이 고착된 것이다. 특히 탈냉전 이후 북측 재래식 전력의 현저한 약화와 남한 전력의 수직 상승으로 남한 전력의 압도적 우위는 군사 전문가들 사이에서 국제적 공인 사실이 되었다.

1954년 11월 17일 한미 합의의사록 체결로 미국이 남한의 작전통제권을 다시 장악한 이래로 지금까지 남한의 대북 전력 열세와 미국의 작전통제권 장악과의 그 어떤 상관관계도 찾아볼 수 없다.

그러나 북조선이 핵무기를 개발함으로써 남북 비대칭 전력의 평형화를 위한 전략은 급선회하게 되었다. 미국의 계속적인 핵우산에 더하여 작전통제권의 장기 위임을 한국 지도층이 더욱 간절히 원하는 바에 따라 한국으로의 군 통수권 환수 가능성은 지금으로서는 희미해져 있는 상태이다.

제4장
끝없는 파멸 위협, 북조선의 선군사상과 주체무력의지 강화시켜

1. 미국에 의한 경제봉쇄와 고공 정보탐색, 상시적 생존 불안

1) 한국 전쟁시기 무자비한 전국토「전략·정밀 폭격」으로 폐허화

3년간의 전쟁으로 북은 폐허 상태로 변했다. 1제곱킬로미터당 평균 18개의 폭탄이 투하되어 거리와 마을은 잿더미가 되었다. 전쟁 피해가 가장 심한 쪽은 공업 부문이었다.8700개의 공장과 기업소들이 파괴되었는데, 정전협정이 체결된 1953년도의 공업 생산량은 1949년의 64퍼센트에 불과했다. 농업 생산의 피해도 컸다. 폭격으로 관개시설과 제방, 그리고 저수지들이 파괴되었다.37만 정보의 논밭이 피해를 입었으며, 경지 면적은 9만 정보가 줄었다.

1953년의 농업 생산은 1949년의 76퍼센트 수준이었다. 주택과 학교·병원·극장·도서관 등도 폭격의 피해로부터 벗어날 수 없었다. 오죽하면 미국이 "조선은 앞으로 100년이 걸려도 다시 일어서지 못 한다"고 호언할 정도였을까? 주로 미국의 폭격기들에 의한 학살전쟁에서 북조선 인민이 겪은 고통은 처참했다. 전쟁이 끝나면서 북조선 정권은 우선 경제 복구에 나서지 않을 수 없었다.

1953년 8월에 조선로동당 중앙위원회 제6차 전원회의가 열렸다. 이 회의는 당 대회에 버금갈 정도로 중요했다. 전쟁을 총결산하고 당을 개편하며 전후 경제 복구의 기본 방향을 세우는 회의였다. 이 회의에서 김일성의 권력은 명실상부하게 강화되었다. 그를 중심으로 김두봉·박정애·박창옥·김일 등 다섯 명이 당의 중심을 이루는 정치위원회를 구성했다. 이들 중 박정애와 김일은 김일성을 적극 지지하는 인물이었고, 김두봉은 독립동맹 계열의 대표로, 박창옥은 소련 출신 조선인의 대표로 참여한 것이었다. 김일성을 위협하던 최대의 경쟁자 박헌영은 그의 남로당 동료들과 함께 당에서 쫓겨났다.(김성보·기광서·이신철 『북한현대사』 웅진씽크빅 2016)

(1) 궁핍으로 허리띠 졸라맨 채 피눈물 씹으며 사회주의체제 건설

또한 제6차 전원회의에서는 인민경제의 복구와 건설을 위한 3단계 방안을 결정했다. 6개월에서 1년에 걸친 1단계에 경제 복구를 위한 준비를 하고, 2단계에 전쟁 이전의 경제 수준을 회복하기 위한 3개년계획을 시행하며, 3단계에는 공업화의 토대를 마련하기 위한 5개년계획을 세우기로 했다. 경제 건설에서는 중공업 부문이 제일 중시되었다.

1930년대에 소련에서 스탈린은 농업과 경공업을 희생시키면서 중공업을 우선시해 자립경제의 기초를 세운 바 있다. 전쟁이 끝난 뒤 김일성 역시 북조선에서 강력한 사회주의 체제를 건설하기 위해 중공업 우선 정책을 펼치고 싶었다. 그러나 전쟁의 폐허 속에서 인민들에게 당장 먹을 것과 입을 것을 제공하기 위해서는 농업과 경공업을 무시할 수 없었다. 연안계나 소련계는 우선 인민 생활을 향상시키기 위해 경공업을 발전시켜야 한다고 주장했다. 결국 조선로동당은 중공업을 우선 발전시키는 방침을 고수하되 농업과 경공업에도 어느 정도 투자하는 절충안을 취했다. 바로 '중공업 우선과 경공업·농업의 동시 발전' 방침이었다.

전후 복구사업은 빠른 속도로 진전되었다. 1953년 8월부터 시작된 전후 복구 준비단계 사업은 6개월만에 끝났다. 뒤이어 1954년부터 실시된 인민경제 복구발전 3개년계획(1954~1956)은 목표 이상의 성과를 거두었다. 공업 생산은 1953년도에 비해 2.8배(생산수단은 4배, 소비재는 2.1배) 증가해 전쟁 전인 1949년 수준보다 1.8배나 넘어섰다. 계획 기간 중 연평균 공업성장률은 무려 42퍼센트였다. 농업 생산도 1.23배 증가해 전쟁 이전의 수준을 회복했다.

경제성장의 속도만큼 북조선 인민의 생활수준도 함께 나아지지는 못했다. 공산품과 식료품을 충분히 배급 받지 못하는 상황에서 물가는 높아져 도시 근로자들의 생활고는 가중되었다. 농민들도 어려움이 많았다. 1954년은 보기 드문 흉년이었는데, 농업현물세 징수 목표는 처음 계획보다 줄지 않아 농민들의 불만이 커졌다. 내각은 식량을 확보하기 위해 쌀의 자유거래를 금지하고, 농민들이 가진 양곡들을 더욱 철저히 거두어 들이고자하여 마찰을 빚기도 했다.

당장 생활이 눈부쉬게 나아지지는 않았지만 인민들은 공장이 들어서고 철도가 놓이고 건물이 들어서는 모습을 보면서 조금만 참으면 잘살 수 있다는 기대로 더욱더 땀을 흘리며 일했다. 흘린 땀은 열매를 맺어 1956년에는 전쟁 이전의 경제 수준을 회복할 수 있었다.

이처럼 전후 경제복구사업이 성공할 수 있었던 원인은 전쟁의 참혹함에서 벗어나고자 하는 인민들의 열망과 그 열망을 복구사업으로 적절히 동원한 당 및 정부의 효율성에서 찾을 수 있었다. 폐허 상태에서 안으로부터 동원할 수 있는 자원이란 인민들의 살고자 하는 의지뿐이었다. 그런 인민들의 자발성을 높이는데 중점을 두면서 인간 중심의 주체사회주의의 싹은 이미 이 시기에 형성되고 있었다.

또 다른 성공요인은 북의 바깥에 있었다. 조선전쟁이 끝난 뒤 미국을 축으로 하는 자본주의 세계와 소련을 축으로 하는 사회주의 세계 사이에는 본격적인 체제 경쟁이 시작되었다. 전쟁을 통해 무기로는 상대 체제를 누를 수 없다고 인식한 미국과 소련은 이제 경제적으로 상대방을 누르기 위한 또 다른 전쟁을 시작했다. 한반도는 그 경쟁의 한복판에 놓여졌다. 미국은 남한에, 소련은 북조선에 막대한 경제 지원을 하면서 서로 경쟁했다. 미국으로서는 남한에서 자본주의 경제가 발전해야 동북아시아에서 힘을 유지할 수 있고, 반대로 소련으로서는 북조선에서 사회주의 경제가 발전해야 이 지역에서 힘을 유지할 수 있었기 때문이다.

소련은 1953년에 10억 루블, 1956년에는 3억 루블의 경제원조를 했다. 소련의 원조는 수풍발전소·청진금속공장·김책제철소 등 주로 대규모 산업단지와 산업시설의 복구 건설에 쓰였다. 동유럽의 사회주의 국가들도 1953~1954년 사이에 약 1억 2000만 달러 상당의 원자재와 설비들을 원조해주었다. 중국은 8조 원元어치의 원조를 해주었다.

1954년부터 1956년 사이에 사회주의 국가들이 북조선에 제공한 원조액은 당시 북조선 전체 예산의 23퍼센트에 이르렀다. 1954년부터 1956년까지 경제 복구 건설을 마친 북조선은 이후 본격적인 사회주의 건설에 나서게 된다.

◎ 함흥과 흥남에서는 외국인 기술자들도 전후복구사업을 도왔다

비료공장이나 화학공장·제련소 등 주요 공장들이 있는 함흥과 흥남에는 동유럽 기술자들이 전후 복구사업을 위해 많이 모여들었다. 함흥시와 흥남시의 복구건설위원회에는 동독 기술자들 200명, 체코 기술자들 100명이 상주했다고 한다. 동독 기술자들은 건설

사업을 하면서 콘크리트가 아닌 모래로 기초를 쌓는 새 기술을 보여주기도 했다.

(2) 대중 속에서 창발성 찾아내는 「청산리 방법과 관리」로 산업 현대화

1961년 9월 11일 평양에서는 조선로동당 제4차 대회가 열렸다. 참석자들의 얼굴에는 자신감이 배어 있었다. 1950년대에 허리띠를 졸라맨 결과 폐허나 다름없던 경제는 복구되었고, 사회주의 경제의 기초가 마련되었으며, 3개년과 5개년계획 모두 목표를 달성했다. 권력투쟁도 마무리되어 이제 김일성 수상에게 도전할 세력은 찾아볼 수 없게 되었다. 반면에 남한에서는 4·19혁명에서 5·16군사정변으로 이어지는 혼란이 계속 되고 있었다.

자신감 넘치는 김일성은 사회주의 기초 건설이 완수되었음을 선언하고 이제부터는 사회주의의 전면적인 건설을 위해 노력해야 한다고 강조했다. 그는 경제발전을 위한 7개년 계획을 제시했다. 사회주의 공업화를 실현하고, 경제의 모든 부문을 현대화하며, 생활수준을 획기적으로 높일 것을 목표로 한 계획이었다. 공업 생산액의 연평균 성장률을 18퍼센트로 잡고, 알곡 총생산량은 계획이 끝나는 1967년에 600~700만 톤에 달하도록 하는 야심 찬 계획이었다. 그의 자신감은 남북문제에서도 드러났다. 그는 5·16군사정변을 비난하면서 남조선혁명과 조국통일을 위한 투쟁 방침을 제시했다.

이 일들을 완수하기 위해서는 당중앙위원회를 중심으로 모든 당원이 일치단결해야 한다고 주장했다. 당 중앙위원회는 거의 대부분 항일무장투쟁 관련자들이 장악했다. 대회 마지막 날인 9월 18일에 소집된 당 중앙위원회 전원회의에서 위원장에 김일성, 부위원장에 최용건·김일·박금철·김창만·이효순 등이 선출되었다.

김창만만이 항일유격대 출신이 아니었는데, 그는 연안 독립 동맹 계열이면서도 김일성에게 일찍이 충성을 약속한 사람이었다. 김일성은 자신과 생사고락을 같이했던 항일유격대 출신들을 중심으로 당 중앙위원회를 꾸리고, 이를 구심점으로 해서 안으로는 사회주의를 전면적으로 건설하고 밖으로는 남조선혁명을 지원해 조국 통일을 달성하고자 한 것이다.

사회주의 기초 건설을 마무리하고 새롭게 사회주의의 전면적 건설에 나서는 시점에 북조선에서는 근로자들에 대한 지도관리 방식에 중요한 변화가 있었다. 경제발전을 위해서는 이 부분을 개혁할 필요성을 느끼게 되었던 것이다. 비록 목표는 달성되고 있었지만, 당과 국가 그리고 경제기관들의 사업체계와 사업방식은 낡은 틀에서 벗어나지 못하고 있었고, 근로자들을 지도관리하는 수준도 형편없었기 때문이다.

1960년 2월에 청산리라는 마을로 내려간 김일성은 농민들과 침식을 같이 하면서 농촌 실정을 파악한 다음, '청산리정신'과 '청산리방법'을 제시했다. 북조선정부는 전쟁의 폐허 위에서 인민대중의 힘만 믿고 사회주의를 건설할 수밖에 없었다. 여기서 군중(대중)을 믿고 군중에 의지해서 그들의 지혜와 창조력을 최대한 동원해내는 혁명적 군중노선이란 것이 나왔고, 이 노선을 사회주의 건설의 현실에 맞추어 제시한 정신이 「청산리정신」이었다. 이 정신의 기본은 관리자가 군중 위에 군림하는 것이 아니라, 군중의 이익을 위해 일하며 군중을 교양 개조해 공산주의 사회로까지 끌고 가는 데 있었다.

그리고 청산리방법은 위 기관이 아래 기관을 도와주고 윗사람이 아랫사람을 도와주며, 늘 현지에 내려가 실정을 깊이 알아보고 문제 해결의 방법을 찾으며, 사업을 할 때 정치사업과 사람과의 사업을 앞세우고 대중의 열성을 끌어내는 것을 기본으로 했다. 청산리정신과 청산리방법은 단순한 경제관리 방식이 아니라 당사업의 기본방법과 자세를 제시한 것이었다.

구체적으로 공업 부문을 관리하는 방식으로는 「대안의 사업체계」가 채택되었다. 1961년 12월에 김일성은 대안전기공장에 머물면서 공장 운영과 노동자들의 형편을 살핀 다음 '대안의 사업체계'를 제시했다. 예전에는 지배인 한 명이 공장 운영 전체를 책임지는 지배인유일관리제로 공장을 운영했는데, 이를 폐지하고 그 대신 당 위원회가 집단지도를 하게 한 것이다. 이것은 모든 사업을 당 위원회의 지도에 따라 진행하고 정치사업을 앞세우며 위가 아래를 책임지고 도와주는 경제관리 체계다. 농업 부문의 관리 방식으로는 「군 협동농장 경영위원회」를 설치했다.

예전에는 군 인민위원회가 협동조합들을 행정적으로만 지도했는데, 이제는 그와 별도로 전문적인 농업 지도기관이 필요하여 군 단위로 「협동농장 경영위원회」를 설치한 것이다. 그 위에는 「도 농촌경리위원회」를 두었고, 농업 전체를 지도하는 기관으로는 농업위원회를 두었다. 1964년에는 「국가계획위원회」가 경제계획 전체를 책임지도록 하여 계획의 통일성을 꾀했다.

이처럼 일사불란한 체계를 갖추었으니 야심 찬 7개년계획은 충분히 실현되리라 기대했다. 1961~1962년에는 그 꿈이 실제로 이루어지는 것으로 여길 만한 성과가 나타났다. 1962년 신년사에서 김일성은 그해에 여섯 개 고지를 점령하라고 주문했다. 알곡 500만 톤, 직물 2억5,000만 미터, 수산물 80만 톤, 주택 20만 세대, 강철 12만 톤, 석탄 1,500만 톤이라는 여섯 개의 목표를 달성하라는 것이었다. 이를 위해 60일 전투, 120일 전투 등 군사작전을 방불케 하는 생산운동이 전개되었다.

○ 옥쌀 : 북조선에서는 쌀보다 강냉이(옥수수)를 주식으로 한다. 옥쌀이란 강냉이 가루를 기본 원료로 해 밀가루 등 여러 가지 낟알 가루를 섞어 쌀 모양으로 만든 것을 말한다. 1967년 경부터 생산되기 시작하여 1969년에 널리 보급되었다. 강냉이 등 낟알 가루에다 물(40~50도)을 축여 물기가 28~36퍼센트가 되도록 한 뒤 익힌다. 그 후 50~60퍼센트 정도 익었을 때 성형기로 압출 성형하면 쌀 모양의 옥쌀이 만들어진다.

○ 니탄 : 북조선은 에너지원의 70퍼센트 이상을 차지하는 석탄을 가능한 한 공업용으로 돌리고 가정의 연료난을 해결하기 위해 니탄泥炭을 널리 보급하고 있다. 니탄은 늪이나 진펄에서 자라던 식물이 땅속에 묻힌 다음 탄화작용으로 생기는 것으로서 토탄이라고도 한다. 평안남도의 평원·숙천·온천, 평안북도의 룡천, 황해남도의 배천, 함경북도의 길주 등 동·서 해안 일대에 널리 분포되어 있어 개발이 쉽다는 장점이 있다. 그러나 수분 함유량이 높아 수분을 제거하는 것이 큰 문제다.

북조선 정부는 이 모든 목표가 달성되었다고 발표했다. 알곡 생산의 경우, 실제로는 400만 톤 정도 생산한 것으로 판단되지만, 많은 부문에서 목표치에 근사한 성과를 낸 것으로 보인다. 1962년 가을에 최고인민회의 제3기 제1차 회의에서 김일성은 5개년계획 기간을 "사회주의라는 큰 나무의 뿌리를 깊이 박고 그 줄거리를 튼튼히 자라게 하는 시기였다"고 하면서, 7개년계획 기간은 "이 나무를 더욱더 자라게 하여 거기에 찬란한 꽃을 피우고 훌륭한 열매를 맺게 하는 시기"라고 표현했다.

조선로동당의 한 기관지는 만약 1963년의 목표가 이룩된다면 조선의 모든 근로인민은 기와집에서 쌀밥과 고기를 먹고 좋은 옷을 입으며 부유한 생활을 누리게 될 것이라고 언급했다. 모두 쌀밥에 비단옷을 입고 새로 지은 집에 사는 것, 그것이 김일성과 조선로동당이 꿈꾼 소박한 사회주의의 이상이었다.

1960년대 중반에 이르러 7개년계획에 심각한 차질이 있음이 드러나기 시작했다. 매년 증가 추세이던 공업 생산액이 1966년에는 전년도보다 3퍼센트 감소하는 사태가 발생했다. 곡물 생산량도 별로 늘지 않아 이미 1962년에 500만 톤을 생산했다고 발표했음에도 불구하고, 실제 500만 톤 고지는 1967년에야 달성한 것으로 알려졌다. 북조선 정부는 1964년부터 농업현물세를 폐지하여 농촌을 세금 없는 곳으로 만들고 노동자와 학생들을 농촌에 보내 일손을 돕게 하며 상당한 재정 지원을 해주었음에도 불구하고 곡물 생산량은 크게 늘지 못했다.

결국 7개년계획은 본래 목표보다 3년 뒤인 1970년에 가서야 마무리되었다. 1960년대 중반 이후 북의 경제성장은 점차 한계를 드러내기 시작했다. 반면에 남한의 박정희 정권은 산업화 정책에 의해 점차 북의 경제력을 따라잡게 된다.

왜 북은 1960년대 중반부터 경제성장이 벽에 부딪치게 되었을까? 가장 중요한 원인은 국방비 부담이 자꾸만 커져갔기 때문이다. 미군의 보호를 받는 남쪽과 달리 북은 스스로 국방을 책임져야 했다. 1962년 10월에 미국과 쿠바 사이에 무력충돌 위기가 발생하고, 미국의 베트남 참전이 확대되면서, 북측은 크게 위기감을 갖게 되었다. 휴전선을 경계로 해서 세계 최강의 미군과 마주해야 하는 부담감 속에, 북조선 정부는 국방비를 대대적으로 늘리게 된다.

1962년 12월에 「경제 건설」과 「국방 건설」을 병진시키는 정책이 결정되었다. 군사비는 자꾸 증가되어, 1967년도에는 군사비가 전체 세출액의 30퍼센트를 넘어섰다. 두 번째의 원인은 북측이 점차 고립화되기 시작한 것과 관련이 있다. 소련과 중국의 대립 속에서 북측은 주체와 자주를 강조했지만, 이는 소련에서 들어오는 원조의 축소를 감수해야만 하는 궁핍으로 다가왔다. 반면에 남한은 일본과 미국에서 경제 지원을 받아 공장을 짓고 상품을 해외에 수출해 빠른 속도로 경제력을 증대시킬 수 있었다.

2) 남과 북 극한 대치, 미국의 대북 적대시정책에 자주국방 총력

(1) 남쪽에선 군사쿠데타로 민주화 주장 민중세력과 체제내 갈등 심화

1960년 4월에 남쪽에서 시민혁명이 일어나 이승만 정부가 무너지자, 북조선 정부는 통일의 가능성이 커졌다고 크게 기대했다. 그렇지만 막상 북쪽에서는 대규모 군중집회를 여는 등 남쪽의 혁명을 지지하는 것 외에는 남쪽 사정에 개입할 여지가 거의 없었다. 북쪽과 연결된 남쪽 혁명조직은 전혀 없다시피 한 상황이었기 때문이다. 1961년 5월 북조선에는 조국평화통일위원회가 조직되었다. 홍명희가 위원장이 되고, 박금철과 이효순·강양욱·박신덕·백남운·이극로 등 일곱 명이 부위원장으로 선임되었다. 통일전선의 형태를 갖추고 남쪽의 변화에 대응하기 위해서였다.

5·16군사정변이 일어나자, 북조선 정부는 처음엔 쿠데타 지도자인 박정희에 대해 약간의 기대를 걸었다. 그와 그의 가족이 한때는 좌익 조직에 참여한 경력이 있었기 때문이다. 북쪽에서는 박정희의 셋째 형 박상희의 옛 동지인 황태성을 밀사로 파견했다. 그러나 황태성은 체포·처형되었고, 박정희는 반공과 친미의 자세를 분명히 했다.

4·19혁명과 5·16군사정변의 파도가 지나간 후, 1962년에는 쿠바 사태가 발생하고 미국이 베트남 전쟁에 적극 개입하는 등 국제 정세가 급격히 변동하기 시작했다. 세계 전쟁이나 미국의 공격에 대한 위기감이 쌓인 북조선 정부는 우선 자체의 힘을 기르는데 주력하기로 결정했다. 자체 힘을 기르는데 제일 중요한 것은 국방이었다. 1962년 12월에 조선로동당 중앙위원회 전원회의는 4대 군사노선을 채택했다. 전군의 간부화, 전군의 현대화, 전인민의 무장화, 전국의 요새화가 기본내용이었다.(북조선정부는 미국의 공격에 대한 두려움을 극복하기위해 국방력의 강화를 우선 과제로 삼는 4대 군사노선을 채택했다.)

북조선 정부는 한편으로 남쪽에서의 혁명을 기대했지만, 그것은 북측이 일방적으로 지원해서 되는 것이 아니며 남쪽 스스로의 힘에 의해 일어나야 한다고 판단했다. 또한 국제적인 혁명 세력과 단결하여 전 세계적인 반제반미 전선을 결성하고자 했다. 1964년 2월에 열린 전원회의에서는 이 같은 방안을 「3대혁명역량 강화방침」으로 정리했다. 북측의 혁명기지 강화, 남한의 혁명역량강화, 국제 혁명역량과의 단결을 강화하는 방침이었다.

이 방침은 북쪽의 '민주기지'를 강화한 다음

황태성 간첩사건을 보도한 남한 신문기사. 황태성은 전쟁 전 조선공산당 경북도당 조직부장으로서 1946년 10월에 인민항쟁사건 뒤 월북했다. 박정희의 친형 박상희와는 결혼을 중매할만큼 막역한 친구 사이였으며, 그 때문에 박정희와도 친분이 깊었다고 한다.

주로 무력에 의지해서 남북통일을 달성하려한 조선전쟁 때와는 통일의 방법론이 바뀐 것이었다. 남쪽은 그 자체의 힘에 의해서 '남조선혁명'을 이룩해야 함이 강조된 것이다.

한편 1967년에는 독일과 프랑스를 여행한 적이 있는 학생과 지식인 수백 명이 북조선과 접촉을 시도했다는 이유로 검거되는 동백림사건이 발생했다. 이들 중 34명은 남한의 정보경찰에 의해 납치되어 서울의 재판정에 서게 되었다. 남북 분단의 비극이었다.

1968년과 1969년은 한반도에 또다시 전쟁의 위기가 다가온 해로 기록된다. 1968년

1·21 청와대 기습사건. 1968년 1월 17일, 북측은 청와대 습격을 목적으로 특수부대원 31명을 남한에 침투시켰다. 1월 21일, 이들은 세검정 고개에서 발견되어 교전을 벌였는데, 생포된 김신조(가운데)와 도주한 네 명을 제외한 전원이 사살되었다. 화제의 영화 「실미도」의 684부대는 이 사건을 계기로 창설되었다고 한다.

1월에 1·21 청와대 기습사건이 일어났고, 10월에는 울진·삼척에 무장부대가 침투하여 남북관계가 극도로 험악해졌다. 북미관계도 심각해지게 되는데, 1968년 1월 23일에 미 해군 첩보선 푸에블로호가 북측 해안에서 나포되었고, 다음 해 4월에는 미 해군 정찰기 EC-121기가 격추되었다. 일촉즉발의 위기 상황이었다.

1968년 1월 21일, 북에서 내려온 특수부대원 31명은 청와대를 바로 앞에 둔 세검정 고갯길에서 남측 군경과 교전을 벌였다. 이때 네 명은 도주하고 한 명(김신조)은 생포되었으며 나머지는 사살되었다. 이 사건은 김창봉과 허봉학, 그리고 김정태 등 북측 군부의 강경파들이 벌인 일이었음이 뒤에 확인되었다. 울진·삼척 무장부대 침투사건도 그 연장선에서 일어난 일이었다. 김일성은 군부에 대한 검열을 실시하여 자신의 허락도 받지 않고 군사모험주의의 길을 걸어간 군부 강경파를 숙청했다. 그는 이 문제로 1972년도에 남측에 사과했다. 한편 남한 정부는 1·21사건에 충격을 받아 남쪽에서도 북쪽을 기습하고자 특수부대원들을 실미도에 모아놓고 훈련시키다가 취소했다.

(2) 1968년 미국 간첩선 푸에블로호 나포 사건 발생

1·21사건 이틀 뒤에 발생한 푸에블로호 나포拿捕사건은 동아시아 전체를 긴장 시켰다. 푸에블로호는 초정밀 전자시스템을 갖추어 북조선과 소련령 블라디보스토크의 군사용 통신을 해독하고 감시와 첩보 활동을 하는 미 해군 소속 함정이었다. 이 배를 북측이 원산 앞바다에서 나포한 것이다. 미국은 공해상에서 북측이 나포했다고 비난하고 핵 항공모함을 동원하여 무력시위를 했다. 또한 소련을 통해 북측에 압력을 가해 승무원을 석방하도록 노력했다. 그러나 북은 끄덕도 하지 않았다. 결국 나포된지 325일만에 미국 정

부를 대신하여 푸에블로호 함장 푸커 소령이 북조선 영해를 침범한 사실을 확인하는 사과문에 서명한 뒤에야 83명의 포로가 석방되었다. 현재 푸에블로호는 대동강변에 전시되어 있다.

1960년대 북조선의 대남·대미 정책은 많은 후유증을 남겼다. '남조선혁명론'을 내세웠지만 남쪽에서 친북적인 세력이 확산될 여지는 별로 없었다. 미국에 대해서도 자존심을 최대한 세울 수는 있었지만 그 대신 세계 최강국인 미국과 화해할 수 없는 대립의 길을 걸어가야 했다. 그로써 북측은 전쟁 발발 위험에 대한 위기감이 더욱 고조되었고, 결국 사회주의 낙원을 건설한다는 자신감에도 불구하고 북의 체제는 더욱 움츠러들게 되었다.

당시 미국 대통령은 민주당의 존슨으로 쿠바위기 때 핵전쟁 위협으로 소련을 굴복시킨 케네디가 암살된 후 그 후임으로 대통령이 된 사람이다.

당시는 미국이 프랑스에 이어 개입한 베트남 전쟁이 14년째 이어지면서 가장 치열한 단계에 들어갔는데 일부 관측통들은 북이 그 틈새를 노린 행동이었다고 분석하기도 했으나, 결국은 미국의 고의적인 침범으로 드러났고 온갖 회피 협박 끝에 인정하고 말았다.

푸에블로호(500톤)는 인민군의 레이더 분석·행동탐지·전파교신의 방수傍受가 주임무로, 1967년 5월 취역, 일본의 요코스카와 사세보를 기지로 하여 북조선 수역에서 정보수집 활동을 하고 있었다. 1966년 6월 제3차 중동전쟁에서 이스라엘 공군에게 오폭을 당한 미 스파이선 리버티호와 동형이었다. 이 스파이선 나포작전을 한 것은 북측의 어뢰정과 초계정이었다.

미군 스파이선 푸에블로호는 일단 영해 밖으로 나갔다가 다시 영해에 침입했다. 이때 비로소 북조선 해군은 행동을 개시, 미국 함선을 나포하기로 했다. 나포할 때 미 병사가 저항하였기 때문에 북조선 임검대는 발포하지 않을 수 없었다. 미병 한 사람은 사살, 4명이 부상, 부쳐 함장 이하 82명이 포로가 됐다.

미국은 이미 정찰위성과 정찰기의 최신예 레이더로 북조선 정보를 수집하고 있었고, 스파이선을 나포한다고 해서 미군의 정보수집에 지장을 주는 것도 아니었다. 그때까지 미 스파이선을 나포한 예는 없었고, 소련과 중국도 미 스파이선을 나포하지 않았다.

푸에블로호를 나포하지 않았으면 세계 최강 미군과 일을 벌일 필요도 없었을지 모른다. 그러나 북조선으로서는 적국의 스파이선에 의한 영해 침범을 강대국과의 대결이 무서워서 본 체 만 체 할 수가 없었던 것 같다.

푸에블로호 나포 후 존슨 정권은 일본 요코스카에 사령부를 둔 세계 최강을 자랑하는 제7함대 주력 기동부대를 조선해역에 파견하였다. 구축함·원자력·잠수함·보급함을 거느린 원자력 항공모함 엔터프라이즈가 조선해협으로 북상하였다. 일본해에는 세 척의 미 항공모함을 중심으로 미군 함선이 대거 집결하였다. 원자력 항공모함 엔터프라이즈·항공모함 레인저·대잠수함 항공모함 요크타운이었다. 미군은 북조선을 공격할 태세에 들어갔다. 수소폭탄이 탑재 가능한 B52 전략폭격기·F4·F105 전투폭격기 편대 수백 기가 미 본토에서 한국의 오산과 군산에 날아들었다.

소련과의 핵대결에서 승리하고 월남에서 북폭을 확대강화하고 있던 미국과 조그마한 나라 북조선, 누구의 눈에도 북조선의 김일성에게는 승산이 없어 보였다. 소련·중국도 북조선에 지원이나 연대의 의사표시를 하지 않았다. 김일성은 김정일과 협의한 다음 그의 의견을 받아들여 전쟁의 승패를 결정하는 것은 무기나 첨단기술이 아니라 인간의 배짱이라는 것, 싸우지 않고 이기는 고등전략을 내보이기로 결의하였다고 전해졌다.

김일성은 조선인민군과 각 민병조직·전국민에게 전시동원 체제를 명령하고 북조선 주변에 집결한 미 제7함대 기동부대와 미 공군부대·미 육군부대를 정면으로 대결할 수 있게 모든 태세를 정비하도록 하였다

나중에 알려진 사실이지만 당시 김일성이 얼마나 강하게 나왔는지를 알 수 있는 일화로, 국방부장이었던 김창봉을 미국과의 대결에서 어물거린다고 직위해제시키고 그 후임자에 항일무장투쟁의 역전장군 최현 대장을, 참모총장에는 오진우 대장(후에 국방상)을 임명하였다고 한다.

군지휘부를 일신하고, 자신만만한 김일성은 1968년 2월 8일 미국을 향해 역사적 경고를 발하였다. "눈에는 눈, 이에는 이, 보복에는 보복, 전면전에는 전면전"이라고 미국을 향해 공갈을 쳤다.

당시 미 해군의 작전 입안자들은, 만일 미군기가 북조선 영공을 침공하면 당장 100기 중 70~80기는 맞아떨어질 것이라고 예측했다고 한다. 미군 정찰기가 촬영한 북조선은 학교·공장·주행 중의 열차에 이르기까지 어디나 고사포가 설치되어 모두 발사 태세에 있었다. 미군 관계자는 북조선의 방공체제가 월남전쟁을 하고 있는 하노이, 냉전하의 모스크바 방공체제보다 훨씬 강력하다고 판단한 것이다.

다른 나라였다면 미국은 공격을 가했을 것이고, 적어도 폭탄이나 포탄을 한두 개 선사했을 것이다. 그러나 미군은 조용히 퇴산했다. 일본의 매스컴은 이것이 무엇을 의미하는지 별로 거론하려고도 하지 않았고, 이 사실을 보도하려고도 하지 않았다.

쿠바위기 때 미군은 대서양 함대를 총동원하여 해상봉쇄를 실시, 일순간에 미국을 괴멸시킬 수 있는 핵무기를 가진 소련에 대해 굴복을 강요하였는데, 그 공갈에 소련은 무릎을 꿇었다. 푸에블로호 나포사건에서 굴복한 것은 미국이었다.

북조선은 원산 앞바다에서 나포한 푸에블로호를 현재 평양 대동강변에 전시해 놓고 있다. 푸에블로호 반환은 북·미 관계 정상화로 가는 과정에서 상징적 행사가 될 것이다.(강정구·김진환·손우정·윤충로·이민우『시련과 발돋움의 남북현대사』도서출판 선인 2009)

푸에블로호가 나포되고 승무원이 북조선에 억류되었는데도 제7함대는 조용히 조선해협을 떠나 퇴산해버렸다. 미국 병사들의 포로 생활은 236일 동안의 긴 세월이었고, 같은 해 12월 23일 미국 정부가 영해침범을 인정, 사죄문을 발표하고서야 겨우 석방되었다.

이때 김정일이 취한 방법은 3A, 곧 Acknowledge 과오를 인정하라, Apologize 사과하라, Assure 재발방지를 보장하라는 것이었다. 그리하여 판문점에서 조선인민군과 미군 간의 회담이 28회나 열렸고, 결국 미군측은 이 3A 요구를 받아들이지 않을 수 없었다.

조선에서 패배한 존슨 대통령은 재선되지 못했다. 조선전쟁도 길게 끌고 전사자가 수만 명에 달해 인기가 떨어진 트루먼도 대통령에 재선되지 못했었다.

지금도 대동강변에는 당시 나포된 푸에블로호 선체가 당시 미국의 불법 침범과 조선의 승리를 증거하듯 녹슨 채 반세기가 넘도록 머물러 있다.

(3) 1969년 미 정찰기 격추 사건

푸에블로호 나포사건을 계기로, 조미朝美 대결에서 후퇴하는 쪽은 미국이라는 새로운 룰이 암묵적으로 정해진 듯 했다. 이 원칙이 재확인된 것은 푸에블로호 나포사건이 해결된지 반년도 못가서 일어난 두 번째 조미 군사대결이었다. 그것은 민주당의 존슨 정권을 이은 공화당의 닉슨 정권 시대로, 키신저가 대통령 특별보좌관으로 있을 때였다.

1969년 4월 15일 미 해군 전자정찰기 EC121이 북조선 영공을 침범했다. 미군 정찰기는 맞받아 요격해 오는 북조선 요격기 미그21에서 발사한 공대공미사일에 맞아 격추되었고, 탑승원 수십 명이 바다에 떨어져 사망하였다. 이 사건이 발생한 것은 4월 15일 김일성 생일이어서 북조선은 잔치 기분에 젖어있었다.

미국은 1967년에는 동맹국인 이스라엘을 엿보다 미 스파이선이 이스라엘군에게 공격당한 일이 있었고 다음해에는 푸에블로호가 북조선 해군에게 나포 당했다.

미국은 푸에블로호가 속도가 느린 배였기 때문에 쉽게 발견되어 나포되었다고 생각했는지 이번에는 비행기를 들여보냈다. 그렇지 않으면 그날이 북조선의 명절날이니 아무 일도 없을 거라고 생각했을지도 모른다. 명절날이라서 미군의 영공침범쯤은 관대하게 봐줄 수 있었을지 모른다. 사실 미군기를 격추하려 드는 나라가 이 세상 어디에 있겠는가. 소련과 중국도 감히 못했다.

미군기의 영공침범을 탐지한 북조선 방공사령부는 공군기지에 즉시 요격 하도록 명령했다. 긴급 발진한 미그21은 적기를 레이더로 포착하자마자 공대공미사일을 발사했다. 그 미사일은 겨냥한 목표물을 놓치지 않았다. 바다에서 뿐만 아니라 하늘에서도 미군의 침범 행위를 그대로 두지 않았다.

EC121의 격추 소식에 미 정부는 당황했다. 닉슨 정권은 즉각 항공모함 기동부대를 조선해협에 급파했다. 항공모함은 4척으로 푸에블로호 때보다 1척이 많았다. 원자력 항공모함 엔터프라이즈·항공모함 타이콘데로가·항공모함 레인저·대잠수함 항공모함 넷이 중심이었다. 전함 뉴저지도 정찰기 호위에 나섰다. 수백 대의 폭격기와 전투폭격기가 한국에 집결하였다.

닉슨과 키신저는 즉시 국가안전보장회의를 소집하여 북조선에 대한 징벌적 폭격안을 검토했다. 두 사람은 북조선에 대한 강경조치, 즉 미군기에 의한 북조선 폭격을 강력히 주장했다. 그러나 닉슨과 키신저가 예상도 못한 일이 벌어졌다. 레어드 국방장관과 로저스 국무장관은 미군기가 다수 격추되고 미군은 막대한 피해를 입을 것이라고 강경책에 반대하고 나섰다. 북조선이 미국에 공갈칠 수고를 덜어주었다. 미 군부와 외교 담당자가 닉슨과 키신저를 위협한 꼴이 되었다. 결국 미국은 북조선 보복공격을 단념할 수밖에 별 도리가 없었다.(EC121기 격추를 둘러싼 닉슨 정권의 대응은, 닉슨의 회고록 『The Memories of Richard Nixon』에 자세히 기록되어 있다.)

(4) 1976년 포플러나무 벌채 사건

닉슨은 사라졌지만 키신저는 남아 국무장관이 되었다. 키신저에게 전번 대결에서의 패배를 복수할 수 있는 기회가 왔다. 조미 군사대결 삼회전이다. 그때 키신저는 마음먹은 대로 복수할 수 있었는가.

이번 대결은 EC121 격추 후 7년이 지나서였다. 포드가 백악관에 들어온지 3년째 되는 해였다. 포드는 워터게이트 사건으로 사직한 닉슨 대통령 때 부통령을 지낸 인물로 닉슨의 후계자였다.

키신저는 복수를 하기 위해 북조선에 대한 군사징벌 행동을 주장하였다. 그러나 미군측의 대응책을 검토한 포드와 미 통합참모본부는 북조선에 대해 대대적인 군사행동을 취하는 것에 반대했다. 미군의 동원 태도가 아주 흥미롭다. 대단히 신중하였고 어떤 의미에서는 얼뜨기 같았다

비무장지대인 판문점의 공동경비구역은 가로 세로 약 800미터의 정방형 구역으로 군사경계선으로 양분되어 있다. 북측에 판문각, 남측에 '자유의 집'이 있고 경계선상에는 군사정전위원 회의실이 있다. 정전협정에 의하면 공동경비구역을 포함한 비무장지대에서는 출입 인원수와 휴대무기의 내용이 정해져 있는데 조선인민군 판문점 대표부는 1996년 4월 한국측이 정수 이상의 병원兵員·중화기를 배치하였기 때문에 정전협정에 정해진 비무장지대 관련 규칙을 일방적으로 지킬 수는 없다고 군사경계선과 비무장지대 유지관리 임무를 포기하였다.

전번 정찰기 격추사건 때는 원자력 항공모함 엔터프라이즈를 포함한 항공모함 네 척을 투입했었는데 이번에는 보통 항공모함 미드웨이를 조선해협에 투입했을 뿐이었다. 그 대신 전략폭격기 B52와 핵공격기 F111도 파견됐다.

이 사건은 아주 미국답지 못한 사건이기도 했다. 사건의 발단은, 판문점 공동경비구역에 있는 돌아오지 않는 다리에 포플러 나무가 한 그루 있었는데, 미측이 감시하는데 거추장스럽다고 북조선측과 사전 상의도 없이 벌채를 하려는 데서 일어났다.

첨단기술이 자랑인 미측으로서는 스파이 위성과 전자 정찰기로 북조선측 동향을 알고도 남았을 것이고 포플러나무 한 그루 있다 해서 무슨 지장이 있겠는가. 스파이 위성이나 정찰기가 없는 북측이 그 포플러나무가 시계에 방해가 된다고 주장한다면 이해가 갈 수도 있는 일이었다.

포플러나무를 벌채한다는 것도 미국답지 못한 행동이고 그 나무를 자르는 데도 첨단

기술의 소유자 미국이라면 적어도 기계톱 정도는 들고 나와야 제격이 아니겠는가. 무슨 생각을 했는지 도끼를 가지고 나무를 자르기 시작했다.

그런데 나무를 자르는 것은 하사관이나 병졸이 아닌 장교 두 명이었다. 한 사람은 대위, 또 하나는 중위. 미 육군사관학교 웨스트포인트는 나무꾼 양성소였던가. 아마 어지간히 한가하였던 모양이다.(이때 사용한 도끼는 오스트리아제로 현재 북조선 박물관에 전시되어 있다.) 포플러나무 한 그루 찍는데 장교 두 명이 미 병사 약 30명을 거느리고 왔다. 나무 찍는 시범이라도 보이려는듯이.

북측의 사전 양해도 없이 마음대로 공동경비구역 내 나무를 찍으려는 것을 본 북조선 경비병이 격분하여 미군을 향해 돌진하였다. 북측도 그렇지, 미군한테 달려들려면 적어도 수십 명이 돌진할 것이지 단 네 명, 물론 후에 몇 명 더 가세하긴 했다지만, 그리고 자동소총쯤은 갖고 갈 것이지 무엇이 그리 급했던지 맨손으로 달려들었다.

돌진해 오는 북조선 경비병을 본 미 장교가 들고 있던 도끼를 경비병을 향해 던졌다. 경비병도 캐치볼을 하는 것도 아닌데 피할 것이지 맨손으로 받아서 미 장교에게 던졌다. 그 도끼가 바로 미 장교 두 명을 직격했다. 미 장교 두 사람이 그 자리에서 죽었다. 경비병은 미군 병사를 덮쳐 태권도 치기·차기로 많은 미군 병사에게 중경상을 입혔다

맨손으로 돌진해 오는 몇 명의 경비병에게 수십 명의 미군 병사가 발길질을 당해 넘어지고 장교 두 명이 즉사하고 많은 중경상자가 났다는 것은 알다가도 모를 일이었다. 미측은 충격을 감추지 못하고 "북조선에 의한 잔학한 행위"를 전세계에 보도했다.

문제의 발단도, 책임도 미측에 있었다. 무장하고 있던 것은 미측이고 북조선측은 맨손이었다. 미군측은 북조선 병사가 도끼와 곡괭이를 들고 습격했다고 주장했지만 만일 그것이 사실이었다면 미군은 좀더 다르게 대응했을 것이다. 미군측의 행동을 보면 어딘가 죄의식이 있는 것처럼 대단히 겁을 먹은 것 같은 모양이었고 떨고 있었다.

구체적인 대북조선 보복행동으로 주한미군 사령관 리처드 스틸웰의 얼치기 같은 의견이 채택되었다. 공격헬기 코브라를 동원하여 기계톱·도끼를 가진 공병대가 채 찍지 못한 포플러나무의 줄기를 잘라내라는 것이었다. 한국인 병사 중에서 태권도 선수도 데려왔다.(포플러나무 사건의 미국측 견해는 1997년에 출판된 전 『워싱턴포스트』지 동경 지국장 돈 오바도퍼의 『THE TWO KOREAS : A CONTEMPORARY HISTORY』에 비교적 상세히 기록되어 있다.)

이 '나무꾼 작전'에서 줄기를 찍어내고서야 미군 장병은 겨우 한숨을 내쉬고 좋아했다. "북조선병은 겁을 먹고 무장 저항을 안 했다"고 자기네 마음대로 분석하고 있었다. 이제 와서 줄기를 찍는다고, 또 그것을 못하게 한다고 해서 무슨 의미가 있겠는가.

전략폭격기까지 동원했기 때문에 북조선도 대항조치로서 대부대를 공동경비구역에 투입, 미군의 동정을 주의 깊게 관찰하였다. 미군 부대의 행동은, 보복사격이라도 할 줄 알았는데 나머지 줄기를 찍어내는 작전으로 끝났다. 나무에게 분풀이를 하면 어쩌자는 것인가. 미국에 흔히 있는 정신도착 행동이다.

어안이 벙벙한 북조선 병사는 "미국인은 머저리·얼치기"라며 "이것들은 상대 할 것도 못 된다"고 웃었다. "이 놈들 삐졌다"고 판단하고 북조선측은 궁리를 해냈다. 부상자가 없었지만 "우리측도 부상자 두 명이 생겼다"고 발표했다. 그리고 북조선측은 미측에 문서는 아니고 구두로 '유감의 뜻'을 표명하고 "쌍방이 사건 재발을 막도록 노력해야한다"고 지적했다

이러한 발표로 미군측은 한숨을 내쉬고 분함을 누그러뜨렸다. 왜 미군측이 문서를 요구하지 않았는지 뜻밖의 반응이었다. 미군은 "북조선의 인간은 사나운wild 족속들"이니 강경 자세를 취하면 확대되어 제2차 조선전쟁이 일어날지 모른다고 무서워했다.

결국 미군은 8월 25일, 북조선측의 공동경비구역 분할제안을 수락하였다. 북조선측은 공동경비구역에서는 쌍방 병사의 자유로운 왕래로 충돌이 재발할 가능성이 있으니 공동경비구역을 완전히 분할하여 쌍방 병사의 남북 왕래를 금지할 것을 제안하였다.

한국측의 반대에도 불구하고 조미 쌍방은 9월 6일 공동경비구역 남북 분할협정을 체결했다. 그때부터 공동경비구역은 이름만 남아있을 뿐 실제로는 없어졌다. 포드는 공화당 대통령 지명선거에서 레이건에게 패하여 대통령에 재선되지 못했다. 역시 뜻을 못 이룬 대통령이었다.

(5) 1993~1994년 핵위기, 늑대와 고슴도치의 승부

1968년 푸에블로호 사건 이래 네번째 조미 군사대결에서도 첫번째 대결에서 정해진 원칙(후퇴하는 것은 미국)이 그대로 적용되었다. 이 네번째 대결은 이전의 대결들과는 근본적으로 다른 특징을 가지고 있었다.

 I. 처음으로 조미 쌍방의 핵대결이었다. 앞서 세 번의 대결에서는 미국만이 핵위협을 했다. 그런데 이번에는 북조선의 핵무기 보유가 문제되었다.

 2. 미국은 이전과는 달리 항공모함이니 전략폭격기 파견과 같은 군사행동을 취하지 않았다. 그전까지는 반드시 항공모함을 중심으로 한 기동부대를 조선에 파견하여 위압하려 했다. B52 같은 전략폭격기도 파견하곤 했다.

 3. 북조선은 사실상 고립무원으로 군사동맹국으로서의 소련은 존재하지 않았다. 물론

사회주의 진영 동유럽도 사라지고 중국도 군사동맹국으로 믿을 수 있을지 의문스러워졌다.

4. 조미 간에 최초로 외무차관 수준에서 정부간 교섭이 이루어졌고, 국교정상화를 약속함으로써 일단 수습되었다.

5. 테러국가·깡패국가라고 비난해 오던 북조선에게 미국은 최신형 경수로輕水爐를 제공하기로 약속했다.

이상은 지금까지와는 근본적으로 질이 다른 내용이다. 사실상 이것으로 김정일은 주한미군의 무력화와 중립화, 그리고 조선의 평화통일을 사정거리 안에 넣었다.

지금까지 있었던 세 번에 걸친 군사대결에서는 미군이 물러났다. 네번째 군사대결은 핵무기를 둘러싼 것으로 김정일이 1974년 대미 교섭노선을 내놓은 이래 20년이 지났다.

네번째 조미 군사대결은 사실상 김정일의 대미 군사정치적 승리와 조선의 통일을 약속하는 조선 5천년 역사에 있어서 획기적 사건이었다. 네번째 군사대결의 전말이 큰 의미가 있고, 그 후의 미 정부의 행동을 규정하게 되었다.

미국으로서는 북조선과의 전면전쟁을 피할만한 이유가 있다. 조미대결을 거듭하면서 미군측의 행동은 누그러져 갔다. 2차대전 직후 베이비붐 시대에 태어난 세대를 대표하는, 전쟁 경험이 없는 빌 클린턴이 백악관에 들어간 것은 1993년 1월이었다. 클린턴이 1992년 가을 대통령선거에서 현직 부쉬를 이긴 다음부터 미국은 북과의 대결정책을 강화하였다

언제부터 북조선 핵의혹 문제가 발생하였고 클린턴 이전 미국 정부는 어떠한 대응을 하였는가를 살펴보면 대조적이고 흥미 있는 사실을 발견하게 된다.

미국의 외교에 관해 이야기할 때 흔히 "민주당 정권이 해외에서 전쟁이나 분쟁을 일으키고 공화당 정권은 그것을 뒤치닥거리한다"고들 했다. 조선전쟁을 시작한 것은 트루먼의 민주당 정권이었고 수습한 것은 아이젠하워 공화당 정권이었다. 과연 북조선 핵 의혹도 여기에 해당된다고 할 수 있는가.

결론부터 말하면, 핵 의혹 운운하며 군사적 긴장을 고조시키고 핵 위기를 불러일으킨 것은 클린턴 민주당 정권이었다. 클린턴 정권이 강경책으로 나아갔다면 제2차 조선전쟁이 일어나 일본과 미 본토가 핵의 참화를 입었을 것이다. 이전과 다른 것은 클린턴이 북조선과 교섭하는데 응한 것이었다.

이른바 북조선 핵 의혹이라든가 북조선 극비 핵무기 개발계획이라는 이야기는 1986년부터 불거져 나왔다. 미국과 프랑스의 군사정찰위성이 포착한 연변 핵시설 사진이 계

기가 되었다고 한다.

당시 백악관 주인은 소련에 대한 「별들의 전쟁Star Wars」계획으로 유명한 영화배우 출신인 레이건으로 그의 두번째 임기 도중이었다. 레이건의 임기는 1988년에 끝나고 뒤를 이은 것은 역시 공화당 부쉬였는데 그의 임기는 1989년~1992년 한번으로 끝났다.

「별들의 전쟁」으로 소련을 협박한 레이건 정권은 북조선 핵 의혹에 대해서는 강경책을 취하지 않았다. 걸프전에서 첨단무기로 대승리를 하고 다음 목표가 북조선이라고 떠들던 부쉬 정권도 레이건과 같은 대응을 하고 있었다. 그것은 무슨 이유에서였던가.

그 이유는 명백했다. 레이건과 부쉬 두 공화당 정권은 북조선과의 대결에서 패배한 존슨·닉슨·포드의 전철을 밟고 싶지 않았기 때문이었을 것이다.

레이건은 별들의 전쟁 계획에는 알맹이가 없다는 것을 알고 있었다. 부쉬는 걸프전쟁에서 첨단기술의 승리라는 것이 실제로는 아무 실속이 없다는 것을 잘 알고 있었다. 북조선에 부당한 군사적 위협을 해보았자 아무 소용이 없고 도리어 사태만 악화시켜 미국이 헤어날 수 없는 지경에 빠질 위험성을 보았기 때문이었다.

북조선을 섣불리 자극하는 것을 피한 부쉬는 1976년 이래 매년 실시해 오던 핵공격 상정 군사연습인 팀스리피트의 중지를 발표했다. 그것뿐만 아니다. 부쉬는 1991년 9월 27일 한국으로부터 전술핵무기 철수를 선언하였다.(세계 최대 규모의 한미합동군사훈련 : 미국은 1975년 4월 월남전 패배 요인의 하나로 "핵무기를 사용할 수 없다는 무기 사용 제약"을 들었다. 이 패배의 교훈을 근거로 하여 조선반도에서의 핵무기 사용을 기정사실화 하려고 하였다.)

또 부쉬 정권은 북조선 사찰관에 의한 주한 미군기지의 현지 핵사찰에 동의한다는 의향도 표명한 것이다. 남북은 유엔에 동시 가입하였고, 남북 수뇌회담도 시작되고, 1991년 12월 13일에는 남북의 불가침협정이 체결되고 비핵화선언까지 채택되었다. 다음해 1월에는 북조선 고관이 뉴욕을 방문, 미국 정부와 고관회의를 가졌다. 모든 것이 김정일의 계산대로 진전되어갔다.

그러나 1992년 가을 미국에서는 민주당의 클린턴이 당선되고 또 한국에서는 반공주의자 김영삼이 당선됨으로써 상황은 변했다. 부쉬는 군대 경험이 있고 베트남·이라크·소련과는 비교도 할 수 없는 북조선의 군사력과 그 정치적 의도를 잘 알고 있었다.

그에 반해 클린턴은 아무것도 모르는 풋내기였다. 그는 베트남전을 피했다가 카터 대통령의 은사로 풀려나 공직에서 일할 수 있게 된 인물이다. 클린턴은 미국의 핵 지배 유지가 국익이라고 판단, 북조선을 굴복시키기로 결심했다. 부쉬가 이라크를 깡패국가로 지명하여 그 이라크를 공격함으로써 많은 갈채를 받았던 것처럼 클린턴도 또 하나의 이라크가 필요했다. 그것이 바로 북조선이었다.

그는 동구 사회주의 국가가 붕괴하고 소련마저 해체된 이상 북조선을 맘대로 날뛰게 방치할 수 없다고 생각했다. 우선 그는 필요에 따라 북조선을 공격할 수 있는 대의명분이 있어야했다. 클린턴은 CIA를 시켜 IAEA(국제원자력기구)의 사무국장 브릭스(스웨덴 사람)를 미국 의향에 따라 행동하도록 만들라고 명령했다.(상세한 것은 1995년 4월 『워싱턴포스트』지에 연재된 장문의 기사를 참조. 이 사건에 관해 1998년 5월 미 국무성 고관은 워싱턴에 있는 국제전략연구소에서 열린 국제회의 석상에서 "미국의 신문은 때때로 사실과 다른 보도를 한다"고 변명하였다.)

존경하는 사람이 케네디였고 과거에 월남 징병을 기피한 전력 때문인지는 몰라도 클린턴은 자신도 강한 남자라는 것을 과시하고자 하는 욕망에 사로잡혔다. 소위 깡패국가라는 조그마한 나라를 들볶으면 미국 국민이 갈채를 보낼 것이라고 짐작했다.

쿠바위기(소련이 탄도미사일을 쿠바에 배치하려다가 미국이 '전쟁불사'로 나오자 환송시킨 사건)를 극복한 케네디를 동경하며 정치계에 몸을 담아 대통령까지 올라간 클린턴이었는데, 그와 케네디의 경우에는 결정적인 차이가 있었다. 케네디가 상대한 소련 지도부에는 미국과 전면전을 벌일 의사가 없었고 미국에 대한 열등감을 가지고 있었다. 그러나 북조선 지도부는 미국과 전면전쟁·핵전쟁을 할 의사도 있고 준비도 되어 있으며 미국에 대해 우월감을 가지고 있었다.

1993년에는 북조선 핵문제로 긴장이 고조되어 불시에 전쟁을 하느냐 마느냐 하는 벼랑 끝으로 치달았다. 클린턴 취임 1개월 후 2월 25일, IAEA는 북조선에 대해 군사시설을, 신고에서 누락된 핵시설이라고 트집 잡아 전례에 없는 특별사찰을 요구했다. 클린턴은 3월에 그 위험한 핵군사연습 팀스피리트를 한국에서 재개시켰다.(클린턴 정권이 북조선의 군사대결이 무모한 것임을 깨닫고 북조선과 교섭을 시작하게 된 자세한 내용은 1994년 2월 22일자 『로스앤젤레스 타임』지에 나와있다.)

이때 클린턴은 강력한 자세를 취하면서도 레이건이나 부쉬처럼 기동부대의 급파와 같은 조치는 취하지 않았다. 미군 본부와 CIA가 북조선과 싸움을 벌이는 것은 대단히 위험하다며 기동부대 파견에 반대하였다고 한다.

그는 통합참모본부에게 모의 조선전쟁 「5027작전」을 재평가하도록 명령하였지만, 반복된 재평가의 결론은 미군이 참담한 꼴을 당할 것이라고 나왔다.(1993년 12월 12일자 『워싱턴포스트』)

그러나 그는 위협과 IAEA에 의한 압력만으로 이럭저럭 일이 순조롭게 풀릴 것으로 내다보았다. 국제정세는 북조선에 불리하니 백기를 들고 항복할 수밖에 없을 거라고 판단을 한 것이다. 그는 북측의 군사동맹국 소련은 이미 없어지고, 러시아가 북조선 편을 들지 않을 것은 명백하며, 사실상 자본주의 국가가 된 중국도 북조선에 동조하지 않을 것이라고 분석했다.

이러한 판단은 옳았다. 그러나 잘못 본 것이 있었다. 상대를 잘못 본 것이다. 상대는 유고의 밀로세비치도 아니고 이라크의 후세인도 아니었다. 그는 "두번 다시 식민지 노예가 되지 않겠다"는 불퇴전不退轉의 의지를 가진 김일성과 김정일이라는 인물을 전혀 이해하지 못하고 있었다.

2. 남북관계 개선 · 국제 외교 노력과 '고난의 행군' 실천

1) 남과 북, 냉전 해빙시기 맞아 동상이몽의 화해 협상

한국전쟁 후 처음으로 남·북 당국자들이 공식 대화를 시작한 것은 1970년대에 들어와서다. 이때는 동서 진영 간 긴장완화(데탕트)의 물결이 한반도에 밀려오는 시기였다. 1971년 4월, 북조선은 남북정치협상회의 소집을 제안하고, 얼마 후에는 당시 남한의 집권당을 포함한 모든 정당과 사회단체 및 개별적 인사들과 아무 때나 접촉할 용의가 있다고 표명했다. 그해 9월부터 남북적십자사 간에 예비회담이 시작되면서 남북대화의 돌파구가 마련되었다.(김성보 · 기광서 · 이신철『북한현대사』웅진지식하우스 2016)

남북 간에 공식적인 대화가 시작되는 데는 1971년 남북요인 접촉을 시작으로 이듬해 김일성과 남한 중앙정보부장 이후락, 박정희와 북의 부주석 박성철 간의 비밀회담이 큰 역할을 했다. 마침내 남북은 1972년에 7 · 4남북공동성명을 통해 자주 · 평화 · 민족대단결이라는 통일 원칙에 합의했다. 이 성명은 통일에 대한 공개적이고도 민족적인 합의 없이 정부 당국자들 간의 비밀회담에 의해 이루어졌다는 한계가 있지만, 남북이 자주적인 통일의 원칙을 이끌어냈다는데 의의가 있었다. 이후 남북간에는 적십자회담과 남북조절위원회를 비롯한 여러 갈래의 대화가 성사되었다.

(1) 북측은 「연방제 통일방안」을 남측에 제시

7.4 공동성명의 남·북 주역. 남한 중앙정보부장 이후락(왼쪽), 북의 부주석 박성철(오른쪽)

북측은 남한 정부를 처음으로 대화상대로 인정하고, 1973년 6월에는 연방제 통일안(고려연방공화국)을 통일을 실현하기 위한 방안으로 내세웠다. 그러나 남북의 대화는 남북간에 서로 다른 의도 속에서 이루어졌다. 북측은 자신들이 줄곧 주장해온 통일방안이 합의됨으로써 인민들에게 일정한 성과를 보여주었다는데 만족할 수 있었으나, 통일의 전제로 내세운 '주한미군 철수'와 '독재정권 타도'를 포기한 것은 아니었다.

북조선은 1960년대까지 확고한 경제적 우위를 바탕으로 가능한 모든 방법을 동원해 통일 공세를 펴왔다. 하지만 1970년 들어서 남측이 경제와 민간 교류를 통해 통일에 접근하자는 단계적 통일론을 들고 나오자 정치·군사 문제를 우선 해결해야 한다고 주장했다. 그것은 외국군 주둔이나 국가보안법 문제 등 남한 내부의 '약점'을 이용해 계속해서 통일문제의 주도권을 잡겠다는 의도였다.

남한의 박정희 정부 역시 국내 문제를 회피하는 수단으로 그리고 유신체제로 이행하기 위해서 통일문제를 이용했다. 남북의 대화가 의도하지 않은 방향으로 전개되면서 북측은 유신체제의 성립과 '김대중 납치사건' 등을 빌미로 남북대화를 단절했고, 곧바로 사회주의헌법을 채택해 체제를 강화시키기에 이르렀다.

결국 이 시기의 남북대화는 미국의 한반도 '안정화' 정책을 비롯한 국제 정세의 변화에 따라 진행된 것으로서, 시작부터 뚜렷한 한계를 갖고 있었다. 북측은 미국과의 직접적인 담판을 통해 민족문제를 해결하고자 했으며, 계속해서 주한미군의 철수를 주장했다. 그런 와중에 1976년, 인민군과 미군 사이의 충돌로 빚어진 「판문점 도끼사건(8·18 도끼사건)」으로 한반도는 일촉즉발의 위기를 겪게 되었고 남북관계는 더욱 악화되었다.

◎ 7 · 4남북공동성명의 탄생

1972년 5월 4일, 평양을 방문한 이후락 중앙정보부장과 김일성 주석의 회담 요지는 다음과 같다.

김일성 : 외세에 의해서 통일하지 말자. 싸움하지 말고 평화적으로 통일하자. 민족단결을 위한 방향에서 출발점을 삼자. 방법문제란 것은 좋게 의논해서 해결하면 된다고 생각한다.

이후락 : 박대통령께서는 외세의 간섭을 가장 싫어하는 사람이라는 것을 말씀드린다. 수상께서 말씀하신 그 세 가지가 가장 기본적인 것이라 생각한다.

이 공동성명은 이렇듯 북측의 주장이 그대로 반영된 것이었다. 당시 이후락은 대북관계의 성과에 급급했는지, 결과적으로 주한 미군 철수 주장에 빌미가 되는 내용을 수용한 셈이었다.

1970년대 남북관계의 전반적인 경색은, 북이 남한 혁명을 통한 조국 통일, 즉 '남조선 혁명' 정책을 더욱 고수하게 만들었다. 더구나 1979년에 일어난 박정희 시해사건(10 · 26사태) 이후 남한군부가 광주에서 유혈 진압을 거쳐 군사정권을 수립하자 남한에 대한 적대적 태도는 한층 더 강화되었다.

남북 사이에 경색된 국면이 지속되는 가운데 1980년대 들어서면서 북측은 통일문제에 대해 방향 전환을 모색했다. 1980년 10월, 김일성은 조선로동당 제6차 대회를 통해 「고려민주연방공화국」 창설안을 제의했다. 이에 따르면, 남과 북이 서로 상대방의 사상과 제도를 그대로 인정하고, 남북이 각각 지역정부를 지도하는 연방정부를 조직해 통일을 실현하자는 것이었다.

그러나 1연방국가 2체제 2지역정부를 내용으로 하는 이 방안은 기존의 주장처럼 국가보안법 폐지 · 주한미군 철수 등을 전제조건으로 내세움으로써 남한 정권 차원의 변화가 뒤따르지 않을 경우에는 불가능한 방식이었다. 북측의 새로운 통일 방침은 남한 '독재정권'을 인정하는 것이 아니었다는 점에서 통일전선의 성격을 띤 공세로 볼 수 있었다.

북측의 남한 정부에 대한 적의와 불신은 '아웅산 폭파사건'을 일으킬 정도로 극에 달해 있었다. 이 사건의 여파로 남북 간의 긴장감은 더욱 증폭되었으나 군사적 충돌로 발전하지는 않았다. 북측에서는 물론 이 사건이 그들의 소행임을 부인하고 있었다.

1984년 1월, 북측은 미국과 남한이 참가하는 3자회담을 열어, 이 회담을 통해 북과 미국 사이에 평화협정을 체결하고 남북 사이에 불가침선언을 채택하자고 제안했다. 북측이 대미관계를 한반도 문제 해결보다 우선으로 제시한 것은 남한이 여전히 미국의 '종속'적 지위에서 벗어나지 못하고 있다고 판단했기 때문이다.

그러는 가운데서도 남북 당국 간의 물밑 접촉이 이루어져 관계 진전을 위한 움직임이 이어졌다. 쿠데타로 등장한 전두환 정부는 남북문제에 접근함으로써 정통성을 보완할 필요가 있었고, 북은 그들 나름대로 고려민주연방공화국 창설방안 등 지속적인 통일 공세에 구체적 성과가 필요했다.

1984년 9월, 수재 물자를 제공하겠다는 북측의 제의를 남측이 수용한 것이 계기가 되어 남북은 적십자회담·경제회담·국회회담 예비접촉 등을 잇달아 가지게 되었다. 특히 1985년 9월의 적십자회담을 통해 남북예술단의 상호 방문과 이산가족의 고향 방문이 이루어졌다. 또한 남북 밀사들이 접촉해 정상회담을 추진하기도 했다. 그러나 정상회담 의제에 연방제 및 주한미군 철수 등을 포함시키려는 북의 입장은 전두환 정부에게 부담을 주었다. 북 지도부는 여전히 남한의 정권을 인정하려 들지 않았고, 남한 당국은 남북 관계를 정권 안보에 이용하려는 의지가 강했다.

1980년대를 거치면서 개혁·개방을 표방한 소련의 사회 변동 등 급격한 국제 정세의 변화와 남한 경제의 급속한 양적 팽창으로 남한의 대북 우위가 두드러졌다. 게다가 1988년에 남한이 올림픽을 개최함으로써 남북 사이의 국력 차이는 현저히 벌어지게 되었다. 또한 소련과 중국 등 북의 동맹국가들이 올림픽에 참여함으로써 북의 외교적 위치도 약화될 수밖에 없었다. 더구나 올림픽을 앞두고 일어난 KAL858기 폭파사건으로 북의 입지는 국제적으로 매우 위축되고 말았다.

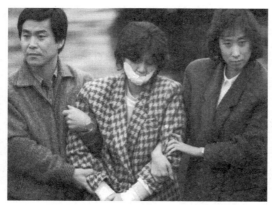

KAL858기 폭파범으로 알려진 김현희가 체포되어 김포공항에서 서울로 압송되고 있다.(1987년 12월 15일)

◎ 'KAL858기' 폭파 사건

이라크의 바그다드를 출발한 대한항공 858기가 1987년 11월 29일 공중 폭발하여 승무원과 탑승객 115명이 전원 사망한 사건이다. 당시 전두환정부는 이 사건을 서울올림픽대회 개최를 방해하려는 북측의 소행으로 지목했고, 두 명의 용의자 중 한 명인 김현희는 사건 직후 바레인에서 체포되어 서울로 압송되었다. 하지만 김현희는 폭파범으로 처벌받지 않고 남한당국에 의해 사면되었다.

사건 직후 탑승객의 유해나 유품이 하나도 발견되지 않았고, 김현희의 신상의혹과 미심쩍은 행적으로 많은 의구심을 남겼다.(노태우의 대통령 당선에 유리하게 하기 위해 남쪽에서 조작 하였을 것으로 보았다.) 이 때문에 오늘에 이르기까지 유족회를 비롯한 각계에서 이 사건의 재 조사와 진상규명에 대한 요구가 계속되고 있다. 한편 미국은 이 사건을 구실로 북조선을 '테러 국가'로 규정했고, 이 사건을 계기로 '북조선 봉쇄'의 빌미로 삼았다.

북은 서울올림픽대회의 공동 개최를 주장했 으나 그것이 이루어지기에는 상호 신뢰가 부족 한데다 대화와 합의를 실천해 나갈 여건도 마련 되어 있지 않았다. 또한 정치적 합의가 지켜지 기에는 서로에 대한 적대감이 해소되지 않았을 뿐만 아니라 남북 양측의 사회적 기반도 거의 전무했다고 볼 수 있다.

그러는 와중에도 북측은 남한의 재야 및 학생 등 민간 차원의 통일 교류에는 적극적인 태도를 취했다. 1989년 3월에 통일운동가 문익환 목 사가 북을 방문한 것이나 6월에 임수경 학생이 평양세계청년학생축전에 참가한 것은, 남한 정 부와 민간을 분리한 북측의 시각을 보여주는 사

문익환과 김일성. 문익환은 1989년 3월, 방북했다. 이 사건은 1990년대 후반 활발 한 남북 교류의 신호탄이 되었다.

건들이었다. 이 두 사람의 북조선 방문은 당시 남한사회의 재야나 학생 운동에 큰 타격을 주었지만, 전체 통일운동사에 큰 획을 그은 일이었다고 볼 수 있다.

1980년대 말까지 북의 통일방안은 시기에 따라 전략 · 전술적인 차이가 있기는 했지 만 그 본질에 있어서는 북조선식의 '흡수통일론'을 내세웠다고 봐도 무방할 것이다. 즉, 남한 당국과 대화와 협상을 통해 통일에 접근하기보다는 남한 내에서 '반정부 민주세력' 의 투쟁을 통한 '민주화'를 거치는 방식을 우선시했던 것이다.

○ 혁명 가극 「피바다」

혁명가극이란 김일성이 1930년대 항일무장투쟁 과정에서 직접 창작했다는 연극을 1970 년대 초부터 김정일의 지도로 가극으로 각색한 작품들을 일컫는다. 최초의 혁명가극인 「피바 다」는 김일성이 1936년 8월에 만주 만강부락에서 만들었다는 「혈해血海」를 기원으로 하고 있다. 「혈해」를 혁명가극 「피바다」로 각색하는 과정에서 '피바다식' 혁명가극이 탄생한 것이 다. 혁명가극 「피바다」는 1971년에 피바다가극단에서 7장 4경의 대작으로 만들어 처음 무

대에 올려졌는데, 이후 이것은 북의 혁명가극 창작에 있어 모델이 되었다.

가극 「피바다」는 1920년대 말에서 1930년대 초를 시대적 배경으로 하여 을남 어머니인 순녀가 일제에 의해 겪는 고난을 통해 자신이 혁명가로 나서고 아들을 혁명군에 들여보내는 내용으로 전개된다. 그 다음 군중들이 조직되어 항일무장투쟁의 대중적 기반이 확립되는 과정을 그렸다. 결국 이 가극의 핵심은 항일 빨치산 활동을 찬양하고 반일투쟁의 당위성을 강조하는 것이다.

가극 「피바다」는 「피바다가」 「울지 말아 을남아」 「토벌가」 「우리 엄마 기쁘게 한 번 웃으면」 등의 가요를 비롯해 음악극·군무·관현악 등으로 이루어진다. 「피바다」는 1969년에 영화로 만들어진 다음에 1970년대에 가극·소설·교향곡으로 제작되어 널리 보급되었다.

「피바다」 외에 혁명가극의 대표작으로는 「꽃파는 처녀」 「당의 참된 딸」 「밀림아 이야기 하라」 「금강산의 노래」 등이 있는데 북은 이를 '5대 혁명가극'이라 칭한다.

(2) 소련방 해체·동유럽 공산정권 붕괴와 북조선의 위기

1980년대에 본격화된 북조선 경제의 침체는 당시 소련 등 사회주의 국가들의 침체와 무관하지 않았다. 소련 지도부는 만성적인 경기 침체와 인민 생활의 악화를 인식하고 1980년대 중반에 고르바초프로 하여금 개방·개혁 정책을 시행하도록 했다. 하지만 이 정책은 관료들의 저항으로 실효를 거두지 못하고 사회질서의 이완과 혼란만을 야기했다.

또한 사회주의 이념이 약화되면서 소련방 구성 공화국들의 민족주의와 독립의지를 부추겼고, 더욱이 옐친 등으로 대표되는 친서방 정치 세력이 대두하며 민심 이반현상이 계속 발생함으로써 다가올 소비에트 체제의 붕괴를 예고했다.

그 시기에 북조선에서도 다가올 난관의 전조가 비치고 있었다. 북은 정치·경제 등 모든 분야에서 소련에 대해 자주적인 태도와 정책을 취해왔지만, '사회주의의 중심국'으로서 소련의 존재는 모든 사회주의 진영의 든든한 배경이었다. 따라서 북조선이 표방하던 자립적 민족경제는 소련과 동구 진영과의 협력 없이 쉽게 견딜 수 있는 것은 아니었다.

1989년부터 동구 사회주의 국가들이 하나씩 몰락하자 북은 심각한 위기의식을 갖기 시작했다. 사회주의의 완전한 승리는 고사하고 사회주의 체제 자체의 존속마저 위협을 받는 상황이 도래한 것이었다. 소련과 동구권의 붕괴는 이들 국가와 이루어진 '우호적인' 경제 교류 및 무역 거래의 파탄을 의미했으며, 이는 북조선 경제를 후퇴시키는 직접적인 계기가 되었다. 더욱이 남한이 소련(1991)에 뒤이어 중국(1992)과 공식적인 외교관계를 맺게 되면서 이들 나라와의 동맹관계는 사실상 퇴색되고 말았다. 바야흐로 북조선은 자신을 지지했던 동맹국가들을 상실하면서 자본주의 진영의 일방적인 '압박과 위협'에 봉착하게 되었다.

　북조선은 사회주의 주요 국가들의 이탈이 가속화되는 가운데 사회주의 수호의 명분을 지켜내고자 힘든 여정을 계속했다. 예를 들면, 1992년 4월에 전 세계 70개의 사회주의와 공산주의 계열 정당들을 끌어모아 사회주의의 위업을 옹호하고 전진시킬 것을 강조하는 '평양선언'을 채택하기도 했다. 물론 이러한 시도로는 전 세계적으로 이루어지고 있는 사회주의 퇴조의 흐름을 막아내기는 힘들었다.

　북의 지도부는 내부적으로 동구 사회주의 국가의 붕괴에 따른 위기의식을 떨치기 위해 단결에 힘을 모으고 사회주의 제도의 '우월성'을 내세우는데 적지 않은 노력을 기울였다. 1990년 5월, 김일성은 최고인민회의 연설에서 사회주의를 지켜나가는 데 분투할 것을 요구했다. 그는 북조선이 이룩한 제도적 성과를 열거하면서 사회주의 위업의 승리를 위해 끝까지 싸워나갈 것을 강조했다. 이듬해 5월, 김정일은 당 중앙위원회 책임일군들과의 담화를 통해 '우리식 사회주의'를 제창하고 동구권 국가와는 다른 길을 갈 것임을 분명히 하였다.

　그는 "우리나라 사회주의 제도는 인민대중에게 자주적이며 창조적인 생활을 마련해주는 가장 우월한 사회제도"라고 함으로써 소련식 사회주의와의 차별성을 부각시켰다. 1993년 3월에는 「사회주의에 대한 훼방은 허용될 수 없다」라는 논문을 발표해 '사회주의 배신자들'을 비판하면서 사회주의 제도를 옹호했다. 이렇듯 북의 지도부는 형제국가들의 몰락에 대응해 내부적으로는 수령·당·인민의 일심단결과 사상적 무장을 더욱 세차게 강조하는 등 전통적인 주장들을 강화하고 나섰다.

　사회주의 몰락의 여파는 곧바로 북조선 경제에 돌이키기 힘든 타격을 주기 시작했다. 북조선 경제는 비록 자립경제를 토대로 하고 있었지만, 사회주의 국가들과 맺은 다양한 관계, 특히 경제협력 관계가 축소되거나 단절되면서 국가의 생존에 절박한 위기가 몰려왔다. 산업 생산 수준이 전반적으로 후퇴하기 시작했고, 이들 나라로부터 '사회주의 우호 가격'을 통해 이루어진 석유를 비롯한 원자재 공급이 사실상 중단되었다. 1987년에 시작된 제3차 7개년계획 초기에 이미 성장률이 급속히 떨어진데다가 설상가상으로 1990년대에 들어서는 마이너스 성장을 향해 치닫기 시작했다.

◎ 현실 사회주의 붕괴에 대한 북측의 평가

　북은 소련과 동구 사회주의 몰락의 직접적인 원인으로 「제국주의자들과 반동들의 책동」을 들었다. 즉, 서방 국가들이 사회주의 국가들에 침투하여 인민의 의식을 마비시키고, 반사회주의자들을 부추겨 혼란을 조성시켰다는 것이다. 북은 이러한 외적 요인과 함께 사회주의 국가들에서 「세도와 관료주의」가 조장되어 인민이 당과 국가로부터 이탈한 점도 지적하였다. 아무튼 북조선 지도부가 사회주의 붕괴로 커다란 충격을 받은 것은 말할 것도 없다. 북은 그 같은 전철을 밟지 않기 위해 내부적으로 사상적 강화와 단결력 고양 등의 처방에 몰두하였다.

북조선 지도부는 경제 위기를 극복하는 방편으로 대외 경제교류 정책을 적극적으로 추진하고자 했다. 물론 그것은 중국이 시도한 규모의 경제개혁 조치와는 거리가 있었다. 북의 지도부는 사회주의 체제 유지를 가장 우선시했기에 조심스러운 행보를 취하지 않을 수 없었다. 그럼에도 불구하고 김일성은 대외 무역을 확대 발전시키고 세계 여러 나라와 경제적·기술적 협조를 활발히 진행시킬 것을 역설했다. 더 나아가 북은 경제특구 설치라는 좀 더 획기적인 조치를 강구하기에 이르렀다. 1991년 12월에 함경북도 라진·선봉 지역을 중계무역과 수출 가공·관광 등 종합적인 국제 교류의 거점으로 육성하기 위해 경제특구로 선포했다.

북은 경제특구를 법률적으로 뒷받침하기 위해 외국인투자법과 합작법 등 수십여 개의 법망을 단계적으로 제정·정비하기도 했다. 그러나 라진·선봉 경제특구는 1990년대 북조선 위기와 맞물리고, 대북 투자의 주도권을 쥐고 있는 대미·대남 관계의 악화로 당장에 의미있는 성과를 내지는 못했다.

1990년대 들어와 김정일의 위상은 군사 부문의 실권으로 확대되었다. 1990년 5월, 그는 조직이 확대 개편된 국방위원회의 제1부위원장으로 선출되었고, 이듬해 12월에는 조선인민군 최고사령관으로 추대되었다. 1992년 4월, 북조선은 헌법 개정을 통해 국방위원회를 독립기관으로 분리해 「국가주권의 최고 지도기관」으로 격상시켰다. 원수 칭호(1992년 4월)를 부여받은 김정일은 이듬해 4월에 국방위원장에 취임함으로써 북조선 권력의 핵심인 당과 군에 대한 지도를 제도적으로 보장받게 되었다. 수령으로서의 김일성의 지위는 변함없이 확고했으나 거의 모든 부문에서 정책과 관련된 권한은 계속해서 김정일이 직접 수행했다.

그러는 사이에도 북의 내외적 환경은 회복의 기미가 보이지 않았고, 그중 경제 상황은 악화일로를 걸었다. 1993년 12월에 북은 3차 7개년계획의 실패를 사실상 인정했다. 이 기간에 국민소득은 목표 대비 61퍼센트 수준, 주력 산업 부문은 20~50퍼센트 수준에 머무른 것으로 나타났다.

이에 북 당국은 3년간의 완충기를 설정했는데, 이 기간의 과제로 농업 제일주의·경공업 제일주의·무역 제일주의의 3대 제일주의를 내놓았다. 농업의 생산기반이 약화되면서 먹는 문제의 해결을, 인민 소비품의 증산을 위해 경공업을, 사회주의권의 붕괴로 발생한 무역 환경의 급격한 악화로 인한 무역 활성화를 강조한 것이었다. 이것은 중공업 우선의 경공업·농업 동시 발전노선을 포기한 것은 아니었지만, 경제적 난관을 이겨내기 위한 방편으로 어쩔 수 없는 선택이기도 했다. 그러나 이 같은 처방도 다가오는 위기를 이겨내기에는 역부족이었으며, 계속되는 마이너스 성장을 피할 수는 없었다.

2) 김일성 주석 사망하고 김정일 국방위원장 정권 승계

(1) 당과 공화국 건설의 수령 김일성의 「유훈통치」 시작

1994년 7월 8일, 거의 반세기 동안 조선민주주의인민공화국을 이끌어온 김일성 주석이 사망했다. 50여 년간 북조선의 '어버이'로서 존재해온 그의 죽음은 실로 엄청난 충격으로 다가왔다. 그가 살아온 역사가 북조선의 역사였으며, 그의 모든 언행이 인민의 사회생활에 결정적인 영향을 주는 지침이었기 때문이다. 북은 이제 한 시대와는 작별을 고하고 다가오는 새로운 역사와 마주했다.

김정일은 아버지의 갑작스러운 죽음으로 북조선 체제의 모든 책임을 안게 되었다. 물론 그 자신이 오랫동안 후계자 수업을 통해 많은 분야에서 실질적인 통치력을 행사했고, '또 다른' 수령의 존재로 떠올랐다. 그는 군 최고사령관과 국방위원장 지위를 통해 당장 김일성의 '유훈통치'를 실시하기 시작했다. 북조선 전체 인민들은, 수령의 사망에 따른 슬픔과 충성과 다짐으로 「위대한 수령 김일성 동지는 영원히 우리와 함께 계신다」는 구호를 마음 깊이 새기도록 곳곳에 존치시켰다.

급작스럽게 김일성의 존재를 지우는 것은 가능하지도, 또 북측 지도부로서는 원하지도 않는 일이었다. 이로 말미암아 당과 국가의 일부 권력기관들은 상당 부분 고유의 기능을 발휘하지 못하게 되었다. 김일성의 사망 이전까지 매년 최소 한 차례씩 개최되던 당 중앙위원회 전원회의도 더 이상 열리지 않게 되었다.

김정일이 안게 된 실질적인 유산은 계속 내리막길로 치닫는 경제적 어려움이었다. 이미 사회주의권의 붕괴로 인해 원자재와 부품 등 생산자재를 지원 받을 길이 막힌 상황에서 국내 생산은 급격히 와해되기 시작했다. 실패로 끝난 제3차 7개년계획에서 3년간의 완충기를 거치고도 새로운 경제계획조차 수립할 엄두를 내지 못했다. 실질적인 교역 상대국이 현격히 줄어들면서 필요한 외화를 충당할 길이 없었다. 예를 들면 북의 무역고는 대략 1990년도의 47억 달러 수준에서 1995년에는 20.5억 달러대로 급락하였다.

이와 같은 난관은 농업 부문에서 가장 심각하게 드러났고, 이에 따른 극도의 식량난을 피할 수 없었다. 더구나 1995년과 1996년에 발생한 대홍수와 1997년의 심각한 가뭄으로 말미암아 북조선 농업은 파멸적인 타격을 받았다. 도처에서 수많은 인민들이 식량을 제대로 배급 받지 못했는데, 특히 배급체계가 원활하지 못한 오지의 인민들은 극심한 굶주림을 겪어야 했다.

식량난으로 인한 전 인민적 고통은 모든 산업 부문에 엄청난 영향을 미치게 되었다. 설상가상으로 석유를 비롯한 여러 가지 에너지가 심각하게 부족해 만성적인 전력난을 불러일으켰으며, 이것은 원료 생산을 위시한 물자 생산 전반에 위기를 몰고 왔다. 곳곳의 생산 설비가 가동을 중단하거나 축소됨으로써 인민 생활은 심각하게 저하되기 시작했다. 오랜 기간 축적되어온 의료 등 사회보장 체계도 사실상 마비 상태에 빠지게 되었다.

북에 몰아닥친 전례 없는 경제난으로 오랫동안 지속되어온 당과 수령 중심의 단일체제가 일부나마 균열되는 양상이 빚어졌다. 일부 인민들은 지속되는 굶주림을 피해 중국 등 해외로 도피하는 사태가 벌어졌다. 1990~1999년 기간에 남한으로 들어온 이탈 인민 수는 488명에 달했고, 이후 그 수는 급증하였다. 이렇듯 경제난으로 시작된 '탈북 행렬'은 단일화된 사회구조와 내부적 단결에 균열을 몰고 올 조짐마저 보였다.

바야흐로 북은 조선전쟁 이후 일찍이 겪어 보지 못한 '고난의 행군'으로 접어들었다. 여기에 1997년 초, 북측 권력의 주요 인물인 황장엽 국제담당 비서의 망명사건이 일어나 권력 내부의 혼란스런 분위기마저 감지되었다. 북의 지도부는 총체적인 난국을 해소하기 위해 무엇보다 사상적인 일심단결을 우선적으로 강조했다. 당장에 커다란 희생을 피할 수는 없으나 최고 지도자를 중심으로 전체 인민이 합심해 총체적인 난국을 돌파할 것을 호소한 것이다. 이러한 상황에서 경제 복구에 앞장선 것은 군대와 청년들이었다. 이들은 북의 가장 조직된 세력으로서 경제적 곤란을 타개하는데 큰 역할을 수행했다.

최악의 '고난의 행군'에서 벗어나 1998년 '강행군' 단계로 들어선 북은 '유훈통치'를 사실상 종결 짓고 본격적으로 김정일 체제의 서막을 올리게 되었다. 이미 1997년 10월에 김정일은 당 총비서로 추대되어 점차 권력체계를 정비할 준비를 했다. 이듬해 9월에 북은 헌법의 개정을 통해 주석제를 폐지하고 김정일 총비서를 국가의 최고 직책으로 격상된 국방위원장에 재추대함으로써 김일성 사후 4년만에 승계 작업을 마무리했다. 마찬가지로 국가주권의 최고 지도기관인 중앙인민위원회도 폐지해 국가 권력기관을 국방위원회(최고 군사지도기관)·최고인민회의 상임위원회(최고인민회의 휴회 중에 최고 주권기관)·내각(최고주권의 행정적 집행기관이자 전반적 국가관리기관)으로 나누었다.

김정일 국방위원장이 국가주석 등 김일성의 지위를 그대로 물려받지 않고, 다소 「비정상적인 체계」를 도입한 것은 일거에 선대 수령과 동격이 되지 않으려는 의도이며, 동시에 자신의 위상을 업적 증진과 맞게 바라보고자 하는 의지의 표시였다고도 볼 수 있다. 더군다나 북은 가속되는 위기 상황으로 인해 정상적인 체계를 꾸려나가기가 어려웠다.

○ '고난의 행군' 역사

북조선이 '고난의 행군'이라 명명한 시기는 세 차례 있었다. 먼저 1938년 12월부터 1939년 3월까지 100여 일간 김일성이 이끄는 항일 빨치산이 만주의 설산준령에서 모진 추위와 식량난 속에서도 일본군의 추격을 뿌리치며 행군을 감행했는데, 이것이 어원이 되었다.

제2의 '고난의 행군'은 1956년, 이른바 '8월 종파사건'에서 발단되었다. 이는 당시 연안계가 소련계를 끌어들여 김일성의 지도체제에 도전했다가 실패한 사건으로 북이 최대의 정치적 위기를 겪은 기간이었다.

북은 조선전쟁 이후 최악의 경제난을 겪은 1996~1997년의 시기를 다시금 '고난의 행군'으로 선포하고 국가적 난국을 헤쳐 나갈 것을 호소했다. 「고난의 행군 정신은 자력갱생·간고분투의 정신, 어떠한 어려운 역경 속에서도 패배주의와 동요를 모르는 낙관주의 정신·불굴의 혁명정신」으로 정의된다. 1998년 이후 '고난의 행군'은 '강행군', '구보행군'으로 대체되었지만 경제적 난관은 이후에도 장기간 지속되었다.

(2) 김정일 체제, 「강성대국」 「선군정치」 주장하며 총력 진군

김정일 체제가 본격적으로 출범한 이유는 경제적 고난을 넘겼기 때문이 아니라 계속되는 난관을 효율적으로 돌파하기 위해서였다. 북의 지도부는 인민들에게 새로운 목표를 담은 구호로 「사회주의 강성대국론」을 제기했다. 강성대국론은 주로 경제와 과학기술 분야에 대한 발전 목표를 일컫는 것이며, 이는 생활상의 어려움에 처한 인민들을 단결시키고 경제발전의 전기를 마련하려는 동기에서 나왔다. 강성대국론은 1990년대 위기상황이 불러온 체제 수호의 성격보다는 그것을 넘어선 새로운 전망을 제시하는 담론이라할 수 있었다.

또한 북조선 지도부는 국내외적으로 비상한 상황을 맞이해 새로운 통치방식으로서 '선군정치'를 내세우기 시작했다. 선군정치란 「군대를 중시하고 그를 강화하는데 선차적 힘을 넣는 정치」를 말하는데, 이것은 우선 북이 당면한 대내외적 위협을 인민군대의 강화를 통해 대처하고, 극심한 경제난에 대해서는 군대가 중심이 되어 돌파해나가겠다는 것이었다. 북은 군대보다 당이 우위에 서는 전통적인 사회주의 정치체제를 지향해왔으나

전국민 군사화. 제국주의 연합세력과 대결. 「총대가정」이란 집안의 부자와 형제가 모두 군에 입대해 「조국보위에 앞장서는 가정」을 가리키는 신조어이다. '선군정치'를 필두로 군대를 중시하는 사회의 분위기를 느낄 수 있다. 사진은 인민군 군관 박용철(신문을 읽고 있는 사람)과 8형제 군관들이 김정일의 친서를 받고 기뻐하는 모습.

이 시기에 이르러 군의 역할이 급격히 증대되었다. 곧 당의 우위를 근본으로 군의 역할을 강조하는 정치운영으로 변모시켜갔다.

그리하여 전통적으로 최고 정책결정기관인 당 중앙위원회 정치국의 활동이 미미해지고, 국방위원회와 로동당 비서국이 이 기능을 나누어 맡게 되었다.

김정일을 중심으로 한 '비상' 체제가 북조선의 모든 부문을 이끌게 된 것이다. 권력의 핵심부에는 만경대혁명학원 출신을 비롯한 「혁명 2, 3세대」들이 자리를 잡았다. 이 가운데 조명록(군 총정치국장)·김영춘(군 총참모장)·김일철(인민무력상) 등 군부 출신들의 부상이 가장 눈에 띄었다.

선군정치의 실시는 김정일의 대내 활동에서도 두드러졌다. 그는 최고 지도자가 된 후인 1995년부터 2001년까지 7년 동안 1천3백 개 단위(약 11만 6000킬로미터)를 현지지도로 순회했는데, 그 가운데 군부대가 814개 단위에 이를 정도로 군대 시찰이 압도적이었다. 실제로 이 기간에 인민군은 사회의 조직적 이완이 가속화된 상황에서 경제 건설에서도 큰 역할을 담당해나갔다. 앞서 보았듯이 도로나 수력댐을 비롯한 사회기반 시설과 공장 등 각종 건축물의 상당수를 군인들을 동원해 건설하였다.

김정일의 선군정치에 대한 전 사회적인 인식 역시 널리 확산되어갔다. 각종 선전매체는 선군정치가 가져온 국가 안전상의 담보와 '혁명과 건설'에서 인민 군대가 이룩한 성과를 지속적으로 알렸다. 그리하여 선군정치는 1990년대 후반 이래로 북조선의 정치현상을 특징짓는 가장 주요한 용어가 되었다. 북은 선군정치를 통해 유일 초강대국 미국과의 적대관계 속에서도 자신의 체제를 계속 지켜왔다는 자부심을 키웠다. 특히 동구권 사회주의 국가의 붕괴, 김일성의 사망과 연이은 자연재해, 미국과의 전쟁 위기설 등으로 인한 위기 국면을 극복하고 점차 안정을 되찾은 것은 바로 선군정치의 '위력'이라고 해석했다.

선군정치를 표방하는 것은 「우리식 사회주의」의 기치 하에 계속해서 「자력갱생」의 모델을 지속시키겠다는 의사를 반영한 것이었다. 하지만 이 모델의 한계는 분명해 보였고, 북의 경제 위기는 좀처럼 극복되지 않았다. 위기의 근저에는 사회주의권의 붕괴에 따른 형제국가와의 전통적 교류가 단절된 것과 미국의 경제 제재 등과 같은 외적 요인이 직접 자리하고 있었으나, 비효율적인 계획경제 구조와 같은 내적 요인도 자리하고 있었다.

그러나 김정일 지도부는 계획경제의 전환을 통한 발전 전략을 성급히 모색하지는 않았다. 북은 사회주의 체제의 유지에 좀 더 큰 의미를 두었는데, 이는 미국 등 서방 진영과의 관계 정상화 없이 시장경제의 전면적인 도입이 가져올 결과에 대한 두려움이 앞섰기 때문이다. 그럼에도 불구하고 김정일 지도부는 자신의 '조국'을 한계적 상황에 마냥 내버려둘 수는 없었다. 사회주의 체제의 유지를 위해서라도 점진적인 변화는 외면하기 어려웠다. 그것은 21세기 들어 북조선이 걸머져야 할 숙명으로 다가오게 되었다.

3) 사회주의 체제 고수와 민족 주체성 지키기에 안간힘

(1) 남북 당국자회담, 상호 실체 인정, 「남북 기본합의서」 채택

1990년대 초에 소련과 동구 국가들에서 일어난 사회주의 체제의 붕괴는 남북관계와 통일문제에 대한 북조선 지도부의 현실 인식에 일정한 변화를 가져왔다. 하지만 북은 사회주의 체제를 지키는 것을 절박한 과제로 인식하면서도 남북관계의 주도권을 잃지 않기 위해 공세적 자세를 늦추지 않았다. 예를 들면, 1990년에 김일성은 신년사를 통해 남과 북 사이의 자유 왕래와 전면 개방을 주장했다. 그는 남측이 쌓은 콘크리트 장벽을 철거할 것을 요구했다. 이는 독일의 베를린 장벽처럼 남측이 쌓은 콘크리트 장벽을 분단의 상징으로 만들어 남북관계에서의 정치적 우위를 확보하려는 의도였다.

◎ 사회주의권의 붕괴와 북의 생존 전략

소련과 동유럽은 통일적 연합체제에서 민족·지역적 분산·독립체제로 분리하여 더 자유스러워진 것이지, 국가사회 전체가 패배했다거나 망한 것은 아니었다. 다만 연합체제(소비에트 사회주의 공화국 연방) 시절의 집권자들은 권력의 자리에서 추방되거나 물러날 수밖에 없었다.

북조선의 경우는 이런 불리한 국제 환경 하에서도 지난날의 식민지 독립투쟁정신과 일본·미국 등 어느 제국주의 세력에게도 두 번 다시 종속되지 않겠다는 합심단결의지를 총력 발휘함으로써 붕괴와는 정반대로 꿋꿋이 정진하였고 끝내는 핵무기에 의한, 침략 전쟁에 대한 강력한 억지력까지 가지게 되었다.

북은 미국이나 일본 등과 관계 정상화를 추구하는 과정에서 남북당국자회담에도 적극적 자세를 취했다. 1990년 9월, 남북의 총리를 수석대표로 하는 남북고위급회담이 개최되었다. 이 회담에서 남측은 경제와 사회문화 교류를, 북측은 군사와 정치 문제를 주요 의제로 내세워 서로 대립적인 견해를 보였다. 그동안 남측은 점진적인 교류를 통해 남북 관계를 개선하자는 입장이었던 반면, 북측은 주한미군이나 국가보안법과 같은 정치적·군사적 문제를 남북관계의 근본 장애로 간주해왔다.

하지만 고위급회담에서 양측은 의견을 절충하여 두 주장 모두 포괄적으로 다루기로 하고, 1991년 12월에 상대방의 체제를 인정하고 내정 간섭을 하지 않으며 무력을 사용하지 않는다는 내용을 중심으로 하는 「화해와 불가침 및 교류·협력에 관한 합의서」(남북 기본합의서)를 채택했다. 이것은 7·4남북공동성명 이후 남북 당국 간에 이룬 첫 합의로서 남북관계의 큰 획을 그은 사건이었다. 이 기본합의서의 채택에 의해 한때나마 남북이 상호 실체를 인정하고, 상호 교류와 협력을 통해 민족 공동 발전을 이룩할 수 있는 기틀이 마련되는듯 하였다.

그러나 뒤이어 남한과 미국이 팀스피리트 훈련을 재개하고 북핵문제가 불거지면서 남북관계는 소강상태에 빠지게 되었다. 북은 여전히 정치적·군사적 문제의 해결에 우위를 두었을 뿐 아니라 자국의 체제를 보장하기 위해 미국과의 담판에 초점을 맞추었고, 남측을 신뢰할 수 있는 상대로 여기지 않았다. 그들의 관점에서 남한은 아직도 미국의 종속적인 '식민지'일 뿐이었다. 남한 역시 냉전 이데올로기에서 벗어나지 못했으며, 북을 진정한 대화 상대자로 인정하는데 인색했다.

1991년 9월, 사회주의동맹의 붕괴로 고립이 심화된 상황에서 북은 그동안 분단을 고

착시킨다며 줄곧 반대해오던 남북의 유엔 동시 가입을 받아들였다. 현실의 사회주의가 무너진 국제 환경의 변화를 거역하기는 힘들었던 것이다.

북측은 국가적·사회적 난관이 지속되는 가운데서도 표면적으로나마 통일에의 열망을 늦추지 않았고, 오히려 진일보한 제의를 내놓기도 했다. 이를테면, 김일성은 1993년에 발표한 「전민족대단결 10대강령」에서 남북이 서로 상대방을 흡수하지 않을 것을 제기했다. 김일성 자신은 북이 처한 전반적인 수세적 입장에도 아랑곳하지 않고 말년에 연방제 통일방식에 대해 강한 집착을 보였다.

김영삼 정부 시기에 남북관계는 북미 간 위기의 정점에서 남북정상회담을 합의하는 등 진전의 기회를 맞는 듯 했다. 그러나 김일성이 사망하면서 정상회담은 열리지 못했고, 북측은 남한 내 '조문파동'에 대해 격한 반응을 보였다. 설상가상으로 남북관계는 북미 간 핵 갈등, 북의 잠수함사건(1996년 9월), 대북정책을 둘러싼 이른바 '남남갈등'이 더해지면서 거의 성과를 보지 못했다.

김일성 사후의 북은 내외적인 어려운 여건에 당면해 대남관계에서 적극적인 태도를 사실상 포기했다. 국제적인 고립과 경제적 위기에 빠진 채 남북관계에 대한 자신감을 상실했던 것이다. 새로운 최고 지도자 김정일은 최악의 경제 위기를 맞아 통일문제에 힘을 쏟기가 어려웠다. 그의 일차적인 관심은 핵문제로 야기된 나라의 안전을 보장하는 것과 '고난의 행군'이라는 위기 상황에서 탈출하는 것이었다. 말하자면 '우리식 사회주의'를 수호하는 과제가 통일문제보다도 훨씬 시급했다.

다만 1998년 4월에 김정일은 「4·18 서한」에서 김일성의 조국 통일을 위한 전민족 대단결 10대강령을 「불멸의 민족대단결총서」로 간주함으로써 연방제 노선을 계승할 것임을 천명했다. 또한 1997년 8월에는 조국통일 3대헌장(조국통일 3대원칙·전민족대단결 10대강령·고려민주연방공화국 창립방안)을 발표해 이를 대내외적으로 확산시키며 지지를 획득하는데 주력했다.

(2) 남북정상회담, 연방·연합체 통일안 수용, 금강산 개방

북측은 1998년에 김대중 정부가 들어서자 남한에 대한 전향적인 태도를 보이기 시작했다. 급격히 악화된 내부 경제를 타개하려면 외부의 지원과 대외 경제 교류가 필수적이었으며, 이를 위해서는 무엇보다 남한과의 관계 개선이 필요했기 때문이다. 더구나 김대중은 과거 정권이 취한 대북 강경정책을 버리고 화해와 협력의 정책인 '햇볕정책'을 도입

김대중과 김정일. 2000년 6월 13일, 새로운 세기를 맞아 남북의 정상이 분단 55년의 역사를 넘어 처음으로 만났다.

했다. 처음에 북측은 이 정책을 흡수통일 책략으로 간주하고 비판적인 태도를 견지했으나, 그것이 지닌 '우호적' 성격을 배척하지는 않았다. 이러한 분위기를 타고 1998년 11월에는 북이 남측에 금강산 관광을 허용했다. 이를 통해 분단 이후 처음으로 남북 간 해로가 열리게 되었다.

민간기업 현대가 주도한 금강산 관광사업은 북측의 경제난 타개와 맞물려 이루어졌다. 이것은 굳게 닫혀 있던 한민족의 분단장벽을 허무는 사실상의 출발점이 되었고, 이로부터 민간 차원의 교류도 점차 활기를 띠게 되었다. 특히 2000년 남북정상회담을 비롯한 남북 교류와 협력 과정에 커다란 징검다리 노릇을 했다. 비록 1999년 6월의 '서해교전'(남북한 해군 사이의 군사적 충돌)과 금강산 관광객 억류사건으로 남북 간에 한때 긴장감이 조성되기도 했지만 전반적인 화해의 흐름을 막지는 못했다.

2000년 3월, 대북 경제 지원 확대와 남북 간 화해와 협력 등을 골자로 한 김대중의 베를린 선언을 계기로 남북은 물밑 대화를 진행했다. 그 결과 남북 정상은 6월 13일에 분단 55년 만에 처음으로 평양에서 만나 6·15선언을 발표했다. 그에 따르면, 통일은 민족이 자주적으로 해결해 나가며, 북측의 낮은 단계의 연방제안과 남측의 연합제안을 토대로 지향해야 하는 것이었다. 이 밖에 이산가족 상봉을 비롯해 민간 경제 교류를 활성화하기로 합의했다. 북측은 남북공동선언에 자신들이 줄곧 주장해온 '자주적 입장'과, 절충적이긴 하지만, 연방제의 내용이 포함된 통일방안 합의를 관철시킨 점에 의의를 두었다.

남북정상회담 이후 북은 남한 당국에 대한 적대적 태도를 사실상 지양했으며, 남북 대화와 협력의 당사자로서 인정하기에 이르렀다. 그 이전까지 북측이 재야와 학생 등 비정부적인 조직들과의 교류를 중시하고 남측 정부에 대해서는 불신을 감추지 않았던 것에 비해서는 획기적인 변화였다. 북이 남한에 대해 입장을 바꾼 것은 어려워진 경제를 회생하기 위해서는 남측의 지원과 협력이 절실하기도 했지만 자신을 적대시하지 않게 된 남한 정부의 태도에 대한 인식을 바꾼 측면도 있었다.

이후 남북 간에는 각종 교류가 증대되었고, 남한의 대북 지원이 지속되었다. 남북 사이에는 장관급회담·이산가족 재회·경제 협력 등 실제적인 교류와 협력이 진행되었다. 특히 2002년 9월에는 남북간 경의선·동해선의 철도·도로 연결 착공식이 거행되었다. 같은 해 11월에 북은 남한 기업들의 입주를 위한 「개성공업지구법」을 채택했고, 2003년 2월에는 금강산의 육로관광을 허용했다.

하지만 새로운 세기에 접어들어 남북관계가 순탄하게 발전한 것은 아니었다. 2002년 6월, 또다시 발생한 서해교전은 남북관계를 일시적으로 악화시키기도 했다. 더욱이 미국 부쉬 정부의 출범 이후 미국의 대북 강경정책은 남북관계의 진전에 계속해서 부정적인 영향을 주었다. 이에 대해 북측은 6·15공동선언의 틀을 강조하면서 이에 근거한 민족 간 공조를 계속해서 주장했으나, 남측의 적극적인 호응을 받지는 못했다. 이 때문에 남한 당국에 대해 민족 공조의 측면에서 협력을 강조하면서도 반대의 경우 비판적 태도를 취하는 등 이중적 입장을 보였다. 이 같은 태도는 노무현 정부가 들어선 뒤에도 마찬가지로 일관되고 있었다.

2006년 현재 북측은 대남관계에의 본질적 측면으로서 「연방제 방식에 의한 조국 통일 실현」이라는 기존 목표를 변함없이 지키고 있다. 다만 남한 사회의 변화와 맞물려 북의 대남 인식은 과거에 비해 커다란 변화가 일어난 것은 사실이다. 이에 따라 실질적으로 대남 교류의 폭을 점차 확대하고자 하는 노력이 점점 드러나고 있다. 북이 남한 정부를 현실적인 교류 상대자로 인정하면서 남쪽의 경제 교류를 비롯한 각종 교류에 전향적인 태도를 보였던 것은, 외부의 위협에 대처하고 경제를 재건하기 위해 남측 지원이 절실하기 때문이기도 했다.

◎ **북측의 「고려연방공화국」 구상과 남측의 「연합제」 수용**

2000년 6월, 남북 정상이 합의한 통일방안은 남측의 연합제와 북측의 낮은 단계의 연방제 사이의 공통성에서 찾기로 하였다. 원래 북측이 주장한 고려연방재 통일안은 1연방국가, 2체제, 2지역정부를 내용으로 했다. 이 방안에 따르면, 연방정부는 외교권과 군사권을 갖고, 남북의 지역정부는 자치권한만 갖게 된다. 이에 북은 낮은 단계의 연방제안에 대해 '남북의 현 정부가 내정·군사·외교권을 비롯한 현재의 기능과 권한을 그대로 보유하는 2체제 2정부를 유지하면서 민족 통일 기구를 구성하는 것'이라고 함으로써 남측 안과의 절충을 시도했다

남측의 연합제는 1994년 8월에 자주·평화·민주의 기조 위에 화해·협력·남북 연합·통일국가 완성이라는 3단계의 민족공동체 통일 방안에서 상정하고 있는 남북연합 단계를 염두에 둔 방안이다. 즉, 남북연합 단계에서 남북은 2체제 2정부를 유지하며, 가능한 분야에서 협력을 제도화 한다는 것이다.

두 안의 공통점은 통일의 중간단계를 설정하고, 남북의 공존과 협력을 제도화 하려는 것, 상호 정부를 통일주체와 파트너로서 인정한 것, 지역정부에 군사권과 외교권을 부여한다는 것 등을 들 수 있다. 이렇듯 두 안에는 유사성이 있지만 정작 중요한 것은 통일국가의 체제 선택 문제라 할 수 있다. 이에 대해 북측 입장은 그 선택은 후대에게 맡기자는 주장인데 반해 남측은 사실상 자유민주주의 방식을 말하고 있다. 이는 흡수통일 배제 원칙 때문에 논란의 소지를 담고 있다. 결국 남북이 합의한 통일방안은 남북간의 '추상적인' 통일방식에 대한 합의일 뿐, 그 구체적인 내용에 대해서는 수많은 논의를 거쳐야 할 것이다.

4) 절대 복종 바라던 부쉬정권, 일촉즉발 전쟁위기 협박

(1) 북의 NPT 탈퇴, 부쉬 분노, 카터 중재로 간신히 한숨 돌려

1990년대 전통적인 우호적 동맹국가들이 사라진 상황에서, 북조선 지도부는 외교적·안보적 고립을 탈피하기 위해 좀 더 적극적으로 대외관계를 개선하기 위해 나섰다. 갑자기 몰아닥친 체제의 위기를 타개하기 위해서는 미국·일본과의 관계를 정상적으로 돌려놓아야 했다. 그러나 북의 입장에서 이것은 쉬운 일이 아니었다. 무엇보다도 미국은 소련과 동구 사회주의권이 붕괴된 마당에 거의 홀로 남아 있는 북을 '정상국가'로 인정하길 원치 않았다. 그렇지만 북의 입장에서는 미국과 일본 등 서방국가와의 관계 개선 없이는 고립에서 벗어나기 힘들다는 판단이 앞섰다.

외부세계(미국)의 '위협'은 북조선 체제의 생존문제를 자극했고, 이에 북의 지도부는 핵 '카드'를 들고 나옴으로써 돌파구를 찾고자 했다. 1993년 3월, 북조선 정부는 국제원

자력기구가 핵사찰을 결의하자 핵확산금지조약(NPT)의 탈퇴를 선언해 국제적으로 긴장 국면을 조성했다. 북은 국제원자력기구의 사찰 요구를 "미국의 반공화국 책동"으로 인식 하면서 여기에 굴복하지 않겠다는 의사를 천명한 것이었다. 북이 핵문제를 걸고 미국의 공세에 결사적으로 대응하자, 양측은 전쟁 일보 직전의 위기로 치달았다. 이 위기는 카터 전 대통령이 방북을 통한 중재로 넘길 수 있었다.

북조선과 미국은 핵문제를 해결하기 위해 지루한 협의를 거친 끝에 1994년 10월에 북의 핵 개발 동결과 미국의 경수로 건설 제공, 그리고 '양국 간 관계 정상화 추진' 등을 주요 내용으로 하는 「제네바 기본합의서」를 채택했다. 이 합의의 기본 요지는, 북은 핵 개발을 중단하고 그 대가로 "미국은 경수로 건설과 중유 제공을 약속한다"는 것이었다. 또한 양측은 장차 "정치적·경제적 관계의 완전 정상화를 추구하기로" 했다. 이 합의서의 채택으로 북조선이 '정상국가로 나아가는 길이 열리는 것처럼 보였다.

그러나 이 합의는 양국의 기본적인 신뢰의 부족 등으로 인해 일정대로 지켜지는데 많은 난관이 따랐다. 미국 측은 기본적으로 북이 붕괴할지도 모른다고 생각했기 때문에(내심 북의 붕괴를 노리고) 북미 합의를 이행하는데 주저했다. 여기에 북의 미사일 생산문제와 금창리 지역의 지하 핵시설 의혹이 불거지면서 양국 관계는 더 이상 나아가지 못했다. 북측은 미사일을 자주권에 속하는 문제로 보고, 이를 풀기 위해서는 대북 경제 제재 해제와 미사일 수출 중지로 인한 손실을 보상해야 한다고 맞섰다. 새로운 핵시설 의혹은 북 측이 미국으로부터 제공받을 식량의 대가로 현장 조사를 허용함으로써 일단락되었다.

하지만 미사일의 생산과 개발, 그리고 배치문제가 지속되면서 양국 관계는 더 이상 나아지지 못했다. 북측은 군사력의 강화를 안보의 최후 수단으로 간주했고, 더구나 1998년 8월에는 어려운 경제 여건에서도 전략 로켓인 '광명성 1호' 발사실험을 강행해 주변국들에게 충격을 안겨주었다. 북은 그들 나름의 '힘의 외교'를 통해 안보 위기와 고립을 타개하고자 했다.

그러나 이러한 방식은 미국과 일본의 반발을 초래해 오히려 주변 정세의 경색을 가중시켰다. 마찬가지로 1997~1998년에 진행된 남과 북·미국·중국이 참여한 한반도 평화 구축을 위한 4자회담에서도 별다른 진전이 없었다. 북의 지도부는 주한미군 철수, 대미 평화협정 체결 등 오랫동안 고수해온 원칙적 입장들을 포기하려 들지 않았다. 북은 스스로가 고립되어 있다고 여겼던 까닭에 이들 문제에 대한 '대담한 양보'를 하는데 주저했다. 뿐만 아니라 북은 이른바 미국의 「5027작전계획」에 의해 전쟁 위기로 치달은 1998년 12월에도 "인민군대의 타격에는 한계가 없다"며 강경하게 맞섰다.

이러한 상황에서 미국이 남한 정부의 대북 '햇볕정책'에 영향을 받고 자신들의 대북 강경책에 한계를 느낌으로써 대북 입장에 변화가 찾아왔다. 이로써 북미관계는 점차 호전 단계로 접어들 기미를 보였다.

1999년 9월, 미사일 문제가 어느 정도 봉합되면서 북미 양국은 관계 정상화를 위한 본격적인 협상에 착수했다. 이듬해 10월에는 조명록 특사와 매들린 올브라이트 미 국무장관이 워싱턴과 평양을 각각 방문해 외교대표부를 설치, 한반도 긴장 완화를 위한 구체적인 조치 등을 심도 있게 논의함으로써, 양국은 관계 정상화에 다가서는 듯했다. 그러나 이때 양국은 결정적인 합의에 이르지 못했다. 그리고 미국은 북미간 과제를 2001년 1월에 선출된 조지 부쉬 새 행정부로 넘겼다.

북조선 지도부는 출범부터 강경한 대북정책을 취할 것이라고 예고한 부쉬 행정부에 우려의 눈길을 보냈다. 또한 미국 정부가 9.11 테러를 계기로 아프간전쟁을 일으키는 등 국제적 무력 분쟁에 적극적으로 나서게 되자 더욱 위기의식을 느끼게 되었다. 더구나 부쉬가 2002년 1월에 북을 '악의 축'으로 지목하고 타협할 의사가 없음을 분명히 하면서 제네바협정은 사실상 사문화의 길을 걷게 되었다.

결국 북측은 미국이 새로운 핵 의혹을 제기한 채 중유 공급을 중단하자 2003년 1월에 NPT를 다시금 탈퇴하고 핵시설들에 대한 봉인을 제거하였다. 이러한 조치는 미국의 초강경 정책에 맞선 '최후의 선택'으로서, 북은 다시금 핵 '카드'를 꺼내들고 국가적 생존의 길을 찾아 나섰다. 즉 북은 핵 보유 자체가 자신의 목표가 아니라고 하면서도 미국의 위협을 막고 정책을 전환하도록 하는 수단으로 핵을 활용하고자 한 것이다

북의 핵문제는 단순한 북미관계의 진로 뿐 아니라 남북관계를 비롯한 주변국 관계, 더 나아가 북의 미래의 생존문제와 긴밀한 연계성을 가진다는 점에서 그 해결 방향은 매우 커다란 의미를 지닌다.

○ 공연 불발로 끝난 「1994년 전쟁 드라마」

1994년 북핵협상의 미국 측 주역들이 당시 협상의 전모를 다룬 신작 『위기의 심화 : 제1차 북핵위기(Going Critical : The First North Korean Nuclear Crisis)』를 출간했다. 로버트 갈루치 전 북핵협상대사 등 세 명의 저자는 "한반도는 1994년 6월 16일에 전쟁의 문턱까지 갔었다"면서 "만약 그때 전쟁이 났다면 조선반도에서만 100만 명 이상의 사상자가 났을 것이고 주한미군도 수만여 명 목숨을 잃었을 것"이라고 밝혔다. 갈루치는 "제네바합의가 없었다면 북은 세 개의 원자로에서 매년 150킬로그램의 플루토늄을 추출해 나가사키에 투하된 것과 같은 핵폭탄 30개를 만들 수 있었을 것"이라고 주장했다. (『문화일보』 2004년 4월 29일

자 참조)

(2) 일본, 식민통치 범죄 배상은 커녕 또다른 트집, 관계 악화

1990년대 북조선은 대일관계의 개선을 대미관계 못지 않게 중요한 현안으로 간주했다. 일본과 관계를 정상화함으로써 일본의 투자를 유인하고, 특히 식민지 지배에 대한 배상금을 얻어내 경제 건설의 재원으로 활용하길 원했다. 하지만 북조선과 일본 간에 이루어지는 접근과 대화는 대체로 미일동맹과 적대적인 북미관계의 흐름과 궤를 같이했기 때문에 큰 어려움이 따를 수밖에 없었다.

1990년 9월, 북은 일본의 자민당과 사회당 대표단을 초청해 식민지 지배와 전후 45년에 대한 배상과 양국 간의 조기 수교를 촉구하는 공동선언문을 이끌어냈다. 이에 따라 북일 정부 사이에는 2년 가까이 수교회담을 진행했지만 배상문제와 북측의 핵 개발 문제에 대한 이견으로 별다른 성과 없이 끝났다.

그 후 양국 간의 대화는 얼마간 소강상태에 접어들다가 북미 제네바 협정을 계기로 조기 국교 정상화를 실현하는 데 합의했으며(1995년 3월), 북일 수교 예비회담이 진행되면서 북송교포 일본인 처의 고향 방문이 실현되기도 했다(1997년 8월). 그러나 일본이 자국민 납치 의혹을 제기했고, 이는 양국 관계 정상화에 큰 걸림돌로 작용했다. 게다가 북측이 '광명성 1호'를 발사하자 양국 관계는 더욱 악화되었다.

1999년 12월에는 무라야마 도미이치 전 총리가 이끄는 의원대표단이 평양을 방문해 대화 분위기를 띄웠다. 또한 북이 양국 적십자회담에서 일본 측이 의뢰한 행방불명자를 조사·의뢰할 것을 약속하면서 2000년 4월, 7년만에 양국 수교회담이 재개되었지만 결실을 거두지는 못했다. 북조선측이 과거 청산, 즉 식민 지배에 대한 사죄와 배상, 그리고 이에 기초한 국교 정상화라는 일관된 입장을 취했기 때문이다. 북한은 일본인 납치에 대해서는 일제 시기에 일어난 수백만 명에 이르는 일본의 조선인 납치문제로 대응했다.

그러다가 북측은 북미관계가 개선될 기미가 없자 일본과의 전격적인 타협을 통한 관계 정상화를 시도했다. 2002년 9월, 김정일 위원장은 고이즈미 준이치로 일본 총리를 평양에 초청해 식민지 배상원칙을 양보하고 일본인 납치 사건에 대한 '굴욕적인' 인정을 감수하면서까지 관계 정상화에 적극적인 의지를 내비쳤다.

이때 채택된 평양선언에는 국교 정상화의 조속한 실현을 위해 노력하며, 일본의 대북 배상문제에 대해서 1945년 이전의 재산청구권을 상호 포기한다고 했다. 또한 국교 정상화 이후 일본은 무상 자금 협력·저금리 장기차관 제공 및 국제기구를 통한 인도주의적 지원 등의 경제 협력을 실시한다고 했다. 이 선언은 장차 북일 관계 정상화를 위한 과정에서 획기적인 선언으로 간주되었다. 그러나 납치사건에 대한 일본 내 반북 여론이 악화되면서 이 선언은 실천에 옮겨지지 못하였다.

북은 지난 10여년 동안 미국과 일본으로부터 안전을 보장받고 이들 나라들과의 관계를 개선하기 위해 핵과 미사일을 이용하였다. 이 방식은 사회주의 체제를 강력히 고수하며 동시에 핵과 미사일을 침략 협박세력으로부터 체제를 보장받는 억지력이자 국제 질서 유지의 외교적 카드로 활용하는 것이었다. 이는 국방력의 열세와 외교적 고립이라는 이중고를 겪고 있는 북측으로서는 생존을 위한 피할 수 없는 선택이었다.

◎ 중국 · 러시아와는 우호관계 회복

1990년대 북조선은 사회주의를 저버린 '혁명의 배신자' 러시아와는 불편한 관계를 유지했으며, 경제적 실리를 추구하는 중국과도 비교적 소원한 편이었다. 하지만 김정일 지도부는 국제적으로 고립된 상황에서 벗어나 자신의 외교적 역량을 발휘하기 위해 '과거' 동맹국가들과의 관계 회복에 노력하게 되었고 이 두 나라와의 관계는 정상외교를 통해 정점에 도달하였다.

김정일은 2000년 5월과 2001년 1월 두 차례에 걸쳐 중국을 방문하고, 2001년 9월에는 장쩌민 중국 주석이 방북할 만큼 획기적으로 관계가 진전되었다. 특히 김정일이 개혁 · 개방 정책에 성공한 중국의 모습을 직접 확인하고자 방문다는 점에 이 같은 중국 방문은 북이 변화를 모색한다는 의미를 지녔다.

2000년 2월 북은 러시아와 「북 · 러 친선 선린 및 협조에 관한 조약」을 체결하면서 관계 회복을 본격화하였다. 그해 7월에 푸틴 러시아 대통령이 조선을 방문하였고 이듬해 8월에는 김정일이 모스크바를 답방하였다

김정일 지도부는 중 · 러 최고지도자들과의 정상회담을 통해 이전의 불편한 관계에서 벗어날 수 있었을 뿐 아니라 북의 대외적 입장에 대한 지원세력을 획득할 수 있었다. 뿐만 아니라 이 두 나라와 경제 교류의 규모를 점차 확대함으로써 경제 회복에 어느 정도 도움을 받을 수 있었다.

한편 2000년 이후 북은 서방 국가들, 특히 유럽연합(EU) 국가들과 외교관계 수립에 적극적으로 나섰다. 이것은 외교적 고립과 경제적 어려움을 탈피하려는 목적과 함께 이들 나라들과의 관계 정상화를 통해서 미국과 일본에 접근하려는 의도도 포함하고 있었다.

제5장
미국의 협박 속에 다시 등장한
북조선 핵개발의 파장

1. 세계 최대 핵무기 보유국의 일방적 강요가 자초한「북핵문제」

1) 미국의 장기간 공포스런 핵 협박과 약소국의 생존·평화 전략 대결

북조선이 처음으로 핵무기를 개발하게 된 배경과 원인은, 미국이 1951년부터 북에 대해 핵무기로 공격할 수 있다고 위협하고 늦어도 1958년 1월부터 남한 땅에 핵무기를 배치하기 시작한 데서 찾을 수 있다. 이른바 1990년대의 '제1차 북핵 위기'와 2000년대의 '제2차 북핵 위기'의 과정이나 결과에 대해서는 뒤에서 차차 설명하기로 하고 여기서는 1990년대 이전의 사건 전개 과정만을 소개했다.

첫번째, 미국은 한국전쟁 동안 북에 대해 핵무기를 사용하겠다고 직접적으로든 간접적으로든 몇 차례 위협했다. 1951년 말 B-29 폭격기가 평양에 모의 원자탄을 떨어뜨리는 훈련을 했으며, 1953년 초 아이젠하워 대통령은 휴전 협상이 잘 진전되지 않으면 미국은 원자탄을 사용할 수 있다는 암시를 드러내기 시작했다.

두번째, 휴전협정이 조인된 직후 덜레스John Dulles 국무부장관은 세계 어디서든 재래식 공격에도 핵무기로 대응하겠다는 '강력한 보복 전략'을 천명했다.

세번째, 래드포드Arthur Radford 합참의장은 1955년 1월 서울을 방문하여, '강력한 보복 전략'이 한반도에도 적용된다는 것을 분명히 하면서 필요하면 한반도에서 원자탄을 사용할 준비를 할 것이라고 선언했다.

네번째, 미국은 1958년 1월부터 남한에 어니스트 존Honest John·랜스Lance·나이키 허큘리스Nike-Hercules 미사일 등과 함께 다양한 전술 핵무기를 들여놓기 시작하여 1972년에는 약 760기나 되는 핵탄두를 배치하게 되었다.

다섯번째, 1969년 북조선측이 영공을 침범한 미국의 EC-121 정찰기를 격추시키자, 미국은 핵무기를 투하할 수 있는 B-52 폭격기들을 북쪽으로 위협 비행케했다.

여섯번째, 1975년 남한이 사이공 함락에 안보 불안을 느끼자 미국은 북에 대해 핵무기를 사용할 수 있다는 공개적 위협으로 남한을 달랬다.

일곱번째, 1976년 2월부터 시작된 연례 한미합동군사훈련인 「팀 스피리트Team Spirit」는 대대적인 핵무기 사용 훈련을 포함했다.

여덟번째, 1976년 8월 미군과 남한군이 북조선군의 사전 양해를 구하지 않고 비무장지대 중립 지역의 미루나무를 베어내려고 할 때 미군 2명이 조선군에게 살해 당하는 '판문점 도끼 살인 사건'이 일어나자, 미국은 B-52 폭격기를 포함해 핵무기 공격 능력을 갖춘 폭격기와 전함들을 한반도에 파견했다.

아홉번째, 1983년에 드러난 미국의 「공중 지상 전투Airland Battle」전략은 북이 남침할 경우 핵무기를 사용하여 북조선 정권을 붕괴시킨다는 것을 목표로 삼고 있었다.

(1) 북측은 「핵폭탄 협박하는 침략세력」과 '함께 죽기' 전법부터 개발

이에 대해 북측은 다음과 같은 대응책을 마련했다.

첫째, 핵무기를 사용하는 것이 상대방에게 뿐 아니라 미국 자신에게도 타격을 줄 수 있도록 '적을 껴안는' 전략으로 재래식 병력을 휴전선 근처로 전진 배치시켰다.

둘째, 1963년 방위 시설을 외부의 폭격으로부터 보호하기 위해 대대적인 지하 건설 프로그램을 시작했다. 김일성은 원자탄을 갖지 않고도 원자탄을 가진 적들을 물리칠 수 있는 길이 있다며 공장을 포함한 모든 주요 시설을 지하에 건설하라고 지시한 것이다. 무한량의 희생적 노동력과 시간을 요하는 난제였다.

셋째, 1963년 자체 핵무기를 개발할 수 있도록 소련에게 협조를 요청했다. 이에 소련은 핵무기 개발은 도와줄 수 없다고 거절하는 한편, 북조선측을 달래기 위해 평화적 목적의 원자력 개발은 지원할 수 있다며 1965년부터 영변에 원자력 발전소를 세우는데 도움을 주기 시작했다. 이때부터 북의 핵 과학자 300여 명이 소련에서 20여 년 동안 훈련을 받게 되었다.

넷째, 1964년 중국이 원자탄 실험에 성공하자 김일성은 베이징에 대표단을 보내 자신들도 핵무기를 개발할 수 있도록 도와달라고 요구했다. 마오쩌둥에게 편지를 보내 전쟁터에서 생사고락을 함께 한 형제 국가끼리 원자탄의 비밀을 공유하자고 한 것이다. 마오쩌둥은 김일성의 부탁을 거절했다.

다섯째, 1974년 남한이 자체 핵무기 개발 프로그램을 진행하고 있다는 사실이 알려지자 김일성은 다시 중국에 핵무기 개발에 대한 협조를 요청했지만 이번에도 거절당했다. 이에 따라 북측도 1970년대 말부터 본격적으로 핵무기 개발에 나선 것으로 추정되는데, 미국은 1980년대 초 이를 끾새채기 시작했던 것이다.

한반도는 세계 4대 강국에 둘러싸여 있다. 특히 북조선은 북쪽으로는 중국과 러시아에 그리고 남쪽으로는 남한에 가로막혀 있는 가운데, 바다 건너 서쪽으로는 중국에 그리고 동쪽으로는 일본과 미국에 둘러싸여 있는 형국이다. 이렇듯 북을 둘러싸고 있는 4대 강국과 남한은 모두 늦어도 1960년대까지 자체적으로 핵무기를 개발했거나 미국의 핵무기를 배치해놓고 있었다.

미국은 1945년, 소련은 1949년, 중국은 1964년에 핵무기 개발에 성공하여 다양한 전략 및 전술 핵무기를 배치해놓았으며, 일본과 남한은 자체 핵무기는 없지만 1950년대부터 주일미군 및 주한미군 기지에 미제 핵무기를 들여놓기 시작했다.

1991년 소련(소비에트 연방)이 해체된 이후 미국은 남한을 포함한 해외 미군기지로부터 핵무기를 철수했다고 발표했지만, 2006년 현재까지 남한에 대해 지속적으로 핵우산을 제공할 것을 다짐해왔다. '핵우산'이란 남한의 안보가 위협을 당하면 미국이 핵무기로 보호해주는 것을 일컫는다. 이를 위해 핵무기로 무장한 미군 잠수함이 동해 근처 해역을 운항하고 있는 것으로 알려져 있다. 한반도 지상에서는 핵무기가 철수되었을지라도 한반도 주변 해역에는 여전히 핵무기가 배치되어 있는 셈이다.

그러나 북은 소련에게든 중국에게든 핵우산을 제공받은 적이 없다. 북을 사방에서 둘러싸고 있는 모든 나라들이 다양한 핵무기를 다량으로 배치해놓고 있거나 적어도 미국의 핵우산을 받고 있는 마당에, 북조선만 자체 핵무기도 없고 다른 나라의 핵우산도 받지 않고 있었던 것이다. (이재봉 「북한 핵문제에 대한 미국의 대응과 평화적 해결 전망」『전환기 한미관계의 새판짜기 2』한울 2007)

(2) 북 핵개발의 군사 · 경제 · 정치적 필요 · 불가피성

경제적 측면에서 핵무기 개발은 최소의 비용으로 최대의 안보 효과를 얻을 수 있다. 1970년대부터 남한의 경제력이 북조선의 경제력을 앞서게 되고 시간이 흐를수록 그 격차가 커지자 북측은 남한과 재래식 군비 경쟁을 하기 어렵게 되었다. 예를 들어 1976년 남한은 국방비를 2배로 늘리고 그 이후 3년 동안 해마다 군비를 대폭 증강했다.

국제전략연구소International Institute of Strategic Studies의 보고에 따르면, 국민총생산GNP에서 군사비가 차지하는 비율은 예나 지금이나 북측이 남한보다 훨씬 크지만, 군사비 액수로는 1970년대 중반부터 남한이 북을 앞서기 시작했다. 나아가 1970년대 말에는 남한의 국방비가 북측 국방비 보다 2배 이상으로 증가되었다.

더구나 1990년대 들어 북조선은 심각한 경제난에 처하게 되면서 속된 말로 빌어먹고 굶어죽을 지경이 되었다. 북의 GNP는 대략 미국의 1/600 수준이며 남한의 1/30 수준이었다. 그래서 군비를 증강하기 어려웠다. 북조선의 군사비는 GNP의 30% 안팎을 차지할지라도, 대략 미국의 1/100 안팎이며 남한의 1/5 안팎인데, 미국과 남한이 지속적으로 군비를 늘리고 있어서, GNP를 몽땅 쏟아부어야 남한의 군사비와 겨우 비슷하게 되었다.(gross national product 국민총생산 : 한 나라 국민이 1년 동안 생산한 재화나 용역을 시장 가격으로 평가, 여기서 중간생산물을 뺀 최종생산물의 총액. 외국인 회사 생산물은 제외)

빈약한 경제력 때문에 전투기나 함정 같은 재래식 무기 경쟁은 도저히 할 수 없게 된 것이다. 남한에서는 북이 심각한 경제난을 겪으면서도 핵무기와 미사일 같은 대량파괴무기를 개발한다고 비판하는 목소리가 큰데, 역설적으로 경제난 때문에 오히려 대량파괴무기를 개발해온 것으로 볼 수 있다.

대량파괴무기를 조금이라도 갖게 되면 안보에 대한 걱정 없이 재래식 무기 유지 및 증강에 들어갈 비용을 경제개발에 쓸 수 있기 때문이다. 재래식 무기에서 아무리 뒤지더라도 대량파괴무기 몇 개만 있으면 상대방으로부터 파멸을 면할 수 있는, 이른바 억지력 deterrent을 확보할 수 있을 테니까.

이와 관련하여, 북은 2003년 6월 9일 조선중앙통신 논평을 통해 "우리가 핵 억제력을 갖추고자 하는 것은 그 누구를 위협하고 공갈하기 위해서가 아니라 앞으로 재래식 무기를 축소하며 인적 자원과 자금을 경제 건설과 인민 생활에 돌리려는 데 있다"며 "미국이 조선에 대해 적대 정책을 포기하지 않는 한 자금이 적게 들면서도 그 어떤 첨단 무기나 핵무기도 무력화시킬 수 있는 강력한 물리적 억제력을 강화해나갈 것"이라고 발표했다.

핵무기 개발의 경제성을 분명히 밝힌 것이다.

미국이 핵무기 선제공격을 할 수 있다고 위협해온 터에 북측은 심각한 경제난으로 재래식 군비 증강을 꾀하기 어려우니 값싸게 핵무기로 무장해놓고 군비를 줄여 경제 성장에 힘쓰겠다는 뜻이었다. 오로지 침략에 대비하는 방어용이었다.

1980년대 말과 1990년대 초에 걸쳐 소련이 해체되고 동유럽 공산주의 정권들이 무너지자 북은 체제를 유지하는데 더욱 어려움을 겪게 되었다. 전통적 우방국인 소련과 중국으로부터의 지원이 끊기거나 줄어드는 터여서, 북조선은 미국을 협상 테이블로 끌어들이기 위한 수단으로 핵무기와 미사일 개발 카드를 사용한 것으로 보인다. 냉전이 끝나면서 세계유일의 초강대국으로 남게 된 미국이 핵무기와 미사일을 비롯한 대량살상무기의 확산 저지를 탈냉전 시대, 특히 9·11(뉴욕의 세계무역센터 건물이 중동인의 비행기 테러로 폭파됨) 이후에 대외 정책의 핵심 목표 가운데 하나로 설정했기 때문이다.

미국은 소련이 해체된 뒤 미국에 맞서 세계적인 초강대국으로 등장할 가능성이 있는 나라들이 지역 패권국으로 성장하는 것부터 봉쇄한다는 전략을 세우는 한편, 공산주의에 의한 위협 대신 테러에 의한 위협이 커지리라 생각하고 대량살상무기가 테러리스트들이나 테러 지원 국가들의 손에 들어가지 않도록 하는 정책을 세운 것이다. (이재봉 「미국의 대동북아시아 정책과 북미 관계의 전망」 『국제정치논총』 제37집 3호, 1998년 8월)

북조선은 지속적으로 미국과 적대적 관계를 유지해도 살아남을 수는 있겠지만 잘 살기는 어려울 것이다. 가진 것이 별로 없는 터에 경제를 개발하기 위해서는 외부로부터 돈을 얻어오든 빌려오든 해야 할 텐데 미국이 세계의 돈줄을 쥐고 공공연히 비인도적 경제봉쇄를 하고 있기 때문이다. 그래서 미국과 적대적 관계를 청산하고 싶어 하지만, 미국은 북의 불가침조약이나 평화협정 또는 국교정상화 요구에 응하기는커녕 오히려 북측의 체제 붕괴를 목표로 삼고 각종 제재를 하고 있다. 이에 북은 다른 모든 희생을 무릅쓰고 미국을 협상 테이블로 끌어들이기 위해 핵무기와 미사일 카드를 써온 것이다.

결과적으로 북은 이 협상 차드를 잘 활용했다. 이에 따라 세계에서 가장 가난한 나라들 가운데 하나로 가장 큰 어려움에 처해 있는 북조선이 세계 유일의 초강대국인 미국을 직접 협상 테이블로 끌어들여 적어도 2000년까지는 성공적으로 협상을 이끌 수 있었다. 그 산물이 1993년 6월 뉴욕에서 발표된 북미 공동성명, 1994년 10월 제네바에서 맺어진 북미 기본합의, 1999년 9월 베를린에서 이루어진 북미 기본합의, 그리고 2000년 10월 워싱턴에서 채택된 북미 공동코뮤니케 등이다.

북조선은 1990년대부터 사회주의권의 붕괴와 김일성 주석 사망, 그리고 심각한 경제난에 따른 위기에 처해왔다. 이러한 위기 상황을 극복하기 위한 이른바 '고난의 행군'을 시작하면서 내세운 것이 '선군정치'와 '강성대국'이다. 선군정치先軍政治란 군대를 중시하고 강화하여 나라 안팎의 위협을 물리치며 어려움을 극복해나가는 정치를 뜻하고, 강성대국強盛大國이란 땅덩어리는 작아도 군사나 경제 분야를 발전시켜 강대국의 위상을 갖춘 나라를 의미한다. 핵무기 개발이나 보유는 선군정치와 강성대국의 상징이 될 수 있고 북조선 당국이나 인민들에게 자신감을 불어넣을 수 있다는 것이다.

(3) 북조선이 개발한 핵무기 규모에 대한 추정

북조선 당국은 핵무기를 가지고 있으며 더 만들 수 있다고 발표한 데다 2006년 10월엔 핵시험을 성공적으로 실시했다고 발표했지만, 실제 가지고 있는지는 확실히 알기 어렵다. 그러나 다음과 같은 정황을 비추어 보면 가지고 있는 것으로 추정된다.

1. 북은 2000년대 초까지 핵무기 개발이나 보유에 관해 시인도 부인도 하지 않으며 애매모호하게 말하거나 침묵을 지켰다.
2. 2002년 10월 강석주 외무성 부상은 방북한 미국 대통령 특사에게, "조선은 핵무기를 가질 수 있게 되어 있다"고 말했다.
3. 2003년 4월, 리근 외무성 부국장은 3자 회담 미국 대표에게 "우리는 핵무기를 보유하고 있으나 폐기할 수는 없다"고 말했다.
4. 2003년 8월, 김영일 외무성 부상은 1차 6자 회담 미국 대표에게, "우리는 핵무기를 갖고 있는 것을 보여줄 수 있다"고 말했다.
5. 2003년 10월, 외무성 대변인은 "8,000여 개 폐연료봉 재처리를 완료했고 이를 통해 얻어진 플루토늄은 핵 억제력을 강화하는 방향으로 용도를 변경시켰다"고 말했다.
6. 2004년 6월, 김계관 외무성 부상은 3차 6자 회담에서, "핵무기를 더 이상 만들지 않고 수출하지 않으며 실험하지 않겠다"고 말했다.
7. 2004년 9월, 최수헌 외무성 부상은 유엔총회에 참석하여, "폐연료봉 8,000개를 재처리해 얻은 플루토늄을 무기화했다"고 말했다.
8. 2005년 1월, 김계관 외무성 부상은 방북한 미국 의회 대표단에게, "조선은 핵무기 보유국이며 핵무기는 방어용"이라고 말했다.
9. 2005년 2월, 외무성은 성명을 통해 "핵무기고를 늘이기 위한 대책을 취할 것이다.… 자위를 위해 핵무기를 만들었다.… 우리의 핵무기는 어디까지나 자위적 핵 억제력으로 남아 있을 것이다"라고 발표했다

북조선이 실제로 핵무기를 가지고 있는지 여부조차 확실히 모르는 터에 수량을 파악하기는 더욱 어렵다. 그러나 다음과 같은 정황을 비추어보면 적어도 5개 안팎을 가지고 있는 것 같다. 첫째, 북조선 당국은 핵무기 수량에 관해서는 전혀 밝히지 않고 있다. 둘째, 미국 정보부는 1990년대 초까지, 즉 1994년의 북미 제네바 합의 이전까지, 최소 1~2개 또는 최대 8~9개를 만들었을 것이라고 추정한다. 셋째, 중국 및 러시아 정보부는 북이 핵무기 개발에 대한 의지와 기술은 있지만 1990년대 초까지 만들지는 못했을 것이라고 추정한다. 넷째, 남한 정보부는 북이 1990년대 초까지 미사일에 탑재하기 어려운 대형의 재래식 핵무기를 1~2개 만들 수 있었을 것이라고 추정한다. 다섯째, '비공식 북의 대변인'으로 통하는 김명철 재일 조미평화센터 소장이나 한호석 재미 통일학연구소 소장 등의 민간 전문가들은 북이 1990년대 이전에 핵무기 개발에 성공하여 2000년 전후에는 50~100개 정도 보유하고 있다고 추정하기도 한다.

북은 1990년대까지는 「핵무기 개발이나 보유에 관해 시인도 부인도 하지 않는다」는 이른바 NCND : Neither Confirm Nor Deny정책을 펴왔다. 이는 지난날 미국이 남한을 비롯한 외국에 핵무기를 갖다놓고 대외적으로 사용했던 수법이다. 핵무기가 있다고 하면 국제 사회로부터 불법이라는 비난을 받게 되고 핵무기가 없다고 하면 상대방으로부터 무시를 당하기 쉽기 때문에, 있어도 없는 체했고 없어도 있는 체했던 것이다.

그러다 북은 2005년 2월 핵무기를 가지고 있다고 선언했다. 정말 가지고 있는 것인지 없으면서도 미국의 침략을 막기 위해 있는 체하는 것인지 외부에서는 확실히 알기 어렵다. 남한이나 미국의 정보 부처에서는 몇 개 있을 것 같다고 추정할 뿐이다. 아무튼 북의 핵무기 보유 선언에 따라 남한과 미국은 겁을 먹거나 당황해서 남북대화 및 6자회담이 재개되었다. 그 결과물이 2005년 9월의 이른바 9·19 공동성명이었다.

그러나 6자회담은 중단되었다. 북측이 100달러짜리 지폐를 위조했다는 이유로 미국이 북의 돈줄을 바짝 조이기 시작했기 때문이다. 북은 그런 일 없다며 대화를 제안했지만 미국이 거부하자, 미국이 협상에는 관심이 없고 북의 체제 붕괴만을 꾀한다고 판단했다. 그래서 형식적인 6자회담을 거부하고 미국과 실질적으로 협상하기 위해 2006년 7월에 미사일을 시험 발사한 것 같은데, 미국이 협상에 응해오기는커녕 일본과 유엔을 통해 오히려 제재를 강화하자, 2006년 10월엔 핵시험이라는 강도 높은 벼랑 끝 전술을 써본 것으로 추정된다.

2) 미국을 비롯한 핵 보유 강국들, 북조선에 무조건 핵금지 강요

(1) 미국의 대북 핵 불용정책은 유난히 강경, 제재의 연속

　미국이 처음으로 북조선의 핵무기 개발에 대해 낌새를 채기 시작한 때는 레이건 행정부 시절인 1982년 4월이었다. 미국의 감시 위성이 영변의 한 강변에 원자로로 보이는 물체가 세워지는 것을 촬영한 것이다. 1984년 3월과 6월에도 감시 위성이 원자로와 냉각탑 등의 모습을 찍었지만 전력 생산을 위한 것인지 핵무기 개발을 위한 것인지 구별할 수는 없었다. 그러나 1986년 3월부터 강변 모래밭에서 원통형의 분화구 모습과 축구장 길이의 두 배에 가까운 직사각형 건물이 감시 위성에 잡히기 시작하고 1987년 2월에는 플루토늄 추출 시설로 보이는 건물이 촬영되었다. 그리고 1988년 6월 훨씬 더 큰 원자로가 건설되는 모습이 감시위성에 잡히면서, 미국은 북이 핵무기 개발을 하고 있다고 확신하게 되었다.

　북의 핵무기 개발 의혹과 관련하여 1989년 1월에 들어선 부쉬 1세 행정부가 처음으로 취한 조치는 감시 위성에 잡힌 영변의 모습을 잠재적 영향력을 가진 나라들에게 알리는 일이었다. 1989년 2월 국무부 관리가 소련과 중국을 방문하여 북의 핵 프로그램에 대해 설명했다. 그리고 1989년 5월엔 미국의 핵 전문가들이 남한과 일본을 방문하여 자세하게 설명해주었다.

　한편, 미국은 부쉬 1세 행정부가 들어서기 직전인 1988년 12월부터 베이징에서 북조선 정부와 접촉을 시작했다. 특히 북의 핵 문제와 관련해서는 1992년 1월 뉴욕에서 캔터 Arnold Kanter 국무부 정무차관이 김용순 노동당 국제부장과 "최초의 고위급 정치적 접촉"을 가졌다. (이재봉 「미국의 대북한 정책의 변화와 남한 통일 외교의 과제」 『한국정치학회보』 제30집 4호, 1996년 12월)

　1993년 1월 클린턴 행정부가 출범한 두 달 뒤인 3월 북측은 핵확산금지조약NPT에서 탈퇴하겠다고 선언하여 두 나라 사이에는 긴장과 대결이 고조되었다. 「제1차 북핵위기」가 시작된 것이다. 그럼에도 불구하고 물밑접촉은 계속되어 1993년 6월 북미 공동성명이 발표되었다. 북이 핵확산금지조약으로부터 탈퇴 효력을 임시 정지시키는 대신 미국은 핵무기를 포함한 무력을 사용하지 않으며 무력으로 위협도 하지 않는다는 내용이었다. (「조선민주주의인민공화국-미합중국 공동성명」(1993.6.11.)의 조선 글 원문은 조선중앙통신 홈페이지(www.kcna.co.jp)에서 찾을 수 있다.)

○ **핵확산금지조약** Treaty on the Non-Proliferation of nuclear Weapons

정식 명칭은 「핵무기의 불확산에 관한 조약」. 미국·소련·영국 등 핵보유국들의 주도로 1968년 서명되어 1970년 3월 3일 발효. NPT에 가입하면 18개월 이내에 이 협정체결에 의무화, 자국내의 모든 핵시설과 핵물질에 관한 현황 보고서를 작성해 국제원자력기구(IAEA : International Atomic Energy Agency)에 제출해야 한다.

북조선은 1992년 4월 10일 NPT에 가입했으나 2003년 1월 10일 탈퇴했다. 한국은 1975년 4월 23일 86번째 NPT 정식 비준국이 되었다.

그러나 1994년 3월 국제 원자력 기구IAEA가 북조선에 대한 핵사찰 실패를 선언함에 따라 미국의 페리William Perry 국방부장관과 강경파 의원들은 북에 대한 전쟁불사 발언까지 서슴지 않으며 한반도를 한국 전쟁 이후 최대의 위기로 몰아갔다.

미국의 북에 대한 경제제재 및 전쟁위협은 1994년 6월 러시아의 격렬한 미국 비난과 중국의 단호한 북 지원 표명, 그리고 카터 전 대통령의 평양 방문을 통한 중재를 바탕으로 해소 되었으며, 이는 1994년 10월 제네바 북미협정으로 이어졌다.

이 협정의 핵심 내용은 「북조선이 핵 활동을 동결시키는 대신, 미국이 대체 에너지를 공급하고 경수로를 제공하며 북에 대해 핵무기를 먼저 사용하지 않고 북과 정치 및 경제 관계를 정상화하겠다」는 것이었다. 두 나라 사이의 합의문 채택에 따라, 미국은 1995년 3월 만료되는 핵확산금지조약의 갱신에 걸림돌이 될 수 있는 북을 견제하고 핵확산의 가능성을 줄임으로써 미국의 핵무기 기득권을 강화할 수 있었고 북은 미국의 핵무기 선제 공격 위협으로부터 벗어남과 동시에 미국과 정치 및 경제적 관계를 개선할 수 있게 되었다.

The Associated Press(1994.6.16.). 이재봉 「미국의 대북한 정책의 변화와 남한 통일 외교의 과제」 흔히 '제네바합의'로 불리는 「조선민주주의인민공화국-미합중국 기본합의문」(1994.10.21.)의 영어원문은 미국 국무부 홈페이지에서 구할 수 있으며, 조선 글 원문은 조선중앙통신 홈페이지에서 찾을 수 있다.

그러나 제네바협정은 일종의 속임수와 다름없었다. 클린턴 행정부의 많은 관리들과 당시 의원들은 경수로 건설 등 제네바 협정의 중요 합의 사항이 실행되기 전에 김정일 정권이 무너지리라 기대하고 있었기 때문이다. 경수로 건설이 적어도 5~6년이나 지연된 배경이기도 하다. 1994 년 김일성 주석의 죽음과 1995년부터 알려지기 시작한 극심한 경제난을 바탕으로 '북조선 붕괴론'이 주로 미국 군부와 정보부 인사들에 의해 널리 퍼졌던 것이다. (이재봉 「북한 붕괴론과 전쟁 도발성에 관하여」 『한국동북아논총』 제6집, 1998년 2월)

1999년 초에는 금창리 지하시설이 핵무기 개발과 관련이 있다는 의혹이 제기되어 또 다시 북을 폭격해야 한다는 주장이 제기되기도 했다. 그러나 1999년 5월 미국 대표단이 문제의 시설을 사찰하여 의혹을 해소함으로써 북미 관계개선에 오히려 긍정적인 영향을 미치게 되어, 이는 1999년 9월의 북미 베를린합의로 이어졌다. 「북이 미사일 발사 실험을 당분간 중지하는 대신 미국은 북에 대한 경제제재를 완화, 관계 정상화를 이룬다」는 내용이었다.

(2) 약소국 불복에, 패권국 폭력과 부셔 증오심 합쳐 보복

1999년 10월에는 「페리 보고서」로 불리는 대북 정책 제안이 발표되었는데, 그 주요 내용은 한반도의 냉전체제 종식을 위한 3단계 목표를 포함하고 있다. 여기서 제1단계 또는 단기 목표는 한반도 안에서 핵무기와 미사일의 위협을 없애는 것이다. 북은 미사일 재발사를 자제하고 미국은 북에 대한 경제제재를 완화하며 북미 간에 연락 사무소를 개설하는 등 관계 개선을 위해 노력한다는 내용이었다.

제2단계 또는 중기 목표는 조선과 미국 사이, 그리고 조선과 일본 사이에 관계 정상화를 이루는 것이다. 북은 핵무기와 미사일 개발을 중단하겠다는 보장을 하고, 조선과 미국 사이에는 1994년의 제네바 기본합의를 이행하며, 북과 일본 사이에는 수교 협상을 본격화한다는 계획이다.

제3단계 또는 장기 목표는 한반도 냉전 체제를 종식하고 남북 사이에 평화 안정 체제를 구축하는 것이다. 북과 미국, 북과 일본은 정상적인 관계로 발전하고 남한과 북은 실질적인 통합으로 볼 수 있는 「남북연합」을 이룬다는 계획이다. (흔히 '페리 보고서'로 불리는 "Review of United States Policy Toward North Korea: Findings and Recommendations, Unclassified Report"(1999.10.12.)는 미국 국무부 홈페이지에서 찾을 수 있다.)

2000년 10월에는 김정일 국방위원장의 특사로 국방위원회 제1부의장인 조명록 차수가 워싱턴을 방문하여 클린턴 대통령을 포함한 미국 행정부 고위 관리들을 만나 두 나라 사이의 공동 코뮤니케를 발표했다. 먼저 두 나라는 한반도에서 긴장을 완화하고 1953년의 정전협정을 공고한 평화체제로 바꾸어 한국전쟁을 공식적으로 종식시키기 위해 4자회담 등 여러 가지 방안을 검토하기로 했다.

또한 두 나라는 1993년 6월의 북미 공동성명에 지적되고 1994년 10월의 제네바합의에서 재확인된 원칙들에 기초하여 적대관계를 청산하고 관계 정상화를 이루기 위해 경제협조와 교류를 발전시키기로 합의했다. 그리고 클린턴 대통령의 북조선 방문을 준비하기 위해 올브라이트Madeline Albright 국무부 장관이 곧 평양을 방문하기로 했다.

이에 따라 2000년 11월 올브라이트 장관이 평양을 방문하여 북미 정상회담을 합의했지만, 다음 달 대통령 선거에서 공화당 부쉬 2세 후보가 당선되어 클린턴 대통령의 방북을 반대하는 바람에 두 나라 사이의 관계는 더 진전될 수 없었다.(「조선민주주의인민공화국-미합중국 사이의 공동 코뮤니케US-DPRK Joint Communique」(2000.10.12.)의 영어 원문은 미국의 노틸러스 연구소 홈페이지(www.nautilus.org)에서 구할 수 있으며, 조선 글 원문은 조선중앙통신 홈페이지에서 찾을 수 있다.)

2001년 1월 들어선 부쉬 2세 행정부는, 클린턴 행정부의 대북 정책을 이어받는 대신 2001년 2월 전격적으로 이라크를 폭격함으로써 북조선에 대해 간접적으로 강력한 경고를 보냈다. 이른바 '깡패국가들'이 대량 살상 무기를 개발하는 것은 절대 용납하지 않겠다는 것이었다. 제국주의 학살집단의 우두머리만이 함부로 내뱉을 적반하장賊反荷杖의 공갈협박이었다.

그리고 2001년 3월 부쉬는 김대중 대통령과 한미 정상회담을 가지면서 노골적으로 북과 김정일 국방위원장에 대한 불신감을 드러냈다. 북조선과 같이 비밀스러운 나라와 어떤 합의를 할 때 그들이 합의사항을 잘 지킬지 어떻게 알 수 있느냐며, "나는 북쪽의 지도자에 대해 상당한 회의를 가지고 있다"고 밝힌 것이다. 이에 덧붙여, 북이 2001년 9·11과 직접 관련된 것은 없지만 부쉬는 9·11 직후 가진 한 언론인과의 인터뷰에서 김정일 위원장을 본능적으로 혐오한다고 밝혔다.(Reuters(2001.3.7.), Selig Harrison, Korean Endgame에서 재인용. Bob Woodward, Bush at War, 2002)

2001년의 9·11 테러는 미국에 엄청난 충격을 주었고 미국의 대외 정책을 더욱 호전적으로 이끌었다. 미국이 제2차 세계대전이 끝난 1945년 이후 2003년 현재까지 70번 가까이 다른 나라를 폭격하거나 군사적으로 침략하면서도 외국으로부터 폭격이나 침략을 받아본 적은 없었는데, 워싱턴과 뉴욕이라는 심장부를 강타 당했기 때문이다.(Glenn Paige, Nonkilling Global Political Science, William Blum, Rogue State , Common Courage Press 2000)

◎ 미국의 이라크 침략과 학살

미국의 이라크 침공은 세 차례나 있었다. 1차는 이라크가 쿠웨이트를 자기네 영토라며 침공하니까 1991년 1월 반격 형식으로 침략, 100만 명 이상을 살상시켰다. 2차는 2001년 2월 이라크의 대공방위망을 완전 초토화 고철덩어리로 만들었다.

3차는 2003년 3월, 9.11피폭의 보복으로 근거도 없이 있지도 않은 이라크의 「대량살상무기 퇴치」를 명분으로 전국을 초토화시키고 후세인과 정권을 멸망시켰다. 10년이 넘은 현재까지도 자폭테러만 계속될 뿐 괴뢰정부 수립도 어려운 지경에 처해있다.

이에 따라 부쉬 행정부 국방정책의 근간이랄 수 있는 「4개년 국방 검토 보고」는 이전의 것보다 매우 공세적으로 바뀌었다. 2001년 9월 30일자로 만들어진 이 보고서의 새로운 핵심 내용은 크게 두 가지로 요약할 수 있다. 첫째, 과거엔 '상대의 위협'에 초점을 맞춰 국방 계획을 세웠지만, 앞으로는 '자신의 능력'에 초점을 맞춰 국방 계획을 세운다는 점이다. '누가' 적인가 또는 전쟁이 '어디서' 일어날 것인가 보다는 적이 '어떻게' 싸울 것인가에 대해 더 신경을 쓰겠다는 것이다.

둘째, 과거엔 미국이 두 군데서 동시에 전쟁을 벌여도 둘 다 이길 수 있는 「동시 승리 win-win」전략을 세웠지만, 앞으로는 둘 다 이기되 적어도 한 군데서는 영토를 점령하거나 정권을 갈아치울 수 있는 「결정적 승리 decisive victory」전략을 세운다는 점이다. (2001년 9월 30일자의 「4개년 국방검토보고Quadrennial Defense Review Report」는 미국 국방부 홈페이지(www.defenselink.mil)에서 찾을 수 있다.)

2002년 1월 부쉬는 국정연설을 통해 북조선을 더욱 몰아붙였다. 여기서 그는 북조선과 이란 그리고 이라크가 「악의 축Axis of Evil」을 이루고 있다며, 미국의 안전을 위해 필요하다면 무슨 짓이든 하겠노라 공언하며 두 가지를 강조했다. 첫째는 지구상의 모든 테러 조직을 없애버리겠다는 것이요, 둘째는 화학무기나 생물무기 또는 핵무기를 지니려는 정권들은 가만두지 않겠다는 것이었다. (부쉬의 2002년 1월 국정연설(the State of the Union Address) 원문은 백악관 홈페이지(www.whitehouse.gov)에서 찾을 수 있다.)

또한 미국은 2002년 3월 9일 『로스앤젤레스타임스』에 처음으로 보도되어 알려지기 시작한 『핵 태세 검토Nuclear Posture Review』에서 북조선을 핵무기 선제공격 대상 7개국 가운데 하나로 꼽음으로써 북을 더욱 압박했다. 핵무기를 전쟁억지 수단만이 아니라 선제공격 수단으로도 쓸 준비를 해야 한다는 내용은 북조선만이 아니라 온 세계에 커다란 충격을 던지며 격렬한 반발을 불러일으켰다.

이 비밀 보고서는 전문이 공개되지 않아 자세한 내용은 알 수 없지만, 공개된 부분 가운데 북측과 관련된 사항은 다음과 같았다. 첫째, 미 국방부는 중국·러시아·이라크·조선·이란·리비아·시리아에 대해 핵무기 사용을 준비할 필요가 있다. 특히 아랍과 이스라엘이 충돌하거나, 중국과 대만 사이에 전쟁이 일어날 때, 또는 북조선이 남한을 공격하면 핵무기 사용을 꼭 준비해야 한다.

둘째, 미국은 지하 벙커를 폭파할 수 있는 새로운 핵무기를 개발할 수 있도록 해야 한다. 미국이 가장 우려하는 잠재적 적국들이 무기를 지하로 옮기고 있지만, 미국은 이러한 시설들에 대처할 적절한 수단이 부족하기 때문이다. 특히 북조선은 지하 시설 구축에 가장 열성적인 나라들 가운데 하나로, 전투기와 탱크 그리고 병력과 대포 등을 감추기 위해 비무장지대 근처의 화강암 산들을 파헤쳐왔다.(이에 관해 미국 국방부가 2002년 1월 9일 의회에서 행한 특별 브리핑과 2002년 3월 9일 발표한 성명 등의 관련 자료들은 미국 국방부 홈페이지에서 구할 수 있다.)

이러한 「핵 태세 검토」의 내용은 2002년 9월 발표된 미국의 새로운 국가안보전략에 반영되었다. 미국이 지금까지는 국가안보에 '충분한 위협'이 있을 때 이를 막기 위해 선제공격을 한다는 전략을 유지해왔지만, 앞으로는 그러한 적대행위를 '예방하기 위해서' 필요하다면 선제공격을 하겠다는 것이 이 안보전략의 핵심 내용이다.

여기서 미국은 북조선이 1990년대에 자체적으로 대량살상무기를 개발하는 한편 탄도미사일을 세계적으로 확산시키며 점점 성능이 뛰어난 미사일을 실험하고 있다고 판단하고 있다.

이와 관련하여, 2002년 당시 미국 중앙정보국장이 의회의 상원 정보위원회에서 증언한 북조선의 대량살상무기에 관한 평가는 다음과 같았다.

첫째, 북은 핵무기를 1~2개 이미 만들었거나, 앞으로 1~2개 만들 수 있는 플루토늄을 갖고 있는 것으로 보인다. 둘째, 생물무기와 화학무기 프로그램을 갖고 있다. 셋째, 미국은 2015년 이전에 북의 대륙간탄도미사일ICBM 위협을 받게 될 것이다.

1998년에 북이 쏘아올린 대포동 1호는 2단계 탄도미사일로 대량살상무기를 싣고 1만km를 갈 수 있는데, 지금 개발 중인 대포동 2호는 3단계 탄도미사일로 1만 5,000km까지 날아갈 수 있을 것이다. 그러면 알래스카와 하와이 뿐만 아니라 미국 본토 전체가 사정권에 들게 된다.(2002년 2월 6일 실시된 테닛 중앙정보국장의 의회 증언 원문은 미국 중앙정보국 홈페이지에서 구할 수 있다.)

2002년 10월 켈리James Kelly 미국 대통령 특사가 평양을 방문하여 강석주 외무성 제1부상과 회담을 가졌는데, 그가 미국에 돌아가 북이 농축 우라늄을 통한 핵 개발 프로그램을 시인했다고 발표했다. 이로부터 '제2차 북핵 위기'가 시작된 것이다. 이에 대해 북은 핵무기를 "가질 수 있게 되어 있다"고 말한 것을 켈리 특사가 악의적으로 왜곡하고 날조한 것이라고 주장했지만, 미국은 북이 핵확산금지조약 및 두 나라 사이의 제네바합의를 위반했다며 북이 무조건 핵무기 개발을 먼저 포기해야 한다고 압박했다. 그리고 2002년 12월 제네바 합의에 따라 북에 해마다 50만 톤씩 제공하던 중유를 2002년 12월부터 보내지 않겠다고 선언했다.

그 이후 두 나라는 이 문제를 풀기 위한 대화의 자리조차 제대로 만들지 못했다. 미국은 북이 핵무기를 먼저 포기해야 대화에 나설 수 있다고 주장했고, 북측은 미국이 북을 침략하지 않겠다는 약속을 먼저 해야 핵무기를 포기할 수 있다고 맞서온 것이다. 또한 미국은 북이 국제적 합의를 위반했기 때문에 두 나라뿐만 아니라 한반도 주변 국가들도 참여하여 협상을 벌여야 한다고 주장한 반면, 북은 미국이 먼저 제네바합의를 위반하며 자신을 선제공격할 수 있다고 위협해왔기 때문에 핵무기를 개발하려는 것이라며 미국이 북을 공격하지 않겠다는 보장만 해주면 풀릴 수 있으니 두 나라만 협상을 벌이면 된다고 대꾸 해왔다.

3) 북의 핵문제 해결을 위한 6자회담 전개와 결과

이런 가운데 중국의 적극적인 중재로 2003년 4월 베이징에서 조선과 미국 그리고 중국 사이에 3자회담이 열렸고, 2003년 8월부터는 남한과 일본 그리고 러시아가 추가된 6자회담이 시작되어, 2005년 9월의 제4차 6자회담에서 드디어 북의 핵 문제를 풀기 위한 원칙이 정해졌다.

1993년 이른바 「1차 북핵위기」는 한반도에서 전쟁까지 일어날 뻔 하다가 1994년 북조선과 미국 사이의 제네바합의로 해결되는 듯 했는데, 2002년 불거진 「2차 북핵위기」는 남북과 주변 4강대국 사이의 9·19 베이징 성명으로 3년만에 해결의 실마리를 찾을 수 있게 되는 듯 했다.

(1) 2005년 9·19 베이징 공동성명의 내용과 의의

2005년 9월 베이징에서 열린 제4차 6자회담에서 북핵 문제를 풀기 위한 원칙이 정해졌는데, 중요한 합의사항을 쉽게 풀어쓰면 다음과 같다.

1. 북조선은 모든 핵무기와 그와 관련된 계획까지 포기한다.
2. 미국은 조선을 공격하거나 침략하지 않는다.
3. 미국과 일본은 북조선과 국교를 정상화한다.
4. 북조선을 제외한 5개국은 북에 에너지를 제공하며 경수로를 지어줄 수 있다.
5. 6개국은 한반도 평화 및 동북아 안정을 위해 노력한다.

1994년의 제네바합의는 북조선과 미국 두 나라 사이에 맺어진 협정이었기에 쉽게 깨질 수 있었다. 북은 핵무기를 포기하지 않았고, 미국은 북에 대한 경제 지원 및 안전 보장 그리고 국교 정상화 약속을 지키지 않았다. 이에 반해 2005년의 「9·19 베이징 공동성명」은 북과 미국 뿐만 아니라 남한과 중국 그리고 일본과 러시아까지 공동으로 맺은 합의이기에 누구든 먼저 약속을 깨뜨리기 어렵게 되었다

그러나 이 합의 사항을 이행하는 순서가 문제였다. 갈등의 핵심 당사자인 북조선과 미국이 지켜야 할 약속이 동시에 이루어지기 어렵고 단기간에 끝나는 것도 아니기 때문이다. 당시까지 북측은 미국이 먼저 에너지를 제공하고 선제공격을 하지 않는다고 보장하면 핵무기를 포기한다고 했고, 미국은 북이 먼저 핵무기를 포기해야 협상에 응할 수 있다고 했다.

먼저 북조선이 핵 개발을 통해 미국으로부터 얻으려 한 것은 크게 두 가지로 경제보상과 체제보장이다. 첫째, 경제보상은 핵무기를 만드는 재료인 플루토늄을 쉽게 얻을 수 있는 원자력 발전시설인 흑연 감속로 건설을 북이 포기하는 대신, 핵무기 개발에 이용되기 어려운 원자력 발전시설인 경수로를 미국이 지어주고 그게 완공될 때까지 에너지를 제공해주는 것이다.

이와 관련된 내용은 베이징 공동성명 3항의 "중국·일본·남한·러시아·미국은 북의 에너지를 제공하겠다는 의지를 밝혔다"는 문구와 1항의 "적당한 시점에 북에 경수로를 제공하는 문제를 논의하기로 합의했다"는 문구에 드러나 있다.

○ **경수로 輕水爐**

감속재·냉각재로 보통의 물 경수를 사용하는 원자로. 미국에서 잠수함 동력로動力爐로 개발. 연료인 우라늄 235가 핵분열 하여 튀어나오는 고속중성자의 속도를 감속재로 줄여 연쇄반응을 제어한다. 냉각재 사용 방법의 차이에 따라 비등수형沸騰水型과 가압수형 加壓水型이 있다. 어느 경우도 고온수를 증기발생기로 보내 터빈을 돌린다.

둘째, 체제보장은 불가침조약이나 평화협정 또는 국교 정상화를 의미한다. 공동성명 1항의 "미국은 한반도에 핵무기가 없으며 핵무기나 재래식 무기로 북을 공격하거나 침략할 의사가 없다는 사실을 확인했다"는 문구는 불가침조약으로 이어질 수 있고, 공동성명 4항의 "직접 당사자들은 한반도에서의 영구 평화 체제를 위한 협상을 적절한 별도의 포럼을 통해서 하기로 했다"는 문구는 한반도의 휴전협정을 평화협정으로 바꾸자는 의지를

표현한 것이다.

여기서 '직접 당사자들'이란 한국전쟁에서 맞붙었던 남한과 미국 그리고 북조선과 중국을 가리키는 것으로 보인다. 그리고 공동성명 2항의 "조선과 미국은 상호 주권을 존중하기로 승낙하고 상호 평화적으로 공존하며 그들의 양자간 정책에 따라서 그들의 관계를 정상화하는 조처를 취하기로 했다"는 문구는 국교 정상화를 이루자는 것이다. 이 합의가 이루어진다면 북조선은 핵개발을 통해 얻고자 하는 것을 모두 얻게 되는 셈이다.

그러나 이 합의는 시간이 많이 걸리고 지켜지기 어려운 약속이다. 첫째, 에너지 제공은 돈만 좀 들이면 된다. 미국이 단독으로 하는 것도 아니고 다른 나라들과 함께 할 수 있다. 더구나 남한은 200만kw의 전력을 북에 보내겠다고 공언해놓은 상태였다. 북과 일본 사이에 국교 정상화가 이루어지면(식민지 고통의 배상이 이루어진다는 희망) 일본이 에너지 비용을 다 떠맡을 수도 있을 것이다.

그러나 다른 나라들이 중유나 전력을 아무리 많이 제공한다고 해도 북측으로서는 불안을 떨쳐버리기 어려웠다. 상황에 따라 에너지 제공이 언제라도 중단될 수 있기 때문이다. 이에 반해 경수로가 세워지면 상황의 변화에 관계없이 지속적으로 안전하게 전력을 확보할 수 있다. 이 때문에 북은 경수로 건설에 초점을 맞추었다.

문제는 경수로 건설 기간이다. 일반적으로 길면 10년 짧아도 3년 정도가 필요하다고 했다. 이에 반해 북이 모든 핵무기와 관련 프로그램을 폐기하는 데는 2~3년이면 충분할 것이다. 경수로 건설과 핵무기 및 핵시설 폐기 기간이 이렇게 차이가 나기 때문에 이 두 가지 합의 사항을 이행하는 순서나 시기를 맞추기 어려울 것이다. 예를 들어, 북이 먼저 핵무기와 핵시설을 폐기해 버리면 미국은 경수로를 지어주는 체하며 늑장을 부릴 수도 있고 아예 중단해버릴 수도 있다.

1994년 제네바합의를 통해 미국이 경수로를 지어주기로 약속하고 별도로 클린턴 대통령이 그를 담보하는 문서까지 만들었지만 8~9년이 지나도록 이루어진 것은 경수로가 들어설 터를 고르는 일밖에 없었던 것처럼 말이다. 그렇다고 폐기된 핵시설을 복원하여 핵무기를 다시 만든다는 것은 미국의 감시와 위협 아래에서 거의 불가능할 것이다. 북이 경수로가 완공된 뒤에 핵무기와 핵시설을 폐기하겠다고 주장하는 배경이다. 경수로 건설을 핵 포기의 '물적 담보'로 삼겠다는 것이다

둘째, 불가침조약이나 평화협정은 종이 몇 장만 있으면 되고 국교 정상화는 평양과 워싱턴에 각각 대사관을 마련하고 대사를 교환하면 되겠지만, 이게 이루어지려면 주한미군의 역할 변경이나 철수가 뒤따르지 않을 수 없는 게 문제다. 북조선과 미국이 서로 침략하지 않기로 다짐하고 어정쩡하게 멈춘 한국전쟁을 법적으로 완전히 종결지으며 평화

적으로 공존하기를 약속한다면 주한미군이 계속 남아 있을 명분이 없어져버린다.

그러나 미국은 초강대국으로 떠오르는 중국을 견제하기 위해 주한미군을 지속적으로 유지하기를 바란다. 이것이 북이 불가침조약이나 평화협정을 오래 전부터 줄기차게 주장해도 미국이 여태까지 한사코 거부해온 배경이다 아울러 북미 국교 정상화가 이루어지기 어려운 이유도 여기에 있다.

따라서 북은 경제보상을 위한 물적 담보인 경수로 건설 완공과 체제보장을 위한 물적 담보인 주한미군 철수 완료시기에 맞추어 자신의 핵무기 및 핵시설 폐기를 끝내려고 할 것이다. 이에 반해 미국은 북의 핵무기 및 핵시설이 폐기될 때까지는 경수로에 관한 논의조차 할 수 없다고 주장하는 한편, 한반도가 통일된 뒤에도 주한미군을 유지할 계획을 세워놓고 있다. 한반도의 평화와 동북아의 안정을 위한 방향은 정해졌지만, 넘어야 할 산은 몹시 높고 가야 할 길은 매우 먼 것 같다.

(2) 베이징 공동성명 후 미국은 대북 경제 음해·봉쇄 강화

미국은 9·19 베이징 공동성명이 발표된 직후부터 북에 대한 압박을 거세게 몰아붙였다. 북의 체제 붕괴를 목표로 삼은 듯했다. 첫째, 북의 돈줄을 죄기 시작했다. 먼저 2005년 9월 중순 마카오의 한 은행Banco Delta Asia을 「북조선 관련 돈세탁 우선 우려」대상으로 지정했는데, 효과가 꽤 크게 나타났다.

미국의 한 시사 주간지에 따르면 일주일 이내에 전체 예금의 거의 40%가 빠져나갔다고 한다. 이에 따라 그 은행은 평양과의 모든 거래를 끊고 북조선과 연결된 50개에 달하는 구좌를 동결시켰으며, 세계 곳곳의 다른 은행들도 미국의 보복이 두려워 북과의 거래를 끊기 시작했다고 한다.

2005년 11월부터는 미국 정부의 고위관리들이 여기저기서 북의 달러위조 의혹을 공개적으로 제기하며 북을 '범죄정권'이라고 몰아붙였다. 2006년 2월엔 중국은행의 한 홍콩지점에 '북의 소행'으로 추정되는 수백만 달러 규모의 위조 화폐 유통을 중지하도록 함으로써 뚜렷한 입증 근거도 없이 중국까지 긴장하도록 만들었다.

그리고 3월 말에는 스위스의 한 사업가를 "북의 군부를 위한 기술 중개인"으로 지목하고(technology broker) 그의 회사Kohas AG엔 대량살상무기와 관련된 부품을 확산시킨데 개입했다는 혐의를 씌워 미국 내 자산을 동결시켰다.

이러한 「표적 제재」가 북조선 정권에 '막대한 압력'으로 작용해 매우 효과적이라고 믿게 된 미국은 평양과 거래하는 모든 금융기관들에 대한 제재 가능성까지 흘렸다. 실제로 미국의 한 정부 문서에 따르면, 김정일 위원장이 2006년 1월 중국을 방문했을 때 후진타오 주석에게 "금융거래에 대한 미국 단속의 압박 아래에서 체제가 무너질지도 모른다"고 말했다는 것이다.

둘째, 북의 인권 상황을 비난하며 다양한 경로를 통해 압력을 가했다. 부쉬 대통령은 2004년 「북인권법North Korean Human Rights Act」에 서명한데 이어, 2005년 8월엔 이 법에 따라 '북인권특사'를 임명했다. 또한 이 법에 따라 미국 정부는 북조선의 인권에 관한 세 차례의 국제대회 및 관련 프로그램을 재정적으로 지원했다. 제1차 대회는 2005년 7월 워싱턴에서 열렸고, 2차 대회는 2005년 12월 서울에서 열렸으며, 3차 대회는 2006년 3월 브뤼셀에서 열렸다

이와 아울러 미국 정부는 3년 연속으로 유엔 인권위원회에서 북의 인권기록을 비난하는 결의안이 통과되도록 했으며, 2005년 11월에는 유엔총회가 처음으로 북의 인권기록을 비난하는 결의안을 통과시키도록 했다. 나아가 주한 미 대사관의 보고서(2006.4.5.)에 따르면, 2005년 12월에는 'UN 세계식량계획'을 포함한 인도적 차원의 대북 지원을 모두 끊는 한편, 북의 인권 문제를 제기하는 남한의 시민단체들에 대해서도 지속적으로 지원했다.

2006년 2월 1일 부쉬는 국정연설을 통해 북을 자유가 없는 국가로 지목한데 이어, 3월 8일 국무부가 발표한 2005년 세계 각국의 인권 상황을 다룬 보고서Country Reports on Human Rights Practices에서는 북에 대해 인권 기록이 "극도로 열악extremely poor"하며 정부가 "무수히 심각한 탄압numerous serious abuses"을 저지르고 있다고 비판했다. 또한 3월 말엔 미국의 '북인권특사'가 개성공단에서 일하는 북쪽 노동자들의 인권에 관해 시비를 걸기도 했다.

미국은 해마다 자국의 인권 침해에 대해서는 전혀 다루지 않고 다른 나라들의 인권 침해를 비난하는 보고서를 발표해왔는데, 이에 맞서 중국은 2005년에 이어 2006년에도 미국의 세계 인권보고서 발표 바로 다음날인 2006년 3월 9일 「2005년 미국의 인권 기록」을 발표하면서 미국의 인권 상황이 '엉망'이라고 혹평했다.

셋째, 군사·외교적 위협까지 가했다. 백악관은 2006년 3월 16일 '국가안보전략National Security Strategy'을 발표했다. 2002년에 발표했던 안보전략의 핵심인 '선제공격정책doctrine of pre-emption'을 유지한 채 '폭정의 종식ending tyranny'과 '효율적 민주주의effective democracy' 증진에 초점을 맞추어 수정 보완한 것이다.

먼저, 조선과 이란을 포함한 7개국을 지목하며 이들 나라에서의 폭정을 종식시키는 것을 미국의 안보전략 목표로 삼았다. 그리고 대량살상무기의 확산과 관련해서는 이란과 북을 꼽으며, 상대의 공격 여부가 불확실하더라도, 자위self defense의 원칙에 따라 필요하면 '선제공격'을 할 수 있음을 강조했다. 이에 덧붙여 동맹국들이나 우방국들의 협조가 없으면 단독으로 행동할 수 있는 준비를 해야 한다고 밝혔다.

그리고 미국은 2006년 3월 25일부터 31일까지 남한에서 한미합동군사훈련을 벌였다. 3월 28일부터 31일까지 평양에서 남북 장관급 회담이 열릴 예정이어서 통일부와 국가안전보장회의가 시기를 조정해 줄 것을 미리 요청했지만, 이를 거부한 채 남북 관계에 지장을 초래할 것을 뻔히 알면서도 군사훈련을 강행한 것이다.

한미연합 군사훈련은 북에 대한 작전계획OPLAN 5027에 따라 실시된다. 대부분의 작전계획이 처음엔 북의 선제공격과 우발적인 도발에 대응하기 위해 세워졌다지만(오로지 방어용 훈련이라는 명분으로 가장하지만) 시간이 흐르면서 북에 대한 점령 계획도 포함되고 '기습공격' 방침도 추가되었다. 북에서 겁내어왔듯이 '북침전쟁 연습'임을 노골적으로 드러내었다.

(3) 2007년에도 베이징 합의했으나 좌절

2005년 9·19 베이징 공동성명 이후 약 1년 반이 지난 2007년 2월 베이징에서 열린 6자회담에서 9·19 공동성명을 이행하기 위한 합의가 이루어졌는데, 주요 내용은 다음과 같다. 첫째, 북조선은 두 달 안에 현존하는 핵시설을 폐쇄하고 봉인하며 IAEA 사찰관을 복귀시킨다. 둘째, 북미관계 정상화를 위한 양자 대화를 개시하며, 미국은 테러 지원국 및 적성국 교역법 대상에서 북을 제외할 것을 고려한다. 셋째, 북일 관계 정상화를 위한 대화를 개시한다. 넷째, 이에 맞춰 북에 중유 5만톤 상당의 에너지를 지원한다. 여섯째, 북미관계 정상화, 북일관계 정상화, 동북아 평화안보체제 등을 논의하기 위한 5개 실무그룹을 구성한다.

부쉬 행정부는 초기부터 북을 고립시키고 경제제재를 강화하면 북 체제나 적어도 김정일 정권을 붕괴시킬 수 있으리라 생각하고 줄기차게 강경정책을 썼다. 그러나 6자회담에서 고립을 당하는 쪽은 조선이 아니라 오히려 미국이었고, 중국과 남한의 대북 지원 때문에 미국의 경제제재는 성공하기 어려웠다. 이런 터에 아프가니스탄에서는 탈레반세력이 다시 살아나고, 이라크는 이미 제2의 베트남이 되었다. 이란도 미국의 위협에 맞서 핵무기 개발을 진전시켜왔다.

또한 중동에서는 미국의 분신과 다름없는 이스라엘을 둘러싸고 갈등과 긴장이 그치지 않고, 미국의 뒷마당이랄 수 있는 중남미에서는 베네수엘라를 중심으로 반미주의가 고조되었다. 그리고 결정적으로 2006년 11월 중간 선거에서 민주당이 상하 양원을 장악하게 되었다 이것이 『워싱턴포스트』가 묘사한대로 "완고하고 단호하며 절대 양보하지 않는 지도자"인 부쉬 대통령도 대북 정책을 바꾸지 않을 수 없게 된 배경이었다.

(4) 침략 목표 달성할 때까지의 미국의 선택 가능 전술들

앞으로 부쉬 행정부가 북의 핵 문제에 관해 취할 수 있는 방안은 6자회담 외에 크게 네 가지로 정리해볼 수 있다.

첫째, 북의 핵무기를 무시해버릴 수 있을 것이다. 북이 핵무기를 가지고 있든 말든 개발하든 말든 간섭하지 않는다는 말이다. 미국은 무려 1만 개 안팎의 다양한 핵무기를 갖고 있는 터에 북조선이 적으면 1~2개 또는 많아야 5~6개 갖고 있다한들 미국의 안보에 커다란 위협이 될 수 없으리라는 생각 때문이다.

그러나 화학무기도 없다는 이라크에 대해서 대량살상무기 개발을 핑계로 전쟁을 일으킨 미국이 핵무기까지 있다는 북에 대해서 가만히 있기는 어려울 것이다. 또한 북의 핵무기를 핑계로 당장 일본이 핵무기 개발에 나서기 쉽고 다른 여러 나라들도 이를 뒤따를지 모른다. 이는 핵확산 금지조약의 붕괴를 불러올텐데, 대량살상무기의 확산 방지를 탈냉전 시대 대외정책의 가장 중요한 목표 가운데 하나로 삼고 있는 미국이 북의 핵무기 개발이나 보유에 침묵을 지키기는 어려울 것으로 보인다.

둘째, 남한 및 일본과 함께 또는 유엔을 통해 북에 제재를 시도할 수 있을 것이다. 부쉬 대통령이 개인적으로 김정일 위원장을 몹시 싫어하는 데다, 체니 부통령과 럼스펠드 전 국방부장관을 비롯한 강경파들은 북의 체제의 붕괴를 바라고 있다. 그러나 이에 남한이 소극적으로 응하고 북조선 뒤에는 유엔 안전보장이사회의 거부권을 쥐고 있는 중국이 버티고 있어서 효과를 거두기 어려운 게 문제다.

미국은 1993~1994년 '제1차 북핵 위기' 때 유엔을 통해 북에 대한 경제제재를 추진했지만 중국의 반대로 뜻을 이루지 못한 적이 있다. 미국이 일본이나 남한에 압력을 넣어 대북 경제제재를 할 수는 있겠지만, 북이 쓰는 에너지의 90% 안팎을 대주고 해마다 대량의 식량을 지원해주는 중국이 참여하지 않는 한 경제봉쇄는 효과를 거두기 어려울 것이라는 의미다.

그러나 북조선의 인공위성 발사 명분의 대륙간 미사일 실험 발사와 핵실험을 실행한 후 2013년 현재 중국의 시진핑 정권은 미국이 주도한 유엔에서의 대북 제재 조치에 호응하는 변화를 보였다. 더 두고 볼 일이다.

한편, 미국과 중국 사이에 「제2의 태프트·가쓰라 밀약」이 만들어질 가능성도 점쳐 볼 수 있다. 1905년 미국이 일본의 조선 침략을 묵인해주고 일본으로부터 필리핀 점령을 용인 받았듯이, 미국이 중국의 대만 흡수 통일을 묵인해주고 중국으로부터 북조선 붕괴·점령 전략을 지원받을 수 있으리라는 말이다.

이와 관련하여 미국의 한 신문은 2003년 8월 중국정부가 북에 대해 부정적으로 인식하고 있으며 일부 전문가들은 북의 정권교체나 붕괴가 중국에 오히려 이익이 될 수 있다고 주장한다는 기사를 내보냈다.

셋째, 북의 핵시설을 폭격하거나 침공할 수 있을 것이다. 앞에서도 소개했듯이, 미국은 제2차 세계대전이 끝난 1945년 이후 지금까지 70번 가까이 다른 나라들을 폭격하거나 군사적으로 침략했다. 2000년대만 하더라도 부쉬 2세 행정부는 21세기의 첫 전쟁 대상으로 아프가니스탄을 꼽았고, 유엔의 반대와 세계 곳곳의 대규모 반전시위에도 불구하고 이라크를 침략했다.

폭격이나 침략이 국가 활동의 한 부분이 되어버린 미국에게 북과의 전쟁이 어렵지 않은 선택일 수 있다는 뜻이다. 더구나 널리 알려져 있는 북에 대한 미국의 전쟁 계획 Operation Plan 5027에 따르면, 미국은 북을 3~4개월 안에 붕괴시킬 수 있으리라고 생각한다.

그러나 북과의 전쟁이 쉽지는 않을 것이다. 북은 이라크와 크게 다르다. 이라크엔 미국이 눈독을 들여온 석유가 풍부하지만 북엔 미국이 탐낼 만한 자원이 거의 없다. 이라크는 미국의 침략에 맞설만한 군사력이 빈약했지만 북은 남한이나 일본의 미군기지뿐만 아니라 미국 본토까지 공격할 수 있는 보복 능력을 어느 정도 가지고 있는 것으로 추정된다. 이라크 주변 국가들은 미국의 전쟁을 돕거나 소극적으로 반대했지만 북의 주변 국가들은 모두 적극적으로 반대한다.

넷째, 북의 요구나 제안을 받아들일 수 있을 것이다. 북이 요구해온 대로 불가침조약이나 평화협정을 맺거나 국교 정상화를 이루며 북이 핵무기를 포기하도록 하는 것인데, 가장 바람직하지만 쉽지 않은 방안이다. 먼저 1960년대부터 휴전선 일대에서 적지 않은 미군들이 북조선군들에게 살해당하는 기운데, 북조선 영공에서는 미국 정찰기가 격추되고 영해에서는 미국 첩보함이 나포되는 동 북에 온갖 모욕과 피해를 당해온 미국이 또 다시 북에 굴복한다는 인상을 주게 되면 침략과 승리를 먹고 자란 제국주의 미국의 체면이나 자존심이 크게 손상될 수 있다.

그리고 북조선을 비롯한 이른바 '깡패 국가'들의 대량살상무기를 무력화시키기 위한 것이라는 핑계로 1999년부터 미사일 방어망을 개발하며 2005년 2월까지 10여 차례 요격 미사일 발사 실험을 했지만 실패를 거듭하고 있는데, 미국이 북과의 적대적 관계를 풀게 되면 '미사일 방어망' 구축의 명분이 약해져 강경파들이나 군산복합체들의 반발을 불러올 수 있다.

나아가 궁극적으로는 주한미군 철수도 고려해야 할텐데, 이렇게 되면 사방에서 중국을 포위하고자 하는 미국의 안보 정책에 구멍이 생길 수 있다. 이것이 역설적이게도 "호전적이고 침략적"이라는 음해와 악평을 받고 있는 북이 1970년대부터 군비 감축과 평화협정을 줄기차게 주장해도 "자유와 평화를 사랑한다"는 미국이 한사코 받아들이지 못해온 배경이다.

미국은 실질적으로 북의 남침을 막기 위해서보다는 중국을 견제하기 위해 남북통일이 되더라도 2015~2020년 무렵까지는 미군을 남한 땅에 주둔시키려 하고 있는데, 남북 사이, 또는 북미 사이에 전쟁을 완전히 끝내고 서로 침략하지 말자는 협정을 맺게 되면 명분상으로 주한미군의 존재 이유가 없어지는 것이다. (이재봉 「미국의 대동북아시아 정책과 북미 관계의 전망」 『국제정치논총』 제37집 3호, 1998년 8월)

그러나 북을 폭격하거나 무너뜨리기 어렵고 핵무기 확산이 바람직하지 않다고 생각하면 이 방법을 고려하지 않을 수 없다. 더구나 남한에서 주한미군에 대한 부정적 인식이 날로 커지고 있는 데다, 북이 1950년대부터 제안해온 대로 남북의 군대를 각각 10만 명 안팎으로 줄이자거나 휴전선 근처에 집중된 병력의 이동을 포함해 인민군 50만 명 정도를 일방적으로 줄이겠다면, 미국이 이를 마냥 거부하기는 어려울 것이다. 게다가 테러와의 세계적 전쟁에서 이기기 위해 미군을 급격한 변화에 유연하고 민첩하게 대응할 수 있도록 해야 한다는 이른바 '럼스펠드 구상'에 따라 주한미군의 이전과 감축이 이루어진다면 불가침조약이나 평화협정을 맺는 데 큰 부담은 덜 수 있을 것이다.

4) 종속 우방에겐 핵우산 씌워 보호하고 상대방엔 절대금지 강요

(1) 7천 기가 넘는 핵탄두 보유국이 방어자세의 상대방을 '침략자'라며 엄포

조선 민족과 미국의 악연惡緣은 몹시도 끈질기다. 1866년 7월 선적船籍도 불분명한 무장상선 셔먼호를 끌고 대동강을 무단침입하여 관헌을 살해하고 재물을 약탈하는 등 통상을 빙자한 해적질로 시작된 미국의 조선 침공은 1945년 8월 15일의 38선 강제분단으로 재현되었다. 그리고 1950년 10월 38선 이북을 불법 침공한 미군은 무고한 북부 주민들에게까지 잔혹하고 무차별적인 인종청소를 자행했으며, 조선전쟁이 종식된 지 반세기가 지난 오늘날까지도 미국에 굴종하지 않는다고 북조선을 계속 죽일듯이 협박하고 있다.

그동안 미국은 경제 봉쇄 등 각종 제재를 통해 북측을 압살해왔고, 또 군산 등 남한에 있는 미군기지 곳곳에 핵무기까지 배치하고는 대북 침공을 위한 전쟁 연습을 계속해왔다. 그리고 남한 배치 핵무기를 철수시켰다 하더라도 핵우산은 여전히 남쪽을 보호한다는 명분으로 북쪽을 협박하고 있다. 이에 대응해 북측에서 중장거리 미사일을 개발하자, 미국은 대포동 미사일의 사거리射距離 운운하며 자신의 침략전쟁 연습을 정당화 하고, 미국의 핵무기에 비하면 폭죽 정도에 불과한 북의 핵무기 개발을 트집 잡아서 북침하겠다고 계속 협박해왔다.

더욱이 미국은 주적으로 정한 소비에트연방이 해체되자 북측의 핵탄두 미사일 개발 등을 빌미로 지구촌을 사정권으로 하는 핵미사일 공격체계를 서둘러 왔다.(SIPRI의 2006년도 보도자료에 따르면, 2006년 세계 군비지출 총액은 1조 2,040억 달러이고, 이 가운데 미국의 공식 지출은 46%를 차지했다. SIPRI : Stockholm International Peace Research Institution 스톡홀름 국제평화연구소)

북조선은 온 국민을 굶긴 채 GDP 전체를 전쟁에 쏟아 붓더라도 미국은 커녕 남한과의 전쟁에서조차 이길 수 없다는 사실을 미국 자신이 더 잘 알고 있다.(미국 CIA 『WORID FACT BOOK』의 발표에 따르면, 2007년 남한의 GDP는 2,060억 달러(국방비는 GDP의 2.7% 수준)이며, 2006년도 북측의 GDP는 총 22억 2,000만 달러(국방비는 확인 불가)로 추정했다.)

가령 미국의 주장대로 북에서 미국의 본토를 공격할 수 있는 핵탄두 미사일을 보유했다고 치자. 또 북에서 남한을 선제공격할 것이라고 가정해보자. 이로써 북측이 얻을 수 있는 것은 무엇일까? 동북아의 강대국으로 우뚝 설 수 있을까? 남한을 무력 통일할 수 있을까? 그 해답은 자명하다. 만약 북측이 먼저 전쟁을 일으킨다면, 북녘 땅은 풀 한 포기도 남지 않는 폐허가 될 것이다.

사실 미국이 북측을 선제공격하지 않는 한 북측의 핵무기 보유 숫자나 미사일 사정거리는 크게 중요하지 않다. 또 핵무기 개발 확산이나 테러집단에 대한 핵무기 지원 우려역시 큰 문제가 아니다. 왜냐하면 북측의 그것보다 성능이 우수한 미사일과 핵무기를 가진 나라는 얼마든지 있으며, 특히 미국의 중동 지역 패권행보에 중대한 장애물로 등장한알카에다와 같은 무장집단 역시 핵무기를 양산해온 파키스탄과 밀접한 관계를 맺고 있기때문이다.

그렇다면 마치 고양이가 생쥐를 몰듯이 북측을 압살해온 미국의 속셈은 무엇인가? 그해답은 간단명료하다. 남한과는 대조적으로 미국의 폭압적인 자세에 굴종하지 않는 몇안 되는 나라 가운데 하나가 바로 북조선이기 때문이다. 달리 말해 북조선처럼 보잘것없는 약소국조차 굴종시키지 못한다면 제국의 질서를 정립할 수 없고, 아울러 잠재적 적국인 중국과 러시아를 겨냥한 미국의 교두보橋頭堡 구축에도 걸림돌이 되기 때문이다.

더욱 개탄스러운 것은 북측의 남침 위험을 빌미로 독재권력을 유지해온 친일·친미보수정권은, 그 약효가 다하자 다시 흡수통일(무력 침공에 의한 강제 병합)을 목표로 미국의동족 압살에 적극적으로 가세하고 있다는 사실이다.(황성환『제국의 몰락과 후국의 미래』소나무 2009)

(2) 협정 파기는 강자가 하면서 끝없이 약자를 협박·트집

소련이 해체된 직후인 1991년, 미국은 한반도에서 핵무기 시설을 철수하겠다고 공언했다. 이에 따라 그해 말에는 한반도 비핵화와 팀스피릿Team Spirit훈련 중단을 골자로하는 남북 사이의 합의가 이루어졌다. 그러나 1993년 미국과 한국은 북의 핵 위협 운운하며 대북 침공 연습인 팀스피릿훈련을 재개했다.

사실 미국은 오산과 군산 등의 기지에 배치한 핵무기를 철수했다고 공언했으나, 이에대한 국제사회의 검증은 전혀 이루어지지 않았다. 그런데도 북측의 핵무기 개발만 트집잡아 핵전쟁 연습을 재개한 것이다.

또 5대 강대국에만 핵무기의 개발과 보유를 허용한 핵확산금지조약NPT에도 불구하고, 미국은 이스라엘을 핵강국으로 만들었다. 아울러 파키스탄과 인도의 핵무기 제조도눈감아 주었다.(NPT : Nonproliferation Treaty)

한편 소비에트연방이 해체되기 전까지 북은 에너지 수요의 상당 부분을 소련과의 물물교환이나 무상지원을 통해 어렵게 충당해왔다. 그러나 소련이 해체된 뒤 종전과 같은 방식으로 원유를 도입할 수 없게 되었고 그나마 도움을 주던 중국마저도 현금결제를 요구하며 대북 지원을 축소했다.

이러한 어려움을 극복하기 위해 북측이 택한 것이 바로 일석이조의 효과를 갖는 원자력 이용이었다. 부족한 에너지도 확보하고, 아울러 대북 선제공격이니 흡수통일이니 하는 미국과 남한의 위협에 대한 자위 수단도 갖출 수 있는 원자력발전소 건설에 착수한 것이다. 이에 따라 소련에서 도합 10메가와트의 발전 용량을 가진 실험용 흑연 감속로 2기를 들여왔다. 그러나 미국은 핵연료 처리 과정에서 생성되는 핵무기의 원료인 플루토늄을 문제 삼았고 반면 북측은 흑연 감속로도 국제사회에서 공인된 원자력 발전시설이므로 이에 대한 정당한 보상이 없는 한 에너지 지원 및 자위권 확보를 위한 핵시설은 포기할 수 없다고 맞섰다.

1994년 6월 초, 다행히 미국의 역대 대통령 가운데 보기 드문 비둘기파로 알려진 카터 특사(전 미 대통령)와 김일성 주석의 회담이 성과를 거둠으로써, 그해 6월 15일로 예정됐던 미국의 북침 계획은 유보되었다. 그리고 그해 10월 제네바에서 조·미 협정을 맺고 이듬해 12월 북조선과 한반도 에너지개발기구KEDO(Korean Peninsula Energy Development Organization) 사이에 부속 의정서가 교환됨으로써 일촉즉발의 전쟁 위험은 일단 수면 아래로 가라앉았다.

당시 조·미 협정의 주요 내용은 다음과 같았다.

첫째, 북측의 원자로를 소련형에서 미국형으로 바꾸기 위해 미국은 2003년까지 약 2,000메가와트 급의 경수로를 북에 제공한다. 그리고 첫 경수로를 완공할 때까지 매년 50만 톤의 난방 및 발전용 중유를 공급한다. 대신 북측은 기존에 사용하던 흑연 감속로 및 관련 시설을 동결하고, 궁극적으로 이를 해체한다.

둘째, 미국은 북에 대한 통신·금융거래·무역·투자에 대한 제재를 풀고, 영사급에서 시작하여 대사급까지 단계적으로 외교관계를 격상시켜나간다.

셋째, 미국은 북에 대한 핵무기 불위협·불사용을 공식 보장하고, 북측은 한반도 비핵화에 참여하며 남북 대화를 지속한다.

넷째, 북측은 핵확산금지조약의 회원국으로 복귀하고, 국제원자력기구의 임시 및 일반 사찰은 물론 국제원자력기구가 요청하는 의혹 시설에 대한 추가사찰도 수용한다.

아울러 북조선과 KEDO의 부속 합의 사항의 요지는, 경수로에 들어가는 비용(약 46억 달러에서 한국이 70%를 부담)을 KEDO에서 우선 부담하되 북측은 이 비용을 3년 거치 17년 무이자로 상환한다.

그러나 미국은 합의서를 교환한 뒤 3개월 이내에 이행키로 한 영사관 개설이나 금융제재 완화 등의 약속은 지키지 않은 채, 미신고 핵시설만 운운하며 북측의 각종 군사시설을 사찰해야 한다고 했다.(남한의 비핵화에 대한 국제적 검증은 단 한 번도 없었다.)

한 사례로 미신고 핵시설 운운하며 북의 주요 군사시설을 감찰해온 미국은, 1997년에는 금창리 지하 동굴에 대해서도 의혹을 제기했다. 조사결과 아무것도 없는 빈 동굴이라는 사실이 밝혀졌는데, 이처럼 미국은 '아니면 말고' 식으로 의혹을 제기하며 북의 군사시설을 감찰한 것이다. 그 당시 미국의 행위는 마치 처녀가 애를 뱄다며 옷을 몽땅 벗어 보일 때까지 우겨대는 것과 같았다. 전국토를 헤집어 보이라는 무법천지의 방자한 태도였다. 이러한 미국의 비열한 행태는 핵무기 사찰을 빌미로 이라크의 군사시설을 감찰한 뒤 이라크를 침공했던 사례에서도 잘 드러났다.

◎ **미국의 제네바협정 파기**

북측의 동유럽식 체제 붕괴를 노린 클린턴 행정부의 대북 유화정책이 북측의 반발로 벽에 부딪힌 사이, 1998년에 실시된 중간 선거에서 다수 의석을 차지한 미 공화당은 더 노골적으로 대북 압살을 주장했다. 게다가 뒤이은 부쉬 공화당 정부는 북측의 핵무기 개발을 빌미로 북미 제네바협정을 파기하고, 북측에게 악의 축이라는 음해 악담의 올가미까지 씌웠다. 또 공해를 지나던 북측 선박을 불법으로 나포하는 해적행위까지 서슴지 않았다.

당시 북측은 합의대로 국제원자력기구IAEA(International Atomic Energy Agency)의 핵사찰을 받아들이고 단계적인 핵시설 폐기에 착수했으며, 주권 침해와 다를 바 없는 군사시설의 사찰마저 감수했다. 아울러 1995~1996년에 완공될 예정이던 50메가와트와 200메가와트급 원자로 공사도 포기했다. 그러나 미국이 계속하여 제네바협정을 위반하자, 결국 북은 당사자 사이의 합의로 봉인해두었던 영변 핵시설의 폐연료봉 8,000개를 개봉하고 IAEA 사찰단을 추방하는 등 강경 조처로 대응했다

그렇다면 미국은 지키지도 않을 약속을 어째서 한 것일까?

그 이유는 당시 제네바협상의 미국 대표였던 칼 루치의 말처럼 "합의서의 일부만 이행할 의도"였고, 또한 국가안보회의NSC 동아시아 국장의 회고대로 "북조선의 즉각적인 체제 붕괴"를 전제로 했기 때문이다. 이처럼 북의 전력電力 등 기간산업을 마비시켜 체제를 붕괴시키려 했던 미국의 비열한 간계奸計 때문에 북한 주민 약 200~300만 명이 기아와 질병으로 사망했다. 그리고 이로 인해 북측도 본격적인 핵무기 제조에 들어간 것이다.

북측이 2002년 10월 고농축우라늄 개발계획을 국제사회에 알리자 그 다음 달에는 대

북 중유 공급마저 중단시켰다. 그동안 미국의 뜻을 좇아 중단과 재개를 반복하던 경수로 공사도 미국의 공사 포기 결정에 따라 2006년 1월에는 마지막으로 남아 있던 현장 인력마저 철수했다.

결국 미국의 사기극으로 시작된 경수로 공사는 남북 양측에게 막대한 손해만 끼친 채 폐기되었다. 남한은 약 2조 원의 혈세를 낭비하고, 북측 역시 당시 추진하고 있던 원자력 발전소의 추가 건설이 중단됨으로써 심각한 에너지 부족 사태에 처한 것이다. 이와 같이 북미 제네바협정을 먼저 위반한 쪽은 미국이 명백했는데도 이 땅의 친미 보수세력, 특히 조·중·동 반민주·반통일 언론집단은 미국의 책임은 은폐한 채 북쪽에만 책임을 전가하여 끝없이 진실을 왜곡·비방해왔다.

(3) 남·북·미·중·소·일 6자 회담과 북의 미사일·핵 시험

미국의 제네바협정 위반에 따라 2003년 1월 북측도 NPT 탈퇴를 선언하고 뒤이어 4월에는 핵기술 이전 권리 등 핵무기 보유까지 선언했다. 그러자 2003년 8월 하순 중국에서 제1차 6자회담이 개최되었다. 조선민주주의인민공화국과 미합중국이 중심에 서고 대한민국·중국·일본·러시아의 고위 관리가 대표로 나온 이 회담의 목표는 한반도의 비핵화 실현이었다.

이 자리에서 미국은 북조선이 먼저 핵을 폐기해야 북침 위협을 제거하고 테러지원국 명단에서 삭제되는 등 미국과의 관계 정상화를 추진할 수 있다면서 「완전하고 검증 가능하며 돌이킬 수 없는 핵 폐기」를 선결 조건으로 제시했다.

반면 북측은 "미국이 제시한 조건을 실현하려면 대체에너지의 지원, 조·미 불침조약 채결, 조·일 관계 정상화 등 미국이 취해야 할 조치도 이행하라"고 주장했다.

그러나 미국은 북측이 주장한 불침 원칙에는 동의하면서도 이를 조약 등으로 공식 문서화 하는 것은 불가능하다는 입장을 취했고, 북측이 제안한 「행동 대 행동 원칙」도 거부했다. 속된 말로 남한처럼 「알아서 기면 가상히 여겨 봐줄 수도 있다」는 식이었다. 이런 미국의 고압적 행태에 대해 북측은 "미국이 대북적대정책을 바꾸지 않는 한 자위적 수단인 핵개발을 포기할 수 없다"고 천명했다.

그 뒤 같은 해. 10월에는 제네바협정에 따라 봉인해둔 폐연료봉 8,000여 개를 재처리하는 작업도 시작했다. 그리고 2005년 2월 성명을 통해 핵무기 보유를 공식선언하기에 이른 것이다.

핵무기 개발 일정에서 보듯이, 북측은 미국의 협정 위반과 침공 위협 속에서도 미국과의 관계를 정상화하려고 부단히 노력해왔다. 핵개발 역시 여러 차례에 걸쳐 사전경고를 보내며 「미 제국의 침공 위협에 대한 불가피한 자위수단」임을 분명히 했다. 그리고 이 사실은 나중에 오바마 행정부의 데니스 블레어 신임 국가정보국장의 입으로도 확인되었다. "북조선은 생존의 위협에 직면하지 않는 한 미군이나 미국 본토를 겨냥해 핵무기를 사용하지 않을 것"이라는 분석이 그것이었다.

아울러 미국과의 관계가 정상화된다면 장거리 미사일과 대륙간 탄도미사일도 모두 폐기하겠다는 의사도 거듭 밝혔다. 또 2006년 6월 초 미국 쪽 크리스토퍼 힐 대표의 방북을 요청한 북측은 "핵무기 포기는 김일성 주석의 유훈이며, 미국의 적대행위가 제거되고 관계가 정상화된다면 핵무기를 제조하거나 보유하지 않겠다"는 점을 재확인했다. 이 주장은 1964년 10월 30일 김일성 주석이 주은래 총리에게 보낸 서한을 통해서도 확인된 사실이다.(연합뉴스 2008. 11. 16)

그러나 "미국이 북측에 대한 압박 강도를 높여간다면 자신들도 생존권과 자주권을 지키기 위해 부득불 강경 대응할 수밖에 없다"는 메시지도 함께 전했다. 이러한 북쪽의 제안에도 불구하고 미국의 성실한 답변이 없자 2006년 7월 미사일을 시험 발사하고 같은 해 10월 초에는 지하 핵실험까지 실시했다.

2003년부터 중단과 재개를 반복하며 2년 이상을 끌어오던 6자회담은, 2005년 9월 19일 드디어 공동선언문을 채택함으로써 한반도의 평화체제 구축이라는 한줄기 희망을 안겨주었다. 그 뒤 몇 차례 회담을 통해 합의한 사항들에 기초하여 9.19공동성명의 이행을 위한 초기 조치인 2.13(2007. 2.13) 합의문도 채택되었다.

합의문은 클린턴 정부 시절 두 나라 사이에 체결된 제네바협정의 내용과 비슷한 것으로서, 「북측은 핵시설을 회복할 수 없는 상태로 만드는」 대신 「미국 등은 중유를 공급하며, 미국도 북측에 대한 적대관계를 해소하고 양국 관계를 정상화 한다」는 것 등을 담고 있다. 이어서 같은 해 10월 초에는 2.13합의문을 실천하기 위해, 2007년 12월 말까지 「북을 테러지원국 명단에서 삭제하고 경제제재 조치도 해제키로」 합의했다.

양국의 관계 정상화란 적대적 정책을 포기하고 선린외교를 맺는 것을 의미하며, 이는 그동안 북측을 압살하는데 사용한 각종 제재를 해제한다는 것을 뜻하는 것이었다. 아울러 양국 관계가 정상화되면 지난 반세기 동안의 휴전체제를 종식시키고 종전선언을 해야 하며, 또 평화협정도 맺어야 한다. 나아가 한반도의 평화통일을 가로막고 있는 미군 철수도 논의해야 하는 것이 순리다.

물론 2.13합의대로만 이행된다면 한반도를 포함한 동북아의 평화와 안정에 획기적인 기여를 하게 될 것이며, 아울러 평화적인 남북통일을 위한 여건을 조성하기에도 더 바랄 나위가 없다. 그러나 제네바협정을 일방적으로 파기한 미국의 행태가 말해주듯이, 문서 상의 합의만으로 한반도의 평화와 안정이 보장되는 것은 아니다. 북측에서 누누이 강조 해왔고 또 6자회담 합의문에서도 밝힌대로 「행동 대 행동의 원칙」이 지켜져야 하는 것 이다

사실 「핵시설을 회복할 수 없는 상태로 만들고, 핵확산금지조약에 복귀함은 물론 국 제원자력기구의 사찰을 수용한다」는 내용은 이미 지난 1994년의 제네바협정에서도 합 의했다. 그리고 북측은 제네바협정 때와 마찬가지로 이번에도 델타아시아은행BDA에 동 결된 자금 문제가 해결된 직후 국제원자력기구 사찰단의 방북을 허용하고, 합의된 핵시 설 신고도 마쳤다.

그러나 2·13 합의 첫 단계에서 보듯이, 미국은 일방적인 대북 금융제재 조치를 통해 동결시켜둔 북측의 BDA 예금 2,500만 달러에 대한 해제도 지연시켰다. 그러면서 미국 정부는 재무부와 국무부 사이의 이견 운운하며 중국은행을 통한 제3국의 북조선 계좌로 송금하거나 미국 또는 러시아 등의 시중은행을 경유하는 방식을 들먹였다. 그리고 다른 한편으로는 불법자금을 거래하는 은행에 대한 보복조치를 들먹이며 BDA를 협박했다.

이러한 미국의 간계에 대해 북측은 물론이고 6자회담 의장국인 중국 등도 미국을 비난 했다. 결국 미국은 마지못해 상업은행이 아닌 국책은행인 미연방준비은행FRB을 통해 2,500만 달러의 자금을 정상처리함으로써 첫 번째 현안은 수습되었다. 그동안 동결해 온 북측의 재산을 미국의 국책은행을 통해 이체했다는 것은 불법자금이라는 자신들의 선 전이 허위였음을 시인하는 것이었다.

한편 북측은 2·13 합의대로 IAEA의 감찰 아래 핵시설을 신고하고 불능화 작업에 착 수했고, 2008년 6월에는 핵시설 가동의 필수조건인 냉각시설까지 폭파하며 6자회담 이 행에 대한 의지를 보여주었다. 그러나 미국은 구체적인 증거도 없이 '불성실 신고' 운운 하며 2007년 12월 말까지 실행하기로 한 경제제재 조치해제와 테러지원국 명단 삭제를 유보하고, 2008년 8월로 연기됐던 테러지원국 명단 삭제 약속도 또다시 번복했다

실제로 미국이 제시하는 것은 문서상의 약속과 순차적인 경제지원이었다. 지금껏 그 래 왔듯이 사소한 트집을 잡아 문서는 백지화하면 되고 경제지원은 중단하면 그만이었 다. 과거 제네바협정을 일방적으로 파기한 것처럼 6자 공동합의문을 무력화한다 해도 미 국으로서는 별로 손해를 볼 것이 없으며, 이를 제재할 국제기구도 없다.

반면 북측은 작전계획이니 개념계획이니 하는 미국과 남한의 침공 위협으로부터 "주 권을 지키기 위한 핵무기는 물론, 대체에너지원인 핵시설까지 검증 가능하고 회복 불능

의 상태로 만드는 모험을 감수"해야 한다. 더욱이 미국의 결정으로 중도 폐기된 경수로 공사에서 보듯이, 설령 남한에서 이에 상응하는 보증을 한다 해도 그대로 믿을 수도 없다. 미국의 명령을 거역할 수 없는 남한의 처지를 잘 알고 있기 때문이다.

네오콘의 일원인 존 볼턴 전 유엔 주재 미국대사의 말대로 "2·13 합의는 제네바협정과 다를 바 없는데, 북조선과의 호혜·평등을 전제로 하는 2·13 합의는 잘못된 것"이라는 것이 미국의 본심이다. 즉 남한과 같이 미국에 굴종하지 않는 한, 무력사용을 포함한 강경정책으로 북을 압살해야 한다는 것이 미국의 속뜻인 것이다.

이러한 미국의 간계는, 1994년 대북특사로 평양을 방문해 김일성을 면담한 카터 전 대통령도 지적한 바 있다. 최근 가진 기자회견에서 그는 "북핵 문제는 한나절이면 해결될 수 있다"고 잘라 말했다. 이어서 그는 "북조선은 미국에게 외교적 승인을 얻고, 양국 사이에 평화협정을 맺으며, 새 원자로를 건설하고 석유를 무상 제공하는 대가라면 핵무기를 포기할 용의가 있는 것으로 보인다"고 덧붙였다.(AP 2009.1.26.)

그동안 북미 직접 협상을 강조해온 커터는 당시 김일성을 만나 "모든 핵 프로그램을 폐기하는 협정을 마련하고 클린턴 대통령도 이를 이행하려 했으나, 부쉬 대통령이 들어와서 이를 쓰레기통에 던져버렸다"면서 "김일성 주석이 사망한 이후 김정일도 선친의 핵 폐기 합의를 준수하겠다"는 뜻을 밝혔다고 말했다.(FOX News 2006.10.17.)

이처럼 북조선의 핵무기 개발은 미국의 간계와 폭압에서 비롯했으므로, 대북 압살공작이 완전히 해소되지 않는 한 북의 핵 폐기는 불가능할 것이다. 설령 미국의 대북 침공 위협이 해소되더라도, 그동안 국제사회를 재단해온 미국의 힘이 약화되고 다국적인 세계 질서가 형성되는 상황에서는 더 이상 미국의 안보 약속은 신뢰할 수 없게 되었다.

그럼에도 불구하고 이명박 정부는 북측이 자진해서 핵무기를 폐기하면 북부 주민의 1인당 소득을 3,000달러로 '올려주겠다'면서 전혀 현실성 없는 「비핵·개방 3000」안을 상대방의 불쾌감을 자극하려는 듯이 되풀이하여 읊어댔다. 이는 과거 부쉬 정부가 그랬듯이 단지 대북 압살을 정당화하려는 명분 쌓기에 불과한 것이었다. 이명박 정부도 자신의 비핵 개방 제안을 거부한 북측에 엉뚱한 인권 공세를 펴며 '핵시설 선제타격'을 운운한 호전적 언동에서 그 얄팍한 속셈을 드러냈다.

(4) 미국이 자주 써먹은 '인권유린'과 '위조달러 제조' 혐의 씌우기

"북에 대한 미국의 정책목표는 대화가 아니라 김정일 정권의 붕괴"라고 단정한 럼스펠드 전 국방장관의 발언대로, 미국이 사용해온 대북 압박카드 가운데 가장 빈번히 사용된 것은 바로 '인권유린'과 '위폐 제조 의혹'이라는 음해적 뒤집어 씌우기였다.

먼저 인권유린 논란부터 살펴보자. 사실 미국이 휘둘러온 인권이라는 무기는 자신의 제국주의적 폭압에 대항하는 약소국에게 씌우는 상투적인 올가미에 불과한 것으로서, 결코 인류 보편의 가치 수호를 위해서가 아니라는 사실은, 그들 자신이 인류를 상대로 수백년 동안 자행해온 미국 안팎에서(원주민·흑인 억압 수탈과 전쟁 역사)의 야만적인 인명 살육 사례를 통해 확인할 수 있기 때문이다.

아울러 유엔의 대북 인권결의안이 설득력을 가지려면, 불법으로 붙잡아온 민간인에게 잔혹한 고문과 살상을 자행해온 미국의 인권유린 실태와 미란다원칙조차 무시하는 애국법을 만들어 인권을 유린하고 있는 미국도 함께 다루어야 하는 것이 순리일 것이다.(miranda 원칙 : 경찰이나 검찰은 피의자로부터 자백을 받기 전에 반드시 변호인 선임권과 진술거부권 등 피의자의 권리를 알려야 하는 것을 의미한다. 한국에는 1997년 1월 도입)

특히 부쉬 행정부는 이른바 미 정보기관이 테러 용의자에게 가혹한 고문을 가하는 것을 금지하는 법안에 거부권을 행사하는 등 미국 내에서도 가혹한 고문을 자행해왔는데, 그가 약소국에서 저질러온 인권유린 실태는 더 말할 필요조차 없다. 매일 40명의 자살자를 내고 있는 한국사회의 인권참상엔 눈을 감고 남의 인권만 읊어대는 종속정권과 언론의 주제넘은 인권타령도 마찬가지이다.

이처럼 불공정하고 불공평한 대북 인권결의안 채택에 가장 적극적인 역할을 하는 단체가 바로 미국의 보수우익 호전광들이며, 그 졸개가 바로 이 땅의 친미 보수세력이다. 그 가운데 미국 주류 개신교단의 하수인 노릇을 해온 한국의 주류 기독교단은 일제강점기에는 천황의 만수무강을 위해 기도하고 이 땅의 젊은이들을 일제의 총알받이로 내보내는데 앞장섰으며, 심지어는 자신의 신앙을 정면으로 부정하는 신사참배조차 서슴지 않았다.

이들은 눈에 띄지 않는 신神이라고 마음놓고 거짓 기도하고 왜곡에 의해 이기배타利己排他의 탐욕을 신을 핑계삼아 함부로 주고 받아왔다.

그리고 전쟁광 부쉬가 대통령이 되자 그의 만수무강을 위해 기도를 올리고 미국의 침략전쟁을 찬양하는가 하면, 심지어는 총독이나 군정청장과 다름없는 미국대사가 주관하는 집회에 나가 그들이 부는 동족 증오·대결의 피리소리에 부화뇌동했다. 또 이들은 인도주의의 탈을 쓰고 기획 탈북을 유도했으며 이라크와 아프가니스탄 등지에서는 선교라는 미명 아래 침략전쟁의 선무공작도 무수히 벌였다.

그동안 미국은 북측을 위조 달러Super Note 제조국으로 몰아 갖은 압박을 가해왔다. 이를 빌미로 북의 해외 예금계좌를 동결시키는가 하면, 북측과 무역 거래를 하는 나라까지 제재하겠다며 북측 경제·무역의 숨통을 조였다. 그러나 북측은 오히려 많은 비용을 지불하며 자국의 화폐조차 중국에서 만들어올 정도로 화폐 제조에 필요한 정밀인쇄시설이 낙후되어 있다. 그럼에도 불구하고 걸핏하면 미국은 북을 위조 달러 제조국으로 단정했다.

미국은 여러 나라를 스페인제국으로부터 빼내어 직간접 식민지로 통치할 때 자주 써먹던 '마약거래' '부정화폐' 음해 술책은 들킬 염려도 없는 사기숫법이므로, 마음놓고 적대국을 범죄집단 만드는데 써먹어왔다.

당연히 위폐 제조에 대한 구체적이고 확고한 증거가 있을 리 만무하다. 최근 슈퍼노트(위폐)의 출처를 심층취재한 독일의 저명 언론사 FAZ(프랑크푸르터 알게마이네 차이퉁 Frankfurter Allgemeine Zeitung 2007.1.7.)는 이 「슈퍼노트의 제조처가 평양이 아니라 워싱턴 DC에 소재한 미 CIA의 비밀시설」이라고 폭로했다. 그 이유는 미국의 정보공작원들이 자국 의회가 승인한 한정된 예산만으로는 온 지구를 대상으로 하는 각종 비밀공작을 수행할 수 없기 때문이라는 것이다. 아울러 미국 정부 일각에서도 이 보도를 대체로 수긍한 것으로 알려졌다. 하기야 겉으로는 마약과의 전쟁을 내세우면서도 마약 거래 등을 통해 공작금을 조성해온 것이 CIA라는 사실로 볼 때, FAZ의 폭로 기사가 결코 흥미 위주의 추측 보도가 아님을 알 수 있다.

이처럼 초강대국의 체면과 신의도 저버린 채 약소국 북조선을 압살해온 미국의 행태는, 644년 고구려를 침공하면서 당나라가 내건 격문의 내용과 정확히 일치한다. "소국인 고구려가 대국인 당나라에서 정한 천하 질서에 저항한다는 것, 당나라는 국정이 안정되고 백성도 평안하나 고구려는 연개소문의 독재로 국정이 불안하고 그 백성도 고단하다는 것"이었다.

수백년 동안 세상에 다시 없는 극악한 노예제에서 잔인한 착취자들로 길들여진 앵글로색슨족의 후예들로서, 자유와 민주라는 가면을 쓰고 온 인류를 다스린 미국의 탐욕과 포악성은 이미 만천하에 드러났으며, 미국 역시 이러한 행태로는 더 이상 지구촌의 유일제국으로 군림할 수 없다는 사실을 깨닫고 있다. 그 징표가 바로 앵글로색슨인의 퇴장을 예고하는 첫 흑인 대통령의 탄생이다. 그러나 그 역시 나락으로 추락하고 있는 제국의 위상을 되돌릴 수는 없었다.

이제 미국은 유일 초강대국에서 여러 강대국 중의 하나로 내려앉기 전에 결자해지結者解之의 차원에서 한반도 문제를 다루어야 한다. 그 해법은 바로 남북이 자주적이고 평화적으로 통일할 수 있도록(최소한 공존보장 되도록) 돕는 일이다. 또 이는 오히려 최소의 노력과 비용으로 동북아에서 미국의 영향력을 지속시킬 수 있는 최선의 방법이다.

2. 북의 핵개발 「강대국 연합세력의 무력위협에 대처」 주장

1) 식민지 역사 반복과 중동국 잇단 파멸에 공포, 결사 각오

(1) 북조선 핵개발의 목적과 시작·과정·파장

2006년 10월 9일 실시된 북조선의 핵실험으로 인해 한반도 정세가 급변하고 있다. 15일에는 유엔 안보리의 대북 제재가 결정되었다. 그렇다면 뜨거운 쟁점이 되고 있는 북의 핵은 언제부터, 어떤 이유로 개발되기 시작했을까?

북이 핵 보유에 관심을 두기 시작한 역사는 길다. 1953년 스탈린 사후 소련에서 일어난 스탈린 비판 운동으로 인해 당시 김일성은 큰 곤욕을 치렀다. 이로 인해 김일성은 교훈을 하나 얻었다. 주변 강대국과 너무 깊은 관계를 유지하면 주변국에서 무슨 일이 일어날 경우 약소국인 조선이 큰 피해를 당하게 된다는 것이었다. 김일성은 1954년부터 평화적 이용을 위해 핵 문제에 관심을 보이기 시작했다. 그러나 김일성은 더 나아가 정치·군사적인 이유로 핵무기에 관심을 갖기 시작했다.

김일성은 1955년 '주체'를 표방하여 강대국의 입김으로부터 벗어나기 위한 수순을 밟았다. 핵심은 대외적으로는 '자주', 대내적으로는 단결에 의한 힘의 극대화였다. '자주'를 이루기 위해서는 정치·경제·군사·외교 등 모든 면에서 막강한 국력이 필요하였다. 특히 군사적 자주는 매우 중요했다. 김일성은 미래의 전쟁은 대량 살상 무기에 의한 것이며, 그 대상은 물론 미국일 것이라고 생각했다.(전현준 「북한 핵과 핵 개발 과정」 『10·9 한반도와 핵』 이룸 2006)

1950~60년대 당시 소련의 '투항주의'와 중국의 '대국주의'로 보아 북미 간에 전쟁이 발생할 경우 한국전쟁 때처럼 자동 개입하는 일은 없을 것이라는 것이 김일성의 판단이었다. 1955년 핵물리연구소를 창설한 북측은 1956년 소련과 '핵에너지 평화 이용 협력 협정'을 맺었다. 이후 북의 과학·기술자들은 모스크바에서 북쪽으로 110km 떨어진 두브나시에 세워진 두브나연구소에서 핵물리학 공부를 하였다. 1956년 이 연구소의 설립 이후 1990년 북·러시아 과학 연구 협력이 중단될 때까지 30여 년 동안 모두250여 명의 조선 과학자들이 이곳에서 공부했다.

북은 1962년 평북 영변에 원자력연구소를 세운데 이어 김일성종합대학과 김책공업대학에 핵물리 학원을 설립해 핵 과학자와 기술자를 양성하도록 했다. 1965년에는 영변에 소련의 도움으로 IRT-2000 연구용 핵 반응로를 건설했으며, 이때부터 북의 핵 연구는 일정한 규모를 갖추게 된다.

1969년부터 북은 '국책 사업'으로 핵무기 개발에 본격적으로 손을 댄 것으로 알려져 있다. 1979년에는 자체 기술로 실험용 핵 반응로 건설에 착수해 1986년 정식 운전을 시작했다. 1985년에는 영변 핵 시설에 사용한 핵 연료봉을 써서 플루토늄을 추출하는 실험실 건설에 착수했다. 북은 1983년부터 1993년까지 영변 핵 시설 내부의 모래밭에서 핵무기 개발에 필요한 고온 폭발 실험을 70여 차례 실시했다.

1989년 소련 해체 뒤 혼란스러웠던 러시아와 독립국가 연합에서 수십 명의 핵 과학자들이 북조선에 초청돼 핵무기 연구 개발에 직접 종사했다. 또 1990년대에 창궐한 국제 핵 암시장도 북에 큰 도움을 준 것으로 추정된다.

당시 북은 소련에서 떨어져 나온 중앙아시아 국가들로부터 우라늄 235와 239를 비롯해 적지 않은 핵무기 재료와 장치를 사들인 것으로 보인다. 또 최근 발간된 무샤라프 파키스탄 대통령의 자서전 『도화선 주변』에는 카디얼 칸이 1990년대에 북에 20여 기의 우라늄 농축 원심 분리기를 팔았으며, 북을 직접 방문해 원심 분리기의 설치 등에 도움을 주었다고 되어있다.

1994년 제네바합의 이전 북은 이미 영변의 핵 반응로에서 10~12kg의 플루토늄을 추출했을 것으로 평가된다. 이 정도의 플루토늄이면 1945년 8월 히로시마와 나가사키에 떨어졌던 원자탄에 상당하는 핵무기 1~2개를 만들 수 있다. 미국 중앙정보국은 북측이 추출해 낸 플루토늄이 40kg에 이르며, 이는 6~10개의 핵무기를 만들 수 있는 양이라고 추정하기도 했다.

(2) 핵개발 놓고 미국은 절대 금지, 북은 반드시 추진, 대결

현재 북의 핵 기술과 관련한 최대의 쟁점은 북이 미사일 탑재가 가능할 정도로 핵무기를 소형화 하는 데 성공했느냐 여부다. 한국 정부가 최근 국회에 제출한 자료에는 북이 2~3개의 핵탄두를 만들었으며, 이들은 미사일 탑재는 가능하지 않고 IL-28형 폭격기에만 실을 수 있다고 보고 있다.

1993~1994년에 발생한 1차 핵 위기' 이후 북핵 문제에 대한 완전한 해결을 볼 수 있는 시간은 충분했다. 그러나 미국을 비롯한 주변국들은 북이 조기 붕괴할 것으로 예상하고 경수로 지원 사업을 지지부진하게 끌었다. 북은 이미 1995년부터 경수로 사업의 성

공에 대해 회의懷疑를 보이면서 핵 개발에 매진하였다. 북은 미국과의 협상을 통해 완전한 의미에서의 안전보장을 받게 되면 핵 개발을 포기하려 했으나 이제 그것이 파탄 난 상황에서 핵실험을 강행할 수밖에 없다는 논리를 펴기 시작했다.

1차 핵 위기가 해결되지 않은 상태에서 2002년 10월부터 소위 '제2차 북핵 위기'가 시작되었다. 미국 켈리 특사의 방북 시 북은 농축 우라늄(HEU) 핵 개발 프로그램을 시인함으로써 세계를 놀라게 하였다. 북의 핵 고백은 부쉬 행정부 출범 이후 마땅한 돌파구를 마련하지 못하던 북이 미국이 주도하는 미국의 의제만을 위한 회담의 성격을 희석시키고 북의 핵을 중심으로 협상을 지속시키기 위한 행동으로 분석된다.

북측의 제네바합의 위반에 대한 응징으로 미국이 중유 공급 중단 결정을 내리자, 북의 미사일 선박이 인도양에서 나포된 하루 뒤인 2002년 12월 12일 북은 전력 생산을 이유로「핵 동결 해제」를 선언하였다. 이후 북측은 12월 21일 영변의 5MWe 원자로를 시작으로 폐 연료봉 저장 시설과 핵 재처리 시설인 방사화학 실험실, 연료봉 제조 공장에 대한 봉인을 제거하고 감시 카메라를 무력화시킴으로써 예상보다 빠르게 긴장을 고조시켰다. 북은 12월 27일 영변에 머물던 IAEA 사찰단을 추방했다.

미국을 비롯한 주변국들의 평화적 해결을 위한 노력의 일환으로 2003년 4월과 8월에 3자 회담과 6자 회담이 각각 한 차례씩 열렸다. 그러나 유감스럽게도 2002년 말과 2003년 초에 이르는 기간 동안 북핵 위기는 한층 고조되기만 했다. 2003년 1월에는 NPT 재탈퇴, 2월 영변 5MW 원자로 재가동 등이 그것이다.

북핵 문제가 협상의 길로 들어서기 시작한 것은 3월의 이라크 공격과 일방적인 미국의 승리 상황과 무관하지 않았다. 북은 이라크 전쟁 막바지 무렵인 4월 미국과의 대화 용의를 밝혔고, 베이징 3자 회담(4.23~25)의 길을 열었다. 이라크 전쟁 조기 종전의 '바그다드 효과'가 북에 대한 압박 그리고 중국의 대북 압박 정책을 유도하는데 주효했던 것으로 평가되었다.

(3) 핵 보유 선언, 국방의 자주권을 향한 북의 몸부림

그러나 베이징 3자 회담이 회담 이틀만에 북의 전격적인 '핵 보유' 발언으로 결렬된 후 미국은 3자 회담 틀의 지속보다는 한국과 일본 등이 참여하는 '확대 다자 회담'을 강력히 추진하기 시작했다. 이는 또한 3자 회담 결렬 이후, 한미 정상회담(5.15)과 미일 정상회담(5.23)에서 보다 강경한 방향으로의 북핵 대책이 조율된 후 나온 결론이기도 했다. 이에 대해 북측은 북미 양자 회담을 유지하기 위해 필사적인 노력을 기울이는 가운데, 결국 중국과 러시아의 영향 하에 6자 회담을 수용하기에 이른다. 베이징에서 열린 1차 6자 회담(8.27~29)은 북이 또다시 갑작스러운 핵 보유 선언을 함으로써 재차 결렬되기에 이른다.

1차 6자 회담 결렬 이후 핵 협상이 교착상태를 면치 못하던 가운데, 10월 타이의 APEC 회의 도중 한미 정상회담(10.21)에서 부쉬 대통령이 제안한「북핵 포기시, 다자 틀 안에서 문서로 북의 체제 안전보장」제의에 대하여, "일고의 가치도 없다"면서 거듭 북미 불가침 조약 체결을 주장하던 북측이「동시 행동 원칙에 기초한 일괄 타결안」의 단서를 달아, 이를 고려할 용의가 있다고 밝힘으로써(10.25), 2차 6자 회담의 물꼬를 열었다.

2차 6자 회담의 현안 이슈는 북의「동시 행동 및 일괄 타결」주장과 한·미·일 3국의「상호 조율된 조치 coordinated steps」(워싱턴 비공식정책협의회 12.4~6)로 표명되는 대안 간의 차이와 대립으로 압축되었다. 특히 미국은 선先핵 폐기 원칙(핵 폐기 3원칙)에 기초, 동시 행동보다는 북핵 포기 의지를 확인한 후, 북측의 요구 사항인「체제 보장 및 중유 제공 재개를 포함하는 경제 지원」을 단계적으로 검토할 수 있다는 입장이었다.

이어 북은 '핵 동결'과 혜택 사항을 맞교환하는 내용의 수정 제의를 했으나 미국 측은 북의 '핵 동결'이 아닌 '핵 폐기'를 요구하며 북의 제의를 거부하였다. 대북 '체제 안전' 보장 문제에 관해서도, 미국은 내심 김정일 정권에 대한 '체제 안전'을 탐탁치 않게 생각했다. 미국이 대북 '체제 안전 보장' 방법을 두고 고심하며 이를 선뜻 허락하지 않는 것은 이러한 조치가 혹 북이 핵무기를 제조하거나 핵실험을 실시하는 등 사태를 악화시켜 협상이 결렬될 경우에 적절한 군사 행동 조치 선택을 배제하는 효과를 가져올까 우려했기 때문인 것 같았다. 뜻대로 안되면 언제라도 선제 공격하려는 것이 당시 미국의 불공정한 강자 논리였다.

2004년에 접어 들어 북핵 문제 해결을 위한 6자 회담이 두 차례 개최되었다. 제2차 6자 회담(2.25~28)에서 참가국들은 북핵 폐기, 핵 동결에 상응하는 보상 조치, 회담의 정례화 및 실무 그룹 구성 문제 등에 대해서 심도 있는 협의를 진행했다. 북은 미국이「대북 적대시 정책을 포기할 경우에만 핵 폐기에 응할 수 있다」는 입장을 고수한 반면 미국은「완전하고 검증 가능하며 돌이킬 수 없는 폐기」즉 CVID 원칙에 의한 북핵 능력의 완전 해체를 주장했다.(Complete, Verifiable, and Irreversible Dismantlement 발가벗기다)

특히 북측은 비핵화를 위한 첫 단계로 핵 활동의 동결을 실시할 수 있다고 밝히고 이에 대한 보상을 요구했다. 한국은 핵 활동의 동결과 관련해서 북측이 동결 대상과 범위를 정하고 동결 상태에 대한 검증을 실시하며 동결은 핵 폐기로 가는 잠정 단계라는 데에 동의하는 경우 대북 에너지 지원을 실시할 수 있다는 입장을 밝혔다.

제3차 6자 회담(6.23~26)에서는 미국이 한국의 방안과 유사한 북핵 문제 해법을 마련해서 제시했다. 미국은 핵 활동의 동결 기간을 석 달로 한정하고 이 기간 중에 북의 핵 능력에 대한 조사를 실시하며 이를 토대로 바로 핵 폐기로 들어간다는 방안을 제시했다. 그러나 미국이 CVID 원칙을 그대로 고수하면서 북에 대한 보상과 관련 「핵 폐기 전에 보상은 없다」는 기존 입장을 바꾸지 않음으로써 제3차 회담에서도 문제 해결의 돌파구는 마련되지 못했다.

2005년 초 북조선 외무성은 6자 회담 참가를 무기한 연기하겠다는 것과 핵무기를 만들었고 앞으로 더 만들어 나가겠다는 내용의 소위 「핵 보유 선언」을 발표(2.10)했다. 외무성 성명은 조선이 핵보유국임을 밝힌 공식 선언임과 동시에 "핵무기를 만들 의사도, 능력도 없다"는 기존의 핵 정책을 포기했음을 의미하는 것이었다. 또한 북의 핵 보유 여부에 대한 국내의 논란에 종지부를 찍고 북핵은 한국이 당면한 가장 중요한 안보 위협이라는데 대한 공감대를 형성시켰다.

북은 4월, 2년 여간 가동했던 5MWe 원자로의 가동을 중단하고 사용 후 핵연료를 추출했고, 7월 5MWe 원자로에 새로운 연료를 장전하고 다시 가동하기 시작했다. 북의 핵 보유 성명으로 위기가 고조되는 가운데 6자 회담이 1년 이상 열리지 못하면 회담 자체가 무산될 수도 있다는 위기의식이 높아지면서 6자 회담 재개 노력은 한층 가속화되었다.

정동영 통일부 장관이 북에 제시한 「중대 제안」(6.17)은 그 노력의 일환이었다. 경수로 대신에 200만KW 규모의 전력을 지원하겠다는 중대 제안은 미국 의 「대북 경수로 제공 반대」입장과 북의 「에너지 지원요구」입장을 절충해서 6자 회담의 돌파구를 마련하기 위한 고육지책이었다.

일련의 노력의 결과 제4차 회담이 열리게 되었고(7.26~8.7) 보름 동안 지속한 제4차 회담은 합의를 만들어 내지 못했지만 참가국들은 제2단계 4차 회담을 재개(9.13~19), 극적으로 공동성명을 만들어 내는 데 성공(9.19)했다. 제4차 6자 회담에서 합의한 공동성명은 크게 네 부분이었다.

첫째, 「평화적이고 검증 가능한 비핵화」를 북핵 위기의 해법으로 분명하게 제시했다. 참가국들이 6자 회담의 목표가 한반도의 검증 기능한 비핵화를 평화적인 방법으로 달성하는 것임을 만장일치로 재확인한 것이다.

둘째, 북은 모든 핵무기와 현존하는 핵 계획을 포기할 것과 조속한 시일 내에 핵무기

비확산 조약과 국제원자력기구의 안전조치에 복귀할 것을 약속했다. 공동성명에서 명시한 첫 번째 구체적인 조치가 북측의 핵무기 폐기라는 사실은, 현재 북조선이 핵보유국임을 6자 회담 참가국들이 인정했음을 의미하는 것이다. 북측의 핵 폐기 조치에 부응해서 미국은 한반도에 핵무기를 갖고 있지 않으며 핵무기 또는 재래식 무기로 북을 침공할 의사가 없다는 것을 확인했다.

이와 함께, 한국도 1992년 한반도 비핵화 공동선언에 따라 핵무기를 접수하거나 배치하지 않는다는 것과 현재 남한 내에 핵무기가 존재하지 않는다는 것을 확인했다.

셋째, 원자력의 평화적 이용에 관한 권리를 가지고 있다는 북측의 입장을 존중했고, 적절한 시기에 북에 대한 경수로 제공 문제를 논의하기로 했다.

마지막으로, 6자가 동북아의 안보 협력을 증진하기 위한 방안과 수단을 모색하고, 직접 관련 당사국들이 별도로 한반도 평화 체제에 관해 협상하기로 했다.

(4) 미국이 「평화협정」 거부하자, 북은 핵무장 통한 안보 전략 추진

6자 회담은 2005년 11월 9~11일 개최되었다. 구체적인 사안을 논의하는 실무 그룹을 구성할 수 있을 것이라는 당초의 기대와 달리 회담은 미국의 대북 금융 제재 문제라는 암초를 만났다. 북의 위조지폐 유통과 돈세탁 혐의로 북아일랜드 노동당 당수가 체포되고 마카오의 북측 주거래 은행인 BDA(Banco Delta Asia)에 대한 제재가 가해지면서, 북이 여기에 강력히 반발하고 나선 것이다. 부산에서 개최되는 APEC 회담을 목전에 두었던 제1단계 5차 6자 회담은 조속한 시일 내에 제2단계 회담을 갖기로 하고 막을 내렸다.

○ APEC (Asia-Pacific Economic Cooperation 아시아 태평양 경제협력체)
1989년 1월 호주의 보브 호크 당시 총리의 제안에 따라 환태평양지역 주요 경제 실체간 경제협력과 무역 증진을 목표로 결성. 상설 사무국 소재지 싱가포르, 회원국 21개 국, 25억인구 (전 세계의 39%)

그러나 2006년 들어 북은 미국의 대북 금융 제재를 풀어보기 위해 1월 김정일의 중국방문을 비롯해 2월 리근 북미 국장의 방미 등 다양한 방안을 시도하였다. 그러나 미국은 6자 회담 복귀만이 최선이라는 반응을 보였다. 미국의 대북 압박은 더욱 강도를 높였고, 북의 미사일 발사 위협에도 불구하고 미국의 반응이 없자 북측은 7월 5일 미사일 발사를 감행하였다. 이러한 상황에서도 미국은 미사일 시험 발사를 실패로 규정하고, 대북 압박에 매진하였다.

이에 대해 북측은 최후의 카드인 핵실험을 경고하고 나섰으나 미국의 태도는 요지부동이었고, 드디어 북은 10월 9일 핵실험을 강행하였고, 14일에는 유엔 안보리가 대북 제재안을 통과시켰다. 비록 유엔 결의에 군사 제재는 빠져있었지만 북에는 심대한 영향을 줄 수 있는 경제 제재가 들어있었다. 왜 북은 유엔 제재를 감수하면서까지 핵실험을 하였을까?

첫째, 핵 보유를 통한 체제 안전보장이다. 북측은 1970년대 초반부터 북미 관계 개선을 위해 노력했다. 「북미 평화 협정」 주장이 그것이다. 그러나 미국은 이를 거부하였고, 1990년대 초 사회주의권이 붕괴된 후에는 북핵 문제를 빌미로 북을 붕괴시키려 하였다. 북측은 이를 역으로 받아쳐 1994년에 북미 제네바 합의를 도출하였다. 이후 2000년에는 북미 수교 직전까지 갔으나 2001년 부쉬 정부 등장 이후 이것은 물거품이 되었다.

오히려 부쉬 정부는 2002년 10월 북측이 농축 우라늄 핵폭탄을 제조한다는 이유로 대북 압박을 지속하였고, 2005년 9월부터는 9·19 공동성명에도 불구하고 대북 금융 제재를 가하기 시작했다. 북은 대화를 통한 체제 안전보장 획득은 불가능한 것으로 판단하고 「핵무장을 통한 체제 안전보장 전략」을 채택했다.

둘째, 미국과의 직접 대화를 이끌어 내기 위한 것이었다. 역사적으로 미국은 북미 양자 회담을 통해 얻은 것이 별로 없기 때문에 다자 회담을 선호했다. 미국이 6자 회담을 주장한 이유도 여기에 있다. 그러나 북측은 양자 회담을 해야만 자신의 목표를 달성하기 때문에 6자 회담을 기피한다. 이러한 마찰은 6자 회담 내내 지속되었고, 미국의 대북 경제 제재가 시작되면서 양국 간 머리싸움은 극에 달했다.

북은 대북 경제 제재 해제를 위한 양자 대화를 지속적으로 주장한 반면, 미국은 북의 6자 회담 무조건 복귀만을 주장하였다. 북측은 자신의 주장이 관철되지 않자 미국과의 양자 회담을 이끌어 내기 위해 '특단의 조치'를 취했다.

셋째, 중국·남한·일본 등 주변국 모두에 대한 불만 표시이다. 북은 남한은 물론 중국의 설득까지 무시하면서 핵실험을 강행하였다. 그 이유는 중국이 예전처럼 북을 도와주지 않고 있고, 마카오의 방코델타아시아BDA 은행의 북측 계좌를 동결하는 데까지 협조하였기 때문이다. 남한에 대해서는 개성 공단이나 금강산 관광이 지지부진하고 대규모의 대북 지원도 없기 때문에 불만이 많았다. 일본에 대해서는 2002년 평양 선언에도 불구하고 일본인 납치 문제로 북일 수교가 지지부진하여 100억 달러에 가까운 배상금을 받지 못하게 되었기 때문이다.

넷째, 주민 통합을 위해서였다. 북조선 주민들은 장기간의 통제와 경제난으로 인해 불만이 팽배해 있는 상황이다. 이러한 불만은 언제 폭발할지 모르기 때문에 불만을 토로할 수 있는 일종의 '희생양'이 필요 하다. 그것이 곧 미국이다. 미국의 전쟁정책으로 통일도 되지 않고, 경제난도 지속되고 있다는 논리를 통해 주민들의 불만을 미국에 토로하도록 하고 있다. 이러한 때에 미국의 대북 압박 정책이 등장함으로써 북 당국은 더 이상 좋은 상황을 맞이할 수 없을 정도가 되었다. 체제를 붕괴시키려는 미국에 맞서기 위해서는 핵무기가 필요한데, 핵실험을 통해 이것을 실제로 보여 줌으로써 김정일의 위대성을 부각시키고, 김정일로의 통합을 이룩해낸다. 김정일 시대의 상황이었다.

북은 이제 누가 인정해 주든 아니든 핵보유국이 되었다. 따라서 좋든 싫든 향후 북의 핵 확산 방지와 핵무기 폐기를 위한 국제 회담은 개최될 수밖에 없을 것이다. 만일 핵보유국 지위가 인정되지 않는다면 북은 제2,제3의 실험과 시험을 거듭하게 될 것이다.

2) 미국의 적대시와 한미 군사동맹이 북 핵무장의 첫째 이유

(1) 한미동맹과 북조선 핵실험 대결의 악순환

북조선이 2006년 7월 5일 미사일을 시험 발사하고, 10월 9일 핵실험을 감행한 것은 남북 군사 균형을 일거에 뒤집었고 남북경협에 치명타를 날렸으며 동북아 안보질서를 뒤흔들었다. 또한 이는 그간 북의 남침 억지를 통한 한반도의 평화와 안정을 유지해온 한미동맹에도 심각한 도전이었다.(홍현익 「북한 핵실험과 한미동맹」『10·9 한반도와 핵』이룸 2006)

한미 양국은 자유민주주의에 대한 신념 공유, 대북 억지력 유지와 경제 협력 등에서는 공고한 동맹을 유지해왔다. 그러나 양국은 냉전 종식과 남북의 경제력 격차 심화 및 김대중 정부의 햇볕 정책 채택 이후 북핵과 '북한 문제'를 두고 상당한 시각차를 보여왔다. 게다가 노무현 정부가 보다 수평적인 한미 관계를 주창하고 부쉬 행정부가 세계에 주둔해 있는 미군에 대해 재편을 추진하면서 한미동맹의 재편과 조정을 추진해 왔는데, 북의 핵실험은 한미동맹의 신속한 대응과 재조정을 강요하였다.

① 대북 정책에 대한 한미 간의 시각차

한국은 동맹국인 미국과 긴밀히 협력하면서 한반도의 평화와 안정을 유지해 왔다. 이런 맥락에서 주한 미군과 한미동맹은 한국의 국가 안보를 유지하는데 중요한 역할을 수행해 왔다. 특히 한국은 한국전쟁에서 미국이 주도한 유엔군의 도움으로 공산 적화의 위기를 모면할 수 있었고, 이에 대한 보답으로 베트남전에 참전하여 미군을 도왔다. 이러한 두 차례 전쟁을 통해 양국은 피를 나눈 혈맹적 우호 관계를 유지·강화할 수 있었다.

그러나 이러한 경험은 세계가 동서 양 진영으로 나뉘어 서로 한 치도 양보할 수 없는 영합 게임zero-sum game을 벌이던 시절에 이루어진 것이었다.(대결하고 있는 어느 한쪽이 승리하여 이득(＋)을 취하는 만큼, 패배한 상대방은 그만큼 손해(－)를 보아 합하면 0(제로 섬)이 되는 경우의 경쟁이나 싸움)

동구 공산 진영이 붕괴하고 소련이 해체되어 냉전이 종식되자 미국이 유일한 초강대국으로서 국제 질서를 주도하게 되었고, 막강한 경쟁국이 사라진 상태에서 미국은 군사 동맹국이라 하더라도 경제 부문에서는 이해관계를 달리하는 경우가 비일비재하게 되었다. 또한 미국의 이해관계가 세계적인 차원에서 적극적이고 공세적으로 전개되는 반면, 지정학적으로 강대국들로 둘러싸인 한국은 우선적으로 대북 억지력을 유지하면서 남북 간 평화 체제를 구축하고 지역적 정세 안정을 도모하면서 주변국과의 경제 협력을 도모할 수밖에 없었다. 따라서 냉전 시대 혈맹 관계를 맺어온 한국과 미국은 탈냉전시대를 맞아 전략적 이해관계가 전적으로 일치하기 어려운 상황에 처하게 되었다.

먼저 한국이 한반도 평화를 사활이 걸린「최고의 국익」으로 간주하여 어떠한 대가를 치르더라도 이를 지키려는 것과는 달리, 미국은 이를 세계 전략이나 동북아전략 수행을 위해 희생시킬 수도 있는「수단적 이익」으로 간주할 수 있다. 더구나 미국은 동북아제패를 위해서는 남과 북의 동포끼리 분열·증오·충돌하면서 적대시하는 것이 자기들에게 유리하기 때문에 반통일 정책은 의도적일 수도 있다는 느낌을 주어왔다.

따라서 한국은 남북간 상호 억지력 보유를 통한 상호 안보를 추구할 수도 있다고 생각하는 반면 미국은 국가 안보 개념을 최대한 확대 해석하여 미국 영토나 해외 주둔 미군을 방어하는데 일방적인 억지력과 방어력을 충분히 확보하려 하고 있다.

또한 한국 정부는 상당한 대가를 치르더라도 인내심을 가지고 한반도의 안정과 평화를 유지하면서 남북 대화나 민족 화해를 이루어 사실상의 통일을 실현하려 하고 어떠한 일이 있어도 군사적 충돌은 피하려 하지만, 동북아에서 한반도 남북 뿐 아니라 일본과 중국을 다 통제하고자 하는 미국은 군사력 행사를 자제하는 데는 한계가 있다. 특히 미국은 한반도의 남북과 일본·대만 모두를 통제하면서 일본이라는 지렛대와 중일 갈등 및 중국과 대만과의 갈등을 이용하여 중국까지도 제어함으로써 동북아 모든 나라에 영향력을 유지하는 것을 국익으로 생각할 수 있다.

어쨌든 한미 양국은 대북 정책에서 긴밀한 협력을 모색하면서 가능한 최대의 공조를 유지하기 위해 노력해 왔다. 그러나 당연히 양국 간 시각 차는 존재하였다. 부쉬 행정부가 북조선과의 대화를 모색하기보다는 양보와 대결 중 선택을 강요하는 압박책을 지속적으로 추진해 온 것과 달리 김대중 정부와 노무현 정부는 상호 안보Mutual Security에 입각한 화해·협력을 추구했다.

한국 정부는 그간 달라진 새로운 한반도 주변 상황에 주목하였다. 먼저 한국의 경제 생산력이 적어도 북의 30배를 넘고 국방비를 2배 이상 지출한 지도 10년이 넘었으며 점차 그 격차가 벌어지고 있을 뿐 아니라 중국과 러시아도 북의 일탈된 행동을 억제하고 한반도의 안정과 평화 유지를 국익으로 간주하고 있음에 주목하였다.

따라서 한국의 안보를 위협할 수 있는 북이 공산권 붕괴와 국제적 고립, 상대적인 국력 저하 등으로 안보 위기감을 느끼고 이를 대량 살상 무기 개발로 극복하려 할 수 있으므로 북의 생존을 보장하여 남침 의지를 포기시키고 개혁·개방을 지원하여 북을 국제사회에 포용함으로써, 사실상의 평화통일 상태를 조성하려 하였다. 이러한 전향적인 한국의 대북 정책과 미국의 대북 강경 일변 정책은 조화되기 어려운 측면이 있으므로 한국 정부는 양국 간 정책 공조를 도모하기 위하여 부심해 왔다.

또한 노무현 정부는 한미 관계의 비대칭성을 개선하여 "상호 존중하는 호혜적이고 수평적인 한미 관계를 건설하겠다"고 선언하면서 미국에 대한 방위 부담을 덜어 주는 한편, 국방 개혁과 자주 국방력 강화에 나섰다.

② 북은 소련 해체·동구 분열에 위기감, 자주국방 의지 굳혀

김정일 국방위원장은 김일성 주석 때부터 일관되게 추진해 온 숙원이었던 핵 개발을 지속 추진하여 결국 성공하였는데 그 가장 큰 목적은 정치적·외교적·군사적 차원에서의 정권 유지에 있었다. 국내 정치면에서는 총체적인 경제 위기 하에 주민들을 제대로 먹고 살게 해주지도 못하는 가운데 남북 경협과 중국 물품의 대량 유입 등으로 북 체제에 심각한 문제가 있다는 것을 주민들이 어느 정도 알게 되었다.

그러므로 체제의 기강 단속이 필요했고, 경제의 어려움을 미국의 대북 적대 정책으로 돌리고 선군 정치의 위업과 강성 대국의 위용을 과시하여 주민의 사기를 북돋우고 체제와 정권에 대한 충성심을 고무하면서 자력갱생의 구호로 체제 위기를 극복하려 핵실험을 감행한 것이다.

국제정치면에서 북은 1990년대 초반 이후 소련방 해체와 한중 수교로 외교적 고립에 직면해 왔고, 체제 경쟁자인 남한보다 경제력에서 30분의 1 이하로 떨어지고 있었기 때문에 위기의식은 더욱 컸다. 더구나 국제사회에서 유일한 초강대국으로 남은 미국은 소위 '불량 국가'들에 대해 군사 제재를 서슴지 않았다. 특히 세르비아의 밀로셰비치와 이라크의 사담 후세인이 부쉬 행정부의 무력 공격으로 축출되자 김정일 국방위원장은 이들 국가가 모두 비핵국이었다는 점에 착안하여 미국의 군사 제재를 저지하려면 핵을 보유해야겠다고 판단한 것이다.

(2) 미국은 종속 우방들을 지휘, 북의 금융거래 통제·굴복 강요

물론 2005년 9월 19일 베이징 6자 회담에서 한국과 중국 정부의 적극적인 노력에 힘입어 북의 핵 포기와 체제 보장 및 경제 지원에 관한 공동 성명 도출로 북핵 문제의 평화적 해결의 토대가 형성되어 한반도 평화 회복과 협력 안보의 제도화 가능성이 엿보였다.

그러나 이미 공동 성명 도출 3일 전 미국 재무부는 북측이 "마카오 소재 방코델타아시아은행을 통해 위조 달러를 유통시키고 마약 등의 불법 국제 거래 대금을 세탁하는 등 자금 조달과 융통을 해왔다"고 발표하였으며(그 진실성 여부는 확인되지 않았다.) 콘돌리자 라이스 국무장관은 북의 해외 자산 동결을 시사했었다.

또한 북측도 9·19공동성명에는 북측이 '조속한 시일 내에' 핵확산금지조약NPT에 복귀하며, '적절한 시기'에 대북 경수로 제공 문제를 '논의'한다고 되어있으나, 북은 9월 20일 "경수로 제공 즉시 핵확산금지조약에 복귀하겠다"고 선언하는 등의 성실한 태도를 보이지 않았다.

이후 2006년 5월 말에 이르기까지 미국은 금융 제재와 북의 '돈줄죄기' 정책을 펼치는 한편 북의 불법 행위에 적극 대처하고 인권 문제를 제기하여 북조선 정권의 부도덕성을 강조하면서 '체제 변형'을 모색하는 정책을 펼쳐 왔다.

이러한 미국의 정책에는 부쉬 행정부의 철저한 대북 불신과 이해타산이 깔려 있었다. 먼저 부쉬 행정부는 북을 아무리 설득하여도 결국은 약속을 깰 것이므로 정권 자체를 믿을 수 있는 정부로 변형시키겠다는 의도를 가지고 있었다. 김정일 위원장으로서는 정권 전복을 노린다고 볼 수밖에 없는 대목이다. 또한 9·19공동성명은 북의 핵 폐기에 대해 불가침 및 체제 보장·경제 지원·북미 관계 정상화 뿐 아니라 경수로 제공마저 상정하고 있었다.

그러므로 6자 회담의 틀속에서 마지못해 동의한 부쉬 행정부는 이의 이행에 손쉽게 합의해 주기보다는 북의 본질 문제를 거론하여 북이 '동북아 안보 훼방꾼' 역할을 계속 수행하게 하고 그 결과로 얻을 수 있는 여러 가지 전략적 이점을 계속 향유하고자 한다. 특히 미국은 북에 안보 위협을 계속하여 주한·주일 미군을 외교적·재정적으로 저렴하게 유지할 수 있고, 한국·일본 뿐 아니라 중국에게까지 강력한 영향력을 발휘할 수 있다.

더구나 미사일방어(MD : Missile Defense) 계획을 더욱 적극적으로 추진하고 무기 판매를 진흥함으로써 공화당이 긴밀한 관계를 맺고 있는 군산복합체에게 이득을 주는 동시에 군수 산업 경기 회복을 통해 미국경제에 활력을 줄 수 있다.

따라서 북이 그간 대미 구애對美求愛 작전을 끈질기게 펼쳐왔지만 짝사랑일 뿐이었다. 달러 위조지폐 제조의 일부 책임을 지고 재발 방지를 약속하겠다고 했지만, 미국은 위폐 동판 제출을 요구하는 등 북의 굴복을 요구하였다.

또한 북측은 불법 자금 세탁 방지에 협조하겠다며 금융 제제 해제, 위폐 문제 해결을 위한 북미 비상설 협의체 구성, 미국 은행 시스템을 통한 거래, 위폐 감식을 위한 미국의 기술 지원 등을 요청하였으나 거절당했다. 4월 도쿄에서 거행된 동북아협력대회 회의에서 북의 김계관 6자 회담 대표는 미국의 크리스토퍼 힐 차관보와의 양자 접촉을 시도하였으나 또다시 거절당했다.

6월 1일 북은 2005년 11월에 이어 힐 대표를 또다시 평양으로 초청하면서, 미국 측이 금융 제재를 해제하지 않고 계속 대화를 거부한다면 극단적인 조치를 취할 것이라고 선언하였다. 재차 북측의 최후통첩 성격의 협상 제의를 무시한 미국 측의 반응은 북측이 6자 회담에 복귀한다면 그 틀 속에서 양자 접촉을 허용한다는 정도에 그쳤기 때문에 북측 입장에서는 국가 체면을 손상하지 않고 6자 회담에 복귀하는 것은 사실상 불가능했다.

더구나 미국은 북을 담배 위조·마약 밀매·인권 탄압 등을 행하는 '불법 국가'로 지목하면서 경제 제재의 수위를 점차 높여 갔다. 이에 따라 김정일 위원장은 명실공히 핵 보유를 입증한 뒤 강화된 협상 력을 가지고 미국과 당당하게 협상하여 핵 군축 협상을 하거나 아니면 핵 포기에 대해 더 큰 반대급부를 요구할 수 있으리라 판단했다.

또한 김정일 위원장은 태프트와 가쓰라 밀약으로 미·일이 조선과 필리핀을 교환했듯이 미·중이 북과 대만을 교환할 가능성을 차단할 필요성을 느끼게 된 것으로 보인다. 즉 김정일 위원장은 미국이 중국에게 대만에 대해 양보하는 대가로 중국은 미국이 바라는 북의 체제 변형을 용인하되 북에서 김정일 위원장을 축출하고 친중 정권을 수립하는 정도로 타협할 수 있다는 가능성에 주목하고, 이를 사전에 저지하기 위해 핵 보유로 나아간

것으로 보는 견해도 있었다.(가당찮은 상상이긴 했지만)

(3) 미군의 후방 이동 · 선제공격 위협, 북 미사일 · 핵개발 자극

한미동맹의 재조정도 북의 핵 보유를 촉진시켰다. 먼저 미국의 대북안보 정책 기조가 북조선 정권에 안보 불안을 심각하게 느끼게 했다. 클린턴 행정부와 달리 부쉬 행정부는 「예방적 선제공격 전략」을 채택하고 국방부의 '핵 태세 검토 보고서' 등에서 북을 선제 핵 공격 대상국으로 지목함으로써 김정일 위원장의 간담을 서늘하게 하였다.

특히 부쉬 행정부가 2기에 접어들면서 "자유와 민주주의 확산, 폭정 타도"를 새로운 국제 정치의 목표로 내세워 북을 타도의 표적으로 설정함에 따라 시급히 자위책을 강구해야 할 필요를 절박하게 느끼게 되었고, 그것이 바로 핵 보유였던 것이다.

더구나 주한 미군의 보병 제2사단이 그간 수도권 방어의 핵심 지역인 서부 전선의 동두천-의정부 축선을 담당하면서 북의 남침 시 미군의 자동 참여를 보장하는 인계철선 trip-wire 역할을 해왔는데, 2003년 6월 한미 합의에 따라 2008년 9월까지 오산 · 평택 지역으로 이전하게 된 것이다. 미 2사단은 인계철선 역할 뿐 아니라 미국의 대북 선제공격 시 북측이 휴전선 인근에 배치된 장거리 야포로 보복을 가할 수 있는 볼모 역할도 수행해 왔다.(미군 부대가 평택으로 이전 배치된 이유이기도 하다.)

따라서 북측은 미국의 대북 공격에 대한 즉각적인 억지력을 가지고 있었으나, 2009년이 되면 미군을 가격할 수단은 사실상 미사일만 남게 된다. 이에 따라 북은 2006년 7월 5일 장 · 중 · 단거리 미사일 7기를 시험 발사하고, 보다 강력한 핵무기를 보유할 군사적 필요성을 느낀 것이다.

또한 2006년 1월 19일 워싱턴에서 열린 제1차 한미 외무장관 간 전략 대화에서 그간 미국이 꾸준히 요구해왔던 주한 미군의 「전략적 유연성」 문제가 원칙적으로 타결되었다. 한국은 "동맹국으로서 미국의 세계 군사 전략 변화의 논리를 충분히 이해하고 주한 미군의 전략적 유연성의 필요성을 존중한다" 고 선언하였고, 이에 대해 미국 측은 "전략적 유연성의 이행에 있어서 미국은 한국이 한국민의 의지와 관계없이 동북아지역 분쟁에 개입되는 일이 없을 것이라는 한국의 입장을 존중한다"고 선언하였다.

이로써 향후 주한 미군은 한국 정부의 통제를 받지 않고 한반도에 입 · 출국할 수 있게 되었고, 한국이 상당한 비용을 부담하는 기지를 마음껏 활용하여 세계 전략을 펼칠 수 있게 되었다. 오산 · 평택을 비롯한 주한 미군 기지는 미국의 세계 전략 전초기지로 이용하게 되었다. 특히 주한 미군은 향후 대북 억지 외에 반테러 전쟁, 대중국 견제 및 양안 분쟁에 투입될 수 있고, 가능성은 크지 않지만 대북 선제공격에 나설 가능성도 가질 수 있게 되었다. 이는 김정일 위원장에게는 악몽일 수밖에 없다. 따라서 핵 개발을 서두를 수밖에 없었던 것이다

북측의 핵실험으로 한국과 미국은 각각 전략적 곤경에 빠졌다. 먼저 한국은 그간 남북 간 군사력 대비에서 양적인 면에서는 조금 뒤졌지만 질적인 면에서 상당한 우위를 확보해가고 있었고 주한 미군의 존재로 압도적인 우위를 점하고 있었는데, 이제 남북간만 비교할 경우 일거에 전략적 열세에 처하게 되었다. 이러한 전략적 열세는 사회적 불안과 국민들의 심리적 위축을 가져올 수 있다. 특히 북은 이제 거북한 상대가 되었고 남북 간 사소한 갈등도 분쟁으로 번지며 한국은 쉽게 위기의식에 빠질 수 있게 된 것이다.

미 행정부 역시 곤혹스러운 모습이 되었다. 당시 미국은 이라크·아프가니스탄·이란·레바논 문제·러시아와의 갈등 등으로 부쉬 행정부가 적극적으로 나서기 어려운 형편이었다. 이라크에 13만 명 이상의 미군이 주둔하고 있으므로 한반도에서 대북 군사 제재를 시행하기가 사실상 불가능 하고, 경제 제재를 하더라도 독자적인 대북 제재는 효율성이 떨어지므로 국제적 합의를 도출·시행하기 위해 먼저 만장일치로 통과된 안보리 결의안으로 기세를 잡고 일본의 강력한 가세를 등에 업고 중국과 한국·러시아의 협력을 유도하여 대북 압박 수위를 전면 봉쇄 수준으로 높여가는 전략을 쓰고 있었다.

(4) 미국은 남북 분열·증오·대결을 계속 바라며 강요

특히 북조선이 핵실험을 하지 않았더라도 미국의 대북 압박 정책은 별반 달라지지 않았을 것이라는 점에서 「미국의 대북 압박 일변도 정책」은 유연성 결여로 인해 북의 핵 보유를 초래할 수밖에 없었으리라는 점에서 미국 내에서조차 부쉬 행정부의 책임론이 점차 거세지고 있었다. 더구나 11월 7일 미국의 중간 선거가 다가오고 있으므로 부쉬 행정부는 외교적 해결책도 병행하고 있었으나 종전의 대북 강경 일변도 정책을 고수할 경우 완강한 북이 6자 회담에 복귀하는 것을 기대하기 어려운데다 경제 제재의 실효성을 좌우할 한국과 중국이 전적으로 미국의 제재에 동참하기를 꺼리므로 어려움을 겪고 있었다. (2006년 노무현 정부 때의 상황)

이런 맥락에서 미국은 동맹국 한국에게 이제는 민족 공조에 더 이상 연연해하지 말고 만장일치로 채택된 유엔 안보리 대북 제재 결의안과 미국과 일본의 대북 압박에 동참할

것을 호소하고 있었다. 그러니까 초강력 핵 보유국인 미국은 남북을 분단시켜 부모형제 영구히 이별의 피눈물을 흘리게 하고 동족 살육의 비극을 연출하고도 모자라 또다시 적대시와 전쟁을 부추기고 있으니, 제국주의의 본성을 염치없이 계속 버리지 않을 속셈인 것으로 북측에 신호를 보내고 있었다.

먼저 미국은 북조선 관련 화물 검색 참여를 요청하고 있는 유엔 안보리 결의안 1718호를 근거로 제시하면서 미국이 2003년 6월에 창설해 주도해 온 「대량살상무기확산방지구상PSI」에 정식으로 참여할 것을 한국 정부에 요청했다.(Proliferation Security Initiative)

한국 정부는 미 행정부의 집요한 요청에 따라 이미 2006년 1월 PSI 활동 전반에 대한 브리핑 청취, PSI 차단 훈련에 관한 브리핑 청취, 역내 차단 훈련 참관, 역외 차단 훈련 참관 등 5가지에 동참하였다. 정식 참여만 제외하고 이미 일부 활동에 관여하고 있는 것이다. 그러나 미국은 나머지 3가지 핵심 사항인 정식 참여, 역내 및 역외 차단 훈련 시 물적지원에 참가하기를 독려하고 있다.

한국의 PSI 정식 참가는 북측이 이것을 남한의 민족 간 적대 행위에 동참하는 행위로 규정할 수 있고, 만에 하나 PSI 활동이 북의 대남 군사 도발에 빌미를 줄 가능성이 있기 때문에 한국 정부는 고심하고 있다. 특히 북이 자신보다 100배 이상 군사력이 강한 미국에 대해서도 일전을 불사하는 '벼랑 끝 전술'을 펼치고 있는 가운데 우리가 먼저 북에게 적대 행위를 하는 것은 현명하지 않은 것으로 판단되었다.

또한 유엔 안보리 결의안 1718호도 '국내법과 국제법에 따라' 화물 검색에 필요한 협력 조치를 취하라고 요청call upon 하고 있으므로, 유엔 회원국들이 이에 참여하는 것을 의무로 규정하지는 않고 있다.

더구나 2005년 8월에 발효된 남북해운합의서에 따라 북측 화물을 얼마든지 검색할 수 있으므로 정부는 가능하다면 남북해운합의서에 따른 검색 강화 조치를 취하고 PSI 참여는 현 상태에 그치는 것이 바람직하다. 만일 추가 참여가 불가피한 경우에도 한반도 인근 수역에서는 참여하지 않고 먼 바다에서 만 참여한다든지, 직접 선박을 수색하는 작업에는 참여하지 않고 정보 협력만 교환한다거나 아니면 북측 선박의 단속에는 참여하지 않는 등 소극적인 참여에 그쳐야 할 것이다.

금강산 관광 및 개성공단 사업 등 남북 경협 사업에 대해서도 「미국은 전면 중단을 바라고」 있다. 물론 유엔 안보리 결의안 1718호가 대량 살상 무기와 미사일 관련 물품·자금·인적 이동에 대해서만 제재하고 있으므로 이 두 사업은 이에 규제받지 않는다. 단지 현금으로 지불되고 있는 금강산 입산료와 개성공단 근로자 임금이 북조선 당국의 수입이 되어 결국 군사 목적으로 전용될 가능성이 논의되고 있다.

그러나 두 사업이 가져온 경제 외적 효과를 생각할 때 이의 전면 중단은 현명하지 않다. 금강산에서 남한 사람들이 평화롭게 관광을 즐기는 모습은 그 자체가 한반도 평화의 상징이고 해외 자본가에게 한국 투자의 안전성을 입증하는 가장 좋은 홍보 활동이다. 한국 증시의 40% 이상이 외자라는 사실 하나만으로도 금강산 사업은 지속되어야 한다.

더구나 금강산 골프장은 남한을 겨누던 포대가 설치되었던 곳이고 장전항은 잠수함 기지였으며 개성은 서울을 겨냥한 북조선군의 중화기 밀집 지역이었다. 즉 두 사업은 휴전선 북쪽 상당 지역을 평화 지대로 전환시켜 남북 간 긴장 완화에 지대한 공헌을 해 온 것이다. 경제적으로 따져보아도 현대그룹이 두 사업의 권한을 획득하기 위해 초창기에 지불한 금액은 상당하였다. 그러나 현재는 개성공단 근로자 임금이 연 70억원 내외이고, 금강산 입산료가 120억원 정도이므로 이를 합한 금액은, 한국 공군의 차세대 전투기 48대를 구입할 F-15 전투기 한 대 가격인 1천억원의 5분의 1에 불과한 것이다.

또한 금강산 관광이 2005년에 처음 흑자로 전환되는 등 안정적 운영으로 접어들고 있는 이때 이를 중단한다는 것은 현명하지 않다. 미래에 다시 시작하려면 엄청난 초기 자금이 또다시 소요될 것이므로 평화통일의 기반 조성을 위해서라도 규모를 줄일지언정 사업은 유지하는 것이 바람직하다.(불행하게도 2008년 이명박이 대통령이 된 후 개성공단과 금강산 왕래는 멈추게 되었고 2013년 말 현재, 개성공단만 가까스로 열리고 금강산 관광은 중단 상태이다.)

개성공단도 남한 내 고임금으로 인해 투자할 곳을 찾지 못하고 있는 중소 기업인들에게 새로운 돈벌이 가능성을 제공해 주는 '기회의 땅'이다. 이를 정부가 미국의 압력에 따라 제한하고 중단시키는 것은 자본주의 국가의 중요한 사명 중 하나인 사유재산 보호를 포기하는 것이다. 따라서 우방국 미국과의 협력을 유지하기 위해 두 사업에 대한 정부나 지방 정부의 보조금 등 특혜는 주지 못할 망정 시장경제 논리에 맡겨두는 것이 최선의 방안일 것이다.(불행하게도 박근혜 정권 때 개성공단도 폐쇄되었다.)

북의 핵실험과 추가 핵실험 가능성, 미국의 과도한 대북 제재 가능성 등으로 남한 내 안보 불안감이 심화되고 있는 가운데, 워싱턴에서 「한미연례안보협의회SCM」가 개최되어 미국의 대한 핵우산 제공이 보다 구체화되고 2006년 여름 남한을 뜨겁게 달구었던 한국군의 「전시 작전 통제권」 문제에 대한 합의 틀이 마련됨으로써 한미동맹의 대북 억지력이 보다 강건해졌음을 보여 주었다.

먼저 양 국방장관은 북의 핵실험에 대해 깊은 우려를 표시하고 북이 긴장을 악화시키는 추가적인 도발 행위를 중단할 것을 촉구했다. 럼스펠드 국방장관은 미국의 핵우산 제공을 통한 확장 억지extended deterrence의 지속을 포함하여 한미상호방위조약에 따른 미국의 한국에 대한 굳건한 공약과 신속한 지원을 보장했다.

특히 1978년 11차 SCM에서부터 매년 확인했던 '핵우산 제공'은 말뿐이었는데, 이번 공동 성명에서 처음으로 동맹이나 우방국에 대해 제3국이 핵 공격을 하거나 위협했을 때 자국의 핵 능력을 동원해 신속하게 억제하는 확장 억제 개념을 명시함으로써 미국이 북의 핵실험 위기 상황에서 대對한국 핵 공약을 구체적으로 확인하였다.

그러나 "자기쪽의 핵이든 남의 핵우산이든, 쓰면 한반도의 남과 북은 다 죽고 망할텐데, 누구 좋으라고 핵으로 지원해주기를 바라는가"가 염려될 때면, 무리하게 추진되는 「가까운 통일」보다는 다소 긴 느낌이 들더라도 쌍방이 「동포 우방」으로 평화공존을 하면서 경제·문화 교류에. 양보와 아량과 자제성을 발휘하여 가는 것이 남북 민족 동포의 「최선의 운명 개척의 길」로 보인다.

미국의 기본 정책으로 채택된 구체적인 핵전략 용어인 「확장 억지 개념」은 부쉬 행정부가 발간한 NPR(Nuclear Posture Review 핵태세보고서)을 포함해 미 안보 정책의 핵심 교서에 명시돼 있고 미국이 동맹국에 대한 적국의 핵공격을 억지하기 위해 전술 핵무기는 물론, 전략 핵무기까지 사용할 수 있다는 개념을 의미한다. 미국은 러시아를 겨냥해 북대서양조약기구NATO에도 이 개념을 적용하고 있고, 최근에는 확장된 억지력을 구사하는 범위가 핵 사용 위협 – 징후 – 실행 단계에서부터 핵물질 이전까지 포괄, 예방적인 선先 조치를 취하는 방향으로 확대되고 있다.

이로써 북의 핵 위협에 대해 미국이 확장된 억지력을 통해 핵 사용 위협을 예방하는 것으로부터 보복 공격과 핵 물질 이전 차단 등 핵과 관련한 모든 잘못된 행동에 대해 응징하겠다는 강력한 의지를 표명함으로써 한국의 대북 억지력과 안보 태세가 강화되어 남북 간 군사력 균형이 회복되었다. 「우방지원」이 침략의 얼굴을 가려주고 있다.

다른 측면에서 보면 1991년 미국 부쉬 행정부가 해외 전술 핵무기 철수를 선언하면서 한반도에 배치돼 있던 전술 핵무기가 철수되어 남북의 한반도 비핵화 선언이 채택된 것이므로 한국이 의지만 있으면 얼마든지 핵무기를 제조할 능력을 가질 수 있게 된 현 상황에서 한국은 비확산체제를 존중하여 핵 개발을 자제하고, 그 대가로 미국이 한국에 대한 핵 보장을 제공하는 것으로 합리화 되고 있다.

물론 북으로 하여금 핵개발을 하지 않을 수 없게 만든 강대국 미국의 오랜 핵 위협은 일찍이 자제되었어야 할 과오였다고 할 수 있다. 대국 미국은 남과 북을 폭넓게 끌어안는 평화공존의 아량을 보여주었으면 좋았을텐데 말이다. 야바위 같은 방위전략이다.

또한 양국 장관은 한미동맹이 양국의 공통 가치를 바탕으로, 포괄적·역동적·호혜적 관계로 지속 발전해 나가고 있다는 점에 공감을 표시하고 한미동맹이 미래의 양국 이익에도 긴요하며, 확고한 연합 방위 태세가 유지돼야 한다는 데 동의하였으며, 럼스펠드장관은 한국의 안보와 한미 상호방위조약에 대한 미국의 공약을 재확인하였다. 아울러 양측은 2009년 10월 15일부터 2012년 3월 15일 사이에 한국으로의 전시 작전 통제권 전환을 신속하게 완료하기로 합의했다.

목표 연도 설정에 대해 럼스펠드 장관은 새로운 지휘 구조로의 전환은 한반도 전쟁 억지 및 한미 연합 방위 능력이 유지·강화되는 가운데 진행될 것임을 보장하였다. 럼스펠드 장관은 한국이 충분한 독자적 방위 능력을 갖출 때까지 미국이 상당한 지원 전력을 지속 제공할 것임을 확인하였고, 동맹이 지속되는 동안 미국이 연합 방위를 위해 미국의 고유 역량을 지속 제공할 것이라는 점에도 유의하였다. 그후 한국은 미국에 위임한 「전시 작전통제권」을 2015년까지 환수하기로 했다가 2013년 현재 다시 미국이 맡아주십사 하고 간청하는 반자주국방의 자세를 취하고 있다. 분단민족의 어쩔 수 없는 생존의 틀인가. 결국 동포끼리는 더 적대적이 될 수밖에 없는 운명인가.(2018년 현재 환수 안됨)

◎ 한미동맹의 미래를 위한 지침

한미 관계는 군사 동맹 관계이지만 미국의 국력이 압도적인 우위를 보인다는 점을 고려할 때, 양국의 국익이 일치해야 한다는 일각의 주장은 한국이 미국의 세계 전략을 일방적으로 추종하라는 것과 별로 다르지 않다. 따라서 동맹 관계인 한국과 미국은 북핵 문제의 해결 방안이나 동북아 안보 문제 등과 관련하여 양국의 국익이 서로 다를 수 있다는 것을 인정하고 그 다른 부분을 대화와 타협을 통해 조정해 나가야 한다.

이러한 과정에서 양국은 서로에 대한 이해를 심화시키게 되고 일정한 양보를 주고 받음으로써 양국 관계를 호혜적이고 전향적으로 발전시킬 수 있다. 특히 한국 정부가 미국의 이라크 공격을 정당한 행위라 판단하지는 않으면서도 동맹국인 미국의 세계 전략을 지원하기 위해 한국군을 피병한 것처럼 북핵 문제 등 한반도 문제는 한국 국민에게는 사활적인 이해가 걸린 사안인 반면, 미국에게는 부차적인 이해에 관한 사안이므로 한국 정부의 이해관계를 존중해 주는 방향에서 정책 조정이 이루어져야 할 것이다.

또한 한국민의 대미 정서가 변하고 있는 점을 고려할 때, 한미동맹의 미래는 미 행정부가 북핵 문제의 해결 과정이나 한반도의 평화통일 과정에서 어떠한 역할을 수행할 것이냐에 달려 있다고 볼 수 있다.

끝으로 한미동맹은 현재 대북 억지 기능을 넘어 동북아 지역의 안보를 공동으로 책임지는 지역 안보 동맹을 발전 방향으로 삼고 있다. 그러나 만일 미국이 새로운 중국 봉쇄정책을 중장기적으로 수정해 나갈 의향이 없다면, 이는 재고되어야 한다.

탈냉전 세계의 시대정신과 향후 인류가 나아가야 할 국제 평화 안보 질서가 '방어의 충분성'에 입각하여 군비를 상호감축하고, 공동안보와 협력 안보개념에 입각하여 경제 협력을 도모하는 「더불어 번영하는 지구 공동체 건설」이라면, 미국이 새로운 냉전적 사고에 입각한 대립 위주의 안보 전략을 구사하는 가운데 한미동맹을 지역 안보 동맹으로 변화시키는 것은 동북아의 안정과 평화를 저해할 수 있으므로 정부는 신중하게 정책을 결정해야 한다. 즉 미국과의 우호 관계는 유지, 강화시켜 나가되 그것이 중국과의 관계를 저해 하지 않도록 최선의 노력을 기울여야 할 것이다.

특히 「한반도 문제 해결」에 있어서 미국과의 협조는 필수 조건이지만 충분조건은 아니다. 따라서 정부는 미국과의 동맹 관계를 강화하면서도 중국이나 러시아와도 우호 관계를 유지하고 평화와 문화를 애호하는 국가 이미지를 강화함으로써 우리 민족동포의 궁극적 염원인 평화통일의 기반을 구축해 나가야할 것이다.

3) 초강대국의 거듭되는 핵폐기 및 파멸 협박과 북의 벅찬 대응

(1) 「핵개발 목적」은 미국에 대한 「전쟁 억제 · 생존보장」 거듭 주장

2006년 10월 9일 북 당국은 조선중앙통신을 통해 핵실험이 성공했다고 발표했다. 중앙통신은 "핵실험은 조선 반도와 주변 지역의 평화와 안정을 수호하는데 이바지하게 될 것이다"라고 주장했다. 북은 이미 10월 3일 외무성 성명을 통해 「자위적 전쟁 억제력」을 위해 "안전성이 철저히 담보된 핵실험을 하겠다"고 선언했다. 또한 이에 대한 국제사회의 우려를 불식시키려는 듯 「선제 핵 사용 금지 및 핵 이전 불허」와 「한반도 비핵화」를 동시에 선언했다.

외무성 '성명'과 조선중앙통신의 보도는 짧지만 선명한 메시지를 담고 있었다. 즉 자위적 억제력 차원에서 핵실험이 이뤄졌지만 '한반도 비핵화'의 가능성은 여전히 남아있다는 것이다. 이것은 역으로 자위력의 대상인 「미국의 선제 핵 공격, 대북 봉쇄 정책이 해소되어야만 핵 포기와 비핵화가 가능하다」는 주장이다. 북의 이번 핵실험은 아주 뜻밖의 일은 아니다. 북은 이미 2005년 2월 10일 핵무기 보유 및 증산 선언을 했기 때문이다.

그렇다면 유엔의 대북 제재가 예상되었음에도 북은 왜 이 시점에서 핵실험을 강행했을까? 지난 50년간 북의 핵 연구와 15년간의 북미 접촉과정에 그 해답이 들어있다.(정창현「핵과 국제정치, 북한은 왜 핵을 가지려 하는가?」『10·9 한반도와 핵』이룸 2006)

북의 핵 개발 역사는 ①1950~1960년대의 외국 핵 기술과 설비 도입 단계 ②1970년대의 핵 기술 응용과 독자적 연구 기반 조성 단계 ③1980~1990년대 중반 본격적인 원자로 건설과 핵무기 개발 단계 ④1990년대 후반 이후 사실상의 핵 보유 및 핵실험 단계로 나눌 수 있다.

① 1950~1960년대, 외국 핵 기술과 설비 도입 단계

북조선이 처음 핵에 대해 연구하기 시작한 것은 국제사회의 핵 위협에 따른 대응과 전력 부족에 따른 원자력발전소 건설에 대한 관심이었던 것으로 추측된다.

북이 처음 핵무기에 위협을 느낀 것은 한국전쟁 시기였다. 1950년「중국 인민 지원군」의 전쟁 개입 이후 미국은 핵무기 사용을 검토하기 시작했고, 정전 협상이 시작된 후에도 북측의 양보를 얻어 내기 위해 여러 차례 핵무기 사용을 고려했다.

한편 옛 소련에서는 1954년 6월 26일「오브닌스크 원자력발전소」가 약 3년간의 건설을 마치고 '세계 최초로 전기 공급'을 시작했다. 북의 김일성 수상도 시점은 확인되지 않지만 이 발전소를 방문한 것으로 전해진다.

북은 1955년 4월 과학원 제2차 총회에서 원자 및 핵물리학 연구소 설치를 결정했다. 같은 해 6월 동유럽에서 개최된 원자력의 평화적 이용에 관한 국제회의에는 과학원에서 6명의 학자가 참석했다.

1956년 3월에는 소련과 조·소 원자력 협정을 체결하면서, 소련의 다국적「드브나 핵 연구소」에 30여 명의 과학자를 파견해 전자 물리·방사화학·고에너지 물리 등을 학습하게 하고 조선 내에 방사화학 연구소를 설립했다. 모스크바 인근 드브나시에 세워진 이 과학 기지에는 소련 최대의 핵 실험실이 있었으며, 중국의 주요 핵물리학자들도 이곳에서 학습했다. 1956년 이 연구소의 설립 이후 1990년 북·러 사이의 과학 연구 협력이 중단될 때까지 30여년 동안 250여 명의 조선 과학자들이 이곳을 거쳐 간 것으로 알려져 있다.

1959년 9월에는 중국과 원자력 협정을 체결하고, 과학 기술자들을 파견함으로써 초보적인 연구 단계에 진입한 것으로 전해진다. 이 시점은 "주한 UN군사령부가 미국의 대량 핵 보복 전략에 따라 한국에 핵무기를 배치하고 있다"고 정식 발표한 해이기도 하다.

1962년 1월, 소련에서 돌아온 학자들을 중심으로 영변과 박천에 원자력 연구소가 세워진다. 다음 해부터 소련의 지원을 받아 2MWt급(t은 열 출력을 의미. 원자로의 모든 열이 전기로 전환되는 것이 아니므로 전기 출력(MWe)은 열 출력의 3분의 1에 그침) 연구용 원자로 IRT-2000을 도입하여 1965년에 완성하고, 1967년부터 정상 가동에 들어갔다. 1968년에는 소련에서 도입한 소형 임계 시설을 영변단지에 도입해 설치함으로써 본격적인 핵분열 연구에 돌입했다.

한국도 1962년 3월 19일 한국 원자력 연구소가 원자로 점화에 성공하면서 본격적으로 원자력 개발에 나서기 시작했다.

북의 초기 핵 이론 연구는 도상록·리승기·한인석 등 월북한 과학자들이 주도했다. 북에서는 특히 도상록 교수가 핵 구조 이론·양자역학·원자로 물리 등 교과서와 참고서 30여 종을 집필했다. 그는 핵 가속 장치를 비롯한 핵물리 실험 장치를 개발하는 등 '원자력 부문의 첫 교육자'라고 평가받고 있다.

그는 1903년 홍남에서 태어나 교토대학 물리학과에서 이론물리학을 공부했다. 귀국 후 개성중학교 교사로 재직하던 중 「헬륨 수소 분자의 양자역학적 취급」「수소 가스의 양자역학적 이론」등 2편의 논문을 미국 학술지에 발표함으로써 세계적으로 주목받기 시작했다.

그는 1946년 월북해 김일성종합대학 창립 준비 위원회에서 일했으며 1946년 10월 개교 이후 물리학부 초대 학부장·물리 강좌장·핵물리 강좌장 등을 역임했다. 그는 재직 중 14개의 새로운 과목을 개척했고, 4만쪽에 가까운 교재를 직접 집필했다. 1961년에는 원자력발전의 중요성을 역설했고, 「핵 가속 장치」를 직접 개발해 김일성대학에 설치했다.

1960년대에 정근·최학근·서상국 등 소련 유학파들이 속속 돌아오면서 북의 핵 연구는 본격적인 궤도에 오른다. 특히 서상국 김일성대 물리학부 강좌장은 핵 개발의 주역으로 지목되고 있다. 서 교수는 1966년 28세의 젊은 나이에 박사 학위를 받은 수재로 소련에서 유학 생활을 하고 김일성대 교수로 복귀한 뒤 북의 핵물리학 연구를 주도적으로 추진해 왔다. 1963년 과학원 통보에 「자기능률에 의한 이행복사의 량자리론」을 발표한 서 교수는 리명진·문영진 등과 함께 주로 양자역학을 연구했다.

② 1970년대, 핵 기술 응용과 독자적 연구 기반 조성 단계

북은 1970년대에 접어들어 우라늄 매장량을 재조사하는 한편 핵연료 전환 주기, 즉 우라늄의 정련·변환·가공 등을 연구하여 자체 기술로 연구용 원자로의 출력을 확장하였다. 1975년에는 최초의 그램(g)단위 플루토늄을 추출하는데 성공하였다.

1973년에는 김일성대에 핵물리학과를, 김책공업종합대학에는 핵전기공학과와 핵연료공학과·원자로공학과를 설치하여 자체적인 인력 양성을 본격화했다. 영변 지역을 중심으로 상당수의 핵 관련 연구소도 설립했다.

북은 1974년 3월 원자력법을 제정하고 같은 해 9월 국제원자력기구 IAEA에 가입하면서 합법적으로 핵 관련 설비를 구입할 수 있는 조건을 마련했다. 1977년에는 최초로 영변에 있는 원자로와 임계 시설에 대한 사찰을 받았다. 이 시기에 도상록 교수를 비롯한 북의 핵물리학자들은 새로운 핵모형을 수립하는 연구에 착수했다.

그는 1975년 『과학원통보』에 「핵립자의 구조와 새로운 소립자에 대하여」 제1호·「새로운 핵모형에 대하여」 제3호·「핵력의 포화성에 대하여」 제5호 등의 논문을 발표했다. 그 후 「새로운 핵모형과 그에 의한 핵 형상들의 설명」 1976년 6호·「핵 안에서 핵립자운동의 고전마당론적 취급」 1978년 6호·「핵력의 본질과 핵의 결합에네르기에 대하여」 1978년 2호 등의 논문을 발표하며 활발한 연구 활동을 했다. 이러한 연구에 기초해 그는 1981년 「새로운 핵모형의 정식화와 그의 응용」 제1호, 제6호 등의 논문을 통해 새로운 핵모형을 정식화 하고 그것의 응용으로 나아가는 토대를 닦았다.

③ 1980~1990년대 중반, 본격적인 원자로 건설과 핵무기 개발 단계

북은 1980년부터 원자로를 자체 기술로 건설하여 1986년부터 가동하기 시작했다. 1983년에는 우라늄 농축의 전 단계로 이산화우라늄을 육불화우라늄으로 전환하는 공정을 개발했다. 1985년 12월에는 소련과 맺은 「원자력발전소 건설을 위한 경제 기술 협조 협약」에 의거해 원자로를 추가로 건설하기 시작했다. 1985년부터는 원자로 옆에 플루토늄 재처리 시설인 「방사화학 실험실」을 건설해 1989년부터 부분적인 가동에 들어갔다.

이 시기에 서상국 교수는 『물리』에 「중성미자에 의한 중성미자의 산란」 「소립자의 복합 모형에 대하여」 등 중성자·소립자 관련 논문을 잇달아 발표해 주목을 받았다.

북조선 당국은 이때까지 대외적으로 「원자력 개발과 핵에너지의 평화적 이용」을 표방했다. 북의 3차 7개년 계획 기간(1987~1993년)에 연구 과제로 원자력의 개발과 이용, 핵에너지의 평화적 이용, 신형 전환로, 고속증식로 개발, 레이저법과 화학 교환법 등의 우라늄 농축 기술·핵융합·재처리·방사성폐기물 처리에 관한 기술 개발 등을 설정했다. 이때부터 국제사회는 북을 의심의 눈초리로 바라보기 시작했고, 북의 핵 시설에 대한 사찰과 핵확산금지조약NPT에 가입하도록 압력을 넣기 시작했다. 이런 압력은 영변 원자력 단지 주변에서 기폭 장치 실험 징후들이 포착되면서 더욱 확산됐다.(Non-proliferation Treaty)

1982년 4월 영변에 건설 중인 5MWe 원자로가 미국의 첩보 위성에 포착됐다. 1984년 6월 원자로와 냉각탑 등을 확인한 미국은 소련에게 "북조선이 NPT에 가입할 수 있도록 협조해 달라'"고 요청했다. 이에 대해 소련은 「440MW급 흑연로 4기를 제공하는 조건으로 NPT 가입」을 설득했고, 북은 이 조건을 수락했다.

1985년 12월 북이 NPT에 가입한 후 조·소 간에는 「원자력 발전소 건설을 위한 경제 기술 협력 협정」이 체결됐다. 그러나 소련 붕괴와 제1차 핵 위기의 해결에 따른 1994년 제네바합의로 이 약속은 이행되지 못했다.

제네바합의를 통해 북은 흑연 감속 원자로 및 관련 시설을 해체하기로 하고, 미국은 2003년을 목표로 2,000메가와트의 경수로를 북에 제공하기로 합의했다. 「핵무기 개발」이냐, 「핵 발전소 건설」이냐의 갈림길에서 북은 후자를 선택했다. 그러나 북미 갈등이 고조되면서 이 합의는 지켜지지 않았다.

④ 1990년대 후반 이후, 사실상의 핵 보유 및 핵실험 단계

소련과 동유럽 사회주의권이 붕괴된 후 북은 미국에 일관되게 '화해와 대화'의 신호를 보냈다. 세계적 차원의 냉전이 해소된 정세에 맞게 북은 미국·일본과의 관계 정상화를 모색했다. 1992년 1월 뉴욕에서 열린 '김용순 – 켄터' 간 첫 고위급 회담이 그 성과였다. 이때부터 핵을 중심으로 한 미국의 「개입·붕괴 정책」과 북의 「협상 및 강공 정책」이 부딪혀 북미 간에 치열한 공방이 계속됐다.

그 이후 제1차 북핵 위기와 제네바 핵 합의, 북의 광명성 1호(대포동1호)와 페리 프로세스의 제출 등 위기와 협상 국면이 반복되다가 2000년 북미 간 특사로 조명록 북의 국방위원회 제1 부위원장과 미국 올브라이트 국무장관의 상호 방문이 성사되었다. 이 과정에서 2000년 10월 12일 상호 신뢰와 관계 정상화를 핵심으로 하는 「북미 공동선언」이 채택돼 50년간의 적대 관계를 청산할 수 있는 중요한 분수령을 맞았다.

그러나 클린턴 미 대통령의 방북 무산, 부쉬 행정부의 합의 파기로 북미 관계는 다시 원점으로 돌아갔다. 특히 부쉬 행정부는 '남북 관계의 속도 조절'을 요구하며 북조선 정권을 '악의 축'으로 규정하고, 선제 핵 공격 대상국에 포함시켰다.

2002년 남북 관계와 북일 관계가 진전되자 부쉬 행정부는 그해 10월 제임스 켈리 미 국무부 차관보를 특사로 파견해 '북의 고농축우라늄 계획'에 대해 따졌고, 북이 이에 강력히 반발하자 그해 12월부터 1994년 제네바합의에 따른 대북 중유 지원을 중단해 버렸다. 제2차 북핵 위기가 시작된 것이다.

북은 즉각 「핵 동결 해제」를 선언하고 영변 폐연료봉 저장 시설의 봉인을 제거, 연료봉 재장전 → IAEA 사찰관 추방 → 핵확산금지조약과 IAEA 안전조치협정의 완전 탈퇴로 맞섰다.

그리고 2003년 4월 베이징 북·미·중 3자 회담에서 당시 리근 북 외무성 부국장이 켈리 미 국무부 차관보에게 "우리는 핵무기를 '보유'하고 있으나 폐기할 수는 없다. 그것들을 '실험'할 것인지, '수출'할 것이지, '증산'할 것인지의 여부는 미국의 태도에 달렸다"고 선언했다. 그러나 미국은 2003년 이라크 침공 이후 중동 문제에 집중하며 북에 대해서는 철저하게 '무시 정책'으로 일관했다

중국과 남한 정부의 중재로 북핵 문제 해결을 위해 2003년 8월 27일 6자 회담이 시작됐다. 6자 회담은 어떤 협의도 이루지 못한 채 난항을 거듭했다. 북미 간 모든 조치에서 '동시 행동'의 원칙 고수, 평화적 핵 이용권 인정, 6자 회담 참가국의 검증을 주장하는 북측과, '선 핵포기'와 핵 관련 모든 시설 및 결과물에 대한 폐기, NPT복귀 및 IAEA의 특별 사찰 등을 주장하는 미국의 입장이 팽팽히 맞섰기 때문이다.

2005년 2월 북이 「6자 회담 불참 및 핵무기 보유」를 선언하자 다급해진 중국의 '강력한' 압박으로 베이징에서 열린 제4차 6자 회담 2단계 회의에서 '말 대 말' 공약을 포괄적으로 합의한 「9·19 공동 성명」이 채택됐다.(뒤 항목에서 참조)

그러나 공동성명의 잉크가 마르기도 전에 경수로 제공 시점을 두고 북미 간에 입장 차이가 드러났고 미국이 북에 금융 제재를 시행하면서 「9·19 공동 성명」은 '행동 대 행동'의 원칙에 따른 상호 조율된 단계적 조치를 논의하기도 전에 휴지 조각이 돼 버렸다

이후 북측은 선先 금융 제재 해제 → 후後 6자 회담 복귀를 줄기차게 요구했으나 미국은 "불법 행위에 대한 타협은 있을 수 없다"는 원칙론을 내세워 '악의적 무시 정책'을 고수했다.(여기서 '불법행위'라는 말은 강대국 지배 논리의 주관적·이기적 입장·표현일 뿐이다.)

(2) 이라크·리비아 파멸과 '악의 축' 악담에 놀라 핵보유 의지 굳혀

핵 연구와 개발 역사를 보면 북은 1950년대 중반부터 국가적 차원에서 핵물리학에 관심을 기울이기 시작했다. 북 당국의 핵 연구가 처음부터 핵무기 개발을 전제로 이뤄졌는지는 불투명하다. 국제 환경·남북 관계·미국과의 관계 등이 복합적으로 작용했기 때문이다. 다만 표면적으로 드러난 현상을 보면 핵물리학 연구 → 핵에너지의 평화적 이용 → 핵무기 개발 → 핵실험 및 보유로 변화해 왔음을 확인할 수 있다.

북은 「악의적 무시와 정권 교체」입장을 고수하는 부쉬 행정부를 압박하기 위해 2006

년 7월 5일 장거리 미사일 시험 발사와 핵 연료봉 인출 등의 조치를 취했지만 성과가 없자 가장 수위가 높은 핵실험이라는 카드를 뽑아든 것으로 파악된다. 직접적으로는 부쉬 행정부 등장 이후 채택된 '선제 핵 공격' 노선이 결정적 빌미를 제공한 것으로 보인다.

북은 이 핵실험 이후 "미국의 대북 적대시 정책에 따른 불가피한 자위력 확보"라는 점과 "세기를 이어 온 반미 대결전 총 결산"이라는 점을 강조하고 있다.

대다수 국내외 북조선 전문가들은 북의 핵실험이 미국과의 관계 정상화를 이끌어내기 위한 '협상 카드'이고, 내부의 결속을 다지는 촉매제 역할을 할 것이라고 분석한다.

그러나 전후 북의 핵 연구와 1990년대 이후 북미 간 핵 공방의 역사를 보면 북은 이번에야말로 동북아에 남아 있는 마지막 냉전의 유산을 걷어내고, 북미·북일 관계의 정상화를 통해 동북아에 새로운 질서를 형성하려는 의도가 엿보였다.

북은 1950년대 후반 주한 미군에 전술 핵이 배치되면서 남북 간에 형성된 핵 불균형에 대해 우려했다. 1970년대에 남과 북은 서로 경쟁적으로 핵 발전소 건설과 핵무기 개발 프로그램을 진행했다. 이를 통해 남한은 원자력발전소 건설과 '한국형 경수로' 개발에 성공했지만 핵무기 프로그램은 완전 폐기했다. 1980년대 중반 북은 NPT에 가입해 국제사회의 핵 통제를 받아들이면서 소련으로부터 원자력발전소를 들여오려고 했다

북조선도 남한과 마찬가지로 수력과 화력발전소만으로는 늘어나는 전력 수요를 감당할 수 없는 상황이었다. 에너지 수급을 위한 핵 발전소 건설은 북의 입장에서 불가피한 선택이었다. 북은 NPT 가입, 제네바합의 등을 통해 소련의 흑연 감속로 방식이나 미국의 경수로 방식과 같은 핵무기 개발 포기 의사를 밝혔고, 이를 수용했다.

물론 북의 핵 포기에는 또 하나의 전제 조건이 붙어 있었다. 북미 간 관계 정상화였다. 「1994년 제네바합의」에 명기됐듯이 북은 「북미 간 '정치적·경제적 관계의 완전 정상화 추구」 「북조선에 대한 핵무기 불위협 또는 불사용에 관한 공식 보장 제공」 등을 요구하여 왔다.

이것은 북이 1991년 남한에서 "한반도 비핵화를 선언한 후 일관되게 미국과의 관계 정상화를 추구했다"는 점에서 잘 나타났다. 1999년 페리 프로세스 작성 → 2000년 6월 남북 정상회담 → 10월 북미 공동선언으로 이어지는 과정에서 북은 핵 보유 및 핵 프로그램을 포기하는 대신 '원자력발전소 제공', '북미 관계 정상화'를 얻어내겠다는 의도를 분명하게 보여주고 있다.

북은 핵을 갖게 되는 순간 외부로부터 군사적 공격을 받지 않을 가능성이 높아진다는 점, 핵 보유로 대외적인 외교 강국으로 발돋움할 수 있다는 점 등을 충분히 고려하고 있을 것이다. 북은 미국의 '선제 공격론'에 상당한 위협을 느끼고 있었다. 실제로 2003년

미국이 이라크를 공격하자 북측은 준전시 상태를 선포했을 정도였다

반면에 북은 핵 보유가 남북 군사력의 불균형을 초래해 핵 경쟁을 촉발하고, 미국이 핵 보유를 인정하지 않고 장기적인 봉쇄를 지속할 경우 경제 재건에 결정적 걸림돌이 될 것이라는 점도 파악하고 있을 것이다. 한국 정부는 남북 대화를 통해 여러 차례 이 같은 상황을 전달한 바 있다.

이 같은 점 때문에 북조선 당국은 북미 간에 신뢰가 회복되고, 관계가 전면 정상화된다면 핵을 보유하는 것보다 핵 포기를 통해 반대급부를 얻는 것이 더 유리하다고 판단할 것으로 보인다.

북측이 의도했는지는 불분명하지만 북의 플루토늄 방식을 이용한 핵실험은 북핵 협상을 진전시키는데 결정적 걸림돌이었던 「고농축우라늄 방식의 핵 프로그램」이나 「과거 핵」논란에서 벗어날 수 있는 계기를 마련했다.

북의 핵 보유는 두 측면에서 부쉬 행정부 대북 정책의 파산을 의미한다. 첫째는 '북 정권 붕괴, 체제 변화'라는 목표가 허상이었음이 입증됐고, 둘째는 북의 핵 보유로 미국의 핵 비확산 정책이 심각한 위기에 빠졌다는 점이다. 부쉬 행정부가 북의 핵무장을 막지 못함으로써 동북아에서 미국의 지도력이 심각하게 손상됐을 뿐 아니라 세계적 핵 확산 저지 체제도 크게 손상당한 것이다.

부쉬 행정부가 이 같은 정책적 파산을 수습하고 한반도 비핵화를 달성하기 위해서는 ①대화와 협상을 통해 북핵을 해체・이전하든지 ②유엔 안보리 결의를 앞세워 대북 봉쇄를 통해 북조선 정권의 붕괴 또는 항복을 받아내거나 ③군사적 조치를 동원해 강제적으로 북핵을 제거하는 방법을 모색할 수밖에 없다. 그러나 대북 봉쇄와 군사적 조치는 목표 달성을 위한 가능한 해법이 될 수 없다는 것이 지난 역사에서 드러났다.

북의 핵실험으로 한반도 비핵화는 이미 '돌아오지 못할 강'을 건넜다는 분석도 나오고 있다. 하지만 이유는 다르지만 남아프리카공화국・우크라이나 등 핵을 포기한 사례도 있다. 여기서 중요한 점은 핵을 보유하고 싶은 주변의 요인들을 먼저 없애주는 것이 선결 과제라는 것이다. 미국은 북조선 정권을 붕괴시키거나 사회주의 체제를 변화시키려는 시도를 포기하고, 대화와 협상을 통해 북이 핵 보유라는 유혹(필요성)에서 벗어 날 수 있게 해야 한다는 것이다.

북의 핵 개발 의도가 분명하고, 2000년 북미 공동선언의 경험이 있는 만큼 해법은 의외로 간단할 수 있다. 북미 간 갈등을 해결할 수 있는 기본 전제는 이미 마련돼 있기 때문이다. 1994년 제네바합의, 2000년 북미 공동선언, 2005년 9・19 공동성명 등의 6자 합의 사항이 그것이다.

이 합의문들에서 미국은 북조선에 대한 핵무기 불위협과 불사용, 자주권의 존중, 관계 정상화 추진 등을 약속했고, 북은 핵무기와 핵 계획의 포기, 관계 정상화 조치 이행 등을 약속했다. 이행 방법도 나와 있다. 9·19 공동성명에서 6자 회담 참가국은 '공약 대 공약'·'행동 대 행동'의 원칙에 따라 단계별로 이행하기로 합의한 상태다.

미국의 전임 행정부가 상호 자주권을 존중하고, 관계 정상화를 추진하기로 했는데, 후임 행정부가 상대방을 '악의 축'으로 규정해 선제 핵 공격 대상국으로 지정한 것은 문제 해결의 결정적 걸림돌이었다. 먼저 부쉬 행정부가 북을 압박, 붕괴시키기 위한 외교적 해결이 아니라 관계 정상화를 위한 협상으로 정책을 전환할 필요가 있었다. 한국 정부와 중국을 압박해 북의 모든 교역로를 차단하고 완전 봉쇄하면 북조선 정권이 6~9개월 이상 버티지 못할 것이라는, 성공 가능성이 희박한 구상에서 벗어나야 한다. 북조선 정권의 붕괴를 추구하다 대화와 협상을 통한 개입 정책으로 선회한 클린턴 행정부의 경험이 적절한 사례이다.

좀 더 구체적으로 살펴보면 미국의 대북 정책 조정관 임명 또는 대북 특사 파견 → 관계 정상화를 목표로 하는 새로운 대북 정책 로드맵 작성 → 특사 상호 교환 → 6자 회담의 정상화 → 경제 제재 해제와 에너지 제공·북핵 사찰 등 '행동 대 행동'에 따른 북미의 합의된 상호 조치의 단계적 이행 → 북미 정상의 상호 방문 —→ 북미·북일 관계 정상화 —→ 6자 회담을 통한 한반도 비핵화와 한반도 평화체제 완성으로 이어지는 시나리오만이 북의 핵을 제거하고 현재의 위기를 해결하는 유일한 해법이다.

이 과정을 통해 미국이 우려하는 북핵·미사일·위폐·대량 살상 무기 등의 관심 사항을 해소하고, 북이 요구하는 불가침 담보를 통한 체제 보장·경제 제재 해제와 에너지 제공·관계 정상화를 이행하자는 것이다. 물론 세부 사안에 들어가면 다양한 대안이 나올 수 있고, 오랜 시간 논쟁이 벌어지겠지만 기본 프로세스는 크게 벗어나지 않을 것이다. 이미 북조선과 미국은 1999~2000년 사이에 미사일·대량 살상 무기 등 세부 사안에 깊은 논의를 진전시킨 경험이 있다.

북은 핵실험을 단행했지만 '비핵화'와 '비확산' 의지를 계속 천명하고 있다. 북의 핵실험이 궁극적으로 북미 간 신뢰 회복과 관계 정상화를 목표로 하고 있다는 점에서 미국(부쉬 행정부)의 결단만이 남아 있는 셈이다. 하지만 부쉬 행정부가 계속 대북 제재와 봉쇄에 매달린다면 긴장 고조와 장기화 국면으로 들어가 북핵 문제의 해결은 미국의 차기 행정부로 넘어갈 가능성이 크다. (이상은 「악의 축」을 읊어대던 부쉬 집권시기의 서술임)

제네바 북미 기본 합의문 (1994년 1월 21일 제네바)

조선민주주의인민공화국 정부대표단과 미합중국 정부대표단은 1994년 9월 23일부터 10월 21일까지 제네바에서 조선 반도 핵문제의 전면적 해결에 관한 회담을 진행하였다.

쌍방은 조선반도의 비핵화, 평화와 안전을 이룩하기 위하여 1994년 8월 12일부 조미합의 성명에 명기된 목표들을 달성하며 1993년 6월 11일부 조미공동성명의 원칙들을 견지하는 것이 가지는 중요성을 재확인하였다.

조선민주주의인민공화국과 미합중국은 핵문제의 해결을 위하여 다음과 같은 행동조치들을 취하기로 결정하였다.

1. 쌍방은 조선민주주의인민공화국의 흑연 감속로와 련관 시설들을 경수로 발전소들로 교체하기 위하여 협조한다.

① 미합중국은 1994년 10월 20일부 미합중국 대통령의 담보서한에 따라 2003년까지 총 200만 키로와트 발전 능력의 경수로 발전소들을 조선민주주의인민공화국에 제공하기 위한 조치들을 책임지고 취한다.

－미합중국은 자기의 주도하에 조선민주주의인민공화국에 제공할 경수로 발전소 자금과 설비들을 보장하기 위한 국제 련합체를 조직한다. 이 국제 련합체를 대표하는 미합중국은 경수로 제공사업에서 조선민주주의인민공화국의 기본 상대자로 된다.

－미합중국은 련합체를 대표하여 이 합의문이 서명된 날부터 6개월 안에 조선민주주의인민공화국과 경수로 제공 계약을 체결하기 위하여 최선을 다한다. 계약을 체결하기 위한 협상은 이 합의문이 서명된 후 될수록 빠른 시일 안에 시작된다.

－조선민주주의인민공화국과 미합중국은 필요에 따라 핵에네르기의 평화적 리용 분야에서의 쌍무적 협조를 위한 협정을 체결한다.

② 미합중국은 1994년 10월 20일부 미합중국 대통령의 담보 서한에 따라 련합체를 대표하여 1호 경수로 발전소가 완공될 때까지 조선민주주의인민공화국의 흑연 감속로와 련관 시설들의 동결에 따르는 에네르기 손실을 보상하기 위한 조치들을 취한다.

－대용 에네르기는 열 및 전기 생산용 중유로 제공한다.

－중유 납입은 이 합의문이 서명된 날부터 3개월 안에 시작하며 납입량은 합의된 계획에 따라

매해 50만톤 수준에 이르게 된다.

③ 경수로 제공과 대용 에네르기 보장에 대한 미합중국의 담보들을 받은데 따라 조선민주주의인민공화국은 흑연 감속로와 련관 시설들을 동결하며 궁극적으로 해체한다.

－조선민주주의인민공화국의 흑연 감속로와 련관 시설들에 대한 동결은 이 합의문이 서명된 날부터 1개월 안에 완전히 실시된다. 이 1개월간과 그 이후의 동결기간에 조선민주주의인민공화국은 국제원자력기구가 동결상태를 감시하도록 허용하며 기구에 이를 위한 협조를 충분히 제공한다.

－경수로 대상이 완전히 실현되는 때에 조선민주주의인민공화국의 흑연 감속로와 련관 시설들은 완전히 해체된다.

－경수로 대상 건설 기간 조선민주주의인민공화국과 미합중국은 5메가와트 시험 원자로에서 나온 폐 연료의 안전한 보관 방도와 조선민주주의인민공화국에서 재처리를 하지 않고 다른 안전한 방법으로 폐 연료를 처분하기 위한 방도를 탐구하기 위하여 협조한다.

④ 조선민주주의인민공화국과 미합중국은 이 합의문이 서명된 후 될수록 빠른 시일 안에 두 갈래의 전문가 협상을 진행한다.

－한 전문가 협상에서는 대용 에네르기와 관련한 련관 문제들과 그리고 흑연 감속로 계획을 경수로 대상으로 교체하는데서 제기되는 련관 문제들을 토의한다.

－다른 전문가 협상에서는 폐 연료의 보관 및 최종 처분을 위한 구체적인 조치들을 토의한다.

2. 쌍방은 정치 및 경제 관계를 완전히 정상화하는 데로 나아간다.

① 쌍방은 이 합의문이 서명된 후 3개월 안에 통신봉사와 금융 결제에 대한 제한 조치들의 해소를 포함하여 무역과 투자의 장벽을 완화한다.

② 쌍방은 전문가 협상에서 령사 및 기타 실무적 문제들이 해결되는데 따라 서로 상대방의 수도에 련락사무소들을 개설한다.

③ 조선민주주의인민공화국과 미합중국은 호상 관심사로 되는 문제들의 해결에서 진전이 이루어지는데 따라 쌍무 관계를 대사급으로 승격시킨다.

3. 쌍방은 조선반도의 비핵화, 평화와 안전을 위하여 공동으로 노력한다.

① 미합중국은 핵무기를 사용하지 않으며 핵무기로 위협하지도 않는다는 공식담보를

조선민주주의인민공화국에 제공한다.

② 조선민주주의인민공화국은 시종일관하게 조선반도의 비핵화에 관한 북남공동선언을 리행하기 위한 조치들을 취한다.

③ 조선민주주의인민공화국은 이 기본합의문에 의하여 대화를 도모하는 분위기가 조성되는데 따라 북남 대화를 진행할 것이다.

4. 쌍방은 국제적인 핵 전파 방지 체계를 강화하기 위하여 공동으로 노력한다.

① 조선민주주의인민공화국은 핵무기 전파 방지 조약의 성원국으로 남아 조약에 따르는 담보 협정의 리행을 허용할 것이다.

② 경수로 제공 계약이 체결되면 동결되지 않는 시설들에 대한 조선민주주의인민공화국과 국제원자력기구 사이의 담보 협정에 따르는 정기 및 비정기 사찰이 재개된다. 계약이 체결될 때까지는 동결되지 않는 시설들에 대한 담보의 련속성을 보장하기 위한 국제원자력기구의 사찰이 계속된다.

③ 경수로 대상의 상당한 부분이 실현된 다음 그리고 주요 핵관련 부분품들이 납입되기 전에 조선민주주의인민공화국은 국제원자력기구와 자기의 핵물질 초기 보고서의 정확성 및 완전성 검증과 관련한 협상을 진행하고 그에 따라 기구가 필요하다고 간주할 수 있는 모든 조치들을 취하는 것을 포함하여 기구와의 담보 협정(회람통보·403)을 완전히 리행한다.

조선민주주의인민공화국 대표단 단장 조선민주주의인민공화국 외교부 제1부부장 강석주
미합중국 대표단 단장 미합중국 순회대사 로버트 엘 갈루치

북 · 미 공동 코뮤니케(2000년 10월12일 워싱턴)

조선민주주의인민공화국 국방위원회 김정일 위원장의 특사인 국방위원회 제1부위원장 조명록 차수가 2000년 10월9일부터 12일까지 미합중국을 방문하였다.

방문기간 국방위원회 김정일 위원장이 보내는 친서와 조·미관계에 대한 그의 의사를 조명록 특사가 미합중국 빌 클린턴 대통령에게 직접 전달하였다. 조명록 특사와 일행은 매들린 올브라이트 국무장관과 윌리엄 코언 국방장관을 비롯한 미 행정부의 고위관리들을 만나 공동의 관심사로 되는 문제들에 대하여 폭넓은 의견교환을 진행하였다.

쌍방은 조선민주주의인민공화국과 미합중국 사이의 관계를 전면적으로 개선시킬 수 있는 새로운 기회들이 조성된데 대하여 심도 있게 검토하였다. 회담들은 진지하고 건설적이며 실무적인 분위기 속에서 진행되었으며 이 과정을 통하여 서로의 관심사들에 대하여 더 잘 이해할 수 있게 되었다.

조선민주주의인민공화국과 미합중국은 역사적인 북남 최고위급 상봉에 의하여 한반도의 환경이 변화되었다는 것을 인정하면서 아시아·태평양지역의 평화와 안정을 강화하는데 이롭게 두 나라 사이의 쌍무관계를 근본적으로 개선하는 조치들을 취하기로 결정하였다. 이와 관련하여 쌍방은 한반도에서 긴장상태를 완화하고 1953년의 정전협정을 공고한 평화보장체계로 바꾸어 한국전쟁을 공식 종식시키는 데서 4자회담 등 여러 가지 방도들이 있다는데 대하여 견해를 같이하였다.

조선민주주의인민공화국측과 미합중국측은 관계를 개선하는 것이 국가들 사이의 관계에서 자연스러운 목표로 되며 관계 개선이 21세기에 두 나라 인민들에게 다 같이 이익으로 되는 동시에 한반도와 아시아·태평양지역의 평화와 안전도 보장하게 될 것이라고 인정하면서 쌍무관계에서 새로운 방향을 취할 용의가 있다고 선언하였다. 첫 중대조치로서 쌍방은 그 어느 정부도 타방에 대하여 적대적 의사를 가지지 않을 것이라고 선언하고 앞으로 과거의 적대감에서 벗어난 새로운 관계를 수립하기 위하여 모든 노력을 다할 것이라는 공약을 확인하였다.

쌍방은 1993년 6월11일부 조·미 공동성명에 지적되고 1994년 10월21일부 기본합의문에서 재확인된 원칙들에 기초하여 불신을 해소하고 호상 신뢰를 이룩하며 주요 관심사들을 건설적으로 다루어 나갈 수 있는 분위기를 유지하기 위하여 노력하기로 합의하였다. 이와 관련하여 쌍방은 두 나라 사이의 관계가 자주권에 대한 호상 존중과 내정불간섭의 원칙에 기초하여야 한다는 것을 재확인하면서 쌍무적 및 다무적 공간을 통한 외교적 접촉을 정상적으로 유지하는 것이 유익하다는 데 대하여 유의하였다.

쌍방은 호혜적인 경제협조와 교류를 발전시키기 위하여 협력하기로 합의하였다. 쌍방은 두 나라 인민들에게 유익하고 동북아시아 전반에서의 경제적 협조를 확대하는 데 유리한 환경을 마련하는 데 기여하게 될 무역 및 상업 가능성들을 담보하기 위하여 가까운 시일 안에 경제무역 전문가들의 호상 방문을 실현하는 문제를 토의하였다. 쌍방은 미사일 문제의 해결이 조·미관계에 근본적인 개선과 아시아·태평양지역에서의 평화와 안정에 중요한 기여를 할 것이라는데 대하여 견해를 같이하였다.

조선민주주의인민공화국측은 새로운 관계 구축을 위한 또 하나의 노력으로 미사일 문제와 관련한 회담이 계속되는 동안에는 모든 장거리 미사일을 발사하지 않을 것이라는

데 대하여 미국측에 통보하였다. 조선민주주의인민공화국과 미합중국은 기본합의문에 따르는 자기들의 의무를 완전히 이행하기 위한 공약과 노력을 배가할 것을 확약하면서 이렇게 하는 것이 한반도의 비핵평화와 안정을 이룩하는데 중요하다는 것을 굳게 확언하였다.

이를 위하여 쌍방은 기본합의문에 따르는 의무이행을 보다 명백히 하는데 관하여 견해를 같이 하였다. 이와 관련하여 쌍방은 금창리 지하시설에 대한 접근이 미국의 우려를 해소하는데 유익하였다는데 대하여 유의하였다. 쌍방은 최근년간 공동의 관심사로 되는 인도주의 분야에서 협조사업이 시작되었다는데 대하여 유의하였다.

조선민주주의인민공화국측은 미합중국이 식량 및 의약품 지원 분야에서 조선민주주의인민공화국에 인도주의적 수요를 충족시키는데 의의 있는 기여를 한 데 대하여 사의를 표하였다. 미합중국측은 조선민주주의인민공화국이 한국전쟁 시기 실종된 미군병사들의 유골을 발굴하는데 협조하여 준 데 대하여 사의를 표하였으며 쌍방은 실종자들의 행처를 가능한 최대로 조사 확인하는 사업을 신속히 전진시키기 위하여 노력하기로 합의하였다.

쌍방은 이상 문제들과 기타 인도주의 문제들을 토의하기 위한 접촉을 계속하기로 합의하였다. 쌍방은 2000년 10월 6일 공동성명에 지적된 바와 같이 테러를 반대하는 국제적 노력을 고무하기로 합의하였다. 조명록 특사는 역사적인 북남 최고급 상봉결과를 비롯하여 최근 몇개월 사이에 북남 대화 상황에 대하여 미국측에 통보하였다.

미합중국측은 현행 북남 대화의 계속적인 전진과 성과 그리고 안보대화의 강화를 포함한 북남 사이의 화해와 협조를 강화하기 위한 발기들의 실현을 위하여 모든 적절한 방법으로 협조할 자기의 확고한 공약을 표명하였다. 조명록 특사는 클린턴 대통령과 미국 인민이 방문기간 따뜻한 환대를 베풀어 준 데 대하여 사의를 표하였다. 조선민주주의인민공화국 국방위원회 김정일 위원장께 윌리엄 클린턴 대통령의 의사를 직접 전달하며 미합중국 대통령의 방문을 준비하기 위하여 매들린 올브라이트 국무장관이 가까운 시일에 조선민주주의인민공화국을 방문하기로 합의하였다.

북조선 외무성 대변인 성명(2002년 1월 31일)

1월 30일 미국 대통령 부쉬는 국회에서 한 「년두교서」라는 데서 저들의 마음에 들지 않는 나라들을 테러와 억지로 련관시켜 힘으로 압살하려는 위험천만한 기도를 노골적으로 드러내 놓았다.

부쉬는 우리나라가 대량살육무기를 개발, 보유하고 있다고 함부로 걸고 들면서 우리나라를 포함한 일부 나라들에 대해, 「미국과 세계의 평화를 위협하는 나라」 「악의 축」을 이루고 있는 나라 등 갖은 악담을 다 쏟아 놓았다.

부쉬는 계속하여 「세계에서 가장 위험한 정권들이 세계에서 가장 파괴적인 무기들을 가지고 미국을 위협하도록 허용하지 않을 것」이라고 오만하게 폭언하였다. 집권 초기부터 우리에 대한 망발과 험담만을 일삼아온 부쉬이지만 그의 이번 망발에는 명백히 불순한 정치적 목적이 있다. 부쉬 행정부가 들어앉으면서 다른 나라들과의 마찰이 빈번해지고 국제관계가 전례 없이 소란해졌다는 것은 잘 알려진 사실이다.

민주당 행정부 시기에는 볼 수 없었던 심각한 경제 불황이 나타나고 뉴욕의 세계무역센터와 워싱턴의 미 국방부 청사에 대한 대규모 습격사건이 일어났으며 행정부가 연루된 대형 부정추문들이 발생하고 있다. 이것은 전적으로 부쉬 행정부의 일방적이고 독선적인 대외정책과 정치적 미숙성, 도덕적 부패성에 기인된다.

현재 테로 공격의 화살이 왜 미국으로만 쏠리고 있으며 왜 부쉬의 집권 시기에 와서 극심해졌는가 하는 문제에 대한 해답이 바로 여기에 있다. 현실은 모든 화근이 부쉬 행정부의 무분별한 강권정책에 있다는 것을 그대로 실증해주고 있다.

사실이 이러함에도 불구하고 부쉬는 흑백을 전도하여 자기의 반동적이고 배타적인 정책으로 인하여 산생된(발생한) 국내외의 모든 비난을 「테로」의 탓으로 돌리려고 어리석게 시도하고 있다. 더우기 엄중한 것은 부쉬가 이번에 우리를 군사적으로 덮쳐보려는 무모한 기도를 드러내놓은 것이다.

근래의 조미 관계의 력사에 미국 대통령이 직접 정책연설을 통하여 자주적인 주권국가인 우리나라에 이처럼 노골적인 침략위협을 가한적은 없다. 이것은 사실상 우리에 대한 선전포고나 다름이 없다. 오는 말이 고와야 가는 말이 고운 법이다.

새해 들어선 년초부터 부쉬의 입에서 이처럼 험악한 소리가 나오는데 대해 우리는 무심히 지나칠 수 없다. 부쉬의 망발은 최근 미국이 들고 나온 우리와의 「대화 재개」 제안의 속심이 어디에 있으며 무엇 때문에 현 미 행정부가 이전 행정부가 만들어 놓았던 대화를 통한 핵·미싸일 문제 해결의 가능성까지 다 줴버렸는가(저버렸는가) 하는 것을 명백히 보여주고 있다.

미국이 우리를 힘으로 압살할 기도를 공개 표명하고 있는 상황은 우리로 하여금 지금까지 경계심을 가지고 취해온 입장이 얼마나 정당하였으며 특히 「허리띠를 졸라매고 강력한 공격수단과 방어수단을 갖추어 놓은 것이 얼마나 선견지명한 정책이었는가」를 다시금 절감하게 하고 있다.

우리는 「대화」와 「협상」의 가면마저 벗어던지고 정세를 전쟁접경에로 몰아가고 있는 미국의 심상치 않은 움직임에 대하여 예리하게 주시하고 있다.

미국이 주제 넘게 쒜치기(말하기) 좋아하는 「타격」의 선택권은 미국에만 있는 것이 아니다. 영웅적 우리 인민군대와 인민은 미국의 무모한 군사적 압살 기도를 절대로 용납하지 않을 것이며 침략자들을 무자비하게 쓸어버릴 것이다.

북조선 외무성 성명(2005년 2월 10일)

우리 공화국을 적대시하고 기어이 고립 압살해 보려는 2기 부쉬 행정부의 기도가 완전히 명백해졌다.

수차 언명해 온 바와 같이 우리는 미국에 「제도전복」을 노리는 적대시정책을 포기하고 조미평화공존에로 정책전환을 할 데 대한 정당한 요구를 제기하고 그렇게만 된다면 핵문제도 다 해결할 수 있다는 립장을 표명한데 따라 2기 부쉬정권의 정책정립과정을 인내성을 가지고 예리하게 지켜보았다.

그러나 2기 부쉬 행정부는 우리의 정당한 요구를 끝내 외면하고 대통령취임연설과 년두교서, 국무장관의 국회인준청문회발언 등을 통해 우리와는 절대 공존하지 않겠다는 것을 정책화하였다. 미국의 공식적인 정책 립장을 밝힌 미행정부 고위인물들의 발언들을 보면 그 어디에서도 우리와의 공존이나 대조선 정책 전환에 대한 말은 일언반구도 찾아볼 수 없다.

오히려 그들은 「폭압정치의 종식」을 최종목표로 선포하고 우리나라도 「폭압정치의 전초기지」로 규정하였으며 필요하면 무력 사용도 배제하지 않을 것이라고 공공연히 폭언하였다. 그러면서 그들은 미국식 「자유와 민주주의의 확산」을 통해 세계를 오직 미국식가치관을 따르는 한 모양새로 만들어 놓겠다고 다짐하였다.

결국 2기 부쉬 행정부의 본심은 1기 때의 대조선 고립 압살 정책을 그대로 답습할 뿐더러 보다 강화하겠다는 것이다.

미국은 이처럼 우리의 「제도전복」을 목표로 한 새로운 리념 대결을 선포하고도 다른 한편으로는 핵문제의 「평화적이며 외교적인 해결책」과 「6자 회담의 재개」에 대해 넘불처럼 외우면서 세계여론을 기만하려 들고 있다.

이것이야말로 강도적인 억지 론리이며 모략과 기만의 명수로서의 미국의 기질과 뻔뻔스러운 량면적 립장을 그대로 보여주는 일단이다.

지금까지 우리는 미국이 우리 제도에 대해 시비질하지 않고 우리의 내정에 간섭하지 않는다면 우리도 반미를 하지 않고 우방으로 지낼 것이라는 립장을 명백히 밝히고 핵문제의 해결과 조미관계 개선을 위해 할수 있는 모든 노력을 기울여왔다.

그러나 미국은 이것을 우리의 약점으로 오판하면서 우리 인민이 선택한 존엄 높은 우리 제도에 대해 모독하고 무서운 내정간섭행위를 감행하였다.

미국이 핵문제해결의 근본장애인 적대시정책을 철회하라는 우리의 요구를 외면하고 우리를 적대시하다 못해「폭압정권」이라고 하면서 전면 부정해 나선 조건에서 미국과 회담할 명분조차 사라졌으므로 우리는 더는 6자 회담에 참가할 수 없게 되었다.

회담 상대를 부정하면서 회담에 나오라는 말이 모순적이고 리치에 맞지 않는다는 것은 너무도 명백하지 않은가. 회담 상대를 무시해도 분수가 있는 법이다.

미국은 지금 어리석게도 인민에 의해 선출된 우리 정부를 부정하고 인민의 편에 있다고 하는데, 회담을 정 하고 싶다면 미국이 좋아한다고 하는 농민시장 장사군들이나 미국이 만들어 놓았다고 하는「탈북자조직」대표들과나 하라는 것이다.

일본도 미국에 추종하여 우리 공화국에 대한 적대시정책에 집요하게 매여달리고 있다. 더우기 이미 다 해결된「랍치문제」를 걸고 가짜 유골문제까지 조작하면서 조일평양선언을 백지화하고 국교정상화를 하지 않겠다는 일본과 어떻게 한자리에 마주 앉아 회담할수 있겠는가.

사상과 리념, 제도와 신앙의 차이를 초월하여 평화와 공존·번영을 지향하여 나가는 것은 새 세기의 시대적 흐름이며 인류의 념원이다. 지금 온 세계가 이러한 시대적 흐름에 역행하는 부쉬 행정부야말로 극도의 인간증오사상으로부터「폭압정치」를 자행하는 집단이라고 저주와 비난의 목소리를 높이고 있는 것이 결코 우연하지 않다.

우리는 부쉬 행정부가 취임한 이래 지난 4년간 아량을 보일만큼 다 보였고 참을만큼 다 참아왔다. 이제 또다시 4년을 지금처럼 지낼 수 없으며 그렇다고 다시 원점으로 되돌아가 4년동안 반복할 필요도 없다.

조선민주주의인민공화국 외무성은 미국의 대조선적대시정책으로 하여 조성된 엄중한 정세에 대처하여 다음과 같이 천명한다.

첫째, 우리는 6자 회담을 원했지만 회담 참가 명분이 마련되고 회담 결과를 기대할 수 있는 충분한 조건과 분위기가 조성되었다고 인정될 때까지 불가피하게 6자 회담 참가를 무기한 중단할 것이다.

6자 회담과정이 지금과 같이 교착상태에 빠지게 된 것은 미국의 대조선 적대시정책 때문이다. 부쉬 행정부가 이번에 적대시정책을 초과하여 회담상대방을 「폭정의 전초기지」로 락인하면서 우리를 전면 부정한 조건에서 6자 회담에 다시 나갈 그 어떤 명분도 없다.

둘째, 미국이 핵 몽둥이를 휘두르면서 우리 제도를 기어이 없애버리겠다는 기도를 명백히 드러낸 이상 우리 인민이 선택한 사상과 제도, 자유와 민주주의를 지키기 위해 핵무기고를 늘이기 위한 대책을 취할 것이다.

선의에는 선의로, 힘에는 힘으로 대응하는 것이 선군정치를 따르고 있는 우리의 기질이다. 우리는 이미 부쉬 행정부의 증대되는 대조선 고립 압살정책에 맞서 핵무기전파방지조약에서 단호히 탈퇴하였고 자위를 위해 핵무기를 만들었다. 우리의 핵무기는 어디까지나 자위적 핵 억제력으로 남아있을 것이다.

오늘의 현실은 「강력한 힘만이 정의를 지키고 진리를 고수할 수 있다」는 것을 보여주고 있다. 미국의 무분별한 망동과 적대적 기도가 로골화 될수록 우리는 일찌기 선군의 기치를 높이 들고 천만군민의 일심단결과 자위적 국방력을 백방으로 강화해온데 대해 커다란 자부심을 느끼게 될 뿐이다.

대화와 협상을 통하여 문제를 해결하려는 우리의 원칙적 립장과 조선반도를 비핵화하려는 최종목표에는 변함이 없다.

4) 북의 핵개발 목적은 시종일관 「생존을 위한 억제력 강화」

(1) 조선민주주의인민공화국 외무성 비망록(2005년 3월 2일)

지금 국제사회는 조미 사이의 핵문제와 관련하여 우리가 취한 정당한 자위적 조치와 6자 회담과 관련한 원칙적 립장에 대한 지지와 련대성의 목소리를 더욱 높이고 있다.

그러나 이에 반해 미국은 우리가 「전제 조건 없이 6자 회담에 나와야 한다」고 주장하면서 우리의 정당한 요구를 외면하고 있으며 일부 추종세력들은 「미국이 온화한 태도를 보였는데 너무 강경하게 반응하였다」느니, 우리가 「국제적 의무를 위반하였다」느니, 「6자 회담 재개를 위해 압력을 가해야 한다」느니 하는 일련의 불순한 여론들을 계속 내

돌리고 있다.

6자 회담이 아직 재개되지 못하고 조미 사이의 핵문제 해결이 지연되고 있는 것은 철두철미 미국 때문이다.

조선민주주의인민공화국 외무성은 우리가 왜 6자 회담 참가명분과 조건이 마련되어야 회담에 나가겠다고 하는가를 똑똑히 밝히기 위하여 비망록을 발표한다.

① 일방적 강압자와 상대해서 평화회담 열 수 없다.

우리는 6자 회담이건 조미쌍무회담이건 미국과 마주앉을 그 어떤 명분도 없다. 조미 핵 문제는 부쉬 행정부의 극단한 적대시 정책의 산물로서 그 해결의 기본 열쇠는 「미국이 적대시 정책」을 「조미 평화공존정책」으로 바꾸는데 있다.(전현준·홍현익 외 『10·9 한반도와 핵』이룸 2006)

2기 부쉬 행정부는 1기 때와 같이 우리와 공존하지 않으며 우리 인민이 선택한 제도를 「전복」하겠다는 것을 정책으로 정립함으로써 우리가 6자 회담에 참가할 명분을 말끔히 없애 버리었다.

부쉬 행정부는 말로는 우리에 대해 적대시 하지 않으며 침공의사도 없다고 하지만 실지에 있어서는 우리의 「제도 전복」을 「궁극적 목표」로 설정하고 그 실현을 위하여 강경과 유화를 배합한 량면 술책에 집요하게 매여달리고 있다.

이 모든 것은 2기 부쉬 행정부의 정책 정립 과정에 명백하게 나타났다. 지난 1월 20일 2기 대통령취임식에서 연설한 부쉬는 「우리 세계에서 폭압정치를 끝장내는 것이 최종 목표」라고 선언하면서 미국식 「자유와 민주주의를 전 세계에 확대」해나갈 것이며 이를 위해 「필요하면 군사력 행사」도 배제하지 않겠다고 공언하였다.

그리고 부쉬는 2월 2일의 「년두교서」에서도 6자 회담이나 핵 문제의 평화적 해결에 대해서는 아무런 언급도 없이 우리의 「핵무기 야심을 포기시키겠다」고 공언하면서 「폭압 정치의 종식」에 대해 또다시 력설하였다.

그가 말한 「폭압 정치 종식」의 대상들이 과연 누구인가에 대해서는 국무장관 라이스가 대통령 취임연설 이틀 전인 1월 18일 미 국회 상원 인준 청문회에서 명백히 하였다.

라이스는 꾸바·이란·벨라루씨 등 주로 반미 자주 지향이 강한 일련의 나라들과 함께 우리나라를 「폭압정치의 전초기지」로 찍으면서 「미국은 폭압 정치하에 있는 인민들과 한편」에 있으며 미국식 「자유와 민주주의를 확대」하고 「북조선이 핵무기 야심을 포기하도록 촉구」할 것이라고 제창하였다.

이를 놓고 일부에서는 부쉬가 조선을 「폭압정치」의 나라로 딱 찍지는 않았다느니, 라이스는 개인자격으로 말했을 뿐이며 그의 연설을 전반적인 맥락에서 고찰하기 바란다느니 하며 구구히 변명하는 소리들도 나왔었다.

그렇다면 미 국무장관의 정책 표명이 과연 개인적인 발언이며 부쉬가 우리를 「폭정」의 대상으로 규정하지 않았단 말인가. 부쉬는 이미 1기 때인 2003년 11월 6일 미국의 「민주주의를 위한 전국 기금」 창립 20돐 기념식이라는 데서 미국식 「민주주의에 대한 공약이 폭압의 전초기지들인 꾸바·미얀마·북조선·짐바브웨 등에서 시험되고 있다」고 떠벌이면서 우리를 명백히 「폭압정치의 전초기지」로 규정하였었다.

우리와 절대로 평화적으로 공존하지 않으며 「무장 해제」를 통해 우리의 「제도 전복」을 끝까지 추구하겠다는 미국의 본심은 뿌리 깊은 것으로서 언제 한번 달라져본 적이 없다. 미국의 공식인물들이 최근에 한 발언 그 어디에서도 우리와의 공존이나 적대시정책변경에 대한 표현은 찾아볼 수 없다.

지금 세상 사람들은 부쉬 집단의 「자유확대론」에 대해 「세상을 소란케 하는 역설」 「세계를 새로운 전쟁에로 떠미는 독설」로 평가하고 있으며 지어 미국의 동맹국들까지도 미국식 「자유와 민주주의」 타령에 대해 미국이 말하는 폭정이 과연 어디에 있는가. 미국은 … 오직 저들의 비위에 거슬리는 일련의 반미적인 나라들만 꼽으면서 「폭정의 전초기지」라고 떠들고 있다. 「미국의 지배세력은 자기들만이 이 행성의 주인으로 묘사하고 있다」고 조소와 비난을 보내고 있다.

사실상 우리는 부쉬 행정부가 집권한 지난 4년 동안 참을 만큼 참아왔고 아량을 보일 만큼 보여왔다. 그러나 미국은 리념적으로 우리와 공존할 수 없다는 체질적 거부감으로부터 대화 상대방인 우리를 무작정 무시하면서 적대시 정책만을 일관해왔다.

부쉬가 대통령으로 취임하자마자 이전 행정부 시기 진행되여 오던 우리와의 모든 대화와 협상을 중단해버리고 2002년 1월말에 발표한 「년두교서」라는 데서 우리나라를 「악의 축」으로 규정하였으며 그해 3월에는 「핵 선제공격 대상 명단」에 올려놓았다는 것은 잘 알려진 사실이다. 이번에 그는 자기의 「악의 축」 발언을 취소할 대신 오히려 이를 릉가하여 우리 인민이 선출한 정권을 「폭정의 전초기지」로, 「끝까지 제거해야 할 대상」으로 규정하였다.

이처럼 미국에 의하여 국가주권 자체를 부정당한 우리가 무슨 명분으로 미국과 마주앉아 회담할 수 있겠는가. 미국으로서도 그들 자신이 저지른 죄로 하여 우리와 마주앉을 명분을 스스로 상실하였다.

우리는 미국과 교전交戰 관계, 기술적으로는 전쟁상태에 놓여있다. 그러므로 핵무기를 휘두르며 우리를 선제타격 하겠다는 부쉬 행정부의 정책 기도에 맞서 정당방위를 위해 우리가 핵무기를 만들었고 또 만드는 것은 너무나도 응당한 것이다. 우리는 미국의 핵 압살 정책에 대처하여 자위를 위해 2003년 1월 10일 핵무기전파방지조약에서 탈퇴하였고 국제조약 밖에서 정정당당하게 핵무기를 만들었다.

우리는 미국의 증대되는 고립 압살 정책에 대처한 자위적 조치들을 취할 때마다 매번 세상에 공개하였고 미국측에도 그시그시 통지하면서 투명성 있게 핵 억제력을 마련하였다.

미싸일 문제에서도 우리는 국제조약이나 그 어떤 국제법적 구속을 받고 있는 것이 없다. 일부에서는 마치도 우리의 미싸일 발사 보류 조치가 아직도 유효한 듯이 떠들고 있다.

우리는 이전 미행정부시기인 1999년 9월 「대화가 진행되는 기간 미싸일 발사 림시 중단」조치를 발표했으나 2001년 부쉬 행정부가 집권하면서 조미 사이의 대화는 전면 차단되였다. 따라서 우리는 미싸일 발사 보류에서도 현재 그 어떤 구속력도 받는 것이 없다. 주지하는바와 같이 우리로 하여금 자위적핵무기고를 강화하도록 떠밀고 있는 것은 바로 「미국의 대조선 적대시 정책」이다.

미국 내에서는 물론 전반적 국제여론은 바로 부쉬 행정부의 조선에 대한 「폭압 정치 발언」과 「적대적 정책」으로 하여 「6자 회담 무산」의 결과를 초래하였다는데 초점을 맞추면서 비난의 목소리를 높이고 있다.

2004년 미국 대통령 선거 시 민주당 대통령 후보로 나섰던 국회의원 케리는 9월 12일 미국 신문 『뉴욕타임스』와 가진 회견에서 「부쉬 행정부가 집권 후 북조선과 직접 대상하기를 거절함으로써 핵악몽이 일어나게 했다」고 공개 비난해 나섰으며, 미국의 국제정치문제연구소 기관지 『포린 폴리씨 포커스』는 2005년 2월 22일부 론설에서 「부쉬는 집권 초기부터 북조선을 군사 외교적으로 매우 거칠게 대해옴으로써 결국 북조선을 핵보유국으로 만들어놓았다」고 폭로하였다.

미국신문 『뉴욕타임스』는 2005년 2월 11일부 사설에서 「북조선의 핵보유선언은 부쉬 행정부가 북조선을 고립에로 몰아가면서 실책을 범한데 있다. 지금까지 북조선에 대한 부쉬 행정부의 대응은 비리성적이였으며 따라서 앞으로의 접근책에서 근본적 변화가 있어야 한다」고 정당하게 비판하였다.

미국은 오늘까지도 우리를 「적대시하는 것이 없다」 「공격할 의도가 없다」는 빈말이나 반복하면서 마치 저들은 적대시정책을 실시하는 것이 없는 듯이 가장하려 하고 있다.

인민이 선택한 우리 제도를 「폭정」으로 매도하고 「끝까지 제거」하겠다는 것 이상 더 적대적인것이 어디에 있단 말인가. 원래 「침공할 의사가 없다」는 말 자체가 다른 나라의 정권을 전복하고 침공하는 것을 서슴지 않아온 미국만이 할 수 있는 뻔뻔스러운 발언일 뿐이며 이러한 거친 소리가 적대시정책의 포기로 될 수는 없는 것이다.

때문에 미국신문 『워싱톤 포스트』는 2005년 2월 22일부 사설에서 "평양정부에 「적대 의도가 없다」는 세 마디 말만 해주면 핵 문제 해결에 돌파구가 열릴지도 모르겠는데 부쉬와 라이스는 그러한 표현을 한 번도 사용하지 않았다"고 폭로하여 바로 적대시 정책 변경 여부가 기본이라는 것을 강조하였다.

미국이 정책을 변경하고 우리와 공존하려는 정치적 의지가 없는 한 핵 문제는 절대로 해결될 수 없다.

우리는 부쉬 행정부가 집권한 지난 4년 동안 핵문제도 해결하고 조미관계를 개선하기 위해 참을 만큼 참아왔고 아량을 보일 만큼 보여왔다. 미국은 응당 「폭정의 종식」 발언에 대해 사죄하고 이 발언을 취소하여야 하며 우리의 「제도 전복」을 노린 적대시 정책을 포기하고 평화공존으로 나올 정치적 의지를 명백히 밝히며 그를 실천행동으로 보여주어야 한다.

이렇게 미국이 회담을 개최할 수 있는 조건과 명분을 마련할 때라야 우리가 미국과 마주앉아 회담할수 있는 것이다. 우리를 전면 부정하고 「타도하겠다」고 하는 대상이 회담에 나오란다고 하여 나간다는 것은 머저리나 할 노릇일 것이다.

② 평화 공존 의식과 무력 협박 없는 상황에서만 대화 가능

미국은 하루빨리 6자 회담의 기초를 복구하여 회담개최의 조건과 분위기를 마련하여야 한다.

조선반도의 비핵화를 실현하려는 우리의 진지하고 인내성 있는 노력에 의하여 2004년 6월 3차 6자 회담에서는 「말 대 말」 「행동 대 행동」 원칙과 핵문제 해결을 위한 첫 단계조치인 「동결 대 보상 원칙」이 합의되었다. 그리고 미국이 우리에 대한 적대시 정책을 바꾸어야 한다는 공동의 인식이 이루어졌다.

이러한 합의와 공동의 인식은 6자 회담을 전진시킬 수 있는 기초이다. 미국 대표단도 3차 6자 회담에서 국내외의 여론에 못 이겨 하는 수 없이 이러한 원칙들을 합의하였으며 우리에 대해 「적대시 하지 않을 것」이라는데 대해 말로나마 약속하지 않을 수 없었다.

2004년 6월 24일 켈리 차관보는 6자 회담에서 「조선측의 '동결 대 보상'안을 평가하며 심중히 검토」할 것이라고 하였고 국무장관 포웰도 그해 7월 2일 인도네시아의 쟈까르따에서 열린 아세안지역연단상급회의 시 우리 외무상과의 접촉에서 「미국은 '말 대 말' '행동 대 행동' '결과 대 결과' 원칙을 지켜나갈 준비가 되어 있으며 조선의 '동결 대 보상'

제안을 심중히 검토할 것」이라고 약속한 바 있다.

그러나 미국은 회담이 끝난 지 한 달도 못가서 이 모든 합의와 공동의 인식을 뒤집어엎음으로써 회담의 기초를 완전히 파괴해 버렸다.

2기 부쉬 행정부는 1기 때 6자 회담의 모든 기초를 저들이 파괴해 놓고는 이를 복구하라는 우리의 요구를 외면한 채 그 무슨 「전제 조건 없는 6자 회담의 재개」에 대해 떠들고 있다. 6자 회담 미국측 단장인 국무성 켈리 차관보는 2004년 7월 15일 미국회 상원 청문회에서 「미국이 3차 6자 회담에서 내놓은 '전향적인 제안'은 조선이 먼저 모든 핵계획들을 완전히 폐기한 다음에야 혜택이 차례지게 될 제안이다」 「핵 포기가 실현된다고 하여도 그것이 곧 관계 정상화에로 이어지지는 않을 것이며 따라서 미싸일과 상용 무력·인권 등 여러 가지 문제들이 다 해결되어야 한다」고 말하고 미국의 「선 핵 포기」주장만을 고집함으로써 「말 대 말」 「행동 대 행동」원칙을 부정하였다.

그는 또한 「미국은 북조선 사람들과 협상할 의도가 없다. 북조선에 대한 보상이란 있을 수 없으며 미국은 어떤 방식으로도 북조선에 리득을 주지 않을 것이다」고 공언함으로써 「동결 대 보상 원칙」마저 전면 거부해 버렸다.

켈리 차관보의 공개 발언이 있은 지 한 주일 지난 2004년 7월 21일 서울을 방문한 미 국무성 차관 볼튼은 「미국은 핵 동결안을 믿지 않는다. 핵계획을 완전 포기할데 대한 워싱톤의 요구조건이 관철되지 않는 한 평양에 대한 보상은 없을 것」이라고 하였으며 7월 23일 도꾜에서 가진 기자회견에서는 「북조선이 리비아식으로 핵 계획을 포기해야 한다」고 떠들었다.

미 국무장관도 여러 차례의 기자회견들에서 「평양이 리비아식을 따르기 바란다」고 하면서 「선 핵 포기」를 주장해 나섰으며 미 국무성 부장관 아미타지는 「미국이 북조선에 상징적으로나마 긍정적인 제스츄어를 취해준다면 불량행위에 보상금을 주는 것으로, 북조선에 잘못된 신호를 보내는 것으로 된다」고 열을 올렸다.

실로 회담장 안팎에서 너무도 판이하게 놀아대는 미국 측의 처사는 세상 사람들을 아연케 하였다. 부쉬 행정부는 2기에 들어와서도 「완전하고 검증 가능하며 되돌려 세울 수 없는 핵 폐기」에 의한 「선 핵 포기」주장만을 계속 고집하면서 회담 조건 마련을 위해 믿을만한 성의를 보이는 어떠한 행동도 하지 않고 있다.

2005년 2월 22일 미 국무성 대변인은 5자가 회담조건이 다 성숙되였다고 보고 있는데 「유독 북조선만 이 조건이 조성되지 않았다고 주장하고 있다」고 하였으며 국무장관 라이스는 2005년 2월 3일 기자회견에서 「6자 회담 모든 참가국들이 회담에서 북조선 사람들에게 핵무기 계획을 검증 가능하고 되살릴 수 없게 포기하는 전략적 선택을 해야 한다는 것을 말해주어야 할」것이라고 하였다.

같은 날 미 국무성 대변인은 「3차 6자 회담에서 미국이 내놓은 제안은 유효하며 북조선은 그것을 론의하기 위해 회담장으로 돌아와야 할 시점」이라고 말하였다.

(2) 미국은 대응선전과 우방 전력지원 강화로 군사협박

3차 6자 회담에서 미국측이 내놓은 이른바 「제안」은 본질상 「전향轉向」이라는 보자기로 감싼 「선 핵 포기」주장으로서 미국도 받아들인 「말 대 말」「행동 대 행동」원칙이 전혀 반영되어 있지 않으며 특히 미국의 적대시 정책 포기에 대한 공약은 전혀 언급되어 있지 않았기 때문에 우리는 2004년 7월 24일 외무성 대변인을 통해 일고의 가치도 없는 「제안」으로 일축해 버린 것이다.

그후 2004년 8월 11일에 있은 뉴욕 조미 접촉 기회에 우리의 이러한 립장이 미국측에 공식 전달되었다. 부쉬 행정부는 3차 6자 회담에서 우리에 대해 「적대시 하지 않는다」고 말해놓고는 돌아앉아서 우리의 「제도 전복」을 노린 적대시 행위들을 거리낌 없이 더 악랄하게 감행하였다.

3차 6자 회담이 끝난 지 한 달도 못된 2004년 7월 21일 미 국회는 이른바 「북조선 인권법」을 통과시킴으로써 「제도 전복」을 재정 물질적으로 담보하는 립법화 행위를 감행하였다.

「북조선 인권법」에 따라 미 국회는 우리 내부에 소형 라지오를 대대적으로 들이밀며 「자유 아시아 방송」시간을 12시간으로 늘이는데 매해 200만US$를 할당하는 것을 비롯하여 「자유화 바람」과 「인권 개선」을 후원하는 개인 및 단체들에 매해 2,400만US$의 자금을 할당하게 되어있다.

2004년 10월 21일 백악관 대변인은 「부쉬 대통령이 서명한 '북조선 인권법'은 북조선정권을 탈출하는 사람들에게 초점을 맞출 것」이라고 공개 선언 하였다. 이러한 「북조선 인권법」의 본질에 대해 「미국의 소리 방송」까지도 「매해 2,400만US$ 한도 내에서 정부의 공식 예산을 처음으로 투입하는 미국 립장에서는 이제 북조선정권을 핵과 인권이라는 두 가지 측면에서 압박하는 기틀을 마련했다는 의미가 있다. '북조선 인권법'은 '탈북자 보호'의 명분 하에 '북조선의 체제 붕괴를 꾀하는 전략'이라고 스스로 폭로하였다.

프랑스 국회 하원 외교위원회 성원인 하원의원 죠르즈 하즈는 2005년 2월 15일 프랑스 외무상에게 보낸 공개질문서에서 「조선 문제를 고찰해보면 조선의 자주권이 항시적으로 유린당해왔다는 것을 알 수 있다. 미 국회는 평양 정부를 와해시키기 위해 매해 2,400만US$를 지출할 데 대한 법안을 통과시켰다」고 사실 그대로 들이댔다.

또한 미국은 4차 6자 회담을 준비하던 2004년 8월 초 노르웨이에서 진행된 「전파안보발기」(PSI)성원국들의 실무회의에서 10월 26일부터 27일 사이에 일본 앞바다에서 해상 봉쇄 훈련을 진행할데 대해 결정하였다.

그리고 이 훈련이 우리를 겨냥한 것이라는데 대해 숨기지 않았다. 미 국무장관은 훈련이 진행되기 3일전인 10월 23일 도꾜에 도착하여 「PSI훈련은 북조선에 대한 국제공동체의 우려의 표시이며 불량행위를 차단하기 위한 훈련」이라고 공언하였다.

이어 훈련 당일날 미 국무성 차관 볼튼은 한 전투함선에까지 기여 올라가 「북조선의 위협은 명백하다. 훈련은 북조선 등 무기 확산에 관여하는 나라와의 무역 거래에 유혹될 수 있는 기업들로 하여금 그러한 생각을 단념하게 할 수 있는 유효한 수단이다. 북태평양에서 진행하는 첫 훈련이기 때문에 매우 의의가 큰 것」이라고 하면서 PSI훈련이 바로 우리를 겨냥한 훈련이라고 내놓고 떠들어댔다.

미국의 군사적 위협 책동은 이에만 그치지 않았다. 3차 6자 회담이 끝난 직후인 2004년 6월 29일 미 국방성은 3개월 안으로 미공군 「F-117 스텔스 전투폭격기 3개 대대를 남조선에 배치할 것」이라고 발표하고 그 배치를 시작하였다.

그리고 최첨단 미싸일 체계로 장비된 「이지스」구축함 2척을 조선 동해에 항시적으로 배치해둘 것을 공식발표하고 실전 배비하였다. 이미 우리를 「핵 선제공격 대상 명단」에 올려놓은 부쉬 행정부는 2004년에 들어서면서 「신 작전 계획 5026」「작전 계획 5027-04」의 작성을 공개하면서 남조선에 대한 방대한 무력증강에 박차를 가해왔던 것이다.

2003년 5월 남조선에 대한 110억US$의 자금 투자를 예견하는 「전력 증강 계획」을 발표한 미국은 2004년 중순에 들어와서는 「전력 재배치」의 미명 하에 그 자금을 130억US$로 늘여 최신 전쟁장비들을 대대적으로 납입하기 시작하였다. 더우기 엄중한 것은 미국이 우리의 지하시설을 파괴하기 위한 새형의 지하 관통 미싸일들을 남조선 주둔 미군에 먼저 공급할 것이라고 한 것이었다.

이에 대해 미 군사 전문 주간지 『디펜스 뉴스』 2004년 7월 12일 호가 미국은 2005년 말까지 「방커 바스터」지하 관통 미싸일 6기를 배비하기로 하였다고 폭로하였다.

부쉬 행정부는 대화 상대방에 대한 험담을 계속 늘어놓고 각방으로 우리를 걸고 들면서 심리 모략전에 계속 매여 달리였다. 미국은 존재하지도 않는 「마약 밀매」「인신 매매」「종교적 탄압」등에 대해 념불처럼 외우면서 매해 그 무슨 보고서라는 것을 작성발표하여 우리를 걸고들고 있고 이제는 「핵 물질 이전설」까지 고안해 내여 대화 분위기에 찬물을 끼얹고 있다.

미국은 우리가 이란에 륙불화우라니움과 불소가스를 밀매하였다느니, 핵발전소용 특수전동기를 넘겨주려 한다느니, 파키스탄을 통해 리비아에 핵물질을 넘겨주었다느니 하는 날조 자료들도 여러 차례 류포시켰다. 이것은 어떻게 하나 우리를 「핵 전파자」로 몰아 우리의 영상을 흐려놓고 국제적 압박 분위기를 조성하자는 것 외 다른 아무 것도 아닌 것이다.

우리는 이란이든 리비아든 그 어느 나라와도 핵분야에서는 어떠한 거래도 진행한 것이 없다.

미국의 주요 언론들도 「미국의 조사 성원들은 북조선의 핵 물질 견본이 없으므로 북조선의 것으로 추정되는 리비아의 핵 물질 용기 안의 내용물 출처를 밝혀낼 방도는 없다고 인정하였으며 미국의 전문가들은 륙불화우라니움 표본 분석은 DNA(데핵산)검사와 다르기 때문에 확정적인 결론을 내리기 어렵다고 의혹을 표시하였다」며 미국의 불순한 기도를 그대로 폭로하였다.

이처럼 미국은 우리에 대한 정치 외교적 압력과 군사적 위협을 계속 가중시키면서 다른 한편으로는 우리보고 「조건이 성숙되였으니 6자 회담장에 빨리 나와야 한다」는 너무도 철면피한 요구를 하고 있다. 이것은 지난 18~19세기 작은 나라를 강점하기 위해 벌려놓았던 큰 나라들의 「포함외교」를 방불케 하고 있다.

이러한 군사적인 압력이나 가한다고 하여 우리가 회담장에 나가 굴복하리라고 생각하는 자체가 어리석기 그지없는 것이다.

미국의 이 모든 행위들은 명백히 우리에 대한 적대시정책의 뚜렷한 표현이다. 미국이 적대시 정책을 포기하고 회담기초를 복구하라는 우리의 요구는 그 어떤 「전제 조건」이 아니다. 부쉬 행정부가 3차 6자 회담기초를 복구하기 위한 어떠한 행동조치도 취한 것이 없는데 시일이나 지났다고 하여 회담조건이 저절로 마련되였단 말인가.

또한 우리 인민이 선택한 사상과 제도, 우리 식의 자유와 민주주의를 전면 부정하고 「제도 전복」을 위한 적대적 행위들을 더욱 로골화하고 있는데 회담조건이 마련되였다고 하는 것은 무슨 당치않은 소리인가.

모든 사실은 미국이 "애당초 6자 회담을 통한 조미 핵문제 해결에는 관심이 없고 회담을 결과 없이 적당히 이어만 놓으면서 시간이나 벌고 우리에 대한 단계별 압박과 고립 봉쇄를 실현하기 위한 환경을 마련하려는 목적을 추구하고 있다는 것"을 실증해 주고 있다.

이전 행정부시기 대조선 협상 전담 특사였던 갈루치는 2004년 6월 18일 교도통신과의 인터뷰에서 「부쉬 행정부는 북조선의 '체제변화'를 목표로 하고 있으며 본격적인 교섭을 바라지 않고 있다」고 비판하였다.

미국의 국제정치문제연구소 기관지 『포린 폴리씨 포커스』는 2005년 2월 22일부 론설에서 「부쉬는 평양 정권이 없는 세계에 대해 공개적으로 언명하면서 평양 정권 교체를 종착점으로 하는 6자 회담을 진행해 왔다. 이것이 바로 부쉬가 추구하는 전략이다」라고 폭로하였다.(Foreign Policy Focus)

미국이 추구하고 있는 불순한 목적은, 있지도 않은 우리의 「우라니움 농축 계획」을 집요하게 물고 늘어지면서도 저들의 묵인 조장하에 계획적으로 추진되여온 남조선의 비밀 핵 활동에 대해서는 한사코 싸고도는 것을 통해서도 잘 알 수 있다.

「우라니움 농축 계획」에 대해 말한다면 우리에게는 그러한 계획이 없다. 미국이 회담 기초를 복구하려는 어떠한 성의와 노력도 없이 대화를 통한 핵문제의 평화적 해결과 회담재개를 운운하는 것은 책임을 회피하려는 요술에 지나지 않는다.

미국이 진정으로 대화를 통한 조미 핵 문제 해결을 바란다면 일방적으로 파괴한 회담 기초를 응당 복구하며 우리의 「제도 전복」을 목표로 하는 적대시 정책을 실천 행동으로 포기하고 우리와 공존하는 데로 나와야 한다. 우리의 요구는 미국이 정책을 바꾸라는 것이다. 부쉬 행정부가 정책 전환 의지는 없이 우리보고 무작정 6자 회담에 나오라고 하는 것은 바로 우리를 「피고석」에 앉혀놓고 「핵무장 해제」를 실현하여 나중에는 군사적으로 덮치겠다는 술책이다.

부쉬는 2004년 8월 18일 위스콘신주에서 벌린 선거유세연설을 비롯하여 여러 기회에 우리의 「무장해제」에 대해 공공연히 떠들어댔다. 이처럼 미국의 본심이 뻔한데 우리가 품들여 만들어놓은 핵무기를 그저 내놓으리라고 생각하는 자체가 오산이다. 우리는 2004년 8월 23일 외무성 대변인 대답을 비롯하여 여러 차례에 걸쳐 그 무슨 「무장해제」와 같은 꿈은 꾸지도 말라는 립장을 명백히 밝혀왔다.

이에 대해 잘 기억해두는 것이 좋을 것이다. 요즘 일본은 미국에 추종하여 그 무슨 「무조건적인 회담 복귀요, 제재요, 뭐요」하며 분수없이 놀아대고 있다. 원래 일본은 미국의 철저한 하수인으로서 6자 회담에 참가할 자격도 없다. 자기의 상전으로 여기는 미국이 회담에 참가하면 됐지 그 하수인까지 회담에 참가할 필요가 있겠는가. 그러한 일본이 주제넘게도 우리에 대한 「제재 발동」을 시도하고 있는데 우리는 일본의 기도에 대해서도 면밀히 주시하고 있다.

조선 반도의 비핵화 목표를 견지하며 대화와 협상을 통해 핵 문제를 평화적으로 해결하려는 우리의 원칙적 립장에는 의연히 변함이 없다. 미국이 믿을만한 성의를 보이고 행동하여 6자 회담이 개최될 수 있는 조건과 명분을 마련한다면 우리는 어느 때든지 회담에 나갈 것이다. 우리의 정당한 요구에도 불구하고 부쉬 행정부가 그 어떤 성의도 보이지 않고 「6자 회담의 재개」요 뭐요 하며 대화 타령으로 시간이나 끌려 한다 해도 우리에게 나쁠 것은 없다.

지금까지 부쉬 행정부가 우리의 「제도 전복」을 노린 대조선 적대시 정책을 더욱 로골화 하여 6자 회담의 기초를 파괴하고 대화의 조건과 명분을 말끔히 없애버림으로써 핵 문제 해결의 길을 가로막은 행위들은 반드시 력사에 기록될 것이며 미국은 그에 대한 응당한 대가를 치르게 될 것이다.

제4차 6자 회담 공동성명(2005.9.19., 베이징)

제4차 6자 회담이 베이징에서 중화인민공화국 · 조선민주주의인민공화국 · 일본국 · 대한민국 · 러시아연방 · 미합중국이 참석한 가운데 2005년 7월 26일부터 8월 7일까지, 그리고 9월 13일부터 19일까지 개최되었다.

중화인민공화국 외교부 부부장 무대위(우다웨이), 조선민주주의인민공화국 외무성 부상 김계관, 일본 외무성 아시아대양주 국장 사사에 겡이찌로(겐이치로), 대한민국 외교통상부 차관보 송민순, 로씨야 외무부 차관 알렉쎄예브(알렉세예프), 미합중국 국무성 동아시아 및 태평양 문제 담당 차관보 크리스토퍼 힐이 각측 단장들로 회담에 참석하였다.

무대위 부부장이 회의를 사회하였다.

조선 반도와 나아가서 동북아시아의 평화와 안정을 이룩하기 위하여 6자는 지난 3차례의 회담들을 통하여 달성된 공동 인식에 기초하여 호상존중과 평등의 정신에서 조선 반도 비핵화에 관한 진지하고 실무적인 토의를 진행하고 다음과 같은 원칙들에 합의하였다.(전현준 외 『10·9 한반도와 핵』이룸 2006)

① 6자는 검증 가능한 방법으로 조선 반도 비핵화를 평화적으로 실현하는 것이 6자 회담의 목표라는 것을 일치하게 재확언 하였다.

조선민주주의인민공화국은 모든 핵무기와 현존 핵 계획을 포기하며 멀지 않은 시기에 핵무기 전파 방지 조약에 복귀하고 국제원자력기구와의 담보 협정을 리행할 것을 공약하였다.

미합중국은 한반도에 핵무기를 갖고 있지 않으며 핵 또는 상용 무기로 조선민주주의인민공화국을 공격하거나 침공할 의사가 없다는 것을 확언하였다.

대한민국은 자기의 령토 내에 핵무기가 존재하지 않음을 확인하면서 1992년도 조선 반도의 비핵화에 관한공동선언에 따라 핵무기를 접수하거나 배비하지 않겠다는 공약을 재확언하였다.

1992년도 조선 반도의 비핵화에 관한 공동선언은 준수되고 리행되어야 한다.

조선민주주의인민공화국은 핵 에네르기의 평화적 리용 권리를 가지고 있다는 것을 천명하였다.

기타 참가국들은 이에 대한 존중을 표명하였고 적절한 시기에 조선민주주의인민공화국에 대한 경수로 제공 문제에 대해 논의하는데 동의하였다.

② 6자는 호상 관계에 있어 유엔헌장의 목적과 원칙들 그리고 공인된 국제 관계규범을 준수하기로 하였다.

조선민주주의인민공화국과 미합중국은 서로의 자주권을 존중하고 평화적으로 공존하며 쌍무적 정책에 따라 관계 정상화를 위한 조치들을 취하기로 하였다.

③ 6자는 에네르기·무역·투자 분야에서의 쌍무적 및 다무적 방법으로 경제적 협조를 추동할 것을 공약하였다.

중화인민공화국·일본국·대한민국·로씨야련방·미합중국은 조선민주주의인민공화국에 대해 에네르기 지원을 제공할 용의를 천명하였다.

대한민국은 조선민주주의인민공화국에 대한 200만 키로와트의 전력 제공과 관련한 2005년 7월 12일 제안을 재확언하였다.

④ 6자는 동북아시아에서 항구적인 평화와 안정을 이룩하기 위하여 공동으로 노력할 것을 공약하였다.

직접적인 당사국들은 적절한 별개의 연단에서 조선 반도의 항구적인 평화체제에 관한 협상을 가질 것이다.

6자는 동북아시아에서 안보와 협조를 도모하기 위한 방도와 수단들을 탐구할 것을 합의하였다.

⑤ 6자는 이상의 일치 합의 사항들을 「공약 대 공약」 「행동 대 행동」원칙에 따라 단계별로 리행하기 위한 조화로운 조치들을 취하기로 합의하였다.

⑥ 6자는 제5차 6자 회담을 11월 상순 협의되는 날짜에 베이징에서 진행하기로 합의하였다.

북조선 외무성 대변인 담화(2006년 6월 1일)

조선 반도 핵 문제 해결을 위한 6자 회담이 6개월이 넘도록 교착 상태에서 벗어나지 못하고 있다. (제5차 6자 회담이 2005년 11월 11일 베이징에서 열렸으나 아무런 진전·결정 없이, 4차 회의 결정들을 잘 지켜가야 한다는 의장 성명만 있었다.)

시간이 흐름에 따라 6자 회담 공동성명은 자기의 탄력을 잃어 가고 회담에 대한 우리 인민과 국제사회의 관심과 기대도 식어 가고 있다. 요즘에 와서 미 행정부 관리들은 입만 벌리면 「6자 회담 재개」에 대해 제창하면서 우리의 「전략적 결단」이 필요하다느니, 대 조선 관계에서 「새로운 접근책」을 모색하고 있다느니 하는 여론을 내돌리고 있다. 하지만 6자 회담 과정을 달가와하지 않고 그것을 파탄시키려는 미국의 본심은 점점 더 드러나고 있다.

미국은 공동성명에서 한 공약과는 정반대로 우리에 대한 제재 압박 도수를 계단식으로 높이면서 우리로 하여금 회담에 나갈 수 없게 만들고 있다. 우리는 이미 제재 모자를 쓰고는 절대로 핵 포기를 논의하는 6자 회담에 나갈 수 없다는 데 대해 루차 명백히 밝히였다.

미국이 진실로 6자 회담 재개를 바란다면 그 방도는 간단하며 미국도 그에 대해 잘 알고 있다. 지난해 11월, 1단계 5차 6자 회담에서 6자가 2단계 회담 개최에 필요한 분위기 조성을 위해 쌍무적·다무적 접촉을 적극화 하기로 합의해 놓았지만 미국은 우리와의 접촉을 회피하고 있다.

그것은 미국이 6자 회담 개최에 관심이 있는 것이 아니라 오직 하나, 우리의 「선先 핵 포기」만을 추구하고 있기 때문이다. 미국 측은 지난해 9월, 제4차 6자 회담에서 공동성명 초안에 「선 핵 포기」요구가 반영되지 않게 되자 마지막까지 반대하다가 다른 참가국들의 설득에 못 이겨 하는 수 없이 그에 서명하였다. 결국 이 공동성명의 채택으로 미국의 「선 핵 포기」꿈은 완전히 수포로 돌아가게 되었다.

미국은 앞으로 6자 회담이 열리더라도 종전처럼 「선 핵 포기」요구를 무작정 고집할 수 없으며 그럴 경우 다른 회담 참가국들의 비난의 대상으로 될 수밖에 없다는 것을 잘 알고 있다. 또 회담이 열리면 싫든 좋든 우리와의 관계 정상화, 평화협정 체결, 경수로 제공 등을 논의하는 「주고 받기식 협상」에 들어가지 않을 수 없게 되어 있다는 것도 알고 있다.

그러나 그렇게 하면 우리에게 「양보」하는 것으로 되므로 이른바 「강경」으로 현 위기를 타개하여 11월 중간 선거에 유리하게 써먹으려는 미 행정부 내 강경파들에게 통할 수 없게 되어 있다.

6자 회담 공동성명을 성실히 이행하여 조선 반도 비핵화를 실현하려는 우리의 입장과 의지에는 변함이 없다. 우리는 미국이 우리를 적대시하지 않고 조미 사이에 신뢰가 조성되여 미국의 위협을 더 이상 느끼지 않게 되면 단 한 개의 핵무기도 필요 없게 될 것이라는 데 대해 벌써 여러 차례 밝히였다. 우리는 핵 포기에 대한 전략적 결단을 이미 내리였으며 이것은 6자 회담 공동성명에 반영되여 있다.

이제라도 우리는 핵 포기 문제와 함께 쌍무 관계 정상화·평화공존·평화협정 체결·경수로 제공 등 공동성명 조항들을 「동시 행동 원칙」에 따라 충분히 논의할 준비가 되여 있다. 이제 남은 것은 미국이 우리가 6자 회담에 나가 마음 놓고 우리의 공약을 이행할 수 있는 조건과 분위기를 마련하는 것이다.

그런데 미국은 당사자인 우리와 마주 앉아 진지하게 논의하려 하는 것이 아니라 3자를 통해 자기 의사를 전달하여 문제 해결에 도움은커녕 혼란만을 더해주고 있다.

미국은 금융 제재 문제는 법 시행 기관이 하는 일이므로 6자 회담과 별개의 문제라고 하다가 다시 6자 회담 틀 내에서 논의할 수 있다고 하는가 하면 평화협정 체결 문제를 핵 문제와 병행하여 추진할 수 있다고 하다가는 6자 회담 재개를 위해 새로운 제안을 내놓을 생각이 없다는 등으로 한입으로 서로 다른 소리를 연발하고 있다.

평화협정 체결 문제에 대해 말한다면 그것은 공동성명에 명기되어 있는 의무 사항으로서 타방에 대한 어느 일방의 양보도 선사품도 아니다. 핵 문제와 같은 중대한 문제들을 논의 해결하자고 하면서도 당사자와 마주 앉는 것조차 꺼려한다면 언제가도 문제 해결의 방도를 찾지 못할 것이다.

우리는 미국이 진실로 공동성명을 이행할 정치적 결단을 내렸다면 그에 대하여 6자 회담 미국 측 단장이 평양을 방문하여 우리에게 직접 설명 하도록 다시금 초청하는 바이다.

미국이 금융 패권을 휘두르며 제재로 우리의 「선 핵 포기」를 실현해 보려는 것은 물우에 비긴 달을 건져 보려는 것과 같은 허황한 망상이다. 선군 정치에 기초한 독특한 일심 단결과 자립적 민족경제를 가지고 있는 우리의 사회주의 체제는 미국의 「금융 제재」 같은 것에 흔들리지 않게 되여 있다.

그러나 우리는 미국이 빼앗아 간 돈은 꼭 계산할 것이다. 지난 50여 년의 역사가 증명하듯이 제재는 헛수고에 불과하며 우리의 강경 대응 명분만 더해 줄 뿐이므로 결코 우리에게 나쁘지는 않다. 미국이 우리를 계속 적대시하면서 압박 도수를 더욱더 높여 나간다면 우리는 자기의 생존권과 자주권을 지키기 위하여 부득불 초강경 조치를 취할 수밖에 없게 될 것이다.

조선민주주의인민공화국 외무성 성명(2006년 10월 17일)

지난 14일 미국은 유엔 안전보장리사회를 내세워 우리의 자위적인 핵시험을 국제 평화와 안전에 대한 「위협」으로 부당하게 걸고 들면서 또다시 악랄한 반공화국 제재 봉쇄 「결의」를 통과시켰다.

우리의 성공적인 핵 시험은 미국의 가중되는 핵전쟁 위협과 제재 입력 책동에 대처하여 나라의 자주권과 인민의 생명 안전을 수호하기 위한 적극적인 방어적 대응 조치로서 완전히 주권국가의 자주적이며 합법적인 권리행사에 속한다.

미국이 핵 문제를 기화로 우리 국가의 최고 안전과 우리 민족의 근본 이익을 엄중하게 침해하였기 때문에 우리는 부득불 핵무기 전파 방지 조약의 해당 조항에 따라 합법적으로 조약에서 탈퇴하였으며 가장 공명정대하고 투명성 있는 과정을 거쳐 핵무기를 만들었다.

우리는 핵보유를 입증하는 시험도 국제관례를 초월하여 정정당당하게 사전 공포까지 하고 합법적으로 진행하였다. 우리는 안전성이 철저히 담보된 조건에서 핵 시험을 하였으며 책임 있는 핵보유국으로서 절대로 핵무기를 먼저 사용하지 않을 것이며 핵 이전을 불허할 것임을 명백히 천명하였다.

뿐만 아니라 세계적인 핵군축과 종국적인 핵무기 철폐를 추동하기 위하여 백방으로 노력할 것이며 대화와 협상을 통하여 조선 반도의 비핵화를 실현하려는 원칙을 변함없이 고수할 것임을 명백히 밝히었다. 그럼에도 불구하고 우리를 핵 시험에로 떠밀어 온 장본인인 미국이 이제 와서 도적이 매를 드는 격으로 저들이 한 짓은 보따리에 싸 뒤전에 밀어 놓고 우리가 국제평화와 안전을 「위협」한 것처럼 몰아붙이는 것은 완전히 언어도단이며 절대로 용납될 수 없다.

우리의 핵 시험은 오히려 미국의 핵위협 공갈과 새 전쟁 도발 기도를 견제하는 강력한 억제력을 과시함으로써 조선반도는 물론 동북아시아 지역의 평화와 안정을 수호하는 데 크게 이바지한 장거로 된다. 이 모든 사실을 외면하고 조선 반도 핵 문제의 근원인 미국의 대조선 적대시 정책은 못 본 체하고 그에 맞서 나라의 자주권을 지키려는 우리의 자주적 권리 행사는 범죄시하면서 조선 반도 비핵화를 운운하는 것은 완전히 공정성을 상실한 비도덕적 처사이다.

이번 유엔 안전보장이사회 「결의」는 두말할 것 없이 인민대중 중심의 우리식 사회주의 제도를 허물려고 미쳐 날뛰는 미국의 각본에 따른 것으로서 우리 공화국에 대한 선전포고로 밖에 달리 볼 수 없다. 우리는 미국의 대조선 적대시 정책의 산물인 유엔 안전보장이사회 「결의」를 단호히 규탄하며 전면 배격한다.

유엔 안전보장이사회는 이번 「결의」를 채택함으로써 주권 평등과 자결의 원칙을 초석으로 하는 유엔 헌장을 짓밟고 우리 민족의 모든 불행의 화근인 나라의 분열을 조장시켰으며 우리에 대한 노골적인 「제도 전복」 책동을 체계적으로 일삼아 온 미국을 비호하고 묵인한 역사적 책임에서 결코 벗어날 수 없다.

오늘의 사태 발전은 우리 인민이 선택한 핵무기 보유 결단이 천만 번 정당하다는 것을 다시 한 번 뚜렷이 실증해 주고 있다.

미국은 우리에 대하여 오산하지 말아야 한다. 부쉬 집단이 역대 행정부들의 대조선 관계사에 기록된 수치스러운 패배의 교훈을 망각하고 아직도 다 거덜이 난 대조선 적대시 정책에 매달려 제재와 압력으로 우리를 굴복시킬 수 있으리라고 생각한다면 그처럼 가소롭고 허황한 망상은 없을 것이다.

지난날 핵무기가 없이도 온갖 풍파에 끄떡하지 않은 우리 공화국이 당당한 핵보유국이 된 오늘날에 와서 그 누구의 압력이나 위협에 굴복한다는 것은 말도 되지 않는다. 우리는 평화를 원하지만 결코 전쟁을 두려워하지 않으며 대화를 바라지만 대결에도 언제나 준비되어 있다.

우리는 이미 천명한 대로 조선 반도 비핵화를 실현하기 위하여 자기의 책임을 다할 것이지만 그 누구든지 유엔 안전보장리사회 「결의」를 내들고 우리의 자주권과 생존권을 털끝만치라도 침해하려 든다면 가차 없이 무자비한 타격을 가할 것이다. 우리는 금후 미국의 동향을 주시할 것이며 그에 따라 해당한 조치를 취해 나갈 것이다. (전현준 · 조성렬 ·정창현 ·정영태 ·류길재 ·양문수 ·전봉근 ·홍현익 ·신정화 ·주장환 ·김근식 ·이태섭 ·전영선 ·김연철 ·고유환 『10.9 한반도와 핵』 이룸 2006)

제6장
미국과 일본의 군사동맹 강화 한반도 위기조장의 근원

1. 약소국의 자주독립과 평화보장 요구에 언제나 적대적 위협

1) 미군의 천문학적 장기 주둔 비용, 한·일 양국에 떠맡겨

1993년부터 1994년에 걸쳐 일어난 「한반도 위기」는 중동의 걸프전과 더불어 냉전 후의 일본 안전보장정책에 커다란 영향을 주었다. 한반도 위기란, 북조선의 핵무기 개발 의혹을 둘러싸고 미국과의 대립이 격해져 전쟁 일보 직전까지 갔지만 카터Jmmy Carter 전 대통령이 방북하여 김일성 주석과 회담을 가짐으로써 가까스로 전쟁을 피할 수 있었던 사건이다.

이 항목에서는 전쟁의 위험이 높아지는 와중에 일본 정부와 자위대가 어떻게 움직였는가, 미일 안보가 어떻게 기능했는가 혹은 기능하지 않았는가 하는 물밑 사실의 전모를 밝히고자 했다. 일본 정부는 그 내용을 당시에도 그 후에도 일체 공표하지 않았다. 그러나 그 비밀에 부쳐진 체험은 다음 항목에서 다룰 1994년 이후의 「미일 안보 재정의」라는 일본 안보정책 변화의 주요 동기가 되었다. 뒤집어 보면 「미일 안보 재정의」의 의미를 이해하기 위해서는 한반도 위기에서 무엇이 일어났는가를 알아야 한다는 얘기다.(外岡秀俊·本田優·三浦俊章 저, 진창수·김철수 역 『米日同盟半世紀, 安保と密約』 朝日新聞社·한울아카데미 2006)

우선 위기의 핵심을 살펴보기 전에 당시 미국의 동아시아전략을 살펴보자. 부쉬 행정부는 냉전이 끝난 직후인 1990년부터 1992년에 걸쳐서 동아시아전략에 관해 세 가지 보고서를 의회에 제출했다. 모두 「아시아 · 태평양지역의 전략적 기초 21세기를 향하여」 라는 제목으로 제1차 보고(통칭 EASI 1)는 1990년 4월 18일자, 제2차(통칭 EASI 2)는 1991년 2월 28일자, 제3차(통칭 EASI 3)는 1992년 7월 13일자로 제출되었다. 콜린 파월 합동참모의장이 중심이 되어 냉전 후의 미군이 나아갈 길에 관한 신구상 「기본 전력 base force」을 만들었다.

(1) 북측은 강대국 미국의 핵위협을, 미국은 북의 도발을 계속 강조

이 중 1차 보고서는 냉전 후 미국의 동아시아전략으로서는 최초의 것이며, 미국의 기본적인 국익 · 전략 · 미일 안보의 위치 정립 등에 관한 당시 미국 정부의 사고방식이 명확히 기록되어 있다. 그 기본적인 내용은 냉전 종식에 의한 위협 인식 변화와 미국 내의 국방예산 삭감 압력을 배경으로 동아시아지역의 미군 주둔에 관해 해공군의 주력부대를 남기고 다른 지상군 등은 대폭 감축하는 대신에 일본과 한국 등 동맹국의 부담을 늘린다 는 것이다. 감축 폭은 다음과 같았다.(통계표 참조)

· 제1단계(1~3년): 아시아에 전방전개하고 있는 13만 5,000명의 미군 병력 중 1만 4,000~1만 5,000명 줄인다.
· 제2단계(3~5년): 병력구조 감축과 재구축. 전투부대의 더욱 적극적인 감축을 서서히 진행.
· 제3단계(5~10년): 병력감축을 더욱 적극적으로 진행시키고 정세情勢에 걸맞은 최소한의 수준으로 고정.

냉전 후 미군 전방전개의 감축(전략적 기본 틀 제1단계. 1990~1992년)

	주일미군		주한미군	
	1990년 4월	1992년 12월	1990년 4월	1992년 12월
전 체	50,000	45,227	44,400	37,413
육 군	2,000		32,000	
해 군	7,000		400	
공 군	16,000		11,500	
해병대	25,000		500	

〈동아시아전략에 관한 1~3차 보고서〉

제1단계의 내역은 주일미군을 5,000~6,000명, 주한미군을 7,000명 감축한다는 것이었다. 또한 제2단계에서는 주일미군을 추가로 5,000~6,000명 감축 할 예정이고 제3단계는 한반도에서 한국군이 방위의 주도적인 역할을 담당하고 미군은 그것을 지원하는 일부 군대만이 남게 되는 것을 주된 내용으로 하고 있다. 또한 '일본의 부담 증가'란, 자국의 영역방위나 1,000해리 해상교통로 방위능력 증강 주일미군의 주둔경비 부담 증액을 말하는 것이었고, 항공모함 등의 '전력 투입능력'에 관해서는 "지역의 불안정화를 초래한다"고 보고 이를 보유하지 못하게 하는 의향이 명기되어 있다.

보고서2에서는 미군의 감축 상황이 보고되어 주일미군은 4,773명 감축, 주한 미군은 6,987명 감축 등의 계획이 순조롭게 실행되고 있음을 시사하고 있다. 이대로 진행되었다면 동아시아에서의 미군 주둔은 냉전시대와 크게 변화되어 전개되었을 터였다. 그러나 실제로는 그렇게 되지 않았다.

1991년 11월 21일 서울에서 열린 한미 정기안보협의 후 딕 체니 미 국방장관과 이종구 한국 국방장관이 북측의 핵무기 개발에 대해 '심각한 우려'를 표명하고 제2단계의 주한미군 감축계획을 연기하는 공동성명을 발표한 것이다. 약 8개월 후에 공표된 EASI 3에는 한반도 정세가 다음과 같이 기록되어 있다.

북한의 핵무기 능력 추구는 동북아시아의 안전보장에서 가장 절박한 위협이다. … 한국과 미국은 북한의 내부 파열이나 붕괴에서부터 자포자기로 인한 공격, '최악의 사태'인 유사시에 대비해야 한다.

그리고 「북측의 핵무기 개발계획을 고려하여 제2단계의 주한미군 철수 중지」가 포함된 것이다.

(2) 종속 우방 일본도 미국의 군사 활동 지원, 동북아 봉쇄 통제에 동참

한반도 위기와 관련하여 보고서1에서 다루어진 주일미군 주둔경비의 일본부담 증액 문제에 관해서도 정리해 본다.

"미국이 어렵다면 돕겠다. 주제넘지만 그것이 배려이다." 1978년, 가네마루 신金丸信 방위청 장관의 한마디로 '배려예산' 즉 미군 주둔경비를 일본이 부담하기 시작했다. 미군의 「주둔국 지원Host nation support」이라고도 했다.

미일 지위협정 24조는 "일본에 미국 군대를 유지하는 것에 수반되는 모든 경비는, … 일본에 부담을 주지 않고 미국이 부담한다"라고 정하고 있어, 미군에 대한 시설과 구역 제공에 수반되는 보상 지불을 예외로 하고 나머지는 모두 미국이 부담하기로 되어 있었다. 그러나 미국은 1970년대 후반에 엔화 강세와 달러화 약세, 일본의 물가폭등 등에 수반된 재정난 때문에 기지에서 근무하는 일본인 종업원의 노무비 일부를 일본이 부담하라고 요구했다. 그 배경에는 고도성장을 거쳐 경제대국이 되어가고 있던 일본에게 응분의 방위비 부담을 요구해야 한다는 압력도 있었다.

일본 정부는 1978년도에 일본인 종업원의 복리후생비 등 62억 엔의 부담을 지위협정의 해석 확대에 의해 결정했다. 그러나 그 이후에도 미국의 부담증액 요구는 계속되었고 일본은 시설의 정비비 등의 부담도 새로이 개시했다. 1987년에는 지위협정의 내용을 사실상 바꾸는 특별협정을 체결하고 일본인 종업원의 퇴직수당 등의 부담을 지기 시작했다.

그러나 미국의 부담증액 요구는 걸프전 등을 거치며 한층 더 거세졌고 이것은 1차보고서에도 명시했던 것이다. 이에 따라 일본은 1991년 1월에 일본인 종업원의 기본급과 미군이 사용하는 광열비도 부담하기로 결정하는 특별협정을 체결했다. 기본급 부담에 대해 살펴보면 1992년도 25%, 1993년도 59%, 1994년도 75%, 1995년도부터 100%로 해마다 늘어갔다. 그 결과 일본의 주둔경비부담은 계속 팽창하여 2000년도에는 세출 기준으로 2,757억 엔이 되었다.

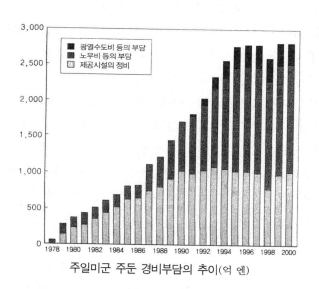

주일미군 주둔 경비부담의 추이(억 엔)

2000년에는 반대로 일본이 불황을 이유로 삼아 처음으로 감액을 요청했다. 수개월간의 협상 결과, 기지 밖의 미군주택의 광열비를 미국이 자기부담하기로 해서 일본의 부담이 1.2% 축소되었다. 일본의 주둔경비부담에 관해서 보고서3에서는 「일본은 미군인의 급료를 제외한 미군 주둔경비의 약 73%를 지불하게 된다」고 하면서 다음과 같이 평가했다.

일본은 동맹국 중에서 타의 추종을 불허하는 가장 관용적인 주둔국 지원을 제공하고 있다. 이러한 높은 수준의 지원 결과, 일본은 미군에게 주둔경비가 미국을 포함하여 전 세계에서 가장 저렴한 장소가 되었다.

2) 핵개발 놓고 왕년의 침략세력과 신생 독립국이 치열한 대결

(1) 「일본을 노리는 흉기」, 「재침에 대비한 억제수단」 주장 팽팽히 맞서

한반도 위기는 신냉전의 산물이었다. 1990년 9월 초 소련의 에드월드 셰바르드나제 외무장관이 심복인 세르게이 타라셴코 외무부 정책기획국장을 이끌고 북조선을 방문했다. 방문 목적은 소련정부가 비밀리에 결정한 소련과 한국의 국교수립이라는 내용을 북조선 정부에 전달하는 것이었다. 그러나 북은 격노했다.

타라셴코가 저서에서 밝힌 바에 의하면, 김영남 부총리 겸 외교부장은 셰바르드나제 외무장관에게 "소련과 한국이 국교를 맺으면 독자적으로 핵무기를 개발하겠다"고 표명했다고 한다. 이러한 내용은 당시 김영남이 미리 준비된 문서를 그냥 낭독했다는 사실을 보면, 돌발적이고 즉흥적인 발언이 아니었다는 것을 알 수 있다. 이 문서에는 이 밖에 "일본과 수교할 계획 또는 북방 4영토문제에 대해서는 일본 주장을 지지한다"와 같은, 소련이 싫어할 만한 정책들이 줄줄이 열거되어 있었다.(『米日同盟半世紀, 安保と密約』)

북조선은 말뿐이 아니라 그 내용을 실행에 옮기고 있었다. 이러한 북·소 외무장관회담이 열린 후 약 1개월 후인 9월 27일에 평양을 방문한 가네마루 전 부총리에게 김용순 노동당서기는 갑자기 「국교정상화협상의 개시」를 제안하여 일본을 놀라게 했다. 이 북일협상은 1992년 가을에 좌절되는데, 만일 진전이 있었다면 '북방 4영토 반환 지지' 표명도 실제로 있었을 가능성이 크다.

북측에는 국제사회의 변화에서 뒤처지고 있다는 사실에 대한 초조함이 있었다. 이례적으로 분위기가 무거웠던 북·소 외무부 장관 회담 직후에 소련 외무부를 통해 사실 경과를 알게 된 일본 외무성의 정세분석 담당관은, 북의 대외정책에 관해 "핵개발의 카드를 최대한 비싸게 파는 것 이외에 유효한 수단을 갖고 있지 않은 것 같다"라는 분석 결과를 내부적으로 보고했다.(독자적 핵개발을 막을 수 없게 되었다는 뜻)

동아시아의 냉전은 38선에서 분단된 한반도에 상징적으로 표출되어 있었다. 북조선 배후에 소련과 중국, 한국 배후에 미국과 일본이 버팀목이 되어 전략적인 균형이 유지되어 왔다. 그러나 냉전 종식과 함께 이 구도가 무너졌다. 한국이 소련·중국과의 외교를 적극적으로 진행시키고 중·소 양국도 그것에 응했다. 한국의 '경제 카드' 즉 자본력·시장력이 중·소 양국에게는 매력이었던 것이다. 결국 한국은 1990년 9월 30일에 소련, 1992년 8월 24일에 중국과 국교를 수립한다. 그러나 북은 미국·일본과의 관계를 개선하지 못하고 고립되어 갔다. 그야말로 「핵 카드」 한 장에 의지하는 벼랑끝 외교에 빠져들어 간 것이다.

미국이 1993년 1월에 부쉬 행정부에서 클린턴Bill Clinton 행정부로 교체되고 나서 그 양상은 지극히 위험한 영역으로 빨려 들어갔다.

북의 주요한 핵시설은 1993년 당시 평양에서 북으로 약 90km 떨어져 있는 영변지역에 집중되어 있었다. 1986년부터 가동하고 있는 5MW(메가와트)의 실험용 원자로, 건설 중인 50MW 원자력발전소, 방사화학연구소, 핵연료봉 제조공장 등이다. 북은 1974년부터 국제원자력기구IAEA의 회원국이었고, 1985년부터는 핵확산금지조약NPT의 회원국이었다.(IAEA : International Atomic Energy Agency 국제원자력기구 / NPT : Nuclear nonProliferation Treaty 핵확산금지조약)

IAEA의 핵사찰은 걸프전에서 이라크의 비밀 핵무기 개발계획이 밝혀진 이후부터 미국의 기밀정보를 제공받아 적극적이며 엄격한 사찰로 강화되어, IAEA와 북조선과의 사이에 마찰이 거듭되고 있었다.(학살전쟁이 끝나가면서 '이라크의 대량파괴 무기 생산'은 이라크를 멸망시키려는 미국의 거짓으로 밝혀졌다.) 북은 1990년에 실험용 원자로에서 결함연료봉을 꺼낼 때 90g의 플루토늄을 추출했다고 IAEA에 보고했었다. 플루토늄은 핵폭탄의 원료가 되는 것인데, 이 정도의 양이면 핵폭탄 제조에 필요한 양의 수십 분의 1 수준이었다.

그러나 미국은 다른 견해를 갖고 있었다. 이 무렵의 상황은 1993년부터 1994년에 걸쳐서 국방 부장관에서 국방장관이 된 윌리엄 페리William Perry와 국방차관이 된 애시턴 카터Ashton Carter가 공동으로 저술한 『예방적 방위 予防防衛』에 자세히 적혀 있다. 그것에 따르면 미국의 정보기관은 1989년에 이 원자로에서 연료봉을 꺼내어 플루토늄을 추출했으며 그 양은 최대 핵폭탄 1~2개를 만들 수 있는 양이었을 가능성이 있다고 보고 있었다. 더욱이 1993년 가을에는 이 원자로의 핵연료 사이클이 완결되어 그 연료봉을 모두 꺼내서 추가적으로 핵폭탄 5~6개 분량의 플루토늄을 추출 할 수 있었을 것이라 추측하고 있었다. 미국의 추정과 북측 보고서 간의 차이는 양국 간의 긴장을 불러왔고, 동시에 북측과 IAEA의 마찰을 낳았다.

그것이 「한반도 위기」라 불리는 사태가 된 것은 1993년 3월 12일 북이 'NPT 탈퇴 결정'을 발표하면서부터이다. 그 직전인 2월 25일에 IAEA가 북조선측에 영변에 있는 미

신고 시설에 대한 특별사찰을 수용하도록 요구하는 결의를 채택하고, 이어 3월 9일에 한·미 양국이 합동 군사훈련「팀스피릿 1993」을 시작한 것이 도화선이 되었다. 핵확산 금지조약에 의하면 NPT 탈퇴는 IAEA 등에 통지한 후로부터 3개월이 지나면 유효해진다. 이것은 비핵무기국이「핵무기를 제조도 취득도 하지 않는다」는 구속에서 자유로워지는 것을 의미한다. 이로써 북은「핵 카드」를 공공연히 쓰기 시작한 것이다.

북은 쐐기를 박듯이 5월 말에는 중거리 노동미사일 발사실험에 성공했다. 미사일 기술에 정통한 데이비드 라이트David Wright MIT 교수와 티무르 카디셰프Timur Kadyshev 러시아 과학아카데미 계획연구센터 상급연구원의 논문「북조선의 노동미사일 분석」(Science & Global Security, 1994, no.4)에 의하면, 이 발사실험은 5월 29일과 30일에 실시되었다. 발사된 미사일은 4발로, 이중 1~2발이 사정거리 1,000km인 노동미사일이고, 나머지는 사정거리 500km인 스커드형 미사일이었다.

발사된 장소는 북부 동해안의 대포동이라는 곳으로, 미사일은 동해를 향하여 날아갔다. 이때 노동미사일의 비거리는 실험용으로 500km로 단축되어 있었다. 미군과 일본 자위대는 이때의 발사실험을 모니터링하고 있었다고 한다.

북의 동해안에서 사정거리가 1,000km이면 서일본 대부분의 지역이 사정 범위 안에 들어간다. 미사일에 핵을 탑재하기 위해서는 핵실험을 거듭해서 소형 핵탄두를 제조할 수 있도록 해야 하므로 이때 북측이 핵폭탄을 1~2개 갖고 있었다고 하더라도 노동미사일에 탑재하는 것은 아직 불가능했다. 그러나 장차 핵무기국으로서의 잠재능력을 명시한다는 의미에서는 이것 역시 강력한 협박blackmale이었다.

북조선 정부는 이렇게 해서 스스로 상황을 궁지에 몰아넣으면서 미국 정부에게 직접 협상을 제안했다. 미국은 이를 받아들였다. 로버트 갈루치Robert Gallucci 국무차관보와 강석주 외무차관의 협상이 유엔 본부가 있는 뉴욕에서 열렸다. 그리고 NPT 탈퇴가 유효해지는 6월 12일 전날 밤에 양측은 협의를 계속할 것과 NPT 탈퇴 보류 등으로 의견을 모으고 그 내용을 공동성명으로 발표했다. 이렇게 해서 북은 당면한 위기를 그럭저럭 극복하고 미국과의 직접협상의 길을 확보했다. 그러한 의미에서는 북의 벼랑끝 외교는 효과가 있었다고 할 수 있다. 그러나 IAEA의 핵사찰에 전면적인 협력을 하지 않고, 반대로 그것에 의해 핵개발능력의 실태를 안개 속에 감춰버리고 그것을 외교 카드로 사용하는 이상 미국·한국·일본 등 주변국가 들의 불신이 사라질 리가 없었다. 긴장의 파도는 일시적으로 가라앉았지만 금방 다시 거세졌다.

북미협의는 1993년 가을부터 주로 톰 허버드Tom Hubbard 국방차관보 대리와 허종 대사와의 사이에서 이루어졌다. IAEA의 사찰 재개나 북미 국교 정상화문제 등이 논의되었지만 쉽게 합의에 이르지는 못했다. 이듬해인 1994년 2월 25일, 마침내 한미 합동 군사훈련 「팀스피릿 1994」의 중지, IAEA 핵사찰의 3월 1일 재개 등에 합의하고 IAEA의 조사단이 북에 들어갔다. 그러나 IAEA는 중요한 부분의 사찰을 거부당했다고 하며 약 2주 만에 철수했다.

그 이틀 전에 한반도 38선상에 있는 판문점에서 열린 남북 실무협의에서는 북의 박영수 수석단장과 한국의 송영대 수석대표 사이에서 격론이 벌어졌다. 박 단장은 "대화에는 대화로 맞서고 전쟁에는 전쟁으로 응할 만전의 준비가 되어 있소. 서울이 여기에서 멀지 않소. 전쟁이 발발하면 서울은 불바다가 될 것이오"라고 말했다. 그 장면이 한국에서 TV로 방영되면서 큰 파문을 일으켰다.

(2) 전면전쟁 5027을 비롯하여 핵시설 기습폭격까지 구상

이런 상황 속에서 미국 정부는 만일의 사태에 대비하여 전쟁 준비를 진행하고 있었다. 『예방적 방위』에 따르면 페리 국방장관은 존 살리카슈빌리John Shali-kashivili 합동참모본부 의장과 게리 럭Gary Luck 주한미군사령관에게 「작전계획 5027」의 재검토를 명령했다.

작전계획 5027은 존재 자체도 숨겨져 있던, 극비의 한미 공동 대북전쟁계획이다. 관계자에 의하면 그 개요는 1970년대 중반까지는 「북군의 남진 – 한국군과 미군은 서울 이남으로 일단 후퇴 – 미군 증파 – 단계적으로 반격 – 38선 이북에서 북군을 격퇴한다」는 시나리오에 기초하고 있었다고 한다. (그리고 보면 지난번 1950년의 조선전쟁도 '선제 공격 침략자'라는 혐의를 피하기 위해 사전에 짠 시나리오에 따라 전쟁을 일으키게 만든 여유만만한 강대국의 「의도된 전쟁」이었다는 가설이 성립된다.)

그러나 그 후 몇 차례의 수정을 거쳐 1990년대에는 상당히 개정되었다. '북군의 남진'을 전제로 하고 있는 점은 같지만 그 후의 반격 내용은 더욱 공격적으로 되었다. ① 미국의 신속전개 억제전력을 한반도에 배치한다, ② 서울 이북의 지역에서 북군의 남진을 저지한다, ③ 북군의 주요 전투력을 격멸하고 대규모 상륙작전을 전개하여 북진을 계속한다, ④ 평양을 고립시킨다, ⑤ 한반도를 통일한다는 5단계 시나리오로 바뀌었다고 한다.

페리 장관의 지시는 최신 지대공미사일인 패트리어트 등도 도입해서 그 작전계획을 더욱 최신의 내용으로 만드는 것이 목표였던 것으로 보인다. 장관은 한편으로 북측 원자로의 주요 시설을 공습하는 「유사시 계획」의 신예강화도 명령했다. 이것은 5027과 같은 전면전쟁계획이 아니라, 미군이 돌발적으로 북의 핵 관련시설을 공격한다는 것이다. 다만, 이 공습계획은 국방부에서 소수인원이 회의를 개최한 결과 페리 장관도 샬리카슈빌리 합참의장도, "북측으로 하여금 한국 공격에 집중시킴으로써 북이 패배하는 것은 확실해도 그러기까지 수백만 명의 희생자를 내게 된다"는 부정적인 결론에 도달했다.

남겨진 강경책은 워런 크리스토퍼Warren Christopher 국무장관이 주장했던 '제재전략'이었다. 북이 핵개발을 중지하지 않으면 유엔 안보리 등을 통해서 경제원조 정지 등의 제재조치를 단계적으로 실시해 간다는 것이다. 그러나 북측은 2월에 평양방송에서 "어떠한 제재조치도 선전포고로 간주한다"고 표명했기 때문에 이것 역시 전쟁촉발의 위기를 내포한 선택에 다름없었다.

1994년 5월 12일 북측은 IAEA에 대해 5MW 실험용원자로의 연료봉 교환작업에 착수했음을 통지하는 텔렉스를 발송했다. 그 후에 조사단을 보낸 IAEA는 북이 연료봉을 교체하기 시작했다는 것을 확인했다. 더욱이 6월 2일에 한스 브릭스 IAEA 사무국장은 부트로스 갈리Boutros Ghali 유엔 사무총장에게 서한을 보내, 북이 핵연료봉을 교체하는 것에 대해 "핵물질이 과거에 군사적으로 전용되었는지 여부에 관해 IAEA가 자신감을 가지고 확인할 능력을 잃었다"고 하는 소견을 밝혔다.

미국의 로버트 갈루치 국무차관보, 일본의 야나이 순지柳井俊二 외무성 종합외교정책국장, 한국의 김삼훈 핵문제 담당대사는 6월 4일 워싱턴에서 협의를 하고 "국제사회가 유엔 안보리를 통해 제재를 포함한 적절한 대응을 긴급히 검토할 필요가 있다"는 내용을 공동 기자회견에서 발표했다. 유엔 안보리의 회원국 간에서 제재의 결의안을 둘러싼 조정이 진행되는 가운데 북측은 마침내 13일 ① IAEA에서 즉시 탈퇴한다, ② '제재'는 곧 북에 대한 선전포고라는 입장을 재확인한다는 외무성 대변인 성명을 발표했다. IAEA에서 영변에 파견되었던 사찰관도 추방되었다. 북미 간의 협상은 거대한 먹구름에 가려져 버렸다.

이튿날 14일 페리 국방장관은 합동참모본부 의장·주한미군사령관·태평양군사령관·중동군사령관·수송군사령관을 국방부에 소집시키고 작전계획 5027의 수행에 관해 협의했다. 페리 장관은 2일간 숙고해서 대통령에게 제출할 세 가지 선택안을 세웠다.

한반도의 안전보장문제를 오랜 기간 추적하고 한·미·일의 정부 관계자와 친교가 깊은 저널리스트인 돈 오버도퍼Don Oberdorfer는 『두 개의 한국』에서 그 선택지의 내용을 다음과 같이 상세히 기술하고 있다.

· 제1 선택지 : 즉시 2,000명 정도의 부대를 한국에 증파해서 그 후에 긴급 전개할 때보다 대규모의 병력(병참·관리·보급담당 부대도 추가)의 기반으로 삼는다. 대공 레이더나 정찰

시스템도 추가 배치한다.

· 제2 선택지 : F117 스텔스 전투폭격기나 장거리 폭격기를 포함한 복수의 전선전술 항공대대를 한반도 근처에 배치하고 언제라도 출격 가능한 태세를 정비한다. 포병부대 보강을 주목적으로 복수의 육군 보병대대를 배치한다. 이미 한반도 근처에 이동해 있는 한 척의 항공모함 함대를 보강하기 위해 두 척 째의 항공모함 함대도 근해에 전개한다. 이 경우 원래 한국에 전개해 있는 3만 7,000명의 미군에 추가로 1만 명이 증파된다.

· 제3 선택지 : 육군부대와 해병대 지상부대를 수만 명 증파하고 대규모의 공군전력도 투입한다.

이 세 가지는 어디까지나 당면한 상황의 선택지이고, 작전계획 5027에서는 전면전쟁에는 40만 명 이상의 증파가 필요하다고 되어 있다. 또한 럭 사령관은 전면전쟁의 경우 사망자가 100만 명, 그중 미국인은 8만~10만 명, 경제적인 손해는 인근국가를 포함해서 1조 달러로 상정하고 있었다.

한편 부쉬 행정부의 전 고위관계자인 브렌트 스코크로프트 전 대통령보좌관(국가안전보장담당)과 아놀드 캔터Arnold Kanter 전 국무차관은 15일자 『워싱턴포스트』에 연명하여 "한국, 행동할 때"라는 제목의 논설을 싣고 즉시 북조선의 핵무기 제조에 불가결한 재처리 시설의 파괴를 단행해야 한다고 주장했다. 그 이튿날인 6월 16일, 클린턴 대통령은 국가안전보장회의를 소집했다. 주제는 한반도였다. 페리 국방장관이 작성한 세 가지 선택지 중 어느 하나를 선택하기 위해서였다. 앞서의 『예방적 방위』에서 페리는 이렇게 쓰고 있다.

살리카슈빌리 장군과 나는 군사행동의 선택지를 클린턴 대통령과 국가안전보장회의에 제출하기 위해 각료실에서 기다리고 있었다. 우리들은 전쟁의 소용돌이에 서 있음을 알고 있었다. 그 전쟁에서는 대량파괴무기까지 사용될지도 몰랐다. 대통령이 평소보다 훨씬 위엄을 풍기며 들어왔다. 실제로 누구나가 사태의 심각성을 인식하고 있었던 것이다.

○ 이시하라 노부오 石原信雄(내각 관방 부장관 1987~1995)의 증언

질문 : 1993년부터 1994년에 걸쳐서 한반도의 상황을 어떻게 받아들이고 있었나?

대답 : 방위청이나 외무성의 보고를 받고 나는 상당한 긴박감을 가졌다. 미국이 해상봉쇄를 단행하지 않을까, 구체적인 행동을 일으키지 않을까 하고 정식으로 유엔의 제재결의를 받고 실시되는 경우는 일본으로서도 상응하는 대응을 할 수밖에 없다는 의식이 외무성에 있었는데, 결의가 안 되더라도 한·미·일 3국에서 필요한 조치를 취하면 된다고 하는 사람이 미국 정부에 있다는 얘기도 들었다.

질문 : 당시 정부의 준비 상황은?

대답 : 솔직히 말해 상황이 급진전되면 어쩌나 할 정도로 아무런 준비가 되어 있지 않았다. 「유사법제」 제정도 그다지 진척되지 않았었다. 사태가 단숨에 진행되는 것을 가장 두려워했다.

질문 : 정부 부처 내의 검토는 언제부터 본격화되었나?

대답 : 1994년의 3월 말부터 4월경의 합동 정보회의에서 외무성과 방위청으로부터 미국이 신경질적으로 되어 있고 그에 상응하는 결의를 할 수도 있다는 보고를 받았다. 해상봉쇄가 구체적인 검토 과제가 될 가능성이 있었고 분명한 결론을 내둘 필요가 있다고 느꼈다. 그래서 4월이 되고 나서 신속하게 연구를 해달라고 말했다.

질문 : 뭐가 문제였나?

대답 : 당시 주요한 논의점은 특수부대에 의한 파괴공작을 막을 방법과 소해정의 활동을 어느 범위까지 할 것인가, 미군으로부터의 폭넓은 협력 요청에 일본으로서 어디까지 대응할 것인가 등이었는데, 가장 고민해야 했던 것이 소해정의 출동이었다. 부유기뢰 때문에 공해상에서 일본 선박의 항해에 위험이 있을 경우 그것을 제거하는 것은 문제없다. 문제가 있다면 해상 봉쇄와 더불어 실시라인의 근방, 한반도에 가까운 해역에서의 소해정 활동이 요청되는 경우였다. 관계자의 의견 정리가 되어 있지 않은 회색지대였다. 그리고 원자폭탄의 습격이었다. 특수부대에 의한 게릴라인 파괴공작은 고려할 수 있다는 것이었다. 당시의 경찰청 경비국장은 "경찰의 힘으로는 통상적으로 좀도둑이나 데모에 대한 대비는 하고 있지만 특수부대에 의한 파괴공작에는 전혀 대응할 수 없다"라고 명확히 말하고 있었다. 남은 것은 미군기지, 긴박하면 맨 처음에 목표가 되는 것은 그런 부분일 것이라고 생각했다.

질문 : 최종적으로 유사시한有事時限 입법으로 대처할 방침이었다고 하는데 그것은 어째서인가?

대답 : 검토의 최종단계에서 만일 입법조치가 되면 역시 일회성 대응이 된다는 차원의 논의를 했다. 그렇지 않으면 문제가 너무 어렵다고 생각했다.

질문 : 당시의 정치 상황은?

대답 : 긴박했던 이유는 마침 호소카와細川護熙 내각에서 하타羽田孜 내각으로 바뀌었던 시기였기 때문이다. 정치가들의 '마음이 딴 데 있는' 시절이어서 나 자신은 상당히 심각하게 우려를 했다.

질문 : 나중에 회고해 보니 어떤 생각이 드나?

대답 : 정국 격동의 시기에 마침 그러한 국제적인 긴장감이 단숨에 높아졌다. 행정적인 대응과 정치가 뒤얽힌 일종의 시련이었다. 행정은 수비 범위의 최대한의 검토와 연구를 해두어야 한다. 그것을 채택하는지 여부를 정하는 것은 어디까지나 정치다. 정치가 기능하지 않을 때에 행정이 어디까지 어떻게 대응할 것인가는 상당히 어려운 문제이다.

(3) 원자탄의 위력을 경험한 일본정계, 미·일·한 적극 협력 대비

1993년 6월 11일 아침의 출근길에 이시하라 관방 부장관은 역 구내를 걸으면서 여러 명의 기자에게 말했다. 기자들은 정치 정보의 취재를 위해서 매일 아침 이시하라 부장관과 함께 전철로 통근하고 있었다.

"북한은 미사일을 시험 발사하고 500km 앞의 목표에 상당히 정확하게 맞추었다. 사정거리는 1,000km로 오사카大阪가 포함된다. 핵탄두를 싣고 날리면 히로시마廣島의 몇백 배나 강력한 폭격이 가능하게 될 것이다."

북조선의 핵개발은 '강 건너 불'이 아니라 일본에 대한 직접적 위협이 된다. 이시하라 부장관은 일본 국민의 위기감각에 경종을 울리려고 미 정보기관으로부터 가져온 비밀정보인 5월 말의 중거리 탄도미사일 '노동' 발사실험을 흘린 것이었다. 북의 핵문제에 대한 성청의 범위를 넘어선 정부 전체의 대응은 이시하라 부장관을 중심으로 2개의 회의로 진행되었다.

하나는 관저의 회의실의 '소식당'에서 정기적으로 열리던 「합동정보회의」이다. 이것은 고토다後藤田正晴 관방장관 시절인 1986년에 창설되었다. 내각 정보조사실을 중심으로 부장관에게 정책 입안의 참고가 되는 정보를 제공하는 자리이다. 1993년 이후로 한반도 정세가 자주 보고되었다. 이시하라 부장관은 자주 이렇게 말했다. "여러분, 각 성청의 관할 범위에서 어떤 대응이 가능한지 잘 연구해 두십시오."

다른 하나의 회의는 내각 안보실·외무성·방위청·경찰청으로 이루어진 '4성청회의'였는데, 1993년 가을 무렵부터 시작되었다. 합동정보회의는 정보 교환·분석의 장으로 정책 입안의 자리가 아니었다. 사태가 진척되고 각 성청끼리 횡단적으로 정책 검토를 할 필요가 생겨서 4성청회의가 비밀리에 만들어지게 된 것이었다.

공식적인 합동정보회의가 총리관저에서 열린 것에 비해 비공식적인 4성청회의는 다른 건물에 있는 총리부의 5층에서 열렸다. 총리관저 내에 있는 기자나 정치가들의 눈을 피하기 위해서였다. 4성청회의의 존재가 숨겨져 있었던 이유는, 정부가 시종일관 "정보는 수집하고 있으나 정부로서 공식적으로 구체적 대책의 검토는 하고 있지 않다. 각 성청이 자신의 소관 범위 내에서 검토하고 있을 뿐"이라고 말해왔기 때문이다. 거기에는 두 가지 이유가 있었다.

하나는 일본의 북조선 대응 검토가 표면에 드러나면 그들을 자극한다는 외교상의 배려였다. 다른 하나는 호소카와細川 연립정부에서 여당이 된 사회당이 전통적으로 친북정책을 취하고 있어, "정부가 북을 위험시하는 듯한 대응을 검토하면 연립정부의 기본 틀이 무너질 수도 있다"(정부 관계자의 말)는 우려였다.

4성청회의는 미일협의의 내용 등도 참고하여 북에 대한 '경제제재'를 축으로 하는 시나리오를 상정하고 일본의 역할 검토를 진행했다. 그 시나리오는 다음과 같은 것이었다.

우선은 공무원의 왕래 중지와 무역 중지, 송금 중지 등 초기의 경제제재 실시. 북이 태도 변화를 보이지 않으면 해상 임검臨檢이나 해상 저지행동 등 경제제재를 유효한 것으로 하기 위한 실력 행사. 그렇게 되면 "경제제재는 선전포고로 간주하겠다"라고 말했던 북이 무력행사에 나설 가능성이 높아진다. 주한 일본인을 구출할 필요가 생긴다. 북으로부터의 테러나 기습공격으로부터 일본 내의 주요 시설을 지키기 위한 국내와 연안의 경비 강화도 필요해진다. 전쟁이 격화되면 난민이 일본에 흘러들어 올 가능성도 있다.

각 단계에서 ① 일본으로서 어떠한 대응이 필요한가, ② 현행법으로 어디까지 가능한가, ③ 어떠한 법 개정이나 입법이 필요한가를 검토했다. 내각 법제국과도 비공식이지만 밀접하게 연락을 서로 취하고 있었다. 4성청회의의 실무국 역할을 하던 안보실은 주제에 따라 다른 성청에도 참가를 요청했다. 예를 들어 재외국민 구출에 관해서는 해상보안청과 운수성이 참가했다.

4성청회의가 빈번히 열리게 되었던 것은 1994년 2월 11일에 워싱턴에서 실시된 클린턴 대통령과 호소카와 총리의 미일 정상회담 이후였다. 이 정상회담의 내용에 관해서 이시하라 관방 부장관은 나중에 다음과 같이 밝히고 있다.

당시 일본 측은 미일 경제 포괄협의의 얘기가 미국의 최대의 관심이라고 생각하고 있었는데, 클린턴 대통령은 한반도의 문제에 관해 상당히 심각한 얘기를 했다. "북조선이 진지하게 핵개발을 진행시킬 가능성이 있다. 어떻게 하든 저지해야 한다. 그래서 미일 간의 협력이 중요하다"라고.

호소카과 총리가 정상회담에서 귀국한 이튿날 이시하라 부장관은 쓰보이 류몬坪井龍文 안보실장과 오모리 요시오大森義夫 내조실장을 불렀다. "총리가 한반도 정세에 관해 구체적으로 연구하라고 말씀하셨다."

이러한 일도 있었다. 이시하라 관방 부장관과 쓰보이 안보실장 등이 총리관저에서 비밀리에 집합했다. 비가 내리는 밤이었다. 호소카와 총리에게 그때까지의 안보실에서의 검토

상황을 보고하기 위해서였다. 호소카와 총리에게 B4 사이즈의 종이 몇 장이 전해졌다.

    X 마이너스 3개월 …… , X ……, Y ……, Z ……

    X는 'X데이' 즉 경제제재 실시날짜를 의미했다. Y는 해상 임검과 해상 저지행동 등 경제제재를 유효한 것으로 하기 위해 조치를 개시하는 날을 의미했다. Z는 한반도에서 무력충돌이 시작되는 날을 의미했다. 일본이 어떠한 대응을 취해야 하는지, 법적인 문제점은 없는지 등이 정리되어 있었다.

    그러나 호소카와 총리가 4월 8일에 국회 공전과 자금운용을 둘러싼 불상사의 책임을 지고 돌연 사의를 표명하고 만다. 28일에 하타 쓰토무羽田孜 내각이 출범하기까지 약 3주일 동안은 완전히 '사무관리 내각'이 되어버렸다. 이 무렵 이시하라 관방부장관과 안보실의 담당자 사이에서는 "유사시에는 「한시법(유사시한입법)」으로 대응하는 수밖에 없다"(정부 고위관계자의 말)는 인식이 형성되어 있었다. 사태가 절박했고 '일회적인' 법적 조치로 해결하는 길밖에 대안이 떠오르지 않았다.

(4) 미국 선제공격으로 전쟁나면 일본이 할 수 있는 모든 일 대비

    이 무렵 일본은 정국혼란기를 맞이하고 있었다. 1993년 8월 9일 그때까지 38년간 계속되던 「자민당의 일당 지배」가 무너지고 호소카와 모리히로細川護熙 총리를 옹립하는 비非자민 연립정부가 탄생한 것이다. 바꿔 말하면, 국제사회의 동서대립이 국내에 반영된 「자민당 대 사회당」의 이른바 '55년 체제'가 붕괴된 것이며, 그러한 의미에서 바로 냉전 종식, 또는 신냉전의 산물이었다. 역시 냉전 종식, 또는 신냉전이 불러온 한반도 위기와 마침 시기가 겹친 것은 결코 우연이 아니었다.

    그러나 그것은 일본으로서는 극히 위험한 상황임을 의미하고 있었다. 한반도가 전쟁의 수렁에 가까워지고 있던 그 위기의 1년에 일본은 미야자와 기이치宮澤喜一(자민당) - 호소카와 모리히로(일본신당) - 하타 쓰토무羽田孜(신생당) - 무라야마 도미이치村山富市(사회당) 등 4명이나 총리가 바뀌는 불안정한 정국에 빠져 있었다. 정치가는 정계의 권력다툼에 휩싸여 있었고 한반도의 사태에는 '관심이 없는' 상태였다. 그 결과 정치의 의사와 책임이 공백인 채로 국민의 눈이 닿지 않은 곳에서 일부 관료와 자위대가 억지로 유사시有事時를 위한 준비를 모색하고 있을 뿐 모두가 위험한 상황에 직면해 있었던 것이다.

    그 물밑 모색은 크게 네 가지로 나뉘어 이루어졌다. 첫째, 외무성·방위청·미 국무부·미 국방부에 의한 긴급대책 또는 유사계획Contingency Planning(줄여서 CP) 작성, 둘째, 자위대 통합막료회의에 의한 자위대 행동에 관한 연구, 셋째, 관료의 정상에 서는 이시하라 노부오石原信雄 내각 관방 부장관이 주도하는 4성청회의(내각안보실·외무성·방위청·경찰청)를 축으로 하는 유사시한有事時限 입법 작성, 넷째는 외무성을 중심으로 한 재외국민 구출계획과 유엔 결의에 따른 북조선에 대한 경제제재안 작성 등이었다.

우선 미일의 유사계획CP 작성 작업부터 검증해 보자. 호소카와 내각이 출범하고 1개월 후인 1993년 9월 13일 하와이의 호놀룰루에서 외무성·방위청·미 국무부·미 국방부의 과장급회의가 열렸다. 북조선에 의한 NPT 탈퇴선언에 따른 긴장감이 일단락된 시점이었는데, 북의 대응에 따라 언제 다시 정세가 긴박해질지 모르기 때문에 "CP를 만들기 위한 정군게임case study을 실시하기로" 합의했다. 정군政軍게임이란 시뮬레이션(모의模擬훈련 simulation)의 일종이다. 참가자가 정치와 군사의 각 담당으로 나뉘어 '위기'나 '유사사태'의 시나리오에 따라 각각이 자신의 입장에서 상황 판단을 하고 의사결정을 내려 행동한다. 그 결과가 다음 상황 전개에 반영된다.

이렇게 해서 전체적인 과정에 잠재된 문제점을 밝혀내는 것이 목적이다. 이러한 훈련은 미국의 안전보장 관계자 사이에서는 자주 실시되고 있다. 대학의 연구에서도 드문 일은 아니다. 그러나 미·일의 정부와 군 담당자에 의한 정군게임은 아마 이것이 처음일 것이다.

일찍이 자위대의 참모 간부가 한반도 유사有事를 상정하고 실시한 「1963년도 합동방위도상 연구실시계획(미쓰야三矢 계획)」이 1965년에 국회에서 폭로되어 커다란 정치문제로 발전된 이래 일본에서는 이런 종류의 훈련에 매우 예민해져 있었기 때문이다.

그러나 한반도 유사 상황과 관련된 미군의 작전이 어떠한 것이며, 일본이 그것에 어떻게 관련되는지를 이해하기 위한 수단으로 정군게임이 손쉬운 것은 사실이었고 결국 실시하게 되었다. 첫 번째는 10월 19일과 20일에 당시 도쿄 아카사카에 위치한 방위청 내에 있는 중앙지휘소에서 열렸다. 외무성·방위청·국무부·국방부·자위대 간부 등 약 20명이 참가했고, 대강의 상정想定은 「한반도 정세가 긴장된다 – 북측에 대한 경제제재에 들어간다 – 북한이 반발한다 – 전쟁으로 치닫는다」는 내용이었다.

미국 측: 일본은 무엇을 해줄 것인가? / 일본 측: 미국은 무엇을 바라는가?

우선은 그러한 논의가 이루어졌다. 미국이 관심을 갖고 있는 주요한 과제는 네 가지였다. ① 자위대 기지, 민간의 항만과 공항 사용 등, ② 연료·탄약 등의 물품용역 원조 ③ 해상봉쇄작전MIO에 대한 협력, ④ 비전투요원 구출작전NEO에의 협력이다. 일본 측은 이러한 과제에 대해 협력 가능성과 한계를 설명했다.

이런 상황도 있었다. "이것은 할 수 없다" "「자위대법」상 미군을 도울 수 있는 구조가 아니다." 부정적인 말이 계속되는 상황에서 책상을 세게 내려치는 소리가 방안에 울렸다. "무슨 소린가. 그런 것밖에 못한단 말인가?" 주일 미 대사관의 방위담당 참사관이 몹시 화를 내며 외치고 있었던 것이다. 다만, 이러한 마찰이 여러 번 거듭되었다는 것은 아니다. 출석자 중 한 명은 이렇게 술회했다. "일본의 관료는 일반론에서는 부정적이라도 구체적인 사례 검토에 들어가면 어떻게든 법률을 통해서 실현시키려는 자세가 두드러졌다."

이 정군게임에서 일본 측이 갖게 된 커다란 의문은 "미군 증원 시 병력과 물자는 어떠한 시기에 어느 정도의 규모로 일본의 어디를 경유해서 한국으로 향하는가"라는 것이었다. 미국이 가장 관심을 가진 것은 일본 내의 공항이나 항만 등의 시설을 이용하는 것임이 판명되었다. 일본은 40만 명이라고도 하고 50만 명이라고도 하는 미군 증원을 위한 최대의 중계지역이었다.

그러나 한미 공동작전계획 5027의 내용이 일본에 알려져 있지 않았기 때문에 언제 어느 정도의 물자를 준비해야 하는지 감을 잡을 수 없었던 것이다. "알겠다. 자료를 보내겠다." 일본 측의 의문에 미국 측은 이렇게 대답했다.

'극비' 도장이 찍힌 두께 약 1cm의 문서(한미 공동작전계획 5027의 '지원계획' 안)가 일본 측에 도착한 때는 이듬해인 1994년 봄이었다. 거기에는 한반도 유사사태의 첫날 이후 언제 어느 정도의 부대나 물자가 일본을 거치는지, 어느 공항이나 항만이 사용되는지가 상세하게 적혀 있었다.(다음은 일본 측 관계자의 해석이다.)

작전계획 5027은 컴퓨터에 입력되어 있었다. 그 중에서 일본에 관련되는 부분을 빼내 모아서 새로 작성한 것이라는 사실을 금방 알았다. 자료를 보내준다고 말하고 나서 반년이나 걸린 것은 이 사이에 공군력의 강화 등을 담은 5027의 수정이 이루어졌기 때문일 것이다.

두 번째 정군게임은 1994년 5월에 워싱턴의 미국 합동참모본부에서 열렸다. 기지 사용·수송지원·의료지원·기뢰 소해·해상봉쇄 등, 후방지역 지원에서부터 운용 협력까지의 항목에 대해서 상황마다 어떠한 협력이 가능한지를 분명히 했다. 그러나 해상봉쇄나 일본의 해상교통로와는 관계없는 공해나 한국 영해에서의 기뢰 소해 등, 일본 측이 '불가능하다'고 답변한 과제가 많았다.

두 번의 정군게임이 실시된 사실은 일본 정부 내에서도 실제로 참가한 담당자와 그 상사 등, 내각 관방·외무성·방위청·자위대의 극히 손꼽을 만한 사람들 이외에는 전혀 알려지지 않고 비밀에 부쳐졌다.

① 자위대, 한반도와 일본의 영토·영해·영공에서의 역할 연구

미일 정부협의와는 별개로 자위대도 독자적으로 한반도 위기의 대책 연구를 시작하고 있었다. 1993년 3월에 북측이 NPT 탈퇴선언을 한 직후에 당시의 사쿠마 마코토佐久間 — 통합막료회의 의장이 합동방위계획 작성을 담당하는 제5막료실에 처음으로 지시를 내렸는데, 이때는 극히 소수인원의 연구에 불과 했다. "매우 미묘한 문제이므로 옆에 있는 사람에게도 무엇을 하고 있는지 가르쳐주지 않는 분위기였다"고 당시의 작업을 지켜보던 방위청 간부는 말한다.

약 3개월 후에 사쿠마의 후임으로 취임한 니시모토 데쓰야西元徹也 통합막료회의 의장은 하타케야마 시게루畠山蕃 방위 사무차관과 상담한 후에 연구에 참가하는 멤버를 막료회의 전체로 확대시키고 보다 상세한 내용으로 개정했다. 니시모토는 후일 다음과 같이 말하고 있다.

> 사태가 상당한 부분까지 진행될 것으로 예측했다. 만약 유사시에 갑자기 지시를 받은 시점에서 검토한 적이 없다고 하면 무책임하고 꼴불견이다. 평소의 권한 범위에서 어디까지 할 수 있는지를 통합막료회의 내에서 검토했다. 책임은 의장인 내가 진다고 했다.

이 연구에 관련된 간부에 따르면 작업은 다음과 같은 수순으로 진행 되었다. 우선 지역, 정세의 긴박 정도, 법제의 세 가지로 이루어진 3차원의 구성요소를 짜 맞추어 나갔다. 지역의 기준은 일본 영토와 상공, 일본 영해와 상공, 공해, 상대 영해와 상공, 상대 영토와 상공의 다섯 가지이고 정세의 긴박 정도 기준은 1도에서 5도까지였다. 법제의 기준은 「자위대법」을 기준으로 평상시, 재해 파견, 해상 경비행동, 치안 출동, 방위 출동으로 나누었다. 이 속에 경계 감시, 정보 수집, 공역 조정, 재외국민 구출, 기뢰 소해, 난민 대책, 수색 구명, 기지 경비와 같은 자위대의 행동을 적용시켜서 무엇이 어느 시점에서 가능한지를 조사했다.

미군과의 공동 행동을 전제로 하지 않고 일본 독자적으로도 실행해야 하는 과제로 좁혔다. 기뢰 소해는 일본 영해가 위주였으나, 민간 페리를 사용하여 한국 부산에서 일본인을 구출할 경우 항로에 유기된 기뢰가 있으면 어떻게 할 것인가 하는 상정에서는 공해도 대상에 포함시켰다. 한국의 영해는 한국 해군에게 맡기는 수밖에 없다는 결론이 났다.(掃海 : 바다 속에 부설된 수뢰水雷 등을 처치, 항해의 안전을 꾀하는 작업. ferry 연락선)

이렇게 해서 각 항목마다 ○(가능) X(불가능). △(모호)라는 구분을 했다. 이 작업이 완성된 것은 1994년 3월이었다. 검토 결과는 이시하라 노부오石原信雄 관방 부장관을 중심으로 한 4성청 회의에서의 대책 입안의 기초자료가 되었다.

그 후 4월 중순에 주일미군사령부로부터 약 1,000항목으로 구성된 「대일 지원 요구안」이라는 리스트가 통합막료회의 제4막료실에 전달되었다. 극비인 「지원계획안」과는 다른 것으로 일본의 민간 공항 사용에서 플로피디스크floppy disk, 주택의 잔디깎이까지 다양한 요구가 맥락 없이 열거되어 있었다. 이 리스트의 존재가 나중에 알려졌을 때 그 성격에 관해 자위대의 간부는 이렇게 설명했다.

유사시 일본의 후방지원에 대해서 미일의 후방지원 담당 간부들끼리 정보 교환을 거듭한 결과물로 하나의 막료 연구이다. 미국이 일본에게 정식으로 요청한 정부 요청은 아니다.

또한 이 리스트 작성의 배경을 알고 있는 미 국방부의 관계자는 이렇게 증언했다.

외무성이 미국이 일본에게 무엇을 바라는지를 잘 모르겠다. 구체적으로 가르쳐 달라고 하기에, 국방부가 주일미군사령부에게 무엇을 바라고 있는지를 일본에게 가르쳐 주라고 했다. 그러나 제출한 것은 국방부가 염두에 두고 있던 전략적인 요망 리스트가 아니라 일본 주재 각 군이 원하는 것을 열거한 쇼핑 리스트, 마치 크리스마스 리스트 같은 것이었다. 이런 사소한 것을 일본에게 어떻게 요구할 수 있냐며 국방부의 담당관은 매우 당황스러워 했다.

② 재외국민 긴급 대피, 평소 연락망으로 정보교환·교통편 이용

외무성 안에서 가장 민감하게 빨리 움직이기 시작한 것은 한반도를 담당하는 동북아시아 과課였다. 1993년 6월에는 과내에 '비밀대책반'을 만들어 대응책 검토를 시작했다. 특히 중시한 것이 재외국민 구출이었다. 1993년부터 1994년에 걸쳐서 외무성 동북아시아과와 재외국민 보호과, 주한 일본대사관을 중심으로 구상되었던 서울 및 그 주변의 재외국민 구출계획 내용은 다음과 같다(이 계획은 그 후에 변경되었다).

당시 서울시와 그 주변에 장기 체류하던 일본인은 약 7,000명, 관광객 등 단기 체류자는 1만 명 이상으로 예상되었다. 긴급사태발생 시의 연락망은 대사관에서 주류 재외국민단체의 간부에게, 그리고 서울 시내를 6개 지구로 나누어 만든 반의 반장들에게 전달되는 구조였다.

일본인이 잘 묵는 호텔에는 대사관에서 연락을 취할 예정이었다. 전화가 불통이 될 경우에는 무전기를 사용할 예정이었다. 대사관 간부와 주류 재외국민단체 간부들 약 30명이 대사관에 모여 무전기를 사용하는 연습도 했다.

반장 이하의 연락망은 주거가 가까운 가족들이 순서대로 정해져 있다. 전화가 불통이 되면 걸어서 전달하러 가기로 되어 있었다. 외출이 어려운 경우에 대비해 NHK의 단파방송이나 위성방송으로도 정보를 보낼 계획이었다. 외출이 위험한 경우에는 자택에서 대기하는 것이 가장 안전하다고 해서, 각 가정에 대해 10일분의 식량과 물을 비축하도록 권고했다. 외출이 가능한 경우는 아파트 앞의 주차장이나 초등학교의 교정 등 반별로 집결해서 상황에 따라 강남의 특정한 시설로 가기로 되어 있었다. 1950년부터 1953년에 걸친 한국전쟁 때에는 서울 시내를 흐르는 한강 다리를 한국군이 폭파시켜 강북에 많은 시민들이 남겨졌다. 그 교훈으로부터 '강남으로 빨리 이동하라'는 것이 피난할 때의 일반적인 인식으로 정착되어 있었기 때문이다.

집결하는 시설의 지하에는 쌀이나 통조림·물 등을 급히 비축했다. 거기서부터는 버스를 전세 내서 더욱 남쪽에 있는 미군 비행장이나 더 남쪽에 있는 항구 2곳으로 이동할 계획이었다. 식량 조달이나 버스 수배는 일본의 종합상사가 분담했다.

해상 자위대 함정의 한국 파견을 비공식적으로 검토한 결과 「자위대법」상의 제약이나 한국민의 감정을 고려해서 불가능하다고 판단하고, 유사시에는 해상보안청의 배를 파견하는 방향으로 검토하고 있었다. 미군기에 의한 수송에 관해서는 미국 정부에 정식으로 타진하지 않았다.

일단 이렇게 피난계획이 세워졌지만 당시 관계자 중 한 사람은 이렇게 증언한다.

긴급할 경우 버스나 운전사를 구할 수 없다. 도로도 통행이 제한된다. '실제로 유사시가 되면 걸어서 아무튼 로켓탄의 사정거리 밖에 있는, 서울에서 20~30km 남쪽까지 이동하자는 식으로 서로 얘기하고 있었다.

③ 대국들의 핵위협에 대처하려는 소국 핵개발에 유엔까지 물리적 제재

북에 대한 제재에 대비하는 문제도 일본으로서는 중요한 과제였다. 외무성·대장성·통산성·법무성·운수성이 중심이 되어 일본으로서 가능한 제재制裁의 내용을 담았다.

미국의 관심은 「일본에서 북조선으로의 송금 정지」가 제대로 이루어지는가에 쏠려 있었다. 초점은 송금 정지를 확실히 하기 위한 '자산동결'이었다. 미국은 일본과 한국과 협의하면서 경제제재 결의안의 초안을 만들었다. 그 안에는 "북과 관련된 단체나 인물의 자산을 동결한다"는 문구가 들어 있었다. 그러나 재일한국인의 자산동결이라는 조치는 일본의 법률상 불가능하다. "그렇게 되면 재일한국인은 생활할 수가 없게 된다. 국내에 일부러 적을 만드는 것"(외무성 간부의 말)이라는 우려도 있었다.

실행 불가능한 제재 결의가 유엔 안보리에서 통과된다면 일본은 꼼짝달싹 못하게 된다. 이 때문에 미국 측에 일본의 국내 사정을 설명하고 자산동결 항목에 "거주자는 제외한다"는 조건을 첨가하기로 했다. 세계평화를 위해 결합된 유엔에서 미국의 자리自利적 요구에 편향적으로 움직이는 모습은 오히려 질서와 화합을 깨뜨려 해치지 않을까 우려를 낳기도 했다.

1994년 6월 15일, 미국의 매들린 올브라이트Madeleine Albright 유엔 대사는 안보리의 각 이사국에게 제재결의안의 초안을 제시하고 각국과 일련의 협의를 시작했다. 조정이 완료되면 정식으로 안보리에 제출할 계획이었다. 북측이 "제재는 선전포고"라고 표명한 이상 그것은 커다란 도박이었다. 그러나 다행히도 이 제재결의안은 결실을 맺지 못하게 된다.

○ 미국의 제재결의안 초안의 골자

· 제1단계 제재 ①무기수출입 금지, ② 핵개발과 관련된 모든 기술, 과학협력 중지, ③ 유엔과 관계기관을 통한 모든 경제원조 중지, ④ 양국 간, 다국 간 외교관계 축소, ⑤ 문화 · 기술 · 과학 · 상업 · 교육 분야의 교류 금지.
· 제1단계에서 무기수출입 금지의 감시를 위해 정기편 등을 제외한 항공기의 노선 연장 금지.
· 제2단계 제재: 송금 정지를 포함한 모든 금융거래 중지.
· 필요가 있으면 안보리는 모든 조치를 검토한다.

○ 경제제재에 있어서 일본 정부가 검토한 「비군사적 강제조치들」

· 공무원의 도항 금지(일본 공무원의 북조선 도항을 금지한다) : 각 성청이 대응
· 공무원의 입국 거부(북측 공무원의 일본 입국을 거부한다) : 「출입국 관리법」
· 엄격한 입국 심사(민간인의 일본 입국 제한), 엄격한 선원 상륙 심사(외국 선원의 상륙은 입국 심사관의 허가가 필요) : 위와 같음
· 문화 · 스포츠 · 과학기술 교류 규제 : 위와 같음
· 항공기 노선 연장 금지(북일 간을 운항하는 특별기의 노선 연장 금지) : 「항공법」
· 무기와 그 밖의 무기 관련물자의 수출입 금지 : 「외환관리법」 등
· 핵 관련물자의 수출입 금지 : 위와 같음
· 수출입 · 중개무역 등의 금지 : 위와 같음
· 자본거래 금지(북조선 기업에 대한 직접투자나 대출 금지), 지불 규제(송금 정지, 자산 동결) : 위와 같음
· 지불수단의 수출입 규제(북으로 현금 반출 금지) : 위와 같음

(5) 김주석 · 카터 북 · 미 제안 절충 성공, 전쟁 피하고 경수로 지원키로

1994년 6월 16일 아침에 백악관에서 열린 국가안전보장회의 장면으로 돌아가 보자. 각료실에는 안전보장문제를 관장하는 주요각료들이 모두 모여 있었다. 클린턴 대통령 · 앨 고어Al Gore 부통령 · 워런 크리스토퍼Warren Christopher 국무장관 · 제임스 울시 James Woolsey CIA 국장 · 올브라이트 유엔 대사 · 앤소니 레이크Anthony Lake 대통령 보좌관(국가안전보장 담당) · 로버트 갈루치Robert Galluti 국무차관보 ….

긴박한 공기 속에서 페리 국방장관과 살리카슈빌리 합참의장은 한국에 대한 미군의 증원 규모에 관해서 「세 가지 선택지」를 제시했다. 페리 국방장관은 다음과 같이 말했다.

모든 선택지들이 북조선에 대해서 우리들 쪽에서 전쟁을 개시하는 것을 의미하는 것이 아니라 한국의 미군을 늘리는 것을 의미하는 것이다. 북측은 모든 선택지가 도발적이라고 간주할 것이 확실하다. 위험하지 않은 길은 없다. … 우리들은 증원할 때 충분히 경계해야 하는데, 북측이 이것을 보고 선제공격으로 나올 가능성을 배제할 수는 없다.

살리카슈빌리 합참의장이 각각의 선택지에 관해 설명하기 시작했다. 그것이 끝나는 대로 클린턴 대통령이 세 가지 선택지 가운데 하나를 고르기로 되어 있었다. 그때 평양에서 걸려온 한 통의 전화가 회의를 중단시켰다. 대통령에게서 한 자리 건너 앉아 있던 갈루치 국무차관보가 불려 나가 옆방에서 전화를 받았다.

전화한 사람은 지미 카터 전 대통령이었다. "지금 김일성 주석에게 대안을 제시했다. 미국이 이것을 받아들이면 북측도 다시 북미협상 자리에 돌아오겠다고 한다." 카터는 곧 이어 CNN 방송의 인터뷰를 받게 되었다는 사실도 밝혔다. 북미 간의 험악한 전개 상황에 위기감을 갖고 있던 카터 전 대통령이 스스로 사태를 타개하기 위해 15일부터 평양을 방문했던 것이다. 민간인으로서의 방문이기는 했지만 레이크 대통령보좌관과 갈루치 국방차관보를 통해서 백악관의 사전 양해를 얻고 있었다. 그리고 16일에 김일성 주석과 3시간에 걸친 회담에 성공했다.

카터 전 대통령이 주석에게 제시한 '대안'이란, ① 북미협의를 재개하고 그동안 북측은 핵개발을 동결한다. ② IAEA 사찰관의 추방을 중지하고 잔류를 인정한다는 것이었다. 주석은 그 대안을 받아들이겠다는 의사를 표시했고, 추가로 미국이 북에 대해 핵공격을 하지 않는다는 보장과 현재의 원자로를 해체하는 조건으로 핵무기 전용轉用 가능성이 낮은 경수로 지원을 요구했다고 한다.

갈루치 국방차관보가 각료실에 돌아와서 보고를 하자 모두들 놀란 표정을 보였다. 미군 증원에 관한 협의는 중지시키지 않을 수 없었다. 곧이어 TV 생중계로 카터 전 대통령의 인터뷰가 시작되었다. 인터뷰를 하는 CNN 기자가 백악관의 잔디 위에 서서 마이크를 쥐고 있었다. 평양에서 그 질문에 답하면서 카터 전 대통령은 김일성 주석과의 회담 내용을 전 세계에 밝혔다. NSC의 회원들은 그 장면을 멍하니 TV 화면으로 바라볼 수밖에 없었다.

이제는 사태가 긴장완화를 향해서 급진전되었다. 클린턴 행정부도 그 흐름을 추인하지 않을 수 없었다. 그렇다고는 해도 카터와 김일성 사이의 대화 내용을 그대로 받아들이는 것에 대해서는 각료의 대부분이 반대했다. 결국 핵개발 동결 내용을 더욱 명확히 하는 까다로운 조건을 붙여서 북미협의를 재개하기로 했다. 미국과 북조선은 3개월간에 걸친 협상을 거듭하여 1994년 10월 18일에 합의에 도달했다. 「기본합의」라고 불리는 그 내용은, 미국이 북에 약 200만 KW의 경수로를 제공하는 대신 북은 핵활동 동결, 관련시설 해체, NPT에 완전 복귀, IAEA의 핵사찰 의무 이행 등을 실행한다는 것이다. 이렇게 해서 전쟁 위기를 피할 수 있었다. 그러나 이 사이에 새로운 불안정 요인도 생겨났다. 위기 회피의 한쪽 주역이며 북조선 수립 이래 46년간 군림해 온 김일성 주석이 7월 8일 새벽에 심장마비로 사망한 것이다.

워싱턴에서는 '북조선 붕괴론'이 점점 강해지고 있었다. 구소련으로부터의 원조가 중지되고 경제가 악화 일로를 치달아 심각한 만성적 식량 부족에 빠진 점, 게다가 김일성 주석의 뒤를 이은 아들 김정일 국방위원장의 지도력에 대한 회의적인 평가가 그 근거였다. 일본의 외무성 간부가 미국을 방문해서 미 정부의 대북정책에 관계한 담당자(CIA도 포함)를 모아 미국의 본심을 물어본 적이 있었다. 그러자 다음과 같은 대답이 돌아왔다.

언젠가 북조선은 붕괴될 것이다. 그 시기가 뒤로 가면 갈수록 군부의 힘도 약해질 것이므로 미국이나 한국으로서는 위험도 적어진다. 더 비용이 낮은 붕괴를 위해서 시간을 벌어두어야 한다.

이 견해는 그 후 수년간 클린턴 행정부에서 주류를 이루었고 동아시아전략에 영향을 미치게 된다.

◎ 선제공격 준비하며 기대에 차있던 미·일, 좌절한 채 북의 자멸 고대

팽팽하게 당겨졌던 긴장의 끈이 탁 끊긴 것처럼 카터·김일성의 회담 이후 일본 정부의 유사시한 입법의 준비 작업은 멈추었다. 이시하라 관방 부장관이 중심이 되어 작성한

북의 핵문제 대응책 서류는 미완성인 채 안보실과 총리관저에 보관되었다. 미일의 외무·방위 당국에 의한 정군게임은 결국 두 번 만에 중단되었다. 그러나 미일간의 전략회담은 2년 후 비밀리에 재개하게 되었다.

자위대의 통합막료회의는 독자적으로 연구를 계속했다. 동해 쪽의 원자력 발전소를 빠짐없이 시찰하고 원자력발전 경비계획을 만들었다. 1994년 7월에 전체적인 연구 성과를 작성했다. 극비로 분류된 두께 약 10센티미터의 문서였다. 「K반도사태 대처계획」, 별명 「06(마루로쿠) 방위 연구」였다. 검토 항목은 해상 경비, 원자력발전소 경비, 주류 재외국민 수송, 피난민 대책, 대對B 작전 지원, 대對B 후방지원 등 여섯 가지였다.

정부 내에서 비밀리에 대책을 구상해 오던 관료들은 위기가 물러간 것에 한숨을 돌리면서도 동시에 깊은 좌절감에 빠지고 있었다. "만일 그대로 사태가 악화되어 군사적인 충돌이 일어났더라면…"이라는 생각을 하지 않을 수 없었기 때문이다. 그것은 걷잡을 수 없는 혼란을 일본에게 가져왔을 것이 틀림없었다. "한반도 위기는 일본에게 걸프전쟁과는 비교가 안 될 만큼 중대한 사항"(구리야마 다카카즈栗山尙一 전 주미대사)이었다.

미국은 일본을 40만 명이라고 하는 미군 증원의 중계지역으로 상정하고 있었는데, 당시 일본에서는 대량의 미군 병사와 물자를 받아들일 준비는 전혀 되어 있지 않았다. 준비는커녕 국민과 지방자치단체는 한반도가 그런 발화 직전의 상황에 있다는 사실이나 일본의 항만과 공항에 그러한 커다란 역할이 기대되고 있다는 사실도 몰랐던 것이다. 담당 외무성과 방위청의 관료조차도 미국 측으로부터 직접 듣기 전까지는 거의 모르는 것이나 마찬가지였다.

이시하라 관방 부장관을 중심으로 비밀리에 진행되던 유사시한 입법의 내용이 공표된다면 일본 내에서는 아마 벌집을 쑤신 듯한 소동이 일어났을 것이다. 수송·보급·해상봉쇄작전·소해작전 등 미국 측이 기대하던 지원의 상당 부분은 「헌법」 9조와 상반될 수밖에 없다. 그러나 일본에서 멀리 떨어진 걸프전쟁 때조차 "피와 땀을 흘려라"라는 감정적인 논의가 일었었다. 일본의 안전과 직결되는 한반도 사태의 경우에 어떠한 이상한 분위기에 휩싸일지는 충분히 상상이 간다. 그러한 때에 평화국가로서의 일본의 법체계에 기초하여 가능한 것과 불가능한 것을 엄격히 구별해서 냉정히 대응할 수 있었을까.(소토카 히데토시 外 『米日同盟半世紀, 安保と密約』)

미국에서는 이러한 얘기를 들었다. 1994년 봄에 호소카와 정부의 어느 여당 간부가 미국을 방문했다. 미 정부 관계자와의 사이에서 한반도 위기가 화제가 되었다. 여당 간부는 미국 측을 안심시키려고 했을 것이다. 그는 이렇게 말했다고 한다. "괜찮소. 일본은 닥치면 무슨 일이든 할 테니까." 그러나 미국 정부 관계자는 오히려 걱정을 했다고 한다.

"일본은 일이 닥치면 무슨 일을 벌일지 모른다."

당시 외무성에서 한반도 위기대책을 마련한 핵심 입장에 있었던 간부는 후일 이렇게 말했다.

어떻게든 하려고 했지만 아무것도 할 수 없었다. 만일 충돌이 일어났더라면 일본은 아무것도 하지 않고 웅크리고 있었거나 초법적 조치로 대응하거나 어느 한쪽이 아니었을까? 전자라면 미일동맹이 붕괴되었을 것이다. 후자라면 국내 정치가 견디지 못했을 것이고 주변국가들이 '무슨 짓을 할지 모르는 나라'라는 인상을 가질 것이다. 어느 쪽이든 일본은 정치적으로 침몰하지 않았을까.

1994년의 물밑 좌절이 미일 안보 재정의의 일환으로서 1996~1997년에 걸쳐 실시된 미일 방위협력을 위한 지침(가이드라인) 재검토의 주요한 동기가 되었다. 다만 '관료 주도'의 구도는 여기서도 마찬가지였다. '정치의 의사와 책임의 공백' 상태는 정치가의 자각이 결여된 채로 계속되어 국내외에 걸쳐 안보 재정의의 성격에도 그림자를 드리웠다.

2. 일본 군국주의 세력에게 이제 헌법 9조는 낡은 포승줄

1) 침략세력의 선제침해에 대한 자폭항쟁을 '테러'로 악선전

(1) 침해받은 민족의 유혈투쟁이 미·일에겐 재침략·파병의 구실

2000년 10월 미국의 국방대학 국가전략연구소INSS의 미일관계 보고서 「미국과 일본, 성숙한 파트너쉽을 향해서」가 발표되었다. 이 보고서는 작성에 참여한 아미티지 Richard Armitage 미국 국무부 부장관의 이름을 따서 흔히 「아미티지 보고서」라고 불리고 있다. 보고서의 내용은 냉전의 종식에 따라 다소 약화되는 듯이 보였던 미일동맹을 재강화해야 할 필요성을 강조하고, 세계질서 유지를 위해서 미일안보협력체제의 강화와 일본의 보다 적극적인 역할이 중요하다고 지적하는 점에서는 기본적으로 「나이 보고서」와 마찬가지였다. 그러나 이에 대해 「신가이드라인」을 비롯한 미일안보 재정의 작업의 성과에 대해서는 어느 정도 의미 있는 것으로 인정하면서도 결코 만족할 만한 수준은 아니라는 평가를 내리고 있었다.(조세영 『봉인을 떼려 하는가』 도서출판 아침 2004)

당시에는 「주변사태법」을 비롯한 가이드라인 관련법은 여전히 「집단적 자위권의 행사」를 부인하는 헌법해석의 제약 속에 머물러 있었고, 비상사태에 대비하는 유사법제 有事法制조차도 아직 제정되지 못하고 있던 상황이었다. 따라서 미일안보 재정의는 종이 위의 성과에 지나지 않으며 실제로 바뀐 것은 거의 없다는 인식도 존재하고 있었다.

이러한 배경에서 「아미티지 보고서」는 "「신가이드라인」은 미일동맹에서 일본이 담당해야 할 역할의 확대를 위한 출발점일 뿐 상한上限은 아니며(as the floor, not the ceiling), 냉전이후의 지역적 상황의 불확실성은 미일간의 방위계획에 있어서 보다 다이내믹한(역동적인) 노력을 필요로 하고 있다"고 강조하였다. 또한 "미일동맹의 강화를 위해서 현재 일본이 스스로 부과하고 있는 집단적 자위권 행사에 대한 제약을 철폐할 것"을 제언하고 있으며, 미일동맹은 「미국과 영국의 관계에 필적하는 수준」으로 강화되어야 한다고 언급하였다.

미일안보 재정의再定義 과정에서 미일 양측은 헌법이나 「미일안보조약」에 섣불리 손을 대어 판도라의 상자(예측 못했던 불상사)를 여는 결과가 초래되지 않도록 조심했다. 그래서 택한 것이 「긴급피난적 방식」이었으며 헌법개정을 회피하는 우회적 방식이었다. 그러나 미일안보 재정의 작업이 일단락되고 가이드라인 관련법이 제정되자 그 다음 단계의 과제로서 미국은 「미일안보조약」의 틀을 넘어서는, 보다 확대된 안보협력을 생각하게 되었다.

1993년이래 일본정치가 총보수화된 덕분에 가이드라인 관련법안은 생각보다 훨씬 수월하게 국회를 통과했다. 이를 지켜본 미국으로서는 이제 헌법개정문제에 대한 일본국민의 여론도 많이 개선되었을 것이라고 느꼈을 수 있다. 그리고 「집단적 자위권의 행사가 금지되어 있다」고 하는 일본정부의 헌법해석을 변경하는 문제를 조심스럽게 제기할 시기가 되었다고 판단했을 수 있다. 이를 반영한 것이 「아미티지 보고서」이며, 헌법개정을 회피하는 우회적 접근법으로부터 헌법개정을 회피하지 않는 새로운 노선으로의 전환을 의미하는 것이었다.

미국의 랜드RAND연구소가 2001년 5월 발표한 「미국과 아시아」라는 보고서는 한발 더 나아가서 다음과 같이 명시적으로 일본의 안전보장상 역할의 확대와 헌법개정의 필요성을 적극적으로 언급하였다. "일본이 자신의 영역방위 이상으로 안전보장을 확대하고, 연합작전을 지원하는 적절한 능력을 취득하도록 일본의 헌법개정 노력을 지지해야 한다."

「아미티지 보고서」의 작성에 참여했던 인사들은 2001년 1월 부쉬 행정부가 출범하면서 여러 사람이 정부요직에 등용되었기 때문에 더욱 유명해 졌으며, 따라서 미국의 대일 정책에 중요한 영향을 미치고 있다고 평가되었다. 아미티지는 국무부의 부장관으로 발탁되었고, 월포비츠Paul Wolfowitz는 국방부 부장관으로, 켈리James Kelly는 국무부 차관보로 임명되었다.

헌법개정을 회피하지 않는다는 적극적 노선으로의 전환은 미국측의 요인에 의해서만 이루어진 것이 아니었으며, 일본측에서도 그러한 변화를 촉진하는 활발한 움직임이 있었다. 1999년 정기국회에서 「주변사태법」을 비롯한 가이드라인 관련법(3건)이 통과되었는데, 여기서 주목할 만한 점은 야당으로부터 큰 저항 없이 통과되었다는 사실이다. 제1야당인 민주당은 법안에 반대하기는 했지만 철저한 반대는 아니었다. 민주당은 그에 앞서 6월에 상당히 본격적인 안전보장정책을 내놓았고, 국회에서의 활동도 현실적이었다.

이는 일본의 야당으로서는 획기적인 것이었다. 일본정치에서 사회당으로 대표되는 야당은 오랫동안 안전보장문제에는 일단은 반대하고 보는, 이데올로기적 선명성을 중시하는 저항정당적 자세로 일관하여 왔기 때문이다. 또한 가이드라인 관련법 이외에도 「국기·국가에 관한 법률」이 통과되었는데, 중의원 및 참의원에서 3분의2 이상의 압도적인 다수의 지지가 있었다. 일본사회에서 국가의식이 고양되고 있음을 보여주는 것이었다.

2000년 1월에는 국회에 「헌법조사회」가 설치되어 활동을 개시했다. 같은 달에는 오부치 게이조小淵惠三 수상의 「21세기 일본의 구상 간담회」가 보고서를 발표했는데, 수상에 대한 개인적 차원의 간담회 보고서이기는 하지만 헌법의 재검토나 집단적 자위권에 관해 언급한 것은 획기적인 일이었다.

2001년 3월 자민당 국방부회國防部會가 「우리나라의 안전보장정책의 확립과 미일동맹」이라는 보고서를 발표했다. 보고서는 집단적 자위권의 행사를 금지하고 있는 것이 「신가이드라인」 태세가 유효하게 기능하는 데에 장애가 되고 있다고 지적하고 「집단적 자위권 행사를 인정할 필요성」을 강조하는 것이었다. 4월에는 기업들의 모임인 경제동우회經濟同友會가 「평화와 번영의 21세기를 향하여」라는 보고서를 발표하여 집단적 자위권의 행사를 인정할 것과 늦어도 2005년까지는 헌법개정에 필요한 절차를 취할 것을 주장했다. 같은 4월에 나카소네 전수상이 회장으로 있는 세계평화연구소도 「일본의 종합전략대강」을 발표하여 국가안전보장기본법을 제정하고 집단적 자위권을 명기하는 한편 헌법개정을 실현시킬 것을 제언했다. 그리고 4월 27일에는 고이즈미 수상이 일본수상으로서는 40여년만에 처음으로 헌법개정의 필요성을 언급하기에 이르렀다.

이처럼 1990년대 말부터 일본측에서도 집단적 자위권의 행사를 인정하고 헌법을 개정하는 것이 바람직하다는 의견이 활발히 제기되었는데, 이러한 움직임이 「아미티지 보고서」에서 나타나는 미국 측의 요청과 함께 맞물려서 상승작용을 일으킨 것이 「개헌을 회피하지 않는 새로운 노선으로의 전환」을 가져오게 되었다고 할 수 있다.

(2) 미국에 대한 아랍인의 보복 9·11 폭파에 또 아프간 침공, 재보복

일본의 안전보장과 헌법개정문제에 대해 결정적으로 중요한 계기를 제공한 것은 2001년의 9·11폭파사건이다. 사건 발생 직후 수상관저에 소집된 긴급대책회의에서 한 정부고관은 "일본이 무엇을 해야 할지 법률론이 아니라 우선 정책론의 측면에서 생각해 보자, 그리고 나서 헌법에 비추어서 생각해 보자"고 언급했다고 한다. 일본정부 내에서 안전보장에 관한 문제는 현실적 또는 정책적으로 필요한 사안이라고 하더라도 우선 헌법이나 법률의 제약을 먼저 살펴보고 나서 본격적인 검토여부를 결정하는 것이 종래의 관행이었다.

이 경우 일본에는 헌법 9조라는 커다란 제약이 있으므로 대부분의 안전보장문제에 대하여 과감한 발상과 검토를 하기가 매우 어려운 실정이다. 따라서 법률론에 구애되지 말고 먼저 정책론의 측면에서 생각해보자는 제안은 관례적인 정부의 작업순서와는 역순이 되는 것으로서 대책회의 참석자들을 놀라게 하기에 충분했다.

일본이 무엇을 해야 하는가 하는 질문에 대한 대답은 「미국을 적극적으로 지원한다」는 것이었다. 사건 다음날인 9월 12일 오전 기자회견에서 고이즈미 수상은 "이번 사건은 미국뿐만 아니라 민주주의사회에 대한 중대한 도전"이라고 하고, "일본은 미국을 강력히 지지하고 필요한 원조와 협력을 아끼지 않을 것이며 이러한 사건이 두 번 다시 일어나지 않도록 세계의 관계국들과 함께 단호한 결의를 가지고 노력할 것"이라고 강조했다. 또 같은 날 저녁 "테러에 대해 잠자코 넘어갈 수는 없다. 일본은 테러에 굴복하지 않는 미국의 자세를 지지하며 부쉬 대통령이 단호한 조치를 취하는 것은 당연하다"고 언급한 것은 미국이 군사행동을 취할 경우 이를 지지한다는 입장을 시사한 것으로 해석되었다.

(3) 평화노력 없이 무력개입 즐겨 미치광이 소리 듣던 부쉬

2000년 11월 7일, 미국 대통령 선거에서 공화당의 부쉬 대통령이 플로리다에서 접전한 끝에 간신히 민주당의 앨 고어Albert Gore 후보를 누르고 당선되었다. 당시 『마이니치신문』 기자로 하버드대학에 체재 중이던 스즈키 겐지鈴木健二(세이케이대학成蹊大學 교수)가 연구회에서 그 지역의 지방신문 『보스턴 글로브The Boston Globe』(2000년 12월 30일자)에 게재된 카툰을 나누어 주고는 "마치 전쟁광 부쉬 정권을 간파한 느낌이 드는 만화"라고 말했다. 아버지 부쉬가 전쟁 게임에 푹 빠져있고 뒤에서 어린 부쉬가 큰소리로 울고 있는 내용이다. 말풍선에는 엄마가 "여보, 그만해요. 이번엔 아이 차례잖아요. 아이한테 주세요"라고 재촉하고 있다. 이 예측은 지금에 와서 생각해 보면 딱 들어맞았다.(나카무라 마사노리 『일본전후사 1945~2005』 유재연·이종욱 역, 논형 2006)

또 하나 2000년 4월 11일 『일본의 기적 통산성日本の奇跡 通産省』의 저자로 알려져 있는 찰머스 존슨이 막 출간된 『블로우백Blowback』이라는 자신의 저서에 대한 강연을 했다. 블로우백이란 CIA 용어로 「강렬한 일격이 돌아오다, 보복하다」라는 의미다. 요컨대 전 세계에 미국이 군사적·경제적·정치적인 과잉 개입over commitment을 하는 상황을 설명하면서 언젠가는 미국이 피해자에게 강렬한 보복을 당할지도 모른다는 내용이었다. 그 강연을 들은 한 하버드대학 교수가 돌아오는 길에 "He is crazy"(그 친구 돈 거 아니야?)라고 말했는데, 그로부터 1년 6개월도 지나지 않아서 9·11 테러가 일어났다. 그 책은 미국에서 발매되자마자 『미 제국에 대한 보복アメリ力帝國への報復』(스즈키 지카라鈴木主税 옮김)이란 제목으로 일본어판이 간행되었는데, 9·11 동시다발 테러를 '예언'한 책으로 화제를 낳았다.

이 사건은 오사마 빈 라덴의 배후 지휘로 민간인을 태운 항공기들을 공중 납치, 뉴욕의 월드트레이드 빌딩을 기체로 폭파시키고 국방성 건물도 폭파한 희대의 반미 보복사건이다. 그에 대한 보복으로 미국은 아프간 전쟁·이라크 전쟁을 일으켜 최강제국의 면모를 다시 한 번 입증해 주었다.

9·11 동시다발 테러에 직면해서 미국은 각종 정보기관의 보고 등을 토대로 이슬람 원리주의 지도자 오사마 빈 라덴이 이끄는 테러조직 알카에다의 범행이라고 단정했다. 17일, 부쉬 대통령은 빈 라덴을 은신시켜준 것으로 알려진 탈리반의 최고 지도자 무하마드 오마르Mullah Mohammed Omar에게 모든 알카에다 지도자를 미국에 인도해 줄 것을 요구했지만 탈리반은 이를 거부했다.

10월 7일(미국 동부 시간) 미·영 두 나라는 순항미사일 토마호크·B2 스텔스 폭격기·B52 중폭격기 등으로 아프가니스탄 공습을 개시했다. 미국은 특수부대와 CIA 공작원을 아프간에 잠입시켜 반 탈리반 세력인 '북부동맹'에 무기와 자금 등을 지원하였고, 11월 13일에 '북부 동맹'은 수도 카불을 제압했다. 구식 무기밖에 갖고 있지 않은 탈리반과 알카에다는 1개월 정도밖에 버티지 못하고 결국 탈리반 정권은 붕괴되었다.

미국은 표적을 정확하게 파괴하는 정밀 유도탄을 대량으로 사용하여 탈리반의 군사시설과 알카에다의 군사훈련 캠프를 초토화했다. 아프간 상공을 비행하는 무인 정찰기가 실시간 영상을 플로리다주의 미국 중앙 군사령부에 전송하면 사령 본부는 공중 폭격을 지시하는 등 미군은 정보기술IT(information technology)을 구사한 '21세기형 전쟁'을 펼쳤다. 이 21세기형 무기는 이미 언급했듯이 걸프 전쟁 때부터 사용되었다. 걸프 전쟁을 경계로 미국은 '군사와 경제의 통합'(혹은 군사·금융·정보의 삼위일체)에 기초를 둔 미 제국으로 부상했다.

찰머스 존슨은 미국이 아프가니스탄을 공격한 진짜 이유는 석유와 천연가스의 2중 파이프라인을 확보하는 것이었다고 밝히고 있다. 요컨대 탈리반 정권은 미국이 원조하는 파이프라인 개발을 완강하게 거부했다는 것, 이것이 9·11 이후에 벌어진 '테러와의 전쟁'의 진짜 원인이었다는 것이다.(찰머스 존슨『미 제국의 비극アメリカ帝國の悲劇』) 군사와 경제의 결합, 즉 '석유를 위한 전쟁'은 나중에 살펴볼 이라크 전쟁에서도 관철되었다.

한편 아프간 전쟁으로 민중은 또 다시 희생자가 되었다. 파키스탄·아프가니스탄에서 17년간 의료 활동을 벌여온 의사 나카무라 아키라中村哲는 무차별적인 '아프간 공습=탈리반 섬멸'이라는 군사 정책이 다수의 아프간 민중을 사상·기아·난민으로 내몰고 있다며 분노를 실어 고발했다.(공폭과 부흥 아프간 최전선보고『空爆と復興アフガン最前線報告』)

◎ 인류를 자기네 전쟁승리의 희생물로 만들려는 강경파, 네오콘

2002년 1월 29일, 부쉬 대통령은 연두교서에서 이란·이라크를 '악의 축'이라 규정하고 비난했다. 당시 이 연설의 스피치라이터였던 데이비드 프럼David Frum의 말에 따르면 취임 초기의 대통령 중점 정책에 북조선은 포함되어 있지 않았다. 왜 북이 첨가되었는지에 대한 경위는 명확하지 않지만 부쉬 정권에 영향력을 가진 네오콘Neocon이 이란과 예멘에 미사일을 수출하는 북을 끔찍하게 싫어하기 때문이라고 했다. 또한 이란과 이라크만으로는 기독교사회 대 이슬람사회라는 '문명의 충돌' 구도가 선명히 드러나게 되므로 이것을 부쉬 정권이 염려했기 때문이라는 관측도 있다.(마이니치신문 취재반『민주제국 미국의 실상을 파헤친다民主帝國アメリカの實像に迫る』)

네오콘이란 신보수주의Neoconservatism 혹은 군사 보수파를 가리키며, 아들 부쉬 정권 시절의 국방장관으로 당시 부통령 리처드 체니Richard Cheney나, 아버지 부쉬 정권의 국방장관 도널드 럼스펠드Donald Rumsfeld, 대통령 보좌관 콘돌리자 라이스Condoleezza Rice(국무장관)가 이에 속한다.

네오콘은 미국의 강대한 군사력을 배경으로 부쉬 정권의 외교정책을 냉전시대의 핵억제 정책에서 '선제공격론'으로 전환했다. 미국의 마음에 들지 않는 국가나 정권은 유엔을 무시하고서라도 군사력을 이용하여 전복한다는 것이다. 이 '선제공격론' 혹은 '단독행동주의Unilateralism'는 냉전시대와는 다른, 미국의 21세기형 군사·외교 침략정책이다.

소국 북조선이 강대국 미국의 협박에 악착같이 핵으로 맞서려 하는 주된 이유는 바로, 그렇게 하지 않으면 완전 파멸에 이르게 될지도 모른다는 공포감 때문으로 보인다.

(4) 「대량살상무기 보유」라는 거짓 트집으로 이라크 침략

2003년 3월 20일 새벽(이라크 시간) 미·영 등의 다국적군이 토마호크 순항미사일과 지하 시설을 파괴할 수 있는 특수 관통 폭탄인 벙커버스터를 사용하여 이라크 남부를 집중 공격함으로써 전쟁이 시작 되었다. 개전 이유는 이라크가 대량 살상무기를 보유하고 있다는 것이었다. 유엔은 이라크에 조사단을 파견하여 생화학무기 등을 중심으로 사찰에 임했지만 그 존재를 확인할 수가 없었고, 그로 인해 안보리에서는 무력행사에 대한 용인을 둘러싸고 대립이 심화되었다. 프랑스·러시아·독일·중국은 대량 살상무기의 존재가 확인되지 않은 것을 이유로 무력행사에 반대했지만 부쉬는 영국·스페인 등을 끌어들여 안보리의 결의 없이 공격을 개시했다. 강대한 군사력을 배경으로 한 미국의 단독행동주의였다.

미군은 걸프 전쟁 당시에 비해 현저하게 고도로 발달한 정밀유도탄 등으로 집중적인 공격을 가해 이라크의 군사 시설을 초토화하고 제공권을 확보했다. 걸프 전쟁에서는 토마호크 순항미사일이 288발, 정밀유도탄은 6000발이었지만 이라크 전쟁에서는 전자가 750발 이상, 후자는 2만 3000발 이상이었고 살상력이 뛰어난 집속탄Cluster bomb과 열화우라늄탄까지 사용했다.(교도통신 『세계연감』 2003년 판) 전쟁 방식이 확연하게 바뀐 것이다.

개전으로부터 겨우 3주 만에 미국은 수도 바그다드를 제압했다. 후세인 정권은 붕괴하였고 12월에는 후세인 대통령을 티그리트 근교에서 체포 구속했다. 그러나 대량 살상무기는 발견되지 않아 이라크 전쟁 그 자체의 대의가 의문시되기 시작했다.

2003년 5월 1일, 부쉬는 '대규모 전투 종결'을 선언하였고 이로써 미·영 등의 연합군에 의한 이라크 점령이 시작되었다. 그러나 무장 세력에 의한 폭탄테러·자폭테러가 끊이질 않았고, 8월에는 바그다드의 유엔 사무소가 폭탄테러를 당해 세르지오 비에이라 데멜로Sergio Vieira de Mello 대표 등 24명이 목숨을 잃었다. 이에 대해 미군은 보복 폭격을 벌였으나 무장 세력에 의한 폭탄테러로 희생자는 죄 없는 어린이·여성·노인들에 이르렀다. 이렇게 해서 이라크 전쟁은 미국의 일방적인 침략전쟁이었다는 의문이 세계적으로 확산되었다.

2004년 6월 28일, 잠정점령당국의 폴 브레머Paul Bremer 대표는 폭탄테러를 두려워한 나머지 갑작스레 당초의 예정을 앞당겨 도망치듯이 이라크를 빠져나왔다. 미국의 이라크 점령 통치 실태를 전 세계에 드러낸 상징적인 사건이었다.

구속된 후세인 전 대통령은 재판 준비를 위한 심문에서 90년의 쿠웨이트 침공과 88년의 독가스에 의한 쿠르드족 대량학살 등 일곱 건의 혐의를 추궁받자 "이건 조작극이다. 부쉬야말로 범죄자다"라고 항변했다 한다(2004년 7월 21일).

2) 미국의 선도에 따라 「전쟁을 할 수 있는 국가」로 탈바꿈

(1) 일본, 전쟁 구실 많지만 우선 「테러대책 특별조치법」 제정

9 · 11 동시다발 테러 사건 · 아프간 전쟁 · 이라크 전쟁이 일본에 가져다 준 충격은 컸다. 고이즈미 내각은 걸프 전쟁의 경험을 토대로 '눈에 보이는 공헌 정책'에 대한 검토를 다급하게 진행했다. 9월 24일 수상은 미국을 방문, 부쉬 대통령과 회담하고 "테러를 근절하고 파괴하기 위해 두 나라가 연대하여 테러 조직의 자금원을 차단하는 데 전력을 다한다. 미군에 대한 후방 지원 정책을 실현할 수 있도록 새로운 법을 제정하여 대처하겠다"는 등의 내용을 약속했다.

2001년 10월 29일, 「테러대책 특별조치법(테러특조법)」이 일본 국회에서 가결되었다. 이 법은 자위대가 미군 등에 대한 후방 지원을 가능하게 하는 새로운 법이었다. 그런데 '후방'이란 무엇인가? 미군 용어로는 '정면'에 대응하는 말로 '후방 지원'이란, 식량의 보급 · 부상병 치료 등 전투 부대에 대한 폭넓은 지원활동을 가리킨다. 즉 전투 지역 내의 지원활동도 가능한 것이다. 그러나 지금까지 내각법제국은 「다른 나라의 무력 활동과 일체화한 자위대의 행위는 헌법위반」이라는 해석을 내렸기 때문에 어느 범위까지 지원할 수 있는지가 쟁점이 되었다.

○ 내각법제국 : 일본의 내각에 설치된 기관으로, 행정부 내에서 법령의 심사나 법제에 관한 조사를 담당하는 법제국이다. 내각(정부)이 국회에 제출할 신규법안에 대해 내각회의의 결정에 앞서 현행법의 견지에서 봤을 때 문제는 없는지 미리 심사한다는 의미에서 '행정부의 법 지킴이'라 불리기도 한다. 수장은 내각이 임명한 내각법제국장이 맡는다.

결국 정부는 「주변사태법」(1999년)이라는 법률을 만들어 대처하려고 했다. 더욱이 '주변'이란 지리적 개념이 아니라 유사시가 되면 미국이 개입하는 그곳 자체가 주변이라는 것이다. '주변사태'가 '무력공격사태'에 포함되는지도 애매해서 전형적인 관료작문(탁상 작전계획)의 견본을 보는 듯했다.(有事時 : 지역 불문하고 미국과 일본이 출전할 필요가 있다고 생각되는 곳이면 어디든 공격·수비 모두 개입한다는 뜻)

이라크 전쟁 개시 후 2003년 6월, 유사법제 관련 3법이 성립되었다. 유사법제의 최대 특징은 민간기업과 지방자치체를 전쟁 협력 체제에 포함한 것이다. 즉 「주변사태법」에서는 민간기업과 지방자치체가 미군의 군사 행동에 대한 협력 요구에 'NO'라고 말할 수 있는 여지가 있었지만 「유사법제」 아래에서는 미군에 대한 후방 지원으로서 도로·공항·항만이나 전기·가스·의료·통신 등의 시설을 제공하거나 협력을 강제할 수 있게 된 것이다.

일례로서 지금까지는 자위대의 전차tank가 신호기를 무시하고 주행하면 도로교통법 위반에 해당되었지만, 유사법제에 따르면 적신호赤信號를 무시하고 돌진해도 아무런 제재를 받지 않는다. 또 무력공격 사태가 발생했을 경우 병원은 미군·자위대원의 사상자를 우선적으로 받아들여야 하고 의사·간호사·약제사의 업무 행위는 '동원'이라는 형식이 된다. 그야말로 전쟁 목적을 위해 인적·물적 자원의 동원을 인정한 「국가총동원법(중일 전면전쟁 개시 다음해인 1938년 4월 공포)의 재현」이라고도 할 수 있는 내용을 갖고 있다.

(2) 미국은 유엔헌장·결의도 무시, 자의적 확대해석, 중동 공격

2001년 9월 12일 채택된 UN안보리결의 제1368호는 국제평화와 안전에 대한 위협으로서 테러를 비난하는 내용이었지 미국의 보복공격을 승인하는 것은 아니었다. 그래서 10월 8일 개시된 아프가니스탄 공격에 즈음하여 미국은 9·11테러를 「UN헌장」 제51조의 무력공격으로 간주하고 동 조항에 입각한 개별적 자위권을 원용하였다. 제51조의 개별적 자위권을 발동하는 경우에는 "UN안보리의 결의는 불필요"하기 때문이다.

당시 일본이 처한 상황을 살펴보면, 1992년 「PKO협력법」이 제정되었기 때문에 UN이 주체가 되는 PKO활동에 대해서는 자위대 파견이 가능한 상태이며 이미 많은 실적도 올리고 있었다. 또한 1999년 「주변사태법」 등 가이드라인 관련법이 제정되었기 때문에 일본의 주변지역에서 비상사태(해석은 침략국 멋대로)가 발생한 경우에는 자위대를 파견하여 미군의 활동을 지원할 수 있는 입장이었다.

그러나 미국의 아프가니스탄 공격은 UN PKO에 해당되지 않음은 물론, 지리적으로도 일본의 주변지역에서 발생한 사태라고 보기 어려웠다. 미국을 지원해야 한다는 방침은 확고했으나 현실적인 방법론이 마땅치 않았다. 10년 전 걸프전에서의 뼈아픈 전철을 되풀이해서는 안 된다는 분위기가 강하게 자리잡고 있었기 때문에 일본정부는 가능한 빠른 시간 내에 해결책을 찾아내고자 노력했다. 외무성은 지금까지와는 다른 새로운 형태의 대미지원이므로 새로운 법률을 만들 것을 주장했다. 그러나 가급적 신속한 조치가 필요하다고 생각하는 방위청은 신규입법에 많은 시간이 걸릴 것을 우려하여 1999년에 제정된 「주변사태법」을 확대적용할 것을 주장했다.(조세영『봉인을 떼려 하는가』도서출판 아침 2004)

방위청의 희망대로 「주변사태법」을 확대적용하는 것은 그리 간단치 않았다. 첫째, 주변사태의 개념이 「미일안보조약」 상의 '극동'의 개념보다 사실상 확대되었다고는 하더라도 아프가니스탄을 일본의 주변지역이라고 설명하기는 어려운 일이었다. 둘째, 「주변사태법」에 의거하여 자위대가 미군을 후방지원할 수 있는 것은 일본국내(영토·영해 및 그 상공)와 공해公海로 한정되어 있다. 따라서 타국의 영역에는 들어갈 수 없으며, 필요시 파키스탄 영역으로의 진입도 예상되는 아프가니스탄 작전에는 적절치 않았다. 셋째, 「주변사태법」은 미군을 지원하는 것만 가능하므로 미군이외에도 영국군 등에 대한 보급·수송 활동이 필요한 점을 고려할 때 어려움이 있었다. 넷째, 「주변사태법」은 기본적으로 「미일안보조약」의 틀 속에서 상호협력을 강화하기 위한 것이 목적이므로 테러와의 전쟁과 같은 다국적 차원의 국제협조활동에는 잘 맞지 않는 것이었다.

(3) 일본 자위대의 '후방지원'도 확대해석·불법 가능성 높아

위와 같은 문제점을 고려하여 일본정부는 「주변사태법」의 확대적용이 아니라 신규입법을 하기로 결정했다. 「테러대책특별조치법」(이하 「테러특조법」)은 2001년 10월 5일 국회에 제출되어 10월 29일 통과된 후 11월 2일 공포되었다. 국회에 제출된 지 3주일만에 통과된 셈인데, 이는 법률제정에 상당히 많은 시간이 소요되는 일본의 관례에 비추어 볼 때 이례적인 스피드였다. 1992년 「PKO협력법」이 국회를 통과하는 데 1년 반 이상의 시간이 소요된 것과 비교할 때 크게 대조적이었다.

「테러특조법」의 정식명칭은 「2001년 9월 11일 미국에서 발생한 테러리스트에 의한 공격 등에 대응하여 이루어지는 UN헌장의 목적달성을 위한 각국의 활동에 대해 우리나라(일본)가 실시하는 조치 및 관련된 UN결의 등에 기초한 인도적 조치에 관한 특별조치법」이며 일본어 원문으로 글자수가 112자나 된다. 법률명칭이 이렇게 길어지고 UN이

두 번이나 등장하는 것은 연립여당인 공명당의 지지를 확보하기 위해 "일본의 독자적인 지원이라는 색채를 희석시키고 UN도 관여하는 국제활동에 대한 협력"이라는 인상을 주도록 하기 위한 것이었다. 그러나 앞서 설명한대로 미국의 아프가니스탄 공격은 직접적으로 UN결의에 의거한 것이 아니었다.

1992년의 「PKO협력법」도 1999년의 「주변사태법」도 일본의 안전보장문제에 있어서 커다란 계기를 마련했지만, 「테러특조법」이야말로 중대한 의미를 갖는 것인데, 자위대가 후방지원이기는 하지만 처음으로 해외의 전쟁에 관여하게 되었다는 이유에서이다. 세가지 법률이 모두 "자위대의 해외파병을 가능하게 한다"는 점에서 공통점이 있으며, 집단적 자위권에 대한 제약 때문에 자위대의 활동이 무력행사와 일체화되지 않는 후방지원에 한정된다는 점도 동일하다. 세 법률의 차이점은 「PKO협력법」이 UN PKO활동을 지원하며, 「주변사태법」은 미군을 지원하는 반면, 「테러특조법」은 지원대상을 미군으로 한정하지 않고 있다.(peacekeeping operations 평화유지활동)

또한 「PKO협력법」은 전쟁상태가 종결되어 정전합의가 이루어진 후에 자위대를 파견하도록 되어 있는 반면, 「주변사태법」이나 「테러특조법」은 전쟁이 계속되고 있는 상황에서 자위대가 후방지원을 하는 것이다. 그러나 「주변사태법」은 아직 한번도 발동된 적이 없기 때문에 자위대가 실제로 해외에서 전쟁에 참여(물론 직접 전투행위에 참여한 것이 아니라 후방지원에 한정된 것이었지만)한 것은 「테러특조법」에 의해서가 처음이었다.

「테러특조법」은 미국이 세계각지에서 전개하는 군사행동에 대해 자위대가 후방지원을 제공하는 법적 토대를 마련했다는 점에서도 중요하다. 「미일안보조약」상의 '극동'이나 「주변사태법」의 '주변'이라는 지리적 제약에서 벗어났다. 또한 미군뿐만 아니라 여타 국가에 대한 지원도 가능하기 때문에 「미일안보조약」이라는 법적 제약에서도 벗어났다. 「테러특조법」에 대해서는 내용적으로도 지리적 범위의 측면에서도 집단적 자위권의 행사를 인정하지 않는 정부해석이 한계에 도달했으며, 이제 더 앞으로 나가기 위해서는 헌법개정을 논하지 않고서는 곤란하다는 지적도 대두되었다. 다만 「테러특조법」은 9·11 테러사건에 대한 대응책으로 성립된 것이므로 사실상 미군의 아프가니스탄 작전에 한정되며, 유효기간도 2년으로 한정되어 있다는 한계가 있었다.

(4) 테러특조법의 변조가능성, 다음은 침략전쟁 도발 잦을 듯

그러나 「테러특조법」은 이름과 목적만 바꾸면 세계 어디서 이루어지는 미군의 군사행동에 대해서도 적용할 수 있다. '테러'라는 용어 자체도 규모나 성격에 따른 자의적恣意的 해석이 가능하여, 바로 적대적 상대집단과의 전쟁의 구실로 이용될 수 있기 때문이다. 2003년 7월 제정된 「이라크특조법」은 바로 「테러특조법」의 골격을 거의 그대로 활용하고 있다. 「테러특조법」의 유효기간이 2년으로 한정된 것은 연립정권의 파트너인 공명당이 시한입법을 주장했기 때문에 이를 배려하지 않을 수 없었던 정치적 사정 때문이었다. 2003년 10월 10일 2년의 기한이 다가옴에 따라 「테러특조법」을 개정하여 유효기간을 2년간 연장했다.

「테러특조법」에 의해 자위대가 제공할 수 있는 지원의 내용은 「PKO협력법」이나 「주변사태법」과 마찬가지로 표현상으로는 후방지원에 한정되는데, 특조법에 규정되어 있는 것은 보급·수송·정비·의료·통신 등의 협력지원활동과 수색구조활동·피난민지원활동 등이다. 자위대의 지원활동 중에서 가장 중심이 되었던 것은 해상급유활동이다. 해상자위대는 2001년 12월부터 연료보급함을 인도양에 파견, 미군을 비롯하여 아프가니스탄 작전에 참가중인 10개국에 대해서 2004년 3월초 현재 348회 총34만 킬로리터의 급유활동을 실시중이었다(무상급유. 120억엔 상당).

2001년 10월 29일 「테러특조법」의 국회통과시에 2개의 테러관련법안이 함께 통과되어 11월 2일 공포되었다. 그 하나는 「자위대법개정안」으로서 테러 등의 위협이 발생했을 때 자위대의 활동으로서 '경호출동'을 신설하여 주일미군시설 등을 경비할 수 있도록 한 것이다. 또 하나는 「해상보안청법개정안」으로서 괴선박에 대한 선체사격이 가능하도록 한 것이다. 한편 12월에는 평화유지군PKF(Peacekeeping Forces) 본체업무의 동결을 해제하고, 「테러특조법」 수준으로 무기사용 기준을 완화하는 내용의 「PKO협력법개정안」이 통과되었다.

PKF 본체업무란 정전합의 및 무장해제에 대한 감시, 완충지대에서의 주둔 및 순찰, 무기 반입반출의 검사, 분쟁당사자간의 경계선 설정에 대한 협조, 포로교환에 대한 협조 등을 지칭한다. 1992년 「PKO협력법」 제정당시 무력행사와 일체화될 우려가 있다는 비판을 감안하여 PKF 본체업무는 동결하기로 결정되었었다. 그 후 PKF 본체업무 해금이 계속 과제로 남아있었는데, 9·11테러사건의 발생과 「테러특조법」 제정이 계기가 되어 동결해제가 가능했던 것이다.

제7장
제국주의 미·일의 핵전쟁 위협과
6국 쌍3각형 맞대결

1. 「집단자위권 행사」로 위장된 해양국 연합의 약소국 파멸 협박

1) 항공모함과 전략폭격기로 태평양 연안 전역을 제압

국제법상 국가는 집단적 자위권right of collective self-defense을 보유하는데, 이는 자국이 직접공격을 받지 않았음에도 불구하고, 자국과 밀접한 관계에 있는 외국에 대한 제3국의 무력공격을 실력으로 저지하는 권리를 말한다. 간단히 말하자면 국제사회에서 국가들이 상호방위조약이나 군사동맹을 맺고 유사시에 서로 지원하는 권리가 「집단적 자위권」이라고 하겠다.

집단적 자위권과 혼동하기 쉬운 개념이 집단안전보장collective security이다. 집단안전보장은 UN의 핵심적 이념으로서 회원국의 개별적인 무력의 행사를 원칙적으로 금지하되, 평화와 안정을 해하는 침해행위에 대해서는 UN이 주체가 되어 무력을 가지고 대항한다는 것이다. 회원국들이 UN이라는 국제기구를 통해 집단으로 위협에 대항하는 안전보장방식이다. 집단안전보장의 실현을 위해 「UN헌장」은 회원국들이 제공하는 병력으로 구성되는 UN군의 설치를 상정하고 있었다. 그러나 아직까지 집단안전보장의 실현은 물론, UN군조차도 예정대로 구성되지 못하고 있는 것이 국제사회의 현실이다.

(1) 유엔 결의 앞세워 '다수의 사자가 얼룩말 새끼 잡아채듯' 약소국 공격

집단적 자위권은 집단안전보장의 예외로서 인정되는 개념이다. UN은 집단안전보장을 국제사회의 안정과 평화를 유지하는 방법으로 상정했지만, 집단안전보장에만 의존할 경우의 만일의 위험에 대비하여 "안보리 결의가 없어도 회원국들이 개별적 자위권 또는 집단적 자위권을 행사하여 침략에 대항할 수 있는 길을 열어두었다."(UN헌장 51조는 "이 헌장의 어떠한 규정도 회원국에 대하여 무력공격이 발생한 경우에, 안보리가 국제평화 및 안전의 유지에 필요한 조치를 취할 때까지의 기간 동안, 개별적 또는 집단적 자위의 고유한 권리를 해치는 것이 아니다. 이러한 자위권의 행사를 위하여 회원국이 취한 조치는 즉각 안보리에 보고되어야 한다"고 규정하고 있다.)

또한 UN헌장 53조는 안보리의 승인 이전에는 지역기구가 행동할 수 없는 것으로 규정하고 있는데, 상임이사국의 거부권에 의해 안보리 승인이 불가능할 경우에는 결국 지역기구가 작동할 수 없게 되는 위험에 대비하기 위해서도 개별적·집단적 자위권을 행사할 수 있는 예외규정이 필요했다. 이러한 우려는 냉전이 심화되면서 곧 현실화되었다. 냉전하의 미소대립 속에서 안보리가 제대로 기능하지 못하게 되자 집단안전보장방식은 기대했던 대로 작동될 수 없었고, 대신 「개별적·집단적 자위권」에 의존하게 되었던 것이다.

마치 오늘날 전세계적인 규모에서의 무역자유화를 목적으로 하는 WTO DDA(도하개발 어젠더) 교섭이 기대했던 대로 진척되지 못하자 대신 지역적 차원에서의 무역자유화를 목적으로 하는 개별 국가들끼리의 FTA(자유무역협정)가 가속화되고 있는 것과 흡사한 측면이 있다고 하겠다.(WTO : World Trade Organization 세계무역기구 / DDA : Doha Development Agenda 도하개발어젠더 / FTA : Free Trade Agreement 자유무역협정 =Regional Trade Agreement 지역무역협정)

UN에 의한 집단안전보장을 '이상주의적' 안전보장방식이라고 한다면, 복수국가간의 집단적 자위권은 '현실주의적' 안전보장방식이라고 볼 수 있다. "집단적 자위권은 엄밀하게 말하자면 UN의 본래의 목적에는 역행"하는 것이다. 그러나 UN의 이상에도 불구하고 국제정치의 현실은 「한미상호방위조약」, 「미일안보조약」과 같은 양국간의 군사동맹과 NATO와 같은 지역안보기구를 중심으로 하는 방향으로 흘러갔다. 보기에 따라서는 오늘날 집단적 자위체제는 현실적으로 지극히 당연한 안전보장정책이 되어버렸다고 할 수 있겠으나 공격당하는 쪽에서 보면 또 다른 제국주의 방법으로 생각할 수도 있다.

○ 집단적 자위권集團的自衛權 : 우방국이 제3국으로부터 무력공격을 받았을 때 이를 자국

에 대한 무력공격과 동일한 것으로 간주하여 반격할 수 있는 권리. 이 집단적 자위권의 행사는 조약상의 근거는 필요 없고 행사하는 국가의 재량에 속한다. 이 경우 예를 들어 미국이 먼저 한반도의 북쪽에 어떤 식으로든지 침략도발을 걸어놓고 상대방이 반격했을 때 이것을 침략으로 보고 일본과 함께 '반격'한다면 선제공격과 반격의 의미는 사라진 가운데 「침략전쟁은 합법적 전쟁으로」 왜곡되어버릴 수 있게 된다.

(2) 일본으로서는 「갖고 있지만 행사할 수 없는 권리」라며 불만

국제적으로 「집단적 자위권」은 모든 국가의 자연스런 권리로서 받아들여지고 있지만 일본의 경우에는 헌법 9조의 제약 때문에 매우 독특한 입장을 취하고 있다. 일본정부는 "일본도 주권국가로서 당연히 집단적 자위권을 보유하지만, 일본이 공격당하지 않았음에도 불구하고 집단적 자위권을 행사하여 외국에 대한 무력공격을 실력으로 저지하는 것은 헌법 제9조에서 인정되는 자위를 위한 필요최소한의 실력행사의 범위를 넘는 것이므로 허용되지 않는다"는 입장이다. 즉, 「집단적 자위권은 보유하나 헌법해석상 집단적 자위권의 행사는 금지되어 있다」는 것이다.

일본정부는 헌법 9조가 자위권까지 부인하는 것은 아니라고 해석하고 있다. 그러나 제9조의 취지에 비추어 볼 때 자위권을 무제한적으로 인정할 수는 없기 때문에 가급적 허용되는 자위권의 범위를 좁혀서 보아야 할 필요가 있다. 따라서 일본정부는 현행 "헌법하에서 무력행사가 허용되는 것은 일본에 대한 급박急迫하고 부정不正한 침해에 대처하는 경우에 한정"된다고 밝히고 있다. 즉 일본이 행사할 수 있는 자위권은 개별적 자위권에 한정되며, '집단적' 자위권은 허용되지 않는다는 것이다.

그렇다고 해서 국제법상 국가의 권리로서 인정되는 집단적 자위권의 존재 자체를 부인할 수는 없기 때문에 "보유하고 있지만, 행사하는 것은 허용되지 않는다"는 입장을 취하고 있는 것이다. 과거 침략 범죄국가로서 불신의 족쇄가 여전히 잠겨져 있는 셈이다.

① 일본이 맺고 있는 「국제조약」에서 「집단 자위권 인정한다」 주장

일본에서 집단적 자위권의 행사를 허용해야 한다는 적극론을 주장하고 있는 사람들의 견해를 살펴보자.

이들은 우선 UN헌장을 비롯하여 일본이 관련된 여러 국제조약에서 집단적 자위권의 보유가 인정되고 있다는 사실을 지적한다. UN헌장 51조는 모든 국가가 개별적 또는 집단적 자위권을 보유한다는 취지를 명문화하고 있으며, 「대일평화조약」과 「미일안보조약」도 일본이 집단적 자위권을 보유하고 있음을 확인하고 있다. 「대일평화조약」과 「미일안보조약」 교섭과정에 깊이 관여한 덜레스 전 미국국무장관도 일본이 집단적 자위권을 보유하며 이를 행사할 권리를 갖고 있다는 견해를 밝혔다.(John Foster Dulles 「Security in the Pacific」『Foreign Affairs』January 1952)

○ 샌프란시스코 「대일평화조약」 제5조는 "연합국은 일본이 주권국으로서 UN헌장 제51조에 규정된 개별적 또는 집단적 자위의 고유한 권리를 보유한다는 것과, 일본이 집단적 안전보장협정을 자발적으로 체결할 수 있다는 것을 승인한다"고 언급하고 있다.

1951년 「미일안보조약」 전문에는 "(샌프란시스코) 평화조약은 일본이 주권국으로서 집단적 안전보장협정을 체결할 권리를 가지고 있음을 승인하고, 나아가 UN헌장은 모든 국가가 개별적 및 집단적 자위의 고유한 권리를 가지고 있음을 승인하고 있다. 이러한 권리의 행사로서 일본은 자신의 방위를 위한 잠정조치로서 일본에 대한 무력공격을 저지하기 위해 일본국내 및 그 부근에 미국이 군대를 유지할 것을 희망한다"고 언급되어 있다.

적극론자들은 이러한 조약들이, 일본은 집단적 자위권을 보유하기는 하지만 행사할 수는 없다는 취지에서 관련조문을 만들었겠느냐고 반문한다. 그리고 집단적 자위권을 전제로 하지 않고서는 동맹도 체결할 수가 없으며, 집단적 자위권의 행사를 부인하는 것은 일본이 체결한 조약이나 확립된 국제규범을 성실히 준수할 의무를 규정하고 있는 헌법 제98조에 위배되는 것이라고 주장한다.(北岡伸一『普通の國へ』東京, 中央公論社 2000)

군사적으로는 오늘날의 군사기술 발달수준과 국제정치현실을 고려할 때 어느 나라가 혼자의 힘으로만 자국을 방위한다는 것은 불가능하다는 사실을 강조한다. 개별적 자위권에 의존하여 독자적으로 자국의 안전을 보장하기 위해서는 집단적 자위권을 활용하는 경우보다도 오히려 더욱 강력한 수준의 군사력 보유가 필요하다. 자력안보가 가능한 국가는 아마도 미국을 비롯하여 핵보유 대국인 몇 나라에 지나지 않을 것이며, 자주국방을 위한 군사력 증강은 주변국의 경계심을 촉발하여 역설적으로 안보환경을 악화시킬 가능성도 있다는 것이다.

이러한 점에 비추어 적극론자들은 신뢰할 수 있는 국가와의 협력관계를 통해 안전을 보장하는 것, 다시 말해 집단적 자위권에 기초한 동맹관계를 활용하는 것이 가장 현실적이고 유효한 선택이라고 주장한다.

국제정치적 측면에서도 UN에 의한 집단안전보장이라는 이상주의적인 목표가 있기는 하지만, 현실적으로 국제사회는 아직도 주권국가가 중심이 되는 전통적 체제를 넘어서지 못하고 있기 때문에 군사동맹·지역안보기구 등의 집단적 자위권 방식에 안전보장을 의존할 수 밖에 없다고 주장한다. UN이 창설된 지 60년 이상의 세월이 지났지만 아직도 집단안전보장의 실현은 요원한 과제로 남아 있는 실정이다. 일본도 헌법 제9조라는 이상주의적 목표에도 불구하고, 미일군사동맹이라는 현실주의적 방책을 선택하지 않을 수 없었다. 인류는 불행하게도 아직까지 집단적 자위권에 의한 동맹관계보다 더 유효한 안전보장 방식을 찾아내지 못하고 있기 때문에, 적극론자들은 이러한 국제정치의 냉엄한 현실을 직시하고 집단적 자위권의 행사를 인정해야 한다고 주장한다.

그리고 외교적으로도 집단적 자위권을 부인하는 것은 문제가 많다고 비판한다. 집단적 자위권을 행사할 수 없다는 해석으로 스스로를 속박해 두었기 때문에 그것을 넘어서는 일을 할 때마다 특별한 입법조치를 한다든지 국내외적으로 설명을 해야 한다든지 하는 부담을 안게 된다는 것이다. 즉, 일본이 일일이 거증책임을 지게 된다는 것인데, 적극론자들은 집단적 자위권 행사를 인정하고 나면 이러한 소모적인 부담에서 해방될 수 있다고 주장한다. 나아가서 장차 UN안보리 상임이사국이 되기 위해서도 집단적 자위권을 인정하고 국제사회에서 다른 국가들과 어깨를 나란히 해야 한다고 주장하는 것이다.

또한 적극론자들은 일본의 국익과 안전보장을 위하여 집단적 자위권의 행사가 필요하다고 판단될 경우에는 이를 행사하면 된다고 주장한다. 집단적 자위권은 권리이며 중요한 것은 이를 행사할만한 상황인가, 어느 정도로 행사하는 것이 좋은가 하는 정책적 판단이라고 한다. 일본은 헌법해석이라는 법률적인 검토를 먼저 선행시킨 후에 집단적 자위권의 행사여부를 생각하고 있는데, 이는 선후가 뒤바뀐 것이며, 반대로 먼저 정치외교적으로 검토한 후에 필요하다고 판단되면 법률의 해석을 변경하든지 법률을 개정하는 것이 상식이라고 강조한다.

이러한 견해에서 한발 더 나아가 집단적 자위권과 개별적 자위권을 분리하여 개별적 자위권은 인정되지만 집단적 자위권의 행사는 금지되어 있다고 해석하는 자체에 문제가 있다는 주장도 제기되고 있다. 집단적 자위권을 분리하여 생각하는 것은 형식적인 법률론에 빠진 것일 수 있다는 것이다. 일본이 직접 공격을 받지는 않았지만, 일본과 밀접한 관계에 있는 국가가 제3국의 공격을 받았을 때, 그러한 사태가 일본의 안전과 평화에 영향을 미치는 것이라면 집단적 자위권이냐 개별적 자위권이냐 복잡하게 구분할 필요 없이 일본으로서의 자위권을 행사하여 대처하면 된다는 주장이다. (2003년 12월 20일 NHK TV에 출연한 규마 후미오久間章生 자민당 간사장대리가 언급한 내용)

최근의 일본TV 시사토론 프로그램에서 어떤 학자는, 정부가 집단적 자위권 행사를 인정한다고 그냥 발표해버리면 끝나는 문제이며, 50% 이상의 국민들은 "뭐 그걸로 잘 된 것 아니냐"는 반응을 보일 것이고, 특별히 이의제기도 하지 않을 것이라고 주장하기도 했다. 최근 자민당의 아베 신조安倍晋三 간사장은 "UN헌장에도 모든 국가가 집단적 자위권을 보유한다고 되어 있는데 일본만 이를 행사할 수 없다고 주장해도 통하지 않는다"고 하면서 "나는 현행헌법 하에서도 집단적 자위권을 행사할 수 있다고 생각한다"고 밝혔다. (『産經新聞』 2004년 1월 19일. 2014년 현재 총리로서 계속 적극론자의 입장을 취하였다.)

이와 함께 아베 간사장은 "집단적 자위권을 '행사할 수 있다'는 것과 실제로 '행사한다'는 것과는 커다란 차이가 있다"고 하면서, "북대서양조약기구NATO도 집단적 자위권을 규정하고 있지만 9·11테러사건 이후 테러와의 전쟁에서 미국을 지원하기 위해 처음으로 이를 행사했다"고 강조했다.(『日本經濟新聞』 2004년 1월 16일)

한편 헌법 9조에 의해 집단적 자위권의 행사는 허용되지 않는다는 일본정부의 해석이 현실적으로 한계에 이르렀다고 보는 견해들이 있다. 더욱 근본적으로는 이와 같은 정부해석은 잘못된 것이며, 일본은 이미 집단적 자위권을 행사하고 있다는 주장도 찾아볼 수 있다. 예를 들자면 "「미일안보조약」 자체가 개별적 자위권만으로는 설명되지 않으며, 집단적 자위권을 전제로 하고 있다"고 한다. 미일안보조약에 규정되어 있듯이 극동의 평화와 안전에 기여하기 위한 미군의 주둔을 인정하고 있는 것, 미군과 이러한 군사적 협력관계를 설정하는 것 자체가 이미 집단적 자위의 법리를 전제로 하지 않으면 안 되기 때문이다.

덜레스 국무장관(당시)은 미국과의 안보조약을 체결함으로써 일본은 자신의 집단적 자위권을 행사한 것이라고 설명했다.(John Foster Dulles 앞의 책) 1951년의 「미일안보조약」 전문에는 "UN헌장은 모든 국가가 개별적 및 집단적 자위의 고유한 권리를 가지고 있음을 승인하고 있다"고 전제하고, "이러한 권리의 행사로서 일본은 … 미국이 군대를 유지할 것을 희망한다"고 규정되어 있다. 여기서 '이러한 권리의 행사로서'라는 부분이야말로 다름 아닌 '집단적 자위권의 행사로서'라는 의미라고 한다.

집단적 자위권이라는 고유한 권리의 행사는 당연한 것이기 때문에 「미일안보조약」 체결 당시만 하더라도 아무도 문제시하지 않았는데, 1970년대 이후에 뒤늦게 일본정부가 집단적 자위권의 행사가 금지되어 있다는 해석을 내놓은 것이라고 했다.(佐瀨昌盛 『集團的自衛權』 東京 PHP研究所 2001)

② 「한반도 유사상황」 핑계, 미일안보조약국의 침략 가능성 증대

일본에서는 집단적 자위권의 문제를 제기하기 위해서 흔히 한반도 유사상황이 인용된다. 예를 들어 한반도 유사시에 미군이 일본주변의 공해상에서 공격을 받아 위기에 처했을 때 일본이 헌법해석상 집단적 자위권의 행사가 허용되지 않는다는 이유로 팔짱끼고 그냥 지켜보고만 있을 수 있느냐 하는 것이다. 유사시에 동맹국을 적극적으로 지원해 줄 수 없다면 그 나라와의 긴밀한 안보협력관계는 유지되기 어렵다는 논리이다.

집단적 자위권 행사가 불가능하기 때문에 군사적 성격의 해외활동에 있어서 일본은 무력행사와 일체화되는 활동은 불가능하며, 후방지원에 한정되는 활동만 가능하다. 이러한 제약 하에서는 유사시 미군과의 협력관계가 벽에 부딪힐 수밖에 없다. 실제로 북의 핵위기가 고조되던 1994년 미국은 한반도에서의 비상사태에 대비하여 일본에 대해 소해정 파견과 1059항목에 이르는 병참지원 가능성을 타진했으나 일본은 집단적 자위권에 관한 해석 때문에 이에 응할 수 없었다고 한다. 이때의 경험이 계기가 되어 미일양국 간에 미일안보 재정의 작업이 추진되고 「주변사태법」 등 가이드라인 관련법이 정비되었음은 이미 소개한 바 있다.

가이드라인 관련법이 정비된 것은 분명히 일보전진이라고 평가할 수 있지만, 집단적 자위권 문제에 변화가 없는 상황에서 여전히 일본의 대미협력은 후방지원으로 한정되어 있기는 마찬가지였다. 미일안보 재정의 작업결과를 토대로 지역전략과 세계전략상 좀 더 종합적이고 적극적인 미일안보협력을 바라고 있던 미국의 입장에서는 일본이 집단적 자위권 행사에 발을 들여놓지 않으려 하는 것에 대해 불만을 느끼고 있었다.

2000년 「아미티지 보고서」가 "일본이 집단적 자위권 행사를 금지하고 있는 것은 동맹의 협력에 있어서 제약요소이며, 이 제약을 철폐함으로써 안전보장상의 협력이 보다 긴밀하고 효과적으로 될 것"이라고 지적한 것도 그러한 배경에서였다.

앞서 설명한대로 9·11테러사건은 이러한 미국의 희망을 실현시켜줄 수 있는 결정적인 환경을 조성해 주었다. 1991년 걸프전의 뼈아픈 전철을 되풀이하지 않으려는 일본정부는 사건 직후부터 확고한 미국 지지입장을 표명했고, 신속한 대응을 통해 「테러특조법」을 제정하고 인도양에서 해상급유활동을 실시했다. 이로써 미일안보협력관계는 또 한걸음 진전을 이루었고 일본이 집단적 자위권 문제에 대한 종래의 입장을 변경할 수 있는 또 하나의 토대가 마련되었다.

이러한 일본의 안보적 역할 확대 노력은 미국의 입장에서도 바람직한 일이다. 따라서 일본의 헌법개정문제에 대해서도 미국은 기본적으로 일본의 국내문제이므로 일본이 스스로 판단하여 결정할 것이라는 반응을 보이고 있지만, 실제로는 크게 환영하고 있다고 하겠다.

베이커Howard Baker 주일미국대사는 "일본은 세계의 경제대국이며, 일본의 역할은 경제분야 뿐만 아니라 개발원조, 과학기술, 안전보장분야까지 확대되고 있다"고 지적하고, "일본은 자신의 나아갈 길을 스스로 결정하는 주권국가"라고 전제하면서 "나는 일본이 국제사회에서의 역할을 명확히 하는 가운데 헌법에 관한 역사적인 논의를 추진하고 있는 것을 마음 든든하게 생각한다"고 밝혀 헌법개정에 관한 기대감을 간접적으로 표명했다.(『朝日新聞』 2004년 1월 10일)

냉전이 심화되면서 미국이 일본에 대해 재군비 등 방위력강화를 강하게 요청하였다는 점, 그리고 「대일평화조약」과 「미일안보조약」 체결시에도 미국은 일본의 「집단적 자위권을 인정하는 입장」이었다는 점은 이미 설명했다. 2003년 12월 24일 일본 외무성이 공개한 외교문서에서 1950년대에 미국은 장차 일본이 집단적 자위권을 행사할 것을 기대한다는 입장을 명시적으로 전달했음이 밝혀졌다. 1953년 7월 동경에서의 미일상호방위원조MDA협정 체결교섭에서 미국 측은 "「미일안보조약」은 출발점이다. 집단적 자위권의 개념은 「UN헌장」에도 포함되어 있으며 (미일상호방위) 원조는 일본이 주권국가로서 이것(집단적 자위권)을 유효하게 행사하도록 하기 위한 것"이라고 하면서 일본의 방위력증강을 통한 '대서방 공헌'을 요청했다.

이에 대해 일본측은 "(일정수준 이상의) 방위력증강과 집단적 자위권(의 행사)에는 헌법개정이 필요하다"고 설명하고, 이에 대한 야당의 반대와 경제재건의 시급성을 이유로 미국 측의 요청에 대해 신중한 입장을 표명했다.(『日本經濟新聞』 2003년 12월 24일) 일본의 집단적 자위권 행사에 대한 미국의 기대는 최근에 처음으로 등장한 것이 아니라, 냉전이 격화되던 1950년대부터 이미 대일안보정책의 기본으로 자리잡고 있었음을 알 수 있다.

집단적 자위권이란 국가간의 동맹관계에서 핵심적 요소라고 할 수 있다. 「미일안보조약」의 경우 미국은 집단적 자위권을 행사하여 일본을 방위하는 반면 일본은 집단적 자위권의 제약 때문에 이에 상응하는 반대급부를 미국에 제공할 수 없게 되어 있다. 일본이 집단적 자위권의 행사를 인정하는 것은 위와 같이 편무적片務的인 미일동맹을 쌍무적雙務的인 관계로 끌어올리게 됨을 의미한다.

(3) 「집단 자위권」 미국과 일본 공동행사 욕구, 주변국 긴장 고조

일본에서 집단적 자위권의 행사를 인정해야 한다는 분위기가 고조된 것은 일차적으로 위와 같은 미국으로부터의 요청이 계기가 되었지만, 그에 못지않게 일본 국내적으로도 적극론이 활발히 전개되었기 때문이다.

경제동우회는 「긴급제언 : 시급히 추진되어야 할 우리나라의 안전보장상의 4개 과제」(1999년 3월)에서 「주변사태법」의 조기제정, 집단적 자위권에 관한 정부해석 변경, 유사법제(有事時 참여법) 제정을 건의했다. 오부치 수상의 '21세기 일본의 구상 간담회'가 발표한 보고서(2000년 1월)도 국제적 안전보장을 위한 군사활동에 참가해야 한다고 강조하면서 헌법문제나 집단적 자위권의 문제를 포함하여 안전보장에 관한 국민적 논의를 촉구했다.

자민당 국방부회는 「우리나라의 안전보장정책의 확립과 미일동맹」(2001년 3월) 보고서에서 집단적 자위권 행사를 허용하지 않는 정부해석이 「신가이드라인」 체제의 유효한 기능에도 장애가 되고 있다고 지적하고 정부해석의 변경을 주장했다. 나카소네 전수상은 『나의 개헌론』(2000년 4월)에서 개별적 자위권뿐만 아니라 집단적 자위권도 행사할 수 있도록 정확하게 제9조를 개정해야 한다고 주장했다. 자민당 하시모토파는 『헌법개정안』(2000년 12월)에서 일본의 안전과 국익을 유지하기 위해 필요하다고 인정되는 경우에는 집단적 자위권 행사를 가능토록 해야 한다는 입장을 취했다. 한편 앞으로 아시아지역에서의 지역안전보장구상을 추진하는 데 있어서도 집단적 자위권의 행사를 인정하지 않는 현재의 정부해석이 커다란 족쇄가 될 것이라는 지적도 나오고 있다.

이처럼 집단적 자위권 행사를 인정해야 한다는 목소리가 고조되어 가는 가운데 고이즈미 수상까지도 2001년 4월 27일 기자회견에서 "(집단적 자위권에 관한 해석을 바꾸기 위하여) 나는 헌법개정이 바람직하다는 생각을 가지고 있다. 일본의 국익에서 가장 중요한 것은 미일우호관계이다. 일본 근해에서 활동중인 미군이 공격을 받았을 때 일본이 아무 것도 하지 않고 가만히 있을 수 있는가"라고 언급하기에 이르렀다.

또한 자민당 헌법조사회에 설치된 헌법개정프로젝트팀은 2004년 3월 25일 회합에서 집단적 자위권의 행사를 인정하도록 하는 헌법개정이 필요하다는 데에 의견의 일치를 보았으며, 야당인 민주당내에도 개헌을 통해 집단적 자위권의 행사를 인정해야 한다는 의견이 있다고 했다.(『日本經濟新聞』 2004년 3월 26일)

① 「무력행사」의 성격이나 「전투지역, 비전투지역」 구분 애매

「무력행사 일체화」란 일본이 직접 무력행사를 하지 않더라도, 타국의 무력행사에 밀접히 관여함으로써 일본도 무력행사를 했다는 법적 평가를 받을 가능성이 있는 경우를 말한다. 일본정부는 "일본이 직접 공격을 받지 않았음에도 불구하고 타국의 무력행사와 일체화되는 활동을 하는 것은 헌법상 허용되지 않는다"는 입장을 취하고 있다. 「무력행사와 일체화되는 활동은 집단적 자위권의 행사에 해당된다」는 논리이다.

거꾸로 이야기하면 무력행사와 일체화되지 않는 행동은 집단적 자위권의 행사에 해당되지 않으므로 현행헌법 하에서도 가능하다는 것이다. 이러한 식으로 무력행사 일체화를 해석하는 방식은 현행헌법 하에서 자위대의 해외활동이 어느 정도까지 허용되는지 판단하는 기준으로 사용되고 있다.

일본헌법의 정신 및 조문내용에 따르자면 자위대가 해외에서 무력행사를 할 수 없음은 명백하다. 따라서 「PKO협력법」·「주변사태법」, 「테러특조법」·「이라크특조법」등에 의해 해외에서 수행하는 자위대의 활동도 무력행사와 일체화되지 않는 '후방지원'에 한정되고 있다. 주로 보급·수송·건설·의료 등의 활동이 중심이 되고 있다. 반면 무기탄약의 보급 또는 수송은 당초에는 허용되지 않는 것 취급했으나, 「테러특조법」과 「이라크특조법」에서는 전투지역이 아니라면 가능한 것으로 되어 있다.

대체로 전투지역에서의 후방지원은 안되지만, 비전투지역에서의 후방지원은 가능하다는 방향이라고 할 수 있다. 전투지역의 정의에 관하여 이시바 시게루石破茂 방위청장관은 "국가나 국가에 준하는 자의 조직적·계획적 공격이라고 인정되지 않으면 전투지역이 아니다"라고 설명하고 있지만, 벌써부터 전투지역과 비전투지역을 확실히 구분하기 어렵다든지 도중에 상황이 변해서 비전투지역이 전투지역으로 되어 버리면 어떻게 하느냐 하는 복잡한 문제가 지적되고 있다.

② 일본정부, '전투행위·지역' 등 위헌비판 회피논리 총동원

때때로 무력행사 일체화론은 그 복잡한 논리구성 때문에 신학논쟁神學論爭 같다는 비판을 받기도 한다. 예를 들어 공해公海에서 아프가니스탄 내륙의 군사목표를 향해 토마호크 순항미사일을 발사하는 미국군함에 대해 일본의 해상자위대가 연료를 급유하는 경우 이것을 무력행사와 일체화되는 것으로 볼 것인가 하는 논쟁이다. 2001년 10월 임시국회 「테러특조법」 심의에서 야당이 토마호크 미사일을 발사하는 미국군함은 전투지역인가 하는 질문을 했다. 나카타니 겐中谷元 방위청장관(당시)은 "전투행위의 정의는 사람을 살상하고 물건을 파괴하는 행위이다. 토마호크 발사에서는 그러한 행위가 없기 때문에 전투지역이 아니"라고 대답했다.

나카타니 방위청장관의 발언이 있은 다음날 쓰노 오사무津野修 내각법제국장관은 다음과 같이 수정된 답변을 하였다. "(전투지역 여부가 문제되는 것은) 전투를 하고 있는 외국군대에 대해서 자위대가 수행하는 협력활동이 「당해 전투행위와 일체화되는 것」이라고 평가되는가 아닌가 하는 점에 있는 이상, 실제로 전투행위가 이루어지고 있는 지역에 해당되는가 여부의 판단에 있어서는 결과의 발생지뿐만 아니라 전투행위를 종합적으로 검토할 필요가 있다." 즉 미사일을 발사하는 선박도 전투지역에 포함된다는 뜻이다.

며칠 후 고이즈미 수상도 미군함정이 미사일을 발사하는 경우 "그곳에서 실시되는 활동의 기간을 통하여 전투행위가 이루어지지 않는다고 인정되는지 여부를 종합적으로 분석하여 그 시점에서 협력활동을 개시, 또는 계속할 가능성을 신중하게 판단해 나가겠다"

고 답변했다. 메이지가쿠인明治學院 대학의 아사이 모토후미淺井基文 교수는 자신의 저서에서 위와 같이 복잡한 답변내용을 소개하는 목적은 독자들이 이를 정확히 이해해 주기를 기대해서가 아니라, 정부가 위헌이라는 비판을 피하기 위해서 얼마나 복잡한 논리를 동원하면서 대응에 급급해 하고 있는지를 알려주기 위한 것이라고 설명할 정도였다. (淺井基文『集團的自衛權と日本國憲法』東京 集英社 2002)

1990년 걸프위기가 고조되어 일본국회에서 「UN평화협력법안」이 심의될 당시 의료지원활동의 포함여부를 둘러싸고 의료지원활동이 '전투병력의 재생산'으로 연결되어 무력행사와 일체화될 우려가 있다는 내각법제국의 지적 때문에 결국 평화협력활동에 포함되지 못하는 결과가 되었다. 이러한 내각법제국의 논리에 대해서 국제법상 의료부대는 적군과 우군을 구분하지 않고 치료하게 되어있을 뿐 아니라, 의료활동이 병력의 재생산으로 연결되어 무력행사와 일체화된다는 것은 국제적인 상식을 벗어난 것이라고 하는 비판이 제기되었다.

그로부터 12년이 지난 2001년 9·11테러사건이 발생하고 「테러특조법」이 추진되자 외무성에는 "집단적 자위권이나 무력행사 일체화론에 대한 종래의 정부견해는 건드리지 않으면서 이를 형해화形骸化하려는 야심"이 있었다고 한다. 이러한 배경에서 9월 19일 일본정부가 발표한 7항목의 조치계획 중 첫 번째 항목에 미군에 대한 지원활동으로서 '의료'가 포함된 것이라고 한다. 의료활동을 전투병력의 재생산으로, 다시 무력행사와의 일체화로까지 연결시켜 논의하는 것도 '신학논쟁'에 속하는 하나의 사례로 볼 수 있겠다.

자위대의 후방지원활동 중 무기탄약의 운송문제에 관해서도 복잡한 논쟁이 있다. 「이라크특조법」은 비전투지역에서의 무기탄약 운송이 가능하도록 규정되어 있다. 그러나 고이즈미 수상은 2003년 12월 9일 이라크에 대한 자위대 파견방침을 밝히면서 여론의 반발 등을 고려하여 무기탄약 운송은 실시하지 않는다고 언급했다. 그후 국회심의과정에서 야당으로부터 자위대가 외국군대의 병력을 수송할 경우 외국병사가 개인화기를 소지하고 있으면 무기탄약 운송에 해당되는 것이 아니냐는 질문이 제기되자, 고이즈미 수상은 현실적으로 외국병사가 무기를 놔두고 탑승하도록 할 수는 없으며 자신을 보호하기 위해 소지하고 있는 것은 무기탄약이라고 할 수 없다고 답변했다.

또한 자위대가 미군의 화물을 수송할 경우 그 속에 무기탄약이 포함되어 있으면 곤란하지 않느냐는 질문이 나오자, 이시바 방위청장관은 미군 측에 대해서 무기탄약은 수송하지 않는다고 이야기는 하겠지만 일일이 미군화물을 개봉하여 조사하게 되면 신뢰관계가 성립되지 않는다고 하면서 사실상 화물검사가 어려움을 시인했다.(『讀賣新聞』 2003년 12월 16일) 탑승한 외국병사가 소지한 무기의 문제, 그리고 미군화물 속에 무기탄약이 들어있을 가능성에 대해서까지 논쟁이 벌어지는 것도 '신학논쟁'(귀신 씨나락 까먹는 소리)에 속한다고 할 수 있을 것이다.

③ 전투지역에서의 무기사용 여부도 모호한 회피논리에 불과

해외에 파견된 자위대의 무기사용에 관해서도 마찬가지로 복잡한 논쟁이 있었다. 일본정부는 "자신의 생명과 신체를 방위하는 것은 자기보존의 자연적 권리이며 이를 위한 필요최소한의 무기 사용은 헌법 9조가 금지하고 있는 무력의 행사에 해당되지 않는다"는 입장을 취하고 있다. 즉 헌법상 금지되어 있는 '무력의 행사'와 자연권적 권리인 '무기의 사용'을 구분하는 것이다. 이는 형법상의 정당방위와 긴급피난에 해당되는 경우에는 무기사용이 인정된다는 논리로서 기본적으로는 무기사용 여부를 자위대원 개개인의 판단과 책임에 의존하는 것이다.

1992년에 제정된 「PKO협력법」도 무기사용에 관하여 이러한 입장에 입각하고 있다. 그러나 기본적으로 어느 나라든 군대라는 무력조직은 개인단위로 행동하지 않고 부대단위로 행동하는 것이 원칙이다. 무기사용을 개인의 판단과 책임에 맡기는 것은 여러 가지로 무리가 따르지 않을 수 없다. "평소에는 마음대로 행동해서는 안되며 지휘에 따르라고 훈련을 받았는데, PKO 무기사용에 관해서는 지휘를 하지 않을 테니 각자 알아서 하라는 셈인데, 실제로 캄보디아에 파견된 자위대원들에게 이 문제가 가장 고민스러웠던 것 같다"는 이야기도 있었다.

이러한 점을 감안하여 일본정부는 1998년 6월 무기사용은 "당해현장에 상관이 있을 경우에는 그 명령에 따라야 한다"고 「PKO협력법」을 개정하였다. 상관의 명령에 따라서 무기를 사용하게 되면 그것은 상식적으로 볼 때 부대단위의 조직적인 무력의 행사라고 해석되는 것이 보통이다. "무기사용을 부대로서 호령하는, 집단으로서의 무기사용은 무력행사에 매우 가깝게 되는 것"이다. 그러나 이를 무력행사와 일체화되지 않는 것으로 설명하여 합헌성을 유지하기 위해서는 복잡한 논리가 동원되지 않을 수 없다.

1998년 5월 중의원 안전보장위원회에서의 정부답변은 대체로 다음과 같은 것이었다. "자위대라는 집단이 공통의 위험에 처했을 때에는 집단으로서 생명신체의 방호를 모색한다. 집단으로 있을 경우에는 상관의 명령에 따라 행동하는 것이 혼란을 피하고 보다 적절히 대응할 수 있다. 이는 어디까지나 개인의 생명신체를 보호하기 위한 무기사용이며, 보다 적절한 무기사용이 가능토록 하기 위해서 상관의 명령에 따르도록 한 것이다. 임무수행을 위한 부대활동(즉 무력행사)과 동일시할 수 없는 것이다."

2003년 11월 이라크에서 일본 외교관 2명이 피살되는 사건이 발생했다. 이 사건을 계기로 일본에서는 위험지역의 재외공관에 대한 경비강화 문제가 심각하게 대두되었고, 자위대의 해외활동에 외교관을 비롯한 정부관계자 등에 대한 경호임무를 추가시킬 것이라고 했다. 경호임무란 기본적으로 자기자신을 보호하는 것이 아니라 타인을 보호하는 것이므로 자기보존의 자연적 권리라는 이유로 해외에서의 무기사용을 허용하고 있는 일본정부의 논리와 모순이 생길 가능성이 생겼다. 이에 대해서는 "상대방이 국가 또는 국가에 준하는 조직이 아니라면 테러공격을 회피하기 위해서 무기를 사용하더라도 무력행사에 해당하지 않는다"는 설명으로 대응할 것으로 보인다. 그러나 실제로는 무기를 사용하기에 앞서 상대방이 국가 또는 국가에 준하는 조직인지 여부를 판단해야 한다는 것은 비현실적이라는 지적도 있다.(『每日新聞』 2004년 1월 1일)

◎ 「침략국」 규정의 상대성, 점령 강대국이 오히려 "침략 당했다" 엄살

「남의 영토를 군대로 쳐들어가 땅을 점령하고 인명을 살상하거나 약탈을 하며 끝내는 식민지〔반半식민지〕로 만드는 행위를 침략」이라고 정의할 수 있다.

그런데 이런 행위가 서세동점西勢東漸의 제국주의 시대에는 침략·피침략 행위자 쌍방이 분명히 드러나므로 구별이 가능했다. 그러나 제2차대전 후에는 왕년의 제국주의국들끼리 주로 연합 또는 적대적으로 대결하는 과정에서 피점령지 즉 식민지 상태에서 간신히 벗어나 새로 국가를 형성한 신생 독립국도 많아졌다.

이때 신생 독립국들의 처지에서는 지난날 자기네 영토와 주민의 일부가 또 다른 점령국의 지배하에 들어가 있을 경우 영토와 주민을 통합할 필요가 생기게 되었으며, 이런 욕구는 결국 무력행사로까지 이어지게 되었다. 그리하여 영토와 주민의 반환이나 복귀를 새 점령국에 요구하다가 무력행사를 할 경우 새 점령세력은 기다리고 있었다는 듯이 상대방 약소국의 행위를 '침략'이라고 규정하여 세계와 유엔에 당당하게 호소하면서 강력한 '반격'으로, 남아도는 풍부한 무기에 의해 전쟁의 격돌을 확대시켜 갔다. 이렇게 될 경우 새 점령국의 '반격'은 사실은 「점령지 확대를 위한 위장된 침략·점령행위」로서 유엔으로서도 어느 쪽을 「침략자」로 규정해야 할지 판정을 내리기가 어려워진다. 따라서 유엔 당국도 막연하게 '현실론'을 강조하면서 강대국들의 요구대로 처분을 떠맡기게 된다.

사실 역사적으로 따져보면 제국주의 열강의 식민지 점령에 이어 제 2의 점령자가 된 강대국은 식민지 약소국에 대한 「선제先制 침략세력」인데도 불구하고 '침략자' '점령자'라는 호칭을 회피한 채 기존의 평화적 질서유지 세력으로 행세하면서, 침해받고 있던 약소민족의 영토수복을 위한 침공(반격)을 오히려 「전쟁도발 행위」로 지목指目함으로써 피해와 억울함을 배가시켜 왔다.(미국의 한반도 분단 점령 경우)

(4) 미·일의 국익에만 맞춘 「무력행사 범위규정」은 침략 합리화

이처럼 무력행사 일체화론은 명확한 기준을 제시하기가 매우 어려우며 법적 정합성整合性을 유지하기 위해서 점점 더 복잡한 논리를 동원해야하는 측면이 있다. 극단적으로 말하면 자금제공·물자제공·부상자수용·정보제공 등 거의 모든 활동이 직·간접적으로 「무력행사와 일체화」되는 것이라고도 할 수 있다. 따라서 법률적으로 복잡한 구분을 하지 말고, 전수방위專守防衛(침공은 하지 않고 방어만 하는 전투)의 원칙 하에서 개별사안에 대해 정책판단으로 대처해야 한다는 주장도 제기되고 있다.

또한 무력행사 일체화론을 가지고 후방지원에 대해 여러 가지 제약을 부과하는 것이 과연 현실적으로 얼마나 의미가 있겠느냐는 지적도 있다. 예를 들어 어느 나라에 대해서 UN이 군사적 제재를 발동하고 일본이 후방지원에 참여한 경우를 상정한다. 피제재국 입장에서는 "일본이 제재에 동참했다"는 사실만으로도 적대국으로 인식할 수 있다. 일본이 "자금제공만 하든, 후방지역에서 간접적 지원만 하든, 전투지역에까지 들어와 지원을 하든 적대행위이기는 마찬가지"라고 인식할 것이다.

한편으로 일본의 우방국 입장에서 보면 복잡한 논리를 내세워서 위험한 활동에는 동참하지 않는 일본을 진정한 동맹국으로 느끼기 어려울 수도 있다. 따라서 일본의 선택은 ① 적으로부터 미움을 받되 우군으로부터는 신뢰를 받을 것이냐, ② 적으로부터도 우군으로부터도 미움을 받을 것이냐에 있으며, 이점에서는 후방지원에 여러 가지 제한을 부과하는 것은 거의 의미가 없다는 것이다. 최근에는 국제사회에서는 통용되지 않고 일본 국내에서만 통용되는 논리를 가지고 논쟁하는 것은 지양하자는 의견도 나오고 있다. 군사문제에 관한 어휘선택에 있어서도 일본은 무력행사와의 일체화를 우려하여 신경을 많이 쓰고 있다. 예를 들어 자위대를 해외에 보내는 것은 '파병'이 아니라 '파견'이며, 자위대가 하는 활동은 '후방지원'중 문제가 없는 분야로 한정된다.

2003년 7월에 제정된 「이라크특조법」의 정식명칭은 「이라크에서의 인도人道부흥지원활동 및 안전확보지원활동의 실시에 관한 특별조치법」이라는 길고 듣기 좋은 서술로 만들어졌다. 현재 자위대의 해외활동은 「PKO협력법」에 의한 것과 「테러특조법」에 의한 것, 그리고 「이라크특조법」에 의한 것이 있다. 그러나 외국에서 보기에는 이러한 복잡한 구분은 의미 없는 것이다. 외국에서 볼 때는 파견이든 파병이든 일본이 자위대를 'dispatch'하는 것이며, 인도人道부흥지원활동이라는 뉘앙스(표현의 차이)에 관계없이 다국적군의 활동을 'support'하는 것이다. 하물며 특정지역의 자위대가 「PKO협력법」에 의해 파병된 것인지, 「테러특조법」에 의해 파병된 것인지 알지 못한다.

더 근본적으로는 일본이 집단적 자위권을 "가지고 있지만 행사는 금지되어 있다"고 해석하고 있다는 것은 상상도 못할지 모른다. 외국에서 보기에는 해상자위대가 인도양에서 다국적군에게 급유활동을 하고 있는 것이 이미 집단적 자위권의 행사로 보일 것이다. 우방의 경우도 위기시에 일본 자위대가 자기들을 지원해 주지 않는다는 사실을 경험하고서야 비로소 일본에는 뭔가 특별한(또는 이상한) 사정이 있음을 알게 될지 모른다.

2004년 2월 8일 육상자위대 본대가 이라크에 도착했다. 일본정부는 자위대는 비전투지역에서만 활동하며 무력행사는 하지 않는다고 설명했지만 외국언론들은 하나같이 1945년이래 일본의 군부대가 처음으로 외국의 전투지역에 배치되었다고 보도했다. 국제적 현실이 이렇기 때문에 더 이상 일본 국내에서만 통용되는 복잡한 논리를 가지고 '신학논쟁'을 반복하지 말자는 의견이 일본에서 대두되고 있는 것이다.

실제로 '무력행사'와 '무력행사와 일체화되지 않는 활동'으로 구분하는 것은 "군사적으로 불가능하며 도의적으로는 극히 기만적"(『每日新聞』 2003년 12월 14일 田中明彦 동경대학 교수 기고)이라는 주장까지 나오고 있다. 이러한 주장들은 무리한 논리와 설명을 그만두고 차라리 정식으로 집단적 자위권의 행사를 인정하자는 것이 그 목적이라고 하겠다.

이처럼 집단적 자위권, 그리고 무력행사 일체화에 대한 논리적 설명이 갈수록 복잡해져서 상식적으로는 물론, 전문가도 쉽게 이해하기 어려울 정도가 되자 이제는 새로운 접근법을 주장하는 견해가 나오기 시작했다. 「UN헌장」이 원칙적으로 회원국의 무력행사를 금지하면서도 침략국을 징벌하기 위한 군사력의 행사를 인정하는 것처럼, 일본헌법도 제9조에서 무력행사를 금지하고 있지만 헌법전문에서 말하는 적극적·능동적 국제협조의 이념을 수행하기 위해서 필요한 활동은 인정되어야 한다는 것이다.

제9조가 '영구히 포기'한 것은 "국권 발동으로서의 전쟁과 무력에 의한 위협 또는 무력의 행사"이므로 이는 과거 일본이 행한 만주사변이나 중일전쟁과 같은 것으로서, 단적으로 말하자면 일본의 일방적인 침략행위를 지칭하는 것이며, 따라서 국제사회가 질서를 회복하고 평화를 달성하기 위해 수행하는 행동은 제9조와는 관계가 없는 것이라는 주장이다.

이러한 논리에 의하면 국제협조를 위한 자위대의 활동은 처음부터 제9조와는 무관한 사안이기 때문에 집단적 자위권이나 무력행사 일체화와 같은 복잡한 설명도 필요 없고, 「이라크특조법」에서처럼 전투지역과 비전투지역을 구분할 필요도 없게 된다. 실제로 고이즈미 수상은 이라크파병과 관련해서 일관되게 자위대는 이라크에 인도적 지원과 부흥지원을 위해 파견되는 것이며 전쟁을 하러 가는 것이 아니라고 하면서, 무력행사는 하지 않는다고 강조하고 있는데, 이는 위와 같은 새로운 침략의 왜곡된 접근법을 취하고 있는 이기적인 행태로 볼 수 있겠다.

(5) 개헌 좋지만, 9조 있어도 얼마든지 전쟁참여 합리화 가능

9·11테러사건은 미일동맹의 틀을 넘어선 국제적·공공적인 활동에 일본이 어디까지 협력할 수 있을지 하는 물음을 제기했다. 자위대의 역할을 일본의 방위에만 한정해서는 세계의 평화(일·미가 주도하는 '평화')에 충분히 공헌하기 어렵다는 주장이 더욱 설득력을 얻게 되었다. 「테러특조법」은 「주변사태법」처럼 「미일안보조약」에 근거한 것도 아니며, 「PKO협력법」처럼 UN활동에 근거한 것도 아닌, 미군을 중심으로 한 다국적군이라는 새로운 형태의 군사활동에 대해 자위대를 파견하여 지원하는 내용이다. 이에 따라 사상 최초로 자위대가 전쟁상황에 파견된 것이다. 이러한 점에서 「테러특조법」은 내용적으로도, 지리적 범위의 측면에서도 기존의 정부해석이 한계에 도달했음을 드러냈다고 할 수 있다.

아프가니스탄 작전에 즈음하여 미국은 「UN헌장」 51조의 「개별적 자위권」을 원용했으며, 미군을 지원한 NATO 국가들은 「집단적 자위권」을 원용하여 참가했다. NATO 국가들이 실시한 지원조치의 내용은 공항 및 항만의 사용허가, 미군시설의 경비, 수송 및 보급, 지중해에 대한 함정파견 등이며 일본이 「테러특조법」에서 상정한 협력조치 내용과 큰 차이가 없었다. 이러한 점에 비추어보더라도 「테러특조법」은 사실상 집단적 자위권의 행사를 인정한 것이라고 보는 견해도 있다. 집단적 자위권을 행사한 것이 아니라는 종래의 정부해석으로는 더 이상 설명하기가 쉽지 않은 아슬아슬한 경계선까지 와있다는 사실을 보여주는 것이라고 할 수 있다.

집단적 자위권 문제가 더 이상 종래의 해석으로는 대응할 수 없는 한계점에 도달했다는 것을 고이즈미 수상 자신도 인정하고 있다. 2001년 10월 5일 「테러특조법」을 심의하는 중의원 예산위원회에서 고이즈미 수상은 "헌법전문과 제9조의 사이에 애매한 공백이 있는데, 어떻게 하면 지혜를 내어서 일본으로서 가능한 일을 할 수 있을지 생각하고 있다. 분명히 애매하다는 점은 인정한다. 명쾌하고 명확한 법률적 일관성을 지적받는다면 답변이 궁색해진다. 헌법 그 자체가 어려운 것이다. 학자들조차도 위헌론·합헌론이 있지 않은가"라고 언급했다. 또 "이 법안은 아직 헌법의 틀 속에 있는 것이지만 아슬아슬한 한계에 와 있다. 이 이상의 것을 다루게 되면 헌법개정을 통해서 할 수밖에 없다"고 말하기까지 했다. 「테러특조법」은 집단적 자위권에 관한 해석변경이나 헌법개정 없이 대응할 수 있는 마지막 한계임을 시사하는 것이라고 할 수 있는데, 실제로는 그 후 한발 더 나아가 「이라크특조법」까지 제정하게 되었다.

「집단적 자위권의 행사」를 인정하는 방법론으로서는 ① 헌법개정 ② 제9조에 관한 정부해석의 변경 ③ 안전보장기본법 등 새로운 법률 제정 ④ 국회결의 등이 거론되고 있다. 아직 충분한 논의와 의견수렴이 이루어지지 않은 상태이므로 어느 방법을 택하게 될지 예측하기는 어렵다.

이중에서 헌법개정을 통해 집단적 자위권을 명문화하는 것이 가장 분명하고 확실한 방법이다. 그러나 국회에서 개헌안을 통과시키고 이를 다시 국민투표로 확정하는 것은 간단한 일이 아니다. 고이즈미 수상은 집단적 자위권의 행사에 관하여 "편의적인 해석변경이 아니라, 정면으로 헌법개정을 논의함으로써 해결을 도모하는 것이 바람직하다"고 언급, 헌법개정방식을 지지한다는 입장을 밝혔다.(『日本經濟新聞』 2004년 2월 28일)

이러한 어려움을 피하는 비교적 손쉬운 방법으로서 헌법에는 손을 대지 않고 정부가 종래의 해석을 변경하여 집단적 자위권의 행사가 가능하다고 인정하는 소위 '해석개헌' 방식이 있다. 해석개헌방식은 부담스러운 개헌문제를 회피하면서 현실의 요구에 부응할 수 있다는 점에서 매우 편리한 방법이다. 그러나 집단적 자위권을 인정해야 한다는 적극론자들 중에서도 이러한 방법은 야금야금 기정사실을 축적해 나감으로써 헌법규정을 형해화하는 것이라고 해서 반대하는 사람들이 있다.

이들은 정식으로 개헌을 통해 집단적 자위권의 행사를 인정할 것을 주장한다. 그러나 이에 대해서는 만일 헌법이 개정되지 않은 상황에서 집단적 자위권의 행사가 필요한 사태가 갑자기 발생하면 어떻게 할 것인가 하는 반론이 있다. 즉, 시간이 걸리는 헌법개정을 통해 정식으로 대처하자는 주장은 무책임한 것이며, 현실적으로 조속히 「해석변경을 통해 집단적 자위권의 행사를 인정하는 것」이 바람직하다는 주장이다.

새로운 법률의 제정은 앞의 두 가지가 갖는 단점을 모두 해소하기 위하여 헌법보다 "하위법률을 제정하여 거기서 집단적 자위권을 명기하는 방법"이다. 이 방법은 헌법개정이 쉽지 않을 경우의 대안으로서, 또는 개헌에 소요되는 시간의 절약을 위해서 효과적인 방법이라고 할 수 있다. 예컨대 안전보장기본법이라는 명칭의 법률을 제정하여 그 속에 집단적 자위권의 행사, UN의 집단안전보장에 대한 참가의 요건과 범위 등을 상세히 규정하는 것을 말한다.

헌법에서는 추상적인 내용만이 규정되므로 안전보장기본법에서 안보에 관한 기본방침과 구체적 내용을 망라하여 서술한다는 것이다. 또한 자위대의 해외활동에 관해서는 그간 「PKO협력법」·「주변사태법」·「테러특조법」·「이라크특조법」 등에 의해서 필요할 때마다 산발적으로 법제화되어 왔으나, 안전보장기본법을 제정하면 좀 더 근본적이고 명확한 정리가 이루어진다는 장점도 있을 것이다. 이 방식을 '입법개헌'이라고 부르기도 한다.

나카소네·경제동우회·일본경제신문·자민당 하시모토파·자민당 국방부회 등의 개헌안이나 보고서가 안전보장기본법의 제정을 주장하고 있으며, 일부에서는 개헌과 함께 병행하여 안전보장기본법을 제정하는 방안을 주장하기도 한다. 안전보장기본법은 집단적 자위권의 행사의 허용이라는 목적을 위해서 매우 편리한 방법이고, 무력행사나 자위대 해외파견에 관한 상세한 내용을 명문화한다는 점에서 바람직한 것이지만, 헌법 9조와 같이 역사성이 있고 중요한 의미를 갖는 조항의 해석변경에 관한 사항을 헌법의 하위 법률로써 처리한다는 점이 문제점으로 지적되기도 한다. 한편 국회에서 집단적 자위권의 행사를 허용한다는 결의를 채택하는 방법 역시 사안의 중요성에 비추어 국회결의만으로 처리하는 것은 적절치 않다는 지적이 있다.

2002년 3월 요미우리신문이 국회의원을 대상으로 실시한 조사를 보면 어떤 방법으로 집단적 자위권 행사를 허용하는 것이 바람직한가 하는 물음에 대해서 헌법개정이 73.1%로 압도적 다수를 차지했으며, 제9조의 해석변경이 17%였다.

(6) 집단적 자위권 행사로 미국 군사행동 지원, 평화 배반

위에서 살펴본 집단적 자위권에 대한 적극론은 국제정치에 대한 현실주의적 시각이 그 기초가 되어 있다고 할 수 있다. 그러나 "집단적 자위권은 국제적으로 대국의 무력행사를 합리화시켜주는 수단으로 이용되고 있다"는 비판론도 존재한다. 비판론자들은 특히 "집단적 자위권의 행사는 결국 미국의 군사행동을 지원하는 목적에 봉사하게 되며, 미국의 세계전략에 전면적으로 협력하는 것을 의미한다"고 주장한다. 아사히신문은 자위대의 이라크 파견은 "인도人道부흥지원의 목적보다도 미국에 대한 협력이라는 색채가 더 짙다"고 하면서 "고이즈미 수상은 전쟁을 하러 가는 것이 아니라고 하지만 전쟁을 계속중인 미군을 자위대가 지원하는 것"이라고 지적했다(2003년 12월 19일).

적극론자들 가운데에서도 미국의 단독행동주의에 휩쓸려 들어갈 우려 때문에 집단적 자위권의 행사를 허용하더라도 무언가 브레이크(견제) 장치가 필요하다는 견해가 나오고 있다.(『每日新聞』 2004년 4월 8일) 미국이 이라크를 침공할 당시 한국에서도 이라크파병이 "집단적 자위의 이름 하에 미국의 이익에 봉사하는 것"이라는 시각이 등장했다.

국군을 해외에 파병한다는 것은 … (침략적 전쟁을 부인한) 헌법 제5조를 필두로 하는 평화 국가의 원리와 배치된다고 하지 않을 수 없다. 뿐만 아니라 파병의 동기가 되는 한미동맹의 현주소 역시 헌법원리와의 관계가 불투명하다. 왜냐하면 국토방위의 임무를 규정한 헌법의 규정에 따른다면 「한미상호방위조약」과 같은 '집단적 방위'의 정신보다는 '개별적 방위'의 정신이 우리 헌법의 평화국가원리에 친화적인 것이 아닌가 하는 점이다. 그런데도 「한미상호방위조약」에 따라 태평양지역의 방위에 이끌려 나가거나 심지어 이역만리 중동의 이라크에서 미국의 이익에 따르도록 하는 것은 평화국가원리와의 대립각을 더욱 심하게 만든다.(『대한매일신문』 2003년 10월 10일, 이경주 인하대교수 기고)

영국은 1928년 「부전조약」에 대해서 영국의 평화와 안전에 특별한 이해관계를 가지고 있는 지역의 방위에 관해서는 조약의 적용을 배제한다는 유보조건을 전제로 찬성하였다. 이는 자위권이 자국의 영토뿐만 아니라 해외에 있는 세력범위에까지도 적용된다는 뜻이다. 당시에는 미국도 유럽에 대해서 간섭하지 않는 대신 중남미지역에 대해서는 미국의 세력권을 주장한다는 먼로주의를 채택하고 있었으므로 영국의 입장에 반대하지 않았다.

비판론자들은 강대국들의 이러한 편의적 발상이 「UN헌장」에서 집단적 자위권을 처음으로 명문화하게 되는 토대가 되었다고 본다. 또한 비판론자들은 집단적 자위권은 "미국이 합법적으로 군사행동을 하기 위한 면죄부로서 고안해 낸 것"이라고 주장하기도 한다. 미국은 「UN헌장」에 저촉되는 것을 피하고, 소련의 거부권도 피하면서 국제무대에서 자기네 종속우방들의 엄청난 군사지원까지 받으면서 자유롭게 군사행동을 할 수 있는 권리를 확보하기 위해서 「UN헌장」에 모든 국가의 고유한 권리로서 개별적 자위권과 집단적 자위권을 명문화했다는 것이다.

역사적으로 자위권이라는 개념은 강대국의 논리에 의해 악용된 경우가 종종 있었다. 상대쪽 약소국이 이런 권리주장을 한다면 당장 '전쟁도발'로 몰아칠 수 있기 때문에, 결국 패권자 집단의 일방적 권리주장이 될 수밖에 없다. 이 수법은 마치 통상강요시절 약소국도 대국에 와서 마음대로 항구를 이용하여 물건을 팔고 회사를 차릴 수 있다고 쌍방권리를 인정하는 시늉을 했던 방식과 같은 것이었다.

1931년 류조호柳條湖사건을 계기로 만주사변을 일으켰을 때 일본은 이를 「자위권의 행사」라고 주장했다. 미국의 베트남전쟁, 소련의 아프가니스탄 침략시에도 집단적 자위권이 원용되었다. 이처럼 집단적 자위권은 국제적으로 정착된 권리라고는 하지만 자의적恣意的으로 발동하게 되면 세계의 안전을 위협할 것이며 바로 침략전쟁이 되고 만다. 이러한 측면은 만일 집단적 자위권의 행사가 가능하다고 판단되는 경우에도 실제로 이를 행사함에 있어서는 엄격한 자제와 신중한 정치적 영지英智가 필요함을 보여주고 있다.

2) 미국·일본·한국, 북핵·미사일 정보공유 약정, 주변국 자극

(1) 일본 군사대국화·집단자위권에 날개 붙여 재침략의 비극 조장 우려

한국과 미국·일본이 29일 「북한 핵과 미사일 위협에 관한 3자 정보공유 약정」을 체결한다고 국방부가 26일 밝혔다. '집단자위권 행사' 등 일본의 군사적 역할 확대 추진에 정당성을 부여하는 구실을 할 것이라는 우려도 나온다. 아울러 한·미·일 3국간 미사일 방어망 협력체제의 터닦기인 셈이어서, 미국 주도의 「미사일방어(MD) 체제 편입」 논란이 가열될 것으로 보인다.(『한겨레』 1면, 2014.12.27)

국방부 당국자는 이날 브리핑에서 "한국이 미국을 통해 일본에 정보를 제공하고, 일본도 미국을 통해 한국에 정보를 제공하는 방식으로 3국간 정보공유가 이뤄질 것"이라고 말했다. 한국과 미국은 1987년 「군사비밀보호에 관한 보안협정」을 맺었으며, 미국과 일본은 2007년 「군사비밀보호를 위한 보안대책에 관한 협정」에 서명해 각각 정보를 공유해왔다. 이번 3국간 약정은 한·미와 미·일이 각각 맺은 이들 협정상의 '3자와의 정보공유 조항'을 근거로 한국과 일본이 미국을 통해 비밀정보를 공유하는 방법과 절차를 마련한 것이라고 국방부는 설명했다.

국방부는 정보공유 범위에 대해 "정부 차원 협정이 아닌 3국 '국방부 간 약정'이며 주고받는 정보도 '북한 핵과 미사일 위협에 관한 것'으로 한정된다"고 밝혔다. 또 이들 정보도 "정보 생산자의 승인에 따라 이뤄질 것"이라며 일본과의 직접적·전면적 정보협력이 아님을 강조했다. 2012년 6월 '한·일 군사비밀보호협정'이 체결 직전 여론 악화로 무산된 전례를 의식해 정보공유의 주체와 대상을 좁힌 것이다. 이번 약정은 이런 제한에도 불구하고 결국 한·미·일 3국 미사일방어 공조를 위한 법적 토대 구축 아니냐는 평가가 나온다. 이 때문에 한국의 엠디 편입 논란도 다시 일 전망이다. 국방부는 "미국 엠디와는 무관하다"며 "정보공유도 미국을 통해서 하기 때문에 일본과 직접 연결되지 않는다"고 주장했다.

그렇지만 한·일의 미사일방어가 미국의 엠디를 통해 서로 연동될 수 있는 제도적 틀이 마련되어, 한·미·일 간 긴밀한 미사일방어 공조체제로 가는 길이 열리게 됐다. 정보공유 방식을 보면, 한·미·일의 미사일방어는 「한국형 미사일방어의 작전통제소(KTMO-cell)~주한 미군 전역 미사일작전통제소(TMO-cell)~태평양사령부~미·일 통합운용조정소(BJOCC)~일본의 탄도탄방어합동특수임무부대(JADGE)」로 서로 연결된다.

문제는 중국이 미국 주도 미사일방어에 대해 "중국을 군사적으로 견제하기 위한 시도"

라며 반발하고 있다는 점이다. 정욱식 평화네트워크 대표는 "중국은 3국의 엠디 협력을 3각 군사동맹으로 가는 교두보로 간주할 것"이라며 "굳이 중국의 부상을 견제하기 위한 3국 협력체제에 발을 담가 한·중 관계를 훼손할 이유가 없다"고 말했다.

국방부가 한일 간 정보 직거래 대신 미국을 매개로 한 교류 방식을 택한 것은 한·일 군사협력에 대한 따가운 여론을 피해 가기 위한 우회로로 보인다. 또 한일 정보교류가 미국을 통해서만 이뤄지는 방식은 한국의 자율성을 해칠 수 있다는 지적도 나온다. 정보공유 구조상 미국이 정보의 교차점에서 수집과 분배를 통제할 수 있는 형태이기 때문이다.

국방부는 이번 약정 체결 배경으로 일본의 다양한 정보수집 자산을 활용할 수 있게 돼 감시능력 보완, 정보의 질 향상 등을 기대한다고 밝혔지만, 일본의 대북 정보수집 능력에 대한 회의적 평가도 있다. 일본은 공중조기경보통제기 4대와 조기경보기 12대, 이지스함 6척, 광학위성 2기, 레이더위성 2기 등 첨단 정보자산을 보유하고 있다. 그러나 2012년 4월 북한의 로켓 발사 때 한국은 발사 즉시 포착했으나 일본은 20분 뒤에야 로켓 발사를 확인했다.

그럼에도 한·미·일 정보공유 형태로 일본과 정보를 교류하는 것은 결국 일본의 군사적 역할 확대에 날개를 달아주는 격이라는 지적이 나온다. 특히 일본이 위안부 문제나 독도 영유권 주장 등 과거사 문제와 관련해 퇴행적인 움직임을 보이는 상황에서 한반도 문제에 개입할 빌미가 될 수 있고, 한국의 민감한 군사정보가 일본으로 흘러 들어가는 부작용도 우려된다. 익명을 요구한 전직 안보분야 고위 인사는 "북한의 핵과 미사일 위협을 빌미로 과거사를 반성도 하지 않는 일본의 군사대국화 움직임에 우리가 스스로 멍석을 깔아주는 꼴"이라고 비판했다. (박병수 선임기자 suh@hani.co.kr)

(2) 중국은 미·일·한 3국 공조 포위망 구축에 불쾌감 표출

29일 체결되는 한·미·일 정보공유 약정(MOU)은 내용과 형식·절차 모두에서 심각한 문제 소지를 안고 있다는 평가가 나온다.

사실상 한·미·일 미사일방어(MD) 체제 가동을 위한 터닦기라는 점에 더해, 북조선의 핵과 미사일 관련 정보를 동맹국도 아닌 일본에 넘긴다는 점이 특히 문제로 지적된다. 일본은 과거 한반도를 점령해 수십년간 식민통치했던 국가이자, 지금도 독도 등을 두고 한국과 영토 갈등을 빚고 있는 숙적의 나라다.

○ 양해각서諒解覺書 memorandum of understanding : 국가간에 문서로 된 합의로, 조약과 같은 효력을 갖는다. 일반적으로 기존 협정에서 합의된 내용의 뜻을 명확히 제정하기

위하는 경우, 또는 협정의 후속 조치를 위해 체결하는데, 당사국간의 외교 교섭 결과 상호 양해된 사항을 확인·기록할 때 양해각서가 사용된다.

○ 미사일 방어체제missile defense : 조지 부쉬 대통령 때 시작한 새 방위체제. 러시아·중국의 대륙간 탄도미사일ICBM(intercontinental ballistic missile 사정거리 6,400km 이상) 외에 이른바 '불량국가'(미국이 적대적으로 지배하려는 약소국)들의 중·단거리 탄도미사일 방어도 포함한 것으로, 지상·해상·공중에서 요격하는 방어전략. 이 전략은 적이 발사한 미사일을 지상의 고성능 레이더를 통해 최대한 빨리 감지, 이를 위성을 통해 지상통제소에 전달한다. 이어 미사일이 지상파괴 목표물에 도달하기 전에 요격미사일을 통해 격추, 피해를 최소화하는 것이다. 가급적 대기권 밖에서 미사일을 파괴하는 것을 목적으로 한다. 해상요격 시스템이 중요시된다.

국방부는 26일 북핵과 미사일에 한정한 정보를 미국을 통해 주고받는 형태가 될 것이며, 한국도 일본의 정보를 공유할 수 있기 때문에 일방적 정보 유출을 우려할 필요는 없다고 밝혔다. 하지만 실제 실행 단계에선 각각 한·미와 미·일 간 연결돼 있는 지휘통제체계(C4I)를 통해 실시간으로 정보가 오가게 되기 때문에, 한국 정부가 갖고 있는 민감한 대북 정보가 한국의 의도를 벗어나 일본으로 넘어갈 가능성을 배제할 수 없다는 우려가 나온다. 김종대 군사평론가는 "시스템이 통합되는 것이기 때문에, 앞으로 우리가 주권과 지정학을 고려해 정보를 통제하기가 어려워질 수 있다"고 말했다.

이런 점 때문에 다른 국가도 아닌 일본과 민감한 안보 관련 정보를 공유할지를 결정하기 위해서는 국민적 동의 과정을 필수적으로 거쳐야 한다는 지적이 많았다. 하지만 정부는 이번에 제대로 된 공론화 및 합의 과정을 밟지 않은 채 약정 체결을 불과 사흘 앞두고 일방적으로 발표함으로써 절차적 정당성도 저버렸다는 비판이 나온다.

일본과의 군사정보 공유라는 중대한 안보 문제를 협정이 아닌 약정 형식으로 처리하려는 자체가 국민적 동의를 피하기 위한 '꼼수'라는 평가도 나온다. 국회 국방위 소속의 진성준 새정치민주연합 의원은 "이런 정도의 중대 사안이면 당연히 국회 비준이 필요한 협정 체결을 통해 결정해야 한다"며 "국방부가 기관 간 단순한 약정을 맺는 방식을 취한 것은 공론화와 국회 비준 등 국민적 동의 절차를 회피하기 위한 꼼수로 보인다"고 비판했다.(『한겨레』 2014.12.27.)

김종대 군사 평론가도 "2012년 이명박 정부가 한·일 군사 비밀보호협정 체결을 비밀리에 추진하다가 국민적 비판 속에 무산됐는데, 박근혜 정부는 공론화를 피하려고 아예 약정으로 급을 낮추는 '요술'을 부리고 있다"고 지적했다. 앞서 국회 입법조사처는 지난 10월 군사기밀 공유를 국가 간 협정이 아닌 국방부 기관 간 약정 형태로 추진할 경우 군사기밀 제공을 엄격히 정한 군사기밀보호법 위반 소지가 있다고 경고하기도 했다.

한·일 간 협정 추진에 대한 반발이 거세자, 미국을 끼워 넣어 한·미·일 3자 약정 형식을 택한 것이나, 연말에 그것도 주말을 앞둔 금요일에 이를 발표한 것도 비판 여론을 희석시키려는 계산된 행동으로 풀이된다.

한국진보연대와 전쟁반대 평화실현국민행동 등은 "국방부가 국민과 언론에 공개해 투명하게 추진하겠다고 한 약속을 깨고 문제투성이 양해각서를 밀실에서 추진했다"며 "국민을 속인 것을 사과하고 관련 내용을 이제라도 모두 공개해야 한다"고 촉구했다. 원혜영 새정치민주연합 비상대책위원은 "박근혜 정부가 국민과 국회를 속이고 있다"며 "지금 일본은 집단적 자위권 행사를 사실화하면서 군사대국화 길을 걷고 있는 아베 정권이 장기 집권 토대를 구축한 상태다. 이런 시점에 안보에 직결되는 군사정보를 국회 비준 없이 (일본에) 넘겨줄 수는 없다"고 했다.(손원제 기자 wonje@hani.co.kr)

(3) 조국 분단·분열에 책임 있는 일본에 동포상쟁의 정보 제공

일본군 위안부 문제 등 과거사 문제에 대해 일본에 진정한 반성을 요구하고 있는 박근혜 정부가, 군사적 문제에 대해서는 일본과 협력을 강화하는 모순된 행태를 보이고 있다. 한국이 과거사를 문제 삼는 것은 일본의 군사대국화에 대한 경계감과 직결돼 있기 때문인데, 두 문제가 마치 별개인 것처럼 대처하고 있는 것이다.

박근혜 대통령은 취임 이후 여러 차례에 걸쳐 과거사 문제에 대한 일본의 성의 있는 조처를 요구해왔다. 지난해 3·1절 기념사에선 "가해자와 피해자라는 역사적 입장은 천년의 역사가 흘러도 변할 수 없다"며 결기를 보였고, 지난 8월 15일 광복절 경축사에서도 "일본군 위안부 피해자 할머니들의 상처는 당연히 치유 받아야 한다"고 강조했다. 특히, 박근혜 정부는 지난 2년 동안 군 위안부 문제가 해결되지 않으면 한·일 정상회담도 없다며, 아베 신조 총리의 역사 수정주의에 맞서는 모양새를 보여왔다.

그러나 박근혜 정부가 29일 한·미·일 정보 공유 약정을 체결한다고 26일 발표함으로써, 일본에 과거사 반성을 요구하는 근본 취지 자체가 흔들릴 수밖에 없을 것으로 보인다. 한·미·일 정보공유 약정 체결을 기반으로 미사일 방어(MD) 등 핵심 군사적 분야에서 한·일 간 군사협력이 가속화될 게 뻔하기 때문이다.

어느 나라나 '과거 기억'의 문제는 대외전략과 밀접히 연관돼 있다. 한국의 역대 정부가 과거사 문제에 대한 일본 정부의 전향적 조처를 요구해온 것도 단순히 식민지 피지배

사실에 대한 불편한 감정 차원을 넘어, 일본의 군사대국화에 대한 경계심이 깔려 있기 때문이다. 특히, 아베 신조 총리 정부가 지난 7월 집단적 자위권 행사를 용인하는 각의 결정을 통해 '전쟁할 수 있는 일본'으로 나아가고 있는 등, 일본에 의한 한국위협 의식이 부쩍 커지고 있는 상황이다.

외교안보 분야의 전직 고위당국자도 "과거사에 문제제기를 하는 것은 일본이 군사대국화로 가는 것을 가장 위험하게 보기 때문"이라며 "역사 문제로 일본과 정상회담을 2년 동안 하지 않는 것도 비정상적이지만, 그런 한편으로 정보공유 약정을 맺겠다는 것은 자가당착·자기 분열적"이라고 지적했다.(이용인 기자 yyi@hani.co.kr『한겨레』2014. 12. 27.)

◎ **3국 군사정보 공유 약정과 미국·중국의 의도와 반응**

한·미·일 3국이 미국 주도의 정보공유 등 군사협력을 시도한 것은 짧게는 2008년 세계 금융위기 이후 중국의 부상 및 이에 맞선 미국의 '아시아 중시'(아시아회귀) 전략과 밀접하게 연관돼 있다.

미국의 핵심적인 아시아 중시 전략 가운데 두드러지는 것은 동맹국들을 묶어 중국을 군사적으로 견제하는 것이었는데, 동북아에서는 한·미·일이 묶음의 대상이었다. 이에 따라 이명박 정부 때인 2010년 말께 한·미·일은 '집단적 안보에 관한 합의문' 체결을 추진했지만, 발표가 임박한 마지막 순간에 이명박 정부가 발을 빼면서 무산된 것으로 알려졌다. 당시 이명박 정부는 천안함 사건을 계기로 무너진 한·중 관계를 복원하기 위해 무진장 애를 쓰던 때였기 때문에, 중국을 견제하는 모양새에 부담을 느꼈던 것으로 전해졌다.

그러나 미국 주도의 동북아 군사협력을 추진하려는 노력은 계속 이어졌다. 이에 따라 한·일 양국은 2012년 6월 29일 한·일 군사비밀보호협정 체결을 발표하려 했으나 '밀실추진' 논란과 일본과의 군사적 협력에 대한 국내 여론의 반발로 무산됐다. 이 역시 한·미·일 삼각 협력의 '끊어진 고리', 즉 한·일을 연결하려는 시도였다.

한·일 간 정보 공유 연결 작업이 무위로 돌아가자, 미국은 올해 초부터 다시 형태를 바꾸어 한·미·일 3국 간 정보공유 약정(MOU) 논의를 주도하기 시작했다.

이에 따라 지난 4월 25일 서울에서 열린 한·미 정상회담에서 박근혜 대통령과 버락 오바마 미국 대통령은 한·미·일 3국간 정보공유의 중요성을 인식한다는 원칙을 밝히고, 국방부는 실무 차원에서 약정 체결을 검토한다고 발표했다. 이때 이미 3국 정보공유 약정 체결을 기정사실화한 셈이다.

이어 지난 5월 말 싱가포르에서 열린 한·미·일 국방장관회담에서 3국간 정보공유 약정 체결을 위한 실무그룹을 가동하기로 했으며, 이후 8월부터 본격적인 실무 논의에 착수했다. 지난 10월 23일 워싱턴에서 열린 한·미 국방장관 회담에서도 양국은 3국 정보공유 약정 체결을 위한 실무논의를 지속하기로 합의했으며, 결국 오는 29일 약정 체결에 서명하는 절차만 남겨놓게 됐다. 그러나 이 과정에서 정부가 제대로 내용을 공개한 적은 한번도 없었다. (이용인 기자)

◎ **중국 시각, "3국 공조는 북조선 희생양 삼아 중국 봉쇄 목적"**

한·미·일이 북의 핵·미사일 관련 군사정보 공유 약정을 체결하기로 했다는 발표에 중국은 우려와 불쾌감을 표시했다. 반면, 일본은 언급을 피하며 조심스런 태도를 보였다.

화춘잉 중국 외교부 대변인은 26일 정례 브리핑에서 한·미·일 군사정보공유 약정에 관한 중국의 입장을 묻는 질문에 "관련 보도를 예의주시하고 있다"며 "관련국들이 상호 대화와 신뢰를 촉진하고 한반도의 평화와 안정을 지키는 데 진정으로 도움이 되는 일을 더 많이 하길 바란다. 그 반대가 돼선 안 된다"고 말했다. 그는 "현재 한반도 정세는 안정돼 있지만 총체적인 긴장완화 국면이라고 하기엔 여전히 취약하다"고 덧붙였다. 에둘러 우려와 불만을 담은 논평이다.

중국 관영 『환구시보』의 인터넷 사이트인 환구망은 "미·일·한 군사정보공유 약정은 아시아 지역에서 북대서양조약기구NATO와 비슷한 기구를 만들어 중국을 봉쇄하려는 미국의 의도가 담긴 것으로 미국은 이를 실현하려 다시 한번 북조선을 만만한 희생양으로 삼은 것"이라며 "결국 미·일·한 동맹은 미사일방어MD 체계 구축에 나설 것이고 이는 중국에 불안정적인 영향을 미칠 것"이라고 보도했다. 이 매체는 "결국 중국은 이에 대응해 (미사일방어체계를 무력화할 수 있는) 초음속 무기 개발에 박차를 가하게 될 것"이라고 전했다.

일본 정부는 이날 특별한 견해를 밝히지 않았다. 스가 요시히데 관방장관이나 취임 이틀째를 맞는 나카타니 겐 방위상은 이날 오전 기자회견에서 오키나와 주일미군 기지인 후텐마 비행장의 헤노코 이전과 관련된 내용만 언급했다. 일본 정부가 침묵을 지킨 것은 2012년 6월 29일 당시 이명박 정부가 일본과 군사정보 보호협정을 맺으려다 여론의 반발에 밀려 서명식을 불과 한 시간 앞두고 체결을 포기한 사례가 있기 때문이다.

이날 침묵은 한국에 대한 무언의 항의와 압박의 의미를 담은 셈이다. 일본 정부는 정보공유 약정과 관련한 기자회견과 이에 대한 정부 입장 발표를 체결이 이뤄지는 29일 이후로 미룬 것으로 알려졌다. 『니혼게이자이신문』은 "일·미·한이 핵·미사일과 관련된 방위기밀정보를 공유하기 위해 약정을 맺기로 합의했다"며 "역사문제 등을 두고 양국 관계가 차갑게 식은 가운데 미국의 독려로 (한·일 간) 방위협력이 일보 전진한 것"이라고 평가했다. (베이징·도쿄 / 성연철 길윤형 특파원 @hani.co.kr 『한겨레』 5면)

3) 신국방족(네오콘)의 등장과 평화헌법 수호세력의 쇠퇴

(1) 침략역사 반성을 거부, 또다시 전쟁 적극 가담을 지향

일본정계에는 '족의원族議員'이라고 불리는 정치가들이 있다. 어떤 분야에 대해서 해박한 지식과 많은 경험, 그리고 특별한 영향력이 있는 정치가를 말한다. 그 중에서도 '신국방족新國防族'이란 안전보장분야를 주특기로 하는 국회의원들을 지칭하는데, 이들은 과거와는 다른 새로운 안보관安保觀을 가진 30대~40대의 젊은 세대들이 중심이 되며 여야당을 망라하여 구성되어 있다는 점이 특징이다.(네오콘 : neoconservatist 신보수주의자. 실업계 이익을 지지, 전쟁개입에 강경 주장하는 세력)

대표적인 신국방족 의원으로서는 민주당의 마에하라 세이지前原誠司, 자민당의 이시바시게루石破茂, 아베 신조安倍晋三, 야마모토 이치타山本一太 등이 있다.

마에하라 세이지 : 1962년생, 교토京都대학 졸업. 1993년 중의원의원 당선, 현재 3선의원. 야당 제1당인 민주당의 '내일의 내각' 안전보장상安全保障相·외상外相. 안보문제에 관해서는 자민당 뺨치는 보수우파라는 평판. 유사법제에 관한 민주당 초안 작성을 주도하는 등 여야합의에 의한 유사법제 통과에 크게 기여했다. 2002년 8월 민주당 대표선거에 출마를 검토했을 때 이시바 등 자민당 소속 신국방족 의원들이 간접지원을 해 주겠다는 의사를 밝히기도 했다고 한다.(조세영 『봉인을 떼려 하는가』 도서출판 아침 2004)

이시바 시게루 : 1957년생, 게이오慶應대학 졸업. 1986년 중의원의원 당선, 현재 5선의원, 방위청장관. 방위관련 법령과 헌법해석에 관한 분석에 몰두한 결과 "집단적 자위권의 행사를 인정하지 않으면 문제는 해결되지 않는다"는 결론에 도달했다고 한다. 자위대 해외파병문제, 선제공격문제 등에 관해 치밀한 논리적 무장을 바탕으로 거침없는 주장을 마다 않고 있다.

아베 신조 : 1954년생, 1993년 중의원의원 당선, 현재 3선의원. 기시 전수상의 외손자이며, 외상外相 등을 역임한 아베 신타로安倍晋太郎의 아들. 고이즈미 내각 출범 후 관방부장관에 임명되어 장래의 수상후보로서 착실한 수업을 쌓았다. 자위대의 국군으로의 전환, 핵무기 보유 가능성 등 안보문제에 관한 강성발언과 함께 북한의 일본인납치문제에 대한 강경입장 등으로 국민적 인기를 모았으며, 이를 배경으로 2003년 11월 중의원선거를 앞두고 자민당 간사장에 파격적으로 발탁되었다. 아베는 2015년 현재 여당 총리로 재선될 정도로 일본 국수주의의 인기를 누리면서 중국·한국 등과 영토분쟁(다오위다

오·독도)을 당당히 진행시키고 침략전쟁 위안부노예 문제를 싹 깔아뭉개는 (일본 정부는 책임 없다는) 강경일변도의 국제범죄를 저지르고 있다.

야마모토 이치타 : 1958년생. 1995년 참의원의원 당선, 현재 2선의원. UN본부 근무 경력도 있는 국제파. 외무정무차관 등을 역임하면서 안전보장문제에서 적극적 활동을 전개. 한국과의 관계에도 정성을 쏟고 있는 친한파로서 한일우호에 관한 자작곡을 한국어로 취입한 CD를 내기도 했다. 2003년 참의원 외교방위원장에 취임.

과거의 국방족 의원들은 헌법개정을 주장하며, 미일동맹을 철석같이 견지하고 방위산업분야의 이권利權에도 밝은 그러한 이미지를 가지고 있었다. 그러나 안전보장문제의 신세대라고 할 수 있는 신국방족은 대개 해외유학 등을 통해 국제적 감각을 갖추고, 이권보다는 애국심을 바탕으로 전문지식이나 정책논리를 중시하는 특징을 가지고 있으며, 미일동맹의 중요성은 분명히 인정하면서도 한편으로 안전보장문제를 무조건 미국에만 맡기는 것에는 반대한다. 미일관계에도 구조적인 전환이 필요하며 어느 정도 자주방위노선이 필요하다고 생각한다.(『每日新聞』 2003년 7월 12일)

2003년 3월 27일 중의원 안보위원회에서 마에하라는 "미국과 일본의 국익이 일치하지 않는 경우도 있다. 그렇다면 ('방패'가 아닌) '창'의 능력을 미국에 모두 맡겨두어도 괜찮은지, 일본도 '창'의 능력을 보유할 필요가 없는지 검토해 보아야 하지 않는가"라고 질문하면서 적기지 공격능력의 보유필요성을 제기했다. 이에 대해 이시바 방위청장관은 "그러한 논의가 정계에서 필요하게 될 것이다. 이는 일본의 전수방위 원칙을 해치는 것도 아니며, 침략국가가 된다는 것도 아니다"라고 화답했다.(專守防衛 : 오로지 방어만 해야 한다는 주장)

과거 일본정치에서는 안전보장문제에 관해서 제1야당인 사회당은 무조건이라고 해도 좋을 만큼 반대입장을 고수했기 때문에 대안제시도 없이 반대를 위한 반대를 일삼는다는 비판을 받기까지 했다. 그러나 이제 신국방족 의원들은 야당의원이 적 기지공격과 같은 적극적인 안보정책의 필요성을 제기하고, 이에 대해 여당의원이 동조하는 새로운 풍속도까지 보여주고 있다. 당내파벌이나 소속정당의 경계를 넘어서 정책을 중심으로 한 초당적인 연대도 마다하지 않는다. 마에하라는 과거의 이데올로기 논쟁시대의 양대정당제가 아니라 새로운 양대정당제, 즉 외교안보정책에서는 큰 차이가 없이 국내정책상의 차이를 가지고 서로 경쟁하는 체제가 바람직하다고 주장한다.

2003년 6월 23일 안전보장문제에 관심을 가진 여야당의 젊은 의원들의 모임('신세기의 안전보장체제를 확립하는 젊은 의원들의 모임')이 전수방위 정책의 재검토와 「집단적 자위권 행사 허용」을 주장하는 긴급성명을 발표하여 관심을 모았다. 이 모임은 9·11테러사건 직후인 2001년 11월 국회에서 「테러특조법」을 심의하는 과정에서 집단적 자위권의 행사가 금지되어 있는 현실에 대해 의문을 가진 여야의원 12명으로 발족되었다. 2003년 6월 현재 103명으로 늘어났으며, 자민당의원이 66명, 민주당의원이 32명 참여하고 있고 마에하라·이시바 등 신국방족의원들이 대부분 망라되어 있다.

이들이 긴급성명을 발표하게 된 계기는 일본의 핵무장 문제에 관한 미국의 동향이었다고 한다. 2002년부터 미국의 보수세력들 사이에서 북조선 핵문제에 대응하기 위해 일본의 핵무장화를 검토할 필요가 있다는 의견이 활발히 제기되었다. 일본의 핵무장화를 우려하는 중국으로 하여금 북한에 대해 핵개발을 포기하라고 압력을 행사하도록 촉구하기 위한 의도라는 분석이 등장했다. 하지만 일본 내에서는 신국방족을 포함하여 일본의 핵무장은 비현실적이라고 생각하는 견해가 대부분이었다.

그러나 2003년 5월 뉴욕타임즈가 미국이 북조선의 핵보유를 용인할 가능성이 있다고 보도하자, 이들은 "미국이 일본의 핵무장 가능성이 없다고 확신하게 되면 북의 한정적인 핵보유를 용인할지도 모른다"는 우려를 갖게 되었다고 한다. 일본으로서 북한의 핵보유는 절대로 용납할 수 없는 것이지만, 그렇다고 일본 스스로가 핵을 보유하는 것은 결코 바람직하지 않다.

이런 상황하에서 일본이 핵무장을 하지 않으면서도 북의 핵보유 저지라는 목표를 달성하기 위해서는 토마호크 순항미사일의 도입 등 북한의 미사일기지에 대한 공격능력을 보유하거나 미사일방위MD(missile defense)를 추진하는 것이 필요하며, 이를 위해서는 전수방위 정책의 재검토가 필요하다는 방향으로 자연스럽게 의견이 모아졌다.(『朝日新聞』 2003년 7월 3일)

이러한 배경에서 젊은 의원들의 모임이 발표한 긴급성명의 요지는 아래와 같았다.

① 북조선의 핵개발을 용인하려는 어떠한 제안도 단호히 거부한다.
② 미국·북조선·중국 간 협의에 하루빨리 한국과 일본이 참여해야 한다.
③ 미사일방위MD구상의 실현을 서두른다.
④ 전수방위의 내용을 재구축한다. 일본에 대한 공격이 절박한 경우 등에 대해서는 필요최소한의 적기지 공격능력의 보유가 가능하도록 한다.
⑤ 집단적 자위권의 정부해석 변경을 전제로, 어떠한 경우에 행사할 수 있는지에 관해서 연구를 개시한다.

신국방족은 일본판 '네오콘'이라고도 불리고 있는 데서도 나타나듯이 강경 보수파의 이미지로 받아들여지기도 한다. 안보문제에 천착하다보니 당연히 북의 핵문제나 미사일 문제에 대해서는 경제제재를 주장하는 등 강경한 입장을 취하게 되고, 아베 간사장이나 이시바 방위청장관 등은 북의 일본인납치문제에도 적극적으로 관여하고 있는 점이 그러한 이미지를 더욱 강화시켜주는 측면이 있다. 정작 당사자인 신국방족 의원들로부터는 신국방족이라는 말이 우익을 지칭하는 듯한 인상이 있어서 반갑지 않으며, 차라리 '소프트 국방족'이라고 불러달라는 이야기도 들린다.

그러나 이들보다 윗세대 정치인들 사이에는 신국방족에 대한 비판적 시각이 일부 존재하는 것도 사실이다. 방위청장관을 지낸 자민당의 규마 후미오久間章生 간사장대리(63세)와 같은 경우는 "나는 한쪽으로 휩쓸리기 쉬운 일본인들의 약점을 알고 있다. 이시바도 마에하라도 이론적으로는 옳지만, 그렇게 계속 나가면 엉뚱한 방향으로 가버리는 것은 아닐지 모르겠다"는 견해를 보이기도 했다.(『每日新聞』 2003년 7월 12일)

(2) 이지스함의 경우 맹방과 함께 전쟁참여가 되는 데도 파견

2001년 「테러특조법」 제정 당시 이지스함의 파견이 문제가 되었었다. 11월 2일 「테러특조법」이 시행되자 일본정부는 자위대파견을 위한 기본계획 작성에 착수했는데, 이때 인도양에 파견할 함정에 이지스함을 포함시킬 것인지 여부가 논란이 되었다. 최첨단 레이더와 전자시스템을 갖추고 있는 이지스함은 정보수집과 방공능력에서 가장 탁월한 함정이다.

순수하게 군사적 측면에서만 보면 이지스함의 파견은 자연스러운 일이라고도 할 수 있다. 그러나 집단적 자위권의 행사가 금지되어 있으며, 따라서 "무력행사와 일체화되는 활동은 불가능하다"는 독특한 사정이 있는 일본으로서 이지스함의 파견은 간단한 문제가 아니었다.

이지스함 파견이 무력행사와 일체화되어 집단적 자위권의 행사로 연결될 우려가 있다는 논의는 다음과 같은 것이었다. 일본의 이지스함이 수집한 정보를 제공받은 동맹국 군함이 이를 토대로 하여 적국의 목표를 미사일로 공격하는 경우에 이지스함의 정보제공은 동맹국의 무력행사와 일체화된다는 것이다. 이에 대해 일본정부는 이지스함이 동맹국에 제공하는 정보는 일반적인 정보교환 차원이며, 무력행사를 직접 지원하기 위한 목적으로 이루어지는 것이 아님은 물론이고, 군사기술적 측면에서도 동맹국군함이 이지스함으로부터 제공된 정보만을 가지고 자동적으로 목표를 공격할 수는 없다고 설명하고 있다.

이러한 정부의 설명에도 불구하고 일본 내에는 이지스함 파견이 무력행사와 일체화될 우려가 있다는 생각을 가진 사람들이 상당히 존재했다. 자민당 내에서도 소위 비둘기파에 속하는 노나카 히로무野中廣務 전간사장, 가토 고이치加藤紘一 전간사장, 고가 마코토 古賀誠 전간사장 등이 이지스함 파견에 반대했으며, 연립여당의 공명당도 반대했다. 결국 이러한 반대의견 때문에 일본정부는 이지스함 파견을 단념하게 되었다.

그러나 그로부터 약 1년 후인 2002년 12월 16일 이지스함 '기리시마'가 인도양에 파견되어 활동하게 된다. 이지스함 파견을 재추진하면서 일본정부는 해상자위대 함정의 해상급유활동에 대한 안전확보와 가혹한 환경에서 근무하는 자위대원들에 대한 쾌적한 거주환경 제공을 이유로 내세웠다. 이번에는 1년 전과 같은 반대의견도 별로 제기되지 않은 채 비교적 수월하게 파견이 결정될 수 있었다. 결국 이렇게 이지스함을 파견하게 될 것을 노나카·가토·고가 등은 왜 반대했을까.

미일안보 재정의에 의한 가이드라인 관련법 제정에 이어 9·11테러사건을 계기로 「테러특조법」이 제정되는 등 일본의 군사적 역할이 계속 확대되어 나가는 것을 지켜보면서 그들에게는 일종의 초조함이 있었다고 한다. 그러한 흐름을 어떻게 해서든 멈추게 하고 싶다는, 논리적으로 설명하기 어려운 초조함이었다. 이와 같은 심정에서 이지스함 파견에 반대했던 것인데, 그들이 저항한 효과는 결국 1년도 지탱되지 못했던 것이다.

(3) 전쟁 참여 말리던 여당 정치인들, 헌법개정 추세에 밀려

노나카 히로무野中廣務 : 1925년생, 7선의원, 자치상自治相, 관방장관, 자민당간사장 역임, 2003년 11월 정계은퇴. 노나카는 1990년대부터 자민당의 유력한 실력자의 한사람이었다. 그리고 자민당 내에서는 비둘기파로 분류되는 정치가였다. 2003년 9월 자민당 총재선거에서 후지이 다카오藤井孝男를 대항후보로 옹립하여 고이즈미 수상진영과 대립하였으나 고이즈미 수상이 총재로 재선되자 정계은퇴를 표명했다. 정계은퇴를 선언한 후 9월 19일 노나카는 TBS-TV 뉴스프로그램에 출연하여 최근의 헌법개정문제와 안전보장문제에 관한 일본의 상황에 대해 우려를 표명하면서 다음과 같이 말했다.

일본인들은 바람이 불면 한쪽으로 휩쓸려버리는 경향이 있다. (헌법개정을 향한) 작금의 기세는 이제 멈추지 않을 것이다. 어느 한 개인이 버틴다고 해서 막을 수 있는 것이 아니다. 나의 정계에서의 투쟁은 이제 끝났다. 앞으로는 젊은이들에게 내 생각을 이야기해 주면서 여생을 보내려고 한다.

최근에 고토다 마사하루後藤田正晴가 앞으로 3년이 중요하다고 했는데, 그 말의 의미를 요즈음에 절감하고 있다. 일본은 처음으로 전투상태의 국가(이라크)에 자위대를 보내게 된다. 자위대원이 외국인을 죽이거나 부상시키는 케이스가 발생할 것이다. 2차대전후 지금까지 깨끗이 지켜온 일본의 역사에 피로 얼룩진 자국이 처음으로 생기게 되는 것이다.

고가 마코토古賀誠 : 1940년생, 8선 의원, 운수상運輸相, 자민당간사장 역임. 고가는 1990년대 후반부터 자민당의 실력자로 부상했다. 2차대전 전몰자 가족단체인 일본유족회 회장을 맡고 있기 때문에 흔히 우파로 분류되지만, 안전보장문제에 관해서는 비둘기파에 속하는 인물로서 개헌에 반대하는 입장을 취해왔다. 노나카가 정계은퇴를 선언한 직후인 2003년 9월 21일 아사히 TV 시사토론 프로그램에 출연한 고가는 최근 헌법개정에 관한 일본의 상황을 지켜보면서 자신의 입장을 호헌론에서 개헌론으로 바꾸었다고 밝혔다. 고가의 발언내용은 다음과 같다.

지금 일본은 위험한 상황이라고 본다. 2차대전 당시와 같은 국가주의가 국민의 열병처럼 대두되고 있다. 일본사회가 한쪽으로 쏠리고 있다. 노나카가 정계은퇴를 표명한 것은 그러한 흐름에 브레이크를 걸고자 하는 의도라고 생각한다. 「이라크특조법」에 관해서도 (자위대를) 파견해야 한다는 목소리는 많으나 실제로 파견되는 쪽의 목소리는 별로 들으려 하지 않는다.

나의 부친은 2차대전중 필리핀의 레이테Leyte섬에서 전사했다. 최근에 레이테 섬에 처음으로 다녀왔다. 정글의 동굴 속에 들어가서 나는 아버지가 과연 무슨 생각을 하며 이곳에서 죽어갔을까 생각해 보았다. 아마도 국가나 민족이나 가족의 생각보다도 내가 왜 이 먼 곳의 어두운 동굴 속에까지 와 있어야 하는 것일까 하는 해답 없는 물음 속에서 죽었을 것이다.

일본의 평화헌법은 전쟁과 절연한, 세계에 자랑할 만한 헌법이다. 나는 지금까지 이 헌법을 지켜야 한다는 호헌론자였다. 그러나 이제는 개헌에 찬성하는 입장으로 바뀌었다. 왜냐하면 전쟁을 기억하고 있는 우리 세대가 의견을 이야기할 수 있을 동안에 우리들의 의견을 반영하여 헌법을 개정하는 것이 바람직하다고 생각했기 때문이다.

노나카와 고가의 이야기는 현재 일본사회에서 안전보장 면에서의 역할확대와 헌법개정을 지향하는 경향이 얼마나 확산되어 있는지 상징적으로 보여주는 예라 하겠다. 70대의 노나카는 이러한 현실 속에서 더 이상 자신의 주장을 관철시킬 의욕을 상실하고 쓸쓸히 정치무대에서 퇴장하는 길을 택했다. 반면 노나카에 비해서 아직 젊은 고가는 일본사회의 커다란 추세를 일단 기정사실로 받아들이고 그 속에서 자신이 일정한 역할을 해 보겠다는 현실적인 선택을 한 것으로 볼 수 있다. 그러나 고가는 호헌론에서 개헌론으로의

'사상전향'이라는 대가를 치른 셈이다.

자민당 내에도 소위 비둘기파라고 분류되며 헌법문제나 안전보장문제에서 온건한 주장을 해온 정치가들이 있었다. 최근의 대표적인 인물들은 앞에서 소개한 노나카와 고가 이외에도 고토다 마사하루 전부총리가 있었으나 1996년 정계를 은퇴했다. 고토다는 나무기둥에 생긴 개미구멍 하나가 계속 커져서 결국 기둥이 무너지는 비유를 들면서, 일본이라는 사회는 일단 한번 움직이기 시작하면 잠시 멈추라고 이야기하는 사람이 나오지 않기 때문에 어디로 치달을지 알 수 없으므로 적어도 명문개헌은 해서는 안 된다고 주장했다.

미야자와 기이치 전수상은 동년배인 나카소네와 대비되는 대표적인 비둘기파 정치가로서 개헌반대 입장을 취해왔으나 2003년 11월 정계를 은퇴했다. 미야자와는 평소 자위대가 외국에서 무력행사를 해서는 안 된다는 것이 헌법의 본질적 취지라고 말해 왔으며, 현행헌법이 "여기저기 문제가 있는 부분이 있을지도 모르지만 그렇다고 해서 전체적인 구조를 허물어뜨리는 것이 과연 현실적인지 모르겠다"고 언급했다. '조용한 호헌론'이라고 평가되기도 했다.(『朝日新聞』 2003년 10월 28일)

가토 고이치 전간사장도 비둘기파에 속하는데 고이즈미 수상·야마사키 전간사장과 함께 수상후보로까지 촉망받는 유력 정치가이다. 가토는 정치자금에 관한 문제로 의원직을 사퇴했다가 2003년 11월 중의원선거에서 다시 당선되었다. 그러나 정치적 입지가 과거보다는 많이 약화되어 앞으로 얼마나 영향력을 회복할 수 있을지 미지수이다. 가토는 지금도 자위대의 이라크 파병에 반대하는 입장을 고수하고 있으며, 2004년 1월 31일 중의원 본회의에서 이라크파병 승인안 표결시에는 고가와 함께 본회의장을 퇴장함으로써 자민당의 파병방침에 반대하는 모습을 보여주기도 했다.

이들을 제외하면 현재 자민당에서 개헌에 반대하는 비둘기파 의원들은 좀처럼 찾기가 어려운 현실이다. 자민당에서 자위대의 해외파병에 신중한 입장을 취하던 전전戰前·전중戰中파 의원, 즉 자민당의 비둘기파 의원들이 퇴조하고, 대신 전후세대로서 자위대의 국제공헌에 적극적인 의원들이 증가하고 있는 현상은 안전보장문제에 관한 일본사회의 변화를 반영하고 있다고 할 수 있다.

(4) 민중의 평화 소망은 억압되고 침략시대의 야망은 다시 성장

1993년 8월 9일은 일본 현대정치사에 있어서 잊혀지지 않는 날이 될 것이다. 1955년 11월 15일 창당되어 정권을 잡은 이래 38년간 한번도 여당의 자리를 내어준 적이 없는 자민당이 처음으로 야당으로 전락한 날이기 때문이다. 그후 10년간의 일본정치를 뒤돌아보면 한마디로 사회당을 비롯한 혁신세력의 몰락과 정치권의 총체적 보수화 과정이었다고 할 수 있다. 그 과정에서 여러 가지로 우리를 놀라게 하는 일들이 일어났다.

자민당 정권이 무너지고 이를 대체 한 것은 8개 정파가 연합한 '비자민非自民' 연립정권이었다. 연립에 참여한 만년야당 사회당은 40여년만에 여당으로서 정권운영에 참여하는 등 한껏 주가를 올리는 것처럼 보였다. 그러나 모처럼 사회당에 비추기 시작한 스포트라이트脚光는 사실은 사회당의 쇠락을 알리는 신호등이었다. 1993년 7월 총선거에서 사회당은 70석을 차지했는데, 이는 선거 이전 의석 136석에서 절반 가까이 줄어든 역사적 대패였다. 그럼에도 불구하고 공산당을 제외한 전체 야당이 '비자민'의 깃발아래 연합한 덕분에 정권에 참여할 수 있었던 데 지나지 않았던 것이다.

그 후 사회당의 쇠락을 결정적으로 만든 사건이 역설적인 형태로 나타났다. 1947년의 가타야마 데쓰片山哲 수상 이래 47년만인 1994년 6월 30일 사회당 당수 무라야마 도미이치村山富市를 수상으로 하는 무라야마 내각이 탄생한 것이다. 38년간 유지해온 정권을 내어주고 창졸간에 야당으로 전락한 자민당이 절치부심 끝에 정권복귀를 위해 던진 승부수는 '적과의 동침'이었다. 보수본류保守本流인 자민당이 정치이념상 도저히 공존할 수 없는 혁신정당 사회당과의 연립정권을 수립함으로써 10개월 만에 다시 여당으로 복귀한 것이다. 자민당은 사회당을 끌어들이기 위해서 사회당 수상이라는 유혹적인 옵션을 제시했다. 사회당으로서는 총선거에서 참패하고 당의 존재감이 급격히 저하되는 상황에서 연립여당으로 정권에 참여하는 정도가 아니라 수상의 자리까지도 차지할 수 있다는 자민당의 제안은 뿌리치기 힘든 제안이었을 것이다.

사회당은 1945년 11월 결당이래 호헌세력의 중심으로서 일본의 '비무장 중립'의 기치하에 '자위대의 위헌성'을 주장하고 「미일안보조약」에 반대하는 혁신파 저항정당으로 그 존재가치를 지켜왔다. 그러나 무라야마 내각이 성립되고 나서 일본국민들은 그때까지의 상식을 가지고는 믿을 수 없는 일들을 목격하게 되었다. 1994년 7월 20일 무라야마 수상은 국회에서 "자위대는 합헌"이고, "일장기와 기미가요를 존중할 것"이며, "미일안보체제의 의의와 중요성을 인정한다"고 답변했다. 비무장중립의 기치 하에 「미일안보조약」의 폐기, 미군기지철수와 자위대 위헌론을 주장하던 사회당의 당수의 위와 같은 답변이 상징하는 것은, 사회당의 '변절'이었고 '55년 체제'의 완전한 붕괴라고 할 수 있었다.

사회당이 정권을 잡은 것은, 국민들의 지지를 확대하고 정권담당능력을 키워서 여당과의 권력투쟁에 승리한 결과가 아니었다. 어떻게 보면 우연히 굴러 들어온 행운이었고 적과의 동침에 의해 사회당 수상이 탄생된 것이었기에 무라야마가 사회당의 기본입장을 현실

정치에 반영하는 것은 처음부터 불가능한 일이었다. 그 후 사회당은 1996년 1월 사민당으로 당명을 바꾸고 선거를 거듭하면서 계속 몰락해 가는데, 중의원의 경우 1996년 10월 선거에서 15석, 2000년 6월 선거에서 19석, 2003년 11월 선거에서 6석으로 감소되었다.

야당 제1당으로서 최전성기에 166석(1958년 중의원선거), 10여년 전만해도 136석(1990년 2월 중의원선거) 규모를 자랑했던 시절에 비하면 상상조차 하기 힘든 변화였다. (물론 1996년 9월 사민당 소속의원 35명이 민주당으로 옮겨간 이유도 있다.) 사회당 수상이라는 '금단의 열매'를 따먹은 업보라고나 해야 할까. 아무튼 이러한 과정을 거쳐서 1996년이래 사민당·공산당을 합친 혁신세력의 총의석비율은 불과 8% 수준에 머물다가 2003년 11월 선거에서는 급기야 3% 수준으로까지 추락한 실정이었다.

2. 공격 태세의 미국과 방어태세의 중국, 군사 · 경제 힘겨루기 중

1) 미국의 종속 우방 일본, 침략전쟁 참여 가능 입법 참의원 통과

(1) 한국으로 하여금 일본과 함께 중국 · 북조선에 대결하자고 요구

일본의 아베 정권이 야당들과 시민들의 끈질긴 저항을 뿌리치고 참의원 본회의에서 「집단적 자위권 행사」를 뼈대로 한 안보법제 제 · 개정안의 통과를 밀어붙였다. 일본이 패전 이후 70년 동안 지켜온 '전수방위專守防衛'(공격받았을 때만 최소한의 방위력 행사) 원칙이 사실상 사멸해, 일본은 앞으로 해외의 무력분쟁에 본격적으로 개입할 수 있게 됐다. 동아시아 지역에서 균형외교를 펼쳐가야 하는 한국에 적지 않은 시련의 불씨가 될 전망이다. (『한겨레』 2015.9.19)

일본 참의원은 18일 심야에 본회의를 열어 안보법안 통과를 강행했다. 자민당-공명당 등 연립여당과 차세대당 등 우익 성향의 3개 소수 정당의 찬성으로 통과는 확실시되었다.

앞서 민주당 등 야당들은 이날 오전부터 참의원에선 야마자키 마사아키 의장과 아베 신조 총리에 대한 문책 결의안, 중의원에서 내각 불신임안 등을 제출하며 끈질기게 저항했다. 그로 인해 본회의 일정이 많이 늦어져 18일 심야까지 법안 통과를 둘러싸고 여야의 격렬한 진통이 이어졌다. 이날 오카다 가쓰야 민주당 대표는 내각 불신임 찬반토론에서 "입헌주의를 위반한 폭거를 거듭하고 있는 아베 정권은 퇴진해야 한다"고 주장했고, 에다노 유키오 간사장은 아베 총리를 아돌프 히틀러에 빗대는 등 무려 1시간50분이나 맹공을 퍼부었다. 야마모토 다로 참의원 의원(생활당)은 시간을 조금이라도 더 벌기 위해 거북이걸음으로 투표 연단에 올라 눈길을 끌었다.

이날 법안으로 앞으로 아시아·태평양 지역은 물론 전세계에서 일본의 군사적 존재감이 커질 것으로 보인다. 이로 인해 자극을 받은 중국과 주변국들 사이에 군비경쟁이 촉발되는 것은 물론 한·미·일 3각 군사동맹을 요구하는 미·일의 압박이 더 커질 것으로 우려된다.

이런 변화는 한국의 전반적인 외교정책에 적잖은 고민을 던지고 있다. 현재 일본에선 한·일이 정치·경제적으로는 물론 군사협력도 강화해야 한다는 주장이 갈수록 힘을 얻고 있다. 하토야마 정권 시절 방위상을 지낸 기타자와 도시미(77) 참의원 의원은 7월 『한겨레』와의 인터뷰에서 "일본에서 (집단적 자위권을 행사하려는) 아베 정권과 같은 발상이 나오는 이유는 한·일 관계가 흔들리고 있기 때문이다. 한·일이 제대로 손을 잡으면 북조선 등 극동의 위협을 완전히 봉쇄할 수 있다"고 말했다. 아베 정권이 위헌적인 안보법안을 추진한 배경엔 중국의 부상과 북조선의 핵과 미사일 등에 대한 일본인들의 안보 불안이 있기 때문이고, 이를 극복하려면 한·일이 단단히 협력해야 한다는 주장이다.

그 동안 일본은 미국의 지지를 등에 업고 한·일이 군사협정인 군사정보보호협정과 상호군수지원협정 등을 체결해야 한다고 주장해 왔다. 일본 정부 관계자도 최근 기자와 만나 "일본의 안보법제 정비는 한국의 안보에도 기여할 수 있다. 한국은 (한·일 양국의 공동 원유수송로인) 남중국해에서 진행 중인 중국의 움직임(외딴섬의 매립 활동 등)에 너무 관심이 없다"고 불만을 표하기도 했다.

그러나 일본의 지난 식민지배에 대한 진솔한 사죄와 위안부 문제 등에 대한 성의 있는 조처 없이 일본과 안보협력을 강화해가는 것은 한국으로선 받아들이기 어려운 도전이다. 아베 총리는 지난 8월 '아베 담화'에서도 한반도 식민지배의 역사에 대해 전혀 언급하지 않았다.(도쿄/길윤형 특파원 carisma@hani.co.kr)

(2) 미국은 대륙세력과의 경제·군사대결의 동반자로 '전쟁헌법' 절대 지지

아베 신조 일본 총리가 정치적 명운을 걸고 18일 참의원 본회의에서 통과를 밀어붙인 안보 법제 제정 및 개정안은 자위대법 등 10개 법의 개정안과 새로 제정되는 국제평화지원법으로 구성돼 있다.

아베 총리가 내세우는 법 제정 및 개정의 이유는 변화한 아시아·태평양지역 안보환경 속에서 "어떤 사태가 발생하더라도 국민의 생명을 지킬 수 있어야 한다. 이를 위해 현행 헌법 아래에서 무엇이 가능할지 논의가 필요하다"(지난해 7월 집단적 자위권 각의결정 후)는 것이다. 그와 함께 "일본이 적극적 평화주의를 통해 국제 평화에 공헌하겠다"는 주장이 따라붙는다. 이 주장에선 일본의 군사적 역량과 역할을 강화하려는 아베 총리의 야심이 드러난다.

이번 법안 통과 강행으로 일본은 자국이 직접 공격받지 않더라도 밀접한 타국이 공격받아 일본의 존립이 위태로워지는 때(존립위기 사태)에 무력을 행사할 수 있게 됐다. 이른바 집단적 자위권 행사다. 그러나 현행 일본 헌법은 "국제분쟁의 해결 수단으로 무력 사용"을 금지하고 있기 때문에, 한국군이 1960~70년대 베트남전에 참전했던 것처럼 대규모 자위대 전투부대를 국외에 파병하는 것은 불가능하다. 그 때문에 아베 총리는 자위대가 집단적 자위권을 행사할 수 있는 구체적인 사례로 '호르무즈 해협 기뢰 제거' '일본인이 탄 미국 함선 방어' 등을 제시하는 데 그쳤다.

그러나 이란 핵협상 타결 등 국제 정세의 변화로 이 두 가지 사례는 일본 국회 내 심의에서도 정당성을 상실했다. 고이즈미 내각의 안보정책을 총괄했던 야나기사와 교지 전관방부장관보나 제1야당인 민주당에선 "일본의 안보를 위한 것이라면 집단적 자위권이 아닌 개별적 자위권을 정비해야 한다"는 주장을 내놓고 있다. 일본의 안보를 위해서라면 집단적 자위권은 사실상 필요 없다는 것이다.

그 때문에 일본 군사 전문가들은 이번 법안의 핵심은 집단적 자위권 행사가 아닌 "자위대의 후방지원과 평화지원활동(PKO)의 제한 완화"라고 분석한다. 법안에 담긴 중요영향사태법과 국제평화지원법 등에 근거해 자위대는 미군 또는 다국적군을 후방지원한다는 명목으로 세계의 거의 모든 무력분쟁에 광범위하게 개입할 수 있게 됐다. 이 두 법을 통해 일본 정부는 '비전투지역'이라는 개념을 크게 확대해 자위대의 작전 범위를 '실제 전투가 벌어지고 있는 지역'의 코앞까지 확장했고, 그 동안 금지했던 탄약 보급, 발진 준비 중 전투기에 대한 급유도 허용했다. 이번 법안 통과로 중동 등에 대규모 병참부대를 파견해달라는 미국의 요청이 있으면 자위대가 파병될 가능성이 높아졌다. 일본 시민들이 "일본이 미국의 전쟁에 말려들어 무고한 희생자를 낼 수 있다"고 우려하는 이유다.

이번 법안은 '미국과의 대등한 동맹'을 실현하려는 아베 총리의 의도와 자위대를 활용해 군사적 부담을 완화하려는 미국의 의도가 뒤얽힌 결과다. 일본과 미국의 동상이몽이 맞아떨어진 것이 이번 법안이라는 분석이 나오는 이유다.

아베 총리는 총리 취임 직후인 2013년 2월 미국의 대일본 정책에 큰 영향을 끼치는 '저팬 핸들러(일본정치 조종자)'들이 모인 미국 전략국제문제연구소에서 연설하면서 "일본이 돌아 왔다"고 선언했고, 미국 정부는 이에 화답하듯 2013년 10월 미·일 안전보장협의위원회(2+2 회의)에서 일본의 집단적 자위권 행사를 공개 지지했다. 아베 총리는 지난 4월 말 미국 의회 연설에선 "법안을 이번 여름까지 통과시키겠다"는 약속까지 했다. 그 결과 일본인들은 자국 안보와 별 관계가 없는 해외 전쟁에 동원돼 숨질 위험성이 커졌고, 한국인 등은 동아시아의 군비 경쟁 격화 등으로 이전보다 더 불안정한 안보환경 아래 놓이게 됐다.(도쿄/길윤형『한겨레』특파원)

일본 안보법제 통과와 자위대의 변화 (자료 : 일본 외무성 방위성)

	기존	변경 뒤
자위대법	일본에 대한 무력행사가 발생했을 때 이를 방어하기 위해 필요한 최소한도의 무력행사 가능	일본과 밀접한 타국이 공격을 받아 일본의 존립이 위협받을 경우에도 무력 사용 가능(집단적 자위권)
중요영향사태법 (현 주변사태법)	일본 주변사태(한반도·대만 유사사태)가 발생할 때 미군을 후방지원할 수 있음	후방지원 범위가 전세계로 확장. 비전투지역의 범위 완화돼 자위대 병참부대의 한반도 상륙 가능(한국 정부 승인 필요). 탄약 제공, 발진 준비 중 전투기에 대한 급유 등도 허용
국제평화협력법	유엔 평화유지활동(PKO)에 참여하는 자위대의 무기 사용은 방어용에만 한정	무기 사용 권한 대폭 확대. 안전 확보 업무, 출동경호(주변의 외국군과 민간인 등의 보호) 등에도 무기 사용 가능
선박검사활동법	일본 주변 선박 검사만 가능	선박 검사 범위가 세계로 확대
무력사태대처법	일본이 공격당했을 경우 대처하는 개별적 자위권만 명시	집단적 자위권 행사할 수 있는 존립 위기사태 추가
국제평화지원법 (제정)	평화유지활동 등을 위해 자위대를 해외에 파병할 때마다 특별법 제정	정부가 국회 동의를 받아 언제든 해외 파병 가능

2) 군사·경제 대국이 된 중국을 봉쇄하기 위한 야심의 결합

(1) 식민주의 침략세력 일·미 신군사동맹, 한반도와 중국 긴장시켜

미국과 일본이 27일(현지시각) 워싱턴에서 외교·국방장관 회담을 열고 「미·일 방위협력지침」을 개정했다. 일본 자위대가 세계 어느 곳에서든 미군과 함께 사실상 전투를 할 수 있도록 군사협력의 질과 폭을 크게 확대하는 내용이다. 더 노골적으로 표현하자면 미·일이 힘을 합쳐 중국의 군사력 확장을 견제 하자는 것이다. 문제는 미·일 동맹 대 중국의 대결 구도가 이처럼 선명해질수록 한국 외교의 고민은 커질 수밖에 없다는 점이다.(『한겨레』 2015.4.29)

존 케리 미 국무장관은 회담 뒤 "미국은 항행의 자유와 영해·영공의 불법적 사용이 대국의 특권이라는 생각을 거부한다"고 말했다. 중국 견제가 이번 지침 개정의 핵심임을 노골적으로 드러내는 발언이다. 두 나라는 중·일 분쟁 지역인 센카쿠열도(중국이름 댜오위다오)와 관련해서도 "자위대는 도서도 포함한 육상 공격을 저지하고 배제하기 위한 작전을 주체적으로 실시하고, 필요가 생겼을 경우 섬 탈환 작전을 실시하며, 미군은 자위대를 지원한다"고 지침에 적시했다. 두 나라 각료들의 공동성명에는 초계기·무인정찰기·이지스함 등 미국의 첨단 군사자원을 일본에 증강 배치하는 내용도 포함됐는데, 이 역시 중국 견제용으로 풀이된다.

미·일 두 나라의 움직임은 한국에도 큰 부담이 될 가능성이 높다. 미국은 일본과의 동맹 관계에 한국까지 깊숙이 끌어들이기를 바란다. 이에 따라 고고도 미사일 방어체계의 한반도 배치나 한·미·일 군사협력을 더욱 확대·강화하려고 할 것이다.(THAAD 사드, Terminal high-altitude area defense intercepter : 고고도 광역미사일, 지역 방위용의 지상 발사형 탄도탄 요격邀擊미사일)

미·일이 중국을 압박할수록 중국은 러시아와 북조선을 끌어당겨 맞설 것이 뻔하다. 북·중·러와 한·미·일의 대결 구도가 형성되는 것은 우리한테 가장 나쁘다. 동아시아의 긴장이 높아지면서 안보와 경제 양면에서 양쪽 세력의 압박을 동시에 받게 될 것이기 때문이다. 한반도 관련국의 협조가 필요한 북측의 핵 문제를 푸는 데도 어려움이 더욱 커질 것이다.

지금은 과거 어느 때보다 긴장감 있는 외교전략이 필요한 때이다. 미·일 신방위지침을 한반도에 적용 할 때 「우리의 주권을 존중해야 한다」는 식의 하나마나한 말로 넘어갈 일이 아니다. 지역 평화체제 구축을 위한 구체적인 전망을 가지고 미·일과 중국의 양대 세력이 충돌·갈등하는 상황이 오지 않도록 외교적 역량을 발휘해야 한다. 그 가운데 가장 핵심적인 일이 북측과 관계개선을 꾀하는 일임은 두말할 필요가 없다. 우리가 잘할 수 있는 일을 외면하고 양대 세력의 눈치만 보다가는 러브콜이 아니라 재앙을 맞을 수 있다는 걸 명심해야 한다.

아베 신조 일본 총리의 미국 방문을 계기로 미국의 대아시아 정책의 근간이 큰 전환을 맞고 있다. 오바마 미국 행정부는 일본과의 군사동맹 강화와 경제협력 심화를 기반으로 삼아 대 중국 견제의 고삐를 죄겠다는 의도를 공공연히 내보이고 있다.

오바마 대통령과 아베 총리는 28일(현지시각)정상회담을 마친 뒤 「미·일 공동비전 성명」을 발표한다고 일본 엔에이치케이NHK 방송이 보도했다. 이 성명에서 양국은 "힘에 의한 일방적인 현상변경으로 주권과 영토의 일체성을 손상하는 행동은 국제질서에 대한 도전이 되고 있다"며 중국에 대한 견제 의도를 명확히 했다. 성명은 또 "환태평양경제동반자협정TPP은 아시아·태평양 지역의 성장과 번영에 기여할 뿐 아니라 지역의 안정과 장기적인 전략적 이해를 강화하는 것"이라며 "양국간 협의가 상당한 진전이 있었다는 점을 환영한다"고 밝혔다. 아울러 개정된 미·일 방위협력지침(가이드라인)에 대해서는 "미·일 동맹의 억지력을 강화해 아시아·태평양 지역과 그 이외 지역의 안정에 양국이 더 긴밀한 모양으로 노력한다"고 강조했다.(트럼프는 2017년 초 TPP를 파기)

존 케리 미 국무장관은 27일 미군을 후방 지원할 수 있는 일본 자위대의 지역적 제한을 없앤 미·일 방위협력지침 개정에 대해 "역사적 전환"이라고 평가했다. 그는 양국 외교·국방장관회담을 마친 뒤 기자회견에서 중국을 겨냥해 "미국은 항행의 자유와 영해·영공의 불법적 사용이 대국의 특권이라는 생각을 거부한다"고 말했다. 미국은 이번 지침 개정을 통해 자위대가 중국과 동남아시아 국가들 간 영유권 분쟁이 벌어지고 있는 남중국해에서도 미군을 지원하는 임무를 맡아줄 것을 기대하고 있다.

미·일은 티피피의 조기 타결을 통해 중국의 경제력 확장을 제어하려는 시도에도 공동보조를 취하고 있다. 오바마 대통령은 27일 『월스트리트 저널』과의 인터뷰에서 "우리가 규칙을 쓰지 않는다면 중국이 아시아에서 규칙을 만들 것이다. 그렇게 되면 미국의 기업과 농업은 문을 닫아야 할 것이며 이는 미국이 일자리를 잃어버리는 것을 의미한다"며 티피피 타결에 강한 의욕을 내비쳤다. 미·일은 여전히 자동차와 농산물 분야에서 이견이 있어 이번 정상회담에서는 최종 합의에 이르지 못하지만, 상당한 진전을 이뤘다는 게 미국 언론들의 평가다.(워싱턴 도쿄/박현 길윤형 특파원 hyun21@hani.co.kr)

(2) 일본 자위대, 미군의 군사점령 어디에나 동참, 중국견제 공조

"현재는 일본 주변에서 미국 이지스함이 공격을 받아도 일본이 이를 막을 수 없다. 앞으론 이것이 가능해진다." 아베 신조 일본 총리는 27일 미국 『월스트리트 저널』과의 인터뷰에서 이번 미·일 방위협력지침(가이드라인) 개정으로 일본의 군사적 역할이 확대되고 미·일이 군사적으로 더욱 밀착하게 되는 상황을 이렇게 설명했다. 아베 총리의 미국 방문 첫날인 이날 미국과 일본 외교·국방장관이 안전보장협의위원회를 통해 확정한 미·일 가이드라인 개정안의 가장 큰 특징은 "일본 자위대가 미국 등 타국군을 후방지원할 수 있는 지역적 범위가 전세계로 확장된 점"이다.

이번 가이드라인에서 언급된 '존립위기 사태'는 일본이 자국이 공격을 받지 않아도 무력을 사용할 수 있는, 집단적 자위권을 행사할 수 있는 사태를 뜻한다. 두 나라가 얼마든지 제3국에 도발하고 방어 구실로 참전하겠다는 「연합 침략작전」 선언을 한 셈이다.

집단적 자위권의 구체적인 행사 사례로는 △미군 함선을 자위대가 방어 하는 무기 제공 △해상교통의 안전 확보를 목적으로 하는 기뢰 제거 △미사일 공격에 대처하기 위한 작전 △적국을 지원하기 위한 선박 활동 저지 등의 내용이 포함됐다. 이번 가이드라인 개정의 목적이 "미사일방어MD(missile defense)와 원유 수송로 확보를 위한 협력을 강화하려는 목적"임을 재확인한 것이다.

기존 가이드라인에서는 미·일 양국이 군사적인 협력을 해야 하는 사태를 「평시~주변사태(한반도·대만 유사사태)~일본 유사사태」 등 3단계로 구분했지만, 새 가이드라인은 「평시(회색지대사태 포함)~중요영향사태~존립위기사태(집단적 자위권을 활용할 수 있는 사태)~일본 유사사태」 등으로 세분화했다. 일본이 강조해온 '빈틈없는 대비'가 구체화된 것이다.

더 주목할 만한 점은 미·일 양국의 적극적인 태도다. 양국은 지난해 10월 가이드라인 중간보고를 통해 "미·일 동맹의 전략적 목표와 이익은 완전히 일치한다"고 밝힌 뒤, 이번엔 더 나아가 "양국간 안보와 방위협력을 위해 정부 전체에 걸친 동맹 내 조정을 확보할 필요가 있다"고 선언했다. 이를 위해 양국은 평시에도 활용할 수 있는 「동맹 조정 메커니즘」(합동작전체계)을 설치하기로 했다. 『아사히신문』은 이와 관련해 최근 "일본 방위성 중앙지휘소에 미군이, 미군 요코타 기지에 자위대가 각각 연락원을 파견해 「미·일 공동조정소」를 설치할 예정"이라고 보도했다. 미·일 동맹이 한·미 연합사를 유지하고 있는 한·미 동맹만큼이나 일체화된 동맹으로 가기 위한 중요한 걸음을 뗀 셈이다.

이를 통해 미·일이 구체적으로 어떤 활동을 해나갈지는 27일 양국 각료들이 발표한 공동 성명에 나와 있다. 미국은 "동맹의 억지력과 일본과 아시아·태평양의 안전에 기여하기 위해" 자국의 첨단 무기인 △미 해군의 최첨단 초계기 P-8 △고고도 무인 정찰기 글로벌호크 △양륙함 그린 베이USS Green Bay △미 해병대의 최신예 스텔스 전투기 F-35B △이지스함 2척 등을 일본에 추가 배치하겠다고 선언했다.

또 요코스카에 배치돼 있는 항모 조지 워싱턴을 신형인 로널드 레이건으로 교체한다는 내용 등도 담겼다. 미국의 첨단 군사자원을 일본에 집중 투입해 동중국해와 남중국해에 대한 중국의 활동을 감시하고, 미사일방어 태세를 강화하겠다는 것이다.

미·일 가이드라인은 1979년 소련의 침공에 대비해 처음 작성된 뒤 1차 북핵위기 이후인 1997년 1차 개정됐다. 이번엔 중국의 부상浮上이라는 지정학적 변화를 반영해 18년 만에 미·일 동맹을 전지구적인 동맹으로 강화하려는 목표로 개정이 추진됐다.(도쿄/ 길윤형 특파원 charisma@hani.co.kr)

(3) 침략위협에 대한 약자의 「억제전략」이 강자에겐 또다시 「침략 구실」

"아시아·태평양에는 북조선의 위협이 있다. 동시에 중국의 남중국해 등지의 활동과 군비확장도 문제다."

미국을 방문 중인 아베 신조 일본 총리가 4월 30일(현지시각) 일본의 한 방송 인터뷰에서 27일 미·일 방위협력지침(가이드라인)을 개정한 것은 북조선과 중국의 위협 때문이라고 지적했다. 이번 가이드라인 개정의 목적이 북조선과 중국을 견제하기 위한 것임은 알려진 것이지만, 한 나라의 정상이 상대국명을 직접 거론하는 것은 이례적인 일로 받아들여진다. 미·일 양국은 정상회담 이후 공개한 공동선언문에선 가이드라인의 개정 목적을 "동맹을 변혁하고, 억지력을 강화하며 미·일 양국의 안보상의 과제에 장기적으로 대항하기 위한 것"이라고 밝힌 바 있다.

일본 야당들은 아직 국내 논의가 끝나지 않은 안보 현안에 대해 아베 총리가 29일 미 의회 연설에서 "안보법제를 여름까지 개정한다"고 약속한 것에 대해 연일 비판의 수위를 높이고 있다. 이번에 미·일이 개정한 가이드라인은 앞으로 양국이 군사 협력을 해갈 때 서로가 어떤 역할을 떠맡는지를 미리 정해 둔 약속일 뿐 국제법적인 구속력이 있는 조약은 아니다. 그 때문에 일본은 이번 합의를 기초로 자위대법·주변사태법 등 일본 국내법을 개정해야 한다. 그러나 아베 정권이 국회의 논의도 거치지 않은 상태에서 미·일 동맹을 '글로벌 동맹'으로 격상한데다 안보법제의 개정 시점까지 못박는 바람에 일본 국회로서는 독자적으로 판단할 여지가 상당히 제약된 상황이다.

일본의 제1야당인 민주당의 오카다 가쓰야 대표는 30일 낸 담화에서 "이렇게 중요한 법안의 성립 시기를 외국 그것도 외국의 국회에서 약속하는 것은 전대미문의 일이다. 국민 무시의 극한을 보여준 것"이라고 지적했다. 그러나 자민당·공명당으로 구성된 연립여당이 중·참 의원 모두에서 과반을 점하고 있어 아베 총리가 미국과의 약속을 지키는 데 현실적으로 큰 무리는 없을 전망이다. 현재 일본 여당은 6월 24일까지로 예정된 이번 정기국회 회기를 8월까지 연장해 법안 통과를 강행한다는 방침을 정한 상태다.

한편, 아베 총리는 30일 미국 수도 워싱턴에서의 일정을 마치고 서부의 샌프란시스코로 이동했다. 아베 총리는 이날 오후 스탠퍼드 대학에서 열린 강연에서 아이티IT 기업이 집중된 실리콘밸리에 일본 중소기업의 인재를 보내 미·일 간의 사업 제휴와 투자를 촉진하겠다는 뜻을 밝혔다. 아베 총리는 3일까지 미 서부의 주요 도시들을 둘러보며 미·일 경제계 인사들과 만나 양국 간 경제협력 방안 등에 대해 논의할 예정이다.(도쿄/길윤형 특파원)

3) 중국과 조선반도의 자주적 강력국가 건설에 불쾌감 드러내

(1) 미국은 일본을 동북아 패권 공고화에 때맞춘 협력자로 앞세워

미국 워싱턴의 대표적인 동북아시아 전문가인 존 페퍼 외교정책포커스 소장은 "미국은 지금 부상하는 중국을 견제하기 위해 일본의 군사력 증강을 독려하고 있다"고 말했다. 그는 "미국은 한·일 과거사 갈등이 한·미·일 삼각안보협력을 강화하는 데 걸림돌이 된다고 보지만, 일본을 압박하는 데 정치적 자산을 투입할 경우 미·일 동맹관계를 훼손할까 우려한다"고 분석했다.(『한겨레』 2015.4.27)

– 미국이 일본의 군사력 증강과 군사적 역할 확대를 지지하는 이유는 뭔가?

"미국은 냉전시기에도 옛 소련 봉쇄를 위해 일본의 군사적 역할 증대를 지지했다. 그러나 옛 소련은 아시아에 군사력을 별로 투사하지는 않았다. 지금 중국은 이와 다르다. 아시아에 국가 핵심이익이 걸려있어 경제력 확대에 걸맞은 군사력 팽창을 진행 중이다. 미국이 보기에 일본은 중국을 견제하는 데 한국보다 더 믿을만한 동맹국이다. 솔직히 한국은 중국보다 북조선에 초점을 맞추고 있고, 중국과는 데탕트(화해 외교·경제 관계 수립)를 했다. 조지 부쉬 행정부 때는 일각에서 한국을 중립화된 나라로 여기기도 했다. 그러나 미국은 일본이 중국을 싫어한다는 걸 안다. 그래서 일본에 의지할 수 있다는 것이다. 미국은 일본이 다른 국가들처럼 군사활동을 하는 이른바 '보통국가'가 되길 원하고, 이를 독려하고 있다."

– 일본은 진주만 공격을 단행하는 등 과거 미국의 적이었다. 미국은 궁극적으로 일본이 군국주의화 될 위험성을 우려하지 않는가?

"미국은 일본의 안보체계가 미국에 깊숙하고 확고하게 편입돼 있다고 믿는다. 일본은 지금 미국의 핵우산 아래 있을 뿐만 아니라, 무기들을 대부분 미국에 의존하고 있다. 일본이 미국에 등을 돌리는 것은 거의 불가능하다고 본다."

– 미국의 중장기적인 아시아·태평양 군사전략은 무엇인가?

"미국은 궁극적으로 안보정책의 아웃소싱을 원한다. 미군이 외국분쟁에서 죽는 걸 원치 않기 때문에 타국이 대신 싸워주길 바란다. 예산상의 제약도 있다."

– 아베 총리가 역사 수정주의적 태도(일본의 평화주의 헌법체제를 전쟁가능체제로 바꾸려는 자세)를 보여 논란을 일으키고 있는데도 미국 의회가 그를 일본 총리로는 처음으로 상·하원 합동연설에 초청하는 이유는 뭔가?

"현재 공화당이 장악하고 있는 의회가 보기에 아베 총리는 훌륭하다. 강경보수파로 정치적 성향도 비슷한데다, 미국이 원하는 거의 모든 것을 해주고 있다. 이번 연설에는 이스라엘의 베냐민 네타냐후 총리 때와 달리 오바마 대통령도 동의했다. 이번 기회에 일본과 환태평양경제동반자협정TPP을 타결하고 안보협력을 강화하기를 원하기 때문이다. 이것은 그의 '아시아 재균형' 정책의 핵심이기도 하다. 그래서 과거사 문제는 크게 중요치 않은 것이다."

– 『뉴욕타임스』가 사설을 통해 아베 총리의 방미 성과는 과거사에 대한 진지한 반성에 달려있다고 주장하는 등 주요 언론과 의회 일각에선 비판도 적지 않은데.

"『뉴욕타임스』와 현재 의회 다수파는 시각이 근본적으로 차이가 있다. 공화당은 역사 문제, 특히 외국역사에 대해서는 신경을 별로 안 쓴다. 일본의 진주만 공격도 거의 잊혀가고 있다."

– 결국 미국은 이번 아베 총리의 방미 때 동북아 과거사문제 해결에는 적극 나서지 않을 것으로 보는가?

"그렇다. 물론 미국이 아베 총리에게 한국의 반발을 무마시키기 위한 수사적 차원의 발언을 요청할 수는 있다. 그러나 미국은 여기에 적극 개입해 중재하려 들지는 않을 것이다. 조용히 두 나라 스스로 해결하도록 독려할 것이다. 오바마 행정부는 정치적 자본을 여기에 투입하는 것이 미·일 동맹을 훼손할 위험이 있다고 볼 것이다. 아울러, 미국도 과거사 문제에서 자유롭지 못하다. 미국은 독도의 지위를 결정하는 데 개입한 바 있다. 또 2차대전 당시 원폭투하나 주일 미군들의 성폭행사건 등도 미국이 적극 나서지 못하게 하는 요인이다"(존 페퍼 외교정책포커스 소장 인터뷰 : 워싱턴/박현 특파원)

　　○ 아웃소싱outsourcing : 제품 생산·유통·포장·용역 등을 하청기업에 발주하거나 외주를 줌으로써 기업 밖에서 필요한 것을 조달하는 방식의 경영전략 용어. 인소싱insourcing 의 반대 개념으로 미국 기업들이 리스트럭처링(조직·사업의 재편성·개혁·재구성) 과정에서 모기업은 제품 브랜드 유지와 재무관리에만 치중하고 나머지 부문은 개발도상국 기업이나 하청기업에서 저렴한 가격으로 발주한 데서 유래.

(2) 미국은 식민지 고통쯤은 무시, 일본의 군사동맹 역할만 중요시

"일본의 집단적 자위권 행사 등의 노력을 환영한다!" 2년 전인 2013년 10월3일 한국에 '아닌 밤중에 홍두깨' 같은 충격적인 소식이 전해졌다. 미국이 이날 개최된 미·일 안전보장협의위원회(2+2회의)에서 "아시아·태평양 지역의 변화하는 안보환경에 대비해 미·일 동맹의 능력을 크게 향상"시키겠다며 일본의 집단적 자위권 행사를 공개 지지했기 때문이다. 그때까지 한국에선 '전후체제의 탈각'을 내세우며 역사 수정주의적인 행보를 이어가고 있는 일본의 군사적 역할 확대를 미국이 그다지 반기지 않을 것이란 견해가 지배적이었다.

미·일 양국은 이날 '미·일동맹의 능력향상'의 구체내용으로, 미·일안보협력지침(가이드라인)의 개정과 아시아·태평양지역 및 그것을 넘는 지역에 대한 안보 및 방위협력의 확대 등을 제시했다. 미·일동맹을 한반도·대만 유사사태 등에 대비한 지역동맹에서 '아태지역과 그것을 넘어선' 글로벌한 동맹으로 격상한다는 선언이었다. 미국은 1년 뒤엔 "미·일동맹의 전략적 목표와 이익은 완전히 일치한다. 가이드라인의 개정은 미국의 아태지역에 대한 재균형(리밸런스) 정책과 정합한다"고도 선언했다. 이로써 미국의 '아시아재균형' 정책의 구체내용이 미·일동맹의 강화라는 사실이 공식화됐다.

미·일 양국은 동맹의 강화를 통해 크게 두 가지 목적을 달성하려는 것으로 보인다. 아베 1차내각에서 관방부장관보를 지낸 야나기사와 교지는 『한겨레』와의 인터뷰에서 "이번 가이드라인 개정의 가장 큰 목표는 자위대가 미국을 도와 중동에서 동아시아에 이르는 '원유수송로'의 안전 확보에 기여한다는 것으로 보인다"고 지적했다. 27일 예정대로 가이드라인이 개정되면 일본은 호르무즈해협의 기뢰제거나, 이 지역에서 활동하는 미국·오스트레일리아·한국, 때에 따라선 아세안ASEAN 등 타국군을 '후방지원'할 수도 있다. 미국은 일본에 남중국해의 정찰 업무도 떠맡을 것을 요구하는 중이다.(『한겨레』 2015.4.27)

　활동의 지역적 범위뿐 아니라 내용도 급격히 확장된다. 그동안 일본은 후방지원의 범위를 급유·급수·의료지원 등 비전투적인 내용으로 제한해 왔다. 그러나 앞으로는 탄약보급, 발진준비중인 전투기에 대한 급유 등도 가능해진다. 이렇게 되면 미해병대의 수직이착륙수송기 오스프리(MV-22)나 2017년 일본에 배치되는 최신예 스텔스 전투기 F-35B(수직이착륙용)가 일본의 초대형 호위함 이즈모(배수량 1만9500t) 등에서 탄약·연료를 보급 받고 출격할 수 있게 된다. 이때 표적은 동중국해와 남중국해에서 '힘에 의한 현상 변경'을 하고 있다고 비난을 받고 있는 중국이다. 미·일 양국이 군사적으로 일체화되면서 주변국들과 함께 중국을 포위하는 모양새를 갖춰가는 것이다.

　또 하나는 미사일방어(MD·엠디)의 협력 강화다. 현재 미·일은 엠디를 북조선의 핵·미사일 위협에 대한 방어책으로 제시하고 있다. 그러나 점차 중국의 미사일 공격 역량을 무력화하는 쪽으로 발전시켜갈 것으로 전망된다. 현재 일본은 패트리엇 미사일-3(PAC-3) 17기와 미사일방어 장비를 탑재한 이지스 구축함 4척을 구입했고, 주일미군은 이미 첨단 탐지·추적 장비인 엑스밴드 레이더(AN/TPY-2) 2기를 아오모리와 교토에 배치했다. 미·일은 요코타 공군기지에 미사일방어 통합운영센터를 만들어 적으로부터 발사되는 미사일의 탐지·추적·요격까지 합동작전이 가능한 태세를 갖춘 상태다.

　일부의 우려처럼 미국의 강한 통제를 받는 일본이 예전과 같은 군국주의의 길을 선택할 가능성은 높지 않다. 또 미·일동맹의 강화는 북측에 대한 억지력을 강화한다는 차원에서 한국의 이익에 기여하는 측면도 있으나 한국의 전략적 이해와 일정부분 다른 입장을 취하고 있는 일본의 군사적 역할 확대는 한국에게 두고두고 골칫거리가 될 가능성이 크다. 제 나라 군대에 대한 전시작전권도 갖지 못한 한국이 후방지원을 명분으로 내건 자위대의 한반도 상륙을 정말로 막을 수 있을는지 의심스럽다는 지적도 끊이지 않는다.

　미·일 동맹의 다음 목표는 한·미·일 또는 한·미·호 등을 포괄하는 '삼각' 또는 '다각' 동맹의 강화다. 미국은 이미 지난해 12월 한·미·일 「정보공유약정」을 관철해냈고 다음 단계로 사드THAAD(고고도미사일방어체계)를 한반도에 배치하라며 압력을 가하고 있다. 한국이 성찰 없이 삼각동맹에 휩쓸려 가면 남북관계 개선과 통일, 중국과의 전략적 동반자 관계의 심화라는 한국 외교의 또 다른 가능성을 뿌리째 날려버리게 될 수도 있다. 한국에는 회복할 수 없는 국익의 손실이다.(도쿄 워싱턴/길윤형 박현 특파원)

공격과 방어시설을 갖춘 일본주둔 미군기지(미국 의회조사국, 전략문제연구
소. 『한겨레』 2015.4.27)

○ 미 · 일 · 한의 군사동맹관계 역사

1945. 8.15. 일본패전

1947. 5.3. 분쟁의 해결수단으로 전쟁을 포기한 일본평화헌법 시행

1950. 6.25. 한국전쟁발발

1951. 9.8. 2차대전을 종결한 샌프란시스코강화조약 체결

1954. 7.1. 자위대 발족

1960. 1.19. 미 · 일안보조약개정. 미국의 일본에 대한 방어의무 명시

1972. 5.15. 오키나와반환

1978. 11.27. 미 · 일방위협력지침(가이드라인)제정. 주목적인 소련의 침공에 대한 대비

1989. 12.3. 미 · 소 냉전종결 선언

1991. 1.17. 제1차 걸프전쟁 발발

1992. 6.15. 유엔평화유지활동PKO협력법 제정. 자위대의 해외 파병 시작

1993. 3.12. 북조선, 핵확산금지조약NPT 탈퇴. 1차 북핵 위기

1997. 9.23. 가이드라인 1차개정. 북핵 사태 등 한반도 유사사태에 대비해 자위대가 미군을
후방 지원할 수 있게 됨

1998. 8.31. 북조선, 일본 상공을 가로질러 대포동미사일 발사

1999. 5.24. 한반도 유사사태를 대비한 주변사태법 제정

2001. 9.11. 9 · 11 테러

2001.10.29. 테러대책특별조처법 성립. 일본이 전후 처음으로 타국의 전쟁인 아프가니스탄
　　　　　　전쟁을 후방지원
2010. 9.7. 센카쿠열도(중국명 다오위다오) 어선충돌사건. 중·일 영토분쟁 본격화
2011. 11월 힐러리 클린턴 미국무장관, 포린폴리시에 논문 '미국의 태평양세기' 발표. 미국
　　　　의 재균형(아시아회귀)정책 시작
2013. 10.3. 미국, 일본의 집단적 자위권 행사에 "환영한다"는 의사 표현
2014. 7.1. 일본, 집단적 자위권을 행사할 수 있도록 헌법의 해석 변경
2015. 4.22. 인도네시아 자카르타에서 전격적인 중·일정상회담
2015. 4.27. 미·일동맹의 활동범위를 전세계로 확장하는 내용을 뼈대로 한 가이드라인 개
　　　　　정

(3) 전시작전권을 미국에 맡긴 한국, 일본역할 확대 요구하면 대책 없어

　미국·일본이 일본의 집단적 자위권 행사를 전제로 한 새 방위협력지침에 공식 합의
함에 따라 또다시 일본의 한반도 개입 우려가 제기되고 있다.

　이번에 개정된 지침은 한국 정부의 문제 제기를 반영해 제3국의 주권을 전적으로 존중
한다full respect는 내용을 담고 있는 것으로 알려졌다. 정부 당국자는 "일본군의 주권 침
해 우려를 제기한 것은 세계에서 한국이 유일하다. '제3국'은 우리를 지칭한 것"이라며
"외교문서 성격의 지침에 특정 국가 이름을 넣을 수 없어서 '제3국'이라고 표현한 것"이라
고 말했다. 일본 자위대가 한국의 사전 승인 없이는 한국의 주권에 영향을 미치는 활동을
할 수 없음을 분명히 한 것이라는 설명이다.

　정부는 이번 지침을 뒷받침할 일본의 법 개정 과정에서 한국의 입장이 좀 더 구체적으
로 반영되도록 노력할 방침인 것으로 알려졌다. 일본은 관련 법 정비를 오는 8월까지 마
무리한다는 계획인 것으로 알려졌다.

　그러나 그동안 동아시아와 태평양에 머물던 일본 자위대의 후방지원 범위가 전 세계
로 넓어지고 미사일방어MD 구축과 기뢰 제거, 미군 함선의 방어 등 일본이 직접 공격을
받지 않아도 무력행사를 할 수 있게 된 점 등을 들어, 한반도가 일본 군사대국화의 직간
접적인 영향권에 들어가는 게 아니냐는 우려가 당연히 나온다.

　더욱이 한국이 전시작전통제권(전작권)을 갖고 있지 않아 한반도 유사시 미군의 요청
으로 일본이 개입할 경우 막기 어려울 수 있다는 분석이 나온다. 미·일은 이번 지침 개
정을 통해 효율적인 협력을 위해 상설기구인 '동맹조정 메커니즘'을 구축하기로 했다. 한

국군의 전작권을 쥐고 있는 미군이 한반도 전시 상황에 이 동맹조정 메커니즘을 통해 일본의 적극적인 역할을 요구할 경우 한국의 반대가 얼마나 실효성이 있겠느냐는 것이다. 일본은 6·25 당시에도 미군의 극비 요청으로 소해정 20척을 한반도에 파견한 적이 있다. 당시 미군은 이런 사실을 한국에 전혀 알리지 않았다.

결국 이번의 경우에도 왕년의 식민주의 침략세력은 한반도 남쪽의 우방지원세력이 되어 북쪽의 동포를 적대시하면서 침략의 총포탄을 몰아갈 가능성을 키워갈 것이라는, 그래서 평화공존마저 깨뜨릴 것이라는 우려를 자아내고 있다.

실제로 일본은 종종 한반도 진출(침략 점령) 가능성을 거론하는 등 '야욕'을 드러내기도 했다. 1965년 일본 의회에서 한반도 유사시 자위대가 유엔군의 일원으로 참전한다는 계획이 들어 있다고 알려진 방위청의 「미쓰야 연구」가 폭로된 적이 있다. 또 2010년 12월에는 간 나오토 당시 총리가 "유사시 일본인 구출을 위해 자위대의 한반도 파병을 논의하겠다"고 말해 논란이 됐다. 그러나 이번 지침 개정으로 일본 자위대가 한반도 유사시 일본에 있는 유엔사 후방기지 7곳을 통해 증원되는 미군 전력의 보호 및 후방지원에 역할을 할 수 있게 돼 "한국 안보에 현실적 도움이 되는 측면이 있다"는 분석도 있다.(박병수 선임기자)

4) 한국에 「고고도 미사일방어 무력」 배치 놓고 동북아 쌍방 신경전

(1) 미국은 강력 주장, 중국은 단호 반대, 한국은 진퇴양난

미국 국무부 고위당국자가 고고도미사일방어체계인 사드 THAAD가 북조선의 위협에 대응하는 핵심 역량이 돼야 한다는 뜻을 밝혔다. 프랭크 로즈 미 국무부 군축·검증·이행 담당 차관보는 7일(현지 시각) 워싱턴전략국제문제연구소 CSIS에서 「미사일 방어의 다음 단계」라는 주제로 열린 세미나에서 사드 배치 문제를 논의하고 있느냐는 한국 기자들의 질문에 이렇게 답했다. 그는 "요점은 이것이다. 지금 어떤 결정도 내리지 않았고 한국과 협의도 하지 않고 있다. 그러나 앞으로 이런 방향(협상)으로 나간다면 사드는 북한의 노동·스커드 미사일 위협에 대처하는 매우 중요한 역량critical capabilities이 될 것이라고 생각한다"고 말했다.(『한겨레』 2015.4.9)

이는 지금은 한국과 관련 협상을 하지 않고 있으나, 앞으로 사드를 한반도에 배치하겠다는 강력한 정책의지를 내비친 것으로 받아들여진다. 로즈 차관보는 클린턴·부쉬·오바마 3개 행정부에서 미사일방어 이슈를 담당해온 인물로 현재 국무부에서 미국의 국외 미사일방어(MD·엠디) 정책을 담당하는 책임자다. 미 행정부에서는 지난해 중반부터 주로 국방부가 중심이 돼서 사드 문제를 공론화해왔으나, 이번 발언은 국무부에서도 이 사안에 찬성하는 기류가 형성됐음을 확인해주는 것이다. 앞으로 미국이 우호적 여건이 형성됐다고 판단할 경우 언제든 한국에 사드 배치를 공식적으로 압박할 것으로 예상된다.

미국이 이렇게 사드의 한반도 배치에 적극적인 이유는 미국의 엠디 전략 목표와 이행방안에서 잘 드러난다. 미 국방부는 "엠디 전략의 목표는 북한과 이란의 제한적 탄도미사일 위협으로부터 미국 본토와 국외 전진배치된 미군 및 동맹국을 보호하는 것"이라고 밝히고 있다. 「지상 배치 중간단계 미사일방어GMD」는 미 본토 방어용이며, 「지역 미사일방어」는 크게 한국·일본이 포함된 동아시아와 동유럽·중동 3개 지역을 방어하기 위한 것이다.

그러나 적지 않은 전문가들은 "지역미사일방어의 경우 북한·이란뿐 아니라 중국·러시아의 전략적 억지력을 약화시키려는 숨은 의도를 갖고 있다"고 보고 있다. 미의회조사국은 「아·태지역 탄도미사일방어」 보고서에서 "일부 전문가들은 미국 엠디 체계가 앞으로 수십년간 중·러의 탄도미사일 공격을 견제하는 능력을 점차 키우는 궤도에 오를 것으로 믿고 있다"고 명시했다.

구체적으로 미국의 대한반도 엠디 이행전략은 크게 3단계로 나눠진다. 1단계는 패트리엇미사일 배치단계로 단거리·준중거리 탄도미사일 방어용이다. 2단계는 한·미·일 엠디 체계의 통합을 증진시키면서 패트리엇미사일을 업그레이드하는 것이다. 이른바 '상호운용성' 확장단계다. 3단계는 준중거리 및 중거리 탄도미사일 요격을 위해 사드 또는 이지스 같은 상층방어체계와 엑스밴드(AN/TPY-2) 레이더를 배치하는 것이다. 2013년 6월 커티스 스캐퍼로티 주한미군사령관은 상원청문회에서 이런 방안을 공개했는데, 1단계는 이미 완료됐으며, 현재 2단계를 진행 중이다. 엠디 체계의 핵심요소인 정보공유를 위한 약정을 한·미·일 3국간에 지난해 3월 맺은 데 이어, 올해는 패트리엇-3(PAC-3) 미사일을 도입할 예정이다.

특히, 현재 논란이 되고 있는 사드는 한반도를 넘어 미국의 동아시아 엠디의 핵심전력이 될 것으로 관측된다. 미국이 사드에 중요성을 부여하는 첫 번째 이유는 적이 미사일을 발사할 경우 최대한 빠르고 정확하게 탐지하고 추적하는 엑스밴드 레이더에 있다. 문제는 엑스밴드 레이더의 탐지범위가 최대 1000km에 이르러 중국 주요 지역까지 탐지할 수 있다는 것이다. 한·미·일 삼국 엠디 공조가 본격화하면서 군사 대응에서 효율성이 높아질 수 있다는 점도 중국의 반발을 불러일으키는 부분이다. (워싱턴/박현 특파원)

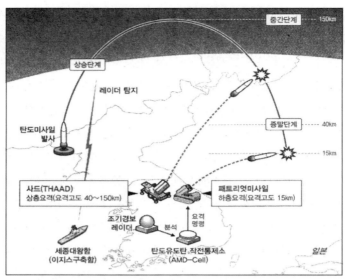

미국의 대한반도 미사일방어 사드 체계 (『한겨레』 2015.4.9)
(자료: 커티스 스캐퍼로티 주한 미사령관 미 상원청문회)

(2) 자체 미사일방어능력 없는 한국, 미·일 의존 불가피론 우세

최근 사드THAAD 문제는 과거 미국 미사일 방어(엠디·MD) 논란의 연장선이다. 이번에 다시 사드 논란이 대형 외교 현안으로 확대된 것은 미사일방어를 둘러싼 정부의 전략적 판단 부재, 냉전적 대결 정책 등에서 비롯된 것이라는 분석이 나온다.(『한겨레』 2015.4.9.)(missile defense 미사일방어체제)

정부는 지난 10여 년 동안 미국의 미사일방어 참여 논란이 불거질 때마다 "미국 엠디에 참여하지 않는다"는 입장을 거듭 밝혀왔다. 그러나 실상은 미국의 미사일방어망 구상에 한발 한발 끌려들어가는 모습을 보여왔다.

미국은 2001년 조지 부쉬 대통령 집권 이후 본격적으로 미사일방어를 추진하며 한국의 참여를 요구했다. 그러나 당시 김대중 정부는 중국·러시아의 반발과 북측을 자극할 우려 등을 이유로 미국의 엠디 참여 요구를 거부했다. 특히 김대중 정부는 2001년 2월 한·러 정상회담에서 미사일방어 구축을 제한하는 내용의 「탄도 미사일방어ABM 조약」을 보존 강화하는 데 합의해, 미국의 강력한 항의를 받는 등 곤욕을 치르기도 했다. 여기에는 북한의 위협과 도발을 군사 수단에만 의존하지 않고 남북 화해와 긴장완화 등 대화와 외교를 통해 관리해 가겠다는 복안이 깔려 있었다.(anti-ballistic missile 탄도탄 요격

미사일)

이런 기조는 큰 틀에서 노무현 정부에서도 이어졌다. 다만 노무현 정부는 대공 방어를 위해 패트리엇(PAC)-2를, 이지스함에 스탠더드 미사일(SM)-2를 도입해, 당시 "엠디 참여 가능성을 열어놓는 것 아니냐"는 의구심도 제기됐다. 두 미사일이 엠디의 구성 요소인 패트리엇-3와 에스엠-3의 초기 모델이었기 때문이다.

분위기는 2008년 이명박 정부 출범 이후 크게 바뀐다. '한·미 관계 복원'을 외교 최우선에 두면서 자연스럽게 '엠디 참여'가 거론된 것이다. 실제로 청와대 대외전략기획관을 역임한 김태효 성균관대 교수 등은 대선 직후 "엠디 참여를 긍정적으로 검토하겠다"고 공언했다. 논란이 커지자 정부는 엠디 불참 입장을 재확인하고, 대신 '한국형 미사일방어 KAMD' 계획을 발표했다. 대북 강경책의 후유증으로 천안함·연평도 사건, 북의 2차 핵실험 등 군사도발이 거듭되자 군사적 맞대응에 나선 것이다. 대신 '독자적인 미사일방어'를 대안으로 내세워 엠디 참여 논란을 불식하겠다는 의도였다.

2013년 출범한 박근혜 정부에서는 미사일 방어가 더욱 중요해졌다. 북의 핵·미사일은 지난해 10월 전시작전통제권(전작권) 전환 재연기의 핵심 사유였고, 한국으로의 전작권 전환은 한국형 미사일방어 구축 이후에야 가능하다는 게 한·미 합의였다.

그러나 한국형 미사일방어는 미국 엠디와 '상호 운용성'을 확보해야 한다는 미국의 요구를 받아들이면서 사실상 독자성을 상실하게 됐다. 한·미의 미사일방어가 레이더 정보공유 등을 통해 사실상 통합적으로 운용돼야 한다는 것이어서, 한국형 미사일방어는 미국의 미사일방어망에 편입된 것이나 마찬가지가 된 것이다. 더욱이 정부는 지난해 말미국·일본과 3국 정보공유약정 체결을 강행함으로써 한·미·일 3국 미사일방어체제 구축이 상호 운용성을 매개로 현실화하게 됐다. (박병수 선임기자)

(3) 사드 2포대 한국 배치비용은 4조, 비용 떠안을 가능성

사드THAAD는 단거리미사일SRBM(사거리 1000km 미만)과 중거리미사일MRBM(사거리 1000~3000km)을 잡는 요격 미사일이다. 날아오는 적의 탄도미사일을 공중에서 맞춰 떨어뜨리는 무기이기 때문에, 일반 미사일과 달리 고폭약이나 핵폭탄 등으로 된 탄두가 없다. 단단한 몽둥이(kill vehicle)가 탄두를 대신한다. 이 몽둥이의 운동에너지로 직격 타격(hit to kill)해 미사일을 산산조각 낸다.

○ SLBM : submarine launched ballistic missile 잠수함 발사 탄도미사일 / SRBM : short range ballistic missile 단거리미사일 / MRBM : medium range ballistic missile 중거리 탄도미사일

사드시스템은 적의 탄도미사일이 발사되면 가장 먼저 레이더가 이를 탐지하고 식별한 뒤 궤도를 추적해 적의 탄도미사일이라고 판단되면 화력통제·통신소의 지시에 따라 요격 미사일을 발사하는 방식으로 운용된다.

탄도미사일은 통상 로켓연료의 폭발력으로 하늘로 치솟아 정점에 도달한 뒤 포물선을 그리며 지상 목표물을 향해 자유낙하한다. 비행과정은 이륙단계(boost·ascent stage) ～ 중간단계(mid course stage)～하강단계(또는 종말단계·terminal stage)로 나뉜다. 사드는 이 가운데 마지막 단계인 하강단계에서 미사일을 요격한다.

사드 1개 포대는 요격미사일과 이동식발사대, AN/TPY-2 레이더(엑스-밴드레이더), 화력통제·통신소(TFCC) 등 4개 요소로 구성돼있다. 1개 포대는 발사대를 최대 9개까지 운용할 수 있다. 1개의 발사대에 요격미사일 8발이 장착되니, 포대당 최대 72발의 미사일을 발사 대기시킬 수 있다. 사거리200km, 요격고도40～150km인 사드의 요격미사일은 추진력을 제공하는 1단고체추진 로켓과 적외선탐지기, 타격비행체(kill vehicle) 등을 탑재하고 있으며, 발사대는 M1075 대형전술트럭(HEMTT-LHS)에 실려 이동한다. 엑스밴드 레이더는 탐색거리가 1000km에 이르는 것으로 알려졌다.

○ **사드의 배치와 비용은?**(종말 단계 고고도지역 방어체제)

미군은 현재 사드 4개 포대를 운영하고 있다. 1개는 북조선 미사일 위협 대비 목적으로 태평양 괌 기지에 실전 배치했으며, 나머지 3개는 교육훈련장인 미국 텍사스 포트블리스에 배치했다. 미국은 2017년까지 3개 포대를 추가 도입해 모두 7개 포대를 운용할 계획이다. 이중 일부를 해외 주둔 미군기지에 배치하는 방안이 검토되고 있다. 최근 주한미군의 사드배치 논란은 이런 배경에서 불거졌다.

사드로 한국 전역을 방어하려면 적어도 2개 포대가 필요한 것으로 알려졌다. 록히드마틴 쪽은 2013년 9월 서울에서 열린 「공군 방공포병 전투발전 세미나」에서 사드 한 포대의 방어구역이 대략 사거리 200km인 점을 들어 2개 포대를 최소 배치 물량으로 제시했다. 사드 포대당 구입비용은 1조～2조원에 이를 것으로 추정된다. 아랍에미리트가 2011년 12월 미국과 대외군사판매FMS 방식으로 사드 구매 계약을 맺었을 때 당시 계약금액이 총 34억 8000만 달러(약 3조 8700억 원)라고 보도된 바 있다. 사드 2개 포대와 이에 따른 후속 군수지원·기술 및 교육 지원 등이 포함된 비용이었다. 한국에 2개 포대를 들여오면 2조～4조원이 필요하다는 계산이 나온다. 원칙적으로 사드 도입 찬성론자 중에서도 "우리가 먼저 나설 필요가 없다"고 하는 이유도 그 경우, 구입비용을 미군이 아닌 한국이 떠안을 수 있다는 점 때문이다. 그러나 그렇다하더라도, 사드가 도입된다면 미군은 유지비용 등 어떤 형태로든 한국에 비용을 분담시키려 할 것으로 보인다.

○ **사드의 효능은?**(Terminal high altitude area defense intercepter)

사드 도입을 주장하는 이들은 현재 한국군이 보유한 패트리엇(PAC)-2 미사일로는 북측의 미사일을 막기 어렵다는 점을 든다. 유승민 새누리당 의원이 지난해 11월 공개한 자료를 보면, 지난해 북측이 시험발사한 스커드 미사일의 경우 최고 고도 130km, 최대 속도 마하 5.0, 비행시간이 6분 30초(390초)였고, 노동미사일은 지난해 3월 시험발사에서 최고고도 150km, 최대속도 마하8.0, 비행시간 7분 30초(450초)를 기록했다. 이런 미사일을 요격하기에는 패트리엇의 요격고도 15km가 너무 낮고, 마하4.1(시속 5000km)의 속도는 너무 느리다는 게 사드 도입론자들의 주장이다. 요격고도 150km, 최대속도마하8.2(시속 1만km)인 사드가 있어야 더 높은 상층 고도에서 시간 여유를 갖고 북한 미사일을 요격할 가능성을 높일 수 있다는 것이다.

그러나 사드의 성능은 여전히 논란거리다. 미국방부와 록히드마틴은 2005년 이후 11차례 요격시험에서 12기의 단거리 및 중거리 미사일을 요격하는 등 100% 성공률을 기록했다고 밝히고 있다. 그러나 인위적인 조건에서 이뤄진 테스트의 신뢰성에 의문이 제기된다. 실전 경험이 없어 다양한 실제 환경에서 제 성능을 발휘할지 의문이라는 지적이 여전하다. 실제 미 국방부의 마이클 길모어 무기운용시험평가국장은 지난달 25일 상원 군사위원회에 제출한 서면보고서에서 사드가 실전운용에 요구되는 신뢰성이 아직 부족하다고 평가했다. 그는 "지금까지 비행실험과 신뢰성실험 데이터를 분석해보면 사드체계의 구성부품들은 일관성이나 꾸준한 신뢰도 향상을 보여주지 못하고 있다"고 밝혔다. 또 그는 "극한 온도와 습기·비·얼음·눈·모래·먼지 등을 견뎌내는 자연환경 실험에서도 결함을 보였다"고 말했다.(『한겨레』 2015.4.9.)

○ **사드 도입시 KAMD와의 중복투자 문제는?**

사드 도입은 정부의 엘샘L-SAM(장거리 지대공미사일) 개발과 중첩되는 문제도 있다. 정부는 요격고도 50~60km인 엘샘을 개발해 북측 미사일을 상층에서 1차 요격하고 기존의 패트리엇과 엠샘M-SAM(중거리 지대공미사일)으로 하층에서 2차 요격한다는 다층 방어망의 한국형 미사일방어KAMD 구축을 구상하고 있다. 이런 구상에 따라 정부는 2012년부터 엠샘 개발을 위한 '철매-2' 성능개량 사업을 진행하고 있고, 패트리엇 성능개량 사업도 추진중이다.(요격은 구실이고 선제공격이 본심으로 보인다.)

사드를 대신할 엘샘의 경우 지난해 선행연구 결과에 따라 2023년까지 8년간 총 1조 900억 원을 들여 연구 개발한다는 계획이다. 그러나 사드를 도입하면 엘샘 개발은 포기해야 하고 따라서 한국형 미사일방어 구축도 무산된다. 사드도 도입하고 엘샘도 개발하면 중복투자이고 예산낭비라는 비판을 피하기 어렵다. 군관계자는 "해외구매를 하면 나중에 불가피한 성능개량이나 후속지원 등이 필요할 때 우리가 해당 군수업체에 코가 꿰인 '을'이 되는 불이익을 감수해야 한다"고 말했다.

○ **한반도 사드 도입을 중국이 반대하는 이유는?**

중국이 구체적인 반대 이유를 공개한 적은 없다. 그러나 전략적 균형 차원에서 중국 포위에 나선 미군의 최전방 기지인 주한미군이 사드로 무장하는 것을 경계하는 것으로 보인다. 중국군은 대만사태 등이 일어났을 때 미군의 개입을 저지하기 위해 '반접근/지역거부'(A2/AD) 전략을 채택하고 있는 것으로 알려졌다. 미군과 전면전에선 절대 열세지만 미군의 역내 투사·전개를 막거나 지연시킬 경우 역내 국지전에선 승리할 수 있다는 전략이다.

따라서 주한미군이 사드를 배치하여 중국의 미사일 위협에서 벗어나 자유롭게 미군의 전진기지 구실을 할 경우 미·중 간 역내의 전략적 균형은 무너질 수 있다는 것이다. 또 사드 도입을 계기로 한·미·일 3국 간 미사일방어 및 군사협력이 강화되는 것이나, 사드에 따라붙는 엑스밴드 레이더가 중국의 주요 시설을 들여다볼 가능성에 대해서도 우려한다는 분석이 나온다. (박병수 선임기자)

(4) 동북아 패권자 미국과 자주권 지키려는 중국의 대결 시나리오

지금 동아시아에는 두 명의 복서가 있다. 정치·군사력으로 상대를 압도하는 미국과 막강한 경제력으로 이에 도전하려는 중국이다. 패권국과 도전국이라는 두 복서는 가까이 붙어 충돌하다가 다시 멀어져 상대방의 약점을 노리는 일을 반복한다. 이런 군사전략을 미국은 「아시아 재균형rebalancing」이라는 이름으로 접근하고, 중국은 「반접근/지역거부 A2/AD(anti-access/area-denial)」라는 이름으로 거부한다. 쉽게 말하자면 권투에서 미국은 아웃복서고 중국은 인파이터다. 아웃복서는 민첩하면서 팔이 길어야 하고, 인파이터는 맷집이 좋고 맞받아치는 힘이 세야 한다. (『한겨레』 2015.5.2. 「김종대의 군사칼럼」)

미군은 멀리 동아시아로 원정을 온 군대다. 동남아시아 믈라카(말라카) 해협에서 한국 서해에 이르기까지 아시아의 바다를 휘젓고 다니며 중국의 영향력을 차단하려고 한다.

링 위에서 부지런히 뛰면서 상대방의 진행 경로를 막아서는 아웃복서의 전형으로 굳이 꼽으라면 "나비처럼 날아서 벌처럼 쏜다"고 일컬어지는 무하마드 알리다.

반면 중국은 미군이 해양을 통해 자국에 접근하는 걸 거부할 수 있는 차단선(제1, 제2도련선)을 긋고 미 함대를 타격할 수 있는 힘센 펀치력을 구비한다. 이와 유사한 인파이터의 전형은 '핵 펀치'로 불린 조지 포먼이다. 접근하려는 미국은 '항해의 자유'를, 접근을 거부하려는 중국은 자국의 '핵심 이익'을 외치는데, 이것이 바로 링에서 싸우는 두 복서의 스타일이라고 할 수 있다.

이 둘의 충돌 양상 역시 1974년 10월 30일에 열린 당대 헤비급 세계챔피언 조지 포먼과 이에 도전하는 무하마드 알리의 역사적 대결과 유사하다. 당시 25살의 조지 포먼은 40전 전승에 37케이오승을 기록하는 젊은 헤비급 챔피언이었고, 무하마드 알리는 체력이 저하돼 스피드가 예전 같지 않은 32살 나이의 옛 패권자였다. 둘의 경기는 지금 중국과 미국의 모습과 유사하다. 대부분의 전문가들은 젊은 포먼의 우세를 점쳤다. 전세계가 지켜보는 가운데 시작된 경기는 경쾌한 발놀림과 스피드를 앞세운 알리와 강력한 펀치로 초반에 승기를 잡으려는 포먼의 스타일이 그대로 드러났다. 초반에 핵 펀치가 연이어 빗나간 포먼은 중반 이후 체력이 저하되어 몸놀림이 눈에 띄게 둔해졌고, 알리는 적절하게 잽을 날린 후 링을 빙빙 돌며 포먼의 체력을 소진시켰다. 8라운드에 이르러 알리는 링의 구석에 몰려 방어자세를 취하다가 날아오는 포먼의 주먹을 슬쩍 피하며 턱에 카운터펀치를 날렸다. 그리고 연이은 좌우 스트레이트를 작렬하자 휘청거리던 포먼이 링에 쓰러졌다. 세간의 예상을 뒤집는 패권의 부활이었다.

지금 미국과 중국이 아시아의 바다에서 충돌하면 그 양상이 바로 이러할 것이다. 미국은 일본의 요코스카를 모항으로 한 7함대 전력에 조지워싱턴 항공모함을 배치하여 중국을 견제하는 핵심전력으로 삼고 있다. 그리고 11개 항공모함전단 전력의 60%를 아시아에 투입하겠다고 공언하고 있다. 그런데 11개 항공모함 중 7개는 이미 수명 30년을 초과한 노쇠한 전력이고 미국은 항모전단을 새로 만들 돈이 없다. 반면 중국에선 유일한 항공모함 랴오닝호가 취역하였지만 아직 전투기 이착륙 기술을 확보하지 못했고 전투체계 역시 불완전 하다. 이 때문에 빠른 발놀림으로 미국을 따라 잡을 수 없는 중국의 처지에서는 다른 비대칭 전력으로 이를 보완해야 아시아에서의 세력 균형을 달성할 수 있다.

미국의 민간 싱크탱크 랜드연구소가 2007년 발표한 보고서 '용의 둥지에 들어가기'(Entering the Dragons Lair)에 의하면 중국에는 미국의 항모전단 접근을 거부할 수 있는 네 가지 방법이 있다. 첫째는 중국 해군이 보유중인 구축함(함선 및 잠수함을 공격하는 중대형 함정)과 호위함(함선을 호위하는 임무를 띤 군함)을 동원해 미 항모전단을 공격하는 방안이다. 현재 중국의 해군력을 고려하면 아직은 현실성이 희박하다. 둘째는 중국이 100여 대의 전술기와 200여 발의 대함미사일(함선을 파괴하는 미사일)로 항모전단을 공격하는 방안을 고려할 수 있다. 평시에 아시아에 배치된 한 개의 항모전단을 기습 공격하는 데는 이 방안이 효과적일 수 있지만, 미 항모가 증강 배치되는 상황에서는 이 역시 중국으로서는 불리하다.

셋째는 공대지 미사일로 항모전단의 핵심전력인 이지스 구축함의 레이더를 파괴하여 함대방공망을 무력화시키는 전략인데, 비교적 소형인 '하피' 공대지미사일(항공기에 탑재해 지상 목표를 공격하는 유도미사일)을 이용하면 미 항모전단은 상당 부분 혼란에 빠질 수 있다. 넷째는 잠수함을 이용한 시나리오인데, 미군의 대잠수함 경계망을 돌파하여 항공모함에 어뢰 공격을 하는 방안을 고려할 수 있지만 현재로선 불가능하다. 그러나 중국은 북해함대·동해함대·남해함대에 총 64대의 잠수함을 배치하고 있고 이 중 11척이 핵 추진 잠수함이다. 2020년까지 중국이 추가로 잠수함을 건조하면서 동남아 기지에 이들을 분산 배치한다면 상황은 달라진다. 랜드연구소는 이런 네 방법을 한꺼번에 구사할 경우에는 미래 어느 시점에서는 미 해군이 패배할 수 있다고 예측한다.

최근에는 중국이 반접근전략의 핵심으로 지대함탄도미사일 '둥펑'(DF-21D)을 증강하였는데, 이러한 대함미사일은 오직 중국만 보유한 것으로 현재 백두산 인근의 중국 내륙에도 배치됐을 것으로 추정된다. 유사시 북조선이 중국의 대미항전對美抗戰에 가세한다면 한반도도 크게 영향을 받을 것이다. 또한 H-6 폭격기에서 발사하는 초음속 장사정 대함미사일, 해군항공대 전폭기에서 발사하는 대함미사일 등 최근 중국은 미사일을 주축으로 제2도련선(해상방위선)에서 미국을 차단하는 데 주력하는 것으로 보인다.

더욱더 힘을 비축하고 다가오는 적을 기다리는 인파이터의 결의가 느껴진다. 최근 필자가 중국에서 만난 안보전문가는 "향후 3년 동안 중국은 매년 400억 달러를 추가로 투입하여 3년 뒤 국방비를 250% 성장시킨다는 내부 방침이 확정됐다"며 그 핵심은 미국의 접근에 대한 거부 전력을 키우는 데 있다는 점을 밝혔다.

미국은 중국이 다양한 반접근 전략을 구사하기 이전에 더욱 빠르게 중국에 접근해 핵심 전력을 파괴해버리는 전략을 짜는 데 고심한다. 미 항공모함에 F-35C 스텔스 전투기와 X-47B 무인전투기UCAV(Unmanned Combat Air Vehicle)를 탑재하여 중국의 핵심 군사기지를 은밀하고 빠르게 타격하는 수단을 확보하려는 것이다. 다만 F-35C는 아직 개발에 성공하지 못했고 X-47B 역시 실전배치가 되지 않은 기술 실증기 수준에 머물러 있다. 그러나 미 해군은 지난 4월16일 돌연 X-47B가 공중급유기 K707로부터 공중급유를 받는 사진을 공개했다. 이는 이 무인전투기가 항모에 배치되면 기존 전투 행동반경

2700km를 넘어 중국 내륙까지 타격권에 포함시키며 언제든 4500파운드(2000kg)의 폭탄을 투하할 수 있는 능력을 갖춰가고 있음을 보여준다.

이 무인 전투기는 2013년 이미 항모 이착륙 훈련에 성공한 바 있다. 미 해군이 이 사진을 공개한 날은 미국과 필리핀의 사상 최대의 연합 군사훈련이 끝나는 시점이었다. 이번 연례훈련은 양국 정부가 방위협력확대협정EDCA을 체결한 이후 처음 열린 것으로, 미군 2500여명과 필리핀군 3000여명 등 모두 5500여명이 참가해 양국의 지·해·공 작전의 상호운용성 등 합동 군사작전 능력을 점검하는 것으로 되어 있다. 이 협정으로 미국은 1991년까지 필리핀에서 운용하다가 철수한 바 있는 클라크 공군기지와 수비크 해군기지 등 총 8개의 필리핀 내 군사기지를 활용할 수 있게 됐다. 중국에서 더 가까운 곳에서 항공모함을 운용할 수 있는 전진 기지를 확보함으로써, 중국의 반접근/지역거부 전략을 무력화하는 전략적 기반을 마련한 셈이다.

최근 미국과 중국이 아시아에서 서로 상대방에 대한 군사전략적 공세를 강화하는 추세를 보면, 과거 어느 때에도 볼 수 없던 다급함이 느껴진다. 떠오르는 중국과 저지하려는 미국의 행보가 이젠 너무나 빨라져서, 동아시아 국가들이 적응하기가 여간 버겁지 않다. 상대방을 탐색하던 두 복서가 링의 어느 한구석에서 세게 한번 충돌하려는 조짐이다. 두 복서는 주로 링 구석에서 붙는 경향이 있는데, 그 첫 번째는 대만해협에서, 두 번째는 남중국해 난사(스프래틀리) 군도에서, 세 번째는 센카쿠열도(댜오위다오)에서, 네 번째는 한국의 서해에서이다. 이 네 개의 링 구석은 접근과 반접근이 충돌하는 주요 전략적 지점이며 단 한 번의 시합으로 승자가 결정되는 정치·군사전쟁의 급소다.

최근 중국은 일본을 가장 주목하고 있다. 필리핀 싱가포르 베트남과 같은 동남아 국가들은 미국이 지원한다고 해도 객관적으로 중국을 위협할 상대가 되지 못한다. 그러나 미국이 지원하는 일본은 이와 달리 중국을 위협할 수 있는 객관적 위협이라는 게 중국 전략가들의 공통된 인식이다. 여기에 한국이 붙어 한·미·일 삼각 군사동맹이 완성되면 아시아에서 중국을 위협하는 가장 위협적인 세력권이 형성된다고 본다. 지금까지 중국은 미국이 주도하는 질서에 편승해 성장했지만, 미국이 중국에 대한 군사적 압박을 강화하게 되면 중국의 국가전략이 달라질 수도 있다. 본격적인 지역패권 경쟁이 발화되는 것이다. 지금 링 중간에서 서로를 관망하던 두 파이터는 서서히 한구석으로 몰려가고 있다.

◎ 한반도는 위험한 '링의 한구석'이 될 가능성 높아

여기서 한반도 사드THAAD(고고도미사일방어체계) 배치가 미·중 패권 경쟁에서 차지하는 전략적 의미를 발견할 수 있다. 중국의 가장 공격적인 현실주의자인 칭화대학의 옌쉐

퉁 교수조차 필자에게 "사드가 중국에 직접 위협적인 무기는 아니다"라는 점을 인정한다. 그러나 그것이 한반도에 배치되면 지금까지 유지되어온 동아시아에서의 세력균형은 서서히 붕괴되면서 7:3 혹은 8:2로 미국이 우세해지는 전략적 불균형으로 갈 가능성이 높다. 사드 요격체계는 중국의 둥펑 지대함 미사일을 무력화하는 미국의 접근전략을 수행하는 무기체계이고, 한·미·일이 미사일방어MD로 융합되는 전략적 변환의 상징이다.

미국은 일본을 앞세워 중국을 견제하고 압박하는 데 총력을 기울이는 21세기형 패권전략을 강화하려는 의도를 표출한다. 이런 세력의 불균형을 보완하는 유일한 방법은 중국 역시 비동맹정책을 재검토하여 우호세력을 확장하면서 국방비를 획기적으로 증대시키는 방법밖에 없다. 이렇게 본다면 분쟁 요인이 확대될 곳은 두 개의 링 구석, 즉 센카쿠 열도와 서해가 될 것이다. 특히 한반도 사드 배치에 대해서는 시진핑 주석은 거칠다 못해 감정적이기까지 하다.

2년 전 부터 중국은 미국과 비밀 막후접촉으로 센카쿠열도에서 미국의 체면을 고려하는 의미 있는 양보 조치를 했다. 그 이면을 살펴보면 중국 인민해방군 고위층들에게 회람된 군사비밀보고서의 "만일 댜오위다오에서 중·일 무력충돌이 일어난다면 중국이 불리하다"는 비관적 결론까지 고려된 조치였다. 그런데 한반도 사드 배치, 미·일 안보가이드라인 개정 등은 이런 중국의 뒤통수를 친 사건이자 미국의 접근전략의 또 다른 변형이라고 본다. 이에 대해 중국은 "반드시 도전한다"는 입장이다.

이런 동아시아 정세에서 미국과 중국은 상대방과의 가상전쟁 시뮬레이션을 돌리는 데 여념이 없다. 여기서 미·중 패권 경쟁은 양국의 경제적 상호의존과 인적·문화적 교류와 같은 평화공존의 이미지를 모두 삭제한 고도의 추상성을 드러낸다. 상상력의 산물이자 집단적 의지의 집합체라고 할 수 있는 국가를 국제 관계의 유일한 행위자로 형상화하면서 패권을 향한 충돌을 기정사실화하는 추상적 모델이 떠오른다. 그런 국가의 집단의지는 군사무기로 육화肉化 됨으로써 구체적이고 실재성 있는 이미지를 획득한다. 이런 사상이 주류가 된 이상 당분간 동아시아 국가들은 분쟁에 말려들지 않기 위해 몸조심해야 할 것이다. 한국이 그 중에서도 가장 조심해야 하는 나라다.

◎ **패전 일본, 70년만에 다시 일어서나**

"소련놈에 속지 마라. 미국놈 믿지 마라. 일본놈 일어난다. 조선놈 조심하라."

1960년대 초까지 어른들한테 심심치 않게 들을 수 있었던 말이다. 이건 2차대전 패전 후 철수하는 조선총독부가 심리전 차원에서 퍼뜨린 말이다. 일본인들에 대한 조선인들의 보복을 막기 위해서였다고 한다. 그런 데 광복 70년이 되는 시점에 아베 일본을 보면서 70년 전 총독부가 퍼뜨리고 간 말이 씨가 될 것 같은 불길한 예감이 든다.(『한겨레』 2015.4.27. 「정세현 칼럼」)

작년 7월초 일본은 헌법9조(전쟁포기)에 대한 '해석적 개헌' 방식으로 일본의 해외출병을 합법화했다. 오는 4월말 아베의 미국방문 때 「미·일 방위협력지침」이 개정되면, 앞으로 일본은 동맹국 미국의 후방지원 명분하에 '집단적 자위권' 행사 차원에서 어디에나 출병할 수 있게 된다. 패전 일본이 70년 동안 꿇었던 무릎을 펴고 다시 일어설 수 있게 되는 것이다.

지난 4월 셋째주 말 워싱턴에서 미·일은 "일본의 집단적 자위권 행사 시 한국의 주권을 존중한다"고 합의했다. 그러나 4월 말 개정될 미·일 방위협력지침에는 그걸 명문화하지는 않기로 했다고 한다. '한국의 주권 존중'을 미·일 간에 말로만 합의하고 문서화는 하지 않는다? 이렇게 되면 일본군의 한반도 출병을 미·일 간에는 사전합의 해놓고 우리에게는 출병 직전에 '주권 존중' 형식만 갖춰 통보(사실상 사후통보)할 가능성도 있다. 그러나 어찌하랴? 2012년 4월 17일 찾아오게 돼 있던 전시작전통제권을 미국에 다시 맡겨놨으니 미국이 결정하면 일본군의 한반도 출병도 감내할 수밖에 없게 되었다.

한편 지난 22일 자카르타 「아시아·아프리카 정상회의」 연설에서 아베는 "지난 전쟁에 대해 깊은 반성을 한다"고 말했다. 그러나 무라야마 담화(1995)나 고이즈미 담화(2005)에 쓰였던 '침략' '식민지 지배' '통절한 사죄' 같은 표현은 쓰지 않았다. 미국 하원의원 25명이 연명 서한을 보냈지만, 4월 29일 아베의 미 상·하원 합동연설 논조 자체가 바뀔 가능성은 적다. 어희(말장난) 수준의 표현 변화는 약간 있을지 몰라도.

전범 후손으로서 아베의 정체성과 최근 우경화 돼온 일본 대외 정책의 방향성 때문에 8월로 예정된 '아베 담화'에서도 아베는 과거사에 대해 사과하지 않을 것 같다. 오히려 오바마의 히로시마 방문(8월)을 계기로, 일본도 (원폭)피해국임을 부각시키면서 "이제 미래를 위해 손잡고 나가자"는 식으로 과거사를 매듭지어 버리려 할 것 같다.

그러면 일본이 해외출병을 합법화할 수 있게 된 국제정치적 배경과, 과거사에 대해 후안무치하게 버티는 이유는 무엇인가? 그리고 일본의 이런 정책에 대해서 미국은 왜 슬그머니 일본 편을 들고 있는가?

나는 미국의 대중국對中國정책이 바뀌면서 우리나라에 불리한 외교환경이 조성되고 있다고 본다. 경제력과 군사력이 빠른 속도로 커지면서, 중국은 '중화부흥-중국몽中國夢' 실현을 국가목표로 설정해 놓고 미국에 '신형대국관계'를 요구했다. 사실상 미국의 동아시아패권에 도전하는 셈이다. 이런 중국을 미국이 '아시아회귀-아시아재균형' 정책으로 견제하려 하지만 힘이 부친다. 앞으로 10년간 국방비를 매년 500억 달러씩 삭감해 나가야 할 정도니까. 이 때문에 미국은 자기 돈으로 군사력을 키워 중국을 견제해줄 동맹국이 필요해졌다. 이에 일본이 적임자로 뽑힌 것이다.

미국이 이이제이以夷制夷로 중국을 견제하는 셈인데, 아베는 이걸 일본이 정상국가(패전으로 전쟁을 억지로 자제하던 상태를 벗어남)로 되고 나아가 동아시아 패권국가로 부활하는 디딤돌로 삼으려 할 것이다. 중국에 '중화부흥–중국몽'이 있듯이, 일본도 2차대전 패전으로 좌절된 '대동아공영–일본몽'을 아직 꾸고 있을 수 있다. 이런 야망이 없다면 일본이 과거사에 대해 시인·사과를 악착같이 안 할 이유가 없다. 그런 점에서 우경화 돼가는 일본의 움직임 속에는 '일본몽'의 그림자가 어른거린다. 우리의 광복 70년에 패전 일본은 다시 일어서고 우리 외교의 앞날은 점점 더 험난해져 가는 것 같다.(평화협력원 이사장·전 통일부 장관)

5) 북조선 ICBM용 수소탄 실험 성공, 철통제재에 정면 대결

(1) 트럼프 "한국의 대화 희망은 허망한 일이라며 심술, 전쟁 협박 계속

북한이 3일 낮 6차 핵실험을 단행했다. 지난해 9월 5차 핵실험을 한 지 1년 만이며, 문재인 정부 출범 뒤 첫번째다. 그동안 잇따른 탄도미사일 발사로 잔뜩 긴장을 높여온데다 폭발 위력이 최소한 50kt으로 역대 최대 규모여서 북핵 위기는 이전과 다른 차원에 들어선 것으로 보인다. 한반도 주변 정세는 더욱 거센 격랑에 휩싸일 전망이다.

북한의 「조선중앙티브이」는 이날 오후 3시30분(한국시각) '중대 보도'를 통해 "대륙간탄도로케트(ICBM) 장착용 수소탄 시험에서 완전성공"했다고 밝혔다. 이번 핵실험은 이날 오전 김정은 위원장이 주재한 노동당 정치국 상무위원회에서 결정했다고 통신이 전했다. 기상청은 "북한 함경북도 길주군 풍계리 인근 지역에서 낮 12시29분께 대규모 폭발에 의한 인공지진으로 추정되는 진동이 감지됐다"며 북한의 핵실험 사실을 확인했다.(신문기사이므로 북쪽의 호칭을 「북한」그대로 표기)

기상청은 이번 인공지진 규모를 규모 5.7로 측정했다. 이는 지난해 9월 5차 핵실험의 규모 5.0, 지난해 1월 4차 핵실험의 규모 4.8보다 큰 수치다. 기상청은 이번 인공지진의 에너지가 5차 핵실험의 5~6배, 4차 핵실험의 11.8배로 티엔티TNT 환산량 50kt 정도일 것으로 계산했다.

문재인 대통령은 이날 국가안전보장회의NSC 전체회의를 소집해 "북한이 국제사회 고립을 더욱 가중시키는 실로 어처구니없는 전략적 실수를 자행했다. 결코 묵과하지 않을 것"이라며 "국제사회와 함께 최고의 강한 응징 방안을 강구하라"고 지시했다. 정부는 유엔 안전보장이사회(안보리) 긴급회의를 요청하고, 지난 안보리 대북 제재안(2371호)보다 더욱 강한 제재 내용을 담은 결의안을 추진하는 등 국제사회와 공조해 대북 압박의 강도를 한층 높여나갈 방침이다. 문 대통령은 이날 회의에서 "참으로 실망스럽고 분노하지 않을 수 없다"고 강한 유감을 표시했다.

도널드 트럼프 미국 대통령은 휴일인 이날 오전 국가안전보장회의를 소집했다. 이에 앞서 7시30분(현지 시각)께 트위터에 "북한의 말과 행동이 미국에 아주 적대적이고 위험한 상태가 지속되고 있다"는 반응을 내놨다. 한국에 대해서도 "한국은 내가 이미 말한 것처럼 '북한에 대한 유화적 대화가 효과가 없다'는 것을 발견하고 있으며, 한 가지만 이해할 뿐"이라고 밝혔다.

김용현 동국대 교수는 "(한반도 안팎에서) 다시 높은 수위의 발언들이 오가고, 미국의 전략자산 전개도 이뤄지며 강경 흐름이 이어지겠지만 실질적으로 북한을 압박할 획기적 카드가 나오긴 어렵다"고 내다봤다. 북한이 전략적 도발을 추가 감행한 뒤 핵무기가 완성됐다는 판단에 따라 핵실험과 미사일 시험발사에 대한 모라토리엄(일시유예)을 선언하고 협상에 나설 수 있다는 관측도 나왔다.

양무진 북한대학원대학교 교수는 "향후 유엔 안보리 제재와 미국의 독자 제재가 실현된다면 북한은 아이시비엠으로 맞대응할 수 있다"며 "반면 북한이 먼저 핵실험과 아이시비엠 모라토리엄을 선언하고, '핵 보유국'으로서 미국과 동등한 입장에서 핵 군축 협상에 나서겠다며 북-미 대화를 선제적으로 제안할 가능성도 있다"고 말했다.(박병수 이근영 선임기자, 김지은 정유경 기자, 『한겨레』 2017. 9. 4.)

북한이 3일 전격적으로 실시한 핵실험은 폭발위력이 역대 최대급이다. 기상청이 감지한 이날 인공지진은 규모 5.7로, 폭발 위력은 티엔티TNT 환산량으로 50~60kt에 이른다. 폭발력이 히로시마 원폭(15kt)보다 3배 이상 더 크며, 지난해 9월 5차 핵실험(10kt)보다 5~6배나 큰 위력이다. 이미선 기상청 지진화산센터장은 "지진의 에너지 크기를 계산하는 모멘트 규모MMS로 보면, 이번 인공지진 규모 5.7은 지난해 9월 경주에서 일어난 자연지진(규모 5.8)과 같은 수준"이라고 말했다.

폭발력이 이보다 더 클 것이란 추정도 나온다. 오노데라 이쓰노리 일본 방위상은 "폭발 규모가 약 70kt으로 보인다"고 말했다고 『교도통신』이 보도했다. 또 미국 지질연구소는 이번 핵실험에 따른 인공지진이 규모 6.3이라고 밝혔다. 이 수치에 따르면 폭발력은

100kt 이상일 가능성이 있다. 군 전문가는 "연구소마다 조금씩 측정 자료가 다르기 때문에 측정치가 다를 수 있다"고 말했다.

이번 핵실험의 충격은 과거에는 감지하지 못한 지역에서도 느낄 수 있는 정도로 컸다. 「중국중앙텔레비전」(CCTV)은 과거 실험 때 충격이 감지되곤 했던 지린성 옌지(연길)와 백두산 천지 부근이나 창춘 등에서 8초가량 진동이 감지됐다고 보도했다. 풍계리에서 400㎞가량 떨어진 중국 랴오닝성 단둥의 한인회 관계자는 "과거에는 안 그랬는데 이번엔 진동이 느껴졌다"고 『한겨레』에 전했다. 풍계리에서 북동쪽으로 320㎞ 떨어진 러시아 블라디보스토크의 한 시민도 진동을 느꼈다고 「시엔엔」CNN이 전했다.

북한은 이번 핵실험을 "대륙간탄도미사일ICBM 장착용 수소탄 시험"이라고 밝혔다. 북한은 지난해 1월 4차 핵실험 때 이미 "첫 수소탄 시험"이라고 주장했다. 그러나 당시엔 폭발위력이 6kt에 그쳐 수소폭탄이 아니라 '증폭핵분열탄'일 가능성을 제기하는 전문가가 많았다. 증폭핵분열탄은 원자폭탄(핵분열탄)에서 수소폭탄(핵융합탄)으로 가는 징검다리 성격의 핵폭탄이다. 또 지난해 9월 5차 실험 땐 "핵탄두 폭발시험"을 단행했다고 발표했다. 실제 탄도미사일에 탑재할 수 있는 핵탄두를 만들어서 폭발실험을 했다는 것으로, 핵탄두의 소형화·경량화를 달성했다는 의미였다.

이번 6차 핵실험은 4차와 5차 핵실험을 접목했다는 의미를 띤다. 4차 때 실험한 수소폭탄을 탄도미사일을 탑재할 수 있는 작고 가벼운 탄두로 만들어 폭발실험을 했다는 것이다. 북한은 이번에 실험한 핵무기를 "2단 열핵무기"라고 밝혔다. 수소폭탄은 1차 핵분열을 일으킨 뒤 그 에너지로 2차 핵융합 반응을 촉발하는 방식으로 작동한다. 2단 열핵무기라는 표현은 이런 방식을 가리킨다. 핵실험에 앞서 이날 오전 『조선중앙통신』은 김정은 노동당 위원장의 핵무기연구소 방문 사실을 보도하면서, 땅콩 모양의 은색 수소폭탄 철제 모형을 공개했다. 지난해 3월 북한이 둥근 원형의 핵탄두 모형을 공개했던 것과 비교된다. 이번에는 양쪽 귀퉁이가 도톰하게 생긴 모양이 분열과 융합의 2단 반응을 하도록 설계된 수소폭탄 표준형과 외양이 닮았다는 평가다.

이번 핵실험이 북한의 주장대로 수소폭탄인지는 예단할 수 없다. 정확한 판단은 핵실험 때 나오는 제논과 크립톤 등 방사선 핵종을 탐지해야 가능하다. 그러나 한-미 당국은 1차 핵실험 때를 제외하곤 방사선 핵종을 검출한 적이 없다. 군 전문가는 "폭발력 50kt은 수소폭탄치곤 위력이 너무 적다. 그러나 핵물질의 양을 조절해 폭발력을 조절했을 수 있어 좀더 면밀한 분석이 필요하다"고 말했다.

북한이 이번에 대륙간탄도미사일 장착용 수소폭탄 폭발 실험에 성공했다고 하더라도, 실제 이 폭탄을 당장 실전에 사용할 수 있다고 단정할 순 없다. 우주로 나갔던 미사일이

다시 대기권에 재진입할 때 탄두와 그 안에 있는 핵폭탄을 고열과 엄청난 진동, 압력으로부터 보호해줄 재진입 기술은 또 다른 문제이기 때문이다. (박병수 이근영 선임기자, 전정윤 기자, 베이징/김외현 특파원, 『한겨레』 2017. 9. 4.)

(2) 한국 주민과 중국 정부의 강력 반대 불구, 사드 4기 추가 기습 배치

2017년 9월 7일 경북 성주 주한미군 기지에 사드(THAAD·고고도미사일방어) 잔여 발사대 4기 배치가 완료됐다. 문재인 대통령이 북한의 '화성-14'형 대륙간탄도미사일 ICBM 도발에 대응해 지난 7월29일 "사드 잔여 발사대 4기를 추가로 임시 배치하라"고 지시한 지 40일 만에 사드 1개 포대의 배치가 끝난 것이다. 대선 기간 동안 사드의 한반도 방어 효용성에 의문을 제기하고, 취임 뒤에도 절차적 정당성을 강조하며 '국민의 동의 없는 사드 배치를 강행하지 않겠다'던 청와대가 미국의 압박에 굴복해 국민과의 약속을 저버렸다는 비판이 고조되고 있다.

○ '도발'이라는 말은 영토 밖의 침략·점령욕을 가진 세력이 접근하는 공격의 시작을 표현하는 것인데, 자기 영토 안에서 침략을 방어하려는 무기 제조 실험을 한 것을 두고 일본과 미국이 100년 동안 한 짓과 현재의 무력협박은 시치미를 뗀 채 상대방만 범죄자 취급하는 것은 잘못 표현한 것으로 볼 수 있다.

국방부는 이날 "정부는 각종 탄도미사일 발사와 고위력의 핵실험 등 더욱 고도화되는 북한의 핵·미사일 위협으로부터 우리 국민의 생명과 안전을 보호하기 위한 조치의 일환으로 주한미군 사드체계 잔여 발사대 4기를 추가 배치하기로 합의함에 따라 오늘 임시 배치를 완료했다"고 밝혔다.

국방부는 전날 사드 발사대 4기 반입 계획을 공개했고, 주한미군은 이날 새벽 경기 오산 공군기지에 보관 중인 발사대 4기 등을 육로를 통해 성주 기지로 옮겼다. 사드 배치에 반대하는 주민과 시민사회단체 회원 등 400여명이 도로를 막고 저지하다가 경찰의 강제 해산 과정에서 수십명이 다치고, 2명이 경찰에 연행됐다.

이낙연 국무총리는 이날 오후 정부 서울청사에서 주재한 국정현안 점검 조정회의에서 "(사드 배치는) 어렵지만 불가피한 선택이었다"며 "사드 배치에 반대하는 국민 여러분의 충정을 알면서도 수용하지 못하는 것은 몹시 안타깝고 송구스럽다"고 밝혔다. 이 총리는 또 "사드 반입 과정에서 부상하신 성주와 김천 주민들을 비롯한 국민 여러분께 더욱 죄송스럽다"며 "지역의 상처를 치유하고 지역의 더 큰 발전을 지원하겠다"고 말했다.

정부의 이런 입장 표명에도, 국방부 발표에 이어 심야에 경찰 8000여명을 투입해 주민들을 끌어내고 사드 배치를 밀어붙인 것을 두고 비판 여론이 높아지고 있다. 사드 발사대 4기의 비공개 국내 추가 반입 사실에 대한 보고 누락에 격노하며 진상조사를 지시하고, 기지 전체에 대한 일반 환경영향평가 실시를 약속하며 절차적 정당성을 강조해왔던 문재인 대통령이 입장을 단박에 뒤집은 것으로 비치기 때문이다.

특히 문 대통령이 러시아 블라디보스토크로 출국한 사이 기습적으로 사드 배치를 완료한 것을 두고도, 책임 회피를 위한 것 아니냐는 비판이 나온다. 그동안 "국민의 정부가 어떻게 국민을 밀고 들어갈 수 있느냐"고 했던 청와대는 경찰력을 동원해 배치를 강행하고, 이 과정에서 주민들이 다친 것에 관해선 별도의 입장을 내지 않고 침묵했다.

사드 배치를 반대해온 6개 시민단체는 이날 성주군 초전면 소성리 마을회관 앞에서 기자회견을 열어 "국민의 염원으로 탄생한 문재인 정부가 국민을 배반했다"고 비판했다. 이들은 "절차적·민주적 정당성을 갖추고 국회 동의를 받겠다는 약속들도 헌신짝처럼 버렸다"며 "박근혜 정부와 다를 바 없는 모습을 보인 문재인 정부에 달리 선택할 길이 없다. 사드를 뽑아내는 날까지 강력한 항의를 이어갈 것"이라고 강조했다. 이정미 정의당 대표도 "문 대통령은 정부 출범 초기에 사드 배치 진상규명, 국회 공론화, 전략 환경영향평가 등 세가지를 약속했으나, 이 모든 약속을 뒤집었다"고 비판했다.(이정애 기자, 성주/김일우 기자, 『한겨레』 2017. 9. 8.)

◎ **사드 무기에 짓눌려버린 주민들의 저지 소망**

"가지마, 가지 말라고."

7일 아침 8시11분 경북 성주군 초전면 소성리 회관 앞 도로에 사드(고고도 미사일 방어) 체계 발사대 4기가 무례하게 순서대로 지나갔다. 사드 배치에 반대하는 주민과 연대자들은 경찰에 밀려 소성리 회관 쪽 도로가에서 이렇게 고함을 쳤다. 참외와 생수병이 발사대로 날아들었다. 하지만 순식간에 발사대는 주민과 연대자들 눈 앞에서 사라졌다. 주민과 연대자들은 허탈한 듯 주한미군 사드 기지가 있는 달마산(해발 680m)을 바라봤다. 잠시 침묵이 돌더니 훌쩍이는 소리가 들렸다.

주한미군이 이날 새벽 사드 발사대 4기를 추가로 반입한다는 소식이 성주에 퍼진 것은 하루 전인 6일 오후 2시께였다. 주민과 연대자 200여명이 소성리 회관 앞마당에서 막 41차 사드 저지 수요집회를 시작했을 때였다. 주민과 연대자들은 차량 20여대로 도로를 막고 이날 오후 3시10분께부터 소성리 회관 앞 도로 위에 앉아 농성을 시작했다. 경찰이 쉽게 자신들을 옮기지 못하도록 서로 팔짱을 꼈다. 이날 밤까지 소성리에 모인 주민과 연

경북 성주군 초전면 소성리 마을회관 앞 도로를 막고 농성하던 주민들을 경찰이 밀어낸 뒤 발사대가 기지로 향하자 한 주민이 눈물을 흘리고 있다.(성주, 백소아 기자)

2017년 9월 7일 오전 경찰과 주한미군이 주민들의 저항을 뚫고 반입한 사드 발사대 4기가 이날 오후 경북 기지에 배치돼 있다.(『한겨레』 2017. 9. 8.)

대자는 400여명으로 늘어났다.

"집회를 계속 할 시 집시법과 형법에 의해 처벌 받을 수 있음을 경고합니다. 지금 즉시 해산해주십시오. 경찰은 여러분의 안전을 위해 최선을 다하고 있습니다. 안전한 장소로 이동해주시기 바랍니다." 이날 밤 10시께부터 경찰은 해산 명령을 내리기 시작했다. 경찰은 도로 위에 농성 중인 주민과 연대자들을 둘러쌌다. 소성리 회관으로 진입하는 주요

국도도 모두 통제했다. 경찰은 100여개 중대 8000여명의 병력을 동원했다. 하늘에서는 빗방울이 떨어졌다.

10여 차례 해산 명령을 내리던 경찰은 이날 자정이 되자 강제 해산에 들어갔다. 경찰은 도로에 서 있던 주민과 연대자들을 모두 소성리 회관 앞마당으로 밀어냈다. 이어 도로 위에서 농성 중인 주민과 연대자들을 한명씩 끌어냈다. 주민과 연대자들은 "사드 가고 평화 오라" "폭력 경찰 물러가라"를 외치며 경찰에 맞섰다. 곳곳에서 경찰과 주민·연대자들이 거친 몸싸움을 벌였다. 이 과정에서 수십 명이 다치고, 2명이 경찰에 연행됐다.

사드배치철회 성주초전투쟁위원회 공동위원장을 맡고 있는 주민 이종희(60)씨는 "문재인 정부는 이전 정부와 마찬가지로 밤새 경찰을 투입해 주민들을 열시간이 넘게 경찰과 싸우도록 하고 있다. 이전 정부 때와 달라진 게 없다. 이게 촛불의 요구로 탄생한 정부인지 믿을 수 없다"고 비판했다.

7일 오전 5시30분께 경찰은 도로 위에서 농성하던 대부분의 주민과 연대자들을 끌어냈다. 경찰은 이어 새벽 7시30분께에는 견인차를 동원해 도로에 세워진 20여대의 차량을 모두 견인했다. 누군가가 주민과 연대자들에게 "도로로 나가서야 한다"고 외쳤지만 경찰에 막혔다. 결국 이날 경찰이 확보한 도로를 통해 사드 발사대 4기와 공사 장비와 자재를 실은 트럭이 달마산으로 모두 올라갔다.

사드배치철회 성주투쟁위원회 대변인을 맡고 있는 주민 류동인(54)씨는 "문재인 대통령이 해외에 나가 있는데 해외순방하며 사드를 집어 넣는 것은 박근혜 정부와 매우 닮은 것 같다. 문재인 정부는 오늘 사태로 분명 안팎의 많은 도전에 직면하게 될 것이다. 앞으로 성주투쟁위는 문재인 정부에 대해 비판을 아끼지 않을 것이며 집권 기간에 도움을 주는 세력이 되지도 않을 것이다"고 말했다.

사드배치철회 성주초전투쟁위원회, 사드배치반대 김천시민대책위원회, 원불교 성주성지수호 비상대책위원회, 사드배치반대 대구경북대책위원회, 사드배치저지 부산울산경남대책위원회, 사드한국배치저지 전국행동 등 5개 사드 반대 단체가 함께 운영하는 소성리 종합상황실은 사드 발사대가 추가로 반입된 직후인 이날 오전 10시 소성리 회관 앞에서 기자회견을 열어 문재인 정부를 강하게 비판했다. 이들은 "이제 문재인 정부는 각오하라. 박근혜 정부와 다를 바 없는 모습을 보이고 있는 문재인 정부에게 우리가 달리 선택할 길은 없다"면서 "비록 사드 발사대 추가 반입은 막지 못했지만, 우리는 사드를 뽑아내는 그날까지 포기하지 않을 것"이라고 말했다.

사드배치철회 성주투쟁위원회(상임위원장 김충환)도 이날 성명을 내어 문재인 정부를 강하게 규탄했다. 성주투쟁위는 "성주의 주민들이 정부에, 국가에 희망을 가졌던 것

9월7일 오전 8시11분 사드 발사대를 싣고 경북 성주군 초전면 소성리 마을회관 앞 도로로 지나가는 주한미군 군용트럭. 사드 발사대가 지나는 동안 경찰은 주민들의 접근을 원천 봉쇄했다.(정용일 기자. 『한겨레』 2017. 9. 8.)

은 부질없는 꿈이었던 것 같다. 이제 성주는 문재인 정부에 대한 미련을 버리겠다. 홍준표 찍었다고 그 누구도 뭐라고 하지 마라. 문재인을 찍었던 사람들은 지금 손가락을 잘라버리고 싶은 심정이다. 이제 성주는 문재인 대통령에 대해 그 어떤 도움도 바라지 않을 것이고 희망도 가지지 않겠다"고 밝혔다.(성주/김일우 기자 『한겨레』 2017. 9. 8.)

○ "사드는 동북아 대결과 동족상잔의 촉발무기일 뿐 별 효용성이 없는 값비싼 물건"

7일 경북 성주 기지에 사드 체계 잔여 발사대 4기 임시 배치가 마무리되면서, 사드 체계의 효용성을 둘러싼 논란이 다시 불거지는 모양새다. 주한미군 쪽은 이날 사드가 "북한의 중·단거리 탄도미사일 요격에 효율적인 최선의 미사일 방어체계"라고 강조했지만, 전문가들은 "사드 체계는 종심(발사지점에서 목표지점까지 직선 거리)이 짧은 한반도에서 아무 쓸모가 없다"고 반박한다.

주한미군사령부는 이날 누리집에 올린 「사드에 관한 사실보고서」란 제목의 자료에서 "사드는 북한이 대량 보유한 스커드·노동·무수단 등 중·단거리미사일로부터 (한국을) 방어하는 데 매우 효율적"이라고 주장했다. 주한미군 쪽은 "사드는 2005년 이후 11차례 요격시험에 모두 성공했다"며 "미국은 사드가 현존하는 탄도미사일방어BMD 시스템 중 최고의 요격 성공률을 갖고 있다고 평가한다"고 전했다.

주한미군 쪽은 또 "사드는 전적으로 북한의 미사일로부터 대한민국을 지키기 위한 미사일방어 시스템"이라며 "사드는 엄격히 방어적인 시스템"이라고 밝혔다. 이어 중국이 우려하는 사드 레이더(AN/TRY-2)와 관련해 "일본에 있는 레이더와 물리적으로는 같은 것이지만, 한국에 배치되는 사드 레이더의 소프트웨어와 역할은 일본에 있는 것과 크게 다르다"며 "사드 레이더는 북한의 중·단거리 탄도미사일로부터 대한민국을 방어하는 데 초점을 맞출 것"이라고 강조했다.

그러나 지난해 7월 한-미가 사드 체계 한반도 배치를 공식화한 직후부터 시작된 '사드 효용성' 논란은 현재진행형이다. 당시 국방부는 북한이 실전배치한 탄도미사일을 대부분 요격할 수 있다고 강조했지만, 전문가들 사이에선 실전 경험이 없는 사드의 요격 성능을 얼마나 신뢰할 수 있을지 의문이라는 지적이 많았다. 특히 북한 방사포의 사정권인 수도권 방어에는 무용지물이라는 문제점도 집중 거론됐다.

『사드의 모든 것』을 펴낸 정욱식 평화네트워크 대표는 "사드의 성능을 따지기 앞서 남북의 지리적 근접성 때문에 한반도에서 사드는 아무런 효용성이 없다"고 지적하고 있다. 그는 "사드의 요격 가능 고도는 40~150㎞이며, 따라서 요격 고도보다 낮거나 높게 날아오는 미사일을 방어할 수 없다"며 "종심이 짧은 한반도에서 북한이 가까운 거리에서 낮고 빠르게 탄도미사일을 쏘거나, 아예 고각으로 발사한다면 사드로는 막을 수 없다"고 지적했다. 그는 이어 "사드 체계의 한계를 가장 극명하게 보여주는 건 사드 포대를 방어하기 위해 성주 기지에 패트리엇 포대를 배치해놓은 점"이라며 "사드는 스스로도 보호하지 못하는 장비"라고 덧붙였다. (정인환 기자 『한겨레』 2017. 9. 8.)

(3) 러시아, 미국의 일방적 북핵 제재 강요에 견제 변수로 등장

러시아가 한반도로 돌아오고 있다. 북핵 문제와 관련해 중국보다도 더 북한의 입장을 변호하고 미국을 강력히 견제하면서, 한반도 문제에 대한 영향력을 키우고 있다. 러시아가 북핵 문제의 새로운 변수로 떠올랐다.

블라디미르 푸틴 러시아 대통령은 6일 문재인 대통령과의 정상회담에서 "압박과 제재만으로는 북핵 문제를 해결할 수 없다"며 러시아와 중국이 제시한 로드맵만이 (북의 핵실험 중지와 한미의 군사훈련 중단을 동시에 이행) 해결책이라고 강조했다. 푸틴은 이날 한국 쪽이 요구한 것으로 알려진 대북 원유 공급 중단 등 제재 강화에 동참하지 않겠다는 뜻을 명확히 밝힌 것이다. 소련 붕괴 이후 한반도 문제에 가장 적극적으로 개입하는 행보다.

푸틴 대통령의 이런 입장은 우선 미국을 겨냥한 것으로 보인다. 북한 6차 핵실험 이후 미국이 주도해 추진하는 유엔 안보리의 새로운 대북 제재 결의안에 제동을 걸겠다는 신호로 읽힌다. 바실리 네벤자 유엔주재 러시아 대사는 미국이 결의안 표결을 11일까지 하겠다는 목표를 밝힌 데 대해 "다소 시기상조"라고 말했다.

푸틴 대통령은 북한의 6차 핵실험 이후 북한을 변호하며 미국을 견제하는 입장을 보이고 있다. 5일 중국 샤먼에서 열린 브릭스 정상회의 기자회견에선 북한 핵실험을 '도발'이라고 비난하면서도, "어떤 종류의 제재도 지금은 쓸모없고 비효과적일 것이다"라고 했다. 특히 "우리(러시아)를 북한과 같은 제재에 올려놓고는 북한에 대한 제재 부과에 우리의 도움을 요청하는 것은 웃기는 일이다"라며 "이는 오스트레일리아와 오스트리아를 혼동하는 사람들이 하는 짓이다"라고 미국을 정면 비판했다. 미국이 크림반도 문제로 러시아에 대한 경제제재를 하고 있고, 북한에 대한 제재를 위반하는 러시아 기업들을 제재하려하는 것을 일축한 것이다. 그는 지난 1일에도 북핵 문제에 대해 "어떠한 전제조건도 없이 모든 쪽이 관여하는 직접 대화가 이 지역의 문제들을 푸는데 필수적이다"라고 말했다.

러시아는 소련 붕괴 이후 한반도 문제에 적극 관여할 의지나 능력을 거의 보여주지 못했다. 북핵 6자회담 참가국이기는 했으나 논의의 중심에는 끼지 못하는 주변적 역할에 불과했다. 그러던 러시아가 최근 갑자기 북한을 적극적으로 변호하며, 북핵 문제에 대한 개입 폭을 넓히는 데는 미국과의 관계에서 지렛대로 삼으려는 푸틴의 계산이 작용한 것으로 보인다. 크림반도 점령과 미국 대선 개입 문제로 갈등이 깊어지고 있는 미국을 압박하는 수단이다.

러시아는 최근 국제사회에서 고립무원 처지였던 북한과의 경제 관계를 강화하고 있다. 푸틴 대통령은 5일 기자회견에서 "1분기 (러시아의 대북) 석유·석유제품 공급은 4만톤이었다" "북한 노동자의 러시아 송출도 다 해야 3만명이다"라고 밝혔다. 제재의 효과가 미미하다는 것을 강조하려는 발언이었으나, 최근 확대된 북-러 경제관계의 단면을 보여줬다.

냉전 시기 북한은 중소분쟁 상황에서 두 나라를 오가는 등거리 외교로 위상을 키웠다. 푸틴의 최근 태도는 북한에 다시 새로운 출구를 열어주고 있다. 북한이 중국에 무역의 90%, 원유 공급의 80% 가까이를 의존하고 있기는 하지만, 중국이 원유 공급을 일부 줄이는 조처를 취한다 해도 러시아가 생명선이 될 수 있기 때문이다. 러시아 역시 북한을 지렛대로 미국과 중국을 견인하거나 견제하고 있다. (『한겨레』 2017.9.7. 정의길 선임기자)

◎ 북핵문제 해결책으로 「북·미 평화수교와 핵동결·한미 훈련 중단 제안」

북한의 6차 핵실험에 대응해 국제사회가 대북 압박과 제재의 고삐를 죄는 가운데, 14일 문재인 대통령의 '통일외교 멘토'들이 북핵 해법에 대한 조언을 내놓았다. 이들은 지금과 같이 제재와 압박 일변도의 대북 강경책으론 결코 북핵 위기를 해결할 수 없을뿐더러, 북한의 핵·미사일 능력 고도화만 초래할 것이라고 지적했다. 해법으로는 중국이 내놓은 '쌍중단'(북한 핵·미사일 실험과 한-미의 대규모 합동군사훈련 동시 중단) 등을 제안했다.

문 대통령의 통일외교안보특보인 문정인 연세대 명예특임교수는 이날 오전 국회의원 연구단체인 국회한반도평화포럼 주최로 국회에서 열린 간담회에서 북핵 위기 해법에 대해 "제재와 압박의 한계를 인정해야 한다"며 "(선 비핵화보다는) 핵 동결을 입구에 놓고 비핵화를 출구에 놓는 현실적 접근이 필요하다"고 주장했다. 문 교수는 학자로서 개인 의견임을 전제로 "북한이 핵무기 보유국가인 건 맞다"며 "핵 동결을 전제로 한 대화는 가능하겠으나, 비핵화해야 대화하겠다는 건 비현실적"이라고 지적했다. 그는 "중국이 제안하는 '쌍중단'이 어려우면 (북한 핵·미사일) 동결 대 (한-미 군사훈련) 축소 가능성도 모색할 필요가 있다"고 말했다. 문 교수는 지난 6월 미국 워싱턴에서 이런 의견을 밝혔다가 보수진영으로부터 '맹공'을 받은 바 있다.

'쌍중단'을 북핵 문제 해결의 입구에 두는 것은 대선 당시 문재인 캠프 외교·안보 라인의 구상 가운데 하나였다. 아울러 북핵 문제 해결에 주요한 축인 중국과 러시아가 내세우는 해법이기도 하다. 문 교수는 이와 함께 "동북아 6자 안보협의회를 구축하고 6자 정상회담을 제도화해야 한다"고도 제안했다.

꼭 1주일 전 공개토론회에서 정부의 대북 강경책을 신랄하게 비판했던 정세현 전 통일부 장관은 이날 오후 국회입법조사처 주최로 국회에서 열린 '북핵 문제 해결을 위한 한·중·일 협력과 국회의 역할' 세미나에서 "북핵 문제는 간단하다"며 "북한이 끈질기게 요구했고 미국이 북한에 약속했으나 이행되지 않았던 미-북 수교"가 "해법"이라고 말했다. 정 전 장관은 "(과거) 북핵 관련 회담이 열리는 동안 핵 활동은 중단됐다는 사실에 주목해야 한다"며 "정부가 나서서 미-북 대화를 종용해야 한다"고 조언했다. 이명박 정부의 '선 비핵화' 정책을 비판하며, 북한과의 대화가 중요하다고 강조했다.

세미나에 참석한 진징이 중국 베이징대 교수는 발제문에서 "(북한은) 외부 압력이 강해질수록 북한 정권의 내부 응집력이 강화되는 역현상이 나타난다"며 "중국의 원유 공급 중단이 이뤄진다고 해도 북한은 굴복하려 하지 않을 것"이라고 내다봤다. 진 교수는 "선경후정(先經後政)으로 지정학적 갈등을 봉합"한 중국과 대만의 관계를 예로 들며 "북한이 핵이 아닌 경제에 올인"하도록 하는 것을 해법으로 제시했다.(『한겨레』2017.9.15. 김지은·엄지원 기자)

(4) 북은 중장거리 탄도미사일 성능 개선, 침략에 대한 억지력 증대

국제사회의 압박과 제재를 비웃기라도 하듯, 북한이 15일 이른 아침 또다시 탄도미사일 시험 발사를 강행했다. 지난 3일 6차 핵실험을 실시한 지 불과 12일 만에, 미군 전략기지가 밀집한 괌을 사정거리로 하는 중거리탄도미사일IRBM 도발에 나선 것이다. 전문가들은 북의 의도를 크게 3가지로 분석한다.(Intermediate range ballistic missile)

첫째, 탄도미사일의 대기권 재진입 기술 확보 등 핵·미사일 능력 완성을 위한 기술적 필요다. 이날 발사한 북한의 미사일은 중거리탄도미사일 '화성-12'형으로 추정된다. 앞서 북한은 지난 4월에만 3차례 화성-12형 시험발사에 나섰으나 발사 직후 폭발하는 등 실패했다. 하지만 지난 5월14일과 8월29일 발사 때는 2천㎞대의 사거리를 성공적으로 날아갔다. 북한의 탄도미사일 개발사를 놓고 볼 때, 몇차례 추가 시험 발사에 성공한다면 '실전배치'를 선언할 가능성이 크다.

둘째, 고도화한 탄도미사일 능력을 과시해 미국을 실제로 위협할 수 있다는 점을 강조하려는 측면도 있다. 북한은 지난달 6일 유엔 안전보장이사회가 제재 결의 2371호를 통과시킨 직후 공화국 정부 성명(7일), 총참모부·전략군사령부 대변인 성명(8일) 등을 잇따라 내놓고 "전면전도 불사하겠다"며 미국에 대한 공세의 수위를 한껏 높였다. 특히 지난달 10일엔 전략군사령관 김락겸 대장이 직접 나서 미군 주요 기지가 밀집한 괌 주변에 화성-12형 4발을 동시다발적으로 발사하는 이른바 '괌도 포위타격' 계획을 밝힌 바 있다.

당시 김락겸 대장은 "우리가 발사하는 중장거리전략탄도로케트 화성-12형은 일본의 시마네현·히로시마현·고찌(고치)현 상공을 통과하게 되며 사거리 3356.7㎞를 1065초간 비행한 후 괌도 주변 30~40㎞ 해상 수역에 탄착되게 될 것"이라고 강조했다. 이날 발사된 미사일의 비행거리가 약 3700㎞임을 고려하면, 괌 타격이 기술적으로 가능해졌다는 점을 실증해 보인 것으로 풀이된다. 미국이 북을 선제타격하면, 북도 괌을 보복타격할 수 있다는 점을 분명히 한 셈이다.

셋째, 이날 시험발사는 유엔 안전보장이사회가 신규 대북제재 결의(2375호)를 만장일치로 채택한 지 불과 3일 만에 신속하게 이뤄졌다. 특히 이번 제재는 사상 처음으로 북한에 공급·수출되는 원유·정제유 총량에 상한선을 두는 내용을 뼈대로 하고 있다. 북이 도발을 지속하면, 추후 북한에 대한 원유 수출량을 축소시킬 수 있다는 일종의 '경고'였다.

그럼에도 북한이 화성-12형 추가 도발에 나선 것은 이른바 국제사회의 제재에 대한 반발임과 동시에 '국가 핵무력 완성'이란 전략적 목표를 이루기 위해 자기들이 정한 시간 표대로 움직일 것이란 '마이 웨이' 선언인 셈이다. 대북 압박만으론 문제를 풀 수 없다는 점을 다시 한번 분명히 함으로써, 국제사회를 겨냥해 '제재 무용론'을 재차 강조하려는 정치적 노림수도 있어 보인다. 안보리의 새 제재 결의 통과 직후 빠르게 치고 나옴으로써, 안보리의 대북 추가 제재 논의가 쉽지 않은 상황이란 점도 염두에 뒀을 가능성도 있다.(『한겨레』 2017. 9. 16. 정인환 기자)

◎ 비행거리 1000㎞ 늘려…'화성-12형' 중 가장 멀리 날아가

북한이 15일 시험 발사한 탄도미사일의 비행거리는 3700㎞로, 지난달 29일 시험 발사 때보다 비행거리를 1천㎞나 늘렸다. 이날 한국 합동참모본부와 일본 방위성의 발표를 종합하면, 북한 미사일은 아침 6시57분 발사돼 19분간 비행한 뒤 일본 홋카이도 에리모 곶 동쪽 약 2200㎞ 북태평양 해상에 떨어졌다. 정점고도 770㎞다. 북한이 이번에 미사일을 발사한 순안에서 괌까지의 거리는 3400㎞다. 북한은 이번 발사로 기술적으로 괌 타격 능력이 있다는 점을 보여준 셈이다.

군당국은 이번 미사일이 "중거리탄도미사일(IRBM)급 이상"이라고 추정했다. 구체적인 미사일 종류 등에 대해선 "추가 분석 중"이라며 입을 닫았지만, 사거리와 정점고도 등으로 미뤄 화성-12형일 가능성이 크다. 북한은 지난달 29일에도 이번 발사 장소와 같은 순안 비행장 일대에서 화성-12형을 발사했다. 당시 화성-12형은 일본 상공을 넘어 2700여㎞(정점고도 550㎞)를 날아 북태평양 해상에 떨어졌다. 국방부는 당시 국회에 북한이 화성-12형을 "정상각도, 약 2분의 1 사거리'로 시험 발사한 것으로 추정된다"고 보고했다.

이번에 발사된 탄도미사일의 사거리와 정점고도 간의 비율은 지난달 29일 발사 때와 마찬가지로 약 5:1이다. 통상 탄도미사일이 정상각도로 발사될 때 사거리와 정점고도의 비율은 3~4:1인 것으로 알려졌다. 이 기준에 비춰 보면, 이번에 발사된 미사일의 정점고도는 정상각도 발사 때 예상되는 900~1200㎞에 조금 못 미친다. 이런 이유로 저각 발사 가능성이 제기된다.

이번 미사일은 북한 탄도미사일로는 가장 멀리 날아간 것이다. 과거 북한의 '은하 2호'나 '은하 3호'가 탑재체 등을 위성궤도에 올리지 못하고 태평양 먼바다에 떨어뜨린 적이

북한 발사체의 일본 상공 통과 사례(『한겨레』 2017.9.16.)

있지만, 이는 탄도미사일이라고 보기 어렵다.

　미국에서는 북한이 괌을 실제 타격할 수 있는 확률은 10% 미만이라는 분석이 나왔다. 미국 '참여 과학자 모임'의 미사일 전문가 데이비드 라이트는 이날 누리집에 올린 글에서 "북한이 괌에 도달할 수 있는 능력을 과시한 점에서 이번 미사일의 사거리는 중요한 의미가 있다"고 밝혔다. 하지만 화성-12형 미사일의 발사 및 재진입 단계에서의 유도·통제 기술 부족 탓에 현 단계에서 괌 기지를 파괴하는 것은 어려울 수 있다고 평가했다. 그는 "이 정도 사거리의 화성-12형 미사일의 오차 반경은 5~10㎞ 또는 그보다 넓은 것으로 추정된다"며 "북한이 최근 핵실험에서 보여준 150kt의 폭발력을 지닌 탄두를 장착하더라도 괌 공군기지를 파괴할 수 있는 확률은 10% 아래"라고 분석했다. (『한겨레』 박병수 선임기자, 워싱턴 도쿄/이용인 조기원 특파원)

◎ **북측의 핵과 미사일 개발에 따른 한국 언론들의 우려**

　지난 11월29일 새벽, 북한은 대륙간탄도미사일(ICBM)급으로 추정되는 '화성-15'형을 발사했다. 당일 낮 북한은 성명을 통해 새로운 아이시비엠인 화성-15형이 최대 고각 발사되어 정점 고도 4475㎞, 사거리 950㎞를 53분간 비행한 뒤 동해 공해상의 설정된 목표수역에 정확히 탄착되었다고 발표했다.

　문재인 대통령은 국가안보회의에서 "대륙을 넘나드는 북한의 탄도미사일이 완성된다면 상황이 걷잡을 수 없이 악화할 수 있다"고 우려를 표하면서 "북한이 도발적인 군사 모험주의를 멈추지 않는 한 한반도의 평화는 불가능하다"고 말했다. 사안의 심각성은 한겨레와 중앙 두 신문의 사설 횟수에서도 드러난다. 북한의 도발 이후 11일 동안 한겨레는 6회, 중앙은 9회를 다루었다.

한겨레 사설의 대전제는 "어떤 경우에도 전쟁은 안 된다"이다. 미국에 실제적 위협을 줄 수 있는 미사일의 등장으로 미국은 대북 제재의 강도를 높일 계획이다. 북한에 대한 유류 공급 중단 등 경제적 압박뿐 아니라 군사적 선제공격까지 다양한 대응책이 나오고 있다. 그동안 미국은 중국에 대북 제재에 적극 동참할 것을, 중국은 미국에 쌍중단을 통해 북·미 대화의 물꼬를 열기를 요구해왔다. 이번 사설에서 한겨레는 서로 미루지 말라고 강조했다. 미국은 대화를 위한 문턱을 낮추고 중국은 북한에 더욱 개입하라는 요구다. 군사적 해결은 전쟁 발발의 도화선이 된다. 한겨레는 '외교적 노력'을 통한 평화적 해결이 유일한 대안이라는 입장이다.

한편 중앙은 지난 11월30일치 사설을 통해 북한이 '레드라인을 밟았다'고 평가했다. 레드라인은 미국이 군사적으로 대응하는 기준선이다. 미국 정가에서는 전쟁 가능성을 언급하거나 대북 해상봉쇄, 북한과 거래하는 외국 기업에 취하는 제재조치인 세컨더리 보이콧 등 강도 높은 압박책을 내놓고 있다. 의회에서도 대북 압박 법안을 연달아 통과시켰다. 중국과 일본은 유사시를 대비해 부분적으로 자국민 보호 조치를 강구하고 있다. 이번 사설에서 중앙은 우리 정부에 위기 상황을 전제로 경보와 주민 대피 방법을 국민에게 알리고, 군도 경계 수준을 높이라고 요구했다. 우리 손에서 해결 가능한 위험이 아닌 만큼 최악의 상태를 염두에 둔 대비책이 필요하다는 것이 중앙의 생각이다.

그동안 북한은 '핵보유국으로 인정받으면 협상에 나가겠다'는 입장이었고, 미국은 '한 반도 비핵화 없이는 대화하지 않는다'는 입장이었다. 아이시비엠급 미사일로 인해 북한의 실제적 군사력이 달라진 만큼 국제사회는 대화의 길과 힘의 길, 두 갈래의 대응이 분주하다.

대화의 움직임을 살펴보면, 제프리 펠트먼 유엔 정무담당 사무차장이 방북(5일)하여 나흘간 머무르며 긴장 완화를 목적으로 북핵 문제를 협의했다. 펠트먼은 북한에서 주북 러시아 대사를 면담(6일)하면서 한반도의 정치, 군사적 상황에 대해 의견 교환했다고 언론은 전했다. 중국도 미국에 특사를 파견(6일)하였고, 미국과 러시아의 해당 장관은 유럽 국제회의에서 별도의 양자회담(7일)을 하고 한반도 문제에 대해 논의하였다. 러시아의 〈타스〉 통신은 "북한은 자국 체제 안전보장에 관해 미국과 직접 대화를 원한다"고 보도했고(7일), 중국의 경솽 외교부 대변인은 이를 적극 지지했다.

미국과 북한의 반응은 어떨까. 미국의 조셉 윤 국무부 대북정책특별대표(7일)는 "북한이 핵·미사일 도발을 중단하겠다는 메시지를 보낸 후 60일간 도발을 중단한다면 북

김정은 북조선 노동당 위원장이 미사일 발사 지시를 친필명령한 대륙간탄도미사일(ICBM) '화성-15'형이 성공적으로 발사됐다고 조선중앙통신이 지난달 29일 보도했다. 사진은 화성-15형 시험발사를 참관하는 김정은 북한 노동당 위원장. 연합뉴스·『한겨레』

한과 대화할 수 있다"면서 '60일 플랜'을 언급했다(7일). 그리고 펠트먼 유엔 사무차장의 방북 결과 북한은 유엔과 다양한 급에서 왕래를 통한 의사소통 정례화에 합의했다는 소식이 들려왔다(9일).

한편에서는 군사적 긴장도 높아졌다. 한반도와 주변국에서는 대규모 전력이 참가하는 군사훈련이 동시에 진행되었다. 지난 4일부터 닷새 동안, 한국과 미국은 연합공중훈련인 '비질런트 에이스'를 사상 최대 규모로 시행했다. 이 훈련에서 한·미 항공기 230여대와 미국의 최신예 스텔스 전투기 24대가 투입되었는데 고강도 대북 압박용 훈련이었다. 일본 항공자위대도 이에 맞춰 일본 주변 공역에서 미군과 공동훈련을 하였다. 한·미·일이 대규모로 움직이자 중국도 한반도 근역에서 비질런트 에이스에 대한 대응훈련과 특별 정찰훈련을 하였고, 러시아도 한·미 연합훈련에 대응하였다고 언론은 전했다. 또한 북한도 동계 군사훈련에 들어가 미국의 전략자산 전개에 맞선 강도 높은 훈련을 전개할 것으로 알려졌다. 관련국 모두 대화를 말하면서도 무력을 앞세운 작용–반작용이 넘친다. 한국의 전략적 대응이 그 어느 때보다 절실하다. (『한겨레』 권희정/상명대부속여고 교사·숭실대 철학과 겸임교수)

◎ 북의 용의주도한 미사일 개발 의지

김정은 노동당 위원장은 전임보다 무기 개발에 집착이 크다. 집권 뒤 6년 동안 미사일 사거리 성능이 10배나 커졌다. 미국 워싱턴까지 도달 가능한 대륙간탄도미사일ICBM급 '화성-15형' 발사 이후, 그는 "모든 요소들을 100% 국산화, 주체화하는 돌파구를 열었고 우리가 마음먹은 대로 생산할 수 있게 되었다"고 기뻐했다. 그러나 화성-15형은 대기권 재진입 시 탄두 부분이 불에 타지 않아야 할 것과 정밀하게 목표물을 타격하는 종말단계 유도 분야 기술이 입증되지 않아서 실질적 완성으로 보기에는 무리라는 견해가 많다.

한편 북한이 동해에 신형 잠수함 발사탄도미사일SLBM 발사를 준비하는 흐름이 포착되었다고 언론은 전했다(10일). 에스엘비엠은 물속에서 은밀하게 발사하기 때문에 더 위협적이다. 에스엘비엠이 안정화된다면 북한이 미국을 향해 아이시비엠을 발사한 뒤 미국이 대북 타격을 감행하더라도 끝까지 살아남아 대미 핵 타격을 감행할 수 있는 게임체인저가 된다.

유엔의 대북제재가 지속되면서 북한의 경제난이 누적되는 와중에도 북한이 핵·미사일 개발에 박차를 가하는 이유는 무엇일까? 안으로는 내부 불만을 미국에 대한 적대감으로 돌리고 동시에 체제에 대한 자신감을 진작하려는 의도 때문이다. 밖으로는 핵·미사일을 바탕으로 북·미 관계에서 생존을 보장받으려는 이유에서다. 이른바 '핵·경제 병진노선'인데, 자력갱생으로 경제난을 극복하고 핵무력을 완성시켜 체제 안정을 꾀하려는 전략이다. 문제는 북한이 무력 강화에 매진할수록 국제사회의 대북 제재도 수위가 높아진다는 점이다 . 그 딜레마를 풀 묘안이 절실하다.

◎ 한반도 평화 4원칙 합의

2017년 12월 14일 한국의 문재인 대통령과 중국의 시진핑 주석은 베이징에서 북핵 및 사드 문제 등으로 미국과 갈등을 빚고 있는 상황과 관련하여, 4대 평화원칙을 합의 발표하였다.

① 한반도에서 전쟁 절대 용납 못한다.

② 한반도 비핵화 원칙 확고히 견지한다.

③ 북핵은 대화와 협상을 통해 평화적으로 해결한다.

④ 남북의 관계개선이 한반도 문제 해결에 도움된다.

고고도 미사일 방어 문제는 지난번 1차 배치한 후 더 이상의 추가 배치는 안되며 미·일·한 3국 미사일 방어체제에 한국이 가입해서는 안된다는 중국 측의 요구를 수용하는 선에서 합의되었다.

◎ 북·미 대결로 미 군수업체 떼돈, 남북 동포는 뼈골 빠지고

무기업체 주식은 공포와 비극이 커질 때 값이 올라가는 대표적인 '죄악주'다. 미국 군수업체들이 '북한 특수'로 들썩이면서 주가도 고공행진을 이어가고 있다.

미국 상원은 지난 18일 2018회계연도(2017년 10월~2018년 9월) 국방예산을 7000억달러(약 800조원)로 책정하는 안을 89표 대 9표로 가결했다. 지난 5월 도널드 트럼프 행정부가 요청한 6400억달러를 크게 웃도는 액수다. 앞서 하원이 마련한 국방예산 총액은 상원과 규모가 거의 같으며, 양원은 앞으로 예산안을 일원화할 예정이다. 트럼프 대통령은 북한을 강하게 비난한 지난 19일 유엔총회 연설에서 "우리 군은 곧 사상 최강이 될 것"이라고 말했다.

상원에서 국방예산 대폭 증가를 주도한 이는 존 매케인 군사위원장이다. 매케인 위원장은 행정부가 애초 제출한 국방 예산안이 북한 등의 위협에 대응하기에는 불충분하다고 주장했다. 상·하원이 마련한 수준에서 예산이 확정되면 2018회계연도 국방예산은 전년에 견줘 10%대의 증가율을 기록하게 된다.

상원 예산을 구체적으로 보면, 대륙간탄도미사일ICBM 격추용 미사일 28기가 구매 항목에 들어 있다. 트럼프 대통령은 지난 7월의 대륙간탄도미사일 발사 뒤 "탄도미사일방어BMD 예산을 수십억달러 늘리겠다"고 말했다. 한국군과 한반도에서 연합훈련을 벌이고 있는 신형 스텔스 전투기 F-35 구입 대수도 상원은 정부안(70대)보다 24대 많은 94대로 늘려 잡았다. 이밖에 미사일 구축함 1척(19억달러)을 구입하고, F-18 전투기도 정부안보다 10대 늘린 24대를 구입하기로 돼 있다. 2030년까지 1조달러 이상 필요한 핵전력 갱신 비용도 넣었다.

트럼프 대통령이 공언한 군비 증강과 맞물려 북핵을 둘러싼 긴장이 크게 고조되면서 미국 군수업체들 주가는 치솟고 있다. 전투기 등을 생산하는 대표적 군수업체인 보잉의 주가는 트럼프 행정부 출범 뒤 60%쯤 올랐다. 같은 기간 최대 미사일업체 레이시온은 약 25%, 록히드마틴과 노스럽그러먼은 20%가량 주가가 뛰었다. 미국 증시의 대표 지표인 다우존스산업평균지수 상승률(12.4%)을 크게 뛰어넘는 수준이다.

보잉 등의 주가 상승에는 트럼프 대통령이 열심히 세일즈에 나선 민항기 판매에 대한 기대도 반영됐지만, 한반도 긴장 고조도 중요한 요인이라는 설명이 미국 증시에서 나온다. "군산복합체가 북한 정세 혜택을 누린다"는 목소리가 미국 내에서 나오고 있다고 『마이니치신문』은 27일 전했다.

일본도 북한의 위협을 명분으로 방위예산을 늘리고 있다. 일본 방위성은 최근 내년도 예산으로 역대 최고인 5조2551억엔(약 53조1758억원)을 요구했다. (『한겨레』 도쿄/조기원 특파원 2017.9.28)

◎ 미국의 최신무기 과시는 전쟁 협박인 동시에 판매 광고

요즘 일촉즉발의 먹구름이 짙게 깔려 있는 한반도 하늘을 지배하는 전략자산은 단연 미 공군의 B-1B 초음속 폭격기다. 북한의 탄도미사일 발사나 핵실험 등 군사 위협이 커질 때마다 한반도를 찾아 억제력을 과시했다. 올해 들어서만도 벌써 10여차례나 된다.

특히 지난달 23일 밤 미 공군의 B-1B 출격은 눈길을 끌었다. 동해 북방한계선NLL 이북까지 올라가 무력시위를 한 것은 이례적인 일이다. 당시 비행 지역은 북한의 '군사경계선' 인근이어서, 무력충돌 위험이 잠재된 곳이었다. 북한은 1977년 8월 "영해의 기산선으로부터 50해리까지"를 동해의 군사경계선이라고 선언한 바 있다. 50해리면 미터법으로 92.6㎞다. 그러나 북한은 해안선이 아닌 만구폐쇄선을 기산선으로 삼고 있는 것으로 알려져 있다. 만구폐쇄선은 북쪽의 북·러 해안 경계선과 남쪽의 북방한계선 지점을 잇는 직선기선이다. 따라서 원산 앞바다의 경우 군사경계선은 해안선에서 대략 100해리(185.2㎞)쯤 된다.

미군의 B-1B가 북한의 군사경계선 안쪽까지 비행했는지는 확인되지 않는다. 미군은 북한의 영공(12해리)에 속하지 않는 공역을 비행했다고 밝힐 뿐 정확한 비행 행적을 공개하지 않고 있다. 그러나 "원산 앞바다 300~350㎞까지 비행했다"는 몇몇 언론 보도가 맞다면, 미군도 이 지역 비행의 민감성을 충분히 인식하고 적당히 거리를 뒀던 것으로 해석된다.

B-1B는 한반도 작전에 여러모로 유리하다. 미국의 3대 장거리 폭격기 B-52H, B-1B, B-2 가운데 가장 많은 폭장력을 자랑한다. 또 유일한 초음속 폭격기로 가장 빠르다. 괌의 앤더슨 공군기지에서 출격할 경우 2시간 반이면 한반도 상공에 도착한다. 인천-괌 민항기는 4시간 반 걸린다. 실상 B-1B의 한반도 출격은 지난해 8월 괌 배치 이후의 일이다. 그 이전 대북 무력시위의 단골손님은 B-52H였다. 2013년 2월 북한의 3차 핵실험과 지난해 1월 4차 핵실험 직후 한반도에 날아온 것도 B-52H였다.

B-1B는 사연 많은 폭격기다. 1960년대 소련의 방공망을 뚫고 들어갈 수 있는 전략폭

미국의 전략무기인 B-1B '랜서' 폭격기가 지난 21일 오후 서울 국제 항공우주 및 방위산업 전시회(ADEX)가 열리는 경기도 성남시 서울공항 상공을 비행하고 있다. (『연합뉴스』)

격기 구상에서 시작됐다. 그래서 저공침투 능력을 갖춘 초음속 폭격기 B-1A가 개발돼, 1974년 시제기 4대가 제작됐다. 그러나 이후 소련의 방공 능력이 향상돼 B-1A의 저공 침투 성공 가능성에 의문이 제기됐고 미국에선 스텔스 폭격기 B-2 개발이 비밀리에 추진되면서 B-1A 양산계획은 취소됐다. 하지만 레이건 행정부는 1980년대 초 B-2 개발 완료 때까지 전력공백을 메울 필요가 있다는 이유로 다시 이 계획을 되살렸다. 대신 레이더 반사면적을 크게 줄였고 최고속도는 마하 2.22에서 마하 1.25로 줄이는 등 일부 설계를 변경해 B-1B가 됐다.

국내 언론에선 B-1B가 '죽음의 백조'로 소개되곤 한다. 그러나 이는 국내에서만 통용되는 애칭이다. 외국에선 통상 B-1(one)을 그대로 읽어 '본'(Bone · 뼈)이라고 부르고, 공식 별칭은 '랜서'(Lancer · 창기병)다. B-1B는 애초 B-52H나 B-2처럼 핵무장 폭격기로 설계됐다. 그러나 1990년대 냉전 종식 이후 핵무장 능력이 제거돼, 지금은 재래식 무기만 운용한다. 무장 능력은 B-52H의 두 배 가까이 된다. 내부창에 34t의 무기를 실을 수 있고, 외부에도 추가로 23t을 달 수 있다. 합동직격탄JDAM이나 공대지 순항미사일 재즘JASSM 같은 정밀 유도무기도 운용할 수 있다. 군 당국자는 "B-1B는 핵 공격으로 오해받지 않으면서 효과적인 무력시위를 할 수 있는 전략폭격기"라고 평가했다.

트럼프는 2017년 11월 8일 한국 방문 동안 국회 연설에서 북에 대한 저주 · 악담에다 한국 여성 골퍼들의 우수성 등 칭찬 몇마디 해주고는 수십억 달러(수 조원)어치의 신무기(핵잠수함 · 미사일 등) 구매와 전략무기 지원 약속을 받아냄으로써 장사꾼의 수완을

과시하였다.

B-1B의 출격은 대북 '억제력' 과시 목적이지만, 거꾸로 긴장 고조의 구실이 되기도 한다. 북한 인민군 전략군 대변인이 8월8일 '괌 포위사격'을 위협한 것도 애초엔 B-1B의 발진기지에 대한 응징 차원이었다. 한-미 간에는 앞으로 B-1B를 비롯한 미군 전략무기를 더 자주 한반도에 전개하는 쪽으로 의견이 모아지고 있다. 과연 이런 전략무기의 추가 전개가 한반도 정세에 어떤 변수가 될지 주목된다. (『한겨레』 2017. 10. 28. 박병수 정치에디터석 통일외교팀 선임기자)

◎ 북 김정은 신년사, 올림픽 참가 화답, 남북대화로 북미관계 풀 의도

김정은 북한 노동당 위원장은 1일 신년사에서 평창 겨울올림픽을 계기로 남북관계 전면 복원에 나설 수 있다는 뜻을 분명히 했다. 반면 미국을 겨냥해선 '선제공격'할 뜻이 없다고 밝히면서도, '핵단추'를 언급하며 압박 수위를 높였다. '국가 핵무력 완성'에 대한 자신감을 여과 없이 드러내는 한편, 향후

김정은 북한 노동당 위원장 신년사 주요 내용
"(평창 올림픽) 성과적으로 개최되기 바란다…대표단 파견 용의, 북남 당국 시급히 만날 수도"
"북남은 군사적 긴장 완화하고 평화적 환경 마련 위해 공동 노력해야"
"북남 관계는 북과 남이 주인 돼 우리민족끼리 원칙에서 풀어야"
"핵단추가 내 책상 위에…미국은 결코 나와 우리 국가를 상대로 전쟁을 걸어오지 못한다"

남북관계를 축으로 대화 국면을 주도해나가겠다는 포석으로 보인다.

김 위원장은 이날 오전 9시30분(평양시각 9시)께 〈조선중앙텔레비전〉을 통해 발표한 육성 신년사에서 "새해는 우리 인민이 공화국 창건 70돌을 대경사로 기념하게 되고, 남조선에서는 겨울철 올림픽경기대회가 열리는 것으로 하여 북과 남에 다 같이 의의 있는 해"라며 "동결상태에 있는 북남관계를 개선하여 뜻깊은 올해를 민족사에 특기할 사변적인 해로 빛내야 한다"고 말했다.

이를 위해 김 위원장은 △평창올림픽 대표단 파견 △남북 당국 회담 △군사적 긴장상태 완화 공동 노력 △전면적인 남북 교류 복원 등에 나설 수 있다는 뜻을 구체적으로 거론했다. 그는 "북과 남이 마주 앉아 우리 민족끼리 북남관계 개선 문제를 진지하게 논의하고 그 출로를 과감하게 열어 나가야 할 때"라고 했다. 특히 "남조선의 집권여당은 물론 야당들, 각계각층 단체들과 개별적 인사들을 포함하여 그 누구에게도 대화와 접촉, 래왕의 길을 열어놓을 것"이라고 말해, 남북 소통 창구를 전면적으로 개방할 뜻을 밝혔다.

이를 두고 김연철 인제대 교수는 "한반도 정세에서 지난 10년 동안 사라졌던 '당사자'가 귀환한 것"이라고 평가했다. 김 교수는 "김 위원장이 대외관계에서 남북관계를 가장

비중있게 다룬 것은, 남북관계를 징검다리로 북-미를 비롯한 대외관계를 풀어가겠다는 의지를 밝힌 셈"이라고 짚었다. 김 위원장은 지난해 신년사에선 남북대화 제의 등 구체적인 내용을 내놓지 않았다.

○ **대미 억제력 과시하고 긴장 완화 '공동 노력' 강조** : 김 위원장은 신년사에서 핵무기를 '평화수호의 강력한 보검'이라고 규정하고, "핵무기 연구 부문과 로케트 공업 부문에서는 이미 그 위력과 신뢰성이 확고히 담보된 핵탄두들과 탄도로케트들을 대량생산해 실전배치하는 사업에 박차를 가해 나가야 한다"고 강조했다. 핵무력의 '질량적 강화'와 실전배치는 추진하되, 추가적인 핵·미사일 실험은 당분간 중단할 수 있음을 내비친 셈이다.

김 위원장은 이어 "북과 남은 정세를 격화시키는 일을 더이상 하지 말아야 하며, 군사적 긴장을 완화하고 평화적 환경을 마련하기 위해 공동으로 노력해야 한다"고 강조했다. '공동 노력'을 언급한 것은 한-미 연례 군사훈련이 연기될 경우, 북한도 핵·미사일 도발을 멈출 수 있다는 신호로 해석할 수 있다. 북한은 지난 11월29일 대륙간탄도미사일(ICBM) '화성-15'형 시험발사 이후 핵·미사일 시험을 멈췄다. 이 상태가 '올림픽 휴전' 기간인 3월 말까지 이어진다면, 그간 중국과 러시아가 한반도 위기 해법으로 제시해온 이른바 '쌍중단'이 넉달여 잠정적으로 이뤄진다. 한반도 위기를 대화 국면으로 전환시킬 '기회의 창'이 열릴 수 있다는 얘기다.

○ **북 정권 수립 70돌, 자립경제 강조** : 김 위원장은 "올해 중심과업은 인민경제의 자립성과 주체성을 강화하고 인민생활을 개선 향상시키는 것"이라고 강조했다. 특히 올해는 북한이 정권 수립 70돌을 맞게 돼, 집권 7년차로 접어든 김 위원장으로서도 경제와 민생에서 구체적인 성과를 내놓아야 할 처지다. 김 위원장은 '자립경제'를 앞세웠다. 국제사회의 대북 제재 속에 어려움에 직면해 있는 상황을 반영한 것으로 보인다. (『한겨레』 2018. 1. 2. 정인환 기자)

◎ **"미 본토 전역이 핵타격 사정권"…선제타격 위협에 핵 억제력 과시**

"미국 본토 전역이 우리의 핵타격 사정권 안에 있으며, 핵단추가 내 사무실 책상 위에 항상 놓여 있다는 것은 결코 위협이 아닌 현실임을 (미국은) 똑바로 알아야 한다."

김정은 북한 노동당 위원장은 1일 신년사에서, 지난 11월29일 대륙간탄도미사일(ICBM) '화성-15'형 발사 직후 정치적으로 선언했던 "국가 핵무력 완성"을 다시 언급하며 이렇게 강조했다. 특히 그는 "우리 국가의 핵무력은 미국이 모험적인 불장난을 할 수 없게 제압하는 강력한 억제력"이라고 강조했다. 미국의 '대북 선제타격' 위협에 대한 반격인 셈이다. 고유환 동국대 교수는 "김 위원장이 '핵단추'를 언급한 것은 (버튼만 누르면 발사 가능하도록) 핵무기의 실전배치가 이뤄졌다고 과시하기 위한 것"이라고 짚었다.

김 위원장은 이어 "평화를 사랑하는 책임 있는 핵강국으로서, 침략적인 적대세력이 우리 국가의 자주권과 이익을 침해하지 않는 한 핵무기를 사용하지 않을 것이며, 그 어떤 나라나 지역도 핵으로 위협하지 않을 것"이라고 미국에 선제공격할 의사는 없음을 강조했다. 그러면서 "우리를 우호적으로 대하는 모든 나라들과의 선린우호 관계를 발전시켜 나갈 것"이라고 밝혔다. '북-미 대화'를 명시적으로 언급하진 않으면서도 그 가능성을 열어둔 것으로 해석할 수 있다.

핵 비보유국에 '핵 선제 사용을 하지 않겠다'거나 '사용하겠다는 위협을 하지 않겠다'고 선언하는 '소극적 안전보장'은 핵 보유국의 의무다. 김 위원장이 이를 새삼 밝힌 것은 향후 북-미 협상에 '핵 보유국' 자격으로 나설 것이란 점을 부각하기 위한 것으로 보인다.
(『한겨레』 2018. 1. 2. 노지원·정인환 기자)

◎ 문정인 대통령 통일외교안보 특보와 정세현 전 통일부장관 대담

새해 벽두부터 한반도 정세가 요동치고 있다. 문재인 대통령의 '평화 올림픽' 구상이 김정은 북한 노동당 위원장의 신년사와 맞물리면서, 남북 당국회담 성사가 가시권에 들어왔다. 한반도를 휘감았던 전쟁 위기설을 뚫고, 대화와 협상으로 가는 기회의 문이 열리고 있다. 『한겨레』는 김대중-노무현 정부에서 통일부 장관을 지낸 정세현 한반도평화포럼 이사장과 문재인 대통령 통일외교안보 특별보좌관인 문정인 연세대 명예특임교수와 함께 2018년 한반도 정세를 전망해봤다. 대담은 3일 오후 서울 공덕동 한겨레신문사 『한겨레TV』 스튜디오에서 진행됐다.

정인환 기자(이하 사회) : 김정은 위원장의 신년사 이후 사흘 만에 판문점 연락채널이 복원됐다.

정세현 이사장(이하 정) : 신년사 앞부분에서 '이제는 경제 쪽에 주력하겠다'며 과업을 제시했다. 그리고 대남(정책)으로 넘어간다. 핵 문제는 어차피 미국과 풀어야 할 문제이기 때문에 남쪽에는 (핵 문제와 관련한) 언급이 없다. 또 올해 북한 정권 수립일인 '9·9절'이 70주년이란 얘기를 하면서, 뒷부분에서 남쪽에서 겨울올림픽을 한다는 이야기를 했다. 평창올림픽부터 9·9절까지 조용히 남북이 상황을 관리하면 좋겠다는 기본 전제가 깔려 있다.

(9일로 제의한) 남북 고위급 회담을 계기로 (보수 정부) 9년 정도 꽉 막힌 남북관계를 다시 복원할 수 있는 '기회의 문'이 열릴 수 있다. 그동안 남북회담 경험을 많이 가지고

있는 사람들이 정부에 있으니, 잘 대처해나가면 그 기회의 문을 '평화 협력'으로 연결시킬 수 있는 가능성이 크다고 본다.

문정인 교수(이하 문) : 김 위원장은 국가 핵무력을 완성했다는 자신감을 가지고 신년사를 시작했다. 핵은 가졌고, 남은 과제는 경제다. 특히 '인민 경제'를 잘 살리려고 하면, 남북관계를 개선해야 한다. 한반도 군사 긴장 완화에 대한 일종의 모멘텀이 주어졌다. 북한의 정권 수립 70주년과 남쪽의 겨울올림픽을 성공적으로 해서 남북이 '윈윈'하는 새해를 만들어보자는 메시지가 깔려 있다. 예상된 반응이다. 미국에 대해서도 도발적 수사가 없다. '우리에게 핵 억지력 있으니 함부로 치지 말라'는 식의 방어적인 의도를 보여줬다.

이 와중에 남북관계 개선을 이야기했다. 신년사에서 대화할 용의가 있다고 했고, 조명균 통일부 장관이 회담을 제의했다. 그랬더니 오늘 오후 3시30분(평양시각 3시)에 '대화하겠다' '판문점 개통합시다' 이렇게 나왔다. 남북관계에 새로운 돌파구가 마련될 것으로 기대한다.

정 : (김 위원장이 언급한) '핵단추'를 가지고 미국에 대한 위협이라는 이야기들을 한다. 하지만 (신년사) 뒷부분에 가면 '핵 선제 불사용' 이야기도 했다. 이는 미국이 (먼저) 건드리지 않는 한 (핵단추를) 누를 일이 없다는 것이다. 그런데도 보수 쪽에선 '북이 위협하는데 무슨 대화를 하느냐'고 한다. 그건 아니다. '평화 공세'라는 건 북한이 남쪽에 계속 해오던 작전이다. 우리가 대책을 세워서 잘 대처하면 된다. '북쪽이 무슨 장난 칠지 모르는데 끌려 들어가면 안 된다'고 하는데, 수세적이고 방어적인 논리다.

문 : '평화 공세는 위장 공세다. 진정성 없다'고 하는데 만나봐야 알 것 아닌가. 위장 공세라도 그 기회를 잡아서 진짜 평화를 만들면 된다. 만나서 대화하고, 협상하고, 가시적인 결과를 가져와서 남북 관계가 개선되고, 그런 게 북핵 문제 해결에까지 도움이 되면 더 바랄 게 없다. 북한은 이미 (핵을) 가지고 있고, 대량 생산하려고 한다. 대화해서 못하게 하는 게 우리에게도 도움이 된다. 대화하지 않는 건 국익에 어긋난다.

정 : 북핵 문제가 불거진 지난 24~25년 동안 대화를 지속했다면, (북한이) 핵과 미사일 능력을 고도화시킬 틈이 없었을 거다. (대화하는 기간에는) 핵 개발을 중단하거나 미약하게 했는데, 완전히 (대화를) 꽁꽁 틀어막은 지난 9년 동안 북한은 핵실험만 5번 했다. 대화가 없는 상황에서 북한이 핵을 개발하는 현실을 인지하고 (북한이) 대화 테이블에서 뛰쳐나가지 않게 붙들어야 한다. '해봐야 뭐 하느냐'는 얘기는 북핵 능력, 개발 고도화를 도와주는 행위다.

사회 : 김 위원장의 신년사 이후 대화 분위기가 무르익고 있다.

문 : 북한 리선권 조국평화통일위원회(조평통) 위원장이 발표한 것을 보면 평창과 관련한 실무 협의를 하자는 것인데, 우리는 이미 군사당국회담과 적십자회담을 제안했다. 북한의 전략은 한반도 문제에 국한해 이야기하려는 것이다. 유엔 안전보장이사회 제재 결의, 미국의 독자 제재가 있는 상황에서 남북이 경제 교류·협력을 하자고 할 텐데, 이런 게 어려운 점이다. 핵·미사일 문제는 북-미 간 문제여서 남한이 낄 여지가 없다는 게 북한 입장이다. 그렇게 되면 국내 정치적으로 현 정부가 어려움에 처할 수 있다. 당장 핵·미사일 문제를 북에 제기하지 않아도 실망하지 말아야 한다. 남북 관계를 개선하고, 신뢰를 쌓으면서 '서울을 통하면 미국과 통한다'는 인식을 북한이 하게 되면, 한국이 운전석에 앉게 된다. 핵·미사일 문제를 (대화의) 조건으로 걸면 판이 깨질 가능성이 있다.

정 : 남북 대화가 빈번해질 때 북핵 문제 해결의 모멘텀이 만들어졌다. 2002년에 고농축우라늄HEU 문제가 불거지고, 이후 중-미-북 회담을 해봤는데 잘 안됐다. 5자, 6자 회담 하자고 해도 북이 받느냐 마느냐 하는 시기에 남북 장관급 회담이 열렸다. 내가 (통일부 장관 시절인) 2003년 4월 평양에 가서 '해야 한다'고 얘기했다. 회담 성사돼서 서로 이야기하면 우리가 중간에서 역할해주겠다고. 실제로 그 권고를 북한이 받아들여 2003년 8월 6자회담이 열렸다. 전체회의 끝나고 북쪽 김계관 수석대표가 남쪽 이수혁 수석대표에게 따로 이야기를 하자고 했다더라. 당시 장관회담 할 때는 제임스 켈리 미 국무부 동아시아태평양 담당 차관보가 내 방에 두번이나 왔다. 미리 조율해서 6자회담이 열리면 성과를 내도록 사전에 상의를 하면 좋겠다는 거다. 북한도 우리 말을 듣고, 북한이 남한하고 이야기하니까 미국과의 관계도 풀리더라.

사회 : 한-미 연합훈련 연기가 논의되고 있다.

정 : 회담 열리면 북한이 언급할 최우선순위가 한-미 연합군사훈련일 것이다. 평창을 평화올림픽으로 만들려면 환경부터 평화적이 돼야 한다고 할 것이다. 훈련 연기는 북한에는 '매를 안 때린다'가 아니라 '좀 있다가 맞아라'라는 얘기다. 중단, 최소한 축소를 원할 거다. 훈련 규모가 (2010년) 연평도 포격 이후에 커졌는데, 그 이전 정도로 돌아간다면 북으로선 참을 만할 것이다.

문 : 문 대통령도 합법적인 한-미 동맹의 훈련과 북한의 '핵·미사일 도발'이라는 불법적 행동을 교환할 수 없다고 했다. 2월말부터 3월 중순까지 키리졸브 훈련을 한다. 실제 병력 동원하는 훈련이 아니라 컴퓨터 시뮬레이션을 통한 지휘소 연습이다. 이게 끝나면 3월말~4월말에 독수리 훈련을 한다. 일정을 재조정하면 8월 을지프리덤가디언(UFG) 훈련과 겹칠 수도 있다. 미국 장비·병력을 전 지구적 차원에서 순환 배치해야 하기 때문에 그렇다. 이렇게 되면 금년에는 동계 훈련·하계 훈련을 합쳐서 한번밖에 하지 않는 결

과가 나올 수도 있다. 사실상 축소다. 북이 어떻게 받을지는 과제로 남는다.

사회 : 남북 대화가 시작됐으니 북한이 1월 안에 추가 도발할 가능성은 낮다. 이어 유엔 결의에 따른 '올림픽 휴전' 기간이 52일이다. 북한이 지난해 11월29일 '화성-15'형 발사 이후 오는 3월말까지 '올림픽 휴전'을 지키고, 연합훈련이 늦춰지면 내용적으로 '쌍중단'이 되는데.

문 : '쌍중단'이란 표현은 쓰지 말자. 미국이 민감하게 반응한다.(웃음) 북한과 한-미가 상대방의 요구 때문이 아니라 '자발적'으로 핵·미사일 도발 중단과 군사훈련 중단 또는 지연을 결정하면 된다. 유엔 총회에서 평창을 평화올림픽으로 만들자면서 휴전 결의안을 채택했다. 적어도 패럴림픽까지라도 한반도에 평화가 이뤄진다고 하면 새로운 대화·협상 등 바람직한 결과를 가져올 수 있다. 이 상황에서는 미국이 판을 깰 거라고 보지 않는다.

정 : 북한이 핵·미사일 도발, 위협 행위를 안 하도록 하려면 한번 시작된 회담을 계속 끌고 갈 수 있는 여건을 만들어야 한다. 미국의 협조가 없으면 남북 관계가 앞으로 못 나가는 건 '불편한 진실'이다. 국방부가 잘 해야 한다. 통일부는 대북사업을 잘 하면 되는데, 국방부가 한-미 군사문제와 관련해 미국이 탈을 내지 않도록 해야 한다. 문 대통령이 직접 챙겨야 한다.

문 : 2000년 남북정상회담 전후로 임동원 당시 국정원장이 미국 스티븐 보즈워스 주한미국대사에게 사소한 것까지 이야기했다고 한다. 보즈워스 대사는 바로 매들린 올브라이트 당시 국무장관을 거쳐 빌 클린턴 대통령에게 직보했다. 김대중 대통령과 클린턴 대통령 사이에 임동원·보즈워스·올브라이트만 있었다고 한다. 그만큼 미국과 긴밀하게 협의했다는 얘기다. 우리도 미국과 긴밀히 협의할 필요가 있다.

사회 : 트럼프 정부는 '최고의 압박과 관여'를 내세웠는데, 지난 1년은 압박뿐이었다. 미국도 남북 사이 대화 국면을 적극적으로 활용할 걸로 보나.

문 : 북한 하기 나름이다. 대화하겠다면서 핵·미사일 시험을 하지는 않을 것으로 보인다. 그 조건이 지켜지는 한 렉스 틸러슨 국무장관과 조셉 윤 국무부 대북정책 특별대표 (6자회담 수석대표) 쪽을 통해서 북한과 대화가 가능하다. 분명한 건 남북 대화가 활성화되면 북-미 대화는 재개될 가능성이 상당히 높다고 본다. 한국이 마중물 역할을 할 수 있다.

정 : 미국과 긴밀히 협의하면서 남북 대화를 하면 지속성이 크다. 미국에 상세하게 설명해줘서 나중에 미국이 딴소리 못하게 협력·협조 관계를 관리해야 한다. 이건 외교부가 할 일이다. 북한과 대화하면서 상황·정보를 하나에서 열까지 철저하게 공유해야 한

다.

　문 : 우리의 역할은 북핵 문제에 있어서는 한계가 있다. 미국의 변화가 중요하다. 미국이 우선순위를 분명히 해야 한다. 보다 현실적인 자세가 필요하다. 북한은 '핵 억지력이 현실'이라고 했다. 인정할 순 없지만, 북한이 핵무장력을 가진 것에 대해 인지할 필요는 있다. 비핵화를 대화의 '입구'(전제조건)가 아닌 '출구'(결과)에 놓는 유연성이 필요하다. "국제법적으로 한·미 훈련은 정당하니 양보할 수 없다" "북한이 비핵화하고 완전히 우량국가로 거듭나면 북한 수교 고려한다"는 식은 좀 아닌 것 같다. 북한 핵문제는 단기간에 해결이 안 된다. 중장기적인 시각을 가져야 한다. 북핵 문제 푸는 데는 보수와 진보를 구분할 수 없다. 우리의 안위와 사활이 걸린 문제다. 공동의 대안을 만들어야 한다. 국론이 분열되면 한반도 평화와 안정을 담보하기가 어렵다.

　정 : 트럼프 정부는 '최대의 압박과 관여' 중에서 압박 쪽에 방점을 찍고 추진했다. 이번에 남북 대화가 시작되면, 이를 디딤돌로 관여 쪽으로 올 수 있도록 유도하는 작업을 우리가 해야 한다. 결국 북핵 문제에서 최종적으로 비핵화라는 결과를 받아낼 것이냐, 말 것이냐는 북한과 미국이 만나야 한다. 한국으로서는 남북 대화 과정에서 공식적으로 북-미 대화가 성사되도록 기회를 만들어주면 결국 최대의 압박에서 관여로 넘어갈 수 있는 명분이 미국 정부에도 생긴다. 미국에도 '압박보다는 대화가 비핵화를 빨리 이끌어낼 방법이겠다'는 식으로 근거를 만들어줘야 한다. (『한겨레』 2018. 1. 2. 진행 정인환 기자, 정리 노지원 기자)

◎ 제국주의 마각을 드러내는 트럼프, 무기와 돈으로 세계를 협박

　도널드 트럼프 미국 대통령이 팔레스타인에도 원조를 끊겠다고 위협했다. 미국의 말을 듣지 않으면 원조를 중단하겠다는 트럼프식 '갑질 외교'가 도를 넘고 있다.

　트럼프는 2일 트위터에 글을 올려 팔레스타인이 더이상 이스라엘과 협상하려 하지 않는다고 비난하면서 팔레스타인 자치정부에 대한 미국의 원조 자금을 끊겠다고 위협했다. 그는 미국은 "팔레스타인에 1년에 수억달러를 지불하고도, 감사와 존경을 받지 못한다"며 "그들은 한참 전에 협상해야 할 이스라엘과의 평화협정조차도 원치 않는다"고 비난했다. 그러면서 그는 "팔레스타인이 평화를 더이상 논의하지 않는데, 우리가 왜 그들에게 이런 막대한 지불을 계속해야만 하는가?"라고 덧붙였다.

　트럼프는 지난 12월6일 '예루살렘은 이스라엘의 수도'라는 일방적인 선언으로 이슬람권 국가들의 집단적 반발을 사고 있다. 팔레스타인 자치정부가 항의 표시로 트럼프 행정부가 추진하는 중동평화 협상을 거부하자, 이런 트위터 글을 올린 것이다.

이에 대해 하난 아슈라위 팔레스타인 자치정부 집행위원은 성명을 통해 "우리는 협박 당하지 않을 것"이라고 불쾌감을 드러냈다. 마무드 압바스 팔레스타인 자치정부 수반의 대변인인 나빌 아부 루데이나도 3일 「아에프페」AFP 통신에 "우리는 협상 복귀에 반대하지 않지만, 동예루살렘을 수도로 하는 독립적인 팔레스타인 국가를 인정하는 국제법과 결의들에 근거해야 한다"고 말했다. 이어 "예루살렘은 팔레스타인 국가의 영원한 수도이고 금이나 큰 돈으로 팔 수 없다"고 말했다.

트럼프는 최근 미국에 순종하지 않는 국가들을 향해 원조 중단을 위협하거나 실제로 분담금이나 원조를 끊고 있다.

그는 1일 새해 첫 트위터에 "미국은 지난 15년 동안 어리석게도 파키스탄에 330억달러(약 35조원) 이상을 원조했다"며 "그들은 우리가 아프가니스탄에서 테러리스트들을 잡는 것에 거의 도움을 주지 않고 테러리스트들에게 안전한 피난처를 제공하고 있다. 더는 안 된다!"는 글을 올렸다. 이날 오후 라지 샤 백악관 대변인은 의회가 2016 회계연도에 승인한 파키스탄에 대한 군사 원조 2억5500만달러(약 2654억원)를 집행할 계획이 없다며 원조 중단을 공식 발표했다. 해당 원조금은 지난해 8월에 지급이 예정돼 있었지만 테러 소탕에 적극적이지 않다는 이유로 미국이 지급을 보류했다.

트럼프 행정부는 유엔 총회에서 '예루살렘은 이스라엘의 수도'라는 그의 선언을 거부하는 결의안이 상정되자, 이에 찬성하는 국가들에 대해서는 원조를 중단하겠다고 위협하기도 했다. 그는 표결 전날인 20일 기자들에게 "그들은 수억달러, 심지어 수십억달러를 가져가고 우리한테는 반대하는 투표를 한다"며 "우리를 반대하는 투표를 하게 내버려둬라. 우리 돈이 절약된다. 개의치 않는다"고 말했다.

이 결의안은 트럼프의 협박에도 압도적 찬성으로 통과됐다. 며칠 뒤 니키 헤일리 유엔 주재 미국 대사는 2018~2019 회계연도 미국의 유엔 지원 예산을 2년 전보다 2억 8500만달러(약 3078억원) 줄이겠다고 밝혔다. (『한겨레』 2018. 1. 2. 정의길 선임기자)

6) 북조선·미국, 5월에 첫 정상회담, 한반도 평화추구 약속

분단 73년, 정전 65년이 되는 2018년 5월, 김정은 북한 노동당 위원장과 도널드 트럼프 미국 대통령이 만난다. 냉전이 끝난 지 30여년이 지나도록 적대 국가로 등 돌리며 서로 위협하고 으르렁거렸던 두 국가 지도자의 세기적 만남은, 4월 말 남북 정상회담의 바통을 이어받으며 한반도 운명을 가르는 역사적 대분기점이 될 것으로 예상된다.

정의용 청와대 국가안보실장은 8일(현지 시각) 트럼프 대통령을 면담하고 나온 뒤 백악관에서 "김정은 위원장은 트럼프 대통령을 가능한 한 조기에 만나고 싶다는 뜻을 표명했고, 트럼프 대통령은 항구적인 비핵화 달성을 위해 김 위원장과 5월까지 만날 것이라고 말했다"고 발표했다. 정 실장은 트럼프 대통령에게 "김 위원장이 비핵화 의지를 갖고 있고, 향후 어떠한 핵 또는 미사일 실험도 자제할 것이라고 약속했으며, 한·미 양국의 정례적인 연합군사훈련도 지속해야 한다는 점을 이해하고 있다"고 설명했다.

트럼프 대통령은 백악관 집무실인 오벌오피스에서 정 실장한테서 지난 5~6일 방북해 김 위원장과 만나 합의한 내용에 대한 설명과 함께 "트럼프 대통령과 직접 만나 이야기를 나누면 큰 성과를 낼 수 있을 것"이라는 김 위원장의 메시지를 전해 듣고, 그 자리에서 "그렇게 하자"며 정상회담에 동의했다고 김의겸 청와대 대변인이 전했다. 청와대 관계자는 "탐색전을 건너뛴" 적극적 대화 의지라고 풀이했다.

트럼프 대통령은 정 실장의 발표 뒤 직접 트위터를 통해 "김정은은 (핵) 동결만이 아닌 비핵화를 얘기했다"고 평가하면서 "중대한 진전이 이뤄지고 있다", "만남이 추진되고 있다"고 밝혔다. 세라 허커비 샌더스 백악관 대변인도 성명을 통해 "트럼프 대통령이 김 위원장의 초청을 수락했다"며 "회담 날짜와 장소는 추후 결정될 것"이라고 했다.

미국 정부 고위 관계자는 전화 브리핑을 통해 "전세계가 기대하는 (회담) 결과가 나오도록 하겠다"고 다짐했다. 허버트 맥매스터 백악관 국가안보보좌관도 12일 유엔 안전보장이사회에서 북한 문제와 관련된 브리핑을 할 예정이라고 「시엔엔CNN」이 보도했다.

남북이 4월 말에 정상회담을 하는 데 이어 북-미가 사상 처음으로 5월 중에 정상회담을 열게 되면서 북핵 문제 해결을 위한 「남·북·미 선순환 구조」에 본격 진입하게 되었다. 2월 북한의 평창 겨울올림픽 개막식 대표단 파견에 이은 문재인 대통령의 대북 특별사절단 파견이 북-미 정상회담 여건을 조성했다면, 4월 남북 정상회담을 통해 나오는 결과물은 다시 북-미 정상회담의 마중물로 쓰일 수 있는 톱니바퀴 구조가 마련된 셈이다. 지난해 북한의 잇단 핵·미사일 실험과 이에 맞대응한 미국의 군사적 위협으로 한반도 긴장이 최고조에 이르렀던 점을 떠올리면 극적 반전이다.

한국 정부는 미국 및 국제사회와의 협력과 공조를 유지하면서 대화 국면을 진전시켜 나갈 것으로 보인다. 정 실장은 이날 발표에서 "트럼프 대통령의 리더쉽과 '최대의 압박' 정책이 국제사회의 연대와 함께 우리로 하여금 현시점에 이를 수 있도록 했다"고 평가하고, "한·미와 우방국들은 과거의 실수를 되풀이하지 않고, 북한이 그들의 언사를 구체적인 행동으로 보여줄 때까지 압박을 지속할 것임을 강조하는 데 있어 단합된 입장을 견지하고 있다"고 덧붙였다.

북-미 정상회담이 열리면 가장 가시적인 합의물로 도출할 수 있는 것이 '종전終戰 선언'이라고 전문가들은 말했다. 한반도는 국제법적으로 여전히 전쟁이 중지된 '정전 상태'다.(『한겨레』 2018.3.10. 워싱턴/이용인 특파원)

(1) 북측, 핵문제 · 제재탈피 · 관계 개선 일괄 타결 겨냥 회담 제안

김정은 북한 노동당 위원장이 도널드 트럼프 미국 대통령에게 "조기에 만나자"며 "직접 이야기를 나누면 큰 성과를 낼 수 있을 것"이라는 뜻을 전달한 것은 김 위원장의 적극적인 국면 전환 의지로 풀이된다. 예상을 뛰어넘는 파격 행보로 국면 반전을 주도해 남북관계 및 북-미 관계 개선, 한반도 정세 안정, 국제적 고립 탈피, 경제제재 극복 등을 한꺼번에 해결해 보려는 다목적 포석인 셈이다.

김 위원장의 이런 태도는 지난해 내내 문재인 대통령의 대화 제의를 외면했던 것과는 크게 달라진 것이다. 여기엔 국제사회의 대북 제재 압박이 강화되면서 국제적 고립이 심화되고 경제가 어려워짐에 따라 돌파구가 절실해졌고, 때맞춰 열린 평창 겨울올림픽을 국면 전환의 창으로 적극 활용한 문 대통령의 노력이 영향을 미친 것으로 보인다. 또 지난해 11월 말 '핵무력 완성' 선언으로 표현된 군사적 자신감도 한몫했을 것이란 분석도 있다. 북한은 지난해 9월 6차 핵실험과 11월 '화성-15'형 대륙간탄도미사일ICBM 발사 등으로 '핵 억제력'을 갖추게 됐다고 장담했다.

김 위원장은 애초 올 1월1일 신년사에서 북-미 대화에 비중을 두지 않았다. 남한을 향해선 올림픽 참가 및 대표단 파견, 남북 대화를 제안하며 화해의 손짓을 했으나, 미국에 대해선 "미국 본토 전역이 우리의 핵타격 사정권 안에 있으며 핵단추가 내 사무실 책상 우에 항상 놓여 있다"고 위협하며 적대감을 감추지 않았다. '남한-미국 분리 대응' 기조였다.

이런 김 위원장이 북-미 대화 추진 쪽으로 급선회한 데는 문재인 정부의 적극적인 설득과 중재가 구실을 한 것으로 보인다. 문 대통령은 지난달 10일 김여정 노동당 제1부부장을 만난 자리에서 "남북관계 발전을 위해서도 북-미 간에 조기 대화가 반드시 필요하다"고 주문했다. 문 대통령은 또 마이크 펜스 미국 부통령을 만나서도 북-미 대화의 필요성을 설명했다.

이에 펜스 부통령은 지난달 12일 귀국길에 "북한이 원하면 우리도 대화할 것"이라고 대화의 운을 뗐다. 이어 김영철 북한노동당 부위원장이 지난달 25일 문 대통령을 만나 "북-미 대화를 할 충분한 용의가 있다"고 밝히면서, 문 대통령의 북-미 대화 중재 노력이 힘을 받기 시작했다. 양무진 북한대학원대 교수는 "국면 전환의 출발은 김정은 위원장이 했지만, 이후 일정과 의제 등은 우리 정부에 동조하는 모양새"라고 말했다.

그렇더라도 김 위원장이 남북 대화나 북-미 대화에서 실무 단계의 의견 조율도 거의 없는 상태에서 곧바로 정상회담을 제안하는 전격적인 '속도전'과 '고공전'으로 나온 것은 파격적이다. 여기엔 핵 문제나 제재 문제, 북-미 수교 문제 등 상호 관심사를 최고 국정 책임자가 직접 나서 큰 틀에서 한꺼번에 풀어내려는 의도가 깔린 것으로 분석된다.

청와대 관계자는 "탐색·예비대화를 거치지 말고 바로 일괄타결하자는 뜻으로 보인다"고 했다. 조성렬 국가안보전략연구원 수석연구위원은 "북한이 '핵무력 완성'을 선언하면서 미국과 전면적인 대등한 협상을 할 수 있겠다고 생각한 것 같다"고 말했다. 김용현 동국대 교수는 "북한이 공간 자체를 최대한 열어가면서 통 큰 협상으로 핵 문제, 체제 안전 문제, 북-미 수교 등을 풀어보겠다는 의도"라고 말했다.

1994년 '제네바 합의'나 2005년 '9·19 공동성명' 등 실무자들 간의 합의가 결국엔 실패로 끝난 과거 경험도 작용한 것으로 보인다. 합의의 수준과 구속력을 최고 수준으로 높일 필요를 느꼈다는 것이다. 과거 남북 정상회담이 임기 말에 이뤄짐에 따라 정권교체 뒤 합의 사안들이 잘 지켜지지 않았던 전례도 교훈으로 삼은 것 같다. 남북 정상회담과 북-미 정상회담 모두 조기에 해냄으로써 관계 개선의 효과를 극대화하겠다는 판단인 셈이다.(『한겨레』 2018. 3. 10. 박병수 선임기자, 노지원 기자)

(2) 미 육·해·공군 무력 총집결, 선제타격 협박하던 전쟁위기 중단

"그야말로 숨가쁘게 달려온 두달이었다." 청와대 관계자는 9일 김정은 북한 노동당 위원장의 신년사(1월1일)부터 이날 도널드 트럼프 미국 대통령의 북-미 정상회담 수락까지 이어진 지난 두 달여의 소회를 이렇게 말했다. 연초만 해도 전쟁 위기로 치닫던 분위기가 남북, 북-미 대화 분위기로 반전되기 까지는 채 70일이 걸리지 않았다. 상상을 뛰어넘는 파격과 속도였다.

대화의 싹은 1월1일 김 위원장의 신년사에서 움트기 시작했다. 김 위원장은 "동결상태에 있는 북-남 관계를 개선해 뜻깊은 올해를 민족사에 특기할 사변적 해로 빛내야 한다"며 "그 누구에게도 대화와 접촉 내왕의 길을 열어 놓을 것"이라고 말했다. 그는 평창 겨울올림픽에 대표단 파견과 이를 위한 남북 당국 간 접촉도 언급했다. 사흘 뒤 문 대통령은 도널드 트럼프 대통령과의 통화에서 평창 겨울올림픽 기간 동안 한-미 연합훈련을 연기한다는 합의를 이끌어냈다. 9일엔 판문점에서 조명균 통일부장관과 리선권 조국평화통일위원회 위원장이 나선 남북 고위급회담이 열렸고, 남북은 '북한이 평창올림픽에 고위급 대표단과 선수단 등을 파견한다'는 데 합의했다. 남북 대화의 문이 열리자 문 대통령은 10일 발표한 신년사에서 "올해가 한반도 평화의 새로운 원년이 되도록 최선을 다하겠다"며 자신감을 피력했다.

2월 들어 대화 국면은 급물살을 탔다. 평창 겨울올림픽을 계기로 파격에 파격이 이어졌다. 9일 방남한 김정은 위원장의 동생 김여정 노동당 중앙위 제1부부장은 10일 문 대통령과의 청와대 접견, 오찬에서 김 위원장의 친서와 함께 "편하신 시간에 북을 방문해주실 것을 요청한다"며 김 위원장의 남북정상회담 제안을 전했다. 25일 평창 겨울올림픽 폐막식에는 김 위원장의 측근이자 대남 사업을 총괄하는 김영철 노동당 중앙위 부위원장이 참석해 문 대통령과 인사를 나눴다.

3월에 들어서서는 구체적인 성과가 쏟아졌다. 3월 5~6일 북한을 방문한 정의용 국가안보실장과 서훈 국정원장 등 대북 특사단은 도착 3시간 만에 김정은 위원장과 접견-만찬을 하며 △4월말 판문점 남북 정상회담 개최 등 6개 항에 합의했다. 북-미 대화의 충분한 조건을 만들었다고 판단한 문 대통령은 8일 곧바로 정 실장과 서 원장을 미국으로 파견했다. 두 사람은 예정보다 하루 빠른 8일(현지시각) 백악관에서 도널드 트럼프 미국 대통령을 만났고, 접견 45분 만에 그에게 "항구적인 비핵화 달성을 위해 김정은 위원장과 금년 5월까지 만날 것"이라는 답을 받았다. 새해 첫날부터 68일 만에, 김여정 특사의 방남부터는 29일 만에 거둔 결실이다.(성연철 기자, sychee@hani.co.kr)

도널드 트럼프 미국 대통령이 8일(현지시각) 김정은 북한 노동당 위원장의 대화 제안을 받아들이면서, 5월께 열릴 역사적인 북-미 정상회담이 어디에서 열릴 것인지에 관심이 모아지고 있다.

백악관은 "구체적인 일정과 장소는 추후 결정될 것"이라며 자세한 언급은 피했다. 현재로선 평양·워싱턴 그리고 '제3의 장소'로 한국이 거론되고 있다. 우선 김정은 위원장의 회담 제안을 트럼프 대통령이 받아들인 만큼, 트럼프 대통령이 평양을 방문할 가능성이 제기된다. 2000년, 2007년 두 차례에 걸친 남북 정상회담도 모두 평양에서 열렸고, 2000년 성사 직전까지 갔던 빌 클린턴 미국 대통령과 김정일 국방위원장 간의 정상회담도 평양에서 개최하는 방향으로 추진된 바 있다. 정세현 전 통일부 장관은 "김 위원장으로서는 북한이 제재 때문이 아니라 전략적 판단에 의해서 회담을 하자고 한 것임을 보여주기 위해 트럼프 대통령을 평양으로 불러들이고 싶을 것"이라고 분석했다.

하지만 '자존심 강한' 트럼프 대통령의 성향상, 본인이 자처해서 평양을 방문하지는 않을 가능성이 높다. 자칫 북한에 머리를 숙이고 들어가는 인상을 줄 수 있기 때문이다. 북한도 트럼프 대통령의 평양 방문을 무리하게 추진하지는 않을 것으로 보인다. 4월 말로 예정된 남북 정상회담도 판문점 남쪽 구역인 '평화의집'에서 열리는 것으로 볼 수 있듯, 김정은 위원장은 상대방의 평양 방문을 고집해온 김정일 국방위원장과는 차이를 보이고 있다. 그렇다고 김정은 위원장이 미국 워싱턴을 방문할 가능성 역시 높아 보이지 않는다. 북이 미국에 '항복하는' 모양새로 비칠 수 있기 때문이다. 트럼프 대통령 역시 김 위원장을 미국으로 초청하진 않을 것으로 전망된다. 김 위원장을 워싱턴에 초청해 백악관에서 회담을 하는 것 자체가 북을 '정상국가'로 인정하는 신호가 된다. 백악관 정상회담 개최 가능성이 낮은 이유다.

이처럼 회담 장소 자체가 '메시지'를 담고 있는 만큼, 북·미가 상대방의 수도를 방문하기 보다는 제3의 지역인 한국에서 정상회담을 열 가능성도 제기되고 있다. 또 '중재자' 구실을 자처한 한국에서 북·미 정상회담을 할 경우, 한국의 역할을 북·미가 인정하는 모양새도 갖출 수 있다. 1989년 당시 조지 부쉬 미국 대통령과 미하일 고르바초프 소련 공산당 서기장도 제3의 장소인 몰타에서 정상회담을 개최하고 냉전 종식을 선언한 사례도 있다. 한국에서 열릴 경우, 서울 또는 경호가 용이한 제주가 유력 장소로 꼽힌다. 조성렬 국가안보전략연구원 수석연구위원은 "제주는 서울에 비해 경호가 용이할 뿐 아니라 휴양지라 아직 신뢰관계가 형성되지 않은 북·미 정상이 자유로운 분위기에서 대화하기에 적합하다"고 전망했다.

원희룡 제주지사는 이날 입장문을 내어 "북-미 정상회담 개최지로 '평화의 섬' 제주가 최적지"라며 "제주에서 열린다면 북-미 정상회담뿐 아니라 남-북-미 3자 정상회담이 동시에 열려 한반도 평화의 큰 성과를 남기게 되기를 제안 드린다"고 밝혔다.(『한겨레』 2018. 3. 10. 성연철·노지원 기자)

○ 문 대통령 북미회담 합의 환영, "한반도 평화의 역사적 이정표"

문재인 대통령은 9일 도널드 트럼프 미국 대통령과 김정은 북한 노동당 위원장이 5월 이전에 북-미 정상회담을 하기로 한 데 대해 "5월 회담은 훗날 한반도 평화를 일궈낸 역사적 이정표로 기록될 것"이라고 말했다.

문 대통령은 김의겸 청와대 대변인을 통해 "(4월 말) 남북정상회담에 이어 트럼프 대통령과 김정은 위원장이 만나면 한반도의 완전한 비핵화는 본격적인 궤도에 들어설 것"이라며 이렇게 밝혔다. 그는 "어려운 결단을 내려준 두 분 지도자의 용기와 지혜에 깊은 감사의 마음을 전한다"며 "특히 김정은 위원장의 초청 제의를 흔쾌히 수락한 트럼프 대통령의 지도력은 남북한 주민, 더 나아가 평화를 바라는 전세계인의 칭송을 받을 것"이라고 말했다. 또 "우리 정부는 기적처럼 찾아온 기회를 소중히 다뤄나가겠다. 성실하고 신중히, 그러나 더디지 않게 진척시키겠다. 오늘의 결과가 나오기까지 관심과 애정을 표해준 세계 각국 지도자에게도 고마움을 전한다"고 덧붙였다.

문 대통령은 이날 저녁 평창겨울패럴림픽 개막식에 앞서 열린 리셉션에서도 "한반도 비핵화와 평화는 현실이 되어가고 있다. 평창에서 열린 올림픽과 패럴림픽, 또 평화를 위한 우리의 노력이 새로운 세계 평화를 만들어낼 것"이라고 강조했다.

문 대통령은 이와 함께 다음달 말로 예정된 남북정상회담을 위한 '정상회담 준비위원회'를 설치할 것을 지시하고, 임종석 대통령 비서실장을 준비위원장에 임명했다. 김의겸 대변인은 "준비위의 중요 임무는 4월 회담에서 남북관계 발전을 이끌 실질적 합의를 도출하는 것이다. 준비위는 회담을 위한 남북 양측의 고위급 실무회담에도 참여할 것"이라고 설명했다.(『한겨레』 2018. 3. 10. 김보협 기자)

(3) 트럼프, 북핵 담판 외교를, 불리한 중간선거 돌파구로

김정은 북한 노동당 위원장이 도널드 트럼프 미국 대통령에게 만나자는 '초대장'을 보낸 것도 예상을 뛰어넘는 한 수였지만, 트럼프 대통령이 8일(현지시각) 이를 전격 수용한 것이 더 놀랍다는 반응이 나오고 있다. 트럼프 행정부 고위 관계자도 이날 익명 전화 브리핑에서 목소리가 다소 들떠 있었다.

트럼프 대통령은 이날 오후 허버트 맥매스터 국가안보보좌관 등에게 방북 결과를 설명하던 정의용 청와대 국가안보실장과 서훈 국가정보원장에게 '빨리 만나고 싶다'며 깜짝 만남을 제안했고, 집무실인 오벌오피스에서 정 실장한테 '트럼프 대통령과 직접 만나 얘기를 나누면 큰 성과를 낼 수 있을 것'이라고 김 위원장이 말했다는 얘기를 들은 뒤 곧바로 "그렇게 하자"며 예상을 훨씬 뛰어넘는 적극적 의지를 보였다.

우선, 북핵 해결이라는 기술적 관점으로만 보면 '파격에 파격'으로 응수한 트럼프 대통령의 결정 배경에는 자신이 설정한 북-미 대화의 요건이 충족됐다는 판단이 깔린 것으로 보인다. 트럼프 대통령은 그동안 최대의 압박을 강조하면서도 '적절한 조건이 된다면' 언제든 대화할 용의가 있다며 문을 열어놓았다. 김 위원장이 대북 특별사절단을 통해 비핵화 의지와 함께 핵·미사일 실험 자제 의사를 밝히면서 '적절한 조건'이 무르익었다고 판단했을 것으로 보인다.

특히, 트럼프 행정부는 그동안 북한의 비핵화 의지에 대한 회의적 시각을 내비쳤는데, 정 실장이 트럼프 대통령을 만나 "김 위원장을 만나보니 솔직히 얘기하고 진정성이 느껴졌다"며 설득한 것이 주효했던 것으로 보인다. 다만, 트럼프 행정부가 북한의 비핵화 가능성과 의지에 깊은 불신을 보여온 점을 고려하면, 대북 특사단이 언론에 공개되지 않은 '플러스 알파'를 트럼프 대통령에게 얘기했을 수도 있다.

'비핵화'가 전제되는 한 북한의 미사일 실험 자체도 미국 쪽으로서는 손해 볼 게 없다. 미국 정보기관들은 북한의 대륙간탄도미사일(ICBM)이 미국 본토를 공격할 수 있는 역량을 갖추기까지 몇개월밖에 남지 않았다며 긴급성을 강조해왔다. 탄도미사일 모라토리엄(일시유예)은 아직 대기권 재진입 기술이 완성되지 않은 것으로 판단되는 북한의 미사일 능력 고도화를 묶어두거나 그 속도를 늦출 수 있다.

실무회담을 거치지 않고 정상회담 형식을 곧바로 수용한 것에는 김 위원장과 직접 '담판'을 벌이겠다는 승부사적 기질과 협상에 대한 자신감, 비즈니스 거래로 다져진 기회포착 감각이 두루 작용했을 수 있다. 미국 행정부 고위 관계자도 전화 브리핑에서 "트럼프 대통령은 협상에 대한 자신의 명성을 만들어왔다"며 "과거의 지루한 고투를 반복하는 대신, 실제로 결정을 내릴 수 있는 한 사람(김 위원장)의 초대를 수용한 것"이라고 밝혔다.

여기에다 유난히 '역사적인 것'을 좋아하면서 자신을 드러내고 싶어하는 트럼프 대통령 특유의 기질까지 작동했을 수 있다. 노벨 평화상을 염두에 두고 '역사적인' 북·미 회담을 그려봤을 수도 있다.

미국 내 정치 일정 측면에서 보면, 트럼프 대통령은 11월 중간선거를 앞두고 점수를 따야 하는 시점이다. 특히 하원 선거는 대통령 지지율에 큰 영향을 받는다. 트럼프 대통령의 지지율은 40% 아래를 밑돌아 하원 다수당 지위를 빼앗길 수도 있다는 전망이 높아진 상태다. 측근들은 잇따라 백악관을 탈출하고, '러시아 스캔들' 수사망이 참모들과 가족에까지 좁혀오고 있다. 그의 입장에서는 난마처럼 얽힌 중동 문제보다는 북핵 문제로 승부를 걸 수 있다면 이런 국내 이슈들을 덮고 득점을 올릴 수 있다고 판단할 수 있다. 구갑우 북한대학원대학교 교수는 "중간 선거를 앞두고 북·미 외교적 성과가 도움이 되는지, 최악의 갈등으로 가는 게 도움이 될지 계산을 해봤을 것"이라며 "북한의 제안을 거부하기엔 명분도 없고 거부했다면 미국이 되레 고립됐을 것"이라고 분석했다.

트럼프 대통령은 정 실장 등과 만난 뒤 이례적으로 백악관 기자실에 들러 "한국이 북한과 관련해 중대 발표를 할 것"이라며 직접 분위기를 띄웠다. 한 기자가 '북한과 관련한 얘기냐'고 묻자 "그 이상이다. 믿어도 좋다"고 강조하기도 했다.(『한겨레』 2018. 3. 10)

3. "마침내 「방어 핵무력」이 한반도에 평화바람 몰아오고 있다"

1) 김정은, 중국 방문, 혈맹 복원하면서 핵개발 중단 선언

(1) 김일성·김정일 유훈이라며 단계적 비핵화 가능성 제시

김정은 북한 노동당 위원장이 시진핑 중국 국가주석의 초청으로 25~28일(2018년 3월) 부인 리설주와 함께 중국을 방문했으며, 26일 시 주석과 정상회담을 했다고 북한과 중국 관영매체들이 일제히 보도했다. 김 위원장은 시 주석에게 김일성 주석과 김정일 총서기의 '유훈에 따른 비핵화 의지'를 밝히며, 남한과 미국이 "평화 실현을 위해 단계적, 동보적(동시적) 조치를 취하면 비핵화 문제는 해결할 수 있을 것"이라고 밝혔다.

28일 『조선중앙통신』과 『신화통신』 등 북·중 매체들의 보도를 종합하면, 지난 25일 특별열차편으로 평양을 출발한 김 위원장 일행은 북-중 접경지역인 랴오닝성 단둥에서 쑹타오 공산당 대외연락부장 등 중국 쪽 인사들의 영접을 받았다. 이어 26일 베이징에 도착해 인민대회당에서 시 주석과 환영행사·정상회담·환영만찬을 함께했다. 김 위원장은 27일 시 주석과 오찬을 함께한 뒤 베이징을 출발해, 28일 아침 6시께(현지시각) 국경을 넘어 평양으로 귀환했다.

이번 북·중 정상회담에서 우선 눈에 띄는 것은 김정은 위원장의 비핵화 의지 표명과 새로운 정세에 대한 의견이다. 시 주석은 정상회담에서 "올해 들어 조선 반도 정세에 긍정적 변화가 생겼고, 조선이 중요한 노력을 한 것을 높이 평가한다"며 "우리는 (한)반도 비핵화 목표와 평화·안정, 대화·협상을 통한 문제 해결을 견지한다"고 말했다.

이에 김 위원장은 "우리는 북남 관계를 화해·협력의 관계로 바꾸면서, 북남 정상회담을 거행하고, 미국과 대화를 하고, 조(북)-미 정상회담을 거행하기로 결심했다"며 "김일성 주석과 김정일 총서기의 유훈에 따라 반도 비핵화를 실현하도록 노력하는 것은 우리의 변하지 않는 입장"이라고 말했다. 첫 국제 외교무대에 나선 김 위원장이 '비핵화 의지'(유훈)를 명확하게 밝힌 것은 의미가 크다.

김 위원장은 이어 "만약 남조선과 미국이 선의로 우리의 노력에 답해 와서 평화·안정의 분위기를 만들고 평화 실현을 위해 단계적, 동보적 조치를 취한다면, 반도 비핵화 문제는 해결할 수 있을 것"이라고 말했다고 『신화통신』이 전했다. 이는 김 위원장이 남한과 미국이 향후 정상회담 등에서 북한의 비핵화를 위한 어떤 조처를 요구하고, 이에 맞춰 북한에도 동일한 수준의 담보 조처를 해주는 '동시병행' 방식으로 비핵화를 진행하겠다는 구상을 구체적으로 제시한 것으로 볼 수 있다.

김 위원장과 시 주석은 급변하는 한반도 정세를 주도적으로 헤쳐나가겠다는 의지도 내비쳤다. 김 위원장은 회담에서 "우리는 주동적으로 긴장된 정세를 완화시키는 조처를 취했으며, 평화적 대화를 건의했다"고 강조했다. 이에 시 주석은 "중국은 반도 문제에서 계속 건설적 구실을 발휘하기를 바라며, 조선을 포함한 각국과 함께 노력해, 반도 정세가 완화의 방향으로 가도록 함께 추진하기를 희망한다"고 화답했다.

중국에선 김 위원장이 한반도 정세의 급변과 관련해 "정의(인정과 의리)와 도의상 나는 즉시 시진핑 총서기를 만나 상황을 통보하는 것이 마땅하다"고 말한 데 주목하는 분위기다. 그동안 일각에서 한반도 정세에서 중국이 배제되는 모양새라는 이른바 '차이나 패싱' 논란을 깔끔히 정리해주는 발언이기 때문이다. (『한겨레』 2018.3.29. 정인환 김지은 기자, 베이징 · 김외현 특파원 inhwan@hani.co.kr)

① 핵문제로 소원해졌던 북 · 중 관계 전면 복원

북한의 핵 · 미사일 시험과 중국의 대북제재 동참 과정에서 삐걱거렸던 양국 관계도 이번 정상회담을 통해 과거의 '혈맹'으로 전면 복원됐다는 평가다. 두 정상은 회담과 이어진 만찬에서 '조 · 중 우의'와 '선대 지도자의 우의'를 유독 강조하고, 앞으로 시 주석의 북한 방문을 비롯한 정상급 교류를 이어가기로 하는 등 구체적인 결과물도 내놓았다.

김 위원장은 회담에서 지난 20일 폐막한 전국인민대표대회에서 시 주석이 재선을 확정한 점을 축하하면서, "나의 첫 외국 방문의 발걸음이 중화인민공화국의 수도가 된 것은 너무도 마땅한 것이며, 이는 조-중 친선을 대를 이어 목숨처럼 귀중히 여기고 이어나가야 할 나의 숭고한 의무"라고 말했다. 향후 북-중 관계를 과거의 전통에 따라 풀어갈 것임을 강조한 셈이다.

시 주석은 "노(앞)세대 영도자들이 공동의 이상과 신념으로 정성껏 키워온 중-조 친선을 중시하고 끊임없이 계승, 발전시켜 나가는 것은 중국공산당과 정부의 전략적 선택이며 확고부동한 의지"라며 북 · 중 관계의 중요성에 의미를 부여했다. 시 주석은 또 "조선에는 뿌리 깊은 나무는 바람에 흔들리지 않고 깊은 곳에서 나오는 샘물은 마르지 않는다는 속담이 있다"며 "전통적인 중-조 친선은 피로써 맺어진 친선으로서 세상에 유일무이한 것"이라고 강조했다.

두 정상이 앞으로 상호 방문, 특사 교환 등 정상급 교류를 이어가겠다고 밝힌 점도 북-중 관계의 극적인 변화를 드러낸다. 북한은 김 위원장이 시 주석 방북을 초청했고, "초청

맞잡은 북·중. 김정은 북조선 노동당위원장(왼쪽)과 시진핑 중국 국가주석이 2018년 3월26일 베이징 인민대회당에서 정상회담을 하기에 앞서 악수를 나누고 있다.(베이징·신화 연합뉴스)

이 쾌히 수락됐다"고 밝혔다. 중국 쪽도 시 주석과 김 위원장이 "상호 방문" 등 고위급 교류를 이어가기로 했다고 전했다.

북·중 관계의 복원에 따라 두 나라 간 경제협력도 활성화할 가능성이 커졌다. 다만 유엔을 비롯한 국제사회의 대북제재로 인해 비핵화 과정의 진전에 따라 점진적으로 이뤄질 수밖에 없을 것으로 보인다.

시 주석은 회담에서 "현재 중국 특색 사회주의는 이미 새로운 시대에 접어들었고, 조선 사회주의 건설도 새로운 역사적 시기에 진입했다"며 "조선 쪽과 함께 노력해 양국 인민의 복지를 부단히 증진시키고, 지역 평화·안정·발전을 위해 긍정적 공헌을 하기 바란다"고 말했다. 그는 이어 "우리는 조선 동지들이 정치적 안정을 수호하고 경제발전을 추동하기 위하여 적극적으로 노력하는 것을 굳게 지지한다"고 말했다.

조성렬 국가안보전략연구원 수석연구위원은 "중국이 국제사회의 대북제재 공조 틀에서 벗어나진 않겠지만, 북한이 단계적으로 비핵화 조치를 취하면 생필품 등 비군사적인 부분에서 제재를 풀어 북한이 숨 쉴 구멍을 열어주는 역할을 할 수는 있을 것"이라고 짚었다.

4월 말 남북 정상회담과 5월 북·미 정상회담을 앞두고 북-중 관계가 전면 복원되면서, '남-북-미'와 '남-북-중'이 겹쳐진 '이중 삼각대화'가 향후 한반도 정세를 가를 것으로 보인다.

비핵화는 긴 과정이다. 따라서 협상 과정에서 '신뢰의 위기'가 발생했을 때, 이를 적절히 관리할 수 있어야 한다. 전문가들이 "남-북-미와 남-북-중의 두 가지 대화 틀이 동시적으로 움직이는 게 불안요소를 제거하고 정세를 안정적으로 관리하는 데 도움이 될 수 있을 것"이라고 평가하는 이유다.

김연철 인제대 교수는 "김 위원장은 이번 회담에서 비핵화라는 '출구'를 분명히 하고, 협상의 '입구'를 기존보다 넓히겠다는 뜻을 분명히 했다"며 "남북 정상회담과 북-미 정상회담을 앞둔 현시점에서 가장 중요한 것은 최종적인 비핵화를 위한 쌍방 주장의 '동시병행 해법'을 어떻게 만들어내느냐는 것"이라고 말했다.

② 김정은 위원장의 부인도 다른 측근들과 함께 동행

김정은 북한 노동당 위원장의 방중 수행단은 비교적 단출하지만, 북한의 핵심 실세들은 대부분 참여한 것으로 보인다.

김 위원장의 부인 리설주가 동행했고, 북 고위급 인사로는 최룡해·박광호·리수용·김영철 노동당 중앙위원회 부위원장과 리용호 외무상 등이 김 위원장을 수행했다. 최룡해 부위원장은 지난해 간부 인사권에 영향을 미치는 당 조직지도부장에 임명된 것으로 알려졌으며, 사실상 북한의 2인자로 평가받는다. 리수용 부위원장은 당 국제부장으로, 리용호 외무상은 외교관계 책임자로서 김 위원장을 수행한 것으로 분석된다.

김영철 부위원장은 통일전선부장도 겸하고 있는 대남정책 총책임자로, 최근 남북관계 개선 노력과 상황 등을 중국 쪽에 설명하는 구실을 했을 것으로 보인다. 그는 지난달 평창 겨울올림픽 폐막식 때 고위급 대표단장으로 남쪽에 내려와 문재인 대통령을 만났으며 청와대와 정부 쪽 핵심 관계자들과 남북관계 개선 방안 등을 협의했다. 수행단에 군부 인사는 포함되지 않았다. 정성장 세종연구소 통일전략연구실장은 "과거 김정일 국방위원장의 방중단에 군부 인사가 한두 명씩 끼어 있었던 것과 다른 양상"이라고 말했다.

중국 쪽에선 당·정부 외교라인의 핵심 인사들이 나섰다. 리커창 총리는 당 서열 2위이자 국무원(행정부)을 대표하는 인사이고 왕후닝 중앙서기처 제1서기는 당 서열 5위로 '시진핑 외교 책사'로 불려온 인물이다. 왕치산 부주석은 시진핑 1기 지도부에서 '반부패 드라이브'를 주도한 데 이어 2기에서는 외교·경제 사령탑을 맡을 것으로 전망되며 '실질적 2인자'로 평가된다. 양제츠 정치국원, 왕이 국무위원 겸 외교부장, 쑹타오 대외연락부장 등은 중국 대외정책의 최전선에 있는 이들이다. 모두 당내 핵심 인사들로, 당 대 당 채널을 중심으로 한 북-중 관계의 특징을 보여준다. (박병수 선임기자, 베이징·김외현 특파원)

(2) 분단·분열에 의해 지역 패권 노려온 미국 달래기 전략

한반도를 둘러싼 '그레이트 게임'이 막을 올렸다. 한반도 비핵화와 평화체제 정착을 놓고 남북한과 주변 열강들의 외교전에 가속도가 붙고 있다. 남북 정상회담과 북-미 정상회담 전격 합의에 이어, 김정은 북한 노동당 위원장이 25~28일 중국을 방문해 북-중 정상회담을 했다. 예상을 뛰어넘는 속도의 진전이다.

근대 이후 한반도를 둘러싼 열강의 다툼은 크게 3차례였다. 1차는 조선 말 청일전쟁과 러일전쟁에 이은 일본의 한반도 식민지화이고, 2차는 2차대전 뒤 남북 분단과 한국[조선]전쟁의 발발이다. 3차는 1990년 전후 사회주의권이 붕괴하면서 고립된 북한이 핵개발에 나서면서 촉발된 위기를 둘러싼 새로운 세력 균형 체제 수립을 둘러싸고 진행돼 왔다.

북한이 핵개발을 담보로 한 벼랑끝 버티기를 하고, 중국이 미국에 맞서는 경쟁국으로 부상하면서, 남북한과 주변 미-중-러-일 4대 열강은 한반도 비핵화와 평화체제라는 새로운 세력 균형 체제 수립을 타협점으로 할 수밖에 없게 됐다.

○ 그레이트 게임 : 19세기 영국과 러시아가 중앙아시아와 남아시아의 주도권을 두고 벌였던 패권 다툼에서 유래했다. 20세기에는 중동을 둘러싼 주도권 경쟁에도 쓰였다. 주요 지역에 대한 영향력과 패권을 둘러싼 강대국 간의 경쟁을 뜻하는 용어로 정착됐다.

이런 조류는 2000년 최초로 실현된 남북 정상회담을 계기로 본격화됐다. 김정일 당시 북한 국방위원장은 남북 정상회담을 보름 남짓 앞둔 2000년 5월29일 중국을 극비 방문했다. 1992년 한-중 수교 이후 갈등하던 북-중 관계를 복원하고, 향후 펼쳐질 새로운 동북아 판도에서 양국의 전략적 연대를 확인한 것이다.

6월 김대중 대통령과의 역사적 남북 정상회담에 이어 김정일 위원장은 7월에 러시아 지도자로는 처음으로 북한을 방문한 블라디미르 푸틴 대통령과도 첫 정상회담을 했다. 7월부터는 베를린에서 북-미 외교장관 회담 예비 접촉을 시작했다. 북-미 양국은 조명록 북한 인민군 차수의 방미를 계기로 평화체제 수립과 핵·미사일 문제 해결을 뼈대로 한 '조-미 공동성명'에 합의했고, 매들린 올브라이트 미국 국무장관이 평양을 방문했다. 빌 클린턴 미국 대통령의 방북을 준비하기로 합의했다. 하지만 조지 부쉬 공화당 후보가 대통령에 당선되면서 방북은 성사되지 못했다.

부쉬 대통령이 2002년 연두교서에서 북한을 이라크·이란과 함께 '악의 축'으로 지목하면서 북-미 관계 진전이 완전히 파탄나자, 북한과 일본이 접근했다. 고이즈미 준이치로 일본 총리는 그해 9월 북한을 전격 방문해 김정일 위원장과 역사적인 북-일 정상회담을 했다. 하지만 다음달인 10월 평양을 방문한 제임스 켈리 미국 국무부 동아태 차관보가 북한의 고농축우라늄 프로그램을 문제 삼으며 2차 북핵 위기가 시작됐다.

이에 중국이 나섰다. 2003년 8월 중국을 의장국으로 하는 북핵 6자회담이 시작됐다. 당시 노무현 정부는 이라크전 파병까지 수용하며 한반도에서 미국의 대화 조처를 이끌어내는 등 적극적 역할을 했다. 6자회담은 2005년 9·19 공동성명 타결로 북핵 폐기와 한반도 평화협정을 향한 로드맵을 제시했으나, 그 다음날 미국은 마카오의 은행 방코델타아시아에 있던 북한 자금을 동결했다.

뒤이은 버락 오바마 미국 행정부는 '전략적 인내'를 내세우며 북한에 대한 무시로 일관했다. 지금까지 북한은 6차례의 핵실험을 했다. 도널드 트럼프 미국 행정부가 출범한 2017년 6차 핵실험과 17번의 미사일 시험 발사를 했고, 한반도 위기는 최고조에 이르렀다.

평창겨울올림픽을 계기로 대화로 급선회한 한반도 주변 외교는 2000년의 외교에서 풀지 못하고 더욱 악화돼버린 과제를 풀어야 하는 '그레이트 게임'을 다시 시작했다. 4월 말 남북 정상회담을 전후한 주변 4강과 남북한의 샅바 싸움, 그리고 최종적으로는 5월 북-미 정상회담에서 풀어야할 북-미 관계 정상화다.

북한은 핵 위기를 고조시키다가 남북 정상회담과 북-미 정상회담 카드를 전격적으로 꺼내들었고, 다시 북-중 정상회담을 전격 개최함으로써 '게임 메이커' 역할을 확보하려 한다. 중국은 한·미와의 정상회담에 나서는 김정은 노동당 위원장을 먼저 베이징으로 불러들였다. 시진핑 중국 국가주석은 "쌍방 선대 지도자들이 직접 세우고 함께 길러온 중-조 우의"를 수차례나 강조했다. 북-중 관계와 한반도 정세에 대한 주도권을 결코 포기할 수 없다는 의지다.

그동안 헛바퀴를 돌던 한-중-일 정상회담도 5월초에 열리면, 최근 흐름에서 소외된 일본이 북-일 정상회담을 위해 빠르게 움직일 것이다. 일본은 2002년 고이즈미의 방북처럼 주변 열강에 앞서가는 외교 행보도 마다하지 않을 것이다. 러시아 역시 북한과 3차례나 정상회담을 개최했던 2000년 이후의 행보를 재개할 것이다.

관건은 미국이 북한에 비핵화를 대가로 어떻게 체제 보장을 하느냐이다. 이런 맞바꿈의 성사 여부와 양상이 한반도와 그 주변의 새로운 세력 균형 체제 수립을 좌우할 것이다. (정의길 선임기자)

2) 평화 부른 핵무력, 동포들의 굶주림과 피눈물 고통의 결실

(1) 김정은 "핵실험 멈추고 사회주의 경제건설에 총력"

김정은 북한 국무위원장 겸 노동당 위원장이 국가 전략의 핵심 축을 '핵'에서 '경제'로 바꾼다고 공식 선포했다. 남북, 북-미 정상회담을 앞두고 북한 체제를 이끄는 영도기관인 조선노동당의 중앙위원회 제7기 제3차 전원회의(2018.4.20.)를 통해 공식적으로 내놓은 중요한 전략적 방향 전환이다.

김 위원장은 "경제 건설과 핵무력 건설을 병진시킬 데 대한 우리 당의 전략적 노선이 밝힌 역사적 과업들이 빛나게 관철됐다"며 "병진노선이 위대한 승리로 결속"됐다고 밝혔다. 2013년 3월31일 당 중앙위 전원회의에서 채택한 '핵·경제 병진노선'을 공식 종료한다는 선언이다. 6차에 이른 핵실험과 잦은 미사일 시험발사로 지난해 한반도를 전쟁위기로 몰아넣은 북한의 국가전략적 기반이 병진노선이었다는 점에서, 이 노선의 종료선언은 한반도 정세에 중대한 영향을 끼칠 수밖에 없다. 아울러 김 위원장은 "사회주의 경제 건설에 총력을 집중하는 것이 당의 (새로운) 전략적 노선"이라고 밝혔다. '핵'에서 '경제'로 국가발전전략의 중심축을 바꾸겠다는 선언이다.

김 위원장의 이런 전략적 전환은, 남북 및 북-미 정상회담을 앞두고 나왔다는 점에서 세계적 주목의 대상이 됐다. 특히 "이제 우리에게 그 어떤 핵시험과 중장거리, 대륙간탄도로케트 시험발사도 필요 없게 되었으며, 이에 따라 북부 핵시험장도 자기의 사명을 끝마치었다"는 김 위원장의 지침에 따라, 당 중앙위 전원회의가 결정한 △풍계리 핵실험장 폐쇄 △21일부터 핵실험과 대륙간탄도미사일 시험발사 중지 조처가 그랬다.

남북 및 북-미 정상회담을 앞두고 김 위원장의 비핵화 의지를 의심하는 시선이 국제사회 일부에서 여전한 가운데 나온 '선제적 신뢰구축 조처'로 볼 수 있기 때문이다. 남북 및 북-미 정상회담에서 성공적 결과물을 얻어내고 싶다는 김 위원장의 의지가 강하다는 방증이기도 하다. 도널드 트럼프 미국 대통령은 『조선중앙통신』이 21일 이런 내용을 보도한 직후에 "모두를 위한 진전"이자 "매우 좋은 뉴스"라며 "우리의 정상회담을 고대한다"고 환영했다. 청와대도 "한반도 비핵화를 위한 의미 있는 진전"이자 "남북 정상회담과 북-미 정상회담의 성공을 위한 매우 긍정적 환경을 조성하는 데 기여할 것"이라며 "북한의 결정을 환영한다"고 밝혔다.

다만, 김 위원장이 병진노선 종료의 배경으로 "국가 핵무력 완성", "핵무기 병기화 완결" 등을 강조한 대목을 근거로, 진지한 비핵화 의지의 표명이라기보다는 핵국가 지위를 공고히 하려는 핵보유 선언이라는 평가도 미국 등에서 나온다. 실제 김 위원장은 "핵을 포기한다"고 명시적으로 밝히지 않았다. 전문가들 사이에서 김 위원장의 이번 결정과 조처에 대한 해석의 편차가 큰 까닭이다. 하지만 다수설은 북한의 의미있는 선제적 신뢰구축 조처라는 쪽이다.

김연철 통일연구원장은 22일 김 위원장이 남쪽의 특사단 방북(2018년 3월 5일) 및 시진핑 중국 국가주석과의 정상회담(3월 26일)을 통해 "비핵화는 선대의 유훈이며 비핵화 실현에 힘을 다하는 것은 변하지 않는 우리의 입장"이라고 거듭 밝힌 사실을 상기할 필요가 있다고 짚었다. 김 원장은 "북한이 비핵화 의지를 분명히 했기 때문에 남북 정상회담이 열리고, 북-미 정상회담을 합의하고, 북-중 정상회담이 열릴 수 있었던 것"이라며 "결론적으로 북쪽의 이번 조처는 비핵화 협상의 사전 환경 조성을 위한 선제적 신뢰구축 조처로 해석할 수 있다"고 말했다.

북한 분석에 밝은 전직 고위 관계자는 "아직 조심스럽긴 하지만 김 위원장이 '다시 돌아갈 다리를 불사른 조처'로 볼 수도 있다"며 "이번 결정과 조처는 김 위원장이 앞으로는 '경제 올인(다걸기)'을 하겠다는 배수진"이라고 해석했다.

이종석 전 통일부 장관은 특히 김 위원장이 풍계리 핵실험장을 일방적으로 폐쇄하겠다고 선언한 사실에 주목했다. 핵보유국 가운데 핵실험장을 폐쇄하고 더는 핵실험을 하지 않겠다고 밝힌 선례가 없을 뿐만 아니라, 풍계리 핵실험장 폐쇄 카드는 김 위원장이 북-미 정상회담에서 트럼프 대통령한테 '선물'로 내놓을 수도 있는 '빅 카드'라는 것이다. 남북 및 북-미 정상회담을 성공적으로 이끌고 싶어 하는 김 위원장의 의지가 그만큼 강하다는 지적이다. 다른 원로 전문가는 "대륙간탄도미사일은 통상 15차례 넘게 시험발사를 해야 정확성과 안전성을 확보하는데 북쪽이 그렇게 하지 않고 이번에 바로 시험발사 중지를 선언한 것은, 이를 중대한 안보 위협으로 간주해온 미국을 의식한 우호적 조처"라며 "두 정상회담을 앞두고 상당히 기분 좋은 출발"이라고 평했다. 하지만 이 전문가는 "악마는 디테일에 있다는 점을 잊지 말아야 한다"며 "북쪽의 병진노선 종료 선언이 핵 폐기를 전제로 한 것인지, 핵 완성을 전제로 한 것인지 불분명한 만큼 남북 및 북-미 정상회담에서 북한의 핵 폐기 조처를 어떻게 이끌어낼지가 중요하다"고 짚었다.

2012년 집권 이후 북한 경제의 '시장화'를 꾸준하게 추진해온 김 위원장이 전원회의 결정서를 통해 앞으로 "주변국들과 국제사회와의 긴밀한 연계와 대화를 적극화해 나갈 것"이라고 공언한 대목도 주목할 필요가 있다.

"사회주의 경제 건설을 위한 유리한 국제적 환경 마련"과 "조선반도와 세계의 평화와 안정 수호"라는 2대 목표를 명확히 한 점이 특히 그렇다. 앞으로 남북 및 북-미 정상회담에서 한반도 비핵화와 항구적 평화체제 구축, 군사적 적대 해소와 북한의 체제 안전 보장 등과 관련한 남·북·미 3자의 합의가 크든 작든 이뤄질 텐데, 그 합의의 이행 과정은 유엔 등 국제사회의 대북제재 이완 및 북한의 국제경제 체제 접근성 확대와 맞물릴 가능성이 크기 때문이다.

김 위원장이 이번 결정과 조처를 통해 내비친 속내 또한 남북 및 북-미 정상회담을 통해 국제사회의 우려를 불식하는 대신 군사적 적대를 해소해 북한의 체제 안전을 보장받고 국제경제 체제의 일원으로 합류할 열쇠를 얻겠다는 게 핵심인 듯하다. (『한겨레』 2018.4.23. 이제훈 선임기자)

3) 판문점에서 남북정상회담, 전쟁 끝내고 평화협정 맺기로

(1) 남측 「평화의 집」에서 12시간 평화회의, 비핵화 실현 다짐

문재인 대통령과 김정은 북한 국무위원장은 27일 "한반도에서 더 이상 전쟁은 없을 것이며 새로운 평화의 시대가 열렸음을 겨레와 세계에 엄숙히 천명한다"며, 3개 조 13개 항으로 이뤄진 「한반도의 평화와 번영, 통일을 위한 판문점 선언(판문점 선언)」을 공동 발표했다.

두 정상은 이날 판문점 평화의 집에서 진행된 정상회담을 마친 뒤 △냉전의 산물인 분단과 대결의 종식 △민족 화해와 평화 번영의 새 시대 열기 △남북관계 적극적 개선과 발전의 "확고한 의지"를 판문점 선언에 담았다고 밝혔다.

두 정상은, 문 대통령이 "올해 가을 평양을 방문"하기로 합의했다. 곧 이어질 북-미 정상회담의 성과를 토대로 판문점 선언의 이행을 점검하고 추가 합의를 도출하려는 포석이다. 아울러 남북정상회담 정례화를 염두에 둔 '셔틀 회담'의 시작이다. 김 위원장은 오전 회담에서 "(문) 대통령께서 초청해주시면 언제라도 청와대에 가겠다"고 했고, 문 대통령은 "오늘 판문점을 시작으로 평양과 서울·제주도·백두산으로 만남이 이어지면 좋겠다"고 기대했다.

두 정상은 "이미 채택된 남북 선언들과 모든 합의들을 철저히 이행함으로써 관계 개선과 발전의 전환적 국면을 열어나가기로 했다"고 밝혔다. 문 대통령은 "우리는 결코 뒤돌아가지 않을 것"이라고, 김 위원장은 "이 합의가 역대 합의서처럼 시작만 뗀 불미스러운 역사가 되풀이되지 않도록 우리 두 사람이 긴밀히 협력해 반드시 좋은 결실이 맺어지도록 노력해나갈 것"이라고 다짐했다.

두 정상이 회담에서 도출한 공동 인식과 지향, 접근법은 판문점 선언의 이름에 오롯이 담겨 있다. '평화'→'번영'→'통일'이다. 문 대통령은 "오늘 김 위원장과 나는 한반도 비핵화와 항구적 평화, 민족 공동 번영과 통일의 길로 향하는 이정표를 세웠다"고 자평했다.

두 정상은 번영과 통일의 주춧돌이자 당면 핵심 과제인 '평화'와 관련해 "남과 북은 완전한 비핵화를 통해 핵 없는 한반도를 실현한다는 공동의 목표를 확인했다"고 선언했다. 포괄적·원론적 언급이지만, 조건과 군더더기 없이 "완전한 비핵화" "핵 없는 한반도"라고 표현함으로써 북-미 정상회담의 전망을 밝히는 중요한 밑돌을 놓았다.

아울러 "올해 안 종전선언, 정전협정의 평화협정 전환, 공고한 평화체제 구축을 위한 남·북·미 3자 또는 남·북·미·중 4자회담 추진"에도 합의했다. 비핵화 과정과 '한반도 평화체제' 구축 과정을 병행하겠다는 포석이다. 이는 6자회담 9·19공동성명의 핵심 내용이기도 하다. 두 정상은 이날 오후 '도보다리 산책' 명분의 40분에 걸친 전례없는 '공개 밀담'을 통해 비핵화와 북-미 관계 정상화를 포함한 한반도의 항구적 평화 정착 방안에 대해 밀도 높은 대화를 나눈 것으로 보인다.

아울러 두 정상은 △지상·해상·공중에서 일체의 적대행위 전면 중지 △무력 불사용과 불가침 합의 재확인 △단계적 군축 실현 △군사분계선 일대의 적대적 선전 행위 중지, 관련 수단 철폐 등을 통한 비무장지대의 실질적 평화지대화 추구 △서해 북방한계선NLL 일대 평화수역화를 통한 우발적 군사 충돌 방지 및 안전한 어로 보장 △5월 장성급회담 개최를 필두로 국방장관회담을 포함한 군사당국자 회담의 잦은 개최 등에 합의했다. '평화'를 위한 국제적 노력과 남북관계 차원의 과제를 병행해서 실천하겠다는 포석이다.

두 정상은 이러한 '평화' 노력을 토대로 '화해'와 '공동 번영'을 위한 다양한 구상에도 합의했다. '공동 번영'을 위한 새로운 실천으로는 "쌍방 당국자가 상주하는 남북공동연락사무소 개성 지역 설치" 합의가 눈에 띈다. 이는 남북기본합의서의 "판문점 연락사무소 설치" 합의에 뿌리를 두고 있으며, 2005~2010년 개성공단에 설치돼 남북의 당국자들이 한 건물에서 공동 근무한 '남북경제협력협의사무소'의 업무 범위를 남북관계 모든 분야로 확대하고 위상을 높이겠다는 포석이다. 문 대통령은 "여건이 되면 각각 상대방 지역에 연락사무소를 두는 걸로 발전시켜 나갈 수 있을 것"이라고 덧붙여, 이 합의가 사실상 대표부를 염두에 두고 있음을 내비쳤다. 아울러 "끊어진 민족의 혈맥을 잇겠다"며, "동해선·경의선 철도·도로 연결·현대화 활용"을 위한 "실천적 대책"을 취하기로 했다. 앞으로 남북 경협·왕래·접촉의 인프라가 될 철도·도로 연결 합의는 비핵화 진전과 맞물린

2018년 4월 27일 오전 판문점 평화의집에서 남북정상회담이 시작되었다 왼쪽부터 시계방향으로 서훈 국가정보
원장, 문재인 대통령, 임종석 남북정상회담준비위원장과 북쪽의 김영철 당중앙위원회 부위원장, 김정은 국무위
원장, 김여정 당중앙위원회 제1부부장. 판문점 · 한국공동사진기자단

대북 제재 완화에 맞춰 속도를 낼 전망이다.

　두 정상은 이명박 · 박근혜 정부 9년간 적대 · 충돌로 깊게 팬 남과 북 7500만 시민(인
민)의 마음을 녹일 '화해' 조처도 섬세하게 신경을 썼다. 남쪽 여론에 영향이 큰 8 · 15
광복절 계기 이산가족 · 친척 상봉 행사 진행 합의가 대표적이다.

　특히 두 정상은 '역진 불가능한 합의 이행'을 기회가 있을 때마다 강조함으로써 주요 합
의 내용의 국회(최고인민회의) 비준동의를 포함한 '이행 제도화' 방안 마련에 힘쓸 것임
을 강조했다.

　'통일'과 관련해, 두 정상은 회담 내내 구체적인 대화를 하지 않았다. 판문점 선언에도
제목의 '통일'을 빼면 "공동번영과 자주통일의 미래를 앞당겨 나갈 것"이라고 단 한차례만
원론적 언급을 하는 데 그쳤다. '통일'은 당위이지만, 장기 과제라는 인식이다. 『한겨레』
2018.4.28. 이제훈 선임기자 nomad@hani.co.kr)

(2) 두 정상, 완전한 비핵화 선언으로 북 · 미 회담 길 열어

　27일 문재인 대통령과 김정은 북한 국무위원장은 「한반도의 평화와 번영, 통일을 위
한 판문점 선언(판문점선언)」을 통해 "완전한 비핵화를 통해 핵 없는 한반도를 실현한다

는 공동의 목표를 확인했다'고 밝혔다. 비핵화는 남북이 미리 정한 이번 회담의 3대 의제 가운데 첫손에 꼽혔고, 북-미 정상회담을 앞두고 국제사회의 초미의 관심사였다.

두 정상이 제시한 '완전한 비핵화'가 포괄적 방법론에 해당한다면, '핵 없는 한반도'는 궁극의 목표라고 할 수 있다. 기술적이고 구체적인 내용이 담기진 않았지만, 두 정상이 북-미 정상회담의 성공을 바라며 중요한 밑돌을 놓았다는 평가가 가능하다.

두 정상은 「판문점선언」에서 "남과 북은 북측이 취하고 있는 주동적인 조치들이 한반도 비핵화를 위해 대단히 의의 있고 중대한 조치라는 데 인식을 같이하고 앞으로 각기 자기의 책임과 역할을 다하기로 했다"고 밝혔다. 이어 "남과 북은 한반도 비핵화를 위한 국제사회의 지지와 협력을 위해 적극 노력하기로 하였다"고 선언했다. 문 대통령과 김 위원장이 앞으로도 이 문제의 해법을 마련하는 과정에서 긴밀히 협력하겠다는 뜻이다.

무엇보다 두 정상은 비핵화 문제와 관련해 이날 판문점선언에 담은 내용을 훌쩍 뛰어넘은 구체적이고 포괄적인 해법을 협의했으리라 추정돼, 앞으로 행보가 주목된다. 문 대통령과 김 위원장은 판문점 습지 위에 설치된 '도보다리'를 산책하는 형식을 빌려 40여분에 걸쳐 '공개 밀담'을 나눴다. 이 때 두 정상은 비핵화, 북-미 관계정상화, 정전협정의 평화협정으로의 전환을 포함한 한반도의 항구적 평화체제 정착 방안과 관련해 속내를 드러내며 밀도 높은 협의를 했을 가능성이 높다. 그럼에도 이날 원론적 합의만 발표한 것은, 5월 또는 6월 초로 예정된 김 위원장과 도널드 트럼프 미국 대통령의 북-미 정상회담을 고려한 포석으로 풀이된다. 김 위원장이 20일 노동당 중앙위 전체회의를 통해 결정·공표한 풍계리 핵실험장 폐쇄를 포함한 '미래 핵 포기'에 더해 현재핵과 과거핵 문제는 김 위원장이 트럼프 대통령을 상대로 '체제 안전'을 보장받을 핵심 협상 카드이기 때문이다.

구갑우 북한대학원대학교 교수는 "완전한 비핵화가 (선언에) 들어간 것은 좋은 신호를 보낸 것"이라며 "CVID(완전하고 검증가능하며 불가역적인 비핵화) 중 '검증Verifiable'과 '불가역Irreversible'이라는 부분은 미국과 협상할 문제"라고 평가했다. 실제로 최근 들어 도널드 트럼프 미국 대통령을 비롯한 미 행정부 쪽 인사들이 기존에 주장했던 '시브이아이디' 대신 부쩍 "완전한 비핵화"complete denuclearization라는 표현을 써 배경에 관심이 쏠렸다. (『한겨레』 2018.4.28. 김지은 기자 mirae@hani.co.kr)

⊙ 한반도의 평화와 번영, 통일을 위한 판문점 선언

대한민국 문재인 대통령과 조선민주주의인민공화국 김정은 국무위원장은 평화와 번영, 통일을 염원하는 온 겨레의 한결같은 지향을 담아 한반도에서 역사적인 전환이 일어나고 있는 뜻깊은 시기에 2018년 4월 27일 판문점「평화의 집」에서 남북정상회담을 진행하였다.

양 정상은 한반도에 더 이상 전쟁은 없을 것이며 새로운 평화의 시대가 열리었음을 8천만 우리 겨레와 전 세계에 엄숙히 천명하였다.

양 정상은 냉전의 산물인 오랜 분단과 대결을 하루 빨리 종식시키고 민족적 화해와 평화번영의 새로운 시대를 과감하게 열어나가며 남북관계를 보다 적극적으로 개선하고 발전시켜 나가야 한다는 확고한 의지를 담아 역사의 땅 판문점에서 다음과 같이 선언하였다.

1. 남과 북은 남북관계의 전면적이며 획기적인 개선과 발전을 이룩함으로써 끊어진 민족의 혈맥을 잇고 공동번영과 자주통일의 미래를 앞당겨나갈 것이다. 남북관계를 개선하고 발전시키는 것은 온 겨레의 한결같은 소망이며 더 이상 미룰 수 없는 시대의 절박한 요구이다.

① 남과 북은 우리 민족의 운명은 우리 스스로 결정한다는 민족자주의 원칙을 확인하였으며 이미 채택된 남북 선언들과 모든 합의들을 철저히 이행함으로써 관계개선과 발전의 전환적 국면을 열어나가기로 하였다.

② 남과 북은 고위급회담을 비롯한 각 분야의 대화와 협상을 빠른 시일안에 개최하여 정상회담에서 합의된 문제들을 실천하기 위한 적극적인 대책을 세워나가기로 하였다.

③ 남과 북은 당국간 협의를 긴밀히 하고 민간교류와 협력을 원만히 보장하기 위하여 쌍방 당국자가 상주하는 남북공동연락사무소를 개성지역에 설치하기로 하였다.

④ 남과 북은 민족적 화해와 단합의 분위기를 고조시켜 나가기 위하여 각계각층의 다방면적인 협력과 교류, 왕래와 접촉을 활성화하기로 하였다. 안으로는 6·15를 비롯하여 남과 북에 다같이 의의가 있는 날들을 계기로 당국과 국회, 정당, 지방자치단체, 민간단체 등 각계각층이 참가하는 민족공동행사를 적극 추진하여 화해와 협력의 분위기를 고조시키며, 밖으로는 2018년 아시아경기대회를 비롯한 국제경기들에 공동으로 진출하여 민족의 슬기와 재능, 단합된 모습을 전 세계에 과시하기로 하였다.

⑤ 남과 북은 민족 분단으로 발생된 인도적 문제를 시급히 해결하기 위하여 노력하며, 남북적십자회담을 개최하여 이산가족·친척 상봉을 비롯한 제반 문제들을 협의 해결해 나가기로 하였다. 당면하여 오는 8.15를 계기로 이산가족·친척 상봉을 진행하기로 하였다.

⑥ 남과 북은 민족경제의 균형적 발전과 공동번영을 이룩하기 위하여 10.4 선언에서 합

의된 사업들을 적극 추진해나가며, 1차적으로 동해선 및 경의선 철도와 도로들을 연결하고 현대화하여 활용하기 위한 실천적 대책들을 취해 나가기로 하였다.

2. 남과 북은 한반도에서 첨예한 군사적 긴장상태를 완화하고 전쟁 위험을 실질적으로 해소하기 위하여 공동으로 노력해나갈 것이다. 한반도의 군사적 긴장상태를 완화하고 전쟁위험을 해소하는 것은 민족의 운명과 관련되는 매우 중대한 문제이며 우리 겨레의 평화롭고 안정된 삶을 보장하기 위한 관건적인 문제이다.

① 남과 북은 지상과 해상, 공중을 비롯한 모든 공간에서 군사적 긴장과 충돌의 근원으로 되는 상대방에 대한 일체의 적대행위를 전면 중지하기로 하였다. 당면하여 5월 1일부터 군사분계선 일대에서 확성기 방송과 전단살포를 비롯한 모든 적대행위들을 중지하고 그 수단을 철폐하며, 앞으로 비무장지대를 실질적인 평화지대로 만들어 나가기로 하였다.

② 남과 북은 서해 북방한계선 일대를 평화수역으로 만들어 우발적인 군사적 충돌을 방지하고 안전한 어로활동을 보장하기 위한 실제적인 대책을 세워나가기로 하였다.

③ 남과 북은 상호 협력과 교류, 왕래와 접촉이 활성화되는 데 따른 여러 가지 군사적 보장대책을 취하기로 하였다. 남과 북은 쌍방 사이에 제기되는 군사적 문제를 지체없이 협의 해결하기 위하여 국방부장관회담을 비롯한 군사당국자회담을 자주 개최하며 5월중에 먼저 장성급 군사회담을 열기로 하였다.

3. 남과 북은 한반도의 항구적이며 공고한 평화체제 구축을 위하여 적극 협력해 나갈 것이다. 한반도에서 비정상적인 현재의 정전상태를 종식시키고 확고한 평화체제를 수립하는 것은 더 이상 미룰 수 없는 역사적 과제이다.

① 남과 북은 그 어떤 형태의 무력도 서로 사용하지 않을 데 대한 불가침 합의를 재확인하고 엄격히 준수해 나가기로 하였다.

② 남과 북은 군사적 긴장이 해소되고 서로의 군사적 신뢰가 실질적으로 구축되는 데 따라 단계적으로 군축을 실현해 나가기로 하였다.

③ 남과 북은 정전협정체결 65년이 되는 올해에 종전을 선언하고 정전협정을 평화협정으로 전환하며 항구적이고 공고한 평화체제 구축을 위한 남·북·미 3자 또는 남·북·미·중 4자회담 개최를 적극 추진해 나가기로 하였다.

④ 남과 북은 완전한 비핵화를 통해 핵 없는 한반도를 실현한다는 공동의 목표를 확인하였다. 남과 북은 북측이 취하고 있는 주동적인 조치들이 한반도 비핵화를 위해 대단히

의의 있고 중대한 조치라는데 인식을 같이하고 앞으로 각기 자기의 책임과 역할을 다하기로 하였다. 남과 북은 한반도 비핵화를 위한 국제사회의 지지와 협력을 위해 적극 노력해나가기로 하였다.

양 정상은 정기적인 회담과 직통전화를 통하여 민족의 중대사를 수시로 진지하게 논의하고 신뢰를 굳건히 하며, 남북관계의 지속적인 발전과 한반도의 평화와 번영, 통일을 향한 좋은 흐름을 더욱 확대해 나가기 위하여 함께 노력하기로 하였다.

당면하여 문재인 대통령은 올해 가을 평양을 방문하기로 하였다.

2018년 4월 27일
판 문 점

대 한 민 국	조선민주주의인민공화국
대 통 령 문 재 인	국무위원회 위원장 김 정 은

(3) 전쟁은 종결하고 남·북·미 3자 또는 4자 회담 추진키로

2018년, 65년을 끌었던 한국전쟁이 끝난다. 문재인 대통령과 김정은 북한 국무위원장은 27일 「한반도의 평화와 번영, 통일을 위한 판문점 선언」을 통해 "비정상적인 현재의 정전상태를 종식시키고 확고한 평화체제를 수립하는 것은 더 이상 미룰 수 없는 역사적 과제"라는 데에 동의하고 "올해에 종전을 선언하고 정전협정을 평화협정으로 전환"하기로 합의했다. 두 정상은 이를 위한 구체적인 방법으로 '남·북·미 3자' 또는 '남·북·미·중 4자' 회담을 적극 추진하는 데에도 합의했다. 종전 선언과 평화체제 전환의 시점을 '올해'로 못 박고 정전체제의 '직접 관련국 정상들과의 회담'이라는 구체적 방식을 제시해 실현 가능성을 높였다. 따라서 5월말 또는 6월초 예정된 북-미 정상회담에서 한반도 비핵화와 체제보장에 관한 구체적인 합의가 있을 경우, 남·북·미 또는 남·북·미·중 정상회의를 통한 종전선언과 평화협정 체결 등으로 이어질 것으로 관측된다.

이번 판문점 선언을 통해 두 정상이 의지를 밝힌 '평화체제 구축'은, 문 대통령의 동지였던 노무현 전 대통령과 김정은 위원장의 부친인 김정일 전 국방위원장이 2007년 합의했던 '10·4 선언'의 연장선 위에 있다. 노 전 대통령과 김 전 위원장은 "군사적 적대관계를 종식시키고 한반도에서 긴장 완화와 평화를 보장하기 위해 긴밀히 협력"하기로 합의하면서 "남과 북은 현 정전체제를 종식시키고 항구적인 평화체제를 구축해 나가야 한다

도보다리에서 둘만의 대화. 문재인 대통령과 김정은 북조선 국무위원장이 27일 오후
판문점 도보다리에 마련된 탁자에서 차를 마시며 배석자 없이 '공개 밀담'을 하고 있
다.(판문점, 한국공동사진기자단)

는 데 인식을 같이하고 직접 관련된 3자 또는 4자 정상들이 한반도 지역에서 만나 종전
을 선언하는 문제를 추진하기 위해 협력"하기로 합의한 바 있다.

판문점 선언과 10·4 선언은 표현과 구성이 거의 비슷해 보이지만 확연한 차이가 있
다. 우선, 10·4 선언은 시점을 특정하지 않은 반면, 문 대통령과 김 위원장은 종전선언
과 평화협정 체결 시점을 '올해'로 못박았다. 문 대통령은 올해 신년사에서 "올해가 한반
도 평화의 새로운 원년이 되도록 최선을 다하겠다. 이 과정에서 동맹국 미국과 중국·일
본 등 관련 국가들을 비롯해 국제사회와 더욱 긴밀히 협력할 것"이라고 밝혔고, 김 위원
장도 신년사를 통해 평창 동계올림픽에 북쪽 대표단 파견 뜻을 밝히면서 "북남관계를 개
선해 올해를 사변적 해로 빛내야 한다"고 강조했다. 두 정상 모두 올해를 한반도에서 냉
전체제를 해체할 적기로 판단했기 때문에 이같은 합의가 가능했던 것으로 보인다.

2007년 10·4 선언에서 거론된 '직접 관련된 3자 또는 4자 정상'은, 이번 판문점 선
언에서 '남·북·미 3자' 또는 '남·북·미·중 4자'로 구체화됐다. 정전협정 65주년을
맞는 올해, 한국전쟁의 직접 당사국인 네 나라 혹은 북한의 핵·미사일 문제의 직접 당사
국인 남·북·미 정상이 만나 종전을 선언하고 평화협정을 모색하는 방안이 현실적이라
는 문제의식이 작용한 것으로 관측된다.

문 대통령은 지난 24일 아베 신조 일본 총리와 통화에서 "종전 선언은 남북만의 대화

로 해결되는 것이 아니라 최소한 남북미 3자 합의가 이뤄져야 성공을 할 수 있다"고 밝힌 바 있다. (『한겨레』 김보협 기자 bhkim@hani.co.kr)

① 군사적 적대행위 중지, 북방한계선 평화수역화, 남북교류 보장

문재인 대통령과 김정은 북한 국무위원장은 27일 '판문점 선언'에서 남북 간 긴장완화 등 군사분야와 관련해 크게 △적대행위 전면 중지와 △북방한계선NLL의 평화수역 설정 △남북교류의 군사적 보장 △단계적 군축 분야 등에서 공동 노력을 해나가기로 확인했다.

두 정상은 우선 "지상과 해상·공중 등 모든 공간에서 군사적 긴장과 충돌의 근원으로 되는 상대방에 대한 일체의 적대행위의 전면 중지"를 약속했다. 남북 간 적대행위 중지는 그 표현만 달리했지, 1972년 7월 남북 간 첫 합의인 7·4 공동성명 때부터 1991년 12월 남북기본합의서, 2007년 10·4 정상선언 등 남북 간 주요 합의문에는 거의 빠지지 않고 들어간 내용이다. 그럼에도 이날 다시 두 정상이 이들 '적대행위 중지' 원칙을 재확인한 것은 기존 합의를 제대로 이행하겠다는 정치적 의지를 표명한 것으로 해석된다.

남북은 구체적으로 다음달 1일부터 남북 간 확성기 방송 중단과 그 수단의 철폐, 또 전단 살포 중단을 실시하기로 했다. 이와 관련해 국방부는 이미 지난 23일부터 대북 확성기 방송을 중단했고, 북한도 이에 맞춰 대남 확성기 방송을 중지한 것으로 알려졌다. 애초 대북 확성기 방송은 1963년 5월 서해 부근 휴전선 일대에서 최초로 실시된 뒤 남북 간 군사적 긴장 고조 여부에 따라 중단과 재개를 반복해왔다. 남북은 이번 합의에 따라 휴전선 일대에 설치된 대북 확성기 시설도 철폐하는 수순을 밟을 것으로 보인다.

남북은 또 비무장지대DMZ의 평화지대화 추진에 합의했다. 이는 지난 17일 이번 정상회담 준비위원장인 임종석 청와대 비서실장이 "비무장지대의 평화지대화에 관심이 있다"고 언급하면서 주목됐던 내용이다. 이종석 전 통일부 장관도 지난 18일 관훈클럽 간담회에서 "정전협정에 바탕을 둔 비무장지대의 원상회복에 대한 논의가 필요하다"며 비무장지대 내 지피(GP 감시초소) 철수 등을 제안한 바 있다.

비무장지대 내 지피 또는 중화기 철수는 참여정부 시절에도 제안됐으나 북한이 응하지 않아 성사되지 않았던 것으로 알려졌다. 북한이 이번에 호응한 것이 지피나 중화기 철수까지 염두에 둔 것인지는 당장 확인되진 않았다. 그렇지만 남북이 비무장지대 내 지피 또는 중화기 철수를 성사시키게 되면 남북 간 실질적인 군사적 긴장완화에 큰 도움이 될 것으로 전망된다. 군 당국자는 "남북 간에 지피 개념에 차이가 있어 합의가 쉽지만은 않을 것"이라고 전망했다. 그렇지만 이 당국자는 "과거 남북은 동해선과 서해선의 군사분계선을 지뢰도 없고 병력도 없고 화기도 없는 그런 지역으로 만들어 길을 내본 경험이 있다. 이런 경험을 살려 상황에 맞게 단계적으로 추진한다면 불가능한 것은 아니다"라고 말했다.

남북은 또 상호협력과 교류, 왕래와 접촉에 따른 "군사적 보장 대책"도 취하기로 합의했다. 군사적 보장 대책은 남북 간 민간 교류와 협력을 뒷받침하기 위한 것이다. 군 당국자는 "지난 2월 평창겨울올림픽 때 북쪽 인사들과 우리 쪽 인사들이 큰 문제 없이 경의선 육로나 서해 항로 등을 통해 남북을 오간 것은 통상적인 남북 간 통행 문제에 대한 군사적 보장에는 큰 문제가 없음을 실증한 것"이라고 설명했다. 그러나 정부는 이번 합의로 "그동안 남북 교류협력에 합의하고도 군사적 보장 조치가 이뤄지지 않아 진전되지 않았던 부분, 특히 산불 진화, 홍수 예방, 전염병 공동방제 등 접경지역 공동협력 사업이 탄력을 받을 수 있을 것"으로 기대하고 있다.

남북은 "국방부 장관 회담을 비롯한 군사당국자 회담을 자주 개최하며 5월 중에 먼저 장성급 군사회담 개최"에도 합의했다. 남북 간 군사적 문제를 실무적으로 다루기 위한 후속 조치다. 실제 그동안 2000년 6월과 2007년 10월 두 차례 남북정상회담 뒤엔 국방부 장관 회담이 열려 남북 간 군사적 긴장완화 방안 등을 협의한 전례가 있다. 이번 정상회담 뒤 열리는 후속 군사회담이 국방부 장관 회담으로 특정되지 않은 것은 과거와 비교된다. 5월 장성급 군사회담의 진행 성과를 봐가며 남쪽 국방부 장관과 북쪽 인민무력상의 회담이 추진될 것으로 예상된다.

두 정상은 단계적 군축 실현에도 합의했다. 두 정상은 "(남북 간) 군사적 긴장이 해소되고 서로의 군사적 신뢰가 실질적으로 구축되는 데 따라 단계적으로 군축을 실현해 나가기로 했다"고 밝혔다. 남북정상회담 준비위원회 설명자료는 군축 문제에 대해 "과거 '남북기본합의서'에서 남북이 합의한 사항으로 이번 정상회담을 통해 양 정상의 군사적 긴장해소 및 신뢰구축에 대한 의제를 재확인한 것"이라고 밝혔다. 1991년 12월 채택된 남북기본합의서 제12조는 "남과 북은… 단계적 군축 실현 문제, 검증 문제 등 군사적 신뢰 조성과 군축을 실현하기 위한 문제를 협의·추진한다"고 선언하고 있다.

그러나 군축 문제는 남북 관계에만 그치지 않고 북핵, 한반도 평화체제 구축, 주한미군까지 연동된 복잡한 문제여서 짧은 기간에 실현을 기대하기는 어려울 것으로 보인다. 정부도 "앞으로 평화체제 구축 과정에 맞추어 단계적으로 군축 문제를 협의할 것"이라며 "이 과정에서 안보상의 문제가 발생하는 일이 없도록 할 것이며, 정부는 이런 우려가 발생하지 않도록 확고한 안보태세를 유지할 것"이라고 밝혔다. (『한겨레』 박병수 선임기자)

② 서해 「북방한계선」의 '평화수역화' 11년만에 다시 약속

문재인 대통령과 김정은 북한 국무위원장이 27일 서해 북방한계선NLL 일대의 '평화수역' 설정 문제를 11년 만에 다시 꺼내 적극추진을 약속했다.

두 정상은 이날 '판문점 선언'에서 "서해 북방한계선 일대를 평화수역으로 만들어 우발적인 군사적 충돌을 방지하고 안전한 어로 활동을 보장하기 위한 실제적인 대책을 세워나가기"로 했다. 서해 북방한계선 일대의 평화수역 설정은 2007년 10월 노무현 대통령과 김정일 국방위원장의 남북정상회담 때도 거론됐으나, 이듬해 정권교체로 결국 실현되지 못했던 사안이다.

이번에 다시 거론된 것은 문 대통령이 당시 청와대 비서실장으로서 노 대통령과 김 국방위원장의 정상회담을 준비하며 그 중요성을 잘 숙지하고 있기 때문인 것으로 보인다. 실제 서해 북방한계선 일대 수역은 봄철 꽃게잡이 철마다 남북 간 분쟁이 벌어지곤 했던 열점 지역이다. 이처럼 분쟁이 잠복된 수역을 그대로 방치한 채 남북 간 군사적 긴장 완화 등을 추진한다는 것은 사실상 어불성설이다.

그러나 이번엔 2007년 10월의 10.4 정상선언에서 추진했던 '남북 공동어로수역 지정' 문제가 빠졌다. 그동안 공동어로수역을 둘러싸고 논란이 끊이지 않았던 경험을 의식한 것으로 보인다. 당시 노무현 정부는 공동어로수역이 북방한계선을 기준으로 남북간 등거리 또는 등면적에 설정될 것이라고 밝혔다. 그러나 북한은 자신들이 북방한계선 남쪽에 임의로 설정한 '해상경비계선'과 '북방한계선' 사이의 수역에 설정해야 한다고 맞서면서 남북 간 합의점을 찾지 못했다. 국내에서도 자유한국당 전신인 한나라당이 당시 "정부가 서해 북방한계선을 포기했다"고 정치적으로 공격하고 나서면서 논란만 증폭됐다.

남북 간 이번 합의는 이런 중첩된 논란은 피하면서 서해 5도 주변의 어민들이 안전하고 평화로운 분위기에서 꽃게잡이에 나설 수 있는 실질적인 조치를 보장하는데 초점을 맞춘 것으로 풀이된다. (박병수 선임기자)

③ 개성에 연락사무소 두고, 8·15 이산가족 상봉 재개

문재인 대통령과 김정은 북한 국무위원장이 27일 정상회담에서 개성 지역에 「남북공동연락사무소」를 설치하기로 했다. 앞으로 경제협력을 포함해 정치·사회·문화 등 사실상 남북관계의 모든 주제와 관련해 상시 협의할 수 있는 당국 차원의 상설 창구가 마련되는 셈이다. 연락사무소는 개성공단 지역에 설치될 전망이다.

27일 문 대통령은 김 위원장과 함께 '한반도의 평화와 번영, 통일을 위한 판문점 선언'(판문점선언)을 발표하는 자리에서 이렇게 밝히며 "여기서 10·4 정상선언 이행과 남북경협 사업의 추진을 위한 공동조사연구 작업이 시작될 수 있기를 기대한다"고 밝혔다. 아울러 "여건이 되면 각각 상대방 지역에 연락사무소를 두는 걸로 발전해나갈 수 있을 것"이라고 덧붙였다.

판문점선언에는 남북이 "당국 간 협의를 긴밀히 하고 민간 교류와 협력을 원만히 보장하기 위해 쌍방 당국자가 상주하는 남북공동연락사무소를 개성지역에 설치하기로 했다"고 연락사무소의 위상과 기능 등을 규정했다. 정부는 관련 설명자료에서 "당국 간 협의 채널"임을 분명히 한 뒤, "남북관계 진전을 안정적으로 뒷받침하고 민간 차원의 교류협력 촉진을 기대"한다고 밝혔다.

남북이 연락사무소 설치에 합의한 게 처음은 아니다. 남북은 1990년대 초 고위급회담에서 판문점 연락사무소 설치·운영에 합의(남북기본합의서 1장7조)했다. 이후 판문점 남북 지역에 각각 연락사무소를 세웠지만, 지금 판문점 연락사무소는 남북 직통전화 운용 수준으로 그 기능이 축소됐다.

이번 정상회담에서 남북이 설치에 합의한 개성지역 남북공동연락사무소는 문 대통령이 말한 대로 연락 업무뿐 아니라 10·4 정상선언에 담긴 다양한 경협사업을 시작으로 정치·사회·문화 등 다양한 영역으로 협의 분야를 넓혀갈 전망이다.

남북이 사무소를 이끌 당국자의 격을 고위급으로 높이면 협의의 수준도 실무 조정을 훌쩍 뛰어넘을 전망이다. 2005~2008년 개성공단에 설치·운영된 남북경제협력협의사무소(현 남북교류협력협의사무소)는 대체로 실무 협의 수준을 벗어나지 못했다.

'공동연락사무소'라는 명칭에서 알 수 있듯이 남북 당국자가 한 건물에서 함께 근무할 것이기 때문에 면대면 소통이 가능하다는 장점이 있다. 남쪽이 1층, 북쪽이 2층에 사무실을 두고 한 건물에서 근무하며 경협 문제를 협의한 남북경제협력협의사무소의 선례가 원용되리라 예상된다.

정부는 관련 설명 자료에서 "연락사무소 설치 시 남북 간 정치적 신뢰 구축 진전과 교류 협력 확대 촉진, 남북관계 안정성과 예측 가능성 제고 등 남북관계를 한 단계 도약시키는 효과"가 있으리라고 기대했다.

연락사무소 설치가 남북이 두 주권국가의 정상관계를 지향하려는 포석이라는 분석도 나온다. 구갑우 북한대학원대 교수는 "연합적 형태의 거버넌스를 한반도에서 제도화하는 시발점으로서 의미가 있다"며 "연합적 거버넌스의 특징 가운데 하나는 (서로의) 주권성을 인정하지만, 공동 관리할 수 있는 조직을 만들어내는 것이다. 평화공존의 제도화를 위해 가장 중요한 정치적 지표"라고 짚었다.(노지원 기자 zone@hani.co.kr)

○ **부추겨진 반군집단 지원한다는 명분으로 리비아 정권 박살**

'리비아 모델'은 이른바 '선 핵폐기~후 보상' 방식으로 알려져 있다. 한때 북핵 해법으로도 거론됐으나, 2011년 리비아의 지도자 무아마르 카다피가 살해되면서 '선 핵폐기~후 정권교체' 모델로 각인 됐다. 쌍권총 가진 자가 "상대방이 총을 먼저 내려놓으면 총을 쏘지 않겠다"고 속여놓고 잔인하게 사살하는 것이 미국식 타협(대결) 방식이 되어있다.

2003년 12월 19일, 카다피가 이끌던 리비아는 핵무기를 비롯한 모든 대량살상무기와 장거리미사일 프로그램의 폐기와 더불어 국제기구의 사찰을 허용하겠다고 발표했다. 영국을 통해 2003년 초 미국에 핵 포기 의사를 전한 뒤 미국과 리비아가 비밀협상을 한 결과였다. 리비아는 1단계 조치로 2004년 1월 포괄적핵실험금지조약CTBT에 가입하고, 2단계로 국제원자력기구IAEA와 화학무기금지기구의 사찰을 허용하는 한편 스커드 미사일 등 핵·미사일 장비를 미국으로 이송했다.

미국은 보상조치로 2004년 4월 경제제재를 해제하고, 6월 리비아에 연락사무소를 설치해 24년 만에 외교관계를 회복했다. 같은해 9월 리비아에 대한 경제제재는 공식해제 됐다. 이어 대량살상무기 완전 폐기라는 3단계 조처가 이뤄지자, 미 국무부는 2005년 10월 리비아 내 핵 프로그램 활동의 중단을 발표했다. 미국은 이듬해 5월 연락사무소를 대사관으로 승격하고, 6월엔 리비아를 25년 만에 테러지원국 명단에서 삭제했다.

'해피엔딩'으로 보였던 '리비아 모델'은 카다피가 핵을 포기한 지 8년 만에 산산조각이 났다. 2011년 '아랍의 봄'의 소용돌이 속에서 서방의 공습에 직면한 카다피는 결국 미국이 지원한 반군에 의해 살해됐다. 당시 서방의 리비아 공습에 대해 북한 외무성 대변인은 "「리비아 핵포기 방식」이란 바로 안전담보와 관계개선이라는 사탕발림으로 상대를 얼려넘겨 무장해제를 성사시킨 다음 군사적으로 덮치는 침략방식"이라고 비판했다.(한겨레, 2018.4.23. 김지은 기자)

○ **국제원자력기구 IAEA : International Atomic Energy Agency**

원자력의 평화적 이용을 위하여 창설된 국제기구. 1955년 워싱턴에서 기초한 헌장을 유엔본부의 국제회의에서 채택, 1957년에 발족하였다. 국제연합회 아래 설치된 준독립 기구로서, 원자력의 평화적 이용을 촉진하고 원자력이 군사적으로 전용되는 것을 통제하는데 목적을 두고 있다. 또한 핵확산금지조약NPT의 준수를 감시하고 있다. 회원은 130개 국이고, 집행기관은 35개국으로 구성된 이사회이며 본부는 오스트리아의 빈에 있다. 한국은 1956년 창설 회원국으로 가입했다. 북조선은 1974년 가입했다가 1994년 6월 13일 탈퇴하였다. 한편 1989년 9월 25일 한국이 이사국(통산 8회)에, 정근모 박사가 33차 총회의장에 피선되었다.

○ **포괄적 핵실험금지조약 CTBT : Comprehensive Nuclear Test Ban Treaty**

핵실험 전면금지조약이라고도 한다. 1996년 9월 유엔총회에서 결의안이 채택된 CTBT는 비핵국가들이 1995년 5월 핵확산금지조약NPT의 무기한 연장에 합의해 주면서 핵보유국들로부터 받아낸 것.당시 비핵국들은 NPT가 핵보유국들의 핵독점을 계속 인정하면서 비핵국들의 핵무기 보유를 제한하는 불평등조약이라며 핵보유국들에 대해 ▷ 포괄적인 핵실험 금지 ▷ 보유핵무기 감축을 위한 체계적인 노력을 NPT합의 조건으로 내놓았었다. 5대 핵강국인 미국·러시아·영국·프랑스·중국을 포함해 현재까지 모두 154개국이 서명했으며, 51개국이 비준했다. 이 조약이 공식 발효되기 위해서는 핵능력을 보유했거나 개발 중인 것으로 알려진 나라들을 포함, 국제원자력기구IAEA에 원자로 보유국으로 보고된 44개국 모두가 비준해야 한다. 그러나 이들 중 26개국만이 비준한 상태이고, 5대 핵강국 중에서는 영국과 프랑스만 비준했다. 한국은 1999년 9월 24일 44개국 중 22번째로 비준했다.

○ **NCND Neither Confirm Nor Deny 정책**

미국의 핵전력·핵병기의 해외 주둔 혹은 해외 반입과 관련하여 그 사실 여부에 대한 문제 제기가 있을 경우, 그에 대해 미국이 「확인도 부인도 하지 않는 정책」을 말한다. NCND정책은 1950년대에 만들어진 미국의 국내법(맥마흔법)에 근거를 두고 있다. 1991년에 북조선의 핵개발을 포기시키는 방안의 하나로 주한미군의 핵 철거가 거론되면서 NCND정책에 대한 논란이 다시 일었다. 자기들의 무기 소재는 밝히지 않고 상대방의 것은 숨김없이 까발히게 하는 지극히 불공정한 잣대를 가지고 있는 제국주의적 관행이 여전히 판을 치고 있다.

4. 조선과 미국 정상, 비핵화와 안전보장 상호보장 선언

1) 전쟁 68년만에 찾은 평화분위기 신뢰로 지키자 약속

도널드 트럼프 미국 대통령과 김정은 북조선 국무위원장이 2018년 6월 12일 싱가포르에서의 역사적 정상회담을 통해 '완전한 비핵화'와 '대북 안전보장'을 약속하고 상호신뢰 구축을 명시한 공동성명에 합의했다. 한국전쟁 이래 68년간 지속돼온 양국 간 적대관계를 종식하고 한반도 평화 정착을 향한 첫걸음을 내디딘 것으로 트럼프 대통령과 김 위원장은 이날 오전 9시(한국시각 오전 10시) 싱가포르 센토사섬 카펠라호텔에서 단독 정상회담과 확대 정상회담, 업무오찬으로 이어지는 140여분간의 '세기의 담판'을 통해. 전문과 4개항의 합의사항을 담은 공동성명에 합의하고 서명했다.

(1) 강자의 핵협박 때문에 애써 만든 억지력, 무력 협박에 다시 무너져

공동성명은 전문에서 "트럼프 대통령은 북한에 안전보장을 제공하기로 약속하고, 김 위원장은 완전한 한반도 비핵화에 대해 확고하고 변함없는 공약을 확인했다"고 명시했다. 이는 북한의 핵무기 개발이 체제 보호에 일차적 목적이 있음을 미국 쪽이 이해하면서, 비핵화와 체제 안전보장이라는 양쪽의 요구를 서로 맞바꾸는 형태를 띠고 있다.

무엇보다 공동성명은 "상호 신뢰 구축이 한반도 비핵화를 촉진한다는 점을 인정한다"고 밝혔다. 이는 북-미 간 상호 신뢰 구축이 신속하게 이뤄질수록 북한도 조속한 비핵화 조처를 시행할 수 있음을 시사한 것으로 볼 수 있다. 북한이 요구해온 일종의 '행동 대 행동' 방식에 대해 미국이 암묵적으로 인정하는 듯 한 복선을 깔고 있다.

또한 상호 신뢰 구축을 위해 가장 효과적인 수단이 정상간 교류인 점을 고려하면, 트럼프 대통령과 김 위원장이 앞으로 수차례의 정상회담을 통해 '톱다운' 형식(포괄적인 틀을 짠 후 세부를 결정해가는 방식)으로 북핵 문제 해결의 추동력을 확보하겠다는 의지를 내비친 것으로 풀이된다. 실제로 트럼프 대통령은 최근 비핵화는 과정이며 "수차례의 정상회담"을 할 수 있음을 여러 차례 밝힌 바 있다.

이를 반영하듯 공동성명은 "트럼프 대통령과 김 위원장은 새로운 북-미 관계 수립과 관련된 쟁점들에 대한 선택지를 놓고 포괄적이고 깊이 있고 진지하게 의견 교환을 했다"

싱가포르 카펠라 호텔 회담장 로비에서 트럼프 대통령과 김정은 국무위원장의 첫 만남.(2018년 6월 12일 오전 9시 4분)

북미공동합의문 서명(2018년 6월 12일 오후 1시 40분부터 약 10분간)

고 밝혔다. 공동성명에 명시되지는 않았지만, 북-미 양쪽이 향후 구체적 조처들을 합의·실행할 길을 열어 놓은 것으로 평가할 수 있다.

합의 조항을 보면, 1항은 '새로운 북-미 관계 수립', 2항은 '한반도 평화체제 구협', 3항은 '4.27 판문점 선언'에 입각한 '완전한 비핵화', 4항은 미군 전쟁포로 실종자(POW·MIA) 유해 발굴 재개를 담고 있다. 1항과 2항은 3항, 즉 '완전한 비핵화'에 대한 미국 쪽의 상응조처 성격을 띠고 있다. 미군 전쟁포로·실종자 유해 발굴은 북-미 간 신뢰 구축

긴장감 도는 확대회담. 도널드 트럼프 미국 대통령과 김정은 북한국무위원장이 6월 12일 싱가포르 센토사섬 카펠라호텔에서 확대회담을 갖고 있다. 왼쪽부터 시계 방향으로 리용호 북한 외무상, 김영철 통일전선부장, 김 위원장, 김주성 외무성 통역요원, 리수용 북한 노동당부위원장 겸 국제부장, 존 캘리 백악관 비서실장, 이연향 미국 국무부 통역국장, 트럼프 대통령, 마이크 폼페이오 미국 국무장관, 존 볼턴 백악관 국가안보보좌관. 싱가포르 /AP 연합뉴스

을 위한 첫 조처로 지난 2000년 조명록 북한 국방위원회 제1부위원장이 방미했을 때 양쪽이 합의한 사항이다.

이번 공동성명은 포괄적인 문제 해결의 큰 틀을 정하고 세부 계획은 실무협의에 맡기는 전형적인 '정상 간 합의'의 성격을 띠고 있다. 상세한 세부 실행계획을 담는 대신 원칙과 목표를 제시하는데 중점을 뒀기 때문이다. 향후 실행계획은 양국간 후속 실무회담을 통해 구체화될 것으로 예상된다. 트럼프 대통령이 밝힌 것처럼 이번 정상회담은 비핵화 및 북-미 관계 개선을 향한 "과정의 첫 시작"인 셈이다.

다만, 이번 공동성명이 포괄적이고 원칙적이라는 점에서 조속한 시일 내에 구체적인 조처 이행으로 가시화되지 않으면 11월 중간선거를 앞둔 미국 내에서 정치적 논란이 불거질 수 있다. 외교적 구속력이 강한 공동성명에 '완전하고 검증 가능하며 불가역적인 핵 폐기'(CVID)가 문서화된 형태로 담겨 있지는 않기 때문이다. 마이크 폼페이오 국무장관이 회담 전날까지 시브이아이디를 북한에 촉구하고 검증의 중요성을 강조한 점을 근거로 미국 민주당이나 전문가들이 '과거 합의와 다른 게 무엇이냐'는 비판을 할 가능성이 있

어 보인다. (『한겨레』 2018.6.13.싱가포르/이용인 특파원)

◎ **북미 정상회담 공동성명 전문**

도널드 트럼프 미국 대통령
과 김정은 조선민주주의인민공
화국 국무위원장은 2018년 6
월12일 싱가포르에서 역사적
인 첫 정상회담을 열었다.

트럼프 대통령과 김정은 위
원장은 미국-조선민주주의인
민공화국의 새로운 관계 설정
과 관련된 문제들과 조선반도

의 항구적이며 공고한 평화체제 구축에 대해 포괄적이고 깊이 있고 진지한 의견을 교환
했다. 트럼프 대통령은 조선에 안전 보장을 제공하기로 약속했고, 김정은 위원장은 조선
반도의 완전한 비핵화에 대한 그의 확고하고 흔들림 없는 약속을 재확인했다.

미국-조선민주주의인민공화국의 새로운 관계구축은 조선반도의 평화와 번영에 기여
할 것이라는 점을 확신하고, 상호신뢰 형성이 조선반도의 비핵화를 촉진할 수 있다고 인
식하며 트럼프 대통령과 김정은 위원장은 다음과 같이 선언한다.

1. 미국과 조선민주주의인민공화국은 평화와 번영을 위한 양국 국민의 바람에 맞춰
   미국과 조선민주주의인민공화국의 새로운 관계를 수립하기로 약속한다.
2. 양국은 한반도의 지속적이고 안정적인 평화체제를 구축하기 위해 함께 노력한다.
3. 2018년 4월 27일 판문점 선언을 재확인하며, 조선민주주의인민공화국은 조선반
   도의 완전한 비핵화를 향해 노력할 것을 약속한다.
4. 미국과 조선민주주의인민공화국은 이미 확인된 유해의 즉각적 송환을 포함해 (한
   국전쟁의 미군) 포로·실종자들의 유해 발굴을 위해 노력하기로 약속한다.

역사상 처음 열린 미국-조선민주주의인민공화국 정상회담이 두 나라 사이에서 수십
년에 걸친 긴장과 적대를 극복하고, 새로운 미래를 여는 데 매우 큰 중요성을 갖는 획기
적 사건이라는 점을 인식하며 트럼프 대통령과 김정은 위원장은 이 공동성명에 있는 조
항들을 완전하고 신속하게 이행하기로 약속한다. 미국과 조선민주주의인민공화국은 정
상회담의 성과를 이행하기 위해 마이크 폼페이오 국무장관과 그에 상당하는 조선 고위

당국자가 후속 회담을 가능한 한 빨리 열기로 약속한다.

트럼프 미국 대통령과 김정은 조선민주주의인민공화국 국무위원장은 새로운 양국 관계의 발전과 조선반도와 세계의 평화, 번영, 그리고 안전을 위해 협력하기로 약속한다.

(2) 트럼프 평양 갈 것, 김정은도 백악관 초청 수락

도널드 트럼프 미국 대통령이 김정은 조선국무위원장과의 세기적인 싱가포르 정상회담을 마친 뒤 곧바로 2차 북-미 정상회담 개최 가능성을 내비치며 북-미 정상간 '교차 방문' 의지를 확인했다. 다음 정상회담 장소가 평양이 될지, 백악관이 될 지에도 관심이 쏠리고 있다.

트럼프 대통령은 12일 싱가포르 센토사섬에 있는 카펠라호텔에서 김 위원장과 사상 첫 북-미 정상회담을 마친 뒤 기자회견을 열어 "특정 시점, 적절한 시기에 (평양에) 갈 것"이라며 "아주 고대하고 있다. 나 역시 적절한 시기에 김 위원장을 백악관에 초청할 것"이라고 밝혔다. 그는 이어 "김 위원장도 (초청을)받아들였다"고 말했다

트럼프 대통령은 이날 오후 카펠라호텔에서 회담을 마친 뒤 김 위원장과 함께 공동성명에 서명하는 자리에서도 김정은 위원장을 미국 백악관에 초청할 의향이 있는지를 묻는 기자의 말에 "당연히 그렇게 할 것이다"(abolutely I will)라고 자신 있게 답하기도 했다.

트럼프 대통령은 2차 북-미 정상회담 장소가 평양일지, 워싱턴일지를 묻는 말에 "아직 확정하지 않았다"면서도 "추가적인 정상회담을 할 필요가 있다"고 했다. 그러면서 "사실 내가 기대한 것보다 훨씬 더 (회담이) 잘됐다고 생각한다. 너무 기대감을 고조시키고 싶지 않지만, 잘 맞았기 때문에 이렇게 빨리 진행됐다고 생각한다"고 덧붙였다. 다만, 트럼프 대통령이 백악관 초대를 계속 강조하고 있는 듯한 뉘앙스인 반면, 북측은 트럼프 대통령의 '선 평양 방문'을 요구할 가능성이 높아 향후 협상을 통해 조정이 필요할 것으로 예상된다.

사실, 트럼프 대통령은 북-미 정상회담을 여러 차례 할 것이라고 이미 예고한 바 있다. 그는 지난 7일(현지시각) 백악관에서 아베 신조 일본 총리와 회담한 뒤 기자회견에서 "(대북 체제안전보장과 북-미 관계 정상화가) 한 번의 만남에서 다 될 것이라고 생각하지 않는다. 그보다는 오래 걸릴 것"이라며 북-미 정상 사이에 추가적인 대화가 필요하다는 점을 강조한 바 있다.

2차 정상회담 시기에 대해 트럼프 대통령은 이날 구체적으로 밝히지 않았다. 하지만 다음 정상회담 시기는 가을쯤이 가장 가능성이 높을 것으로 전문가들은 내다봤다. 트럼프 대통령이 오는 11월 중간선거를 앞두고 있기 때문이다. 지난 6일(현지시각) 『블룸버그』통신은 미국 당국자 2명을 인용해 2차 정상회담 시기에 대해 "아마도 가을쯤"이라고 짚은 바 있다.

다만, 2차 정상회담이 열리려면 북의 비핵화와 미국의 대북 체제안전보장과 관련해 6·12 북-미 공동성명 내용보다 훨씬 구체적인 로드맵(계획안)이 나오거나 미국 내 여론을 움직일 수 있는 북측의 상당한 '비핵화 조처'가 있어야 할 것이라는 지적도 나온다. 구갑우 북한대학원대 교수는 "트럼프 대통령이 2020년 대선에서 재선을 노린다면 비핵화및 체제안전보장에 대한 구체적 합의에 속도를 높일 수밖에 없다"고 짚었다.(『한겨레』 2018.6.13.싱가포르/노지원 기자)

(3) 트럼프 단독 기자회견, "한미 연합훈련 중단할 것"이라 밝혀

도널드 트럼프 미국 대통령은 12일 싱가포르에서 사상 첫 북-미 정상회담을 마친 뒤 기자회견을 열어 "김정은 위원장이 비핵화 과정을 곧 시작할 것"이라며 그 과정이 진행되는 만큼 한-미 연합 군사훈련을 중단하겠다고 밝혔다. 트럼프 대통령은 오후 4시16분(현지시각) 회담장인 센토사섬의 카펠라호텔에서 1시간5분에 걸친 기자회견을 열어 이번 회담에 대한 소감을 밝히고 문답을 주고받았다.

기자회견의 핵심은 트럼프 대통령이 한-미 연합훈련 축소 가능성을 언급한 점이다. 그는 "워게임(군사훈련)은 비용이 많이 들고 도발적"이라며 "북한과 포괄적인 협상을 하고 있는데 워게임은 적절하지 않다"고 말했다. 이어 "(훈련을 위해) 괌에서 (한반도로) 날아가는 데 6시간 반 걸리고 정말 많은 비용이 든다"며 "(훈련을 중단하면) 첫째, 돈이 많이 절약되고 둘째, 그들(북한)이 감사하게 여긴다"고 했다. 북-미가 새로운 관계 구축과 비핵화, 평화체제 구축을 위한 본격 대화를 시작한 만큼, 북한과 우호적 분위기를 유지하고 국방예산 절감 등 경제적 이익도 챙기겠다는 뜻을 밝힌 것이다. 북한은 이를 그동안 요구해온 '적대행위 중단'을 미국이 수용한 것으로 받아들일 수 있다.

트럼프 대통령은 주한미군 감축에 관해서는 "지금은 축소하지 않을 것"이라면서도 "미래에 협상하기에 따라 달라질 수는 있다"며 장기 의제가 될 수 있음을 내비쳤다. 그는 "(주한미군을 감축하면) 비용을 줄일 수 있을 것"이라고 덧붙였다.

트럼프 대통령은 이런 조처들을 언급하면서 '평화'와 '생명'을 강조해 눈길을 끌었다. 그는 "전쟁이 끝나지 않았다. 하지만 이제 우리 모두는 전쟁이 곧 끝날 것이라는 희망을 가질 수 있다. 전쟁은 끝날 것이다"라고 말했다. 그렇지만 '종전 선언'을 직접 언급하지는 않았다.

트럼프 대통령은 또 '북한이 약속 이행을 하지 않을 때 군사적 결과가 무엇이냐'는 질문에 "위협적으로 보이기 싫다. 서울에는 2만8000명의 국민(주한미군)이 있다. 2천만~3천만명이 목숨을 잃을 수도 있다"며 신중한 태도를 보였다. 그는 지난해엔 "화염과 분노"fire and fury 등의 표현을 써가며 북한에 군사적 위협을 가했다.

트럼프 대통령은 미국이 이런 조처를 할 만큼 김정은 위원장의 비핵화 의지가 굳건하다는 점을 적극 강조했다. 두 정상이 서명한 공동성명에 미국이 강하게 요구해온 '완전하고 검증 가능하며 불가역적인 비핵화'CVID 대신 '완전한 비핵화'라고만 명시됐지만, 큰 차이가 없다는 것이다. 그는 '공동성명에 시브이아이디가 빠졌다'는 질문에 "그렇지 않다. 더 이상 명확하게 말할 순 없다. 서로 안전보장에 대해 대화를 나눴고, '한반도의 완전한 비핵화'를 문안에 포함시켰다"고 말했다.

특히 "김 위원장이 (비핵화를) 이행할 것이라고 믿는다. 북한에 도착하자마자 많은 사람들을 기쁘고 안전하게 만들 프로세스(과정)를 시작할 거라고 본다"고 말했다. 그러면서 마이크 폼페이오 국무장관 등이 주도할 후속 협상이 다음 주에 열릴 것이라고 말했다. 트럼프 대통령은 "김 위원장이 주요 미사일 엔진 시험장을 파괴하겠다는 약속을 했다"는 점도 여러 차례 강조했다. 그는 기자회견 직전 미국 〈에이비시〉ABC 방송 인터뷰에서도 "김 위원장이 모든 곳을 비핵화할 것"이라고 말했다.

다만 그는 북한의 비핵화 완료까지 상당한 시간이 걸릴 것이라는 점도 분명히 했다. 그러면서 "최대한 서두르겠다"고 강조했다. 트럼프 대통령은 "북한이 상당한 양의 핵무기를 갖고 있다고 생각한다. 시간이 걸린다"며 "하지만 이 프로세스에서 어떤 지점을 넘어가면 되돌리기 어렵게 된다는 게 중요하다. 기계적으로, 물리적으로 최대한 빨리 할 것"이라고 말했다. 비핵화 검증에 관해서는 회견 뒤 기자들과 만나 "전체적이고 완전하게 체크할 것"이라고 강조했다.

트럼프 대통령은 회견에서 '평양을 방문할 계획이 있느냐'는 질문에 "적절한 시기에 방문할 예정이고, 김 위원장도 적절한 시기에 미국으로 초청하겠다"고 말했다. 다만 북한과 국교 수립을 뜻하는 미국대사관을 설치하는 문제에 대해서는 "아직 그 얘기를 하기엔 이른 것 같다"고 했다. (『한겨레』 2018.6.13.싱가포르/황준범·노지원 기자)

2) 김정은의 자발적 '비핵화' 실천 의지에 감동받았다고

(1) 강자로서 CVID 강요하던 미국, 스스로도 무리하다고 생각

12일 싱가포르에서 진행된 김정은 조선 국무위원장과 도널드 트럼프 미국 대통령의 '세기의 회담'이 목표로 삼고 있던 비핵화 프로세스는, 요약하면 '자발적 비핵화'라고 잠정적으로 개념화할 수 있다. 달리 표현하면, '김정은의 선先 조처, 트럼프의 호응'이 선순환하는 방식이다.

'네가 하는 만큼 나도 한다'는 '성악설'에 밑받침된 2005년 6자회담 9·19 공동성명의 "'공약 대 공약' '행동 대 행동' 원칙"의 '엄격한 상호주의'에서, '호혜주의'로의 전환인 셈이다. '성악설'에서 '성선설'로의 패러다임 전환이라 할 만하다. '말 대 말, 행동 대 행동'은 그동안 특히 북쪽이 강조해온 원칙이다.(약속을 하더라도 강자가 번번이 약속을 깨버리니까 믿을 수가 없어서 취한 구차한 약속)

예컨대 트럼프 대통령은 김 위원장과 '공동성명' 합의·서명·발표 뒤 진행한 기자회견에서, '완전하고 검증 가능하며 되돌릴 수 없는 비핵화CVID는 어디로 갔냐'는 기자들의 집요한 추궁에도, "(김 위원장을) 정말로 신뢰한다"거나 "신뢰하지 않았다면 서명하지 않았을 것"이라거나 "김 위원장의 (핵폐기) 의지를 확인했다"고 거듭 강조했다. 김 위원장은 "우리의 발목을 잡는 과거, 눈과 귀를 가리우는 편견과 관행을 모두 이겨내고 이 자리까지 왔다"며 "세계는 아마 중대한 변화를 보게 될 것"이라고 결연한 의지를 밝혔다.

사실 김정은 위원장은 핵탄두를 포함한 '실물'을 내놓지 않았다. 트럼프 대통령도 북-미 수교나 대북 경제제재 해제 등 '실물'을 건네지 않았다. 그런데도 두 정상이 '성공적인 회담'이라고 자평하는 데에는 이런 공감이 있었기 때문으로 판단된다. 비핵화 관련 구체적·획기적 조처가 공표되지 않았다 해서 '속 빈 강정 같은 회담'이라 예단하기 어려운 정황이다.

김 위원장과 트럼프 대통령의 회담 뒤 공개된 「공동성명」에 담긴 비핵화 관련 문구는 딱 세 문장이다. 전문에 두 문장, 본문에 한 문장이다. "4·27 판문점 선언을 재확인하며, 북한은 한반도의 완전한 비핵화를 향해 노력한다고 약속한다"(3항)는, '목표' 규정이다. 판문점 선언은 "완전한 비핵화를 통해 핵 없는 한반도를 실현한다는 공동의 목표를 확인했다"(3조 4항)고 명기하고 있다. '완전한 비핵화'가 시브이아이디를 염두에 뒀다면, '핵 없는 한반도'는 '한반도 비핵화 공동선언'(1991년 12월31일 채택)을 염두에 둔 표현이다. 한반도 비핵화 공동선언은 핵무기의 시험·제조·생산·접수·보유·저장·

배비·사용 금지(1조), 핵 재처리 시설과 우라늄 농축시설 보유 금지(2조)를 규정하고 있다.

이런 비핵화 목표를 달성하는 북·미의 태도와 방법론은 전문의 두 문장에 담겨 있다. '호혜'와 '신뢰'가 열쇳말이다. "김정은 위원장은 한반도의 완전한 비핵화를 향한 흔들리지 않는 확고한 약속을 재확인했다"는 문구는, "트럼프 대통령은 북한의 안전보장을 제공하기로 약속했고"라는 문구와 한 문장으로 묶여 있다. '비핵화-안전보장'의 맞교환이다. '호혜'다. "상호 신뢰 구축(mutual confidence building)이 한반도 비핵화를 촉진할 수 있다고 인정"한다는 문구는, "새로운 북-미 관계 수립이 한반도와 세계 평화·번영에 이바지하리라 확신"한다는 문구와 한 문장으로 엮여 있다.

김 위원장과 트럼프 대통령이 '일대일 담판'을 통해 교감한 비핵화 프로세스의 핵심 동력원이자 방법론은 결국 「상호 신뢰 구축이 촉진하는 비핵화」다. 지금껏 해온 방식대로, 다만 좀 더 속도를 높여서 풀어가자는 얘기다.

예컨대 김 위원장은 4월20일 노동당 중앙위 7기 3차 전원회의에서 '경제·핵무력 건설 병진노선' 종료를 선언하고, △핵실험, 대륙간탄도미사일 발사 시험 중단 △북부(풍계리) 핵시험장 폐기 등을 약속·실천했다. 그러자 트럼프 대통령은 5월10일 북-미 정상회담의 시간·장소를 확정·발표했다. 트럼프 대통령은 이날 회담 뒤 기자회견에서 "김 위원장이 미사일 엔진 시험장 폐쇄를 약속했다. (평양에) 도착하자마자 많은 사람들이 기뻐할 프로세스를 시작할 것"이라고 강조했다. 김 위원장이 추가 비핵화 조처를 (일방적으로) 취하리라는 예고다. 그러고는 "비핵화는 시간이 많이 걸리지만 기계적·물리적·과학적으로 가능한 한 최대한 빨리 할 것"이라며 "되돌릴 수 없다고 판단될 때 제재를 해제할 수 있을 것"이라고 덧붙였다.

이종석 전 통일부 장관은 "트럼프 대통령이, 김 위원장이 제안한 '자발적 비핵화' 방식에 공감한 것 같다"며 "김 위원장이 조만간 이번 회담의 성과를 토대로 상당히 획기적인 조처를 취하리라 예상된다"고 말했다. (『한겨레』 2018.6.13. 이제훈 선임기자)

(2) 비핵화 의지 확인, 북의 핵심요구인 '군사위협 중단' 약속

도널드 트럼프 미국 대통령이 12일 김정은 북한 국무위원장의 "완전한 비핵화" 의지를 재확인하면서 상응 조처로 "북한에 안전 보장을 제공"하기로 확약했다. 특히 안전 보장의 '초기 조처'로 '한-미 연합훈련 중단'이라는 큰 유인책을 제시했다. 의도했든 의도하지 않았던 한-미 동맹과 동북아 안보 지형에 상당한 지각변동이 있을 수 있다는 예상도 나오고 있다.

트럼프 대통령이 김 위원장과의 첫 정상회담 뒤 기자회견에서 "한-미 연합군사훈련 중단"과 함께 "위협적 언사를 하고 싶지 않다"고 밝힌 것은, 북한의 비핵화를 촉진하기 위해 현 단계에서 미국이 제공할 수 있는 '안전 보장'의 가장 확실한 '실물'을 보여줬다고 할 수 있다.

트럼프 대통령은 공동성명에 나오는 '대북 안전 보장'의 의미를 묻는 질문에 "우리는 워게임war game을 중단할 것"이라고 밝혔다. 당장 주한미군 철수는 없지만 대신 한-미 연합훈련은 비용 문제를 들며 중단을 시사한 것이다.

그는 한-미 연합훈련이 "매우 도발적"이라며 "우리가 포괄적인 합의를 하는 상황에서 워게임(군사훈련)을 하는 것은 부적절하다"고 강조했다. 아울러 합의가 제대로 지켜지지 않을 경우 북한에 대한 군사적 조처를 묻는 질문에도 다시 한번 "위협적 언사를 하고 싶지 않다"고 말했다.

트럼프 대통령의 이런 발언은 김 위원장의 8월 을지프리덤가디언UFG 훈련 중단 요구에 따른 것이었을 가능성이 높아 보인다. 김위원장은 지난 3월 남쪽의 대북특사단에게 "한반도 정세가 안정적으로 진입하면 한-미훈련이 조절될 수 있을 것으로 기대한다"고 밝힌 바 있다. 북쪽은 또 지난달 남북 고위급회담의 연기를 통보하면서 한-미 연합공중훈련을 들어 "정세 흐름에 역행하는 고의적인 군사적 도발"이라고 반발했다. 트럼프 대통령의 이번 발언 맥락과 맞닿아있다.

그간 한-미 연합훈련은 북한이 '대북적대시 정책'의 일환이자 '군사적 위협'의 핵심으로 간주하고 반발하면서 한반도 긴장을 고조시킨 요인이었다. 다만, 다른 측면에서 연합훈련은 한-미 동맹의 핵심 고리로 자리잡아왔다는 점에서 트럼프 대통령이 축소·조정이라는 '연착륙'보다는 '경착륙'을 택한 것은 상당히 파격적이라고 할 수 있다. 미군은 연합훈련을 동맹 관계의 가장 기본적인 축으로 삼고 있기 때문이다. 1976년 처음 실시된 한-미 연합훈련은 1992년 북-미 회담을 앞두고 일시적으로 중단됐으나 1993년 재개돼 현재까지 진행되고 있다.

또한 연합훈련 중단은 동북아 안보지형에도 어떤 식으로든 영향을 끼칠 것으로 예상된다. 조성렬 국가안보전략연구원 수석연구위원은 "한-미 군사연습이 미-일 안보와 연계되는 고리인 만큼 만약 중단된다면 한반도 냉전구조 해체를 통해 동북아 다자안보질서를 형성하는 모멘텀을 제공할 수 있을 것"이라고 분석했다.

트럼프 대통령의 '연합훈련 중단' 발언에 주한미군 쪽은 "(한-미 연합) 훈련의 실행 혹은 중단에 대한 새로운 지침을 받은 것이 없다. 새 지침을 받을 때까지 한국 정부와 협력하는 가운데 현재의 군사대비태세를 유지하겠다"는 입장을 밝혔다. 국방부도 "현 시점에서는 트럼프 대통령 발언의 정확한 의미나 의도 파악이 필요하다"며 직접적 반응을 피했다. 한·미 군 당국 모두 신중한 태도를 보이고 있으나, 트럼프 대통령이 이날 여러 차례에 걸쳐 '공언'한 만큼 적어도 8월 을지프리덤가디언 훈련이 취소되거나 대폭 축소돼 진행될 것으로 관측된다.

두 정상은 이번 회담을 앞두고 예상됐던 경제 제재 해제나 상호 연락사무소 설립 등에는 합의하지 않았다. 트럼프 대통령은 대북 경제 제재에 대해서는 '비핵화의 구체적 진전 이후 해제한다는 기존 입장을 고수했고, "북-미 수교는 가능한 한 빨리 하기를 원하나 지금은 시기 상조"라고 했다. (『한겨레』 2018.6.13.싱가포르/김지은 기자·박병수 선임기자)

◎ 상대방의 턱밑의 군사훈련은 선제공격에 가까운 평화 파괴 협박

적대하고 있는 상대방의 턱밑에서 수시로 벌이는 '상륙작전훈련'이나 공격지점을 비스듬히 내려다보면서 하는 '공중폭격연습'은 사실상의 선제공격과 똑같은 도발 협박 행위라고 할 수 있다.

더구나 맹방 한국의 방위무력을 강화시킨다는 구실을 붙여 왕년에 강제합병으로 식민지 무력통치를 했던 일본제국과 한국에 상시 주둔하면서 「군사작전지휘권」까지 쥐고 있는 미국이 연합하여 벌이는 합동훈련의 경우, 약소국 북조선 뿐만 아니라 한반도 전체 주민들의 공포와 협박의 대상이 될 수밖에 없다. 이들의 무력적 강압태도는 우방이 아니라 동족끼리 영구적으로 살육전쟁을 벌이도록 부추기는 잔인한 숙적이라 할 수 있다.

아마 일본이나 미국의 입장에서는 이번 북조선측의 '비핵화'라는 양보자세를 자신들의 무력 협박과 무도한 경제제재의 고통에 항복하는 것으로 볼 것이 틀림없다. 아무튼 지금은 제대로 된 항복을 받아내기 위해 당근을 제공할 터이지만 비핵화가 완결되면 그 순간부터 태도는 바뀌어질 가능성이 높다.

이번의 경우도 그렇고 지나간 역사 경험도 언제나 선제 도발자는 그들이었고, 지배상황을 완성하는 것도 언제나 승리욕·정복욕이 끝없이 강한 그들이었으니까.

(3) 종전終戰 선언도, 평화협정 가능성도 높아져

12일 싱가포르에서 열린 김정은 북조선 국무위원장과 도널드 트럼프 미국 대통령의 성공적인 북-미 정상회담으로 남-북-미 정상이 함께 한국전쟁의 종식을 선언할 날도 가시권에 들어왔다. 트럼프 대통령은 이날 회담 직후 연 기자회견에서 "전쟁이 곧 끝날 것"이라며 종전선언이 조만간 이뤄질 가능성을 언급했다.

현재로선 남-북-미 정상의 종전선언이 언제, 어떤 방식으로 이뤄질지 명확하지 않다. 김 위원장과 트럼프 대통령이 이날 합의한 포괄적인 공동성명 이외에, 두 정상이 나눈 '미사일 엔진 시험장 폐쇄' 등 한반도 비핵화와 북한 체제안전보장 등에 관한 구체적인 조처의 이행 속도에 연동될 것으로 보인다.

북-미 정상회담을 예의주시해왔던 청와대도 종전선언과 관련해선 앞서가지 않으려는 듯 말을 아끼고 있다. 청와대는 애초 북-미 정상회담 이전엔 문재인 대통령의 싱가포르 합류 가능성을 기대했고 그 가능성이 낮아지자 정전협정 체결 65주년이 되는 다음달 27일 판문점에서 종전선언을 추진하는 방안을 모색했다. 다만 이날 싱가포르 북-미 정상회담 직후엔 기류가 바뀌는 분위기도 감지된다. 그동안 종전선언은 구속력은 없지만, 냉전체제 해체 및 평화협정으로 가는 징검다리 구실을 한다는 점에서 의미있게 받아들여졌다. 청와대 안에선 이날 북-미 정상의 한반도 비핵화와 북한의 체제안전보장 합의는 이런 종전선언이 굳이 필요하지 않을 정도로 '속도감' 있게 진행됐다는 평가가 나온다. 북-미 공동성명의 이행방안을 논의할 북-미 고위급회담이 이어지고, 트럼프 대통령의 평양 방문과 김 위원장의 백악관 방문이 거론되는 만큼, 북-미가 정치적 선언인 종전선언을 뛰어넘어 구속력이 있는 평화협정으로 직행할 수도 있다는 것이다. 청와대 관계자는 『한겨레』와 한 통화에서 "남-북-미 정상의 종전선언은 일단 북-미 고위급회담 등이 어떻게 진행되는지 봐야 할 것"이라고 말했다.

그럼에도 트럼프 대통령이 북-미 정상회담에 앞서 "종전 논의"를 거론하고 회담 뒤 기자회견에서도 '종전선언'을 공언한 만큼 적절한 시점에 추진될 가능성도 있다. 트럼프 대통령은 이날 미국으로 돌아가는 전용기 안에서 문 대통령에게 전화를 걸어 북-미 회담 결과를 직접 설명했다. 김의겸 청와대 대변인은 "두 정상은 싱가포르 회담에서 이룬 북-미 사이의 합의 내용을 완전하고 신속하게 이행하는 게 중요하다는 데 뜻을 같이하고 이를 위해 한-미가 더욱 긴밀하게 협의하고 공조해나가기로 했다"고 전했다. 정상 간 통화에서 문 대통령은 "트럼프 대통령이 북-미 정상회담에서 성공적인 결실을 맺어 한반도는 물론이고 세계의 평화를 위해 큰 토대를 놓았다"고 평가했고, 트럼프 대통령은 "김정은 위원장과의 회담 결과에 대해 실무진에서는 이루기 어려운, 그리고 기대 이상의 성과를 거두었다"며 만족감을 표시했다고 김 대변인은 밝혔다. 이와 함께 문 대통령은 14일 마이크 폼페이오 미국 국무장관을 직접 만날 예정이어서, 이 자리에서도 남-북-미 종전선

언 추진 여부 등이 논의될 것으로 보인다.(『한겨레』 2018.6.13. 김보협 기자)

◎ **북에 묻힌 미군 유해 5,500여 명,13년만에 발굴 재개될 듯**

김정은 북조선 국무위원장과 도널드 트럼프 미국 대통령이 12일 싱가포르 북-미 정상회담에서 전쟁포로 및 실종자 유해 송환에 합의함에 따라, 북조선 땅에 묻힌 미군 유해 발굴 작업이 2005년 이후 13년 만에 재개될 전망이 높아졌다. 문재인 대통령도 이날 트럼프 대통령과의 통화에서 유해 발굴 사업의 "남·북·미 공동 추진을 북측과 협의하겠다"고 밝혀, 6·25 전사자 유해 발굴이 3국간 공동 사업으로 확대될 가능성도 커졌다.

미국 국방부 산하 '전쟁포로와 실종자 담당국'은 언제든지 북한에 들어가 발굴 작업을 재개할 준비가 돼 있는 것으로 알려졌다. 미국 「자유아시아방송RFA」은 최근 대략 6개월에서 9개월이면 북선 내에 장비 반입을 끝내고 유해 발굴 작업에 들어갈 수 있을 것으로 보도한 바 있다.

미군 유해 발굴 및 송환 재개가 이번 정상회담 의제로 거론될 것이란 전망은 회담 전부터 나왔다. 이는 국제사회의 대북 제재와 무관할 뿐 아니라 북-미 간 관계 개선에 쉽게 도움을 줄 수 있는 인도주의 사업이다. 또 두 정상이 합의만 하면 언제든 재개될 수 있다. 트럼프 대통령은 이날 정상회담 뒤 기자회견에서 "전사자 유해 문제가 중요한 이슈인데 처음부터 회담 의제에 들어 있지는 않았다. 그런데 김정은 위원장이 너무나 자연스럽게 받아들여줬다. 거의 회담 마지막쯤에 우리가 이 문제를 다뤘는데 포함이 됐다"고 협의 과정을 설명했다.

문재인 대통령도 이날 유해 발굴 사업에 동참할 뜻을 밝혔다. 청와대는 문 대통령이 이날 북-미 정상회담 뒤 트럼프 대통령의 전화를 받고 "남북 사이에도 유해 발굴 사업이 합의가 된 상태이기 때문에 남·북·미가 함께 공동으로 추진하는 것을 북측과 협의하겠다"고 밝혔다고 전했다. 남북은 2007년 11월 김장수 당시 국방부 장관과 김일철 인민무력상 간의 제2차 남북 국방장관 회담에서 유해발굴 사업에 합의한 적이 있으나 이행되진 않았다. 문 대통령은 지난 6일 현충일 추념사에서 "남북관계가 개선되면 비무장지대에서 유해 발굴을 우선적으로 추진하겠다"고 밝힌 바 있다.

6·25 이후 65년 동안 북에서 송환된 남한군의 유해는 없었다고 국방부는 밝혔다. 미군의 경우는 6·25전쟁 기간에 7900여명이 실종됐고, 이 중 약 5500명이 북부에 유해로 묻혀 있을 것으로 추정된다. 지금까지 신원이 확인된 미군 유해는 452구라고 「자유아시아방송」이 최근 보도했다.

애초 미군 전사자의 유해 발굴 사업은 1988년 12월 중국 베이징에서 이뤄진 북-미 참사관 접촉에서 시작됐다. 북-미는 이후 30여 차례의 협상을 거쳐 1993년 8월 「미군 유해 송환 등에 관한 합의서」를 체결했으며, 1996년부터는 함남 장진호와 평북 운산 등에서 양국 공동으로 미군 유해 발굴 작업이 진행됐다. 그러나 2005년 5월 북측의 6자회담 참여 거부 등으로 북-미 관계가 악화되자 미국은 조선 내 미군 유해발굴팀을 신변 안전을 이유로 철수시켰다.

양국은 2011년 10월 타이 방콕에서 미군 유해 발굴 작업의 재개에 합의한 바 있다. 그러나 이듬해 4월 북측이 미국의 반대를 무릅쓰고 위성 발사를 강행하면서 이행되지 않았다. (『한겨레』 2018.6.13. 박병수 선임기자)

◎ **문 대통령, "남·북·미가 거둔 냉전 해체의 위대한 승리" 환영**

문재인 대통령은 12일 열린 싱가포르 북-미 정상회담에 대해 "지구상의 마지막 냉전을 해체한 세계사적 사건이자 미국과 남북이 함께 거둔 위대한 승리"라고 환영했다.

문 대통령은 이날 북-미 정상회담 뒤 낸 입장문에서 "역사적인 북-미 회담의 성공을 뜨거운 마음으로 축하한다"며 "6·12 센토사 합의는 지구상의 마지막 냉전을 해체한 세계사적 사건으로 기록될 것이며 미국과 남북한이 함께 거둔 위대한 승리이고 평화를 염원하는 세계인들의 진보"라고 말했다.

문 대통령은 "낡고 익숙한 현실에 안주하지 않고 과감하게 새로운 변화를 선택해준 트럼프 대통령과 김정은 위원장, 두 지도자의 용기와 결단에 높은 찬사를 보낸다"고 평가했다. 그는 도널드 트럼프 대통령을 향해 "누구도 해내지 못한 위업을 마침내 이뤄낸 데 다시 한번 경의를 표한다"고 했고, 김정은 위원장을 향해서도 "세계를 향해 과감하게 첫발을 내디딘 역사적인 순간의 주역으로 기억될 것"이라고 추어올렸다.

문 대통령은 남북, 북-미 관계가 과거로 돌아가지 않도록 하겠다는 의지도 나타냈다. 그는 "역사는 행동하고 도전하는 사람들의 기록"이라며 "이제 시작이고 앞으로도 숱한 어려움이 있겠지만 다시는 뒤돌아가지 않을 것이며 담대한 여정을 포기하지 않을 것"이라고 말했다. 또 "우리는 전쟁과 갈등의 어두운 시간을 뒤로하고 평화와 협력의 새 역사를 써갈 것이다. 그 길에 북한과 동행할 것"이라며 "합의가 온전히 이행되도록 미국과 북한, 국제사회와 아낌없이 협력할 것"이라고 말했다. 그는 "한반도에 항구적인 평화가 정착되고 공존과 번영의 새 시대가 열릴 수 있도록 대한민국 대통령으로서 혼신의 노력을 다하겠다"고 약속했다. (『한겨레』 2018.6.13. 성연철 기자)

○ **여당과 야당들도 대환영, 자유한국당은 시큰둥**

북한의 완전한 비핵화와 체제 안전 보장 등에 합의한 12일 북미 정상회담결과에 대해 자유한국당을 제외한 여야는 환영의 뜻을 밝혔다.

백혜련 더불어민주당 대변인은 브리핑에서 "(합의문에서는) 새로운 북미 관계 수립, 한반도의 항구적이고 안정적인 평화체제 구축, '한반도의 완전한 비핵화'를 확인했다"며 "오늘의 회담은 '평화의 시대가 도래'했음을 전세계에 천명한 것이고, '역사적 대전환'이라는 새 물길을 연 것"이라고 긍정적으로 평가했다. 백 대변인은 "야당 역시 '위장 평화쇼'라고 폄훼하고, 재 뿌리는 행위가 아니라 새로운 시대가 도래했음을 인정하고 초당적인 협력을 해달라"고 당부했다.

바른미래당은 북핵 폐기를 위한 구체적인 일정이 나와야 한다고 지적하면서도 "(북미가) 새로운 관계와 대화의 장을 연 것을 환영환다"고 밝혔다. 신용현 수석대변인은 브리핑에서 "오늘 합의를 통해 공고한 평화체제, 핵 없는 한반도를 만들어가겠다는 북·미 정상의 의지를 확인한 것을 긍정적으로 평가한다고 말했다.

잠정숙 민주평화당 대변인은 논평에서 "한반도 및 세계 평화의 위대한 시작을 알린 북미 정상회담 합의를 지지하고 환영한다"며 "두 정상의 통 큰 결단을 높이 평가하고 아울러 남북, 북미 정상회담 성공을 위해 매진한 문재인 대통령의 노력을 높이 평가한다고 밝혔다. 노회찬 정의당 선거대책위원장도 "냉전과 갈등의 상징이었던 한반도에 드디어 평화와 안정의 완연한 기운이 비추기 시작했다. 그 출발이 남북 정상 간의 '판문점 선언'이었다는 점에서 문재인 정권의 수고에 박수를 보낸다"는 찬사를 보냈다.

그러나 자유한국당은 북미 합의문에 '완전하고 검증 가능하며 되돌릴 수 없는 비핵화'CVID이라는 문구와 비핵화 이행 스케줄이 빠졌다며 유감과 우려의 뜻을 밝혔다. 전희경 대변인은 논평에서 "트럼프 대통령은 기자회견을 통해 한미 연합 군사훈련 중단을 밝혔고, 주한미군에 대한 입장을 피력했다"며 "자유한국당은 이 상황이 대한민국의 안보 불확실성을 높이지 않을까 하는 우려를 표한다"고 했다.(『한겨레』 2018.6.13. 김태규 기자)

◎ 조선을 끝없이 궁지로 몰아넣은 미국의 군사강압 외교

조선민주주의인민공화국과 미국의 70년(아니 200년) 역사는 '인정받으려는 자'와 '인정하지 않으려는 자'의 전쟁 같은 숨바꼭질이었다. 미국은 애초부터 북조선의 존재 자체를 인정하려 하지 않았다.

미국은 북조선을 중남미나 필리핀에서와 같이 미국이 점령·지배하던 종속령(식ㅂ민지 자치령 또는 종속 우방)에 으레(당연히) 나타나는 자주독립세력으로서의 골칫거리로, 또는 중ㄱ욱과 러시아를 대적하는데 중간 미끼로 이용하기 위해, 격퇴·멸망의 대상이자 군사훈련용 상대로만 골탕을 먹이고 있었던 것이다.

미국은 1948년 38선 남쪽 지역에서 치러진 총선을 계기로 (친일파 역적세력이 주도하는) 대한민국 정부를 한반도의 유일 합법정부이자 한반도 전역에 관할권을 지닌 국제법적 실체로 못박으려 했다. 미국의 이런 구상이 담긴 유엔 결의안 초안은, 하지만 유엔 임시조선(한국)위원회의 오스트레일리아(호주)와 캐나다의 반대로 무산됐다. 유엔 총회는 1948년 12월12일 결의 제195호(Ⅲ)를 통해 대한민국 정부를 「1948년 5월10일 선거가 이루어진 지역(또는 38선 이남)에서 수립된 유일한 합법정부」라고 한정했다.

당시 미국의 의도대로 북조선의 존재가 전면 부인됐다면 어떤 일이 벌어졌을까? 북조선을 휴전선 이북의 합법정부로 인정하는 중국·소련과 한국의 수교는 어려웠을 것이다. 남북 유엔 동시·분리 가입이나 북-일 교섭도 불가능했을 것이다. 유엔 결의 195호는 남북 유엔 가입과 북-일 교섭의 국제법적 근거였다.

존재 부인은 '더 나쁜 일'을 불러오는 악마의 주문이다. '타자 인정'은 협상·화해·공존·평화의 전제다. '타자 인정' 여부는 역사를 전혀 다른 길로 안내한다.

미국은 조선민주주의인민공화국을 아주 오래도록 국가로 인정하지 않았다. 1980년대 말~90년대 초 세계가 탈냉전의 새 시대로 질주할 때, 유독 동북아시아에선 이른바 '북한 핵 문제'라 불리는 북-미 적대관계의 질적 악화가 돌출한 배경이다. 세계 최강 제국주의 국가가 뿜어낸 오만방자한 태도였다.

1990년 9월 2~4일 셰바르드나제 소련 외무장관이 한국과 수교 방침을 통보하려고 방북했을 때, 김영남 북조선 외교부장(현 최고인민회의 상임위원장)이 이런 말을 했다. "쏘련이 남조선과 '외교관계'를 맺으면 조쏘동맹조약을 스스로 유명무실한 것으로 되게 할 것이다. 그렇게 되면 우리는 이때까지 동맹관계에 의거했던 일부 무기들도 자체로 마련하는 대책을 세우지 않을 수 없게 될 것이다."(북 내각 기관지 『민주조선』 1990년 9월19일)

소련의 핵우산이 사라지면 자체 핵억제력을 확보하려 나설 수밖에 없다는 통보이자 절규였다. '핵억제력 확보' 운운에 질겁하기보다 동북아 역내 질서 급변을 먼저 살펴야 한다. 당시 북조선은 고립되지 않으려 발버둥쳤다. 일본과 "국교관계 수립 협상"을 합의('조일관계에 관한 조선로동당, 일본의 자유민주당, 일본사회당의 공동선언', 1990년 9월28일)했다. 한-소 수교 발표 이틀 전이다. 그러나 당시 '아버지 부쉬' 미국 정부는 '핵문제'를 이유로 일본의 대북 접근을 가로막았다. 북한은 남북한 유엔 동시가입(1991년 9월 17일)→남북기본합의서(1991년 12월 13일)→한반도 비핵화 공동선언(1991년 12월 31일) 등을 통해 생존의 혈로를 뚫으려 했다. 결과는 '고립무원'이었다. 남쪽은 소련(1990년 9월 30일)에 이어 중국(1992년 8월 24일)과도 수교하며 대륙으로 가는 길을 열었다. 하지만 북은 미국은 물론 일본과도 관계를 정상화하지 못했다. 많은 전문가들이 '북핵 문제'를 북-미 적대관계(군사 협박)의 부산물로 규정하고, 한반도 냉전구조 해체의 큰 그림 속에서만 '답'을 찾을 수 있다고 지적하는 이유다.

만약 1990년대 초반 한-소, 한-중 수교와 병행해서 북-미, 북-일 수교가 이뤄졌다면, 한반도·동북아가 21세기의 두번째 십년에도 탈냉전 세계 질서에서 뒤처져 '냉전의 외딴섬'으로 남아 서로 갈등하는 일은 없었을 터이다. 이른바 '북핵 위기'는 동북아 네트워크의 '미싱 링크'(missing link: 빠진 고리)인 북-미, 북-일 사이에 쌓인 스트레스의 발작적 폭발이다. 관계 부재는 위험하다.

이 점에서 1994년 북-미 제네바 기본합의는 새롭게 조망돼야 한다. 북·미의 오랜 적대 역사에서 최초의 '정부 간 합의'라는 점에서, 핵 동결 합의를 넘어선다. 존재 인정은 새 길을 여는 안내자다. 제네바 기본합의의 미국 쪽 주체인 빌 클린턴 행정부 때 북·미 양국이 한국전쟁 종식 논의 필요성을 인정(북-미 공동 코뮈니케, 2000년 10월 12일)하고, 사상 최초의 북-미 정상회담을 추진한 건 우연이 아니다.

21세기의 이른바 '2차 북핵 위기'도 북조선을 '악의 축' '깡패국가'rouge state라고 비난하며 존재 자체를 부인한 '아들 부쉬' 행정부의 등장과 함께 불거졌다. 그때도 미국은 김정일 국방위원장과 두 차례 정상회담(2002년 9월, 2004년 5월)을 하며 북-일 관계 정상화를 추진하던 고이즈미 준이치로 일본 총리를 '핵 문제'를 이유로 주저앉혔다.

북-미 적대는, 현시점에서 동북아 냉전 지속의 알파이자 오메가다. 그러므로 '김정은-트럼프 회담'의 성사는 그 자체로 한반도·동북아 평화의 중대한 진일보다. 한반도 냉전구조 해체의 핵심 요소인 미국의 '북조선 인정', 북-미 공존을 향한 협상의 시작을 뜻하기 때문이다. 70년 적성국 최고지도자의 첫 만남 장소가 '센토사'Sentosa인 건, 그래서 의미심장하다. 이 섬의 원래 이름은 '풀라우 블라캉 마티'Pulau Belakang Mati, '죽음(이후)의 섬'이다. 1972년 '평화와 고요'를 뜻하는 '센토사'로 바뀌었다. '죽음'에서 '평화'로, 북미 정상회담 장소로 아주 좋지 않은가.

북-미 관계가 풀리면 북-일 관계 정상화는, 역사가 웅변하는바, '식은 죽 먹기'다. 그러면 동북아는 '미싱 링크'가 없는 네트워크가 된다. 북조선은 '고립국가'에서 벗어나 해양으로 나갈 수 있고, 남한은 '섬나라'에서 벗어나 대륙으로 가는 길을 열 수 있다. 화해·협력·공존하는 남과 북의 한반도는 유라시아와 태평양을 잇는 가교이자 허브가 될 수 있다. 문재인 대통령의 '한반도 신경제 구상', 김정은 국무위원장의 '국가경제발전 5개년 전략', 시진핑 중국 국가주석의 '일대일로' 구상, 블라디미르 푸틴 러시아 대통령의 '신동방정책'이 동북아에서 서로 엮이지 못하고 겉돌 일도 더는 없다. 문 대통령이 북–미 정상회담 성사·성공을 남북관계의 획기적 개선과 한반도의 항구적 평화 정착, 곧 한반도 냉전구조 해체의 필수 통과점이라 거듭 강조해온 까닭이다. 그리고 동북아의 화해협력과 경제협력 활성화, 곧 탈냉전은 세계 경제와 세계 평화의 중대 진전이다.

북–미 정상회담은, 트럼프 대통령의 말마따나, "한번도 가보지 않은 길"이다. 그만큼 불확실성이 크다. 더구나 미국과 중국 사이 패권 다툼이 '창'(일대일로 구상)과 '방패'(인도·태평양 전략)의 불꽃 튀는 쟁투로 치닫는 와중이다. 무엇보다 미국은 "대륙의 단일 지상 강국이 유라시아 땅덩어리 전체를 지배하지 않도록 하는 것"(조지 케넌, 즈비그뉴 브레진스키)을 제1원칙으로 한 패권 전략을 고수해왔다. 미국이 태평양·대서양 건너 2차 세계대전에 참전해 나치독일과 일본제국을 무너뜨리고 냉전기엔 소련, 21세기엔 중국을 전략적 봉쇄·견제 대상으로 삼은 까닭이다.

김정은 위원장과 트럼프 대통령이 동북아를 오랜 세월 짓눌러온 이런 역사구조의 힘을 이겨낼 수 있을까? '비핵화–체제안전보장' 맞교환의 실마리를 찾아 한반도 냉전구조 해체의 문을 열어젖힐 수 있을까? 아무도 자신하지 못한다. 청와대 고위 관계자들이 요즘 들어 부쩍 "기도하는 심정"을 읊는 까닭이다.

2015년 프란치스코 교황은 52년째 이어진 콜롬비아 내전을 끝낼 평화회담을 주선하며 내전 당사자들과 세계인한테 이렇게 호소했다. "우리는 또 실패할 권한이 없다." 한반도의 '전쟁'은 69년째 끝나지 않고 있다. 우리는 너무 많이 실패했다. 더는 실패하지 말자. 담대하게 상상하고 지혜롭게 실천하자. 일단은 교황의 호소가 김정은 위원장과 트럼프 대통령한테 잘 전해지도록 모두의 마음을 모으는 일부터!(『한겨레』 2018.6.12. 이제훈 선임기자)

5. 남과 북, 사실상 종전선언, 경제교류 · 군사 적대시 중단

1) 한반도의 모든 전쟁위험 제거, 불가역적 평화 다짐

(1) 두 정상, 「9월 평양공동선언」

문재인 대통령과 김정은 국무위원장은 평양 정상회담을 통해 8천만 한반도인의 비원인 항구적 평화로 가는 되돌릴 수 없는 여정이 시작됐음을 선언했다. 19일 평양 백화원 영빈관에서 2차 회담을 마치고 9월 평양공동선언(평양선언)과 '역사적인 판문점선언 이행을 위한 군사분야 합의서(군사합의서)등을 발표하는 두 정상의 낯빛은 비장했다. 태도는 단호했고 목소리는 확신에 차 있었다.

문 대통령은 선언했다. "전쟁없는 한반도가 시작됐습니다." "한반도의 완전한 비핵화가 멀지 않았습니다." "남북관계는 흔들림 없이 이어져갈 것입니다."

김 위원장이 못 박듯 말했다. "선언은 길지 않아도, 머지않아 현실로 펼쳐질 우리 모두의 꿈이 담겨져 있습니다." "우리는 그 어떤 역풍도 두렵지 않습니다."

4월27일 판문점의 '화해의 봄'에 흩뿌려진 평화의 씨앗이, 19일 평양의 '협력이 가을'에 "알찬 열매"(김 위원장) "평화와 번영의 열매"(문 대통령)로 탐스럽게 영글고 있다. '평양정상회담'의 성과를 토대로 문 대통령과 도널드 트럼프 미국 대통령의 뉴욕 유엔 총회 계기로 24일(현지시각)정상회담을 거쳐 2차 북-미 정상회담이 성사되고, 함박눈이 내리는 세밑에 김 위원장의 서울 답방이 실현된다면, 우리는 마침내 "수십 년 세월이 지속돼온 처절하고 비극적인 대결과 적대의 역사"(김 위원장)를 뒤로하고, 불가역적 평화의 바다에 이르게 될 터이다.

「평양 정상회담」의 성과를 '평화'의 시각에서 압축하면, '전쟁 위험의 근원적 제거'와 '한반도 비핵화 재추진 동력 확보'라고 할 수 있다. 말의 성찬에 머물지 않는다. "쌍방은 어떤 경우에도 무력을 사용하지 않기로 하였다"고 선언한 군사합의서는 보험 약관을 방불케 할 정도로 상세하다. 지금까지 채택된 어떤 남북합의서보다 세부적이다. 합의서 본문 외에 '붙임 문서'만 5종이다.

문 대통령과 김 위원장의 실천 의지는 강력하다. 군사합의서의 위상을 평양선언의 부속문서로 설정해, 합의 이행을 두 정상이 직접 챙기겠다는 의지를 강조했다. 무엇보다 김 위원장의 서울 답방을 104일밖에 남지 않은 올해 안으로 합의·공표해, 평양선언과 군사합의서의 이행속도를 최대한 높이겠다는 의지를 드러냈다.

문 대통령과 김 위원장은 4.27 판문점선언에 명기된 '올해 안 종선선언'을 입에 올리지 않았다. 평양선언과 군사합의서에도 '종전선언'이라는 개념은 등장하지 않는다.

그러나 평양 정상회담의 결과는 무엇보다 두 정상의 종전선언이라고 할 수 있다. 남북군사공동위를 가동해 군사적 적대관계 종식 방안을 담은 군사합의서를 속도감 있게 이행해 한반도 전 지역의 실절적인 전쟁위험 제거와 근본적인 적대관계(평양선언1조)는 남북의 '실질적인 평화'실현으로 법적종전을 앞당기겠다는 전략이다.

둘째 '평양 정상회담'의 결과에는 남·북·미 3각 관계에서 남북관계의 속도감 있는 개선과 전진으로 북미 관계를 견인하겠다는 두 정상의 전략 구상이 담겨 있다. 문 대통령과 김 위원장은 이런 전략 구상의 실천 방안을 평양선언과 군사합의서에 명기해 놨다.

무엇보다 남북 양자회담 시에 최초로 구체적 비핵화 방안을 합의·발표한 사실은, 한반도 평화에서 말 그대로 '역사적 변곡점'이다. 평양선언에 명기된 비핵화 실천 방안은 두 가지다. 첫째, 동창리 엔진시험과 미사일 발사대 영구 폐기 확약이다. 조건이 달지 않은 약속이다. "유관국 전문가들의 참관"까지 약속해,'사기극'운운하는 비난의 빌미를 주지 않겠다는 의지를 내비쳤다. 둘째"영변 핵시설의 영구적 폐기와 같은 추가적인 조처를 계속 취해나갈 용의"를 밝혔다. "미국이 6.12공동성명의 정신에 따라 상응조치를 취하면"이라는 조건이 달려 있지만,'영변 핵 폐기' 카드를 미리 제시한 사실에 주목할 필요가 있다. 문 대통령이 트럼프 대통령을 상대로 '대북 상응조치'와 2차 북-미 정상회담 추진을 설득할 때 건넬 선물 꾸러미를 김 위원장이 '한가위 선물'삼아 챙겨준 셈이다. 평양선언엔 명기돼 있지 않지만, 미국의 상응조치 촉진과 2차 북-미 정산회담 성사를 위한 디딤돌 놓기 차원에서 북쪽이 적절한 시점에 영변 핵시설에 미국과 국제원자력기구(IAEA)전문가들을 초청할 가능성이 있다.

요컨대 두 정상은 한반도 '평화' 문제에서 "민족자주와 민족자결 원칙"(평양선언 전문)을 적극 실천하겠다는 의지를 밝힌 셈이다.

두 정상은 남북 교류협력 분야에서도 "상호호혜와 공리공영"(평양선언2조)의 정신에 따라 4.27판문점선언 이행(올해 안 동·서 해안철도·도로 연결 착공식), 경협 비전제시(조건이 마련되는 데 따라 개성공단·금강산관광 우선 정상화, 서해경제공동특구 조성 협의), 환경협력(우선 산림협력), 방역·보건·의료협력 강화 등 다방면에서 속도를 내기로 했다. 서해경제공동특구는 10.4선언의 '서해평화협력특별지대'와 문 대통령의 '접경지역 통일경제특구' 구상(광복절 경축사)등을 동해관광공동특구는 '금강산＋원산(갈마해안관광지구)＋설악산을 아우른 새로운 경협 비전이다. 아울러 14일 개성공단에 개소한 남북공동연락사무소에 이어 금강산 지역에도 "이산가족 상설 면회소를 빠른 시일 내 개소하기로 했다.

　문 대통령과 김 위원장은 평양 정상회담을 통해 항구적 평화를 향한 되돌릴 수 없는 여정에 나서는 한편으로 남북관계의 일상화 · 상시화 · 상설화의 청사진을 제시한 셈이다.

(한겨레 2018.9.20평양공동취재단)

　문제인 대통령과 김정은 북한 국무위원장이 19일 오전 북한 평양 백화원에서 평양공동선언에 서명한 뒤 선언문을 들어 보이고 있다.

◉「9월 평양공동선언」

대한민국 문재인 대통령과 조선민주주의인민공화국 김정은 국무위원장은 2018년 9월 10일부터 20일까지 평양에서 남북정상회담을 진행하였다.

양 정상은 역사적인 판문점선언 이후 남북 당국 간 긴밀한 대화와 소통, 다방면적 민간교류와 협력이 진행되고, 군사적 긴장완화를 위한 획기적인 조치들이 취해지는 등 훌륭한 성과들이 있었다고 평가하였다.

양 정상은 민족자주와 민족자결의 원칙을 재확인하고, 남북관계를 민족적 화해와 협력, 확고한 평화와 공동번영을 위해 일관되고 지속적으로 발전시켜나가기로 하였으며, 현재의 남북관계 발전을 통일로 이어갈 것을 바라는 온 겨레의 지향과 여망을 정책적으로 실현하기 위하여 노력해나가기로 하였다.

양 정상은 판문점선언을 철저히 이행하여 남북관계를 새로운 높은 단계로 진전시켜나가기 위한 제반 문제들과 실천적 대책들을 허심탄회하고 심도있게 논의 하였으며, 이번 평양정상회담이 중요한 역사적 전기가 될 것이라는 데 인식을 같이하고 다음과 같이 선언하였다.

1. 남과 북은 비무장지대를 비롯한 대치지역에서의 군사적 적대관계 종식을 한반도 전 지 역에서의 실질적인 전쟁위험 제거와 근본적인 적대관계 해소로 이어나가기로 하였다.

① 남과 북은 이번 평양정상회담을 계기로 체결한 판문점선언 군사 분야 이행합의서를 평양공동선언의 부속 합의서로 채택하고 이를 철저히 준수하고 성실히 이행하며, 한반도를 항구적인 평화지대로 만들기 위한 실천적 조치들을 적극 취해나가기로 하였다.

② 남과 북은 남북군사공동위원회를 조속히 가동하여 군사 분야 합의서의 이행 실태를 점검하고 우발적 무력충돌 방지를 위한 상시적 소통과 긴밀한 협의를 진행하기로 하였다.

2. 남과 북은 상호호혜와 공리공영의 바탕 위에서 교류와 협력을 더욱 증대 시키고, 민족경제를 균형적으로 발전시키기 위한 실질적인 대책들을 강구해 나가기로 하였다.

① 남과 북은 금년 내 동 · 서해선 철도 및 도로 연결을 위한 착공식을 갖기로 하였다.

② 남과 북은 조건이 마련되는 데 따라 개성공단과 금강산관광 사업을 우선 정상화하고, 서해경제공동특구 및 동해관광특구를 조성하는 문제를 협의해 나가기로 하였다.

③ 남과 북은 자연생태계의 보호 및 복원을 위한 남북 환경협력을 적극 추진하기로 하였으며, 우선적으로 현재 진행 중인 산림 분야 협력의 실천적 성과를 위해 노력하기로 하였다.

④ 남과 북은 전염성 질병의 유입 및 확산 방지를 위한 긴급조치들 비롯한 방역 및 보건 · 의료 분양의 협력을 강화하기로 하였다.

3. 남과 북은 이산가족 문제를 근본적으로 해결하기 위한 인도적 협력을   더욱 강화해나가기로 하였다.

① 남과 북은 금강산 지역의 이산가족 상설면허소를 빠른 시일 내 개소하기로 하였으며, 이를 위해 면회소 시설을 조속히 복구하기로 하였다.

② 남과 북은 적십자 회담을 통해 이산가족의 화상상봉과 영상편지 교환 문제를 우선적 으로 해결해나가기로 하였다.

4. 남과 북은 화해와 단합의 분위기를 고조시키고 우리 민족의 기개를 내외에 과시하기 위해 다양한 분야의 협력과 교류를 적극 추진하기로 하였다.

① 남과 북은 문화 및 예술 분야의 교류를 더욱 증진시켜나가기로 하였으며, 우선적으로 10월 중에 평양예술단의 서울공연을 진행하기로 하였다.

② 남과 북은 10 · 4선언 11주년을 뜻 깊게 기념하기 위한 행사들을 의연 있게 개최하며, 3 · 1운동 100주년을 남북이 공동으로 기념하기로 하고, 그를 위한 실무적인   방안을 협의해나가기로 하였다.

5. 남과 북은 한반도를 핵무기와 핵위협이 없는 평화의 터전으로 만들어나가야 하며 이를 위해 필요한 실직적인 진전을 조속히 이루어나가야 한다는 데 인식을 같이하였다.

① 북측은 동창리 엔진시험장과 미사일 발사대를 유관국 전문가들의 참관하에 우선 영구적으로 폐기하기로 하였다.

② 북측은 미국이 6 · 12북-미 공동성명의 정신에 따라 상응조치를 취하면 영변 핵시

설 의 영구적 폐기와 같은 추가적인 조치를 계속 취해나갈 용의가 있음을 표명하였다.

③ 남과 북은 한반도의 완전한 비핵화를 추진해나가는 과정에서 함께 긴밀히 협력해나가기로 하였다.

6. 김정은 국무위원장은 문재인 대통령의 초청에 따라 가까운 시일 내로 서울을 방문하기로 하였다.

2018년 9월 19일

대한민국   조선민주주의인민공화국

대통령 문재인   국무위원장 김정은

(2) 공동선언문에 서명은 했으나 미국의 눈치 보기 시작

남과 북은 처음으로 비핵화 방안에 합의했습니다. 매우 의미 있는 성과입니다.(문재인 대통령)

"조선반도를 핵무기도, 핵위협도 없는 평화의 땅으로 만들기 위해 적극 노력해나가기로 확약하였습니다.(김정은 국무위원장)

문 대통령과 김 위원장이 19일 백화원 영빈관에서 추가 남북정상회담을 연 시간은 70분이었다. 전날 조선노동당 중앙위원회 본부청사에서 120분간 남북정상회담을 한 데 이어 두 정상은 합의문의 최종 서명을 백화원영빈관에서 마쳤다. 이곳은 김대중·노무현 전 대통령이 김정일 국방위원장과 6·15선언, 10·4선언을 끌어낸 '역사적 장소'이기도 하다. 이날 회담에는 서훈 국가정보원장과 김영철 북한 노동당 중앙위원회 부위원장이 배석했다.

북한은 이날 평양에서 열린 두 번째 정상회담을 위해서도 각별히 신경을 쓴 모습이었다. 정상회담이 있는 복도 끝에는 지난 4·27남북정상회담 때 두정상이 판문점선언에 서명한 직후 함께 찍은 사진이 벽에 걸려있었다.

회담이 끝나고 10분 남짓 지난 오전 11시23분 두 정상이 '9월 평양공동선언'에 서명하려고 회의실로 들어섰다. 문 대통령은 김종천 청와대 의전비서관의 펜을 건네받아 서

명했고, 김 위원장은 김여정 노동당 제1부부장한테서 펜을 받아 서명을 마쳤다. 두 정상은 일어나 책상 앞으로 걸어 나와 합의문을 교환하며 악수했고, 합의문을 든 채 사진을 찍은 뒤 또 한 번 손을 맞잡았다. 문 대통령은 북쪽 인사들에게 다가가 일일이 악수를 건넸고, 김 위원장은 우리쪽 수행원들과 악수를 나눴다.

문 대통령은 이날 공동기자회견에서 "한반도를 항구적 평화지대로 만들어감으로써 우리는 이제 우리의 삶을 정상으로 돌려놓을 수 있게 됐다. 그동안 전쟁의 위협과 이념의 대결이 만들어온 특권과 부패, 반인권으로부터 벗어나 우리 사회를 온전히 국민의 나라로 복원할 수 있게 됐다."고 밝혔다. 또 김 위원장의 '비핵화'의지를 높이 평가하면서 "(김 위원장이) 온 겨레와 세계의 여망에 부응했다. 김정은 위원장의 결단과 실행에 깊은 경의를 표한다"며 "지난봄 한반도에는 평화와 번영의 씨앗이 뿌려졌다. 오늘 가을의 평양에서 평화와 번영의 열매가 열리고 있다"고 강조했다. 문 대통령은 특히 "남과 북은 앞으로도 미국 등 국제사회와 비핵화의 최종 달성을 위해 긴밀한 협의하고 협력해 나가기로 했다"며 "우리의 역할도 막중해졌다. 국민들의 신뢰와 지지가 어느 때보다 절실하다"고 호소했다.

김 위원장은 "판문점의 봄날에 뿌린 화합과 평화의 씨앗들이 싹트고 자라서 가을에 알찬 열매가 되었다. '새로운 역사는 이제부터'라고 판문점에서 썼던 글이 현실로 펼쳐지고 있다"고 말했다. 또 "시련을 이길수록 우리의 힘은 더 커지고 강해지면서 다져지고, 뭉쳐진 민족의 힘은 더 커지고 강하게 다져지고, 뭉쳐진 민족의 힘은 하나 된 강대한 조국의 기틀이 될 것"이라며 "세계는 오랫동안 짓눌리고 갈라져 고통과 불행을 겪어온 우리 민족이 어떻게 자기 힘으로 자기 앞날을 당겨오는가를 똑똑히 보게 될 것"이라고 강조했다.

그는 가까운 시일 내 서울 방문을 약속하며 "분단의 비극을 한시라도 빨리 끝장내고, 거레의 가슴속에 쌓인 분열의 한과 상처를 조금이나마 가실 수 있게 하기 위하여 평화와 번영으로 가는 성스러운 여정에 언제나 지금처럼 두 손을 굳게 잡고 앞장서서 함께 해 나갈 것"이라고 다짐했다.

두 정상이 연설하는 동안 정의용 청와대 국가안보실장, 송영무(국방부)·조명균(통일부), 강경화(외교부), 도종환(문화체육관광부), 김현미(국토교통부) 장관 등 남쪽 수행원들과 노광철 인민무력상, 리수용 당 국제담당 부위원장, 리선권 조국평화통일위원회 위원장 등 북쪽 지도부는 연설중간중간에 큰 박수를 치며 호응했다.

(평양공동취재단 서영지 기자)

2) 비핵화 실천방안 합의, 영변 핵 폐기 등 절차 제시

(1) 경제 · 무력제재 중단 등 미국의 대응 조치 필수

문재인 대통령과 김정은 국무위원장이 19일 '평양공동선언'에서 내놓은 비핵화를 위한 실천적 방안'은 북한의 추가적인 선제조처와 새로운 약속을 통해 미국의 상응조처를 이끌어내는 것으로 요약할 수 있다. 두 정상의 합의라는 점에서 남북 공동의 첫 비핵화 로드맵이라 할 만하다.

북한의 추가적인 선제조처는 6 · 12북-미 싱가포르 정상회담에서 약속한 동창리 미사일 시험장 폐기를 검증 가능하고, 불가역적인 방식으로 실천하겠다는 것이다. 동창리 미사일 시험장에선 지난 7월 발사대와 로켓엔진 시험대 일부가 해체된 정황이 민간 위성에 포착됐으나, 이것이 실제 폐기를 위한 조처인지는 불확실했다. 외국 전문가들의 참관 아래 폐기가 이뤄진다면, 북한이 지금까지 선제적으로 취한 비핵화 조처의 진정성에 대한 우려를 해소하는 계기가 될 것으로 보인다.

영변 핵시설의 영구적 폐기는 미국의 상응한 초처를 촉진하기 위한 김 위원장의 약속이다. 동결이나 불능화를 넘어서는 불가역적인 비핵화 조처를 먼저 제시함으로써 종전선언과 같은 미국의 상응조처가 이뤄질 수 있는 길을 넓힌 것으로 풀이된다. 김 위원장은 지난 5일 문 대통령의 대북 특사단에게 미국의 상응초처가 있으면 더욱 적극적인 조처를 취할 의지가 있음을 밝힌 바 있다. 구갑우 북한 대학원대 교수는 "북한이 영변 핵시설의 영구적 폐기를 약속하면서 단계적 독보적 조처의 필요성을 강조한 것으로 보인다"고 말했다.

영변 핵시설은 북한의 살아 있는 핵능력을 상징한다. 김 위원장의 약속은 북한이 이른바 '현재 핵'까지 폐기할 의사가 있음을 처음으로 확인한 것이다. 이는 문 대통령이 남북정상회담에 앞서 "이제 북한이 한걸음 더 나아가야 할 일은 현재 보유한 핵무기,핵물질,핵시설,핵프로그램을 포기하는 것이라고 주문한 것과 맥이 통한다. 김 위원장이 문 대통령의 제안에 응답한 것으로 볼 수 있다.

공동선언은 "영변 핵시설의 영구적 폐기와 같은 추가적인 조치를 계속 취해 나갈 용의가 있음"을 표명하고 있다. 미국의 상응조처에 따라선 북한의 '현재 핵' 폐기가 핵물질 · 핵무기와 같은 '과거 핵'까지 확장될 수 있음을 시사한다. 조성렬 국가안보전략연구원 선임연구위원은 "비핵화 과정에서 북한 간에 할 수 있는 부분과 북-미간에 할 수 있는 부분을 구분한 것 같다"며 "이른바 '과거 핵'은 북-미간에 논의될 것으로 보인다"고 말했다.

공동선언에 담기지 않은 내용이 더욱 중요하다. 정의용 청와대 국가안보실장은 " 공동선언 내용 이외에도 많은 논의가 있었다"며 "이런 논의 결과를 토대로 다음 주 초 뉴욕에서 열리는 한-미 대화가 재개되기만 한다면 그것 자체로 큰 의미가 있다"고 말한 것을 상기하면, 남북정상회담에서 일정한 성과를 거뒀음을 시사한다. 비핵화 협상에 밝은 한 전문가는 "김 위원장이 영변핵시설 폐기에 앞서 미국의 상응조처를 끌어내기 위한 추가적인 조처를 거론했을 가능성이 있다"며 북한이 미국의 상응조처 의사를 확인하면 국제원자력기구 사찰단 복귀 등의 선제적 조처를 취할 수도 있다"고 말했다.

공동선언에 지금까지 북-미간에 교착점으로 알려진 '종전선언과 핵 신고'라는 상응조처 교환이 언급되지 않은 것도 되새겨볼 필요가 있다. 김 위원장은 지금상황에서 핵 신고를 하기엔 북-미간에 신뢰의 수준이 낮다고 본 듯하다. 신고를 해도 또 다른 불신이 제기될 수 있기 때문이다.

남북은 한반도의 완전한 비핵화를 추진하는 과정에서 함께 긴밀히 협력해나가기로 합의했다. 향후 비핵화 협상 과정에서 남북협력을 상수로 설정한 셈이다. 문 대통령 이번 남북정상회담의 논의를 토대로 한-미 정상회담에는 북-미 간 접점을 이끌어낸다면 연내 종전선언으로 이어지는 비핵화 협상의 물살이 빨라질 것으로 전망된다.

(평양공동취재단, 유강문 선임기자, 김지은 기자)

(2) 판문점 선언 이행을 위한 「군사합의서」 서명

① 군사분계선 쌍방 5km 내 포병사격 · 기동훈련 전면 중지

송영무 국방부 장관과 노광철 인민무력상이 10일 지상과 해상, 공중 등 모든 공간에서 일체의 적대행위를 전면 중지하는 내용이 담긴 「판문점선언 이행을 위한 군사분야 합의서」에 서명함으로써 남북 간 우발충돌을 막고 군사적 긴장을 완화할 새 역사가 시작됐다.

이번 합의서는 육상과 해상, 공중의 완충구역 설정 및 확대, 비무장지대(DMZ) 지역의 지피(감시초소 · GP)철수 등 포괄적이고도 구체적인 군사 조치를 담고 있다. 남북 간 신뢰구축 조치를 포함한 낮은 단계의 운용 군비통제 방안들이다. 향후 구조적 군비통제나 군비감축 등으로 이행하기 위한 디딤돌 구실을 할 것으로 보인다.

남북은 이번에 합의된 조치를 이행하고 협의하기 위해 '군사공동위원회'를 가동하기로 했다. 군사공동위원회는 1992년 남북 기본합의서에서 합의됐지만, 실제 구성되진 못했다. 군 당국자는 "이번에 92년 군사공동위를 복원한 것"이라며 "어떻게 구성해 언제 가동할지는 협의를 더 해야 한다"고 말했다.

■ 지상 : 군사분계선 5Km 안쪽 훈련 금지、

남북은 11월부터 군사분계선으로부터 5Km 안쪽에서는 포병 사격훈련 및 연대야외 기동훈련을 전면 중지하기로 했다. 정전협정상 군사분계선 남북 2km 지역은 비무장지대이다. 여기에 남북으로 3km지역을 우발충돌을 막을 완충지역으로 확충한 것이다. 국방부는 자료에서 이 지역을 중심으로 "정전협정 체결 이후 총 96회의 상호 총 · 포격 도발이 발생했다"며 "군사력이 집중된 군사 분계선상의 실질적 군사적 긴장 완화에 기여할 것"으로 전망했다.

군 당국은 또 야외 기동훈련이 군사분계선 5km 외부 지역에 있는 전방 연대 예비대대 위주로 이뤄지기 때문에 전방 연대의 야외 기동훈련 등이 우리 군의 군사 대비태세에 미치는 영향은 미미하다고 밝혔다.

■ 해상 : 덕적도~초도 완충수역 설정

바다에도 11월부터 동·서해 북방한계선 주변에 완충수역이 설정된다. 동해는 속초며, 서해는 덕적도~초도 사이의 135km 수역이다. 이들 수역에서는 포사격 및 해상 기동훈련이 중지되고 해안포와 함포의 포구·포신덮개설치 및 포문 폐쇄 조치가 취해진다.

북방한계선 인근 수역은 실제 남북 함정 간 교전이 발행한 곳이다. 서해에서만 1999년 6월 제1연평해전 이후 2010년 11월 연평도 기습포격까지 전사자만 54명이 발생했다. 군 당국은 이번 조처로 동·서해 해역에서 모든 포성이 사라질 것이라고 기대하고 있다. 이번 합의로 연평도 등에 주둔하는 병력의 포사격훈련은 제3군사령부 예하 사격장에 와서 하게 된다.

국방부는 이번에 합의된 완충수역이 남북 간 비슷한 면적이라고 밝혔다. 국방부 당국자는 "서해의 군사력만 보면 북쪽이 남쪽보다 해안포 수에서는 4배, 함정 수에서는 6배더 많이 적용을 받는다. 남쪽이 군사적으로 더 유리한 합의"라고 말했다. 또 이번 합의에도 북방한계선 일대의 일상적인 경계 작전 및 어로보호 조치 등은 현행대로 유지된다고 국방부가 밝혔다.

■ 공군 : 군사분계선 20~40km 비행금지구역 설정

군사분계선 상공에는 비행금지구역이 확대된다. 현재 남쪽 공군은 군사분계선이남 5마일(9.26km)까지 비행금지구역으로 설정한 유엔군사령부 규정을 준수해왔다. 이 규정은 자칫 항공기가 군사분계선을 넘을 가능성을 차단하기 위한 조치다.

이번 합의로 비행금지구역은 전투기와 같은 고정항공기의 경우 군사분계선 남북으로 20km(서부)~15km(동부)에 설정된다. 서부지역이 동부지역보다 더 좁게 설정된 것은 휴전선에서 서울까지 거리가 4km로 가깝기 때문이다. 국방부 당국자는 "서부의 비행금지구역이 동부처럼 40km로 설정되면 서울 이북의 영공이 무방비가 될 수 있다"고 말했다. 다만 민간 항공기 운항이나 산불 진화, 환자 후송 등 위급 상황의 비행은 예외로 인정된다.

이번 비행금지구역 확대에 대해선 남쪽정찰기들의 휴전선 인근 비행이 제한됨에 따라 대북 정찰활동에 부정적인 영향을 미치는 것 아니냐는 우려가 나오나. 이에 대해 국방부 당국자는 "한미의 대북감시 능력은 이런 정도 조치에 영향을 받을 수준을 넘어 섰다. 한미의 군사 대비태세에 큰 영향이 없다"고 해명했다.

■ 5단계 공통 작전수행 철차 적용

남북은 우발충돌 위험을 줄이기 우해 공통된 작전수행 절차를 적용하기로 합의했다. 지상과 해상에선 경고방송→2차 경고방송→경고사격→2차 경고사격→군사적 초치 등 4단계로 하기로 했다.

이는 현재 3단계로 축소됐던 남쪽 유개군의 대응 절차를 5단계로 되돌리는 의미를 지닌 것으로 풀이된다. 애초 해군은 서해 해상에서 5단계 대응절차(경고방송→시위기동→차단기동→경고사격→격파사격)에 따라 작전 수행했다. 그러나 2002년 6월 제2차 연평해전에서 윤영하 소령 등 6명의 장병이 전사한 뒤 대응절차가 3단계(경고방송→경고사격→격파사격)로 단순화됐다. 육군도 비무장지대 등에서 접근하는 북한군을 상대로 경고방송→경고사격→조준사격의 3단계로 대응해왔다. 이번 조처는 신중한 군사적 대응으로 우발충돌 가능성을 줄이려는 의도로 풀이된다.

(평양공동 취재단, 박병수 선임기자)

◉ '판문점 선언' 이행을 위한 군사분야 합의서

남과 북은 한반도에서 군사적 긴장 상태를 완화하고 신뢰를 구축하는 것이 항구적이며 공고한 평화를 보장하는 데 필수적이라는 공통된 인식으로부터 '한반도의 평화와 번영, 통일을 위한 판문점선언'을 군사적으로 철저히 이행하기 위하여 다음과 같이 포괄적으로 합의하였다.

1. 남과 북은 지상과 해상, 공중을 비롯한 모든 공간에서 군사적 긴장과 충돌의 근원으로 되는 상대방에 대한 일체의 적대행위를 전면 중지하기로 하였다.

① 쌍방은 지상과 해상, 공중을 비롯한 모든 공간에서 무력충돌을 방지하기 위해 다양한 대책을 강구하였다.

- 쌍방은 군사적 충돌을 야기할 수 있는 모든 문제를 평화적 방법으로 협의·해결하며, 어떤 경우에도 무력을 사용하지 않기로 하였다. 쌍방은 어떠한 수단과 방법으로도 상대방의 관할구역을 침입 또는 공격하거나 점령하는 행위를 하지 않기로 하였다. 쌍방은 상대방을 겨냥한 대규모 군사훈련 및 무력증강 문제, 다양한 형태의 봉쇄차단 및 항행 방해 문제, 상대방에 대한 정찰행위 중지 문제 등에 대해 남북군사 공동위원회를 가동하여 협의해나가기로 하였다. 쌍방은 군사적 긴장 해소 및 신뢰구축에 따라 단계적 군축을 실현해나가기로 합의한 '판문점선언'을 구현하기 위해 이와 관련된 다양한 실행 대책들을 계속 협의하기로 하였다.

② 쌍방은 2018년 11월 1일부터 군사분계선 이대에서 상대방을 겨냥한 각종 군사연습을 중지하기로 하였다.

- 지상에서는 군사분계선으로부터 5km안에서 포병 사격훈련 및 연대급 이상 야외 기동훈련을 전면 중지하기로 하였다.

해상에서는 서해남측 덕적도 이북으로부터 북측초도 이남까지의 수역, 동해 남측 속초 이북으로부터 북측 통천 이남까지의 수역에서 포사격 및 해상 기동훈련을 중지하고 해안포와 함포의 포구·포신 덮개설치 및 포문폐쇄 조치를 취하기로 하였다.

공중에서는 군사분계선 동·서부지역 강공에 설정된 비행금지구역 내에서 고정익 항공기의 공대지유도무기사격 등 실탄사격을 동반한 전술훈련을 금지하기로 하였다.

③ 쌍방은 2018년 11월 1일부터 군사분계선 상공에서 모든 기종들의 비행금지구역을 다음과 같이 설정하기로 하였다.

－ 공정익항공기는 군사분계선으로부터 동부지역(군사분계선표식물 제00646호부터 제1292호까지의 구간)은 40km, 서부지역(군사분계선표식물 제0001호부터 제0646호까지의 구간)은 20km를 적용하여 비행금지구역을 설정한다.

회전익항공기는 군사분계선으로부터 10km로, 무인기는 동부지역에서 15km 서부지역에서 10kmh 기구는 25km로 적용한다.

다만, 산불진화, 지·해상 조난, 구조, 환자 후송, 기상관측, 영농지원 등으로 비행기 운용이 필요한 경우에는 상대측에 사전 통보하고 비행할 수 있도록 한다. 민간 여객기(화물기 포함)에 대해서는 상기 비행금지구역을 적용하지 않는다.

④ 쌍방은 지상과 해상, 공중을 비롯한 모든 공간에서 어떠한 경우에도 우발적인 무력충돌 상황이 발생하지 않도록 대책을 취하기로 하였다.

－ 이를 위해 지상과 해상에서는 경고방송 →2차 경고방송→경고사격→2차 경고사격→군사적 조치의 5개 단계로, 공중에서는 경고교신 및 신호→차단비행→경고사격→군사적조치의 4개 단계의 절차를 적용하기로 하였다.

쌍방은 수정된 절차를 2018년 11월1일부터 시행하기로 하였다.

⑤ 쌍방은 지상과 해상, 공중을 비롯한 모든 공간에서 어떠한 경우에도 우발적 충돌이 발생하지 않도록 상시 연락체계를 가동하며, 비정상적인 상황이 발생하는 경우 즉시 통보한 등 모든 군사적 문제를 평화적으로 협의하여 해결하기로 하였다.

2. 남과 북은 비무장지대를 평화지대로 만들어나가기 위한 실질적인 군사적 대책을 강구하기로 하였다.

① 쌍방은 비무장지대안에 감시초소(GP)를 전부 철수하기 위한 시범적 조치로 상호 1km이내 근접해 있는 남북 감시초소들을 완전히 철수하기로 하였다.

② 쌍방은 판문점 공동경비구역을 비무장화하기로 하였다.

③ 쌍방은 비무장지대 내에서 시범적 남북 공동유해발굴을 진행하기로 하였다.

④ 쌍방은 비무장지대 안의 역사유적에 대한 공동조사 및 발굴과 관련한 군사적 보장 대책을 계속 협의하기로 하였다.

3. 남과 북은 서해 북방한계선 일대를 평화수역으로 만들어 우발적인 군사적 충돌을 방지하고 안전한 어로활동을 보장하기 위한 대책을 취해나가기로 하였다.

① 쌍방은 2004년6월4일 제 2차 남북 장성급군사회담에서 서명한 '서해 해상에서의 우발적 충돌 방지' 관련 합의를 재확인하고, 전면적으로 복원·이행해나가기로 하였다.
② 쌍방은 서해해상에서 평화수역과 시범적 공동어로구역을 설정하기로 하였다.
③ 쌍방은 평화수역과 시범적 공동어로구역에 출입하는 인원 및 선박에 대한 안전을 철저히 보장하기로 하였다.

4. 남과 북은 교류협력 및 접촉 왕래 활성화에 필요한 군사적 보장 대책을 강구하기로 하였다.
① 쌍방은 남북관리구역에서의 통행·통신·통관(3통)을 군사적으로 보장하기 위한 대책을 마련하기로 하였다.
② 쌍방은 동·서해선 철도 도로 연결과 현대화를 위한 군사적 보장 대책을 강구하기로 하였다.
③ 쌍방은 북측 선박들의 해주직항로 이용과 제주해협 통과 문제 등을 남북군사공동위에서 협의하여 대책을 마련하기로 하였다.
④ 쌍방은 한강(임진강)하구 공동이용을 위한 군사적 보장 대책을 강구하기로 하였다.

5. 남과 북은 상호 군사적 신뢰구축을 위한 다양한 조치들을 강구해나가기로 하였다.
① 쌍방은 남북 군사당국자 사이에 직통전화 설치 및 운영 문제를 계속 협의해 나가기로 하였다.
② 쌍방은 남북군사공동위원회 구성 및 운영과 관련한 문제를 구체적으로 협의·해결해나가기로 하였다.
③ 쌍방은 남북 군사당국 간 채택한 모든 합의들을 철저히 이행하며, 그 이행 상태를 정기적으로 점검·평가해나가기로 하였다.

6. 이 합의서는 쌍방이 서명하고 각기 발효에 필요한 절차를 거쳐 그 문본을 교환한 날부터 효력을 발생한다.

① 합의서는 쌍방의 합의에 따라 수정 및 보충할 수 있다.

② 합의서는 2부 작성되었으며, 같은 효력을 가진다.

2018년 9월 19일

대한민국   조선민주주의인민공화국

국방부 장관 송영무   인민무력상 조선인민군 대장 노광철

⊙ 「비무장 지대」 완전 비무장화, 민간인도 자유왕래 하도록 노력

남북 군사당국이 '완전무장 상태'인 현재 한반도 비무장지대(DMZ)를 평화지대로 만드는 데 전격 합의했다. 비무장지대에서 상대를 향해 총을 겨누고 있는 '감시초소'(GP·지피)를 없애기로 했다. 총을 든 군인이 아니라 무장해제한 민사경찰(DMZ police)이 판문점 공동경비구역(JSA)을 지키기로 했다. 남과 북은 비무장지대에 묻혀 있는 한국전쟁 전사자의 유해를 함께 발굴한다.

■ 비무장지대에서 남북 지피 22공 사라진다.

송영무 국방장관과 노광철 인민무력상이 서명한 '역사적인 판문점선언 이행을 위한 군사분야 합의서'의 2조 1항에는 "쌍방은 비무장지대 안에 감시초소(GP)를 전부철수하기 위한 시범적 조치로 상호 1km 이내 근접해 있는 남북 감시초소들을 완전히 철수하기로 하였다."고 나와 있다. 궁극적인 목표는 비무장지대 안 모든 감시초소를 없애는 것이지만, 일단 시범적으로 올해 12월 31까지 서로 거리가 1km 정도밖에 떨어져 있지 않은 서부·중부·동부의 지피 각 11곳 모두 22곳을 철수할 계획이다. 이들 감시초소 사이 거리는 불과 580~1060m로 가깝다.

우발적인 사고가 발생할 가능성이 높다. 실제로 여태까지 남북지피 사이에서 발생한 무력충돌은 800여차례나 된다. 국방부 당국자는 "지피에서는 24시간 상대를 향해 장전한 총을 조준하고 있다"며 "탄창을 갈아끼우다가 우발적으로 상대의 지피를 타격하는 경

우가 있고, 이에 상대도 같이 사격을 해 오니 사격이 교전으로 이어지는 경우가 많다"고 했다.

철수 대상에 오른 지피 가운데는 3년 전 '목함지뢰 사건이 발생한 지점 인근에 있는 문산 지역 지피 한곳도 포함됐다. 2015년 8월 4일 경기도 파주 비무장지대에서 남쪽군인 2명이 북한군이 묻어놓은 것으로 추정되는 목함지뢰를 밟아 각각 발목과 다리를 잃었다. 사고 발생 지점은 북쪽 감시초소에서 불과 930m, 남쪽초소에서 750m 떨어진 곳이었다. 남북이 비무장지대에서 감시초소를 순차적으로 철수해나간다는 것은 이런 비극적인 사고가 재발하지 않도록 하겠다는 의지의 표명이다. 철수는 ①모든 화기·장비철수 ②근무인원 철수 ③시설물 완전 파괴 ④상호 검증 등 네 단계로 진행된다.

■ 판문점 견학 때 '북쪽 땅' 밟을 수 있다.

앞으로는 판문점 '공동경비구역을 방문하는 남과 북, 그리고 외국인 관광객이 남쪽, 북쪽 구역을 가리지 않고 자유롭게 돌아다닐 수 있게 될 전망이다.

현재 판문점을 방문하는 관광객은 자유의 집 등 남쪽 구역만 돌아 볼 수 있지만, 남북이 19일 판문점 공동경비 구역을 비무장화하기로 합의함에 따라 앞으로는 남북, 유엔군사령부 군인은 물론 일반인 관광객도 북쪽 구역을 돌아볼 수 있게 된다는 얘기다. 판문점 안에서만은 군사분계선이 사라지는 셈이다.

이를 위해 남북은 일단 '남·북·유엔사3자 협의체를 구성해 한 달 동안 판문점 공동경비구역을 비무장화하기 위한 일련의 조치를 할 예정이다. 오는 10월1일부터 20일 안에 공동경비구역 안 지뢰를 제거한 뒤 5일 안에 쌍방 초소, 인원, 화력장비를 철수한다. 불필요한 감시 장비는 치우기로 했다.

비무장화 조치가 모두 완료되면 1953년 정전협정 합의대로 공동경비구역에 주둔하는 병력은 각각 35명이 넘지 않게 된다.

현재 남북 경비병들은 공동경비구역에서 권총만 허용되는 규정을 어긴 채 소총, 기관총 등으로 무장하고 있지만, 앞으로는 권총도 차지 않는 완전 비무장 상태로 경비를 선다. 외쪽 팔뚝에는 '판문점 민사경찰'이란 노란 완장을 찬다. 또 북한에서 판문점으로 진입하는 길목에 있는 '72시간 다리'양쪽 끝과 판문점 남쪽 지역 진입로 일대에는 남북 각각 초소를 만들어 가까이에서 근무하기로 했다.

■ 한국전쟁 격전지에서 남북 함께 전사자 찾는다.

남북은 한국전쟁 당시 격전지였던 '화살머리 고지'에서 공동유해발굴을 하는데 합의했다. 시범 발굴은 내년 2월 말까지 160~200명 규모의 공동유해발굴단을 구성한 뒤 내년 4~10월 진행한다. 남북 공동유해 발굴이 남·북·미 3자 협력사업으로 이어질지도 주목된다. 문재인 대통령과 은 지난 6월 12일 도널드 트럼프 미국 대통령과 한 통화에서 남·북·미 공동유해발굴 추진 의사를 밝힌바 있다. 국방부는 비무장지대 안 공동유해발굴이 '비무장지대 평화지대화'의 실질적 조치로 판문점선언과 센토사 합의를 동시에 이행한다는 점에서 의미가 있다"고 평가했다.

강원도 철원에 있는 화살머리 고지는 한국전쟁이 멈추기 직전인 1953년 국군과 중공군이 2주 동안 치열한 고지 쟁탈전을 벌인 지역이다. 국방부는 이곳에 국군(200여구), 미군, 프랑스군(100여구)뿐 아니라 다수의 북한군, 중공군 유해가 매장돼 있다고 추정한다. 남북은 공동유해발굴 지역에 있는 양쪽 감시초소, 장애물을 모두 철수하고 10~11월 지뢰와 폭발물을 각각 제거하고 연내 12m 폭 도로를 만들기로 했다.

◎ 비핵화도 무역제재도 강국 마음대로 압박·강요

(1) 한반도의 평화정착을 막아온 미국의 국익사슬과 무력과시

통일 문제를 논할 때는 먼저 통일을 막거나 어렵게 만들어 통일에서 멀어지게 만드는 원심력과 통일을 돕거나 수월하게 해서 통일에 가까워지게 하는 구심력 개념을 이해할 필요가 있다.

통일의 원심력에는 먼저 지리적 조건이 있다. 우리가 주변국가로 부르는 미국·일본·중국·러시아 가운데 실질적으로 남북통일을 가로막는 원심력은 미국과 중국이다. 북한이라는 완충국가가 있어야 미국과 중국이 직접 충돌할 가능성을 줄일 수 있기 때문이다. 중국 입장에서는 남북이 통일해 미국이 턱밑까지 오는 것보다 북한이 적당히 살아남는 것이 유리하다. 즉, 남북분단이 이어져야 중국은 안보 면에서 이점이 있다. 한반도 분단은 주변 강국들의 기득권이다.

미중 모두 입으로는 통일을 지지한다고 말하지만 미국은 친미통일만 반가워하고, 중국은 친중통일만 반가워한다. 미국은 친미통일이 아니면 차라리 통일하지 않는 것이 낫다는 입장이고, 중국도 친중통일이 아니면 통일을 달가워하지 않을 것이

다. (정세현·황재욱·정청래 『함께 평양 갑시다』 푸른숲 2018)

전범국가 일본은 완전히 망했다가 6.25전쟁으로 기사회생했다. 6.25전쟁에 개입한 미국이 군수물자를 미국에서 가져올 수 없게 되자 일본에 견본품을 주고 물자를 주문했다. 그 전쟁특수로 일본은 1960년대와 1970년대에 비약적으로 경제성장을 이뤘다. 그처럼 남북분단과 민족상잔의 비극을 기회로 삼아 일본은 세계 3대 경제대국으로 발돋움했다.

그러니 일본 입장에서는 남북분단 상태가 지속되는 것이 여러모로 이득일 수밖에 없다. 일본의 이런 기득권도 원심력이다. 일본은 친미 세력이든 친중 세력이든 무조건 통일을 싫어할 것이다.

러시아는 한반도에 평화체제가 들어서면 가스도 팔고 시베리아 횡단철도 통과료도 받을 수 있으니 통일을 바라는 듯하다. 일본과 러시아는 정반대의 입장이다.

독일 통일에도 원심력이 있었다. 처음에 독일은 통일이라는 (Wiedervereinigung 재결합·재통일을 뜻하는 독일어)도 쓰지 않았는데, 이는 그 말을 잘못 꺼냈다가는 주변국가의 견제로 뜻을 이루지 못할 거라고 봤기 때문이다. 한국의 통일부 역할을 하는 기관도 내독관계부Ministerium für Innerdeutsche handelung라고 불렀다.

독일은 두 번이나 큰 전쟁을 일으킨 국가가 통일하면 또다시 전쟁을 일으킬 거라는 불안감을 주어 주변국가에서 통일을 반대할 거라고 판단했다. 이에 따라 서독은 그저 동독과 적대관계를 해소해 관계만 좋게 만들면 된다고 생각했다.

그들은 처음부터 원심력을 밀어내려 하지 않았고 먼저 구심력을 키워갔다. 그러다가 동서독의 민심이 연결되고 투표로 결정하면 그만일 정도로 구심력이 커졌을 때 원심력을 하나씩 토막 내 밀어냈다. 무엇보다 가장 강한 원심력으로 작용할 미국을 자기편으로 끌어들였다.

"통일 이후에도 주독 미군은 계속 남아 있어 달라. 우리가 통일하면 유럽 질서가 상당히 요동칠 것이다. 그때 질서를 유지하려면 역시 든든한 미군이 여기 있어야 한다."

미국 입장에서는 주독 미군 철수를 요구하지 않는 서독 정부가 한없이 곱게 보였을 터다. 그렇게 독일은 미국을 원심력에서 통일을 밀어주는 구심력으로 바꿨다. 독일의 두 번째 원심력은 소련이었다. 1980년대 말 소련 경제는 내리막길을 걸었고 이때 독일이 경제 차관을 주었다. 당시 영국은 독일이 통일하면 다시 전쟁을 일으킬 거라는 논리로 소련을 포섭하려 했다. 과거에도 영국은 독일과 프랑스가 서로 경쟁하도록 만들거나 프랑스의 힘이 약할 때면 독일을 사이에 두고 프랑스가 러시아와 손을 잡게 했다. 영국은 그런 식으로 소련에 독일을 협공하자고 했으나 서독의 경제적 지원을 기대한 소련은 "그들은 이미 통일에 다가갔고 때는 늦었다"라며 영국의 제안을 거절했다.

독일 통일을 제일 불안해한 나라는 전쟁을 많이 치른 프랑스였다. 여기에는 해가 지지 않는 나라, 즉 대영제국을 만든 영국의 속셈이 작용했다. 영국은 늘 독일과 프랑스가 서로를 불안하게 여겨 싸우게 만든 뒤 자신은 식민지를 개척하는, 이른바 세력균형 외교를 벌여왔다. 여기에 익숙했던 프랑스는 독일 통일을 반대했다. 그때 독일 총리는 프랑스 대통령에게 수시로 전화해 도움을 요청했다.

"하여튼 주문만 해라. 그대로 해줄게. 정책을 세울 때는 모든 일을 당신과 협의하겠다."

이렇게 몸을 낮추니 어떻게 반대를 하겠는가. 독일은 그렇게 통일 원심력을 하나씩 밀어냈다.

① 미국의 국가이익과 한국의 국가이익은 다르다

미국은 그동안 한국에 많은 도움을 주었고 앞으로도 여러 면에서 도움이 될 나라다. 그래서 동맹을 유지해왔지만 미국은 결코 대한민국이 아니다. 당연히 미국은 자국의 국가이익을 먼저 챙긴다.

안타깝게도 우리는 미국의 국가이익과 한국의 국가이익을 동일시하는 그릇된 믿음에 빠져 있다. 이걸 깨뜨려야 한다. 대한민국은 미국이 아니고 미국은 대한민국이 아니라는 것은 미국의 국가이익과 대한민국의 국가이익이 다르다는 의미다. 미국에는 이익이지만 한국에는 이익이 아닌 것도 있다. 한국에 치명적 타격을 가하거나 절대적으로 중요한 이익인 것 중에는 미국에 별것 아닌 것도 많다.

서로 국가이익이 부딪치면 동맹이 아니라 그보다 더 밀접해도 자기 것부터 챙길 수밖에 없다. 이해관계가 다른 나라들이 모든 정책을 같은 방향으로 입안하고 추진하는 것은 현명치 못한 일이다. 그 점에서 미국은 한국의 동맹이지만 한국이 미국과 똑같이 움직일 수 없다는 것도 생각해야 한다.

때론 미국에 이렇게 말할 수 있어야 한다. "이건 곤란하지. 이제 당신네 나라에는 좋을지 모르지만 우리에게는 절대적으로 불리할 뿐 아니라 죽고 사는 문제까지 걸려 있어. 어떻게 당신네 편만 들으라고 할 수 있나?"

실제로 미국은 북한을 핑계로 자기네 장사를 하는 경우가 많다. 다시 한 번 강조하지만 미국의 국가이익과 대한민국의 국가이익은 절대 같지 않다.

② 미국은 왜 북한의 핵 완성을 방치했나?

북한의 핵폭탄 그 자체는 미국에 별로 두려운 존재가 아니다. 내(정세현)가 볼 때 북핵에 보이는 미국의 반응은 ICBM과 관련이 있다. 북한이 핵폭탄 수백 개를 갖고 있어도 그것이 미국으로 날아오지 못하면 걱정할 일이 없다.

2017년 7월 4일 북한이 처음 캘리포니아까지 도달 가능한 ICBM급 미사일 시험발사를 할 때까지만 해도 미국의 반응에는 여유가 있었다. "워싱턴과 뉴욕이 있는 동부까지 도달하는 ICBM은 앞으로 2~3년은 걸려야 개발할 수 있을 것이다."

그때 미국은 2~3년 동안 압박과 제재를 가하면 북한이 꼼짝없이 미국이 시키는 대로 할 거라고 착각했다. 그런데 2017년 11월 29일 뉴욕까지 도달 가능한 1만3천 킬로미터짜리 ICBM급 미사일 「화성 15형」을 개발해 시험발사에 성공하자 트럼프의 입이 싹 닫혔다. 비로소 그때부터 북한의 핵무기, 핵폭탄이 미국에 위협적인 무기라는 가치를 인식한 것이다.

한국에는 북한이 이미 갖고 있던 미사일 스커드-B(Scud-B, 최대 사거리 300킬로미터), 스커드-C(Scud-C, 최대 사거리 600킬로 미터)만으로도 충분히 위협적이다. 서울과 평양의 거리는 200킬로 미터에 불과하다. 그런데 북한의 핵폭탄은 사거리가 300킬로미터, 600킬리미터 미사일에 실어 쏠 수가 없다. 남한에 떨어뜨리려면 사거리 1만 킬로미터 혹은 7~8천 킬로미터 미사일을 고각高角으로 쏴야 하는데, 그 비싼 무기를 낭비하는 바보 같은 짓을 왜 하겠는가. 결국 ICBM을 대남용이라거나 공산화 통일용이라고 주장하는 것은 사람들에게 겁을 주어 혹세무민하려는 것에 불과하다.

미사일 사거리가 1만 3천 킬로미터가 나오면서 비로소 북한은 6차 핵실험까지 성공했다고 주장했다. 그렇다면 북한의 핵폭탄은 한국이 아니라 미국을 향한 무기인 셈이다. 미국 역시 북한이 핵폭탄을 만들었을 때는 방관하다가 미국 동부에 도달 가능한 ICBM급 미사일을 만들었을 때 반응하기 시작했다.

③ 해마다 '북한군 전진 배치' 보도를 한 이유

미국을 위협하기 이전의 핵무기는 한국에는 위협적이지만 미국에는 그렇지 않았다. 오히려 이익을 주는 측면도 있었다. 한국이 북한 핵무기에 공포와 위협을 느끼면 미국이 얼마든지 무기를 팔 수 있기 때문이다.

1977년 통일원에 들어갔을 때 내가 발견한 사실이 있다. 해마다 봄이 오면 한미 연합훈련을 시작하고 언론은 북한군의 동향을 계속 미국발로 보도한다. "평양의 미사일 부대가 개성과 평양 중간까지 내려왔다."

그때는 북한군의 전진 배치가 겁이 났다. 자꾸 내려오다 남침에 이르는 것은 아닐까? 처음에 나는 '그러고도 남을 놈들이다. 6.25전쟁때도 그랬으니까'라고 생각했다. 그런데 가만 보니 언론이 해마다 '전진 배치를 한다'는 보도를 하는 게 아닌가. 1983년 무렵 『서울신문』의 한 기자가 "매년 전진 배치를 한다는 말이 나오는데 이것의 실체적 진실이 뭡니까?"하고 물었다. 나는 이렇게 대답했다.

"북한이 해마다 전진 배치를 했다는 얘기인데, 그 거리를 합산해보면 벌써 남쪽으로 내려왔어야 합니다."

그는 짤막한 칼럼을 하나 써달라고 했고 당시 나는 『서울신문』에 평화통일연구소 연구위원 이름으로 그런 취지의 글을 썼다. 내가 관심을 기울여보니 전진 배치에 관한 보도는 국방예산 편성에 커다란 영향을 주는 시기에 집중적으로 쏟아졌다. 그런 보도가 나오면 실체적 진실과 무관하게 한국이든 미국이든 국방예산을 깎지 못한다.

미국 태평양사령부의 국방예산을 그대로 유지하거나 증액하게 하려면 북한군이 군사력을 해마다 증강하고 그들의 기동성이 날마다 커진다는 보도는 물론 전진 배치설을 흘려야 한다. 핵 문제가 불거진 1993년 이후에는 계속해서 북핵 능력 고도화 쪽으로 보도가 나왔다.

한반도 문제 전문가, 북한 문제 전문가, 군사 전문가 같은 싱크탱크는 동아시아의 군사질서가 굉장히 유동적이고 위험하다는 식으로 글을 써서 예산을 편성하는 국방부 관리가 예산을 깎을 엄두를 내지 못하게 한다. 그리고 그들의 배후에는 「군산복합체」가 있다. 그렇게 해서 예산이 늘어나면 군산복합체는 한미 군사 분야 회담을 전후해 신형 무기가 나왔다는 정보를 흘린다.

봄마다 진행하는 한미연합훈련은 북한에는 굉장히 위협적인 군사행동이지만 군산복합체 입장에서는 무기시장을 유지 혹은 확산하는 중요한 행사다. 그리고 군산복합체와 관련된 방위산업체 언저리의 전역 군인에게는 돈을 벌 기회다.

④ 공포 분위기를 조성해 거의 폭력적으로 무기를 판매하는 미국

군산복합체는 미국의 백악관을 움직인다. 보잉·록히드마틴 같은 대형 무기제작

사의 하청업체와 무기 공장이 미국 50개 주에 흩어져 있는데, 각 주의 물량과 록히드마틴이 어느 공장에 얼마를 발주할지는 백악관의 대통령이 결정한다. 그때 각 주의 상원의원과 주의원은 모두 대통령에게 자기네 주에 물량을 많이 배당해달라고 매달린다.

미국의 역대 대통령 중에는 상원의원이나 하원의원 경력을 갖춘 사람도 있지만 주지사 출신도 있다. 그들은 선거로 그 자리까지 간 사람들이라 돈을 쥔 군산복합체나 하청업체의 요청을 무시할 수 없다. 그런 관계로 얽매이지 않고 대통령 자리에 오른 사람이 바로 트럼프 대통령이다.

기업에 신세를 지지 않은 대통령이 자기 마음대로 하니 아마도 기존 여론 지도층과 예산에 영향을 미치는 군산복합체 사람들은 내심 불편할 것이다. 자기네 먹이사슬 밖에 있어서 손아귀에 들어오지 않으니 말이다. 그들은 어떻게든 트럼프를 흠집내 조종하고 싶을 게 분명하다. 우리 언론이 군사 전문가로 인정해 계속 말과 글을 인용하는 사람과 싱크탱크도 모두 그 먹이사슬 안에 들어가 있다고 봐야 한다.

나는 북한의 군사력과 핵 능력 정보가 실제 이상으로 부풀려져 있다고 생각한다. 우리는 그런 정보를 좀 깎아서 들을 필요가 있다. 미국의 한반도 전문가들도 가만 보면 북한의 능력을 실체 이상으로 부각해서 글을 쓰는데, 그렇게 한국이 국방예산을 깎지 못할 정도로 불안감을 조성하면 미국의 태평양사령부나 주한미군도 예산을 깎지 못한다.

보잉이나 록히드마틴은 미국 행정부를 통해 한국 정부에 신무기가 나온다는 정보를 전달한다. 그런데 그들은 한국에 무기를 판매하면서 상당히 폭력적이다.

"이런 신무기가 나올 예정이니 선금 내!"

우리가 선금을 내고 3년, 5년이 지나도록 물건을 받지 못해도 클레임은커녕 받아간 선금 이자까지 미국 차지다. 우리가 그 이자를 주한미군 부담금으로 대체해달라고 해도 해주지 않는다.

사실 한국은 북한과 관련해 정보 주권이 없다. 미국은 오산 미군기지 레이더로 북한군 동향을 파악해 정보를 얻지만 미국에 이익이 되는 것만 우리에게 내놓고 보도한다. 그야말로 미국 군산복합체와 연결된 이익집단과 한국 국방부 주변 기득권 세력이 한미동맹을 하는 셈이다.

2000년대 초부터 노무현 정부 때까지 '남북한 군사력 비교'를 했는데 그것이 국방비를 깎을 수 없다는 논리를 제공했다. 문제는 이것이 정성분석이 아니라 정량분석이라는 점이다. 그러니까 북한에 있는 6.25전쟁 때 쓰다 남은 소련제 전투기, 못

쓰는 녹슨 탱크, 소총까지 모두 숫자를 헤아려 비교하는 정량비교를 한 것이다. 결국 북한은 우리보다 군사력이 늘 우위에 있었다.

심지어 한국은 북한보다 국방비를 40배 더 쓰는데 전쟁을 하면 육군의 국방력이 북한의 86퍼센트라고 했다. 한국이 14퍼센트 부족하다는 말이다. 이는 국방비를 깎지 않기 위해 애쓰는 사람들 때문에 벌어진 일이었다.

북한 핵도 교묘히 이용한 측면이 있다. 한마디로 미국의 군산복합체와 남한의 안보 장사꾼의 이해가 맞아떨어진 셈이다. 언제나처럼 그들은 비대칭 전력을 들먹였다.

영국의 국제전략문제연구소IISS가 해마다 발간하는 ≪군사력 평가 자료The Military Balance≫에는 미국·러시아·중국 등 전 세계 국가의 군사력을 비교한 내용이 나오는데 전부 정량비교다. 병력 숫자만 나올 뿐 무기의 명중도나 전투력 같은 정성비교 자료는 없다. 그런 식이면 북한의 움직이지 못하는 낡은 탱크도 공격용이 되어버린다.

미국이 북한을 계속 위협의 원천으로 유지해온 역사는 민주당이든 공화당이든 정권을 초월한다. 미국의 언론·학계 전문가, 군산복합체가 한 덩어리로 먹이사슬을 형성해 그 안에서 잘 먹고 살고 있다. 그러자니 그들은 북한의 군사력을 실체 이상으로 과장해서 해석해야 한다.

북한 역시 미국이 말하는 자신들의 군사력은 과장이라고 말하지 않는다. 자신들이 한국이나 미국에 위협적인 존재가 되어야 협상 대상으로 인정을 받기 때문이다. 그 점에서 북미는 적대적인 협조, 적대적인 공조를 하는 셈이다.

⑤ 1994년 영변 핵시설 폭격 계획의 뒷이야기

'악마' 북한을 혼내주는 과정에서 동맹인 한국이 조금 피해를 봐도 그 정도는 한국이 감수해야지 미국이 그것까지 챙길 필요는 없다는 식으로 무책임하게 말하는 사람은 늘 있었다. 가장 위험했던 순간은 미국이 북한의 영변 핵시설을 폭격하려 한 1994년 초여름이었다. 그때 폭격 계획을 세웠다는 말이 흘러나왔는데, 나는 의도적인 누설이라고 본다. 진짜 실행할 생각이었다면 감쪽같이 때리지 않았을까? 그러지 않고 슬쩍 흘린 것을 보면 북한 압박 목적이 크고 실제로 때릴 생각은 거의 없었다고 봐야 한다.

그때 공포와 불안을 자아내는 여러 전망이 나오고 한국 정부가 불안해하는 상황에서 주한미군사령부는 북한의 영변 핵시설을 파괴했을 때 투자 대비 효과가 있는

지 따져보았다. 그 생각을 따라가보자.

영변 핵시설 하나를 없애는 일은 사흘이면 끝난다. 북한은 전진 배치한 장사정포, 방사포로 서울을 향해 불을 뿜을 테고 의정부·서울·오산까지 불바다가 된다. 그러면 한국이나 미군도 가만히 있을 수 없다. 여기에 중국까지 개입하면 3차 세계대전The Third World War이 일어난다.

이 경우 300만 명이 사망한 6.25전쟁 때보다 훨씬 많은 인명피해가 발생하고 전비는 1천억 달러에 이른다. 전쟁이 끝나고 한국을 원상 복구하는 데 30년이 걸리며 3천억 달러의 복구비가 들어간다. 3천억 달러를 복구비로 쓰면 다른 것은 아무 것도 할 수 없는 상황에 놓인다.

여기까지 이르자 미국은 슬슬 겁을 냈다. 뒷감당을 어찌할 것인가. 전후 복구에 30년이 걸리고 3천억 달러가 드는 것은 추후 문제고 당장 사람이 죽어 나가면 누가 이런 짓을 벌였는지 도덕적 책임을 따질 테니 당연히 '미국 나가라'는 말이 나올 게 뻔한 일이었다. 결국 그들은 영변 핵시설 폭격은 가성비(투자 가격 대비 성취 비율)가 낮은 계획이라고 내부적으로 결론을 냈다.

미국이 북한과 핵 문제를 협상하다 지쳐 영변 핵시설 폭격 계획이 나온 것인데 어쨌든 미국은 이걸 어떤 명분으로 중단할지 퇴로를 모색했다. 그때 지미 카터 전 미국 대통령이 평양에 가서 김일성 주석과 회담해 남북정상회담을 제안받고 돌아왔다. 미국은 북한을 위협하느라 주한 미국대사의 가족을 도쿄로 빼내는 소위 후송Evacuation 훈련까지 했다. 그걸 본 김일성 주석은 '단순한 블러핑(bluffing 허세)이 아니구나' 싶어 정상회담 카드를 꺼냈고, 미국은 그 핑계를 대고 폭격하지 않았다.

당시 카터를 평양으로 가게 만든 사람은 김대중 대통령(당시 아태평화재단 이사장)이다. 1994년 5월 24일 김대중 대통령은 미국 기자클럽NPC에서 연설을 했는데 그 내용은 대충 이렇다.

"지금 이대로 놔둘 경우 한반도에 전쟁이 재발하고 그러면 수백만 명이 죽는다. 제발 이걸 좀 막아 달라. 클린턴 정부가 세우고 있는 영변 핵시설 폭격 계획을 중지시킬 영향력 있는 사람이 움직여줬으면 좋겠다. 현 정부와 말이 통해야 하고 또 그 자신에게 그럴 의지가 있어야 한다. 내가 볼 때는 카터 전 대통령이 최적임자다."

그날 김영삼 대통령이 엄청나게 화를 냈다. 미국이 북한을 혼내줘야 하는데 김대중 이사장이 쓸데없는 소리를 해서 일을 망친다면서 말이다. 카터가 북한에 갈 때 미국의 백악관과 국무부는 "우리는 그 사람과 아무 관련이 없다. 그는 개인적으로

가는 거다"라고 했지만 실제로는 군용기를 내줬다. 김일성 주석이 정상회담 카드를 꺼내자 미국은 안도의 한숨을 쉬었다.

미국은 북한을 굉장히 위험한 존재로 부각시킨 다음 북한이 세게 나오기 전에 그걸로 장사를 한다. 막상 쳐야 할 때는 치지 못하고 협상으로 문제를 풀려고 한다. 실제로 폭격을 가하면 군산복합체가 무기를 팔아 얻는 이익과 소위 국제평화, 세계평화 수호자로서의 이미지로 얻는 이익을 포기해야 하니 손해가 훨씬 더 크다.

미국을 움직이는 엘리트들의 이해관계 측면에서 북한은 계속 위협적인 존재로 남아 있을 필요가 있다. 앞으로도 그럴 것이다.

⑥ 트럼프, 북미수교는 중국 인중에 꽂는 비수

트럼프는 왜 북한과 평화협정을 맺으려고 하는 걸까? 북미수교로 평양에 미국 대사관이 들어가는 것은 중국에 커다란 위협으로 느껴진다. 한마디로 그건 인중人中에 비수匕首를 꽂는 것이나 다름없다. 미국은 일단 대사관을 전진 배치해 동아시아 지역에서의 군사적·정치적 이익과 전략적 우위를 확보한 다음 중국을 압박하는 힘을 남중국해로 모을 수 있다. 어떤 면에서 중국의 동아시아를 향한 헤게모니 확장은 미국이 남중국해에서 막는 것이 훨씬 효과적이다.

중국이 남중국해에 비행장을 만들고 군사기지화한 지점이 인도양에서 태평양으로 가는 길목이다. 이곳은 일본·한국·대만을 비롯해 남아메리카와 미국 서해안으로 가는 유조선이 지나가는 길이다. 중국이 그곳을 지키고 있으면 태평양과 인도양의 미국 제해권이 축소된다.

전략적 측면에서 이 부분은 미국에 훨씬 더 중요하다. 사실 서울에서 베이징보다 평양에서 베이징이 더 가깝기 때문에 미국이 싼값으로 비핵화 약속을 받아내고 북한과 수교해 평양에 대사관이 들어가면 아주 유리하다.

대사관은 스파이가 모이는 장소다. 비싼 와이셔츠를 입고 커프스를 했다고 멋쟁이인 줄 알지만 실은 여기저기서 들은 첩보를 보고해야 한다. 스파이가 간첩은 아니지만 보거나 들은 것을 보고해야 하니 분명 스파이는 맞다.

미국이 중국과 수교할 때 초대 대표부 대표를 지낸 부시는 1977년 CIA 국장이 되었다. 주중 미국 대표부 대표가 CIA 국장이 되었다는 사실은 무얼 말하는가. 외교관은 상대국의 비밀사항까지 잡아내 보고해야 한다. 무역대표부든 일반대표부든 간판을 뭐로 달든 모두 정보수집가들이다. 그들은 서서히 협조자, 즉 미국을 위해 일할 친미세력을 포섭한다.

외무부도 자신의 상대역인 국무부 사람을 만나 얻은 정보를 미주알고주알 보고
해야 한다. 그 정보 보고서는 마치 초등학생 일기같다. 그 탓에 대사관에서 들어오
는 정보가 산더미처럼 쌓이는데, 재미는 없지만 가끔 그 안에 중요한 정보가 들어
있다.

비록 군사기지가 들어가는 것은 아니어도 평양에 미국 대사관을 설치하면 중국
동향과 관련된 휴민트(Humint 정보원이나 내부협조자 등 인적 네트워크나 그를
통해 얻은 정보)를 엄청나게 수집할 수 있다. 중국의 일대일로―帶―路, 즉 과거의
실크로드뿐 아니라 바닷길로도 유라시아를 완전히 중국 영향권으로 만들려는 것을
차단하려면 미국은 남중국해 쪽으로 힘을 모아야 한다. 만약 내게 선택권이 있다면
그런 선택을 하겠다.

미국 입장에서 중국을 견제하기 위해서는 북한을 끌어들이고 평양에 대사관을
설치해 중국 동향을 손바닥 들여다보듯 파악할 필요가 있다. 그것으로 일대일로 사
업을 견제해 중국의 힘을 약화해야 한다. 이를 위해서는 북한과 수교해 핵 문제를
해결하는 것이 좋다. 다시 말해 북한이라는 변수를 활용해 미국의 군수산업을 유지
하는 것보다 중국에 집중하는 것이 더 유리하다.

(2) 약소국만의 비핵화 재촉, 2차 북·미 회담 예정

① 쌍방의 대응조치, 요구와 반응 기대 「영변핵 폐기 ↔ 제재 완화」

북-미가 2월 7일 평양에서 이틀째 2차 북-미 정상회담 준비를 위한 실무협상을
진행했다. 도널드 트럼프 미국 대통령과 김정은 북한 국무위원장의 '재회'가 19일
앞으로(2019. 2. 27~28 베트남 하노이) 다가온만큼 '베트남 공동선언'에 담을 내용을
채우는 작업이라고 할 수 있다.

스티븐 비건 미 국무부 대북특별대표와 김혁철 국무위원회 대미특별대표(전 스
페인 대사)가 6일부터 시작한 실무협상의 윤곽은 지난달 31일(현지시각) 비건 특
별대표의 미 스탠퍼드대 강연에서 대체로 드러난 바 있다. 우선, '베트남 공동선언'
에는 북-미 양쪽이 새로운 의제를 담기보다는 싱가포르 공동선언의 이행 조처를 구
체화한 내용이 담길 것으로 예상된다. 비건 특별대표는 이날 강연에서 도널드 트럼
프 대통령이 북한과 미국 협상팀에 비핵화와 관련해 "과감하고 실질적인 조처들을

기대한다"는 점을 분명히 했다고 소개했다. 싱가포르 공동선언이 원칙과 방향성을 제시하는 것이었다면 2차 정상회담 선언문에는 '행동'을 담고 싶다는 뜻이다.

세부적으로 들어가면, 지난해 북-미 두 정상이 발표한 싱가포르 공동성명의 3항인 '완전한 비핵화'를 이번 2차 정상회담에서 어떻게 구체화할지가 관건이다. 첫번째로, 동창리 미사일 엔진시험장과 풍계리 핵실험장에 대한 국제 사찰단의 검증이 '비핵화 과정에 대한 신뢰 구축'의 첫 조처로 합의될 가능성이 높다. 김 위원장이 평양공동선언과 마이크 폼페이오 미 국무장관의 4차 방북 당시 직접 약속한 내용인데다, 비건 특별대표도 강연에서 '이행 방식'에 대해 협의할 것이라고 밝혔기 때문이다.

비핵화 조처의 또다른 핵심 논의 사항은 영변 및 영변 이외의 플루토늄 및 우라늄 농축 시설 등에 위치한 핵 시설 폐기라고 할 수 있다. 비건 대표는 이번 실무협상에서 이를 논의할 것이라고 공개한 바 있다. 북-미 협상에 비판적인 미국 여론을 고려할 때, 이번 정상회담에서 영변 핵 시설 폐기는 트럼프 행정부가 북한한테서 얻어내야 할 최소치라는 분석이 많다. 다만 영변 이외의 우라늄 농축시설에 대한 논의까지 이어질 수 있을지는 미지수라는 게 대체적인 관측이다.

북한의 이런 비핵화 조처를 이끌어내기 위해선 미국이 제공하는 상응조처가 뒷받침돼야 한다. 특히 북한이 제재 완화를 강하게 요구하고 있어 이 부분에서 북-미 양쪽이 첨예하게 대립할 수 있다. 미국의 제재 해제에 대한 원칙적인 입장에도 불구하고 외교가에서는 어떤 형식으로든 제재 완화가 이뤄지지 않고서는 북한이 영변 핵 시설 폐기에 나서지 않을 것이라는 관측이 우세하다. 이관세 경남대 극동문제연구소장은 "영변 핵 시설과 동창리 시험장 폐기를 중심으로 제재 완화 정도에 따라(추가 조처의) 플러스 알파가 결정될 것"이라고 내다봤다.

큰 틀의 상응조처에 해당하는 싱가포르 공동성명의 첫 조항, 즉 '새로운 북-미 관계 수립'의 내용이 될 수 있는 △연락사무소 설치 △양국 간 인적·문화적 교류 등도 합의문에 담길 가능성이 있다. 비건 특별대표의 스탠퍼드대 강연 뒤 재조명을 받고 있는 종전선언은 싱가포르 공동성명 2항의 '평화체제 구축 노력'을 구체화하는 형식으로 반영될 가능성이 있다. 종전선언은 상징적인 정치선언으로 제시하고 평화협정을 위한 틀을 구체화할 수도 있다. 홍민 통일연구원 북한연구실장은 "북한이 원하는 건 제재 해제, 연합훈련 및 (한반도에 미군) 전략자산 전개중단을 비롯해 (초기) 액션 플랜의 이정표로 종전선언일 것"이라며 "(2차 공동성명) 합의문에선 싱가포르 공동성명의 1~2항을 구체화하는 부분에 들어갈 수 있다"고 말했다.

한편 비건 특별대표는 미국으로 떠나기 전 한국 정부 쪽과 만나 협의 내용을 공유할 예정으로 알려졌다. 북-미 협상에 밝은 외교 소식통은 "비건 대표가 언제 오산(미 공군기지)으로 돌아올지는 주말까지 두고 봐야 할 것"이라고 말했다. (『한겨레』 김지은 기자)

② 미국 정부, '북 비핵화 믿는다' 낙관론 띄워

도널드 트럼프 미국 대통령과 마이크 폼페이오 국무장관이 연일 비핵화-평화체제 구축에 관한 북-미 대화에 낙관적 전망을 내놓고 있다. 2차 북-미 정상회담에 대한 미국내 회의론을 반박하며, 진전된 성과물에 대한 자신감을 보이는 것이다.

트럼프 대통령이 국정연설에서 "김정은 북한 국무위원장과 관계가 좋다"며 '2월 27~28일 베트남에서 2차 북-미 정상회담' 계획을 발표한 이튿날인 6일(현지시각), 폼페이오 장관은 언론 인터뷰에서 이를 적극 뒷받침했다. 폼페이오 장관은 이날 하루 『폭스비즈니스』 방송에 두차례 출연해, 김 위원장이 비핵화 약속을 지킬 것으로 기대한다고 말했다.

그는 진행자가 '돌파구라는 관점에서 볼 때 다가오는 정상회담에서 무엇을 기대할 수 있느냐'고 묻자 "그것은 세계를 위한 진짜 기회"라며 "우리는 김 위원장이 지난해 6월 싱가포르에서 한, 그의 나라를 비핵화하겠다는 약속을 이행할 것으로 매우 기대하고 있다"고 말했다. 이어 "그것은 북한 주민에게 최상의 이득이 되는 것이며, 미국민을 안전하게 지키는 데에도 분명히 최상의 이익이 된다"며 "이게 대통령의 임무이며, 우리가 몇주 후 베트남에 가서 진전시키려고 하는 것"이라고 말했다.

폼페이오 장관은 '북한이 비핵화할 가능성이 여전히 있다고 믿느냐'는 물음에도 "물론이다. 물론 믿는다"고 답했다. 그는 "우리는 대화 속에서 그걸 봐왔다. 김 위원장은 북한 주민들에게 그들이 진로를 바꿔 국내 경제 여건을 향상시킬 필요가 있다고 말해왔다"고 했다.

그는 이 방송과의 다른 인터뷰에서도 "우리는 김 위원장이 비핵화 약속을 지키면 더 밝은 미래를 만들어 주겠다고 약속했다"며 "우리는 그렇게 할 준비가 완벽하게 돼 있다"고 말했다. 미국 조야의 비관적인 전망에 선을 긋는 한편 북한에 '경제' '미래' '기회'를 키워드로 내보이며 과감한 비핵화 행동을 촉구한 것으로 풀이된다.

앞서 트럼프 대통령도 3일 『시비에스』CBS 인터뷰에서 "김 위원장은 북한을 엄청난 경제 대국으로 만들 기회를 갖고 있다"며 비핵화 협상에서 "합의할 가능성도 매우 크다"고 말했다.

하지만 미국 정치권 분위기는 냉랭하다. 척슈머 민주당 상원 원내대표는 『시엔엔』CNN 인터뷰에서 "트럼프 대통령은 더 이상 핵 있는 북한은 없을 것이라고 했지만 사실이 아니었다." "이것은 리얼리티 쇼가 아니다. (2차 정상회담은) '진짜'여야 한다"고 꼬집었다. 공화당에서도 하원 외교위 소속 애덤 킨징어 의원이 『시엔엔』에서 "우리는 김정은 칭찬을 관둬야 한다"고 하는 등 비판적 기류가 적지 않다. 김연호 한미경제연구소 비상근연구원은 전날 트럼프 대통령이 국정연설에서 대북정책 성과와 2차 북-미 정상회담 일정을 말할 때 공화당에서조차 기립박수 등 호응이 적었던 점을 언급하며 "이번 정상회담에 대한 미국 정치권, 특히 여당인 공화당의 분위기를 느낄 수 있는 대목"이라고 짚었다. 그는 "이번 회담에서 구체적 합의가 나올 경우, 상응 조처 이행 과정에서 미국의 국내 정치적 논란도 염두에 둬야 한다"고 말했다. (『한겨레』 워싱턴 황준범 특파원)

③ 미·베트남의 '적에서 친구로'는 '북·미 관계의 미래'로 예측

베트남이 2차 북-미 정상회담 개최국으로 정해지면서 미국-베트남 관계에도 눈길이 쏠린다. 우여곡절 끝에 '적에서 친구'가 된 미-베트남 관계가 70년 적대관계를 해소하려는 북-미에 '앞서 온 미래'일 수 있기 때문이다.

'공산주의 도미노 이론'에 사로잡힌(사실은 일부러 조장) 미국은 1954년 제네바 회담에서 북위 17도선을 경계로 베트남을 두 동강 냈다. 1964년에는 아예 북베트남과의 전쟁에 나섰다. 하지만 미국은 북베트남과의 전쟁에서 끝내 패배(1975년 4월)한다. 베트남전은 미국이 침략역사상 처음으로 진 전쟁이 됐다.

'철천지원수' 사이에 다리를 놓은 '평화의 사자'는 역설적이게도 베트남전쟁 때 목숨을 잃은 미군 유해였다. 패전 3년째인 1977년 지미 카터 미국 대통령은 미군 실종자 수색, 미국의 원조 제공을 골자로 하는 관계 정상화 협상 대표단을 베트남에 파견했다. 1987년 8월 로널드 레이건 대통령은 특사를 보내 미국인 실종자로 추정되는 유해 수백구를 받아왔다. 김정은 국무위원장과 도널드 트럼프 대통령이 사상 첫 정상회담 뒤 내놓은 싱가포르 공동선언 4조에서 "전쟁포로 및 행방불명자들의 유해발굴 진행"에 합의한 것과 비슷한 맥락이었다.

이후에도 2000년 빌 클린턴 미국 대통령이 하노이와 호찌민을 방문해 두 나라 간 교역이 정상화되고, 베트남이 이를 발판 삼아 미국 시장으로 뻗어나가기까지는 다양한 관계 개선 노력이 있었다. 베트남 정부는 1986년 공산당 6차 대회에서 경제개혁(도이머이) 정책을 채택했고, 미국의 요구대로 1989년 캄보디아에서 철군

했다. 아버지 조지 부시 시절인 1991년 4월 미국은 베트남과의 관계 정상화를 위한 단계적 로드맵을 발표하고, 100만달러 규모의 인도 지원을 약속했다. 전쟁포로 및 실종자 문제를 해결하기 위한 미국 사무실이 하노이에 들어섰다. 93년 국제 금융기구 원조가 허용되고, 94년 무역금지 조처가 종료됐다. 1995년 2월엔 워싱턴과 하노이에 각각 연락사무소가, 그해 8월 마침내 대사관이 설치됐다.

클린턴 대통령 이후 아들 조지 부시, 버락 오바마, 그리고 도널드 트럼프 대통령이 베트남을 찾았다. 미국과 베트남의 교역 규모는 지난해 10월 기준 493억9000만달러(약 55조원)이다. 미국-베트남의 관계 정상화 과정은 현재 진행형인 북-미 대화에서 시사점을 던진다. 베트남이 경제 발전을 위해 캄보디아 철군이라는 미국의 요구를 받아들였고 미국인 포로·실종자의 유해를 찾아 송환한 것이 신뢰 구축과 관계 정상화의 결정적 계기가 된 점에 주목할 만하다.

스티븐 비건 미 국무부 대북특별대표는 지난달 31일(현지시각) 스탠퍼드대 강연에서 "북-미가 60년 전 한국전쟁에서 사망한 미국인 유해 55구 송환을 위해 협력"한 사실을 강조하며 북-미가 추가 발굴 관련 논의를 하고 있다고 밝혔다. 마이크 폼페이오 미 국무장관은 지난해 베트남 경제성장을 예로 들며 "베트남이 지나온 길을 북한이 따른다면 기적이 일어날 것"이라고 말했다. (노지원 기자)

④ 베트남전 지원 혈맹「북조선」, 개혁개방 모델 삼을듯

오는 27~28일 2차 북-미 정상회담이 열리는 베트남은 김정은 북한 국무위원장에겐 매우 특별한 나라다. 베트남식 개혁·개방 모델에 대한 김 위원장의 관심이 각별한데다 김일성 주석 시절 함께 베트남전쟁을 치르면서 맺은 두 나라의 우호관계 역시 중국과의 그것 못지않다.

북한은 베트남전쟁이 한창이던 1964년부터 1969년까지 호찌민 주석이 이끄는 북베트남에 군수물자를 지원하고 공군을 파견했다. 이 무렵 중국도 무기와 공병을 지원했다. 한국 역시 미국의 맹방으로서 남베트남을 도우려 참전했기 때문에 베트남에서 한국과 미국, 중국과 북한이 편을 짜 '또 하나의 전쟁'을 치른 셈이다. 2차 북-미 정상회담에서 남북한과 미국·중국이 참여하는 4차 종전선언과 관련한 논의가 이뤄진다면, 베트남전쟁의 이런 역사성이 새삼 부각될 것으로 보인다.

북한은 베트남전쟁에 참전한 북한군을 '지원병'으로 부른다. 중국이 한국전쟁에 뛰어든 인민해방군을 '지원군'으로 부르는 것과 비슷하다. 베트남전쟁에서 숨진 북한 지원병들의 유해는 2002년 북한으로 넘겨져 '조선인민군 영웅열사묘'에 묻혔다. 하노이 인근 박장성에는 이들의 묘비가 남아 있다.

북한과 베트남의 우호관계는 1950년 1월 국교를 맺으면서 시작됐다. 사회주의 형제국으로서 맺은 끈끈한 관계는 1957년 7월 호찌민 주석의 방북과 1958년 11월 김일성 주석의 베트남 방문으로 절정에 오른다. 김일성 주석을 맞은 호찌민 주석은 "나는 우리가 사회주의 건설에서 조선 형제들과 경쟁하자고 제의한다. 경쟁은 베트남 인민과 조선 인민의 단결을 의미한다"고 강조했다.

북한과 베트남의 관계도 굴곡을 겪었다. 1978년 12월 베트남이 캄보디아를 침공하자 북한은 "국제법 위반이자 사회주의에 대한 배신"이라고 비난하며 대사를 불러들였다. 북한과 베트남은 1984년 대사 관계를 복원했으나, 1992년 베트남이 한국과 수교하면서 다소 소원해졌다. 그러다 2007년 호찌민 주석 이후 처음으로 농득마인 총비서가 방북해 김정일 국방위원장을 만나면서 전기를 맞는다. 베트남은 이후 북한의 핵실험과 미사일 발사가 잇따르자 국제적인 제재 대열에 동참했지만 일관되게 대화를 통한 핵문제 해결을 지지했다.

김정은 국무위원장이 집권한 이후 두 나라는 한층 가까워졌다. 김 위원장이 경제 집중 노선을 채택하면서 베트남식 개혁·개방모델을 본보기로 삼았다는 관측까지 나왔다. 양문수 북한대학원대 교수는 "김위원장이 4.27 판문점 남북정상회담에서 '베트남 모델'로 가고 싶다고 말한 것으로 전해진다"며 "공산당이 주도하는 베트남 모델은 체제유지와 경제 발전이라는 두마리 토끼를 잡으려는 김 위원장이 선호하는 모델"이라고 분석했다. 지난해 11월 김일성 주석의 베트남 방문 60주년에 맞춰 리용호 외무상이 베트남을 공식 방문한 것도 같은 맥락에서 주목을 받았다. (유강문 선임 기자)

◎사이비 역사 기록인의 주제넘은 기대(편저자 후기)

　진짜 두부 장수가 "두부 사려" 하면 뒤따라 가던 가짜 두부 장수가 "나아두" 한다는 우스갯소리처럼 사이비 역사가가 되어 진짜 역사가들의 노작들을 널리 전달하겠다는 욕심에서, 한반도를 둘러싸고 전개된 역사기록을 2차에 걸쳐(「일본의 조선 침략사 1~5권」과 「미국의 한반도 지배사 1~5권」) 정리 편집해 보았습니다.

　극악한 식민주의 세력에 매국노가 되어 아부하며 이웃 동포 형제를 수탈·억압·고문·학살하는데 동참했던 자들이 해방된 후에도 피수탈 근로서민대중이 고통에 신음하며 자주·평등·민주를 호소하면 「붉은 악마」 「좌익 빨갱이」로 저주·고문·학살하는데 앞장섰습니다.

　자신들은 수탈의 자유를 얼마든지 누릴 수 있는 「(신)자유민주체제」의 점잖은 '우익 신사'이고 상대는 남의 재산과 권세를 시기하거나 빼앗으려하는 '좌익 난동분자'라며 외세의 지원하에 항상 범죄자로 몰아갔습니다.

　이른바 '우익 신사'로 둔갑·위장된 수탈세력은 해방 직후부터 식민지 점령세력을 '우방'으로, 동족 동포는 우방과 함께 힘을 합쳐 처단할 '악마'로 상대하였습니다. 그러니까 제국주의 세력의 약소민족 분열·증오·세력 확장 술책에 고스란히 휘말려 들어갔지요. 동포 형제들은 제국주의 세력의 경제·군사적 동지와 적이 되어 동족 학살전쟁을 향해 치달아 갔습니다.

　우방은 수천기의 핵폭탄 능력을 가지고 전 지구상에 수백개소의 군사기지·핵 공격 기지를 배치해놓고 수시로 상대방의 턱밑에서 전쟁연습의 칼춤을 추면서 온 인류를 겁박해도 비판 한마디 안 하면서, 이 무서운 협박에 떨며 굶주리면서도 전민족적 생존을 위해 (상대방의 국경선 부근이 아닌) 자기네 땅 속에 숨어서 만들어 내는 방어무기 생산에는 "폭격과 포격으로 흔적도 없이 날려 버리겠다"고 (선제공격·침략전쟁 도발을) 협박하는 데도 아부·수탈세력은 동족 살상의 침략전쟁에 박수를 치며 적극 협력의 함성을 질러왔습니다.

　「나아두」의 사이비적 역사서는 '재탕'이라는 약점에도 불구하고 한반도를 둘러싸고 500년 동안 벌여온 주변국들과의 전쟁사를 10권에 걸쳐 인과관계를 반복적으로 따져가며 서술함으로써 재차·삼차 입증에 의해 「역사기록의 진실성」을 보다 확실하게 보장해주는 긍정적 효과를 보태게 될 것으로 기대해 봅니다.

찾아보기